吴元梁哲学文集

吴元梁／著

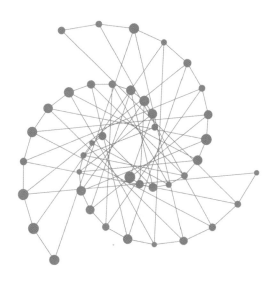

中国社会科学出版社

图书在版编目（CIP）数据

吴元梁哲学文集/吴元梁著 . —北京：中国社会科学出版社，2012.4
ISBN 978 - 7 - 5161 - 0505 - 4

Ⅰ . ①吴…　Ⅱ . ①吴…　Ⅲ . ①马克思主义哲学—发展—中国—文集
Ⅳ . ①B27 - 53

中国版本图书馆 CIP 数据核字（2012）第 012374 号

吴元梁哲学文集　　吴元梁著

出 版 人	赵剑英

责任编辑	侯苗苗　黄燕生
责任校对	吕　宏
封面设计	大鹏设计
技术编辑	戴　宽

出版发行	中国社会科学出版社
社　　址	北京鼓楼西大街甲 158 号　　邮　编　100720
电　　话	010 - 84039570（编辑）　64058741（宣传）　64070619（网站）
	010 - 64030272（批发）　64046282（团购）　84029450（零售）
网　　址	http：//www.csspw.cn（中文域名：中国社科网）
经　　销	新华书店
印　　刷	北京市君升印刷有限公司　装　订　廊坊市广阳区广增装订厂
版　　次	2012 年 4 月第 1 版　　印　次　2012 年 4 月第 1 次印刷
开　　本	710×1000　1/16
印　　张	53.5
字　　数	932 千字
定　　价	128.00 元

吴元梁，男，汉族，1938年生，籍贯上海市嘉定区。中共党员。哲学博士。

中国社会科学院哲学研究所研究员，博士生导师。

曾任中国社会科学出版社副总编辑，中国社会科学院哲学研究所历史唯物主义研究室、马克思主义哲学史研究室主任，中国社会科学院社会发展研究中心主任，中国马克思主义哲学史学会副会长。

出版专著有：《科学方法论基础》（增补本）、《社会系统论》；主编、合编、合著、合译著作有：《马克思主义哲学形态的演变》（上下卷）（吴元梁主编）、《社会科学新方法大系》、《高科技时代的社会发展》、《对有中国特色社会主义的哲学分析》、《精神系统和精神文明建设》、《马克思主义与时俱进的哲学基础》、《控制论和辩证法》（合作者高薇）；参与性的著作有：《高科技的社会意义》（童天湘主编）、《社会哲学导论》（王锐生、陈荷清等著）、《新世纪文化走向——论市场经济与文化、伦理建设》（陈筠泉、李景源等著）；《科学发展观与和谐社会建设》（李景源、吴元梁主编）。在《哲学研究》、《新疆大学学报》、《马克思主义研究》、《江海学刊》、《中国社会科学》、《南京社会科学》、《浙江学刊》、《社会科学战线》、《天津社会科学》、《学习与探索》、《南京政治学院学报》、《河北学刊》等报刊上发表论文、文章百余篇。

专著《科学方法论基础》（增订本）1994年获中国社会科学院哲学研究所优秀科研成果二等奖；论文《当代科学技术革命和社会科学研究现代化》（合作者李惠国）1984年获《哲学研究》中青年作者优秀论文二等奖；论文《论解放生产力和发展生产力的辩证法》1993年获《人民日报》理论部东风杯征文奖；论文《论发展观和文化建设》2000年获中国社会科学院第三届优秀科研成果三等奖；论文《坚持改造客观世界和改造主观世界相结合》2004年获中国社会科学院学习贯彻"三个代表"重要思想征文三等奖。

国务院于1993年10月1日颁发证书称："为了表彰您为发展我国社会科学事业做出的突出贡献，特决定从93年10月起发给政府特殊津贴并颁发证书"。

吴元梁主编的《马克思主义哲学形态的演变》（上、下，中国社会科学出版社2010年版）于2011年入选中华人民共和国新闻出版总署第三届"三个一百"原创工程。

序　言

虎年是我的本命年，今年我 70 余 2 了。过去说，人生 70 古来稀；现在说，60 不算老，70、80 满地跑，90、100 也不少。两种说法综合起来，我现在这个年龄段既不稀少，但也已经进入老龄群体，则是不争的事实了。这就自然让我想起来要回顾一下走过的路，回读一下写过的东西，这算不算老龄心理反应，就要请教心理学家了。反正，我随着自己年龄的增加，回忆的心理越来越强烈了。在自己的这个本命年，自选自编一本文集的想法就是这样产生的，算是一种自我回忆、自我总结、自我慰藉吧。

哲学，按照马克思的理解，研究和回答的是人类在发展过程中面临的时代性问题，是时代精神的精华，是文化的活的灵魂；按照毛泽东的说法是自然科学和社会科学的概括和总结。我是 1957 年入中国人民大学哲学系学习哲学的，大学毕业后又在新疆大学从事哲学教学，1978 年入中国社会科学院研究生院哲学系，学的还是哲学，毕业后除了三年当编辑外，从事的还是哲学研究。所以，把我的职业定位于哲学，大概不会是有问题的。但是，我确实不敢把自己谈论的问题称为"时代问题"，也不敢把自己的文章称为"时代精神"、"文化灵魂"、"自然科学和社会科学的概括和总结"。我这几十年中写下的文章，不过是一个哲学系马克思主义哲学专业毕业的学生在学哲学、用哲学过程中，对自己面临的理论和实际问题的某种思考和回答。如果用严格一点的标准来看，也许"某种思考和回答"还不够格，只能说是我对某个时期党的现行政策和理论的学习、理解、响应和宣传，是我"听话"过程的某种感想而已。

如果我们把"听话"理解为学习和继承，把思考理解为创造和发展。那么，这两方面既存在于人类的种系的发展过程中，也存在于每个个体的发展过程中。人类种系发展中的每一代、个体发展中的每一个个体，都首先要学习、继承即"听话"人类前代或前人遗留下来的物质的、精神的、社会的前提和财富，然后再以此为基础，"思考"地发现、提出、解决面临的问题，通过各方面的创造，使自己获得新的发展。显然，善于处理这两方面的关系，对于种系或个体的发展来说都是十分重要的。只有学习、继承、听话而没有思考、创造，就不会有发展，反过来说，如果没有学习、继承、听话，或不能善于学习、继承、听话，那也就不可能有真正的思考和创造，也同样不能实现发展。确实，从我懂事起，父母教育我的是听话，上学后老师教育我的是听话，入队入团入党后组织教育我的还是要听话。当然，通过听话，学习和继承了前人科学、知识和文化。但盲目地听话也使我犯过错误，"文化大革命"期间我写过错误的大批判文章、宣传过毛泽东晚年的某些错误理论。更为严重的是脑子长期专注于听话的结果是不会"思考"，脑子成了传声筒、扬声器，而不是思维的器官，写不出研究性的文章来，这种苦恼推动我认识到"思考"、特别是独立思考的重要性，推动我学会"思考"。我几十年的人生道路和哲学研究的道路就是学会"听话"和学会"思考"并学会处理好两者关系的道路。作为一个党员，当然应该在政治上和党中央保持一致，要"听话"；作为一个学者，则不能仅仅停留在宣传和重复现有的理论和政策上，而应该善于思考，独立地发现问题并提出解决问题的新理论、新观点、新见解，研究要有预见性、前瞻性。这两方面在我的文章中都存在着。我承认，我写的文章具有很重的理论宣传色彩，但我也确实在独立思考上下了一些工夫，力图对我国当下现实采取一种建设性的批判态度，提出和分析了一些问题，在分析和解决问题的过程中也提出过一些自己的见解。

这本文集是按照文章撰写和发表的时间顺序集结编排的，其中绝大部分是发表过的，只有几篇是首次与读者见面的。从思考和理论创新的角度，我对《文集》内容进行了如下摘录：

（1）开展了马克思哲学本体论研究，提出了自己独特的理解，认为关于自然存在和社会存在在实践基础上统一的思想就是马克思的哲学本体论。指出，马克思这一思想在马克思主义理论体系中处于极为重要的地位，是一种基础性、前提性、始源性即本体性的理论。从这一理论出发可以逻辑地到达其他理论分支。这一思想开辟了解决哲学基本问题的新思路，可以得到社会结构理论，即唯物史观；从人的两重性存在理论还可以得到劳动两重性理论，从劳动两重性可以得到商品的两重性，而商品的两重性则是马克思政治经济学分析的历史和逻辑的起点。人的两重性理论也是科学社会主义——共产主义理论的理论基础。在马克思看来，共产主义就是自然主义和人本主义的高度统一，就是人的自然性和社会性随着人类实践的高度发展而实现的完美的统一。

（2）对马克思主义的实践观和实践标准作出了自己的阐述，认为实践观是马克思主义哲学的首要的、基本的观点，马克思主义哲学的整个理论体系就是建立在实践观的基石之上的。有了科学的实践观才能形成马克思主义哲学的世界观、认识论、价值观、方法论。在论述真理的实践标准时指出，把"实践是检验真理的唯一标准"理解为实践活动开始之前不需要任何逻辑证明，理论证明这是一种错误的理解。认为即将进行的实践活动越是复杂重大，依靠以往实践经验的、逻辑的、理论的证明越是重要，越是不可缺少。

（3）认为历史唯物主义研究应该概括当代科学技术革命成果，研究当代社会发展的新变化、新问题、新特点、新规律，形成唯物史观的当代形态。

开展了社会系统论研究。主张把历史唯物主义和现代系统科学的社会系统论（社会系统工程）结合起来，论证了这种结合的必要性和可能性，认为结合的目的就是希望建立一种以历史唯物主义为理论基础的、吸收了现代系统科学中的社会系统思想的、利用现代系统科学的方法和手段的新型的社会系统的理论—方法模型，并且期望这种新型的社会系统的理论—方法模型成为我们认识、分析、管理、控制、建设、改造现实社会系统的强有力的认识论、方法论工具。

认为从控制论、信息论、系统论等新学科中，概括出如生态系统、生态意识、生态价值、社会系统、社会信息、社会控制、社会管理、社会组织结构、社会信息结构、社会控制结构等范畴。把这些新范畴引入历史唯物主义的理论体系，把社会描述为控制系统、信息系统、复杂动态系统、开放系统，把社会描述为生态系统的一部分，无疑丰富了我们对于社会系统一般性质和特点的认识，丰富了历史唯物主义关于社会历史观和社会发展一般规律的理论，也会丰富和扩大历史唯物主义的方法论功能。

运用唯物史观的基本观点，吸收当代系统科学的新思想，论述了社会系统的特征。认为社会系统是一种自组织系统，开放系统，复杂系统，是一种历史地形成和发展着的系统。社会系统的形成和发展是在人类实践活动、特别是在劳动的基础上进行的。社会系统通过这种扬弃前提，更换发展主导因素的机制，使它的发展成为一种从前提出发而不断地进步、上升的过程，使得组成它的要素、关系、结构都具有在人类实践过程中历史地形成又历史地改变的性质。而随着社会系统的因素、关系、结构的变化，社会系统在整体上就会得到更新。人类实践活动的历史特点、社会系统的因素、关系、结构的历史性质决定了社会系统的历史面貌。社会系统的整体性也是在实践的基础上历史地生成和演变的。

（4）认为当代社会生活中有一个很明显的事实，管理活动正在从各种具体活动中分化独立出来。这种管理活动除了受生产资料所有制的影响之外，还取决于社会生产的技术工艺性质，社会的技术—组织—管理结构越来越清楚地显示出来了。因此主张对历史唯物主义的社会结构学说作出新的概括，提出了社会结构两重性理论，认为：生产力的社会性质—生产资料所有制为基础的生产关系—政治上层建筑和意识形态，这三者及其相互关系构成了一种社会结构，这个结构是我们过去经常阐述和说明的。我们还可以指出社会还存在着另一种结构，即生产力的技术工艺性质—人们在生产过程中因分工而形成和发生的技术组织关系—社会的非政治上层建筑（组织管理的形式、体制、设施）和社会科学。前一结构造成了人们在社会利益上的差别、对立，在私有制条件下，形成利益彼此对立的社会各阶级；后一结构是由社会对自然的关系、生产力的技术工艺性质决定的，它造成人们之间的职业区分。这一结构将随着人类对自然界的控制和利用的程度、随着科学技术的发展而不断变化。前一结构是利益性的社会结构，后一结构是功能性的社会结构。社会的这两种结构并不是彼此孤立存在的。生产力的社会性质和技术工艺性质互相关联着，生产资料所有制为基础的生产关系和生产过程中人们因分工而发生的技术组织关系互相制约着，政治上层建筑和非政治上层建筑，意识形态和社会科学也互相联系着，由此形成了社会系统的整体。社会系统的上述两种结构揭示了社会的二重性质，社会具有自然性和社会性这两个彼此区别又彼此联系的不同方面。忽视了哪一方面，都不可能对社会系统这种物质运动形式作出科学的分析。实际上，我们还可以把社会结构进一步概括为人们的社会实践活动—人们在社会实践过程中发生的各种现实关系—人们社会实践活动的社会形式及其观念表现。于是，我们可以以最概括的形式把社会内在矛盾表述为人们从事的社会实践活动和人们的社会结合形式及其观念表现之间的矛盾，而随着社会实践的发展，人们会不断改变相互间的关系、改变人们间的社会结合形式及其观念表现，这种矛盾的不断产生和解决推动了社会的不断发展。

社会系统的性质表明它既是社会科学的研究对象，同时又是自然科学的研究对象。自然科学家转入社会领域大有用武之地。社会领域已经成为并且还将进一步成为自然科学和社会科学彼此渗透、互相结合的领域，成为生长一系列交叉学科的肥田沃土。是不是我们还可以预计，社会还存在着我们至今没有认识的结构系统。历史唯物主义的社会结构学说除了揭示社会系统中起基础和决定作用的因素外，还应该揭示各因素之间的相互作用，揭示社会结构的多重性、层次性，充分显示当代社会生活的复杂性、多样性、有机性、生成性、整体性。

（5）开展了马克思主义社会形态理论的研究。系统地研究和论述了马克思主义社会形态理论，认为社会形态是人们在实践中形成的社会有机体，就是历史地演变着的社会系统，论述了马克思社会形态理论的当代意义。指出，理论研究上真正重要的事情，不是根据马克思恩格斯当年对资本主义和社会主义的具体论述去抽象地争论它们姓社还是姓资，而应该去分析它们自身中所存在的社会基本矛盾，通过对现实矛盾的分析去寻找它们前进的现实途径，从今天的现实条件出发，对未来社会的新形态、共产主义社会形态及其实现道路作出新的探索和论证。主张根据变化了的当代社会去丰富发展马克思的社会形态理论。

（6）开展了社会整体性研究，认为社会整体性是人类社会所具有的一种根本的存在特性，历史唯物主义也是一种社会整体论，是一种实践的、唯物的、辩证的、历史的社会整体论。论述了社会整体性的实践特性、辩证特性、时空特性。现在我们要对那种社会主义实践模式进行改革，在哲学上就要用历史唯物主义的社会整体论去否定那种绝对整体论，在建立社会主义市场经济体制的过程中，科学地处理社会整体性中的各种相互关系。

论述了恩格斯晚年对唯物史观的发展和贡献。在论述过程中指出，在马克思恩格斯的唯物史观理论中实际上存在着建构社会整体性的两种思路、两种逻辑结构：一种是人—活动—社会整体，一种是由生产力、生产关系（经济基础）、上层建筑和意识形态形成的社会整体。两者的区别是明显的，两个逻辑结构的理论前提也是不同的。但两者又是联系的、互补的，经过一定的解释和说明是可以互相转换的。科学地理解和综合马克思恩格斯在不同时期从不同角度对人和社会所作的不同分析的理论思路、理论逻辑，全面准确地理解和把握马克思恩格斯创立的唯物史观的理论本质，建构一个适应当代实践要求的马克思主义哲学体系，就成为值得我们进一步深入研究的一个重大课题。

（7）提出和开展了社会和生态环境协调发展规律性的研究。认为社会和生态环境协调发展的规律是作为主体的人类社会和作为客体的生态环境之间的相互作用并辩证地统一的规律。这一规律实际上综合了自然过程和社会过程两个层次上的规律。以这一规律作为人类实践的指导性规律，就要探讨生态环境发展规律和社会发展规律相互关系。这不仅要求自然科学和社会科学结合起来协同工作，而且为历史唯物主义的研究提出了一系列的新课题。

（8）提出并论述了总结和概括当代科学技术革命成果，丰富和发展马克思主义哲学的必要性和可能性。认为人和科学技术的关系，科学技术和自然、社会的关系，社会和自然的关系，人和社会的关系都属于人和外部世界的关系问题，人在自然界中的地位、权利、责任，人应该追求怎样的价值，社会应该有怎样的发展模式等问题也都起源于并归结于人和外部世界的关系问题，思维和存在的关系问题也只是人和外部世界关系问题的一个侧面。我们只有抓住人和外部世界的关系问题来思考和研究马克思主义哲学，才能使它适应于当前时代的要求。提出把唯物辩证法和现代系统科学结合起来，形成唯物的、辩证的、系统的发展观。提出概括现代科学技术成果，深化马克思主义认识论研究。论述了当代社会结构在科学技术革命影响下所发生的各种变化，如，当代科学技术革命形成了新的生产力、新的生产方式、新的市场交换方式、新的产业结构和就业结构、新的财产占有方式和社会分层结构、新的权力和组织管理结构等，主张总结当代科学技术革命影响下的现代社会发展规律，创建唯物史观的新形态。认为马克思主义哲学作为一种开放的思想体系，理应随社会实践而不断丰富和发展，理应回答当年马克思和恩格斯没有研究和回答过的问题，理应吸收当年马克思恩格斯没有提出过的 20 世纪哲学发展中的积极成果，理应建构既符合马克思恩格斯哲学思想的精神实质，又体现当代时代特色的马克思主义哲学的新体系、新形态。

（9）在讨论如何使马克思主义哲学在 21 世纪中得到更大的发展、更广泛的传播，如何解决市场经济条件下出现的哲学边缘化、哲学研究队伍萎缩、哲学教育和宣传缺乏吸引力等问题时，认为准确捕捉和回答时代性问题是马克思主义哲学在 21 世纪发展的根本途径。认为，围绕这些问题的捕捉和解决，对马克思主义哲学经典文本和马克思主义哲学发展史进行新的研究、发掘、解释、总结和概括，不断总结正在进行着的中国特色社会主义建设实践的新经验，不断概括当代科学技术发展的新成果，注意研究当代社会发展的新规律，努力吸收当代外国哲学和中国古代哲学的积极成果，同时根据问题解决的需要进行实践创新、制度创新和哲学理论创新，建构体现马克思主义哲学基本精神、反映当今时代特征、具有中国特色的马克思主义哲学的新形态，是我国马克思主义哲学研究者在 21 世纪所肩负的历史使命。

（10）提出并论述了当前推动我国马克思主义哲学研究新发展的若干理论问题：①正确认识马克思主义哲学的历史性和当代性问题；②正确认识马克思主义哲学所具有的意识形态性和哲学性、理论性、学术性问题；③马克思主义经典文本研究和现实问题研究的关系问题；④作为指导思想的马克思主义哲学与作为学术研究对象的马克思主义哲学的关系、领袖哲学与学者哲学的关系问题；⑤马克思主义哲学基本原理与表现形态多样性之间的关系问题；⑥建构马克思主义哲学新体系、新形态与问题研究的关系问题；⑦坚持马克思主义哲学基本观点与吸收其他哲学成果的关系问题；⑧坚持马克思主义哲学基本观点与概括具体科学成果的关系问题；⑨马克思主义哲学原理研究与马克思主义哲学史研究的关系问题；⑩马克思主义哲学基本原理研究与马克思主义基本原理应用研究之间的关系问题。

（11）针对哲学界围绕马克思主义哲学称谓的争论，提出马克思主义哲学的称谓既要反映出马克思主义哲学区别于唯心主义哲学和直观唯物主义哲学的本质特征，也要有利于马克思主义哲学内部不同组成部分的划分。综合上述两方面的要求，我们倾向于将马克思主义哲学称为实践的、辩证的、历史的唯物主义。实践性、辩证性、历史性是马克思主义唯物主义哲学的三个基本特征，是马克思主义的唯物主义自然观、社会历史观、人生观、思维观都具有的共同特征，也是马克思主义世界观（社会历史观）、认识论（方法论）、价值观（人生观、伦理观）具有的共同特征。当然，不要把这一称谓和其他称谓绝对地排斥和对立起来，在目前情况下仍然可使用诸如"辩证唯物主义"、"唯物辩证法"、"辩证唯物主义和历史唯物主义"、"历史唯物主义"、"历史辩证法"，也可以使用"实践唯物主义"、"实践哲学"、"实践史观"、"实践辩证法"。称谓毕竟只是称谓，重要的是完整准确地把握马克思主义哲学的精神实质，要把马克思主义哲学作为我们认识世界、改造世界的科学方法论和指南，而不要把它变成一种"套语"和教条。

（12）开展了如何繁荣和发展我国的哲学社会科学的研究，论述哲学社会科学在我国社会主义现代化建设中的重要性，分析了已取得的成绩和存在的问题，论述了我国哲学社会科学在 21 世纪中的任务，就如何完成任务提出了自己的建议。对社会科学在我国社会主义建设中的地位作出了独特的论述，明确提出强调从实际出发丝毫不意味着否定社会科学理论的重要性，它所反对的不是社会科学理论，而是对以往理论的教条主义态度和对以往经验的经验主义态度。

（13）开展了科学方法论和社会科学方法论研究。总结和论述了当代社会科学发展的方法论特征。就我国理论界如何开展社会科学方法论研究提出了自己的见解，认为应在总结 20 世纪社会科学发展中的方法论特征的基础上，进一步阐明社会科学的研究方法、社会科学的研究逻辑以及社会科学理论发展的逻辑。要进一步阐明社会科学方法论的哲学基础；进一步研究和回答当代自然科学奔向社会科学潮流中出现的方法论问题；进一步揭示人和社会的深层的基本结构，建构理论体系的元理论、元语言，把各门社会科学更有机、更完整地联合为一个逻辑上严密的整体；进一步揭示社会认识的特点，总结当代社会认识的新经验，发现新方法，进一步阐明社会科学研究方法的认识论基础；进一步研究社会科学中定量分析和定性分析之间的关系，特别要研究它们各自应用的范围及彼此结合的形式和方法；进一步总结社会科学理论和实践的相互关系，进一步阐明社会科学理论的发展逻辑以及从理论到实际应用的中介环节。认为开展社会问题研究是繁荣和发展我国社会科学的必由之路，论述了开展社会问题研究的方法论问题。

（14）开展了社会主义精神文明建设的研究。运用系统论观点对人的精神系统作出了科学分析，论述了其要素结构及其系统的整体性质，揭示了精神系统的规律。在第一个层次上，将人的精神系统划分为潜意识、意识、行为三大子系统；在第二个层次上，再把这三大子系统分别划分为若干子子系统；在第三个层次上，则把各个子子系统再划分为若干个子子子系统。在分析过程中厘清各要素、系统、层次之间的关系，揭示人的精神活动的若干特点和规律，对社会主义精神文明建设实践进行了基本的理论思考。

（15）开展了中国特色社会主义的文化建设研究。论述了中国特色社会主义文化建设的重要性，认为新的生产力本身标志着一种新的文化，至于新的生产方式、新的经济关系、新的政治上层建筑和意识形态都意味着一种新的文化，新的社会形态同时也是一种新的文化形态。一部人类社会的发展史既是生产经济的发展史，也是基于生产实践基础上的文化发展史。新社会形态的优越性不仅表现在可以比旧社会形态更多更快更好地创造物质财富，还表现在它的新文化为人的发展开辟了更好的社会的精神的条件。新社会形态的优越性不仅表现在生产上、经济上，也表现在文化上。论述了社会主义初级阶段有中国特色社会主义文化的基本特征和基本任务。主张探索文化建设发展规律，要正确分析和处理好十个方面的关系，解决好怎样建设的问题。

为了回答文化事业能不能市场化，在市场经济的条件下如何进行文化建设等问题，研究和论述了文化产品的文化价值和市场交换价值。认为文化价值、知识价值、信息价值不同于物质价值的生产，在市场交换中也应该具有自身的特点和规律，如何根据这种特点建立有利于文化、知识、信息事业发展而又体现等价交换原则的理论和形式，是市场交换理论面临的新课题。经济学家们已经提出这类问题，也形成了若干理论，当然形成成熟的理论还需做出很大的努力。

（16）提出并论述了社会公益事业和社会营利事业在目的、性质和功能上都是不同的两类事业，认为社会公益事业和社会营利事业是现代商品社会的两大支柱，不论缺少了哪一根，现代商品社会都会倒塌、崩溃。它们的存在和发展实际上是现代商品社会中经济和社会、经济和文化、个人和社会、局部和整体、现实和未来之间复杂关系的结果。两者之间的协调可以使社会稳定持续地发展。认为社会公益事业中有一类事业是很难有市场销路的事业。哲学、自然科学、社会科学基础理论研究事业和高雅文学艺术事业历来是一种非营利事业；虽然举办这类事业的主体有个人、社团、国家的区别，但不同的主体在举办这类事业的时候，都不是为了营利，而是为了发展人类的科学文化事业，即把这类事业视为社会公益性事业；社会公益事业中有一类事业如教育、新闻、医疗、卫生、环境保护等是人类社会存在和发展的基本设施，它们都是同人的物质和精神需求紧密相连的，人人都需要受教育、听新闻、接受医疗保健和获得有利于自身生存和发展的自然生态环境。人们的这种需求在相应的经济条件的支持下也会形成具有规模的市场需求，就是说这类事业在客观上具备着进入市场成为营利事业的可能性，也确有一些经营者力图把这类事业变成营利事业。但是，把这类事业变成社会营利事业的做法却经常遭到这类事业内外的大多数人的反对，原因就在于这类事业就其内在本质来说是一种非营利的社会公益事业；社会公益事业中还有一类是慈善事业。认为社会公益事业和社会营利事业遵循着不同的价值规律。支配社会营利事业的价值规律是经济价值规律。支配社会公益事业的价值规律是社会价值规律，即对人自身的发展和社会整体上的发展所具有的价值。如评价基础科学研究成果时，看它对人类科学事业的发展、对人类未来技术开发的价值；评价文学艺术作品时，看它在提高人的审美情趣、审美能力和社会效益的价值；评价医疗卫生工作时，看它在提高人的体质和治病保健上的价值；等等。

科学价值、学术价值、文学艺术价值、医学价值、社会规范和组织价值、文化价值都是非经济的价值，我们把这类价值统称为社会价值。人们就是用这种价值去评价科学家、作家、艺术家、哲学家及其他社会公益事业家的活动成果对人类和社会的贡献大小的。社会价值的大小也不是由市场判定的，而是由相应的科学、文化、艺术等社会实践的长期发展判定的。因此，在各类社会公益事业中，人们之间的竞争，是以社会价值为基础、为标准的竞争。因此在当前改革的大潮中，从各类公益事业自身价值特点出发建立科学的评价标准，并据此建立竞争机制，确实是一件非常重要而又紧迫的工作，建立这样的竞争机制一定会对我国各类公益事业的发展产生积极的推动作用。

（17）开展了经济伦理研究。论述了开展经济伦理研究的重要性、紧迫性，主张建立社会主义市场经济体制所需要的经济伦理观念，建立具有中国特色的经济伦理学。论述了经济伦理的产生、经济伦理的现实基础和哲学基础、经济伦理研究的主要问题及其基本内容。论述了企业伦理的重要性，认为企业伦理建设是建立和完善现代企业制度所不可缺少的基础建设、软件建设，企业伦理中的根本原则应成为现代企业制度理论基础中的重要构件，企业伦理中的各种具体规范、规则应成为现代企业制度的一部分，从事企业伦理建设的组织机构应成为现代企业组织管理机构的组成部分。

论述了市场经济的伦理道德影响，认为必须辩证地、历史地看待市场经济的道德影响。市场经济基础上形成的道德相对于前市场经济基础上的道德来说是一种道德的进步。认为建立和社会主义市场经济体制相适应的道德规范体系既是建设社会主义精神文明的需要，也是建立和完善社会主义市场经济体制的需要。

（18）开展了市场经济的哲学研究。认为从往昔的中央集权的行政计划体制过渡到市场经济体制是一场巨大的历史性变革，不仅深刻地影响着人们的经济生活和社会生活，要求人们的思想、行为、相互关系作出调整和变革，而且建立社会主义市场经济体制本身又是一种前无古人的开创性事业，是一项极其复杂的社会系统工程。这就要求我们不仅要解决建立社会主义市场经济体制的必要性问题，还要解决怎样建立社会主义市场经济体制的问题。因此，运用马克思主义哲学特别是唯物史观对市场经济体制进行唯物的、辩证的、历史的分析，使改革实践建立在对市场经济体制的更加科学的认识基础上，是极为重要的。论述了社会主义和市场经济相容的前提和现实道路，辩证地分析了市场经济体制的调节功能，论述了市场经济体制的历史性质。

（19）开展了发展理论、发展哲学、发展观研究，批判了单纯经济增长的片面发展观。指出片面发展观是西方工业发达国家当年工业化过程的产物，在当时并不是全无其历史根据，在推动经济增长实现工业化方面也不是全无历史作用。但是，随着经济和社会的发展，这种发展观的片面性、局限性和各种弊端则表现得越来越明显和突出。现在，国外提出的持续发展观，就是对过去那种片面发展观的克服和超越。但这种新发展观不应该局限于解决经济发展模式的问题，而应该扩大为解决人和社会的发展模式问题。这种新发展观不是以单纯的经济增长为目标，而是以人的全面发展、社会的全面进步和未来人类可持续生存为目标。它在处理各种关系的时候具有实践性、系统性、辩证性和协调性。因此，可以用马克思主义哲学的语言把这种新发展观称为实践唯物的、辩证历史的、系统协调的可持续发展观。

论述了发展观与精神文明建设、文化建设的关系，认为不同的发展观会有不同的发展目标、发展战略、发展道路，会得到不同的发展结果。不同的发展观对精神文明建设、文化建设也会采取不同的态度。因此，只有实现发展观的转变，才能从指导思想的高度，根本解决精神文明建设、文化建设在现代化建设中的地位和作用问题。批评了我国实际工作中存在的单纯经济增长的片面发展观，在借鉴国外研究成果的基础上论述了新发展观。认为只有这种新发展观及其所体现的发展模式、发展战略、发展道路，才能充分认识精神文明建设、文化建设在人和社会的全面发展、全面进步中所起的越来越重要的作用，才能根据人和社会的发展需要对精神文明建设和文化建设提出更新、更高、更丰富、更多样的要求，才能把精神文明建设和文化建设放到越来越重要和突出的地位，才能为精神文明建设和文化建设的发展提供日益扩大的经济的、精神的、社会的条件和空间。

（20）及时总结改革开放以来马克思主义哲学研究的成果，就如何进一步推进马克思主义哲学研究提出了自己的见解。在马哲史研究上，提出我们应该进一步研究和总结马克思主义哲学在不同国家的发展和传播的规律，研究马克思主义哲学存在形态的演变历史和规律。

（21）开展了中国特色社会主义的哲学研究。论述了邓小平理论对时代特征、时代主题、时代本质的科学把握，论述了邓小平解决问题的新理论、新思路、新战略、新方法。对中国特色社会主义理论作出了具有独到视角的论述，强调指出必须用唯物史观即用实践的、历史的、辩证的观点，科学地、正确地理解和把握这一理论。认为中国特色社会主义是马克思主义的基本原理和中国实际与当今时代特征相结合的产物，它突破了马克思恩格斯当年对社会主义的设想、突破了社会主义实践的苏联模式，是中国社会主义初级阶段上的社会主义，是改革开放的社会主义，是有私有制、资本和市场的社会主义，是在共产党领导下利用资本主义来进行现代化建设的社会主义，是存在着阶级矛盾和阶级对抗的社会主义。如果一定要用马克思恩格斯当年的标准来衡量，那么，它是一种还不够格的社会主义。近30年来我们在改革开放和社会主义现代化建设上所取得的成绩充分证明了中国特色社会主义理论的正确性，也确实证明了这是从我国实际出发实现我国工业化、现代化、社会化、市场化的正确道路。但认为这一理论并没有回答我们如何从初级的社会主义阶段过渡到马克思恩格斯设想的社会主义阶段的问题。

开展了科学发展观与建设社会主义和谐社会的研究。论述了科学发展观的理论基础、理论创新、基本要求及其与社会主义和谐社会建设的关系。认为科学发展观的理论创新表现为马克思主义哲学发展观的新形态、中国特色社会主义发展理论的新概括、当代人类发展文明成果的中国化运用、新世纪新阶段新问题的新回答。指出，马克思主义哲学理论传统中所使用的发展和发展观概念，可以区分为三个对象域（或三个论域、三个层次）。第一种意义上的发展和发展观，是指世界观、宇宙观意义上的发展和发展观。第二种意义上的发展和发展观，是指社会历史观意义上的发展和发展观。我们党今天提出的科学发展观，既不是第一种意义上的发展观，也不是第二种意义上的发展观，是以社会形态处于量变阶段上的发展为研究对象的发展观，是一种建设发展观，是马克思主义哲学中的第三种层次和意义上的发展观，是马克思主义哲学发展观的当代形态。

论述了民主的悖论，认为民主的悖论首先表现为民主作为一种政治制度，内在地包含着民主和专政的矛盾。民主政体还不可避免地内在地包含着多数人和少数人的矛盾，即名义上的多数和在实际上往往是少数的悖论。在现代民族国家范围内实行民主政体时，代议制的民主政体解决了古代直接民主所存在的问题和困难，但同时形成了新的矛盾和悖论。主权在民和民实际上不掌握主权，或者说主权者和代表者的异化所造成的矛盾，就是现代代议制民主政体无法摆脱的一种矛盾。主张我们应该如实地承认民主内在地存在的矛盾和悖论，不应该不切实际地希望在一个实施方案中解决所有矛盾，而应该从现实的具体条件出发，从矛盾的暂时的、相对的解决方案中，积极而又稳妥地推进民主政治建设。

（22）认为从特定角度看，当代科学技术革命、宏观调控的市场经济体制、开始学会用和平民主的方式解决社会矛盾是20世纪人类社会的三大创造。但20世纪人类社会并没有完全解决马克思恩格斯指出的社会矛盾，而且还形成了若干突出的新的社会矛盾和社会问题，如人口、生态环境、资源能源、贫富悬殊、南北不平衡、民族冲突等问题。21世纪将继承20世纪的文明成果，同时要解决20世纪的问题，探索利用市场经济体制去实现马克思恩格斯提出的社会主义价值观念和共产主义理想的新途径、新形式，不管人们主观上承认与否，都将实际上成为21世纪人类面临的时代课题。

把当代发达国家的资本主义究竟会走向哪里，中国特色社会主义究竟又会怎样发展，整个人类在21世纪又会经历怎样的命运，马克思的科学社会主义理想究竟怎样实现，概括为当代发展之谜。

认为我们应该正视现实、正视问题，发扬马克思恩格斯那种终生都在批判现实，捕捉问题，进行学术积累，不断自我超越的科学精神、科学态度，探索、研究和回答今天我们面临的时代性课题。既然马克思恩格斯当年在破解历史之谜的过程中创建了唯物史观和马克思主义哲学，那么，今天自称为马克思主义者的我们，就有理由有责任破解当代社会发展之谜，在中国特色社会主义旗帜指引下，坚持解放思想、开拓创新，通过实践和理论研究，探索出一条在未来实现马克思恩格斯理想的新道路，同时在这个过程中丰富、发展唯物史观和马克思主义哲学，推进马克思主义哲学现代化、中国化的历史进程，构建马克思主义哲学的当代中国化形态，让马克思主义哲学真正成为当今时代精神的精华，重新焕发出它的吸引力、号召力、凝聚力，成为工人阶级及其他劳动人民乃至全人类追求解放的精神武器。

上面的简述不过是我自己在编这本《文集》过程中的一种自我回顾、自我检阅、自我点评，究竟算不算独到的思考和理论创造，还得由理论界和读者来认定。至于我提出的问题和观点有什么意义和价值，这就更要由后人来评点了。虽然自古文人都希望自己的文章永垂丹青，但实际上随着时间的脚步远去，绝大多数的文章都会被历史波涛卷入海底，或被封存在图书馆的角落里。我的这种命运也许比别人会来的更快更早些，过不了几年，曾经发表过文章的这个杂志那个报纸，就会找也找不到。所以，趁现在自己精力许可，选编这本《文集》，对自己的哲学研究做个总结，这不仅是聊以自慰，也是为了把分散发表的文章集中起来，方便翻阅。哲学和生活是有联系的，《附录》中提供的我的生活和经历的一些片断和侧面，可以作为我的哲学研究的某种背景和说明。

2010 年 7 月 31 日于农光里 202 号楼 2008 号

怎样理解"一分为二"和"合二而一"*

项睛同志的《"合二而一"不是辩证法》一文对艾恒武、林青山二同志的《"一分为二"与"合二而一"》提出了批评，认为后者文章的基本思想是值得商榷的，并提出"合二而一"不是辩证法。我读了之后，对比了两篇文章，觉得项睛同志的文章也有值得讨论的地方。

一 不能否认客观事物的"合二而一"

项睛同志认为客观事物总是"一分为二"的，这是正确的。但是把"一分为二"与"合二而一"对立起来，只承认一分为二，不承认合二而一，我觉得这是不全面的。

诚然，唯物辩证法反对形而上学否认矛盾，把任何事物看做死板一块的观点，认为客观事物都存在着矛盾，在统一物的内部有着互相对立的两个方面，正是这两个方面的斗争才推动了事物的发展变化，并且在一定条件下向自己的对立面转化。列宁说："统一物之分为两个部分以及对它矛盾着的部分的认识，是辩证法的实质。"又说："对立面的同一就是承认（发现）自然界（精神和社会都在内）的一切现象和过程具有矛盾着的、相互排斥的、对立的倾向。"① 这样，在形而上学只看到统一、一致的地方，辩证法总是看到统一之中存在着对立和差别。在形而上学看来，机械运动只是在外力作用下才发生运动，而本身是不存在对立的两个方面的，但是在辩证法看来，则存在着作用和反作用。在形而上学看来，社会是一个和谐的统一体，但是在辩证法

* 原载于《哲学研究》1964 年第 4 期。

① 列宁：《哲学笔记》，林利等译校，中共中央党校出版社 1990 年版，第 397—398 页。该书结集出版前经作者修订增补，并引入了新的文献，不再逐一说明。

看来，社会是存在着生产力和生产关系两个矛盾的方面、经济基础与上层建筑两个矛盾的方面，并且表现为剥削阶级和被剥削阶级、统治阶级和被统治阶级两个矛盾的方面。在形而上学看来，社会主义社会是一个思想上、道义上完全一致的统一体，但是在辩证法看来，社会主义社会存在着无产阶级和资产阶级矛盾的两个方面，当家做主的劳动人民和被推翻的剥削阶级矛盾的两个方面。这就是说，任何事物总是一分为二的，即在一中存在着二。因此"一分为二"首先表示矛盾的普遍性和绝对性，即"矛盾存在于一切事物的发展过程中"，"每一事物的发展过程中存在着自始至终的矛盾运动"①。

诚然，唯物辩证法反对形而上学否认客观事物的发展变化、否认事物的根本质变的观点，而认为客观事物中矛盾的两方面，斗争到一定程度，就再也不能共存于同一事物之中，于是原来一个事物最后分裂为两个事物。事物在其发展过程中出现了向对立面的转化，从旧事物向新事物的根本质变和飞跃，因此，列宁说："两种基本的（或两种可能的？或两种在历史上见到的？）发展（进化）观点是：认为发展是减少和增加，是重复；以及认为发展是对立面的统一（统一物之分为两个互相排斥的对立面以及它们之间的互相关联）。"② 这样，形而上学把发展理解为死板的、贫乏的、枯竭的，它们总是害怕统一物中两个对立倾向的斗争，以为这种斗争会妨碍事物的发展，总是害怕统一物的分解，以为这种分解会根本否定发展；而唯物辩证法则把发展看做一种活生生的过程，认为只有对立倾向之间的斗争才能推动事物向前发展，并且到了一定阶段，只有统一物分解才能使事物发展到更高的阶段上去。因此"一分为二"又表示事物的发展变化、向自己对立面的转化是绝对的、普遍的。任何事物总要一分为二，前进到高一级的阶段。

但是，在承认"一分为二"的绝对性和普遍性时，可不可以完全否认"合二而一"的现象呢？"一分为二"和"合二而一"是不是像项睛同志所认为的那样"对立的"呢？

我认为，客观事物是一分为二的，但又是合二而一的。所谓"合二而一"就是说在一定条件下，矛盾双方是存在于一个统一体之中的，它们之间不仅彼此对立、彼此斗争，而且同时彼此之间发生一定的联系、一定的依存，正是这种联系和依存，才使得具体事物能够存在。

---

① 《毛泽东选集》第 1 卷，人民出版社 1991 年版，第 305 页。

② 列宁：《哲学笔记》，林利等译校，中共中央党校出版社 1990 年版，第 398 页。

　　化学运动，固然因为原子的化合和分解这两种倾向的斗争，但是如果没有这种化合和分解的相互联系、共处于一个统一体中，那么也就没有具体的化学运动。人类社会的运动，固然因为生产力和生产关系、经济基础和上层建筑的对立斗争，但是如果它们之间没有相互联系、共处于一个统一体中，那么就没有什么具体的社会形态。所以我认为艾、林文章中说的"从自然界的各种现象到人类社会、思维等等，没有一种事物不是'合二而一'的"是对的。不能认为承认了"合二而一"就承认了形而上学，项睛同志就这一点提出的批评是不正确的。项睛同志的理由："'一分为二'是承认矛盾为事物内部所固有，它的前提是一，二是存在于一中，相反，'合二而一'则是以二为前提，二不是存在于一中，而是一为二结合或构成的"是不充分的。一方面艾、林文章中没有这种思想，另一方面，如果不把一和二绝对对立起来，不是认为要么是一，要么是二；而是认为一中存在着二，并且从一分裂为二必须经历一个过程，那么必然逻辑地承认"合二而一"即在事物分裂为二之前，总是一分为二和合二而一的。"一分为二"说明事物存在着矛盾和斗争，"合二而一"说明着矛盾双方之间存在着联系和依存，共处于一个统一体之中。由此可见，不应该否认客观事物是合二而一的。如果否认合二而一，那么就必然导致否认矛盾双方的具体同一、否认事物的相对静止，其结果就会像古希腊的诡辩家克拉低鲁那样，认为一个人连一次也不能跳进同一条河流。

　　但是，能不能把"合二而一"看做绝对的呢？当然也不能。客观事物的"合二而一"是暂时的、相对的。这是因为：一方面这个"一"不是绝对的、死板的"一"，而是包含着"二"的一，另一方面这个"一"不是永远不变的，它迟早要分裂为"二"。如果把"合二而一"夸大为绝对的、永远的，那么就走上了形而上学的道路，其结果是抹杀了"二"，只剩下"一"。这种观点是同唯物辩证法的"一分为二"的观点根本对立的。

　　总之，任何事物总是一分为二，但是"二"总是暂时共存于"一"中，暂时合二而一。"一"是暂时的、有条件的，一分为二是绝对的，无条件的。这就是《矛盾论》中说的："在同一性中存在着斗争性，在特殊性中存在着普遍性，在个性中存在着共性。拿列宁的话说，叫做'在相对的东西里面有着绝对的东西'。"[①]

　　[①]　《毛泽东选集》第1卷，人民出版社1991年版，第333页。

二　不能否认认识方法中的"合二而一"

马克思主义的世界观和方法论是一致的，主观辩证法和客观辩证法是一致的，思维规律和客观事物的规律是一致的。因此在这一点上项睛同志对艾、林文章的批评是正确的。我也认为艾、林同志把"合二而一"看做是客观事物的规律，而把"一分为二"看做是认识事物的方法是不妥当的。但是项睛同志在批评中完全否认了"合二而一"在认识方法中的作用，认为"问题只能是这样，或者认为事物是'合二而一'的，这是不依人的意志为转移的规律，承认'一分为二'的方法是错误的，是违背客观规律的。或者认为'一分为二'方法是正确的，是认识方法，又是客观事物的规律，从而承认'合二而一'是错误的，这里不可能有任何调和"。我认为这是不妥当的。

诚然，既然客观事物总是存在着矛盾"一分为二"，因此我们在认识事物的时候，也应该采用"一分为二"的认识方法，善于在思想中把客观事物分解为对立的两个方面，透过"一"来看到"二"，透过"统一"来把握"对立"。当我们认识社会的时候，就要自觉地找出社会中互相对立的两个阶级；认识一个人的时候，就要自觉地找出一个人身上存在着的优点和缺点这两个对立的方面。资本主义社会中的商品，在一般人看来是最简单、最常见、最平凡的现象，人们只看到"一"，而看不到在一中还有二，马克思却在商品中看到了"二"，这就是价值和使用价值的矛盾；社会主义社会，人们一般只看到在思想上、道义上的一致，只看到一，毛主席却从一中看到了二，认为社会主义社会仍然存在着阶级和阶级矛盾，所以列宁说："辩证法就是研究对象的本质自身中的矛盾。"[①]"一分为二"的方法就是矛盾分析法，"这是研究任何事物发展过程所必须应用的方法"[②]。

但是"一分为二"的方法是不是同"合二而一"的方法绝对对立的呢？在一分为二的过程中要不要合二而一，离开了合二而一能不能运用一分为二呢？项睛同志认为"一分为二"和"合二而一"是完全对立的，我不同意这种看法，我认为不能否认"合二而一"在认识方法中的作用。既然客观事物内部对立的两个方面不仅彼此对立、彼此斗争，而且还彼此联系、彼此依存，

---

① 列宁：《哲学笔记》，林利等译校，中共中央党校出版社1990年版，第279页。
② 《毛泽东选集》第1卷，人民出版社1991年版，第307页。

不仅"一分为二",而且"合二而一",那么我们在认识事物时,必须在一分为二的同时又合二而一。所谓合二而一,就是从矛盾双方的联系中来研究矛盾双方,从统一体的总体上来研究矛盾双方,就是在思想中把矛盾双方综合为整体,从而确定事物的性质,我们认识资本主义社会时,把它一分为二,即分为资产阶级和无产阶级对立的两个方面,但是仅仅这样能不能了解资产阶级和无产阶级各自的特点呢?能不能了解资本主义社会的性质呢?还不能。还必须研究这两个对立的阶级是怎样联系起来、共处于统一体中的,这两个阶级中究竟哪个阶级占了统治地位。只有具体分析了这些问题才能说明资本主义社会中资产阶级、无产阶级的特点以及资本主义社会的性质,从而把它和社会主义社会中的资产阶级和无产阶级区别开来,把资本主义社会和社会主义社会区别开来。我们认识一个人的时候,必须把他一分为二,即分为优点和缺点两个方面,但是仅仅这样还不能把这个人和其他人区别开来,只有具体分析这个人的优点和缺点是怎样联系的,优点和缺点究竟哪个方面占着主要方面。这样来理解"合二而一"会不会像项晴说的"必然调和矛盾"呢?不会,所谓调和矛盾,就是不从客观事物矛盾的实际情况出发,不是在一分为二的基础上具体研究矛盾双方的关系,而是抹杀一分为二的客观事实,把两个方面主观地结合起来。现代修正主义对待无产阶级与资产阶级的矛盾就是采取了这种态度,他们不是研究两者之间联系的特点,而是抹杀无产阶级与资产阶级的根本对立,要求无产阶级放弃自己的阶级利益,去与资产阶级合而为一。上面说的"合二而一"同折中主义调和矛盾是两回事。因此必须肯定"合二而一"这种方法在认识中的作用。

那么"一分为二"的方法和"合二而一"的方法在认识中关系究竟怎样呢?我认为两者是相互包含、相互依赖、相互转化的,我们把事物分为两个矛盾的方面,但是必须把两个方面联系起来,从双方联系的整体上去看待两个方面,这样才能真正了解两个方面的特点,从而真正达到把两个方面对立起来,如果只是一分为二,不同时合二而一,那么就不能达到一分为二的目的,不能真正了解两个方面的特点,我们认识一个人的时候,把其分为优点和缺点两个方面,但优点和缺点是相比较而存在的,一方离开了另一方,那么就失去了自己的本来面目,因此我们必须把两个方面联系起来,全面地估计优点和缺点。因此只有在"一分为二"的同时,又"合二而一",才能达到"一分为二","一分为二"依赖于"合二而一";但是我们要把两个方面联系起来研究事物的性质,必须首先找出事物内部对立的两个方面,因此"合二而一"又是依赖于"一分为二"的。我们只有发现了资本主义社会内部对立的两个阶级,才能从总体上了解资本主义社会。同时,客观事物总是在统一中存在着对立,对立总是存在于统一之中的,因此只要不是主观地去一分为二,而是实事求是去发现事物内部的对立,那么越是深刻地认识事物内部的对立,就必定越是深刻地认识对立双方的内在联系,从而可以在更深刻的基础上合二而一,掌握事物的本质。这就是说,"一分为二"必然转化为"合二而一",同样,"合二而一"也会转化为"一分为二"。正是这种不断的转化,才使得认识不断深入到客观事物的本质中去。

三 改造世界时也不能否认"合二而一"

马克思主义辩证法是认识世界的武器,又是改造世界的武器,我们正是根据了马克思主义辩证法来制定路线、方针、政策,然后进行阶级斗争、生产斗争、科学实验三大革命运动的。

改造客观世界问题,就是如何解决客观世界矛盾的问题,唯物辩证法认为矛盾只能经过斗争才能解决,资产阶级和无产阶级的矛盾只能经过无产阶级进行反对资产阶级的阶级斗争,进行无产阶级革命才能解决。马克思主义和现代修正主义的矛盾只有经过反对现代修正主义的斗争才能解决。一个人的优点和缺点的矛盾,只有通过发扬优点克服缺点才能解决,这就是说,只有促使一分为二才能解决矛盾,因此马克思主义者在实际斗争中,总是推进矛盾双方的斗争,并且创造条件,促使事物一分为二,推动事物的发展。在资本主义国家里,马克思主义者总是推进无产阶级反对资产阶级的阶级斗争,创造条件准备用武力打碎资产阶级国家机器,促使资本主义社会这个统一体破裂。在国际共产主义运动中,马克思主义者总是坚决反对现代修正主义,把斗争进行到底。

但是在实际斗争中,是不是可以完全不顾"合二而一"呢?我认为不是。在斗争中,必须经常从矛盾双方总的形势出发,在一定条件下,甚至要求把自己的斗争控制在一定的范围之内,例如党的统一战线,对民族资产阶级就是采取又团结又斗争的政策,在一定条件下,为了团结,不能不考虑斗争的程度,斗争的方式等。在社会主义建设中,各生产部门之间的矛盾,虽然只有经过发展生产才能解决,但是又必须从合二而一的总体出发来控制各生产部门的发展,从而维持一定的平衡。任何事物的合二而一都是有条件的、暂时的，因此我们在改造客观世界时，决不能把合二而一绝对化，而必须积极创造一分为二的条件，迎接事物的质变和飞跃。

总之，无论从客观事物本身来说，还是从认识世界和改造世界来说，都不能完全否认"合二而一"，我认为如果把"一分为二"理解为排斥"合二而一"，那么这样的"一分为二"就没有正确表达唯物辩证法的对立统一规律，只有把"一分为二"理解为包含着"合二而一"，把它作为自己的一个部分、一个方面，才算是正确地表达了唯物辩证法对立统一规律的全部精神。

列宁《哲学笔记》中的自然科学方法论问题^{*}

列宁《哲学笔记》是马克思主义哲学的一个宝库，在马克思主义哲学的发展史上占有极为重要的地位。这部著作的中心内容是辩证法问题。唯物辩证法是无产阶级的世界观，同时又是无产阶级认识世界和改造世界的方法论。从自然科学方法论的角度学习和研究这部伟大著作，对自然辩证法的研究具有重要的意义。

一

唯物辩证法是自然科学最一般的方法论。研究自然科学的方法论问题，首先要搞清楚唯物辩证法作为方法论对自然科学的指导意义。

辩证唯物论的世界观和方法论是一致的。列宁在《哲学笔记》中反复论述了辩证法、认识论、逻辑学三者一致的原理。列宁认为"不必要三个词：它们是同一个东西"①。又说："辩证法也就是（黑格尔和）马克思主义的认识论"②，"逻辑学是和认识论一致的"③。列宁认为这个三者一致的问题是"极重要的问题"，是"问题的本质"。因为这是一个涉及马克思主义反映论的根本问题。客观事物的发展规律决定着认识和思维的规律。认识和思维规律不是别的，正是客观事物规律在人脑中的反映。辩证法作为客观事物全面发展的学说，反映到认识领域就是认识论，反映到思维领域就是逻辑学。只有三者一致，辩证法也才能在认识世界和改造世界的过程中成为科学的方法论，发挥自己的革命威力。如果三者不一致，那就从根本上否定了马克思主义的

---

* 该文由吴启文、廖宇衡、吴元梁合著，原载于《新疆大学学报》1978年第2期。

① 列宁：《哲学笔记》，林利等译校，中共中央党校出版社1990年版，第375页。
② 同上书，第402页。
③ 同上书，第191页。

反映论，否定了辩证法的方法论作用，辩证法就变成了只是说明世界的工具。可是正像马克思指出的那样，问题不在于说明世界，更重要的还在于改造世界。一种哲学只能说明世界，不能用于改造世界，又有多大价值呢？因此，列宁关于辩证法、认识论、逻辑学三者一致的理论是唯物辩证法作为方法论，作为自然科学最一般的方法论的根本依据。

那么，唯物辩证法作为自然科学最一般的方法论有哪些指导意义呢？

1. 唯物辩证法作为一种世界观，为自然科学提供认识世界的总观点、总方向，为自然科学本身所建立起来的理论提供了一个准则

列宁在《哲学笔记》中说："任何科学都是应用逻辑。"① 他的意思就是说，在各门科学中应当用辩证法的观点来分析和认识问题。他在评述黑格尔关于有限和无限的辩证思想时指出这是"事物本身、自然界本身、事物进程本身的辩证法"②。紧接着，列宁认为必须把这种辩证法的观点应用于原子和电子的关系，并且作出概括说"总之，就是物质的深远的无限性"③。辩证法的基本观点，如矛盾的观点、发展的观点等，在我们分析自然科学理论问题的时候，都可以起到一个指路的作用。我国青年数学家杨乐、张广厚在研究函数值分布论中两个主要概念——亏值和奇异方向的时候，用对立统一观点作指导，认识到两者之间存在着对立统一的关系，又经过艰苦的数学研究，求出了两者之间的数学表达式，取得了具有世界水平的成果。这是很说明问题的。

2. 唯物辩证法作为认识论，为自然科学提供了认识的武器，认识的方法，认识的路线

自然科学是自然界及其规律在人脑中的反映。科学研究的过程是人脑对自然界的反映和认识的过程。这里就存在着一个认识规律的问题。列宁说："从生动的直观到抽象的思维，并从抽象的思维到实践，这就是认识真理、认识客观实在的辩证的途径。"④ 又说："人的认识不是直线（也就是说，不是沿着直线进行的），而是无限地近似于一串圆圈，近似于螺旋的曲线。这一曲线的任何一个片断、碎片、小段都能被变成（被片面地变成）独立的完整的直线，而这条直线能把人们（如果只见树木不见森林的话）引到泥坑里去，

① 列宁：《哲学笔记》，林利等译校，中共中央党校出版社1990年版，第224页。
② 同上书，第119页。
③ 同上书，第120页。
④ 同上书，第187页。

引到僧侣那里去（在那里统治阶级的阶级利益就会把它巩固起来）。直线性和片面性，死板和僵化，主观主义和主观盲目性就是唯心主义的认识论根源。"① 很明显，正确地认识和掌握认识规律可以在认识自然界的过程中，少走弯路，减少错误；反之，不认识不掌握认识规律，就会走到错误和泥坑中去。唯物辩证法作为认识论，科学地阐明了主观和客观、精神和物质、理论和实践、感性和理性、真理和谬误、相对真理和绝对真理的辩证关系，科学地揭示了认识发展的一般规律，就为自然科学提供了认识武器，使自然科学遵循正确的认识路线向自然界的深度和广度前进。

3. 唯物辩证法作为逻辑学，为自然科学揭示了思维规律，提供了正确的思维方法

人类认识客观世界，是通过思维形式进行的，是通过概念和范畴的体系来实现的。列宁说："认识是人对自然界的反映。但是，这并不是简单的、直接的、完全的反映，而是一系列的抽象过程，即概念、规律等等的构成、形成过程，这些概念和规律等等（思维、科学'逻辑观念'）有条件地近似地把握着永恒运动着的和发展着的自然界的普遍规律性。"② 又说："范畴是区分过程中的一些小阶段，即认识世界的过程中的一些小阶段，是帮助我们认识和掌握自然现象之网的网上纽结。"③ 列宁在肯定黑格尔反对把规律的概念绝对化、简单化、偶像化的时候，特地指出："现代物理学应该注意这一点！"④ 为什么要"注意"呢？就是因为自然科学在使用概念、范畴等思维形式的时候，必然会碰到思维规律的问题。懂得思维规律，就可以正确使用思维形式，否则就做不到。唯物辩证法作为逻辑学，是关于思维形式及其规律的科学，它深刻地揭示了概念、范畴等思维形式的性质、特点及其在认识总过程中的地位和作用，辩证地阐明了思维形式之间的关系。掌握了辩证法，就可以运用概念和范畴去反映自然界的运动、发展和变化的规律。

我们说唯物辩证法对自然科学具有一般的方法论指导作用，当然决不意味着可以用哲学的一般议论去代替自然科学的具体的科学研究。"四人帮"的"代替论"既是反动的，也是荒谬的。它根本破坏了哲学和自然科

---

① 列宁：《哲学笔记》，林利等译校，中共中央党校出版社1990年版，第404页。
② 同上书，第202页。
③ 同上书，第98页。
④ 同上书，第165页。

学的辩证关系，同无产阶级革命导师的一贯论述也是根本对立的。列宁在《哲学笔记》中就指出"辩证法的精神和实质"是"各种科学的经验的总结"①。黑格尔说："逻辑的东西也只有当它成为科学的经验的结果时才能得到对自己的真正评价；这时对于精神来说它才是一般真理。""逻辑对于刚开始研究逻辑以及一般地刚开始研究各种科学的人说来是一回事，而对于研究了各种科学又回过来研究逻辑的人说来则是另一回事。"列宁批注说"微妙而深刻"要"注意"② 这就是要我们注意科学和技术历史的研究，注意总结和概括各门科学技术的成果。当代自然科学处于革命之中，这种革命不是发生在自然科学的某一个别领域、某一个别方面，而是发生在各个领域、各个方面，在理论和实践两个方面都有全面的突破和迅速的发展。历史上，自然科学每一次划时代的发现都曾经改变了哲学的形式，当代自然科学的革命也将对唯物辩证法发生深远的影响。唯物辩证法只有不断总结当代自然科学的新成果、新经验，才能发挥自己作为自然科学一般方法论的指导作用。

二

　　观察、实验、实践在自然科学方法论中占有极其重要的地位。列宁在《哲学笔记》中关于观察、实验和实践的论述不仅具有一般的认识论意义，而且也具有自然科学的方法论意义。

　　观察就是有计划有目的地，长期地系统地考察记录自然现象，基本上不改变所考察的对象，而在其自然状态下，用我们的感觉器官和仪器来接受自然界的种种信息。列宁在辩证法十六要素的第一条中就指出"观察的客观性（不是实例，不是枝节之论，而是自在之物本身）"③。在这里，列宁首先讲的是观察的根本指导思想的问题。我们是通过观察去认识、反映客观世界的本来面貌和发展规律，还是企图从客观世界中随意地抓取一些材料来论证主观已有的结论，这是两种根本不同的认识态度和认识路线。第一种是从客观到主观的路线，是唯物主义的认识论和方法论；第二种是从主观到客观的路线，

---

　　① 列宁：《哲学笔记》，林利等译校，中共中央党校出版社1990年版，第106页。

　　② 同上书，第105—106页。

　　③ 同上书，第250页。

是唯心主义的认识论和方法论。遵循第一条路线，人的认识可以如实地反映客观世界，做到观察的客观性；遵循第二条路线，人的认识只能歪曲客观世界的本来面貌，做不到观察的客观性。其次，列宁也告诉我们，在观察过程中如果只抓住一些实例和枝节，就不能认识自在之物本身，达不到观察的客观性，相反，只有不停留在实例和枝节上，只有抓住自在之物本身才能达到观察的客观性。这就是说，我们在观察过程中收集的材料不应该是片面的，而应该是全面的；不应该是零散的，而应该是系统的；不应该是虚假的，而应该是真实可靠的；不应该是枝节的，而应该是本质的。我们只有在这种全面的、系统的、本质的、真实可靠的材料的基础上才可能认识客观事物的本质及其发展规律。

科学发展史早已证明观察在自然科学研究和发现中的重要性，科学上的许多重要发现，往往直接来源于观察。哥白尼的太阳中心说就是他毕生从事天文观察的结果。达尔文的进化论是他远游海外，直接观察大自然，收集了大量资料之后作出的理论概括。当然，在观察中人的肉体感官有着一定的限度，自然界的许多奥秘单靠肉体感官是观察不到的，但是人类不断制造出现代化的观察工具，使人的视野不断向自然界广度和深度扩展。天文望远镜、射电天文望远镜帮助人的眼睛看得越来越远。近年来，由于卫星、火箭和高空气球等运载工具的发展，科学家克服了大气层的屏障，很快地发现了 X 射线源、γ 射线源、X 射线暴和 γ 射线暴等天体新现象，使天文观测由原来的可见光和射电波段，扩展到包括 X 射线、γ 射线和高能粒子的全波观测。为研究和探索宇宙空间的物理过程，提供了更为完整的信息。人通过这些观测，可以看到一百亿光年的远处。而光学显微镜、电子显微镜（如高分辨率的透射式显微镜、扫描电子显微镜，百万伏特高压电子显微镜）又帮助人类的肉眼看见越来越小的东西。

电子显微镜诞生才三十多年，人类就可以观察到大分子的内部结构和单个原子的现象。人类利用盖革计数器可以"听到"微观过程的一些"声音"，借助威尔逊云雾室、高能乳胶，甚至更现代化的气泡室、放电室等精密探测仪器，不仅能够观察到原子、原子核，而且能够观察到组成原子核的基本粒子的"足迹"。因此，在现代自然科学的研究中，观察仍然是一种重要的方法。

实验的方法，同单纯的观察不同，它是一种通过变革自然现象来暴露自然现象的本质、必然性和规律性的方法。科学实验是人类社会实践的基本形式之一。自然科学的实践主要是科学实验。列宁在《哲学笔记》中多次论述了实验、实践在认识中的作用。列宁说:"为自己绘制客观世界图景的人的活动改变外部现实,消灭它的规定性(=变更它的这些或那些方面、质),这样,也就去掉了它的外观、外在性和虚无性的特点,使它成为自在自为地存在着的(=客观真实的)现实。"① 为什么人类在认识自然界及其规律时要通过科学实验呢,这是由自然界本身的特点和人类认识的特点所决定的。列宁从认识论上论证和说明了这些特点:"自然界既是具体的又是抽象的,既是现象又是本质,既是瞬间又是关系"②,而"人的意识、科学('概念')反映自然界的本质、实体,但同时这个意识对于自然界是外在的(不是一下子简单地和自然界符合)"③。这样,直观的观察就有着很大的局限性,自然界呈现在我们眼前的就观察得到,自然界不呈现在我们面前的就观察不到;自然界的本质、规律充分暴露了,我们就容易观察到,自然界的本质、规律没有充分暴露,我们就不容易观察到。而实验则不同,它可以帮助我们深入到自然现象的内部去认识;它可以创造自然界中不存在的环境和条件,像超高温、超低温、超高真空、强中子源等,运用这些极端的条件进行科学研究,使科学不断向新的领域突破;它可以排除自然过程中不必要的非本质的因素,使过程的本质以比较纯粹的形态出现,突出某些关键性的因素,这样就便于对复杂的过程进行分析和研究,以揭示一般的生产实践中难以认识的自然过程的本质和规律,它还可以进行各种模拟试验,生产预制试验和替代试验,把自然现象或生产过程加以简化、缩小或加速,这样不仅能缩短研究时间,便于重复性地进行观察、测量,而且可以避免不必要的损失,少走弯路。总之,实验可以使我们能够成功地认识和反映自然和规律。因此它是自然科学研究中最重要的方法。从一定意义上说,近代自然科学正是随着实验的发展而发展的。现代科学技术就更是如此。许多研究都首先是在实验室里搞起来的,然后逐步推广到生产中去。高分子合成工业、原子能工业、激光工业、航天工业、遗传工程都是这样发展起来的。

　　实验、实践在自然科学方法论中的重要性还表现在它们是自然科学理论的真理性标准,列宁说:"生命产生脑。自然界反映在人脑中。人在自己

---

① 列宁:《哲学笔记》,林利等译校,中共中央党校出版社1990年版,第244页。
② 同上书,第232页。
③ 同上书,第208—209页。

的实践中、在技术中检验这些反映的正确性并运用它们，从而也就接近客观真理。"① 又说："人和人类的实践是认识的客观性的验证、准绳。"② 这是因为自然科学理论作为人脑对自然界的反映，这种反映是否正确，在思维的范围内是无法解决的，自然界本身也不会来告诉我们反映是否正确。而实践则不同。列宁说："实践高于（理论的）认识，因为实践不仅有普遍性的优点，并且有直接的现实性的优点。"③ 所谓"直接现实性"就是指人们在自己的实践活动中同客观世界直接打交道。一方面人作用于客观世界，一方面又接受客观世界的反作用，于是正确地反映了客观规律的理论就会使我们在实践中达到预定的目的，而错误的理论就会使我们在实践中失败。

　　实践是检验真理的唯一标准，当然不意味着否认理论的指导作用。列宁说："外部世界、自然界的规律、机械规律和化学规律的区分（这是非常重要的），乃是人的有目的的活动基础。人在自己的实践活动中面向着客观世界，依赖于它，以它来规定自己的活动。"④ 理论的指导作用和理论的真理性标准是不同的两个问题，不能混为一谈。但是必须认识到理论发挥指导作用的过程也仍然是一个受实践进一步检验的过程。如果认为经过实践证明为真理的理论再不需要接受实践的检验，那岂不是认为这样的理论再不是绝对真理和相对真理的辩证统一了吗？这就会从根本上违反马克思主义的认识论。总之，实践（包括实验）是自然科学认识的唯一源泉和真理性的标准，这是自然科学方法论的根本观点。

三

　　辩证思维是自然科学方法论的一个基本内容。所谓辩证思维就是要按照辩证法来理解各种思维形式、逻辑手段、研究方法在认识过程中的地位、作用和相互关系，善于辩证地使用它们。列宁在《哲学笔记》中论述自然科学中各种具体的研究方法时，重点也是这个问题。

　　1. 分析和综合。列宁把分析和综合的方法看做是辩证法的十六要素之一。列宁说："分析和综合的结合——各个部分的分解和所有这些部分的总

---

　　① 列宁：《哲学笔记》，林利等译校，中共中央党校出版社 1990 年版，第 223 页。
　　② 同上书，第 236 页。
　　③ 同上书，第 239 页。
　　④ 同上书，第 208 页。

和、总计。"① 客观事物都是对立面的统一，都是部分和整体的对立统一。客观事物的这种辩证本质决定了分析方法和综合方法之间的辩证关系，既对立又统一，并在一定条件下互相转化。当对事物的认识尚处在分析阶段的时候，就难以进行综合，分析是综合的前提；当分析已经完成，就必须进行综合，综合是分析的必然发展。列宁主张把两者结合起来，就是要求我们懂得辩证地使用它们。自然科学的发展历史也一再证明把分析方法和综合方法结合起来的重要性。以生物学来说，今天的生物学，一方面向微观方向发展，向分子生物学、量子生物学方向发展，越分越细；另一方面又向超分子、细胞、群体和生态方向发展，越来越广。在这种发展形势下，只有把分析方法和综合方法紧密结合起来，才能避免历史上时而偏重分析、时而偏重综合而带来的错误倾向，使生物学沿着正确方向发展。

2. 科学抽象，抽象上升为具体。科学的抽象就是把现象中个别的、不同的、偶然的和变动的因素撇开，把一般的、共同的、必然的和稳固的因素抽取出来，形成概念、判断和理论。

科学抽象比感觉更深刻地反映了自然界的本质和规律性，在自然科学中是极为重要的认识手段。列宁说："当思维从具体的东西上升到抽象的东西时，它不是离开——如果它是正确的——真理，而是接近真理。物质的抽象，自然规律的抽象，价值的抽象及其他等等，一句话，那一切科学的（正确的、郑重的、不是荒唐的）抽象，都更深刻、更正确、更完全地反映着自然。从生动的直观到抽象的思维，并从抽象的思维到实践，这就是认识真理、认识客观实在的辩证的途径。"② 现代科学发展的历史表明，理论物理、应用数学的概念和方法日益渗透到化学、生物学、天文学、地学等基础学科的研究中去，人们在大量实验工作的基础上，用越来越抽象的数学工具表达物质运动规律。许多大型工程和国防尖端项目，也都需要事先用物理的、数学的方法进行理论设计，这是自然科学理论现代化的一个重要标志，而由于发展和推广了大型计算机，使复杂方程的计算结果越来越接近实际情况。因此，这种抽象表面上远离了自然界而实际上更深刻、更正确、更完全地揭示了自然界的规律性。

当然，经过科学抽象得到的东西，是摆脱了现象的本质，除去了偶然形

---

① 列宁：《哲学笔记》，林利等译校，中共中央党校出版社1990年版，第250页。

② 同上书，第186—187页。

态的必然性，从多方面联系中抽取出来的一个方面，同现实的具体相比，不是那么丰富多彩，不是那么活生生的，为了在思维中把握客观的具体，就必须由抽象上升为具体，在思维中复制和再现作为具体对象的一切特点、方面和关系的完整体系。列宁说："身体的各个部分只有在其联系中才是它们本来应当的那样。脱离了身体的手，只是名义上的手（亚里士多德）。"① 又说："一般的含义是矛盾的；它是僵死的，它是不纯粹的，不完全的等等，而且它也只是认识具体事物的一个阶段，因为我们永远不会完全认识具体事物。一般概念规律等等的无限总和才提供完全的具体事物。"② 这是因为抽象的过程主要是借助于分析达到的，是在分析基础上的抽象，而抽象上升为具体的过程则主要表现为综合的过程，是在综合基础上的上升。于是在第一条道路上，完整的表象蒸发成为抽象的规定；在第二条道路上，抽象的规定在思维行程中把具体复制出来。很明显，科学的抽象和从抽象上升为具体是一个完整的认识过程所不可缺少的两种认识方法，只有把两者辩证地统一起来，才能在思维中再现客观的具体事物。

3. 归纳和演绎，类比和假设。归纳推理是从个别到一般的推理形式，演绎推理是由一般到个别的推理形式，类比推理则是由特殊到特殊的推理形式，而假设就是利用现有资料进行外推的一种形式。

列宁说："以最简单的归纳方法所得到的最简单的真理，总是不完全的，因为经验总是未完成的。由此可见：归纳和类比的联系——和推测（科学预见）的联系，一切知识的相对性，以及认识每前进一步所包含的绝对真理。"③ 这就是要我们看到这些推理形式在自然科学研究中各自所占有的地位以及各自的局限性。归纳推理在认识上有着重大的作用，因为人的认识总是从个别的特殊的事物开始，科学史上许多重大发现就使用了归纳法。但是它是以同类事物中共同的不变的特征、属性、关系为对象的，而当问题涉及这些特征、属性和关系的变化和发展时，它就无能为力了。演绎推理在认识中也有着重大意义。恩格斯说："思想的首尾一贯性在任何时候都应当帮助还不充分的知识继续前进。"④ 首尾一贯性就是要坚持普遍的原则、定律，运用演绎法来认识未知的东西。科学史上许多重要成果是使用了演绎法得到的。爱

---

① 列宁：《哲学笔记》，林利等译校，中共中央党校出版社 1990 年版，第 224 页。
② 同上书，第 311 页。
③ 同上书，第 200 页。
④ 《马克思恩格斯全集》第 20 卷，人民出版社 1971 年版，第 376 页。

因斯坦的相对论（以及它的数学形式——黎曼几何）主要是运用了演绎的各种逻辑方法和数学方法得到的。但是演绎法的大前提的正确性是要依靠其他方法来证明的，它的推理是以普遍、特殊、个别之间的一致性为依据的，而在三者发生矛盾的情况下，单靠演绎就无法解决了。类比推理是形成科学假说的一个常用的方法。假设是理论的预制品，是发展科学理论的必要途径。在类比、假设的过程中常常需要科学的想象和幻想。列宁说："幻想是极其可靠的品质。"① 科学幻想可以超越现实材料的限制，省去中间推理步骤，提出科学未来目标，推动科学发展。类比、假设是以事物的属性、关系有普遍性、相似性为依据的，而以特殊性、差别性为其使用的界限，超出了这种使用的界限，类比就会导致错误。正因为归纳和演绎、类比和假设有着各自的作用范围，它们都只是在认识总过程的某一阶段、某一方面发挥其作用，因此列宁在《哲学笔记》中非常强调这些推理形式之间的辩证联系和转化，认为只有依靠这些推理形式的联系与转化才能全面地反映客观世界。列宁说："类比推理（关于类比的推理）向关于必然性的推理的转化——归纳推理向类比推理的转化——从一般到个别的推理向从个别到一般的推理的转化，——关于联系和转化［联系也就是转化］的阐述，这就是黑格尔的任务。"② 列宁这里说的"黑格尔的任务"就是指辩证法、辩证逻辑的任务。我们也可以说是自然科学方法论的任务。

　　4. 辩证地理解和使用概念

　　列宁在《哲学笔记》中对概念的内在矛盾及其在认识过程中的地位、作用和运动规律作了深刻的分析。概念作为一种思维形式，反映着客观事物的共同的本质的东西，但是任何一般都只是个别的一个方面、一个部分，都只能大致地包括一切个别事物，这样就形成了一般和个别的矛盾；概念作为事物相对稳定的本质属性的反映，有着概念的确定性，可是事物的稳定是相对的，物质世界处在永恒的运动之中，概念要反映这种运动，就必须是灵活的，可变的，这就形成了概念的灵活性和确定性的矛盾。概念作为客观对象的主观映像，它的内容是来自客观的，可是它的形式又是主观的，思维的，这就形成了概念的客观内容和主观形式的矛盾，概念的这些内在矛盾规定了它的辩证本性。

---

① 《列宁全集》第 33 卷，人民出版社 1957 年版，第 282 页。
② 列宁：《哲学笔记》，林利等译校，中共中央党校出版社 1990 年版，第 200 页。

　　列宁不但强调辩证地理解概念的本性，而且非常重视运用概念的艺术。列宁说："概念不是不动的，而就其本身，就其本性来讲＝过渡。"① 又说："概念的全面的、普遍的灵活性，达到了对立面同一的灵活性，——这就是实质所在。主观地运用的这种灵活性，如果加以主观的应用＝折中主义与诡辩。客观地应用的灵活性，即反映物质过程的全面性及其统一性的灵活性，就是辩证法，就是世界的永恒发展的正确反映。"② 所谓运用概念的艺术，就是指辩证地使用概念，客观地应用概念的灵活性。

　　运用概念的艺术，恩格斯认为不是天生的，而是自然科学和哲学两千年发展的结果。列宁在《哲学笔记》中两次提到了恩格斯这个观点，就是告诉我们只有从学习自然科学和哲学的发展史中才能掌握这种艺术。

　　综上所述，列宁《哲学笔记》中关于科学方法论的思想是异常丰富的。我们应该打开这个宝库。同时我们必须看到现代自然科学的发展也为科学方法论积累了大量的实践经验，提出了许多新的问题。我们应该把学习《哲学笔记》的科学方法论思想同现代自然科学的实际结合起来，为丰富和发展现代自然科学的方法论作出贡献。

---

① 列宁：《哲学笔记》，林利等译校，中共中央党校出版社 1990 年版，第 254 页。
② 同上书，第 118 页。

论事物发展的动力[*]

动力和源泉问题在事物发展最一般规律中占有极其重要的地位。对立统一规律之所以成为唯物辩证法的实质和核心，一个重要原因，就是因为它揭示了事物发展的源泉和动力。正确地认识和揭示事物发展的源泉和动力，是我们在按照事物本身固有的规律推动事物发展的时候必须首先解决的问题。回顾我党的历史，特别是新中国成立以来的历史，当我们在理论和实践上对这个问题解决得比较好的时候，革命和建设就发展得顺利和迅速；当我们在理论和实践上对这个问题解决得不太好甚至错误的时候，革命和建设就受到挫折和失败，或者至少发展得缓慢。因此，当全党全国工作着重点转移到社会主义现代化上来的时候，围绕这个问题，总结革命和建设的历史经验，肃清林彪、"四人帮"的流毒和影响，对于全面认识、充分发掘实现四个现代化的动力、源泉，调动一切可以调动的积极因素，加快四个现代化建设的步伐有着重要意义。

一

全面理解事物发展的动力，首先碰到的一个问题，就是如何认识内因和外因及其在发展过程中相互关系的问题。

唯物辩证法认为，事物发展的根本原因，不在事物的外部而在事物的内部，在于事物内部的矛盾性。任何事物内部都有这种矛盾性，因而引起了事物的运动和发展。唯物辩证法这一根本观点是唯物主义一元论世界观的必然结论。世界统一于物质，就整个物质世界来说，运动变化的原因在物质自身、物质内部。如果认为就整个物质世界而言，运动变化的原因不在物质内部、

* 原载于《新疆大学学报》1979 年第 4 期。

不在物质自身，而在物质世界之外，那岂不是从根本上破坏了唯物主义一元论世界观吗？那岂不是重蹈当年牛顿"第一推动力"的老路吗？因此就整个物质世界而言，唯物辩证法明确地主张内因论，认为物质就是运动的主体、运动的原因。坚决摒弃到物质世界之外寻找动力的企图，认为这种企图不仅是形而上学的，而且必然导致唯心主义。但是就具体事物、具体的物质运动形式来说，它们的发展变化，不仅有内因，而且还存在着外因。这里似乎存在着矛盾，即就物质世界总体来说没有外因，就具体事物来说又存在着外因。如何解释呢？这是因为物质世界本身存在着统一性和多样性的矛盾。从世界的统一性来看，世界上万千形态的事物都是物质的具体表现，都统一于物质，精神也不过是物质发展到高级阶段的产物。世界上各种事物之间的相互作用、相互影响、都不过是物质世界内部的相互作用、相互影响。世界上如此艳丽动人的变化其源盖藏于物质之中。从世界的多样性来看，统一性存在于多样性之中，物质表现为千千万万的具体事物。物质有着无限多样的运动形式、无限多样的层次和结构、系统，各种具体的物质存在的形式之间存在着相互制约、相互影响、相互作用的复杂关系，因此就特定的事物、关系、层次、结构、系统来说，就可以区分为自身和他者，内部和外部，于是统一的物质世界的普遍相互作用可以划分为具体事物的内部作用和外部作用，区分为内因和外因。具体事物的内因和外因是物质作为运动唯一主体、唯一原因的分化和多样化的结果。因此，我们在考察物质世界发展变化原因的时候，如果忽视整个物质世界发展变化的原因和具体事物的发展变化的原因的上述区别，就会或者把唯物辩证法关于整个物质世界发展变化的原因的一般结论简单地套用到具体事物上面去，有意无意地否认具体事物发展变化中外因的存在和作用，或者把具体事物发展变化中的外因误认为整个物质世界发展变化也存在着外因。注意了这种区别，我们就可以真正掌握唯物辩证法内因论的精神实质，对具体事物发展中的内因和外因作具体分析。毛泽东同志指出："唯物辩证法的宇宙观主张从事物的内部、从一事物对他事物的关系来研究事物的发展，即把事物的发展看做是事物内部的必然的自己的运动，而每一事物的运动都和它的周围其他事物互相联系着和互相影响着。"[1]

　　林彪、"四人帮"大搞唯心论形而上学，割裂事物发展过程中内因和外因

---

[1]　《毛泽东选集》第 1 卷，人民出版社 1991 年版，第 301 页。

的辩证关系，借口唯物辩证法主张内因论，把内因看做具体事物发展的唯一原因，借口唯物辩证法反对外因论，否认具体事物发展中外因的作用。在社会主义建设的问题上，他们把我们党的自力更生的方针歪曲为闭关自守，拒绝一切外援，把我们党执行的在自力更生方针基础上引进外援，利用国外的积极因素污蔑为"洋奴哲学"、"崇洋媚外"，把自力更生和向外国学习，引进外国先进技术，引进外资、外力绝对地对立起来，否认具体事物发展过程中外因的作用。这不是用辩证法反对形而上学，而是用一种形而上学来反对辩证法。因为就具体事物来说，把内因看做发展的唯一原因，否认外因在发展中的作用，不就是否认事物间的相互联系和相互作用了吗？不就等于认为事物是彼此孤立存在的吗？这不是形而上学又是什么呢？其实，所谓形而上学外因论或被动论，它的主要表现，一是就整个物质世界的运动变化而言，认为原因在物质世界的外部；二是就具体事物而言，错误地夸大了外因的作用，把外因当作了事物发展的根本原因。但是正确地认识和承认外因在具体事物发展过程中的作用决不是形而上学的外因论和被动论。外因在具体事物发展过程中的作用，本来是客观存在着的，如果硬是闭着眼睛不看，否认其作用，那又怎么能正确地认识事物发展的动力和源泉呢，在指导实际工作的时候，怎么能不妨碍事物的正常发展呢？回顾我国三十年来社会主义建设的历史，当我们正确地认识让国外因素对我国社会主义建设起作用，善于利用它们的时候，我们建设的速度就快；当我们或者由于国际条件或者由于国内条件，不能充分地利用国外积极因素的时候，我们建设的速度就慢。现在我们实现四个现代化的时候，就要进一步批判和肃清林彪、"四人帮"的流毒和影响，进一步利用国外的积极因素，在坚持独立自主、自力更生的前提下，努力学习一切外国的好东西，有计划地引进外国先进技术和利用国外资金。

　　当然，外因和内因在事物发展过程中的地位是不同的。简单说来，内因是变化的根据，外因是变化的条件；内因是根本性的原因，外因是第二位的原因，外因只有通过内因才能发挥其作用。我们搞四个现代化建设，就全国来说，根本的原因和动力在我们国内，我们自己；就一个单位、地区、部门来说，根本的原因和动力则在一个单位、地区、部门的内部，在这些单位、地区、部门自己。实现四个现代化，不靠我们中国人民，靠谁？没有我们自己的努力，没有全国人民艰苦奋斗，四个现代化是不会从天上掉下来的，是化不起来的。因此，我们在实现四个现代化过程中，必须坚持自力更生的方针，必须坚持艰苦奋斗的作风，这也是为我们过去三十年的革命和建设的实践所反复证明了的真理。然而，毛泽东同志用变化的根据和变化的条件来概括内因和外因在事物发展中的不同作用，来阐明两者的辩证关系，含义是极为丰富和深刻的。如果把这个道理简单地理解为内因在任何时候都起着主要的作用，而外因在任何时候都只起着次要、非决定的作用，显然是不对的。因为这样的理解解释不了现实事物发展过程中内因和外因之间的复杂的相互关系，解释不了事物发展过程的复杂性。我们认为，只有把这个道理理解为既承认在一般情况下内因起着主要的决定作用，又承认在一定条件下外因也可以起着主要的作用，才能解释事物发展过程中的复杂、曲折的生动局面。当然，外因作用对事物发展影响再大，都必须通过内因而起作用，这是在任何情况下都是如此的。外因在一定条件下对事物的发展可以起到主要的决定作用，这可以使我们进一步重视外因在事物发展中的作用，外因一定要通过内因而起作用，这可以使我们不致颠倒事物发展的根据和条件，外因不管如何起着主要的决定作用，仍然是事物发展变化的外部条件。外因通过内因而起作用的具体形式和机制也是随着事物的性质及事物与周围关联特点的不同而不同的，有的外因直接同内因结合起来，变为内因的一部分而发挥其作用，有的则不直接转化为事物内部的因素，而只是通过对事物内部矛盾两方面的影响来发挥自己的作用。研究外因和内因的辩证关系，不仅要研究外因和内因在事物发展过程中的不同地位和作用，而且还要研究外因通过内因而起作用的各种表现形式，各种不同的机制和特点。只有当我们揭示了这些形式、机制和特点的时候，我们才能真正弄清楚外因和内因在事物发展过程中的辩证联系和转化。新中国成立三十年来正反两方面的经验充分证明在社会主义建设过程中正确认识内因和外因关系的重要性。当我们比较自觉地根据唯物辩证法处理好两者关系的时候，我们建设发展速度就快；反之，就慢。近十来年，林彪、"四人帮"严重地破坏这二者的关系，我们的建设事业不但没有发展，反而濒临崩溃的边缘，现在我们就可以在总结过去正反两方面经验教训的基础上，更自觉地处理好二者的辩证关系。在实现四个现代化的过程中，利用国外的积极因素也好，有计划引进外国的先进技术和利用外国资金也好，都必须从我国实际情况出发，统筹安排，分清轻重缓急。而且要特别注意认真组织广大技术人员和工人学习、消化和掌握国外先进技术，把学习外国和自己的独创结合起来，使外国的先进技术、经验变成我们自己手里的东西，使外部因素转化为内部因素，这样我们就可以避免别人走过的弯路，就可赶超世界先进水平。

<h1 style="text-align:center">二</h1>

就事物发展的内因来说，由于事物内部矛盾的复杂情况，也必须作认真的细致的分析，才能准确地、全面地揭示事物发展的内在原因或者说内在根据。

事物的内部矛盾，就一个大的发展过程来说，存在着根本矛盾和非根本矛盾的区别，就事物发展的一定阶段来说，存在着主要矛盾和非主要矛盾的区别。事物发展过程的根本矛盾是指在一个大的发展过程中处于支配地位的矛盾，它决定着过程的本质，规定、影响、支配着非根本矛盾的发展和变化，因此对于一个过程的变化来说，根本矛盾起着根本原因的作用，而其他非根本矛盾则起着非根本原因的作用；事物发展阶段上的主要矛盾是指在一个发展阶段上对其他矛盾起着领导和支配作用的矛盾，而为主要矛盾所规定、支配的其他矛盾则是非主要矛盾，因此对一个阶段上的发展变化来说，主要矛盾则起着主要原因的作用，非主要矛盾起着非主要原因的作用。由此可见，根本矛盾之于过程的变化，主要矛盾之于阶段的发展都起着十分重大的作用。这样，准确地、及时地分析和认识它们就显得十分重要。准确及时地抓住它们，就抓住了过程和阶段发展的根本原因和主要原因，就能有效地推动事物的发展。毛泽东同志说："研究任何过程，如果是存在着两个以上矛盾的复杂过程的话，就要用全力找出它的主要矛盾，捉住了这个主要矛盾，一切问题就迎刃而解了。"① 我们党领导的中国革命和建设的历史充分证明了这一点。抗日战争时期，毛泽东同志抓住了中国人民和日本帝国主义这一当时的主要矛盾，提出了抗日民族统一战线的理论和策略，最后赢得了抗日战争的胜利。1949 年我们党夺取全国胜利之后，由于毛泽东同志在党的七届二中全会上对全国解放后的主要矛盾作了正确的分析，使我党在全国解放后，领导全国人民迅速地医治了战争的创伤，逐步实现了生产资料所有制的社会主义改造，并开展了社会主义建设的伟大事业。相反，对根本矛盾和主要矛盾的认识和分析不符合客观实际，没有正确地抓住客观实际存在的主

---

① 《毛泽东选集》第 1 卷，人民出版社 1991 年版，第 322 页。

要矛盾和根本矛盾，这时革命和建设就遭受失败和挫折，出现曲折和反复。在第二次国内革命战争的年代，王明等人对当时中国的社会性质作了错误的分析，认为那时无产阶级和资产阶级的矛盾是主要矛盾，革命的对象不是三大敌人，而是一般的资产阶级，推行一条"左"倾机会主义路线，几乎断送了中国革命。近十来年，林彪、"四人帮"出于他们篡党夺权的反革命目的，别有用心地鼓吹广大工农兵同革命老干部之间的矛盾是主要矛盾，推行一条"左"倾机会主义路线，残酷地打击、迫害广大革命的老干部，造成了骇人听闻的假案、错案，使我国社会主义革命和建设遭到了极大的破坏，国民经济濒于崩溃的边缘。

事物发展过程中根本矛盾和非根本矛盾的区别，事物发展阶段上主要矛盾和次要矛盾的区别，都是在一定条件下相比较而言的，随着条件的变化，过程、阶段的推移，这种区别也会随之变化。不同的过程有着不同的根本矛盾，不同的阶段，有着不同的主要矛盾。毛泽东同志指出："事物发展过程的根本矛盾及为此根本矛盾所规定的过程的本质，非到过程完结之日，是不会消灭的，但是事物发展的长过程中的各个发展的阶段，情形又往往互相区别。这是因为事物发展过程的根本矛盾的性质和过程的本质虽然没有变化，但是根本矛盾在长过程中的各个发展阶段上采取了逐渐激化的形式，并且，被根本矛盾所规定或影响的许多大小矛盾中，有些是激化了，有些是暂时地或局部地解决了，或者缓和了。又有些是发生了，因此，过程就显出阶段性来。"[1] 我们要善于随着根本矛盾的发展，主要矛盾的改变，及时地改变自己工作的中心，以便及时地抓住事物在发展过程和阶段上已经变化了的根本矛盾和主要矛盾。如果客观事物的根本矛盾和主要矛盾已经改变了，而我们的认识和工作没有改变，那就要犯右的错误；如果客观事物的根本矛盾和主要矛盾还没有改变，而我们的认识却把那些刚暴露出上升势头的矛盾误认为已经跃居为根本矛盾和主要矛盾，这就会犯"左"的错误。无论是右的错误，还是"左"的错误，由于两者都没有正确地认识和分析事物发展中根本矛盾和主要矛盾，因而都不可能正确地指导、推动事物的发展。因此及时地、准确地认识根本矛盾和主要矛盾的发展变化是极其重要的。在这里，认为根本矛盾和主要矛盾不会随着条件的变化而变化的"不变论"是错误的，认为根本矛盾和主要矛盾的变化可以不依一定的条件的"随意变化论"也是错误的。

---

[1]　《毛泽东选集》第1卷，人民出版社1991年版，第314页。

林彪、"四人帮"出于其反革命目的，就经常交替鼓吹这两种错误的理论，他们或者鼓吹社会主义时期主要矛盾不变论，或者又主观随意地宣布社会主义时期主要矛盾的变化。例如他们在大肆宣扬阶级斗争在任何时期都是纲的时候，就鼓吹一定要紧紧抓住"阶级斗争这个纲"，"任何时期也不可放松"，"在整个社会主义历史阶段，生产关系对生产力、上层建筑对经济基础始终起着主要的决定的作用"。这样就把社会主义时期一定阶段上的主要矛盾凝固为整个社会主义时期的主要矛盾。但是他们在鼓吹他们那一套"阶级关系新变化"的时候，就又别有用心地编造社会主义时期主要矛盾的变化。但是客观过程的发展、阶段的推移，是不依人们的主观意志进行的，因此当主要矛盾在实际上发生变化的时候，林彪、"四人帮"鼓吹的主要矛盾不变论必然导致颠倒主要矛盾和次要矛盾的位置。他们的倒行逆施，给我们党和人民带来了浩劫般的灾难。应当承认，在党内、人民内部有些同志一时看不准主要矛盾、根本矛盾的升降变化而搞错的情况也是存在的。但这同林彪、"四人帮"搞的那一套有着原则上的区别，这里有认识上的原因。主要矛盾和次要矛盾，根本矛盾和非根本矛盾之间彼此易位的变化，不是一个早上完成的，而是要经历一个变化过程，在这个过程中，主要矛盾和次要矛盾，根本矛盾和非根本矛盾往往会出现某种势均力敌的局面，双方的转变也不是直线地进行的，常常会出现曲折反复，这就使人们难以准确地、及时地认识其变化，捕捉它们。新中国成立以来，特别是在生产资料所有制社会主义改造基本完成以后我国社会现阶段主要矛盾的认识和实践上不是形成了曲折和反复的发展过程吗？从认识论上看，这种认识和实践上的曲折和反复是很难完全避免的。回顾和总结这一段历史，我们认为要及时地，准确地认识主要矛盾和根本矛盾的发展和变化，必须在实践、认识、实践的过程中进行客观的、辩证的、历史的分析和研究；而主观性、片面性、表面性一定会把人们引导到错误的道路上去。

　　准确而及时地认识和抓住事物发展过程的根本矛盾、事物发展阶段的主要矛盾固然抓住了事物内部发展的根本原因和主要原因，但是对于一定过程的非根本矛盾形成的非根本原因、一定阶段上的非主要矛盾形成的非主要原因也不能忽视。对于这种非根本的、非主要的动力和原因也要调动出来，让它们在事物发展中发挥其应有的作用。毛泽东同志总是告诫我们对于非本质方面、非主流方面的问题，也要逐一加以解决。这是因为根本矛盾和非根本矛盾之间，主要矛盾和非主要矛盾之间，是既相区别，又相依赖，互为前提的。根本矛盾、主要矛盾固然对非根本、非主要矛盾起着决定和支配的作用。但是非根本、非主要矛盾对根本矛盾和主要矛盾也起着一定的影响和作用。有时由于非根本、非主要矛盾没有解决好而阻碍、影响了根本矛盾和主要矛盾的解决，有时非根本矛盾、非主要矛盾由于没有解决好反而跃居为根本矛盾和主要矛盾。林彪、"四人帮"在鼓吹唯心论和形而上学的时候，就割裂主要矛盾和次要矛盾、根本矛盾和非根本矛盾的辩证关系，否认次要矛盾的作用，把主要矛盾的作用绝对化，把辩证法讲的重点论篡改为形而上学的一点论。他们在讲阶级斗争、生产斗争、科学实验的关系时就是如此。当他们把阶级斗争说成纲的时候，就把生产斗争、科学实验贬到九泉之下，什么"革命搞好了，生产自然而然上去了"、"只要路线正确，不出煤也要开庆祝大会"之类的谬论甚嚣尘上，害人极深。我们必须肃清林彪、"四人帮"的这种唯心论、形而上学的影响和流毒，全面地辩证地分析根本矛盾和非根本矛盾、主要矛盾和非主要矛盾之间的辩证关系，全面地认识和揭示它们在事物发展中的地位和作用。

我们从事四个现代化的伟大事业，一定要全面分析我国内部的各种矛盾，分清四个现代化建设过程中的根本矛盾和非根本矛盾，分清四个现代化建设各个阶段上的主要和非主要的矛盾，分析这些矛盾在推动我国实现四个现代化过程中的地位和作用，从而全面地、辩证地认识我国实现四个现代化过程的各种内部动力。

毛泽东同志说："社会的变化，主要地是由于社会内部矛盾的发展，即生产力和生产关系的矛盾，阶级之间的矛盾，新旧之间的矛盾，由于这些矛盾的发展，推动了社会的前进，推动了新旧社会的代谢。"[①] 在社会主义社会中，生产力和生产关系、经济基础和上层建筑的矛盾仍然是社会的基本矛盾，正是这两对基本矛盾的发展变化推动了社会主义社会的发展变化。因此，社会基本矛盾是社会主义社会的最根本的动力，社会主义社会所发生的各种变化，各种斗争，其源盖出于此。四个现代化的提出并逐步上升到主要地位，也是由于社会基本矛盾发展的要求。我国从半殖民地半封建的旧中国到新中国生产资料所有制社会主义改造基本完成以前，社会基本矛盾主要表现为变革上层建筑和生产关系的要求。社会主义改造基本完成以后，社会基本矛盾则主要表现为发展生产力的要求。毛泽东同志在 1949、

---

① 《毛泽东选集》第 1 卷，人民出版社 1991 年版，第 302 页。

1956、1958 年曾多次提出转移党的工作重心的问题，就是这种客观要求的理论表现。但是由于国内外阶级斗争形势的影响，林彪、"四人帮"在十来年的捣乱和破坏，我们始终没有完全实现这种工作重心的转移，现在，这种转移正在实现。全国人民对这种转移表现了高度的热情。因此社会基本矛盾提出来的客观要求和代表这种客观要求的人民群众是我们实现四个现代化的根本动力。四个现代化的过程是各种矛盾运动的复杂过程，其中我们要解决人和自然界的矛盾，发展生产力；我们要解决人与人关系上的矛盾，继续进行生产关系和上层建筑方面的改革和调整。这两类矛盾中何者是主要的呢？显然是前者而不是后者。我国人民对社会主义现代化的迫切要求和我国生产力水平还很低的现实之间的矛盾显然是我国现阶段的主要矛盾，因此我们的主要任务，就是有系统、有计划地进行社会主义现代化建设。生产关系和上层建筑方面的改革和调整在这个过程中不占主要的地位。如果我们在这个过程的现阶段不把发展生产力作为主要任务、主要目标，而仍然把生产关系和上层建筑的改革和调整作为主要任务，主要目标，那就不能实现工作重点的转移，自然没有抓住四个现代化过程在现阶段的主要矛盾。当然，并不排除这样的可能性：当不改革、不调整生产关系、上层建筑的某些方面，社会主义现代化建设不能进行的时候，局部地、暂时地改革、调整生产关系和上层建筑的某些方面的任务将被放到首要地位。这种情况就现阶段的全局来说不是普遍的情况，这是毫无疑义的。就生产斗争、阶级斗争、科学实验这三大运动来说，生产斗争、科学实验是主要的，阶级斗争已不是主要的，这里所说的主要和非主要的区别是就全党全国的中心工作来说的，当然这不排除某些部门和系统把阶级斗争作为自己的中心工作，但这也要服务于现代化建设这个全党全国的中心工作。就社会主义建设本身来说，也有一个正确认识和分析社会主义建设各个部门、各条战线之间的矛盾和关系的问题，这里同样必须抓住主要矛盾、主要问题，同时要正确处理主要矛盾和非主要矛盾之间的相互关系，在最近三年的时间内，认真搞好国民经济的调整、改革、整顿、提高，就是要解决建设中面临的主要矛盾和主要任务。我们正确分析了现代化建设过程中的各种矛盾，集中全力解决好现阶段存在的主要矛盾，同时又逐一处理好非主要矛盾，我们就一定能够全面调动我们国内的一切积极因素，加快四个现代化建设的步伐。

三

矛盾为什么会成为事物发展的动力呢？毛泽东同志说："矛盾着的对立面又统一又斗争，由此推动事物的运动和变化。"① 这里值得我们注意的是"由此"两个字。这个"此"就是指矛盾双方的又统一又斗争。这就是说，矛盾着的对立面之间存在着又统一又斗争的辩证关系才成为事物发展的动力。

能不能设想矛盾着的对立面之间只统一不斗争，或者只斗争不统一呢？显然不能，这两种设想都是不可思议的，在客观上也都是不存在的。这是因为只统一不斗争的双方就不能成为对立的双方，反过来只斗争不统一的双方，也不能构成矛盾。马克思在《资本论》中说："商品的交换过程包含着矛盾的和互相排斥的关系。商品的发展并没有扬弃这类矛盾，而是创造这些矛盾能在其中运动的形式。一般说来，这就是解决实际矛盾的方法。例如，一个物体不断落向另一个物体而又不断离开这一物体，这是一个矛盾。椭圆周便是这个矛盾借以实现和解决的运动形式之一。"② 马克思这里讲的"不断落向"又"不断离开"就是吸引和排斥的矛盾。吸引和排斥是自然界多种运动形式的基本矛盾。原子间的吸引和排斥构成了分子，分子间的吸引和排斥构成了物体三态的变化，物体间的吸引和排斥构成了宏观物体的机械运动。行星能围绕太阳运动，是因为行星和太阳之间存在着吸引和排斥的关系，光吸引不排斥，行星就会落到太阳上去；光排斥不吸引，行星就会飞离太阳而去。总之，事物的动力就在于矛盾着的对立面之间的这种又对立又统一的关系。所谓对立，就是矛盾的双方存在着互相排斥、互相斗争的性质，叫斗争性；所谓统一，就是指矛盾双方在一定条件下存在着互相依存、互为前提、互相促进，又在一定条件下互相转化的性质，叫同一性。矛盾双方的斗争性即寓于同一性之中；没有斗争性，也就没有同一性。而斗争性是绝对的，无条件的；同一性是有条件的、暂时的、相对的。这种有条件的相对的同一性和无条件的绝对的斗争性相结合构成一切事物的矛盾运动。

林彪、"四人帮"把矛盾着的对立面之间又统一又斗争的辩证关系割裂开来、对立起来，或者只讲无斗争的统一，或者只讲无统一的斗争。"四人帮"

---

① 《毛泽东著作选读》下册，人民出版社 1986 年版，第 766 页。
② 《马克思恩格斯全集》第 23 卷，人民出版社 1972 年版，第 122 页。

的一个黑干将说："对立统一规律这个提法就不是马克思主义的，是形而上学，只讲统一，不包括斗争"、"对立统一的规律应改为'对立统一与斗争规律'"。"四人帮"的一个死党说："从根本上说，一切矛盾的对立面都是在'对着干'，不'对着干'还有什么矛盾呢？"他们把毛泽东同志在一定场合一定意义上讲的共产党的哲学就是斗争哲学这句话，任意歪曲、夸大到否认矛盾同一性的地步。他们在讲事物发展动力的时候，也只讲"对立面的斗争"，说什么"不斗则退，不斗则垮，不斗则修"，根本否认矛盾同一性在事物发展中的地位和作用。他们这种反动的"斗争哲学"是其"左"倾机会主义路线的理论根源，给我们党和国家带来了极大的灾难。

我们说，对立面之间的统一和斗争，或者说矛盾的同一性和斗争性，是不能割裂的。脱离了同一性的斗争性，或者脱离了斗争性的同一性都不能成为事物发展的动力。把事物发展的动力或者仅仅归结为矛盾的斗争性，或者仅仅归结为矛盾的同一性，都是片面的、错误的观点。这当然不是说不能分别考察它们各自在事物发展中的地位和作用。事实上，由于它们各不相同的性质在事物发展中也起着不同的作用。只要我们不割裂它们之间的辩证联系，分别考察和说明它们不同的作用，是完全允许的，也是完全可以的。矛盾双方只有经过斗争，才能此长彼消，造成事物的量变；矛盾双方，也只有经过斗争，才能在一定条件下互相转化，造成事物的质变，这就是矛盾的斗争性在事物发展中的作用。但是矛盾的斗争性发挥这些作用的时候，是不能离开矛盾的同一性而孤立地进行的，因此我们承认矛盾斗争性所起作用的时候，决不能忽视或者否认矛盾同一性对事物发展的作用。

矛盾的同一性在事物发展中的作用表现在什么地方呢？

1. 矛盾双方在一定条件下由于存在着互为前提、互相依赖的性质，因而它们双方之间在一定条件下也就存在着相互促进的情况。既然这一方是那一方存在的前提，那么这一方的发展就为对方的发展创造了条件。生物体内的新陈代谢，同化和异化、吸收和排泄都是对立着的矛盾双方，新和陈，同化和异化，吸收和排泄，不仅互相排斥，互相对立，而且互为前提，互相依存。显然，吸收了才能排泄，有了同化，才能异化，有了新东西的产生，才能有旧东西的死亡；反过来，排泄、异化、旧东西的死亡不是为吸收、同化、新东西的产生创造了前提吗？一个动物体，光吸收不排泄不行，那样会胀死的；一个动物体内的细胞光生不死也不行，那样就会得"癌"症的。地球上的人类，如果光生不死，那还得了？社会矛盾也是如此。无产阶级和资产阶级这一矛盾着的对立面，同样存在着一定条件下互为前提、互相依赖的情况。资产阶级要发展，必须有庞大的无产阶级成为它的雇佣工人，无产阶级队伍的形成和发展同样也是以资本主义一定程度的发展为前提的。当然，矛盾双方之间的这种互相促进是有条件的、有限度的，超过了一定的条件和限度，则矛盾中的一方只有在战胜和克服另一方的基础上才能继续前进和发展，或者双方均让位于新的统一体中矛盾着的对立面。

2. 矛盾的统一性是具体事物存在和发展的条件。矛盾双方在一定条件下，互相依存，互为前提，共处于一个统一体中，这种统一体就是世界上存在着的千差万别的个体，即具体事物。这时矛盾的双方互相排斥又互相依存，推动着双方发生量的变化，这种变化表现在统一体上，表现在个体上，就是这种统一体、个体的存在和发展。就自然界的物质运动形式来说，就是某种具体的运动形式的形成、产生和发展的过程，就生物界的个体来说，就是生命有机体的产生、发展、成熟的过程。恩格斯说过："物体相对静止的可能性，暂时的平衡状态的可能性，是物质分化的根本条件，因而也是生命的根本条件。"① 恩格斯讲的物体的相对静止、暂时的平衡状态，在一定意义上也就是指矛盾双方在一定条件下的同一性。试想，矛盾双方之间只有排斥、对立、斗争，而没有一定条件下的依存、共处，世界上哪里还能有什么具体事物呢？同样的道理，一个具体事物内部矛盾的诸方面如果没有一定条件下的同一性，这个具体事物又如何存在和发展呢？在这种情况下，它只能解体和死亡。当然矛盾双方共处、依存是有条件的、暂时的、相对的，随着矛盾的发展，到了一定阶段，矛盾双方再不能依存、共处于一个统一体中，这时这个统一体作为一定条件下的个体也就完成了自己的发展史，转化为新的具体形态，开始新的个体发展史。

3. 矛盾的同一性提供了事物质变过程中对立双方之间、新旧事物之间相互转化的一条由此达彼的桥梁。当矛盾双方再也不能共处于一个统一体中的时候，整个事物就进入了质变和飞跃阶段。这时矛盾双方或者一方吃掉另一方，或者双方互易其地位，或者双方均让位于新的矛盾的双方。这时候旧事物要死亡，新事物要诞生。然而为什么矛盾着的双方各向其对立面或对立面所处的地位而不是向着别的方向转化过去呢？为什么新事物和旧事物之间能够彼此转化和交替呢？这里斗争性的作用是显而易见的，但是同一性的作用，

---

① 《马克思恩格斯全集》第 20 卷，人民出版社 1971 年版，第 589 页。

也同样不容抹杀。如果矛盾双方之间，新旧事物之间没有同一性，没有一条由此达彼的桥梁，这种转化又怎么能具体地实现呢？生物和死物之间为什么能转化呢？因为两者之间有着同一性，生物中包含着死的因素，死物中包含着生的成分。数学中直线和曲线为什么能够在一定条件下转化，是因为双方各自包含着对方的因素和成分。在这样一类事例中同一性之所以成为彼此转化的桥梁，是因为这种同一性表现为矛盾双方的共同点、共同因素。无产阶级和资产阶级双方为什么转化呢？因为无产阶级的存在是以资产阶级的存在为其前提的，资产阶级的存在也是以无产阶级的存在为其前提的。双方在矛盾中所处的地位是互为前提的，"冤家路窄"，各自只有向对方的地位转化过去。这里随着转化的实现，无产阶级并没有变为资产阶级，资产阶级也并没有反过来当了雇佣工人成为无产阶级，这种转化中矛盾同一性是通过矛盾双方在地位上的互为前提而发挥其桥梁作用的。必须指出，转化过程中同一性的作用其形式和内容丰富多彩，情况是极为复杂的。研究这种作用的形式和特点是唯物辩证法的重要任务。

上述分析表明，矛盾的斗争性和同一性在事物发展中都有自己的作用。就事物发展不同阶段来说，当事物处在量变阶段的时候，矛盾双方的同一性是具体事物存在和发展的条件。矛盾双方的斗争性促使矛盾双方发生着量的变化，矛盾的斗争性和同一性的有机联结，造成了活的同一、活的平衡，使整个个体发生和发展。这个阶段上，矛盾双方既有斗争，又有共处、依存，既有分，又有合，既是一分为二，又是合二而一。因此，就个体的存在和发展来说，矛盾诸方面的平衡、共处、依存、团结、联合起着非常重要的作用。当事物处于质变阶段的时候，矛盾的一方只有经过斗争才能战胜、克服另一方，这时斗争性对于事物的质变、飞跃、转化的作用就表现得非常突出，而同一性作为提供转化的桥梁只是规定和制约着转化的具体形式。

全面地认识对立面之间的统一和斗争在事物发展中的作用，全面理解矛盾作为事物发展的动力和源泉的意义，承认矛盾斗争性在发展中的作用的同时，也充分估计到矛盾同一性在发展中的作用，对于我们加快四个现代化建设的步伐有着巨大的实践意义。既然矛盾的同一性在事物发展中有着特殊的作用和意义，那么国民经济各部门之间的有计划按比例的发展，各个工序、车间、企业之间的协作，各个大区之间的协调，对四个现代化建设就有着极为重要的意义。我们现在之所以要实行调整、改革、整顿、提高，就是为了把整个国民经济纳入有计划按比例高速度的发展的轨道。林彪、"四人帮"借口"平衡是暂时的，不平衡是绝对的"，别有用心地破坏有计划按比例的发展，否认平衡、协调的必要性，给国民经济造成的破坏是多么触目惊心呀。林彪、"四人帮"的破坏从反面证明了有计划按比例、平衡、协调国民经济的发展是何等地重要啊。没有这些，就没有国民经济的高速度发展，就不可能显示社会主义制度的优越性。当然，我们这里说的计划、比例、平衡都是发展中的平衡、动态的平衡、积极的平衡，同那种借口平衡反对发展的静止、僵死、消极的平衡是毫无共同之处的。既然相对静止、暂时平衡是个体存在和发展的条件，那么安定团结对于我们实现四个现代化建设就有着非常重要的意义。大量的历史事实告诉我们，只有在安定团结的社会环境下，社会的生产才能有大的发展，人民生活也才能有显著的改善和提高。在我国历史上曾经出现过的汉朝"文景之治"，唐朝的"贞观之治"，清朝的"康乾盛世"，都是这种情况。相反，动乱的年代，生产往往遭到破坏，人民生活也往往遭殃。我们粉碎了林彪、"四人帮"之后，开创了一个安定团结的新局面，这样的局面是我们进行现代化建设的良好的国内环境。当然，在安定团结的局面下，还存在着各种社会的、政治的、思想的矛盾，其中包含着阶级矛盾、敌我矛盾，正确处理这些矛盾是必要的，处理好了就可以进一步巩固和发展安定团结的政治局面。只要安定团结的政治局面得到不断的巩固和发展，我们期待的社会生产力的大发展、大飞跃就一定会实现。

毛泽东同志说："要把国内外一切积极因素调动起来，为社会主义事业服务"[①]，全面理解事物发展的动力，就是为了理解、执行这个基本方针。我们执行了这个基本方针，四个现代化的建设步伐，就一定会加快，四个现代化的宏伟目标，就一定能实现。让我们为之而奋斗吧！

---

① 《毛泽东著作选读》下册，人民出版社1986年版，第720页。

论精神文明和物质文明的协调发展[*]

胡耀邦同志在党的十二大报告中指出，我们在建设高度物质文明的同时，一定要努力建设高度的社会主义精神文明，这是建设社会主义的一个战略方针问题。社会主义的历史经验和我国当前的现实情况告诉我们，是否坚持这样的方针，将关系到社会主义的兴衰和成败。为什么要提到这样一个高度，怎样实现在建设高度物质文明的同时努力建设高度的社会主义精神文明，本文提出的协调发展就是试图对这些问题做一些理论上的探讨和说明。

一

精神文明和物质文明为什么必须协调发展？这可以从下列三个方面加以考察。

首先，精神文明和物质文明各自的发展，要求两者之间有一个协调的关系。从物质文明对精神文明发展的影响和制约来看，物质文明是精神文明发展的物质基础、物质手段。物质生产越发展，物质产品越丰富，精神生产、精神生活就越能够得到发展。物质文明的发展程度决定着、制约着精神生产的发展规模和发展水平。精神生产过程是人脑对客观世界的认识反映过程，也是精神产品的物化过程，是精神产品的信息的加工、传输、储存过程。无论认识反映过程、物化过程，还是信息的加工、传输、储存过程，都依赖于一定的物质条件、物质手段。物质生产和物质文明越发展，就越是能够为精神生产提供各种变革现实对象的物质工具、物化精神产品的物质材料、传输精神产品的物质手段，人们就越是能够更加卓有成效地在深度和广度上认识自然、社会和思维，就越是能够开辟和丰富精神生产的形式和门类，越是能

* 原载于《哲学研究》1982 年第 12 期。

够有效地从事各种精神生产，"铸造"出丰富、精美的精神产品。物质条件和手段在科学研究中的作用是十分显著的。当人们没有其他物质手段可以使用，单凭肉体感官的时候，科学研究的视野和领域就受到限制，正是因为各种观测工具的发展，各种望远镜、显微镜、加速器的发展和应用，才使科学研究的视野和领域得到扩大和发展，人们才能向宇观和微观领域挺进，揭示物质世界的秘密。艺术作品的创作和生产也依赖着物质条件和物质手段，人们构思一部长篇小说，孕育各种艺术形象固然是小说家、艺术家大脑内部的精神活动，但是把长篇小说记录下来，把各种艺术形象表现出来，就不能不凭借各种物质手段和物质材料。至于像电影、电视、电子音乐更同电子器件联系在一起。教育在古代似乎并不需要多少物质条件，但是现代的教育则同现代化的物质条件紧密地结合在一起。各种电化教育工具急剧地改变着知识传授的方式，迅速地扩大着知识传授的速度和范围，教育真正变成了一种社会化的事业。物质文明对精神文明的影响和制约作用，更表现在随着物质文明的发展，生产工具的改进推动着物质生产的发展。而物质生产活动不仅改造着自然界，同时也改造着生产者本身，改造着人们之间的相互关系。历史上随着新生产关系的形成，在社会意识中总要形成新的思想和精神。在阶级社会中社会形态的更替过程往往伴随着先进阶级在思想方面的精神文明战胜、代替衰朽阶级的思想、意识的过程。就精神文明对物质文明的影响和制约来说，精神文明是物质文明发展的精神条件和手段，精神文明的建设为物质文明的建设提供着人才、理论和社会条件。人是生产力中的重要因素。而思想觉悟、道德情操、纪律观念、劳动经验、生产技能、科学知识又是人的重要因素，正是这些因素的有机结合才构成了现实的劳动者。精神文明的作用不仅表现在说明世界，更表现在指导人们改造世界。物质文明的生产过程在一定意义上说，就是精神文明同自然物的结合过程，是精神文明物化为物质文明的过程。体现精神文明的社会关系也对物质生产发生着重大影响。因此精神文明影响、制约着物质文明生产过程的发展水平，决定着物质文明生产过程的社会目的和社会性质。

其次，社会系统的控制、管理和发展也要求两者协调发展。社会系统靠什么来进行调节、管理和控制的呢？靠的是物质生产、物质文明，精神生产、精神文明。物质生产实现着社会同自然界之间的物质、能量的交换，物质生产的成果构成了社会系统存在和发展的物质基础，并且又在一定的生产力和生产关系的基础上树立起全部上层建筑和意识形态。精神生产实现着认识主体和客体之间的信息交换，作为精神生产成果的精神文明包含着社会和自然之间、社会内部各要素之间、人们相互关系之间的信息。人们依靠这些信息就可以协调社会同自然的关系，社会系统内部各要素及人与人之间的关系，通过发展生产力来增强人类抗御和改造自然界的能力，通过调整或改变生产关系来适应生产力发展的要求，上层建筑和意识形态适应经济基础的要求。因此精神文明不仅有反映的功能，也有控制、调节的功能。由此可见，物质文明和精神文明是社会实现控制和管理所不可缺少的两个方面。社会的管理者、控制者要管理、控制好一个社会系统，既要依靠现实的物质力量，也要依靠观念的精神力量。

最后，我们现在面临的总任务和将来要实现的共产主义目标也要求精神文明和物质文明协调地发展。胡耀邦同志在党的十二大报告中指出，中国共产党在新的历史时期的总任务是，团结全国各族人民，自力更生，艰苦奋斗，逐步实现工业、农业、国防和科学技术现代化，把我国建设成为高度文明、高度民主的社会主义国家。实现这样的总任务，就要求我们协调地进行社会主义精神文明和物质文明的建设。只进行物质文明的建设，或只进行精神文明的建设，都不能完成这个总任务，也不能保证我国社会未来发展的共产主义方向。

二

什么是两种文明的协调发展呢？

精神文明和物质文明的协调发展，就是精神文明的发展要适应物质文明发展的要求，物质文明的发展也要满足精神文明发展的需要。因此，协调发展并不意味着只对一方提出要求，只要求一方去和另一方协调，而是对双方提出要求。如果一方的发展没有适应另一方的发展，那就会失调。就精神文明来说，物质文明的发展会对精神文明的发展提出要求。发展物质文明的建设要求有各种各样的人才，既要求有一定思想觉悟和生产技能的劳动者，也要求有一定思想觉悟和掌握各种专业知识的专家、工程师，还要求人们之间建立和发展适应物质生产要求的社会关系，要求有安定团结的政治局面和社会环境，而这些要求的实现有赖于精神文明的建设。建设精神文明的目的之一也是为了促进物质生产的发展，因此无论从物质生产的要求还是从建设精神文明的目的来说，都要求我们在从事精神文明建设时要考虑物质文明的发展要求，使它和物质文明的发展适应、协调起来。就物质文明来说，精神文明的发展也会对物质文明的发展提出要求。建设精神文明的物质条件、物质手段要由物质文明的发展来提供。

我们进行物质文明的建设最根本的目的是满足人民群众不断增长着的需要，而人民群众的需要既有物质方面又有精神方面，这就要求我们在发展物质文明建设时要考虑精神文明建设发展的要求，使它和精神文明发展要求适应、协调起来。总之，精神文明和物质文明之间这种相互适应、相互满足的发展，就是一种协调发展。

精神文明和物质文明的协调发展既表现为质上的协调，也表现为量上的协调。

所谓质上的协调，就是两种文明在性质或质量上要互相适应对方的要求。我们今天所从事的物质文明建设是在社会主义条件下进行的，目的是为了建设高度文明、高度民主的社会主义国家。这就要求我们的精神文明具有社会主义性质，是以共产主义思想为核心的社会主义精神文明，在思想方面要求工人阶级的、马克思主义的世界观和科学理论，要求共产主义的理想、信念、道德，要求同社会主义公有制相适应的主人翁思想和集体主义精神，要求同社会主义政治制度相适应的权利义务观念和组织纪律观念，要求为人民服务的献身精神和共产主义的劳动态度，要求社会主义的爱国主义和国际主义，其中最重要的就是革命的理想、道德和纪律。在文化方面要求各种文化建设事业的发展不仅提高人民群众的知识和健康水平，而且也提高人民群众的思想觉悟和道德水平，群众性娱乐活动也要使人民群众得到具有高尚趣味的精神享受。物质文明在适应精神文明发展要求的时候也有一个质量问题。

所谓量上的协调，就是两种文明的建设在数量、规模上也要互相适应对方的发展要求。教育、科学、文学艺术、新闻出版、广播电视、卫生体育、图书馆、博物馆等各项文化事业以及群众性娱乐活动都有一个数量和规模的问题。数量少了，规模小了，不能满足物质文明的发展要求；数量过多，规模过大，我们现有的物力财力不足以支撑，还会影响到人民群众物质生活的改善。显然不足与过头都不利于物质文明的发展。因此我们在考虑文化事业发展的数量和规模时，要有科学的战略眼光，不仅要看到物质文明发展的近期要求，还要看到物质文明发展十年、二十年以后的要求。思想建设也有一个数量和规模的问题，这就是一种思想在社会上传播的范围和程度。胡耀邦同志在党的十二大报告中说："我们当然不能要求每一个社会成员都成为共产主义者，但必须用共产主义思想要求共产党员、共青团员和一切先进分子，并且通过他们去教育和影响广大群众。"这里就涉及了数量问题。首先共产党员、共青团员和一切先进分子本身有个数量问题，他们在社会全体成员中占有一定的数量和比例。其次群众前面的"广大"二字也具有数量含义。如果我们不是用共产主义思想去要求每一个共产党员、共青团员和一切先进分子，或者共产党员、共青团员和先进分子不去教育和影响广大群众，共产主义思想传播的范围和程度显然就不能适应发展物质文明和社会主义建设的需要，甚至不能适应建设社会主义精神文明自身的需要。可见，我们在思想建设的数量、规模上也要同物质文明发展的要求协调起来。

协调发展并不意味着机械地平均、对等地发展，也不意味着在两种文明建设上均等地使用力量。物质文明的发展和精神文明的发展是一对矛盾，如同任何其他矛盾一样，双方在两种文明协调发展过程中不会绝对平衡。当一方发展对两种文明协调发展的实现起着主要的、决定性作用的时候，把一方的发展作为实现双方协调发展的主要问题予以重视和解决应该是允许的。当然，当另一方成为实现两种文明协调发展主要方面时同样应该不失时机地转到另一方上去。这样从局部来看，两种文明协调发展的不同阶段可以有不同侧重，从总体和过程上看则形成了协调发展的长链。

三

怎样实现两种文明的协调发展？

两种文明作为人们活动的产物，作为物质财富和精神财富，它们之间不能直接地发生作用，它们之间的作用只有以人的活动、劳动、实践为桥梁和中介。物质产品、物质财富对于人们来说具有一定的使用价值，但这种使用价值只有重新进入人的活动过程才能"活化"，能显示它们对于精神文明创造过程的意义，才能发挥对精神文明创造过程的实际作用。同样，精神产品、精神财富对于人们的意义和价值也在于指导人们的行动，它们也只有作为人们从事物质活动时的一种因素才能显示和发生对物质文明创造过程的意义和作用。因此要实现两种文明的协调发展，必须认识人们的活动和两种文明的关系，认识两种文明通过活动而相互作用的机制。

人们的活动和文明之间存在着互为前提、互相制约的关系。就文明作为人们活动的产物来说，人们活动的结构制约着文明的结构，制约着物质文明和精神文明的结构，制约着两者通过活动相互作用的机制和方式。人类活动可以分为物质活动和精神活动，人类的产品就相应地分为物质产品和精神产品，人类的知识就相应地分为物化形式和精神形式。人们活动的对象有自然、社会两大领域，因此人类改造自然界的物质成果称为物质文明，改造社会的成果则是新的生产关系和新的社会政治制度的建立和发展，而人类精神活动的成果则是精神文明，并且可以分为认识自然界的精神成果和认识社会的精神成果。人们的活动可以分为生产活动和生活活动。生产活动是生产人类所需要的物质资料和精神资料的过程，因此生产可以分为物质生产和精神生产。生活活动是人类消费各种物质资料和精神资料的过程，因此生活可以分为物质生活和精神生活。于是两种文明以活动为中介的相互作用就具体化为四种途径和渠道，即物质生产、精神生产、物质生活、精神生活。由于这四种活动是相互联系、相互制约的，因此，两种文明的相互作用也就变得十分复杂。就文明作为人们活动的条件来说，文明的发展程度决定着人们活动的方式和结构，决定着人们活动的水平和规模，决定着人们活动内在的分化和结合。人类活动和文明之间这种互相影响、互相制约使得活动的结构、文明的结构、两种文明的相互关系都具有时代的、历史的性质和特点。两种文明协调发展的要求既产生于人们活动的历史过程，也实现于人们活动的历史过程。也就是说，离开了人们活动的历史过程，两种文明之间既不发生任何关系，也不存在适应和协调的问题。我们只有分析人们活动的结构，分析人们从事各种活动的相互关系，分析人们在从事各种活动时对精神文明和物质文明的需要，才能明确两种文明之间发生着怎样的关系，才能实现两种文明的协调发展。

有的同志认为物质文明是精神文明创造活动的物质条件和基础，但不是作为精神文明的认识、反映的对象和客体而存在的。其实，物质文明在人类的实践和认识活动中，既是物质条件和基础，又是认识的对象和客体。精神文明创造活动中物质文明固然是作为物质条件和基础而被使用的，但是物质文明的使用过程同时也是对被使用着的物质文明的认识过程。实践、认识、再实践、再认识的循环往复在一个方面就是通过物质文明作为物质条件和作为认识对象之间的不断转化来实现的。物质文明的发展过程既是自然物向物质文明的转化过程，也是前一代物质文明向后一代物质文明的转化过程，是这两种过程的结合。因此，物质文明和精神文明的关系同样表现在人类的实践和认识活动之中。我们当然不应该把精神文明和物质文明的关系同精神和物质的关系简单地等同起来，但是我们在看到这两种关系的区别的同时，还要看到它们之间的联系。

物质生活和精神生活是人们生活中不可缺少的两个方面。物质生活是精神生活的物质基础，精神生活规定和制约着物质生活的社会目的和社会意义。不同世界观、人生观的人，对物质生活会采取不同的目的和态度。具有革命理想的人，会把物质生活看做实现革命理想，为共产主义而奋斗的条件。缺乏革命理想的人，会把物质生活看做人生唯一目的。这后一种人，他们的物质生活越优厚，他们的精神生活就会变得越庸俗。由此可见，物质生活水平的提高和改善并不会自发地带来人们思想觉悟的提高。在社会存在条件已经具备的情况下，人们的精神生活还要靠精神产品去丰富，人们的精神面貌还要靠精神力量去改变，人们的精神境界还要靠精神手段去提高，人们的精神价值也要靠精神文明去揭示。因此我们要在不断改善和提高群众物质生活的同时，用共产主义思想为核心的社会主义精神文明去提高群众的思想觉悟，去丰富群众的精神生活。

自然科学和社会科学的关系，表面上看只是精神生产内部不同部门之间的关系。但是自然科学作为人们认识自然规律的精神成果，是一种潜在的生产力，它通过生产活动直接转化为物质文明，物质文明不过是自然科学理论的物化形式。因此，自然科学的发展虽然也为人们精神世界的丰富和发展提供着条件，但更直接的作用则是推动物质文明的创造和发展。社会科学是人们认识社会的精神成果，是关于人和人各种关系的理论，因此社会科学直接为人们提供着思想方面的精神文明（当然社会科学中也有一部分直接联系物质文明的创造和发展）。这样自然科学和社会科学的关系也反映和表现着物质文明和精神文明的关系。如果只发展自然科学或社会科学，也会造成物质文明和精神文明发展的不协调。自然科学对于发展物质文明的重要性，容易为人们所看到和理解，但是社会科学对于精神文明以及物质文明的创造和发展的意义，还需要人们进一步认识和重视。我们只有处理好自然科学和社会科学在发展中的关系，才能使它们满足两种文明建设的需要，从而促进两种文明协调发展。

四

社会制度对于物质文明和精神文明的协调发展具有极为重要的影响。历史上每一种剥削制度在其进步上升时期都实现过精神文明和物质文明的协调发展，但那是一个自发实现的过程。社会主义社会中，社会制度对于两种文明协调发展的影响，不仅作为一种客观的必然的力量和要求，而且为人们认识和掌握两种文明的协调发展提供了有利条件。

当然，从实现自觉协调这个角度看，社会制度方面的条件仅仅是一个必要条件，要真正实现自觉协调，还必须掌握两种文明相互关系的客观规律，这是我们应当经常注意和研究的问题，我国和其他社会主义国家建设社会主义的实践经验也说明了这一点。新中国成立以来，当我们比较注意思想和建设、生产和生活的关系的时候，两种文明就实现了协调发展。当我们不注意研究和尊重两种文明之间客观关系的时候，就出现或者只注意物质文明建设或者只注意精神文明建设的情况，结果造成两种文明在发展中的局部失调现象。现在我们党提出的有关建设两种文明的理论和方针，就是对国际共产主义运动，特别是对我国过去三十多年来正反两方面经验的科学总结，是对社会主义时期两种文明建设之间客观关系的进一步认识和把握，是我们党对科学社会主义理论的一个创造和发展。

认识和掌握两种文明相互关系的客观规律，过去我们经历了实践和认识的反复过程，今后还会经历这种过程。这不仅因为建设社会主义精神文明和物质文明是一个新课题，而且因为两种文明的相互关系本身也在发展着、变动着。在这个问题上认为可以一劳永逸的想法是不切实际的，那样必然会导致主观和客观的分离。只有不断深入和经常注意研究两种文明的发展状况及其相互关系的状况，才能使我们的指导方针符合实际，自觉地实现两种文明的协调发展。

马克思的阶级斗争理论及其
在我国现阶段的发展[*]

马克思的阶级斗争理论是马克思整个学说的重要组成部分，是无产阶级革命和无产阶级专政的理论基础，无产阶级以往取得的一切胜利直接间接地都是马克思阶级斗争理论的伟大胜利。

一

马克思阶级斗争理论的根本特点在于根据唯物史观对阶级和阶级斗争的根源和实质作出了科学的解释。

马克思揭示了物质生产在社会存在和发展中的决定作用。人们物质生活资料的生产方式决定着人们的社会生活、政治生活、精神生活。人的本质在其现实性上是一切社会关系的总和，而造成这种社会关系的总和，不仅在于人们生产什么，更在于人们是怎样生产的。不同的生产方式和人们在物质生产方式中的不同地位，形成着不同的社会关系和不同的人。在历史发展的一定阶段上，由于人们在社会生产体系中占有着不同地位，就形成了不同的社会集团，形成了不同的阶级。

马克思认为人们在社会生产体系中的地位是由人们同生产资料的关系决定的，生产资料作为生产活动的必要条件制约着人们的生产活动方式，因而人们同生产资料的关系决定着人们获得生活资料的方式，决定着人们在生产活动中的地位和作用，决定着人们的相互关系，从而决定着人们的物质利益。当生产资料是原始公有制的时候，人们在生产资料的关系上是平等的，因而

---

　　* 原载于中国社会科学院研究生院学报《学习与思考》1983 年第 4 期。

人们在生产活动中也就处于平等的地位，人们之间并不形成不同的物质利益，人们也就并不区别为不同的社会集团。但是，当生产资料是私有制的时候，人们在生产资料的关系上就处于不同的地位，这种不同地位导致了人们在生产活动及其成果占有上的区别，人们之间形成了彼此区别甚至根本对立的物质利益，人们就区分为不同的社会集团。这种在社会生产体系中占有不同地位、具有不同物质利益的社会集团就是阶级。

阶级不仅具有经济特征（这是最本质的特征），而且具有政治特征和思想特征。不同阶级之间的区分不仅表现在经济上，同样也表现在政治和思想上。这是因为任何一个阶级都必须用一定的政治和思想来反映自己的经济利益，维护或改变自己的经济地位。"单独的个人所以组成阶级只是因为他们必须进行共同的斗争来反对某一另外的阶级。"[1] 因此任何一个企图统治的阶级都把自己的利益说成普遍利益，都要夺取政权，凭借国家来镇压敌对阶级的反抗。历史上曾经有过的民主政体、贵族政体、君主政体，都是剥削阶级的统治形式，都是对被剥削阶级的专政。所以，马克思说这些阶级既然已经由于分工而分离开来，就在每一个这样的人群中分离开来，其中一个阶级统治着其他一切阶级。

不同的阶级具有不同的思想。统治阶级作为社会上占统治地位的物质力量，同时也是社会上占统治地位的精神力量。他们在支配物质生产资料的同时，也支配着精神生产资料，他们作为思维着的人，作为思想的生产者进行着思想上的控制和统治，调节着自己时代的思想的生产和分配，他们的思想是一个时代占统治地位的思想。

因此，马克思的理论表明，阶级不仅仅是一个经济范畴，而且也是广泛的社会范畴。阶级之间的关系不仅表现在经济上（这是最本质的），同时也表现在政治上和思想上。历史上任何一个剥削阶级的统治既是经济上的统治，又是政治、思想上的统治，决定着某一历史时代的整个面貌。

马克思还揭示了阶级和阶级成员之间的辩证关系：一定阶级的分子可以在一定条件下结合为整体作为阶级而存在，但是，个别的阶级分子又不能等同于阶级。

上述马克思关于阶级实质、特征、根源和存在形式的理论，对于我们正确认识社会主义现阶段的阶级和阶级斗争，有着重要的指导意义。过去几十

---

[1] 《马克思恩格斯全集》第3卷，人民出版社1960年版，第61页。

年中，在社会主义改造完成之后还有没有剥削阶级和阶级斗争的问题上之所以有这样那样片面的甚至错误的观点，理论上的一个重要原因，就是没有能够根据马克思阶级斗争的理论，对社会主义社会的现实情况作出正确的分析。有一种观点认为，社会主义改造完成之后，剥削阶级作为阶级已经消灭了，于是，阶级斗争也就不存在了，无产阶级专政的对内镇压职能已经消亡。这种观点只看到了作为阶级的整体已经不存在，而忽视了阶级的残余分子还在相当长的时间内存在的事实。他们看到了所有制作为一定阶级赖以存在的经济基础的决定作用，但是对于包括政治和思想影响在内的剥削阶级遗留的问题则估计不足。另一种观点认为，社会主义改造完成之后，剥削阶级仍然存在。这种观点否定了所有制对一定阶级存在的决定作用，混淆了作为整体的阶级和阶级残余分子的区别，夸大了剥削阶级政治和思想上的影响。这两种观点都没有正确解决社会主义改造完成以后还有没有剥削阶级和阶级斗争的问题。前者导致了阶级斗争熄灭论观点，后者导致了阶级斗争扩大化观点。

十一届三中全会以后，我党在分析我国社会现阶段是否存在剥削阶级和阶级斗争问题的时候，既注意了阶级的经济基础对于阶级的政治、思想的决定作用，又注意了阶级的政治、思想所具有的反作用和相对独立性，从而作出了既不同于阶级斗争熄灭论又不同于阶级斗争扩大化的新论断，认为剥削阶级作为阶级已经消灭，但是还存在着形形色色的敌对分子。

剥削阶级作为阶级已经消灭的论断，同剥削阶级已经消灭的论断是不同的。前者包含着剥削阶级的残余、分子还存在的思想，后者则可以不包含这种思想。从后者出发有可能得出阶级斗争不再存在的结论。根据马克思的理论，生产资料所有制是一个阶级之所以能作为阶级而存在的经济基础。社会主义改造完成以后，消灭了剥削阶级赖以存在的经济基础，剥削阶级分子的大多数又改造成自食其力的劳动者之后，剥削阶级作为一个阶级在整体上就被消灭了。但是剥削阶级的残余分子还会长期存在，剥削阶级在其经济基础上形成的政治和思想上的特征并不会随着这种经济基础的消灭而立即消失，失去了经济基础的剥削者虽然大多数被改造成为自食其力的劳动者，但极少数的剥削者还会作为剥削阶级的残余，同工人阶级、劳动人民进行各种形式的斗争。即使旧剥削阶级残余分子不存在了，由于历史上的剥削制度和剥削阶级在各方面的遗毒不可能在短时间内消除干净，我们祖国的统一大业还没有最后完成，我们还处在复杂的国际环境之中，资本主义势力以及某些敌视我国社会主义事业的势力还会对我国进行侵蚀和破坏，年轻的社会主义制度还不可能完全防止某些社会成员发生腐化变质的现象，因而还会产生极少数的剥削分子和各种敌对分子。

剥削阶级作为阶级已经消灭的论断当然根本不同于剥削阶级仍然存在的论断。极少数敌对分子的存在并不意味着剥削阶级作为阶级还存在。一些敌对分子虽然可以在一定条件下形成某种敌对势力，但它们毕竟不能像社会主义改造完成以前那样作为阶级整体来同工人阶级、劳动人民相抗争。他们只能个别地或以小集团的形式来进行各种破坏活动，他们的破坏活动一般也只限于局部地区和个别领域。他们也并不具备过去剥削阶级作为阶级存在时的全部特征，有的主要表现出政治思想上的特征，有的主要表现出经济上的特征。就是经济特征，有的表现这一方面，有的表现那一方面。但是他们的破坏活动不是一般的犯罪、一般的反社会行为，而是蓄意破坏和推翻社会主义制度的活动。这种破坏活动实现着当年剥削阶级的遗愿，是当年剥削阶级颠覆活动的继续，因此这种破坏活动就成为新的历史条件下阶级斗争的重要表现。

总之，我们党在十一届三中全会以后把剥削阶级作为一个阶级的存在同剥削分子及各种敌对分子的存在作了区分，既不因为我国社会现阶段还存在着极少数的剥削分子和各种敌对分子而认为剥削阶级还存在，也不因为剥削阶级作为阶级被消灭而否认极少数剥削分子和各种敌对分子的存在，否认阶级斗争的存在，从而解决了社会主义时期阶级和阶级斗争理论中一个带有根本性的问题。

二

马克思的阶级斗争理论指出，人类社会自原始公社解体以来，以往社会的历史都是阶级斗争的历史。

在阶级社会中，阶级斗争是社会基本矛盾的表现，又是解决社会基本矛盾的方式，社会基本矛盾运动表现为随着生产力的发展，生产关系总会从生产力的发展形式变为生产力进一步发展的桎梏，因此要使生产力进一步发展就必须变革生产关系，变革上层建筑。生产力、生产关系、上层建筑都联系着一定阶级的利益，社会基本矛盾必然表现为阶级矛盾，表现为被剥削阶级和剥削阶级、被压迫阶级和统治阶级之间的阶级斗争。被剥削、被压迫阶级只有通过阶级斗争推翻剥削阶级的政治统治，夺取政权，才能运用政权的力量变革生产关系，为生产力的发展开辟道路。因此被剥削、被压迫阶级所进行的阶级斗争是阶级社会发展的直接动力，是社会变革的巨大杠杆。有时被剥削、被压迫阶级所进行的斗争虽然没有根本推翻剥削阶级的统治，但是由于沉重打击了剥削阶级的力量，迫使剥削阶级进行某种改革，也在不同程度上创造了生产力进一步发展的条件，导致了历史的前进和发展；有时被剥削阶级与剥削阶级之间也会出现某种暂时的"妥协"和"合作"，但是这种"妥协"、"合作"是以反对共同敌人为前提的，而且并不能从根本上解决社会基本矛盾。这些矛盾的彻底解决，社会变革的实现，都只有通过阶级斗争。

因此，阶级斗争，在被剥削、被压迫阶级夺取政权之前，始终是第一位的任务，是中心任务。夺取政权以后的一段时间内，也不能不仍然以主要力量来粉碎被推翻阶级的颠覆破坏活动，阶级斗争不能不仍然处于主要地位。这就是说，在夺取政权和巩固政权为主要任务的年代里，阶级斗争是纲，其余都是目，纲举才能目张。

然而，在社会主义改造完成以后，阶级斗争在社会政治生活中的地位和作用却发生了很大变化。首先，社会主义改造完成以后，剥削阶级作为阶级已经被消灭了。虽然剥削阶级的残余和各种敌对分子还存在，但毕竟是极少数了。过去被剥削阶级和剥削阶级这两大对抗阶级之间的阶级斗争现在已被人民群众同极少数敌对分子之间的斗争所代替，后者只在整个社会生活的一定范围内存在。剥削制度的消灭使社会从根本上解决了社会基本矛盾的对抗性质。社会主义制度建立以后，虽然生产关系和生产力，上层建筑和经济基础之间还存在着矛盾，但这种矛盾不具有阶级对抗的性质，可以在社会主义制度内部加以解决。因此社会主义社会的基本矛盾主要表现为根本利益一致基础上的人民内部矛盾。同时两类矛盾在社会主义社会发展中所起的作用也不同于过去的阶级社会。在社会主义社会的现阶段，人民群众反对极少数敌对分子的阶级斗争所解决的实际上是旧社会遗留下来的矛盾和问题，对于社会主义社会的发展只提供一种保证、前提和必要条件，社会主义社会要发展，必须不断解决社会主义制度自身所具有的生产关系和生产力，上层建筑和经济基础之间的矛盾，必须解决作为这些矛盾表现的人民内部矛盾。因此人民内部矛盾是推动社会主义社会发展的主要动力。

其次，社会主义改造完成以后，工人阶级及其先锋队、无产阶级专政的国家政权的根本任务已经由解放生产力变为在新的生产关系下面保护和发展生产力。这时解决社会基本矛盾的主要方面已经由变革生产关系变为发展生产力。作为社会基本矛盾表现的主要矛盾已经是广大人民群众日益增长着的物质和文化需要同我国生产力还很落后的现实之间的矛盾。当然，旧制度的遗毒还存在，刚刚建立起来的社会主义制度也有许多不完善的地方，但是消除旧制度遗毒的斗争，调整、完善新制度的改革同发展生产力相比不能不居于次要地位，社会主义现代化建设的任务不能不成为全党全国工作的重心。

因此，社会主义社会继续以阶级斗争为纲的思想，从其必然混淆两类矛盾来看，是一种"左"的思想。

党的十一届三中全会以后，我们党认真总结了过去以阶级斗争为纲的历史教训，断然停止了这一错误的指导方针，并且明确指出，在剥削阶级作为阶级消灭以后，我国社会存在的矛盾大多数不具有阶级斗争的性质，现阶段阶级斗争只在一定范围内存在。阶级斗争问题在我国社会政治生活中已经不占主要地位。这些论断都是马克思阶级斗争理论在今天这种历史条件下的应用和发展。

这些论断之所以是马克思阶级斗争理论的应用，因为只有正确理解了马克思的阶级斗争理论，才能真正搞清楚什么叫具有阶级斗争性质的社会矛盾和社会现象，什么叫不具有阶级斗争性质的社会矛盾和社会现象，才能将它们区别清楚。而只有将它们区别清楚，才能认识到具有阶级斗争性质的社会矛盾和社会现象在我国现阶段确实不占主要地位了。这些论断之所以是马克思阶级斗争理论的新发展，是因为马克思当年在建立阶级斗争理论的时候，并没有碰到我们今天的这些问题，这些问题在马克思阶级斗争理论中并没有现成的直接的答案，因此对这些问题的马克思主义回答就给马克思阶级斗争理论增加了新内容。这些论断对于毛泽东同志提出的两类矛盾学说也是一种丰富和发展。

三

马克思的阶级斗争理论认为阶级和阶级斗争是一种历史现象，只存在于人类物质生产发展的一定历史阶段，阶级和阶级斗争既有它的产生、发展过程，也有它的消亡过程。马克思对阶级和阶级斗争所作的考察，既是唯物的，又是辩证的、历史的。

马克思揭示了无产阶级反对资产阶级的斗争在人类阶级斗争发展史上的历史地位。无产阶级以前的阶级斗争都导致一种私有制代替另一种私有制，一个剥削阶级代替另一个剥削阶级。但是在资本主义社会，由于大工业的发展，社会生产力不仅要求废除资产阶级私有制，而且要求同传统的所有制进行最彻底的决裂，用公有制代替私有制。无产阶级不仅要消灭资产阶级的统治，而且要消灭阶级对立和阶级本身存在的条件，使人类社会进入没有阶级没有剥削的新的更高级的发展阶段。

马克思的阶级斗争理论揭示了无产阶级的阶级斗争要经历产生、发展、消亡的历史过程，要经历一系列的发展阶段，国际共产主义运动的实际发展也证实和丰富了这一思想。

无产阶级反对资产阶级斗争的第一阶段是从自发斗争发展为自觉斗争的阶段。马克思指出，资本的统治为工人们创造了同等的地位和共同的利害关系，因此工人们对资本来说已经成为一个阶级，但还不是自为的阶级。在这个阶段上，工人们对于自己的社会地位和历史任务并没有清楚的认识，他们同资产阶级的斗争是自发地进行的。随着这种自发斗争的发展，工人们逐渐认识到自己的地位和使命，于是就逐步成为自为的阶级，自觉地开展同资产阶级的斗争。

第二阶段是无产阶级作为自为的阶级到夺取政权。马克思说过，工人革命的第一步就是使无产阶级上升为统治阶级，争取民主。无产阶级上升为统治阶级的过程就是打碎资产阶级的国家机器，建立无产阶级专政的过程。这个阶段上，无产阶级面临着在经济基础和上层建筑上都占统治地位的资产阶级，无产阶级要交替进行各种形式的斗争，直至用革命暴力粉碎反革命暴力，夺取政权。

第三阶段是无产阶级夺取全国政权到社会主义改造的完成。这个阶段资产阶级已经失去了国家政权，但还握有生产资料，虽然被打倒了，但还没有被击溃，还作为阶级存在着、行动着。

第四阶段是社会主义改造的完成到剥削阶级的残余和各种形式的敌对分子的消灭。这个阶段，无产阶级面临的阶级敌人不仅失去国家政权，而且失去了赖以存在的经济基础，已经不能作为阶级而存在了，只能以残余分子的形式来同无产阶级较量。无产阶级反对这些阶级敌人的目的是为了保证社会主义建设的顺利进行，逐步创造消灭三大差别的条件。

第五阶段是从剥削阶级残余和各种敌对分子的消灭到阶级差别的消灭。这个阶段结束的时候，阶级消灭了，阶级斗争结束了，国家、政党这些阶级斗争的工具消亡了，人类就进入没有阶级的共产主义高级阶段。

　　无产阶级阶级斗争必须经历的上述历史过程表明，无产阶级进行这场斗争正是为了创造条件结束这场斗争。阶级斗争不是无产阶级的目的，而是无产阶级实现自己的最终目标，完成自己历史使命的手段。这场斗争在某些阶段上曾经以历史上未曾有过的规模、形式进行，但是从全局来说，却是由产生、发展走向缩小、消亡的过程，这是历史上最后的一场阶级斗争。这就是无产阶级反对资产阶级的斗争的总规律、总趋势。我们只有把这种总规律、总趋势同每一阶段上的实际情况结合起来，才能正确认识每一阶段上的斗争规律和趋势，在过去是如此，在今天社会主义现阶段上也仍然是如此。

　　对于社会主义改造完成以后这一阶段上阶级斗争的规律和发展趋势的认识，长期以来存在着不同观点。一种观点认为，在这一阶段上阶级斗争的发展趋势是越来越尖锐。理由是阶级敌人越是临近被消灭的日子，他们越会进行垂死的挣扎和疯狂的反抗。实践已经表明，这是一种不符合实际的片面观点。这种观点看到了阶级敌人不会自动退出历史舞台的一面，但是没有看到阶级敌人的力量随着无产阶级斗争的胜利会遭到不断打击和削弱的一面。实际上阶级敌人按其本性来说虽然在每次反抗失败之后确有一些会以十倍的疯狂、百倍的热情来同无产阶级较量，但是由于它的实际力量受到打击和削弱，因而实际反抗的力量必然逐步减弱，因此阶级斗争的趋势就不是越来越尖锐。另一种观点认为，无产阶级同阶级敌人的斗争趋势是越来越缓和。这种观点看到了阶级敌人的力量不断削弱的一面，但是对于斗争的复杂性、曲折性没有足够的估计，同样是一种片面的观点。

　　毛泽东同志在1957年曾经作出了既不同于前一观点也不同于后一观点的论断，认为社会主义阶段上阶级斗争"还是长时期的、曲折的，有时甚至是很激烈的"[①]。这种概括在当时来说有其正确的一面，但同时也带来了一些不良的后果。经过二十多年的实践，我们党对于社会主义现阶段阶级斗争的规律和发展趋势有了更为深刻的认识。十一届三中全会以来，党在这个问题上也作出了新的概括，认为阶级斗争还将在我国社会的一定范围内长期存在，并且在某种条件下还有可能激化。这个概括明确地肯定了我国现阶段的阶级斗争在通常情况下只在一定范围内存在，处于非激化的状态，阶级斗争的激化只在某种条件下才可能发生，这同越来越尖锐的估计是显然不同的，同长时期的、曲折的、有时甚至是很激烈的估计也有区别。这一论断从其没有排

---

①　《毛泽东著作选读》下册，人民出版社1986年版，第785页。

除激化的可能性来说，也不同于越来越缓和的估计。因此，这一论断既体现了马克思关于无产阶级阶级斗争发展的总趋势，又体现了我国现阶段阶级斗争在发展趋势和规律上同其他阶段的区别。

　　上述三方面的考察表明，马克思的阶级斗争理论无论在今天还是在今后仍然有着巨大的理论意义和实践意义。马克思阶级斗争理论的生命力既在于它的科学性，又在于它的实践性，在于它能够随着共产主义运动的实践而不断得到丰富和发展。我们党从十一届三中全会以来关于我国现阶段阶级斗争的一系列新论断、新结论，既是对马克思阶级斗争理论的正确应用，又是对马克思阶级斗争理论的丰富和发展。这是马克思阶级斗争理论同我国现阶段实际相结合的胜利。马克思的阶级斗争理论是无产阶级完成自己历史使命的指路明灯，就是将来进入了共产主义高级阶段，阶级斗争退出了历史舞台，马克思的阶级斗争理论仍将是人们正确认识历史上的阶级斗争的理论武器，是人类宝贵的精神财富。

社会主义现行政策和共产主义思想[*]

　　十一届三中全会以来，党逐步实行了一系列搞活经济的方针、政策，党的十二大在总结近几年实践经验的基础上，对这些方针政策又作了进一步的阐述。十二大还要求在建设高度物质文明的同时努力建设高度的、以共产主义思想为核心的社会主义精神文明。于是，社会主义现行政策和共产主义思想的关系就成为一个既是实践上的又是理论上的问题，正确地阐明和处理两者的关系，既涉及社会主义现阶段政策的实施，又涉及社会主义精神文明的建设。

一

　　社会主义现行政策和共产主义思想并不是对立的，从根本上说是一致的。

　　十一届三中全会以后，党在经济上执行调整、改革、整顿、提高的方针同时，在体制和管理上采取了一系列新的经济政策，即扩大地方和企业自主权，发展多种经济形式，在国营企业和集体企业中实行经营管理责任制，在农村实行多种形式的联产计酬的生产责任制，利用价值规律、发挥市场调节的作用，对外实行开放政策，扩大对外经济技术交流，在少数地区实行特别经济政策，吸引外资，引进技术和装备，等等。

　　自从这些政策实施以来，人们常常提出两个问题，这些政策是社会主义性质的吗？实行这些政策有利于社会主义生产关系的巩固、完善和发展吗？对这些问题的回答，毫无疑问应当是肯定的。这些政策中，有些只是涉及经营管理方面的问题，有些只是涉及按劳分配的形式问题，有些只是产品或商

　　* 原载于《新疆大学学报》1983 年第 2 期，其压缩稿曾以同样的标题发表于《新疆日报》1983年 9 月 23 日第 4 版。

品的流通形式问题。实行这些政策，并不涉及生产资料所有制的根本制度，并不改变社会主义公有制在我国经济生活中所占的主要地位。

经营管理涉及生产关系。但我们必须把生产关系的性质和生产关系的具体形式区别开来，把涉及生产资料所有制性质的根本经济制度和不涉及所有制性质的非根本经济制度区别开来。任何一种性质的生产关系在不同的历史条件下都会形成具体的存在形式，社会主义生产关系也不例外。把社会主义生产关系理解为某一种固定的模式，认为只有这种模式才是社会主义，别的形式都不是社会主义，是一种片面的理解。现在我们有关改善经营管理的经济政策都只是改变了社会主义生产关系的某些具体形式，改变这些具体形式的目的是为了完善社会主义生产关系，因此并不改变社会主义公有制的性质。然而在城乡适当发展个体经济又该怎样认识呢？个体经济当然不是社会主义全民所有制或劳动人民集体所有制的经济，但个体经济也不等于资本主义经济，把个体经济当做资本主义经济是错误的，个体经济发展为资本主义经济要有一定的社会历史条件。今天我们是在社会主义国营经济和劳动人民集体所有制经济占绝对优势的情况下，在国家规定的范围内和工商行政管理下适当地发展个体经济。我们发展这种个体经济是为了让它作为公有制经济的必要的、有益的补充。至于各种形式的合作经济，则是属于不同发展阶段上的集体所有制经济。从过去的社会主义国营经济和人民公社集体经济的形式到今天的多种经济形式，不能不承认是一个极大的变化。但是这些政策是总结了过去我国经济发展中正反两方面的经验之后制定的，实践已经告诉我们，由于我国生产力发展水平总的说来还比较低，又很不平衡，只有多种经济形式的合理配置和发展，才能繁荣城乡经济，方便人民生活。发展多种经济形式，我们也还是有前提的，这就是坚持社会主义国营经济的主导地位。由此可见，在坚持国营经济主导地位的前提下发展多种经济形式的政策在总体上是有利于社会主义经济发展的，是社会主义性质的。

按劳分配是社会主义经济制度的重要组成部分。按劳分配原则是社会主义原则，当然如马克思在《哥达纲领批判》中指出的那样，这一原则仍然是一种资产阶级式的权利，实行这条原则仍然会带来事实上的不平等。这不是我们现在要讨论的问题。我们要指出的是，过去人们往往把体现按劳分配的某种具体形式同按劳分配的原则等同起来，无意之中把按劳分配原则只归结为某种固定的形式，现在看来那也是片面的理解。在按劳分配问题上，我们也应该把根本原则和具体形式区别开来，也应该根据不同的具体情况采用多种形式来体现这一原则。目前在农村和城市，在国营经济和集体经济中实行的各种形式的生产责任制、经营管理责任制都是为了更好地实行按劳分配这一根本原则。多劳多得、少劳少得、不劳不得，这是社会主义在分配上根本不同于资本主义的地方，社会主义分配制度不允许任何剥削现象的存在。因此实行社会主义分配原则并不意味着吃大锅饭，过去那种干与不干一个样、干多干少一个样是一种绝对平均主义思想的反映，绝对平均主义不是社会主义。不过应该看到，过去在分配制度上之所以存在问题，除了绝对平均主义思想影响之外，还有另外的原因，这就是按照劳动来进行分配是一件相当复杂的事情，为了准确地实行按劳分配，就需要对人们的劳动进行一定的计量和监督。这个问题不解决是无法实行准确的按劳分配的。对人们劳动进行计量和监督在生产力发展水平的不同阶段上只能采取不同的形式和方法。现代化的、社会化的机器大生产可以采用现代科学技术手段进行这种计量和监督，分散的、以手工劳动为基础的小生产则只能采用别的方法和手段。现在正在逐步推广的各种形式的责任制其意义就在于它们是我们从实践中找到的、从各种生产力发展水平实际情况出发的计量和监督人们劳动量的具体形式和具体方法。许多地方正在实行的承包和包干的办法，把人们的劳动结果同他们的收入直接联系起来，既准确又简单地实现了对人们劳动量的计量和监督。有人觉得大包干的形式同过去的单干没有多少区别，其实大包干和过去的单干在所有制基础方面是根本不同的。过去的单干是以主要生产资料的土地个体私有为基础的，现在的大包干形式是以主要生产资料土地公有制为基础的。大包干仍然是一种对劳动计量和监督的形式。由此可见，实行各种形式的联产计酬的责任制，不过是为了更好地贯彻马克思主义的物质利益原则，为了增强劳动者的主人翁责任感，为了推动生产的发展。

如何利用价值规律的调节作用，这是社会主义经济长期面临的一个问题。价值规律是商品经济的基本规律，只要存在着商品生产，它就必然要发生作用，这是不以人们的主观意志为转移的。社会主义生产资料公有制建立以后的一个阶段，由于存在着全民所有制和集体所有制的区别，由于生产力发展水平还没有达到足以取消商品经济的高度，因此商品仍然存在着，价值规律也就不能不发挥它的作用。由于在历史上商品经济发展到一定阶段曾经导致了资本主义经济，因而在社会主义公有制建立以后，人们对于价值规律的作用一直处于谨慎小心的精神状态之中。先是不承认它的作用，后来虽然承认了它的作用，也只采取社会主义国营商业一种流通形式，限于集体所有制单位同社会主义全民所有制经济之间的商品交换。在很长时间内，集体农民不能作为商品生产者同城市居民及其他农业劳动者个人之间进行商品交换。这种交换被指责为"自由市场"、"走资本主义道路"，予以取缔。社会主义国营商业作为社会主义商品经济的流通形式，在促进生产、繁荣经济、保障供应方面虽然起了极其重大的作用，但是过去的实践表明它毕竟难以完全满足人们对于商品流通方面的需要，在统得过死的那些年代里，城市居民常常不能及时得到农副产品的供应。因此社会主义商品生产的流通还需要其他形式和渠道，计划经济不能统得太死。党的十一届三中全会以后实行的发挥市场调节的理论和政策就是从这种实际情况出发，总结了过去的经验教训之后提出的。所谓市场调节就是允许对部分产品的生产和流通不作计划，而由价值规律自发地起作用的市场来调节。这种市场在我国经济生活中并不占主要地位，是作为有计划的生产和流通而存在的，虽然是必需的、有益的，但却是从属的、次要的。我们的目的只是通过它来补充计划经济的某些不足，决不是让它来削弱和妨害国家的统一计划。党的十二大文件已明确指出，今后要继续注意发挥市场调节的作用，但决不能忽视和放松国家计划的统一领导。我们在公有制基础上实行的计划经济，即有计划的生产和流通仍然是我国国民经济的主体。

至于实行开放政策，扩大对外经济技术交流，在少数地区实行特别经济政策、吸收外资等，也是为了利用一切可以利用的因素来加速我国社会主义建设事业的发展，这是十分清楚的事情。我们在实行这些经济政策的时候都坚持平等互利的原则，自力更生，无论过去、现在和将来，这都是我们的立足点。中国人民珍惜同其他国家和人民的友谊和合作，更加珍惜自己经过长期奋斗而得来的独立自主权利。任何外国不要指望中国做他们的附庸，不要指望中国会吞下损害中国利益的苦果。

上面的分析表明，党从十一届三中全会以来所提出和实行的一系列经济政策，有的本身就是社会主义生产关系的完善和具体化，有的则是社会主义经济的必要而有益的补充。这些经济政策，其效果都有利于我国社会主义经济的发展，有利于我国社会主义经济基础的巩固和发展。因此实行这些经济政策并不意味着我国经济从社会主义经济向资本主义经济的倒退，但确实是从过去那种"左"的思想和政策上退了下来，退到了我国生产力发展水平的实际之上，这种退是为了更好地向前进，即为了更好地进行现代化的建设，把我国真正建设成为社会主义的强国。

　　社会主义现阶段政策的性质、效果同社会主义的关系既已明确，它们和共产主义思想的关系也就清楚了。共产主义思想可以作广义的理解，也可以作狭义的理解。从广义上理解，共产主义思想指的就是科学共产主义的全部理论和实践。毛泽东同志曾经说过："共产主义是无产阶级的整个思想体系，同时又是一种新的社会制度。这种思想体系和社会制度，是区别于任何别的思想体系和任何别的社会制度的，是自有人类历史以来，最完全最进步最革命最合理的。"[①] 共产主义作为无产阶级的思想体系，包括了马克思主义的三个组成部分，包括了无产阶级实现和完成其历史使命的全部理论，自然也包括了建设社会主义的理论。共产主义作为一种新的社会制度，既包括了将来的共产主义高级阶段，也包括了今天在一些国家已经变为现实的共产主义初级阶段，即社会主义社会。因此无论从思想体系还是从社会制度来看，我们党从十一届三中全会以来所实行的社会主义现阶段的政策都是共产主义思想的一个组成部分，那种认为我们今天实行的这些政策背离了共产主义理想、背离了无产阶级思想体系的想法是完全没有根据的。共产主义思想从狭义上理解指的就是共产主义的理想、道德和风格，在日常生活中的集中表现就是为了共产主义事业、为了人民利益而具有的那种自我牺牲的革命精神。毛泽东同志在纪念白求恩的时候说过："一个外国人，毫无利己的动机，把中国人民的解放事业当作他自己的事业，这是什么精神？这是国际主义的精神，这是共产主义的精神，每一个中国共产党员都要学习这种精神。……我们大家要学习他毫无自私自利之心的精神。从这点出发，就可以变为大有利于人民的人。一个人能力有大小，但只要有这点精神，就是一个高尚的人，一个纯粹的人，一个有道德的人，一个脱离了低级趣味的人，一个有益于人民的人。"[②] 显然，我国现阶段的各种政策本身并不就是这种从狭义上理解的共产主义思想，执行这些政策也不会自发地导致共产主义理想、道德、精神的发扬。共产主义精神提倡的是不计报酬的献身精神；现行政策根据的是人们的物质利益原则；共产主义风格提倡的是全国一盘棋精神，现行政策强调的是各个单位的经济核算；共产主义道德讲的是毫不利己专门利人，现行政策要求的却是正确处理个人、集体、国家之间的关系。共产主义思想在现阶段还只是我国工人阶级及其先进分子的思想，现行政策根据的却是大多数劳动人

---

① 《毛泽东选集》第 2 卷，人民出版社 1991 年版，第 686 页。
② 同上书，第 659—660 页。

民的思想，这些思想反映着我国社会现阶段生产力发展的实际要求。由于现行政策并不等于狭义上理解的共产主义思想，我们在执行这些政策的时候就必须同时加强共产主义思想的宣传教育。

二

政策实践和共产主义思想教育的区别和联系在共产主义运动开始的时候就已存在，并且贯穿于运动发展的各个阶段。

科学共产主义是无产阶级革命要求的理论表现，无产阶级改造旧世界、建立新世界的过程就是科学共产主义的实现过程。无产阶级虽然是作为资产阶级的对立面出现的，是资产阶级的掘墓人，但是由于在资本主义生产关系下发展起来的社会化生产力所要求的已经不是改变私有制的形式，而是消灭任何形式的私有制。如果说，过去的社会革命只不过导致新的剥削制度代替旧的剥削制度，新的剥削阶级代替旧的剥削阶级的话，那么，"无产者只有消灭自己的现存的占有方式，从而消灭全部现存的占有方式，才能取得社会生产力。无产者没有什么自己的东西必须加以保护，他们必须摧毁至今保护和保障私有财产的一切"。[①] 由于无产者处于现代资产阶级社会的最底层，无产阶级的解放必然是全体劳动人民的解放，必然是人类从私有削、剥削制度中的的解放。因此无产阶级的历史使命是通过消灭资本主义剥削制度而消灭任何形式的剥削制度，通过消灭资产阶级的统治而消灭任何形式的剥削阶级统治，进而消灭一切阶级和阶级差别，使人类进入没有阶级、没有剥削、没有压迫的共产主义社会。

无产阶级要完成这样的历史使命使得她的解放事业比历史上任何一次革命都更壮丽、更伟大、更艰巨、更复杂。无产阶级解放事业的实现不是短暂的几次斗争，而是相当长的历史过程。无产阶级只有按阶段地完成面临的迫切任务，才能逐步地向共产主义的最终目标逼近，最后实现自己的全部理想。在《共产党宣言》中，马克思恩格斯就指出："工人革命的第一步就是使无产阶级上升为统治阶级，争得民主。无产阶级将利用自己的政治统治，一步一步地夺取资产阶级的全部资本，把一切生产工具集中在国家即组织成为统治

---

① 《马克思恩格斯全集》第 4 卷，人民出版社 1958 年版，第 477 页。

阶级的无产阶级手里，并且尽可能快地增加生产力的总量。"① 马克思在总结1848—1850 年欧洲资产阶级民主革命的经验之后指出，过去的一切革命都不过是使剥削阶级的国家机器得到完善和加强，但是无产阶级必须打碎和炸毁资产阶级国家机器，建立无产阶级专政。马克思在总结 1871 年巴黎公社经验之后更进一步指出，无产阶级专政建立之后，阶级斗争并不会立即消失，还要经历若干阶段。马克思说："工人阶级知道，他们必须经历阶级斗争的几个不同阶段。他们知道，以自由的联合的劳动条件去代替劳动受奴役的经济条件，需要相当一段时间才能逐步完成。"②

中国无产阶级及其先锋队投入革命的时候，面临的是半殖民地半封建的中国，其情况既不同于马克思恩格斯生活过、分析过的欧美发达的资本主义国家，也不同于列宁斯大林生活过、分析过的军事封建帝国主义的俄国。因此分清革命的不同过程、不同阶段，明确各个过程、阶段之间的区别和联系曾经是革命成败的重要问题。我们党和毛泽东同志在运用马克思主义普遍原理分析中国实际的同时，又以我们特有的经验和理论丰富了马克思主义关于革命阶段论和不断革命论的实践和理论。毛泽东同志把民主革命和社会主义革命比喻为上下衔接的两篇文章。他说："两篇文章，上篇与下篇，只有上篇做好，下篇才能做好。坚决地领导民主革命，是争取社会主义胜利的条件。我们是为着社会主义而斗争，这是和任何革命的三民主义者不相同的。现在的努力是朝着将来的大目标的，失掉这个大目标，就不是共产党员了。然而放松今日的努力，也就不是共产党员。"③ 毛泽东同志还说："每个共产党员须知，中国共产党领导的整个中国革命运动，是包括民主主义革命和社会主义革命两个阶段在内的全部革命运动：这是两个性质不同的革命过程，只有完成了前一个革命过程才有可能去完成后一个革命过程。民主主义革命是社会主义革命的必要准备，社会主义革命是民主主义革命的必然趋势。而一切共产主义者的最后目的，则是在于力争社会主义和共产主义社会的最后的完成。只有认清民主主义革命和社会主义革命的区别，同时又认清二者的联系，才能正确地领导中国革命。"④ 我们党不仅将民主主义革命和社会主义革命这两个不同过程严格地区别开来，而且对民主主义革命过程也注意严格地区分

---

①　《马克思恩格斯全集》第 4 卷，人民出版社 1958 年版，第 489 页。

②　《马克思恩格斯全集》第 17 卷，人民出版社 1963 年版，第 594 页。

③　《毛泽东选集》第 1 卷，人民出版社 1991 年版，第 276 页。

④　《毛泽东选集》第 2 卷，人民出版社 1991 年版，第 651—652 页。

为几个不同的阶段。毛泽东同志还从矛盾特殊性的角度对区分不同过程、不同阶段的重要性作了哲学上的分析和论证。毛泽东同志说："事物发展过程的根本矛盾的性质和过程的本质虽然没有变化，但是根本矛盾在长过程中的各个发展阶段上采取了逐渐激化的形式。并且，被根本矛盾所规定或影响的许多大小矛盾中，有些是激化了，有些是暂时地或局部地解决了，或者缓和了，又有些是发生了，因此，过程就显出阶段性来。如果人们不去注意事物发展过程中的阶段性，人们就不能适当地处理事物的矛盾。"①

无产阶级革命导师的论述和国际共产主义运动的实际过程表明，无产阶级实现自己的伟大理想、完成自己历史使命的总过程是由许多既相区别又相衔接的不同过程、不同阶段组成的。这些过程、阶段既以它们具有的矛盾的特殊性、无产阶级解放事业的具体任务和目标而相区别，又以它们都是无产阶级解放事业总过程的一个阶段、过程而彼此联系起来。正是这种区别和联系造成了政策实践和共产主义思想教育之间的区别和联系，后者是前者的表现。

无产阶级政党在制定共产主义运动某一具体过程或阶段上的政策时，不能只根据无产阶级解放事业的最终理想、最终目标，不能只根据马克思主义的普遍原理，而必须从一个阶段或一个过程的实际情况出发，将马克思主义普遍原理、无产阶级解放事业的最终目标同现阶段的具体情况结合起来。毛泽东同志说过："中国一切政党的政策及其实践在中国人民中所表现的作用的好坏、大小，归根到底，看它对于中国人民的生产力的发展是否有帮助及其帮助之大小，看它是束缚生产力的，还是解放生产力的。"② 这是我们制定政策的最根本的依据。只有符合实际的政策才能使无产阶级政党成功地指导共产主义事业的实践活动，脱离实际的政策必然会使无产阶级政党在实践中失败。

我们党在这方面积累了十分丰富的实践经验。如20世纪30年代中期以后，由于日本帝国主义的入侵，国内阶级关系发生了新的变化，民族矛盾上升为主要矛盾。我们党在毛泽东同志领导下及时地改变了土地革命时期所实行的政策，及时地制定和实行了抗日民族统一战线的政策。土地革命时期，根据地建立的是工农民主专政制度，这时就改为各阶层联合的民主共和国的

---

① 《毛泽东选集》第 1 卷，人民出版社 1991 年版，第 314 页。
② 《毛泽东选集》第 3 卷，人民出版社 1991 年版，第 1079 页。

主张，抗日民主根据地的政权实行了"三三制"；土地革命时期实行的土地政策是进行彻底的土地改革，没收地主的土地，这时就改为实行减租减息的政策。此外，还规定了适应抗日战争需要的劳动政策、税收政策、锄奸政策、经济政策、军事政策、文化教育政策。毛泽东同志在《论政策》中说："过去十年土地革命时期的许多政策，现在不应当再简单地引用。"又说："以上所述各项统一战线中的策略原则和根据这些原则规定的许多具体政策，全党必须坚决地实行。在日寇加紧侵略中国和国内大地主大资产阶级实行反共反人民的高压政策和军事进攻的时候，惟有实行上述各项策略原则和具体政策，才能坚持抗日，发展统一战线，获得全国人民的同情，争取时局好转。"① 由于正确的政策，我们党领导的敌后抗日根据地和八路军、新四军得到不断壮大，成为抗日主力，抗日战争的胜利也成为中国人民及其武装力量的胜利。

　　列宁领导下的布尔什维克党的历史在这方面也有极为深刻的经验。十月革命后，由于国内反动军队的叛乱、国际帝国主义的武装干涉，列宁党实行了战时共产主义政策，对农民实行了余粮收集制，从农民手里拿走了全部余粮，有时不仅是余粮，还有农民的一部分必需的粮食。这种战时共产主义政策使得列宁党和俄国无产阶级粉碎了反动军队的叛乱和帝国主义的武装干涉。但是当武装叛乱和颠覆的危险已成为过去之后，农民对于这种战时共产主义政策就开始不满了。列宁根据这种变化了的情况立即领导全党制定了新的经济政策，用粮食税政策代替余粮收集制政策，允许农民根据自己的需要去处理自己的大部分余粮，从而扩大了商品流转，改善了城市供应，为工农联盟建立了新的基础。列宁在说明过渡到新经济政策必要性时说："无产阶级专政就是无产阶级对政策的领导。无产阶级作为一个领导的统治的阶级，应当善于指导政策，以便首先去解决最迫切而又最'棘手的'任务。现在最迫切的就是采取那种能够立刻提高农民经济生产力的办法。"② 列宁还把从战时共产主义政策向新经济政策的过渡解释为一种"退却"，即过去无产阶级及其先锋队由于冲锋跑得离自己的基础、自己的出发点太远了，因此必须退回来，退回到自己的出发点和基础，以便集结力量，更好地发起新的冲锋。由于新经济政策符合了当时俄国的情况，被战争破坏了的国民经济很快就得到了恢复。

　　无产阶级政党在制定和执行某一阶段上政策的时候，如果否认阶段的特

---

① 《毛泽东选集》第 2 卷，人民出版社 1991 年版，第 762、769 页。
② 《列宁选集》第 4 卷，人民出版社 1995 年版，第 500—501 页。

殊性，混淆共产主义理想和现阶段直接实践的区别，混淆不同阶段、不同过程之间质的区别，硬要实行将来才能实行的政策，那就会犯"左"的错误。但是如果把现阶段的特殊性夸大到不适当的地步，把现阶段的任务同无产阶级解放事业的总任务完全割裂开来，把现阶段任务绝对化、凝固化，认为"运动就是一切，目的是没有的"，那就会犯右的错误。无产阶级政党在制定和执行当前阶段政策的时候，还必须把当前阶段的任务同以后阶段的任务、同共产主义运动的总任务联系起来，在完成现阶段任务时要为向下一阶段的转变作某种准备。因此只有既注意现阶段的实际情况，又注意现阶段在总过程中的地位，才能制定和执行既符合实际又有利于运动发展的政策。共产党人必须既是具有共产主义伟大目标的革命理想主义者，又是深刻了解现实情况的革命现实主义者。共产党人在制定和执行现阶段政策的同时必须加强共产主义思想、理论的学习、宣传，把未来高级阶段才能实行的事情变为现阶段的实践问题固然不对，但是放弃共产主义思想、理论的学习、宣传，同样也是错误的。

　　无产阶级革命导师在任何时候都主张应该加强共产主义思想、理论的学习和宣传。马克思恩格斯在《共产党宣言》中指出："共产党人为工人阶级的最近的目的和利益而斗争，但是他们在当前的运动中同时代表运动的未来。……在德国，只要资产阶级采取革命的行动，共产党就同它一起去反对君主专制、封建土地所有制和小市民的反动性。但是，共产党一分钟也不忽略教育工人尽可能明确地意识到资产阶级和无产阶级的敌对的对立，以便德国工人能够立刻利用资产阶级统治所必然带来的社会的和政治的条件作为反对资产阶级的武器，以便在推翻德国的反动阶级之后立即开始反对资产阶级本身的斗争。"[1] 列宁也说："同激进民主派一道去反对专制制度，反对反动的等级和机构，乃是工人阶级的直接的责任，社会民主主义者必须使工人阶级明了这种责任，同时要时时刻刻使工人阶级记住：反对这一切制度的斗争，不过是促进反资产阶级斗争的必要手段；工人需要实现一般民主要求，只是为了扫清道路，以便战胜劳动者的主要敌人即资本主义……"[2] 这就是说，即使在执行民主主义革命政策的时候，无产阶级政党也不能忘记对无产阶级及其先锋队成员进行共产主义思想教育。这种教育甚至"一分钟"也不可忽略，必

---

　　① 《马克思恩格斯全集》第4卷，人民出版社1958年版，第502—503页。
　　② 《列宁选集》第1卷，人民出版社1995年版，第72页。

须"时时刻刻"使工人阶级记住自己最终使命。毛泽东同志明确提出了既要重视共产主义思想宣传又要把它同政策实践区别开来的思想。他说："在现时，毫无疑义，应该扩大共产主义思想的宣传，加紧马克思列宁主义的学习，没有这种宣传和学习，不但不能引导中国革命到将来的社会主义阶段上去，而且也不能指导现时的民主革命达到胜利。但是我们既应把对于共产主义的思想体系和社会制度的宣传，同对于新民主主义的行动纲领的实践区别开来；又应把作为观察问题、研究学问、处理工作、训练干部的共产主义的理论和方法，同作为整个国民文化的新民主主义的方针区别开来。把二者混为一谈，无疑是很不适当的。"①

综上所述，研究政策实践和共产主义思想教育的相互关系问题，实际上具有两个方面的意思：一是要求我们不要把属于共产主义思想教育中的问题当做直接实践的问题，不要用共产主义思想、理论的重要性否定政策实践的特殊性；二是要求我们不要用现阶段政策的特殊性去否定共产主义思想教育的重要性。我们注意这两者的区别是为了更好地把它们结合起来。共产主义运动就在这两者具体的、历史的结合中得到实现，这两者也只能在共产主义运动的发展中结合。共产主义运动的胜利就是这两者结合的胜利。

三

在实行社会主义现阶段政策的情况下，共产主义思想教育会不会收效？以共产主义思想为核心的社会主义精神文明能不能建设起来？

马克思恩格斯说过："一定时代的革命思想的存在是以革命阶级的存在为前提的。"② 资本主义社会中共产主义思想之所以会出现和发展，就是因为存在着无产阶级，当然随着无产阶级和资产阶级之间矛盾的发展，其他阶级的某些成员也会转到无产阶级立场，成为无产阶级一员，有的还成为无产阶级的先进分子。我国民主主义革命时期，共产主义思想能够在中国得到传播，就是因为中国那时已经存在产业无产阶级，存在着迫切要求彻底民主革命的贫苦农民及其他革命分子。中国共产党就是马列主义同中国工人运动相结合的产物。广大贫苦农民及其他革命分子投入共产党领导的革命队伍，在革命

---

① 《毛泽东选集》第2卷，人民出版社1991年版，第706页。
② 《马克思恩格斯全集》第3卷，人民出版社1960年版，第53页。

实践的熔炉里，在共产党以马列主义、共产主义思想的教育下，从民主主义革命者成长为共产主义者。当时虽然物质、文化生活条件极为低劣，环境也十分艰险，但是由于共产主义理想的鼓舞，革命队伍中洋溢着高尚的以共产主义思想为核心的精神生活。共产党员和党外先进分子尽管执行着党在民主革命时期的各种政策，对资产阶级实行着又联合又斗争的政策，但是他们严格地要求自己。许多地下工作者，出入于地主资产阶级的上流社会而自洁不染。我们党就是在那样一种环境中培养了一批又一批的共产主义战士，党的组织也得到了不断发展和壮大。

现在我们进行共产主义思想教育的客观前提比民主革命时期更为充分了。我们已经建了人民民主专政的社会主义国家，工人阶级已经成为全国领导阶级，我们党也成为全国的执政党，马列主义、毛泽东思想在全国范围内得到了广泛的传播，更为重要的是我们已经建立了以公有制为基础的社会主义生产关系。社会主义生产关系要求以共产主义为核心的社会主义精神文明同它相适应，私有观念由于丧失了存在的基础，被人们送进历史博物馆已经是可能的了。同过去相比，共产主义思想在战胜、克服并代替私有观念方面具备了更为有利的地位和条件。

我们今天实行的经济政策以及在摸索中的改革，总的目的都是为了调动劳动群众的积极性，改进企业经营管理，克服经济工作中的官僚主义、瞎指挥和吃大锅饭的弊病，以便更好地发挥社会主义制度的优越性。过去很长一段时间内，由于缺乏实践经验，经济建设上长期存在"左"的指导思想，使得社会主义公有制的基本制度建立之后，在具体的制度上没有得到及时的完善，结果社会主义制度的优越性没有得到充分的发挥，社会生产力发展速度也不稳定。"文化大革命"期间，由于林彪、"四人帮"反革命集团的捣乱，国民经济遭到了严重破坏，人民生活长期得不到改善，于是在一部分人中产生了所谓对马列主义、社会主义的"信仰危机"，认为共产主义"渺茫"、"遥远"。我们要解决这种思想认识上的问题，归根到底还是要靠我们把社会主义建设搞好，把经济搞活，在发展生产、提高生产率的基础上不断改善人民群众的物质、文化生活。从这个意义上讲，我们党今天实行的这些经济政策可以使群众从现实的生产和生活中更具体更清楚地认识和体会到社会主义的优越性。因此从根本上说，这些政策的实行为我们进行共产主义思想教育提供了更好的客观条件。

有一种看法认为我们现在的经济政策会助长人们的个人主义思想，会使人们斤斤计较个人利益，会使人们自私自利、唯利是图、"向钱看"。这是对现行政策的一种误解。现行政策主张使人们的劳动成果同他们的物质利益直接联系起来，其目的是要真正贯彻按劳分配的原则。人们在为集体和社会付出了劳动之后，要求在分配时领取一份和其劳动相适应的报酬，这是正当的思想，并不是个人主义；集体或社会严格执行按劳分配原则，并不是鼓励个人主义，而是鼓励人们更好地劳动。当然社会主义公有制还要求人们具有集体主义和主人翁的思想，上述两方面的结合构成了一个社会主义劳动者基本的思想觉悟和品质，当然，具备上述思想和品质还不是一个共产主义战士，但是如果连上述觉悟和品质都不具备，脑子里经常想不付出自己的劳动而过好日子的人又怎么能成为一个共产主义战士呢？

还有一种看法，认为既然现行政策那样地重视人们的物质利益，还有谁去实践共产主义思想，甘愿牺牲个人利益、"吃亏"当"傻子"呢？这种看法的结论也是认为现行政策妨碍着共产主义思想的宣传。首先应该指出，这也是对现行政策的一种片面理解。现行政策把人们的物质利益同其劳动结果紧密联系起来，就是以劳动为中介把人们的物质利益同集体、国家的利益直接联系在一起，在鼓励人们通过劳动改善自己物质、文化生活的时候包含着鼓励人们用自己的劳动为集体、为社会多作贡献。其次，思想同利益并不是截然无关的。人们的社会政治思想归根到底是人们物质利益的观念表现。一个革命战士在多大程度上领会和理解了共产主义思想，归根到底看他对工人阶级、劳动人民眼前和长远的物质利益的认识和理解程度。共产主义者正是因为认识到了科学社会主义的理论和实践是工人阶级、劳动人民获得解放的道路，才为之奋斗，甚至不惜牺牲自己的生命。一个共产主义者看到工人阶级、劳动人民的物质利益不断得到实现只会感到幸福，怎么会产生"吃亏"思想呢？刘胡兰昂然走向敌人的铡刀，董存瑞用手托起炸药包，黄继光用胸膛堵住敌人机枪，雷锋默默地为人民服务，张华跳进粪池救人，这些共产主义战士在贡献自己生命的时候，想的不正是工人阶级、劳动人民的解放以及人民的利益、他人的利益吗？如果他们存在"吃亏"思想，还能具有这种共产主义自我献身精神吗？一个脑子里老是盘算着自己是否吃亏的人无法领会也不可能具备共产主义战士的精神境界，而一个只知道空喊为共产主义奋斗，却不懂得群众物质利益的人也不可能成为一个很好的共产主义战士。由此可见，我们党的现行政策不仅不会使真正的共产主义战士放弃共产主义精神和远大理想，相反会使他们更好地为改善群众眼前和长远的物质利益而振奋共产主义精神，更好地把共产主义理想和现实工作结合起来。党的队伍中如果有人因为现行政策而产生"还讲什么共产主义，还讲什么为人民服务"的思想，那只能表明他在思想上还没有真正入党。一个共产党员应该模范地执行现行政策，但共产党员不同于普通劳动者的地方在于他在执行现行政策的时候还具有共产主义理想和精神。

在社会主义现阶段，我们当然不能要求每一个社会成员都成为共产主义者，但是我们党组织和党员能够在自己的行动中体现共产主义思想、风格和精神，就可以影响广大群众，影响整个社会。党风端正了，党员的模范作用发挥了，社会风气也就可以好转。可以这样说，在党执行社会主义现行政策的情况下党组织和党员的实际行动中有无共产主义思想是我们能否卓有成效地进行共产主义思想教育的关键。一个党员如果说的是一套，行的又是一套，他说的那一套还会有谁相信呢？

总之，我们认为在执行社会主义政策的情况下，既有必要又有可能进行共产主义思想的教育，既有必要又有可能在建设高度物质文明的同时建设高度的、以共产主义思想为核心的社会主义精神文明。当然，共产主义思想是一门科学，要人们掌握这门科学也只有采用科学的方法。总结我们党积累起来的进行共产主义思想教育的实践经验，使我们的方法真正符合这门科学的精神，使我们的教育收到良好的效果，这是放在我们党和广大思想政治工作者面前的光荣任务。

当代科学技术革命和社会科学研究的现代化[*]

20世纪70年代以来，二战后开始的科学技术革命进入了一个新阶段。在它的影响下，社会科学的发展出现了新的趋势。我国社会科学研究当前面临着研究课题现代化、研究手段现代化、人才培养现代化、组织管理现代化的迫切任务。本文试就这几个方面的问题，提出一些粗浅的看法，以期引起哲学社会科学界的深入讨论。

一 当代社会科学发展的趋势

在科学技术革命强大潮流的影响下，当代社会科学出现了一些特别值得注意的发展趋势和特点。

1. 社会科学数学化的趋势

随着电子计算机广泛应用于社会生活，以及控制论、系统论向社会科学领域渗透，不但需要社会科学的研究大量地应用数学工具揭示复杂社会过程的量的方面，研究经济过程和社会过程的量的规律性，而且也为社会科学运用数学手段提供了可能，所以社会科学的数学化目前发展很快。应用数学模型和电子计算机的社会科学领域不断扩大，从经济、人口、城市交通、企业管理到政治、法学、历史、考古、艺术创作，等等。与社会科学数学化相适应，哲学科学则致力于研究形式化的认识方法，现代逻辑和语言科学近年来获得了长足的进步。数学方法提高了对问题研究和分析的精确性、严密性，电子计算机提供了对社会系统中复杂而大量的数量关系进行计算的有力工具。因而把电子计算机和各种数学方法运用于社会科学研究，不但大大提高了研究的效率和质量，而且使得社会科学逐步变成像自然科学一样的"硬"科学。

---

* 该文系李惠国、吴元梁合著，原载于《哲学研究》1984年第6期。

关于社会生活、精神生活的理论不再仅仅是一些观念和定性的说明，也开始表现为一些可以用经验和可检验的形式加以阐述的命题。在一些领域和问题上利用数学模型模拟社会生活过程，在电子计算机上进行"模拟实验"，根据实验结果，选择实施方案。这样，社会科学研究领域也获得了"实验"手段。国外有的学者统计了 1900 年以来社会科学的重大进展，结果表明其中定量的研究占三分之二。1930 年以来，定量研究占全部重大进展的六分之五。社会科学数学化也促进了数学科学的发展，建立了一些解决复杂的社会问题所需要的数学分支，越来越多的数学家转入社会科学领域工作。在培养哲学社会科学人才方面，数学的训练也在加强。当然，定量分析要依赖于定性分析，把数学方法片面地绝对化，甚至否定定性分析的重要性，这种倾向是不对的。

2. 社会科学综合化的趋势

当代社会历史的客观进程和当代任何重大的科学技术问题、经济问题和社会问题所具有的高度的综合性质，不仅要求自然科学、技术科学和社会科学的各主要部门进行多方面的广泛合作，综合运用多学科的方法和知识，而且要求把各门自然科学、技术科学和社会科学知识总结成为一个创造性的综合体。可以说现在已经进入了如不制订考虑各门学科和各种技术相互配合的计划，所有重大问题都不能解决的时代。研究对象的综合性决定了当代社会科学发展具有综合化的趋势。

社会科学的综合化趋势表现为社会科学与自然科学的相互交叉和渗透，以及各门社会科学之间的相互交叉渗透。早在 1914 年列宁就预见到，在 20世纪将会出现从自然科学奔向社会科学的更为强大的潮流。现在，自然科学的概念和方法正在广泛渗入各门社会科学。尤为明显的是控制论、信息论、系统论的概念和方法已越来越为各门社会科学所采纳。与此同时，自然科学的发展也在逐渐把社会科学的某些方法纳入自己的轨道，从而对自然科学发展的战略发生影响。社会科学与自然科学的相互作用常常是通过各门技术科学实现的。因为技术科学既要研究如何运用自然科学揭示的规律研制新的技术手段，又要考虑这些技术手段如何更好地发挥作用的社会经济条件及达到怎样的社会效果。所以自然科学和社会科学知识同时向技术科学渗透。在研究政治、经济、文化发展的统一社会历史进程中，社会科学学科数量的不断增加不仅导致专业的深化，而且导致各门社会科学的传统界限的逐渐消失。各门社会科学之间也出现了相互渗透的综合现象。近年来掀起的文化史研究热潮集中体现了哲学、历史学、社会学、经济学、军事学、政治学、艺术科学等的相互渗透和密切合作。跨学科性与多学科性的综合研究及其成果的广泛应用是当代社会科学的鲜明特征。

3. 社会科学的应用研究越来越加强

当代科学技术革命深入发展，人类社会的物质生产活动正在经历着从"物质经济"向"信息经济"的过渡。"物质经济"是以大规模使用和消耗原料资源和能源为基础的，而"信息经济"则是大量减少产品和劳动中的物质消耗，提高其中的智能和信息的比重。知识、信息已成为促进生产力、竞争力和经济增长的关键性因素。社会科学同自然科学一样，越来越转变为直接的生产力，这是时代的鲜明特征。哲学社会科学不断揭示着知识和精神生产的特点和规律，不断提高和扩大人的智力，提高劳动者的素质；哲学社会科学不断揭示着人们生产活动的社会组织规律，日益成为人们在生产过程中进行科学管理所不可缺少的工具；当代哲学社会科学在参与社会管理，解决各种社会问题方面也越来越显示其重要作用。人口问题、家庭问题、伦理问题、犯罪问题、城市问题、生态与环境问题、就业问题及其他全球性和区域性问题，都迫切需要哲学社会科学对它们进行系统研究并提出各种可供选择的解决方案和建议。这些都标志着社会科学的社会职能的重大变化，它们不仅具有社会意识的职能，而且越来越具有生产职能、管理职能。经济科学、管理科学、行为科学和心理学在这方面的功能尤为突出。这是哲学社会科学近年来普遍受到重视的根本原因。

当代社会科学所表现出来的应用性质正在影响着它自身结构体系的演进。社会科学在应用过程中已开始形成一套社会技术。所谓社会技术是指在经验和理论的基础上总结出的调查和研究社会问题，管理和控制社会过程的一系列的手段和方法。社会技术已成为现代智能技术的重要组成部分。社会科学也像自然科学那样形成了理论研究、应用研究、发展研究的多层次的结构体系。当代社会科学发展过程中理论研究、应用研究、发展研究的进一步结合，社会科学理论和社会技术的进一步结合，正表现了社会科学越来越具有应用性质的发展趋势。

4. 社会科学面向研究未来的趋势

当代科学技术日新月异，社会变化节奏加快，各种社会现象和社会过程几乎瞬息万变。在这不断变化的世界里，一个社会团体、一个民族和国家，要想在激烈的竞争中求得发展，必须密切注视周围情况的变化，及时预知将来要发生什么变化，并判断出这种变化对自己的影响，从而迅速作出反应。

必须学会在变化的信号还不太强烈之前就能够预感到它。所以研究未来、作出预测和战略抉择就成为哲学社会科学面临的重要任务。社会历史的客观进程向科学提出的这项新任务，最早在哲学中得到了应答，形成一种新的哲学的未来观，后来逐渐引起了社会科学各个领域的强烈兴趣，经济学、社会学、历史学、政治学、教育学、心理学等都积极地开展面向未来的研究。

研究未来是为了对社会发展作出规划、提出行动的对策。决策与咨询的战略研究越来越引起各门社会科学的专家和学者的广泛注意。各类科学技术和经济社会问题的研究中心作为政府和企业的智囊机构相继出现。社会科学的情报与预测的社会职能已显示出它的巨大力量。

当代社会科学的上述新的发展趋势，并不排斥社会科学在每一个国家有其历史的、民族的和阶级的特点，具有其研究社会过程所持的世界观和方法论立场。以马克思列宁主义为指导的我国社会科学研究，应该密切注视当代社会科学发展的新趋势，及时吸取其先进的合理的科学因素，并同我国社会主义现代化建设实践结合起来，在科学研究，教学活动，宣传工作方面，进一步提高社会科学研究的水平、质量和效率。

二　研究课题现代化

科学研究所要回答和解决的是人类在实践和认识上没有解决而又必须解决的问题。科学工作者提出的问题越是深刻地反映时代的要求，科学研究的成果就越能把人类的实践和认识推向新的发展阶段。同自然界相比，社会生活的历史性质表现得更为强烈和显著，这就决定了社会科学的研究课题具有鲜明的时代历史特点。哲学作为时代精神的精华，它的课题更强烈地表现出时代的色彩。因此，研究课题的现代化是科学研究的水平、质量、价值和效率的集中体现。

根据我们的理解，社会科学研究课题的现代化具有下述四方面的内容：

1. 当代社会历史进程提出了一些各门学科过去没有研究或研究甚少的新的综合性的研究课题。

当代科学技术革命是一个全新的问题。从 20 世纪 70 年代起，许多科学技术领域取得了新的突破性进展，它们为生产和经济的发展预示了十分广阔的前景。微处理机的广泛应用将使整个生产设备和生产过程智能化，社会生产管理正在发生深刻的革命；遗传工程的发展预示着一个可以按照人类需要设计地球上生命生产的新时代；宇航科学技术的发展将开拓人类生产活动的新领域——外层空间，预示了宇宙工艺学和宇宙工厂时代的开始；海洋科学技术则把人类的生产活动扩大到海洋深处；新能源与新材料的研究将为人类提供无限丰富的再生资源和多种用之不竭的能源。当代科学技术革命具有科学的、技术的、社会的综合性质，对当代科学技术革命进行跨学科的综合研究是哲学社会科学面临的新的迫切课题。我们应该用马克思主义的观点从理论上阐明当代科学技术革命的起因、标志、内容、实质及发展规律；以马克思主义的观点评论世界上关于科学技术革命的各种理论和流派；围绕科学技术革命问题进行历史的和国内外的对比研究，总结历史经验，探讨世界科技经济发展趋势及在这一趋势面前我国科技经济发展目标和道路，制定我国科技、经济和社会发展的战略决策，等等。

当代科学技术革命所导致的生产力的新飞跃将引起劳动结构、产业结构和经营管理方式的巨大变革，引起生产方式和各种社会关系的调整和变革，将对人类生活的各个领域、人们的生活方式、价值观念，甚至人的个性和思考方式产生重大影响，等等。用马克思主义观点科学地阐明科学技术革命与社会系统诸要素的关系，正确地分析科学技术革命的社会影响，探讨当代工业发达国家从资本主义过渡到社会主义的条件和形式，探讨社会主义社会的发展规律，是我们面临的迫切课题。还应该看到，随着现代化的信息传播工具的发展，及时研究各种社会思潮发生、演变、传播规律及我国宣传教育工作所面临的新形势、新特点，也是我们所不能忽视的课题。

当代科学技术革命把科学、技术、生产、管理这些人类活动的最主要形式融合起来构成了一个高度统一的社会动态系统。因此，我们必须研究科学技术和社会经济协调发展的问题。社会科学应该将制定科学技术、经济和社会发展的整体规划一类的战略研究作为自己的重要研究课题，制定科学技术、国民经济和社会发展的指标体系，探讨总体战略研究的方法论工具，寻求总体的最优化方案。与此相联系，还应该研究社会科学方法论、社会科学体系结构、社会科学与自然科学相互作用的机制和途径、社会科学研究成果的应用与评价等问题。

决策科学化与咨询研究是当代科学技术革命、社会发展提出的综合性研究课题。科学、经济和社会活动的规模越来越大及其高度的综合性质和多变动性，决定了决策失误会造成广泛影响和不可估量的损失。因此研究决策的根据、方法、程序、实施保障及咨询组织活动形式具有突出的现实意义。

2. 积极开展新学科的研究

新学科的建立，在适应社会实践发展的新要求，深化人们对客观世界的认识、形成新的理论和方法等方面起着重要作用。积极开展新学科的研究是哲学社会科学研究课题现代化的重要方面。

开展新学科研究，要在各学科的交接处寻找新学科的生长点。在哲学和各门具体科学的结合部位，我们要积极开展现代逻辑学、语言哲学、科学哲学以及经济学、社会学、历史学、法学和政治学等社会科学中的方法论问题的研究；在各门社会科学的交叉点上，我们要积极开展认知心理学、社会心理学、经济法、历史地理、经济地理、社会科学情报学、文化史的研究；在社会科学、自然科学和技术科学相互渗透的边缘区域，我们要积极开展数学语言学、数学经济学、技术经济学、工程心理学、科学技术美学、科学技术伦理学、环境经济学、社会计量学、科学社会学、科学学、未来学的研究，等等。

在促进新学科的建立过程中，要注意探索新学科成长过程中科学概念和科学方法在学科之间转移的规律性，要注意新学科只有在它的研究成果产生实际的社会效益时，才会得到发展并被人们接受。脱离社会实践和哲学社会科学自身发展的要求去人为地创建新学科是要失败的。因此倾听社会实践的呼唤、密切注视整个科学技术发展动向，克服传统偏见和狭隘眼界，对于促进新学科的建立，具有极为重要的意义。

3. 传统学科的研究要不断发掘新课题，古老课题也要具有时代气息

随着当代社会生活的新发展和人们对这些新发展的进一步认识，当代人类知识体系和结构不断地改变着，不仅传统学科的对象出现了新的特点，而且传统学科在人类知识总体中的地位和作用也在改变。因此传统学科必须不断重新认识自己的对象、自己的地位和作用，使自己的概念范畴和理论体系适应新的情况和要求。对于古老问题，应该站在当代社会生活和科学技术成就的新高度，开辟新的研究途径，进行新的探索，作出新的总结和概括。只有这样，历史和古老问题的研究才会出现生机勃勃的新气象。

4. 加强中华民族独特的传统文化的研究

我们的社会主义现代化建设，要广泛引进西方当代科学技术成果及先进的管理经验，同时要抵制西方文化中腐朽方面对我们的冲击。为此，我们必须以马克思主义为指导，发掘自己民族传统文化的精华，形成现代科学技术与我国优秀文化传统相结合的现代的中国社会主义文化。

在当今科学技术高度发展的时代，西方世界普遍感到缺乏能够填补精神空虚的伦理理论，有人提出"高技术必须用高情感加以对抗"的问题，有些西方学者转向研究东方古老文化，希冀从中吸取有益的东西。在这样的情势下，我们中华民族要用自己的文化对世界文化的发展作出贡献。我们应该充分认识这样一个真理：在一定条件下，越具有民族性的东西越容易走向世界，越具有世界性。

研究传统文化，必须具备现代知识，掌握现代科学方法，熟悉世界文化发展的历史和现状，才能把我国传统文化的研究提高到现代水平。

三　研究手段现代化

课题的现代化要求研究手段的现代化。研究手段指的是在研究和解决课题过程中所用的方法论工具的总和，包括思维方式、概念和范畴工具、物质技术手段。人类科学技术发展到今天，已积累了极为丰富的方法论思想和多种多样的手段。现代条件下的科学研究存在着选择方法论工具的可能性和必要性。研究手段现代化就是要求做到思维方式现代化、概念和范畴工具现代化、物质技术手段现代化。

1. 思维方式现代化

当代科学技术革命和社会生活已经发展到了这样一个阶段，它们在自身发展中提出的问题往往突破了传统学科彼此划分的界限，涉及不同学科、不同领域。过去那种不同学科、不同领域孤立地提出和解决问题的思维方式已不可能全面地认识和解决这种问题。社会科学研究必须适应这种综合性质的课题的要求，树立整体观点、系统观点。这就是说，要认识问题本身的复杂性、跨学科性，把问题作为一个系统，分析其内在的方面、要素及关系；还要认识到这个问题与其他问题的相互关系，把这个问题看做更大系统的一个子系统；要有从系统出发的分析方法和价值标准。人们在不同学科，不同领域对问题的考察是为了进一步更好地对问题作综合考察，局部的最优化是为了最终实现全局的最优化。

马克思主义的唯物辩证法从哲学世界观的高度阐明了整体和部分、系统和要素的相互关系。当代科学技术革命和社会生活实践不断证实着唯物辩证法，同时也对人们研究和应用唯物辩证法提出了新的要求。当代科学技术革命和社会生活实践要求人们不仅从思想上、理论原则上正确认识社会生活中的各种复杂系统，而且要求在实践上、技术上控制和管理这些系统。这就要求我们逐步改变哲学研究、具体科学研究、技术实践研究孤立进行的状态，综合运用哲学方法、一般科学方法、具体科学方法。

关于思维方式，传统的观念总是把计量排除在外，认为计量只是一种具体的手段和技巧。但是当代科学技术革命和社会生活进一步表明，定性分析和定量分析是互为前提、互相转化的。在现代科学技术工程和社会管理中，定性分析必须借助于定量分析才能技术化、工程化、实用化。计量已成为思考和决策的根据，没有计量就不可能有精确的思考和决策。客观世界任何事物都是质和量的统一，因此在原则上都可以进行定量分析，用数学来描述。有些对象暂时不能用数学处理，只是说在今天条件下还没有描述这些对象的数学工具。随着数学的发展和我们关于对象的量的方面的认识，将有越来越多的对象纳入到数学应用的范围。思考、计量、决策的不可分性将是我们这个时代思维方式的一个重要特征。

2. 概念、范畴工具现代化

哲学社会科学研究应该在概括当代科学技术革命和社会生活实践的基础上形成具有当代特点的新概念、新范畴，抛弃那些失去了学术生命力的旧概念、旧范畴，对那些仍有学术生命力的旧概念、旧范畴作出适当的改造，使它们具有新内容、新含义。

概念、范畴作为人类的认识成果和认识工具都不是不变的。哲学社会科学的概念、范畴由于研究对象的历史性质更具有新陈代谢、不断变化的特点。各个时代的哲学社会科学都具有时代特点的概念、范畴。一门学科的新发展、一门新学科的产生总是伴随着形成一批新概念、新范畴，对旧概念、旧范畴作出新的理解和解释。是否形成具有自己特点的概念范畴体系经常是一门学科成熟程度的标志。一门学科的概念、范畴长期得不到更新，在一定程度上正反映了这门学科的停滞状态；当代科学技术革命和社会生活同马克思主义创立时代相比，形势发生了很大变化，在当时只以萌芽状态显露出来的东西今天已经得到了充分的发展，还出现了许多新现象、新情况、新问题。因此马克思主义指导下的我国哲学社会科学所使用的概念、范畴就不能仅仅停留在马克思主义创立时的状态，应该有所创新、有所发展。

第二次世界大战以后，由于控制论、信息论，系统论的兴起、发展及向哲学社会科学领域的渗透，这"三论"中的一些概念、范畴在哲学社会科学领域得到了越来越多的应用。现在翻开当代外国哲学社会科学著作，随时都可看到控制、反馈、最优化、信息、秩序、组织、负熵、系统、要素、结构、功能、行为、静态、动态、稳态这些概念和范畴。社会生活系统、人类对于客观世界的认识和实践系统都是存在着信息过程和控制运动规律的复杂系统，它们本来就是控制论、信息论、系统论的研究对象。社会科学在研究这些复杂系统时把这"三论"中具有方法论意义的概念、范畴作为工具是完全可以的。我们应该在研究新事物、回答新问题的基础上形成新的概念、范畴，也应该把新的概念、范畴作为我们研究现实问题的新工具。

3. 物质技术手段现代化

这就是用电子计算机为核心的自动化体系来装备社会科学研究队伍，使得社会科学研究过程中信息的存储、加工、传输、检取的物质技术手段达到现代化的水平。

社会科学研究的物质技术手段现代化是个十分迫切的问题。首先，情报资料工作在当代社会科学研究中的地位越来越突出和重要。研究者必须及时、准确、全面地了解和掌握学术研究最新成果和社会生活各方面的最新动态，而现代科学技术和社会生活的发展所提供的知识量、信息量又成倍地增长，这就使得社会和研究者个人花费在情报资料工作的人力、精力和时间日益巨大。据苏联一些城市的统计，仅 20 世纪 60 年代副博士花在查找和阅读文献上的时间平均占整个研究时间的 38.6％，博士占 36.4％。问题还在于人类积累起来的知识量如此巨大，以至一个人靠自己的精力很难掌握，人类创造的精神财富也不可能得到充分利用。这就急需要实现在情报、资料、图书、文献的存储、检取、传输方面的现代化。其次，随着控制论、信息论、系统论在社会领域中的推广和应用，随着社会科学同管理、控制，改造社会的实际工程的进一步结合，社会科学研究越来越多地求助于数学模型进行系统分析、"模拟实验"，这也要求使用大型的电子计算机。

物质技术手段现代化受资金和设备的制约。但是有计划、有步骤、有重点地进行这方面的投资和建设，具有深远的战略意义和实用价值。有了现代化的物质技术手段，哲学社会科学研究现代化就有了物质保证，它从事精神生产的能力将进一步提高。

四　科研主体现代化

科研活动是由科研主体来承担和进行的。科研主体的状况直接影响着科研活动的水平。当代科学技术革命和我国现代化建设对科研主体提出了更新更高的要求。只有现代化的科研主体才能提出和把握现代化的课题，才能驾驭和使用现代化的科研手段。构成科研主体的要素有科研人员的知识结构、具有不同专业特长的人才结构、把科研人员结合起来协同工作的组织结构。科研主体的现代化就是构成科研主体的这些要素应该适应当代科学技术革命和我国现代化建设的要求，为此就要实现科研人员培养和科研管理的现代化。

1. 科研人员培养现代化

这就是运用包括哲学社会科学最新发展在内的当代科学技术成果、人类历史上积累起来的优秀文化遗产，利用现代化的知识传播手段，通过学校或社会的途径及时地培养出在数量和质量上适应现代化建设要求的哲学社会科学研究人才。首先，在培养内容上应该进一步做到面向世界、面向未来、面向现实，应该从当代科学技术革命和我国现代化建设所要求的哲学社会科学研究人员的知识结构来安排、组织学习内容。大学生、研究生、科研人员除了学习马克思主义哲学、专业知识外，都应该具有一定的心理学、社会学、管理科学的知识，还应该不同程度地学习一些数学、信息论、控制论、系统论知识，掌握现代电子计算机的应用技术，了解现代科学技术革命的发展状况和当代社会问题，熟悉各种社会思潮，逐步做到掌握一个主要学科的专业知识，具备一两门辅助学科的知识。我们还应该看到，由于各学科的交叉渗透，由于科研管理已经独立为社会分工的职能部门，社会需要哲学社会科学培养一种"通才"的新型研究人员。这种"通才"具有多种学科的专业知识，具有通观各学科相互关系的气质和才能，能够成为沟通各学科联系的中介和桥梁，能够在各学科之间的综合讨论中起协调和组织作用。这种新型人才的培养和成长将进一步促进各学科的交叉和渗透。其次，现代科学技术革命特别是信息革命提供了传播知识、信息的各种现代化手段，学校课堂、教师面授已不是传播知识的唯一途径，因此在人员培养的途径，手段、制度上也应该做到现代化。目前我国哲学社会科学的高等教育，在教学内容、教学方法上急需改革。在知识爆炸的时代，高等教育要侧重教授比较稳定、适用性广泛的基础概念和思考方法，而不是侧重在让学生背诵内容陈旧的知识。应开设一些跨学科的课程，培养学生多方面的广博兴趣，使他们思路开阔。要更多地采用讨论的方式。要加强社会调查的训练，培养学生研究实际问题的兴趣和能力。鼓励人们向掌握多种学科专业知识的方向努力，鼓励人们通过各种不同途径、形式学习和掌握专业知识，建议逐步实行双学位制。现代教育的概念已发生了根本变化，不再是从小学到大学的一次教育了，科研人员应该树立终生受教育的观念，不断进行知识更新和知识结构的改组。

2. 科研管理现代化

这就是科研组织、机构的设置，科研成果和科研人员的考核，科研经费的使用，要适应现代化建设和科研事业现代化的发展要求。

哲学社会科学研究机构的设置原则应是既保证能生产基础理论的成果、有利于学科的建设，又能具有解决社会实际问题的能力，生产具有应用价值的知识。经验表明，纯理论学科中形成的高度专业化的和具有许多分支的研究机构，在生产适合于实践活动知识方面的能力是较低的，因此除了按基础学科组建研究机构（这种机构也不宜分工过细）外，还应发展若干临时性的课题研究组织，它们是为解决具体的或重大的实践课题而建立的。哲学社会科学研究也可以建立若干跨学科的研究中心。

在科研成果评定和科研人员的考核上，除应利于基础理论研究的发展外，还应鼓励大家研究和探索现实问题。长期以来，我国哲学社会科学界不同程度地存在着不敢或不愿意研究实际问题及对实际缺乏了解等情况。这里除了研究人员本身的问题外，也还有政策方面的问题。例如在职称的评定和晋升方面存在着忽视现实问题和应用研究，忽视社会调查报告，政策咨询研究成果的片面现象。这种状况应该迅速改变。必须认识到哲学社会科学研究成果的形式是多种多样的，衡量科研成果的标准也只能是理论上或实践上、近期的或战略的意义和价值。无论是基础理论的还是应用的研究成果，凡对国家的科学技术、经济和社会发展确有见地和价值的，都应给予较高的科学评价。政府对于基础性研究、应用性研究、开发性研究在拨款方面可以采取灵活多样的形式。

现代化的标准是不断发展的，研究课题、研究手段，研究主体各自的现代化也是互为前提、互相促进的。我们应该根据当代科学技术革命的发展，不断阐明这几个方面的现代化标准，促进我国社会科学研究的现代化，使其在我国社会主义现代化建设事业中发挥更大的作用。

论历史唯物主义和人道主义
历史观的根本对立 [*]

历史唯物主义和人道主义的关系问题，自从 20 世纪 30 年代发现马克思《1844 年经济学哲学手稿》以来一直为人们关注着，社会民主党和资产阶级著作家们在这个问题上花费了大量笔墨，20 世纪 50 年代以来苏联、东欧国家中的理论家们也就这个问题写了大量文章。近几年来，我国理论界也围绕这个问题展开了一场争论。有些同志认为历史唯物主义只讲"物"不讲人，在社会主义时期已经不适用了，于是他们出来宣传人道主义的世界观和历史观，要用作为世界观和历史观的人道主义来"完善"和"发展"历史唯物主义，要把马克思主义归结为或部分归结为人道主义。本文想对宣传人道主义世界观和历史观的同志的一些论据作些回答，阐述历史唯物主义和人道主义历史观的根本对立。

一

宣传人道主义世界观和历史观的同志总是喜欢用人道主义这根线索把马克思和费尔巴哈、马克思早期著作和成熟时期著作联结起来，回避和抹杀马克思和费尔巴哈在世界观、历史观上的根本对立，遗忘马克思从早期到成熟时期过渡过程中所实现的从唯心主义到一般唯物主义、从一般唯物主义到辩证的、历史的唯物主义的飞跃和转变，从而论证他们所主张的在历史观上把马克思主义和人道主义互相混合起来的观点。

实际的情况真是这样吗？难道果真是人道主义把马克思和费尔巴哈联系

---

* 原载于《历史唯物主义论丛》第 6 辑，1984 年 12 月版。

起来的吗？马克思对费尔巴哈批判了什么，继承了什么？难道马克思思想成熟的过程果真是人道主义思想加强的过程吗？马克思《1844 年经济学哲学手稿》常常被国外一些人错误地称作"比马克思的任何其他著作都更加清楚地揭示了他的社会主义情绪背后的伦理的人道主义的动机"，是"青年马克思的人本学"，是"一本直言不讳的人道主义原文著作"。我们一些宣传人道主义世界观、历史观的同志也常常把这本著作作为依据。《德意志意识形态》是被人们公认为马克思恩格斯全面制订唯物史观的著作。因此只要考察从前一著作到后一著作所经历的实际过程就足以回答这些问题。

　　费尔巴哈尖锐激烈地批判了黑格尔哲学的唯心主义，恢复了唯物主义的应有权威。他认为人不是像黑格尔哲学所说的那样是绝对观念的产物，黑格尔哲学本身倒是人本质的异化形式，因此应该批判和揭露黑格尔哲学的唯心主义和宗教的实质，哲学应把人和自然及其相互关系作为研究对象。这些思想受到了在实践中发现了黑格尔哲学存在问题的马克思的热烈欢迎，马克思曾经借助过费尔巴哈哲学来批判黑格尔哲学的唯心主义，费尔巴哈对马克思曾经产生过巨大的影响，《1844 年经济学哲学手稿》（以下简称《手稿》）就是在这种影响最大的时候写的。马克思在这份手稿中对费尔巴哈作了很高的评价，认为他"真正克服了旧哲学"[①]。1844 年马克思给费尔巴哈的信中还把费尔巴哈的人本主义看成是共产主义的理论基础。但是不能认为这个时期的马克思就是一个地道的费尔巴哈主义者、人本主义者，这个时期的马克思同费尔巴哈也是有区别的。费尔巴哈对黑格尔哲学采取了简单抛弃的态度，马克思则不同，从黑格尔关于绝对观念自我运动的过程中看到了"历史运动的抽象的、逻辑的、思辨的表达"，费尔巴哈虽然主张人本主义，却不重视劳动在人的形成和发展中的作用，从而堵塞了通向历史唯物主义的道路，他虽然有着一般唯物主义的基础，却不能把唯物主义贯彻到社会历史领域。马克思则不同，一方面吸取了费尔巴哈的唯物主义基础，把黑格尔颠倒了的关系拨正，同时又吸取了黑格尔关于人是自我创造的辩证发展过程的思想，吸取了黑格尔关于人通过自己的劳动来外化、表现、确证自己的思想。《手稿》虽然还不是成熟的历史唯物主义著作，却显示了向唯物史观前进的道路和方向。《手稿》把哲学考察和政治经济学考察结合起来，考察资本主义社会中工资、资本、地租的关系，分析资本主义社会中的异化劳动，就是一种明证。它表

[①] 《马克思恩格斯全集》第 42 卷，人民出版社 1979 年版，第 157—158 页。

明马克思的方法已经不同于费尔巴哈对人的直观的理解和考察。虽然马克思还没有从有关某种人的类本质、关于不变的"人的本质力量"的观念中彻底解放出来，还明显地具有费尔巴哈人本主义的影响，但是我们应该透过那些人本主义的哲学术语看到唯物史观的思想萌芽。

然而，从《手稿》到《德意志意识形态》一书的过程究竟是进一步扩大和发展费尔巴哈人本主义思想影响，还是批判费尔巴哈人本主义、克服其思想影响呢？马克思在 1845 年春天写的《关于费尔巴哈的提纲》是直接批判费尔巴哈的，批判包括费尔巴哈在内的一切旧唯物主义的直观性，批判费尔巴哈没有把人的活动本身理解为客观的活动，因而不了解"革命的"、"实践批判的"活动的意义，批判费尔巴哈把人的本质理解为"类"，理解为一种内在的、无声的、把许多个人纯粹自然地联系起来的共同性。马克思在这个提纲中，把他要创立的新唯物主义同包括费尔巴哈在内的一切旧唯物主义对立起来，因而这个提纲被恩格斯誉为表达了新世界观天才萌芽的文件。接着，马克思和恩格斯合写了《德意志意识形态》，写作这本书的目的，马克思后来明确指出是为了批判黑格尔以后的哲学，清算他们从前的哲学信仰，阐述他和恩格斯的见解同德国哲学思想体系的对立。在这本书中，他们指出离开现实的尘世关系去谈论从神的王国进入人的王国无异于科学消遣。他们对于把历史看做"人"的发展过程、看做"人"的自我异化过程这种历史观持清楚明确的否定态度，认为这种历史观是本末倒置，是唯心主义。他们还明确指出费尔巴哈在探讨历史的时候绝不是一个唯物主义者。由此可见，从《手稿》到《德意志意识形态》的过程不是《手稿》中存在着的费尔巴哈人本主义思想影响进一步扩大的过程，而是《手稿》中所存在的唯物史观的思想萌芽冲破并克服费尔巴哈人本主义思想束缚而滋长的过程，是唯物史观从思想到术语的全面制订的过程。

上面的叙述表明，马克思创立唯物史观的过程也是他本人世界观、历史观的转变过程，他曾经经历了从黑格尔到费尔巴哈，又从费尔巴哈到历史的（辩证的）唯物主义这两个彼此区别又彼此衔接的发展阶段。第一个阶段，马克思实现了从唯心主义向一般唯物主义的转变，这个转变完成的时候，马克思的唯物主义虽然不完全等同于费尔巴哈的唯物主义，但明显地带有费尔巴哈的影响。第二个阶段，马克思实现了一般唯物主义向历史的（辩证的）唯物主义的转变，这种转变是通过克服费尔巴哈的哲学影响的形式实现的。马克思在《神圣家族》中说过：费尔巴哈在理论方面体现了和人道主义相结合的唯物主义，而法国和英国的社会主义和共产主义则在实践方面体现了这种唯物主义。有的同志据此推论说，费尔巴哈的唯物主义和法国的空想社会主义都是马克思的直接来源，因此马克思主义继承了人道主义，马克思主义也是和人道主义吻合的。马克思的话是十分深刻的，我们这位同志的推论却是不正确的。费尔巴哈的唯物主义是直观的唯物主义。这种唯物主义脱离了社会实践和社会关系来考察人的问题，把人只是看做一种生物学上的物质存在，这在自然观领域是唯物主义地解决了思维和存在的关系问题，但是这种对人的了解是直观的，当把这种了解推广于社会历史领域，解释社会历史问题的时候，就成了人道主义历史观。费尔巴哈的直观唯物主义同他的人道主义历史观是相吻合的，两者之间存在着不可分割的内在联系。直观的唯物主义必然得出人道主义历史观，人道主义历史观必须以直观的唯物主义作为其一般世界观的理论根据。因此马克思在社会历史观上克服费尔巴哈人道主义历史观同在一般世界观上克服费尔巴哈唯物主义的直观性是同时进行的，两者是互为前提、互相推进的。这就不难了解，为什么马克思在《手稿》中讨论异化劳动之后，紧接着在《关于费尔巴哈的提纲》中全面地批判了费尔巴哈唯物主义的直观性及其对于人的直观理解，提出了自己的实践的唯物主义世界观的提纲。这也就不难了解，为什么正是在这个提纲之后，马克思和恩格斯一起在《德意志意识形态》一书中全面制订了唯物史观。这几年人们常常强调唯物史观在马克思主义哲学形成中的决定意义，但是我们想指出，没有马克思在提纲中对费尔巴哈直观唯物主义的全面突破，马克思也不可能完成全面制订唯物史观的工作。我们的结论是，马克思的唯物史观是同实践的唯物主义即辩证唯物主义这个一般世界观相吻合的，辩证唯物主义和历史唯物主义是互为前提、互相渗透、互相为用的。从实践的唯物主义向直观的唯物主义倒退必然在社会历史观上从唯物史观向人道主义历史观倒退。从费尔巴哈唯物主义同人道主义相吻合的事实推导出马克思主义同人道主义相吻合的结论，这只能表明，作出这种推论的同志是在历史观上谈论着人道主义，也在实际上把马克思的实践的唯物主义混同于费尔巴哈的直观的唯物主义。

总之，马克思对费尔巴哈哲学批判地继承的时候，所继承的是费尔巴哈的唯物主义基础，即自然领域中的唯物主义，但是对这种唯物主义也批判了它的直观性，更批判了由这种直观的唯物主义所得出的人道主义历史观，在这种批判的基础上，马克思提出了实践的唯物主义，又把这种实践的唯物主义贯彻到社会历史领域，创立了和人道主义历史观根本对立的唯物主义历史观。有的同志说："对人道主义，马克思恩格斯摈弃的只是它的称号，不是它的实质。"不对。马克思对费尔巴哈的批判和扬弃，不仅表现在人本主义的术语上，更主要地表现在思想实质上。成熟时期的马克思和青年时期的马克思不是绝无联系的两个马克思，但是把两个时期的马克思联系起来的思想线索却不是人道主义，而是唯物史观的萌芽、滋长和形成。我们在否定把两个时期的马克思绝对对立起来的错误观点的时候，还必须如实地承认从青年马克思到成熟时期马克思的过程是世界观的转变过程。这种转变的存在正表明了马克思所创立的辩证唯物主义和历史唯物主义的世界观是同包括人道主义历史观在内的唯心主义根本对立的，也同旧唯物主义有原则区别。人为地用人道主义把马克思和费尔巴哈、把成熟时期的马克思和青年马克思联系起来的做法实际上就是否认和抹杀了唯物史观和人道主义历史观的根本对立。

二

宣传人道主义世界观和历史观的同志总是把历史唯物主义和人道主义历史观等同起来，把两者都归结为人的哲学，并且想方设法把历史唯物主义和人道主义历史观混合起来，甚至要用人道主义历史观来改造历史唯物主义。但是，只要把历史唯物主义和人道主义历史观在理论内容上作一比较，就可以进一步看出历史唯物主义和人道主义历史观是根本对立的。

历史唯物主义和人道主义历史观（包括某些同志把人道主义作为历史观宣传时的某些观点）的根本对立表现于下列问题。

1. 考察和说明社会历史的出发点是根本不同的。历史唯物主义的出发点是社会、人们的社会关系（首先是生产关系）、具体的社会物质生活条件。人道主义历史观的出发点则是抽象的人、人性、人的本质。关于前者，马克思恩格斯有许多论述。他们指出，他们的前提并不是任意想出的，而是现实的前提，是一些现实的个人、是他们的活动和他们的物质生活条件。他们认为这些前提是可以用纯粹经验的方法来确定的。关于后者，马克思恩格斯也有明确的论述。他们指出，费尔巴哈是从人出发的，但是由于费尔巴哈根本没有讲到这个人生活于其中的世界，因而这个人始终是宗教哲学中所说的那种抽象的人。他们指出，施蒂纳把抽象的人作为单纯行动的个人强加给历史并认为"人"创造了历史。列宁在批判俄国民粹主义者司徒卢威时，也指出他的出发点是脱离了生活条件、生产关系体系的"木偶"。

　　有些同志根据马克思恩格斯谈到自己出发点时说过"现实的个人"、"从事实际活动的人"，就作出推论说："费尔巴哈是从人出发，马克思也是从人出发，区别就在于费尔巴哈是从生物学的孤立的、抽象的人出发，而马克思是从现实的、实践的、社会的人出发。"这个推论表面上承认马克思和费尔巴哈在出发点上的区别，但却实际上通过抽象把两者的出发点都归结为人。在社会历史观这个领域内这样的推论是不允许的，因为这个推论中前二句话和后二句话之间只能二者择一：要承认马克思和费尔巴哈在出发点上的根本区别，就必须否认马克思和费尔巴哈都出发于人的结论；要得出马克思和费尔巴哈的出发点都是人的结论，就势必否认两者在出发点上的根本区别。马克思恩格斯说他们的出发点是"现实的个人"、"从事实际活动的人"是什么意思呢？他们把自己的出发点和费尔巴哈的出发点相区别相对立在什么地方呢？只要我们全面理解马克思恩格斯关于他们出发点的论述，就不难看出，他们的观点正是表现在"现实的"和"从事实际活动的"这几个字上面。因此从"现实的个人"、"从事实际活动的人"出发实际上在说从现实出发、从人们的实际活动及物质生活条件出发。只有从人们的活动和物质生活条件出发，才能做到从现实的、从事实际活动的人出发。反之，不管怎样声明从现实的人出发，也只能从抽象的人出发。费尔巴哈有时不也说要从现实的人出发吗？但由于他不懂得从人们的活动和物质生活条件出发，他所谓现实的人仍然是抽象的人。因此要从"现实的个人"、"从事实际活动的人"中甩掉"现实的"和"从事实际活动的"而把"人"抽象出来，并且同费尔巴哈的出发点等同起来，就只能是把抽象的人作为出发点，"人是马克思主义出发点"是一个典型的人道主义历史观的命题。

　　出发点的问题是社会历史观的根本问题。列宁在谈到认识论上两条根本对立的认识路线时，曾经把唯物主义认识路线概括为从物质出发，从物到思想、感觉的路线，把唯心主义认识路线概括为从感觉、思想出发，从感觉、思想到物的路线，在社会历史观中，出发点同样意味着认识路线的问题。从社会、从人们的社会关系（首先是生产关系）、具体的社会物质生活条件出发，就是主张从社会的实际出发。相反，从抽象的人出发是什么意思呢？把人从具体的社会关系中抽象出来，剩下的是什么呢？或者是把某一社会关系下的人性夸大为绝对普遍的人性，或者只剩下人的生物学上的类的共同性。在前一种情况下，由于这种脱离了具体社会关系而被夸大为绝对普遍的人性在现实社会中并不存在，只存在于人们的观念中，因此把这样的人性作为出发点实际上就是把观念中的东西作为出发点；在后一种情况下，人的生物学共同性只是人们社会属性的生物学前提，它本身既不能说明人在社会属性上的差别和对立，也不能脱离人的社会属性而单独存在。把人的生物学属性夸大为人的唯一的本质属性也是人们主观抽象的结果。从这种结果出发也只能意味着从想象出发。因此从抽象的人出发，实际上就是从理想的、想象的人性出发，就是从意识、观念出发。这样，出发点的不同，意味着对社会历史观的基本问题的根本不同的解决。从社会物质生活条件出发，就是用人们的社会存在说明人们的社会意识；从抽象的人出发，就是用人们的社会意识说明人们的社会存在。否认历史唯物主义和人道主义历史观在出发点上的根本对立就是否认两者对于社会历史观基本问题的不同解决，就是否认历史唯物主义和人道主义历史观的根本对立。

2. 由于出发点的不同，历史唯物主义和人道主义历史观对于社会发展的动力、社会发展规律、衡量社会历史进步的尺度也存在根本对立的观点。

历史唯物主义从人们的活动及社会物质生活条件出发，揭示了物质生活的生产方式对于整个社会生活、政治生活和精神生活过程的决定作用，揭示了生产力对生产关系、经济基础对上层建筑的决定作用，揭示了在这个基础上发生的生产力和生产关系、经济基础和上层建筑的矛盾运动。揭示了在这种矛盾运动推动下社会形态由低级到高级的过渡和更替，从而科学地阐明了社会历史发展的动力，把社会历史的发展如实地描述为按照客观规律发展的自然历史过程。人类社会的历史就是基于物质生产活动而不断发展的历史，虽然中间充满着曲折和反复，但总的趋势是前进和上升。在这里衡量社会历史进步的尺度只能是生产、生产方式以及与之相适应的社会、政治、文化、科学、教育的发展，在评价社会经济政治制度的时候归根到底要看它对生产、生产力的发展起着怎样的作用，是阻碍、破坏还是促进、保护、解放。

历史唯物主义在揭示社会发展过程客观性质的时候，并没有否认作为社会历史主体的人的作用。历史是由人们的活动创造的。历史唯物主义的基本范畴都是从不同的侧面来描述人们的活动以及人们在活动中所形成的社会关系。社会发展规律是在人们活动过程中产生和发展的。历史唯物主义只是指出人们不能随心所欲地创造历史，他们的活动要受现实条件以及由这些条件形成的客观规律的制约。人们在从事活动的时候可以抱有这样那样的目的，但这种目的的实现程度却取决于它对客观规律的符合程度。人们在评价历史的时候，也总是从某种利益出发，但这种价值评价的正确程度却取决于它是否反映了历史发展的客观要求。因此人们只有认识社会发展的客观规律，才能在活动中获得自由。那种指责历史唯物主义只讲物不讲人的观点是没有根据的。

人道主义历史观则不同，它从抽象的人出发，把历史发展归结为人的发展，用"人—非人—人"的历史公式把人类历史发展概括为人性的异化和复归的历史，又把人的发展的动力归结为人对于人的价值、尊严、幸福、生存的追求，归结为人对于自己的意识。有的同志说："历史的发展不过是人的准备和形成的过程而已，人类对自己所持有的这种强烈的人的意识，完全是人所独有的，是人的全部价值和尊严的基础，是推动人的发展和完善的强大力量。正是为了人的生存和幸福，人才孜孜不倦地实践和探索，正是为了人的价值和尊严，人才永无休止地创新和追求。"对于这里所说的观点，我们只要引一段马克思恩格斯的话就完全可以把它的实质说清楚了。马克思恩格斯说："哲学家在已经不再屈从于分工的个人身上看见了他们名之为'人'的那种理想，他们把我们所描绘的整个发展过程看作是'人'的发展过程，而且他们用这个'人'来代替过去每一个历史时代中所存在的个人，并把他描绘成历史的动力。这样，整个历史过程被看成是'人'的自我异化过程，实际上这是因为，他们总是用后来阶段的普通人来代替过去阶段的人并赋予过去的个人以后来的意识。由于这种本末倒置的做法，即由于公然舍弃实际条件，于是就可以把整个历史变成意识发展的过程了。"[1]

人道主义历史观由于抹杀了社会基本矛盾，抹杀了客观存在的社会发展动力，也就只能从抽象的人性出发描述理想社会，而理想社会的实现不是诉诸对人们的道德说教就是寄托于个别天才人物。马克思主义产生以前的空想社会主义之所以是空想，就是因它在理论上建基于人道主义历史观。马克思主义产生以后，人道主义历史观同马克思主义的阶级和阶级斗争理论、无产阶级革命和无产阶级专政的学说是直接对立的。

3. 由于出发点不同，历史唯物主义和人道主义历史观在考察人、人性、人的本质时有着根本对立的方法论，对这些问题的回答也有着根本对立的观点。

人道主义历史观撇开了人们活动的社会物质生活条件，撇开了人们的现实的社会关系，把人的本性、本质归结为单个人所固有的抽象物，归结为把

---

[1] 《马克思恩格斯全集》第 3 卷，人民出版社 1960 年版，第 77 页。

人们纯粹生物学地联系起来的共同性。有的同志说："不论怎样，人终究是要把人当作人，当作与自己同一类中的一员的。即便是在阶级斗争的战场上，对敌对阶级也需以确认对方是人为前提的。在猎场上，不可能设想去感化一只狼，但在阶级斗争战场上却可能实际地感召一个比狼凶残十倍的敌人。所以，人类的类概念，是对人的性质一个最为基元的规定。所以人对人总应按历史规定的限度来满足其对自然和社会的要求的，这已构成为人间的一条准则，这个准则也就是人道主义、广义的人道主义。"对人作脱离社会关系的抽象考察，用人的生物学共同性否定、代替人们在社会关系中形成的社会本质，或者把人的生物学共同性看成高于人的社会本质，并以此出发谈论人的各种问题，这就是人道主义历史观在考察人、人性、人的本质问题上的方法论特点。人道主义历史观谈论的人是脱离了现实社会关系的抽象的个人，谈论的人性和人的本质是超历史、超现实的，是抽象的、不变的。这是一种抽象的人性论。人道主义历史观根据这种抽象的人性来回答和解释诸如人的价值、尊严、地位、目的、自由、幸福等等问题。在人道主义历史观看来，人的价值、尊严、地位、目的、自由、幸福就是这种抽象人性的实现。在历史观上谈论要把人当做人来看待、人的价值就在于他自身、人本身就是人的最高目的等就是从抽象人性出发谈论这些问题的命题。从抽象人性出发，人道主义历史观把人与人、个人与社会的关系等同于生物学上的关系，宣扬个人主义。

　　在历史唯物主义看来，社会是由人组成的，任何人又都不能离开社会，在社会之外的人只能是生物学意义上的人，初生的婴儿如果不进入社会而离群索居就不可能具有人的社会本质，就不能成为真正意义上的人。社会生活在本质上是实践的，社会生活的实践性决定着人的社会性，决定着个人和社会的相互关系。因此历史唯物主义的立足点就不是脱离了现实社会关系的个人，而是"人类社会或社会化了的人类"①。历史唯物主义认为人的本质并不是单个人所固有的抽象物，在其现实性上，它是一切社会关系的总和。社会关系决定着人们的利益、要求、心理、感情、思想，决定着人们的社会本质。人们在社会关系中由于不同的甚至对立的地位形成着人们不同的甚至根本相反的本质。社会关系又决定、制约着人的本质的历史变化和发展。有人觉得，社会关系是人们在生活中形成的，作为社会活动的主体又怎么成了社会关系

---

① 《马克思恩格斯全集》第 3 卷，人民出版社 1960 年版，第 6 页。

的总和呢？产生这种看法就在于没有把人的活动本身理解为客观的活动。人们的活动必须依赖于客观的社会物质生活条件，人们在活动中形成着不以人们主观意愿为转移的客观的社会关系，因而这种客观的社会关系反过来决定着、制约着、形成着人的社会本质。在阶级社会中，就是因为人们在社会生产关系中居于不同的地位才形成着不同的社会集团，形成了不同的阶级。在阶级社会中，阶级性是人们最主要、最本质的属性。

历史唯物主义认为人是现实的、具体的，这并不意味着一谈人的问题必须谈具体的张三李四，为了讨论人的种种问题，进行科学的抽象是允许的，也是必要的，人的本质在其现实性上就是社会关系的总和，就是一种科学的抽象。必须区分人的科学抽象和抽象地谈人。历史唯物主义否认在社会历史观领域抽象地谈人，但不否认对人的科学抽象，也决不允许用抽象地谈人来混同、佯称为对人的科学抽象。因此历史唯物主义并不否认一般地提出人的价值、地位、尊严、目的、自由、幸福等问题。历史唯物主义和人道主义历史观在这些问题上的分歧不在于承认还是否认这些问题的存在，而在于怎样去回答这些问题，在于对这些问题作出怎样的回答。历史唯物主义所要否认的只是从抽象的不变的人性出发来回答这些问题，认为这样的回答是一种对人的非科学意义上的抽象考察，从而作出的回答也不可能是科学的说明。历史唯物主义在回答这些问题的时候是从人们的社会关系出发，从个人和社会的辩证关系出发，从具体的社会历史条件出发，人们同社会的关系决定着他们的价值、地位、尊严、目的、自由和幸福，离开了社会，既不存在也不可能解决这些问题。人们可以有自己的价值观、地位观、尊严观、目的观、自由观、幸福观，但是这些观念本身是由人们的社会关系决定的，它们的实现程度归根到底要看其对社会发展规律的反映程度。因此在社会历史观这个领域中，社会关系的总和是在人的本质问题上抽象的极限，超出这个极限，把社会关系也抽象掉，就不是科学的抽象。当然在社会历史观之外，在作生物学意义上的人类学考察时，可以把人仅仅理解为生物学上的一个类，仅仅考察这个类区别于其他动物的本质特征，但这种考察也不应该完全脱离人的社会关系、社会实践。

三

宣传人道主义历史观的同志总是喜欢把我们过去实行的革命人道主义和

在今天条件下实行的社会主义人道主义作为磨灭历史唯物主义和人道主义历史观根本对立的论据。我们说，宣传和实行社会主义人道主义并不否认历史唯物主义和人道主义历史观的根本对立，阐明历史唯物主义和人道主义历史观的根本对立也不意味着否认宣传和实行社会主义人道主义的必要性，批判资产阶级人道主义，批判人道主义历史观，可以保证健康地宣传和实行社会主义人道主义。用社会主义人道主义否认历史唯物主义和人道主义历史观的根本对立，甚至从人道主义历史观那里寻找社会主义人道主义的理论根据都是错误的。

首先，我们宣传和实行社会主义人道主义，不是把它当作我们的世界观和历史观，而是把它当作社会主义社会生活中对待人的一项伦理原则。

世界观、历史观和伦理原则、道德规范既有区别又有联系。世界观是围绕思维与存在关系问题而展开的关于世界的总观点，历史观是围绕社会意识与社会存在关系问题而展开的关于社会历史的基本观点，伦理原则、道德规范则是在由社会舆论和人们觉悟来调节人们相互关系的社会生活领域中起作用的原则和规范。一定的伦理原则、道德规范都联系着、表现着一定的世界观、历史观，都以一定的世界观、历史观作为其理论根据。但是伦理原则、道德规范又不等同于世界观、历史观，犹如各门社会科学都依据着一定的世界观、历史观，但不能把各门社会科学同世界观、历史观等同起来一样。胡乔木同志在《关于人道主义和异化问题》一文中指出：“关于人道主义，我想首先应该指出，它有两个方面的含义：一个是作为世界观和历史观，一个是作为伦理原则和道德规范。这两个方面有联系，又有区别。”作为世界观和历史观的人道主义，就是从人性、人道出发讨论和回答社会发展中诸如动力、规律、社会进步尺度、人的本性本质等这样一些基本问题。作为伦理原则和道德规范的人道主义则不从世界观、历史观上提出和回答问题，只是从伦理原则和道德规范的角度来提出和回答问题。如在伦理道德领域中要不要把人作为人来看待，怎样叫做把人作为人来看待，要不要讲人性、人道、怎样才算讲人性、人道等。

我们过去的实践经验证明是可以作这种区分的。在夺取政权的革命年代，指导中国共产党人认识、分析中国社会的世界观和历史观是辩证唯物主义和历史唯物主义，是马克思主义的阶级和阶级斗争、无产阶级革命和无产阶级专政的理论，但是在伦理道德领域中同时提出和实行了革命的人道主义，效果是很好的，有利于当时革命事业的发展。今天提出和实行的社会主义人道主义是过去战争年代革命人道主义的发展，只是在新的历史条件下扩大了范围和丰富了内容。既然我们只是在伦理道德领域中宣传和实行社会主义人道主义，那么利用社会主义人道主义来抹杀历史唯物主义和人道主义历史观的根本对立就是毫无根据的，担心宣传和实行社会主义人道主义会模糊历史唯物主义和人道主义历史观的对立也是不必要的。

其次，就伦理原则和道德规范来说，社会主义人道主义同资产阶级人道主义也存在着一系列的根本对立。

资产阶级人道主义是从抽象的人、人性、人的价值出发来提出它的伦理道德原则、提出它的人道标准的，并且往往把这种人道标准同反抗反动势力所不得不采取的革命暴力对立起来。社会主义人道主义是从社会主义的社会关系出发，从社会主义建设现实发展的需要和可能出发提出人道标准和道德要求的。这种人道标准和道德要求反映着广大人民群众作为社会主义社会主人的地位和利益，表现为国家和社会对人民群众的权利、利益、人格的尊重和关心，表现为人民群众相互之间的尊重和关心。这种尊重和关心的实际内容是随着社会主义建设而不断得到发展的。社会主义人道主义并不把自己的人道原则同打击和反对各种反社会主义的敌人的阶级斗争对立起来，相反把它看做在人民群众中实行社会主义人道主义原则的必要条件。社会主义人道主义并不完全排斥要把人作为人来看待这一口号，但是把这一口号建立于历史唯物主义关于人的本质的理论基础之上。有的同志说，我们在医务工作中实行"救死扶伤"的革命的人道主义的时候，"'救'、'扶'的对象是人的整个的类"。这只能说是一种善良的主观愿望。无数的事实表明，过去在阶级斗争和革命战争的战场上面对那些顽抗到底的反动派，仅有这种善良的主观愿望是十分危险的，今天面对那些不肯认罪而又有顽抗行凶能力的反社会主义的敌人，情况也仍然如此。这些敌人只有当他们放下武器投降和认罪才能成为对其实行革命人道主义、社会主义人道主义的对象，才谈得上给他们以"人道"待遇的问题。

在伦理原则和道德规范这个领域中，社会主义人道主义和资产阶级人道主义之所以有一系列的根本对立，原因之一就是因为社会主义人道主义的理论基础是历史唯物主义，而资产阶级人道主义的理论基础是人道主义历史观。因此这种对立在实际上反映和表现着历史唯物主义和人道主义历史观的根本对立。实行和宣传社会主义人道主义不仅没有为磨灭历史唯物主义和人道主义历史观根本对立提供论据，反而表明着这种对立的深刻程度。

再次，我们在宣传和实行社会主义人道主义的时候，并不是把它看做社会主义社会生活的唯一的或最高的伦理原则、道德规范，而是如实地把它看做社会主义社会生活的伦理道德总体中的较低层次、较低的要求。

在社会主义时期，人们生活在不同层次的社会关系之中，在不同层次上发生相互关系，如存在着社会普通成员相互之间的关系，普通劳动者之间的相互关系，某种社会职业、社会团体、社会阶层成员之间的相互关系，共产党员和先进分子内部之间及他们同人民群众之间的相互关系。社会生活和社会关系的层次性决定着伦理原则和道德规范的层次性。因此社会主义社会生活的伦理道德总体中就存在着不同层次的伦理原则和道德规范。社会主义人道主义的道德要求实际上就是要求在一定现实条件下把人当做人来看待，社会主义劳动者则还必须实行劳动者所应有的道德要求（包括应当遵守各种职业道德），至于共产党员和先进分子还必须实行共产主义道德要求。由此可见，社会主义人道主义的伦理原则、道德要求对于每一个社会主义公民来说，是应该实行的较低层次的道德要求。对于共产党员和先进分子来说，仅仅实行社会主义人道主义的道德要求是不够的，还必须实行共产主义的道德要求。

我们在宣传和实行社会主义人道主义伦理原则和道德要求时具体地阐明它在社会主义社会生活的伦理道德总体中的地位和作用，表明我们是用历史唯物主义来观察和对待伦理道德问题的，这同资产阶级人道主义往往把自己的伦理道德要求当做唯一的最高要求，把人道标准当做伦理道德的最高标准是有根本区别的，这种根本区别也深刻地反映着历史唯物主义和人道主义历史观的根本对立。

抹杀历史唯物主义和人道主义历史观的根本对立，把它们"混合"起来或互相归结，不管主观动机如何抱着"完善"和"发展"历史唯物主义的善良愿望，其结果不是把历史唯物主义推向前进，而是拉向后退。历史唯物主义作为关于社会发展一般规律的科学，它不仅适用于过去，也适用于今天和将来。历史唯物主义的基本原理并没有过时。当然，我们在坚持历史唯物主义基本原理的时候，应该丰富和发展历史唯物主义，但是丰富和发展的道路决不是用人道主义历史观来补充或代替历史唯物主义。

丰富和发展历史唯物主义的正确道路是理论联系实际，把历史唯物主义基本原理同当代社会实际结合起来。深入研究马列主义经典著作无疑是十分重要的。通过这种研究，发掘一些没有被研究和宣传过的思想、范畴，对那些已经得到研究和宣传的原理、范畴进行更深入的探讨，更加完整、准确地把握历史唯物主义的理论体系。但是这些研究工作应该同现实问题的研究结合起来。第二次世界大战以后，工业发达的资本主义国家中普遍地发生着科学技术革命。人们预计，20 世纪末 21 世纪初，电子计算机、生物工程、光纤通信、激光、海洋开发和新材料等新兴技术将迅速渗透到生产和生活的各个方面。科学技术革命改变着产业结构、职业结构，改变着人们的劳动方式、生活方式、联系交往方式。生产中脑力劳动和脑力劳动者的比重迅速增加，传统意义上的从事体力劳动的工人在减少，脑力劳动和轻微的体力劳动相结合的职员在增加，从事创造性脑力劳动的科学家、技术家、教育家、医生在物质生产和精神生产中的重要性越来越突出。科学技术革命对生产力、生产关系、上层建筑等社会结构的要素，对资本主义社会的阶级矛盾、社会矛盾也发生着深刻影响。这种形势给马克思主义者、历史唯物主义者提出了许多重大而迫切需要研究和回答的问题。现代科学技术革命发生的原因是什么，怎样估计它的影响，工业发达的资本主义国家中社会基本矛盾同 19 世纪末 20 世纪初相比有什么新的特点，这些国家走上社会主义道路将会具有什么新的形式和特点，对于西方学者关于科学技术革命及其影响的分析和观点应该怎样评价。我国社会主义现代化建设的实践要求我们进一步研究和把握社会主义社会的发展规律，进一步研究和把握具有中国特点的社会主义建设道路。这里也有一系列问题，如何在世界上发生科学技术革命的形势下加快我们的现代化建设步伐；如何从我国实际出发，建立多层次的生产力结构、产业结构，使这种结构对于科学技术革命发展的形势具有更强的适应和灵活变动的能力；如何进一步调整和完善我国具有多层次结构的生产关系，在坚持社会主义国营经济主导地位的情况下实现多种经济形式的合理配置和发展；如何完善和发展多种形式的生产责任制和经济管理责任制；如何调整和完善社会主义上层建筑、改革领导体制，使其更能适应社会主义现代化建设事业的要求；如何协调地发展社会主义的物质文明建设和精神文明建设；如何加强以共产主义思想为核心的、包括社会主义人道主义伦理原则在内的思想道德教育；如何正确认识和处理社会主义现阶段的阶级斗争；等等。总之，当代资本主义社会的发展特点和社会主义社会发展规律是迫切需要马克思主义者作出科学回答的两大现实课题，其中也包含着历史唯物主义迫切需要研究和回答的课题。马克思主义者只有从理论和实践上把握社会主义社会的发展规律，使社会主义制度在发展生产力、改善人民生活、提高人民群众的主人翁地位和社会主义共产主义觉悟等方面进一步显示出优越性和生命力；只有对当代资本主义社会的基本矛盾作出深刻的理论分析，更有说服力地论证社会主义必然代替资本主义的历史发展总趋势，才能进一步证明历史唯物主义的科学性和正确性，才能丰富和发展历史唯物主义。

当代科学技术革命对社会发展的影响[*]

当代科学技术革命以它特有的魅力吸引着人们，这不仅在于它神奇般的发展，而且还在于它对社会发展的各个方面已经产生了并且还在产生着强烈而深刻的影响。对于当代科学技术革命对社会发展的影响问题，不同的学者给出了各种不同的回答。这没有什么可奇怪的，因为社会系统太复杂了，而科学技术革命对社会发展的影响也几乎到了"无孔不入"的地步。下面从八个方面加以论述和说明。

（一）当代科学技术革命对生产力诸要素产生了巨大影响，将使社会生产力有一个大的飞跃

首先，极大地扩大了生产劳动的对象。辽阔的海洋过去只是作为人们使用舟楫的航路，可是随着海洋工业的兴起和发展，海底资源、海洋生物、海水都已成为生产的对象。过去畜牧业、种植业的对象只限于陆地的动植物，现在海洋中的生物也被包括了进来。航天事业的发展，极大地扩大了人类从事生产活动的空间，人们利用火箭、卫星、航天飞机建立了各种空间实验室，空中工厂也正成为事实。随着现代生物工程的兴起和发展，诸如 DNA、细胞等类对象也从实验对象转移为生产对象。当代科学技术革命由于扩大了生产对象，从而为生产开辟了许多新领域，形成了许多新产业，就是传统的产业部门也出现了新的生产内容。在农业方面，人们应用现代生物工程和信息技术手段，通过控制和调节生态环境来提高农作物的产量和品种质量，通过基因重组、细胞融合等新技术组建人类所需要的新物种，通过生物学手段消灭病虫害，开辟了生物农业的新道路。在当代科学技术革命条件下，把农业现代化仅仅理解为机械化的观念已经显得狭窄了，必须加进农业生物化的新内容。

---

* 原载于《哲学动态》1985 年第 3 期。

其次，当代科学技术革命不断地以新材料、新能源、新技术更新着生产的物质技术基础，以信息化、智能化、综合化的生产工具、机器体系、操作系统武装着社会生产的各个领域。人们利用信息科学技术革命成果研制了探察资源的新手段，设计了监视和控制生产过程、生产流水线和车间以至整个工厂或整个生产部门的自动控制系统，推动了生产过程、生产部门以至整个社会生产向着自动化的方向发展。机器手和机器人的研制和使用使人类获得了一种智能化的生产工具，用来代替人在各种恶劣环境（如高温，高压、真空、海底、核辐射、剧毒等）和各种特殊要求、特殊条件下（如高精度、高速度、高纯度）进行有效的工作。

再次，当代科学技术革命以其工艺的、技术的、理论的成果武装着劳动者，提高了劳动者的科学技术和文化的素质。当代科学技术革命还推动着医疗卫生事业的现代化，电子计算机被用来进行辅助诊断、显示人体信息、进行病理分析、自动配方、大型会诊等，现代生物技术也解决着过去常规方法不能生产或不能经济生产的诸如激素、血液蛋白、疫苗、干扰素、抗菌素、维生素、免疫调节因子、氨基酸等的生产，现代生物技术还给医疗卫生工作提供了某些灵敏和专一的诊断技术，如单克隆抗体、生物传感器和 DNA 探针。人类防病治病、健身延寿的能力有了极大的提高。

总之，当代科学技术革命通过影响、改变生产力诸要素，使社会生产力实现质的新飞跃。智能化的生产工具或操作系统便是当代科学技术革命所形成的新生产力的物质标志。

（二）知识、信息、科学技术、脑力劳动、精神生产在整个社会生产和生活中的地位和作用变得越来越重要

当年在工业化、机械化的时代，办工业、建工厂需要大量的资金、劳动力、材料和能源，机械工业、采掘工业和纺织工业现在已被称为资本密集和劳动密集型产业。那时虽然也需要知识、信息和科学技术，但体力劳动以及在劳动实践中积累起来的经验和技能在产品的生产过程中起着主要的作用。在一个企业的人员结构中，技术工人、技师、工程师和管理人员居于少数，而作为体力劳动者的工人则占绝大多数。当代科学技术革命促使这种情况发生着重大的改变。当代发展迅速的那些新兴产业，如电子工业、信息工业，虽然也需要资金、材料、能源，但与传统工业相比，在这些产业中科学技术和知识就起着决定性的作用。在传统产业中，随着技术基础的改变，科学技术和知识在生产中的作用也极大地增强了，正由过去体力劳动为主改变为知

识、科学技术、脑力劳动为主，产品真正成为物化的知识、物化的科学技术。有的工业发达国家，从事脑力劳动或从事脑力劳动为主的白领工人在数量上已经超过了从事传统意义上的体力劳动的蓝领工人。因此，在一定的前提条件下，可以认为知识、信息、智力开发是决定生产力发展速度和经济竞争力高低的关键因素。

（三）劳动方式的变化

首先，物质生产的劳动方式发生了变化。18 世纪产业革命主要内容是机械化、工业化，用各种工具机代替人手的各种操作，用动力机、传动装置使用水力、风力、化石能源以代替人力、畜力。那次产业革命的结果，形成了以机器体系为主的生产工具系统。围绕机器，劳动者结合起来从事各种劳动，主要是直接配合、协同工具机、动力机、传动装置进行各种体力劳动。这就形成了机器大生产的劳动方式。当代科学技术革命成果，特别是信息控制技术，进一步代替了人类的体力劳动和部分脑力劳动，于是生产过程中的劳动逐步变成了操纵开关、监视仪表，甚至连开关和仪表都由电脑来监视和控制，人们的劳动主要变为设计、编制、调整各种程序。操纵台、控制室中的工作正在取代着车间中围着机器转的集体劳动。

其次，脑力劳动、精神生产的劳动方式也发生了变化。信息科学技术使人类获得了收集、加工、传输、贮存信息的现代化手段，这就使脑力劳动和精神生产的个体劳动方式正在改变，那些非创造性的脑力劳动正在逐步为现代信息系统所取代，正在走向社会化、工业化、自动化。于是，人们的脑子就可以真正用来从事创造性的思维活动，而这部分脑力劳动也日益纳入以现代信息系统为技术基础的社会化、工业化、自动化的精神生产的全过程之中。

（四）企业规模、产业结构、地区布局的变化

机器大生产曾经形成了大型、超大型的企业规模。当代科学技术革命的发展却使工业发达国家的一大批原有的规模较大的企业紧缩和分散，同时又出现了大批中小型企业，这就是企业小型化的新现象。当代科学技术革命形成了一系列新兴产业，电子工业、信息加工和数据处理这样一类的服务性产业得到了迅速发展，钢铁工业、采掘工业等传统产业相对地在萎缩和改组，这就造成了整个社会范围内产业结构的变化。当代科学技术革命还对各产业部门的内部结构发生着重大影响，工业结构、能源和交通运输结构、商业结构、军事结构也都发生着相应的变化。与上述变化相联系的是生产力的地区布局和城市发展趋势的改变。工业化和机械化曾经使生产集中在几个大工业

中心，而围绕大工业中心则形成了百万人以上甚至千万人以上的大城市，现在随着企业的小型化，随着新兴工业中心的出现，在生产和城市的分布上出现了分散和小型化的发展趋势，大城市减慢或停滞了扩大的趋势，而新兴的中小城市则得到了更多更快的发展。

（五）管理、决策方式的变化

管理和决策是同有组织活动及活动方案的选择联系在一起的。人类社会的各种组织和活动形式都具有管理和决策的功能。阶级社会中的国家是阶级统治的工具，同时也是统治阶级管理和控制、调节整个社会的组织形式。但是由于人类社会是一个相当复杂的系统，社会发展过程充满了各种偶然和曲折，社会发展规律存在着不同于自然规律的特点和形式，因此长期以来，人类社会中管理和决策所依据的信息只是依靠经验的积累，社会信息的收集、加工、传递依靠的是各种形式的社会组织系统，决策机关所能获得的信息大多是粗略的、定性描述的、概念式的，依据这种信息作出的决策和进行的管理也只能是"大概式的"、"估计式的"、"原则上的"。当代科学技术革命为人们精确地、定量地认识和描述社会生活，及时地、准确地获取、加工、传输、贮存社会信息提供了现代化的技术手段，这就有可能使社会管理和决策活动从过去的"文山会海"转变为主要依靠大型计算机网络为中心的现代化信息系统，生产管理、经济管理、社会管理正在从粗放式管理向计量管理的方向发展。有的国家已经着手建立包括国家级、部门级、区域级、企业级的自动化管理系统，给国民经济带来了显著的效益。

（六）生活方式的变化

当代科学技术革命不仅给人们提供着日益丰富的物质生活资料和精神生活资料，而且改变着人们享用和消费这些资料的方式。社会性的服务设施将得到进一步的发展，电视机、录音机、录像机将使人们在更多的场合获得欣赏视听艺术和了解、掌握科学文化信息的机会。信息科学技术将使家庭生活的面貌彻底改观，它们将自动监视家庭的安全，自动操作家庭的劳作，向家人提供各种资料和情报，人们可以在自己的家里接受各种知识教育，欣赏各种文化艺术，甚至与同事、同行进行工作研究、学术讨论。迄今为止，在绝大多数的家庭生活中，物质生活是最重要的内容。但是当代科学技术革命却使这种情况逐渐发生了改变，精神生活的比重和地位正在不断上升。同时，家庭生活和社会生活的相互关系也在出现新的局面。工业化时代，各种社会化的活动曾经使人们从家庭走向社会，当代科学技术革命则创造了一种条件，人们可以重新在家庭里参加各种社会性的活动，人们社会活动和交往方式的改变将使人们从社会回到家庭。

（七）文化教育、智力开发方式的变化

机械化、工业化要求各种专门化的技术，要求具有专业特长的专门人才，相应的，在人才培养、智力开发、学校教育上出现了专业和专业化越分越细的发展趋势，造成了隔行如隔山的现象。当代科学技术革命具有极大的综合性质，在当代科学技术革命影响下提出的生产课题往往突破了传统的专业界限，这就要求人们不仅具有某一狭窄领域的专业知识，而且具有相邻学科或更高层次的专业知识，要求人们的知识结构由过去的单一的专业型改变为专业基础上的综合型。生产领域所要求的技术工人、技术人员、工程师的数量也极大地增加了。与此相应的对培养人才的智力开发、文化教育也提出了新的要求。由于当代科学技术革命为传统的学校教育、文化事业提供了现代化的技术手段，开辟了许多社会化的文化教育、智力开发的活动方式，如广播教育、电视教育、录音录像教育等，这就为缩小文化教育中心和边远地区、城市和乡村教育的差距提供了条件。

（八）当代社会矛盾出现了新的情况和特点

首先，当代科学技术革命使工业发达的资本主义国家的资产阶级与无产阶级的矛盾出现了新情况。在资本主义工业化时代，资本家主要通过延长劳动时间和增加劳动强度来提高剩余价值，而今天，资本家则主要利用科学技术成果和科学管理来提高剩余价值。过去工人面临的问题是沉重的体力劳动和挣扎于饥饿线上的物质生活待遇；今天工人面临的问题是操作性劳动的单调性、机械性，固定的职业对人的身心全面发展的限制。过去与在业工人竞争的是失业工人大军，今天则还增加了被称为"铁领工人"的机器人。这样，在当代科学技术革命影响下，资本家和工人双方都发生了变化，他们的相互关系虽然还是剥削和被剥削的对抗关系，但出现了新的特点。当代科学技术革命在给工业发达的资本主义国家造成生产力发展的同时也推动了社会矛盾的发展。

其次，当代科学技术革命使国际间的垄断与竞争出现了新格局。除了过去已经存在的材料、能源、商品市场的垄断与竞争外，知识、技术、人才的垄断与竞争占着日益重要的地位。知识技术密集型产业也是知识技术垄断性最强的产业。电子计算机和微电子技术的发展一开始就被少数国家垄断。

再次，当代科学技术革命也是社会主义与资本主义这两种不同社会制度进行斗争和竞赛的重要方面。粗略地说，从 1917 年俄国十月革命成功以来，世界范围内社会主义和资本主义的斗争已经经历了三个阶段。第一阶段的主要形式是武装的颠覆和反颠覆。第二阶段的主要形式是以武力为基础的军事、政治、外交、经济上的对抗。这两个阶段的历史过程表明，资本主义国家依靠其武力并不能颠覆和消灭社会主义国家，同样社会主义国家也不可能依靠"武力"输出革命去代替资本主义国家的无产阶级"推翻"资本主义制度。于是进入到第三阶段，在这个阶段上，虽然军事上、政治上、外交上继续存在着斗争和抗衡，但是生产上、经济上、社会发展上的竞争则日益成为主要的方面。第二次世界大战特别是 20 世纪 50 年代以后，资本家们把注意力转向利用当代科学技术发展生产，企图在经济上证明资本主义制度的优越性，并借以压垮社会主义。社会主义国家也逐步认识到当代科学技术革命对于社会主义建设、社会发展以及与资本主义斗争中的意义。社会主义要在世界范围内战胜资本主义，必须大力开展科学技术革命，积极利用现代科学技术成果，创造高于资本主义制度的劳动生产率，在改善人民生活、加速社会发展上充分显示社会主义制度的优越性。从这个意义上说，当代科学技术革命所提出的挑战不仅是技术和经济上的，同时也是政治上的。

总之，当代社会发展与五十年前、一百年前相比，已经出现了新情况、新特点，也预示了未来社会变革的某些新的可能性、新的规律性。在当代科学技术革命的条件下，从资本主义向社会主义的过渡，从共产主义低级阶段向共产主义高级阶段的发展，将采取什么样的道路和形式，这是当代马克思主义者应该研究和必须研究的具有时代性质和历史意义的重大课题。

当代科学技术革命和思维方式现代化[*]

　　许多学者认为，我们现在正处于新的电子计算机革命的开始时期，将从信息处理过渡到知识处理，从能进行计算和储存数据的电子计算机过渡到能推理和提供信息的电子计算机，电子计算机正在成为各种知识劳动者的强有力的工具，并将引起业已开始的世界性的新产业革命。这场革命的实质是人类历史上前所未有的智能革命。因而人的思维方式也将发生巨大变化，形成信息时代特有的思维方式。分析当代科学技术革命对思维方式的影响，从哲学高度对思维方式作出新的概括，是哲学研究面临的迫切课题。

当代科学技术革命的发展突出了思维方式问题的重要性

　　如果说，在传统产业的产品中，体力劳动在物化劳动的份额中占有重要地位，那么在知识密集型产业的产品中，脑力劳动越来越成为主要成分，产品成为真正的物化知识。如果说过去在生产、经济、科学技术、文化艺术、国家事务、日常生活的管理和决策中，主要依靠的是经验，有些场合甚至完全凭直观感觉，现在则越来越多地要依靠科学、技术、知识、信息，没有现代科学技术手段及时地、准确地、全面地提供有关知识、信息，既无法经营好一个现代化企业，也无法在地区、国内、国际的市场竞争中取得优势。在有些发达国家，知识劳动者已在全部劳动者中占多数。科学、技术、知识、信息的重要性使得它们本身的生产、加工、传输、储存、应用等成为整个社会生产和生活发展中的迫切问题，要求在这方面也做到现代化、社会化、工业化。思维是人类理性地把握现实对象，进行精神生产的重要环节，没有人

　　* 该文系李惠国、吴元梁合著，原载于《自然辩证法研究》1985年第4期。

类的思维活动就没有整个社会的科学、技术、知识、信息的生产。因此，当代科学技术革命对科学、技术、知识、信息的要求也就是对人们思维活动、思维方式的要求。

在人类社会的发展史上，科学、技术、知识、信息的生产长期落后于物质生产。科学理论不是一时不能应用于生产实践，就是落后于生产实践的发展水平，而实践中积累起来的经验和技艺却在生产实践中起着主要作用，于是实践经验的重要性常常掩盖了思维活动、思维方式的重要性。但是随着近代科学从经验材料积累时期过渡到理论概括时期，随着近代科学技术在生产实践中指导作用的加强，人们才不断加深了对思维活动、思维方式重要性的认识。恩格斯当年关于理论思维、思维方式重要性的哲学概括正是这种变化的反映。现代科学技术革命不仅极大地加强了这种发展趋势，并且随着科学实验从生产实践中分离出来成为独立的社会实践，随着现代化科学知识理论的发展，科学、技术、知识、信息的生产已经可以超前于物质生产。过去那种生产—技术—科学的体制已经改变为科学—技术—生产的新体制。过去是先有生产经验，然后从生产经验中总结概括出科学理论，现在是根据科学实验先于生产实践而提出科学理论，甚至还先于科学实验提出某种理论，然后根据这些理论制定实验或生产实践的技术方案。很明显，在当代科学技术革命条件下，思维方式的重要性已经超过了以往任何一个历史时期。在 19 世纪中叶的时候，思维方式的重要性直接涉及的还只是能否对经验材料作出正确的理论概括，还只是涉及理论领域。在今天，思维方式的正确与否不仅直接涉及能否依靠现在的理论和实验材料提出正确的理论，并且通过理论还迅速地、直接地影响到技术和生产实践。这就是说，在当代科学技术革命的条件下思维方式的影响之大，远远超过近代科学技术发展时期。

解决社会生产和生活中各种控制和管理问题过程的自动化，实现生产和管理，这是当代社会生产和实践活动中提出来的重大课题，是机械化生产力发展的内在要求，也是当代科学技术革命所面临的时代性任务。如果说，机械化是为了把人类从繁重的体力劳动中解放出来，那么自动化就是为了把人类从繁重的机械性的脑力劳动中解放出来。如果说，各种各样的工具机代替着人体在生产过程中的各种行为和动作，那么各种各类的自动控制系统则代替着人脑活动时的各种行为和功能。自然界的各种生命系统，是大自然亿万年的造化所创造的天然控制系统，是人类发展人造控制系统的蓝本。自动控制的理论和技术就是在揭示各种生命系统自我调节和控制的机制，模拟各种生命系统的行为、功能的基础上不断得到发展的，而对不同发展阶段上的生命系统的模拟则产生了由简单到复杂的不同阶梯上的人造控制技术装置。电子计算机所具有的输入、储存、运算、输出的装置，就是对人脑系统的感觉、记忆、思考、反应的功能模拟。世界上正在研制的第五代电子计算机意味着从前几代仅仅处理数据的功能转变为对知识进行智能处理的功能，"专家系统"就是把一般的、模仿人类的解题策略与大量的实际知识、经验知识结合起来，能够在大体上和人一样工作。因此，所谓人工智能就是具有与人类智能相类似的各种行为功能的技术装置。如处理自然语言、从数据库中进行智能检索、自动提供咨询、定理证明、自动程序设计、图像识别、各种机器人和机械手等。控制论技术的这种发展特点要求我们更深刻地揭示人脑活动的规律和机制，其中最核心的问题是揭示人脑思维活动的规律和机制。我们对人脑思维活动规律、机制认识得越深刻、越清楚，就越是能够将人脑思维活动过程形式化、程序化、机械化，就越是能够用相应的技术装置进行模拟，就可以创造、设计出具有更高智能水平的人工智能。因此，当代控制论技术，特别是人工智能的发展，已经强烈地提出了研究人类思维方式问题的重要性了。

上述三个方面表明，随着科学技术革命的发展，自动控制技术装置、电子计算机、人工智能将普遍应用于社会生活的各个方面，将出现生产智能化、组织管理智能化、生活环境智能化。这就要求人们按照当代和未来社会发展的需要进行更有成效的知识和精神生产。能够充分利用人类已经创造出来的全部知识、文化、精神财富，让它们中潜在地蕴含着的"能量"释放出来，造福于人类社会。因此，思维方式问题的重要性在今天已经不单纯是个别哲学家或理论自然科学家的职业嗜好，而是当代科学技术革命发展中提出的要求。

当代科学技术革命改变着思维方式的要素

思维方式是表征人们在思维活动上不同特征、不同类型的一个范畴，其含义指的是思维主体在一定的理论观念和方法论手段的基础上所形成的反映、认识、判断、处理客观对象的方式，在世界观、最一般的方法论思想和价值观念基础上形成着哲学层次上的思维方式。思维主体、思维客体、思维工具（包括理论工具和物质技术手段），构成了思维活动的要素。这些要素的变化制约着人们思维活动的变化，形成着不同的思维方式。这些要素的历史性质决定了思维活动，从而也决定了思维方式的历史性质。当代科学技术革命对人们思维方式发生影响或作用的机制，就是通过影响或改变思维活动的要素来实现的。

首先，当代科学技术革命引起了思维客体的变化，一系列的新对象、新领域、新课题涌入人们的思维活动领域，构成了全新的思维客体。由于科学技术革命极大地提高了人类的实践和认识的能力，人类思维从自然界的宏观领域扩展到宇观和微观领域，人们在向宇观、宏观、微观深入的同时，又不断要求揭示物质结构各层次之间的统一机制，把引力、电磁作用、弱相互作用、强相互作用统一起来，实现爱因斯坦当年提出的统一场论的设想。控制论、信息论、系统论的产生和发展，虽然没有揭示新的物质结构层次，但却揭示了自然、社会、思维领域中的控制运动、信息传输、系统存在的共同性，揭示了把传统学科分割为不同研究对象贯串起来的横断领域，使这些横断领域成为人类思维的新对象、新客体。传统的科学和哲学所讨论的是物质、运动、时间、空间等问题，而控制论、信息论、系统论则讨论着系统、秩序、组织、层次、结构、行为、功能、反馈、稳态等这样一类的新问题。由于控制论、信息论、系统论的目的主要在于设计和制造更先进、更新颖、更有实践价值的人造控制系统，因此工程技术和工程实践问题在人类科技和认识的发展史上从来没有在人类的思维活动中占有像今天这样突出的位置。由于知识生产的发展需要，人类的科学技术和知识体系本身的组织、结构及发展规律也日益成为人类思维所要精确把握的重要对象。人类的知识日益成为复杂的、多层次的、多尺度的结构体系，处于这一复杂体系各层次上的知识系统都面临着新的思维和研究客体，因此，哲学研究对象正在经历着深刻的变化，认识论、方法论问题在哲学研究中变得越来越重要和突出。当代科学技术革命和社会发展要求哲学回答和解决复杂系统的控制和管理及人工智能发展所提出的认识论和方法论问题，回答当代社会的发展规律问题。同近代科学技术发展时期相比，今天人类思维所面临的对象和客体具有极大的综合性、总体性，系统性。

其次，当代科学技术革命的发展导致着思维主体的变化。从一般的意义上说，处于现实关系中的人是思维活动的发动者、承担者、从事者，社会化的人类或人类社会是思维主体；特殊地说，某项思维活动的发动者、承担者、操持者就是某项思维活动的主体。考察思维主体，既不应该脱离人的社会性、现实的社会关系，也不应该脱离具体的实践和认识条件，否则思维主体就变成了超历史、超现实的抽象的思维者。思维主体因社会关系和实践认识条件的改变而具有历史性质。当代科学技术革命推动着社会实践和生产力的发展，刺激和唤起着人们新的需要，形成着人们新的目的、新的利益，从而形成着人们从事思维活动的新的动机和方向。当代科学技术革命使思维主体具有新的理论知识结构、思维心理结构、社会组织结构，从而使思维主体具有新的反映、认识、思维的能力。在近代科学技术革命发展时期，科学研究活动、精神生产活动主要是以科学家、思想家、艺术家个人的形式进行的，那时就某项具体的思维活动来说，思维主体主要表现为活动着的个人。但是到了现代科学技术发展时期，特别是在当代科学技术革命的条件下，科学研究、精神创造也逐渐走上了社会化、工业化的发展道路，于是思维主体也就从个人逐渐地发展为联合诸多个人的集体、团体，甚至是整个社会。今天，思维活动、精神创造仍然需要个人在一定程度上单独地进行艰苦的脑力劳动，但这样的个人必须同科学界、学术界保持最紧密的联系，而这样的联系总是要采取一定的社会组织形式。形式多样、范围不一、联系复杂的学术团体、学术组织、学术会议组织，此伏彼起，活动频繁，正说明思维主体的集体性、社会性。在当代科学技术革命的条件下，电子计算机、人工智能作为人脑进行思维活动的得力工具，直接介入人脑的思维活动过程，极大地提高了人类智力劳动的能力和效率。人脑和电子计算机、人工智能结合而成的人—机系统获得了新的思维活动和精神生产的能力，从这个意义上我们也可以说形成了新的思维主体。

再次，当代科学技术革命的发展导致了思维工具的变化。当代科学技术革命在其发展过程中出现了一系列的新理论、新学科，早先已有某种发展的某些理论和学科又得到了特别迅速的发展。这些新学科、新理论、新思想、新观念、新范畴成为思维主体在理论地把握思维客体时的新工具，构成思维主体的新的反映模式。现代科学技术知识体系的主体网络结构为思维主体提供了选择方法论工具的可能性。应该指出，当代思维主体之所以能够不断扩大理论研究的领域和对象，是同数学家们不断地用新的数学方法、数学理论给思维主体提供新的数学方法论工具紧密相关的。控制论、信息论、系统论除了在思想理论上揭示了新领域之外，还在于它们应用新的数学方法，解决了传统数学所没有涉及的对象领域，在于它们以精确的定量的数学模型描述了控制、信息和系统。数理逻辑、抽象代数的发展提供了研究自动机的数学工具，20 世纪概率论的发展为进一步分析力学系统的统计性态提供了理论工具；偏微分方程理论的新发展使得偏微分方程的所有各种普遍类型的经典课题在求解时既简单又系统；突变理论为定量地研究和描述生物、物理、语言、社会、思维中的某些突变和跳跃现象提供了数学工具；模糊数学则为定量地描述那些数量界限模糊的对象领域提供了数学方法。观测工具、实验工具、计算工具在一定意义上也是思维和理论研究工具。从这一方面看，当代科学技术革命为思维主体更是提供了历史上任何时期都无法比拟的现代化技术手段和操作体系。人们正是凭借了各种各样的探测器、加速器、对撞机才能深入微观领域的一个又一个层次；人们正是依靠了各种各样的射电望远镜才能使视野在宇观领域不断扩大，而电子计算机则为人们提供了强大的运算工具，使人们有可能对复杂系统进行研究。

思维客体、思维主体、思维工具的上述新变化、新特点在现实的思维活动中彼此相互作用的结果就形成了当代思维方式不同于传统思维方式的新特征。

当代科学技术革命条件下思维方式的特征

关于当代科学技术革命所要求的思维方式，我们认为有如下特征：

1. 从系统出发的分析和综合的结合：系统思考。许多学者指出，系统方式是 20 世纪 50 年代以来科学技术的一个基本特点，那些把特定类型的系统作为自己研究对象的新兴科学或新的科学分支得到了迅速发展，系统、结构一类的方法和概念日益广泛地渗透到科学和哲学方法论的研究之中。系统方式不仅被应用于研究客观的对象世界，而且也被应用于研究人们的认识和实践活动，应用于研究人们的社会关系。系统的研究和思考方式，其本质特征在于它不把对象从其所属的环境联系中孤立出来，也不把对象看做自身不具有内部要素和结构的质点，而是把对象看做一个由元素和元素关系的结构形成的系统，看做更大系统中的元素，从元素之间的相互关系，从系统和环境（更大的系统）相互关系之中来研究和思考对象。这就要求从系统这一层次出发，提出、思考和解决问题，要求有系统（整体、全局）观点、动态观点、最优化观点，使得局部的、元素层次上的目标和最优化服从系统的、整体的、全局的目标和最优化。

2. 定性分析和定量分析相结合：精确思考。形成具有数量意义的概念，动用这种概念对研究客体进行数量分析，提出一定的数学关系式和数学模型来描述研究客体的运动和变化规律，这是近代科学在其形成时就表现出来区别于古代科学的一个显著特点。但是各门科学运用数学的程度是极不平衡的，当代科学技术革命的发展促使数学敲开了一个又一个沉睡于定性分析中的学科的大门，促进了各学科数学化的趋势，也不断改变着数字和计算的传统形式、传统概念。正在发展着的自然科学奔向社会科学的强大潮流，其核心问题也是社会科学的数学化问题。长期以来只能进行定性描述的社会科学正在向定量描述的方向前进。计量经济学、计量管理学、计量人口学、军事运筹学这些社会科学领域中的新兴学科都是数学方法获得胜利的福音，心理学、历史学、政治学中的定量研究也已开始，哲学的定量化问题正被人们考虑和尝试。事物的质和量是统一的，定性分析和定量分析也不是彼此对立、彼此排斥的，而是互为前提、互相补充、互相规定和转化的。缺乏定量分析为基础的定性分析往往是模糊的，根据这种模糊不精确的知识作出的推断、预测、决策也只能是一种粗略的估计，这种粗略的估计，这种粗略的估计式的分析、推断和决策已经不能满足和适应当代科学技术革命、社会生产和社会生活发展的需要。而把定性分析和定量分析结合起来，在定量分析的基础上进行定性分析，实现思考和决策的精确化和科学化，这已是当代思维的一个不可缺少的特征。

3. 理论工具和电子计算机、人工智能的技术手段结合：形式化、结构化、信息化的思考。电子计算机作为知识劳动者的工具所显示出来的神奇和魅力正在推动着人们把这些技术系统推广应用于各个领域、各种岗位上的脑力劳动及脑力劳动的各个阶段、各个方面。今天为学者专家、工程师、管理者等所要努力掌握的知识，在将来大概都能为人工智能机所"编译"；今天人们从事的许多脑力劳动，在将来大概都能为人工智能机所代替。这就要求一方面把电子计算机发展到在原则上可以提供给任何人甚至文盲都能使用，另一方面要求人们把脑力劳动及其成果变为电子计算机、人工智能易于接受的形式。人们曾经指出，同构和形式系统是贯穿于数理逻辑、绘画、音乐中的一条永恒的金带。循着这条金带，人们通过对人脑思维功能的模拟创造了电子计算机。实践表明，凡是结构严密得能够形成符号系统的知识，电子计算机处理得最高明，因此把人类脑力劳动及其成果的知识理论体系形式化、结构化，进而达到程序化、信息化，就成为应用电子计算机的重要前提。为了使医生在诊断治疗疾病的过程中使用电子计算机，就要对医生诊断治疗活动进行结构机制分析，提出人体和环境相互关系的数字模型，对病型、症状、药物进行编码，建立症状、病型、药物相互对应的数字模型，再把这些数字模型编制成形式化的信息符号系统输入电子计算机，于是电子计算机就可以协助医生诊断和开处方。任何科学领域，任何知识系统要建立自己的人工智能系统，都必须进行上述类似的工作。认为形式化、结构化、信息化的工作仅仅是数理逻辑和电子计算机、人工智能这样一些特殊领域的思维方式是狭隘的，片面的。电子计算机、人工智能在人类各个领域脑力劳动中应用的实际需要和可能性决定了形式化、结构化、信息化的思维方式的普遍性，随着电子计算机在人们脑力劳动中地位的上升，这种形式化、结构化、信息化的思维方式也将逐步上升为人们从事思维活动的主要方式之一。

4. 人类自然智能和人工智能相结合：创造型思考。人工智能越来越多地承担着各种脑力劳动，把知识生产者同人类先前创造的全部知识财富联系起来，把数以百计、千计的专家、学者、知识劳动者联系、组织成一个有机的知识生产机体，使得知识交流和知识鉴定的速度和准确性比使用以往的普遍手段快出、高出几个数量级，可以使整个社会从事创造性劳动的人数比例得到极大的提高。人脑思维活动中的创造性工作和非创造性工作是互为前提、互相制约、互相转化的。创造性是在非创造性工作基础上进行的，创造性工作又可以不断转化为非创造性工作。当一种创造性工作转化为非创造性工作并转交给人工智能进行之后，人脑又可以去从事和开拓新的创造性工作。这种情况的发展不仅会导致人类智能的普遍提高，而且使得人们不断创造出适应创造性思考思维活动方式。

5. 分析现实和预测未来相结合，对未来进行科学预测在思考问题的时候将变得越来越重要：面向未来的价值思考。当代科学技术革命的发展不断地扩大着人们实践和认识活动的领域和范围，又以崭新的技术设备供给人们进行信息的获取、加工、传输、储存，这就使得科学、技术、生产、社会生活各个领域的变化节律和发展速度不断加快。这些情况不断地改变着人们的时空尺度观念、价值观念，于是现实和未来的相互关系问题就不仅是哲学家讨论的问题，同时成为生产问题、科学技术问题、社会改造问题，甚至成为人们日常生活和消费中的问题，人们将更多地从未来目标出发来考虑当前的各种问题，面向未来将成为人们提出问题解决问题时的重要特点。

当代科学技术革命所造成的当代思想方式的上述特征，对于历史上已经存在的哲学思维方式来说是一种挑战。但是对于形而上学思维方式和唯物辩证的思维方式来说，这种挑战有根本不同的性质和情况。这种挑战对于形而上学思维方式来说意味着进一步被彻底地否定，对于唯物辩证的思维方式来说具有双重性质：一方面进一步证实了它的正确性、科学性，另一方面要求它进一步丰富和发展。在唯物辩证的思维方式同当代科学技术革命的关系上必须反对两种片面的观点：一种认为当代科学技术革命的发展并没有在思维方式上带来什么变化，唯物辩证法把已经发生或将要发生的一切都囊括进去了；一种认为在当代科学技术革命面前，唯物辩证法已经陈旧了、过时了。我们提出思维方式现代化，其含义的哲学实质就是主张马克思主义哲学应该同当代科学技术革命和社会生活实践结合起来，应该通过回答社会生活实践中提出的新问题，概括当代科学技术革命的新成果、新思想、新资料，丰富、充实和发展自己的思维方式和方法论宝库，使得马克思主义哲学和它所提供的思维方式理论真正具有当代的时代气息，更好地体现当代的时代精神，真正成为时代精神的精华。

历史唯物主义基本范畴的研究应概括当代社会生活的新现象[*]

在历史唯物主义基本范畴的研究中，长期以来居于主导地位的方法论思想是面向过去、面向历史文献；研究的主要途径和方法是从历史文献中寻求这些基本范畴的内涵和外延，寻求这些范畴产生和发展的历史线索。这种情况应当改变。历史唯物主义基本范畴的研究，在方法论思想上主要应该面向现实、面向世界、面向未来，研究当代社会生活中出现的新现象，回答当代社会发展中提出的各种新问题。

——

哲学作为时代精神的精华，总是要从世界观、认识论、方法论的高度来回答时代所提出的重大课题，从时代精神的高度来提出和制定哲学范畴。历史唯物主义基本范畴在当年被马克思恩格斯提出和制定的时候，就具有这种鲜明的特点。

19 世纪中叶，无产阶级和资产阶级之间的阶级斗争，在欧洲一些发达国家的历史中上升到了首要地位。怎样认识这一新的历史现象？资产阶级的经济学家、历史学家虽然描述过历史上的阶级斗争，也对阶级作过经济上的分析，但他们都没有科学地揭示社会划分为阶级的根本原因。空想社会主义者虽然对资本主义社会进行过许多尖锐的批判，对他们所憧憬的未来社会也进行过许多天才的猜测和生动的描绘，但由于缺乏科学的历史观和方法论，他们的社会主义也只能是一种"空想"。黑格尔的唯心主义辩证法和费尔巴哈的

---

* 原载于《哲学动态》1985 年第 7 期。

形而上学唯物主义也都没有给人们提供科学地认识社会的历史观和方法论。因此为无产阶级锻造认识社会的科学历史观和方法论，并且在这一历史观、方法论基础上使社会主义从空想变成科学，就成为马克思恩格斯所面临的历史任务。

新的事实、新的任务使得马克思恩格斯对以往的全部历史作出新的研究，寻求一条不是用人们的意识去解释人们的存在而是用人们的存在去说明其意识的新道路，把唯物主义的方法论贯彻到社会历史领域。正是在寻求这一道路的过程中，他们发现了物质生产、劳动、实践在社会发展中的决定作用，并且又在揭示生产、劳动、实践的内在结构的过程中，发现了生产力对于生产关系的决定作用，从而科学地提出和制定了生产力、生产关系、经济基础、上层建筑、社会存在、社会意识等一系列历史唯物主义基本范畴。马克思恩格斯杰出地成就了社会历史观的革命变革，因而唯物史观及其基本范畴名副其实地成为时代精神的精华。今天，我们在研究这些基本范畴的时候，研读马克思恩格斯的著作，研读马克思恩格斯在提出这些基本范畴过程中曾经批判地继承过的思想资料，无疑是必要的。不研读这些著作，我们就无法完整、准确地掌握马克思恩格斯对这些范畴的规定、解释和应用。这方面的研究，我们也还不够，有待于进一步深入和展开。

但是，我们应该看到，已经取得社会主义革命胜利的无产阶级及其政党面临着新的历史任务，这就是如何建设好、管理好一个新社会，使这个新社会在开展现代化建设、改善人民生活、加速社会发展等方面充分显示出社会主义制度的优越性，为在世界范围内社会主义战胜和代替资本主义创造新的历史条件。这就要求历史唯物主义不仅是无产阶级从事革命的思想武器，而且成为工人阶级从事建设和管理的强有力的方法论工具。这就意味着时代对历史唯物主义的社会功能和方法论作用已经提出了新的要求。建设和管理实践要求我们对社会系统的内部结构、社会和自然的相互关系有更深入的了解，对各种关系不仅有定性的说明，而且有定量的分析。现在已经出现并且正在发展着的自然科学奔向社会科学的强大潮流，控制论、信息论、系统论在社会科学中的迅速推广和应用，自然科学和社会科学之间的相互渗透及一系列交叉学科的出现，管理科学、决策科学、领导科学的迅速发展，都是上述要求的表现。历史唯物主义当然没有必要也不可能去代替各门具体的社会科学和自然科学，但是它应该为这些学科的发展提供方法论的思想，应该从方法论的高度解决这些学科在发展中遇到和提出的问题。因此今天研究历史唯物主义基本范畴，其主要力量应该集中到当代社会历史领域中人们所面临的新课题，研究这些新课题对历史观、方法论的新要求。只有这样，历史唯物主义基本范畴研究才能具有时代特点，才能确切地知道原有范畴应该怎样丰富发展，应该增加一些什么样的新范畴。

二

在当代科学技术革命影响下所产生的社会生活的新情况、新现象、新特点已经直接关联着我们对历史唯物主义基本范畴的理解，要求我们对这些基本范畴及与此相关的社会结构学说作出新的研究和探索。

当年，马克思批评黑格尔只知道承认一种劳动，即抽象的精神劳动，这是正确的。因为只承认抽象的精神劳动是黑格尔唯心主义的一个认识论根源。马克思恩格斯在阐述劳动的时候，虽然多次指出智力、科学在劳动过程中的作用，但他们所论述的劳动主要是指物质生产劳动。马克思在《资本论》第一卷中说："劳动首先是人和自然之间的过程，是人以自身的活动来引起、调整和控制人和自然之间的物质变换的过程。"[1] 马克思在《资本论》第三卷中继续阐述了相同的思想。恩格斯在论述劳动在从猿到人转变过程中的作用时，是把劳动和人脑的发展作为两种不同的因素来谈的，他所指的劳动也是物质生产劳动。然而当代社会生活中，由于科学技术革命的发展，精神劳动、脑力劳动、智力劳动在人类劳动的总量中占有越来越大的比例，起着越来越重要的作用。这就要求我们在研究劳动范畴的时候，概括这种新情况。是否可以这样设想，劳动不仅应该理解为人和自然之间的物质变换过程，也应该理解为人和自然之间的信息交换过程。

当年马克思恩格斯在制定和阐述生产力范畴的时候，虽然也指出过生产力包括科学力量，也提出了精神生产力的概念，但是生产力这一范畴主要用来标志人类利用自然对象、自然力量来生产社会所需要的物质财富的力量，也就是说主要用来阐明物质生产的力量。但是当代科学技术革命的发展，使得科学、技术、知识、信息在生产发展中起着日益巨大的作用。精神生产和物质生产彼此渗透、结合，它们之间的界限变得越来越不分明了。在当代，要把握一个民族、一个国家、一个社会的生产力量，就不仅要考虑物质生产

---

[1] 《马克思恩格斯全集》第23卷，人民出版社1972年版，第201—202页。

的力量，还要考虑精神生产的力量；不仅要考虑直接生产部门的力量，还要考虑教育、科研等非直接生产部门的力量。生产力范畴要不要概括上述新情况，怎样概括上述新情况，把精神生产力量概括到生产力范畴之中对历史唯物主义的基本原理会带来什么影响，这些都要进行研究。另外，当代科学技术革命的发展加快了社会发展的节律，这不仅要求我们科学地说明社会发展的过去和现在，还要求我们精确地预测社会的发展趋势，对当代社会的生产力作出精确的定量分析，以便在这种定量分析的基础上定量地描述社会生活各个方面的发展和变化。

马克思恩格斯把人们在生产过程中发生的联系和关系概括为生产关系的范畴，认为生产关系是由多方面的关系形成的一个统一的整体。后来斯大林把人们的生产关系概括为以生产资料所有制为基础的三个方面。当代科学技术革命的发展使得人们在社会生产和经济中发生着日益复杂的多方面的关系和联系，使得生产过程的技术结构和工艺过程对人们彼此联系和结合的活动方式产生着越来越巨大和直接的影响，要求人们在生产、经济活动中的组织活动方式能及时地适应技术和工艺的要求。第二次世界大战以后，某些工业发达的资本主义国家，根据生产过程的技术、工艺要求改变经营管理和组织活动方式，调整人们之间的相互关系，并利用现代科学技术手段使组织管理活动现代化、科学化，从而提高了劳动生产率。而社会主义国家的发展历史表明，在建立了生产资料的社会主义公有制之后，如果缺乏适当的经营管理形式，如果经营管理不科学，生产力的发展同样不能达到预期的效果，社会主义生产资料公有制的优越性也就不能充分发挥出来。以上情况说明我们过去把生产关系只归结为生产资料所有制，又把生产资料所有制只归结为某一固定模式的理解是过于简单和片面了。我们必须面对这样的事实：资本主义所有制有着各种不同的具体表现形式，社会主义所有制也有各种不同的具体表现形式，资本主义所有制存在着经营权和所有权分离的现象，社会主义所有制也实行了所有权和经营权的相对分离，所有制性质不变，生产组织、产业结构、经营管理的具体形式则可以改变。这些情况向我们提出了一系列新课题：生产过程的组织管理、企业的经营管理所处理的对象是属于生产力范畴还是属于生产关系的范畴？如果说仅仅属于生产力范畴，为什么组织管理也调整着人们在生产过程、经济活动中的相互关系？组织管理所调整的生产关系是不是仅仅是生产资料所有制基础上的相互关系，如果是这样，为什么组织管理调整人们关系的某些方法可以通用于社会制度不同的国家？这是不是表明了人们在生产过程、经济领域中所发生的关系，不能完全归结为生产资料所有制所决定的关系。可不可以设想，人们在生产和经济活动中形成的关系分为两类：一类是在生产和经济过程的技术、工艺结构基础上建立和形成的关系，一类是在生产资料所有制基础上形成的关系。苏联有的学者把前一类关系称为人们之间的组织关系，把后一类关系称为生产关系。生产管理、经济管理实际上包括了对这两类关系的管理。这种概括有没有道理？

经济基础范畴面临着同样的问题。马克思恩格斯把经济基础规定为与物质生产力的一定发展阶段相适合的生产关系的总和。长期以来，这个"总和"或者被理解为所有制为基础的生产关系三个方面的总和，或者被理解为某一社会存在的几种不同性质的生产关系的总和。现在要不要把人们在技术、工艺基础上发生的关系概括到这个"总和"之中呢？就是说，要不要把生产关系的总和理解为人们在生产和经济活动中所发生的两类关系的总和呢？苏联学者中有一种意见认为，应区别经济基础和社会生活经济领域这两个概念，后者包括了社会经济生活的全部过程和机制。这样的区分有意义吗？

关于上层建筑，马克思恩格斯指的是每一个历史时期的法律设施、政治设施以及宗教的、哲学的和其他的观点。马克思主义历来认为上层建筑是在所有制基础上耸立起来的。在阶级社会中和在阶级消灭之前，上层建筑具有阶级性，是阶级斗争和阶级统治的工具。当代社会，由于科学技术革命的发展和社会生活的组织程度的提高，生产、经济以至整个社会生活的组织管理问题上升到十分重要的地位。这使得我们可以比过去更为清楚地看到上层建筑在社会生活组织管理方面的作用。实际上，历史上的上层建筑也具有组织管理社会生活的职能。只不过在以往的阶级社会中，统治阶级总是从自身的利益出发运用上层建筑来建立对其他阶级的统治，并通过这种统治来实现对全社会的组织管理，因而社会管理职能往往被阶级职能所吞没和掩盖。当代社会，随着社会管理问题重要性的上升，上层建筑的后一职能才进一步显露出它的存在和独立性。就是说，社会管理职能除了反映着一定阶级的利益、意志外，还必须遵循生产、经济、生活得以正常进行的客观要求。不管哪个阶级在管理中都必须遵循这种客观要求，否则就不可能达到良性管理或最优管理。斯大林在1950年阐述上层建筑的时候，除提到政治、法律设施之外，还提到了"其他的设施"，不知道是不是因为看到了这种情况。总之，我们应该根据当代社会生活所表现出来的某些新现象对上层建筑范畴作出新的概括。

可不可以设想，上层建筑实际上存在着政治上层建筑和非政治上层建筑，或者说，上层建筑的社会功能可以分为政治职能和社会管理职能？如果可以作这样的设想，那么，对上层建筑的社会管理功能，对非政治上层建筑的含义，对政治的和非政治的上层建筑之间的关系，以及上层建筑两种职能之间的关系，展开深入的理论研究，便是值得重视的课题。历史唯物主义的基本范畴要丰富发展，历史唯物主义的社会结构学说同样应该作出新的概括。我们可以设想，生产力的社会性质—生产资料所有制为基础的生产关系—政治上层建筑，这三者及其相互关系构成了一种社会结构，这个结构是我们过去经常阐述和说明的；我们还可以指出，社会还存在着另一种结构，即生产力的技术工艺性质—人们在生产过程中的组织关系—社会的非政治上层建筑（组织管理的形式、体制、设施）。前一结构造成了人们在社会利益上的差别、对立，在私有制条件下，形成利益彼此对立的社会各阶级。这一结构是在生产力社会性质的决定下，随所有制的变更而改变其社会性质的。后一结构是由社会对自然的关系、生产力的技术工艺性质决定的。这一结构将随着人类对自然界的控制和利用的程度、随着科学技术的发展而不断变化。社会的这两种结构并不是彼此孤立存在的。生产力的社会性质和技术工艺性质互相关联着，生产资料所有制为基础的生产关系和生产过程中人们发生的组织关系互相制约着，政治上层建筑和非政治上层建筑也互相联系着，由此形成了社会系统的整体。社会系统的上述两种结构揭示了社会的二重性质，社会具有自然性和社会性这两个彼此区别又彼此联系的不同方面。忽视了哪一方面，都不可能对社会系统这种物质运动形式作出科学的分析。社会系统的这种二重性质表明它既是社会科学的研究对象，同时又是自然科学的研究对象。自然科学家转入社会领域大有用武之地。社会领域已经成为并且还将进一步成为自然科学和社会科学彼此渗透、互相结合的领域，成为生长一系列交叉学科的肥田沃土。是不是我们还可以预计，社会还存在着我们至今没有认识的结构系统。历史唯物主义的社会结构学说除了揭示社会系统中起基础和决定作用的因素外，还应该揭示各因素之间的相互作用，揭示社会结构的多重性、层次性，充分显示当代社会生活的复杂性、多样性、有机性、整体性。

三

国外学者对当代科学技术革命的社会影响，对当代社会生活中的某些新现象已经进行了很多研究，提出了各种理论和观点。有些学者还对马克思主义进行了直接评述，明确地把他们的理论同马克思主义对立起来。马克思主义者对他们的理论观点，也应该结合当代社会生活的新情况加以具体分析和研究，既不能一概肯定，也不应一概否定。

概括当代社会生活的新现象，决不意味着只是为了更新在解释历史唯物主义基本范畴时所引用的材料，更不应该对新现象、新材料采取教条主义、实用主义的态度。在进行这种研究的时候，我们应该彻底贯彻唯物主义的认识路线，真正做到从实际出发。应该指出，我国学术界已有一些同志在从事这方面的研究工作，并已取得了一些成果。我们就这个问题写了上述文字，只是期望这一研究受到更多的重视，取得更丰硕的成果，从而使历史唯物主义基本范畴的研究出现一个新局面。

当代科学技术革命和历史唯物主义新范畴研究[*]

当代科学技术革命对人类社会的各个方面产生了巨大影响，历史唯物主义必须在概括当代科学技术革命及其社会影响的基础上、在概括当代社会生活实践的基础上，开展新范畴的研究工作，这是历史唯物主义研究的一项既迫切又有深远意义的任务，是开创历史唯物主义研究新局面的途径之一。

一 当代科学技术革命提出了历史唯物主义研究新范畴的必要性

当代科学技术革命的发展从三个方面给历史唯物主义提出了研究新范畴的必要性：

首先，当代科学技术革命提出了一类新型的社会问题。

当代科学技术革命的社会影响如同一切事物一样具有二重性、辩证性。我们不仅应该欢呼当代科学技术革命为人类发展带来的福音，也应该正视当代科学技术革命社会影响中提出的问题。

当代科学技术革命的发展使人类社会对于能源的需求急剧增长，社会日益增长的能源需求同地球上化石能源的有限性之间形成了尖锐矛盾。按照现在探明的储量和现在的年开采速度推算，石油只能开采到 2100 年，煤只能开采到 2600 年，天然气也只能维持半个世纪。如不寻找新能源，人类将面临着从地球上消失的危险。当代科学技术正在为人类寻找新能源，用再生性能源代替一次性消耗的化石能源，正在设法利用太阳能、核能、生物能、潮汐能、海浪能、风能、地热能等。但是新型能源的利用还有一系列的技术问题、经济问题、社会问题需要解决。这就是能源问题。

---

[*]　原载于《马克思主义研究》1987 年第 3 期。

当代科学技术革命的发展使人类获得了同大自然抗争的强大力量，人类向大自然索取着越来越多的自然资源，在地球上兴建着各种各样的大型工程，不断开拓着人类活动的疆域，甚至兴建起海洋工业、空间工业。但是就在人类庆祝征服自然的凯歌声中，人们开始发现：森林的大量砍伐造成了严重的水土流失，对气候产生着深刻影响；世界上沙漠的面积正在不断扩大，每年有 2000 公顷的肥沃农田被沙海吞没；野生动物赖以生存的地盘越来越小，许多野生动物灭种；盲目捕鱼导致了渔业资源的逐渐减少；河水遭到严重污染，饮水资源越来越少；含有有毒物质的工业废气造成的酸雨对农作物和人们的健康造成着直接的危害；地球温度明显上升，正在对某些地区产生灾难性的影响。这就是生态问题。

当代科学技术革命改变着人类劳动的内容、形式、结构。社会劳动总量中，传统意义上的体力劳动所占的比例不断下降，脑力劳动的比例不断上升，显示了脑力劳动和体力劳动结合起来的光明前景。但是只要认真地考察一下新技术产业中的实际情况，人们就可以发现当代科学技术革命并没有消除体力劳动和脑力劳动的差别和对立，不过是使这种差别、对立采取了新的形式而已。微电子线路的设计是令人神往的创造性劳动，参观者在显微镜下观看一个微电子线路，产生着"动人"的美感。但是流水线上的操作工的工作却是单调乏味的，日复一日、年复一年地重复着机械的动作，在操作工的眼里，线路也就失去了"动人之处"。生产硅圆片的净化室给人们一种超现实世界的印象，使工人们感到压抑。职业结构的迅速变化使工人们不断地被从一个行业抛向另一个行业，甚至被机器夺走了谋生的职业。这就是人自身的发展问题。

当代科学技术革命增强了人类抵御疾病的能力，改进了人类的各种保健设施，也使人类获得了更好的物质生活条件，人类的平均寿命大大地延长了，出生率提高了，死亡率降低了。科学技术的发展为人口的迅速发展创造了条件。有人统计，20 世纪 20 年代以前，世界人口由 10 亿增加 20 亿用了 75 年的时间，随后增加 10 亿人口只用了 37 年的时间，再后增加 10 亿人口只用了 13 年的时间，估计 20 世纪末世界人口总数将达到 60 亿，将是 1925 年的 3 倍。这就是人口问题。

当代科学技术革命极大地提高了人类从事基本建设的能力，世界上城市的数量、人口在迅速地增加。人们在城市里享受着现代化的居住、交通、通信、文化条件，过着现代化的生活。但是现代化的城市里出现了一系列的问题：道路拥挤，交通事故，噪声不绝，食品、住房、饮水紧张，甚至呼吸新鲜空气也成了问题，在城市中生活的人们甚至向往起森林和草原。这就是城市问题。

当代科学技术革命的发展使人们之间的活动联系更加紧密、频繁、复杂、多样，使整个社会变成了一个不可分割的整体。但是人们很快发现，在这种高度联系、高度组织起来的社会生活中，如果有一个环节出了故障，就会迅速影响到社会生活的各个方面，严重的时候会使整个社会瘫痪。现代社会紧迫地提出了管理问题，从生产管理、企业管理、科学技术管理、经济管理，直至整个国家、整个社会生活的管理。类似的问题很多。这是当代科学技术革命在发展中给人类社会发展提出的新问题。透过这些新问题，我们可以看到历史唯物主义所面临的一系列新课题。

1. 要重新认识人、社会和自然界的关系问题。

马克思恩格斯曾经从哲学高度研究过人、社会和自然界的关系，马克思在描述未来共产主义的时候，把它设想为"人和自然界之间、人和人之间矛盾的真正解决"①。但是，历史唯物主义现有的理论和范畴没有很好地反映马克思恩格斯在这方面的思想。对于自然界，主要是从人类社会的劳动、生产的角度去考察的，自然界被看做社会存在的一个次要因素"地理环境"，看做生产力的组成因素"劳动对象"和"劳动资料"。长期以来，人们有一种错觉，仿佛人类社会和自然界的统一问题不是历史唯物主义研究的对象。当代科学技术革命的发展使得人类社会和自然界的关系出现了新形势、新格局。生物圈和它的各组成部分之间的平衡开始依赖于人的活动的性质、依赖于人的活动与生态需要相符合的程度。但是人类和社会却不能改变一个基本事实，即人类作为生物界的一部分，仍然必须依赖于生物圈的存在和发展。生态平衡能否实现不仅影响着其他生物的存在和发展，影响着生物圈在总体上的协调发展，并且同样影响着人类、社会自身的发展。人类破坏生态平衡，造成生态危机的最后结局是破坏人类自身存在的条件。人类必须认识和利用生态规律，必须把眼前的、局部的利益同生态系统发展的客观要求以及人类整体的、长远的利益结合起来。这就要求我们把人类社会放在生态系统中考察。评价人们的活动、评价科学技术革命，不能只局限于社会内部，而应该扩大到生态系统的范围。人、社会和自然界的新关系应该成为历史唯物主义研究

---

① 《马克思恩格斯全集》第42卷，人民出版社1979年版，第120页。

的新课题。

2. 要揭示社会多方面的结构，揭示社会系统的复杂性、整体性。历史唯物主义是关于社会结构及社会发展一般规律的学说。长期以来历史唯物主义所研究的社会结构，指的是以生产资料所有制为核心的社会结构，即生产力—生产资料所有制为基础的生产关系（经济基础）—上层建筑。这是社会系统的最主要、最基本的结构，用这个结构能够解释社会从一种社会形态向另一种社会形态发展变化的一般规律。当代科学技术革命的兴起和发展，它的社会影响提出来的各种问题，资本主义国家和社会主义国家在发展中出现的一系列新情况、新现象表明，当代社会的结构比人们所理解的上述结构更为复杂多样。当代社会生活中有一个很明显的事实，管理活动正在从各种具体活动中分化独立出来。这种管理活动除了受生产资料所有制的影响之外，还取决于社会生产的技术工艺性质，社会的技术—组织—管理结构越来越清楚地显示出来了。这就表明，生产资料所有制是生产力发展的主要因素，但不是唯一的因素；阶级斗争是上层建筑的职能，但不是唯一的职能；以生产资料所有制为核心的结构是社会的主要结构，但不是社会的唯一的结构。如果我们能够揭示社会的各种结构，阐明社会的各种结构之间的相互关系，这样就可能更好地说明当代社会生活的复杂现象，更好地说明社会系统的多样性、具体性和整体性。

3. 要研究科学技术在社会系统中的地位，研究当代科学技术革命与社会进步、人自身发展的关系。

有一种观点只讲科学技术的作用，否认社会制度的作用，认为技术决定一切。这种观点认为科学技术革命的发展可以解决现今社会中的一切矛盾、一切弊端，甚至解决不同阶级、不同社会制度之间的矛盾；另一种观点认为，不是技术决定一切，而是社会制度决定一切，把科学技术革命社会影响所造成的问题只归结为社会制度问题。很明显，这两种观点都不能全面地说明科学技术革命的社会影响问题，也不可能科学地解决当代社会和人自身发展中的各种问题。

我们必须全面地、系统地分析科学技术和社会进步、人的发展之间的关系，分析科学技术革命和社会制度之间的关系。必须看到，科学技术是社会进步和人的发展中的一个重要因素，科学技术的发展可以为社会进步、人的发展创造必要的科学技术前提。但是社会制度的变革、所有制的变革开辟着社会进步和人的发展的社会条件。没有社会制度的变革，社会进步和人的发展中的一系列问题就不可能解决。实际上，当代科学技术革命所提出来的问题具有极大的综合性质。能源、生态、人的发展、人口、城市、管理等问题，既不是单纯的科学技术问题，也不是单纯的所有制和社会制度上的问题；既不是纯粹的自然界的发展问题，也不是纯粹的社会问题。这些问题兼有自然、技术和社会的性质，是一种自然—技术—社会问题。这是一类历史唯物主义现有的范畴和理论所没有研究过的新问题。

4. 要研究全球性问题在社会发展中的地位和作用。

当代科学技术革命及其社会影响中的许多问题是全球性问题。这是不论哪个地区、民族、国家、社会制度、社会阶级都要遇到的问题，是整个人类面临的问题。人类是否存在共同利益，哲学史上长期争论不休，有过各种观点。但是，当代科学技术革命在发展中提出来的问题以可能危及整个人类生存的方式，从反面重新提出了这个问题。因此，全球性问题的实质是人类的共同利益、整体利益、长远利益的问题。

历史唯物主义现有范畴和理论所讨论的问题也涉及人类历史的前途和命运，从这一意义上说，那也是全球性问题。但那种全球性问题同当代科学技术革命所提出的全球性问题是有明显区别的。阶级和阶级斗争要解决的是不同阶级之间的差别、对立和对抗的问题，而当代科学技术革命提出的全球性问题是要捍卫人类的共同利益问题。这样，全球性问题在当代社会发展中的地位和作用，人类共同利益和阶级利益、地区利益、民族利益、国家利益之间的关系，人类眼前利益和长远利益的关系，这些利益对人们价值观念的影响等，都涉及社会历史观，都是历史唯物主义应该研究的新课题。

总之，当代科学技术革命及其社会影响给历史唯物主义所提出的上述新课题，在某种程度上突破了历史唯物主义现有理论和范畴所研究的范围，但是它们仍然是历史唯物主义的研究对象。这些问题具有全球性、综合性、预测性的特点，在认识和解决这些问题的时候，仅仅依据历史唯物主义现有的理论范畴，仅仅依据生产资料所有制为核心的社会结构理论，是不够的。如果我们开展新范畴的研究，引入诸如生态系统、生态意识、生态价值、全球系统、全球观点、社会系统、社会信息、社会控制等新范畴，我们就能够更好地说明和解决上述新课题。

其次，当代科学技术革命推动了自然科学奔向社会科学潮流的不断发展，导致了一系列新型的社会科学的产生和发展。

在当代科学技术革命的推动下，物理学家、生物学家、心理学家、技术专家、数学家不断涌向自然科学和社会科学的边缘地区，不断涌向社会科学领域，当代科学技术革命成果如控制论、信息论、系统论、突变论、耗散结构理论、协同学等迅速向社会科学领域渗透，并同社会科学结合起来，社会科学产生了新的发展势头和局面，出现了一系列新型的社会科学，如经济控制论、社会控制论、社会系统工程学、科学学、技术学、工效学、未来学、传播学、环境科学、城市科学、管理科学、领导科学、决策科学、非平衡系统经济学，等等。

在当代科学技术革命影响下发展起来的新兴社会科学，出现了不同于传统社会科学的若干新特点。（1）这些新兴的社会科学所研究的对象、问题都带有极大的综合性质，都使用着多种学科的理论和方法。如科学学、技术学研究科学技术的发展规律，考察科学技术在社会生产以至整个社会发展中的地位和作用，确定科学技术发展的方向、部署、政策，提供科学技术组织管理的措施和方案。这就是一种综合性问题，涉及科学、技术、生产、经济、政治、军事等社会生活的各个领域，涉及自然科学、技术科学、社会科学。环境科学把人和环境组成的大系统作为研究对象，研究人类和环境之间的辩证关系，掌握环境变化规律，调节人类和环境之间的物质和能量的交换过程，从而改造、保护、美化环境，使环境更适合于人类和社会的发展。（2）这些新兴的社会科学都极力运用数学工具精确地描述对象，定量化、数学化已成为当代社会科学发展的一种重要趋势。我们在管理科学、领导科学、决策科学、经济学、人口学、心理学、政治学、军事学中都可以看到这种趋势。人们不仅在那些数量关系比较清楚、容易确定的对象领域，而且也在那些数量关系不那么清楚、不那么确定的对象领域探求使用数学手段的形式和途径，不少学科正在从定性描述的阶段过渡到定量描述或以定量描述为主的阶段，这些学科正在变成像自然科学一样的精确科学、"硬"科学。（3）这些新兴的社会科学大多是适应当代科学技术革命和社会发展的需要而出现的，都是为了解决人类社会发展中的实际问题的；因此这些社会科学在兴起和发展时，都把理论研究和应用研究紧密地结合起来，在提出基本理论的时候，往往同时形成一套应用这种基本理论的社会技术。在分析和解决实际问题时，极力利用电子计算机这样的现代化信息处理工具，进行模拟、仿真、评估，根据电子计算机上的假想实验的结果进行选择和决策。社会科学得出的结论不再只供人们去领会、意会，也可使人们通过经验和"实验"直接检验。因此社会科学综合化、数学化、技术化是当代自然科学奔向社会科学强大潮流的实质。

　　自然科学奔向社会科学的这种潮流，新兴社会科学的这种发展形势也给历史唯物主义提出了新的问题。历史唯物主义如何科学地分析、评价这种潮流，如何站在这个潮流的前列指导它的发展？历史唯物主义如何科学地分析、评价一系列新兴社会科学，如何在这些学科的发展中更充分地发挥方法论的指导作用？历史唯物主义如何使自己的理论、方法和这些新兴学科的理论、方法更好地衔接起来？历史唯物主义作为社会历史观和社会科学最一般方法论应该回答这些问题。我们认为，为了回答和解决这些问题，历史唯物主义也必须研究新范畴。

　　再次，当代科学技术革命的发展使当代无产阶级面临着新的历史课题。

　　马克思恩格斯在当年创立唯物史观的时候，他们所回答的是当时时代所提出的问题，如：社会为什么会分裂为对抗的阶级？怎样认识无产阶级和资产阶级之间的阶级斗争？社会发展的最深刻的根源和动因是什么？人们的社会意识、国家等政治上层建筑是怎么产生的？社会发展的一般规律是什么？他们通过对这些问题的科学回答，提出了唯物史观的理论，并使社会主义从空想变成了科学；毋庸讳言，阶级斗争问题在历史唯物主义理论体系中占有中心的地位。在当时，阶级斗争问题既是直接诱导唯物史观产生的课题，也是唯物史观产生后所要直接解决的任务。正因为这样，历史唯物主义成为无产阶级认识和改造社会的科学历史观和方法论，成为无产阶级进行革命的科学。100 多年来，无产阶级阶级斗争实践已充分证明历史唯物主义理论的革命性、科学性。今天就全球范围来说，无产阶级反对资产阶级的斗争还在进行；就社会主义国家来说，阶级斗争已不占主要地位，但仍然存在，历史唯物主义在这方面的作用远远没有过时。但是，我们必须看到，社会主义国家的工人阶级面临着建设社会主义社会这一全新的历史课题。如果我们看到世界范围内无产阶级和资产阶级、社会主义和资本主义之间的新的斗争形势，那么社会主义国家的工人阶级如何建设好、管理好社会主义社会，如何使这一社会在发展生产、发展科学技术，进行物质文明和精神文明建设，改善人民生活以及社会发展的其他方面都充分显示出社会主义制度对资本主义制度的优越性，就具有世界性、时代性的意义。这也是当代无产阶级所面临的新课题。这一新课题给历史唯物主义的方法论功能提出了新的要求，要求历史唯物主义成为社会主义国家工人阶级进行建设和管理的科学。

　　诚然，历史唯物主义所揭示的社会结构和社会发展的一般规律为社会主义建设和管理提供着方法论的指导。历史唯物主义可以为我们处理生产力和生产关系、经济基础和上层建筑、物质文明建设和精神文明建设之间的相互关系提供一个科学的、正确的指导原则。但是由于我们在实践中碰到的生产力和生产关系、经济基础和上层建筑之间的相互关系远比当年马克思恩格斯的理论描述复杂得多，简单地复述历史唯物主义的一般原理并不能完全解决好实践中碰到的问题。此外，我们在社会主义建设和管理中同样碰到了上述当代科学技术革命提出的问题。为了解决这些问题，我们要对人类社会和自然界的关系，人类社会内部的要素、层次、结构有更细致、更精确的了解。这表明，历史唯物主义的理论和范畴应该考虑更好地满足工人阶级所面临的建设和管理实践的要求。

总之，当代科学技术革命所提出的新型社会问题、当代自然科学奔向社会科学的潮流、当代无产阶级所面临的新课题都要求我们开展历史唯物主义新范畴的研究。

二　当代科学技术革命为历史唯物主义新范畴研究提供了可能性

当代科学技术革命的发展不但提出了历史唯物主义研究新范畴的必要性，也为历史唯物主义研究新范畴准备了丰富的理论、思想、方法的资料，为历史唯物主义开展新范畴研究创造了可能性。作为当代科学技术革命主要内容的控制论、信息论、系统论、突变理论、耗散结构理论、协同学都把社会作为自己的研究对象之一，都在运用各自的理论和方法开展着对社会问题的研究，都提供了一系列的理论、范畴和方法。

控制论在研究系统的控制运动规律时，舍去了系统的物质和能量的具体内容，通过对系统的输入、系统的状态、系统的输出之间相互关系的研究，揭示一定系统的自调节、自控制、自管理的机制，讨论与控制的稳定性和最优化有关的各种问题。控制论在理论和方法上的这种特点使它在原则上可以用来研究和描述任何控制系统。因此，控制论在 20 世纪 40 年代末产生后，很快被成功地应用于工程系统、生物系统和高级神经系统，出现了工程控制论、生物控制论。控制论能否被应用于社会领域呢？维纳说："我的主要思想是：在企图通过反馈来控制熵这一点上，生命体的躯体活动同某些新式通讯机器的运转是完全类似的。……可以从这种观点出发去研究个体的躯体反应动作，也可以由此出发去研究社会本身的有机反应。"① 到了 60 年代，控制论被应用于社会经济领域，形成了经济控制论。控制论能不能推广到社会其他领域以至整个社会呢？阿希贝在 1958 年发表的题为《控制论在生物学和社会学中的应用》一文中认为，运用非线性系统的控制论理论，可以研究在绝大多数情况下呈非线性状态的社会系统。我国科学家钱学森认为，控制论"将应用于更大的社会领域"，社会控制论这门新科学"终将诞生"。1978 年在瑞典阿姆斯顿召开的第四届国际控制论和系统论会议，专题讨论了社会控制论问题。

所谓社会控制论就是应用控制论的思想、方法、手段来揭示社会系统的控制机制和控制运动规律并建立一定的数学模型，通过电子计算机的模拟、仿真、演算，提供最优管理、控制的决策方案的科学。我国科学家宋健等人，运用控制论研究了人口问题，提出了描述人口的数学模型，对我国人口发展提出了预测和控制的方案。控制论还被应用于生产管理、交通运输、电力网络、能源管理、通信工程、环境保护、城市建筑、科学研究等社会生活领域。科学家们甚至希望把控制论运用于对整个社会的控制和管理，这就是把整个社会看做一个特大的控制系统，不仅研究它在政治、经济、人口等方面的发展规律，而且在总体上从量的方面来研究它的控制运动规律，为整个社会的管理和控制提供科学方案。由于社会系统的复杂性，社会控制论的目标还没有完全达到，但是它已经为我们提供了有启发性的思想、理论和范畴。

信息论是研究信息的本质和计量及信息的加工、贮存、传输、变换的规律的科学。信息是它的主要范畴。控制系统就是通过信息的传导来实现其行为、功能方面的调节、管理和控制的。维纳说过："消息本身就是一种模式和组织的形式。实际上就像外部世界的各种状态所组成的集合那样，可以认为消息的集合具有熵。正如熵是无组织程度的度量，消息集合所携带的信息就是组织程度的度量。"② 生命有机体的控制、调节中心依靠信息来维系整个系统的组织和秩序。动物群之所以能成为群，也是依靠了信息，如声音、舞姿、气味等只能为同一群动物所听懂和识别的"语言"。人类社会也是依靠信息来实现社会系统的自组织、自调节、自控制的。因此人们完全有理由认为信息范畴也适用于社会研究。把信息论应用于社会研究，就是通过社会信息的流动和变化来研究一个社会系统的状态和规律，从而使人们实现对这一系统的

---

① ［美］N. 维纳：《维纳著作选》，上海译文出版社 1978 年版，第 12—13 页。
② 同上书，第 7—8 页。

最优控制和管理。

随着信息论在社会领域中的应用，就产生了社会信息、社会信息系统等范畴。许多学者已对社会信息进行了研究和分析。苏联的 B.R. 阿法纳西耶夫、А.Д. 乌尔苏勒把社会信息看做是对社会反映的结果和方面。他们认为社会信息首先是关于人们的关系和相互作用、人们的要求和利益等的信息。社会信息并不等于知识，而是与知识在社会中传递和加工相联系的东西。我们认为，社会信息是社会系统动态变化的量度。它既可以是社会系统的各种要素、成分、方面、领域、层次的变化量度，也可是结构、关系的变化量度；既可以是社会领域中人们从事的各种活动变化的量度，也可以是集体、群体、社会的组织程度的量度；既可以是社会物质活动方面的变化量度，也可以表现为社会精神生活方面变化的量度。总之，社会系统中任何一种变化都显示着一种社会信息。所谓社会系统的变化就是社会系统中物质、能量，人们的行为和活动、思想和观念，以及人们之间的各种关系在时间坐标轴上的状态差、结构差，因此社会信息也可以说是人们在活动、交往中通过一定的手段所获得的关于社会对象的知识中所包含的消除原有知识不确定性的程度，是把人们联结为组织、集团、社会的媒介链。我们常讲生产力和生产关系、经济基础和上层建筑之间的相互关系，但是这些关系实际上是靠某种信息为中介而联系起来的，社会信息是社会系统的黏合剂。社会信息通过各种各样的具体形式表现出来，如：语言，文字，图表，数据，人们的动作、行为，人造符号系统，人造物质技术系统，等等。人们正是通过这些形式各异的社会信号来掌握社会信息，并通过社会信息来认识社会系统控制规律的。由于社会生活的复杂性，社会联系中的不确定性和数量界限上的模糊性，对社会信息进行量的规定和描述，还存在不少困难，特别是还缺乏描述人们行为、社会过程的数学手段和形式逻辑手段。同时在阶级社会中，社会信息在内容上总是联系着一定社会集团的利益和价值观念，因此对社会信息除了在数量上、形式上测定外，还必须进行性质上、内容上的分析。

系统论是从系统的整体性、完整性、动态性上描述对象的理论和方法。系统范畴是系统论的主要概念。钱学森指出："把极其复杂的研究对象称为系统，即由相互作用和相互依赖的若干组成部分结合成的具有特定功能的有机整体，而且这个'系统'本身又是它所从属的一个更大系统的组成部分。"①

---

① 钱学森等：《论系统工程》，湖南科学技术出版社 1982 年版，第 10 页。

按照这一定义，元素是按照一定秩序、一定规律、一定结构有机地结合起来的。有序性、层次性、结构性、组织性、有机性是系统的重要特征，随之而来的是系统的整体性，即系统在整体上可以具有元素所没有的行为、功能。因此用系统观点来研究对象就是要用整体观点、联系观点、有序观点、动态观点、最优化观点来认识和分析对象系统。把系统思想同数学工具结合起来，创造定量化的系统方法，这是现代系统论同历史上系统思想区别的地方。用来描述系统的数学工具，涉及一系列数学分支，如常规数学、概率论、统计理论、运筹学等。

现代系统科学在产生之后，很快在组织管理、工程经济、环境研究、人类工程学等各个领域中得到了应用和推广，并且很快地形成了系统工程学这样的学科名称。系统工程有很多分支，钱学森提到过的就有：工程系统工程、经济系统工程、行政系统工程、科研系统工程、军事系统工程、后勤系统工程、资料库系统工程等，他还把组织管理社会主义建设的技术称为社会工程，认为社会工程的对象是整个社会、整个国家。我们前面提到过的那些社会问题已成为现代系统工程学大显身手的地方。系统论在社会领域中的应用也提出了如社会系统、社会动态系统等范畴。

比利时著名的物理学家普里高津创立的耗散结构理论、联邦德国著名物理学家哈肯创立的协同理论，被认为深化和发展了系统论，也被人们用来研究社会系统。耗散结构理论认为，一个远离平衡态的复杂系统，各个粒子间的作用具有非线性的特点，可以处于包含大量粒子协同动作的相干状态（如激光等），必须进行复杂性和整体性的研究。"协同学"一词来自希腊文，意为协同作用的科学。1977年，哈肯正式提出协同的新概念，用它来标志开放系统中大量亚系统之间相互作用的整体的、集体的或合作的效应。协同学就是研究远离平衡态的开放系统在保证与外界之间有物质流和能量流的运动的情况下，能够自发地产生一定的有序结构和功能行为。哈肯还认为，一个非平衡的开放系统，当外参量逐渐增大到一定程度时，就会出现混乱现象，这就是从有序到混乱。因此，协同学既研究这类系统从无序到有序的演变规律，也研究这类系统从有序到无序的演变规律。协同学揭示了非平衡的开放系统中自组织现象产生的机制，并把变化过程同物质和能量的变化结合起来，建立了描述这种变化过程的专门的数学模型，自组织过程被描述为非线性过程。这两种理论认为，社会也是一个同环境进行着物质、能量交换的开放系统，因而社会也是这两种理论的研究对象，并且很快在社会科学研究中得到了响应。我国经济理论工作者和自然科学工作者把上述非平衡系统的理论应用于经济学领域，从而提出了一门新学科，称作非平衡系统经济学，又叫开放系统经济学，给这门学科提出的任务是：在马克思主义指导下，用现代系统理论和系统分析方法，研究各种经济系统，尤其是复杂经济系统的非平衡现象相互联系、相互作用的特点和发展规律，从而形成稳定而有序的经济结构，促进经济的发展，提出了耗散结构经济论、协同发展经济论、开放循环经济论的基本理论。

也许有的同志会认为，上述这些学科都属于具体科学范畴，而历史唯物主义则属于哲学范畴，是社会历史观和社会科学一般方法论，因此历史唯物主义有自己的研究对象，不必考虑这些具体科学的理论和方法。我们认为，这种看法是不全面的，会使历史唯物主义的理论研究脱离现代科学技术发展的洪流。

首先，我们认为，上述各门科学的理论、范畴和方法也在一定程度上涉及了社会历史观的问题，它们揭示了社会作为复杂系统而存在的性质、特点。这些新学科所指出的社会是一个控制系统、信息系统、复杂动态系统、开放系统，无疑丰富了我们对社会系统一般性质和特点的认识。应该指出，马克思主义和这些具体科学之间并不存在万里长城，正好相反，马克思主义和这些具体科学在思想上是沟通的。克劳斯说过："在控制论作为专门科学诞生以前，历史唯物主义与政治经济学里早已发现并精确阐明了大量控制论关系，尤其是调节系统，虽然没有使用控制论术语。"① 贝塔朗菲在追溯系统思想历史渊源的时候也提到了黑格尔和马克思。马克思通过生产力、生产关系、经济基础、上层建筑这些范畴揭示了社会系统中最主要、最基本、最核心的结构，揭示了社会系统控制、调节、组织的最基本的机制，并在此基础上揭示了社会发展一般规律。因此，历史唯物主义既有必要也有可能从上述新学科中概括若干新范畴。

其次，我们还应看到，上述新学科虽然属于具体科学，但它们已不同于传统科学分类中的那种具体科学，它们属于横断科学，它们提出的理论和方法适用于具有这种共同性质和运动规律的各类对象，它们具有一种稍低于马克思主义哲学层次的方法论功能。它们在社会历史领域中正显示出科学方法论的功能作用。它们虽然不能代替历史唯物主义在社会历史领域中占据的最

---

① ［德］G. 克劳斯：《从哲学看控制论》，中国社会科学出版社 1981 年版，第 428 页。

一般科学方法论的地位，但是历史唯物主义对于这些学科在社会科学研究中所起的方法论作用是不容忽视的，对于这些学科中提出的、对社会研究具有方法论价值的理论、范畴、方法是不应该拒之于门外的。

鉴于上述理由，我们认为历史唯物主义应该对当代科学技术革命成果作出理论上的概括，从中提炼出必要的新范畴。从当代科学技术革命成果中吸收新思想、新方法、新范畴，是历史唯物主义作为一种哲学层次上的理论的题中应有之义。

三　历史唯物主义新范畴研究是一项综合性、创造性的工作

历史唯物主义新范畴的研究实际上已经开始。随着我国哲学界、科学界对当代科学技术革命及其社会影响研究工作的开展，系统、控制、信息等新术语、新概念已经出现在哲学文献甚至出现在历史唯物主义的论文之中。这种新术语、新概念蜂拥而来的现象，反映了我国哲学界对当代科学技术革命成果的热情欢迎的态度。历史唯物主义新范畴研究是一种综合性的、创造性的、开拓性的工作。从这种研究要概括多种学科的思想理论资料这一角度看，这种研究工作是综合性的；要概括出对于历史唯物主义来说是新的思想和范畴，从这一点来看，这种研究工作又是创造性、开拓性的。

为了开展好这项研究工作，我们必须明确进行这项工作的指导思想和若干方法论原则。总的指导思想应该是，通过开展新范畴研究进一步丰富和发展历史唯物主义的理论体系，使历史唯物主义和当代科学技术革命、当代社会实践更好地结合起来，从而使历史唯物主义更有力地发挥认识上、实践上的方法论作用。关于方法论原则，可以指出下列几点：

1. 要科学地发展一种理论，首先必须正确地评价这种理论。

因此，我们对历史唯物主义现有的范畴和理论应该作出科学的分析和评价。在这个问题上，有两种观点是必须反对的，一种观点认为历史唯物主义是第一次工业革命时代的产物，今天已经到了当代科学技术革命的时代、信息革命的时代，历史唯物主义"过时"了，不适用了；另一种观点则认为，人们对于历史唯物主义这样一个普遍真理，只需坚持、理解和应用，否则就会步入异端和邪说。这两种观点虽然以对立的形式表现出来，但实质上都没有正确理解和评价历史唯物主义现有的理论和范畴，没有正确理解和评价当

代科学技术革命，没有正确把握当代社会所发生的变化，没有正确认识当代社会和 19 世纪 40 年代社会之间的共同点和区别点。

应该看到，历史唯物主义虽然产生于 19 世纪 40 年代，但它是马克思恩格斯对人类以往历史的科学总结，是社会历史观和社会发展规律的一般理论，普遍适用于人类社会发展的各个历史阶段，不仅适用于 19 世纪 40 年代，也适用于当代社会；不仅适用于所谓的工业社会，也适用于所谓的信息社会。历史唯物主义的基本理论和基本观点是不会过时的。但是把历史唯物主义现有的理论和范畴绝对化，否认历史唯物主义有发展、丰富的必要性，那就违反了客观事物和人们认识的规律。我们必须承认历史唯物主义现有理论和范畴的历史性和条件性。正如前面所述，当代社会出现了许多新情况、新特点，我们面临的问题，不仅有阶级和阶级斗争问题，还有当代科学技术革命和社会发展所提出的其他各种问题。许多问题并不是简单地搬用历史唯物主义现有的理论和范畴就能解决的。这就要求历史唯物主义在研究和概括新问题的基础上，形成新范畴，建立新理论。因此，能否正确评价历史唯物论现有的范畴和理论是开展新范畴研究的首要的思想和认识前提。

2. 我们应该对控制论、信息论、系统论等当代科学技术在分析和解决社会问题时所使用的范畴、理论、方法、手段进行研究、分析。

虽然这些新兴学科都在分析社会问题，但并不是分析社会问题的所有理论、方法都属于历史唯物主义的范畴，都可以纳入历史唯物主义的理论体系之中。历史唯物主义只能从它们中汲取那些有必要汲取也可以汲取的东西。这就是说，要把这些学科中所包含的思想和体现这些思想的具体形式区别开来，把那些在社会研究中具有普遍应用价值的方法论思想和那些解决某些具体问题的方法、手段区别开来。历史唯物主义应该汲取的是那些揭示了社会系统的基本性质、在社会科学研究中有普遍方法论意义的、同历史唯物主义现有范畴及理论又能衔接起来的理论、范畴、方法。我们应该根据这些标准去研究、分析那些新学科的理论和方法，分析这些学科积累起来的思想资料，从中概括出新范畴。

3. 正确认识历史唯物主义与相邻学科的关系，注意划清两者之间的界限，不要把历史唯物主义同某些相邻学科等同起来，不要把不属于社会历史观和社会科学一般方法论的理论、范畴收纳到历史唯物主义的理论体系之中，使历史唯物主义变成一种包罗万象的"拼盘"。

同时也要承认，历史唯物主义与相邻学科之间经常存在着的一定程度的渗透和交叉现象。例如，生产力和生产关系范围同时存在于政治经济学之中，经济基础和上层建筑范畴同时存在于科学社会主义之中，社会意识和社会存在的经济范畴同时存在于伦理学、美学之中，等等。这是一种必要的交叉和重复，不涉及混淆两个相邻学科的问题。因此不能为了分清学科界限而把那些可以吸收到历史唯物主义理论体系中的新范畴、新理论排斥于门外。区分必要的重复和不应该的重复是件相当复杂的工作。一般来说，造成相邻学科在研究对象上混淆的重复是不应该的重复，这种重复应该避免和消除，这类重复涉及的理论和范畴的学科归属问题应该非此即彼地解决。体现相邻学科在理论和方法上联系的重复是必要的重复，这类重复涉及的理论和范畴的学科归属问题应该亦此亦彼地解决。

4. 历史唯物主义新范畴的研究工作并不只是引进一些新名词、新术语，也不意味着把当代科学技术中的那些新理论、新方法简单地并入历史唯物主义的理论体系之中。

因此，对于从各门新学科中概括出来的新范畴，应该从社会历史观、社会发展一般规律、社会科学研究一般方法论的角度阐明它们的含义，阐明这些新范畴在历史唯物主义范畴体系中的地位和功能，阐明它们和现有范畴的区别和联系。

按照上述指导思想和方法论原则，我认为，从控制论、信息论、系统论等新学科中，至少可以概括出生态系统、生态意识、生态价值、社会系统、社会信息、社会控制、社会管理、社会组织结构、社会信息结构、社会控制结构等范畴。把这些新范畴引入历史唯物主义的理论体系，把社会描述为控制系统、信息系统、复杂动态系统、开放系统，把社会描述为生态系统的一部分，无疑丰富了我们对于社会系统一般性质和特点的认识，丰富了历史唯物主义关于社会历史观和社会发展一般规律的理论，由于这些范畴直接联系着定量研究的理论和方法，直接联系着一系列新兴学科，因此也会丰富和扩大历史唯物主义的方法论功能。这些范畴将成为定性分析和定量分析、人文主义方法和科学主义方法、历史唯物主义和新兴社会科学彼此联系和结合的"桥梁"和"扭结"。

论社会和生态环境协调发展的规律性*

1. 生态环境问题是当代社会发展所面临的具有全球性质的社会问题。社会和生态环境的关系问题已成为哲学和各门具体科学所热烈讨论和研究的课题。本文试图从社会历史观和社会发展规律的角度对这一课题作些探讨，并说明探讨这方面的问题对历史唯物主义理论自身发展的意义。

2. 有些学者已经指出，社会和生态环境应该协调发展，即二者的发展应该彼此平衡、协调，社会和生态环境之间所进行的物质、能量、信息的交换不仅应该适合社会发展的需要，也应该适应生态环境的发展需要。社会的需求不应超过生态环境的供应能力和再生能力，社会的排放不应超过生态环境的吸收能力和同化能力。人类应该在促进生态环境的平衡和发展的前提下实现社会的持续发展。我想指出的是：必须从客观规律性的高度来认识社会和生态环境的协调发展问题，即这里说的"应该"、"不应该"不仅仅是人们的主观愿望，而是以社会和生态环境关系上不以人类意志为转移的客观规律为根据的。

3. 生态系统是地球系统在太阳系中长期演化的合乎规律的产物，是生物系统和环境系统相互作用、基于物质运动及其转化所固有的必然性而形成的有机整体。环境系统包括自然界的光、热、空气、水分、土壤及各种有机元素、无机元素，在太阳能和地球内能的作用下进行着种种物质循环。生命现象的产生就是因为地球环境系统经过长期演化形成了生命存在和发展的客观条件。生物体的生命过程是同环境进行物质、能量、信息交换的新陈代谢过程。它既依赖于环境，又对环境产生着影响，参与着环境系统的物质循环过程。生物体在与环境相互作用过程中形成了特定的反馈机制来调节自身和环境的相互关系，实现自身和环境之间的平衡。生物系统的反馈机制和环境系

* 原载于《哲学研究》1987 年第 5 期。

统物质循环机制的有机结合使得生态系统成为具有一定调节能力的自调系统，能够在外来的作用面前维持其平衡和稳定，能够使得生态系统内部的生物体和环境之间、各种生物体之间、环境各要素之间在规模、结构、功能上彼此匹配、平衡，按照一定的规律、秩序相互联系、相互作用、相互转化。这就是生态平衡。生态平衡是生态系统最重要的规律和特点，是任何生物体存在和发展的条件。生态平衡的破坏意味着生态环境的破坏，意味着生物系统丧失了存在和发展的客观条件。如果地球上的生态平衡、生态环境因某些生物的生命活动而遭到破坏，那么生态系统就会以牺牲某个或某些物种为代价来自动地、强制地恢复和维持自身的平衡，否则充满了生机的地球就会重新变成万籁俱寂的死球。而人类社会和生态环境在发展中的协调关系，作为一种客观要求，不过是生态平衡规律在社会和生态环境的关系上的特殊体现。

4. 人类作为地球生命系统迄今为止的最高阶段，当然不同于其他生物群。但是人类在智力、身体和社会组织上不论进化到怎样的水平，也不管人类社会创造的人化环境达到怎样的规模，都无法改变自身是生命有机体这样一个基本事实；它永远是一种特殊的生命系统，是自然界的一部分，生态系统的一部分，也必须依赖生态环境。人类社会是在同生态环境进行物质、能量、信息的交换过程中存在和发展的。只有生态系统不断发展，自然界的生物系统对人类社会的支持能力、供应能力不断扩大，人类社会发展的规模和水平才有可能扩大和提高。生态系统的兴衰强弱制约着社会的发展。生态环境是人类社会存在和发展所不可缺少的外部条件。破坏生态平衡、损害生态系统的发展到头来仍然不利于人类社会自身的发展。因此人类社会必须同生态环境协调地发展。

5. 说人类社会应该和必须同生态环境协调地发展，这里的"应该"和"必须"是以客观规律为根据的。这并不等于说二者的发展之间不存在矛盾，恰恰相反，所谓协调，是通过不断解决矛盾来实现的。换言之，协调不是作为一劳永逸地绝对实现的状态，而是作为矛盾不断产生和不断解决的动态过程而不断实现的。人类在自身发展过程中曾多次造成的生态环境问题，尤其是当代的所谓"生态危机"，充分说明，在人类社会发展和生态环境的发展之间不但存在着矛盾，而且正是人类社会的发展会造成同生态环境之间尖锐的矛盾。西方某些学者抓住这一点散布"人类末日为期不远"等悲观情绪。我们之所以不同意这种论点，之所以认为社会与生态环境的协调发展符合物质世界发展的客观规律，就在于人类对生态环境的作用具有不同于其他生物体、生物群的特殊性质和特点。某些生物会由于自身的发展而破坏自己的生存条件，并最终导致自己物种的灭绝。人类社会之所以不会导致这个结果，正在于人类的社会实践活动提供了并将继续提供不断解决社会发展与生态环境发展之间矛盾的特殊手段。人类的实践活动不仅可以扬弃环境的负面作用，消除环境的不利影响，变有害为有利，而且能够把自身对环境作用的结果转化为改进自身活动的原因。人类活动在造成自身和环境矛盾的同时又包含着解决矛盾的必然性、可能性。人类实践活动的发展、人类对生态环境客观规律认识的发展、科学技术的发展、社会制度的发展都不断地开辟和扩大着这种必然性。使人类社会的发展越来越符合生态平衡规律，是人类实践活动发展的客观的必然趋势，这也是不以任何人的主观意志为转移的。

6. 人类对生态环境的作用具有实践性、技术性、价值性、社会性、历史性的特点。其中最重要的，也是作为基础的东西是实践性。人类活动的重要特点之一就是通过实践、认识、再实践的循环往复来解决自身与生态环境的矛盾。随着实践活动由低级向高级发展，人类也就不断地改进解决矛盾、实现协调发展的途径和形式。当人们的活动只限于非常狭小的范围，社会对生态环境的需求和影响小于生态环境的再生能力、供应能力时，生态系统的平衡就得到保持，协调是由生态环境自发地实现的；当局部地区的生态平衡被破坏，人们无法继续生存，被迫迁移他处时，原来地区的文明就走向衰落甚至覆灭，另一个地区的文明得到发展。在这种情况下，协调是通过改换生存环境来得到的；当生态环境恶化，在环境的压力下人们发现和掌握新的科学技术手段，从而重新恢复生态环境的平衡，使社会和生态环境之间重新建立一种协调的关系，这种协调的实践体现了人类实践的自觉性的增强，但仍然具有很大程度的被迫的、被动的性质。当代的生态环境问题带有全球性质，具有世界性的影响，人类在地球上已不能采取放弃和迁移的办法，更不能由生态系统自发地解决。这在客观上要求人类必须自觉地、主动地、预见性地去解决面临的生态环境问题，辩证地处理好各种关系，使当代人类正在从事的各种物质实践活动有利于生态环境的保护和发展。而现代科学技术和生产力的飞速发展，在造成新的生态问题的同时，从总的发展趋势上也展示了满足这种客观要求、实现新的协调发展的客观可能性。

7. 社会和生态环境协调发展的规律是作为主体的人类社会和作为客体的生态环境之间的相互作用并辩证地统一的规律。社会实践是主体和客体、主观和客观相互作用的过程。但是，实践活动作为主、客体的相互作用不是直接的、简单的二项式关系。人类不是像其他生物那样以自身器官的结构、功能和行为方式的进化来适应外界环境，而是在自身与环境之间多了一个中介系统——手段。实践的手段就是人自己创造的物质工具以及使用工具的技术方式和方法。手段的进化标志着实践水平的进化。我们说实践活动在造成自身和环境的矛盾的同时又包含着解决矛盾的必然性、可能性，其根据之一，就在于手段的进化不断地开辟出解决社会和生态环境的矛盾、实现协调发展的新途径。科学技术日益转化为直接生产力，也展示了解决人类生态问题的广阔前景。

8. 科学技术是人类解决自身同自然环境的矛盾的武器。但是，科学技术实际上不过是被人类所控制、利用、改造过的自然力量，是人的智慧、需要、目的、价值观念和关于客观规律的知识的结合，因此在发挥作用的过程中既有满足人类某种需要的功能，又有遵循不以人的意志为转移的客观规律的方面；科学技术力量同盲目的自然力量相互作用的实际过程和结果既有为人所认识所控制的方面，又有人们所未曾认识、还不能控制的方面。因此，科学技术在帮助人们达到某种目的的时候，往往又给人类提出了需要进一步解决的课题。一方面，它帮助人类解决着各种生态环境问题；另一方面，它却不断地给人类带来新的生态环境问题。有些科学技术在工农业中的应用，在为人类造福的同时，也把大量的废物、废水、废气，甚至是对生物、人类有毒的物质排放到生态环境中去。完美无缺、有得无失的科学技术是不存在的。但是，从科学技术发展的规律和趋势看，实践活动生态环境问题归根到底还将通过科学技术的进步来解决。纵观历史，展望未来，科学技术对于自然力的利用也经历着从低级向高级发展的过程。在漫长的历史中，实践的技术基本上限于对无机自然力（机械的，物理、化学的等）的开发和利用。大工业所造成的生态危机往往是发源于技术发展的这种历史的局限性。然而，可以期望在更广、更深的程度开发无机自然力的同时，人类将进入生命科学的时代，生物技术的开发会使有机自然力得到充分利用，从而根本上消除当代技术对生态环境的破坏，并建设更适合人类社会发展的生态环境。因此，那种主张为了保护生态环境而停止发展科学技术或退回到落后的科学技术的观点，并不符合科学技术结构和功能的发展趋势。

9. 根据历史唯物主义的观点，科学技术不能孤立地发展，它取决于一系列的社会条件。发展科学技术，首先必须以一定的经济实力为基础。这又提出了经济发展与环境保护的关系问题。不应否认，发展经济会造成资源短缺、环境污染等有害后果，并造成严重的经济损失。为了消除这些有害后果而使用先进的科学技术又要耗费相当的投资而增添设备，这又会影响经济的发展。因此，发展经济与生态环境之间的矛盾确是客观存在的。但是因此而像西方有的学者那样主张经济必须坚持"零增长"或"负增长"，把经济发展与环境保护对立起来也不符合客观发展的规律性。事实上，当代解决各种污染问题都逐步有了成熟的技术。但要把这些技术应用于解决环境问题，没有相应的经济实力来保证只能是空想。对于不发达国家来说，贫穷本身经常造成极其严重的生态环境问题，要解决这种生态环境问题，必须发展经济，走向富裕。贫穷国家只能在发展经济的过程中逐步解决环境污染和生态保护问题。同时，为解决环境问题而适当增加投资，会开辟日益增多的新产业部门，解决就业问题，增加经济效益，并在结果上增进人本身这种最重要的生产力的体质健康，因而应视为发展当代生产力的题中应有之义。而社会经济发展同生态环境的矛盾，归根到底是通过生产力的发展不断得到解决的。

10. 按照历史唯物主义的观点，发展经济、发展科学技术和社会生产力，作为人类实践活动的重要方面，又不能不受一定的社会关系（生产关系和上层建筑）的制约。人类活动对于生态环境的影响，总是以一定的社会关系为中介，通过一定的社会结构来实现的。所以，在社会发展规律体系中，社会和生态环境协调发展规律和社会发展的其他规律，诸如生产力和生产关系，经济基础和上层建筑相互关系的规律一样，处在互为前提、互相制约的辩证关系之中。生产力和生产关系、经济基础和上层建筑是社会系统内部结构的规律，社会和生态环境协调发展的规律是社会系统和外部环境关系的规律。社会系统的内部结构和社会—环境关系结构在人们的实践活动特别是生产活动中彼此耦合起来，使内部关系的规律和外部关系的规律彼此联系、互为前提、互为中介，共同制约着社会发展过程。因此，探讨社会发展同生态环境发展之间相互作用的规律，不能不注意到社会关系、社会制度的发展与更替对于生态环境的影响。

11. 在讨论生态环境问题及其前景时，马克思主义者和非马克思主义者的一个重大区别在于，前者把生态环境问题同社会制度联系起来，后者或根本不谈社会制度或谈而不触及生产资料所有制这一核心问题。事实上，不同的社会制度和所有制制约着社会活动的性质及其同生态环境关系的性质。资本主义所有制决定了资本主义经济的根本目的是追求剩余价值和超额利润，生态环境的价值则表现着人类整体的和长远的利益，两者是根本矛盾的。这种矛盾是生产的社会性同资本主义私有制之间的矛盾的表现，具有对抗的性质。因而资本主义企业总是把保护生态环境看做是一种额外的负担，认为"不经济"而不予重视。当然，在社会舆论的压力下，特别是当环境问题影响到资本主义企业进一步获得利润的时候，它也会重视生态环境问题。但是，这种重视是相当有限的。资本主义所有制还导致科学技术的资本主义应用、生产体制上的过度集中，造成大量消费、大量抛弃的生活方式，因此生产资料的资本主义所有制是造成生态环境问题的社会根源。生产资料的社会主义所有制决定了企业的生产目的是为了满足人民群众在物质上、精神上日益增长的需求。社会主义企业的这种生产目的同环境保护的目的在本质上是一致的，因而保护生态环境也是它的内在动力。社会主义企业的生产目的同保护生态环境的目的之间也会出现某种矛盾，但这种矛盾是人民群众眼前的和长远的、局部的和整体的利益之间的矛盾，是非对抗性的。同时社会主义所有制还为科学技术的社会主义应用、正确处理体制上的集中与分散的关系，形成社会主义生活方式提供了必要前提。因此，社会主义制度为解决生态环境问题创造了根本的社会条件。但这并不是说，在社会主义条件下就不会出现生态环境问题了。由于工业、经济、科学、技术的发展水平的限制，由于体制上的某种缺点，由于认识上、指导思想上的某种错误，社会主义国家在建设过程中也会出现某些生态环境问题。而且，今天社会主义国家的生产资料公有制都还没有发展到马克思恩格斯所设想的社会地占有生产资料的发展阶段，还存在着多种经济结构，还存在着商品和市场经济，在这种情况下个别企业片面地追求经济利益，忽视或不顾生态环境问题的情况仍有可能发生。这类问题也只有通过改革、发展经济、完善社会主义制度来解决。马克思在预言共产主义社会时指出："社会化的人，联合起来的生产者，将合理地调节他们和自然之间的物质变换，把它置于他们的共同控制之下，而不让它作为盲目的力量来统治自己；靠消耗最小的力量，在最无愧于和最适合于他们的人类本性的条件下来进行这种物质变换。"[1] 我们既然坚信社会主义制度取代资本主义制度是历史发展的必然趋势，坚信马克思的这个预言终将实现，也就一定合乎逻辑地认为：社会本身这种合乎规律的发展同生态环境的发展从根本上是协调一致的。

　　12. 说社会和生态环境的协调发展具有不以人的意志为转移的客观规律

---

① 《马克思恩格斯全集》第 25 卷，人民出版社 1974 年版，第 926—927 页。

性，并不等于说二者的协调可以离开人的活动和主观努力而自动实现。恰恰相反，这种规律正是在人类活动中起支配作用的规律。人类实践活动的机制就是这种规律实现的机制。当人们不认识或者否认这一规律时，协调是以沉重的代价来实现的。社会发展到了今天，应该也有可能避免或尽量减轻这种代价。从这个意义来说，这一规律的实质就是人类根据生态环境发展的客观规律对自身实践活动的调节、控制和管理。这样，它就转化为人类主体活动的指导性规律。这应该体现于社会生活的各个方面。

13. 生产活动、经济建设是人类的基本实践活动。协调社会发展和环境保护的关系，首先要充分发展和发挥生产活动调节人和自然环境关系的功能，把生态环境的建设作为经济建设的重要内容之一。经济体制改革应有利于环境保护。不应单纯把物质财富的增加、生活水平的提高作为发展经济的唯一目标。应把解决社会和自然环境的矛盾作为发展经济的方向，把探索、掌握和应用解决生态环境问题的科学技术，发展科学的环境管理，认真解决生产和环境的矛盾，有计划地控制人口发展，促进人口优生等作为发展生产力的重要方面，并作为衡量生产力发展水平和社会进步的重要尺度。

14. 把社会和生态环境协调发展的规律作为人类活动的指导性规律，还必须注意人们的消费活动和生活方式对生态环境的影响。科学、技术、生产的发展，使人们的生活水平不断提高，生活领域不断扩展，生活内容越来越多样化，生活手段越来越机械化、电气化、自动化。人们在衣、食、住、行、体育、文娱等方面的形式和内容发生着日新月异的变化。人们的日常生活变得越来越富裕、舒适、方便；但同时也还存在着另一方面的问题，大量生产造成了一种大量消费、大量抛弃的生活作风和生活方式，或者说"高消费的生活方式"。这种生活方式导致在日常生活中大量地浪费能源、物资，造成大量的废物、废气、噪声污染，破坏着生态环境，甚至对人们的身心发展产生了不利的影响。按照日本技术史专家星野芳郎的说法，某些技术的发展正在丧失其合理性和实用性。这是值得深思的。社会的发展要求人们形成一种既有利于人自身身心的健康发展，有利于人们从事其他各种活动，又有利于生态环境保护的价值观念和生活方式，要求人们把舒适、方便和经济、科学、高尚的目标结合起来。在日常生活中注意节约能源及其他资源是人类和社会持续发展的需要，人们在生活水平不断提高的时候不应该丢掉节俭的美德。

15. 社会和生态环境的协调发展要解决社会过程和自然过程两个不同层次上的问题。人类的各种实践活动，从其目的、手段、形式、规模来说都是历史地形成和发展的，具有社会性的特点。按照生态环境的客观规律对人类各种实践活动的控制、调节、管理的过程是社会系统的自调节、自组织过程，是人类社会内部各种要素、各种关系、各种活动和人类各种利益的调节过程。因此社会和生态环境协调发展的规律是具有社会性的规律。社会科学在认识、掌握和实现这一层次上的协调过程中发挥着重要作用。人类的实践活动，从其和生态环境发生的实际作用来说，又具有自然性的特点。社会实践归根到底是社会地组织起来的人们利用各种物质技术手段同生态环境进行物质、能量、信息的交换，是社会掌握的自然力量和没有被社会掌握的自然力量之间的相互作用，其间发生着宏观的、微观的，分子的、原子的、基本粒子的多种物质层次上的力学的、物理的、化学的、生物的、生态的反应过程，不仅发生着人类活动作用下的直接反应，而且还发生着由反应引起的反应。所谓社会和生态环境的协调发展，就是要把人类实践活动过程中发生的上述种种反应过程控制到符合生态环境平衡规律的要求。要认识和掌握这种层次上的协调规律，必须发展一系列自然科学，解决协调发展实现过程中的科学技术问题。

16. 人类社会和生态环境协调发展的规律实际上综合了自然过程和社会过程两个层次上的规律。以这一规律作为人类实践的指导性规律，就要探讨生态环境发展规律和社会发展规律的相互关系。这不仅要求自然科学和社会科学结合起来协同工作，而且为历史唯物主义的研究提出一系列的新课题。例如，在人类实践活动中，自然规律和社会规律相互作用的具体方式和机制是怎样的？可否将社会和生态环境协调发展的规律作为二者相互作用的中介环节？在这种相互作用中，生产力与科学技术的发展趋势是什么？等等。这些问题的研究和解决，对于解决客观规律和人的活动的关系、历史进步的尺度、历史发展的合规律性与合理性的关系等问题，也将具有重要的理论意义。

历史唯物主义研究与现时代[*]

一　可喜的新步伐

前几年，人们喜欢用哲学的贫困来形容我国哲学研究不适应现实发展要求的状况，其中对历史唯物主义的研究状况尤为不满。看重理论的人，觉得历史唯物主义的哲学味不浓；看重实践的人，则觉得它缺乏现实感、时代感，从而导致历史唯物主义研究被看做贫困中的贫困。然而，如果认真地阅读一下 1987 年以来发表的历史唯物主义论文，那就会使人感到，我国历史唯物主义研究出现了新的发展势头，迈开了新的步伐，概括起来，有以下表现：

1. 研究课题进一步面向现实、面向世界、面向未来，加强了新课题的研究。我国社会主义建设和改革开放是一项伟大的实践工程，社会主义发展规律的研究一直受到理论界的重视，近年来，关于我国社会主义初级阶段的理论研究更成为一种热潮。学者们论述了我国社会主义初级阶段的历史必然性和长期性；分析了它在经济、政治、思想等方面的特征，它和资本主义社会、社会主义改造完成以前的过渡时期以及社会主义未来发展阶段的区别；论述了我国社会主义初级阶段的理论对科学社会主义的新贡献；等等。当代科学技术革命是一种国际性现象，它的出现和发展使当代社会出现了许多新特点、新现象，我国学者近年来的研究，更多地从社会历史观层次上提出和回答问题。有些学者考察了 16 世纪以来科学革命、技术革命、工业革命对社会历史观的影响，特别是当代科学技术革命对社会历史观的影响，研究了西方学者提出的科学技术决定论和历史未来观。为了评价科技决定论，人们进一步研究了科学技术与生产、社会发展之间的相互

　＊　原载于《哲学动态》1988 年第 5 期。

关系，充分肯定了科学技术在当代社会生产力发展中的决定作用；为了评价从技术、生产力角度把人类社会发展划分为狩猎社会、农业社会、工业社会、信息社会的观点和方法，人们重新研究了马克思的社会形态理论，提出了社会技术形态、社会组织管理结构等观点，论述了划分社会发展阶段的技术、生产力标准和生产资料所有制标准的关系。论者们认为，当代科学技术革命的发展不仅会改变唯物主义自然观的存在形式，而且也会改变唯物主义历史观的存在形式。当代工业发达的资本主义国家出现了许多新情况、新特点，如何认识这些国家的发展规律已成为当代马克思主义者面临的一个重大课题，西方学者围绕这个问题提出了各种理论，我国学者也加强了这方面的研究，探讨了垄断资本所有制的新形式，生产力和生产关系、经济基础和上层建筑矛盾的新特点，以及这些国家向社会主义、共产主义过渡的道路和形式，等等。

2. 历史唯物主义的基本理论、基本范畴的研究出现了新局面。近年发表的有关论文，虽然讨论的是历史唯物主义的基本范畴、基本理论，回答的却是来自我国建设、改革开放和世界发展中提出的实际问题，采用的方法是从实际出发，对现实发展的新特点、新现象进行理论分析概括，从而丰富、发展了基本范畴和基本原理。生产力和生产关系、经济基础和上层建筑等基本范畴及其相互关系，是学者们反复研究多次的老课题，近年来的研究成果表明，在当今捕捉新课题的研究潮流中，这些老课题只要同当代社会现实结合起来，它们就会产生新的意义和价值。当代发达资本主义国家的生产力还在迅速发展的现实和我国发展生产力的主要任务，推动着人们对生产力范畴进行新的研究。人们探讨了生产力作为哲学范畴和作为经济学范畴的区别和联系，生产力之"力"的理解和表现形式，生产力的质和量、自然性质和社会性质，生产力发展的动力机制，现代社会生产力发展的一般趋势，等等。在当代，生产力和生产关系之间、经济基础和上层建筑之间出现了许多新的复杂情况。有些论者开始注意和研究在生产力和生产关系之间存在着并非机械的、简单的、一一对应的因果关系，一种生产力有时对应着几种性质不同的生产关系，同一性质的生产关系有时又容纳着不同发展水平的生产力。当代国家在生产、经济及更广泛的社会管理中发挥着重要作用。我国改革开放的实践也推动我们对社会主义国家的职能进行更深入的理论探讨。近年来，人们讨论了上层建筑的结构、功能，区分了政治职能和社会管理职能，探讨了国家和社会的关系；对于社会主义国家，讨论了它作为广大人民群众在政治上的代表者、全民所有制"人格化"的体现者、社会生活管理者时的不同职能及这些不同职能在实现时的区别和联系。我国改革开放的实践还要求我们在理论上进一步阐明半殖民地、半封建的旧中国为什么可以跨越资本主义的发展阶段而直接进入社会主义，进入社会主义以后又为什么只能处在社会主义的初级阶段。这就促使我国理论界进一步研究世界历史的一般进程和各国具体道路的关系问题。主体、客体是哲学史上的一对老范畴，前几年，我国哲学界曾就主体范畴在马克思主义哲学特别是在马克思主义认识论中的地位和作用进行过研究和讨论。近年来，人们进而对社会历史过程中的主体问题进行研究。初步讨论了历史过程的主体、客体和主体性范畴的规定性，主客体之间的相互关系，主客体问题和唯物史观基本问题的关系等问题。人们试图通过历史主体范畴的研究，更好地说明社会历史主体的自觉的能动活动给当代社会发展带来的若干新特点，从而更全面地阐述社会历史发展过程的本质，建立历史唯物主义理论的新体系。

3. 研究方法也一改过去只到经典著作中寻章摘句的经院式和解释性研究为主的倾向，转向对现实提出的问题进行探索性、创造性研究为主的新局面。

二　时代提出的新课题

当代社会发展已经出现了许多新情况、新特点、新问题，需要历史唯物主义作出新的回答：

1. 当代社会在生产力和生产关系、经济基础和上层建筑之间明显的存在非线性的一一对应关系。生产力相对发达的某些国家还处于资本主义生产关系之中，生产力相对落后的某些国家却已经建立了社会主义生产关系。对于这种矛盾现象，虽然已经有过各种解释，但似乎并没有从理论上完全解决这一问题。

2. 历史唯物主义提出了生产力—生产关系（经济基础）—上层建筑的社会结构理论。毫无疑问，这是社会的主要的、基本的结构，按照这一结构可以揭示社会形态发展的一般规律。但是，当代社会生活表明，社会是一个极其复杂的系统，它的要素之间形成着多种多样的关系，因此社会结构也是极其复杂的、多重的、多样的。现实经验表明，仅仅用上述"三层楼"式的结构去解释复杂的社会生活，就会产生简单化的问题。近年来，有的论者已提出社会存在着技术组织管理结构，或说社会有机体的功能结构。那么这一结构和前一结构是什么关系，社会还有没有其他结构？

3. 历史唯物主义揭示了人类社会发展的一般历史进程，也强调了各国、各民族具体道路的多样性。而我国学术界对此却一直存在着争论，有的强调前者而否定后者，有的则强调后者否定前者，这一争论往往涉及人类社会的未来发展，涉及当代资本主义社会和社会主义社会的发展规律，因此需要在理论上作进一步阐明。

4. 当代科学技术革命的社会影响表明，精神生产、信息处理、科学、技术、知识在社会发展中的作用日益增大，日益成为社会生产力发展的决定因素。有些论者由此设想社会发展也将会从以生产关系为基础的社会转变为以信息关系为基础的社会。因此需要深入探讨物质生产和精神生产的相互关系及它们在社会发展中的地位和作用。

5. 在当代，社会历史主体的自觉活动发挥着越来越巨大的影响，社会系统的自调节、自组织、自控制性质表现得日益明显和重要，这就要求人们进一步从理论上回答社会发展的自然历史过程和人们自觉活动的相互关系问题。

6. 当代世界在生产、科技、经济等方面的发展中出现了全球一体化的发展趋势，各国、各地区越来越处于相互依赖的关系之中，整个世界日益成为有机的全球系统，同时当代世界又充满了各种各样的矛盾，面临着一系列涉及人类前途命运的全球性问题。西方学者对此作了大量研究，提出了各种观点。比如如何认识全球一体化的发展趋势，如何认识全球系统的整体性和矛盾性，如何认识人类的共同利益和各国家、各民族、各阶级的特殊利益等。这是历史唯物主义研究面临的新问题。

7. 长期以来，我们往往把自然界只是看做被征服和改造的对象，而把生产力理解为征服、改造自然界的力量，至于这种力量会对自然界产生怎样的影响，则没有注意研究。而如今，由于生产、科技、经济的发展，人类和自然界的关系出现了新形势、新格局，生态环境系统平衡的维持开始依赖于人的活动性质，依赖于人类的活动与生态系统发展要求相符合的程度。于是，重新认识人类在自然界的地位、权利和责任，重新认识人类自己的活动、人类创造的人造世界和自然界的关系，以及人类在活动中应该追求的价值观念、真善美观念和社会历史观念，就成为历史唯物主义再也不能回避的问题了。

8. 当代科学技术革命的发展推动了自然科学奔向社会科学的潮流，自然科学和社会科学彼此渗透和结合，形成了一系列具有综合化、定量化、技术化特点的新型社会科学。人们试图用数学模型、电子计算机和其他自然科学的观点和方法来研究和解决社会问题。历史唯物主义应当怎样评价、分析这种发展潮流，对自然科学和社会科学结合过程中的方法论问题作出理论分析和概括，使自己的理论、方法和这类新型的社会科学的理论、方法更好地衔接起来，这也是亟待解决的问题。

9. 今天，社会主义国家的工人阶级及其政党的工作重心已转移到了发展生产力、建设和管理社会主义社会，这就要求历史唯物主义成为指导现代化建设和改革开放实践的理论工具，在建设、管理中发挥其方法论功能。因此，需要认真研究社会主义社会的发展规律。

10. 马克思恩格斯在从事历史唯物主义和政治经济学研究的时候，都主张从抽象上升到具体，思维地再现对象的多样性、复杂性、整体性。然而这个问题并没有完全解决。在当代，社会系统的整体性、系统性、有机性表现得日益明显，系统科学、系统论哲学思潮迅速发展，这为我们理论地再现当代社会系统的有机整体，形成具有当代特色的理论体系提供了有利条件。我们应在这个问题上下工夫，有所前进。

三　关键在于进一步解放思想、开阔眼界

回答时代提出的新课题，把历史唯物主义推向前进，无疑要有两个基本条件：首先，要掌握历史唯物主义现有的理论和范畴；其次，要掌握当代社会实际和当代哲学、自然科学、社会科学的发展成果。当年历史唯物主义的产生，是马克思恩格斯总结、概括、吸收了人类创造的全部文明成果的结果；今天，要发展历史唯物主义也只有通过总结当代社会实践，吸收当代人类创造的全部文明成果。对于具备第一个条件的同志而言，是什么因素阻挡着他们去开展更有作为的研究呢？我认为主要有两个因素：一是眼界不开阔，长期局限于经典著作的范围；二是存在盲目自卑和自负的精神状态，在马克思主义经典著作面前觉得自己的使命不过是解释、宣传而已，在非马克思主义的著作面前，觉得一切真理都在自己的手里，自己的使命是批判。这样既影响我们去从事创造性的理论研究工作，也妨碍我们去掌握第二个条件。为了改变这种状态，当前的关键在于进一步解放思想、开阔眼界。这样我们就可以发现新问题、提出新观点。马克思主义同那些狭隘的宗派主义的学术思潮毫无共同之处，马克思主义者应该具有最博大的胸怀，只要是科学的、正确

的思想、观点、理论，不管是谁先说的，都可以吸收、容纳。我们对于国外的各种学术著作，应该改变过去那种简单批判的片面态度，在认真研究、分析的基础上吸收其中的科学成分、合理因素。

马克思主义要大发展，历史唯物主义要大发展，这是时代的要求、社会主义实践的要求，也是历史唯物主义自身存在和发展的要求。

论社会系统的特征[*]

社会系统是一种什么样的系统，它在系统世界中处于一种什么样的地位，与各种自然系统相比较具有什么样的性质、特点，这是历史唯物主义和正在奔向社会历史领域的、由系统论、控制论、信息论、协同学、耗散结构论等学科组成的现代系统科学所共同面临的基本问题。如何用历史唯物主义和现代系统科学相结合的观点来回答这些问题，是一个值得研究的课题。开展这方面的研究无论对于当代自然科学奔向社会科学的潮流，还是对于历史唯物主义自身的发展，都具有重要的意义。

社会系统是一种自组织系统

自组织系统能够扬弃环境的作用，不使环境的破坏作用直接达到其结果，甚至可以使环境的作用成为自身进一步存在和发展的原因，从而在环境作用的条件下维持自身的组织性、秩序性、有机性，并把这种组织性、秩序性、有机性维持在某个水平上经历一定的生命周期。

自组织系统的自组织能力根源于自组织系统内部的结构、机制。自组织系统都包含着大量的元素或亚系统。这些元素或亚系统在环境作用的推动下彼此之间发生着复杂的相互作用。这种复杂的相互作用又形成着某种反馈调节的机制，如正反馈使原因的作用得到加强和放大，负反馈使原因的作用得到削弱和缩小。于是元素或亚系统之间产生了彼此协同的、合作的、集体的运动。系统被有序化、组织化，成为有机整体，呈现出整体上的特性和功能。

但是究竟由什么层次上的元素发生作用，彼此间发生的是一种什么样的相互作用，反馈调节是通过什么途径实现的，最后又产生了什么层次上的有

* 原载于《江海学刊》1988 年第 6 期。

序性、组织性，各种不同的自组织系统竟是大相径庭。自组织系统按照其自组织实现的具体机制、方式上的区别，可以划分为各种不同类型的自组织系统。如可以划分为物理化学、生物学等性质的自组织系统。社会系统是自组织系统发展的高级阶段，是社会性质的自组织系统。物理和化学的自组织系统是通过元素或亚系统之间的物理、化学的反应实现的。生物学性质的自组织系统是通过细胞、器官、生物体在功能上的彼此配合形成的。细胞、器官、生物体的生物学功能是长期进化的结果，通过生物学途径来遗传的。不同物种的遗传密码先天地规定了物种的自组织水平、生物学习性和生命周期。人作为生命世界的一部分，其身体也是由具有生物学功能的各种器官组成的。人身体各部分要有机地组成健康的生命体，也得遵循生物学规律。但人的思维、语言、劳动能力是在社会环境中后天地学会的，人还创造了各种工具来延伸、扩大、代替生命体各种器官在劳动中的功能。这样人生命体自组织过程的实现就不仅仅是生物学过程，而且也是社会过程，具有社会性质。由人组成的社会系统，同样具有这种二重性质。一方面，人们组成社会是为了实现生命体的生存和繁衍，是为了通过社会的力量去完成生命体实现过程不可缺少的各种功能，人们建立的某些社会组织是生命体功能器官社会化的结果，是某种"社会器官"。另一方面，人们在组成社会的时候，却主要地依赖于社会地形成的各种因素和条件。不同的需要、利益、目标，不同的认识、实践、交流的手段使人们建立起具有不同的要素和结构、不同的目的和功能的社会系统。社会系统是一种要素、结构、目的、功能都可以不断变化的自组织系统。社会系统的自组织过程虽然不能违反生物学规律，但主要遵循着社会规律。在社会系统的自组织过程中，社会规律起着主导作用。社会不能不进行生产，这是人类生命活动实现过程所不可缺少的，但社会如何组织生产却取决于人们所获得的社会生产力的发展状况。

　　社会系统的自组织过程可以区分为自下而上地自发形成和自上而下地自觉组织两种情况。所谓自下而上地自发形成是指元素和亚系统的自发的相互作用而形成某种社会系统的情况。在社会中活动着的人们具有不同的利益、要求，他们都在按照自己的计划活动着。他们作为微观的"社会分子"活动，从社会系统宏观的角度来看，是不确定的、偶然的、分散的、无序的。但是无数个人之间的这种不确定的、偶然的、分散的、无序的力量之间相互作用的过程，却是个人的利益、目标或者被确认，或者被否定、被修改的过程，是人们之间关于利益、目标的信息的沟通和交流的过程，是人们之间的某种共同利益、共同目标的形成过程。于是，从不确定性中形成了确定性，从偶然性中表现了必然性，从分散性中产生了统一性，从无序性中孕育出了组织性，无数分力汇成了合力。这种确定性、必然性、统一性、组织性、合力又通过章程、制度、条例、规定、习惯、意识、心理而体制化、观念化，于是社会系统最终地被自组织为有机的整体。所谓社会系统自上而下地被自觉组织的情况，是指人们首先认识到了某种共同利益、共同目标，然后围绕这种共同利益、共同目标把人们组织成一个特定的社会系统，社会系统在宏观上的统一、一致、合作、整体是系统成员自觉努力的结果。但就是在这样的系统中，系统成员仍然存在着系统所允许的灵活性、自由度、多样性，仍然存在着系统成员的个人利益。上述两种过程在实际的社会系统的自组织中经常是彼此结合、彼此转化的。不管是自发地形成的社会系统，还是自觉地建立的社会系统，都包含着微观元素、亚系统层次上的灵活性、多样性、自由度和系统宏观层次上的确定性、统一性、整体性这样两个不可缺少的互为前提、互相制约的方面。

社会系统是一种开放系统

现代科学从系统与环境是否发生关系的角度把系统分为孤立系统、封闭系统、开放系统。孤立系统内部存在着熵（系统内部分子间无序的量度，熵增加定律是一个简单的增加混乱度的定律）增加的不可逆过程。一个不与外界进行任何物质、能量、信息交换的系统，由于系统内部分子、要素间的相互作用而不断地消耗物质和能量，会不可逆地走向无序、混乱，系统会逐步退化、瓦解。封闭系统同周围环境进行着能量上的交换，可以从环境中输入一种负熵流来抵消系统的熵增流，因而使系统维持一种有序结构，保持着一种没有进化、退化的静态平衡结构。开放系统与环境进行着物质、能量、信息的交换。从外部输入的物质、能量、信息不仅可以使这个系统维持在原有结构基础上的有序、稳定、平衡，而且还可以使系统在外部输入增加的情况下，逐步离开它的平衡状态。比利时物理学家普利高津把这种结构命名为耗散结构。具有耗散结构的系统是一种可以在外部环境的作用下不断进化的系统。

社会系统是一种具有耗散结构的开放系统。特定社会系统的结构要存在、要维持，必须从环境获得物质、能量、信息。同时当与环境交换的物质、能量、信息发生变化时，特定社会系统的结构也不可能长期保持不变。当从环境获得的物质、能量、信息增加到某种阈值时，社会系统会发生新结构代替旧结构的演变。社会系统作为具有耗散结构的开放系统和其他开放系统存在着共性、统一性。但是，社会系统又具有不同于其他开放系统的特殊性。社会同周围环境进行物质、能量、信息的交换过程，不仅仅是物理的、化学的、生物的过程，同时也是一种社会的过程。人们是使用着物质的、技术的、认识的工具，通过实践和认识活动、生产活动、生活活动同周围环境进行物质、能量、信息交换的。在这种交换过程中，物质、能量、信息的交换状况和使这种交换得以实现的方式、手段是互为前提、互相依存的。于是我们看到，社会系统对环境交换的物质、能量、信息的需要的增加推动着社会系统的生产、技术、科学的发展，而科学、技术、生产的发展又满足着社会与环境之间的交换需要。这样，当社会与环境交换的物质、能量、信息，当社会的科学、技术、生产发展到某种阈值的时候，社会系统就会发生从旧结构向新结构的过渡。像其他开放系统一样，在社会系统内新结构最初也是作为对于旧结构的某种"偏离"、"扰动"、"涨落"出现的，也是在外界的输入（生产力）使系统从平衡状态过渡到远离平衡状态时，新结构才扩大并取代旧结构。不同的地方在于，社会系统中新结构取代旧结构的过程是通过人们活动过程实现的，是通过代表新结构的社会力量和代表旧结构的社会力量之间的较量、斗争实现的。代表新旧结构的社会力量之间的矛盾的社会性质决定了这种取代过程中的途径、形式和方法。

社会系统是开放系统，这是就社会系统的客观本质来说的，但社会系统的建立和发展过程还要受到人为原因（社会的、历史的原因）的影响。因此人们建立的社会系统就不一定都是开放系统。由于某种原因，某个特定的社会系统变成一种孤立的、封闭的系统的情况在社会历史上也是存在的。对于一个特定的社会系统来说，它的环境不仅包括自然环境，还包括社会环境，它与社会环境的交换是多种多样的，除了物质、能量、信息之外，还可以有资金、人才等。因此，一个特定的社会系统的封闭还是开放的问题可以存在或表现不同的方面、不同的层次。一个社会系统虽然同自然环境之间进行着物质、能量、信息的交换，但它同其他社会系统没有任何来往，我们可以把这样的社会系统看做对其他社会系统关系上的一种封闭系统。我们也可以就经济、科学技术、信息等某个方面谈论一个社会系统是封闭的还是开放的。

封闭会使一个社会系统停滞、退化，开放才能使一个社会系统发展、进化。生活在封闭社会系统中的人们，在观察社会系统的时候，缺乏不同社会系统之间的横向比较，他们极容易坐井观天、夜郎自大，封闭的社会系统只能依靠自己的力量，不能利用、调动其他社会系统中有利于自己发展的力量和因素。它只能得到系统内部矛盾的推动，却得不到与其他社会系统之间的矛盾的激励。一个国家、一个民族处于与外界封闭隔绝的状态，这个国家、这个民族的发展就会停滞、甚至倒退；一个领导集团处于与群众的封闭隔绝状态，这个领导集团就会落后、退化。相反，只有开放，一个社会系统才能及时地从外界获得发展所必需的信息、物质、能量、科学、资金、人才，才能及时地认识自身在社会环境中的地位，才能利用他人之长补己之短。当今世界在生产、经济、技术、科学、政治、文化等方面的发展上出现了日益强烈的全球化、一体化的趋势，世界各国、各地、各民族越来越多方面地联系、交织为一个统一的有机整体。在这种态势下，开放对于一个国家、民族、地区的社会系统的发展来说更是不可缺少。认识社会系统的开放性质、认识开放对于社会系统发展的重要性，克服认识上、社会上、政治上的各种障碍，在开放中建设一个具有发展生机的社会系统，这就是把社会系统作为具有耗散结构的开放系统加以考察的认识和实践的意义。

社会系统是一种复杂系统

同其他系统相比，社会系统是一种最为复杂的系统。

首先，社会系统的组成因素既大量又复杂。在各种复杂因素中，最复杂的因素是人。人的复杂性导致了社会系统的复杂性。人既是现实社会关系的产物，又是历史过程长期发展的产物。人的行为要受到他的利益、需要、理想、目标、观念、情绪、意志的影响。人在对环境做出反应时，既有冷静的、理性的、逻辑的分析和判断，也有非理性的情感的冲动，既有对客观形势的估计，也有价值需要的评价。环境的输入要经过人们主观上各种因素的筛选，因而处于同样环境中的两个人并不一定吸收同样的信息量，他们做出的反应往往是不相同的。甚至就是同一个人，在不同的地点、不同的时期、不同的环境和不同的主观状态下，对同一个问题也会形成不同的认识，做出不同的处置。社会系统中的物的因素，同自然系统中的物的因素也有区别。社会系统中的物处在人们的关系之中、社会关系之中，是"人化自然物"，因而它们比自然系统中的纯自然物要复杂得多，既具有自然属性，又具有社会属性。

　　其次，社会系统的各因素之间存在着复杂的相互作用和相互关系。在社会系统中，人们之间发生着生产的、经济的、技术的、工作的、交往的、道德的、政治的、思想文化的、血缘的、民族的等各种各样的关系；这些关系既可以是经常的、稳定的、确定的，也可以是不经常的、暂时的、偶然的；人们之间的相互作用，既可以是对等的、相应的，也可以是不对等的、不相应的，或容忍的、引而不发的或变本加厉地还击的。在社会系统中，每种因素都可以成为其他因素变化的原因，也可以成为其他因素变化的结果；每个因素改变着其他因素，也被其他因素改变。诸因素之间的因果关系交叉叠加、复杂化为诸因素之间互为因果的相互作用关系。由于因素间的相互作用，社会系统中的任何因素、关系都随时间而不断地变化着。A.F.G. 汉肯认为，"我们强调指出，要想按照提出一系列定律的方法来描述社会的动态行为，如果不是说不可能，恐怕也可以说是极其困难的。类似牛顿力学一样的社会动力学是不存在的，这也正是自然科学与社会科学的区别所在"；"社会系统的分析有不同的着重点。自然科学中的品质尺度——预见的精确性——在社会理论中将不再是可行的标准了。取而代之的将是着重在结构上的研究，其中包括对一切社会系统的阶层或组织的基本特征、关系以及行为方面的分类和解释"①。这就是人们一般说的定性分析。这种情况无疑说明了社会系统的复杂性。当然，社会系统中有些因素、关系、过程、方面、层次还是可以用定量方法来描述的。但是当人们设法用数字工具来描述的时候，就会发现从数学定量的观点来看社会系统的因素及因素之间的相互关系也是极其复杂多样的，有线性的、非线性的；有确定的、不确定的、随机的；作为变量来描述的因素，可能是集中的、连续的，也可能是分散的、离散的，数量界限可能是清楚的也可能是模糊的。这样人们就不得不运用各种不同的数学手段，例如用微分方程来描述时间上连续的动态系统的行为，用差分方程来描述时间上不连续的（离散的）动态系统的行为，用向量代数来提供多变量表达式的表示方法。在社会系统分析过程中经常存在的定性方法和定量方法相互结合地使用的情况，充分表明了社会系统的复杂性。

　　再次，社会系统结构具有多层次性、多方面性。人们需要的多方面性、活动的多方面性决定了社会系统结构上的多方面性。各个方面之间的有机联系把各个方面结合为有机系统，构成了社会系统的层次。同时社会系统的每

---

　　① ［荷］A.F.G. 汉肯：《控制论和社会》，黎鸣译，商务印书馆 1984 年版，第 2 页。

一个方面，都有由一些基本元素一层又一层地逐步组织起来的特点，于是从基础、低层到上层、整体之间存在着层次之间的隶属包含关系，组成了社会系统某一方面的垂直系统。社会系统在横向上有多少个方面，就有多少个纵向垂直系统；每个纵向垂直系统有多少个阶梯，就有多少个横向的水平的层次。垂直的、纵向的系统关系和水平的、横向的系统关系的相互结合就构成了社会系统多方面、多层次的网络结构。在马克思恩格斯指出的社会经济结构中也可以看到这种层次性和多方面性。生产力、生产关系、上层建筑（包括意识形态）就是三个不同的层次。三者之间的关系可以看做是一种"纵向"关系。三者的每一个层次都包含着若干方面，同一层次的若干方面之间存在着特定的相互关系，可以看做是一种"横向"关系。组成生产力、生产关系、上层建筑的各个方面、各种因素不仅在每一个层次内部发挥作用，而且也在某种程度上独立地与其他层次上的因素、方面发生相互作用。如作为上层建筑一部分的各种社会意识形态不仅在上层建筑内发生影响，而且可以作为独立的因素对生产关系、生产力的某个方面发生影响。这种情况同自然界的某些系统（如分子、原子）的组成情况有很大的区别。社会系统的这种多层次、多方面的结构机制充分显示了社会系统的复杂性：第一，社会系统在横向上究竟应该具有哪些方面、多少方面？第二，社会系统在纵向上又究竟应该具有哪些层次、多少层次？第三，横向层次和纵向方面之间究竟应该怎样结合起来？这些问题都不是可以采取简单的方式加以回答和处理的。新中国成立以来，每次讨论体制问题的时候，总要涉及条条（纵向）和块块（横向），集中和分散的关系问题，这也表明了问题的复杂性。

最后，社会系统是一种包含着多种物质运动形式的复合系统。人本身就是一种包含着物理化学系统、生物系统、社会系统的复合系统，人所从事的各种活动同样也是这样的复合系统。因此由人和人的活动组成的社会系统也具有这种性质。这就使得社会系统具有无法比拟的复杂性。仅仅是社会系统中社会因素和其他运动形式的因素的关系问题，人们就争论了多少个世纪。我们应该承认，社会系统中包含着其他物质运动形式，同其他物质运动形式存在着共性、统一性、普遍性。从社会系统的存在和发展过程也就是人类生命体的生存、繁衍和发展的过程来看，它就是人类生命运动系统；从社会系统的存在和发展必然表现为由人们的感性物质活动和各种物质技术条件组织起来的物质运动过程来说，它又是一种物理运动系统；从社会系统具有自组织、自调节、自控制的机制来说，社会系统又是一种自组织、自调节、自控制的系统。但是，社会系统作为物质运动的高级形式，它又具有自己的特殊性。社会系统虽然包含着其他物质运动形式，但不能归结为、等同于其他物质运动形式。与这种复杂情况相关，在认识和研究社会系统的时候，一直存在着两种方法论思想的对立。一种是还原论的观点，即主张把社会系统分解、还原为各种低级的运动形式，用生物学、物理学等其他运动形式的规律来解释社会系统的规律；另一种是反还原论的观点，强调社会系统的特殊性，主张揭示社会系统自身具有的发展规律。社会科学的发展历史表明，建立在前者基础上的各种社会理论都不能科学地说明社会，也都没有在指导人们改造社会的实践活动中得到证明。但是，把社会系统的特殊性绝对化，不讲社会系统与其他物质运动形式之间的共同性、统一性的方法论思想也是错误的。它会堵塞研究社会系统的多种多样的方法论途径，从根本上否认用自然科学的理论和方法研究社会系统的可能性，把社会生物学、社会物理学、社会控制论、社会系统论、社会信息论一概贬为伪科学、非科学。现代社会科学的发展情况已经证明，某些自然科学的理论和方法是可以用来研究社会系统的，并且已经取得了可喜的成绩。因此，我们应该在承认社会系统特殊性这一前提下，承认社会系统与其他物质运动形式之间的共同性、统一性，承认自然科学的理论和方法可以在一定的程度、方面、范围上揭示社会系统的某些具体规律。还原论之所以错误，其根本原因在于它否认了社会系统的特殊性。但是在承认社会系统特殊性的前提下将社会系统的某些方面抽象还原为其他物质运动形式的研究方法，即作为一种具体的科学方法的还原方法还是应该予以肯定的。可以期望，社会科学的下一步的大发展将会通过历史唯物主义和现代自然科学、技术科学相结合的途径来实现。

社会系统是一种历史地形成和发展着的系统

客观世界存在的任何具体系统都不是永恒存在的，都经历着时间上的产生、发展和灭亡的过程。从这个意义上说，任何具体系统都是历史地存在的，都具有历史性质，生物系统、天体系统无一例外。但是各种具体系统显示其变化、生命的时间尺度却大不一样。我们并不是在能够显示物种进化、天体演化的时间尺度上来谈论社会系统的历史性质的，在这个时间尺度内无法把社会系统的历史性质同其他系统区别开来。我们是在物种、天体似乎不变的时间尺度来谈论社会系统的历史性质，并把它和这些自然系统区别开来。"天上才一日，人间已千年"虽是文艺作品中的语言，却深刻地描绘了社会系统和天体系统在变化速度上的巨大差别。

社会系统的形成和发展是在人类实践活动特别是在劳动的基础上进行的。人类实践活动具有既依赖于现实条件，又改造现实条件，并创造新的现实条件的特点。一方面，社会系统的存在和发展总是依赖于一定的前提；另一方面，它的存在和发展也必然超出前提。每当它上升到新的层次、新的阶段后，它的前提不再是居于发展的主导地位的因素，并且只是作为一般条件被包含到社会系统自身之中，而由前提获得的结果成了进一步发展的新的起点、新的前提。社会系统通过这种扬弃前提，更换发展主导因素的机制，使它的发展成为一种从前提出发而不断地进步、上升的过程，使得组成它的要素、关系、结构都具有在人类实践过程中历史地形成又历史地改变的性质。而随着社会系统的因素、关系、结构的变化，社会系统在整体上就会得到更新。人类实践活动的历史特点、社会系统的因素、关系、结构的历史性质决定了社会系统的历史面貌。

在人类历史开始的时候，人类的生产实践活动是采集和狩猎，人类的生活依靠着自然界恩赐的现成果实，人们按照血缘关系建立部落、氏族，形成了原始社会那样的社会系统的整体性。这种社会系统和自然界的动物系统已经有了很大区别，但也明显地带着人类刚从动物界中脱胎出来的特点。在奴隶社会和封建社会中，人类从事着以农业为主的生产劳动，建立了一种在很大程度上依赖于自然条件的自然经济，同时在生产资料奴隶主占有制和封建占有制的基础上建立人们的相互关系，血缘关系已不再是人们组合成社会系统的主要因素，但仍然存在着奴隶对于奴隶主、农奴对于封建主的人身依附关系。社会系统形成了一种奴隶主、封建主在经济、政治、思想上的全面统治为内容的整体性。在资本主义社会中，人类的生产活动转变为以工业为主，建立了一种生产过程不受自然过程直接影响、生产目的不是为了满足生产者自身需要的工业——商品经济，劳动者摆脱了奴隶的、封建的人身依附关系而成为自由出卖劳动力的雇佣劳动者，血缘的、亲族的自然关系的影响进一步削弱，生产—经济关系成为人们组合成社会系统的最重要的关系，社会系统形成了资产阶级在社会生活各方面居于统治地位的整体性。在社会主义社会中，生产资料公有制代替了资本主义私有制，剥削阶级作为一个阶级已经被消灭，社会分裂为利益上彼此根本对立的社会集团的情况已经改变，人们之间形成了共同的利益、理想、道德，于是形成了社会利益基本一致基础上的整体性。

由于物质生产活动是人类社会产生以来一直赖以生存和发展的最基本的实践活动,因此人们在物质生产活动过程中形成的生产关系就成为社会上层建筑和社会意识形态赖以树立的现实基础,奴隶社会、封建社会、资本主义社会、社会主义社会无一例外。当代科学技术革命的发展显示了一种新的发展趋势,精神生产和物质生产在社会发展中的作用、地位正在变化。我们是否可以设想,在科学技术有了更大发展的将来,当智能机器人作为物质标志的社会生产力普遍应用到社会生产的各个领域,人类社会赖以存在和发展的物质财富将由机器人生产,人类从物质生产活动中解放出来并转入精神生产领域,社会最终地实现了从私有制到公有制的过渡,那时社会的财富尺度也不再是劳动时间,而是可以支配的自由时间,于是人们之间的科学技术上、信息上的相互关系将成为人们组合为社会系统的主要因素。于是,人们的相互关系将最终地摆脱动物界的影响,建立具有社会成员的个性可以得到全面发展的整体性的社会系统,那将是实现了从必然王国向自由王国飞跃的社会系统。

总之,无论是社会系统赖以树立的实践基础,还是在形成社会系统过程中起主要作用的社会关系和社会系统的整体性特点,都经历着历史性质的变化。这是一个由自然基础形成的社会凝聚力让位于由社会基础形成的社会凝聚力、由低级的社会基础形成的社会凝聚力让位于由高级的社会基础形成的社会凝聚力的发展过程。这样,我们可以把人类社会历史发展过程中已经出现和将要出现的社会系统划分为彼此衔接和更替的三大类型,即由血缘关系起主要作用的社会系统(原始社会),由生产—经济关系起主要作用的社会系统(奴隶社会、封建社会、资本主义社会、社会主义社会),由信息关系起主要作用的社会系统(共产主义社会)。

社会系统历史地形成和发展的过程,也是在空间—地域范围上日益广泛地组织起来的发展过程。原始公社时期的部落、氏族都是一些地域—空间范围相当狭小的社会系统。奴隶社会、封建社会时期,社会系统的空间—地域范围有了扩大,形成了民族国家范围内的社会系统,民族、国家之间也存在着经济、文化、外交、军事等方面的联系,但这个时期人们之间的联系还是十分松散的。资本主义社会以及从资本主义向社会主义、共产主义过渡的时期,不仅巩固和扩大了民族、国家范围内的社会系统,而且各国发展的历史过程日益紧密地汇合成统一的世界历史的发展过程。个别国家社会系统的发展再也不能摆脱世界历史发展过程的主宰和影响。各国之间的联系日益紧密，从某一个方面把世界各国联系、组织起来的跨国性的、国际性的、世界性的社会组织系统不断增多。各民族、各国家、各地区的社会系统正在联系、组织为全球性的社会系统，人类系统的全球性的整体性开始了它的形成和发展的历史过程。人类还正在不断地尝试着向球外空间扩展。

在社会系统整体性的形成和发展的动力机制上一直存在着决定论观点和反决定论观点的争论。前者认为在组成社会系统的诸要素中有些是本源的、"第一性"的因素，有些则是派生的、"第二性"的，在社会系统的形成和发展过程中，前者决定、制约着后者，例如社会存在决定社会意识、生产力决定生产关系、经济基础决定上层建筑等。反决定论者则反对在社会系统的要素、结构、关系中区分什么决定的和派生的，认为对任何一项复杂的事物进行整体研究时，寻求终极原因往往是没有什么意义的。社会系统的形成和发展是由于社会系统诸要素相互作用的结果，他们用相互作用原理否定决定作用原理。历史唯物主义主张决定论，但不是机械决定论，而是唯物的、历史的、辩证的决定论。机械决定论和反决定论把决定作用和相互作用绝对地对立起来，都是片面的。社会系统是一种从一定的现实基础出发分层次、分阶段地形成和发展着的系统，对于自然界的依赖性，对于一定的现实条件的依赖性使得社会系统诸要素的关系中形成了逐级传递的决定作用的因果性链条。但是，在社会系统中从一定的现实基础、现实条件中产生出来的要素并不是消极的、被动的，它们对于现实基础、现实条件又存在着反作用。它们在作为结果而产生之后又作为原因而发挥作用。它们可以改造自身赖以存在的基础和现实条件，于是形成了诸要素间的相互作用，社会系统因而具有了在自然界中的独立性、组织性。社会系统就是由要素间逐级传递的决定作用的因果性链条和要素间相互作用的反馈链条相结合的有机系统。相互作用是在决定作用的基础上进行的，决定作用是在有相互作用的情况下实现的。决定作用制约着相互作用，使得相互作用不致脱离现实的基础和条件，使得相互作用具有由现实基础、条件所决定的内容、形式、特点，并跟随现实基础、条件而变化。相互作用也制约着决定作用，不使自然界对社会的作用产生直接的后果，不使现实基础、条件的作用简单地实现，不使社会赖以存在的基础、条件成为某种不变的东西。因此正是决定作用和相互作用的有机统一才构成了社会系统从一定的现实基础、现实条件出发的运动、变化、发展的动力机制，使社会系统成为一种基础可以扩大，结构可以更新的系统。社会系统整体性的形成和发展是决定作用和相互作用统一影响的结果。然而在认识和分析社会系统的过程中如何辩证地使用这两种原理，即在什么情况下使用、强调决定作用原理和相互作用原理，并且在每一次的使用和强调之间不致造成"悖论"，这是一个十分困难而又复杂的问题。恩格斯区分了两种情况，他认为在讨论"对历史斗争的进程发生影响"的因素，在叙述"整个伟大的发展过程"时，要看到相互作用，而在讨论"归根到底"的原因问题时，则要看到经济基础的决定作用。毛泽东用主要矛盾和矛盾主要方面相互转化的原理来解释，区分了总的历史发展的一般情况和一定条件下的特殊情况。他认为，在总的历史发展的一般情况下，是物质的东西决定精神的东西、社会存在决定社会意识、生产力决定生产关系、经济基础决定上层建筑，但是在一定的条件下，生产关系、理论、上层建筑又反过来表现为主要的决定的作用。上面我们关于社会系统形成和发展动力机制的分析表明，在分析社会系统的前提性、条件性、基础性的时候，必须坚持决定作用原理，在分析社会系统的自主性、独立性、自调性时，必须坚持相互作用原理。我们只有坚持社会系统对于自然环境的依赖性和独立性的统一、社会系统中层次性结构和网络性结构的统一、利益性结构和功能性结构的统一，才能坚持决定作用原理和相互作用原理的统一。

中国社会主义初级阶段发展规律是哲学研究的迫切课题[*]

中国共产党第十三次全国代表大会对十一届三中全会以来的实践和理论进行了总结和概括，阐述了中国社会现在所处的社会主义初级阶段的历史必然性、基本特征、主要矛盾，阐述了我们党在社会主义初级阶段建设有中国特色社会主义的基本路线、经济发展战略以及在经济体制改革、政治体制改革、党的建设、争取马克思主义在中国新胜利等方面的任务。这样，研究中国社会主义初级阶段的发展规律，就成为我们理论工作者，不仅是马克思主义经济学、科学社会主义的理论工作者，也是马克思主义哲学理论工作者所面临的重大而迫切的研究课题。

一

经过对新中国成立以来历史经验，特别是九年来的改革开放实践的总结，我们对中国社会现在所处的历史阶段已有明确的认识，即中国正处在社会主义的初级阶段，初步形成了关于这一初级阶段的理论。我认为，这一理论概言之有以下五点：

1. 中国社会主义初级阶段不是泛指任何国家进入社会主义都会经历的起始阶段，而是特指中国生产力落后、商品经济不发达条件下建设社会主义必然要经历的特定阶段。

2. 中国自 20 世纪 50 年代生产资料私有制的社会主义改造基本完成，到社会主义现代化的基本实现，至少需要上百年时间，都属于社会主义初级

---

* 原载于《中国哲学年鉴》（1988 年）。

阶段。

3. 社会主义初级阶段，既不同于社会主义经济基础尚未奠定的过渡时期，又不同于已经实现社会主义现代化的阶段。因此，中国社会主义初级阶段的论断包括两层含义：第一，中国社会已经是社会主义社会；第二，中国社会主义社会还处在初级阶段。

4. 目前，中国的生产力水平远远落后于发达的资本主义国家，生产社会化程度还很低，商品经济和国内市场很不发达，自然经济和半自然经济占相当比重。生产力的这种状况使得在所有制上只能在以公有制为主体的前提下，发展多种经济成分，允许私营经济的存在和发展。公有制经济本身也有多种形式；在分配上只能在以按劳分配为主体的前提下实行多种分配方式，除了按劳分配和个体劳动所得的形式以外，还有债权利息、股份分红、风险补偿以及私营企业主的部分非劳动收入的形式。在共同富裕的目标下，鼓励一部分人通过诚实劳动和合法经营先富起来。在上层建筑方面，建设高度社会主义民主政治所必需的一系列经济文化条件很不充分，封建主义、资本主义腐朽思想和小生产习惯势力在社会上还有广泛影响，经常侵袭党的干部和国家公务员队伍。社会主义民主政治的建设只能有秩序、有步骤地进行。在马克思主义指导下建设社会主义精神文明是长期的历史任务。

5. 在社会主义初级阶段所面临的主要矛盾，是人民日益增长的物质文化需要同落后的社会生产之间的矛盾。阶级斗争在一定范围内还会长期存在，但已经不是主要矛盾。为了解决现阶段的主要矛盾，为了摆脱贫困和落后，必须把发展生产力作为全部工作的中心，必须集中力量进行现代化建设。必须坚持全面改革，改革生产关系和上层建筑中不适应生产力发展的部分。必须坚持对外开放，努力吸收世界文明成果，逐步缩小同发达国家的差距。

以上各点，突破了中国和其他社会主义国家长期存在的社会主义模式，自然也突破了马克思恩格斯关于社会主义的某些设想。

二

但是，应该清醒地看到，虽然我们对于社会主义的认识与前人相比出现了历史的飞跃，但是对于建设有中国特色社会主义的道路，我们目前只是刚开始找到，对于中国社会主义建设的阶段、任务、动力、条件、布局和国际环境等基本问题，我们也仅是作了初步的回答。我们进行改革开放的实践为时只有九年，所采取的方针、政策和理论，虽在实践中初见成效，但是还必须不断地经受实践的检验，并在实践中加以完善、丰富和发展。在这里值得理论研究工作者特别加以注意的是，经过改革开放以后的社会主义初级阶段，它的生产力、生产关系、经济基础、上层建筑同改革开放以前的社会现实相比有了很大区别，譬如最主要的是在人们之间出现了许多新的物质关系、政治关系、管理关系、思想关系。因此，社会主义初级阶段的存在和发展必然具有以往社会主义模式所没有的规律性。可以明确地说，由以公有制为主体的多种经济成分、以按劳分配为主体的多种分配形式以及有计划的商品经济所组成的社会主义初级阶段，对人们说来，是一个全新的现实客体。它的发展规律必然要经过一个发展过程才能充分显示出来。随着改革开放和社会主义建设的各种实践的实行，社会主义初级阶段的诸种有机的组成要素都会发生相应的发展和变化，生产力要发展、变化，生产关系、上层建筑、管理体制也要发生相应的发展变化，它们之间的关系也要改变，而我们对社会主义初级阶段这一自组织、自调节、自控制社会系统的变化发展过程，它的状况、矛盾、演变和它的规律的认识，在许多方面还知之不多、知之不深。可是，伟大的实践需要伟大的理论，需要理论来提高我们实践中的自觉性、预见性。伟大的现实的实践，已向广大理论工作者提出了光荣的任务。

研究中国社会主义初级阶段的发展规律是一个很重要的具有现实意义的理论课题。在我看来应开展下列几方面的研究：

第一，中国社会主义初级阶段生产力发展规律。

发展生产力是社会主义社会的根本任务。因此，研究中国社会主义初级阶段生产力发展规律是一个头等重要的课题。自然，对作为历史唯物主义基本范畴的生产力的内涵、外延、性质、要素、结构、动力机制以及它在社会结构中的地位、功能，都需要进一步地阐述。要通过不同意见的争论，进一步推动这一研究的深入发展。如有的论者认为，生产力存在着要素、结构、系统，因此生产力发展的动力除了来自生产关系的作用外，还存在着生产力系统的内在动力；有的论者则认为，生产力的发展的动力最根本的在于生产力和生产关系的矛盾运动。一些发达国家的情况表明，科学技术、劳动者和管理人员的素质、组织管理在现代社会生产力的发展中有极其重要的作用。人们当然有理由认为，科学技术是生产力，人的素质是生产力，组织管理是生产力；人们当然也有理由认为自然科学、社会科学、人的智力、精神、意识，人们的社会结合力也都是生产力……这样，生产力范畴呈现出不断扩大的趋势。生产力的质和量的规定应如何界说，区分不同生产力的标准应如何认识……这些问题都涉及研究社会主义初级阶段理论和它的生产力发展规律的理论基础问题。特别是，我们发展生产力是在当代科学技术革命和信息革命迅速发展的历史背景下进行的，因此，如何使工业化和信息化协调发展，是中国生产力发展过程中应予适时注意和解决的问题。此外，中国也已经碰到西方发达国家所碰到的资源、环境问题，因此，如何把经济效益、社会效益、环境效益很好地结合起来，把发展生产力的近期目标和长远目标很好地结合起来，也是应当切实研究的问题。

第二，生产关系和社会经济基础的演变规律。

目前，中国全民所有制以外的其他经济成分，不是发展得太多了，而是还很不够。在这一认识下，还要继续鼓励城乡合作经济、个体经济和私营经济的发展，自然，它们的发展是以不动摇公有制的主体地位为限的。可是，公有制的主体地位的具体标准，公有制以外的经济成分在所有制结构中的地位、性质、作用等，还需要通过研究加以明确；对私营经济的引导、监督、管理的方针，也需要具体化为各种政策、法令。社会主义初级阶段的所有制结构突破了把公有制和私有制看做彼此绝对对立、只能用公有制取代私有制而不能把二者在一定条件下结合起来的传统的社会主义模式的观点，这就需要我们从理论上作出进一步的研究和说明，另外，在结合起来之后二者之间会发生怎样的相互影响，它们之间的矛盾的性质是什么？这种矛盾发展的前景又是什么？还有关于公有制的具体形式，全民所有制的所有权和经营权分离的具体形式，企业所有者、经营者、生产者之间的关系等，都需要进行研究和探讨。

社会主义初级阶段的分配方式是以按劳分配为主体、其他分配方式为补充，既要有利于善于经营的企业和诚实劳动的个人先富起来，合理拉开收入差距，又要防止贫富悬殊，坚持共同富裕的方向，在促进效率提高的前提下体现社会公平。这里也有许多问题需要深入研究，如按劳分配和其他分配方式之间的相互关系、相互影响；一部分人先富起来和共同富裕之间的关系。在分配上怎样处理好脑力劳动和体力劳动、复杂劳动和简单劳动的关系、消费增长和生产增长的关系，等等。

第三，社会主义初级阶段有计划的商品经济发展规律。

在社会主义初级阶段，发展有计划的商品经济、建立市场调节机制的必要性已逐步为人们所认识，建立在公有制基础上的社会主义商品经济为在全社会自觉保持国民经济的协调发展提供了可能。可是，怎样运用计划调节和市场调节这两种形式和手段把这种可能变为现实，国家怎样运用经济手段、法律手段和行政手段去调节市场供求关系，怎样引导企业正确地进行经营决策，这里也有一系列的理论问题和具体政策问题需要研究和解决。社会主义可以而且应当利用生产资料市场、金融市场、技术市场、劳务市场、债券、股票为自己服务，并且在实践中限制其消极作用。可是为什么可以利用、又怎样利用，为什么必须限制、又怎样去限制，这虽然已不是客观规律的问题，而是应用客观规律进行指导的问题，但由于其中既有理论问题，又有实际政策问题，所以应把二者结合起来进行深入研究。

第四，社会主义初级阶段上层建筑的性质、特点、结构、功能及其演变规律。

以公有制为主体的多种经济成分、以按劳分配为主体的多种分配方式、有计划的商品经济的发展将对上层建筑产生什么影响？上层建筑又怎样为经济基础服务？社会主义上层建筑既具有代表广大劳动人民根本利益的政治职能，又有对全社会的生产、生活进行社会管理的职能，这两种职能之间有着怎样的区别和联系？社会主义上层建筑在实现这两种职能时应采取怎样不同的途径和形式？社会主义国家，既具有政治国家的职能，又具有全民所有制经济"人格化"体现者的职能，过去的经验表明，区别这两种职能，防止用政治职能取代经济职能，防止用政治的、行政的方法去取代经济管理的方法是一个极为重要的问题。目前中国正在进行政治体制改革，因此，基本的政治制度和具体的领导制度、组织形式、工作方式之间的区别和联系、权力结构的最优化问题，社会主义民主政治的建设问题、民主监督和公共监督的原则具体化、制度化问题，都需要进一步加以探讨和解决。

非公有制的经济成分、非按劳分配的分配形式的存在，商品经济的存在和发展，所有这一切必然会对社会各阶层人民的思想、观念产生深刻的影响。社会主义初级阶段的意识形态必然具有它自己的特点和规律。对于商品经济、个体经济、私营经济带来的各种观念以及它们所造成的社会影响，应该怎样认识？在进行物质文明建设的同时，应如何结合这些问题行之有效地进行社会主义精神文明建设？这些都是需要继续进行研究的迫切而重要的哲学课题。

第五，社会主义初级阶段的职业结构、阶级结构及其变化规律。

社会成员的职业结构受到生产力、社会分工、所有制等因素的影响，随这些因素的变化而变化。现代社会化大生产的一个重要特点就是生产的技术工艺过程、产业结构处在不断变化之中，从而使职业结构也处在不断的调整和改变之中。中国社会主义现代化建设的发展将导致社会成员职业结构的不断变化。作为理论工作者，我们应对这种重要的社会变化的规律加以研究，预见这一变化的发展趋势，它将提高人们在人才培养和就业安排上的预见性和计划性。

在中国现阶段，剥削阶级作为一个阶级已不复存在，因此，社会阶级结构主要是由工人、农民和劳动知识分子所组成。但是，阶级斗争在一定范围内还会长期存在，因此，社会阶级结构中还存在着那些反对社会主义和人民民主专政的各种敌对分子。这样的阶级结构在改革开放的过程中将发生怎样的变化？会不会有一部分人成为新剥削分子，他们能否构成新的剥削阶级？实践表明，在公有制和按劳分配为主体的条件下，在中国采取恰当的政策的情况下，非公有制的经济成分、非按劳分配的分配形式以及商品经济的发展，并不一定会导致新剥削分子的产生，但是，由于中国的不少政策尚不完善，管理制度和法律还不健全，再加上一些不正当的社会关系和不正之风的存在，在城乡个体经营者、私营企业以及中外合资和外商投资企业的工作人员之间，会出现一些超高收入者和超量雇佣劳动现象。在这些人中间，会有一部分人成为新剥削分子。这是九年来改革开放实践中已经碰到的问题。我们对私营经济采取引导、监督、管理的方针，在分配上防止贫富悬殊、坚持共同富裕，对过高的个人收入采取一些措施进行调节，对以非法手段牟取暴利者依法严厉制裁，都是为了解决这一问题。党和国家是不允许新剥削阶级产生的。但是，如何防止新剥削分子的产生，如何解决已经产生出来的新剥削分子问题，仍然是需要从实践上和理论上进一步研究和解决的课题。

第六，社会主义初级阶段发展规律总体性研究。

按照人们的社会存在决定人们的社会意识、生产力决定生产关系、经济基础决定上层建筑这些原理，在社会存在和社会意识、生产力和生产关系、经济基础和上层建筑之间存在着前者决定后者、第一性决定第二性的关系，同时，历史唯物主义又认为，社会意识对社会存在、生产关系对生产力、上层建筑对经济基础存在着反作用，以及社会意识、生产关系和上层建筑又具有相对独立性，所以，本来作为结果的、被决定的第二性的因素又成为原因而起作用。这就是说，社会诸要素经过决定作用、反作用、相互作用结合为整体，形成有机的社会系统，因此，对社会诸要素之间的作用机制需要作进一步的深入研究。例如，生产力究竟怎样决定生产关系，究竟是生产力的什么性质、什么因素决定所有制的形式的？这些问题还需要在理论上作深一步的说明。

此外，还十分需要对社会要素经过怎样的作用形成社会系统整体的机理作出进一步的理论概括。很显然，搞清楚这些一般原理对于研究中国社会主义初级阶段发展规律是有重要的指导意义的。中国社会主义初级阶段在生产力、生产关系、上层建筑各个方面都呈现出多层次、多方面的复杂性、多样性。看来，对于中国社会主义初级阶段的经济基础和上层建筑范畴要作出新的研究和规定。如在中国现阶段实际上存在着彼此区别、相互依存的两个方面，一方面是公有制、按劳分配、计划经济、集中管理；另一方面是个体经济和私营经济等非公有制经济成分、非按劳分配的分配形式、市场经济、分散管理。如没有后一方面，就会回到过去的那种僵死的社会主义模式，如没有前一方面，就会丢掉社会主义。正是上述前后两方面的辩证结合构成中国社会主义初级阶段，而上述两方面的结合，归根结底是由中国现阶段的生产力状况决定的，因此，这一结合也必将随着生产力的发展而发生变化，走上新的结合形式。在中国现阶段生产力发展基础上的上述两个方面的辩证联结及其演变，将是中国社会主义初级阶段发展规律的核心问题。由此我们可以认为，对中国社会主义初级阶段的生产力和生产关系、经济基础和上层建筑之间的相互作用机制、客观规律的表现机制和人们对于客观规律的利用机制，要作出新的具体分析，要从总体上揭示中国社会主义初级阶段上的社会系统发展、演变的规律。

上述六个方面的问题中有不少问题可能属于经济学、科学社会主义的范畴，有的属于具体政策范畴，但是，个别中包含着一般，特殊中包含有普遍，通过具体问题的研究，可能发现当代社会在结构和发展上的新特点、新规律，使我们在社会历史观和社会认识的一般方法论的层次上作出新的概括，从而丰富和发展中国的马克思主义哲学的基本原理。

中国社会主义初级阶段是在新的国内国际条件下形成和发展的，它的规律性是不可能从前人的著作和言论中找到直接的现成答案的。这要求我们在研究这一课题时，最根本的是要继承和发展马克思主义创始人所具有的那种科学精神和开拓精神，把科学态度、科学方法同勇于探索、敢于创新结合起来。只要我们遵循马克思主义哲学的认识论、方法论，我们就一定能够认识和揭示中国社会主义初级阶段的发展规律，就一定能够在马克思主义大发展的时代潮流中作出应有的贡献。

论历史唯物主义和现代系统科学社会系统论的结合[*]

　　建立马克思主义哲学家和自然科学家的联盟、把马克思主义哲学和自然科学结合起来，是列宁提出来的设想。这一设想过去只是被人们局限在辩证法、认识论领域，但是随着当代自然科学奔向社会科学潮流的发展，随着控制论、信息论、系统论、协同学、耗散结构论等现代系统科学在社会领域中的推广和应用而导致的社会系统论的形成和发展，就要求我们把这一设想推广到社会历史领域，把历史唯物主义和现代系统科学的社会系统论（社会系统工程）结合起来。我国科学家钱学森在论述系统工程时提出了实现这种结合的主张，^① 本文将对这种结合进行若干论证。

一

　　无产阶级夺取全国政权、特别是在基本上完成了社会主义改造的任务之后，在社会历史领域中的认识和实践任务发生了根本性的改变，从过去的破坏旧世界改变为建设新世界，从过去全力从事阶级斗争和革命改变为主要从事建设和管理。回顾社会主义国家的发展历史，总结前人的经验教训，使我们认识到如何建设好、管理好社会主义社会是社会主义国家工人阶级面临的重大课题。如果我们看到世界范围内社会主义国家和资本主义国家在实际上已经进入了和平共处、和平竞赛的新阶段，那么社会主义国家工人阶级如何

---

　　*　原载于北京大学哲学系、大阪经济法科大学哲学教研室合编《唯物辩证法的问题》，人民出版社 1989 年版。

　　①　钱学森等：《论系统工程》，湖南科学技术出版社 1982 年版，第 143 页。

建设、管理好社会主义社会，就具有世界性、时代性的意义。

对于这样一个课题，仅靠现有的历史唯物主义理论能否完全地解决呢？诚然，我们可以根据历史唯物主义基本原理来处理生产力和生产关系、经济基础和上层建筑、物质生产和精神生产、人们的社会存在和社会意识、个人和社会等的关系。处理好这些关系，使上层建筑和生产关系适合生产力的发展要求，对于建设和管理一个社会来说是十分重要的。但是不应该把建设和管理社会的课题仅仅归结为解决生产关系和上层建筑即社会根本制度的问题。现代生活日益明显地表明，社会不仅存在着历史唯物主义已经阐明过的社会经济政治结构，即由生产力的社会性质、以生产资料所有制为基础的生产关系、政治上层建筑组成的结构，还存在着历史唯物主义所没有论述过的社会技术组织管理结构，即由生产力的技术工艺性质、人们之间的组织管理关系、非政治上层建筑组成的结构。现实生活表明，前一结构虽然决定、制约着后一结构，但后一结构具有相对独立性、具有相对独立的运转机制和组织管理功能。前一结构解决的是人们对生产资料的关系及由这种关系决定的人们在社会生产和国家政治生活中的地位问题，即谁占有生产资料和谁掌握国家政治权力的问题，后一结构解决的是人们如何按照自然规律、技术工艺规律、人们的活动规律来组织生产、经济和社会生活的问题，即怎样生产、怎样管理的问题。解决了前一结构上的问题并不等于解决了后一结构上的问题。显然，要全面解决上述两方面的问题，仅靠现有的历史唯物主义理论是不够的。

现代系统科学在 20 世纪 40 年代产生之后，人们对于它们在社会领域中的应用曾经有过争论。现在，现代系统科学已经被广泛地应用于社会活动的各个领域，促进了社会生产和生活的迅速发展，然而，现代系统科学的社会系统论是否可以取代历史唯物主义呢？应该指出，现代系统科学所涉及的社会系统，主要是指人类所从事的各种具体活动系统，是指由人、财、物、能、信息组成的各种具体的社会系统，主要解决的是这些系统中的技术组织管理问题，通过定量研究使人类从事的各种活动匹配为一个整体，使社会系统在整体上实现有机发展、协调发展并达到期望的理想运行状态。但是，人们从事的各种具体活动离不开人们之间的社会结合形式，这种社会结合形式不仅包括按照技术要求的组织管理结构，而且包括由生产资料所有制为基础的生产关系和政治上层建筑，人们具体活动过程中由人、财、物、能、信息组成的具体社会系统总是在生产力、生产关系（经济基础）、上层建筑组成的经济政治结构中存在和运行的。具体社会系统的运行规律不能不受社会经济政治结构及其发展规律的影响。现代系统科学可以根据定量分析告诉我们怎样去组织人们的某种活动才是科学的，但是却不能告诉我们在某种活动中人们对于生产资料的关系以及由这种关系影响、决定的人们之间的矛盾；现代系统科学可以根据定量分析告诉我们关于人和机器怎样匹配才能达到最佳状态，可是却不能告诉我们在人和机器结合过程中存在的社会关系，因为人既可以是机器的主人，也可以是机器的奴隶。由此可见，仅靠现代系统科学的社会系统论也不能完全解决建设和管理社会系统的问题。

总之，社会系统的认识、预测、控制、管理、改造是一种综合性的课题。综合性课题要求综合性的理论和技术。目前世界上在认识和控制社会系统过程中出现的哲学、社会科学、自然科学、技术科学彼此会聚、配合、渗透、结合的发展趋势就是一个证明。因此，我们必须把历史唯物主义和现代系统科学的社会系统论结合起来。

二

把历史唯物主义和现代系统科学的社会系统论结合起来不仅是必要的，而且也是可能的。

首先，两者在思想理论观点上的共同点，为我们提供了把它们结合起来的可能性。

马克思恩格斯的学说中包含着系统思想，包含着社会系统思想。马克思主义的辩证法首先是社会系统发展的辩证法，历史唯物主义就是哲学层次上的社会系统论。马克思恩格斯在创立和阐述唯物史观基本原理的过程中，都把社会看做"一切关系在其中同时存在而又互相依存的社会机体"①。列宁也认为"辩证方法是要我们把社会看做活动着和发展着的活的有机体的"②。马克思恩格斯在人类认识史上首先发现了社会要素经过复杂的相互作用之后会形成一种超要素、超个体的系统一级的整体性质，即系统质。③ 他们通过对人们从事的活动、劳动的结构分析，揭示了构成社会系统的各种要素，形成

---

① 《马克思恩格斯全集》第 4 卷，人民出版社 1958 年版，第 145 页。
② 《列宁选集》第 1 卷，人民出版社 1995 年版，第 32、55 页。
③ ［苏］B. N. 库兹明：《马克思理论和方法论中的系统性原则》，王炳文译，生活·读书·新知三联书店 1986 年版，第 69 页。

了一系列描述各种要素的理论范畴，如社会存在、社会意识、生产力、生产关系、经济基础、上层建筑等，又揭示了这些要素之间的关系，揭示了这些要素经过相互作用之后形成的社会形态（或曰社会经济形态）。社会形态理论就是马克思恩格斯从宏观整体上描述社会系统的理论模型，它以科学的形式证明人类社会不是社会生活不同领域的简单总和，而是一个历史地形成又历史地演变的有机整体。马克思还对资本主义社会形态作了深刻的系统分析，理论地再现了资本主义社会的有机整体，揭示了资本主义社会发展的规律性。《资本论》是马克思社会形态理论的具体体现，也是马克思社会系统思想的集中表现。

　　现代系统科学家们把控制论、信息论、系统论、协同学、耗散结构论等系统科学理论和方法推广应用于社会历史领域时，都发表了他们对社会系统的观点，从而形成了现代系统科学的社会系统论思想。控制论的创始人维纳说："社会系统是一个像个体那样的组织，它是由一个通讯系统联结在一起的，它也有它的动力学，其中具有反馈性质的循环过程起着重要的作用。"① 后来他又进一步指出应该用通过信息反馈实现控制的观点来"研究社会本身的有机反应"②。英国控制论专家艾什比把社会系统列为复杂系统、特大系统，研究和讨论了这种特大系统的调节和控制问题。③ A. F. G. 汉肯教授在应用控制论分析社会系统时认为可以把社会系统当作一个由行动者组成的网络，种种内部关联的状态（地位、阶层）的组织或结构。④ 现代系统论的创始者、奥地利生物学者贝塔朗菲认为必须把社会现象、社会生活、历史过程作为系统来把握，他把社会系统看做涉及大量变数之间相互关系的复杂系统，认为社会科学就是社会系统的科学，必须运用一般系统科学的方法。⑤ 创立协同学的哈肯在论述协同学在经济学、社会学中的应用时也谈论了社会系统。他说："经济系统也是一个很复杂的系统，其中有很多相互作用着的子系统。这些子系统是人，由于这些人经济才能发展。这些子系统集合起来就构成了工厂、交通系统或通信系统等等各种各样的社会系统。"⑥ 普利高津在创立耗散

---

① ［美］N. 维纳：《控制论》，郝季仁译，科学出版社 1963 年版，第 24 页。

② ［美］N. 维纳：《维纳著作选》，钟韧译，上海译文出版社 1978 年版，第 13 页。

③ ［英］W. R. 艾什比：《控制论导论》，张理京译，科学出版社 1965 年版，第 252、273 页。

④ ［荷］A. F. G. 汉肯：《控制论和社会》，黎鸣译，商务印书馆 1984 年版，第 44、146 页。

⑤ ［美］I. V. 贝塔朗菲：《一般系统论》，秋同、袁嘉新译，社会科学文献出版社 1987 年版，第 156 页。

⑥ ［德］H. 哈肯：《协同学及其最新应用领域》，载《自然》1983 年第 6 期。

结构理论的过程中，把社会系统看做一种复杂的开放系统，认为功能、结构、涨落之间的相互作用是理解社会结构及其进化的基础。①

历史唯物主义和现代系统科学的社会系统论，在把社会看做系统、看做有机整体这一点上是十分相同和一致的。有一种观点认为，历史唯物主义是决定论，系统论是反决定论，两者是绝对地对立和排斥的。要么坚持历史唯物主义，拒绝系统论观点；要么推崇系统论，用系统论否定并取代历史唯物主义的决定论。应该指出，这种观点是片面的、错误的。历史唯物主义认为在组成社会形态的诸要素中有些要素是本源的、基础的、"第一性"的因素，有些要素则是派生的、上层的、"第二性"的因素。在社会形态发展过程中，本源的、基础的、"第一性"的因素决定着、制约着派生的、上层的、"第二性"的因素，例如社会存在决定社会意识、生产力决定生产关系、经济基础决定上层建筑，等等。毫无疑问，这种观点是一种决定论，没有这种决定论就没有历史唯物主义。但是，历史唯物主义在提出决定作用原理的同时，又提出了反作用原理、相互作用原理、合力论原理。恩格斯认为，在历史发展过程中，存在着许多单个的意志、无数种力量的相互冲突、交错、融合，最后会产生出一个总的平均数、总的合力、总的结果，从而导致社会系统的总的运动规律。可见，历史唯物主义主张的决定论并不是机械的决定论，而是历史的、辩证的决定论。

现代系统论是不是否认任何意义上的决定作用呢？不是的。现代系统论的一个基本思想认为，在复杂的开放系统中，由于存在着系统与外界之间的物质、能量、信息的交换，由于系统内部各子系统之间存在着复杂的、非线性的相互作用，在一定条件下各子系统之间就会形成相干、合作、集体的效应，这种相干、合作、集体的效应就会在宏观层次上使系统呈现出时间、空间、功能上的稳定的有序结构，显示出子系统层次上所没有的功能。这一基本思想告诉我们，系统整体上的质、行为、功能是由各子系统在环境影响下所发生的复杂的相互作用决定的。因此，要承认系统是一个有序、有机的整体，就必然这样那样地承认某种形式的决定作用的存在。这种情况，我们可以从现代系统论描述系统的数字模型中找到证明。协同学是通过序参量的演化方程来描述系统进化规律的，而它的序参量演化方程是由非线性的驱动力

① 谌启华、沈小峰等编：《普利高津与耗散结构理论》，陕西科学技术出版社1982年版，第191—195页。

和涨落力两项组成的。涨落力是不确定的、偶然的，驱动力虽然是非线性的，却是确定的，是由若干变量决定的。非线性驱动力这一项的存在表明，协同学是承认某种形式决定作用的。耗散结构理论描述系统结构演变的数学模型也包括了两个基本项，一项是描述系统变化的动力学规律，一项是描述系统变化的统计性规律。前一项描述着系统变化的确定性、决定性，后一项描述着系统变化中的偶然性、随机性。耗散结构理论认为，系统中出现涨落是偶然的、随机的，但在系统远离平衡区的情况下，涨落会变成巨涨落、变成系统新结构却是必然的。由于协同学和耗散结构理论描述了随机性、偶然性，使得它们提出的数学模型在总体上就不同于过去那种机械的决定论模型。因此，现代系统论所要否定的也只是机械决定论，它在实际上主张一种系统要素经过复杂相互作用而决定系统整体性质的决定论。

总之，历史唯物主义和现代系统科学的社会系统论都把社会看做有机系统，都主张社会要素经过复杂的相互作用后会形成社会系统的整体性质，会导致社会系统结构的有规律演变。这些共同点为我们提供了把它们结合起来的思想理论基础。

其次，两者虽然在理论方法上存在着不同特点、不同方面，但不同特点、不同方面在我们认识和管理社会系统过程中存在着互补功能，这也为我们提供了把它们结合起来的可能性。

历史唯物主义和现代系统科学社会系统论在理论方法上的不同表现在下列方面：1. 两者在理解社会系统和自然系统之间异同的侧重点上是不同的。历史唯物主义并不否认社会系统和自然系统之间的统一性、共同性，但历史唯物主义着重说明的问题是社会系统与自然系统特别是与生物系统的区别，社会系统发展规律的特殊性；现代系统科学家们在谈论社会系统的时候，虽然都不否认社会系统的特殊性，但是他们在论证自己的理论可以用来描述社会系统的时候，一个基础出发点就是认为社会系统和他们研究的自然系统、技术系统之间存在着共同性、统一性，存在着数学方程式上的相似性，认为社会系统作为一种自组织系统、生命系统、物理运动系统，也遵循着自组织系统运动规律、生命运动规律、物理运动规律。2. 两者在描述社会系统的角度上是不同的。历史唯物主义具有从宏观整体上描述社会系统的特点。历史唯物主义所揭示的结构是社会系统整体性结构，是社会系统中最主要、最基本的结构，是使社会关系在其发展过程中形成具有历史特点的社会形态的结构，因此历史唯物主义所揭示的社会发展规律是社会作为系统存在和演变的最基本的规律。而现代系统科学的社会系统论则是从一定的角度、方面来描述社会系统的，所提出的模型都是具体的社会系统模型，所涉及的领域是社会生活的物质过程。3. 两者在描述社会系统的方法论工具上也是不同的。历史唯物主义使用的方法是定性分析。历史唯物主义关于生产力、生产关系、上层建筑等范畴的定义是定性的说明，在分析社会要素关系的时候所使用的方法也是定性地说明谁决定谁、谁反作用谁，关于决定作用和反作用的说明都没有数量规定。历史唯物主义阐明的基本规律是生产关系要适应生产力的发展要求、上层建筑要适应经济基础的性质，但什么叫适应、什么叫不适应是通过定性方法说明的。现代系统科学则不同，它主要是用定量方法来描述、分析社会系统的。在现代系统科学中，组成社会系统的要素是具有数量界限的概念，各要素之间的关系是可以用数学方程描述的数量关系，最后得到的社会系统模型是一种数学模型。上述不同特点决定了历史唯物主义的社会系统思想、模型是一种社会历史观，而现代系统科学中的社会系统模型则属于专门科学范畴。但是，我们在认识和管理社会系统的时候，既需要认识社会系统和自然系统之间的共同性、统一性、社会系统和自然系统共同遵循的规律，也需要认识社会系统和自然系统之间的区别性、特殊性、社会系统自身所特有的规律、其他物质运动形态规律在社会系统中的特殊表现；既需要从宏观整体上把握社会系统的特点、性质、规律，也需要从各种不同层次、角度、方面来把握社会系统具体的机制、规律；既需要对社会系统进行定性分析，也需要对社会系统进行定量描述。因为社会系统本身就是多样性的统一，是自然性和社会性的统一，自然界物质运动形态和社会运动形态的统一，社会的政治经济结构和社会的技术组织管理结构的统一，自然规律和社会规律的统一。这样，历史唯物主义和现代系统科学的社会系统论在我们认识、控制、改造社会系统的总过程、总任务中就具有互相补充的作用，构成了两个不可缺少的组成部分。没有历史唯物主义，我们没有办法了解一个社会系统具有什么样的生产力、生产关系、上层建筑，无法了解和解决生产力和生产关系、经济基础和上层建筑之间的矛盾及由这些矛盾规定、制约的社会问题，无法了解社会系统在整体上的历史发展总趋势；而如果没有现代系统科学的社会系统模型，我们就无法精确地了解社会系统某些具体的情况、机制、规律。我们在认识、管理和改造社会系统的过程中，既需要历史唯物主义提供总的观点、总的方法、总的指导思想，也需要现代系统科学社会系统论提供具体的、精确的资料、数据、信息、结论。有了精确的资料、数据、信息、结论的支持，总的观点、方法、指导思想就不会变得空泛、不确定；有了总的观点、方法、指导思想，具体的资料、数据、信息、结论就不会使人们"只见树木，不见森林"。由此可见，历史唯物主义和现代系统科学社会系统论的不同方面并不构成它们彼此否定的理由，相反却使得它们在发挥作用时，可以互相补充，而这种互补性质也为我们提供了把它们结合起来的可能性。

三

把历史唯物主义和现代系统科学社会系统论结合起来，除了在认识和管理社会系统的实际过程中使它们在功能上互补、配合起来之外，还可以设想在思想、理论、方法上使它们互相渗透和结合。

首先，历史唯物主义可以从现代系统科学的社会系统论中吸收若干新思想、新观点、新范畴。现代系统科学关于社会是控制系统、信息系统、复杂动态系统、自组织系统、开放系统的思想，关于开放系统自调节、自控制、自组织、结构演变的理论以及社会系统、社会控制（管理）、社会信息等范畴，都是值得历史唯物主义吸收的。历史唯物主义可以利用这些新思想、新观点、新范畴，把社会系统考察为在人类的（社会历史主体的）实践活动基础上形成和发展的自组织、自调节、自控制的系统，把社会系统的发展考察为人的自觉活动和自然历史过程之间、类的发展和个体发展之间、世界历史一般进程和各民族国家具体道路之间、社会和生态环境之间的统一和转化过程。这样可以丰富我们对于社会系统一般性质和特点的认识，丰富我们的社会史观和社会发展规律的理论。

其次，把两者结合起来意味着我们在分析社会系统过程中要把决定作用原理、相互作用原理和合力原理、系统整体性原理结合起来，不仅要进行要素分析、结构分析，还要进行社会系统的总体分析，要从要素分析过渡到结构分析，再从结构分析过渡到系统分析。在进行要素分析的时候，我们既要分析组成社会政治经济结构的各种要素，又要分析组成社会技术组织管理结构的各种要素；既要分析组成社会关系系统的各种要素，又要分析组成社会物质活动系统的各种要素。在进行结构分析的时候，我们既要看到社会系统是一种从一定的现实基础出发分层次、分阶段地形成和发展着的系统，对于自然界的依赖性、对于一定现实条件的依赖性，使得社会系统诸要素关系中形成了逐级传递的决定作用的因果性链条，又要看到社会系统中从一定的现实基础、现实条件中产生出来的要素并不是消极的、被动的，它们对于现实基础、现实条件又存在着反作用，它们在作为结果而产生之后，又作为原因而发挥作用，它们可以改造自身赖以存在的基础和现实条件，使社会系统在自然界面前具有独立性、组织性，这种反作用在社会要素之间形成了和决定作用方向相反的反馈性链条，显示了决定作用和反作用是怎样有机地形成诸要素之间复杂的相互作用的。我们还要看到，在诸要素相互作用的过程中，每一次的作用是怎样偶然地、随机地、混沌地进行的，而诸要素之间的无数的、偶然、随机、混沌的相互作用又怎样汇合成一种总的结果、概率、合作、相干、集体的效应，偶然性、随机性、混沌性怎样转化为必然性、确定性、规律性、有序性，从而在诸要素之间建立有序、稳定的结构性联系的。在进行系统整体性分析的时候，我们要看到，社会系统怎样作为一个整体而显示其性质、行为、功能、规律的，我们要把社会系统在整体上区分为若干不同类型，要把一个特定的社会系统放到它所属的母系统的整体之中，要考察它怎样受到母系统的影响，又怎样影响和制约自己的亚系统、子系统的。通过系统分析，我们要展示出社会系统的丰富性、多样性、具体性，达到在思维中再现现实社会系统的目的。

最后，把两者结合起来还意味着把定性分析和定量分析结合起来。定量分析具有精确、具体的特点，但是定量分析必须以定性分析为前提，如果一个对象是什么都不清楚，怎么谈得上对它进行定量分析呢，况且社会系统中有许多因素在目前还无法进行定量分析。因此在分析社会系统时，我们必须进行各种形式的定性分析，如可行性分析、价值分析、超理性因素分析、政治因素分析、文化因素分析等，而在对社会因素进行定性分析的时候，历史唯物主义就为我们提供了科学的社会历史观和方法论，历史唯物主义就可以通过定性分析这个环节同数学模型的定量分析结合起来。

通过上述三方面的渗透、结合，我们总的目的是希望建立一种以历史唯物主义为理论基础的、吸收了现代系统科学中的社会系统思想的、利用现代系统科学的方法和手段的新型社会系统理论—方法模型，并且期望这种新型的社会系统的理论—方法模型成为我们认识、分析、管理、控制、建设、改造现实社会系统的强有力的认识论、方法论工具。

论社会信息的特点和作用[*]

社会信息的特点及其在社会系统存在和发展中的作用问题，是当代科学技术革命和社会管理中提出的新问题。西方许多研究当代科学技术革命社会影响的著作虽然提出了这个问题，但由于不能自觉地应用历史唯物主义加以分析，其解释往往存在着片面性。在马克思主义哲学，特别是在历史唯物主义的基础上阐明这个问题，并用以丰富历史唯物主义，这是社会历史观理论研究中的一个重要课题。

一

社会信息概念是信息概念在社会领域中的推广、应用。掌握、理解一般信息概念可以帮助我们掌握、理解社会信息概念。但要真正理解、掌握社会信息概念，必须对社会信息本身的内容进行研究。

社会信息有广义的和狭义的理解。所谓广义的理解，就是把社会信息理解为在社会中循环的、在社会管理过程中被利用的信息。它既包括了关于物质运动的社会形式的信息，也包括了经过人们意识而产生的、吸收到社会生活轨道中来的其他各种物质运动形式的知识、信息。广义理解的社会信息实际上被定义为人和社会系统所掌握的全部信息。这样定义的社会信息仅仅与自然界中某些物理化学系统、生物系统在自调节、自组织、自控制过程中获得、加工、贮存的信息相区别。进行这种区别是必要的，通过这种区别可以明确人和社会系统中的信息和某些物理化学系统、生物系统中的信息的共同点和不同点，可以揭示人类和社会系统的信息活动、信息过程的特殊的规律性。

* 原载于《中国社会科学》1989 年第 9 期。

狭义的理解就是把社会信息定义为关于社会的信息，即人们在各种实践和认识活动中获得的关于社会的要素、关系、结构及社会整体上的各种消息、情报、知识的总和，是人们对社会认识、反映的结果。如果引入量度的概念，可以把社会信息定义为人们所获得的关于社会系统动态变化的量度，如社会系统各种要素、成分、方面、领域、层次的变化量度，社会关系、结构的变化量度，集体、群体、社会的组织程度的量度，人们所从事的各种活动的变化的量度。社会系统的任何一种变化，对于在社会中生活、活动、管理着的人们来说都是一种信息。社会信息就是人们在实践和认识社会的过程中所消除、减少、克服的关于社会系统的不确定性的程度。人们借助社会信息可以认识、发现、把握社会系统存在和发展的规律。按照这种狭义的理解，人们关于自然系统、生物系统、工程技术系统的信息就不是社会信息，只是在一定条件下，它们才转化为社会信息。例如，人们关于生态环境的信息就不是关于社会的信息，但是当把生态环境同社会的存在、发展联系起来考察的时候，人们获得的生态环境对社会存在和发展将产生怎样影响的信息就是社会信息。由于社会系统是十分复杂的系统，包含着各种物质运动形式，同自然环境进行着物质、能量、信息的交换，社会系统组成要素中所包含的人、物、生态环境同时也是自然系统、生物系统的一部分，社会系统的功能既包括内部的组织协调功能，也包括同外部环境的协调功能。于是，人们关于社会系统的信息又可以一分为二，人、物、自然生态环境在作为自然系统、生态系统的要素加以考察的时候所获得的信息，和这些因素作为社会系统要素加以考察的时候所获得的信息存在着区别，人们关于社会系统内部组织协调的信息和关于社会系统同自然生态系统组织协调的信息也存在着区别，进行这种区别就可以在更狭窄的意义上定义社会信息。显然，这样的社会信息仅指人们相互关系上的信息。

二

任何信息都具有信号特性、反映特性、主体特性、功能特性。社会信息作为最高级、最复杂、最多样的信息类型，既具有一般信息的特点，又具有自身独有的若干特点。

实践性是社会信息区别于其他非社会信息的一个最根本的特点。社会信息作为信息的最高形态是在社会实践的基础上产生，并为社会实践服务的。

社会实践的特点决定、制约着社会信息的特点：社会实践的需要决定了社会信息的获取、加工、传输、贮存的必要性，决定了社会信息的价值和功能；社会实践的目的性决定了社会信息的收集、加工、传输、利用的目的性；社会实践具有历史的、条件的性质，社会信息的价值也随时间、地点、条件而转移。社会实践还决定、制约着社会信息存在的历史形式，决定、制约着社会信息的收集、加工、传输、利用的物质技术条件。

　　社会性是社会信息的又一重要特点。它的形成、获取、加工、传输、贮存的过程是一种社会过程，通过社会的途径积累和遗传。生物信息同生物个体不可分割地联系在一起，通过个体的遗传因子从一代传到另一代。社会信息虽然也是从一定的社会系统（个人、社会集团）中产生出来，对特定的社会系统也存在着依赖性，但是它可以体现在人类创造的各种物质技术形态之中，如体现在劳动工具、其他人和自然物中，记录在各种文献和载体之中。因而，社会信息获得了对于特定社会系统的独立性，获得了超个体的存在形式，形成了社会的信息系统。个体离开了人间，但个体获得的信息（经验、知识）却以各种形式留给了后代、留给了社会，成为社会的财富。生物信息在世代相传中也有变化，但这种变化往往要经过极其漫长的历史时期才能显现出来；而社会信息在每一代人那里甚至在同一代人的不同时期里都得到更新，随着科学技术的发展，社会信息呈现出加速度更新、增长和积累的发展趋势。现时代的个人如果不学习、不受教育，不给他提供时代文化水平上的信息，他就会如同遥远的祖先一样愚昧，人只有吸收当代人所具有的信息才能成为人，成为社会的存在物。

　　社会信息是人类劳动的产品。信息在社会系统中处理、传输一次，人类都要付出一定的劳动。在商品社会中，人类劳动的物质产品具有价值和使用价值两方面的属性。同样，信息也有这两方面的属性。人类在提取、加工、传输、使用信息的过程中所耗费的社会劳动形成了信息的价值，而信息的使用价值则表现为满足人们的某种需要。所不同的是，物质产品直接满足着人们的物质需要，而信息则满足着人们认识和交往活动方面的需要，并且以认识和交往活动为中介最终满足人们从事物质活动的需要。信息通过人类劳动凝结到物质产品中之后可以提高物质产品的价值。社会信息作为商品的价值属性在将来会随商品生产的消亡而消失，但对人类具有的使用价值这种属性却永远存在。

　　社会信息在阶级社会中受到阶级和阶级斗争的深刻影响。当然，不同层次的社会信息同阶级和阶级斗争的关系有着不同的情况。最狭义的社会信息是不同阶级的地位、利益、要求、感情、心理的表观，不同的阶级会给出不同的价值标准。关于社会共同生活的信息，虽然不具有阶级内容，但是不同阶级在使用这些信息的时候一般抱有不同的目的，这些信息被使用的过程也要受到阶级斗争的影响。在现代社会中，由于信息在社会的生产、经济、政治、外交、科技、日常生活中发挥着越来越重大的作用，因而具有不同利益的阶级、社会集团、民族、国家围绕信息的竞争是十分激烈的。

社会信息还具有复杂性、层次性的特点。首先，社会信息在内容上、语义上表现为具有多方面的、多层次的复杂结构。自然语言中的一个简单的语句往往包含着多层次的信息内容，古代作家的一首诗词、名人的一个警句，人们领会了又领会也不一定能悟出其中的全部含义。社会信息往往包含着信息的信息，包含着元信息，人们根据信息的信息、元信息可以认识自己、认识自己的信息能力，组织、调整自己的、社会的信息过程。社会信息在信号形式方面也表现出极其复杂多样的特点，作为社会信息的信号形式，有语言、文字、符号、图表、数据、编码、各种各样的人化自然物、人们的行为动作，等等。社会信息还在质和量的关系上表现它的复杂性。从理论上讲，任何事物都是质和量的统一，事物的质总是存在着一定的数量界限，因此对任何事物都可以进行精确的定量分析，社会也不例外。但在实践上却不那么简单。社会信息常常不能简单地归结为逻辑和数学运算，常常不可能完全形式化、定量化。对于许多社会信息，特别是社会的、政治的、思想的信息，至今还没有找到合适的计量单位。此外，社会信息还常常同人们的内心世界的各种复杂情况，如心理、情绪等联系着，心理的、情感的复杂变化更难以形式化、数量化。这种复杂情况要求我们在收集社会信息的时候，要把定性分析和定量分析科学地、恰当地、巧妙地结合起来。质的定性分析可以揭示信息的内容、意义和有效性的条件，可以确定定量分析的方向和范围，而定量分析可以作出更精确的描述，丰富信息的内容，有助于得出新的信息。

三

社会信息在社会系统存在和发展过程中有下列三个方面的作用：

1. 社会信息的本体论意义

信息是生命系统所不可缺少的。信息和信息系统的发展是生命系统由低级到高级发展的条件、标志之一，同样也是人类祖先转变为人和人自身不断发展的条件和标志。恩格斯在论述劳动在从猿到人转变过程中的作用的时候，虽然没有使用信息和信息系统的概念，但是实际上论述了信息和信息系统在从猿到人转变过程中的作用。他说："随着手的发展、随着劳动而开始的人对自然的统治，在每一个新的进展中扩大了人的眼界。他们在自然对象中不断地发现新的、以往所不知道的属性。另一方面，劳动的发展必然促使社会成员更紧密地互相结合起来，因为它使互相帮助和共同协作的场合增多了，并且使每个人都清楚地意识到这种共同协作的好处。一句话，这些正在形成中的人，已经到了彼此间有些什么非说不可的地步了。"① 自然对象中的"新的、以往所不知道的属性"，用现代语言来说是自然对象的信息，而形成中的人彼此间非说不可的"什么"，同样可以用现代语言描述为信息。可见，这一段话总的精神正是在论述随着手的发展，随着劳动的发展，形成中的人产生了彼此之间进行新的信息交流的要求。恩格斯指出，这种需要推动了形成中的人的口部器官的变化，并使语言产生出来。在劳动和语言的推动和影响下，猿的脑髓逐渐地变成人的脑髓，同时感觉器官也进一步发展起来了。从现代信息论观点来看，人的脑髓、感官、大脑的意识、抽象、推理能力、语言构成了人的信息系统。这就是说，在从猿到人的转变过程中，劳动和信息系统是在相互作用、相互影响中同步地发展、变化的，而这种发展、变化使猿转变为人。没有劳动，猿不能转变为人，同样，没有信息和信息系统方面的变化，猿的活动不能转变为人的劳动，猿也不能变为人。信息对人自身发展的影响并不随着猿转变为人的完成而结束。信息对人们的思想和行为产生着积极的影响，社会信息的发展是人自身发展的一个重要条件。"各种通信方式的存在使文明成为可能。通信水平的高低体现了人类和动物之间以及现代社会和原始社会之间的区别。"②

　　信息也是人在从事劳动等各种活动时所不可缺少的因素。劳动被定义为人所从事的有计划、有目的的活动，是运用一定的工具改造环境对象的活动。但是人的计划、目的是在获得外部和内部环境的信息基础上形成的，工具也是人在获得自然物的各种信息的基础上创造的。人们所获得的信息越是丰富、高水平、高质量，就越是能够减少盲目性，越是能够扩大选择的余地，提高

---

① 《马克思恩格斯全集》第20卷，人民出版社1971年版，第512页。
② ［英］詹姆斯·马丁：《信息化社会漫话》，上海科技出版社1985年版，第5页。

自己的预见能力，越有可能制订明确的、切实可行的计划、目的，越有可能改造和创造出新的工具。劳动过程既是人同环境进行物质、能量的交换过程，也是人同环境进行信息的交换过程。后一过程固然是在前一过程的基础上发展的，但是没有后一过程，前一过程也不可能进行。从某一特定的、具体的劳动过程来看，如果没有在这一劳动过程之前所发生的信息过程，那么这一特定的、具体的劳动过程也就不可能发生。如果人们在劳动过程中不去获得、积累有关对象和自己劳动的新信息，如果不去利用新的信息提出新的目的、计划，改进劳动工具、劳动方式，那么人们只能重复以往的劳动。因此，信息和信息系统方面的进步成为人们劳动和劳动方式进步和发展的重要条件。

各种物质条件是人类社会存在和发展所不可缺少的物质基础，物质、能源历来被人类看做社会财富。但是人类如何获得、利用物质、能源都依赖着社会的"信息威力"，依赖着科学的、技术工艺的、生产组织的知识，依赖着信息技术手段。只有信息才能使人们发现自然界的资源并组织开发、利用；只有信息才能使人们不断改进生产的技术工艺过程、组织管理过程，不断提高资源的数量和质量。信息还可以使人们了解开发、利用资源的近期和长期后果，从而做到合理地、科学地开发和利用。信息虽然并不直接等于资源，却可以使人们得到资源。总之，凡是投入生产性劳动的地方必须同时投入信息。"尽管现在还没有一个在经济学方面能够用数字表示出信息、生产率和其他经济因素之间关系的爱因斯坦，我们认为国民产值的增长主要靠专业知识和技术的进步是完全有道理的，一切人类活动，特别是经济活动，都有信息在直接或间接地起作用。"[①]

人类社会是一个有机整体，究竟是一些什么因素使得人们彼此有机结合起来的呢？人们可以说利益的社会性、劳动的社会性使得人们必须彼此结合起来形成社会，这无疑是正确的。但是，我们认为，社会信息也是人们结成社会时所不可缺少的因素。利益、劳动的社会性提出了人们彼此结成社会的必要性，而社会信息的形成和发展则为人们彼此结成社会提供了现实可能性。正是通过信息交换，人们才能了解共同的利益、要求、目的、计划。信息既使人们在空间上、地域上彼此联系、组织起来，又使人们在时间上、历史上彼此联系、组织起来。人类社会所以能够在空间上具有一定结构、在时间上

---

① ［美］汤姆·斯托尼尔：《信息财富·简论后工业经济》，吴建民、刘钟仁译，中国对外翻译出版公司 1987 年版，第 7 页。

具有连续过程，是因为有了信息这种中介手段。人们归根到底是由物质链、能量链、信息链联结成社会系统的。历史唯物主义通过生产力和生产关系、经济基础和上层建筑的矛盾运动来揭示社会系统的主要结构及其发展规律，并且通过生产力对于生产关系、经济基础对于上层建筑的决定作用把社会的发展描述为客观的、自然历史的过程。但是生产力和生产关系、经济基础和上层建筑之间的相互作用的过程并不是像物理化学过程那样地进行的，而是通过人们的自觉活动过程实现的，是人们"了解到"了生产力、经济基础的发展要求之后才去相应地变革生产关系和上层建筑的。人们靠什么了解到呢？靠的是信息。信息是生产力和生产关系、经济基础和上层建筑之间相互作用的中介因素。只有通过信息及掌握了信息之后的人的活动，生产力和生产关系、经济基础和上层建筑之间的相互作用才能成为活生生的动态过程。信息作为人们彼此联系、交往的中介还影响着人们的组织活动方式。人们获得的社会信息上的不同，人们对社会信息获取、加工、传输、贮存的技术手段上的不同，决定和制约了人们彼此进行联络、交往的不同方式，从而在一定程度上决定和制约着人们从事各种活动的组织结构。

2. 社会信息的认识论意义

信息是信宿获得的关于信源的新消息，信宿获得信息的过程就是对信源的反映过程。社会认识的主体只有通过社会信息才能反映、把握社会认识的客体。社会认识的各种途径、手段，归结起来都是为了获得关于社会认识客体的信息。社会认识过程的各个阶段、环节，都不过是对信息的加工、处理。社会认识不同阶段上的认识成果实际上是各种不同形态的社会信息。在社会系统中，人们既是信息的发出系统又是信息的接收系统。当人们作为信息接收系统的时候，他们是认识主体；在认识着别人、认识着社会，当他们作为信息发出系统时，他们又是认识的客体，被别人、被社会认识着、反映着。通过社会信息，人们相互认识、相互了解。人和社会都处在不断变化的动态过程之中，而要把握这种动态过程，只有通过社会信息。

信息论的思想强调主体在认识、反映过程中的能动作用，强调认识过程的主体目的性、选择性和动态性。在社会认识过程中，主体越是具有明确的目的性、计划性、选择性，就越有可能获得所需要的信息。没有目的、计划、选择，就只能淹没在客体发出的消息海洋之中，达不到认识、把握社会客体的目的。把信息论的理论和方法应用于社会系统的研究，为我们提供了认识社会系统的新途径、新方法。这种新途径、新方法区别于传统研究方法的地方在于用随机的、统计的、概率的数学方法和模型对社会系统进行定量化的研究。社会系统中人们的行为、关系、活动带有极大的随机、偶然的性质，在数量上具有大量的特点。社会认识的主体往往会面临着大量的随机事件，大量的人们的行为和动作，大量的不同事物，大量的现象和过程，社会系统的发展规律和趋势是通过这种大量的、随机的、偶然的事件、活动、行为、关系表现出来的。传统的社会科学研究方法只能通过对社会现象的定性分析去揭示社会系统发展、变化的趋势和规律。由于缺乏定量分析的依据，这样揭示的趋势和规律往往不易理解和把握，带有极大的随意性和不确定性。信息论的理论和方法通过对人们的行为、活动、关系的大量统计研究，揭示它们在数量上的分布规律，揭示统计事件发生的概率，显示各种因素之间的数量制约关系，从而说明社会系统的变化规律。信息论意义上的社会信息是由一系列的数据、数学模型提供的。通过社会信息去认识社会系统，就是通过一系列数据、数学模型去分析社会系统，其意义在于使我们关于社会系统的规律知识建立在精确的定量分析基础之上，从而使我们关于社会规律的知识定量化、精确化。为了便于对社会信息的加工、贮存、使用，信息论还发展了对社会信息的形式化工作，将社会信息分类、编码，对自然语言的词或语句采用主字码的方法编制到一定的程序之中。

社会信息定量化、形式化的研究为利用电子计算机来加工、贮存、检索社会信息开辟了道路，同时也为利用电子计算机研究社会系统提供了可能性。由于信息科学技术的发展，电子计算机日益成为研究社会系统的强有力工具，极大地增强了人类研究、认识社会系统的能力。对于社会系统这种复杂系统的定量研究，单靠人工计算是做不好的。电子计算机可以对收集到的大量原始数据进行演算，得出有用的信息。电子计算机还为人们提供了进行社会模拟、社会实验的工具，人们在它演算的基础上可以进行最优选择。这就极大地提高了人们对社会系统的预测能力，尽可能地缩小人们在实际行动中的盲目性。

社会信息在社会系统中的传输结构同社会的组织功能结构是相匹配的。信息的相互作用是组织功能关系的基本内容，组织功能系统本身就是信息联系的特殊网络。因此，我们对一个社会的信息传输结构的分析，可以在一定程度上认识这个社会系统的组织功能结构，研究信息传输效果可以对这个社会组织功能结构作出某种估计和判断。一般说来，社会信息的传输要求及时、准确、高效，要求传输信息的各种通道、环节的"干扰""噪声"尽可能地减少。如果达到了这些要求，说明这个社会系统的信息结构及与这个信息结构相匹配的社会组织功能结构的合理性、有效性。反之，则说明社会组织功能结构存在着问题。因此，社会信息流程、结构的分析也具有社会认识论上的意义、价值。

3. 社会信息的控制论意义

这里所谓的社会信息的控制论意义是指社会信息对于社会管理（控制）的意义。社会信息和社会管理不可分割地联系着。社会管理不可能没有社会信息。当然，把社会管理仅仅归结为信息运动过程是片面的，因为社会管理是管理者和被管理者之间的实践上的相互作用，不仅有信息的传输，还有人、财、物、能的流动。但是，社会信息是社会管理的基础和条件则是没有问题的。社会管理对于社会信息的依赖性表现在管理活动的各个方面，贯穿于管理周期的始终，社会管理周期的任何阶段都离不开信息。

首先，社会管理中的决策必须以获得必要的社会信息为前提，获得的信息不充分、不准确，或对获得的信息做出了错误的分析，都有可能导致错误的决策。一个正确的决策往往需要多方面的信息前提，如管理客体和主体的信息，主客体的历史、现状、未来的信息，等等。决策活动的结果表现为决策信息，这就是管理所要解决的问题、待实现的目标和计划。目标、计划也是一种信息，是关于系统的未来模型，通过一系列待实现的数量和质量指标描绘出系统的未来形象。决策的实现过程就是决策以信息的形式向各级管理部门传输并为整个管理系统执行的过程。

其次，社会管理周期的第二个环节组织也离不开信息。组织的目的是把社会管理系统组织成为一个有机的整体，使管理系统成为执行决策、实现目的和计划的工具。因此，组织工作首先要依靠决策信息，把决策所提出的目的、计划作为动员、组织、号召管理系统动作起来的推动力量，把决策、目的、计划变为管理系统全体人员的实际行动。组织工作要顺利进行，除了决策信息之外，还必须有管理系统组织状况的信息、管理客体的信息，因为组织过程是建立管理主体、管理客体、管理主客体之间关系的有序状态的过程，是建立管理主客体之间的直接的和反馈的联系的过程，是对管理系统的结构、环节、各级管理者的权利和义务的统筹分配的过程，是建立各种管理制度的过程。系统越是庞大、复杂，组织工作越是需要关于系统各方面的大量信息。而组织工作本身也不断地表现为一系列的组织信息，表现为章程、制度、规定等信息。

再次，作为管理周期第三环节的调节也依靠着信息。调节是为了保证决策的顺利实现，防止管理工作偏离决策的方向，为了及时发现、及时纠正偏离倾向，把系统的状态重新纳入实现决策的运行轨道。显然，这里需要决策、目的、计划的信息，执行情况的信息，主客体运行情况的信息。只有全面地、详细地掌握上述各方面的信息，调节者、管理者才有可能对系统的运行情况做出正确的估计、评价，才有可能针对存在的问题作出关于调节、控制的决定，采取调节、控制的措施。对于由人组成的系统来说，调节、控制是人们的自觉活动过程；对于自动控制的技术系统来说，调节是通过一定机制自动地实现的。无论是人的系统、技术系统还是人—机系统，调节、控制的实现过程都是信息的传输和反馈过程。

最后，核算和监督的实现也是和信息不可分割地联系着的。核算和监督过程实际上就是对系统实现决策、目的、计划的实际过程中发生的各种信息的收集过程。核算和监督的结果也表现为信息，管理主体可以根据核算和监督信息进行新的决策、组织、调节工作。

上述周期过程常常被人们理解为只是具体的社会系统（如企事业的具体单位）的组织管理过程，因而人们也常常只从具体社会系统的具体组织管理的角度认识社会信息的重要性。实际上，上述周期过程也是整个人类社会的组织管理过程。人类社会历史的发展过程不仅仅是一种客观的自然历史过程，也是社会历史主体的自觉活动的过程，是社会历史主体的自组织、自调节、自控制的过程。社会历史主体的决策、组织、调节、监督的周期往复构成了人类社会的历史发展。从这样一种社会历史观出发就会看到社会信息确是整个人类社会系统存在和发展所不可缺少的条件。人类社会要存在、要发展，不仅要获得物质、能量，而且还要获得信息。把人们联结为整体的各种关系中，不仅有血缘关系、生产关系，还有信息关系。如果说，在人类社会的历史发展过程中，血缘关系、生产关系曾依次成为形成社会系统整体性的主要关系，并依次形成过血缘社会、生产社会的话，那么随着现代生产社会的进一步发展，随着物质生产高度发展到不再是人类实践活动中心议题的时候，信息关系就会成为形成社会整体性的主要关系，社会就会从生产社会进入信息社会。这就是说，随着现代社会的发展，社会信息的作用不是在缩小降低而是在扩大上升，因此如何认识社会信息的作用就不仅仅是一个具体的管理学问题，也是一个社会历史观中的重大问题。

当代社会科学发展的方法论特征[*]

社会科学在 20 世纪获得了迅速发展，对人类的社会实践产生了深刻影响，显示了它的科学价值。20 世纪只剩下最后的 8 年，当前的国际形势又出现了急剧的变化，社会发展出现了前所未有的局面。在这种情况下，回顾和总结 20 世纪社会科学发展的方法论特征，进一步开展在马克思主义哲学基础上的社会科学方法论研究，促进我国社会科学的发展，是一件意义深远的事情。

——

当代社会科学是在当代哲学、自然科学、数学、科技的影响下以及社会科学内部各学科彼此影响下发展的，这便构成了它在发展中具有的时代的、历史的方法论特征。

首先，各种哲学思潮对当代社会科学的方法论思想产生了深刻影响，有些哲学思潮甚至直接形成某些学科中的学派。

在社会主义国家，马克思主义处于主导地位。马克思主义哲学既是一种科学的世界观又是一种科学的方法论，它的实践观点、唯物主义观点、辩证法观点、能动的反映论观点、历史唯物主义观点都成为社会科学家认识、分析、研究社会现象和社会规律的方法论思想，形成了马克思主义的社会科学体系。

在西方国家，对当代社会科学方法论思想产生了重大影响的有现象学、存在主义、解释学、结构主义、分析哲学、实用主义等哲学思潮。

现象学主张观察者应该摆脱各种干扰而凭直觉去发现观察对象的本质，

＊ 原载于《中国社会科学》1992 年第 3 期。

提出了以内省移情为特点的方法论思想，在文学、语言、经济等学科中产生了重大影响。现象学的文学批评认为，作者的自我是作品的本原，阅读作品的目的就是从作品中发现这种本原，体验作者的意识模式，接受作者在作品中给定的东西，因此在评论或阅读时应从自己头脑中清除全部预先的印象和个体特征，使自己处于纯粹的接受状态。现象学的语言学研究符号、意义、经验之间的相互关系及主体间在交往中的表达和理解问题。它把对语言和符号的研究分为描述、归纳、理解这三个彼此衔接的程序，即描述自我和别人的经验，归纳意识经验，理解符号中的意义。现象学的经济学则强调通过直觉摆脱客观经济世界的表象，直接把握具体的、异质的市场过程，通过自我的内省和对其他自我的"移情"理解，来建立经济理论的前提条件。某些学者把现象学方法、符号学方法同解释范畴结合起来形成和发展了一套研究人文科学的解释学方法。某些学者利用现象学方法观察存在问题，认为人的存在是一切存在的出发点，人的存在先于他的本质，人应该通过设计、选择获得自己的本质，超越自己的存在，这就是存在主义哲学。这种哲学对当代西方社会的精神生活和社会科学产生了巨大影响，形成了存在主义伦理学、存在主义教育学及存在主义文学等学术流派。存在主义文学认为，在文艺作品中，文学家、艺术家设计着存在者的本质和真理，但是他们的创作只有通过阅读、欣赏才能在读者的意识中完成其本质。存在主义教育学认为，教育的目标就是实现个人的自我完善，因而主张把个人作为教育的主体，建立以自由选择为原则的品格教育，在教学方法上主张个别对待、因人而异。

结构主义提出了一种结构分析的方法论思想，认为在分析的时候，应先找出表层结构，再找出深层结构，用深层结构解释、生成表层结构。这种观点和方法首先产生于语言学，后来成为一种哲学思潮推广到人类学、社会学、心理学、文艺学、经济学等各个社会科学领域。在语言学中，乔姆斯基认为人类语言中存在着一种深层结构，它通过一系列规则可以转换生成表层结构，即转换成人们日常语言中的句子。在人类学中，列维·斯特劳斯把亲属关系作为表层结构，而隐藏在这种结构下面的深层结构则被称为亲属结构。在文学研究中，结构主义认为一部作品的意义是由其结构决定的，分析文学作品就是分析作品中的深层结构，有的把这种结构称作"文本"，有的则称之为"潜能"，认为这种"潜能"可以"产生文学大厦的一切成分"。结构主义分析对象深层结构的过程，实际上是建立一种能够解释具体对象的理性模型的过程。在结构主义看来，能不能建立这种结构模型是一门科学是否成熟的标志。

　　分析哲学主张用一种经验上、逻辑上可检验的观点分析命题、概念、语言，建立一种逻辑结构严密的理论体系。这种哲学对社会科学各学科的方法论思想也产生了重大影响，形成了实证经济学、实证法学、实证教育学、实证伦理学等学术流派。实证主义经济学强调，作为一门科学，经济学必须诉诸客观的经验事实，应该排斥心理学的、内省的、价值的描述评价，要解决的不是"应该是什么"的问题而是"是什么"的问题；经济学的命题必须是在经验上可检验的，或通过逻辑演绎而化约为可检验的命题。它主张在经验分析的基础上，提出假说，建立模型，估算参数，验证理论，预测未来。实证主义法学则认为应该区别实在法与理想法、正义法，法学应该把实在法作为自己的研究对象，应该着重分析实在法的概念和结构，按照逻辑推理规则建立实用的、逻辑上严密的法律体系。

　　实用主义认为人的经验、观念都是个人应付环境的工具，主张根据"功利"的原则来建立适应环境的某种行动方式，因而提出了实用主义的、工具主义的方法论思想。实用主义也对各门社会科学产生了影响，形成了实用主义教育学、实用主义伦理学等流派。实用主义教育学反对把获得知识作为教育的目的，反对把教育同生活隔离开来，认为学校就是一个"社会"，教育是增加生活经验的过程，应让学生学到应付环境的有用的知识和技能，在教育方法上强调"从做中学"。实用主义伦理学强调境遇和环境的作用，主张用个人生活境遇或环境作为评判个人行为道德的单位。实用主义经济学则把解决具体问题，进行预测和解释的能力作为评价理论的标准。

　　应该指出，西方各种哲学流派在给各门社会科学提供方法论思想的时候，往往也把它们体系中所存在的唯心论、形而上学、资产阶级价值观念带给各门社会科学，使之程度不等地蒙上一层资产阶级意识形态的色彩。

　　其次，当代自然科学奔向社会科学的潮流对社会科学方法论产生了巨大影响，它为当代社会科学提供了新的理论、方法、手段。

　　20世纪开始以来，自然科学有了巨大发展，50年代以后更逐步形成了蔚然壮观的当代科学技术革命。这种形势使自然科学奔向社会科学的潮流出现了新局面、新高潮，强化了社会科学研究中一直存在的科学主义方法论思潮。这种影响表现在下列方面：

　　1. 利用自然科学的理论、观点来解释人类行为和社会系统，揭示人类社会系统与生物、物理系统相同的结构和机制。控制论认为人类社会也是一种控制系统，也具有反馈调节机制，通过控制、调节保持自身的稳定及与环境之间的平衡。系统论认为社会是由大量因素有机地组织起来的整体，是一种复杂的动态系统，它在内部诸因素的相互作用及与环境的相互作用中保持自身的生命。信息论则认为社会系统也是依靠信息来进行组织管理的，社会系统中同样存在着对信息进行加工、传输、贮存的信息结构。协同学认为社会系统同样存在着协同和自组织现象，同样是一种自组织系统。耗散结构理论认为社会是一种具有耗散结构的开放系统，社会活动的过程在任何情况下都不存在于自然界之外，它遵守着特殊的非线性的相互作用和远离平衡态的物理学定律，可以由能量流和物质流维持结构和功能的有序状态。还有一些学者认为不应割断生物和人类行为之间的连续的进化链条，试图把社会科学同生物学联系起来，用生物学的理论原则来解释社会生活的基本类型。这样，当代自然科学就为社会科学提供了诸如系统、结构、状态、行为、功能、环境、信息、输入、输出、反馈、控制、调节、组织等具有分析价值的概念和范畴。用这些概念、范畴来分析各种不同的社会系统已成为一股潮流。在社会科学研究领域中结构功能主义、行为主义等方法论思想得到强化，形成了系统分析的热潮。

2. 现代科学技术为社会科学提供了获取、加工、传输、贮存经验材料、验证理论结论的新技术、新手段。

以电子计算机为核心的现代信息技术是当代科学技术革命为社会科学研究提供的最重要的现代化研究手段。现在，电子计算机不仅是计算的工具，还是进行实时控制、过程模拟、网络通信、图形处理、文本编辑的工具，最新的计算机已成为人工智能机。由于社会系统的复杂性，在对社会系统进行定量研究的时候，往往会涉及大量、繁重、复杂的计算工作。在没有计算机的时候，这种计算工作量常使一些社会科学研究课题无法进行，现在这种困难就不是不可克服的了。以往的社会科学研究很难进行大规模的社会实验，因为社会实验一般不可能具备自然科学那样的实验室条件，现在有了计算机，社会科学家们就可以利用计算机进行各种仿真、模拟的"实验"，从而对理论、假设、政策方案的价值、可行性做出准确的评估。人们还利用计算机对反映社会现实的各种数据、资料进行分析、演算，推测社会发展的未来状态，极大地提高了社会科学的预测能力。现代信息技术为教育、新闻、出版等精神生产部门也都提供了新技术、新手段。电子计算机的发展还推动了逻辑学、符号学、语言学的迅速发展和彼此之间的渗透结合，推动了自然语言和人工语言之间、不同自然语言之间译解转换技术的发展，形成了用电子计算机研究人类各文化领域精神产品的一系列新技术、新学科、新方法。

现代科学技术还为考古学、人类学、语言学、社会学、心理学等提供了各种具体的技术手段。在考古学中，现代科学技术提供了探测古物、古迹，对古物、古迹进行鉴定的技术和设备，使得判断古物的真伪、产地、年代、类属有了更为可靠的科学依据。在语言学中，利用 X 光照相、腭位照相、频闪声带照相、肌电测试仪、呼气流测试仪、光纤维喉镜、高速摄像机等医学和声学仪器研究语音的产生和特性，形成了实验语音学。现代法学研究、刑事案件的侦破、军事研究和训练、心理学研究等也都广泛地使用了现代科学技术提供的各种设备和仪器。

3. 当代科学技术在社会生产和生活中的广泛应用，推动了社会生产和生活的科学化、技术化，社会问题越来越紧密地和科学技术问题结合在一起，在许多情况下直接变成了科学技术问题，这就推动了自然科学和社会科学的渗透、结合，导致了一系列体现这种结合的新学科的诞生和发展，而这些学科都意味着某种新理论和新方法。

再次，数学方法在社会科学中日益广泛的应用，对社会科学方法论思想产生了深刻影响。

社会科学应用数学方法处理问题并不始于当代。不过，直到 19 世纪末，数学方法并没有对社会科学发展的全局产生影响，所用的数学方法也只限于初等数学和若干简单的微积分理论。20 世纪开始之后，特别在第二次世界大战之后，由于社会生产和生活急剧地科学化、技术化、信息化、复杂化、整体化，仅仅对社会现象、社会过程进行定性分析已经远不能满足社会认识和社会管理的需要，因此，在社会研究领域进行精确的定量分析已成为一种广泛的社会需要。同时，数学、系统科学和电子计算机的发展，为数学方法在社会科学研究领域中的广泛应用创造了条件。于是，数学方法在社会科学中的应用逐步成为一种潮流，数学方法开始对社会科学发展的全局产生日益显著的影响。应用数学方法的学科几乎遍及社会科学的各个领域，还形成了诸如数量经济学、社会计量学、数理心理学、数理语言学、计量历史学、计量政治学、教育统计学等分支学科。数学方法的应用使社会科学获得了重大进展。有人统计，在社会科学的重大进展中，自 1900 年以来定量研究占了 2/3，1930 年以来定量研究占了 5/6。

当代社会科学所利用的数学方法几乎包括了现代应用数学的各个分支学科。数学的概念、公式、模型以往只是自然科学家的专利，现在也成了社会科学家手中重要的工具和方法。人们利用代数方程、函数理论建立利息方程、供求方程；利用矩阵方法建立投入产出模型；利用线性规划建立生产规划、资金管理、食品配料、市场分配、污染控制、投资、聘职、运输等领域中的数学模型，以便获得最优选择；利用对策（博弈）论建立社会生活中各种竞争机制的数学模型，以便获得最优策略；利用概率论建立各种随机过程的数学模型，以便从量的角度揭示这种过程的规律性。系统科学在社会科学领域的运用，除了提供前面已提到的理论观念之外，还提供了具有特点的数学方法，成为人们描述社会复杂系统演变规律的最优控制、管理的工具。

数学方法的应用对社会科学的方法论思想、研究过程的逻辑和步骤产生了重大影响。首先，它使得社会科学家们重视对社会现象、社会事件、社会过程的量的分析。以往人们只注意定性研究，只注意从质的规定性方面去把握和区别社会事物；现在为了进行定量分析，就必须重视社会事物（包括人们的行为、精神生活及所使用的语言、符号）的量的规定性，必须搜集、获取社会现象的各种数据、信息，形成和制定能够从量的方面加以定义和操作的概念、范畴。以往在分析社会现象间各种关系的时候，往往满足于定性地指明它们之间的因果制约或相互作用的关系，而现在则致力于发现这些关系的数量制约形式，以便精确地描述这些关系及其动态变化过程。其次，这种定量研究在极大程度上改变了各门社会科学中以往存在的那种仅仅根据某些抽象的理论观念、范畴进行纯思辨研究的方式，推动了社会科学家们重视实际社会现象的研究，通过观测、调查、实验等手段获得丰富的经验数据。在进行理性思维的时候，也开始利用数学模型进行分析、推导。系统论所制定的提出问题、建构模型、利用模型进行系统分析和综合，再进行选择决策的程序，已日益成为社会科学研究的逻辑程序。定量研究的方法已成为当代社会科学方法论思想的重要组成部分。

最后，当代社会科学内部各学科在理论和方法上的彼此渗透、移植、结合，不断开拓着研究的新思路、新方向，形成了多层次、多角度研究同一对象的方法论思想。其具体表现是：

1. 一门学科的理论和方法向多门学科辐射、渗透。社会学的理论被用来研究经济学、法学、文学、教育学、民族学、人类学，形成了诸如教育社会学、文艺社会学、民族社会学等学科。心理学的理论被用来研究历史、伦理、文艺创作和阅读、科学研究、管理，形成了诸如历史心理学、文艺心理学、伦理心理学、教育心理学、科研心理学、管理心理学等学科。经济学的观点被用来研究科技活动、教育活动、管理活动、生态环境保护，则形成了技术经济学、生态经济学、教育经济学等学科。符号学研究主体间、主客体间通过符号而进行交往和传播活动的规律，研究符号形式及其意义之间的关系。人们对客体的认识和表述以及人们的思想、感情、体验的表述，都要使用各种符号系统，因此符号学的理论、方法也渗透到了各门社会科学之中，被用于文艺学、心理学、传播学、新闻学、广告学、管理学等研究领域。

2. 多门学科的理论和方法向一门学科会聚、渗透。如人们运用艺术学、文化学、经济学、政治学、社会学等不同学科的理论和方法从不同的角度研究人类学，相应地形成了艺术人类学、文化人类学、经济人类学、政治人类学、社会人类学等学科。

3. 在同一学科内部对不同地区、民族、国家或不同的时代、时期之间进行比较研究，寻找共同的或不同的特点和规律，从而形成了诸如比较政治学、比较文学、比较历史学、比较宗教学等理论方法。

综观上述四大方面影响下的当代社会科学方法论思想，我们可以看出其若干条发展脉络和方向：第一条是沿着结构分析、功能分析、行为分析、系统分析向数学分析、逻辑分析逐渐演变并同电子计算机结合起来，进一步朝着精确化、形式化、计算机化方向发展的方法论思想；第二条是沿着心理方法、内省方法、移情方法、认知方法、理解和解释方法的路线，朝着揭示人文科学、社会科学特殊性方向发展的方法论思想；第三条是在充分利用现代自然科学成果的基础上，朝着揭示社会和自然的同一性、社会科学和自然科学具有共同科学特征方向发展的方法论思想；第四条是朝着把人文主义和科学主义、定性和定量、实证和规范、形式和功能、心理和行为等彼此结合起来的综合性方向发展的方法论思想。

二

科学方法论常常被定义为使科学研究得以正确进行的理论。由于当代科学技术发展的一体化趋势，由于自然科学和社会科学彼此间的渗透和结合，一门稍低于哲学层次的统一的科学方法论正在成为独立学科。但是形成统一的科学方法论并不排除由于研究对象和方法的特殊性而在科学方法论下面存在分支学科的可能性，社会科学方法论作为这样的分支学科完全有其存在的理由。

　　一般说来，科学方法论具有三个层次的任务或功能：一是阐明获得经验材料、建构理论体系、验证科学结论的各种方法及其理论根据；二是阐明科学研究活动过程的逻辑，探索提高科研活动效率的途径和形式；三是阐明科学理论的结构及其发展逻辑，为科学研究提供具有方法论指导意义的思想、观念、范畴、命题，也就是提供具有概括力、解释力、生成力的元理论（元语言、元命题、元范畴）。毫无疑问，社会科学方法论应就上述三个方面阐明自身的特殊性，在总结 20 世纪社会科学发展中的方法论特征的基础上，进一步阐明社会科学的研究方法、社会科学的研究逻辑以及社会科学理论发展的逻辑。在我看来，应该着重研究以下问题：

　　1. 要进一步研究社会科学和哲学之间的关系，在马克思主义哲学的基础上进一步阐明社会科学方法论的哲学基础。

　　如前所述，在 20 世纪的社会科学发展中，无论是马克思主义哲学还是当代其他哲学思潮都有着重大影响，它们给社会科学或者提供了基本的社会历史观点，或者提供了基本的方法论思想，或者提供了基本的价值观念。当然，由于各种哲学思潮自身的特点，它们对社会科学的影响也有着不同的情况。

　　从社会科学方法论的任务或功能的角度，应该怎样评价马克思主义哲学和当代西方的各种哲学思潮呢？实用主义根本否认客观世界的规律性，否认认识客观规律的必要性，主张有用即真理。可见，实用主义所主张的是个人如何使自己行动获得成功、达到目的的方法论。显然，只从有用还是无用出发是不能建立科学的社会科学方法论的。存在主义主张的是个人自我设计、自我规定、自我选择的方法论。一个人如果无视他人的存在、社会的存在、自然界的存在，他的设计、规定、选择又怎么能是科学的呢？分析哲学试图把复杂的外部世界、人们曲折的认识过程、丰富的认识形式纳入简约的、固定的逻辑公式中，把人们的认识过程局限于形式逻辑、数理逻辑的简单推导，要依靠这种哲学来全面地解决社会科学方法论中的一系列基本问题也是不可能的。现象学的内省方法只能是人们认识方法中的一种，如果把它夸大为唯一的方法、唯一的认识过程，就会割裂主体和客体、认识和实践、理性和感性之间的关系，只依靠内省和冥思是不可能找到社会科学研究的正确方法的。结构主义往往把深层结构视为人们心灵深处先验地固有的结构，这种观点如果否认人类获得语言、创造文化的能力只能在社会实践、交往过程中形成的话，结构分析就会导致人们对人类语言、文化深层结构的起源作出错误的解释，因而也就不能为社会科学方法论奠立正确的基础。由此看来，当代西方的各种哲学流派往往具有各种色彩的唯心论和形而上学，因而在整体上都不能作为社会科学方法论的正确基础。与它们的情况不同，马克思主义哲学把实践作为认识论、方法论、社会历史观中根本的、首要的观点，从实践出发考察人类和外部世界的关系、人类和社会的形成和发展，考察包括科研过程在内的认识过程，唯物地、辩证地分析了物质和意识、社会存在和社会意识、主体和客体、人的活动和客观规律、社会系统和自然系统、社会规律和自然规律之间的相互关系。因此，直到今天，只有马克思主义哲学才科学地解决了社会科学方法论中的一系列根本问题，只有马克思主义哲学才是社会科学方法论的科学的理论基础。

　　当然，马克思主义哲学本身需要发展。从马克思恩格斯创立这一哲学以来，社会发生了很大变化，人类社会在从资本主义社会向未来共产主义社会的过渡过程中出现了许多前所未有的复杂情况，自然科学和社会科学也有了很大发展，人类积累了更为丰富的认识经验。这些都要求马克思主义哲学去概括、去总结。马克思恩格斯是在批判地继承了人类先前创造的一切有价值的文明成果的基础上创立他们的哲学的。今天，马克思主义哲学也应该批判地吸取当代人类创造的一切有价值的文明成果，不断地用新范畴、新理论来丰富和扩充自己的理论宝库，使自己的理论体系适应当代人类实践和认识的需要。从这个角度看，当代西方各种哲学流派中也还存在着值得马克思主义哲学汲取的合理因素。现象学强调社会科学的特殊性，强调理论思维必须遵循一定的规则、程序，强调从观察对象中发现本质，这些思想是值得重视的。它所提出的内省、移情的方法论思想在经过改造后也是值得汲取的。结构主义提倡结构分析，提出表层结构和深层结构的理论，主张在揭示语言文化深层结构的基础上建构有关研究对象的理性模式，这也是有价值的。在社会科学领域内，结构分析、结构—功能分析是很有意义的方法论思想。分析哲学强调科学的命题、理论在经验上、逻辑上应具有可检验、可证实（证伪）的思想是有合理因素的，它所倡导的语言分析、逻辑分析在语言学、逻辑学中都带来了具体的科学成果。当然，批判地吸取当代西方哲学中的合理成果只是发展马克思主义哲学所必须从事的一个方面的工作。发展马克思主义哲学的更为重要的工作是要研究和总结当代社会发展中出现的新情况、新问题，揭示当代社会发展的新规律。马克思主义哲学只有得到丰富、发展，它的社会科学方法论功能才能得到强化、更新并保持其生命力。

　　2. 要进一步研究和回答当代自然科学奔向社会科学潮流中出现的方法论

问题，对自然科学的理论和方法在社会研究领域中应用的可能性和界限做出进一步的科学说明。

在社会科学研究领域现仍存在着科学主义和人文主义两种方法论思想的争论。科学主义认为，社会与自然是统一的，遵循着同样的规律，社会科学要成为科学必须把自然科学作为自己发展的"楷模"，要使自己像自然科学一样成为一种"硬"科学，即在理论上表现出逻辑性、一贯性，在应用上经得起经验、实验的检验，能对社会发展作出精确的预见。它还认为自然科学的理论可以推广应用于社会研究领域，把复杂的人类行为和社会结构还原为一个生物学问题，通过探讨生物学上的行为机制及揭示这种行为机制的心理、生理、遗传上的根源来解决；还可以还原为物理学问题，通过探讨人类行为和社会系统中的物理学规律来揭示社会发展规律。人文主义则认为，社会不同于自然，人也不同于生物或其他自然物。人的行为、活动都受他的目的、意识、心理、情绪的支配，社会发展有它自己的特点和规律，因而社会科学不同于自然科学，应该有不同于自然科学的理论和方法，走不同于自然科学的发展道路，人们也不应该像要求自然科学那样来要求社会科学。这种争论从近代一直延续到当代。在把自然科学的理论和方法应用于社会研究领域的实际过程中，事情也并不都是成功和顺利的。在近代科学时期，曾经有些学者雄心勃勃地把牛顿力学推广到社会领域，期望在社会领域内建立像牛顿力学那样的社会动力学；另有一些学者试图把达尔文学说推广到社会领域，建立社会达尔文主义。这些探索没有达到预期的目的，反而形成了各种否认人类社会发展规律特殊性的唯心的、形而上学的社会哲学理论，把私有制、阶级、国家视为永恒的社会范畴，为资本主义制度的永恒性辩护。马克思恩格斯是以积极的态度对待自然科学奔向社会科学的潮流的。他们在创立自己哲学的时候，认真总结了自然科学成果，希望他们创立的唯物史观能以自然科学的精确眼光研究社会。不过，后来在很长一个时期内马克思主义哲学研究的注意力集中在反对形形色色的，包括在自然科学奔向社会科学过程中出现的唯心史观。因而往往把侧重点放在强调社会与自然的区别、社会及其规律的特殊性方面，强调社会运动形态的规律不能还原为诸如生物运动、物理运动这些低级运动形态的规律。当代自然科学奔向社会科学的潮流，特别是系统科学在社会研究领域中的推广应用取得了很好的开端，获得了很大成功。这就要求我们全面总结自然科学奔向社会科学潮流过程中存在的正反两方面的历史经验，总结科学主义和人文主义这两种方法论思想的争论。应该看到，当代自然科学的理论和方法在社会历史领域中的推广应用是以对自然和社会之间的同一性、统一性的新发现为前提的，因而我们应该从哲学上、方法论上对这种同一性、统一性做出新的概括。我们应该真正把社会运动形态看做自然界诸种运动形态之一，不仅看到它的社会性、特殊性，而且看到它的自然性、共同性。我们应该看到，人的存在固然有目的、意识、情感的方面，但当他在这些精神因素推动下从事物质活动的时候，却与自然生态环境之间进行着物质、能量、信息的交换。人和社会通过社会实践这种特殊形式构成了存在链条中的一环，成了自然界诸种存在形态之一。因而人和社会固然有着自己特有的发展规律，但仍然必须遵循自然界的各种规律，社会规律不过是各种自然规律的特殊表现形式。从这个角度讲，自然科学的理论和方法在原则上是可以应用于社会历史领域的。不过，这种应用并不是无条件、无前提，无界限的，必须承认社会的特殊性，自然科学理论在应用于社会时必须作某些适应性的变更。科学主义方法论思想不应该拒斥人文主义方法论思想，相反，应该认真研究并考虑同人文主义方法论思想的结合，应该承认在社会科学、人文科学领域内总有一些问题、方面、规律并不是自然科学的理论和方法所能解决的。例如，前面提到，我们可以利用自然科学的技术和方法来探寻并测定古物古迹，但古物古迹中包含的文化价值则必须通过人文主义的方法来分析研究。在社会历史领域，差不多都包含着精神和物质、价值和行为、意义和符号这两个不可分割的方面，我们只能用自然科学方法研究其物质、行为、符号的方面，又用人文科学方法去研究其精神、价值、意义的方面。因此，一种完整的社会科学、人文科学研究只能是两种方法论思想的结合。在具体的研究过程中，如何寻找、创造自然科学方法和人文科学方法相互结合、彼此互补的途径和形式，是当代社会科学方法论研究的重要课题。

3. 要进一步研究人类行为、社会系统的结构机制，科学地揭示其微观的、深层的结构，阐明这种结构的组成要素，揭示深层结构和表象结构、微观结构和宏观结构的关系。

马克思主义哲学曾经回答过这类问题，历史唯物主义揭示了社会结构及其演变规律。对于人的发展，马克思主义哲学强调了社会实践在人自身形成和发展中的作用，强调了人们的社会存在、社会经济地位、社会关系对人们的社会意识的决定作用。马克思主义哲学的这些基本观点为我们研究人和社会提供了基本的方法论思想。但是，马克思主义哲学以往对社会结构的分析，重点放在政治经济结构方面；对实践活动的分析也侧重于宏观的物质生产活动对其他活动的关系。恩格斯曾经研究过在从猿到人转变过程中劳动与语言、人脑发展之间的关系，但没有进一步考察语言、符号、信息在人的进一步发展中、在社会结构及其演变过程中的地位和作用。当代社会生活更为清楚地表明，社会作为一种有机体，还存在着一种功能性的技术组织管理结构。人们从事的各种活动，包括通信交往都是社会结构中不可缺少的因素。语言、符号、信息方面的变化也对社会发展产生着重大影响。当代哲学、自然科学、社会科学也取得了新的发展。这些都要求我们对人的精神结构、行为结构及社会的文化结构、符号结构、组织结构做出新的总结和概括，丰富和发展马克思主义关于人的学说、社会结构学说。那种认为人的语言、观念、行为都是先天决定的观点当然不正确，因为现代生物学表明，即使在某些其他动物那里也存在后天习得性行为，更何况人呢？但我们确实不能否认人的生物学类特性的先天性因素。那些有很强学习本领的动物（如猩猩、猴、海豚）无论怎样训练都不可能达到人的行为水平；而那些幼年被抛入动物环境的"狼孩"、"猴孩"、"猪孩"在回到人类社会环境之后经过教育又可以学会语言、思维，恢复人的行为，可见人的生物学类特性制约着人的行为和能力。那种认为人的潜意识、非理性因素在人的行为中起着决定性作用，甚至进而认为这些因素通过伟大人物决定着人类历史命运的观点显然没有道理，但是完全否认这些因素在人的精神世界及行为方式中的作用，完全否认这些因素对社会历史发展产生的影响，恐怕也不可能完整地认识和理解人的行为和社会发展的复杂性。我们过去在社会历史研究领域，经常不自觉地把唯物史观曲解为机械决定论，恐怕同没有全面地研究人的精神世界及行为模式，没有考虑上述因素在社会历史发展中的影响有一定的关系。当然，在今天，承认上述因素的存在似乎并不困难，但如何科学地、确切地阐明它们在人的精神世界、行为方式及社会发展中的作用却是极为困难的问题，也许需要自然科学、社会科学、人体科学及哲学的共同努力才能进一步解决。社会系统是由人组成的，因此对人的了解是科学地认识社会系统的前提条件。但社会系统并不是单个人的机械集合，因此有关人的行为模式研究并不能代替社会系统及其结构的研究。我们应该充分利用人类学、社会学、历史学提供的大量资料，深入研究具体的个人之间为什么会发生关系，通过什么形式、什么途径发生关系，人类关系中的哪些关系在人们的实践和交往中积淀为稳定的、基本的关系，这些关系又通过怎样的形式转化为社会的基本结构，这种基本结构在不同的自然、社会、历史条件下是怎样形成各种具体的社会系统的。这些基本研究对于各门社会科学具有重大的方法论意义。我们知道，任何一门学科要成为严密的科学，必须有逻辑上不自相矛盾的理论体系，要求能够从若干初始概念或命题出发按照一定规则进行合乎逻辑的推导。初始命题或概念以外的任何概念、命题都必须是经过逻辑推导得出的，否则它们就没有存在的权利。逻辑起点和推导规则构成了一个理论体系的元理论、元语言，它实际上是研究对象的深层结构的反映。这样，如果我们进一步揭示了人和社会的深层的基本结构，就可以在历史唯物主义的基础上为各门社会科学提供概括经验材料、建构理论体系的元理论、元语言，把各门社会科学更有机、更完整地联合为一个逻辑上严密的整体。

4. 要进一步揭示社会认识的特点，总结当代社会认识的新经验，发现新方法，进一步阐明社会科学研究方法的认识论基础。

社会认识过程中主客体及其相互关系具有很大的特殊性。人既可以是认识的主体，也可以成为认识的客体。人的活动是一种对象性的活动。活动过程是人自身对象化、对象被人化的过程，是人把自己的目的、意义、价值赋予对象的过程，也就是使自己的行为及被自己的行为改造过的对象都成为表现自己的意义、目的、价值符号的过程。而当人们彼此发生关系的时候，这种过程就双向地进行了，双方都要通过一定的手段把自己的目的、意义、价值赋予对方，使对方成为表现自己的符号。社会是人们交往关系的总和、人们活动的总和。人们在交往、活动过程中所使用的语言等媒介手段及由他们的活动所形成的种种社会现象、社会事件、社会文化都成了表现人的意义、目的、价值的符号，甚至社会在总体上也成了这种符号（这里没有涉及人的精神世界、价值、意义的形成问题）。总之，人的活动过程实际上就是把自己的目的、意义、价值编码到活动对象上去并使之成为符号、载体的过程。反过来，认识人和社会的过程就是把蕴涵于各种符号中的价值、目的、意义破译出来的过程。社会认识过程就是一种解码过程。由于人可以在实践中不断地形成并创造自己的目的、意义、价值及体现这种目的、意义、价值的符号，因此这种解码过程在很大程度上就不同于人对自然的认识过程。首先，主体总是把自己的立场、态度、评价掺杂到这种解码过程之中。社会的现象、事实、过程经过不同主体的解码会形成不同的甚至相反的描述。要主体不带任何评价地、纯客观地描述社会事物似乎是不可能的，甚至我们用来描述社会事物的语言本身都浸染着价值评价的色彩。其次，当人作为认识客体的时候也不是消极被动的，而是会对主体的认识活动做出各种反应，甚至可以在主体的影响下对自己使用的符号所具有的价值、意义做出新的解释，会用不同的符号表示相同的意义或用同一符号表示不同的意义，使事实、意义、价值、符号之间呈现种种复杂的关系。由于这些情况，在社会科学研究中区分事实描述和价值评价、经验分析和规范分析是一件非常困难的事情，在方法论思想上也触发了持久的争论。社会认识过程作为一种解码过程实际上就是这种区分过程。只要我们把研究客体放在特定的系统及系统的特定层次上加以考察，依次回答研究客体是什么、它在作为背景的社会系统中的地位是什么、它同主体间的关系怎样等问题，就可以实现这种区分。这里要进行两个层次上的区分：第一是把客体本身同主体对客体的评价区分开来；第二是把客体本身所包含的事实、符号及这些事实、符号在社会系统中所具有的价值、意义区分开来。上面叙述的编码过程和解码过程实际上都是一种解释过程，这种过程在社会历史领域既具有社会本体论的性质，也具有社会认识论的性质，在社会科学研究中具有普遍的方法论意义。如何为保证这种解释的客观性而制定一套科学规则或程序，是社会科学方法论中一个很值得深入研究的问题。

5. 要进一步研究社会科学中定量分析和定性分析之间的关系，特别要研究它们各自应用的范围及彼此结合的形式和方法。

如前所述，应用定量研究和数学方法在当代社会科学中有了很大发展，取得了显著成绩。有了定量研究，社会科学提供给人们的就不只是一些缺乏量的规定性的概念、理论，还有各种数据，从而使社会管理中某些困难问题变得易于解决，人们对社会未来状态的预测也更为精确。定量研究在推动社会科学向精确化、技术化、应用化方向的发展上起了很大的作用。但对这种成绩应有一个清醒的、恰如其分的估计；应该指出，定量方法、数学方法在社会科学各领域中的应用是很不平衡的，在有些领域还是很有限的，在许多情况下也只起到了一种辅助作用。还应指出，对事物进行定量研究、形成数学模型的过程，也是一种对现实对象的抽象过程，数学概念、数学模型是对现实对象的抽象反映。由于社会现实处在不断的变化之中，这种反映就具有一定的局限性。从定量分析得出的数据掩盖、混淆事物的质的规定性，从数学模型中推得的社会预测不符合社会后来实际发展的情况并不少见。此外，由于社会现象的复杂性，在数学发展的现阶段，社会生活中还有许多现象无法量化和进行定量分析。一部文学作品，我们可以对其中存在的人物、情节、结构、语词进行某种数量统计和分析，但对它所蕴涵的丰富深刻的价值、意义就不是仅仅依靠若干数字所能说清楚的。在社会科学研究的方法论思想上，对定量分析作用的估计一直存在着不同的见解，各种不同见解甚至引发了对当代社会科学发展方向上的各种争论。把定量分析和定性分析人为地对立起来是不对的，它们应该互为前提、互相补充、彼此结合。但这还只是一个原则，要真正实现这种原则，还要开展更为深入的研究。我们应该具体分析这两种方法在各具体学科中应用的实际情况，分析它们在实际研究中发生的各种关系，总结两者在不同学科中实现结合的形式和方法。只有解决了这些问题，才能在具体的研究中把它们很好地结合起来。

6. 应该进一步总结社会科学理论和实践的相互关系，进一步阐明社会科学理论的发展逻辑以及从理论到实际应用的中介环节。

在对社会实践的影响方面，任何一种理论都无法同马克思主义相比。自马克思主义诞生以来，世界上那么多的人民群众在马克思主义的旗帜下从事改造旧世界、创造新世界的实践活动，马克思主义科学地阐明的共产主义理想鼓励了那么多的先进战士去前仆后继地斗争，并在世界上建立了一系列社会主义国家。这是一场伟大的实践，在实践中马克思主义赢得了科学真理的声誉。但是，几十年来，科学社会主义理论应用于社会实践所经历的曲折道路也表明，把一种社会科学理论应用于社会实践并不如早先人们想象的那样简单。马克思主义理论的应用尚且如此，其他理论的应用就可想而知了。社会是如此复杂，变化又是如此迅速，想一劳永逸地建立一种能够正确无误地指导人们实践的完满无缺的社会科学理论是根本不可能的。社会科学理论无可避免地具有历史的性质，人们只能随着社会实践的发展，不断地修正原有的理论，在保存那些经过实践证明为正确的理论的前提下，增加概括了新情况、新现象、新规律的新理论。在社会科学领域中，对那些早先被证明为正确而后来又被证明为需要发展、修改、补充的科学理论采取嘲笑、攻击、背弃的态度，只能表明对社会科学发展逻辑的无知。因此，研究社会科学发展史，特别是研究当代社会科学的发展历程，进一步阐明社会科学的发展逻辑，正确地分析现阶段社会科学理论和社会实践之间的矛盾，提出解决这种矛盾的方法，是社会科学方法论研究所面临的一个迫切课题。

当然，当代社会科学方法论所要研究的问题不止上述这些。但有一点可以肯定：不管从哪个角度提出社会科学方法论的研究课题，到头来总是要回答社会和自然、个人和社会、主体和客体、物质和意识、目的和规律、理性和非理性、系统和要素、结构和功能、事实和评价、经验和规范、符号和意义、价值和真理、定性和定量、理论和实践等这些成对范畴之间的关系，只有唯物地、辩证地分析这种关系，只有以马克思主义哲学为基础，才能建立真正科学的社会科学方法论。

论社会结构的两重性及其对
改革开放的方法论意义[*]

社会结构就是使各种社会要素联结为社会系统整体的各种关系的总和，就是人们之间形成和建立的经济的、政治的、组织的、技术的、思想的各种关系，是社会系统存在的中介。我国正在进行的改革开放就是改革不适应生产力发展的一切生产关系和上层建筑，其目的就是为了解放生产力、发展生产力，使人民的生活水平得到更快的提高，建设具有中国特色的社会主义社会。改革开放的实质是社会结构的改革。因此，研究社会结构对于深化改革、扩大开放具有重要的理论和实践的方法论意义，可以帮助我们更好地理解和执行党的一个中心、两个基本点的基本路线。

一 社会实践的两重性决定了社会结构的两重性

社会是由人组成的，人是社会系统的主体，而人之所以为人、人之所以和动物相区别，就在于人从事着有目的的改造世界的活动，从事着对象性的实践活动。人在实践活动中不仅改造着对象世界，同时也改造着自身，实现着自身从纯生物学的存在向社会学存在的转变，实现着自身从动物世界中提升起来的飞跃，实现着自身的发展，因而恩格斯说劳动创造了人；人出于实践活动的需要还彼此发生着各种关系，结合成有机整体的社会，因此我们也可以说人的实践活动创造了人类社会，创造了社会结构。人的实践活动的发展过程也就是社会结构和社会系统的形成和发展过程。因而社会实践是人和社会的存在形式，是宇宙间存在发展链条上的一个特殊的环节。正如马克思

---

　　* 该文载于《南京社会科学》1992 年第 4 期时曾作过删节。

所说，社会生活在本质上是实践的。社会结构不是别的，正是人们的社会实践的活动结构，是人们在社会实践中形成的社会结合的关系结构，社会实践的特点制约着社会结构的特点，社会实践的两重性决定着社会结构的两重性。社会实践中隐藏着人自身发展的秘密，也潜藏着社会结构的奥秘。因此，离开了人的实践活动、离开了社会实践，就无法科学地认识社会，无法科学地揭示社会结构。马克思以前的学者之所以不能提出科学的社会结构理论，其教训就在这里。费尔巴哈不懂得社会实践，因而不能提出唯物主义的社会历史观，马克思看到了社会实践对社会所具有的本体论意义和认识论意义，他高度评价了黑格尔对劳动的重视，把社会实践作为他的哲学研究的出发点，因而打开了社会的奥秘，提出了科学的社会结构理论，唯物史观就是关于社会结构及其发展一般规律的科学。

　　社会实践对社会结构的制约性、由社会实践所决定的社会结构的两重性，具体表现在下列四个方面：

　　1. 人的实践活动具有对现实条件的依赖性和对现实条件能动地进行选择、改造、创造的双重性，而这一特点对社会结构产生着深刻的影响。人和社会都是自然界长期发展的产物，都是自然界的一部分，人类只有不断地同自然界进行物质、能量、信息的交换，只有成为自然环境系统的一个组成部分，才能生存和发展，人类不管怎样发展得超越一般的动物界，也不管人类的科学技术发展到何种高级的程度，都不能改变人是自然界的一部分的这个基本事实，也不能摆脱人对自然界的依赖关系。因此，人类在从事实践活动的时候，都必须从自然的、社会的等各种现实条件出发。但是人又不会像动物那样只是简单地适应和利用现有的自然条件，人可以在现有的自然条件的基础上创造自然界没有的东西，创造出初级的人化自然界，还可以利用初级人化自然创造出高级人化自然。人在从事物质生产活动的基础上，还可以从事科学的、文化的、精神的、政治的、社会的等各种活动，因而人们之间不仅发生着生产关系，还发生着组织的、政治的、文化的、社会的等各种关系。但是，我们看到，正是由于人的实践活动具有对外部自然条件、现实条件依赖性的特点，因而人类所从事的科学、文化、精神、政治、社会等各种活动都是在物质生产活动基础上逐步形成和发展的，正如马克思恩格斯所指出的那样，人类只有解决了衣食住行的问题，才能从事政治和科学文化活动。这样的事实使得人们在物质生产过程中形成的物质关系决定和制约着人们在其他活动领域中形成的政治、思想关系。于是，社会结构就可以分为基础性的、始原性的和派生性、上层性两个不同的方面，就具有了两重性。马克思把社会结构分为基础和上层建筑两部分，不仅仅是一种形象性的比喻，而且是建立在对人类社会实践特点的深刻理解的基础上的。社会结构由基础向上层建筑逐级上升的过程也是人类社会实践所具有的选择性、创造性、能动性得到越来越集中表现的过程，也是对自然条件的依赖性逐渐减弱的过程，因此社会的上层建筑并不是在基础结构决定之后的消极无为的部分，相反，它对基础结构发挥着巨大的反作用。否认人和社会对自然界的依赖性、否认人的社会实践对现实条件的依赖性、否认社会的上层结构对于基础结构的依赖性，就会把社会结构看做人的任意创造物，就会对社会结构作出唯心主义的解释；反之，否认人的实践活动的创造性、否认社会上层结构对基础结构的反作用，就会把社会结构看做人的活动的机械产物，就会对社会结构作出非辩证的形而上学的解释。

2. 人类的实践活动具有内向性和外向性的两重性，这种特点也对社会结构产生了影响。所谓实践活动的内向性就是人们的实践活动会使得活动的主体不断地被组织起来，可以使人们之间从混沌无序走向有序，使人们联结为有机整体；所谓实践活动的外向性就是人的实践活动具有一种在时空范围上不断扩大的特点，人类实践活动的发展过程就是它在时空范围上的扩大过程。人类实践活动之所以具有这种外向性，其原因就在于人的实践活动就其本质来说是一种开放的对象性活动。人从事实践活动不是为了把自己封闭起来，而是为了把实践作为联结自己和外部环境的中介、桥梁、通道，凭借这种中介、桥梁、通道实现自身和外部环境的交换，无论是个体，还是群体、地域性共同体，都是如此。这两方面的特点结合在一起，就使人类先是形成时空范围较小的社会系统，然后再形成较大的社会系统，而较小的社会系统则被组织到较大的社会系统之中。随着人类实践活动扩大，上述过程就不断重复，社会就形成了一个具有多层次子系统的巨系统、复杂系统。相应地，社会结构也就出现了微观结构和宏观结构的区分。社会的微观结构指的是社会子系统的分体结构，社会的宏观结构指的是社会大系统的总体结构。由于社会系统并不是社会要素的机械集合，而是社会要素的有机结合，并且会形成要素层次上所没有的系统层次上所特有的系统质，在由小的社会系统结合为大的社会系统的过程中，情况也是如此。于是，社会宏观上的整体结构就不是社会微观上的分体结构的简单翻版或简单叠加，社会要素和社会子系统之间的关系、社会子系统和社会总系统之间的关系也不雷同。所以我们在考察社会结构的时候，区分社会的微观结构和宏观结构既具有理论意义，也具有实践意义。当然这种区分是相对的。对一个国家来说，全国是宏观，基层的企业、事业单位是微观；对一个大的企事业单位来说，它的整体是宏观，而其组成单位则是微观。

3. 人类的实践活动具有主体性和客体性的两重性，这也制约了社会结构的特点。马克思曾经讲过，人的实践活动既应该从主观上、主体上加以把握，也应该从客观上、客体上加以把握。马克思所讲的这两种把握，就是人的实践活动所具有的不可分割的两个特点。所谓实践活动的主体性是指人的任何实践活动都是主体目的和利益的实现过程；人是为了某种目的、利益才去从事某种实践活动的，目的性、利益性是人的实践活动区别于动物活动的重要标志。所谓实践活动的客体性是指人的实践活动必须参与客体的变化过程，成为对客体变化过程发生影响的一种因素、角色，具有制约客体变化的功能。从客体性的角度看，人的实践活动所显示的是一种感性的物质力量，这种物质力量可能只限于人自身的生物学能量，也可以是被人利用的各种自然力量，人及被人驾驭的自然力量在与对象发生作用的时候必须遵循客观规律，在作用终了的时候必须产生人所要求的目的和结果，实现主体利益的、价值的要求。成功的实践活动都是主体性和客体性、目的性和规律性的统一。当主体不只是一个个体，而是由若干个体组成的群体的时候，这个群体所从事的实践活动仍然具有主体性和客体性两个方面。这个群体从事的实践活动当然是为了群体的利益，这个群体也必须形成一种客观的物质力量。这种物质力量是通过把个体有机地组织为整体而形成的，这时个体都被组织在能够形成总体功能的各个环节、各种功能角色的位置上，毋庸置疑，这样一个组织过程的结果就形成了这个群体的结构，这个结构使这个群体具有在整体上能同环境进行交换的功能。当这种交换成功地实现，实践活动的主体性便要求把这种利益在个体之间进行分配；而每个个体的实践活动之所以充当群体功能结构中的一定角色，其目的也是为了实现自身的利益。可见，这个群体内部还必须有一个主体的利益性结构。这就清楚了，在这个群体中，人们之间的结合有两种，人们之间的关系也有两种：这就是利益性关系和功能性关系、利益性结构和功能性结构。一个群体是如此，一个社会也是如此。在一般情况下，社会系统都具有这两方面的结构。

4. 人类的实践活动具有阶段稳定性和历史变动性的两重性，这也制约了社会结构的特点。所谓实践活动的阶段稳定性，是指人们从事实践活动的条件在发生根本性的质变以前，人们的实践活动会在性质、水平、规模等方面呈现一种相对稳定的状态，呈现出某种阶段性的特质。在这种情况下，与实践活动的性质、要求相适应的社会结构也会显示出相对的稳定，成为社会发展的某个特定的阶段；所谓实践活动的历史变动性，是指人类的实践活动不可能永久地停留在某一发展阶段上，因为人类实践活动所要解决的矛盾是主客体之间的矛盾，而这一矛盾只能相对、暂时地解决，却不能一劳永逸地解决，正是这种矛盾会推动实践主体不断地发挥其能动性、创造性，不断地积累对客观世界的认识，积累改造客观世界的技术经验。随着主体在认识、科学、技术上获得新的突破，随着主体掌握新的实践手段，人类的实践活动就会出现质的飞跃，就会从原来的阶段跃迁到新的阶段。社会实践的这种历史变动性决定了社会结构的历史性，社会结构都是人类在特定的历史阶段上适应该阶段实践的性质和发展要求建立起来的，其目的就在于保证该阶段上的社会实践卓有成效地进行；而当社会实践从旧阶段发展到新阶段的时候，原来的社会结构就会从原来促进社会实践进行的方式变为新阶段实践得以进行的桎梏，在这种情况下，主体就会进行社会结构的变革，用新的社会结构去取代旧的社会结构。当然新结构的建立、新结构对于旧结构的取代过程在人类发展的不同阶段会采取不同的形式，在阶级社会里则常常采取阶级斗争的形式。新结构的任务和目的就是保证和促进人类的实践活动得到进一步的发展，从而更好地满足人类自身发展中的各种利益和需要。不过，新结构的建立、旧结构的消失都会经历一定的历史过程，这样在人类某一特定阶段上的社会结构往往会出现处于主导地位的结构和处于从属地位的结构并存的两重性：处于从属地位的结构既可以是旧结构的残余，也可以是新结构的萌芽，在人类历史上没有任何旧结构残余和新结构萌芽的纯之又纯的社会结构是不存在的。主导性结构决定该阶段的性质，从属性结构则在功能上成为主导性结构的补充。按照我们前面的观点，不同的所有制形式形成着不同的利益结构，但在一定的历史条件下，不同的所有制形式所形成的不同的社会结构在功能上可以互补。在资本主义所有制占主导地位的国家中，实际上也存在着许多包含着社会主义公有制的前提、因素和形式；在社会主义国家中，在社会主义公有制占主导地位的情况下，也仍然可以保留资本主义所有制的若干因素和形式。政权可以通过暴力或非暴力的形式发生突变性的易位，可是经济的、管理的、社会的结构的改变却是一个逐步的演变过程。

社会系统是一种极其复杂的系统，存在着大量的要素，各种要素之间发生着各种各样的关系，因而社会系统的结构也是极其复杂的。人们可以从实践和认识的不同目的出发对社会系统进行不同的结构分析，形成不同的结构理论和模型。

二　利益性的社会结构和功能性的社会结构

所谓利益性的社会结构是指人们为了获得某种利益而发生的且又导致彼此间在利益上造成社会性差别、对立、对抗的社会关系和社会结合形式。它的存在要有两个条件：一是存在着形式不同的社会性利益主体；二是这些主体要实现其利益必须从事某种实践，而且实践不过是他们谋生的手段。在人类早期的原始社会中，由于生产能力的极度低下，个人还没有形成独立的生产能力，人们只能结合成群体与自然环境对抗，生产成果只能在成员之间平均分配，维持着和动物相差无几的生活状况。在这种情况下，个人还没有从群体中分化出来，不存在什么个人利益，因而在原始人群中不存在不同的利益主体，不存在导致人们在利益上发生社会性差别的社会结构；在未来的共产主义社会中，社会生产力得到了高度发展，个人的实践活动已不是谋生的手段，个人或集体占有生产资料已失去了社会意义，生产资料为整个社会所有，人们的活动成果在社会成员之间实行按需分配，人们之间不再存在利益上的对立和对抗，人们可以自由地发展自己的个性和才能，并且彼此构成发展的条件。在这种条件下，虽然个体的多样性、丰富性得到了充分发展，但个体之间在发展和需要上的这种差别不是社会强加给他们的，而是他们自由选择的结果，因而不具有原来意义上的社会性质，也不构成具有社会性质的利益差别。因此，在共产主义社会内部也不存在导致人们在利益上形成社会性差别的社会结构。那时如果说存在什么利益主体的话，就是整个人类。

但是在原始社会和未来的共产主义社会之间的很长的历史阶段上，情况就不同，上面说的两个前提都存在。在这样的历史阶段上，相对于原始社会来说，生产力有了一定程度的发展；相对于未来的共产主义社会来说，生产力又没有极大发展。这种生产力既有所发展又没有极大发展的事实造成了两重性的后果，一方面形成了个人的生产能力，这种能力除了维持生产者自身的生存之外还有了盈余；另一方面使人类形成了不同于其他动物那样的生活水平，而这两个结果就导致了个人利益的形成，导致了具有特定利益的个体的形成，这样就形成了第一个前提，即在人类内部具备了形成不同利益主体的条件。然而在这个历史阶段上，主体要实现自身的利益，必须进行具有社会意义或社会价值的实践活动，并把这种活动作为谋生的手段，而要从事这种实践活动就必须具有某种物质手段，需要一定的生产资料，于是占有或不占有生产资料对于主体来说就具有头等重要的意义。正是在这样的历史背景下，私有制、阶级、国家产生了，于是在人类内部形成和发展起了一整套的利益性社会结构。这种结构是由于不同利益主体的出现而形成的，但它在形成之后又巩固和强化了不同利益主体的存在和发展。

人类内部形成不同的利益主体，在不同的利益主体之间存在和加剧着的不平等状况，其历史作用具有两重性：一方面，它是一种进步的现象，可以促进社会的生产、技术、科学、文化的发展。因为在这样的历史阶段上，社会还没有能力为大家提供平等的发展机会，社会中某些个体的发展只能以大多数个体的相对不发展或少发展为前提，社会在整体上的发展也是以牺牲大部分个体的发展为前提的。另一方面，对得不到发展或造成了片面发展的个体来说，这种利益上的不平等又是不公道的，对于社会的长远发展来说也是不利的。因而在人类社会的认识史上，进步的思想家总是不断地研究着阶级社会中人们之间的这种利益上的不平等现象，提出了各种理论，而唯有马克思恩格斯创立的唯物史观才对这种现象做出了科学的说明，揭示了这种现象的根源，提出了解决这一现象的现实途径，形成了一套说明这种现象的社会结构理论。

马克思在《〈政治经济学批判〉序言》中集中概述了他的社会结构理论。这个理论包括三个层次：人们在一定历史阶段上所获得的物质生产力；人们为适应发展这种物质生产力的需要而形成的生产关系；这种生产关系的总和构成了一个社会的经济基础，在这种经济基础上树立起法律的和政治的上层建筑和各种社会意识形态。马克思在这个序言中所强调的是生产关系必须和生产力相适应，上层建筑、意识形态必须和经济基础相适应。后来恩格斯在一系列关于历史唯物主义的信件中进一步论述了上层建筑、意识形态的相对独立性及其对于经济基础的反作用，论述了生产关系对于生产力的反作用。这样就形成了完整的马克思主义社会结构理论。按照这一理论，人类的不平等现象的根源在于人们在生产资料关系上的不平等地位。私有制、阶级、国家都不是永恒存在的，是社会生产力发展到一定阶段的产物，将来又会随社会生产力的高度发展而消亡。

关于马克思恩格斯的上述社会结构理论，人们已经论述得很多很多，我在这里只想指出，它所描述的只是社会的经济政治结构，实质是一种利益性的社会结构。人们的物质利益问题是它所要说明的中心问题。虽然出发点是生产力，但生产关系占有核心地位，生产关系是联结社会生产力和上层建筑的中介环节。社会生产力的发展状况是通过生产关系的中介去说明上层建筑的，而生产关系的中心问题则又是生产资料的所有制形式。因此，这一社会结构理论的中心思想就是生产力的一种什么状况要求一种什么样的生产资料所有制，而一种什么样的生产资料所有制为基础的生产关系要求一种什么样的上层建筑。生产资料所有制说明着人们在社会生产体系中的地位，而这种地位又说明着人们获得物质生活资料的方式，从而说明着人们的物质利益。所谓一种生产关系适合或不适合生产力的发展，是说在这种生产关系的所有制形式下，生产主体的物质利益能不能得到改善，是说生产主体得到的物质利益能不能激发生产积极性的问题。在这个结构理论中，上层建筑和意识形态是人们物质利益的政治的、观念的表现，上层建筑、意识形态都是从政治上、思想上维护一定社会集团的特殊利益的。所谓上层建筑适应或不适应经济基础的发展要求，是说上层建筑保护了一个什么样的社会集团特定利益。如果它保护了一个阻碍生产力发展的社会集团的物质利益，它就不适应生产力的发展要求；如果它保护了一个促进生产力发展的社会集团的物质利益，它就适应生产力的发展要求。改变上层建筑是为了改变人们的政治地位，改变人们的政治地位是为了改变人们在社会生产体系中的地位和人们的物质利益。由此可见，以生产资料所有制为核心的社会结构也就是以人们利益关系为中心的社会结构。当然，改变或调整生产资料所有制为基础的生产关系和上层建筑，可以使人们的经济和政治关系适应生产力的发展要求，从而推动生产力的发展，这也是一种功能作用，从这个意义来说，这种利益性的社会结构也是一种功能性的社会结构，不过，由于这种功能作用是通过调整人们的经济地位、政治地位，从而调整人们的利益关系得到的，因此我还是把这种结构称为利益性的社会结构。

现在我们暂时撇开社会主体的利益问题及利益性社会结构，从人类实践活动的客体性角度来考察功能性的社会结构。生命有机体为实现生命活动，必须形成具有特定功能的各种器官，有的器官专司从外界获取物质、能量、信息的功能，有的器官专司消化、摄取、排泄的功能，具有各种特定功能的器官之间的有机结合形成了生命有机体的功能结构。人及由人组成的社会也是生命有机体。马克思主义研究者在过去很长的时期内很少谈论这一点，近十年来我国学者才开始重视这个问题。其实，马克思恩格斯、列宁都承认这一点，他们在这方面也是有论述的。如，马克思在分析、说明资本主义社会的功能时，指出那种情况"和所有的有机体的情形是一样的"，他还写道："达尔文注意到自然工艺史，即注意到在动植物的生活中作为生产工具的动植物器官是怎样形成的。社会人的生产器官的形成史，即每一个特殊社会组织的物质基础的形成史，难道不值得同样注意吗？"① 马克思在批评蒲鲁东把社会体系的各个环节割裂开来时认为，社会是"一切关系在其中同时存在又互相依存的社会机体"②。恩格斯曾经把古罗马的家长制家庭称为"新的社会机体"③，列宁也说过"辩证方法是要我们把社会看做活动着和发展着的活的有机体"④。当然，社会是一种特殊的生命有机体，但不管它怎样特殊，在它同环境进行物质、能量、信息交换的时候，却存在着类似于生命体的过程。社会有机体的"生命"活动是由人们从事的一系列互相衔接、配合的活动来实现的。人们所从事的每一种活动都有着特定的任务、特定的目的，构成了社会总体任务、目的的一个不可缺少的组成部分，发挥着特定的功能。社会总体任务就是在社会各分体活动的任务、目标、功能的基础上实现的。为了使社会有机体正常地运转起来，人们必须从事生产、运输、交换、分配、消费等物质生产和物质生活活动，从事教育、科学、文化等精神生产和精神生活活动，从事军事、政治、外交、组织等协调、管理、保卫活动，人们在从事每一种活动的时候，都形成着一种人与人、人与物的特殊的结合，形成一定的结构，组成某种"社会器官"，而具有特定功能的各种"社会器官"的有机结合则保证了社会有机体"生命"过程的实现。我之所以把这种结构称为功能性的社会结构，就是因为在这种结构中，不论是人还是物，不论是人们的活动还是活动的社会组织形式，都被看做社会有机体"生命"实现过程的某种功能的环节和角色，人们之所以结合起来，都是为了从事某种活动，完成社会生命活动的某种功能，因此他们之间的关系是一种功能关系，他们之间的结合是一种功能结合。

功能性的社会结构是由人类社会实践所具有的连续性和间断性、整体性和分体性、统一性和可分性之间的辩证关系决定的。实践活动的连续性、整

① 《马克思恩格斯全集》第23卷，人民出版社1972年版，第409页脚注89。
② 《马克思恩格斯全集》第4卷，人民出版社1958年版，第145页。
③ 《马克思恩格斯全集》第21卷，人民出版社1965年版，第69页。
④ 《列宁选集》第1卷，人民出版社1995年版，第55页。

体性、统一性使得人类所从事的活动无论就全社会的范围来说还是就社会的某一方面、某一层次的范围来说，都可以相对地成为一个有机的整体系统，它有其整体上的目的和任务；但是实践活动的间断性、分体性、可分性又使得人类所从事的任何实践活动的整体或过程都可以划分为若干阶段、部分、方面，而总体上的目的和任务也可以作相应的划分。当然，这种划分并不是没有任何标准的胡乱分割，它必须符合实践活动的客观过程、客观结构、客观规律，必须使分割出的阶段、部分、方面彼此衔接、匹配，都不过是整体目标实现过程中的功能角色。这种功能角色的划分，就其社会意义来说，是社会主体间的职业分工，任何一个具体的功能角色就是一种职业。为了保证实践活动的顺利进行，还要对这种功能的、职业的分工进行协调和管理，活动着的人们被区分为管理者和被管理者、管理主体和管理客体，两者之间发生着各种各样的管理组织关系，这种管理组织关系的制度化、人格化则是建立各种组织管理机关和组织管理体制，为了认识这种社会实践活动的规律，还会发展起一系列的社会科学。这样，我们就可以对功能性的社会结构做出一般概括，形成一个适用于任何实践活动的结构模型，这就是：实践活动的客观进程—人们在实践活动过程中的功能组织关系—社会职业—管理体制、管理机关和社会科学。

　　功能性的社会结构也是历史地形成和演变的，物质生产力的发展状况、科学技术的发展状况及其在人们实践活动中的应用状况、实践主体及其需要的发展状况、社会分工状况等因素制约着功能性社会结构的发展和演变。原始社会中人们之间不存在任何社会性质的分工，因而也不存在社会地形成的功能性社会结构。但这并不意味着原始人群中不存在任何分工，不过那种分工是由类人猿群中的动物性分工转化而来的，是一种自然性的分工，因而原始人群中存在着自然性、动物性的功能结构。后来随着社会生产力的发展，才出现了农业和工业、商业，以及城市和乡村、脑力劳动和体力劳动之间的几次社会大分工，人们之间出现了职业区别，于是原始人群中本来存在的那种自然性的功能结构就转化为社会地形成的功能性社会结构。在往后的发展中，社会生产力的每次大发展，都会造成社会分工的巨大变化；而社会分工的变化，就意味着产业结构、职业结构、组织管理结构的变化，这就会导致整体上的功能性社会结构的大变革，最后则导致管理体制的大变革。狩猎时代、农业时代、工业时代以及正在到来的信息时代这些标志着人类生产力巨大变革的时代，也大体上反映着功能性社会结构演变的几个阶段。就人类社会历史演变的总的趋势而言，一方面随着社会生产力的发展，社会分工越来越细，构成功能性社会结构的要素在数量上越来越巨大，要素之间的功能关系越来越复杂，社会结构呈现出复杂化的趋势；另一方面，社会各要素、各子系统、各部门、各方面之间的相互制约、相互依赖的耦合程度也不断增强，社会结构的有序性不断提高。这两方面发展趋势的有机统一，使得社会系统朝着既高度复杂又高度有序的方向演变。到了未来共产主义社会，束缚人们个性发展的社会强制性的分工将不再存在，但社会还会有分工，还会有功能性的社会结构，不过由于人自身的高度发展及由于社会财富充分涌流所提供的可能性，人们可以自由地选择自己的工作。那时，在必然王国的基础上，就会真正建立起一个人类的自由王国，实现个人的自由发展和人类整体上组织性的高度统一。

上面的分析表明，功能性社会结构和利益性社会结构确实是不同的两种社会结构，它们间的区别可归纳为下列几点：

1. 功能性结构是由生产力的技术工艺性质，由实践活动的客体性决定的；而利益性结构是由生产力的社会占有性质、实践活动的主体性决定的。

2. 功能性结构使人们之间形成一种功能关系、组织关系，一定的功能角色承担特定的责任；而利益性结构则使人们形成生产资料所有制基础上的生产关系。

3. 功能性结构使人们分属于不同的职业岗位，形成不同的职业集团和群体；利益性结构使人们分属于不同的阶级或阶层。阶级就是由于人们对生产资料的不同关系而造成的在社会生产体系中占有不同地位的社会集团。

4. 功能性结构要求一种管理者、管理机关、管理制度和社会科学，管理者和管理机关行使的是一种管理权，管理者和被管理者之间的关系是一种分工性质的管理组织关系，管理组织关系的理论描述是社会科学；利益性结构要求一种政治上层建筑，行使一种政治权力，在不同阶级间建立起统治和被统治的关系，而经济政治关系的观念表现则是意识形态。

5. 功能性结构的目的在于使人类的实践活动成为有机整体，实现社会整体与环境之间、社会内部各分体之间的物质、能量、信息的交换；利益性结构的目的是确定人们在政治经济关系中的地位并使人们按照这种地位决定的方式获得自己的利益。

6. 利益性结构具有强烈的主体性，在阶级社会中表现为阶级性，当发生剥削阶级、统治阶级更替的时候，它会受到根本改造，人们的政治经济地位也会发生重大变更;功能性结构则具有明显的客体性、社会性,在不同的政治经济制度下具有明显的共同性和连续性,当统治阶级、政治经济制度变化时,新的统治者只是把管理权接管过来,而对其组织、管理、经营结构则继承过来,至多做些调整使其适应新的要求。

但是,功能性社会结构和利益性社会结构又是在一定条件下互为前提、互相依赖、互相渗透,有机地缠绕在一起的。人类实践活动中的主体性和客体性、利益性和功能性的统一是这两种结构统一的最深刻的根源。人类的实践活动对现实条件的依赖性,决定了功能性社会结构对利益性社会结构的依赖性,决定了人们之间的功能关系对生产资料所有制关系的依赖性;而人类的目的、利益对实践活动、功能角色活动的依赖性,又决定了利益性社会结构对功能性社会结构的依赖性、人们之间生产资料所有制关系对人们之间的功能关系的依存性。实际上,正是这两种结构的有机统一才解决着使人们结合为有机整体的三大问题:人们同生产资料的关系问题、人们根据社会分工进入某种功能岗位的问题、人们获得物质利益的方式问题。

功能性社会结构和利益性社会结构之间的相互关系也是历史地演变的。总的说来,它们经历着从统一走向区分、再从区分走向统一的历史发展过程;在区分的时候何者居于主导地位,也因不同的历史条件而不同,在生产资料占有或不占有成为从事物质生产活动先决条件的历史阶段上,利益性社会结构居于主导地位;在将来人们同生产资料关系上的不平等地位彻底解决之后,功能性社会结构将居于主导地位。因此,历史的趋势是从利益性社会结构居于主导地位的情况逐步向功能性社会结构居于主导地位的方向演变。具体说来,在原始社会里,没有私有制,没有社会分工,利益性结构还没有从自然的功能结构中分化出来,人类活动的功能性和利益性及其相互关系是以原始人群体为单位而显示出来的。在生产资料私有制为基础的社会里,在独立经营的小生产者的活动里包含着这两种结构的胚芽,但彼此没有分开。但是对占有了生产资料所有权和政治上的统治权的剥削阶级和统治阶级来说,他们为了使其庄园、农场、工厂、文化事业单位以及他们统治的整个国家、社会生活正常地进行,就必须按照功能分工的原则,设置各种功能性的职位,制定各种规章制度,建立一套功能性的社会结构。因此,就社会范围来说,利益性社会结构就同功能性社会结构有了明显的区分。剥削阶级、统治阶级掌握着生产资料的所有权、政治上的统治权,因而他们也支配着管理权和经营权,他们亲自掌管或委托代理人掌管这种权力,管理权、经营权、管理者、经营者成了统治阶级的政治经济权力的贯彻和体现，功能关系、管理关系、组织关系也成了剥削关系、统治关系的一种表现形式。职业分工隶属于阶级分野，有些职业成了剥削阶级、统治阶级的专利，而被剥削阶级又只能被迫地去从事某些职业。这就是说，利益性社会结构决定着、支配着功能性社会结构。人类从事活动的目的本来是为了满足自身发展的各种需要，人们在社会实践过程中付出了一定的劳动，尽了自己的责任，就应该获得相应的权利，实现自身的发展。这就是说，从人类劳动的本身意义来说，责、权、利应该是统一的和对称的。可是，在阶级社会内部，由于剥削阶级、统治阶级的经济政治权力的存在，由于利益性社会结构的存在，使得劳动者只有责任和义务，却没有相应的权和利，即劳而不获；相反，剥削者、统治者则可以只享有权和利，却不尽责任和义务，即不劳而获。人们不能支配自己的实践活动过程及其成果，反而受这种过程及其成果的支配和奴役，这就是马克思论述过的异化。不过，人类从事的实践活动毕竟具有客观的发展规律，统治阶级的利益和目的的实现毕竟依赖于实践的成败、依赖于各功能岗位上角色任务的完成、依赖于总体上的组织管理，因此功能性社会结构仍具有相对的独立性。剥削阶级出于自身利益的考虑，也会让处于各功能岗位上的劳动者获得一定的利益，使他们有一定的积极性。随着生产力的发展、随着被剥削被压迫阶级的觉醒及其反抗斗争的展开、随着整个社会文明程度的提高，劳动者在地位、权利上也会得到逐步改善，阶级社会的发展过程既是异化现象的发展和加深的过程，也是异化现象不断得到克服、演变、以新的异化形式取代旧的异化形式的过程。

　　当代社会，由于科学技术革命的发展及其在人类实践各活动领域中的应用，人类的社会实践过程、生产活动经营管理过程变得越来越复杂，人们活动的影响越来越大、越来越深远，随着生态环境等一系列全球性问题的出现，对人类活动的管理越来越成为全人类面临的重大问题，于是功能性的社会结构也就以更加独立、清晰的面貌呈现在人类面前。要办好一个企业，当然要有一定的资本，但在今天的情况下，企业的成败更取决于组织管理和经营的好坏；对于一个国家来说，统治集团的政治经济权力当然是他们进行统治的必要条件，但是组织管理得好坏却决定着他们的前途和命运，甚至决定着利益性社会结构即经济政治制度的命运。在当代社会中，功能性社会结构的独立性和重要性的加强，表现在一系列明显的事实上，如经营权、管理权与所有权的分离；经营管理机关的加强，经营管理队伍的扩大和经营管理阶层的出现；经营管理手段的科学化、技术化、信息化、自动化；世界上一系列国家围绕经营和组织管理问题不断地进行的各种改革；在经营管理实践的要求下，一系列社会科学得到了迅速发展。而功能性社会结构的独立性和重要性的加强又反过来影响和推动利益性社会结构的演变。国家本来是阶级斗争的产物，政治职能是它的最主要的职能，管理职能历来只处于从属的地位，但是现代社会中国家的管理职能和政治职能发生了明显的分化，国家的管理职能变得越来越重要和突出。国家成了既是阶级统治的工具，又是对整个社会进行管理的工具。某些西方学者已经敏锐地发现了这种情况，有的说："政府不但拥有统治特权，它还是本国最大的服务企业。"①

　　能不能用马克思使用过的生产力、生产关系（经济基础）、上层建筑、意识形态这些范畴对上述两种结构作统一的理论概括？答案是完全可以的。不过这些范畴必须包括功能性社会结构中相应范畴的理论内容。生产力性质必须包括它的社会占有性质和技术工艺的性质；生产关系必须包括生产资料所有制为基础的关系和由分工造成的功能角色关系、组织管理关系；上层建筑必须包括具有政治性质的方面和不具有政治性质的方面，意识形态则包括意识形态和社会科学。实际上，我们还可以把社会结构进一步概括为人们的社会实践的性质、特点—人们在社会实践过程中发生的各种现实关系—人们社会实践活动的社会形式及其观念表现。于是，我们可以以最概括的形式把社会内在矛盾表述为人们从事的社会实践活动和人们的社会结合形式及其观念表现之间的矛盾，而随着社会实践的发展，人们会不断改变相互间的关系、改变人们间的社会结合形式及其观念表现，这种矛盾的不断产生和解决推动了社会的不断发展。

三　把握社会结构两重性对改革开放的方法论意义

　　从改革开放的角度看，上述社会结构的考察具有下列方法论意义：

　　1. 可以提高我们坚持实事求是、一切从实际出发的思想路线的自觉性。社会的政治经济制度、社会的组织管理制度都是适应人们实践的发展要求而建立的，其根本目的都是为了实现人自身的发展，因此判断一种社会制度合

---

　　① ［法］西蒙·诺拉、阿兰·孟克：《社会的信息化》，施以方、迟露译，商务印书馆1985年版，第96页。

理与否的唯一标准就是看它对实践活动所起的作用，促进的就是合理的，否则就是不合理的。我们之所以要进行改革开放，其目的就是为了解放和发展生产力、解放和发展我们从事各种实践活动的能力。十多年来的改革开放实践表明，要做到从实践出发，就必须解放思想，必须从我们在过去书本上读到过的但又不合时宜的某些观念中解放出来，如果我们的思想被牢牢地束缚在这些观念中，那我们就会自觉或不自觉地从本本出发，而不是从中国的实际出发。我们过去在社会结构的变革问题上之所以长期犯"左"的错误，缺乏实践经验是一个原因，但最根本的原因是由于没有彻底贯彻从实际出发的思想路线。共产党人在夺取全国政权之后按照马克思主义科学社会主义理论进行社会改造，是完全可以理解的。但是长期以来，人们在把科学社会主义理论应用于实践的时候，往往注意了马克思恩格斯关于未来社会的若干构想，却忽视了他们对其实现条件的分析，特别忽视了他们得出科学结论的方法论思想。实际上，马克思恩格斯不断地声明他们不想当未来社会的预言家，只想在批判旧世界的过程中发现一个新世界。所谓批判旧世界就是对他们当时生活于其中的资本主义社会进行批判性的研究和分析，揭示其中存在的现实矛盾，探究解决这些矛盾的现实途径。恩格斯在谈到未来社会主义社会分配问题时就有所保留地说："请读者经常记住，我们在这里绝不是设计未来的大厦。"① 列宁也曾指出："谁都知道，例如《资本论》这部叙述科学社会主义的基本的主要的著作，对于未来只提一些最一般的暗示，它只考察未来的制度所由以长成的那些现有的要素。"② 苏联哲学家 Г. 奥依则尔曼在《马克思主义对社会主义的看法是否改变了？》一文中指出，把马克思的科学社会主义理解为关于社会主义社会的学说是错误的。他认为，科学社会主义的基本任务在于批判地认识资本主义的生产方式，分析在这个社会经济体系的范围内形成的物质条件，这些物质条件不仅使过渡到克服了以前社会发展的对抗性矛盾的后资本主义社会成为可能，而且是必然的，是客观决定的。③ 马克思自己在这方面的论述也很多。他在研究经济学的过程中曾指出："在以交换价值为基础的资产阶级社会内部，产生出一些交往关系和生产关系，它们同时又是炸毁这个社会的地雷"，不过他接着又指出，"如果我们在现在这样的社

---

① 《马克思恩格斯全集》第 20 卷，人民出版社 1971 年版，第 328 页。
② 《列宁选集》第 1 卷，人民出版社 1995 年版，第 51 页。
③ 原载苏联《共产党人》杂志 1991 年第 4 期，中译文见《苏联东欧问题译丛》1992 年第 1 期。

会中没有发现隐蔽地存在着无阶级社会所必需的物质生产条件和与之相适应的交往关系，那么一切炸毁的尝试都是唐·吉诃德的荒唐行为"。① 马克思在总结巴黎公社经验时写道："工人阶级并没有期望公社做出奇迹。他们并没有想靠人民的法令来实现现成的乌托邦。他们知道，为了谋得自己的解放，同时达到现代社会由于本身经济发展而不可遏制地趋向着的更高形式，他们必须经过长期的斗争，必须经过一系列将把环境和人都完全改变的历史过程。工人阶级不是要实现什么理想，而只是要解放那些在旧的正在崩溃的资产阶级社会里孕育着的新社会因素。"② 匈牙利哲学家卢卡奇在其著作《社会存在本体论导论》中引述了马克思这段话之后说："这个解放是马克思方法论的中心。空想主义者顺从理性，要使迄今现存世界上的存在变得更好些，而马克思则只是想思考使一切人类历史形成过程中存在着的现存的东西，能够在社会存在中获得它自身的真正存在。"他认为克服任何乌托邦式的追求一直是马克思理论活动的中心。③ 其实，马克思的社会结构理论的中心意思就是要求我们在观察社会结构及其变革问题时必须从现实的社会存在出发，从生产力出发。他明确地指出，无论哪一个社会形态，在它们所能容纳的全部生产力发挥出来以前，是决不会灭亡的；而新的更高的生产关系，在它存在的物质条件在旧社会的胎胞里成熟以前，是决不会出现的。④ 他甚至要求人们在考察社会形态的时候，不仅要看到经济基础，还要看到自然条件、种族关系、各种从外部发生作用的历史影响及由此而造成的各种各样的变异和差别。⑤

可是人们为什么会忽视马克思的方法论思想而只注意他的具体构想呢？从社会历史政治上的原因来看，工人阶级及其政党是作为资本主义掘墓人登上历史舞台的，而夺取政权的胜利又给人们一种假象，似乎建立一个纯之又纯的社会主义社会的现实条件已经成熟；从认识上看，任何一个真正的共产党人都真诚地要当一个马克思主义者，方法论思想又毕竟不如社会主义具体构想那样具有更加具体的实施价值和评价价值。这样在没有实践教训之前，人们总是有一种情绪，希望一个早上就实现马克思恩格斯关于未来社会的构想，人们就自觉不自觉地对这些构想采取教条主义的态度。这种态度指导下

---

① 《马克思恩格斯全集》第 46 卷（上），人民出版社 1979 年版，第 106 页。
② 《马克思恩格斯全集》第 17 卷，人民出版社 1963 年版，第 363 页。
③ ［匈］卢卡奇：《社会存在本体论导论》，沈耕等译，重庆出版社 1993 年版，第 100 页
④ 《马克思恩格斯全集》第 13 卷，人民出版社 1962 年版，第 9 页。
⑤ 《马克思恩格斯全集》第 25 卷，人民出版社 1974 年版，第 892 页。

所建立的社会主义实践模式，最终由于不能有效地促进生产力的进一步发展和人民生活水平的进一步改善，还是败坏了社会主义和共产党的声誉。十一届三中全会以来，我们党大力恢复实事求是、一切从实际出发的思想路线，是对过去几十年历史经验教训的深刻总结；而十多年来我们党在改革开放方面取得的一系列进展正是这条思想路线结出的丰硕成果。

2. 可以使我们既重视利益性社会结构的改革又重视功能性社会结构的改革。前一结构的中心问题是人们的物质利益问题，是为谁生产、为谁干活的问题，因此对前一结构进行改革，使人们对于生产资料的占有、使用、掌握同他们自身的物质利益直接地结合起来，使人们的劳动同他们的物质利益结合起来，这可以调动劳动者、管理者、经营者的积极性，各种形式的承包责任制之所以奇迹般地把广大劳动者的生产积极性发动了起来，其原因就在这里。我们确实应该进一步探讨能够把生产资料的占有、使用、掌握的情况同劳动者物质利益直接挂钩的公有制形式，如果解决不了这个问题，坚持社会主义公有制就会变成一句空话，其结果只能事与愿违。功能性的社会结构就是技术组织管理结构、经营管理机制，它所解决的问题是生产过程的分工、人们实践活动过程中的功能角色的设置及相互的结合是否符合功能匹配的原则、系统有序的原则、最优化的原则，一句话，它要解决的问题是怎样从事生产、怎样从事各项实践活动的问题，追求的目标就是使人们的功能性的社会结合科学化、合理化，从而提高我们从事各项活动的效率和速度。十分明显，如果我们只注意利益性社会结构的改革而不注意功能性社会结构的改革，就会出现仅有人们的积极性却没有科学的合理的经营和组织管理，在这样的情况下，人们的积极性就会变成一种"瞎忙"，就会没有效率；反过来，如果只注意功能性社会结构的改革，只追求如何使人们的功能角色发挥更大的作用，只注意功能角色的责任，而不去同时进行利益性社会结构的改革，那么每个功能岗位的责权利就会脱节，克勤尽责的人会无权无利，缺勤失责的人却有权有利。这两种情况最终都会挫伤人们的积极性，还是达不到发展生产力、改善人民生活的目的。因此我们必须注意利益性社会结构和功能性社会结构互为前提、互相制约的辩证关系和社会结构所具有的这种两重性，在改革中把这两方面结构的改革恰当地结合起来。西方发达资本主义国家在经营、组织、管理现代社会化大生产和商品经济方面积累了极其丰富的经验，完全值得我们在进行功能性社会结构改革过程中学习和借鉴。在这个问题上，我们经常有一种糊涂的观念，似乎凡是西方资本主义国家实行的体制、结构、政策都属于资本主义，都只能是资本主义制度一家独有，实际上，正如我们前面已经指出的，功能性社会结构具有客观性，相对于利益性社会结构的独立性，也就是具有超阶级性、超意识形态性，资产阶级可以用，工人阶级也可以用，资本主义制度可以用，社会主义制度也可以用。以商品经济来说，只要存在不同的所有者、不同的经济主体，就必然会存在商品经济，前资本主义社会中存在着商品和市场，资本主义社会也存在商品经济，我们现在发展的是有计划的商品经济。商品经济实际上是不同经济主体之间进行交换的一种社会形式，而随着商品经济的发展，就会有一整套经营管理的功能性社会结构形成和发展起来。我们向资本主义发达国家学习经营、组织、管理商品经济的经验，建立我国商品经济发展的经营管理体制，这也不是什么搞资本主义的问题。就是资本主义的利益性社会结构，如果有利于我国生产力的发展，学习和利用一点又何尝不可呢？虽然它是资本主义的，但是我们可以让它发挥为我国经济发展服务、为我国人民服务的功能。

3. 有助于我们在改革开放中坚持辩证的、系统的、整体的观点。社会结构中的基础结构和上层结构、微观结构和宏观结构、功能性结构和利益性结构、主导性结构和附属性结构是辩证地统一的，前者变了后者也要作相应的改变，否则就会造成矛盾。农村实行联产承包责任制之后，农业生产发展了，就要发展把农民和市场联系起来的一套社会性服务设施；农村出现了剩余劳动力，就要发展各种乡镇企业去吸收这些剩余劳动力。发展有计划的商品经济，就要形成从事商品生产、商品交换的独立的经济主体，就要有适应商品生产者需要的流通渠道，就要有市场，不仅要有商品交换的市场，还要有资本市场、劳动力市场，但是市场并不是万能的，市场经济也有它固有的弱点，也会带来许多社会矛盾和社会问题，这就要通过宏观调控来解决，就要很好地解决市场和计划、宏观和微观的关系问题。商品经济发展了，市场形成了，社会主义公有制的各级各类企业也必须成为在市场上具有竞争能力的经济实体，否则它就难以存在和发展，因此它们必须进行相应的改革。总之，随着从过去那种行政计划体制向有计划商品经济体制的转变，社会的各种结构都在改变，人们同生产资料的关系在改变、人们获得生活资料的方式在改变、人们的功能角色也在改变。社会是一个有机整体，改革开放是一项系统工程，我们只有坚持辩证的、系统的、整体的观点，让各个领域、方面、层次、地区的改革开放有机地协调起来，它们才可以相得益彰、互相促进。

论解放生产力和发展生产力的辩证法[*]

邓小平同志在南方谈话中指出，只讲发展生产力不全面，应该同时讲解放生产力，并指出革命是解放生产力，改革也是解放生产力。这是非常深刻的思想，丰富和发展了马克思主义的科学社会主义和历史唯物主义的理论，对我们坚持党的一个中心、两个基本点的基本路线，建设有中国特色的社会主义具有重大的理论意义和实践意义。

一

小平同志提出的解放生产力的思想是对马列主义、毛泽东思想的丰富和发展。

长期以来，人们在把握和实践马克思恩格斯创立的科学社会主义理论的时候，往往只注意了他们关于未来社会主义和共产主义社会的若干具体构想，而对于他们在提出科学社会主义理论时所阐明和应用的根本方法论思想却未有足够的重视。其实，马克思恩格斯在创立科学社会主义时最根本的方法论思想就是根据他们创立的唯物史观，批判地考察资本主义社会，分析它所固有的各种矛盾，探讨解决这些矛盾的途径和方式。马克思在总结巴黎公社经验的时候曾经这样写道："工人阶级并没有期望公社做出奇迹。……他们知道，为了谋得自己的解放，同时达到现代社会由于本身经济发展而不可遏制地趋向着的更高形式，他们必须经过长期的斗争，必须经过一系列将把环境和人都完全改变的历史过程。工人阶级不是要实现什么理想，而只是要解放那些在旧的正在崩溃的资产阶级社会里孕育着的新

　　* 原载于人民日报理论部主办《理论参考》第 14 期，后又载于《人民日报》1992 年 9 月 18 日第5 版。

社会因素。"① 应该提出，这里谈的解放的思想是科学社会主义的最重要的方法论思想，也是判别科学社会主义与空想社会主义的重要准则，它要求人们在对资本主义社会现实矛盾分析的基础上去解放那些资本主义社会中已经孕育着的新社会因素，即解放生产力、解放无产阶级及整个人类。毛泽东同志在1945年时指出："中国一切政党的政策及其实践在中国人民中所表现的作用的好坏、大小，归根到底，看它对于中国人民的生产力的发展是否有帮助及其帮助之大小，看它是束缚生产力的，还是解放生产力的。"② 后来他又指出新民主主义革命是解放被束缚的生产力，③ 社会主义革命的目的是为了解放生产力。④

应该指出，马克思恩格斯著作中所阐述的解放生产力的思想主要是针对资本主义制度的，至于在工人阶级取得了全国政权并建立了社会主义制度之后还存在不存在解放生产力的问题，他们没有谈到。列宁也没有谈到这个问题。斯大林在1938年认为在他领导下建立起来的社会主义模式，其生产关系同生产力状况完全适合，使生产力有了加快速度发展的广阔天地；⑤ 1952年他承认了社会主义制度下生产关系和生产力之间还会有矛盾，提出要及时采取措施使生产关系适合生产力的增长，但没有讲到还存在解放生产力的问题。毛泽东同志在我国基本上完成生产资料所有制的社会主义改造之后及时指出，在社会主义社会中，基本的矛盾仍然是生产关系和生产力之间的矛盾，上层建筑和经济基础之间的矛盾，但随即指出："我们的根本任务已经由解放生产力变为在新的生产关系下面保护和发展生产力。"⑥ 当时只认识到我国的社会主义制度才刚刚建立，还没有完全建成，在上层建筑和经济基础方面还很不完善，今后要按照具体情况继续解决存在的各种矛盾，因此没有指出今后还有解放生产力的问题。至于后来在"左"的指导思想下发生的许多"以阶级斗争为纲"的政治运动及"文化大革命"，其客观效果就不是保护和发展生产力而是给生产力的发展带来了极大的干扰和破坏，也充分暴露了那种社会主义模式的弊端。十一届三中全会以后，我们党在邓小平同志的领导下纠正了

---

① 《马克思恩格斯全集》第17卷，人民出版社1963年版，第362—363页。
② 《毛泽东选集》第3卷，人民出版社1991年版，第1079页。
③ 《毛泽东选集》第4卷，人民出版社1991年版，第1254页。
④ 《毛泽东著作选读》下册，人民出版社1986年版，第717页。
⑤ 《斯大林选集》上卷，人民出版社1962年版，第198、202页。
⑥ 《毛泽东著作选读》下册，人民出版社1986年版，第771—772页。

过去那种"左"的指导思想，恢复和发扬了解放思想、实事求是、一切从实际出发的思想路线，把全党工作重心转移到了经济建设，在全国范围内逐步展开了改革开放、建设有中国特色的社会主义的宏伟大业，使我国生产力获得了迅速发展。但是，改革开放和生产力是个什么关系，为什么改革开放会带来生产力的迅速发展，这需要在理论上进行概括，而小平同志关于解放生产力的论断就是对上述问题的回答。因此小平同志的这一论断是对自1917年以来社会主义建设经验教训的深刻总结，也是对我国改革开放以来的实践经验的总结，是在社会主义建设历史上第一次提出的科学论断，它明确地告诉我们在社会主义时期，不仅存在着发展生产力的任务，同时还存在着解放生产力的任务。

二

　　解放生产力和发展生产力是两个不同的概念，具有不同的实际内容。

　　解放生产力就是排除、克服、革掉生产力得以发展的阻力、束缚、桎梏，为生产力的发展创造良好的社会条件。然而，哪些因素会成为这样的阻力、束缚、桎梏呢？所谓生产力就是人类在一定发展阶段上具有的同自然界进行物质、能量、信息交换获得物质财富的物质力量，由形成这种力量的各种要素组成。然而人们要真正运用这种力量从事生产活动就必须根据这种生产力的性质、状况以一定的形式结合为社会整体。人们必须根据生产力的社会性质形成特定的生产资料所有制形式，并在此基础上形成人们之间的交换关系、分配关系及人们在生产活动中的相互关系，再以此为基础形成人们之间的政治关系，用一系列政治上层建筑的制度、观念、习俗把上述诸关系固定为结构体制。这就是马克思曾经详细分析过的社会的经济政治结构；人们还必须根据生产力的技术工艺性质进行分工，彼此之间发生技术上的、工艺上的、组织管理上的各种关系，按照功能匹配、优化合理、有序可管理的原则结合起来，通过一系列非政治性的上层建筑设施和观念、习俗把这种结合固定为结构体制。这是马克思曾经分析过却为人们长期忽视的社会技术组织管理结构。前一结构解决着为谁生产、为谁工作的问题，核心是利益问题，可以称为利益性的社会结构；后一结构解决着人们怎样生产、怎样工作的问题，中心问题是人们的结合怎样才能获得效率和功能的问题，可以称为功能性的社会结构。这两种结构又彼此联结在一起使人们的责权利结合起来，使整个社会成为能同自然界进行交换活动的有机体。因此上述全部社会结构都是为人们的物质生产活动、为发挥发展生产力服务的，最终目的则是为人类自身生存和发展服务的。当它们适合于生产力的性质和发展要求的时候，它们是促进生产力发挥发展的社会条件；当它们不适合于生产力性质和发展要求的时候，它们就是生产力发挥发展的阻力、束缚、桎梏的社会条件。因此，解放生产力就是改造人们的社会结构，使它们从阻碍生产力发展的形式变为促进生产力发展的形式。当然，在人类发展的不同阶段，这种改造具有不同的性质和形式。人类历史上所发生过的社会革命就是因为改造了社会结构才起到了解放生产力的作用。我们正在进行的改革开放在性质、形式上当然不同于过去的社会革命，但从它涉及的问题和范围来说，也是对社会结构的改造，它涉及了生产资料所有制的形式、交换形式、分配形式，涉及了企业的经营管理体制及整个社会政治性和非政治性的上层建筑体制，还涉及了人们的观念、习俗，它的深度和广度已经涉及了我国社会结构的各个方面、各个层次，已经发挥并且还在进一步发挥着解放生产力的作用。从这种意义上说，改革开放也是一种革命。小平同志说得好，革命是解放生产力，改革开放也是解放生产力。

发展生产力就是人们从事物质的、精神的生产活动，改变生产力的组成要素，从而在总体上使生产力得到增长和发展。生产力的要素可按不同的标准进行不同的划分，但归根到底可以分为人的要素、物的要素及人物结合所形成的要素。生产者、管理者是人的要素，人的数量、质量制约着生产力的发展；资金、工具、设备、资源、环境是物的要素，生产工具是生产力的物质标志；科学技术是人们掌握客观规律的理论成果及其在生产中的应用，可以视为人和物相结合后形成的要素，它同时又通过对人和物这两种要素的影响而制约着生产力的实现和发展。发展生产力就是要发展这些要素，而要发展这些要素就要从事形成或发展这种要素的实践活动。要发展教育、文化卫生事业，培养造就发展生产力所需要的生产者、管理者；要发展工业、农业、商业等各种产业，为生产力的发展提供资金、工具、设备、资源；要发展科学研究事业，既要发展自然科学又要发展社会科学，为生产力的发展提供新理论、新技术。因此发展生产力涉及社会生产的各种形式、各个领域。生产力的发展既表现为量的增长也表现质的改变，在人类发展史上生产力的发展就是不断地从量变到质变又从质变到新的量变交替地发展的，从而在量上不断增长、在质上形成着具有不同特点的各种类型的生产力。当劳动力是生产力主导因素时就形成了劳动密集型生产力；当大量的物质设备因而也是资本成为主导因素时就形成了资本密集型的生产力；当科学技术是主导因素时就形成了科学技术密集型生产力。这三种类型的生产力实际上反映着人类生产力，特别是近现代生产力发展演变的三个不同的历史阶段。当代科学技术已成为第一生产力，科学技术密集型生产力已成为发达国家中居于主导地位的生产力类型，并且还在从一般的科学技术密集型生产力发展为高科技密集型、信息技术密集型生产力。我国目前的生产力类型中前两者仍属多数，但科学技术密集型生产力已经表现了它的带头作用。发展生产力就是要通过发展科学技术来发展科学技术密集型生产力，推动其他两种类型生产力的发展，实现我国生产力发展上的质的飞跃。因此，发展生产力就是意味着紧紧抓住经济建设这个中心搞建设，实现现代化发展的战略目标。

总之，解放生产力和发展生产力是两个不同的范畴，解放生产力的活动和发展生产力的活动是指向性不同的两种活动，前者的直接对象是束缚生产力的各种社会因素，是社会结构，解决着人与人的关系；后者的直接对象是生产力本身，解决着人和自然的关系。

三

解放生产力和发展生产力虽然是两件不同的事情，但它们之间存在着互为前提、互相制约、互相转化的辩证关系。解放生产力的目的是通过解除生产力的各种束缚因素，使生产力得到更为迅速的发展，而生产力发展到一定程度又必然地要求人们从事解放生产力的工作。

解放生产力和发展生产力在社会生活的时空范围内或者相辅相成地同时进行，或者前后相继地进行，究竟怎样进行则取决于具体的历史条件、取决于生产力发展过程中面临的主要问题。当人们的社会结合形式适合于生产力发展的时候，如果人们的主要力量不去放在发展生产力上面而去盲目地从事解放生产力的活动，就不仅达不到解放生产力的目的，反而会破坏生产力的发展，其原因就是马克思说的："无论哪一个社会形态，在它们所能容纳的全部生产力发挥出来以前，是决不会灭亡的；而新的更高的生产关系，在它存在的物质条件在旧社会的胎胞里成熟以前，是决不会出现的。"[①] 当人们的社

[①] 《马克思恩格斯全集》第13卷，人民出版社1962年版，第9页。

会结合形式严重地阻碍生产力发展的时候，如果人们的主要力量不是放在解放生产力上面而去发展生产力，那么生产力或者得不到发展或者不能顺利地发展，在这种情况下，解放生产力就是要首先解决的问题；当人们的社会结合形式同生产力发展既相适应又相矛盾的时候，人们就可以同时进行解放生产力和发展生产力这两方面的工作，使它们相互促进地进行。

解放生产力和发展生产力的统一是在人类主体的实践和认识的反复过程中实现的，而在这个过程中，解放生产力的活动总是把生产力能否真正实现了更为迅速的发展作为评估自身的标准。解放生产力虽然总是意味着通过革命或改革的途径对社会的结构体制进行改造，总是意味着用新的结构体制去代替旧的结构体制，但这种改造、代替的过程是一种复杂的扬弃过程，其中既有否定代替也有继承利用，以往结构体制的各部分各层次所遭遇到的命运也不完全相同。如前所述，人们的社会结合形式实际上包含着利益性社会结构和功能性社会结构这两个部分和方面。在阶级社会中，前一部分具有阶级性，在社会革命过程中随着统治阶级的更替，它会受到根本性的改造，用能够维护新统治阶级利益的经济政治结构去取代旧结构，这既是对旧结构的摧毁过程也是对新结构的创造过程；而后一部分则不具有阶级性，它是随社会生产和组织管理的技术工艺过程而演变的，它在社会革命过程中会作为人类在发展过程中积累起来的自调节、自组织的文明成果而继承下来，当然人们在继承利用过程中也会剔除旧的经济政治结构的影响，也会进行某些创新和发展。然而上述过程中的否定、变革、继承、利用、创新的效果究竟怎样，还得看它们对发展生产力所起的实际作用。因此解放生产力的过程既是不同社会力量的斗争过程，也是人们的实践认识的过程。人们正是通过实践认识的反复过程，依据发展生产力的实际效果，对解放生产力的活动及其成果不断矫正才完成从旧的结构体制向新的结构体制的过渡。

社会主义社会是作为资本主义社会的对立面登上历史舞台的，它的历史使命是要在将来取代资本主义社会。但就社会结构来说，它同资本主义社会不同的地方只在于利益性的社会结构，就功能性的社会结构来说两者则是相同的。过去由于人们对上述情况认识不足，因此在社会主义革命和改造过程中，只注意了否定的方面，却忽视了可以学习、继承和利用的方面，结果建立了排斥市场经济的行政计划体制的社会主义模式。这种模式在过去的一定时期内曾经起到过解放生产力的作用，但随着生产力的发展，它的弊端、它对于发展生产力的束缚阻碍就越来越显著地暴露了出来。在这种情况下，看不到这种问题及问题的严重性，认识不到改革开放解放生产力的必要性、迫切性以及目前的任务不仅仅是发展生产力，那就会自觉不自觉地去维护那种结构体制，结果就会达不到发展生产力的目的，最后则会断送社会主义的前途命运。小平同志之所以提出解放生产力的问题，就是要求坚持改革开放。实践已经表明，只有坚持改革开放才能解放生产力，而只有生产力获得解放才能得到迅速发展。在改革开放的过程中，判断改革开放的方针政策、判断改革开放过程中建立起来的新的结构体制，不应该根据过去书本上的姓社姓资的概念，也不应该根据别国的现成模式，而应该根据对我国生产力发展的实际效果，即看它们是否有利于生产力的发展，是否有利于我国综合国力的提高，是否有利于我国人民生活水平的提高。只有这样，才能创造出具有中国特色的社会主义的结构体制，才能解放和发展生产力。

综上所述，能不能把解放生产力和发展生产力辩证地统一起来，实际上是能不能把一个中心和两个基本点辩证地统一起来、把两个基本点辩证地统一起来的问题。只有坚持解放生产力和发展生产力的辩证法，才能坚持党的基本路线，才能建设具有中国特色的社会主义。

论社会科学在现代化建设中的地位[*]

社会科学在我国社会主义现代化建设中的地位问题并没有真正得到解决，人们对它的重要性还没有充分认识，社会科学的作用常常只被归结为建设社会主义的精神文明，或者被当作对外文化交流用的一种装饰品，在许多人的心目中它在社会主义建设中无足轻重，社会上重理轻文的情况有增无减，社会科学研究人员的工作条件、生活条件明显地低于其他各类研究人员，凡此种种都说明，忽视社会科学的重要性是一种带有普遍性质的社会现象，这种现象如不克服，我国社会科学就不能得到健康发展，我国的改革开放和社会主义建设大业也不能顺利进行。社会主义现代化建设没有自然科学技术不行，没有社会科学同样也不行。

一

党的十一届三中全会在总结新中国成立以来的历史经验，纠正"左"的错误指导思想的基础上恢复了实事求是、一切从实际出发的思想路线。

但是，从实际出发丝毫不意味着否定社会科学理论的重要性，它所反对的不是社会科学理论，而是对以往理论的教条主义态度和对以往经验的经验主义态度。有些人觉得一讲从实际出发就可以不要社会科学理论了或社会科学理论不那么重要了，这是一种对实践和理论相互关系的机械的、片面的、肤浅的理解。把社会实践和社会科学理论绝对地对立起来，不符合马克思主义的辩证法。实际上在社会实践和社会科学理论之间存在着极为复杂的互相依存、互为前提、互相渗透、互相转化的辩证关系。社会科学理论本身是一个具有许多层次、许多方面的复杂系统，社会实践本身也是一种复杂系统并

    * 原载《浙江学刊》1993 年第 1 期。

且经历着从盲目的、低级的实践水平向自觉的、高级的实践水平发展的历史过程，不同层次上的社会科学理论同不同历史阶段上的社会实践及社会实践中的不同层次之间的相互关系是各不相同的。

就社会科学理论来说，它的最高层次是社会科学的一般方法论，它们不是人们对一时一地的实践经验的简单总结，而是对人类长期的社会实践史、社会认识史的总结，是对人类长期发展中积累起来的社会科学成果的哲学概括，它对社会实践的指导作用主要表现在提供一种科学的思想方法、认识方法，它并不具体回答特定社会实践的具体问题，它的下一层次是社会某一领域中的具体的社会科学理论，它们是人们对某一社会领域中以往经验的理论概括。这些理论对人们在某一社会领域中的实践活动的指导作用就较为具体，会对人们实践活动中的问题作出具体的回答，而它们的理论命运则也较为直接地接受着人们实践后果的判决。它们的下一层次则是更为具体的针对某一具体的、个别的实践行动的计划方案，具有可操作可实施的具体性质，属于社会技术范畴，它们与具体的个别的实践行动之间有着极强的针对性，而具体、个别的实践行动的成功与失败则会直接地、迅速地判定它们的正确性、可行性。一般说来，任何一种严肃的、科学的社会理论体系都包括着上述三种层次，第一层次是它的理论基础；第二层次是它的理论内容的主体，第三层次是它的理论的应用，属于外围部分。

就社会实践来说，人们的实践行为一般也可以分为三个层次，核心层次是一般行为模式，是适用于社会对象普遍情景的一般行为逻辑；中间层次是特殊的行为模式，是适用于社会对象特殊情景的特殊行为逻辑；表面层次是个别的行为模式，是适用于社会对象个别情景的行为逻辑。由于社会对象是普遍、特殊、个别的统一，因而人们的实践行为就是普遍的、特殊的、个别的行为模式有机结合的总体。个别的行为模式是具体的、易变的，普遍的行为模式则是一般的、相对稳定的。社会科学理论和社会实践之间的关系不仅表现为它们作为两个不同系统的整体之间的关系，也表现为它们所具有的不同层次之间的关系，一般方法论对应着一般行为模式，具体领域的社会科学理论对应着特殊的行为模式，具体的社会技术对应着个别的行为模式。实践在检验理论的时候，不仅作为整体显示其作用，它的不同层次也分别地对不同层次的理论和技术显示其作用。

有时候人们在某个时空范围内的实践的失败，可能确实是由于指导实践的理论从其方法论基础到具体的技术方案以及由它们指导的实践活动三个层次上的行为模式都是错误的缘故，但有时候可能是由于应用理论的具体技术方案及由它决定的实践的个别行为模式的错误造成的。这说明对实践的成功或失败所作出的理论的科学性、正确性的判决也要进行具体的分析，要弄清楚失败的真正原因，准确地找到错误所在。

从发生学的角度和人类认识总体来说，实践先于理论，因此没有理论指导的实践是存在的。然而没有理论指导的实践是盲目的、初级的，实践后果的准确率、有效率很低。从实践和理论相互关系的现实形态来说，在科学技术发展的今天，没有任何理论指导的实践是不存在的。即使在从事一项前人没有进行过的社会实践而前人的理论又不能指导这种实践成功地进行的时候，我们着力反对对前人理论的教条主义态度，要求人们解放思想，从实际出发，这时候也没有完全摆脱以往理论的指导作用。解放思想，从实际出发这样的指导思想本身就是一种理论，它是马克思主义认识论的实质和核心，它体现了马克思主义理论的最根本的方法论思想。一般来说，在探索性的实践阶段，起指导作用的主要是一般方法论，人们根据这种理论指导下的普遍行为模式进行探索性活动，经过一个时期的探索性实践，人们就会获得具体对象的感性经验，通过对这种经验的总结就会形成关于具体对象的理论，于是人们就会进入实践的试验性阶段，这时起指导作用的理论除了一般方法论之外又增加了关于具体对象的理论，如果试验结果获得成功的话，人们就会吸收试验阶段上的经验对具体对象的理论进行修改补充并形成初步完整的理论，而在这种理论指导下人们的实践活动就发展到推广性阶段；在推广过程中会遇到新问题、新情况，初步完整的理论又会得到进一步的修正和充实，从而形成成熟的理论，而一种成熟的理论就会把人们的实践活动再提高一步，进入实践活动的自觉自由阶段。这时人们掌握了有关对象的客观规律，因而极大地减少实践活动的盲目性，极大地提高实践活动的准确率、有效率。但这里所谓的自觉自由也是相对的，因为即使在这样的阶段人们在实践活动中仍然会遇到新情况，仍然需要对成熟的理论采取科学的态度，在利用它指导实践的时候仍然要接受实践的检验，并随时用新的实践经验对理论进行修改和补充。由此可见，在实践的任何阶段上都有某种理论在指导，人类实践活动的深入和发展必然推动一般方法论理论和具体实践经验结合起来形成具体对象的科学理论，必然推动这种具体科学理论的成熟和发展；而具体理论的形成、成熟和发展又反过来推动实践活动从盲目的、不自觉的、低级的阶段发展到自觉的、自由的、高级的阶段。没有理论上的发展也就不可能有实践活动上的发展。

二

科学技术是第一生产力，这是邓小平同志对马克思主义的重大贡献，这一理论深刻地揭示了科学技术在生产力中的重要地位。但是人们在理解和阐述这一论断的时候，却往往只限于自然科学技术，这是片面的。这里的科学技术应该同时包括社会科学及其技术。发展生产力既靠自然科学技术也靠社会科学技术。

第一，在现代科学技术的发展中，自然科学和社会科学之间出现了彼此渗透、移植、结合的一体化发展趋势。人们曾经把自然科学定义为关于自然现象及其规律的科学，把社会科学定义为关于社会现象及其规律的科学。人们也曾经认为自然科学和社会科学在研究方法上是根本不同的，在科学分类中被认为属于两个不同的类别，它们之间存在着不可忽视的鸿沟。但是这样的鸿沟在现代科学技术的发展中却正在被"两岸"的科学家们填平和跨越。自然科学奔向社会科学的潮流已是人所共知的事实，社会科学也悄悄地却不可遏止地渗到了自然科学领域，自然科学越来越深刻地陷入了对社会科学的依赖之中，自然科学的研究和发展越是成为一种社会化事业，它就越是离不开社会科学。在历史上当科学研究主体仅仅是科学家个体时，他们常常把社会科学置于脑外而埋头于实验和观察，但现代科学研究主体常常是由人数众多的科学家组成的共同体，这种共同体本身就是社会的一种缩影，它的组织和运转机制也遵循社会规律。科学家们如果不懂得这种规律，就无法彼此协调地工作并形成整体的科研能力，因为自然科学虽然以自然为研究对象，但它的发展总是要受到社会的价值观念、思维方式、发展要求的影响，这种影响有形无形地制约着自然科学的发展。自然科学家越是深刻地理解这种情况，就越能自觉地把握自然科学的发展方向，就研究对象来说，由于人类社会与自然生态环境相互作用的强度、广度、深度空前发展，人类的活动已对自然生态环境的发展产生了巨大影响，因此自然科学所要研究的对象越来越成为人化的自然、社会化的自然。对于这类对象，如果自然科学家不懂得社会科学，就不能作出科学的分析，也不能提出解决问题的合理的技术方案。医学是关于人的健康和疾病的科学，但人不仅是自然界的一分子，还是社会的一分子。当代科学技术的发展，社会生活的科学化、技术化、城市化对人的生命活动产生着越来越大的影响，出现了所谓"城市病"、"文明病"等主要由社会原因造成的疾病,因此现代医学具有明显的综合性质,包括了自然科学和社会科学的结合,还出现了医学社会学这样的学科。生物是自然界长期发展的产物,生物学历来属于自然科学范畴,但是在当代科学技术革命的条件下,人类的活动对生物界的发展产生着明显的影响,甚至危及着生态平衡,因而在当代,忽视了人类社会的影响就不能正确地认识生物界和生态环境的发展规律。生物社会学、生态社会学也已经应运而生。可以毫不夸张地说,现在已经没有完全不和社会科学发生关系、可以不依赖于社会科学的自然科学,在社会、人、自然生态环境结合点上已经生长出的一系列新型学科既具有自然科学性质,又具有社会科学性质。随着这类新型学科的出现,随着研究对象从简单的自然系统向复杂的自然—社会系统的转变,社会科学在长期发展过程中积累起来的研究复杂系统的方法论和某些方法,日益显示出自然科学家所不可忽视的价值。

第二,科学技术在没有进入生产实践时只是一种潜在生产力。科学理论是一种精神形态的生产力,它必须变成具有实践性质的技术才能进入生产实践;即使科学技术的物化形态也必须在生产实践中同生产力的其他要素结合起来才能成为生产力。而科学技术进入生产实践的过程、在生产实践中和其他生产力要素结合的过程,则是一种社会过程,它必须在社会科学解决了这一过程中不可避免地存在的一系列社会问题之后才能顺利地实现。新科学技术或者产生于研究单位的实验室,或者产生于生产实践的第一线,它在被发明、发现、创造的时候总是作为个人或某科学共同体的成果,必须通过一定的社会形式、社会步骤进入生产领域并同生产力的其他要素结合起来。首先它要得到社会的评价和承认。这种评价和承认往往包括着技术、生产、经济、伦理、美学、社会后果等多方面的价值评价。这诸多方面的社会评价和承认都直接或间接地制约着新科学技术的生产力进入。有时实验室或小范围试验中成功的技术在投入生产时会遇到新的困难,在生产上不一定可行;有时生产上虽然可行但投入产出之间的负比值太大,经济效益不好;有时上述方面的评价通过了却遇到了传统伦理道德的巨大挑战,例如计划生育、避孕、试管婴儿、安乐死、人体器官移植、基因工程、核技术等都遇到过这方面的挑战。新科学技术在生产上的应用如果可能触发和激化大量的社会矛盾,也会遇到巨大的社会阻力。显然,如果没有技术经济学、技术伦理学、技术美学、技术社会学等这样一些社会科学使新的科学技术通过社会的评价和承认,它们是难以进入生产领域的。科学技术是第一生产力本身就是一个社会科学性质的论断，是从生产力的角度对科学技术的价值评价，要求人们进一步认识科学技术和生产力的关系。其次，在商品社会里，科学技术从发明者手里转到使用者手里是通过商品交换的形式和渠道进行的，这里要解决发明权、专利权、知识产权的归属和有偿转移的形式问题，这些问题也是靠社会科学解决的。就是上述问题都解决了，也还有一个如何使生产者和管理者掌握新的科学技术的问题，这就要靠教育系统和传播媒介系统，要靠教育学和传播学。总之，在科学技术从精神的、潜在的生产力转化为现实的生产力过程中，社会科学发挥着不可取代的作用。当代，随着社会分工体系的复杂化，随着科学技术工作在社会分工体系中日益成为独立的社会事业，随着商品经济的高度发展，社会科学的上述功能和作用不是在缩小和减弱，而是在扩大和加强。

第三，生产力诸要素只有通过一定的社会形式结合起来形成一个有机整体、进入生产过程才能成为现实的生产力。因此，生产力在其具体的、现实的、活动的形态上总是同人们的社会结合形式联系在一起的。人们要根据生产力的社会性质解决生产资料所有制的形式问题、交换和分配形式问题、人与人在生产过程中的关系问题，人们还要在此基础上形成与这种经济关系相适应的社会的政治经济结构，解决为谁生产的问题，人们还要根据生产力的技术工艺性质，按照功能匹配原则、优化组合的原则、管理上可行性原则进行分工协作，彼此间发生技术上、工艺上、职能上、组织管理上的各种关系，并在此基础上形成相应的管理体制，形成社会的技术组织管理结构，解决怎样生产的问题。还要把上述两种结构统一起来，把人们在生产过程中的责、权、利统一起来。只有在这样一整套的社会结合形式中，生产力诸要素才有机地结合为能同自然界进行物质、能量、信息交换的现实力量。显然上述组织过程的规律性是由社会科学研究的，必须依靠社会科学才能实现上述组织过程。我们还必须看到，上述组织过程是不会一劳永逸地解决的。随着生产力的发展，人们之间的各种社会结合形式会从促进生产力的发展形式变为生产力发展的阻碍、束缚、桎梏。如何在人们的社会结合形式阻碍和束缚生产力发展的时候及时通过革命或改革的形式解放生产力，这种问题也必须依靠社会科学才能得到正确解决。当不改变社会结构，生产力不能得到解放和发展，科学技术不能顺利转化为生产力的时候，社会科学所发挥的作用和功能更是任何具体的自然科学技术所不能比拟的。当一种正确的社会科学理论指导人们改变了社会结构，为生产力发展扫除了社会障碍从而极大地解放生产力的时候，你能说社会科学没有转化为生产力吗？社会科学和自然科学在转化为生产力时的区别只在于，前者是通过改变生产力形成和发展的社会因素而转化为生产力的，而后者是通过转化为生产力的物质因素，形成新的生产力类型而成为生产力的。

三

社会科学不仅在生产力发展中有着不可忽视的作用，而且在整个社会的现代化发展中有着不可估量的作用。

不管人们怎样理解现代化发展的概念，现代化的发展过程总是意味着发展生产力并在发展生产力的基础上发展社会其他方面的过程，而为了使这一过程顺利进行，总要解决和处理发展过程所面临的各种困难、问题和矛盾。

当代全球问题已严重地威胁着人类的生存和发展，威胁着人类的前途命运。全球问题的严重性、危害性，解决全球问题的必要性、迫切性已经推动西方发达国家中的许多专家、学者对资本主义制度建立以来的社会发展模式，从生产方式、生活方式、社会经济政治制度到价值观念进行全面的反思。过去人们认为，只要人类认识自然规律，发展自然科学技术，发展生产和经济，征服自然界，就可以从自然界获得源源不断的物质财富，就可以不断地解决生产和需要的矛盾，人类就可以过上富裕舒适的生活。这种观念曾被哲学家们概括为知识就是力量，科学理性应该支配一切，人类应该统治自然界。但是现在人们开始认识到这些观念的褊狭性，认识到人类不能仅仅做自然界的主人，还应该做自然界的建设者，人类社会和自然生态环境应该协调地发展，人们不应该追求无限度地掠夺自然，而应该追求人类社会自身长期稳定持续地发展，认识到仅靠自然科学的那种科学理性并不能解决人类发展道路上的全部问题，人类的哲学观念应该从那种科学理性发展为能够把真善美、局部和整体、目前和将来、自然和社会协调地结合起来的系统综合的哲学理性、实践理性，即不仅要考虑认识论上的真，还要考虑伦理学上的善和美学上的美，在从事科学技术和发展经济活动的时候不能只从眼前的、局部的需要和消费出发，而应该从人类整体的、长远的需要出发。长期以来，大规模的、超大规模的、高度集中的生产方式曾经为人们带来了廉价的商品，也替人类从自然界那里夺取了大量物质财富，但是现在人们开始认识到这种生产方式的弊病，它带来了人口的集中和废气、废水、废物的集中，严重地破坏着集中地区的环境，人们开始想到分散的好处，开始考虑如何兼顾分散和集中两方面的优点，开始探索新的生产方式。长期以来，人们追求高消费的、急速地更换消费品的生活方式，但现在人们发现这种生活方式是一种大量挥霍、大量丢弃的生活方式，严重地浪费着资源，是一种只顾眼前享乐而不顾子孙后代的生活方式，而且这种生活方式在目前也严重地破坏着环境，导致生活质量的下降，人们开始反思在生活中究竟应追求什么样的价值，开始探索新的生活观念和新的生活方式。过去那些为资本主义制度辩护的政治家、理论家总是把这种制度及其发展模式说得天经地义、完美无缺，认为它将永世长存，但现在面对全球问题的威胁、寻找解决全球问题的途径时，人们不得不思考究竟是什么原因在人们之间，在阶级、集团、地区、国家、民族之间造成了对立关系，究竟是什么原因使人们只顾追求眼前的利益，究竟是什么原因造成了全球范围内发展上的不平衡状态和无政府状态，究竟是什么原因造成了掠夺型的、挥霍型的、污染型的生产方式、生活方式，现在越来越多的西方有识之士认识到自工业革命以来逐步形成的传统发展模式所存在的问题，他们谈论着对这种发展模式进行改革的各种各样方案。尽管他们不同意马克思提出的共产主义理论，但他们提出的诸如后工业社会、信息社会等的设想中有许多特征都是马克思恩格斯曾经提出过的。长期以来，人们总是认为只有战争、暴力才能解决阶级、民族、国家之间的矛盾，但是第二次世界大战以来的事实表明，战争、暴力越来越不能有效地解决当代人类社会的矛盾，越来越多的人认识到在人类掌握了这么多核武器的情况下一旦打起核大战就很难分出赢家和输家，其后果只能是人类的毁灭。因此越来越多的国家和人民认识到，应该通过和平对话的方式来解决国际社会中各种政治的、经济的、种族的矛盾，人类必须用新的方式解决自己内部的矛盾。上述反思已经推动并且还在继续推动人类科学认识的发展。现在越来越多的人认识到，解决当代全球问题、解决人类社会的持续发展问题，不能单靠自然科学，必须加强对社会的研究，必须发展社会科学，越来越多的自然科学家也转过来研究社会。这就是自 20 世纪中叶以来在西方工业发达国家中社会科学的地位一直在上升的原因，不少学者甚至认为 21 世纪将是社会科学繁荣发展的世纪。

过去的经验告诉我们，我国的现代化建设不能机械地照搬别国的既成模式，我们要吸取别国的成功经验，但要避免别国现代化过程中已经暴露出来的矛盾和问题。目前我们正在对过去那种行政计划经济体制的模式进行改革，使我国经济转到社会主义市场经济的轨道上去，正在探索、建立和社会主义市场经济相适应的经营管理体制，并在这种体制下探索我国现代化的发展模式。这里必然会有许多新的问题和情况要求我们去研究和解决。这是一项巨大的、复杂的系统工程。我们要在这个过程中减少盲目性、提高自觉性，就必须仰赖社会科学的发展。我们过去在经济建设和现代化事业中屡屡失误，"左"的指导思想当然是最重要的原因，但是不注重发展社会科学、不注重利用社会科学成果也是一个原因。今天我们有了正确的指导思想，有了一个中心、两个基本点的党的基本路线，但如果没有社会科学的应有发展，仍然难以避免各种各样的错误。

总之，社会科学在我国现代化建设事业中既不是可有可无的装饰品，也不处于无足轻重的地位，无论在生产经济发展中还是整个社会的现代化过程中，社会科学都发挥着举足轻重的关键作用。如果忽视社会科学，势必铸成历史性的错误。因此，我们应该高度重视社会科学的作用，应该消除各种莫名其妙的对社会科学的恐惧和不信任的心理，应该舍得在社会科学研究上进行投资，用现代化的技术设备武装社会科学研究队伍，要为社会科学的发展创造有利的社会环境，使之在现代化建设中发挥更大的作用。

论社会整体性[*]

社会整体性是人类社会所具有的一种根本的存在特性，历史唯物主义也是一种社会整体论。然而长期以来，我们却忽略了对社会整体性的研究，致使各种错误的理解影响着人们的思想和实践。以往那种排斥市场经济的行政计划体制的社会主义模式，其哲学基础就是对社会整体性的唯心的、形而上学的理解，就是一种社会整体的绝对至上论。现在我们要对那种社会主义实践模式进行改革，在哲学上就要用历史唯物主义的社会整体论去否定那种绝对整体论，在建立社会主义市场经济体制的过程中，科学地处理社会整体性中的各种相互关系。

一 社会整体性的实践特性

人们能不能随心所欲地建立某种社会整体性，或者人们能不能根据某种抽象的原则去建立某种社会整体性？不能。因为社会整体性归根到底是人们实践活动的产物。

首先，人们是适应实践活动的需要而形成社会整体性的。

实践活动是人类特有的生存方式，人类必须不间断地同自然界进行物质、能量、信息的交换活动才能生存和发展，而且这种交换活动不能仅是其他动物所从事的那种单纯的适应活动，它必须是一种对自然界的能动的改造活动，即必须是一种创造和使用工具的活动，认识和利用自然规律的活动，按人的需要评价和改造自然对象的活动。这些特点决定了人的实践活动从一开始就具有群体的、社会的性质，即必须有众多个体的相互协作才能进行。个体的生物能量是非常有限的，个体的认识能力、评价能力也只有在与他人的交往

---

* 原载于《哲学研究》1993 年第 3 期。

中才能发展，因此，人们的实践过程不能不与他人在体力上、智力上、技术上合作，有时人们之间会出现不同形式、不同程度的分工，但分工是为了更好地合作。人们越是投身于实践活动，越是会认识到相互之间合作和共同行动的重要性。社会整体性就是适应实践活动的需要而产生的，又是为实践活动的需要服务的。人们通过实践活动发展自身是目的，人们结成社会整体是达到这种目的的一种手段、一种形式。

其次，人们也只有在实践过程中才能形成社会整体性。

有生命的个人的存在虽然是形成社会整体性的必要前提，但静止的、孤立的个人是不可能形成社会整体的。社会整体是人们在实践中彼此进行各种交往、建立各种关系的结果。

人们间的交往是实践的要求，也发生于实践过程之中，是人们同外部自然界进行的交换活动在人们内部之间的延伸和继续，是人们为了实现共同行动而相互影响、相互作用的过程，是人们为了从事实践活动对他人提出要求和应答他人要求的过程，是人们之间的信息、能量、物质的传递过程。通过交往，人们认识到共同行动的价值、意义、目的，认识自身在共同行动中的地位和作用。因此，交往过程是人们共同的利益、价值、目的的形成过程，也是人们行为功能上的相互协调过程。交往是个体社会化、社会整体化过程中不可缺少的环节。实践活动要求人们彼此间发生多少种相互作用，人们彼此间就必须进行多少种交往来实现这种相互作用。人们之间不同形式、不同领域中的交往具有不同的联系和交流功能，正是众多领域的交往，从各个方面、各个层次并以不同的形式把人们联系组织起来。

但是交往只是人们在实践中的暂时联系，如果人们只停留在这种暂时性的联系上，仍然不可能形成稳定的社会整体性。当然，实践活动是一个连续不断的过程，某项具体实践活动的结束常常意味着另一项具体实践活动的开始，因此随着实践活动的持续进行，随着人们之间的交往不断发生，人们就会从这种不断重复的交往活动中建立某种持续性的联系，社会关系就是人们间持续的、稳定的交往关系。人们在社会实践中形成的社会关系是多种多样的，如血缘关系、生产关系、政治关系等。人们所从事的某种实践活动在人类总体实践活动中的地位决定了人们在这种实践活动中形成的社会关系的地位，社会实践的有机性、整体性决定了各种社会关系有机地构成社会关系的体系，这就形成了社会结构。社会结构把人们联结为社会整体，也使人们在社会关系体系中占有特定的位置，成为社会整体中的一员。

　　人们在实践过程中形成社会整体性的过程起初是一种自发的过程，每个个体都有着自己的目的，按照自己的计划活动着，他们在实践中相互进行着交往，发生着关系，甚至彼此冲突着，就他们相互发生的每一次作用来说，可能是偶然的、随机的、不确定的，因而也是混沌的、无序的，但是他们之间的无数的、大量的这种偶然、随机、不确定、混沌的相互作用却汇合成一种总的结果、合力、相干、协同的效应，偶然性、随机性、不确定性、混沌性中孕育着必然性、确定性、规律性、有序性，从而在人们之间形成了有序、稳定的结构性联系。随着人们对这种结构性联系及其意义的认识，人们建构社会整体性的过程就从自发阶段转变为自觉的阶段。这里所谓的自觉就是对实践要求的自觉，对人们在实践中形成的有序关系的自觉，这个自觉过程的标志就是人们用一整套的规范和制度把上述结构性联系固定下来。各种规范和制度都是为了协调人们的利益和行为，使人们的利益和行为有利于社会整体性和共同从事的实践活动。人们还设置了相应的社会机构来负责执行各种规范和制度，保证社会生活的有序性。至此，人们在实践活动过程中不仅形成了社会整体性，还使它获得了具体的存在形式。

　　再次，社会整体性是随着人们实践活动的发展而演变的。

　　既然社会整体性及其存在形式是应社会实践的需要，在社会实践过程中形成和建立的，它的任务和使命是为了保证实践活动的有效进行，那么它的命运就取决于对社会实践所起的作用。可以这样说，在社会实践面前，社会整体性的具体存在形式是"顺之者昌，逆之者亡"。然而，社会实践是一种不断发展着的开放性的活动，随着人们认识的提高和新的实践手段的获得，它会发展到新的阶段，这样早先形成的社会整体性具体存在形式就会从原先有利于实践活动的形式变成实践活动进一步发展的不利形式，甚至成了障碍、桎梏。在这种情况下，发展了的实践活动就要求改变社会整体性的存在形式。因此，实践和社会整体性存在形式之间的矛盾是贯穿人类社会历史始终的根本矛盾，也是推动人类社会不断向前发展的根本动力，生产力和生产关系、经济基础和上层建筑之间的矛盾实际上是上述矛盾的具体表现。人类社会的历史归根到底是在人们实践活动推动下的社会整体性及其存在形式的演变史、发展史。

　　由此可见，实践的观点不仅是认识论，而且也是历史唯物主义的首要的根本的观点。在建立或改革社会体制的时候，是从实践出发还是从抽象的原则、概念出发，既是两种不同的认识论，也是两种不同的社会历史观。邓小平同志在南方谈话中所提出的判断改革开放姓"社"姓"资"的三个"有利于"的标准，正是最彻底地坚持了历史唯物主义的基本原理。

二　社会整体性的辩证特性

社会整体性作为人们实践活动的结果产生之后，形成了个体、部分层次上所没有的性质、规定和功能，形成了社会整体上的目标和利益，获得了超个体、超部分存在的相对的独立性、普遍性和客观性。于是，社会整体性反过来对个体、部分及人类的历史发展产生着巨大影响。

1. 它制约着个体的存在和发展。社会整体是人们赖以生存和发展的不可缺少的社会环境。但是，个体要成为社会整体中的一员，必须进入社会关系体系的特定位置，必须承担特定的功能。他必须接受社会整体的洗礼，使自己具有社会整体性赋予他的社会规定性。首先，他必须让自己的目的、利益经过社会整体的修正、认同之后成为从属于社会整体目的、利益的特殊的个人利益；其次，他必须接受社会整体的规范和制度，使自己的行为模式符合社会整体的要求；再次，他必须接受社会整体的文化价值观念，形成社会整体所认同的精神世界。他成了特定社会整体所构成的社会环境的产物。社会整体既为个人的生存和发展提供了条件，也为个人的生存和发展规定了界限和方式，个人只能在社会整体许可的范围内争取他的利益、权利和自由，超出了社会整体许可的范围，个人的行为不是受到道德的谴责，就是受到法律的制裁。个体的绝对自由论不过是人们在意识形态上的幻想。

2. 它制约着部分的存在和发展。社会整体上的需要和利益决定着组成它的诸部分的需要和利益，诸部分只有证明它们在社会整体实现其目标和功能的过程中是不可缺少的，才能获得存在和发展的权利，社会之所以存在着物质生产、精神生产、社会活动、组织管理各部门，就是因为它们都是社会整体地存在和发展所不可缺少的。只要是社会整体发展所需要的，即使以往没有存在过的部门也会被创造和建立起来；反之，即使以往长期存在的部门，由于失去了社会整体发展上的需要，也会逐渐地萎缩和消失。社会整体上的发展能力制约着诸部分的发展规模，社会整体上的发展结构决定了诸部分间的结构。部分完全处在对社会整体、对其他部分的依赖之中，离开了社会整体、离开了与其他部分的关系，一个封闭、孤立的部分既失去了存在的现实性，也失去了发展的可能性。社会整体性越是得到发展，它的目标、功能越是复杂，完成这种目标、功能的内部分工越是细致，各部分之间的关系越是多样，某个特定部分就越是处在对其他部分及社会整体的依赖之中。当代世界，由于科学技术的发展，生产、经济、市场、科技、文化等方面的发展出现了超越国界的全球一体化趋势，人类生活越来越在全球范围内组织成为有机整体，各地区、各民族、各国家处在越来越广泛越来越深刻的相互依赖之中，它们的发展道路和发展情况越来越受制于全球一体化发展趋势的影响，封闭与外界的交往在客观上已经不可能，人为的封闭也只能使自己落后。

3. 社会整体性的作用还表现为历史作为整体对现实的影响、现实作为整体对未来的影响。在历史的长河中，社会整体性就转化为历史过程的整体性，社会整体性的现实存在就转化为历史性的存在，成为历史过程的发展阶段。社会整体性既造成着历史的阶段性，又造成着历史的连续性。人们可以按照社会整体性把绵延不断的历史过程区分为历史、现实、未来。历史是过去的现实；现实是当下存在的历史，是历史到未来的过渡；未来是历史、现实的进一步发展，是待实现的历史和现实。因此历史制约着现实，现实又制约着未来。历史、现实、未来作为社会整体性的存在，它们之间的相互影响也是整体性的。

历史的影响采取了文化的存在形式，文化传统就是历史作为一种总体在现实中的存在和影响，这种影响是多方面、多层次的，是整体性、总体性的。这样，新一代的主体进入社会的时候，就面临着由生产力、生产关系、上层建筑诸方面的物质文化、精神文化、制度文化所构成的总体，而这一总体就制约着新一代主体的成长，制约着他们的气质和能力，制约着他们的思维方式、生活方式、活动方式，因而构成了新一代主体从事新的实践活动的前提和出发点，新的社会整体性就是这种历史前提和出发点的继承和扬弃。因此，不了解历史、不了解文化传统就无法了解一个民族、国家在现实发展中所具有的特点。

同样，人们在现实中的活动，如果分别地考察，每一项活动也许是微不足道的，但是种种活动积累起来所汇集成的一种总体性的结果，其影响却是十分巨大和深远的，就会以各种方式制约人类的未来发展。现实和未来的耦合程度，现实对未来影响的程度，完全取决于人们实践活动的性质和规模。在生产力低下、社会变化缓慢的古代，人们常常意识不到自己的活动会对未来产生什么影响；而在今天，由于科学技术的发展，人类获得了空前强大的改造自然和社会的物质技术手段，也越来越清楚地意识到自己的现实活动对未来的影响，学者们不断地告诫着人们要认识自己和未来的子孙们共享着同一个地球上的资源和环境，不断地呼吁人们要为明天的人类着想。人们今天不断地谈论着的环境、资源、人口、核威胁等全球性问题，不仅因为这些问题的现实影响，还因为这些问题的未来影响，人们正是在把今天的现实和明天的未来联系起来的时候，才更为深刻地认识到这些全球性问题的严重性。

社会整体性对个体、部分及人类历史发展的制约作用的存在是社会整体论得以形成和发展的客观根据，但是，当人们把社会整体性的制约作用夸大到绝对的无条件的时候，当人们在研究社会整体性时切断了它和人的实践活动的现实联系的时候，当人们只看到耸入云霄的社会整体性而忘记了它的现实基础时，就会把社会整体性神圣化、绝对化，就会制造出种种形式的社会整体绝对至上论。各种社会整体绝对至上论的共同特点是否认社会整体是千百万人实践活动的结果，否认个体、部分在社会整体形成过程中的贡献和价值，把社会整体看成了超现实超历史的存在，它不是为人们服务，反而使人们成为它的工具，人们成了只能对社会整体顶礼膜拜的芸芸众生。长期以来，人们常常不自觉地把社会主义简单地理解为社会"第一"主义、社会"至上"主义，似乎社会主义和资本主义的区别就在于一个讲"社会"，一个讲"个人"，并且还认为这是在讲历史唯物主义。其实，这种对社会主义简单庸俗的理解，其哲学基础根本不是历史唯物主义，而是社会整体的绝对至上论。用这种理论指导社会的组织和改造，必然不是从现实的实践出发，而是从超现实超历史的原则、观念出发，去处理个人和社会、部分和整体、中央和地方的相互关系。应该指出，社会整体绝对至上论同历史唯物主义没有丝毫的关系，并且正是历史唯物主义历来所反对和批判的。历史唯物主义的社会整体论是一种实践的、唯物的、辩证的、历史的社会整体论。社会整体性不仅具有实践的特性，还具有辩证的特性。

社会整体性并不是一种机械的整体性，而是一种有机的整体性，是人们、部分、层次之间有机结合的结果。所谓有机结合，就是组成社会整体的诸部分之间不是单向的、线性的、机械的因果关系，而是多向的、交互的、非线性的因果关系，是一种复杂的相互作用的关系。在这种关系中，诸部分互为因果，一部分成为另一部分原因的同时，又成为另一部分的结果；一个部分可以成为其他几个部分的原因，同时又成为其他几个部分共同作用的结果。这种相互作用使诸部分处在不可分割的联系之中，所谓社会整体性其实就是这种不可分割的联系，所谓社会整体性对个人、部分、历史的制约作用其实就是这种不可分割的联系的制约作用。因此社会整体性和组成它的个体、部分、层次之间的关系是互为前提、互相制约的，没有个体、部分、层次及它们之间相互作用的存在，也就不存在什么社会整体性。社会整体上的目标和利益是在个体、局部利益基础上形成的，是它们的共同目标和利益，这种共同的目标和利益虽然不能简单地直接等同于个体利益、局部利益，但却必须包含个体利益、局部利益，如果完全否定和排除了个体利益、局部利益，那么社会整体上的目标、利益就失去了它的的意义和价值。

　　社会整体性不是一种无矛盾的整体性，而是一种对矛盾进行协调的整体性。社会整体性既面临着和自然界的矛盾，又面临着内部的各种矛盾，社会整体性是适应处理各种矛盾的需要而产生的，也是在处理各种矛盾的过程中形成和发展的。社会整体性不过是一种矛盾的统一体，各种矛盾的性质和发展程度制约着社会整体性的存在和形式。社会整体性形成过程中建立的社会结构本身就是对各种矛盾进行处理的自组织、自调节、自控制的反馈调节机制，各种反馈调节机制功能的正常发挥就保证了社会整体性持续稳定的存在。当各种反馈调节机制的功能受到破坏的时候，它就失去了调节和处理各种矛盾的能力，这时社会整体性的稳定性就会受到挑战，甚至趋于瓦解。以往那种社会主义实践模式之所以维持不下去，就是因为那种排斥市场经济的中央集权的行政计划体制不能正确处理个人和企业、企业和国家、中央和地方的相互关系，扼杀了个人、企业、地方的积极性、创造性，导致生产、经济不能得到迅速而有效的发展。我们今天的改革就是为了克服这种弊端，创建一种能使广大群众、企业得以发挥其积极性、创造性的社会主义实践模式。

　　社会整体性也不是一成不变的，它的组成部分、层次及其相互关系都是在人们实践活动制约下不断发展变化的。实践活动的发展一方面造成着人们社会分工的发展趋势，早先由同一部分人们从事的实践活动分化为由不同部分人们分别从事的相对独立的各种活动；另一方面，实践活动的发展又造成着人们分工的整合发展趋势，早先由人们分别从事的实践活动彼此整合为统一的活动过程，这种不断分化又不断整合的发展趋势改变着人们的相互关系，改变着社会整体的组成部分及其相互关系，于是社会整体性处在不断的变化之中。社会整体性是一种动态的整体性，而当人们的实践活动发生质的飞跃的时候，人们就会对社会整体性的具体形式进行根本改造，用新的形式取代旧的形式。因此，任何具体的社会整体性都不过是一种有条件的历史的存在。

三　社会整体性的时空特性

任何物质的运动都存在于时空之中。作为特殊的物质运动形态，社会整体性也存在于时空之中。没有时空存在的社会整体性只能是一种观念上的整体性。

社会整体性的空间就是它的结构性存在，是它在结构上的广延性、展开性、多样性的存在形式。社会要素的生存空间、社会要素相互关系的实现空间决定了社会整体性的空间。社会要素并存的距离、联结社会要素的各种相互关系的物质链、能量链、信息链的长度和结构决定了社会整体性的空间规模。因此，社会整体性的空间是随着人们实践活动而变化的，人们实践活动在总体上的规模、范围直接决定着社会整体性的空间，而人们实践活动的规模又取决于人们从事实践活动的物质技术手段。在人类社会的发展过程中，随着生产力和科学技术的发展，人们不断地更新着从事实践和交往的物质技术手段，而随着实践和交往的物质技术手段的每次飞跃，人们总是相应地扩大着自己的实践和交往的空间，从而也就扩大了社会整体性的空间存在。人类社会的发展过程是人类生存空间的扩大过程，也是人类不断地在更大的空间范围内组织为社会整体的过程，是人类从地域性的存在向世界性全球性的存在、人类的历史从地域史向世界史、人类社会的整体性从地域性的整体性向世界性全球性的整体性的转变和发展的过程。当代人类在生产、经济、政治、科技等方面出现的全球一体化趋势及人类向球外空间的发展趋势就是上述过程的表现。

社会整体性的时间就是它作为一种不可逆过程的持续性存在，是它的生存史、生命史的存在。社会要素的持续性及其相互关系的持续性决定了社会整体性的持续性，因此任何一个现实存在的社会整体性都是一种时间上的存在。社会整体性的存在过程是社会整体内的组织性、秩序性、有机性克服无序性、混乱性、分离性的过程，前者得力于主体从外部引入物质、能量、信息对社会内部诸要素、诸关系进行自组织、自调节、自控制而形成的负熵流，后者则来自各要素的变化所造成的相互关系上的失调、对立、冲突、矛盾及由此造成的助长无序、混乱、分离的熵增流。因此，社会整体性的存在过程实际上是负熵流和熵增流的相互作用的过程，当负熵流大于熵增流的时候，社会整体性保持稳定存在；当负熵流小于熵增流的时候，社会整体性的稳定性就会逐步降低，最后会趋于瓦解。负熵流和熵增流的矛盾贯穿于社会整体性存在过程的始终。因此，社会整体性内部的主体自组织、自调节、自控制的活动及由这种活动所制约的负熵流和熵增流之间的相互关系制约着社会整体性的不可逆过程的持续性，制约着它的时间存在。在人类社会的发展过程中，存在着生产力发展的加速度现象，这种现象带来了双重性结果：一方面，随着生产力的发展，人类获得了调节社会和自然界相互关系的能力，使人类整体在自然界面前获得越来越稳定的存在；另一方面，生产力加速发展造成了社会主体的利益及其相互关系迅速改变的局面，从而缩短了内部对立、冲突、矛盾的潜伏和发展的过程，也就是说，加速了社会整体内部熵增流的形成和增长，结果缩短了社会整体性具体存在形式的寿命。纵观人类社会发展史，社会整体性具体存在形式的更替周期呈现着不断缩短的发展趋势。

社会整体性的空间存在和时间存在是统一的、不可分割的，它不可能只有空间而没有时间，也不可能只有时间而没有空间。通过人们的实践活动，它的空间性存在可以转化为时间性存在，时间性存在也可以转化为空间性存在。

社会整体性的时空量度，可以根据不同参照系而形成不同标准。

第一种是把太阳—地球系统的运动作为参照系而形成的时空量度，社会整体性就是在太阳—地球系统的时空中存在和发展的。因此，社会整体性的空间就是它在地球空间中实际占有的那部分空间。社会整体性的时间就是它在太阳—地球时间系统中所占有的那个时间区间。由此可见，这种量度标准来自于太阳—地球系统的时间空间，和社会生活内部状态无关，因而对社会整体性而言是外在的绝对空间和绝对时间。

第二种是把社会内部的存在状态及变化节律作为参照系。我们可以根据一个社会整体在其内部为人们所提供的生存发展的广阔程度，以及一个社会整体内部所实际地形成的社会生活的多样性、丰富性的程度来确定社会整体性的空间，用一组状态变量来描述这种广阔性、多样性、丰富性，从而形成测定社会整体性的空间量度。显然，这种标准不同于第一种标准，第一种标准根据的是自然空间，这一标准根据的是社会空间。自然空间标准是描述社会整体性在自然环境中所占有的空间，社会空间标准则描述人类在社会整体性内部所获得的生存空间。同样，我们也可以在社会生活内部众多的不可逆的持续变化的过程中，选取某种变化过程或某种周期性的变化节律来作为社会整体性时间的计量标准，并利用一定的参量来描述这种变化过程。显然，这种标准也不同于第一种标准，第一种标准根据的是自然时间，这一标准根据的是社会时间。自然时间标准描述了一个社会整体在太阳—地球系统中的历史位置，而社会时间标准则描述着一个社会整体在人类社会发展过程中的历史位置，描述着它在人类进化的历史长河中所造成的进步跨度。社会空间、社会时间是社会整体性内在地具有的，直接依赖于社会整体性内部状态和过程的变化，是将社会的一种存在状态与另一种存在状态、一种过程的持续性与另一种过程的持续性相比较而形成的量度标准，随着人们选择的标准不同会形成不同的量度，因此，社会空间时间标准是描述社会整体性时空特性的相对空间、相对时间。

上述两种标准，在我们对具体的社会整体性进行量度的时候，就会显示出它们的差别。以时间来说，当我们用两种时间标准分别量度社会整体性发展的时候，就会发现人类历史上依次更替的各种社会整体性在自然时间的长度上呈现着由长变短的趋势，而在社会时间的长度上则呈现着由短变长的趋势。以空间来说，用自然空间标准量度，会看到社会整体性在自然空间中不断扩大的趋势；用社会空间标准量度，虽然也会看到社会整体性的社会空间呈现不断扩大的趋势，但这种扩大趋势和前一扩大趋势并不同步，自然空间不扩大的情况下社会空间仍然可以扩大，地球的自然空间是有限的，但人类却可以在社会内部不断扩大和丰富自己的生存空间。

自然时空量度和社会时空量度是相互联系的，可以通过一定方式互相变换，也可以把两者结合起来，形成第三种标准。

时空量度的上述标准是我们研究社会整体性的三种不同的角度和方法，它们可以帮助我们确定一个特定的社会整体性的自然时空、社会时空以及自然时空和社会时空相统一所具有的特点，真正做到从具体的时间、空间、条件出发对社会整体性作出科学的分析和分类，揭示社会整体性演变发展的规律。

论文化产品的文化价值和交换价值^{*}

　　我国经济体制改革正在向着社会主义市场经济体制的目标前进，市场在对经济领域发生基础性作用的同时也对文化领域产生了巨大影响。文化事业能不能市场化？在市场经济的条件下，如何进行文化建设？为了正确地回答这些问题，我们有必要来研究和分析一下文化产品的文化价值和市场交换价值。

一

　　文化，最新、最权威的《汉语大词典》这样解释：①文治教化。②指运用文字的能力及具有的书本知识。③人们在社会历史实践过程中所创造的物质财富和精神财富的总和。特指精神财富，如教育、科学、艺术等。④考古学用语。指同一历史时期的不以分布地点为转移的遗迹、遗物的综合体。《辞海》的解释是：①从广义来说，指人类社会历史实践过程中所创造的物质财富和精神财富的总和，从狭义来说，指社会的意识形态，以及与之相适应的制度和组织机构。文化是一种历史现象。②泛指一般知识。③文治教化。

　　人们对文化的不同理解导致了对文化产品的不同理解。如果对文化作广义的理解，那包括物质产品在内的人们活动的一切产品都是文化产品，因为人们从事的物质生产活动是一种文化活动，因而物质生产活动的物质产品就是一种文化产品；如果对文化作狭义的理解，那么人们精神生活、精神活动、精神生产的产品是文化产品。文化产品的文化价值既可以理解为文化产品中所包含的文化，也可以进一步理解为文化产品中包含的文化所具有的价值。文化作为人们活动的成果，也是人们进一步活动的条件。物质文化是人们活

　　*　原载于《中国社会科学院研究生院学报》1994年第5期。

动的物质条件，精神文化是人们活动的精神条件，文化产品的文化价值就是文化产品中的文化对人和社会的生存和发展所具有的作用、影响和意义，就是文化对人和社会的生存和发展所具有的功能。这种作用、影响、意义、功能的性质和大小就是文化价值的性质和大小。凡对人和社会生存和发展产生了巨大影响的文化，其价值也大；反之则小。凡对人和社会生存和发展产生了积极影响的文化，其价值也是正面的、积极的；而对人和社会生存和发展产生了消极的甚至有害影响的文化，其价值则是消极的、负面的。文化满足着人们的精神生活和社会生活的需要，归根到底则是满足着人们从事物质实践活动的需要。根据满足人们需要的类型，可以把文化价值区分为不同方面。一般地说，文化价值可以分为认识价值、冶情价值、规范价值、组织价值。

文化的认识价值就是求真的价值，就是人从事理性活动的价值。科学作品中的科学知识、科学理论帮助人们认识和掌握客观世界的规律，虽然人们认识客观规律的过程是异常曲折的，在认识过程中难免发生这样那样的错误，但人们认识活动总是向着正确认识客观规律的方向前进，即总的目标是求真。科学文化的价值不仅在于它提供了某种真理性的知识，还在于它提供了获得真理性知识的理论工具，人们依靠这种理论工具可以总结经验材料，可以进行理性的思维活动。文化艺术作品也具有认识价值，人们通过文化艺术作品可以认识人生、社会，看到人与人、人与社会、人与自然的关系。文化艺术作品以其不同于科学作品的形式帮助着人们认识客观世界。各种物质产品所具有的文化认识价值就在于后人可以通过它们了解和认识生产，以及使用这些物质产品的人们的生产和生活方式及其在人类历史发展中的地位。

文化的冶情价值就是求美的价值，具有满足人们感情生活的价值。文化满足着人们的感情需要，丰富着人们的感情世界，扩充着人们的感情活动空间。各种文化都是表达和交流人们感情的方式。各种形式的文学艺术作品都表现着人的感情纠葛，显现着人们感情世界中的美与丑、高尚与庸俗、纯洁与卑污，提高着人们的审美情趣、审美能力和审美追求。人们在阅读一部小说、倾听一曲音乐、观赏一场演出或艺术作品时，明知道这是作家、艺术家的艺术创造和艺术虚构，却会情不自禁地进入作家、艺术家构造出来的感情世界，经历喜怒哀乐的感情变迁，获得某种感情、精神上的享受。陶冶感情的价值是文化独具的价值，是人们在物质生活中享用的各种物质价值都不可能替代的。人们在物质生活上的富裕绝不等于感情生活上的充实，一个人成为物质财富上的富翁却同时是感情生活中的乞丐，这在现实生活中随时可见。

文化的规范价值就是文化的伦理价值、道德价值即求善的价值。人生活在社会之中，也生活在自然生态环境之中，人在追求自己的目的、利益、权利时要考虑对待他人的、集体的、社会的目的、利益、权利，甚至还要考虑到自然界和生物界。人们可以从自身的经验去寻找对这些问题的答案，但每个人的经验都有一定的局限性，单凭个人的经验是不能正确、深刻地解决上述问题的，唯一的途径就是学习和掌握人类在发展中积累起来的文化，各种形式的文化都从不同的角度回答着上述问题，哲学及伦理学就是专门研究和回答上述问题的学问。人们掌握了文化，掌握了区分善与恶、是与非、应该与不应该、合理与不合理的界限后，就可以规范自己的动机和行为。这种分善恶、明是非、使人们行为合理化的规范功能也是文化的独特价值。物质价值只是为人像人那样地生活提供物质条件和基础，但人要真正像人而不是像动物那样地生活还得依靠文化提供的精神价值和规范价值。

文化的组织价值就是文化把人们联结为社会共同体、社会有机体的功能。文化可以从观念、感情、行为方式等方面把人们联系在一起，文化可以使人们彼此理解、沟通和认识。共同利益是人们结合起来的必要条件，而共同的文化则是人们结合起来的充分条件；仅有共同的利益而无共同文化，人们的结合过程就会遇到文化障碍，这样的共同体在物质利益上的矛盾加剧时极易瓦解，共同的文化会产生文化上的认同现象，而人们在文化上的认同则会产生很大的号召力、结合力、凝聚力。中华民族在发展过程中之所以能经受各种内外矛盾的考验，中华民族在长期发展中形成的文化类型、文化传统是极其重要的因素。

文化产品中的文化价值就是文化产品的使用价值，人们之所以需要文化产品，就是为了利用其中的文化价值，或者从中吸取有益的知识，或者从中吸取某种世界观、方法论、价值观，或者用来满足感情上的审美追求和娱乐上的需要。

二

文化产品在进入市场成为商品后就获得了市场交换价值的属性，文化产品的市场交换价值就是它与其他商品交换过程中所显示的经济价值，表示着它和其他商品之间的经济关系，表示着文化商品的供给者和文化商品需求者之间的经济交换关系。因此，文化产品的交换价值是不同于它的文化价值的另一种属性，市场上文化产品同其他商品进行交换时的等价并不是文化产品的文化价值和其他商品的使用价值之间的等价。

　　文化产品作为人类劳动的产物，存在着进入市场成为商品并获得交换价值的可能性，这种可能性在它进入市场后就变成了现实性。由于文化产品同与之交换的其他商品都是人类劳动的产物，因而具有了经济上的可比性。但是文化产品生产过程中的劳动投入比物质价值生产过程中的劳动投入要复杂得多。作为文化价值的存在形式和载体，文化产品的形式具有多层次、多形式的存在特点。首先，文化价值不可能不具任何形式而裸露地存在，它总是存在于哲学、宗教、科学、文学、艺术等各种文化形式的文本之中，文化形式的文本是文化价值的内在形式；其次，文本在传播过程中经过各种媒介渠道就会获得各种传媒的存在形式，这是文化价值的外在形式。随着传媒形式加工和变换可以有二级、三级甚至多级的传媒形式。文化价值的内在形式和各种外在形式都可以成为文化产品，因为它们可以通过不同的途经和形式供消费者（使用者）享用。不同层次、不同形式的文化产品的生产（形成）过程都是劳动的投入过程，但生产不同层次、不同形式文化产品所投入的劳动在量和质上都是非常不同的。文化价值的内在形式的文本是科学家、哲学家、思想家、文学家、艺术家创作和创造的文化产品。这个过程是文本作者们的劳动投入过程，这种投入同物质价值生产过程的劳动投入有着极大的区别，集中地显示了精神生产区别于物质生产的特殊性。首先，这是一种探索性、开拓性、创造性的劳动，而不是机械的重复性劳动，劳动结果必须形成具有新的文化价值的文本；其次，这种劳动的投入量很难社会地标准化、划一化，很难确立创作某种文化形式文本的社会必要劳动量。文化价值的内在形式转化、派生为各种外在形式的过程也是劳动投入的过程，这个过程中存在着两种不同的类型，一种是创造性的变换和转化，所投入的劳动是创造性劳动；一种是非创造的变换和转化，所投入的劳动则是非创造性的劳动，非创造性的劳动可以社会地标准化、规范化，比较容易确立社会必要劳动的标准，这种生产过程同物质价值的生产过程在本质上是相同的。

　　文化产品生产过程中劳动投入的特殊性给文化产品在市场上同其他商品之间按价值规律进行交换时带来了很大的困难。不同形式的物质价值由于比较容易形成生产某种物质价值所需的社会必要劳动投入，因而也就能比较容易地按照价值规律所要求的等价交换原则进行交换。文化产品则不然。当然，市场并不因为文化产品的社会必要劳动标准不确定而不进行交换，只是交换过程中等价交换原则不能准确地体现而已。在大多数情况下，交换使得文化价值创造者耗费的大量劳动经常得不到应有的回报和承认。

市场上商品交换价值的实现要受到供求局面、竞争局面的影响。供大于求、竞争激烈会使商品以低于自身交换价值的价格让渡；供小于求、竞争不激烈或没有竞争对手，商品会以高于自身交换价值的价格让渡。文化产品交换价值在实际交换过程中的实现也是如此。不过，由于文化产品的社会必要劳动投入不明确，文化产品交换时的价值基础不稳固，因而文化产品的价格更容易受供求局面、竞争局面的影响，价格背离价值的可能性和幅度更大。这是文化产品市场上容易出现投机、哄抬、杀价现象的重要原因。

文化产品的交换价值不能得到实现的事实是普遍的、严重的。在各类文化产品市场上都普遍地存在价格背离交换价值的情况，精雕细刻者不如粗制滥造者、呕心沥血者不如胡乱编造者，那些投入了大量有效劳动的高水平的学术著作、高品位的文学艺术作品往往以严重地低于其交换价值的价格让渡出去。以稿酬为例，稿酬标准中虽然对文稿的性质进行了分类，对不同类别的文稿给予不同的标准，但是这种分类和标准远不能反映不同文稿创作过程中的劳动投入上的差别。至于同类文稿以字数作为计酬的标准，则更造成了字数多少等于劳动投入多少的错误标准。同样字数的两部著作，一部是花了几年、几十年甚至毕生精力研究和撰写的上乘之作，一部是没有花费多少力气而草草拼凑成的平庸之作，两位作者领到的稿酬是相同的。显然，前一作者的劳动没有在交换中得到出版商的承认，他的劳动对文化事业不一定白费，但就他自身该获得的报酬而言则是白费了。这种现象的存在是非常不利于文化事业发展的。我们不否认那些天赋高、悟性强的天才人物可以用极少的劳动投入产生惊人传世之作，但这是少量的。普遍存在的事实是，高质量的文化产品是同劳动投入量成正比的，工夫越是下得足，对历史和现状越是摸得透，对问题越是把握得准，思考越是深入和成熟，就越是能产生高质量的学术著作和文学艺术作品。在文化产品的创作过程中，灵感和机遇起着重大的作用，但灵感和机遇只垂青于那些有准备的头脑。可是他们的这种劳动在市场交换中常常得不到承认和兑现。传统经济学中的价值交换理论主要是用来解决物质价值的市场交换问题的，文化价值、知识价值、信息价值不同于物质价值的生产，在市场交换中也应该具有自身的特点和规律，如何根据这种特点建立有利于文化、知识、信息事业发展而又体现等价交换原则的理论和形式，是市场交换理论面临的新课题。经济学家们已经提出这类问题，也形成了若干理论，当然形成成熟的理论还需做出很大的努力。

三

文化产品的文化价值和市场交换价值从两个不同的角度制约着文化产品能否进入市场和进入市场的程度。一种观点认为，文化价值的大小决定着市场交换价值的大小，甚至认为可以根据市场交换价值的实现程度去制定文化价值的大小。另一种观点认为，在现实的市场交换中，文化价值并不大的文化产品常常在市场交换中获得很大的交换价值，而文化价值很大的文化产品反而在市场交换中只能获得很小的交换价值。这种观点进而认为市场交换价值的实现程度并不能说明文化产品的文化价值。为了正确地评价上述两种不同的观点，我们必须对文化产品在市场上的供求情况作进一步的分析和说明。

从文化需求的角度来看，人们文化需求的形成既取决于他们的物质生活水平，又取决于他们的精神文化素质，前者是形成文化需求的物质条件，后者是形成文化需求的精神条件。一般地说，人们总是先解决物质生活上的问题，先满足物质生活上的需求，随后再去解决精神生活上的问题，产生文化上的需求。因此人们的精神文化需求是随着物质生活水平的提高而发展的。但在一定的物质生活基础上产生什么样的文化需求却取决于人们的精神文化素质。因为人们对某种文化产品的需求是建立在对某种文化产品理解的基础上的。如果说科学家、哲学家、理论家、文学家、艺术家创作文化产品的过程是将文化价值编码于各种形式文本的过程，那么人们接受这些文本的过程则是将其中的文化价值破译、解码、生成的过程，这种破译、解码、生成是需要相应的精神文化素质的。精神文化素质对人们文化需求的制约作用使得那些文化发展具有巨大价值的新作品、新形式在开始的时候往往只能被少数人理解和接受，只能表现为少数人的文化需求，只是后来随着理解和接受的人数的增加，它们才逐步推广和流行开来并变为大多数人的文化需求。人们之间的物质生活水平结构和文化水平结构制约着一个社会的文化需求结构。金字塔形的财富分布结构和文化分布结构必然形成一种金字塔形的文化需求结构。金字塔底层的大多数人由于经济水平低、文化水平低，虽然人均文化需求量并不大，但由于人数众多，就会在总体上形成对低层次文化产品的大量需求。从金字塔底往上观察，物质财富分布的金字塔和文化分布的金字塔并不完全重合，存在着经济上很富裕但文化水平不高和文化水平很高但经济上并不富裕两种不同的情况。前者虽然经济上有条件满足精神文化上的需求，但由于文化水平不高，也就只能产生低层次的文化需求；后者很高的文化水平使他们能够产生较高层次的文化需求，但由于经济上不富裕，他们的文化需求在量上就会受到限制。只有当一个社会中的大多数人在经济上普遍地富裕、在文化上普遍地具有较高的文化素质的时候，这个社会才能形成层次较高的大量的文化需求。由此可见，由物质生活水平和文化水平决定的社会文化需求结构中，本身包含着文化产品在市场交换中文化价值和交换价值背离的情况。

从文化供给的角度看，文化产品的经营者们一般抱有两个目的，一是从事文化传播，一是通过经营获得经济效益。虽然在文化产品市场上不乏把前一目的放在首位的经营者，但即使这样的经营者也必须以不赔本为前提；至于把后一目的放在首位的经营者则比比皆是，他们经营文化产品的目的就在于追求经济利润，利润最大化是推动他们经营活动的主要动机，利大大干、利小小干、无利不干是他们的经营行为。一些利欲熏心的文化商人为了获取巨额利润甚至从事非法经营活动，提供有害的供给去满足某些不健康的黄色的精神需求。这就极大地加剧了文化产品市场交换中的文化价值和交换价值的背离。

可见，文化产品能不能商业化、市场化并不取决于某些人的主观意愿，而是取决于市场需求，市场上的供给也是在需求的刺激和推动下出现的，因为大量市场需求出现，就意味着经营满足这类需求的供给可以获得好的经济效益。在利润的推动下，市场具有一种内在的扩张趋势，会不断地推动商人们去开发可以带来利润的经营项目。文化产品也不例外。只要市场存在，市场就会不断地向文化领域进军和扩张，会不断地推动文化事业的商业化、市场化的趋势。但市场向文化领域的进军、扩张并不是无边无际的，当利润下降的时候，这种入侵、扩张的趋势就会逐步减弱，零利润往往是商业化、市场化趋势的边界。因此，在市场经济的条件下，实际上文化产品既不可能完全不进入市场也不可能完全进入市场。认为既然搞了市场经济、既然建立社会主义市场经济体制是我们改革的目的，那么文化事业也都必须商业化、市场化的观点是错误的，采取行政命令的手段，甚至采取经济上"断奶"的手段把那些市场上没有大量需求而具有文化开发价值的文化事业"赶入"市场是不利于文化事业发展的，这类文化事业是不该市场化的，至少在不具备大量市场需求的条件时不该市场化。

市场调节有其长处也有其短处。从积极的方面看，市场调节会推动文化产品的生产者、经营者从市场上的文化需求的行情出发去从事生产和经营活动，去满足人们当下的直接的精神文化需要，推动文化事业更贴近现实、贴近生活，还可以推动人们重视文化事业的经济效益，去开发既是人们需要的、有益的又具有较好经济效益的文化产品；从消极的方面看，它会导致文化产品的文化价值和交换价值的背离，会助长只从经济的、商业的角度去看待文化事业的错误观点，导致文化发展上的短期行为，会扭曲文化需要结构和文化产品结构。目前，我国文化事业发展上的许多困难同市场调节的消极、负面的影响有着直接间接的关系。有一种观点认为市场发展了，经济上去了，文化事业可以自然而然地得到发展，甚至觉得为了集中财力去发展经济可以暂时牺牲一下文化的发展。这种观点就是只看到了市场调节的积极作用而没有看到其消极作用，只看到了经济发展对文化发展的制约作用而没有看到文化对经济发展的制约作用，更忽视了文化发展的自身特点和规律。文化的发展确实依赖于经济的发展，但经济发展不可能自发地导致文化的发展，经济发展也依赖于文化发展，人的素质的提高要依靠文化，建立文明的、规范的市场经济体制也要依靠文化。牺牲文化的经济发展策略会导致人们文化素质的下降，会助长人们重物质价值轻文化价值的错误价值观的蔓延，会导致文化沙漠的扩大，其结果不仅牺牲了文化的发展，还会妨碍经济的发展。因此在经济发展过程中，我们要看到文化价值的重要性。在建立我国社会主义市场经济体制的过程中，针对人们只习惯于行政计划体制下从事文化事业的传统观念和文化发展模式，强调文化事业的发展要面对市场经济的新形势、强调市场机制对文化发展的某种调节作用，是必要的，但这种强调必须适当。我们应该看到，市场调节、市场交换价值的调节并不是文化发展的唯一途径，甚至不是主要的途径；文化发展虽然不可避免地要算经济账，但文化发展主要遵循着文化价值的发展规律和人们文化需求的发展规律。人们文化需求的开发虽然离不开经济发展的条件，但主要还得通过发展文化的途径。我国文化事业的改革除了适度地引入市场调节机制外，更为重要的是建立和健全以文化价值为基础的竞争和调节机制、资金投入的保证机制。

论市场经济和社会公益事业[*]

　　我国以建立社会主义市场经济体制为目标的改革，解放和发展了生产力，我国的经济正以震惊世界的速度发展着。同时，市场经济对我国社会生活各个领域也产生了巨大影响，迫使它们认识自身在建设社会主义市场经济体制中的地位和作用、自身和市场经济的关系及在市场经济条件下的存在和发展方式。但有些人在回答这些问题的时候却错误地认为社会各行各业都要市场化、商业化，都要"下海"经商去创收和获得盈利，甚至明确提出国家事业单位的改革方向就是市场化。这类观念和做法已经严重地损害了我国社会公益事业的发展，也给社会主义市场经济体制的建立带来了混乱，因此有必要从理论和实践上给予澄清和说明。

一

　　市场是商品交换的场所。人们从事的某项事业或活动要商业化、市场化，他们的产品要进入市场成为商品，必须满足下列三个条件：1. 市场上必须有一定规模的需求，产品有一定的销路。没有销路的产品是无法进入市场的。2. 可以按照价值规律同其他商品进行等价交换。当然，在实际的交换过程中，还要受到供求形势、竞争形势的影响，因此商品经常是以偏离价值的价格进行交换的。不过，无数次偏离价值的价格的平均数还是体现着等价交换的原则。但是，如果某种产品的社会必要劳动量的标准无法确定，它也就无法同其他商品进行等价交换。3. 通过市场交换可以获得一定的利润。当一种商品以低于社会必要劳动量的投入进行生产时，当它在市场供求、竞争局面中处于有利地位因而可以卖得高于投入的价格时，就可以获得利润，利润是

---

　　* 原载于《哲学研究》1994 年第 8 期。

这种商品可以扩大再生产的条件。如果没有利润甚至亏本，这种商品的生产就难以为继，就会退出市场。上述三个条件表明，凡进入市场的事业都是营利性质的事业。

营利就是谋求利益，社会营利事业就是通过生产和交换商品获得盈利的事业。从事这类事业的主体就是为了以最小的投入获得最大的产出，使产出大于投入，在经济上获得盈利并使这种盈利最大化。所谓盈利就是讲究财富的增值，一种财富的生产经营活动如果耗费了大量资源却没有达到增加财富的目的，就是在经济上没有意义的事业、得不偿失的事业；所谓盈利就是讲究经济效益，要最有效、最合理地配置和利用各种资源，特别是稀缺资源，要把资源使用上的浪费和不合理情况降到最低点；所谓盈利就是要赚钱，一种经济活动在活动结束时的货币收入必须大于活动开始及过程中的货币投入。市场机制和价值规律通过不同主体之间的竞争，推动各市场主体不断改进经营管理以达到上述经济目的。因此市场机制和价值规律必然使市场主体从事一种营利事业。市场经济的发展就是社会营利事业的发展，社会营利事业的发展也必然要求市场的扩大。

传统的指令性的计划经济体制在排斥市场经济体制的时候也排斥了社会营利事业，它否定各种经济活动主体自身利益的存在，不允许各活动主体把劳动、生产、经营过程作为追求和扩大自身利益和财富的过程，这就在实际上把人们从事的各种生产经营活动都变成了非营利性的社会公益事业，这就从现行生产力条件下的生产经营活动中抽去了主体的动力源泉。历史的经验表明，在生产力发展的现阶段，商品经济是一个不可超越的历史阶段，把社会的生产经营活动当做非营利的社会公益事业，或者让社会营利事业在没有市场机制的条件下发展，都违背了客观的经济规律。社会营利事业和市场经济体制是商品社会中不可缺少的生产、积累和增长物质财富的社会组织形式。我们现在的改革就是总结了以往的经验教训之后，适应生产力发展的现实要求，恢复物质生产活动的社会营利事业的性质，并为社会营利事业的发展提供一个相应的市场机制。但是，我们会不会又走向另一个极端，把人们从事的一切活动或事业都变为社会营利事业，把社会公益事业也变为社会营利事业呢？

社会公益事业就是非营利事业，其目的不是为了谋求利益、获得利润，而是为了造福于他人、社会乃至整个人类，是从文化、精神、体质、社会、环境诸方面开发人的潜能，为人类社会生存和发展创造各种基本条件的事业。社会公益事业的重要特征是它的活动成果或者由于并不具有直接的市场经济效益而不能进入市场，或者由于涉及人与社会存在和发展的基本价值而不应该进入市场。

社会公益事业中有一类事业是很难有市场销路的事业。哲学、自然科学、社会科学的基础理论研究为人类提供着世界观、认识论、价值观及关于自然、社会、思维的最基础理论方面的新成果。作为新成果，它们一般都意味着对传统的理论、知识、方法、观念的突破、变革和创新，开始的时候一般不易为多数人理解和接受。而且它们或者只能通过技术科学、应用科学的中介才能转化为现实生产力；或者只能通过改变人们的思想、观念、精神素质，改变生产关系和上层建筑，才能对人们的实践活动发生作用；或者只能在遥远的将来才显示其具体的应用价值。因此，它们很难在市场上形成规模需求。某些高雅的文学艺术作品虽然具有发展人的审美情趣、提高人的精神素质的作用，但在近期可能只有少数人能够理解和接受，出现所谓"曲高和寡"的现象，它们也很难在市场上遇到大量需求。人们的精神文化需求不仅取决于他们的物质生活水平，还取决于他们的精神文化水平。如果人们的精神文化水平低下，就很难对高水平、高品位的精神文化产生需求；如果那些具有高水平、高品位精神文化需求的人们处在一种经济上的困难境地，他们的这种需求也不能成为市场需求。由于上述因素的制约，市场上形成的精神文化需求，往往具有大众的日常娱乐消遣的性质。因此哲学、自然科学、社会科学的基础理论研究成果和高雅的文学艺术作品很难在市场上走俏，并获得大量的销路。然而，这些研究成果和作品的产生过程却是哲学家、科学家、作家、艺术家的创造性劳动过程，他们要在继承前人成果的基础上进行探索和创造，形成新的精神文化价值，往往要投入大量的劳动，有时要耗费毕生的精力，人们也很难计算或规定生产这类文化产品的社会必要劳动量。因此，这些科学文化活动一般只有经济上的投入而无直接的经济上的产出。这就是为什么哲学、自然科学、社会科学基础理论研究事业和高雅文学艺术事业历来是一种非营利事业的原因；虽然举办这类事业的主体有个人、社团、国家的区别，但不同的主体在举办这类事业的时候，都不是为了营利（因为这类事业不可能营利），而是为了发展人类的科学文化事业，即把这类事业视为社会公益性事业。

社会公益事业中有一类如教育、新闻、医疗、卫生、环境保护等是人类社会存在和发展的基础，它们都是同每个人的物质和精神的需求紧密相连的，人人都需要受教育、听新闻、接受医疗保健和获得有利于人生存和发展的自然生态环境。人们的这种需求在相应的经济条件的支持下也会形成具有规模的市场需求，就是说这类事业在客观上具备着进入市场成为营利事业的可能性，也确有一些经营者力图把这类事业变成营利事业。但是，把这类事业变成社会营利事业的做法却经常遭到这类事业内外的大多数人的反对，原因就在于这类事业就其内在本质来说是一种非营利的社会公益事业。办教育的目的不是为了营利赚钱而是为了传播科学文化知识，为了教育和培养社会发展所需要的人才，为了使人们获得发展自己的能力，教育工作者被人们誉为"人类灵魂的工程师"；办新闻的目的也不是为了营利赚钱，而是为了给人们和社会提供一种传播信息、新闻的大众媒介，新闻报道要求及时、准确、客观、公正，记者被人们誉为"无冕之王"，因此不搞有偿新闻已成为国际新闻界公认的职业规范；办医院也不是为了营利赚钱，而是为了救死扶伤，医疗卫生事业是一种治病保健事业，人们把医疗卫生工作者称颂为"白衣天使"，就是因为他们从事的事业是一种神圣的事业。如果有人把这类事业变为营利事业，把赚钱作为第一位的目标，那就会从根本上否定这类事业本身所具有的社会性质，就会亵渎社会赋予这类事业的神圣使命。因此，人与社会存在和发展的基本的价值需要决定了这类事业不应该成为营利事业，它们的发展也不应该受市场的摆布。

社会公益事业中还有一类慈善事业。举办这类事业的目的是帮助和扶持社会生活中的残者、弱者、困难者，一方面体现一种救残扶弱的人道主义精神，另一方面调节和化解社会发展中的不稳定因素。这类事业完全不是按照经济上有利还是无利的原则进行的，把这类事业变为营利事业既不可能也不应该，因为一旦变成了营利事业就不是慈善事业了。

上面的分析表明，社会公益事业和社会营利事业在目的、性质和功能上都是不同的两类事业，把社会营利事业当做社会公益事业来办固然不利于物质生产和社会经济的发展，但把社会公益事业当做社会营利事业来办则会在实际上取消社会公益事业，并且不利于人类和社会的长远发展。用行政的、经济的手段迫使社会公益事业市场化、商业化，让社会公益事业变为社会营利事业，并不是社会公益事业的改革方向。

二

既然社会公益事业不是社会营利事业，不可能也不应该市场化、商业化，那么我们在建立社会主义市场经济体制的过程中，在利用市场机制发展经济的过程中，是否可以不必重视和发展社会公益事业了呢？

市场经济的发展过程，当然意味着经济发展过程是人们的物质需求的发展和满足过程。但经济发展是不可能孤立地进行的，它和社会发展是互为前提、互相制约的。经济发展需要社会生活各方面的发展相配合，人们的物质需求的发展也要与人们在精神、文化、社会等方面的非经济性、非物质性需求的发展相结合。于是就会出现恩格斯曾经指出的那种情况："社会产生着它所不能缺少的某些共同职能。被指定去执行这种职能的人，就形成社会内部分工的一个新部门。"① 现代意义上的社会公益事业就是这样的新部门。因此社会公益事业是现代社会和人的发展所不可缺少的，也是市场经济和社会营利事业的发展所不可缺少的。社会公益事业的存在和发展是现代社会存在和发展的一种客观要求，它在社会和经济发展中起着极其重要的作用。

首先，社会公益事业在广阔的社会领域中发挥着不可取代的作用。市场经济的发展必然会推动社会营利事业的发展，人们在经济利益的驱动下，会不断地去开发具有市场需求的各种营利事业，因此市场经济具有一种内在的扩张趋势，会向着人们活动的各个领域各个层次全方位地渗透和扩张，总是力图把人类所有的活动和事业都变为营利事业，都纳入市场王国的版图之中。但这种扩张趋势并不是无限的，当经济上无利可图或者受到社会压力的时候，这种扩张趋势就会达到它的极限或边界。因此，人们所从事的活动和事业总是存在着市场所不可能或不应该容纳的部分。但是，经济上无利可图的事业并不等于在社会发展中不重要的事业，不应该进入市场交换的领域也不等于不需要开发的领域。市场和社会营利事业只是人类在一定的历史阶段上为了有效地创造和增加物质财富而选择的一种形式。但人类追求的价值是多方面的，除了眼前市场上的经济价值之外，还有文化的、精神的、社会的、生态环境的各种价值，而这些价值并不是市场和社会营利事业都能提供的。有位作家写得好：钱可以买到"房屋"，但买不到"家"；钱可以买到"珠宝"，但买不到"美"；钱可以买到"奢侈品"，但买不到"文化"；钱可以买到"虚名"，但买不到"实学"。

市场经济的发展使人们在相互关系上获得了一种依赖于物的独立性，人们凭借拥有的商品可以在市场上成为独立的市场主体。市场是天生的平等派，

---

① 《马克思恩格斯选集》第 4 卷，人民出版社 1995 年版，第 700 页。

除了承认市场主体之间等价交换的经济关系之外不承认其他非经济的人身依赖关系。但是，市场经济的发展过程也是人们之间的联系和交往的发展过程，是社会有机性和整体性的发展过程，是社会整体利益和长远利益的形成和发展过程，因而也是市场主体个人的、局部的、眼前的利益和人类社会整体利益、长远利益之间矛盾的发展过程。当市场机制和社会营利事业推动市场主体为着自身经济利益去赴汤蹈火的时候，当市场主体把等价交换的原则推广到社会生活其他场合的时候，就会遇到社会整体利益和长远利益所设定的界限和红灯，要求市场主体对自身利益的追求限制在一个合理的界限之内，要求把等价交换的原则限制在经济活动领域之中，而不允许它推广到人的感情、尊严、贞操、人格及政治、精神、文化领域的人与人的关系之中。

市场经济是一种竞争经济、风险经济，市场法则中的公平是指竞争机会上的公平而不是结果上的公平，竞争结果只能是优胜劣汰。因此，市场经济和社会营利事业的发展会不断拉大人们在收入和财产上的贫富差别，造成两极分化，会不断造成效率和公平之间的矛盾，它在不断提高效率的同时会不断地造成社会不平等的事实，由此就会引发出一系列社会矛盾、社会问题。一个高度竞争性的商品社会既蕴藏着社会发展的巨大动力和能量，也潜伏着导致社会冲突、动荡、危机的各种矛盾和因素。鉴于市场在人类和社会发展中的两重性影响，商品社会中既存在着市场化、商品化的发展趋势，又存在着抵制和缩小市场负面影响及把市场、商业限制在社会生产一定领域的反市场化、反商业化的发展趋势。社会公益事业就是顺应着后一种发展趋势而存在和发展的。

由此可见，凡是市场失灵的地方，凡是市场负面的消极的作用突出的场合，都需要社会公益事业发挥其独特的作用。如果说社会营利事业和市场机制往往会引导人们只看到自身的存在和利益，那么社会公益事业则会引导人们看到他人的存在和利益、社会的存在和社会整体利益、人类未来的存在和人类长远的利益；如果说社会营利事业和市场机制往往引导人们重视市场上的眼前的物质价值、经济价值，那么社会公益事业则会引导人们认识深远的精神文化价值，社会公益事业所体现的精神是和利己主义、拜金主义根本对立的；如果社会营利事业和市场机制会造成某些社会不稳定的因素，那么社会公益事业则起着化解社会矛盾、缓和社会紧张局面、解决某些社会问题、保持社会稳定的社会调节阀的作用。因此，社会公益事业的发展程度是现代社会文明程度的一个重要标志。

其次，社会公益事业对市场经济体制来说也是不可缺少的，它在市场经济体制的建立、完善和发展过程中发挥着不可忽视的作用。市场是人们之间商品交换关系的总和。可是，人们究竟以何种态度、精神、规则去从事这种交换，却依赖于人们的精神文化素质，依赖于一个社会的精神文化背景。不同精神文化素质的市场主体、不同精神文化背景下的市场会表现出迥异的风貌。有坑蒙拐骗、欺行霸市的市场，有平等竞争公平交易的市场；有对顾客冷冰冰的市场，也有对顾客热情周到、把消费者作为上帝、从售前服务到售后服务的市场。假如说人们从事的每一种活动都蕴含着、体现着某种文化的话，那么不同的市场也蕴含了、体现了不同的文化。日本的一些学者曾把商品经济的发展过程比喻为经历幼稚园、小学、中学、大学诸阶段。他们说，商人做生意带抢东西，商人和强盗分不清，这是"幼稚园"阶段；在"小学"阶段，社会的治安能够保证商品交易的安全，商品交易也成为社会公认的规则、规矩，交易者也认识到必须守信用；"中学"阶段，则制定了人们必须信守的各种"商法"；而"大学"阶段，则是商品经济的高级阶段。这一过程既是社会营利事业和市场交换活动的发展过程，也是人们在总结实践经验基础上形成关于市场的精神文化规范并将这些规范制度化、法律化的过程，是市场体制的建立、完善、发展的过程。现代市场已经不是强盗的天堂、骗子的乐园，而是公平、有序、文明的商品交换场所。现代市场经济应该是公平的竞争经济、有序的文明经济、规范的法制经济、真诚的服务经济。由此可见，市场体制的建立、完善和发展过程也得力于人们和社会的文化、文明的发展，得力于社会公益事业的发展。我们要建立的社会主义市场经济体制，既要体现公平、文明、规范的现代市场经济体制的一般特征，还要体现社会主义制度和价值观念所赋予的特征；既要建立现代企业制度、现代市场制度、现代宏观调控制度、现代社会保障制度，还要培养能够实践和操作社会主义市场经济体制的具有现代精神文化素质的人。制度和人是我们在建立社会主义市场经济体制过程中不可偏废的两个方面。没有一套完善的制度，精神文化素质再好的人也不可能很好地发挥作用；没有精神文化素质高的人，再完善的制度也不可能得到很好的贯彻和执行。而要解决制度和人这两方面的问题，都依赖于社会公益事业的存在和发展。离开了社会公益事业的发展，社会主义市场经济体制是不可能顺利地建立和完善的。

再次，社会营利事业的发展也依赖于社会公益事业的发展。发展社会营利事业所需要的人才、技术、经营管理都是由社会公益事业直接或间接地提供的。在当今世界的经济竞争中，谁拥有了所需要的人才，谁就获得了发展的优势，人才的争夺战已构成了当今世界上企业间、地区间、国家间在经济、科技、市场竞争中的重要方面。人才的培养除了依赖企业的生产经营实践之外，主要依赖于各级各类的学校，依赖于教育事业。教育在当代经济和社会发展中占据着日益重要的地位，教育的发展越来越明显地制约着经济和社会的发展，教育提供的人力资源构成了一个国家的综合国力和长远发展的潜力。有的国家甚至实行了教育立国的发展战略，把发展教育事业、提高国民科学文化素质放在头等重要的地位。发展社会营利事业所需要的各种技术设备固然是由工程技术人员发明创造的，但工程技术人员却依据着各门科学的基础理论。没有数学、力学、物理学、化学、生物学、天文学、地质地理学的基础理论研究，就不可能有航天航空技术、自动控制技术、生物遗传工程技术、核能技术、电子计算机和现代信息技术。今天的基础理论研究虽然不能直接应用于生产实践，但为技术的未来开发准备了理论条件。忽视、削弱基础理论研究也许暂时不会影响当前的技术开发，但肯定会削弱今后的技术开发潜力。发展社会营利事业需要科学的经营管理、良好的市场和社会环境，而这些都有赖于社会科学的理论研究。我们过去在社会主义建设和社会改造问题上不断犯错误，原因之一就是社会科学的理论研究没有得到正常的发展和应有的重视。就一个企业来说，它的发展不仅依赖于资金、技术、制度，还依赖于企业人员之间的默契、配合、协作，而这种关系的建立又依赖于人们的世界观、人生观、价值观、思维方式和思想方法，这就需要哲学、伦理学、美学、文化学、管理学的研究成果。企业只有利用这些成果才能形成具有自身特点的经营管理，塑造出有利于自身发展的企业精神、企业文化、企业哲学，在企业内部形成健康向上的精神文化生活和精神文化氛围。一个忽视企业精神文化建设的企业家不可能是一个好的企业家，他所从事的社会营利事业也不可能蒸蒸日上地发展。

上面的分析表明，如同社会营利事业一样，社会公益事业也是现代社会所不可缺少的组成部分。社会公益事业和社会营利事业是现代商品社会的两大支柱，不论缺少了哪一根，现代商品社会都会倒塌、崩溃。它们的存在和发展实际上是现代商品社会中经济和社会、经济和文化、个人和社会、局部和整体、现实和未来之间复杂关系的结果。两者之间的协调可以使社会稳定持续地发展。

三

目前在怎样发展我国社会公益事业问题上存在着不同的见解，核心问题是我国社会公益事业要不要、该不该、能不能市场化、商业化的问题。这当然首先涉及我国社会公益事业能不能发展的问题。但由于我国社会公益事业是建设有中国特色社会主义事业的重要组成部分，因此也涉及如何建设、能不能建设有中国特色社会主义的问题。

若干年来，在我国公益事业中的某些重要领域按照市场经济模式进行改革，让社会公益事业单位到市场中创收以解决自身发展的经费问题，这是尽人皆知的事实。然而效果又怎样呢？社会公益事业营利化、市场化非但没有解决资金问题，反而造成了社会公益事业质量下降、知识贬值、人才流失等严重问题，一些公益事业单位普遍面临着停滞、萎缩和危机，而这种局面又造成着人们精神文化素质和道德水平的下降，严重地影响了社会主义精神文明建设。人们普遍担心，这种情况如果继续发展下去，中华大地终有一天会变成一块文化沙漠或文化泥潭，在文化沙漠和泥潭中是无法盖起现代化的高楼大厦的，建设有中国特色社会主义大业也会有朝一日付之东流。

为了改进社会公益事业的管理工作，引入竞争机制是必要的。但是，如果认为在人类社会中除了市场竞争机制之外再没有别的什么竞争机制了，那就是极其偏颇甚至可以说是无知的观点。作为性质不同的两类事业，社会公益事业和社会营利事业遵循着不同的价值规律。支配社会营利事业的价值规律是经济价值规律。判别营利不营利的标准就是经济上增值与否，各市场主体之间的竞争是围绕经济价值规律进行的，是建立在交换价值基础上的竞争，看谁能以更少的经济投入获得更多的经济产出。市场竞争中的所谓优劣是一种经济标准，所谓盈亏也是一种经济标准。把这种竞争机制引入社会公益事业就是要用市场上的经济效益去评价社会公益事业。但是，市场上的经济效益并不能反映各种社会公益事业的价值。支配社会公益事业的价值规律是社会价值规律，即对人自身的发展和社会整体上的发展所具有的价值。如评价基础科学研究成果时看它对人类科学事业的发展、对人类未来技术开发的价值；评价文学艺术作品时看它在提高人的审美情趣、审美能力和社会效益的价值；评价医疗卫生工作时看它在提高人的体质和治病保健上的价值，等等。科学价值、学术价值、文学艺术价值、医学价值、社会规范和组织价值、文化价值都是非经济的价值，我们把这类价值统称为社会价值。人们就是用这种价值去评价科学家、作家、艺术家、哲学家及其他社会公益事业家的活动成果对人类和社会的贡献大小的。社会价值的大小也不是由市场判定的，而是由相应的科学、文化、艺术等社会实践的长期发展判定的。因此，在各类社会公益事业中，人们之间同样存在着竞争，这是以社会价值为基础、为标准的竞争。过去在行政计划体制下，人们常常简单地用政治标准、完成上级任务的标准去评价各种公益事业。几十年的教训表明，那种简单化的评价标准并不有利于科学、文化、教育、医疗卫生等公益事业的发展。因此在当前改革的大潮中，从各类公益事业自身价值特点出发建立科学的评价标准，并据此建立竞争机制，确实是一件非常重要而又紧迫的工作，建立这样的竞争机制一定会对我国各类公益事业的发展产生积极的推动作用。

我国各类公益事业的发展目前普遍存在着经费困难，造成这种困难的直接原因是国家的拨款远远不能满足各种公益事业维持和发展的需要。人们通常认为，我们当前是以经济建设为中心，必须把国家有限的财力集中到经济建设的主战场上去，社会公益事业经费的拨款相对减少是应该予以理解的。但是，当我们看到全国公款吃喝所耗费的巨额钱财，由于税收制度不健全而被各类企业偷漏的巨额税款，各种贪污腐败分子侵吞的大量资产及国有资产大量流失的种种触目惊心的事实，难道不值得我们深思和反问：造成对公益事业拨款相对减少究竟是因为国家财政上捉襟见肘的困难，还是因为在指导思想上并没有真正解决社会公益事业在我国建设事业中的地位问题。以经济建设为中心是针对过去那种以阶级斗争为纲、以政治运动为中心的"左"的指导思想而提出的，怎么能够理解为"一工交、二财贸，腾出手来抓文教"的排列次序呢！这种对经济建设为中心的理解是错误的，我们现在已经看到了这种错误理解带来的错误做法所造成的严重后果。因此，应该纠正上述错误理解和错误做法，要把社会主义精神文明建设落到实处，应该真正重视发展各类社会公益事业，国家应该增加拨款以解决公益事业单位存在的经费不足的困难。同时，考虑到国家财力上的困难，对以往那种国家独家举办社会公益事业所形成的经费来源单一的体制进行改革是必要的。但这种改革不是把公益事业赶到市场上去，而是建立国家、社会、个人多主体举办社会公益事业的新体制，形成多渠道多形式的经费来源。这种改革也不应该由公益事业单位以自筹经费的方式自发地无序地进行，目前社会上存在的乱拉赞助及某些人利用乱拉赞助的混乱局面中饱私囊的现象就是上述政策造成的。国家有关部门应该像重视经济体制改革一样重视社会公益事业的体制改革，也应该有一套切实可行的改革计划，应该把多渠道多形式集资发展社会公益事业纳入法制的轨道，制定有关的法律和章程，并根据法律和章程组织发展各种公益事业的基金会。当然，在市场经济的条件下，由于社会营利事业的存在和影响，某些社会公益事业实行"有偿服务"也并不是绝对不可以的。但应该看到，这仅仅是某些公益事业在市场经济条件下的一种存在形式和手段，而不是它们存在的目的，不以营利为目的仍然应该是这些公益事业活动主体的主旨。有偿服务的价格必须使服务对象在接受服务的过程中普遍地感到自己是受益的一方而不是被宰的一方。因此这种有偿服务不能作为经费的主要来源，充其量也不能超过自养的界限。目前有些有偿服务中的乱收费、乱要价的情况已经损害了某些社会公益事业的社会形象，这是应该纠正和整顿的。在市场经济条件下如何发展社会公益事业，是我国改革开放大业中提出的新课题，我们应该及时总结改革实践中的有关经验，并吸收国外的某些成功的经验，正确地科学地解决这一课题，使我国的社会公益事业走出目前的困境，为我国的现代化事业作出新的贡献。

当代科学技术革命与社会结构的演变[*]

当代科学技术革命作为改变世界的主导力量，在社会结构的演变中正发挥着巨大的作用。在开始讨论这一问题之前，首先要明确什么是社会结构。马克思恩格斯在创立唯物史观的过程中，曾经对社会的结构进行过多方面的分析，提出了由生产力、生产关系——经济基础、上层建筑构成社会的社会结构理论。不过，在这个理论中，社会结构范畴长期以来仅被人们理解为社会的政治经济结构，理解为利益性的社会结构。实际上，社会还存在着由生产力的技术工艺性质，人与人之间的技术组织关系，以及社会的组织管理制度构成的社会技术组织结构，即功能性的社会结构。这两种结构构成了现实社会的整体。因此，本文对社会结构的分析并不局限于其中的一种，而是两种均有涉及。

一 当代科学技术革命形成着新型的生产力

科学技术与生产力的关系在生产力发展的不同历史阶段上有着不同的状况，当科学技术活动还没有从生产活动中分化出来之前，原始的生产力中包含着原始的科学技术；当科学技术活动从生产过程中分离出来之后，科学技术只有应用于生产过程才成为生产力的内在要素。随着科学技术的发展，除了科学技术在生产部门中的应用之外，科学技术研究部门自身获得了生产能力。这时，整个社会的生产力等于科学技术研究部门的生产力与生产部门的生产力之和。当代科学技术革命改变着生产部门的各种生产力要素，并使科学研究部门直接具有生产力，从而成为社会生产力发展的主导因素，成为第一生产力，在当代科学技术革命影响下，社会正在形成科学技术密集型生产

———————————
* 原载于《社会科学战线》1995 年第 2 期。

力、高科技生产力。这是一种不同于传统的劳动密集型生产力、资本密集型生产力的新型生产力，它具有下列新特点：

1. 它是一种高技术含量的生产力，它的形成和发展主要取决于科学技术的进步

传统的劳动密集型生产力和资本密集型生产力也程度不同地利用着科学技术，但那种生产力的形成和发展主要依靠劳动者的劳动，其中主要是体力劳动。传统的劳动价值论就是这种生产力的理论概括。而现在的新型生产力则是当代科学技术革命成果在科学研究过程和生产过程中的应用，它形成和发展的逻辑过程是科学理论（知识）—技术—生产。这种新型生产力的生产工具是自动化、信息化、智能化的技术系统，如由电子计算机、移动式电话、大容量的通信线路、通信卫星组成的现代信息系统，生产过程的自动控制系统，被称为"铁领工人"的机器人系统，计算机辅助设计和制造系统，核能等各种新型的能源技术系统，遗传工程及生态技术系统等。而具有现代科学文化素养，使用、操纵和管理上述各种技术系统的生产者及管理者则构成了这种新型生产力中的人的因素。现代化的技术系统必须掌握在现代化的人的手中才能构成现代化的生产力。高技术含量表现在生产投入中科技投入、知识投入所占比例越来越大。有人统计，这种投入已占生产成本的 90%。高技术含量也表现在产出的价值主要来自科学技术和知识。高技术含量产品的价值形成过程，并不局限于直接的生产过程，它起始于科学研究过程、新产品及生产新产品的技术系统的发明和设计过程。生产过程不过是将价值的精神形态转变为物质形态而已。从这一意义上说，传统的劳动价值论现在应该被理解为脑力劳动创造了价值，而体力劳动只是转移了价值。国外某些学者提出的知识价值论、信息价值论、技术价值论等都是对当代新型生产力上述特征的某种理论概括。

2. 高速度乃至跳跃式的发展

劳动密集型生产力、资本密集型生产力的发展主要依赖于劳动者的经验及由经验引起的工具改进，因此其发展速度是相对缓慢的。当代科学技术密集型生产力、高科技生产力的发展主要取决于科学技术及其在生产过程中的应用。当代科学技术的高速发展，加快着新知识、新理论的形成和传播速度，加快着科学技术应用于生产过程的速度，加快着管理决策、资金流通、生产周期、市场交易的速度，从而在总体上导致了这种新型生产力的高速乃至跳跃式的发展。20 世纪 50 年代以来，工业发达国家的生产力迅速发展，某些工业不发达的地

区和国家在不太长的时间内跃升到工业发达的行列，其高速发展的动力主要来自科学技术。在新型生产力的推动下，当代社会生活的各个领域都呈现出迅速变化的态势。国外有的学者甚至将"快速发展"还是"慢速发展"作为划分当今世界各国和地区经济发展类型的标准，这是有一定道理的。

3. 高度的竞争性

当代科学技术密集型生产力、高科技生产力是在向传统的劳动密集型生产力、资本密集型生产力挑战过程中发展起来的，这种挑战本身就是一种竞争。而在这种新型生产力的产业、企业之间也展开着激烈的竞争，竞争规模甚至从地区性发展为全球性。冷战结束后，国际上经济"大战"的主要内容是发展高科技生产力的竞争，是围绕发展高科技生产力而展开的技术、信息、人才、资金、市场的竞争。高度竞争性是这种新型生产力区别于传统生产力的重要特征。

4. 高度社会化

劳动密集型、资本密集型生产力曾被恩格斯称为具有社会性的生产力。不过，这种社会性在 19 世纪还主要局限于某些地区、国家范围内，那时的世界市场还不是很发达。今天的局面则完全不同了，现代交通运输和通信工具已经把世界各地联结在一起。当代科学技术密集型生产力、高科技生产力往往是在全球范围内组织起来的，生产要素可以来源于世界各地，生产过程可以跨国、跨地区地进行，产品销售也面向国际市场。因此，这种新型生产力的社会化已达到了世界性的程度。

5. 人性化的发展方向

传统的机械化生产力给人类带来了巨大的物质财富，但这种生产力也暴露出了与人性相对立、相敌视的特点，学者们曾经用劳动异化、技术异化、工具异化等概念来揭露这种特点。当代科学技术密集型生产力、高科技生产力是在克服机械化生产力的上述问题中形成和发展的。自动化技术固然是为了提高劳动生产率，但也是为了把人们从繁重的体力劳动、非创造性劳动中解放出来，为了缩短劳动时间使人们获得更多的自由时间，为了用更加优质、廉价、多样的产品满足人们的各种需要，为了使生产成为清洁、文明、无污染的过程，更好地保持生态平衡。这一切都说明，这种新型生产力的核心问题是为了人自身的解放和发展，追求着技术、生产人性化的发展方向。

上述特点表明，在当代科学技术革命的影响下，人类正在形成着新型的财富创造体系。

二　当代科学技术革命形成着新型的生产方式

生产力技术工艺性质的重大变化总会导致人们生产活动方式的变化。机器的采用曾经把手工工场的生产方式改造为机器大工业的生产方式，当代科学技术革命所形成的新型生产力也正在形成着新型的生产活动方式。生产方式的变化表现在下列方面：

1. 机械化的生产方式正在被自动化的生产方式取代

机械化生产方式是由机械化的机器系统的特点决定的。机器系统不具备灵活性、多样性功能，不能处理生产过程中各种随机性和偶然性的因素，不能把生产过程有机地结合在一起。因此，它们需要劳动者在生产过程中发挥"神经系统"的作用，协调机器的各种孤立功能，完成机器所不能独立完成的各种工作。而自动化系统则是可以综合地、连贯地完成生产过程中的各种功能，可以由自动控制系统进行自控制、自调节来处理生产过程中各种随机性和偶然性的因素。随着电子计算机技术、通信技术、自动控制技术的不断发展，生产过程的自动化程度不断提高、自动化范围不断扩大：从个别工序的自动化发展到整个车间、整个工厂的自动化；从生产自动化发展到管理的自动化、设计的自动化，随着自动化的实现和发展，工人不断地从直接的生产过程中退出来，从车间转入控制室和操纵台。

2. 刚性生产方式正在转变为柔性生产方式

机械化生产方式是一种死板、划一的生产方式，其产品的品种、规格、型号都是由事先设定的机器决定的，机器在生产过程中就不再能够自行调整和改变，真是天（机器）不变，道（产品）也不变。当今，这种生产方式正在改变。有一种灵活制造系统，可以在电脑的指挥下随时改变机器的行为模式，从而可以根据不同的需要生产出不同款式、型号的产品。早先那种大批量的、标准化的刚性生产方式变成了小批量的、多样化的、灵活的柔性生产方式。同样一套制造系统可以灵活地生产出各种不同的产品。这种生产方式节约了设计和制造新机器的成本，缩短了产品设计到生产的过程，能够适时地按照市场需求进行生产并因而减少了库存积压。经济学家把刚性生产方式造成的节约称为"规模节约"，把柔性生产方式造成的节约称为"范围节约"。

3. 大规模集中型的生产方式正在转变为规模适度的分散型生产方式

劳动密集型、资本密集型生产力必然造成集中型生产方式，包括机器、原料的集中，人口的集中，产品和市场的集中。大工厂、大企业、大城市都是这种集中型生产方式的产物。机械化、工业化的过程就是大工厂、大企业、大城市的形成和扩展的过程。集中可以有效地利用各种生产要素，收到规模效益，但超过了一定的限度就会造成各种弊端，因为集中同时包括废气、废物、废水的集中。高度集中的生产方式既为人类酿造了工业文明的美酒，也使人类尝到了这种方式结出的苦果。当代科学技术密集型生产力、高科技生产力为抑制不断集中的发展趋势提供了可能，它缩小了企业的规模，使中小企业得到了迅速发展，个人拥有计算机和计算机进入家庭，为人们在家里从事和完成本来必须到企业或工厂才能从事和完成的工作创造了条件；曾被大工业摧毁的家庭生产方式在现代信息系统的基础上得到了恢复；现代大容量、高速度的交通运输工具和通信工具也为分散型生产方式提供了条件。因此，这种分散决不意味着恢复到工业化以前的那种小生产方式，而是建立在由现代交通、运输、通信手段所形成的广泛的乃至全球的联系基础上的分散，这种分散不但没有否定生产力社会化的发展趋势，相反正是生产力社会化发展趋势的新的存在形式。

4. 分割型的生产方式正在改变为系统整体型的生产方式

机器生产分割了自然循环的整体性，把各种原料从大自然中分割出来，通过各种手段使它们成为可以进入生产过程的纯粹形态；把生产过程同自然界的变化过程分割开来，使生产过程只在人的控制和干预之下进行；把劳动力的整体性分割开来，使单个的劳动力成为从事某种专业职能的工人。分割使机械化成为可能，但分割也破坏了自然循环的整体性、人自身发展的整体性、生产过程的整体性，特别是当这种分割被不适当扩大时，其弊端就更为明显了。当代科学技术密集型生产力、高科技生产力要求既保留合理、科学的分割和分工，又要求从整体目标出发，把局部放在整体之中；要求把生产过程同自然环境分离出来的同时又把两者联系起来；要求把生产、销售、消费联结起来，及时用销售和消费的信息动态地调整生产过程。这种生产方式把生产活动看做一种系统工程，看做社会整体、生态整体的一部分。

总之，当代科学技术密集型生产力、高科技生产力所要求的新型生产方式正处在形成之中。

三　当代科学技术革命形成着新型的市场交换方式

当代科学技术革命形成着新型的生产力和生产方式，为市场交换提供着新手段、新形式，从而对当代市场经济的发展产生了深刻的影响。

1. 明显地扩大了市场交换的客体

当代科学技术密集型生产力、高科技生产力的发展扩大了对知识、信息、技术、人才的需求，使知识市场、信息市场、技术市场、人才市场得到了迅速发展。这类市场与传统的物质产品市场一样遵循着价值规律、供求规律、竞争规律，但这类市场又有其特殊规律。知识、信息、技术、人才的价值测定是件非常困难的事情，人们虽然常常根据对物质产品价值的影响来确定它们的价值，但这种影响也很难确切地计算出来。因此，规范这类市场的难度很大，这类市场中的交换经常带有随行就市的性质。人们期待着能够科学地测定知识、信息、技术、人才价值的新经济学理论的问世。

2. 不断地扩大着市场空间，推动了世界市场的发展

人们能在多大的空间范围内从事商业活动，在很大程度上依赖于已掌握的交通运输和信息传输工具。当代科学技术革命所提供的交通运输和通信工具使人们冲破了地域位置上的阻隔和障碍，人们利用这些现代化工具可以同时在区域市场、国内市场、世界市场上从事交易活动，可以方便灵活地从一个市场转入另一个市场，从而把区域市场、国内市场和世界市场紧密地联结为一个整体。只要具备了现代交通运输和通信的设施，人们可以不受地理位置的限制而建设商贸中心。新兴商贸中心的不断出现及其地理位置的不断改变，是当代市场空间结构变化的重要特点。

3. 迅速提高着交换速度和交换频率

现代化的交通运输和信息传输工具加快着资本、商品和信息的流通速度。今天，由电子通信、高速火车汽车、大型喷气式客机所提供的流通速度是古代人、近代人所无法比拟的。高速流通意味着每次交换的时间大大缩短，意味着人们在单位时间内可以从事更多次数的交换活动。这样，市场主体可以迅速地从过去的交换活动中脱身出来去开展新的交换业务。市场总体交换次数的增加使人们面临更多的机会。这是现代商人具有强烈的时间观念的一个重要原因。对于他们来说，赢得时间就是赢得机会。时间的价值同生产和交换的速度正比例地增加着。现代社会生产率的提高不仅取决于生产周期的缩短，而且取决于交换周期的缩短。

4. 改变着交换的形式和手段，市场交换日渐电子化、信息化、符号化

商品交换是一个作为商品等价物的货币及货币替代品的各种票据、支票、汇单之间的流通过程。货币、票据、支票、汇单都是商品的符号和信息，市

场经济可以说就是货币经济、符号经济、信息经济。当代信息技术革命对市场交易方式产生了直接的影响。

现代信息技术改变着银行业务的开展方式。现金提款机、自动出纳机使银行出纳业务自动化。电子资金转账系统可以在几秒钟内实行银行之间的资金划拨，极大地加速了资金在国内市场和世界市场上的流转速度。银行票据交换自动化系统正在取消票据，改变着银行同业之间的结算方式，过去银行要派专人携带大捆支票到票据交换大楼去结算，现在依靠上述自动化系统可以在瞬息之间完成。现代信息技术把各国金融市场联结为一个整体，使得许多国家把外汇固定汇率改为浮动汇率，导致了全球性的取消金融市场控制的热潮，从而推动了外汇交易市场、兑换市场的迅猛发展。各种自动化的金融服务系统为外汇交易商、兑换商提供了世界货币流通的最新瞬时信息。

股票交易方式也在发生变化。利用计算机记录股票交易活动，利用电子通信系统传递股市信息，发布股票"实时"价格。自动化的股票交易系统正在取代股票交易所的交易大厅。

电子销售系统的运用，不仅可以大量减少售货员、推销员、结账员，而且使商店经理可以随时了解商品的销售及库存情况。超级市场、电子市场开始取代昔日售货员的叫卖市场，而自动提款卡、支票卡、信用卡、结算卡和电话卡等各式各样的塑料卡正在使支付手段、支付方式发生变化。利用这些技术设备，人们可以坐在家中购物，也可以手持一卡走遍天下有钱花。

历史上每次流通手段的变化都导致了商品交换方式的革命。今天，电子信息取代纸币而成为流通手段，使得市场交换朝着电子化、信息化、符号化的这一崭新方向发展。

5. 推动了市场机制、体系和功能的不断完善

市场机制运作必须通过信息。市场信息的显示及传递的方式、范围、速度直接影响着市场机制的调节功能。以往市场调节上的自发性、市场主体行为上的盲目性，一个重要的原因就是市场信息不能得到及时的显示和传播。现代信息技术则使这种局面得到了改变。在市场主体面前，市场的透明度在不断增加，逐渐由"黑箱"变为"灰箱"乃至"白箱"，市场主体越来越可能把自己的经营活动建立在对市场准确分析的基础上，极大地减少自己行为的盲目性和自发性。现代交通运输和通信手段也使市场主体能够快速地改变资金、商品的流向，使各种生产要素及时地流动到最需要的地方。

市场调节的主要目的是实现供求平衡。以往市场上供求失衡的原因之一

是供求之间的中间商太多，供求双方不能直接掌握对方信息。现代信息技术可以把供求双方直接联系在一起，减少销售环节和中间商，降低销售成本，有利于供求平衡的实现。

以往的市场，由于市场空间狭窄，经常出现竞争者狭路相逢、必须决一雌雄的局面。当代科学技术革命极大地拓宽了市场空间，增加了市场容量和市场机遇，为竞争各方进入或退出竞争、从一种竞争迅速转入另一种竞争提供了方便，这就导致市场竞争不断地形成新格局、新类型，从而使市场竞争规则不断完善和发展，市场竞争的文明程度不断提高。

四 当代科学技术革命形成着新的产业结构和就业结构

当代科学技术革命不断地开发着新产品、形成着新产业，不断地更新着原有产业的技术基础，从而使社会的产业结构、人们的就业结构经历着重大的改造。就社会的产业结构而言，其变化表现在以下方面：

1. 新兴的科学技术密集型产业、高科技产业得到了迅速发展

当代科学技术革命的重要特征之一就是新技术、高技术成群成批地出现和发展。一种新技术开发成功，就会生产一种新产品，形成一种新产业。20世纪50年代以来，各种新兴工业如电子计算机工业、无线电通信工业、家电工业、航天工业、核能工业、生物遗传工程等都得到了迅速发展。这些都是知识、信息、技术密集型产业。美国经济学家弗·马克卢普称之为"知识产业"。美国经济学家马·尤·波拉特把为市场制造信息机器或出售信息服务的产业称作第一信息部门，这个部门包括生产知识和具有发明性质的产业、信息交流和通信产业等8个产业，而这8个产业又可细分为几百个产业。

2. 第三产业即服务业得到了迅速发展

服务业是适应社会生产和生活的需要而逐步发展成社会产业的。服务业的发展程度直接反映着一个国家农业、工业的发展水平。从发展农业到发展工业，再到发展服务业，既是工业发达国家走过的道路，也是发展中国家正在走着的道路。当代工业发达国家，由于科学技术密集型生产力和高科技生产力的形成和发展，社会生产和生活诸领域对于知识、信息、技术服务的需求量急剧增加；市场的扩大、跨国企业的发展、商品流量的增加，要求有更多更方便的交通运输和通信服务；大量高技术产品及其使用、维修的复杂性，

要求有更多的售后服务；人们闲暇时间的增加、生产线上高度紧张的工作，要求有更多的精神文化服务。所有这一切都使得服务业得到了比第一、第二产业更快的发展速度、更大的发展规模。当代科学技术革命还以自动化、信息化的高新技术使服务业也具备了现代产业的新面貌。

3. 传统的制造业正处于衰微和通过技术改造振兴的过程

传统的制造业是工业化、机械化的产物，在高新技术的挑战面前，市场萎缩、产值下降、发展停滞，被人们称为"夕阳工业"。不过，在现代及未来社会中，制造业仍然是社会不可缺少的工业基础。认为发展了服务业就可以不要制造业的观点是错误的。许多工业发达国家实际上也没有放弃制造业，而是利用高新技术对传统制造业进行根本改造，使制造业也走上自动化、信息化、电子化的发展道路。

产业结构的上述变化还导致了产业地区分布结构上的变化，一系列高技术产业开发区、新兴工业区、高技术产业城市的兴起和发展，不断改变着原来的产业地区分布结构，形成着新的产业地区分布结构。

产业结构的变化导致了就业结构的相应变化，这种变化可以概括为"三增三减"：

（1）传统制造业就业人数减少，服务业就业人数增加。以美国为例，制造业就业人数在全国劳动力中的比例从1880年的36％下降到1979年的25％，到20世纪80年代中期又下降到20％，估计到20世纪末将下降到10％；服务业则从1880年的14％上升到1979年的72％，这个比例还在不断上升之中。

（2）传统的体力劳动型的就业岗位（蓝领工人岗位）减少，技术型、脑力劳动型的就业岗位（白领工人岗位）增加。这是自动化、信息化、电子化的一个直接结果，凡是自动化技术得到应用和推广的部门、地区、国家都出现了蓝领工人不断减少、白领工人不断增加的变化。在工业发达国家，白领工人在就业人数中的比例一般高达40％；美国、英国在20世纪80年代中期，白领工人的人数均超过了蓝领工人的人数。就业率增长速度最快的是计算机程序员、系统分析员、电子工程师、会计师、律师及医生。

（3）全日制就业机会在减少，非全日制就业机会在增多。车间自动化、工厂自动化、办公室自动化都减少了对全日制工人的需求量，而电子计算机现代信息设备为人们居家工作、"电信上班"创造了条件。于是实行弹性工作时间、弹性工作日、弹性工作制度的人数不断增加，这些要求实行弹性工作制的人们一般都以非全日制工、临时工、合同工的形式与公司、单位发生关系。

　　上面的分析表明，当代科学技术革命的发展正在形成新的职业和就业结构。这种新结构的一个重大特点就是当代社会的职业集团已经不同于工业时代的职业集团。那时社会上最大的职业集团是从事体力劳动的蓝领产业工人集团，今天这个集团在缩小，而从事技术性、脑力性职业的白领工人集团在不断壮大，成为最有发展前途的职业集团。这种变化的影响将是十分深远的，它使得现代社会以不同于近代社会的特点和规律向前发展。

五　当代科学技术革命形成着新的财产占有方式和社会分层结构

　　1. 随着科学技术密集型生产力、高科技生产力的形成和发展，知识、技术、信息成为新型的资本、新型的财富，成为社会成员从一种财富阶层跳向另一种财富阶层的重要因素

　　财富具有社会的、历史的性质，它的构成及其存在形态都是历史地演变的。农业社会中财富的存在形式主要是土地，工业社会中财富的存在形式主要是资本，通过生产者、管理者生产和经营活动，资本不断获得增值。当代科学技术革命不断改变着各种生产要素在生产过程中的地位和作用。过去，资本及由资本换来的原料、设备、劳动力表明着一个企业家的实力。但在今天，一个企业家仅有这些还不足以成功，他还必须拥有知识、技术和信息。知识、技术和信息可以转变为管理者、生产者的经营生产的能力，转变为新型的生产设备和产品，转变为成功的机会，从而最终转变为物质财富。在科学技术密集型产业、高科技产业中，知识、信息、技术在某种意义上是比货币资本、实物资本更为重要的一种资本。

　　人们对知识、技术、信息的占有与使用不同于对货币或实物的占有与使用。同量的货币和实物，甲占有了就排斥乙占有。这种占有不仅因占有人数的增加而使人均占有量不断下降，而且被占有物还将在使用过程中逐渐被消耗减少，而同量的知识、技术、信息则可以被人们等量地传播、重复地使用。现代教育事业和大众传播媒介的迅速发展，为人们掌握和使用知识、技术、信息提供广泛的可能性。人们利用所掌握的知识、信息、技术去获得货币和物质财富，这是人类历史上早就存在的途径，然而，这在过去仅仅是个别现象，而现在知识致富、信息致富、技术致富正在变成一种普遍的社会现象，形成着人们致富的新途径。由此也相应地形成着三种

新的社会阶层。

第一，一些拥有知识、信息、技术专长的专家和风险资本结合起来，创办科技密集型企业、高科技企业，经过高度紧张的创业和奋斗，获得成功之后，他们就会获得高额收入和股票，成为科技企业家阶层。

第二，某些掌握知识、信息、技术的专业人才受企业股东的聘请，走上企业经营管理岗位，甚至出任企业的经理或总经理。企业经营管理所需要的科学性和艺术性使他们有了施展才华的"用武之地"，加上现代企业制度和市场经济的发展，所有权和经营权的分离，持有股票的股东实际上仅仅成了公司的债权人，企业的经理实际上处于企业经营管理中的领导地位，这就形成了以总经理、经理为核心的经营管理阶层。

第三，一些文化素质高、技术熟练的工人可以获得稳定的职业、体面的工作条件、丰厚的报酬，还可以获得各种福利和保障，从而成为工人中的富有阶层。

2. 社会各阶层的人数比例正在由过去的金字塔形结构转变为纺锤形结构

自从私有财产产生以来，富裕程度不同的社会各阶层的人数比例一直是一种金字塔形结构，即最富裕的上层阶级人数最少，较富裕的中层阶级人数次之，贫穷的下层阶级人数最多。当代工业发达国家中，由于科技企业家阶层、经营管理阶层、工人中的富裕阶层的形成和发展，社会的中产阶级人数迅速增加。据统计，在工业发达国家中，中产阶层占到人口总数的50%到60%，生活在贫困线以下的贫困阶层只占人口总数的15%到30%，上层阶层在总人口中也约占15%到25%。这就形成了中间大两头小的纺锤形结构。

3. 传统的雇佣方式受到挑战

在工业社会中，一个人如果没有财力成为股东或工厂主，就只能受雇于某个企业而成为依靠工薪生活的雇员。但是，随着居家工作、电信上班人数的增加，随着全日制工作方式向弹性时间工作方式的变化，现在工业发达国家中有相当一部分人的工作已不再是过去传统意义上的那种雇佣工作。经济学家把居家工作形成的经济称为"灰色经济"。"灰色经济"的产生和发展将会对雇佣制度产生持久而深刻的影响。

4. 高技术的发展也造成新的社会分化

知识、信息、技术虽然为人们提供了致富的新途径，但获得知识、信息、技术以及把它们转化为财富的机会和条件，除了个人因素之外还取决于各种社会条件。这样，有些人因为天时地利而获得成功，成为信息"富有者"；另一些人可能因天时不利而失败，成为信息"贫困者"。前者因工作条件优越、收入丰厚而生活舒适，后者因工作条件低劣、收入微薄而生活紧张。因此，不少学者指出，高技术社会并不是富有田园诗味的社会。

应该指出，当用列宁的阶级定义分析当代工业发达社会时，经常会遇到一些难以解释的问题。以生产资料的所有者来说，现代股份公司的所有权无疑属于股东即股票持有者，但股票持有者的情况很复杂，不能一概而论地说他们就是生产资料的所有者；剥削事实的认定也很不容易，生产活动是劳动，管理活动也是劳动，经营股票等活动算不算也是现代市场经济所必需的劳动？如果这样，究竟谁是不劳而获的剥削者呢？工人阶级这个概念怎样界定也遇到了一些问题，如果把受雇作为本质特征，那么所有雇员都是工人阶级，经理、教授、工程师都是雇员，都应该属于工人阶级。然而，这个工人阶级在范围上显然大大宽于当年马克思恩格斯列宁所说的无产阶级。当然，我们指出的上述复杂情况并不是否认阶级存在的事实。许多材料表明，在工业发达国家中，一般都存在一个以占有全国绝大部分财富和股票为基础，在全国人口比例中只占极少数但又稳定的上层统治阶级。

六　当代科学技术革命形成着新型的权力和组织管理结构

1. 形成着具有新的性质的权力形态

权力历来同经济和政治联系在一起，财产所有权导致了各种经济权，而经济权又导致了政治权。工业社会中，随着科学技术在生产中的应用，随着机器大生产和市场的发展，管理活动逐渐从生产过程中分离出来，最后导致了企业所有权和经营管理权的相对分离。今天，在当代科学技术革命的影响下，经营管理的重要性更加突出，金融股票市场的发展也使企业的所有权更具有流动性和可变性，一个企业的生存和发展更加依赖于经营管理，当代社会生活的复杂化也要求社会的组织管理活动成为一种相对独立的活动，于是组织管理权力脱颖而出，成为相对独立于经济权、政治权的一种新型权力。

经营、组织、管理的权力不同于经济权、政治权。经济权、政治权是由人们的经济政治地位派生出来的权力，谁拥有一定的经济政治地位谁就拥有一定的经济政治权力。经营、组织、管理的权力则来自人们对自身活动的组织管理上的需要，是经营、组织、管理活动的职能所派生出来的权力，行使这种权力的直接目的是把人们的活动组织起来，使人们彼此配合协调为一个有机整体。因此，经营、组织、管理的权力具有技术操作的性质，能否行使这种权力取决于经营者、组织者、管理者的才能及其掌握的专门知识。在当代社会中，从事经营、组织、管理的人必须是受过专门锻炼，具备现代经营学、组织学、管理学等相关知识和才能的专门人才。

经营、组织、管理权力的职能性质、技术性质还使它获得了一种工具性质。这种权力不过是人们实现经济、政治利益和目的的工具性权力。工具虽然依赖于目的，但又相对独立于目的、不同于目的。工具具有一定的选择性和可代替性，不同的目的可以使用相同的工具，相同的工具可以服务于不同的目的。不同的社会集团因不同的经济政治地位而具有不同的利益和目的，但却可以使用相同的经营、组织、管理的体制和权力。企业中的经营管理是如此，社会宏观的组织管理同样如此。

2. 传统的科层制组织管理结构正在改变为网络型组织管理结构

所谓传统的科层制组织管理结构，就是下层众多的管理科室和人员隶属于上层少量的管理处室和人员的一种组织管理结构。在这种结构中，管理信息由下层向上层传送，管理权力则由上到下地贯彻。在管理机构和人数上是下层大上层小；在管理权力上是上层大下层小。这种结构的特点是高度的集中统一，权力都集中在上层的中央管理机构。

当代科学技术革命特别是当代信息技术的发展，向这种科层制组织管理结构发出了严峻挑战。

当代科学技术革命加快了现代社会生产和生活的节奏，市场变得更加瞬息万变，人们的需求和社会生活也不断朝着多样多元的方向发展，这就要求管理主体能及时、准确地做出反应，迅速灵活地调整战略、策略和行为。而科层型管理结构由于权力高度集中，由于存在着难以完全克服的官僚主义作风和不负责任现象，这种结构从获得信息到作出决策再到行为的实际调整都需要很长的周期，结果在迅速变化的环境面前显得迟钝、呆板，往往坐失良机、贻误事业。

传统的科层制结构是以管理高层可以垄断信息为前提的。在这种结构中，只有高层才有可能掌握全局的信息，而下层至多只能掌握局部的有限信息。

可是，当代信息技术正在改变这种局面，它使过去单一的信息传输渠道改变为全方位、多层次、多方面、多形式的传输渠道，管理上层和下层获得信息时的范围、数量及时间上的差别在不断缩小。现在经常出现的情况是：当管理高层获得某种重要信息时，管理下层也都获得了这种信息。管理高层逐渐失去了昔日的信息垄断，不再具有垄断管理决策权力的优势。

面对当代科学技术革命挑战引起的社会急剧变化的形势，传统科层制管理结构的各种弊端和问题日益显著暴露。这是 20 世纪下半叶出现的世界性改革浪潮的重要原因之一。改革的方向则是把这种结构逐步地改造为建立在现代信息技术基础上的网络型的组织管理结构。

所谓网络型的组织管理结构，在信息传输的渠道上除了由下层到上层的垂直渠道之外，还有同一层次的各管理机构和人员之间的横向渠道，不仅管理高层可以及时获得全局的信息，而且处在任何管理层级和岗位上的人们也能及时地获得全局的信息；在管理权力上不是只集中在管理高层，而是分散到各层次、各方面的管理岗位和人员，各种管理岗位上的人员都有一定程度的决策和管理的权力，形成了一种分层决策、分层管理的权力结构；在这种结构中，信息和指令的传递都不是单向的，而是双向、多向反馈型的。这样的组织就不再是那种按机械原则形成的"机器"，而是由系统网络联结成的一种"有机体"，它是一种快速灵活的决策系统，也是一种高效高质量的管理系统。

3. 组织管理中的代议式民主、间接民主开始向参与式民主、直接民主演变

自近代社会以来，包括政党民主在内的代议式民主作为民主的主要形式发挥了巨大的历史作用。不过，今天，这种形式的民主开始受到挑战。国外某些学者认为，电脑、信息和知识基础上发展起来的先进经济体系正对传统的民主形式提出最严重的质询，认为"民主"是一种等待着 21 世纪重新定义的思想。

现代信息技术极大地促进了文化、知识、信息的传播，普遍地提高着人们的文化知识水平和组织管理的能力，现代信息系统既为人们获取信息也为人们表达意愿提供了条件，不断地促进着人们的民主意识、民主观念和民主要求。人们开始不满足于通过自己的代表来表达意愿并行使权利的方式，而要求直接参加决策和管理。20 世纪 60 年代以来，企业管理中出现了员工直接参与决策管理的实践和理论，社会宏观管理上出现了公民直接投票选举国

家领导人、公民直接表决重大问题的做法，这些都显示了代议式民主、间接民主向参与式民主、直接民主演变的新动向。民主是人类社会发展的必然趋向，而民主的发展程度又集中地反映着人类文明的发展程度。民主制度代替专制制度、独裁制度是一种历史进步，而代议式民主、间接民主向参与式民主、直接民主的过渡更意味着人类文明的飞跃。

当代科学技术革命在社会结构诸方面所引起的新变化，为我们探索当代社会的未来走向提供了一条线索。20世纪人类社会尽管是在非常对立的形式中演进的，但实际上是以不同的方式解决着马克思和恩格斯所指出的近代社会的矛盾，即生产力的社会性和生产资料资本家私人占有的矛盾、个别企业的生产有组织性和整个社会生产无政府状态的矛盾、无产阶级和资产阶级的矛盾。西方工业发达国家的政治家和理论家虽然常常公开反对马克思主义，但他们实际上接过了马克思和恩格斯提出的问题，生产资料资本家私人占有形式向股份制的法人资本所有制形式的演变，经营权和所有权分离、所有权在企业生产经营管理过程中的作用下降，国家宏观调控体系、社会保障体系、社会福利体系的形成和发展，企业管理从把人作为机器附件到把人作为社会文化产物的演变，都是从不同角度、不同程度解决着上述矛盾，也确实缓和了上述矛盾。这是当代科学技术革命得以产生和发展的社会原因，而当代科学技术革命的发展又为用新的方式解决上述矛盾提供了条件。俄国、中国等国家的共产党人在革命胜利后建立的社会主义实践模式，其根本目的就是为了解决马克思恩格斯所指出的上述矛盾。70多年的实践证明，这个模式用高度集中的行政计划体制取代市场经济体制脱离了这些国家的生产力发展水平。中国共产党总结了经验教训之后，提出了建设有中国特色社会主义理论，领导人民进入了以建立社会主义市场经济体制为目标的改革开放的新阶段。因此，我们完全可以说，当代科学技术革命、宏观调控的市场经济体制、用和平民主的方式解决社会矛盾是20世纪人类社会的三大创造。但20世纪人类社会并没有完全解决马克思恩格斯指出的社会矛盾，而且还形成了若干突出的新的社会矛盾和社会问题，如人口、生态环境、资源能源、贫富悬殊、南北不平衡、民族冲突等。21世纪将继承20世纪的文明成果，同时要解决20世纪的问题。人类将利用市场竞争来激发人们的创造力，求得科技、经济、生产发展的高速度、高效益；人类将发展和完善宏观调控、社会保障、社会福利体系，以便解决市场竞争带来的社会问题和矛盾，缩小贫富差别，求得社会公正；人类将进一步探索民主政治的新体制、新形式，以便创造一种更有利于生产、经济、科技及人自身发展的社会政治环境。探索利用市场经济体制去实现马克思恩格斯提出的社会主义价值观念和共产主义理想的新途径、新形式。不管人们主观上承认与否，将实际上成为 21 世纪人类面临的时代课题。而在解决这个课题和上述诸方面的探索中，科学技术都将起着不可估量的作用。21 世纪将是高技术世纪，21 世纪人类社会的各种变化都只有在高技术生产力不断发展的基础上发生。因此，不断推动科学技术革命的发展、不断推动高技术生产力的发展，在发展物质文明的同时发展精神文明和制度文明，创建 21 世纪的新文明，这是奔向 21 世纪的人类，首先是跨世纪一代人的历史重任。

建构当代民族精神的方法论思考[*]

　　建构当代民族精神提出了社会主义精神文明建设的一个重要问题，具有极为重大的现实意义。所谓民族精神，就是一个民族在长期的历史发展过程中所形成的在心理、意识、观念、习俗、规范、制度等方面区别于其他民族的精神风貌、精神特征。民族精神是一个民族存在和发展的精神支柱，是一个民族团结一致的精神凝聚力，是一个民族自强不息、奋发进步的精神动力。一个民族的强大不仅要有科学、技术、生产所形成的物质力量上的强大，还需要有思想、精神、文化上的强大，因此民族精神的强弱程度是一个民族强弱程度的重要标志，没有民族精神的民族是精神上不自立的民族。因此，建构当代民族精神是建设有中国特色社会主义、实现现代化战略目标所不可缺少的组成部分，是中华民族独立于世界民族大家庭中的必不可少的精神建设工程。

　　如何建构当代民族精神，有一个方法论思想的问题，能不能正确地、科学地、健康地建构当代民族精神取决于对民族精神的理解，而对民族精神的理解又取决于对人、社会、民族、精神、思想的唯物的、辩证的、历史的理解。因此，建构当代民族精神的最根本的方法论还是马克思主义哲学。当然，马克思主义哲学不应该被简单地用来作为推演有关结论的公式，它只能是我们研究建构当代民族精神时的指南。具体地说，当前建构当代民族精神的方法论思想要着重注意下列方面。

一

　　要倾听实践的呼声，回答实践提出的问题。

＊　原载于《浙江学刊》1995 年第 5 期。

实践的观点是马克思主义哲学最根本的观点。这不仅因为马克思主义哲学认为实践是人们认识的源泉、动力、目的和检验认识正确与否的标准，还在于实践是人区别于其他动物的根本存在方式、根本属性，社会及其历史发展在本质上不过是人们的实践活动及其发展而已，人们之所以会结合成不同于其他动物群体的人类社会，是为了从事认识和改造客观世界的实践活动。把人们联结为有机整体的社会结构及其存在形式是人们实践活动的产物，人们的心理、观念、精神及作为它们抽象的形象的表现形式的各种社会意识形态也都是人们实践活动的产物，它们的任务和使命是为人们的实践活动服务，它们的命运也取决于实践的判决。马克思主义哲学并不否认人们的目的、思想、精神、观念的社会本体论的存在，因为目的、思想、精神、观念在不同的人、社会那里虽然有发展程度上的种种区别，但根本没有目的、思想、精神、观念、文化的人和社会是不可思议的，人和社会既是一种物质性的存在，又是一种精神性的存在，马克思主义哲学只是认为在说明人和社会的存在和发展时不能从精神到精神，不能停留在目的、思想、精神、观念、文化的领域，而应该探求形成它们的物质的、实践的动因，主张从人们的劳动、实践中去揭示人和社会存在和发展的奥秘，认为人和社会的存在和发展是在人们实践活动基础上形成和发生的客观因素和主观因素、自然因素和社会因素、物质因素和精神因素交互作用的结果。民族精神，不管其表现形式如何复杂，归根到底是在人们实践活动基础上形成和发展的，也是为实践活动服务的。因此，我们只有从实践出发，研究人们在实践活动中面临的矛盾、问题、困难，研究人们实践活动的发展要求，才能揭示民族精神形成和发展的规律。

中华民族正在从事着什么样的实践活动，这种实践活动的发展要求一种什么样的民族精神，这是我们讨论建构当代民族精神时需要抓住并回答的根本问题。中华民族在历史上曾创造过光辉灿烂的业绩，直到公元11世纪，我们中华民族在经济、科技、文化、社会制度等方面都处在世界先进行列，但在近代落伍了。鸦片战争的炮声震惊了中国人，从那以后，中华民族的先进分子带领广大人民群众开始了外御列强内行改革或革命以期振兴中华的伟大实践。太平天国、戊戌变法、洋务运动、辛亥革命、北伐战争、中国共产党领导下的新民主主义革命、新中国成立后所进行的社会主义改造和社会主义建设及对于中国现代化建设道路的探索都是为了改变中华民族在科学、技术、经济、文化上的落后状态，实现从农业社会到工业社会的转变。1949年以后国民党在台湾所进行的建设和改革，其目的也是如此。尽管不同阶级、不同党派在政治上有着不同的甚至对抗的路线和主张，但振兴中华则是共同的精神和目标，他们的活动以不同方式、从不同角度甚至他们之间的争斗都融会为伟大的振兴中华的历史实践活动。今天中国大陆和港澳台地区在科学、技术、经济、文化的发展上都取得了巨大成就，同 1949 年以前的旧中国相比已不可同日而语，但同西方工业发达国家相比，仍然存在着很大的差距，因此振兴中华仍然是海内外中国人从事各种实践活动时的主题，中国大陆在中国共产党领导下所进行的现代化建设和以建设社会主义市场经济体制为目标模式的改革开放，在本质上仍然是近代以来振兴中华的伟大历史实践的继续和发展，是这一伟大历史实践的新阶段。近代历史上振兴中华的实践曾经造就了近代中华民族精神，当代振兴中华的实践也在呼唤着当代民族精神。当代中华民族精神的历史使命就是反映、顺应振兴中华的实践要求，推动这一实践的发展并保证振兴中华这一历史目标的彻底实现。

从事现代化建设当然需要资金、原料、设备等物质因素和条件，但现代化的主体是人，现代化的各种"物"都必须由人去创造，创造各种现代化的"物"的目的也还是为了人自身的生存和发展。因此人的现代化及人活动的组织管理的各种规范和制度的现代化是"物"的现代化的前提和保证，只有人具备了现代化的精神才会去从事现代化的实践活动。如果人丧失了现代化精神，如果人沉溺于吃喝玩乐的享乐主义之中，如果人缺乏发展科学、技术、经济、文化的雄心壮志和事业心，缺乏求实、刻苦、奋斗、开拓的精神和作风，那么实现现代化和振兴中华就只能仍然是一个梦。现代化不可能从天上掉下来，振兴中华也不可能由别人恩赐，只能靠我们自己的奋斗和拼搏，这就需要一种精神，一种当代中华民族精神。

与现代化建设紧密相关的是我们正在进行的以建立社会主义市场经济体制为目标模式的改革开放实践。从过去中央集权的行政计划体制到市场经济体制的转变表面上看仅仅是经济体制的转变，是组织经济活动的手段和方式上的改变，但实际上这种改变对社会的生产、交换、分配、消费的各个环节和经济、政治、文化各个领域，对人们的思想、生活、工作都产生着巨大而深刻的影响。现在我们既面临着转轨过程中的问题，也面临着市场经济体制不完善带来的问题，还面临着市场经济体制本身固有的负面影响所造成的问题。市场经济体制是一种利益驱动型的调节机制，但市场的发展史表明，市场主体追求自身利益的经营活动并不是在任何场合、任何情况下都有利于他人或社会的，仅有市场主体追求自身利益的自由放任只能形成和建立一种商人和强盗、骗子不分的市场，是西方资本主义发展初级阶段的市场，这显然不是我们的目标。我们所要建立的社会主义市场经济体制是一种同社会主义基本制度相结合的文明的、规范的、法制的市场经济体制。这种市场体制要求市场主体在追求自身利益的过程中还应考虑他人的、集体的、社会的利益，要求市场主体具有文明的、规范的、守法的经营行为。因此在当代，无论是西方工业发达国家所建立的具有国家宏观调控下的市场经济体制，还是我们所要建立的社会主义市场经济体制，都不是那种只讲经济利益而不讲精神、文明、文化的市场经济体制。现代市场主体必须既具备经济人的品性，又具有社会人、文化人的品性。在市场经济中，人们面临着物的价值和人的价值、物质价值和精神价值、个人价值追求和社会价值追求、局部的近期的价值追求和全局的长远的价值追求之间的关系，不同的人生观、价值观即不同的精神会使人们做出不同的处置和选择。因此，建立社会主义市场经济体制的实践也对人们的精神文化素养提出了要求。只有认真研究这种要求，才能建构和社会主义市场经济体制发展要求相一致、相适应的当代中华民族精神。

二

要正确对待民族传统。

民族精神同民族传统之间存在着密切的联系，在一定的意义上可以说，民族精神是现实中的民族传统，民族传统是历史地传递着的民族精神。民族精神具有时代的历史的性质，一个民族在某个时代所形成的民族精神，一方面总是深深地根植于该民族在该时代的现实生活，另一方面又总是从传统中汲取有用的成分，而当该时代成为历史的时候，该时代的民族精神又总是程度不等、形式不同地汇入民族传统的长河中去。一个民族只要存在和发展，它就会不断地以新的民族精神去丰富它的民族传统，使民族传统不断得到丰富、更新和发展。因此，我们在建构当代民族精神的时候不能不涉及对民族传统的理解和把握的问题。

传统是每一代人在从事实践活动时所面临的先辈留传下来的历史遗产，包括生产力、生产方式、心理观念、习俗规范、制度体制等。传统以其历史地形成的方式和原则制约着新一代人的活动的方方面面，接受传统意味着按照先辈们的"家法"、"规矩"、"方式"生活。传统总是意味着前辈和后辈之间的联系，前辈是过去、是历史，后辈是今天、是现实，因此传统就是过去和今天、历史和现实之间的关联，传统必须既具有历史的属性又具有现实的属性才能在历史和现实的辩证转化过程中得到不断的延伸，失去了现实性，传统就会终止，就会变成纯粹是历史上的东西。如果每一代完全按前辈那样地生活，虽然传统一代又一代地延续着，但它不过是一代又一代地重复，机械地重复着的传统实际上是传统的停滞，社会也就没有发展；如果每一代完全不按照前辈的方式生活即后辈与前辈之间不存在联系，那就意味着后辈与前辈之间的"断裂"，而如果每代都与前辈"断裂"，那也不可能有传统的存在和发展。传统总是在后辈对前辈的又继承又变革即扬弃中得到发展的，传统是历史的连续性和间断性的统一。传统的命运取决于它对人们现实生活的意义。就极端情况而言，一般分为维护传统和反对传统这两种对立的态度，传统的命运就取决于不同态度的社会力量在思想上、理论上甚至政治上的争斗。在阶级社会中，这种争斗经常和阶级斗争交织在一起。一般地说，被统治、被剥削阶级继承和发扬着反统治、反压迫、反剥削的造反、起义、革命的传统，统治、剥削的阶级则继承和发扬着统治、压迫、剥削的传统。围绕传统问题的争斗在不同的历史时期会有不同的局面。在社会矛盾激化尖锐的时期，在社会不变革不能存在和发展的革命时期，对传统进行批判、反对、变革的观点会受到普遍的支持和赞同，而为传统辩护的观点则处于不利的地位，当起义、造反、革命的社会力量获得夺取政权的胜利之后，胜利者一般都要破旧立新，用他们的新方式取代旧传统；在社会矛盾缓和、社会处在稳定发展的和平时期，维护传统的观点又会受到普遍的支持，而反传统的观点则处于不利地位，整个社会的生活在传统的轨道上滑行。历史总是在矫枉过正的形式中曲折地发展，所谓矫枉过正就是对传统的矫枉过正。过是对正的偏离，只是在不断地矫的过程中才会逐渐地接近和符合正。因此在围绕传统的争论中，大方向正确的一方难免在局部或细节上发生错误，大方向错误的一方也不一定意味着在局部和细节上都错误，正是这种复杂情况决定了围绕传统的争斗总是一波未平一波又起。最根本的还在于，社会生活在本质上是实践的，是一个矛盾不断解决而又不断产生的过程。这样，随着社会生活的推移、随着人们面临新的社会矛盾，就会围绕维护还是变革传统发生新一轮的争论，因此围绕传统所发生的争论归根到底反映着传统和现实的矛盾。现实是由历史发展而来的，同历史总是存在着这样那样的联系，因此现实需要历史上形成的传统，但现实又是历史发展的新阶段，是对历史的一种超越，现实在超越历史的时候也就超越了传统。传统的命运归根到底取决现实的需要，传统在多大程度上得到继承和发展又在多大程度上被否定、被变革，完全取决于传统和现实的矛盾程度。只有坚持唯物史观才能对传统及围绕传统的争斗作出辩证的、历史的科学说明。

　　建构当代民族精神的题中之意就是继承和发扬民族传统，从传统中发现和总结出民族精神，但"当代"的前缀词又告诉我们要站在当代社会实践的高度去看待民族传统、对民族传统作出符合当代要求的分析和总结。新中国建立以后，中国共产党在领导广大人民群众开创新生活、建立新秩序的过程中曾领导人民群众对历史上流传下来的落后的、迷信的、封建的各种旧传统进行了激烈的批判和扫荡，倡导和推广了革命队伍在革命年代形成的革命传统，确实曾经使人们的精神面貌和社会风气焕然一新。但是后来随着"左"的指导思想的形成和发展，在对待传统问题上也发生了"左"的甚至极"左"的错误，不作分析地把传统一概斥之为"四旧"，用批判、斗争、焚烧、捣毁等极端的办法加以"彻底"的"破"，结果造成了对传统文化的大破坏。党的十一届三中全会以后，在纠正过去"左"的错误的过程中，广大人民群众、学术工作者、文化工作者在党的领导下也开始了纠正过去在对待传统问题上的"左"的思想、理论、政策，对传统和过去对传统所进行的批判进行了重新评价。社会上则出现了在一定意义上可以说"向传统复归"的社会潮流，这种潮流的积极方面是进一步冲击了长期存在的"左"的错误，推动了对传统文化的新发掘、新评价；但这个潮流也出现了某些消极的方面，出现了对传统不作分析而一概肯定的倾向，在社会生活的实际层面上，特别在科学文化不发达或欠发达的广大农村和内陆或边远地区，各种愚昧、落后、封建的陈规陋习大量地、迅速地得到复活和蔓延。历史的经验表明，对传统肯定一切或否定一切的观点和态度都不可能帮助我们正确地从传统中提炼出民族精神，更不可能使我们正确地建构当代民族精神。

　　中华民族有着漫长的历史、悠久的传统，我们在哲学、宗教、道德、政治、文学艺术等方面都积累了丰富的思想文化遗产，广大人民群众在长期生活斗争中铸就了许多优秀品质和社会风气，各民族在长期交往中形成了互相尊重、互相学习、共同抵御外敌的民族团结传统。当然，有些传统是在缺乏科学知识情况下形成的，明显地反映出愚昧无知的特点；有些传统则反映了农业社会在生产、经济、政治方面的历史局限性。显然，只有那些优秀的思想文化遗产、健康的生活方式和社会习俗、高尚的精神品质和价值观念才是中华民族精神，至于那些愚昧的、落后的、封建的传统则并不体现中华民族精神。因此，要建构当代民族精神，只能继承和发扬传统中的健康、文明、高尚的方面，如勤劳、勇敢、开拓、坚毅、谦虚、礼让等精神品质，尊老爱幼、尊师爱生、团结互助等社会风气，顾大体、识大局的全局观念、整体观念、系统观念，求实求是的思想作风和工作作风，民族团结、民族和睦的传统等。当代民族精神应该是历史传统中的民族精神在当代的继承和发扬。

三

要正确对待外国精神文化。

建构当代民族精神在肯定民族传统中的优秀的精神文化的同时，不应该重新提倡盲目排外的、封闭的、狭隘的民族主义。民族主义是一种落后的意识形态，不是中华民族的传统精神。大汉族主义和地方民族主义、大民族主义和小民族主义历来不利于中华民族的形成和发展，历来起着分裂、消极有时甚至是反动的作用，居住在中华大地上的各民族正是由于不断反对和克服各种形式的民族主义，才发展了平等、合作、团结的民族关系，才形成了多民族的中华民族大家庭。中华民族的传统精神文化是各民族共同创造的结果，因此同其他民族友好合作地交往、不断吸收其他民族的优秀文化成果是中华民族的传统精神。我们的祖先曾经克服地域阻隔上的种种困难，走出中华大地去发展同世界其他各民族的交往，曾经开辟了陆上、海上的各种"丝绸之路"。佛教曾经是一种外来文化，但我们祖先却接纳了这种文化并把它与儒学、道学结合起来，使之成为中国古代文化的一个有机组成部分。鸦片战争以后，中华民族在抵御西方列强对中国侵略、瓜分的同时仍然不断向西方各国学习先进的科学、技术和文化。孙中山在领导中国资产阶级民主主义革命的过程中也学习了西方资产阶级思想家和政治家提出的民主主义思想。马克思主义发源于欧洲，但中国共产党在领导中国新民主主义革命以来的实践过程中把它作为自己的指导思想，并将它与中国革命实践、中国传统文化结合起来。历史的经验表明，对外开放、善于学习其他民族的长处，总是推动和促进中华民族自身的发展；而每当由于客观的或主观的原因，无法对外开放、无法学习和引进其他民族的优秀成果的时候，也往往是中华民族自身发展的缓慢时期。开放就进步，封闭就落后，这是历史所证明了的真理。当今世界在科学技术革命特别在信息技术革命的推动下，世界各地区、各民族、各国家被日益紧密地联系在一起，出现了经济、科技、政治甚至文化上的全球化、一体化的发展趋势，整个人类越来越在世界范围内被组织、整合为一个有机整体。各民族彼此开放、学习、互相取长补短更成了当今各国各民族关系上的主流。在这样一个世界上，谁善于向其他民族学习、善于吸收和利用其他民族所创造的积极成果，谁就会得到更快的发展，即使目前处于不发达状况，也可以通过向发达国家开放、学习、引进，避免发达国家在发展过程中经历的各种曲折、付出的各种代价，可以形成自己的后发优势，加快自己的发展进程。

向外国外民族学习，不应该盲目地崇洋媚外，不应该不作分析、不分良莠地一概照抄照搬，不应该"食洋不化"，而应该分析、消化并同自己的传统结合起来，发展自己的时代特色。应该看到，发达国家的文化也有精华和糟粕之分、现代和过去之分。在资产阶级夺取政权和社会工业化过程中所形成的许多思想、观念、理论在目前已明显地表现出不能适应当代工业社会向信息社会过渡的需要，不仅不能有利于当代发达工业社会的问题和矛盾的解决，甚至它们本身就是当代各种社会问题和社会矛盾得以形成和出现的思想理论根源。西方许多有远见的思想家理论家在批判地反思近代乃至更为久远的古代的各种思想时提出了许多新思想、新理论，使得西方的文化、精神和价值观传统经历着历史性的深刻变化。过去曾处于支配地位的科学主义思潮正和人文主义思潮彼此渗透结合起来；过去流行的征服和掠夺自然的思潮正在为人、社会和自然协调发展的思潮所取替；过去强调主客体区分的思潮正在演变为主客体统一的思潮；以分析为主的思潮正在走向以综合为主的思潮；过去人们在科学认识领域主张排除偶然性，主张从变化、多样、复杂的现象世界进入不变的、单一的、内在的本质和规律世界，现在则觉得应该回到多样性、复杂性、现实性，回到现实世界；过去人们主张原子论、机械论，现在则主张系统论、有机论、整体论；过去人们注意实体，现在则把注意力转向关系、过程、信息；个体至上、个人中心的个人主义价值观曾经在西方价值观中占有核心的支配地位，现在这种地位在动摇，正在被对他人、社会甚至生态环境要承担更多责任、义务的观念所取代。某些学者甚至认为反映工业社会的现代主义正在被反映未来信息社会的后现代主义所取代。大概由于我国当前发生的变化是一种从农业社会向工业社会、从中央集权的行政体制向市场经济体制的转变过程，人们非常需要工业社会和市场经济初级阶段上的各种思想和观念，于是过去在西方流行而目前在西方受到责难的那些思想、理论反而在中国大陆上得到了迅速的传播，某些人"饥不择食"地盲目崇拜、照抄照搬，全然忘记了那些思潮的各种局限性，甚至用它们来反对和取代传统文化。十分明显，这种对西方文化盲目崇拜的态度不可能引导人们正确地建构当代民族精神，只能引导人们走向民族文化虚无主义、民族自卑主义。实际上，当代西方工业发达国家的许多有识之士已经认识到了中国传统文化对于治理工业发达国家社会病的价值。这样说当然不是要一概排斥西方文化，我们有我们的弱点和问题。只要我们对西方文化抱清醒的、分析的态度，那么有条件有选择地吸收西方文化中的科学合理的方面，对于纠正和克服过去在中央集权行政体制下形成的价值观念、思维方式还是很有好处的，会有利于现代化的实现和市场经济体制的建立。

应该承认中华民族文化和外民族文化、东方文化和西方文化之间的差异和区别，但不应该将这种差异、区别夸大到彼此不能相容的地步，不应该借口差异、区别去绝对地肯定一方和绝对地否定另一方。不同民族、不同历史背景下形成的不同文化自有它们存在的各自实践上、时代上、传统上的根据，也自有它们在文化空间上的稳定性，但任何民族的文化不论有怎样悠久的传统和顽强的生命力、张力，都不可避免地具有局限性和弱点，在人们的社会生活和实践活动越来越具有全球性、世界性的今天，这种局限性和弱点就表现得更为明显。人们活动的全球性和民族的、地域的文化局限性的矛盾推动着不同民族文化之间的交流、沟通和互补。此外，随着工业化的生产力向信息化自动化生产力的发展，人们获得了更多的闲暇时间发展自己的精神文化空间，追求着更加丰富多彩的精神文化。这就是为什么在科学、技术、经济全球化、一体化迅速发展的今天，人们在精神上、文化上反而主张多样性、多元性的原因。在今天，越是具有民族性的精神文化越会得到其他民族、国家、地区的欢迎。可以说，在文化上利用他人之长补己之短也是当今时代的一种潮流。在这种潮流面前，我们越是在弘扬传统优秀文化基础上善于学习、吸收、引进其他民族文化中的精华，创造出具有民族特色的时代精神文化，就越是会受到世界人民的欢迎和重视，我们对世界文化发展的贡献就会越大，我们发展民族文化的路子就会越宽广，在世界舞台上就会有越强的适应和竞争能力。

总之，以实践为基础，正确对待传统优秀文化，正确对待外国文化，在弘扬传统文化的同时吸收外国文化中的精华，再加上我们的创新和开拓，这就是建构当代中华民族精神的正确道路。

论市场经济和道德建设[*]

道德建设是社会主义精神文明建设的重要方面，而社会主义精神文明建设又是建设有中国特色的社会主义的不可缺少的组成部分，党中央还制定了物质文明建设和精神文明建设两手都要抓、两手都要硬，两个文明建设协调发展的方针。可是在现代化建设的实际过程中，上述方针贯彻得总是不尽如人意，原因何在？抛开人们在种种正式场合的表态和声明，思想深处认识上的种种问题仍然是这种不尽如人意的重要原因。就道德建设而言，道德建设在经济发展的现代化过程中的地位究竟应该怎样摆，市场经济对道德的影响究竟应该怎样估价，在社会主义市场经济的条件下，道德建设究竟建设什么，这些问题已经引起了精神文明建设主管部门和学术界的重视，人们正在研究和讨论这些问题。

一　经济发展和道德进步

否定道德建设重要性的种种认识都是围绕经济发展和道德进步的关系问题展开的。道德进步自发论的观点认为，对于我国道德领域中出现的道德滑坡和道德水平下降等问题不必大惊小怪，只要我国经济发展了、人们的物质生活富裕了，目前存在的道德问题都会自然而然地解决，道德进步是经济发展的自发的、必然的结果。道德建设靠后论的观点则认为，道德建设等经济发展了再抓也不迟。显然，要克服阻碍人们认识道德建设重要性的这些观点，还得科学地理解和把握经济发展和道德进步的相互关系问题。

马克思主义唯物史观为我们阐明经济发展和道德进步之间的关系提供了科学的理论依据。唯物史观把社会发展描述为在生产力与生产关系、经济基

* 原载于《哲学研究》1995 年第 9 期。

础与上层建筑和意识形式矛盾的推动下有规律地从低级到高级的发展变化过程，认为随着人们获得新的生产力，人们就会形成新的生产方式和生产关系，而生产方式和生产关系的变革会导致人们之间的政治关系、思想精神关系的或迟或早的相应变革。由不同的生产力和生产关系所形成的不同的历史时代，人们都形成着不同的道德关系和道德规范。在唯物史观看来，建立于经济发展基础上的人类社会的发展过程也是人类道德的历史进步过程。因此，从人类历史发展的长过程来看，经济发展必然导致道德的进步，这是人类发展历史的基本事实，也是用唯物史观考察经济发展和道德进步相互关系的基本结论。

　　但是，我们不应该将上述经济发展对道德进步的制约作用作简单的、机械的、绝对的理解。人类的历史发展充满着矛盾和曲折，是人的自然性和社会性、物质存在和精神存在、类的存在和个体的存在、社会整体和部分之间各种矛盾的展开和解决的过程，中间充满着前进和倒退的复杂情况。在生产力有了一定程度的发展而又没有达到一定高度的漫长的历史过程中，人类社会是在分工、私有制和阶级对立中演进的，生产、经济、社会的发展往往是以人的原始状态所具有的那种丰富性、全面性的丧失为前提的，社会一部分人的发展是以大多数人的不发展或片面、畸形的发展为前提的。如果把人们对自身发展的自主性、丰富性、全面性的追求作为人的价值实现过程，把人的发展状况作为一种价值尺度，把生产、经济、社会发展状况作为一种历史尺度，那么人类又似乎是在历史尺度和价值尺度的矛盾中发展的。此外，虽然人们的物质的、经济的存在决定和制约着人们的道德的、精神的、文化的存在，人们的物质需要决定和制约着人们的精神需要，但是人的物质存在、物质价值、物质需要毕竟不能等同和取代人的精神存在、精神价值、精神需要，在一定意义上讲正是精神存在、精神价值、精神需要才使人超越了动物的自然界限。精神、文化、道德领域成为人所独有的领域，它们在人和社会的存在和发展中获得了某种独立性，它们的形成和发展有着独特的机制和规律。生产力的发展和生产关系的变革只是为道德进步提出了客观要求、提供了客观条件，道德进步的真正实现还取决于人们对这种客观要求、客观条件的自觉把握，取决于对人们在这种客观要求下自发地形成的若干风俗、习惯、心理进行的总结和提高，取决于人们对道德领域中传统的精神文化价值的批判和继承，取决于人们把上述三个方面结合起来的创造。只有当人们以系统的理论和观念的形式提出一整套新的道德理想、道德规范、道德原则、道德

标准的时候，才形成了作为一种社会意识形式而存在的新道德，只有当通过
教育等传媒手段在社会成员中传播和推广了这种意识形式层次上的新道德，
只有当人们认可和接受了这种新道德，才会在一个社会中形成新的道德舆论、
道德环境、道德氛围，才会在人们的精神世界中形成新的道德修养、道德情
操、道德追求、道德信念和道德行为，人们之间才会形成新的道德关系，社
会才会实现道德进步。这表明，道德进步并不是经济发展的自发的结果，而
是人们在精神生活和精神生产中自觉活动的结果。这也表明，道德的发展除
了受经济发展的制约外还遵循着思想、精神、文化发展的特殊规律。总之，
社会历史发展的矛盾性、道德进步的特殊性，又造成着社会历史发展某些阶
段、某些时期的经济发展和道德进步之间的不协调、不同步、不合拍局面，
在旧规范瓦解、新规范还没有形成时还会出现道德的混乱和滑坡。

所以，在观察经济发展和道德进步相互关系的时候，我们只有既承认历
史发展的长过程中两者之间的协调性、同步性，又承认社会发展某些阶段上
两者不协调、不同步的可能性；既承认道德进步对于社会经济发展的客观要
求、客观条件的依赖性，又承认道德进步是人们在精神领域中自觉活动的结
果；既承认在人类社会发展的一定历史阶段上所存在的历史尺度和道德尺度
的相悖性，又在主观指导上力求实现两者的统一，这才算在这个问题上坚持
了唯物史观。

二　市场经济的道德影响

按照唯物史观的理论，一定的生产关系、经济关系必然要求一定的道德
关系、道德规范。市场经济作为一种经济体制，作为人们生产和交换物质财
富、配置资源的一种方式，也必然对人们的道德关系、道德规范提出要求，
因此市场经济会对人们的道德关系、道德规范产生巨大影响，这是毫无疑义
的。改革开放以来，人们也已经直接地感受到了这种影响，因此在有没有影
响这个问题上没有什么不同的观点，认为市场经济不会对道德产生影响或认
为市场经济道德中立的观点还没有见到。目前人们争论的问题是究竟怎样估
价市场经济的道德影响：这种影响是正面的、积极的、有利于道德进步的，
还是负面的、消极的、不利于道德进步的。这个问题，在我国是市场经济体
制建立过程中提出来的新问题，在世界范围内则是市场经济存在和发展以来
一直争论着的老问题。

市场经济就是通过产权所有关系、价值交换关系、供求关系、竞争关系、契约关系和价格、盈亏、资源变动的机制达到解决个别劳动和社会劳动之间的矛盾和有效地配置稀缺资源目的的一种体制。市场经济体制要运作起来就要求人们在道德领域中树立起一系列的道德观念、道德原则、道德标准去规范人们的行为，在道德力量不能够解决问题的场合，还要建立相应的法律，通过法律强制人们按一定的规矩从事交换活动。不管法律条文还是道德规范，市场经济的基本原则总是所有权、独立、平等、自由、公平、正义等原则。然而对于这些原则产生的实际的道德影响，学术界历来有不同的看法和评价①：

1. 就产权原则来说：拥护者认为，个人权利不受侵犯是制度功能的一种最基本的道德标准，市场是唯一能尊重财产权的体系。因为市场承认进入市场的人们对其财产的占有权，财产权在市场交换过程的让渡也不是无偿的，通过有偿转让而获得的财产权也是正义的、道德的。因此，市场树立了人们的财产权不受侵犯的道德原则。反对者则认为，市场承认人们进入市场时所拥有的财产权的正义性、道德性，但是这种最初的占有权的正义性、道德性是一个不清楚的问题。市场并没有考虑人们的这种财产是怎么获得的。他们的财产可能是他们自己劳动和正当经营的结果，也可能是通过榨取别人的劳动而获得的，还可能是在让社会和生态环境付出了巨大代价之后获得的，甚至可能是抢来的、偷来的。这就是说，进入市场的人们所拥有的财产并不一定都是正义地、道德地获得的，可是市场却不管这些。正义性成问题的财产权经过市场交换后却变成了正义性得到承认的财产。市场也是那些在黑道上非正义地获得的巨额"黑钱"进行"洗钱"的场所。市场的这种特性究竟要人们树立一种什么样的财产观呢？问题的严重性还在于，即使在市场交换过程中人人都服从正义的交换原则，市场体制仍然可能无情地夺去无数人获得财产的权利，市场交换的累积效应会产生人们在财产上的极大的不平等，这种不平等难道是道德的吗？

2. 以市场在人们间分配财产的公平原则来说：拥护者认为，市场培养着人们根据自己对社会对他人福利的贡献、根据自己能力参与社会财富分配的品质。在他们看来，市场之所以公平，是因为市场按照应得原则在人们中间分配着财富。他们论证说，市场对人们财产的分配是通过盈亏机制实现的，

---

① 参阅［美］艾伦·布坎南：《伦理学、效率与市场》，廖申白、谢大京译，中国社会科学出版社1991年版。

在市场上盈利意味着财富的增加，在市场上亏损则意味着财富的损失，市场交换不断使某些人盈利和某些人亏损，从而实现着财产的不断分配。本来进入市场的人们都存在盈和亏两种不同的机会、不同的可能性，这种机会是均等的、公平的，结果之所以出现了盈家和亏家，说明盈家经营有道，其商品有市场销路；亏家则经营无道，其商品没有市场销路。因此这种由盈亏造成的财富分配是公平合理的。反对者则认为这种应得的公平原则也是有问题的。获得盈利者难道都是因为对社会、对他人作出了福利贡献吗？难道都是因为他们的能力造成的吗？人们通过市场获得财富的许多前提不能被视为应得的恰当基础，不能被视为公平的。在市场上，人们有时靠运气获得并保持财富，有时靠投机、猜测、极不合理的投资决策而大发"横财"，有时又是靠诸如贪婪、奸诈等道德上不值得赞扬的品性而获得财富的。一个人的财富还常常受其父母的经济地位和社会地位的影响。当人们通过这些手段、途径从市场上获得财富的时候，并没有对他人、对社会作出福利贡献，他们获得的财产难道是"应得"的吗？用边际生产率作为衡量对他人、对社会贡献的标准和应得分配的基础也是有问题的。例如，那些生产和销售海洛因之类的有毒产品的人可能表现出极高的边际生产率，他们的收入也可能实际地反映着这种生产率，但不能说他们的这种收入相当于他们对他人或社会福利的贡献。因此，市场分配财富时的上述特点会引导人们走上各种有害于社会及他人的投机取巧的发财道路，造成道德堕落。

3. 以市场的功利原则来说：拥护者认为，功利是市场主体从事生产和交换活动的动力，他们追求自身功利的结果会推动社会总功利的提高，市场体制就是一种最大限度地提高功利的体制，而社会总功利的提高则有益于所有人的福利的提高，因而市场体系推动着人们树立一种功利主义的道德观念，即推动人们用功利原则作为评价人们行为和社会体制合理与否、道德与否的标准，认为凡是有利于人们获得和扩大功利的行为和社会体制都是合理的、道德的。在这种原则下，效率、效益等和功利有关的指标都直接成为道德标准。反对者则认为，这种功利原则本身存在着许多问题。市场的功利原则确实把人们的经营活动同他们的利益紧紧地结合在一起，推动人们为着自己的利益而活动，为自身的利益而不断提高活动的效益和效率，市场通过功利可以最大限度地把人们的积极性调动起来。但是，人们对自己利益的追求如果不断膨胀起来，就会走上极端的利己主义的道路。市场在培养人们功利性道德观念的同时也为极端利己主义提供了滋生的温床和条件。市场的功利原则还忽略了人们功利目标之间、个人功利目标和社会功利目标之间的差别性、矛盾性，人们追求自己功利的活动并不是在任何情况下都有利于他人的功利及社会总功利的提高。在功利原则的推动下，人们还把他人、社会作为实现自己功利的手段，甚至通过牺牲他人和社会的功利来实现自身追求的功利，最后还会出现这样的局面，某些人获得的功利或社会功利的提高是建立在牺牲大多数人的功利的基础上的，因此市场倡导的功利原则在道德上是有严重缺陷的。

4. 以市场的竞争原则来说：拥护者认为，市场作为一种竞争机制起着选择作用，使那些在竞争中获胜者得到发展而使那些失败者被淘汰。通过竞争可以使人们发展出一些极有价值的品质，如独立、勤奋、想象、创造、勇敢、自律，使一些人成为优秀的企业家、经营管理人才。反对者则认为，市场竞争也使人们发展出诸如阴险、狠毒、狡诈、不择手段等应该在道德上加以反对和谴责的习性，即使亚当·斯密等一些最著名的市场维护者也都承认市场确实使人们滋生着某些令人们在道德上讨厌的品性。同时，市场竞争只讲机会上的平等，不讲结果上的平等，而且由于各种复杂的原因，竞争对手们实际上也很难站在公平的同一起跑线上，也很难真正做到机会上的平等，因此这种竞争原则的公平性、合理性也是有问题的。

5. 从市场的自由原则来说：拥护者认为，市场只承认人们对自己财产的所有权，只承认人们在市场上按照价值原则、供求原则同他人交换的经济关系，这种交换是由当事人的自由意志决定的。他们在交换过程中缔结契约的时候也是作为自由的、法律上平等的人进行的，市场要求可以自由出入市场、可以自由地从事交换的主体，市场不承认上述经济关系之外的种种非经济性的人身依附关系，因此市场培育着人们的自由和解放的道德观念，也保护着人们的公民自由。反对者则认为，在自由竞争、自由交换的市场上，虽然个别的交换活动不会有巧妙的干预，也不需要权力的集中，但这种交换累积的结果却可以造成对个人自由的严重限制，市场交换往往会造成谁都不能预见的某种结果，不管这种结果是人们所希望的还是不希望的。人们在市场上的自由是建立在商品交换的基础上的，但市场在把供求双方联系起来的同时又把供求双方隔离了开来，由无数交换环节联结起来的交换网络像一座迷宫、黑箱一样横卧在供求之间，人们只能依靠市场行情所提供的信息在这座迷宫和黑箱中寻求交换对象。因此，表面上，供方可以自由地决定生产，求方可以自由地选择商品，但实际上人们的这种活动都受市场上一只看不见的手的指挥和操纵，实际上成为这只手的俘虏，谁操纵了、垄断了市场，谁也就操纵了交易的对方。市场行情所提供的信息往往是不完全的、滞后的，有时甚至是虚假的，人们在这种信息导引下去从事交换完全可能误入歧途而吃亏上当。这样，当人们以一种生怕掉入陷阱、骗局的心情，或者以一种冒险赌博的心情，或者以一种走上战场的心情投入市场的时候，又怎么能谈得上自由呢？在市场经济条件下，人们获得了相互关系上的独立性，但这种独立性是以对商品这种物的占有为前提的，人的能力、智慧、价值都要通过物的创造、生产、占有、交换才能表现出来，人们之间的关系表现为物与物之间的关系，人自身的价值从属于、依附于可交换的物的价值、商品的价值，商品主宰着人们的命运，使自己从人们的使用对象上升为人们追求的对象、崇拜的对象，商品拜物教、货币拜物教、拜金主义就会成为某些人的价值观念，无限地追求物质财富就会成为某些人的人生目的，享乐主义就会成为某些人的生活态度，他们就会成为物质财富的奴隶。市场经济的发展会导致马克思讲的那种异化现象。一个异化为商品、金钱奴隶的人还怎么谈得上道德的进步和提高呢？

　　人们之所以会产生上述种种不同的、有时是尖锐对立的观点，当然不能排除人们的世界观、历史观、价值观的影响：在观察社会历史事物的时候，特别是在观察存在着利益对立的不同集团的社会的时候，持有不同世界观、历史观、价值观的人往往会得出不同的价值评价。关于市场经济道德影响的评价问题自然也不例外，人们对社会、历史、人、道德、价值、进步、发展的不同理解，会导致人们对市场经济道德影响做出不同的评价。但是，我们想指出，长期以来人们之所以会产生上述种种不同的甚至对立的观点，其客观原因还在于市场经济对人们和社会的道德影响确实存在着两重性，即既存在着正面的、积极的影响，又存在着负面的、消极的影响。那么，市场经济的道德影响为什么会具有两重性的呢？这要到市场经济存在的历史根据中寻找，要到市场经济所解决的矛盾及解决矛盾的方式中寻找。市场经济是随着生产的社会分工和私有制的出现而产生的，是随着社会分工、私有制及生产社会性的发展而发展的。它所要解决的矛盾是私人劳动和社会劳动、供给和需求、公平和效率、资源的稀缺性和生产发展之间的矛盾，解决这些矛盾的方式是通过市场机制实现等价交换、公平竞争、自由流动和优胜劣汰。但市场经济在解决这些矛盾的同时又在扩大着这些矛盾：在通过价格、利润、供求、竞争机制实现社会资源有效配置的同时，又使市场主体和社会支付着各种代价和成本；在实现等价交换的过程中，每次具体的交换则是价格偏离价值的不等价交换；在为市场主体提供自由竞争条件的同时，也为他们的不正当竞争提供了机会；在激发市场主体功利动机的同时，也激发了他们利己主义的贪欲。因此，正如我们必须辩证地、历史地看待市场经济的经济调节功能一样，也必须辩证地、历史地看待市场经济的道德影响。

市场经济取代自然经济、市场经济关系取代各种形式的超经济人身依赖关系，是生产力发展的结果，是一种历史的进步。产权、自由、平等、正义、公平等原则都是适应这种取代而产生的，是为了让人们从以往的那种人身依附关系及相应的道德观念的精神束缚中解放出来，也起着历史的进步作用。因此市场经济基础上形成的道德相对于前市场经济基础上的道德来说是一种道德的进步。在这个意义上，我们不同意那种认为市场经济与道德本质规定相悖而不可能孕育出伦理精神和道德要求的说法。但是，我们确实应该看到，上述原则只是市场经济存在的必要条件，当市场经济经过了初级阶段并在自身基础上进一步发展的时候，人们很快发现，上述原则是极其抽象的、表面的、矛盾的，以这些原则为依据的活动过程会得到和这些原则相冲突、相对立的结果。市场经济发展的历史过程已经充分显示了这种两重性，它的负面影响既不利于人和社会的发展，也不利于市场经济的现代发展。克服市场经济本身固有的缺陷及其道德上的负面影响，不仅是社会和人的发展的需要，也是现代社会化大生产和经济发展的需要。从一定意义上讲，这是当代工业发达国家中经济学、社会学、伦理学研究的一个重要主题，人们试图从经济体制、经济政策、国家法律、道德伦理等角度来解决这个问题。

三　建立和社会主义市场经济体制
相适应的道德规范

目前我国道德领域中出现的严重问题，同旧的道德规范受到了市场经济的猛烈冲击而新的道德规范又没有完全建立起来所造成的道德失范有关，我国道德建设应该建设什么成了一个亟待解决的问题。建立和社会主义市场经济体制相适应的道德规范体系成了既是建设社会主义精神文明的需要，也是建立和完善社会主义市场经济体制的需要。

建立和社会主义市场经济体制相适应的道德规范体系，首先要求我们从实践出发，倾听我国改革开放和现代化建设实践的要求，研究建立社会主义市场经济体制实践过程中出现的各种新问题、新情况，总结广大群众在这一实践过程中进行社会主义精神文明和道德建设的丰富经验和成果。其次要正确对待过去革命战争和社会主义建设年代所形成的道德规范体系、我国古代传统文化中形成的道德规范体系、西方文化中的道德规范体系。对它们肯定一切、全部照搬或否定一切、全部拒斥都不利于社会主义市场经济体制所要求的道德规范体系的建立，正确的态度还是应该对它们进行辩证的历史的分析，吸收其中有利于社会主义市场经济体制建立和完善的方面，抛弃其中不利于社会主义市场经济体制的方面。鉴于我们在过去很长时间内对古代的、西方的文化中的道德观、价值观主要采取批判和拒斥的态度，在建立社会主义市场经济体制所要求的道德规范体系时，应该把重点放到在认真研究、详细分析基础上，将其中合理有用的内容吸收过来为我所用的角度。

就过去革命战争和社会主义建设年代中形成的道德规范体系来说，过去我们在道德领域中确实存在着失误和片面性，如在个人和集体、个人和社会的关系上，往往只强调个人无条件服从集体、服从社会的方面，忽视个人应有的权利和独立性，忽视个性合理的自由发展，使人们淡薄了主体意识和自我意识，养成了一种依赖于组织、上级、国家的心理精神状态和道德观念；在人们的眼前利益和未来利益、现实和理想的关系上，往往只强调理想和未来，忽视对人们当前利益的关心，这也在某些人那里养成了一种不重视现实的空想主义的价值观和道德观；在物质价值和精神价值的关系上，偏重精神价值而忽视物质价值，甚至发展到脱离物质基础、经济基础而空谈"灵魂深处爆发革命"；在道德规范上，忽视了对少数先进分子的要求和对大多数社会成员要求之间的区别，用一种大造舆论的办法强制大多数社会成员去接受少数先进分子的道德规范，结果则形成了一种重义轻利、重服从轻自主、重一致轻差别、重空谈轻务实的道德价值观。这种道德价值观虽然有利于中央集权的行政计划体制的推行，但却严重地压抑了人们的主动性、创造性。中央集权的行政计划体制之所以逐渐失去了它的活力，人们主动性、创造性的被压抑是一个重要的原因。中央集权的行政计划体制所造成的道德价值观是不利于市场经济体制的建立和发展的。但是，我们在否定这种道德价值观时，应该看到那时培育的革命的理想、信念、情操，所树立的革命的、共产主义的人生观和道德观，所提倡的革命英雄主义、革命乐观主义、全心全意为人民服务、无私奉献和自我牺牲的精神，所树立的张思德、白求恩、雷锋等道德典型，曾经形成过强大的精神力量并有力地保证了革命战争和社会主义建设事业的胜利。今天，在现代化建设和建立社会主义市场经济体制的过程中，仍然需要人们具有远大的理想和信念、具有高尚的志趣和情操，仍然需要崇扬人的精神价值，因此为人类更美好的明天而奋斗的理想、信念、情操及与此相联系的道德观价值观还是应该继承和发扬的。

就我国古代传统文化中的道德规范体系而言，我们中华民族有着悠久的历史文化传统，各族人民在长期的奋斗中形成了勤劳、勇敢、俭朴、善良、友爱、热爱家乡、热爱祖国等优秀的道德和精神品质，中华民族素来以"礼仪之邦"称誉世界，中国古代哲学也具有伦理哲学、道德哲学、人文哲学的特点，重视人的精神价值，提倡修身齐家治国、"先天下之忧而忧，后天下之乐而乐"的思想和精神道德境界，提倡人既要敢于和自然灾害作斗争，又要爱护和保护自然环境，提倡人对人要讲仁、义、礼、信，提倡家庭亲属关系上的孝亲和和睦等。显然，我们应该继承中国古代文化中的优秀传统和中华民族的传统美德。当然，我们还应看到，我国古代文化中的道德规范体系中还存在反映封建等级制度和自然经济方面的内容，在人们日常生活传统中也还有各种迷信和陈规陋习，这些既不利于市场经济的建立和发展，也不符合社会主义价值追求，是应该将它们与传统文化中的精华区别开来而加以革除的。

就西方文化中的道德规范体系而言，它主张上帝面前人人平等、法律面前人人平等、市场面前人人平等，它反对神性崇尚理性、反对神权崇尚人权、反对专制崇尚个人自由民主，这种道德价值观是资本主义市场经济发展过程的产物，在冲决封建的经济政治制度及其精神枷锁中发挥过巨大的历史作用，曾经有力地推动了市场经济的发展。但是和这种以个人为本位的道德价值观一起发展的极端个人主义、利己主义及对集体、社会、国家、生态环境的冷漠态度，明显地对建立在社会化大生产经济基础上的现代社会起着销蚀瓦解的作用，极其不利于工业发达国家的经济和社会的发展，某些学者甚至认为应利用东方文化去解决他们面临的道德观、价值观的危机。因此，对于西方文化中的价值观、道德观，我们可以借鉴和吸收其中对个人的正当权利的尊重及那些反映社会化大生产和市场经济发展一般规律、现代社会文明生活特点的方面，但应拒斥其极端个人主义和利己主义的方面。

上面的分析表明，我们完全可以在社会公德层次上着重吸收我国古代文化中优秀的道德传统，在市场经济层次上可着重借鉴和吸收西方文化中的有价值部分，在先进分子和共产党人的道德规范层次上则应着重吸收过去的革命道德传统。

　　历史的、外域的经验和当前实践中面临的问题都告诉我们，在建立社会主义市场经济所要求的道德规范体系时，必须处理好下列关系、明确下列原则：1. 要处理好个人利益、集体利益、国家利益这三种利益之间的关系，要承认、尊重个人正当的、合法的利益，应该将人们对自己正当利益的追求、维护同极端个人主义、利己主义区别开来，既要提倡个人对集体、对国家的奉献精神，提倡爱国主义和集体主义，又要认真贯彻按劳分配、等价交换、有偿服务的原则，做到权利和义务相结合、义和利相结合、奉献和报酬相结合，要根据社会实践不同领域的不同特点解决结合的程度和方式，形成不同的道德规范，有些领域和场合只能提倡奉献精神，有些领域和场合只能坚决实行按劳分配、等价交换、有偿服务的原则，有些领域和场合又只能两方面都讲；2. 要处理好统一性和差别性、多样性的关系，包括处理好统一行动和个人自由、政治上的统一性和个人生活上的多样性、共同富裕和富裕程度上的差别性、基本价值观念上的共同性和具体价值观念上的差别性之间的关系，要承认人们在才能、个性、习惯、气质、爱好、思想、收入、消费上的差别；3. 要处理好物质价值和精神价值的关系，要树立物质价值和精神价值相结合的原则，要对物质价值和精神价值在人和社会发展中的地位和功能做出正确的道德评价，要将人们对物质价值和精神价值的正当占有和享用同享乐主义的人生观、价值观区别开来；4. 要处理好竞争和合作的关系，树立既做竞争对手又做合作伙伴的观念；5. 要处理好理想和现实的关系，实现理想和现实相结合的原则，要重视理想、信念在提高人们精神境界方面的道德功能，要提倡道德理想和理想道德规范，但又要注意将它们和普遍的实践的道德规范区别开来，在提倡共产主义、社会主义的道德原则的同时也要承认市场经济的道德原则。显然，和社会主义市场经济体制相适应的道德规范体系必定是由多元多层次道德规范组成的有机整体，它反映着不同主体的正当利益，反映着不同主体的不同的道德追求，承认对不同主体应该有不同的道德规范，即承认道德主体的多元性；在道德标准上必定是多级多层次的，既按照第一级的初级标准将人们的行为划分为不道德行为和合道德行为，又按照第二级的高级标准将人们的合道德行为划分为一般的合道德行为和高尚的道德行为。至于合道德行为究竟划分为多少层次及划分的标准，则应随人们道德实践的具体情况而决定。市场经济的存在要求我们承认人们通过正当的途径和手段追求自身利益的道德合理性，要求在道德规范和标准上把这种行为视为一般的合道德行为，而把在爱国主义、社会主义、集体主义激励下作出的奉献甚至无私奉献的行为视为高尚的甚至十分高尚的道德行为。

对于社会主义市场经济来说，经济体制建设可视为它的硬件建设，道德建设可视为它的软件建设，我们千万不能只重视硬件建设而忽视、怠慢软件建设，一定要真正贯彻两手抓、两手都要硬的方针。

发展观与精神文明建设[*]

　　江泽民同志在十四届五中全会的讲话中提出，要把精神文明建设放到更加突出的地位。最近召开的全国宣传部长会议宣布，中央确定把精神文明建设主要是思想道德文化建设作为十四届六中全会的主要议题。坚持不懈地加强社会主义精神文明建设，既是全党的重大任务，也是思想理论界必须加以研究的重要课题。物质文明建设和精神文明建设两手抓、两手都要硬，是邓小平建设有中国特色社会主义理论的一个重要思想，也是党中央历次文件不断重申的指导方针。可是，为什么精神文明建设一手软的问题在一些地方仍然存在？显然，不进一步认识和解决这个问题，就不能使十四届五中全会及江泽民同志提出的要求真正全面落实。

　　面对发达国家的挑战和压力，发展问题总是发展中国家甚至欠发达国家面临的历史性任务。通过发展赶上并超过发达国家是这些国家广大人民群众最强烈的愿望，十月革命后的俄国是如此，1949年新中国建立后是如此，经过"文化大革命"之后实行改革开放的中国仍然如此。历史经验表明，失误、教训不仅表现在要不要发展上，还表现在为什么而发展和怎样发展上，不同的发展观会有不同的发展模式、发展战略、发展道路，会得到不同的发展结果。精神文明建设的实际地位问题就直接和为什么发展及怎样发展问题联系在一起。精神文明建设一手软的原因固然很多，但单纯注重经济增长的片面发展观，却是导致人们忽视精神文明建设的一个重要思想根源。比如，代价论即认为牺牲一点精神文明建设是为了快速发展经济而付出的一种"必要的代价"，就是这种片面发展观的一种表现。正是在这种思想指导下，在分配资金的时候，有些人为了把资金集中到物质文明建设上去，精神文明建设资金少增加、不增加或甚至压缩是一种"必要的代价"；为了把经济搞活，利用有

---

　　*　原载于《光明日报》1996年2月17日第5版。

损于精神文明建设的手段也被认为是一种"必要的代价"。在一些人的心目中，经济发展、经济搞活这"一俊"可以掩盖、弥补、抵偿有损精神文明的"百丑"。为了"经济效益"，他们可以去从事种种非法经营活动，采用种种有悖于经济伦理的方法；为了"经济效益"，他们可以不顾环境污染和生态平衡的破坏，乱采乱挖、肆意破坏国家资源；为了"经济效益"，他们可以怂恿、庇护坑蒙拐骗、假冒伪劣、走私偷税、行贿受贿。

应该指出，片面发展观是西方工业发达国家当年工业化过程的产物，在当时并不是全无其历史根据，在推动经济增长实现工业化方面也不是全无历史作用。但是，随着经济和社会的发展，这种发展观的片面性、局限性和各种弊端则表现得越来越明显和突出。在经济层次上，这种发展观所形成的是一种高投入低产出的粗放型的经济发展模式，效益低，质量差，资源浪费；在社会发展和进步的层次上，这种发展观严重割裂了经济和社会、经济和文化、物质价值和精神价值、效率和社会公正、经济增长和人的发展之间的有机联系，破坏了社会系统的有机性和整体性，造成人和社会的畸形发展；在社会和环境相互关系层次上，这种发展观使人类面临着诸如资源、环境、生态等一系列的全球性问题。从另外一个角度来看，这种发展观也已完全不适合当代人、社会、经济、自然之间协调发展的要求。众所周知，由于当代科学技术革命和高技术的迅速发展及迅速产业化，社会生产力正在从已往的劳动密集型、资本密集型的生产力发展为知识技术密集型、高技术含量的新型生产力，生产和经济的发展已不仅仅取决于资本、劳动力等物质性资源，还越来越多地取决于科学、技术、知识、信息等精神文化资源。高技术时代的经济竞争已主要表现为技术、人才、信息的竞争，高技术迅速发展提出来的挑战不仅是技术上、经济上的挑战，也是精神文化上的挑战。高技术时代人们的需求越来越向着精神文化层次上的真善美方向发展，人们从事经济活动的目的也不单纯地局限于追求物质价值、经济价值，还追求着精神价值、文化价值、社会价值；经济活动不仅具有经济性质、技术性质，还具有高文化的内涵。经济和科学、技术、文化越来越紧密地相互渗透、相互结合。

现在，国外提出的持续发展观，就是对过去那种片面发展观的克服和超越。但这种新发展观不应该局限于解决经济发展模式的问题，而应该扩大为解决人和社会的发展模式问题。这种新发展现不是以单纯的经济增长为目标，而是以人的全面发展、社会的全面进步和未来人类可持续生存为目标。它在处理各种关系的时候具有实践性、系统性、辩证性和协调性。因此，可以把这种新发展观称为系统辩证的、协调的持续发展观。不难看出，只有这种新发展观及其所体现的发展模式、发展战略、发展道路，才能充分认识精神文明建设在人和社会的全面发展、全面进步中所起的越来越重要的作用，才能根据人和社会的发展需要对精神文明建设提出更新、更高、更丰富、更多样的要求，才能把精神文明建设放到越来越重要和突出的地位，才能为精神文明建设的发展提供日益扩大的经济的、精神的、社会的条件和空间。

当代科学技术革命和马克思主义哲学的发展[*]

恩格斯曾经说过，随着自然科学每一划时代的发现，唯物主义总要改变其存在的形式。纵观哲学史和科技史，我们确实可以看到，自然科学、技术科学的发展状况制约着人们的哲学总结和概括。

20 世纪自然科学和技术获得了重大发展，先出现了相对论和量子力学，后又出现了控制论、信息论、系统论、突变论、协同学、耗散结构理论等一系列崭新的科学理论。一系列新技术如控制技术、电子技术、核技术、遗传工程技术、航天技术等得到了迅速发展，形成了人们所说的当代科学技术革命。现在人们又用高科技、高新技术等概念来描述这一革命的最新发展。这就很自然地提出了一个问题：当代科学技术革命的兴起和发展对马克思主义哲学会产生什么影响？我们认为，这种影响是双重的，一方面证实了马克思主义哲学的基本原理，另一方面又要求马克思主义哲学进一步丰富和发展。本文主要讨论后一方面的问题。

一

马克思和恩格斯都非常强调哲学的时代性，强调哲学应成为时代精神的精华。马克思明确地指出："问题就是公开的、无畏的、左右一切个人的时代声音。问题就是时代的口号，是它表现自己精神状态的最实际的呼声。"①

那么，当代科学技术革命的发展提出了一些什么样的哲学问题呢？根据国内外学者的研究成果，我们归纳如下：

1. 关于世界的物理图景问题。马克思主义哲学批判地继承了德国古典

---

* 原载于《马克思主义研究》1996 年第 2 期，为吴元梁、静文合著。
① 《马克思恩格斯全集》第 40 卷，人民出版社 1982 年版，第 289 页。

哲学的辩证法传统，明确、尖锐地批评了机械自然观，提出了唯物的辩证的自然观，为人们描述了在自身矛盾推动下的辩证地运动变化发展的世界物理图景，这一图景经受了现代科学发现的考验，被证明为基本上是正确的。但是应该看到，当初提出和描述这一图景所依据的科学精神毕竟是近代科学的三大发现——进化论、能量守恒定律、细胞学说，这就使得这一图景不可避免地带有若干历史的局限性，这一图景的若干画面不可避免地带有思辨和不清晰的特点，存在着需要进一步阐明的问题和矛盾。普里戈金在高度评价了马克思和恩格斯的辩证自然观后说："但是机械论却依然是辩证唯物主义面临的基本难题。辩证法的普遍规律与同样普适的机械运动定律之间的关系是什么？机械运动定律是在达到一定的阶段之后就不再适用了呢，还是它们本来就是虚假的或不完备的？回到我们先前的那个问题，过程世界和轨道世界如何才能联系在一起呢？不过，批判关于不可逆性的主观主义解释并指出它的弱点，这是容易的；而超出它的范围之外，表达一种不可逆过程的'客观的'理论，就不那么容易了。"① 因此，马克思主义哲学显然需要概括现代科学成果，对世界的物理图景作出新的具有当代科学特点的描述，解决马克思恩格斯当时由于受科学材料的局限而没有完全提出和解决的问题。

2. 宇宙有限还是无限的问题。这是天文学、宇宙学和哲学长期热烈讨论的问题。西方宇宙论的历史经历了好几个时期，提出过一个又一个的宇宙模型，如地球中心宇宙模型、太阳中心宇宙模型、无限宇宙模型。爱因斯坦建立广义相对论后提出了一个静态封闭的有限的宇宙模型。20 世纪 40 年代以来，有些科学家提出了热大爆炸宇宙模型，认为宇宙有起点、时间有开端。围绕这个宇宙模型，科学家和哲学家又展开了宇宙是有限还是无限的争论，拥护热大爆炸宇宙模型的科学家和哲学家都说宇宙在时空上是有限的。这种观点对于主张宇宙无限的马克思主义哲学来说当然是一种挑战，坚持马克思主义哲学立场的科学家、哲学家对这种挑战作了一些回答，但似乎问题并没有完全解决。

3. 从达尔文《物种起源》发表以来，进化生物学一直在发展，进化模式不断转换，从达尔文进化模式到新达尔文进化模式，再到综合进化论发展模

---

① ［比］伊·普里戈金、［法］伊·斯唐热：《从混沌到有序——人与自然的新对话》，曾庆宏、沈小峰译，上海译文出版社 1987 年版，第 304—305 页。

式。这就要求我们对进化作出新的哲学概括，回答诸如什么叫进化、进化标准、进化机制、进化规律、进化退化关系等问题。人们还经常讨论进化究竟是单线还是多线的问题，现在人们根据现代系统科学阐述了进化过程中的分叉问题，按照分叉理论，进化当然是朝着越来越多的"元"或"线索"进行的，这可以很好地解释自然界的多样性，但是在多样性的深处有没有统一性呢，在分叉过程中有没有会聚呢？这类问题是既需要从科学角度也需要从哲学角度加以说明的。

4. 脑科学、神经病理学、认知心理学的迅速发展为进一步揭开大脑秘窍积累了许多新的实验材料，也提出了种种脑工作模型，怎样评价这些学科的哲学意义，如怎样估计认知活动的计算机模拟的心理学意义和哲学意义，怎样阐明裂脑现象（即两个大脑半球像两个独立的心理系统那样操作）的心理学意义和哲学意义，怎样利用认知科学来解决心理学研究中一直存在的被称为"新世界的难题"的行为主义和精神主义、还原论和整体论、意向论和机械论之间的对立，如何利用这些学科的新成就进一步阐明脑工作机理、心理机制及意识、观念产生之谜。

5. 人工智能最初是作为计算机技术（尤其是软件技术）的一个分支出现的，经过几十年的发展，取得了巨大成就。但究竟什么是人工智能，专家们的答案仍不尽相同。人工智能的可能性和局限性也是人工智能基础研究中一直在争论的问题。人工智能的发展方向是不断模拟人的思维，然而怎样才能将人工智能和人的思维进行科学的比较呢，人类的思维活动都能形式化、机械化吗？人类发展人工智能的目的之一是为了实现人自身的解放，然而这个目标能够实现吗？人工智能作为高技术，对人类社会的生产力及整个社会结构的演变都产生着深刻影响，然而怎样才能科学地估计这种影响呢？

6. 由于科学技术在社会生产及其他领域中的广泛应用，人类在自然界面前获得空前的主动地位，人类的生产、经济、军事等实践活动对自然生态环境产生着越来越巨大而深远的影响，人类的活动已成为地球系统中物质循环和生态平衡能否保持的重大因素，生态危机、不可再生的资源问题成为全球问题也说明了这点。于是哲学家、科学家提出应该重新审视人类对自然界的传统态度和价值观，提出了人类和其他生物的关系问题、人类在自然界面前的责任和义务问题。

7. 生命科学、遗传学的发展，特别是生物工程技术（基因工程、细胞工程、酶工程、微生物工程）的产业化，在不断地揭示生物遗传和变异规律的基础上为人类创造着新的生产力，给人类带来了显著的经济和社会效益，但也向人的传统形象、传统价值和社会伦理观念提出了重大挑战，提出了亟待解决的社会伦理问题，如基因工程会不会对人类带来危险，遗传重组的生物杂种会不会引起生物公害、破坏生态平衡；人工授精、胚胎移植、体外孕育也提出了夫妇双方生育权问题、血缘关系问题、父母亲的确定问题、"代理母亲"的社会合理性问题、对待胚胎的道德问题、无性繁殖是否可以应用于人的问题等。

8. 现代医学极大地提高了人类防病、治病、保健的能力，普遍地延长了人的寿命，但现代医学也涉及了人的思维、情感、尊严、自由及婚姻家庭等人的基本价值和传统生存方式的问题，甚至使得人及其生、死、病这些概念都成了争议的问题，在这些问题上往往出现不同的甚至对立的理论和观点，我们该怎样去分析和评价呢？

9. 数学得到了迅速发展和广泛应用，分支学科越来越多，数学发展的统一基础问题一直是数学家和哲学家研究的问题，涉及能不能建立一个无矛盾的数学系统、数学命题的真假是否只能通过逻辑检验、数学思维能在多大程度上机械化等问题。语言学、符号学的发展也提出了一系列需要研究的哲学问题。

10. 现代科学技术和人类的社会生活越来越紧密地结合在一起，社会的科学化、技术化速度不断加快，规模也不断扩大。科学技术已成为第一生产力，已成为人的生存和社会发展的重要因素。但科学技术在被应用过程中也出现了许多负面影响，许多事实表明，同一种科学技术的同一种用法在一些条件下有正面的积极影响，而在另一些条件下则有负面的消极影响。科学、技术、社会的关系问题已成为科学技术专家和哲学家共同关心的热点问题，出现了诸如唯科学主义、技术决定论和反科学主义、悲观论等不同观点。人们特别严肃地提出了这样的问题，即人类应该以什么态度和价值目标来从事科学技术活动，科学家在"求真"的过程中应不应该承担道德义务和责任。①

上面十类问题只能说是一种粗略的轮廓，而且对于上述问题算不算哲学问题，不同哲学观的哲学派别会有不同的说法。从马克思主义哲学的角

---

① 详见胡文耕主编，林夏水、吴国盛副主编《科学前沿与哲学》，中共中央党校出版社 1993年版。

度看，世界观、价值观、逻辑和认识论、方法论这几大问题都是哲学领域。那么从上述问题中能概括出一个什么样的基本的或核心的问题呢？恩格斯曾经指出，全部哲学，特别是近代哲学的最重大的基本问题，就是思维对存在的关系问题。这一概括抓住了近代哲学的特征，那时人类社会正在从农业社会向工业社会过渡，人类的历史任务就是认识和掌握客观世界的规律，发展工业技术，因此认识论、知识论成为哲学研究的前沿领域，许多哲学问题都是围绕思维和存在的关系展开的；今天人类在认识世界方面取得了辉煌的成绩，当然仍然存在一个继续向未知世界深入的问题，但是当代困扰人类的问题则是人类在应用科学技术的实践过程中遇到的许多问题，已不是思维与存在关系问题所直接涵盖了的。实践作为人类存在的特殊方式、作为人与外部世界发生关系的中介和桥梁，除了人和外部世界之间的认识关系之外，还存在着价值关系、改造关系，而后两种关系正是当代人类在实践中需要加以正确解决的时代性的突出问题，因此当代哲学的核心问题或基本问题是人和外部世界（包括自然和社会）的关系问题。人和科学技术的关系，科学技术和自然、社会的关系，社会和自然的关系，人和社会的关系都属于人和外部世界的关系问题，人在自然界中的地位、权利、责任，人应该追求怎样的价值，社会应该有怎样的发展模式等问题也都起源于并归结于人和外部世界的关系问题，思维和存在的关系问题也只是人和外部世界关系问题的一个侧面。我们只有抓住人和外部世界的关系问题来思考和研究马克思主义哲学，才能使它适应于当前时代的要求。

二

把唯物辩证法和现代系统科学结合起来，形成唯物的、辩证的、系统的发展观。

现代系统论和唯物辩证法在本质上是一致的，把两者对立起来用一个否定另一个的思想观点是错误的。不过，我们应该看到，唯物辩证法虽然包含了系统思想，但毕竟没有全面系统地提出和展开对系统的研究，因此现代系统论有它自己的独到之处。把唯物辩证法和现代系统论结合起来既是必要的，也是可能的，这样可以使唯物辩证法通过概括现代科学材料、吸收现代科学思想而得到丰富和发展。

1. 从揭示事物的对立面到揭示事物的组成要素

唯物辩证法认为任何事物都是对立面的统一，即由两个既相互联系、相互依赖又相互排斥、相互对立的部分、方面、趋势构成的统一体。两个对立面的统一被称为矛盾，被称为辩证法的实质和核心。唯物辩证法认为矛盾是普遍存在的，因此矛盾即是事物、即是运动、即是过程、即是思想。矛盾规律或对立统一规律成为唯物辩证法的一个基本规律，这个规律也被通俗地称为一分为二的规律。的确，矛盾的思想、对立统一的思想、一分为二的思想在中外哲学史上自古以来都存在着，人们在自然、社会、思想中也可以举出无数这样的实例。

矛盾或对立统一规律在帮助我们认识事物的两重性、矛盾性和学会两点论的思想方法方面有着巨大的认识作用。但在人们应用这一规律观察和处理问题的时候，也存在着把这一规律简单化、庸俗化的情况，甚至机械地认为事物就是由二个对立面组成的。本来是帮助人们学会辩证思维的规律，但在简单庸俗理解的情况下却使人们陷入了非此即彼的绝对的形而上学思维之中。

现代系统论认为，系统是由要素组成的，而要素既可以为二也可以为多，既可以是少量的也可以是大量的。在总结系统论的这一观点时，人们开始正视一分为二和一分为多的关系问题。前民主德国的数学家、控制论专家利勃舍尔指出："辩证矛盾通常理解为二个彼此制约和排斥的方面。揭示两个对立的方向、方面、倾向总是同抽象的特殊过程联系着，这种过程正好包含了两个方面、两个侧面等。但如果据此就得出结论说在现实中只存在两极性和两极的辩证对立面，这是对客观辩证法不可容许的简化。按照我们意见，这里碰到了原因、结果及其相互作用上的类似情况。因果联系中的原因和结果应该考察为相互作用的因素（这里因果联系不失掉自己的客观意义），两极性可以是多极性的因素。当然，多极性一般并不'取消'现实的辩证矛盾的两极性，即使对辩证矛盾限于两极性的考察，许多过程实际上是可以阐明的。重要的是要了解到矛盾的上述方式并不是唯一的。一般情况下，力图更深刻地现实的思维应该从认识因果关系前进到认识相互作用的过程，同样在一定条件下可以从考察两极的辩证对立面前进到考察多极的对立联系。"① 这就是说，我们应该把一分为二和一分为多之间的关系看做抽象和具体、典型和常

① ［苏］А.Д.乌尔苏勒主编：《控制论和辩证法》，吴元梁、高薇译，中国社会科学出版社1988年版，第137—138页。

规、简单和复杂的关系，一分为二是抽象、典型、简单，一分为多是具体、通常、复杂。这样，我们在分析事物的时候，有时就需要从一分为二进到一分为多，有时需要从一分为多进到一分为二，这要视分析的对象和认识的任务而定。总的来说，我们要从分析事物的对立面进到分析事物的组成要素。

2. 从分析矛盾统一到分析系统

按照列宁的说法，辩证法是这样的一种学说，它研究对立怎么能够是同一的，又怎样成为同一的（怎样变成同一的），在怎样的条件下它们互相转化成为同一的。毛泽东在《矛盾论》中专门写了"矛盾诸方面的同一性和斗争性"一节来回答这个问题。唯物辩证法用同一性和斗争性的相互关系来解释矛盾统一体的形成、存在和破裂的条件和机制。长期以来，学术界围绕矛盾双方的同一性和斗争性的相互关系一直争论不休，问题并没有完全解决。

现代系统论讨论的重要问题之一就是要素形成系统的机制。系统论认为，要素之间经过复杂的相互作用，会产生合作的、协同的、集体的效应。系统论认为，就要素之间的每一次作用来说是偶然的、无序的，因而也是混沌的，但是大量要素之间的这种偶然、无序、混沌的相互作用中却产生了必然、有序、协同，这种必然、有序、协同使得要素在时间和空间上建立起稳定的联系和结构，作为一个整体同环境相互作用，并且在与环境的相互作用中显示出某种稳定的功能。这样，系统就在要素的相互作用中产生和形成。现代系统论的这种理论似乎在给辩证法讲的矛盾双方在斗争中形成同一作诠释，而且说得更为具体。其实，恩格斯在谈到社会历史是在合力中发展的时候也叙述了类似的思想，只不过长期被人们忽视了而已，同时矛盾双方怎样成为同一的这个辩证法的重要问题不是被取消就是被曲解。现在我们完全应该恢复它在辩证法中的重要地位，同时把这个问题同系统形成机制的研究结合起来。

我们看到，唯物辩证法中讲的矛盾统一体概念实际上就是现代系统论讲的系统概念，矛盾统一体就是系统，系统就是矛盾统一体。不过，唯物辩证法强调了矛盾统一体的条件性、相对性，现代系统论强调了系统具有要素层次上所没有的整体性。唯物辩证法为我们描述了到处存在矛盾的世界，现代系统论为我们描述了到处存在着系统的世界。我们可以把矛盾统一体看做是对系统的一种简化和抽象。因此，我们完全应该从分析矛盾统一体到分析系统，在矛盾世界观的基础上建立系统世界观。

3. 唯物辩证法应该研究系统的结构和功能问题

马克思恩格斯在创立其哲学的过程中都反复提到过结构范畴，阐明了社会的政治经济结构。但是，后人在建构马克思主义哲学体系时却遗忘了马克思的结构范畴。

结构就是要素之间稳定有序的联系，是系统成为整体并表现出要素所没有的行为和功能的内在根据，系统的秘密全在于它的结构。正是这种原因，现代科学体系中的各学科如数学、物理学、生物学、心理学、语言学及现代系统科学都十分重视结构分析，把系统动力学建立在结构分析的基础之上，科学家们根据结构能得到科学描述的程度而把研究对象分为白箱、灰箱、黑箱。分析系统的结构，揭示系统结构和系统整体上的行为、功能的关系是现代系统论研究的重要课题。在系统论看来，系统的内在结构制约它的外在功能，反过来系统的外在功能也影响着它的内在结构。对系统的数学描述表明，系统的结构描述和系统的功能描述虽然表现形式不同，但两种描述是相互关联的，在某种情况下是可以互相转译的。唯物辩证法应该总结和吸收现代系统科学及其他学科中使用的结构和功能的理论和方法，应该把结构和功能范畴纳入自身的理论体系之中。

4. 概括现代系统科学的系统进化理论，丰富唯物辩证法的发展理论

唯物辩证法用矛盾规律揭示事物发展的内在动力，用质量互变规律和肯定否定规律来描述事物发展的形式和方向，把事物的发展描述为螺旋式的、由简单到复杂、由低级到高级的前进上升的过程。这种发展观在总体上和原则上被证明为正确的，但确也存在需要进一步说明和展开的地方。现代系统论所描述的进化逻辑有许多地方是值得唯物辩证法吸取的。

<h1 style="text-align:center">三</h1>

概括现代科学技术成果，深化马克思主义认识论研究。

认识论的分类既可以从认识客体上的区别加以分类，也可以从认识主体上的区别加以分类，还可以从认识手段、认识路线的角度进行分类。如把自然界作为认识客体的自然认识论，把社会作为认识客体的社会认识论，把技术活动作为认识客体的技术认识论，不同的认识客体决定了不同的认识理论，因此这种分类是有根据的。然而，认识主体的不同也形成着具有不同特征的认识论，下面我们就想从这个角度把认识论分为微观认识论、个体认识论、群体和社会认识论，并按照这三个不同层次来讨论认识论研究问题。科学认识论作为群体认识论的一个特例也将提及。

1. 总结现代脑科学、神经生理学、分子神经生物学、认知心理学、认知科学、人工智能的科学成果，阐明认识过程的微观机制，开展微观认识论研究

以往认识论研究是一种宏观角度的研究，是建立在人们在实践中的外部行为和内省经验描述基础上的，但由于不了解人脑工作机制，认识论中有些问题常常争论不休或流于空泛议论。现在上述科学的发展为通过实验途径开展认识过程微观机制的研究创造了条件。人工智能被称为实验认识论。上述各门科学分别地或者共同地研究着三个问题：（1）认识过程作为大脑的功能，是建立在怎样一种神经生理过程之上的；（2）伴随着神经生理过程发生着一种怎样的物理过程；（3）这种物理过程又是怎样产生心理、意识、观念的。这些问题虽然是认识论研究中的老问题，但上述各门科学积累了新发现的实验资料，提出了新的理论模型，对上述三个问题作出了新的回答。那些新的回答以新的科学事实解决着以往认识论研究中的若干争论问题，同时也提出了诸如意识和行为、语言和智能、内部语言和外部语言、信息和观念、物理过程和心理过程、计算心理和现象心理、选择和反映、建构和反映之间的关系等新问题。无论是总结上述各门科学成果去回答以往的老问题，还是跟踪上述各门科学的发展去研究新问题，都会推进微观层次上的马克思主义认识论研究。

2. 开展个体认识论研究

人们认识外部世界是在某种利益、目的推动下进行的。因为当人们在实践中面对外部世界的时候，遇到的第一个问题就是外部世界对自身生存和发展的意义，人们是为了弄清这种意义才去认识外部世界的本来面貌，设法把握外部世界的变化规律，以便在认识基础上制定自己的生存发展战略。从这个角度看，探寻外部世界对自己的意义即探寻对自己的利害关系、价值关系是认识的动力和目的，认识外部世界的客观规律不过是认识意义的过渡环节。这种目的和动力贯彻于认识过程的始终，也是对认识过程各阶段上认识活动的评价标准。对价值、意义的理解会形成人们的信念、意志、决心，对价值、意义的领悟程度直接制约着信念、意志、决心的牢固程度，而信念、意志、决心更直接制约着人们的认识活动。

情绪、情感等心理精神状态对人们的认识活动也产生着直接或间接的影响。情绪好、心境好、精神饱满，人们能够专心致志地从事认识活动，在认识过程中会思想活跃、灵感迭出；而在缺乏好的情绪和心境时，人们常常表

现出烦躁不安、注意力分散、思考不连贯，从而影响着认识活动的进行。

由此可见，具体人的认识活动总是在特定个体的利益、价值、目的、信念、意志、情绪等心理精神背景中发生和进行的。以往的认识论常常有意无意地把心理精神因素作为不利于认识的非认识因素而遗忘。极端的观点甚至认为只有排除这些因素才能从事认识，科学家要投入科学研究必须排除一切功利之心，即要求一个抽象的认识者、思维者。当然，在一定阶段上撇开人的具体性、丰富性而在抽象形态上研究人的认识活动，是必要的。但在这个阶段上获得的认识规律、提出的认识理论必定具有抽象的特点，是一种抽象的认识论。这种抽象的认识论具有突出认识过程本质规律的优点，却存在着把复杂的认识过程简单化的缺点，与现实的、具体的人的认识过程存在一定的距离。要克服这种缺点，就要从抽象的认识主体过渡到现实的具体的认识主体，从考察抽象的认识过程过渡到考察具体的认识过程，从一种抽象的认识论过渡到具体的认识论。把认识过程放在人的具体的心理、精神背景之中考察，放在知、情、意、利相互作用的过程中考察，是实现这种过渡的重要方面。因此，我们要开展个体认识论的研究。

3. 要开展群体认识论和社会认识论研究

群体、社会都是人们由于经济、政治、文化等原因而组织起来的共同体，常常有共同的文化价值观念、宗教或政治的信仰，甚至有共同的语言、组织、纪律，因而它们经常作为整体与外部自然界或其他社会共同体发生关系，这时它们就成为认识和实践上的主体。利益、观念、心理、规范、习俗、制度等因素都会制约一个群体或社会对客体的认识和认识过程。认识本来是在个体的人脑与外部环境相互作用中发生的，然而怎样在"个体脑"认识基础上形成"群体脑"或"社会脑"呢？怎样从大量个体的认识中产生群体的或社会的认识呢，或者说什么是群体认识、社会认识形成的机制呢？群体认识、社会认识又怎样历史地积累、传递和变化呢？这些都是群体认识论或社会认识论要加以研究和回答的问题。

群体认识、社会认识是在个体交流过程中形成的，个体之间的交流机制也就成了形成群体认识、社会认识的机制。个体间的交流要凭借语言等传媒手段并通过各种传媒途径才能实现，传媒手段、传媒途径在群体认识、社会认识的形成中占有重要地位。个体间的交流过程也是彼此理解和接受的过程，因此理解、接受机制同传媒机制一样重要。交流、理解、接受的过程也是不同认识彼此竞争的过程，这里就存在竞争和选择的机制。群体认识、社会认识还通过历史传递的方式形成着。在这种历史过程中继承和创新、积淀和变革机制就变得重要和突出。这些问题在个体认识论层次上都没有得到详细的研究和展开。

当代科学技术革命在推动社会生活一体化过程中突出了群体现象和社会整体现象，因此认识的社会过程、群体和社会认识论受到了专家学者们的重视。当代西方学者不断地谈论着这些问题。其实，马克思主义认识论就包括着群体认识论和社会认识论。在马克思看来，人类社会或社会化的人类既是认识的客体，也是认识的主体。毛泽东也明确指出，决不能脱离人的社会性去考察认识问题，他曾把实践—认识—实践的公式和群众—个人—群众及民主—集中—民主这两个公式联结起来，认为实践认识的反复过程也是个人群众之间的往复过程，是不断地从群众中来到群众中去的过程。这就把认识过程既看做主客体间相互作用过程，也看做主体间的相互交流和影响的过程。遗憾的是，我们过去的认识论研究长期忽视了后一过程，没有在实践中形成一种民主、有序、高效的制度来保证认识的社会过程的正常进行，因此我们必须开展群体或社会的认识论研究。

4. 加强科学认识过程的特点和规律研究

当代科学技术革命的迅速发展及在社会生活中产生的巨大影响突出了科学技术在社会发展中的重要地位，科学技术研究事业得到了迅速发展，科学技术队伍不断扩大，科学技术家群体在社会诸群体中占有显著的地位，现代科学技术，特别是计算机和通信技术不断地改变着科学认识活动的手段和方式，如计算机模拟在科学研究、工程、生产、化工处理、地震预测、气象预报、生物医学以及半导体工业本身中的应用，已变得相当普遍。流体力学和空气动力学方面的复杂问题、社会工程方面的问题，也都可以借助计算机进行分析，而不必进行耗费巨大成本的实际进行的实验，也不必进行费时费工的人工计算。现在越来越多的物理学、生物学、化学、社会学方面的实验均可利用模拟的方式进行。这就是科学家们说的"科学的计算机化"。上述情况都说明，科学认识过程的认识论研究确有许多新的内容值得我们加以总结。

四

人们普遍认为，恩格斯关于唯物主义随自然科学发展而改变形态的观点同样适合于社会历史观、适合于唯物史观。因此，总结当代科学技术革命影响下的现代社会发展观律，创建唯物史观的新形态，已成为马克思主义哲学研究中的一种普遍的观点。

1. 当代科学技术革命对人类劳动形态产生了深刻影响，体力劳动和简单脑力劳动所从事的工作正在代之以自动化的生产和管理，从事体力劳动的蓝领工人不断减少，以脑力劳动为主的白领工人不断增加，社会生产力正在从劳动密集型生产力发展为科学技术密集型生产力、高科技生产力、智能型生产力，产品的科学、技术、知识、信息的含量不断上升，产品的价值越来越主要地来自科学、技术、知识、信息。这就要求我们重新审视对劳动和劳动者概念的理解，重新评价脑力劳动和体力劳动在社会生产和文明发展中的不同作用。

2. 在唯物史观中，生产力向来被规定为人类利用、征服和改造自然界的物质力量，人类发展这种生产力也是为了满足自身的需要。但是随着科学技术成果在生产中的应用，人们在获得改造自然界的巨大力量的同时也日益深刻地影响着自然生态环境的平衡，甚至造成生态危机和能源资源危机等全球性问题，人类如果继续按照原来的生产力观念发展下去就会从根本上摧毁自身在地球上的生存基础。这就要求形成反映当代人类和自然关系新特点的生产力范畴，使人类自觉地建立和自然界的新型关系，在改造利用自然界的同时也要保护和建设自然界。

3. 当代科学技术革命对社会结构的影响是全面的、深刻而深远的，它在形成新型的生产力过程中对社会的利益性结构和社会的功能性结构都产生着影响，对现存的生产经济管理体制、伦理规范、法律规定，对人们的生产方式、生活方式、思维方式都提出了挑战；要求人们形成新的生产关系、新的上层建筑和一系列新观念，形成新型的国际关系、民族关系、地区关系。研究当代科学技术革命对社会转型的影响定会极大地丰富历史唯物主义的理论宝库。

4. 马克思恩格斯运用唯物史观分析近代资本主义社会的矛盾，得出了资本主义社会必然被共产主义社会取代的结论。他们设想了过渡的具体道路，这就是无产阶级在自己政党的领导下，经过无产阶级革命夺取政权，建立无产阶级专政，然后凭借政权的力量进行社会改造，建立一个没有私有制、没有阶级、没有剥削压迫、没有商品市场的共产主义社会。他们旨在解决近代资本主义社会中存在着的生产力社会性和生产资料资本家私有制之间、个体企业的生产有组织性和整个社会生产的无政府状态之间、无产阶级和资产阶级之间的矛盾。20 世纪上半叶俄国和中国的无产阶级政党在马克思主义指导下取得了革命的胜利，但是在社会改造中建立的第一个社会主义实践模式所实行的排斥市场经济的中央行政计划经济体制，却有很多弊端，苏联的解体、东欧的剧变及中国大陆的改革以不同的方式宣告了那种模式的失败。西方工业发达国家的统治阶级虽然都公开反对马克思主义，但纵观这些国家在 20 世纪走过的轨迹，实际上在回答和处理马克思恩格斯当年提出的问题，近代资本主义社会中的资本家所有制演变为现代股份公司的法人资本所有制，近代工厂制度演变为所有权和经营权相对分离的现代企业制度，近代自由放任的市场经济体制演变为具有各种形式宏观调控的现代市场经济体制，建立了一整套的社会救济、社会福利、社会保险制度来解决和缓和市场竞争不可避免地造成的社会问题，在社会管理上形成了一套民主监督和制衡机制。这些改革在一定程度上缓和了马克思恩格斯揭示的三大矛盾，从而使生产、经济、科学、文化得到了新的发展。但是，就业问题、经济周期性衰退问题、两极分化问题、生态环境问题、黑社会问题等困扰着西方发达国家。当面对这些社会问题时，人们又想起马克思，在西方某些发达国家中时常泛起的"回归马克思"的思潮就说明了这点。此外，这些国家中的许多社会学家、经济学家、政治学家、未来学家都认为西方发达国家已发展到了一个历史转变时刻，西方工业文明已经走到了尽头，正在发展成为后工业社会、信息社会、知识社会、高技术社会。值得我们注意的是，在他们描述未来社会的种种特征中有许多是当年马克思恩格斯所描述过的，这从另一角度表明马克思恩格斯提出的共产主义社会理想仍然是人们追求和渴望的。现在的问题是，这些工业发达国家究竟通过什么样的途径去实现这种社会理想呢？暴力革命的道路似乎已失去了现实可能性，工人政党也很难用专政的政治纲领去赢得群众和选票；至于用国家机器的力量对资本实行强制性剥夺的办法，由于剥夺以后要建立的社会所有制在现代条件下仍然存在不少理论上和操作上的难点，也受到了现代市场经济体制的挑战。那么具体的路在何方？看来这是 20 世纪人类留给 21 世纪人类去回答和解决的问题。但是从理论上研究和阐明这个问题，却是当代马克思主义哲学家和社会科学家不可推却的历史责任。

　　上面所论述的马克思主义哲学应在总结当代科学技术革命及其社会影响基础上加以研究和丰富的若干方面，很可能是极不全面和极其表面的。马克思主义哲学作为一种开放的思想体系，理应随社会实践而不断丰富和发展，理应回答当年马克思和恩格斯没有研究和回答过的问题，理应吸收当年马克思恩格斯没有提出过的 20 世纪哲学发展中的积极成果，理应建构既符合马克思恩格斯哲学思想的精神实质、又体现当代时代特色的马克思主义哲学的新体系。

唯物史观和市场经济体制[*]

党的十四大明确地提出我国经济体制改革的目标模式是建立社会主义市场经济体制，党的十四届三中全会又通过了《中共中央关于建立社会主义市场经济体制若干问题的决定》，我国的改革开放和现代化建设从此走上了一个新的发展阶段。改革开放十多年来的实践表明，市场在我国经济和社会发展中发挥了巨大的用。但是，从往昔的中央集权的行政计划体制过渡到市场经济体制是一场巨大的历史性变革，不仅深刻地影响着人们的经济生活和社会生活，要求着人们的思想、行为、相互关系作出调整和变革，而且建立社会主义市场经济体制本身又是一种前无古人的开创性事业，是一项极其复杂的社会系统工程。这就要求我们不仅要解决建立社会主义市场经济体制的必要性问题，还要解决怎样建立社会主义市场经济体制的问题。因此用马克思主义哲学，特别是唯物史观对市场经济体制进行唯物的、辩证的、历史的分析，使改革实践建立在对市场经济体制的更加科学的认识基础上，就是一个极为重要的问题。这是一个涉及如何理解和把握建设有中国特色的社会主义理论，从思想上、理论上和实践上正确解决什么是社会主义和怎样建设社会主义的关键问题。

一　关于市场的本质的理论分析

这是我们在建立社会主义市场经济体制的时候首先要弄清楚的问题。因为如果连什么是市场这样的问题都没有一个正确的概念，我们要建立的社会主义市场经济这一目标也必然是模糊的、不清晰的，甚至可能是不正确的。

---

[*]　本文曾以《正确理解社会主义市场经济理论》的题目原载于傅青元主编，吴元梁、李景源副主编《对有中国特色社会主义的哲学分析》一书，四川人民出版社1997年版，第190—236页。其中"二、社会主义和市场经济的相容性"曾载于新疆维吾尔自治区党校《实事求是》1996年第2期。

这个问题看起来十分简单：市场不就是买卖商品、交换商品的场所么，实际上，这个问题极为复杂。一部经济学说史在一定意义上就是市场经济的学说史，不同派别的经济学家从不同的角度对这个问题作出了不同的答案。十多年来建立社会主义市场经济的实践也表明，人们对这个问题的理解常常是极不相同的。就经济学家的观点而言，可以归纳为下列几种代表性的观点：

1. 市场是商品交换的场所，是价值交换关系的总和。按照这种观点，要认识市场首先要认识商品，要认识人们在市场上相互交换的东西是什么。马克思研究资本主义市场经济就是从商品开始的。他认为单个的商品是资本主义社会中财富的元素形式。商品首先是满足人的某种需要的物，使用价值构成了财富的物质内容，是交换价值的承担者。但是，他认为，商品交换关系的明显特点，正在于抽去商品的使用价值，使一种使用价值和其他任何一种使用价值完全相等。这种导致不同使用价值可以相互比较、相互交换的共同东西就是商品的价值。商品是使用价值和价值的统一。马克思接着用劳动的二重性来解释商品的二重性，认为人的具体劳动创造着使用价值，而在人的具体劳动中所包含的抽象的、无差别的、共同的人类劳动则凝结为商品的价值。货币则是商品交换过程中形成和发展的价值表现形式。马克思指出，商品交换过程表面上发生着物与物之间的相互关系，但这种物与物关系的背后则是商品所有者之间的经济关系、社会关系。马克思认为人们自己的一定的社会关系采取物与物关系的虚幻形式是生产商品的劳动所特有的社会性质。这种劳动一方面是私人劳动，是商品生产者为了满足自身需要的劳动，另一方面必须是满足一定的社会需要的有用劳动，必须是能够同他人的劳动相交换的有用劳动，从而证明是社会总劳动的一部分，是自然形成的社会分工体系的一部分。商品交换的过程就是商品生产者私人劳动的特殊的社会性质得到表现、实现、证实的过程，是商品生产者彼此发生经济关系的过程。因此市场的本质表现为商品价值交换关系的商品生产者之间的相互关系。这种关系首先是交换的双方承认对方是自己商品的所有者，其次商品的交换必须按照等价交换的原则进行。马克思指出商品是天生的平等派。马克思这种基于劳动价值论基础上的对商品和商品交换（市场）的分析对于他所建立的整个理论大厦具有极为重要的理论方法论价值。马克思自己说过："价值概念泄露了资本的秘密。"① 后来经济学家在批评马克思时也曾指出，是斯密、李嘉图

---

① 《马克思恩格斯全集》第 46 卷（下），人民出版社 1980 年版，第 299 页。

的劳动价值学说帮助马克思得出了社会主义的结论。我们在《资本论》第1卷中看到，马克思就是在上述分析的基础上提出剩余价值理论的。

众所周知，唯物史观和剩余价值学说使得马克思和恩格斯把空想社会主义发展为科学社会主义。当然，马克思并没有把普通的商品经济、市场经济同资本主义经济混同起来，他虽然论证后者是在前者的基础上发展起来的，但在后者与前者之间还是划下了一道明确的界限。他说："有了商品流通和货币流通，决不是就具备了资本存在的历史条件。只有当生产资料和生活资料的所有者在市场上找到出卖自己劳动力的自由工人的时候，资本才产生；而单是这一历史条件就包含着一部世界史。因此，资本一出现，就标志着社会生产过程的一个新时代。"① 他还说："商品内在的使用价值和价值的对立，私人劳动同时必须表现为直接社会劳动的对立，特殊的具体的劳动同时只是当作抽象的一般的劳动的对立，物的人格化和人格的物化的对立，——这种内在的矛盾在商品形态变化的对立中取得了发展的运动形式。因此，这些形式包含着危机的可能性，但仅仅是可能性。这种可能性要发展为现实，必须有整整一系列的关系。从简单商品流通的观点看，这些关系还根本不存在。"②

2. 市场是配置资源的经济体制，是调节经济生活的体制。斯密的《国民财富的性质和原因的研究》一书中就包含了这种思想，他提倡自由竞争的市场，认为在这种市场上"各个人都不断地努力为他自己所能支配的资本找到最有利的用途。固然，他所考虑的不是社会的利益，而是他自身的利益，但他对自身利益的研究自然会或者毋宁说必然会引导他选定最有利于社会的用途"③。"在这场合，像在其他许多场合一样，他受着一只看不见的手的指导，去尽力达到一个并非他本意想要达到的目的。也并不因为事非出于本意，就对社会有害。他追求自己的利益，往往使他能比真正出于本意的情况下更有效地促进社会的利益。"④ 斯密只看到人们从自身利益的决策在客观上同社会利益一致的方面而没有看到两者之间的矛盾方面，这是他观点的局限性方面；但是他认为市场这只"看不见的手"可以推动人们去有效地配置和利用资源，

① 《资本论》第1卷，人民出版社1975年版，第193页。

② 同上书，第133页。

③ ［英］亚当·斯密：《国民财富的性质和原因的研究》下卷，郭大力、王亚南译，商务印书馆1994年版，第25页。

④ 同上书，第27页。

则是他的天才之处。马克思在《资本论》中在论述价值规律作用的时候，实际上也谈到了市场在调节和配置资源上的作用。他指出："事实上价值规律所影响的不是个别商品或物品，而总是各个特殊的因分工而互相独立的社会生产领域的总产品；因此，不仅在每个商品上只使用必要的劳动时间，而且在社会总劳动时间中，也只把必要的比例量使用在不同的类的商品上。这是因为条件仍然是使用价值。但是，如果说个别商品的使用价值取决于该商品是否满足一种需要，那么，社会产品总量的使用价值就取决于这个总量是否适合于社会对每种特殊产品的特定数量的需要，从而劳动是否根据这种特定数量的社会需要按比例地分配在不同的生产领域。"[1] 马克思认为，对单个的当事人来说，价值规律的这种调节和配置作用是作为一种盲目的自然规律在单个当事人的偶然的、甚至互相抵消的冲动中维持着生产的平衡的，是当事人通过市场价格的晴雨表的变动觉察出来之后加以调整的。19 世纪 70 年代以后，马歇尔、瓦尔拉、帕累托等为代表的新古典经济学家都把自己的研究重点放在稀缺资源的有效配置问题上，在他们的理论中市场被视为配置资源的机制。他们不去讨论价格的劳动价值论根据，不去讨论隐藏在物物交换背后的人与人关系的性质，把古典的政治经济学变为经济学，即把研究对象从研究生产关系变为研究生产力，在研究市场的时候把注意力集中在供求关系上面，研究供求关系的变化对价格的影响及价格的变化对供求关系的影响，边际效用、有效需求、资源的稀缺性、利润和效益的最优化是他们理论中的重要范畴，提出了一般均衡理论和局部均衡理论，并且运用数学工具对市场机制如何实现资源的有效配置进行精确的分析。新古典经济学家们主要分析了资源的静态配置，在熊彼特提出创新理论之后又发展了资源配置的动态分析。[2]

3. 市场是传播信息使人们根据获得的信息进行资源配置的机制。这是 1974 年诺贝尔经济学奖获得者哈耶克提出的观点。他认为，社会经济问题不仅仅是如何配置"给定"的资源问题，而且是如何保证最好地利用任何社会成员所知道的资源问题，因此社会经济问题是一个利用任何个人都不可能全部掌握的知识问题。他认为知识可以分为不同的种类，不同种类的知识对于不同位置上的人们来说具有不同的重要性。科学的知识在人们的想象中居于

---

① 《资本论》第 3 卷，人民出版社 1975 年版，第 716 页。
② 参阅吴敬琏《通向市场经济之路》，北京工业大学出版社 1992 年版，第 39—45 页。

突出的地位，但科学的知识并不是所有的知识，除了科学的知识外还有许多非常重要但未被组织起来的知识，是在知识一般规则意义上不可能称为科学的知识，是特殊时间和地点环境的知识。这类知识也只有那些处在特殊时间和地点环境中的人们才能确切地掌握和使用。而经济问题的提出总是、也仅仅是由于存在着变化的缘故，总是因为情况发生了变化才产生新的要求决策的问题，因此解决经济问题总是要求特殊情况的知识，经济的最终决策必须由熟悉这些情况和直接了解那些有关变化并了解可以迅速用来适应这些变化的资源的人来进行。哈耶克认为，在一个那些有关的事实的知识分散在许多人之中的体制中，价格能够起到把不同的人们分离的行动协调起来的作用。所有的行动组成一个市场，并不是由于它的某些成员研究了整个领域，而是因为他们各自的受到限制的视野有效重叠，能够通过许多的中间形态把有关的信息传递给所有的人。他指出，如果我们要理解价格制度的真正功能，必须将它视为一种传递信息的机制。当然，当价格变得更具有刚性时，价格制度就不能完全发挥出这种真正的功能。他认为，把价格制度描述为一种记录变化的机器，或使各个生产者只观察几个指示器运动的一种电信装置，就像一个工程师看一些仪表罗盘的指针一样，就可调整他们的行动来适应变化，对这些变化他们所知道的决不可能比价格运动所反映的更多，对价格制度的这种描述已经不仅是一种比喻了。①

4. 市场不仅是一种经济体制，同时还是一种社会的、政治的、法律的、文化的体制。主张这种观点的不仅把市场看做生产、分配、交换、流通中的一个环节，而且把它看做社会经济生活的一种组织形式；不仅看做是一种纯粹的经济机制，而且看做社会整体的一个有机组成部分。美国经济史专家罗伯特·I.海尔布罗纳指出：“市场制度并不只是交换商品的一个手段，它是供养和保持全社会的一种机制。”② 因此，建立市场经济体制不仅要建立市场机制，还要建立相应的企业制度、宏观调控制度、社会保障制度、法律约束制度、道德和文化的规范制度，建立市场经济体制被视为一项复杂的社会系统工程。

过去人们在谈及上述各种市场观点的时候，常常自觉不自觉地将它们绝对对立起来，并且认为这种对立具有不同阶级、不同意识形态的性质。实际

① ［美］弗里德里希·哈耶克：《价格制度是一种使用知识的机制》（柳欣译，刘卫校），载李兴耕、李宗禹、荣敬本主编《当代国外经济家论市场经济》，中共中央党校出版社 1994 年版，第 3—12 页。

② ［美］罗伯特·I. 海尔布罗纳：《几位著名经济思想家的生平、时代和思想》，蔡受百、马建堂、马君潞译，商务印书馆 1994 年版，第 19 页。

上，上述各种市场观点还包含着另一种含义，即它们在实际上从不同的角度揭示着市场的本质特征。从第一种市场观到第四种市场观，既反映了市场本身的历史发展，也反映着对市场本质特征的理论认识的历史发展。我们只有把上述四种观点有机地、恰当地结合起来，才能完整地把握市场，特别是现代市场的本质特征。

市场是商品经济的存在形式，是人们在一定的时间、空间范围内进行商品交换活动的总和，是由商品交换过程中发生的各种商品、货币、信息流通循环过程组成的。现代市场经济都是同一个发育、发展得比较完善成熟的市场体系联系在一起的。在市场交换过程中发生着物与物之间的关系，但这种物与物之间的关系归根到底反映着人与人之间的关系。就人们的相互关系而言，既发生着交换关系，也发生着供求关系、竞争关系。交换关系表明交换的各方都是独立的、平等的、自由的商品所有者和交换者；供求关系表明交换各方在交换过程中具有不同的目的和作用；竞争关系表明交换各方存在着利益上的冲突和矛盾。这三种关系不是孤立地发生的，而是发生在同一的市场交换过程之中，市场交换活动中的任何主体必然同时处于这三种关系之中，必然同时在这三种关系中扮演一定角色。商品中所凝结的社会必要劳动（价值）构成了等价交换的客观基础，但市场上的供求形势、竞争局面对商品价格的涨落起着重大影响，市场主体可以根据价格变动所提供的信息来了解市场的、社会的需求，并根据这种市场行情的变化进行选择和决策，不断调整自身的目的和行为，把资源配置到效益最好的环节上去，从而使得市场发挥合理地配置资源作用。

二　社会主义和市场经济的相容性

我们既然提出了建立社会主义市场经济的目标模式，就在理论上和实践上承认了两者的相容性，但是承认这种相容性并不意味着我们在理论上完全说清楚了这个问题，也不等于我们在实践上已经完全解决了这个问题。十多年来的改革开放实践表明，这是需要我们下工夫着力研究的问题。目前人们在谈论这个问题的时候经常把两个不同的问题混在一起，一个是社会主义者、社会主义政党能不能利用市场经济的问题，即社会主义者、社会主义政党和市场经济的相容性问题。回答这样的问题是比较容易的，因为即使在资本主义国家那样的历史条件下，社会主义者、社会主义政党仍然可以利用市场经济，他们可以兴办企业并作为市场主体出现在市场上，然后利用获得的利润去为劳动人民办好事，实现社会主义政党和社会主义者的某些价值目标。至于社会主义者和社会主义政党能不能利用市场经济，实现用社会主义制度代替资本主义制度这样的根本目标，则已变成了第二个问题，即市场经济体制和社会主义制度的相容性问题，这一问题要比前一问题复杂得多，科学社会主义发展史上围绕这一问题发生了一次一次的理论争论和政策争论就是证明。

应该指出，马克思和恩格斯创立的科学社会主义理论及由该理论设定的社会主义制度是和市场经济体制不相容的，在他们描述的社会主义社会中是不存在商品生产和市场经济的。但是，对这种不相容的假定要做具体的、历史的分析。惟其如此，我们才能深刻理解党在十四次代表大会上提出的把社会主义基本制度和市场经济体制相结合的重大举措的意义。

众所周知，马克思和恩格斯认为资本主义社会中存在着社会化生产和资本主义占有的不相容性、个别工厂中的生产的组织性和整个社会的生产的无政府状态之间的对立、无产阶级和资产阶级的对立，因此他们主张在未来的社会主义社会中，资本主义的占有方式应该让位于以现代生产资料的本性为基础的占有方式，即一方面由社会直接占有生产资料，另一方面由个人直接占有生活资料；社会的生产无政府状态应该让位于按照全社会和每个成员的需要对生产进行的社会的有计划的调节；旧的生产方式必须彻底变革，特别是旧的分工必须消灭，生产劳动不再是奴役人的手段，而是成为解放人的手段，生产劳动给每个人提供全面发展和表现自己全部体力和脑力能力的机会；阶级对立及由阶级对立而形成的国家机器应该让位于自由人的联合体，那时国家政权对社会关系的干预将先后在各个领域内成为多余的事情而自行停止下来，对人的统治将由对物的管理和对生产过程的领导所代替，国家自行消亡。他们认为，到那时人才最终地脱离了动物界，从动物的生存条件进入真正的人的生存条件，人类实现了从必然王国进入自由王国的飞跃。他们还明确地指出"一旦社会占有了生产资料，商品生产就将被消除，而产品对生产者的统治也将随之消除"①。"社会一旦占有生产资料并且从直接社会化的形式把它们应用于生产，每一个人的劳动，无论其特殊用途是如何的不同，从一开始就成为直接的社会劳动。那时，一件产品中所包含的社会劳动量，可以不必首先采用迂回的途径加以确定；日常的经验就直接显示出这件产品平

---

① 《马克思恩格斯选集》第3卷，人民出版社1995年版，第633页。

均需要多少数量的劳动。……人们可以非常简单地处理这一切，而不需要著名的'价值'插手其间。"① 蒲鲁东等人认为，交换价值制度最初（在时间上）或者按概念（在其最适当的形式上）是普遍自由和平等的制度，但是被货币、资本等歪曲了。因此只要创造一种形式（如交换银行）真正贯彻自由和平等的原则，就可以实现社会主义了。这受到了马克思的严厉批判。马克思说："认为交换价值不会从商品和货币形式发展为资本主义，或者说生产交换价值的劳动不会发展为雇佣劳动，这是一种虔诚而愚蠢的愿望。"② 杜林把价值规律视为他设想的经济公社的基本规律也受到了恩格斯的尖锐批判。恩格斯说："他要现存的社会，但不要它的弊病。他和蒲鲁东完全在同一个基地上进行活动。像蒲鲁东一样，他想消除由于商品生产向资本主义生产的发展而产生的弊病，办法是利用商品生产的基本规律去反对这些弊病，而这些弊病正是由这一规律的作用产生的。像蒲鲁东一样，他想以幻想的结果来消灭价值规律的现实结果。"③

我们看到，马克思恩格斯确实为在资本主义社会中受剥削、受压迫的无产阶级和广大劳动人民（也为整个人类）描述了一个美好的社会主义和共产主义的社会理想。从理论的角度看，他们的这种描述是有根据的，他们曾一再阐明这种根据和前提。在他们描述的社会主义社会基本特征中最根本、最基础的一条是社会占有全部生产资料。对于这一条，他们一再说："这种占有只有在实现它的物质条件已经具备的时候才能成为可能，才能成为历史的必然性。"④ 还说："社会阶级的消灭是以生产的高度发展阶段为前提的，在这个阶段上，某一特殊的社会阶级对生产资料和产品的占有，从而对政治统治、教育垄断和精神领导的占有，不仅成为多余的，而且成为经济、政治和精神发展的障碍。"⑤ 他们还曾经设想一个前提，这就是当时欧美的几个资本主义国家同时发生无产阶级革命并同时进入社会主义社会。如果这些前提都成为现实的话，那么确实可以合乎逻辑地推导出他们描述的社会主义社会，社会主义社会也会从理想变为现实。他们关于在他们设想的社会主义社会中不可能存在市场经济的论述也是有根据的。市场经济的存在有两个绝对必要的前

① 《马克思恩格斯选集》第 3 卷，人民出版社 1995 年版，第 660—661 页。
② 《马克思恩格斯全集》第 46 卷（下），人民出版社 1980 年版，第 478 页。
③ 《马克思恩格斯选集》第 3 卷，人民出版社 1995 年版，第 663—664 页。
④ 同上书，第 631 页。
⑤ 同上书，第 632 页。

提，一是不同的利益主体的存在，所谓利益主体就是主体对自己的产品拥有所有权、使用权、支配权；二是自由竞争的环境和条件。历史上提供前一条件的是私有制，私有制可以把人们划分为不同的利益主体，历史上的商品经济就是随私有制的出现而产生的，提供后一条件的是一种可以使生产者摆脱各种形式人身依附关系的社会政治经济制度，资本主义制度提供了这种条件，因此商品经济获得了迅速发展。按照马克思恩格斯的观点，资本主义生产是商品生产的最高形式。在马克思恩格斯描述的社会主义社会里，市场经济赖以存在的上述两个条件都已不再存在，社会占有了全部生产资料，社会成员不再成为不同的利益主体，他们也不再为经济利益而相互竞争。

马克思恩格斯所创立的科学社会主义在开始的时候只是社会主义运动中的一个流派，后因其理论上的科学性、严谨性，实践上的革命性逐渐成为社会主义运动中占统治地位的流派。欧美各发达资本主义国家的许多无产阶级革命家和无产阶级政党，都在马克思主义的旗帜下为无产阶级和劳动人民的解放而斗争，都把马克思恩格斯描述的社会主义、共产主义社会作为他们奋斗的最高理想。不过，由于欧美各发达资本主义国家的社会主义革命同时取得胜利的历史条件一直没有出现，以马克思主义为旗帜的国际社会主义运动中不断发生理论和实践上的争论，列宁领导的俄国社会民主工党（布尔什维克）就是在同第二国际的主流派伯恩斯坦、考茨基等人的论战中形成和发展的。由于1917年10月取得了武装起义的成功，建立了工农兵代表组成的苏维埃国家政权，列宁把马克思恩格斯的社会主义理想付诸实践，十月革命胜利不久，列宁就宣布包括土地在内的俄国全部生产资料归苏维埃国家所有，在其后的岁月里既出于对马克思恩格斯社会主义理想的信念，也出于当时面临的俄国国内的实际形势，列宁为首的布尔什维克实行了战时共产主义政策，取消了商品和市场交换。国内战争结束后，战时共产主义政策的弊端日益明显，列宁就改而实行新经济政策。新经济政策的主要内容是恢复市场和商品交换。在这个过程中列宁对于要不要市场经济问题上的认识有一个很大的变化。他在1919年发表的《无产阶级专政时代的经济和政治》一文中说："农民经济仍然是小商品生产。这是一个非常广阔和极其深厚的资本主义基础。在这个基础上，资本主义得以保留和复活起来，而且同共产主义进行残酷的斗争。"[1] 同年12月，他在一次演说中则指出："我们知道现在我们还不能实

<hr />

[1]　《列宁选集》第4卷，人民出版社1995年版，第61—62页。

行社会主义制度，希望我们的儿子也许孙子能够把这种制度建成也就好了。"① 1921 年 4 月他在《论粮食税》中说："社会主义无产阶级面对这样的经济现实，能采取什么样的政策呢？……试图禁止、堵塞一切私人的非国营的交换的发展，即商业的发展，即资本主义的发展，而这种发展在有千百万小生产存在的条件下是不可避免的。一个政党要是试行这样的政策，那它就是愚蠢，就是自杀。"② 1921 年 10 月他在《十月革命四周年》中说："我们原来打算（或许更确切些说，我们是没有充分根据地假定）直接用无产阶级国家的法令，在一个小农国家里按共产主义原则来调整国家的生产和产品分配。现实生活说明我们犯了错误。"③ "我们现在正用'新经济政策'来改正我们的许多错误，我们正在学习怎样在一个小农国家里进一步建设社会主义大厦而不犯这些错误。"④ 他在《论黄金在目前和在社会主义完全胜利后的作用》一文中说："1921 年开春以来，我们提出（还不是已经'提出'只是刚刚'提出'，并且还没有充分意识到这一点），完全不同的办法即改良主义式的办法，来代替原先的行动的办法、计划、方法、制度。所谓改良主义式的办法，就是不摧毁旧的社会经济结构——商业、小经济、小企业、资本主义，而是活跃商业、小企业、资本主义，审慎地逐渐地掌握它们，或者说，只是随着它们活跃的程度能够使它们受到国家的调节。"⑤ 他在此文中甚至把活跃国内的商业作为无产阶级国家政权、居于领导地位的共产党"必须全力抓住的环节。"⑥ 他在 1922 年 1 月《工会在新经济政策条件下的作用和任务》一文中指出："新经济政策并不改变工人国家的实质，然而却根本改变了社会主义建设的方法形式，因为新经济政策容许建设中的社会主义同力图复活的资本主义，在通过市场来满足千百万农民需要的基础上实行经济竞赛。"⑦ 他在 1923 年《论合作制》一文中号召人们把革命胆略、革命热忱与做一个干练而又有知识的商人的本领结合起来，他在该文中指出，空想社会主义者罗伯特·欧文等试图不通过工人阶级夺取政权的阶级斗争而用合作社来实现对资本主义社会的社会主义改造是一种彻头彻尾的幻想。但是他认为"在生产资料公有

---

① 《列宁选集》第 4 卷，人民出版社 1995 年版，第 87 页。

② 同上书，第 503—504 页。

③ 同上书，第 570 页。

④ 同上书，第 569 页。

⑤ 同上书，第 611 页。

⑥ 同上书，第 614 页。

⑦ 《列宁选集》第 4 卷，人民出版社 1960 年版，第 582 页；1995 年版，第 619 页。

制的条件下，在无产阶级对资产阶级取得了阶级胜利的条件下，文明的合作工作者的制度就是社会主义制度。"[①] 他接着指出："单是合作社的发展就等于（只有上述一点'小小的'例外）社会主义的发展，因此我们不得不承认我们对社会主义的整个看法根本改变了。这种根本的改变表现在：从前我们是把重心放在而且也应该放在政治斗争、革命、夺取政权等方面，而现在重心改变了，转到和平组织'文化'工作上面去了。"[②] 他说的"文化"工作就是提高农民文化水平以实现合作化。他认为"只要实现了这个文化革命，我们的国家就能成为完全的社会主义国家了"[③]。有必要指出，目前国内外有些论者根据列宁的上述声明，认为列宁对社会主义的看法已经不同于马克思恩格斯的说法是没有根据的。实际上列宁把当时实行的新经济政策看做一种退却，看做退向国家资本主义、退向国家调节商业。他认为虽然退得很远，但退却是有限度的。退却是为了重新转入进攻。[④] 而且他对新经济政策要实行多久这个问题也还没有解决，因为他在 1921 年 11 月就说，"现在已经有些迹象可以使人看到退却的终点了，可以使人看到我们停止退却的时间已不太远了"[⑤]。这就为列宁逝世后苏联共产党内围绕是继续实行新经济政策还是停止实行新经济政策的问题爆发严重争论留下了伏笔。

列宁逝世后到苏联实行农业集体化之前，苏联共产党内曾发生了两次大的党内斗争，一次是在 1926 年前后斯大林、布哈林同托洛茨基派的斗争，一次是在 1928—1929 年斯大林同布哈林派的斗争。全面分析和评价这两次斗争的是非功过不是本文的任务，我们只是想指出，这两次斗争的内容之一就是我们在前面提到的问题。作为论据，我们从苏联历史学家罗·梅德韦杰夫《斯大林和斯大林主义》一书中摘引若干文字。他说："新经济政策充分显示出了自己的力量。无论在城市还是在农村，私人贸易发展起来了；私人工业企业、商店、印刷厂、饭馆、信托公司等开始纷纷出现。小企业主、手工业者、商人、有钱的农民开始摆脱革命、余粮征集制和'战时共产主义'政策所引起的休克。私人企业家的活动获得发展，促进了整个经济状况的改善，为解决迫切的经济问题创造了有利条件。但是这种发展也为党造成了不少政

① 《列宁选集》第 4 卷，人民出版社 1995 年版，第 771 页。
② 《列宁选集》第 4 卷，人民出版社 1960 年版，第 687 页；1995 年版，第 773 页。
③ 《列宁选集》第 4 卷，人民出版社 1960 年版，第 687 页；1995 年版，第 774 页。
④ 《列宁选集》第 4 卷，人民出版社 1960 年版，第 581 页；1995 年版，第 617 页。
⑤ 《列宁选集》第 4 卷，人民出版社 1960 年版，第 581 页；1995 年版，第 617 页。

治上的麻烦和困难。"① 这种"麻烦和困难"就导致了党内争论和斗争。对于托洛茨基反对派，梅德韦杰夫说："反对派虽然提出了很多正确的意见，但是他们的政治纲领的总方向是错误的。……反对派把党的方针想象为不断地退却。反对派从富农和耐普曼资产阶级获得了某些发展（这在实行新经济政策的情况下是十分自然的）这一事实中得出的结论是：斯大林、李可夫和布哈林在恢复资本主义。……反对派怀着十分明显的蛊惑煽动的目的夸大了全国资本主义发展的规模和由此引起危险。"② 对于布哈林，梅德韦杰夫说："在1928—1929年，布哈林确信：新经济政策作为党的经济政策的基本路线，它的作用还没有发挥完；苏联还有足够的广阔场所可用来不只是发展社会主义的企业（包括合作社），而且还发展某些资本主义的成分。只是在遥远的未来，社会主义的发展才应当去消灭耐普曼的资产阶级成分和富农的剥削经济。但是，布哈林认为（在1928年以前，斯大林在一点上是支持他的），排挤城乡资本主义成分基本上应当在经济的压力下，而不是在行政的压力下进行，也就是说，要通过竞争来进行。在进行竞争的情况下，社会主义成分定将战胜资本主成分。"③ 在斯大林和布哈林的争论中，布哈林指责斯大林破坏了新经济政策、建立了一个官僚国家并掠夺农民，斯大林则指责布哈林推行了富农路线。斯大林取得了反对布哈林派的斗争胜利后就用行政强制的手段在农村推行集体化方针，在1929年秋天提出了"全盘集体化"的口号。斯大林于1927年冬至1928年春在农村采取紧急措施向富有农民进攻就是新经济政策在农村的结束，而1930年前后在农村普遍建立集体农庄，就是我们过去常说的标志着苏联社会主义改造的完成，即建立了全民所有制和集体所有制两种形式的生产资料社会主义公有制。斯大林在领导苏联农村集体化运动中的错误和问题，值得反思的地方很多，但这不是本文的任务。我们所关心的是在公有制建立之后市场经济的命运。围绕这个问题，苏联党内和理论界不断发生争论，斯大林在20世纪30年代曾经否定了"左派"提出的取消货币的观点，不过直到1952年他在《苏联社会主义经济问题》中才明确地、系统地回答了这个问题。他批评了那种认为商品生产不论在什么条件下都要引导到而且一定会引导到资本主义的观点，认为在苏联由于建立了生产资料公有制、

---

① ［苏］罗·梅德韦杰夫：《斯大林和斯大林主义》，中国社会科学出版社1989年版，第47页。
② 同上书，第72页。
③ 同上书，第90页。

消灭了雇佣劳动制度和剥削制度，商品生产可以为社会主义社会服务而不引导到资本主义。不过他认为苏联社会主义社会中的商品生产和资本主义制度下的商品生产是根本不同的。他认为生产资料不是商品，劳动力不是商品，商品生产的活动范围只限于个人消费品。他认为价值规律只在个人消费品的领域中保持着调节者的作用，而在生产领域中则没有调节作用，只是为了经济核算才考虑价值规律的影响问题，在生产中起作用的主要是有计划按比例发展规律。斯大林的上述观点表明，他领导下建立的苏联经济体制是一种中央集权的行政计划体制，他对于这种体制下存在的商品生产、商品交换和价值规律观点是这一体制逻辑的必然结论。

斯大林领导下建立的苏联社会主义社会和马克思恩格斯的科学社会主义理想是一种什么关系？我们认为两者之间有相同的地方，也有不同的地方。如果单从生产资料所有制的形式来讲，全民所有制和集体所有制同马克思恩格斯主张的共产主义革命应该同私有制彻底决裂的观点是一致的，不过还没有完全达到他们主张的社会占有全部生产资料的程度；就有计划按比例地生产来说，同马克思恩格斯所主张的观点也是一致的。当然，马克思恩格斯的唯物史观还有一条更为根本的规律，即生产关系必须符合生产力的性质和发展要求的规律，如果从是否真正遵循了唯物史观的这一规律来审视的话，那么可以讨论的地方就很多了。另外，在政治领域、科学文化思想领域、人的发展方面，当时苏联社会的现实状况同马克思恩格斯的设想就差得更远了。总的来说，斯大林建立的中央行政计划体制的社会主义模式，是一种在生产力前提并不符合马克思恩格斯理论要求的情况下实行马克思恩格斯社会主义理想的变种。

中国共产党 1949 年之后在中国大陆上也是在马克思恩格斯科学社会主义理论的指导下，以苏联为榜样而从事社会主义改造和社会主义建设的；1956 年以后试图探索一条不同于斯大林模式的社会主义建设的道路，但表现出更激进的倾向，因此党内的争论和斗争几乎重复了苏联党内 20 世纪 20—30 年代的斗争，如何对待商品、市场也是争论的问题之一。

苏联共产党、中国共产党在领导社会主义改造和社会主义建设过程中围绕市场经济所发生的一次又一次的争论和斗争也说明，马克思恩格斯科学社会主义理想同市场经济是不相容的。争论一方总是根据马克思恩格斯的理论把市场经济说成资本主义，把主张保存或恢复市场经济的一方攻击为试图保存或复辟资本主义的右倾机会主义，而争论的另一方则总是根据当时生产力的现实状况批评对方对马克思恩格斯理论的教条主义，批评对方推行了"左"倾冒险主义。斯大林、毛泽东在世时都是党内斗争的胜利者，毛泽东也在中国大陆建立了中央行政计划体制模式的社会主义社会。

中央行政计划体制模式的社会主义社会虽然不能等同于马克思恩格斯设想的社会主义社会，但也是和市场经济体制不相容的。在这种体制下，指令性计划指挥、调节、控制着整个社会的生产、流通、分配、消费，全国犹如一个大工厂，企业不过是完成指令性计划的工具，是全国这个大工厂中的一个车间、工段而已，流通和分配是一种计划调拨，虽然还保存着货币，但那不过是人们获得消费品的一种劳动凭证而已，虽然还存在着商品和商品的价格，但商品的价格是由计划而不是由市场确定的，因此价格经常被扭曲，既不能反映产品的价值，又不能反映供求状况，价值规律不过是计划部门编制计划时的一种工具而已。没有市场主体，没有自由的、平等的商品交换和竞争，也就没有真正意义上的市场经济。人们把这种体制下的计划经济等同于马克思恩格斯多次说过的对生产进行的社会的有计划调节，于是很自然地认为计划经济就是社会主义，市场经济则成了资本主义的代名词。

过去人们常常用资本主义还是社会主义的眼光来评价中央行政计划体制的社会主义模式，拥护资本主义制度的人因它否定了资本主义所有制、否定了市场经济而反对它，拥护马克思恩格斯科学社会主义理想的人因它实行了生产资料公有制和计划经济而拥护它。邓小平在这个问题上的划时代贡献就在于指出，在评价这种社会主义模式的时候，最根本还是应该以生产力为标准。所以说划时代贡献是因为自苏联在20世纪二三十年代进行社会主义改造之后的四五十年间，苏联共产党、中国共产党内占主导地位的思想和精神状态一直在姓"社"姓"资"的范围内转圈圈，一直没有冷静、全面地思考这种体制对生产力的发展所起的作用。其实，邓小平所坚持的生产力标准以及他进一步解释的"三个有利于"的标准恰恰是马克思唯物史观中最根本的思想，从对生产力的发展所起的实际作用出发去评价经济体制、社会制度是唯一正确的认识路线和科学的方法论。

在评价中央集权的行政计划体制的社会主义模式对生产力发展所起的作用的时候，我们应该历史地、全面地、客观地看到，这种体制在建立过程中，即在生产资料所有制形式的社会主义改造完成以后，在一段时间内，对社会主义建设事业还是发挥过巨大的促进作用的。苏联、中国大陆的经济在一段时间内都得到了迅速发展。但是随着生产力的发展、生产和经济体系的复杂化和该体制内自身矛盾的发展，这种行政计划体制就由初期适应生产力发展的形式转变为阻碍生产力发展的形式，其弊端变得越来越明显。

中央集权的行政计划体制的弊端，概括起来说集中地表现在下述方面：

第一，行政计划体制严重地捆住了群众的手脚。本来社会主义建设应该是千百万人民群众的事业，可是那种体制却要求人们只当执行指令性计划的工具，建设事业成了少数人的事业。

第二，在行政计划体制下形成的以平均主义、大锅饭、铁饭碗为特征的干部人事制度、劳动用工制度、工资分配制度严重地挫伤了干部和群众的积极性，工厂、农村、国家机关普遍存在着效率低下的顽症。

第三，由于计划经常脱离实际，由于生产只是为了完成计划而不是满足消费需要，效率和效益低下，结果计划不但没有把生产供给和人民群众的需求直接联系起来，反而扩大了生产和消费、供给和需求之间的矛盾，计划经济成了短缺经济，成了任意糟蹋人、财、物等资源的浪费经济。

第四，行政体制是一种用政治的、行政的权力来管理经济的体制，久而久之，政治的、行政的权力成了至高无上的权力，成了人们崇拜和追求的目标，政治的、行政的关系成了人们之间的主要关系，实际造成着人们之间的新的人身依附关系；这种体制为某些人把人民赋予的权力变成特权，为其独断专行、践踏民主、侵犯人权提供了方便，在实际上造成了人们之间政治上、经济上的不平等现象。

随着上述弊端的发展和扩大，行政计划体制就严重地扭曲了社会主义制度，使它的优越性不能发挥出来。为了解放和发展生产力，也为了使社会主义制度充满活力，就必须对这种行政计划体制进行改革。

江泽民在党的十四大报告中指出：[①] 传统的观念认为，市场经济是资本主义特有的东西，计划经济才是社会主义经济的基本特征。十一届三中全会以来，随着改革的深入，我们逐步摆脱这种观念，形成新的认识，对推动改革和发展起了重要作用。十二大提出计划经济为主，市场调节为辅；十二届三中全会指出商品经济是社会经济发展不可逾越的阶段，我国社会主义经济是公有制基础上的有计划商品经济；十三大提出社会主义有计划商品经济的体制应该是计划与市场内在统一的体制；十三届四中全会后，提出建立适应有计划商品经济发展的计划经济与市场调节相结合的经济体制和运行机制。

---

① 《中国共产党第十四次全国代表大会文件汇编》，人民出版社 1992 年版，第 21—22 页。

特别是邓小平同志 1992 初重要谈话进一步指出，计划经济不等于社会主义，资本主义也有计划；市场经济不等于资本主义，社会主义也有市场。计划和市场都是经济手段。计划多一点还是市场多一点，不是社会主义与资本主义的本质区别。这个精辟论断，从根本上解除了把计划经济和市场经济看做属于社会基本制度范畴的思想束缚，使我们在计划与市场关系问题上的认识有了新的重大突破。[①] 党的十四大决定将建立社会主义市场经济体制作为我国经济体制改革的目标模式。

通过上述回顾表明，有关社会主义和市场经济关系的探索，构成了国际社会主义理想、运动、道路和制度探索的重要内容。对这一关系的不同认识和评价，对现实的社会主义国家选择经济体制和发展道路产生了重大的影响。如果运用唯物史观来看待和总结这场争论和体制试验，不难发现，从马克思的"不相容论"到列宁坚持从现实历史条件出发制定新经济政策，再到我们党提出的商品经济是不可跨越的历史阶段、必须实现由计划经济体制向市场经济体制的根本性转变的决策，其中不仅不存在根本性的矛盾和对立，反而表明人们对马克思主义和科学社会主义原则的认识日益深入和发展。众所周知，马克思主义的精神实质要求人们对待理论原则必须结合具体情况和历史条件加以阐明和发挥，必须对所研究的问题发生的条件进行特别的分析，把问题当做一定历史条件下的历史过程去研究。抽象的真理是没有的，真理总是具体的。总结以往的历史经验，要求我们把实现马克思恩格斯科学社会主义理想的过程正确地理解为一个相当长的历史过程，在这个过程中应当把社会主义理想和社会主义实践、理想中的社会主义社会和现实中的社会主义社会、社会主义的科学定义和社会主义的现实存在形态区别开来。在理想上坚持马克思恩格斯的科学社会主义理论的同时，在实践上则完全应该从当前的生产力发展要求出发，从当前社会的经济、政治等的具体的历史条件出发，实行有利于生产力发展、有利于人民生活水平提高、有利于综合国力提高的社会制度和经济政治文化体制。只能建立一种在某些基本特征、某些体制因素上具有社会主义性质的社会，而非理想中的、完全够格的社会主义社会，处于社会主义初级阶段的、具有中国特色的社会主义社会和市场经济是相容的，因为它在生产资料所有制上已经从过去社会主义公有制一统天下的局面改变为以公有制为主体的多种经济成分并存的局面，这就为市场经济提供了

---

① 《中国共产党第十四次全国代表大会文件汇编》，人民出版社 1992 年版，第 21—22 页。

所有制上的存在前提；从过去的名为按劳分配实为平均主义的分配形式，改变为以按劳分配为主的多种分配形式并存的局面，这就为市场经济的存在提供了分配政策上的前提；从过去的指令性的行政计划体制，改变为国家用经济等手段进行宏观调控下的市场经济体制，这就为市场经济的存在提供了经济体制上的条件，从主体和客体两个方面提供了市场经济存在和发展的条件。即使如此，建立社会主义市场经济仍然是一项需要长期努力才能达到目的的事业，我们在建立社会主义市场经济体制的实践过程中仍然面临着坚持社会主义公有制的主体地位和发展多种经济成分之间的关系；国营大中型企业中建立现代企业制度和国有资产的保值增值防止国有资产流失之间的关系；在转变国营大中型企业经营机制过程中所有者、经营者和劳动者、工人阶级的主人翁地位的关系；先富、后富、共同富裕和两极分化之间的关系；效率和公平之间的关系；物质文明建设和精神文明建设、社会营利事业和社会公益事业、市场经济和文化建设、市场主体意识和共产主义理想之间的关系等新问题、新课题。关于中国特色的社会主义和市场经济的相容性，我们还只能说在思想上、理论上初步认识到了，在实践上作了初步成功的尝试。至于真正彻底解决这个问题，还需要我们在理论上和实践上进行长期的创造性的探索和努力。

三　市场经济体制的调节功能市场是怎样发挥其调节功能的呢

市场交换过程就是商品所有者以供求的不同身份在竞争中按照一定的价格将商品进行交换，从而实现自己利益的过程。供求、竞争、价格（包括工资、利息）、盈亏都是制约市场交换的因素，这些因素之间的互相制约、互相影响、互相调节的关系和方式就构成了市场发挥作用的机制，即市场机制。物品市场上，竞争中的供求变动和价格变动之间的相互影响、相互作用构成了物品市场的价格机制；劳动力市场上竞争中的工资变动和劳动供求变动之间的相互影响、相互作用构成了劳动力市场的工资机制；资金市场上竞争中的利息变动和资金供求变动的相互影响、相互作用就是资金市场上的利息机制；最后，市场上竞争、供求、价格的变动和商品所有者在交换过程中的利益变动之间的相互影响、相互作用就是市场的盈亏机制（或叫利益风险机制）。

　　市场就是通过上述机制去调节人们的生产、消费、交换活动的。从物品市场来说，供求的变动会影响价格的变动，价格的变动也会影响供求的变动，而供求、价格的变动则会导致企业的生产经营活动的变化，而随着企业生产经营活动的变化，生产资料、劳动力、资金就会流动到最需要、最有效益的企业、部门、地区；以劳动力市场来说，劳动力供求状况的变动会导致工资的变动，劳动力供大于求会导致工资下降，工资下降会使劳动者对所从事的工作失去兴趣；劳动力供小于求会导致工资上升，工资上升会提高劳动者的积极性。同样，工资的变动也会影响劳动力市场供求状况的变动。在这种机制的作用下，劳动力就会从供大于求、工资低的企业、部门、地区流向供小于求、工资高的企业、部门、地区；以资金市场来说，资金供求变动会导致利息变动，而利息变动又会导致资金供求的变动，在这种变动过程中资金就会流动到利息率高的企业、部门、地区，使同样的资金获更高的利息。在市场竞争中，商品的生产者和经营者既可能盈利也可能亏损，盈利是诱力，亏损是压力。这种诱力和压力就推动着生产者、经营者不断提高生产和经营的本领，力求以最小的投入获得最大的产出，使自己的经济活动获得最大的效益，这就会推动他们尽可能合理地使用生产资料、劳动力和资金。就是如此，市场机制调节着人们生产什么、怎样生产，调节着社会的生产、交换、消费和分配的各个环节，从而调节资源的配置和使用。市场机制的这种调节作用被二百多年前的"经济学之父"、英国经济学家亚当·斯密称为"一只看不见的手"，被当代美国著名经济学家、诺贝尔经济学奖获得者萨缪尔森称为"市场经济是一架精巧的机构，通过价格和市场体系，无意识地协调着生产者、消费者及其活动。它也是一具传达信息的机器，把千百万个不同的人的知识和行动汇集在一起。在没有集中的智慧或计算的情况下，它解决了一个当今最大的计算机也无能为力涉及到上百万个未知变量和关系的问题"①。

　　国内外经济学界对上述市场资源配置和调节的功能一直存在着不同的评价。凡是主张对市场竞争采取自由放任态度的经济学家都认为市场是配置资源的最佳机制；凡是主张对市场进行监督、管理、调控的经济学家则都认为市场机制配置资源的功能是有缺陷的。马克思恩格斯在批判资本主义的生产

---

　　① ［美］保罗·A.萨缪尔森、威廉·D.诺德豪斯：《经济学》（第十四版）上，胡代光等译，北京经济学院出版社1996年版，第64页。

和交换方式过程中也曾尖锐地指出过市场调节的缺陷；20 世纪 30 年代中期，由于资本主义国家在 30 年代初普遍发生了严重的经济危机，也由于苏联社会主义建设的展开，英国经济学家凯恩斯于 1936 年发表了《就业、利息和货币通论》一书，对经济危机的原因进行系统分析，提出了对市场进行国家干预的经济理论，被称为"经济学的革命"，在西方工业发达国家中取得了主导地位。20 世纪 70 年代以来，随着社会主义国家的计划经济体制弊端的暴露及改革的举步维艰，市场机制调节功能的声誉又不断回升。英国经济学家温森特·巴尼特于 1991 年 5 月和 11 月曾对英国和俄罗斯经济学家进行过一次问卷调查，该调查表明英俄两国经济学家中大多数认为市场是调节经济生活的最佳机制，俄罗斯经济学家中完全同意的有 52％，部分同意的有 43％，英国经济学家中完全同意的为 26％，部分同意的为 40％；调查表明，俄罗斯经济学家比英国经济学家更推崇市场经济。在我国，认为市场是配置资源最佳机制的观点也不少，在某些人的眼中，似乎市场经济体制可以解决资源配置中的一切问题，让人们感觉到一种若明若暗的市场万能论的观点。

关于市场调节配置功能的评价问题实际上包含着两个问题：一是与其他配置机制相比较，市场是不是配置资源、调节经济生活的最佳机制；二是市场对资源的配置能不能达到最优化。

就前一问题来说，到目前为止，可供人们选择的资源配置和调节机制有三种：第一种是纯计划经济体制，第二种是纯市场经济体制，第三种则是计划和市场相结合的混合经济体制。中央集权的行政计划体制的社会主义模式的失败已经从实践上宣告了那种计划经济体制的失败。人们在总结其失败的原因时同市场经济体制作了比较，认为纯计划经济体制假设了一个全知全能的计划调节者和执行者的存在，他或他们必须随时随地地了解和掌握整个经济系统和经济过程的全部信息，他们的决策信息也必须毫不走样地传递给经济系统的每一个环节，只有在这样的情况下，计划才能使供给和需求完全相符合，才能有效地配置资源。许多经济学家认为这是根本不可能达到的假设条件。哈耶克认为，经济生活中有许多非常重要但未被组织起来的知识，这些知识是一种按其性质并不能进入统计学、因而不能以统计的形式输送给中央当局的知识。接着他指出："这样一个中央当局所必须使用的统计只能通过抽象掉事件之间的细小差别而获得，只能通过对作为一类资源在地点、质量和其他方面不同的项目，用一种可能对特别的决策非常有意义的方法把它们归总起来而实现。这样做的结果是，基于这种性质的统计信息的中央计划不可能直接考虑这些时间和地点的情况，中央计划者将必须找到一种或另一种方法，使依赖于他们的决策能够被留给在那个地方的当事人。"①我国经济学家吴敬琏对纯计划经济体制前提和纯市场经济体制前提作比较之后认为，纯计划经济体制的实现前提是完全不可能具备的，特别在现代经济中，科学技术飞跃进步，新的生产可能性层出不穷，需求结构极其复杂而且瞬息万变，在这种情况下，就更加是这样。他认为市场经济体制的前提条件不可能完全具备，但它有可能基本上具备。因此他认为市场资源配置方式是相对地有效的。②上述两位经济学家的观点具有普遍的代表性，这就是说，在与纯计划经济体制的比较中，市场经济体制是一种更为有效的配置资源体制，把市场经济体制对计划经济体制的优势推向极端就得出了市场是配置资源最佳机制的论断。那么将纯市场经济体制同计划市场相结合的混合经济体制相比较又如何呢？这个问题同市场经济体制能不能达到最优配置问题有关，同应该如何全面地评价市场经济体制的配置功能有关，因此我们先来讨论市场能不能实现资源配置的最优化问题。

所谓资源配置的最优化就是要实现下列目标，即资本达到利润最大化，消费达到效用最大化，供给和需求相等。在理论上把市场作为配置资源的机制并讨论配置达到最优化的是瓦尔拉、马歇尔、帕累托为代表所开创的均衡学派。瓦尔拉提出了一般均衡理论，该理论认为，在一个经济体系中，许多变量是相互影响的，其中任何一个变量的变动都会引起其他变量的变动，一个商品的价格变动会引起其他商品价格的变动，而商品价格的变动就会导致需求的变动，最后导致供给和需求的均衡。一切交换都是根据均衡价格进行的，既不存在超额的供给也不存在超额的需求，因此既不会出现生产过剩、商品滞销、经常性的失业，也不会出现通货膨胀。马歇尔的均衡论被称为局部均衡论，他把时间因素引入均衡价格形成的分析，认为时间的长短使得供给和需求在形成均衡价格时起着不同的影响，他把均衡价格分为现时的、短期的和长期的均衡价格。帕累托研究了生产和消费的最适度的条件，利用序数效用论和无差异曲线分析了消费者的效用最大化和生产者的利润最大化问题。③我国经济学家吴敬琏指出："这些分析证明：在完全竞争的条件下，由

---

① ［美］弗里德里希·哈耶克：《价格制度是一种使用知识的机制》（柳欣译，刘卫校），载李兴耕、李宗禹、荣敬本主编《当代国外经济学家论市场经济》，中共中央党校出版社1994年版，第8页。

② 吴敬琏：《通向市场经济之路》，北京工业大学出版社1992年版，第66页。

③ 请参阅赵崇龄《外国经济思想通史》，云南大学出版社1991年版，第601—604页。

市场供求形成的均衡价格，能够引导社会资源作有效率的配置，使任何两种产品对于任何两个消费者的'边际替代率'都相等，任何两种生产要素对于任何两种产品生产的'技术替代率'都相等和任何两种产品对任何一个生产者的'边际转移率'同'边际替代率'都相等，从而达到任何资源的再配置都已不可能在不使任何人的处境变坏的同时使一些人的处境变好的所谓'帕累托最优'（paretooptimum）状态。"① 总之，均衡学派认为在市场机制的作用下，供给和需求会达到均衡状态，从而使资源得到最优配置。

对于这种均衡理论，许多经济学家进行了批判性的分析，其中最有代表性的是匈牙利经济学家亚诺什·科尔内所著《反均衡》一书。科尔内在该书的中文版前言中指出："同我们时代的其他许多经济学家一样，我在寻找新的理论起点，新古典理论逻辑严密的内在力量给了我深刻的印象。可是，我也逐渐发现了这一理论学派的局限性。它'抽象掉'经济过程的社会政治环境，忽视利益冲突的影响，忽视政权和政治力量的影响，忽视在市场价格——利润机制以外所有起作用的非市场因素的影响。它对从私有制为基础的市场经济的描述也是相当片面的。当我们试图理解社会主义体制时，它的说服力就更小了。"②

科尔内揭示了一般均衡理论（GE）的十二条假设：

1. 一般均衡理论具有静态的不变的性质，所考察的是某一时点的经济行为，虽然研究经济系统在时间过程中的行为，但在模型中假设许多元素是不变的。

2. 经济系统由数目确定的组织组成，但该理论认为组织集合在过程中是不变的。

3. 经济系统专门由生产者和消费者这两类组织构成，在经济中没有其他发挥作用的组织，组织之间不存在冲突，两者的行为是统一的、平等的。

4. 经济系统只生产有限的产品，它们的数量和组合是不变的。

5. 经济组织的行为是同时发生的。对于生产者来说，生产目的、实际生产、销售意图和实际售卖是恒等的，生产要素使用目的、实际使用、购买意图和实际购买也是恒等的；对于消费者来说，实际消费等于需求；一个产品

---

① 吴敬琏：《通向市场经济之路》，北京工业大学出版社 1992 年版，第 44 页。

② ［匈］亚诺什·科尔内：《反均衡》，刘吉瑞、邱树芳译，中国社会科学出版社 1988 年版，第 2 页。

在生产、销售和消费之间不存在时滞，生产和消费过程对价格体系的影响不存在时滞。

6. 生产集合的凸性，即不存在不可分的产品和资源，产品、资源、投入和产出的关系都可以用连续变量来描述；不存在规模递增效益，生产要素之间的边际替代率是非递增的。

7. 生产者选择的唯一标准是利润，实现利润最大化。

8. 消费者的唯一追求是效用最大化。

9. 生产集合、消费集合在经济过程中都是不变的，经济组织的偏好次序也是不变的，这意味着该理论并不关心过程中技术进步和资源变化对生产的影响，也不考虑技术、文化和社会因素诱导的需求变化。

10. 单一的信息流，即价格组成经济系统中组织之间唯一的信息流；在任一确定的时点，每一种产品只有一个统一的价格。

11. 匿名的市场关系，即在经济中，每一种产品的总产量面向总消费，生产者在销售产品给消费者时是一视同仁的。这就是说，在经济系统中，生产者和消费者之间不存在私人关系，不知名的生产者把他们的产品投入市场这个黑箱，再由市场转让给不知名的消费者。

12. 不存在不确定性，每一个经济组织都了解自己的可能性集合及其对可能性集合的偏好次序。①

我们看到，一般均衡理论赖以成立的上述十二条假设都远离现实的经济生活，正如科尔内指出的："GE 学派的历史意义在于它提出的两个重要的、正确的思想：首先，应该尽可能节约地使用稀有资源；其次，生产应该满足需要以便给消费者最大的满足。但是，获得这个结论的分析却建立在虚幻的基础上：GE 理论假设存在'完全'竞争的原子市场，现实中大公司和政府起着巨大的作用；GE 理论在市场中看到的是一片平和景象，现实中则充满利益的尖锐冲突；GE 理论不考虑规模收益，现实中则存在集中和技术进步的趋势，而规模收益是技术进步最重要的方面，也是对集中趋势的根本解释；GE 理论把系统描写为只受单一的信号——价格支配，但现实中，信息结构是极其复杂和具体的。"②

---

① ［匈］亚诺什·科尔内：《反均衡》，刘吉瑞、邱树芳译，中国社会科学出版社 1988 年版，第22—26 页。

② 同上书，第31—32 页。

邱仁宗、周继红在《市场是资源配置的最佳机制吗?》一文中介绍了当代著名金融家和投资家乔治·索罗斯在《金融炼金术》一书中提出的自反性理论,全盘抛弃了上述假定,否认经济人具有完全理性、完全信息、优化行为的观点,索罗斯自反性理论彻底否定了市场的完全确定性,认为市场调节总存在或正或反的偏移和变形,即市场调节内在地存在着波动、涨落,而这种波动、涨落的存在就使市场对资源配置的调整不能达到最优化。

市场调节功能的弱点、缺陷、消极方面,概括起来说有下列方面:

1. 市场机制会自发地导致两极分化,产生垄断现象,破坏自由平等的竞争局面

体育比赛的过程是优胜劣汰的过程。市场上的竞争也是如此,谁能生产出价廉物美的产品,谁就能够在竞争中争得顾客和市场,就可以盈利,就可以扩大生产和提高职工的生活水平;反过来,谁生产的产品价高质次,谁就会在竞争中丢失顾客和市场,就会造成亏损,情况严重时甚至会破产。在劳动力市场上,谁的本领大、科学技术文化水平高,谁就能找到报酬丰厚的工作;而那些本领小、科学技术文化水平低的人就只能找到报酬差的工作,甚至找不到工作。市场竞争只讲究机会均等而不讲究结果均等,只维护、崇尚效率目标,只鼓励竞争中的强者、胜者,强者、胜者因在竞争中获胜而发财致富,弱者、败者因在竞争中败北而破产贫困,竞争无情地将弱者、败者淘汰出去。因此市场竞争会自发地不断拉开各经济主体在财产和收入上的差距,直到造成两极分化。而且随着市场竞争的不断进行,随着一次又一次的优胜劣汰,某些企业就会不断地积聚资本,扩大生产经营的规模,不断地兼并那些破产倒闭的企业,竞争、兼并、积聚发展到一定程度,就会出现垄断。垄断局面一旦形成,市场环境就失去了公平竞争的条件,市场机制就会失灵,垄断者在没有竞争对手的情况下就会失去引进新技术、改善经营管理、降低生产成本、开发新产品的积极性,企业的发展就失去了动力和压力。在平等竞争的市场秩序被破坏的情况下,无序和混乱的市场很容易产生黑市和私下交易。

2. 市场调节具有滞后和短期的弱点

在市场调节的情况下,企业都是从市场上产品销路和价格变动的信息中获取市场需求的,然后再根据这种需求来安排自己的生产。而生产又总要经过一个或长或短的生产周期,这就完全有可能当产品拿到市场上去的

时候，市场需求已经发生了新的变动，结果产品的销路没有达到预期的结果，甚至完全销不出去。这是供求关系对价格变动的反应总有一个时间差、市场调节具有滞后的弱点造成的。而且市场上的价格变动的信息有时并不能完全反映需求变动的情况，有时还会提供需求变动的虚假信息，企业根据滞后的、不完全的、甚至虚假的信息所作出的决策会把企业引导到错误的生产方向上去，结果使企业造成重大的损失，白白浪费了人力、财力、物力。

由于市场提供的信息往往具有当下的直接的性质，所反映的是眼前市场上的需求，再加上市场需求具有瞬息万变的不确定性，因此在市场调节下的企业往往都具有短期行为，他们追求的是短期的盈利，至于那些投资大、生产周期长、见效慢的产品，由于在市场上包含着更多的不确定因素，具有更大风险，企业一般都不愿意去冒险经营。新技术，特别是那些高、精、尖技术在应用到生产中去的时候，一般都会经历从不成熟到成熟的发展过程，不成熟阶段一般具有投入大、效益差的特点，甚至一时打不开市场销路，企业就不会积极地去投资经营，因此市场调节下所造成的企业短期行为经常不利于这类新技术的推广，也不利于那些从长远来看是国计民生所需要的产业的发展。

3. 市场调节在实现宏观经济平衡协调发展上也有许多弱点

市场调节下的企业都力图实现自身利润的最大化，因此当市场上的价格变动显示某种经营可以获得最大利润时，众多的企业就会蜂拥而至，这虽然造成了竞争局面，推动企业提高劳动生产率，但也往往造成大量的重复生产，只是在下一轮的市场上才会使某些企业在竞争中败北之后退出并转移到另一种经营中去，从而改变过多的、不必要的重复。在这样的过程中，完全有可能某个时期内造成宏观上总供求在量和结构上的失衡。当然，经过反复的竞争转移，也会实现宏观经济总供给总需求在量和结构上的某种平衡，但这种平衡的实现往往伴随着资源的浪费和损失，伴随着宏观经济的巨大波动和涨落。在社会总供求严重失衡的情况下，单靠市场机制的调节，很难及时收到成效。

4. 市场调节无法顾及社会效益，无法实现社会发展中的某些目标

市场调节的魅力在于经济上的利润标准，有利还是无利调节着企业的活动，但在经济上对企业带来利润的生产经营活动，并不一定都会给社会带来良好的社会效益，在生产经营活动过程中造成的资源浪费和滥用、生态环境

的污染和破坏都破坏着社会效益，使社会为它们支付着社会成本。这就是说，从市场利润标准来看对个别企业有利的活动，从社会效益的角度来看就不一定有益甚至还是有害的。社会常常还需要进行若干基础性的、公益性的建设事业，从事某些对社会发展来说是有益的必需的但非营利性的事业，这类事业若按市场利润标准来看是无利或利益不大的事业，若由个别企业承办，个别企业或者承担不起，或者在企业按照投入成本计算服务价格时使社会成员无力承受。

许多经济学家都明确指出市场经济体制本身存在的缺陷。法国经济学家吉尔贝尔特·勃拉尔顿指出："市场经济在工业化国家有助于增进财富和提高生活水平，因为创造的自由和当事人的责任感为劳动生产率和资本生产率的提高奠定了基础。但是，在今天，市场经济遇到了两个主要的障碍。首先是长期的不稳定性。……长期不稳定产生的结果是失业人数增加，通货膨胀率高，内债和外债债台高筑。市场经济的第二个主要问题是创造出来的财富的分配问题。在生产要素之间分配财富的机制并不能消除分配中的极度不平等（这会危及经济增长和当事人的积极性）、两极分化以及通过失业把相当一部分居民排除出经济活动之外。市场经济不可能做到根据需要来调节生产，也就是避免危机，也不能应付未来的巨大挑战，诸如环境问题和第三世界的发展问题。"[1] 美国经济学家 D. 柯茨也说："经验表明，不受调控的、纯粹的市场体制会产生严重的问题。"[2]

正是因为市场调节存在上述缺陷和问题，所以现代的市场经济都不是纯粹的市场机制的自发调节，有政府的宏观控制和调节（被称为"看得见的手"）。我们在改革过程中要用市场经济体制去取代过去的行政计划体制，但我们并不否定政府宏观调节的必要性，所以我们只是让市场调节对资源配置起一种基础性的作用，同时利用国家的宏观调控去弥补市场调节的缺陷和不足，尽可能地消除市场的消极作用，从而使我国的经济既在微观上搞活，又在宏观上实现效率和公平、社会总供求在量和结构上的平衡，兼顾经济效益和社会效益、局部利益和整体利益、短期利益和长期利益，使我国经济和社会生活诸方面协调地发展。

---

① ［法］吉尔贝尔特·勃拉尔顿：《论市场经济的若干问题》，载《当代国外经济学家论市场经济》，中共中央党校出版社 1994 年版，第 40 页。

② ［美］D. 柯茨：《"休克疗法"的替代物——渐进地可调控地向市场经济过渡》，载《当代国外经济学家论市场经济》，中共中央党校出版社 1994 年版，第 171 页。

四　市场经济的历史性质

市场经济的历史性质或者说市场经济是不是永恒存在的问题，在马克思创立唯物史观、剩余价值理论及科学社会主义理论的过程中是早已解决了的问题。不过，由于中央集权行政计划体制的社会主义模式的失败，由于早先实行这种体制的国家又转向市场经济体制，于是在目前这种新的历史条件下，上述问题又重新被提出来，又可以隐约地听到市场经济永恒之类的观点。也许人们会说，只要证明在今天、在现时代市场经济是必要的就足够了，至于将来市场经济会不会永恒存在是一个没有意义的问题，也不是需要我们这代人说清楚的问题。当然，这个问题涉及人类未来发展的前途问题，但也涉及我们用一种什么样的社会历史观去观察当前的市场经济体制的问题，涉及我们如何建设会主义市场经济体制的问题，因此在目前的情况下讨论这个问题不仅有理论上的意义，而且也有实践上的意义。

首先，我们来回顾一下当年马克思是怎样研究这一问题的。

马克思的经济研究和唯物史观研究之间存在着深刻的内在联系，一方面，他研究经济问题是为了发现社会发展规律，特别是发现资本主义社会发展规律，是为了证明、充实和丰富唯物史观；另一方面，他的经济研究又是在唯物史观的指导下进行的。他在《〈政治经济学批判〉序言》中明确地说唯物史观基本原理是他在经济研究中获得的总结果，而这个总结果又指导了他的经济研究。[1] 恩格斯也明确地指出马克思的经济学本质上是建立在唯物主义历史观的基础上的。[2] 既然马克思认为人类社会是在人们实践活动，特别是生产劳动基础上形成和发展的，人们的社会结合形式是适应生产力要求而建立的，又是随生产力发展而变化的，那么马克思认为市场经济在人类社会历史上并不是永恒存在的这一结论就是他的唯物史观理论的合乎逻辑的结论。当然马克思的这种结论并不是仅仅根据唯物史观基本原理的一种简单的推论，而是他"多年诚实探讨"的结果。马克思的具体论证可以概括为下列方面：

---

① 《马克思恩格斯选集》第 2 卷，人民出版社 1972 年版，第 82 页；1995 年版，第 32 页。
② 同上书，第 116 页；1995 年版，第 37—38 页。

1. 从实践活动的历史性质、从生产力发展必然导致生产方式、生产资料占有方式、产品交换和分配方式改变的观点出发进行的论证

马克思认为生产是历史的。他认为说到生产，总是指在一定社会发展阶段上的生产。生产一般只是一种抽象，虽然人们可以从不同历史阶段上的生产中抽象出共同的特征，但仅仅根据抽象出来的一般生产的一般条件是不可能理解任何一个现实的历史阶段上的生产的，因此不能因为这种抽象而忘记了不同时代生产上的差别。他一针见血地指出，那些证明资产阶级社会关系永存与和谐的经济学家的全部智慧在于忘记了这种差别。① 他指出，人类历史上的生产实际上都有其前提和条件，这些前提和条件构成着生产的要素。这些要素最初可能表现为自然发生的东西，通过生产过程本身，它们就从自然发生的东西变成历史的东西，并且对于这一时期表现为生产的自然前提，对于前一个时期就是生产的历史结果。② 在马克思看来，生产、分配、交换、消费构成一个有机总体的各个环节、一个统一体内部的差别，在这个统一体内生产支配着、决定着分配、交换和消费。因此，生产的历史性质就决定了分配方式、交换方式、消费方式的历史性质。③ 而在一个社会的各种生产之间也有一种生产决定其他一切生产的地位和影响，因而它的关系决定其他一切关系的地位和影响。它像一种普照的光，掩盖着一切其他色彩，改变着它们的特点。④ 马克思主张揭示社会结构，但他认为的社会结构并不是超历史的、不变的。在马克思看来，历史上任何一个特定的社会结构都是历史地形成又历史地演变的，因此马克思总是反对那些把经济关系、经济范畴描述为超历史的、永恒不变的经济学家，而赞扬李嘉图在经济研究中的历史眼光。

马克思从生产、劳动的历史性质出发揭示了商品、价值、交换价值、资本的历史性质。马克思认为，生产交换价值的个人生产的私有性质，本身表现为历史的产物。就是说，这种个人的孤立化，他在生产内部在单个点上的独立化，是受分工制约的，而分工又建立在一系列经济条件上，这些经济条件全面地制约着个人同他人的联系和他自己的生存方式。⑤ 在人类的历史上，

---

① 《马克思恩格斯全集》第 46 卷（上），人民出版社 1979 年版，第 22、25 页。

② 同上书，第 34 页。

③ 同上书，第 37 页。

④ 同上书，第 44 页。

⑤ 《马克思恩格斯全集》第 46 卷（下），人民出版社 1980 年版，第 467 页。

就是因为私有制及分工的出现，才导致了商品和交换的出现，而私有制和分工本身则是生产力发展的结果。当产品成为商品，商品成为交换价值，商品交换价值作为商品内在属性成为货币而同商品相脱离并取得同一切特殊商品及其自然存在形式相分离的一般社会存在，这又是一种历史过程。马克思指出，甚至被亚当·斯密按照 18 世纪方式列为史前时期的东西、先于历史的东西仍然是历史的产物。① 因此，马克思指出，价值规律本身要以社会生产方式的一定历史阶段为前提，而它本身就是和这种历史阶段一起产生的关系，是一种历史的关系；② 货币是从交换中和在交换中自然产生的，是交换的产物，它本身经历着历史的变化；③ 资本是商品生产和商品交换发展到一定阶段的产物，是属于一定历史时代的形式，具有历史性质。④ 正因为这样，马克思认为对它们的分析和描述必须采取历史的方法，对它们必须作历史考察，通过考察和分析显示其历史形式和历史性质。马克思认为资产阶级社会是历史上最发达和最复杂的生产组织，对它作历史考察和分析，一方面，为我们理解古代经济提供了一把钥匙；另一方面，"这种考察同样会预示着生产关系的现代形式被扬弃之点，从而预示着未来的先兆，变易的运动"⑤。马克思的理论逻辑是这样的："如果说资产阶级前的阶段表现为仅仅是历史的，即已经被扬弃的前提，那么，现代的生产条件就表现为正在扬弃自身，从而正在为新社会制度创造历史前提的生产条件。"⑥ 因此，马克思完全是从社会经济形态的历史性质的角度出发谈论资产阶级社会将被扬弃的历史性质的，而正如大家知道的，马克思认为资本主义经济是商品经济最发达的存在形式，因此他认为随着资本主义经济的历史性扬弃，市场经济、商品经济也将同时被扬弃。

2. 从商品交换所包含的内在矛盾的角度所进行的论证

马克思指出，货币同商品并存一开始就掩盖了随着这种关系本身而产生的矛盾。马克思认为商品的二重性存在必然发展为差别，差别必然发展为对立和矛盾，而商品的特殊的自然属性同商品的一般的社会属性之间的这个矛

---

① 《马克思恩格斯全集》第 46 卷（下），人民出版社 1980 年版，第 102 页。

② 同上书，第 205 页。

③ 同上书，第 112 页。

④ 同上书，第 299 页。

⑤ 《马克思恩格斯全集》第 46 卷（上），人民出版社 1979 年版，第 43、458 页。

⑥ 同上书，第 458 页。

盾，从一开始就包含着商品的这两个分离的存在形式不能互相转换的可能性。同时，由于商品的交换价值的二重性存在即作为一定的商品和作为货币的存在使得交换行为也分为两个互相独立的行为即商品换货币，货币换商品，卖和买，由于买和卖取得了一个在空间上和时间上彼此分离的、互不相干的存在形式，它们的直接同一性也就消失了。它可能互相适应和不适应，它们可能彼此相一致或不一致；它们彼此之间可能出现不协调。固然，它们总是力求达到平衡，但是现在代替过去直接相等的是不断的平衡的运动。这种运动正是以不断的不相等为前提的。现在完全有可能只有通过极端的不协调才能达到协调。马克思指出，随着买和卖的分离，随着交换分裂为两个在空间上和时间上互相独立的行为，在生产者之间出现了商人阶层。商业的目的不是直接消费而是谋取货币、谋取交换价值。这就造成交换的二重化，即为消费而交换和为交换而交换，这产生了一种新的不协调。商人在交换中只受商品的买和卖之间的差额支配；而消费者则必须最终补偿他所购买的商品的交换价值。流通即商人阶层内部的交换，与流通的结局即商人阶层和消费者之间的交换，尽管归根到底必然是互相制约的，但它们是由完全不同的规律和动机决定的，彼此就可能发生最大的矛盾。马克思认为，卖和买的分离使投机成为可能、使许多虚假的交易成为可能，他认为在这种分离中包含了商业危机的可能性。不过他认为，这种可能性只是在那种取得典型发展的、与自身概念相符合的流通的各种基本条件已经存在的地方，才有可能成为现实。①马克思曾经高度评价了资本的伟大的历史作用，但是他认为在以交换价值为基础的资产阶级社会内部所产生的交往关系和生产关系同时也是炸毁这个社会的地雷。② 社会生产发展同它现存的生产关系之间日益增长的不相适应就会通过尖锐的矛盾、危机、痉挛表现出来，而危机就是普遍表示超越前提并迫使采取新的历史形式。③ 危机就是忠告资本退位并让位于更高级的社会生产状态的最令人信服的形式。④

　　3. 从人自身发展的角度所进行的论证

　　马克思曾经根据人自身的历史发展把人类社会的历史发展划分为三类社会形态。他说："人的依赖关系（起初完全是自然发生的），是最初的社会形

---

　　① 《马克思恩格斯全集》第 46 卷（上），人民出版社 1979 年版，第 92—94、147—148 页。

　　② 同上书，第 106 页。

　　③ 同上书，第 178 页。

　　④ 《马克思恩格斯全集》第 46 卷（下），人民出版社 1980 年版，第 268—269 页。

态，在这种社会形态下，人的生产能力只是在狭窄的范围内和孤立的地点上发展着。以物的依赖性为基础的人的独立性，是第二大形态，在这种形态下，才形成普遍的社会物质变换，全面的关系，多方面的需求以及全面的能力的体系。建立在个人全面发展和他们共同的社会生产能力成为他们的社会财富这一基础上的自由个性，是第三个阶段。第二个阶段为第三个阶段创造条件。"①

马克思指出，在第一种社会形态下，交换、交换价值和货币制度并不发达，在那种情况下，人们之间的社会关系表现为明显的人的关系，但人们只是作为具有某种社会规定性的个人互相交往，如封建主和臣仆、地主和农奴等，或作为种姓成员，或作为某个等级的成员等。人的发展所受到的限制直接表现为来自他人的限制。②

在第二种社会形态下，商品、货币、交换已经得到普遍的发展，社会已经发展为建立在交换价值基础上的社会。在这种交换制度中，人的依赖纽带、血统差别、教育差别等事实上被打碎了、被粉碎了。各个人看起来似乎独立地、自由地互相接触并在这种自由中互相交换。这时人们的相互关系表现为物的依赖关系的形式。物的依赖关系成了与外表上独立的个人相对立的社会关系，成了个人发展的外部条件，个人发展的限制好像不是来自他人，而是来自于物。③ 马克思指出："流通是这样的一种运动，在这种运动中，一般转让表现为一般占有，一般占有表现为一般转让。这一运动的整体虽然表现为社会过程，这一运动各个因素虽然产生于个人的自觉意志和特殊目的，然而过程的总体表现为一种自发的客观联系；这种联系尽管来自自觉个人的相互作用，但既不存在于他们的意识之中，作为总体也不受他们支配。他们本身的相互冲突为他们创造了一种凌驾于他们之上的他人的社会权力。他们的相互作用表现为不以他们为转移的过程和强制。"④

马克思指出，人们作为交换的主体，他们间的关系是平等关系，首先，主体只有通过等价物才在交换中彼此作为价值相等的人，而且他们只是通过彼此借以为对方而存在的那种对象性的交换，才证明自己是价值相等的人。其次，既然个人之间以及他们的商品之间的这种自然差别，是使这些个人结

---

① 《马克思恩格斯全集》第 46 卷（上），人民出版社 1979 年版，第 104 页。
② 同上书，第 110 页。
③ 同上书，第 110—111 页。
④ 同上书，第 145 页。

合在一起的动因，是使他们作为交换者发生他们被假定为和被证明为平等的
人的那种社会关系的动因，那么除了平等的规定以外，还要加上自由的规定。
尽管他们需要对方的商品，但不是用暴力去占有对方的商品，他们互相承认
对方是所有者，是把自己的意志渗透到商品中去的人。因此，这里第一次出
现了人的法律因素以及其中包含的自由的因素。平等和自由不仅在以交换价
值为基础的交换中受到尊重，而且交换价值的交换是一切平等和自由的生产
的、现实的基础。作为纯粹观念，平等和自由仅仅是交换价值的交换的一种
理想化的表现；作为在法律的、政治的、社会的关系上发展了的东西，平等
和自由不过是另一次方的这种基础而已。货币制度实际上只能是这种自由和
平等制度的实现。① 但是，马克思指出，在现存的资产阶级社会的总体上，
商品表现为价格以及商品的流通等，只是表面的过程，而在这一过程的背
后，在深处，进行的完全是不同的另一些过程，在这些过程中个人之间表
面上的平等和自由就消失了。在交换价值和货币的简单规定中已经潜在地
包含着工资和资本的对立等。因此，交换价值、货币制度，虽然事实上是
平等和自由的制度，但是在这个制度更详尽的发展中对平等和自由起干扰
作用的，是这个制度所固有的干扰，这种平等和自由证明本身就是不平等、
不自由。②

　　马克思分析了资本自由竞争对人的发展的影响。他认为，自由竞争就是
以资本为基础的生产方式的自由发展，就是资本的条件和资本这一不断再生
产着这些条件的过程的自由发展。因此，自由竞争是资本生产过程的最适当
的形式。自由竞争越发展，资本运动的形式就表现得越纯粹。在自由竞争情
况下，自由的并不是个人，而是资本。在资本自由竞争中的个人自由，同时
也是最彻底地取消任何个人自由，使个性完全屈从于采取了物的权力形式的
社会条件，屈从于离开彼此发生关系的个人本身而独立的物。因此，如果说
在自由竞争的范围内，个人通过单纯追求他们的私人利益而实现公共的利益，
或更确切些说，实现普遍的利益，那么，这只是意味着，在资本主义生产的
条件下他们相互压榨，因而他们的相互冲突本身也只不过是这种相互作用所
依据的条件的再创造。马克思认为，断言自由竞争等于生产力发展的终极形

---

① 《马克思恩格斯全集》第 46 卷（上），人民出版社 1979 年版，第 193、194、195—198 页。
② 同上书，第 195—201 页。

式，不过是中产阶级的一种幻想。①

马克思的分析表明，在以交换价值为基础的社会形态下，人获得了建立在物的依赖性基础上的独立、自由、平等的发展，这是这种社会形态比第一阶段上的社会形态进步、文明的地方，人类社会从第一阶段上的社会形态过渡到第二阶段上的社会形态无疑意味着人获得了更好发展的物质基础和社会条件，但正如马克思指出的那样，人的这种发展充满了矛盾性和辩证性，人的内在本质的充分发挥表现为完全的空虚，普遍的物化过程表现为全面的异化，而一切既定的片面目的的废弃则表现为为了某种纯粹外在的目的而牺牲自己的目的本身。② 这种矛盾性和辩证性是这种社会形态进一步发展的动力，这种社会形态在自身的发展中也为人在完全新型的社会历史环境中的发展创造了各种现实条件。马克思指出，如果抛掉狭隘的资产阶级形式，那么，财富岂不正是在普遍交换中造成的个人的需要、才能、享用、生产力等的普遍性吗？财富岂不正是人对自然力统治的充分发展吗？财富岂不正是人的创造天赋的绝对发挥吗？这种发挥，除了先前的历史发展之外没有任何其他前提，而先前的历史发展使这种全面的发展，即不以旧有的尺度来衡量的人类全部力量的全面发展成为目的本身。在这里，人不是在某一种规定性上再生产自己，而是生产出他的全面性；不是力求停留在某种已经变化的东西上，而是处在变易的绝对运动之中。③ 马克思指出，资本追求财富的结果，使资本违背自己的意志而成了为社会可以自由支配的时间创造条件的工具，使整个社会的劳动时间缩减到不断下降的最低限度，从而为全体成员本身的发展腾出时间。但是，资本的不变趋势一方面是创造可以自由支配的时间，另一方面是把这些可以自由支配的时间变为剩余劳动。这表明生产力的增长再不能被占有他人的剩余劳动所束缚了，工人群众自己应当占有自己的剩余劳动。当他们已经这样做的时候，一方面，社会的个人的需要将成为必要劳动时间的尺度；另一方面，社会生产力的发展将如此迅速，以致尽管生产将以所有的人富裕为目的，所有的人可以自由支配的时间还会增加。因为真正的财富就是所有个人的发达的生产力。那时，财富的尺度决不再是劳动时间，而是可以自由支配的时间。④ 那时，

---

①　《马克思恩格斯全集》第46卷（下），人民出版社1980年版，第158—161页。

②　《马克思恩格斯全集》第46卷（上），人民出版社1979年版，第486页。

③　同上书，第486页。

④　《马克思恩格斯全集》第46卷（下），人民出版社1980年版，第221—222页。

社会就从以交换价值为基础的社会过渡到社会占有生产力并使人获得全面的、自由的发展的社会。

我们看到，马克思的分析和论证中到处闪耀着唯物的、辩证的、历史的光芒，对于人类社会的历史和现实从不简单地肯定一切或否定一切，在指出它们历史存在的合理性的同时，又指出它必然随着生产力的发展而让位于未来社会形态的历史过渡性和暂时性，因此他关于市场经济不是永恒的结论在今天看来仍然是正确的。现在有些人认为马克思的上述观点应该对第一个社会主义实践模式中用计划经济模式取代市场经济模式负责，而计划经济的社会主义模式的失败证明马克思观点的非科学性。毫无疑问，马克思关于社会主义社会中不存在市场经济的观点对后来实际地从事社会主义改造和建设实践的人们产生了巨大的影响。但是人们往往只注意了马克思的结论却忽视或没有重视马克思关于市场经济退出历史舞台的生产和经济条件，从而混淆了理论和实践、理想和现实的区别，把本来应该在生产力高度发展之后才能实现的事情搬到现实之中，没有认识到在现实的生产力条件下市场经济是一个不可逾越的历史阶段，因而犯了超越历史阶段的错误。现在我们通过总结历史经验，纠正这种错误，但是不能因为我们要建立市场经济体制而否认市场经济的历史性。有些人还说，目前西方工业发达国家的生产力水平已经远远超出了马克思当年作为分析依据的发达资本主义国家的生产力水平，可是市场经济制在目前西方工业发达国家仍然很有生命力，于是他们认为市经济是永恒的。其实，从西方工业发达国家的经济在 20 世纪的发展过程来看并没有完全背离马克思预示的发展方向。百多年来，这些国家的市场经济经历了历史的变化，马克思当年辩证分析过的完全自发放任的市场经济在经历了 20 世纪 30 年代大危机之后，都经过改革而演变为有国家宏观调控下的市场经济体制，这极大地缓和了资本主义市场经济所固有的各种矛盾，但并没有完全解决或消除当年马克思曾经指出过、分析过的重大的基本矛盾，如何解决这些矛盾仍是当代许多经济学家、社会学家、未来学家及政治家关注的中心。西方工业发达国家在 20 世纪的经济演变进一步证明了市场经济的历史性。

承认市场经济的历史性决不意味着否认市场经济的现实合理性、必要性，而是要求我们用一种辩证的、历史的观点来看待市场经济。我们如果认真研究一下马克思关于以交换价值为基础的生产崩溃的条件和前提，那么我们就会理解上述观点。马克思说："直接劳动在量的方面降到微不足道的比例，那么它在质的方面，虽然也是不可缺少的，但一方面同一般科学劳动相比，同自然科学在工艺上的应用相比，另一方面同产生于总生产中的社会组织的、并表现为社会劳动的自然赐予（虽然是历史的产物）的一般生产力相比，却变成一种从属的要素。于是，资本也就促使自身这一统治生产的形式发生解体。"① 马克思谈到了生产过程从简单的劳动过程向科学过程的转化；谈到了随着大工业的发展，现实财富的创造较少地取决于劳动时间和已耗费的劳动量而取决于一般的科学水平和技术进步、取决于科学在生产上的应用；谈到了劳动表现为不再像从前那样被包括在生产过程中，相反地，表现为人以生产过程的监督者和调节者的身份同生产过程本身发生关系，因而工人不再是生产过程的主要当事者而是站在生产过程的旁边。马克思指出："现今财富的基础是盗窃他人的劳动时间，这同新发展起来的由大工业本身创造的基础相比，显得太可怜了。一旦直接形式的劳动不再是财富的巨大源泉，劳动时间就不再是，而且必然不再是财富的尺度，因而交换价值也不再是使用价值的尺度。群众的剩余劳动不再是发展一般财富的条件，同样，少数人的非劳动不再是发展人类头脑的一般能力的条件。于是，以交换价值为基础的生产便会崩溃，直接的物质生产过程本身也就摆脱了贫困和对抗性的形式。"② 马克思的上述论述完全是从物质财富的生产过程、生产基础角度谈的，能够加以客观地把握，不像劳动不再是谋生手段而成了生活第一需要那条标准曾被误解为劳动者的思想觉悟和精神条件，并错误地认为只要使劳动者在思想觉悟上把劳动视为生活第一需要即可实现共产主义的生产方式和分配方式。其次，我们应该看到，马克思讲的上述条件是很高的，就是当代西方工业发达国家的生产力还不能说完全达到了上述标准，虽然当代科学技术革命正在使工业化生产力发展为自动化、信息化的高技术生产力、智能生产力，也出现了工人不再是生产过程的当事者而站在生产过程旁边的情况，但不能说这种情况已经完全普遍了，生产的全部自动化、智能化还远远没有达到，离直接形式的劳动及劳动时间不再成为财富的巨大源泉这一标准的距离就更大了。至于说全人类的生产要达到上述状况，那就更要经过相当长的历史时期了。而在人类的生产物质财富的状态达到上述标准以前，以交换价值为基础的社会形态、市场经济体制仍然具有促

---

① 《马克思恩格斯全集》第 46 卷（下），人民出版社 1980 年版，第 212 页。
② 同上书，第 218 页。

进生产、经济发展的现实合理性。

　　总之，只有既充分地认识在生产力发展的现阶段上市场经济的不可超越性、市场经济体制对于发展生产力和经济的必要性、合理性，又辩证地认识市场经济体制在功能上的两重性以及在人类未来发展上的历史性，我们才能在建立社会主义市场经济体制的实践活动中提高自觉性、减少盲目性，才能及时发现和解决建立社会主义市场经济体制过程中遇到的新问题、新矛盾。

应当重视经济伦理的研究[*]

经济伦理研究是 20 世纪工业发达国家迅速发展的研究领域，实际上已成为经济学和伦理学之间一门新的学科。国内自 20 世纪 80 年代以来也有不少学者开始这方面的研究，并取得了一定成果。随着改革开放和现代化建设的发展，我认为应当进一步重视经济伦理研究。

首先，这是建立社会主义市场经济体制的需要。建立和完善社会主义市场经济体制，并用它取代旧的计划体制，是一项长期复杂的社会系统工程。由于新旧体制的双轨存在和市场经济体制本身固有的弱点，我国经济在取得迅速发展的同时，也出现了许多亟待解决的问题，如权力寻租、权钱交易、坑蒙拐骗、假冒伪劣、不平等竞争、破坏资源、污染环境等。这些问题的解决，仅仅依靠经济法律是不够的，还必须依靠经济伦理。因为，任何经济制度、经济体制都有一个伦理基础、伦理价值、伦理目标的问题。人们选择或抛弃一种经济制度、经济体制不仅有经济上的原因，还有伦理上的原因。一种经济制度、经济体制的建立和发展不仅要有经济上的辩护，还要有伦理上的辩护。因此，当人们为某种经济体制立法的时候，就不能不判明经济法律的伦理基础。经济法律虽然可以通过执法机关强制地执行，但经济伦理却可以帮助人们提高执法的自觉性。法律只能划分合法与非法的界限，法律条文订得再细，在规范人们的行为时也不可能做到包揽无遗，而经济伦理则可以在法律不能起作用的范围和场合规范人们的行为和关系。现代市场经济的文明有序，既得力于各种经济法律的保证，又得力于各种经济伦理的保证。因此，社会主义市场经济要文明有序地发展，经济伦理的作用是绝对不能忽视的。

＊　原载于《光明日报》1996 年 6 月 1 日第 5 版。

其次，这是建设社会主义精神文明的需要。同经济迅速发展的事实相比，社会主义精神文明建设明显地相对滞后，这种滞后不仅表现在科、教、文、卫等文化建设方面，还突出地表现在思想道德建设方面。极端的利己主义、拜金主义、享乐主义的滋长和蔓延，社会公德和职业道德水平下降等事实俯拾即是。不过，只要对思想道德领域中存在的各种不道德、反道德的事实稍作分析，就不难发现问题主要是经济伦理性质或围绕经济伦理而发生的。把问题的发生统统归罪于市场经济，并认为只有退回到计划经济体制去才能解决问题的观点是根本错误的，但种种问题的发生确与从旧体制向新体制的过渡和转变有关。旧的计划体制除了国家作为经济主体之外并不承认企业和个人的经济主体性存在。由于企业和个人不是经济主体，因而也不面对大量的经济伦理问题。市场经济体制下的情况则迥然不同，企业、个人、政府在市场上都是独立的经济主体。他们在成为经济主体的同时也成了伦理道德上的主体，于是经济伦理问题在社会和人们的思想道德领域中上升到突出的地位。由于经济伦理涉及人们在经济活动中所发生的个人和他人、集体、国家的相互关系，涉及经济价值和伦理价值、精神文化价值、社会价值、生态价值的相互关系以及物的价值和人的价值的相互关系，因而它总是受制于并反作用于人们的世界观、人生观、价值观，总是受制于并反作用于社会的思想道德风尚。因此，建立有利于社会主义市场经济体制的经济伦理道德观已成为当前思想道德领域中加强社会主义精神文明建设的聚焦点和突破口。

再次，这是建立具有中国特色的经济伦理学的需要。改革开放和现代化建设实践推动了我国经济学和伦理学的繁荣和发展，建立社会主义市场经济体制过程中提出的大量经济伦理问题更推动了这两门学科的彼此渗透和结合。经济学家研究伦理问题、伦理学家研究经济问题已不是个别现象。这种发展趋势的必然归宿和结果则将意味着，只有在我国建立经济伦理学这门新的学科，才能更加系统地回答和解决现实经济生活中出现的各种经济伦理问题。建立我国的经济伦理学，当然可以借鉴西方市场经济发达国家已有的科学成果。但是应该看到，我国的市场经济有特殊的社会历史文化背景。我们是在一个具有历史悠久的传统道德的文化背景之下，是在还没有完全实现现代工业文明的社会条件下，是在经历了几十年计划经济的历史过程之后着手建立市场经济体制的，并且目标还是社会主义市场经济体制，这就不可避免地会遇到我国所特有的经济伦理问题，不可避免地发生东方传统伦理道德观念、西方伦理道德观念、计划经济体制的伦理道德观念这三者之间激烈的冲突和碰撞。我们只有从改革开放和现代化建设的实践出发，对三者进行辩证的分析和考察，吸取三者各自之长，摈弃三者各自之短，并在解决现实问题的过程中进行综合和创新，才能建立社会主义市场经济体制所需要的经济伦理观念，才能建立具有中国特色的经济伦理学。

抓准精神文明建设的突破口 [*]

——《社会主义精神文明建设现状与对策》之二

一 精神文明建设要持之以恒

对各级领导来说，要做到把精神文明建设摆在更加突出的地位，首先要解决指导思想问题。改革开放以来，中央不断强调物质文明、精神文明两手都要抓，两手都要硬，到了年年讲的程度，但实际工作中还做不到，根本原因就是发展观问题没有解决，在我们部分领导同志的实际指导工作中起作用的发展观是片面的、单纯经济增长的发展观，表现为：

1. 片面、单纯的经济增长发展观。十一届三中全会提出"以经济建设为中心"，是针对"以阶级斗争为纲"提出的，在当时情况下含义很明确，全党工作就是要摆脱过去的以阶级斗争为纲、整天搞政治运动的状况，转到现代化建设上来。但是，近年来却出现一种片面化的理解，单纯追求经济增长，而忽视精神文明建设。这种片面理解不利于把精神文明建设摆在更加突出的重要的地位。应当看到，在社会主义现代化建设过程中，经济、教育、科学、文化应该辩证地协调发展。

2. 片面理解精神文明建设是物质文明建设的保证和手段。这种片面的保证观、手段观与片面的发展观相关。如果单纯强调发展的目的是经济增长，那当然其他一切都是为它服务的。应认识到，物质文明建设和精神文明建设是有中国特色社会主义的有机组成部分，两者不可偏废。我们的目的应该是为了人的发展，人的全面进步。

3. 代价论。认为为了经济建设牺牲精神文明建设是一种必要的代价等。

---

* 原载于中国社会科学院院报《领导参阅》1996 年第 16 期。

4. 分阶段发展论。认为目前我们还很穷，先要把经济搞上去，等富了之后再搞精神文明建设。

凡此种种，涉及指导思想的认识问题还没有解决好，在实际工作中精神文明建设怎么会被重视呢？各级领导干部只有解决指导思想问题，转变发展观念，才能解决两手都要抓、两手都要硬的问题。所以要强调发展观念的转变，即在实现经济体制的转变、经济增长模式的转变的同时必须实现发展观的转变，从单纯经济增长的片面发展观转变为以人的发展和社会全面进步为目的、系统辩证地协调的持续发展观。这种新发展观在"九五"计划和远景纲要中已经实际地阐述了，不过未明确地提出发展观的转变问题。只有转变发展观念，才能把精神文明建设摆到更加突出的地位。

二　精神文明建设要从市场经济存在的实际出发

市场经济对思想、道德、文化产生什么样的影响，目前人们还有争论，有的认为思想、道德、文化与市场经济体制无关，有的认为实行市场经济是当前道德水准下降的原因。我认为市场经济体制对精神文明建设的影响是双重的，一方面它推动了人们的主体意识、经济意识，在经济活动中获最大利益的功利意识；另一方面它也滋长着拜金主义、利己主义、享乐主义，它还造成着思想、道德、文化的分裂。西方资本主义发达国家的发展已经说明，市场经济在思想、道德、文化领域中造成分裂。比如文化方面，有市场效益的文化，即大众文化、消闲文化、消费文化，受到大家欢迎，发展很快，而高雅文化没有市场效益则陷入困境，这就是市场经济对文化的分裂。对价值观念的分裂突出表现为享乐主义、利己主义、拜金主义的价值观念。市场经济还造成经济和文化，经济和社会的对立。这并不是说市场经济一无是处，它是一定历史阶段的产物。我国现阶段的生产力发展水平需要市场经济，但我们要看到它的弊端。在市场经济体制下，精神文明建设面临这样一个现实，精神文明建设要讲利他、奉献、无私，可市场经济体制把个人利益最大化。市场经济造成两极分化，今天面临有人是物质财富的富裕者，有人是贫困者的现实，如果单纯讲无私奉献，人们是不会心服口服去做的。

当今有两部分人在社会上有大的影响，一是领导者，二是成气候的企业家，这两部分人的形象在精神文明建设中起着举足轻重的影响。徐虎等一些典型，他们树立了一些普通共产党员的形象，他们体现出的精神是伟大的，但是人们还不能完全以此来判定当今的社会价值，因为他们不是领导者，不是有钱人，他们体现出来的是老百姓之间互相帮助的道德风尚。因此，精神文明建设要抓两个突破口：一是党的各级领导，特别是中高级领导要以身作则，做精神文明建设的典范。对干部最大的考验是金钱的考验，要树立精神文明建设典型，不仅要树立普通共产党员、普通劳动者的典型，而且还要树立手中掌管大权的领导干部的典型，他们的行动如果确实体现出共产党人的高尚气质，老百姓就信服了。二是树立以正当经营手段致富的企业家形象。有的企业家确实是合理合法地以正当经营手段致富的，没有丢失自己的灵魂、精神，我们很需要这样的典型。

要加强对经济伦理问题的研究。近几年精神文明领域、文化领域发生的问题主要是围绕经济问题产生的，主要发生在人们的经济活动领域里面，我认为经济伦理问题是目前精神文明问题很重要的突破口。市场经济体制下，经济伦理不能简单地归结为职业道德问题，譬如消费者买东西，对于消费者行为来说，只能放在经济伦理里；企业的行为、政府的行为、股东、经理和劳动者之间的关系，也不能简单地归结为一个职业道德问题。市场经济下有很多界限要分清，如非法与合法，合理与不合理，道德与不道德等，所以要建立一个文明有序的市场经济，不仅要立法，还要讲经济伦理。

三　把思想、道德、文化三方面作为一个有机的整体来抓

在抓思想、道德、文化建设的时候，首先要认识思想、道德、文化的发展规律和物质生产、经济增长的发展规律不同，因而思想、道德、文化建设体制和经济建设体制在原则上也是不同的。一个时期以来所存在的用经济体制改革套文化体制改革，把文化体制纳入经济体制范畴的理论和做法都是不对的。把整个社会主义现代化建设体制改革归结为经济体制改革，本身就有片面性。这种片面性已经严重地损害我们文化事业的发展。为了克服这种片面性，为了使我国的精神文明建设体制、文化建设体制的改革有一个正确的方向，应当明确文化体制改革不同于经济体制改革，把文化体制改革同经济体制改革并列起来，去考察这两种体制之间的相互关系，而不应只提文化体制应该适应社会主义市场经济体制需要进行改革，因为只有这样一种说法，

人们很容易理解为把文化事业市场化、商业化。

现在文化事业和精神文明建设存在的突出问题是国家投入不够。提出改变文化事业经费来源机制，社会集资办文化事业，做这种尝试是可以的，但不要变成政府推卸责任，变成政府减少文化支持的借口。当前抓道德建设很好，但如果认为抓文化建设要增加投入，而抓道德建设可以不增加投入，那是非常错误，也是非常危险的。脱离了文化建设去抓道德建设就是割裂了道德和文化的关系，在人们的精神世界里，思想、道德、文化素质三者之间是互相影响、互相依赖的，思想道德影响着文化素质，文化素质也制约着思想、道德。因此对思想、道德、文化建设要作全面的理解，在抓精神文明建设时处理好三者之间的关系。如果思想问题不解决，道德问题不可能得到彻底解决，因为价值观念确实同人生观、世界观有关系。

把精神文明建设摆在突出地位要有组织保证，即党和行政一把手要切实抓好精神文明建设，宣传部门、业务部门也要负起责任。

论经济伦理[*]

进一步重视经济伦理研究和加强经济伦理建设已成为建立社会主义市场经济体制的需要，建设社会主义精神文明的需要，建立具有中国特色的经济伦理学的需要。那么，什么是经济伦理，它存在的基本依据、它研究的主要问题、它追求的主要价值原则、它实现的机制，就是我们在开展经济伦理研究和进行经济伦理建设时必须阐明的问题。

一　经济伦理的产生

经济伦理指的是直接调节和规范人们从事经济活动的一系列伦理原则和道德规范，是和人们的经济活动紧密地结合在一起并内在于人们经济活动中的伦理道德规范。经济伦理中的"经济"两字表明了它和一般伦理道德的区别，"伦理"两字表明了它和一般伦理道德的联系。

经济伦理是人类劳动所具有的社会性质发展到一定历史阶段的必然产物。人类劳动最初是在血缘关系为纽带的社会群体中进行的，氏族、家庭、家族就是按照血缘关系来组织生产、分配、消费的最初单位，是一种为自身消费而进行生产劳动的自然经济，奴隶经济、封建经济仍然是一种自然经济，不过是建立在对奴隶、农民的剥削的基础上而已。在自然经济中，生产关系并没有从血缘关系、家庭关系中分离出来，因而也不存在独立的经济伦理规范。随着商品交换的出现和发展，劳动的社会性质获得了新的存在形式，即不是为了自身直接消费而是为了商品交换而进行的生产劳动，在商品交换过程中形成了不同于血缘关系、家庭关系的生产关系、经济关系，于是出现了对这种关系加以规范的必要性，因此经济伦理是商品经济的产物，也承担着调节

*　原载于《邓小平理论研究》1996 年第 2 期。

和处理商品经济各种内在矛盾的使命和功能。

在奴隶社会、封建社会的历史阶段上，商品经济及其伦理观念只处于附属的地位，一直受到奴隶制度、封建制度的排斥和压制，只是在生产力的推动下，商品经济及其伦理观念才不断冲破封建制度的束缚而不断发展和扩大。资产阶级革命的胜利为商品经济的发展扫清了经济的、政治的、文化的障碍，商品经济才成为社会中占统治地位的经济，按照马克思的看法，资本主义经济是商品经济的高度发展，于是反映商品经济的经济伦理道德观念也得到了大发展、大普及。在西方资本主义国家，经济伦理是伦理学说的主要组成部分，甚至可以这样说，在资本主义市场经济环境中发展起来的伦理学在实质上是一种经济伦理学说。不同阶级、流派的思想家可能持有不同的立场、观点、方法，但重视经济伦理问题的讨论则是共同的特点，各种社会主义流派在从伦理道德角度批判资本主义制度的时候，主要内容也是经济伦理问题。马克思恩格斯的科学社会主义不仅从社会基本矛盾和阶级斗争发展规律的角度论证了社会主义取代资本主义的历史必然性，也从伦理的角度论证了这种取代的历史合理性。经济伦理思想也是马克思恩格斯学说中的主要组成部分。

有一种观点认为，市场经济无须伦理道德的参与，市场经济在本质上是排斥道德或反道德的。这种观点认为，市场主体是经济人，他们进入市场的唯一目的是追求经济利益的最大化，他们之间的关系也完全是经济关系、金钱关系，市场机制调节主体经济行为的手段是纯粹的经济手段，是人们经济利益上的损益机制。价格所以会变化，价格变动所以会调节供求关系，竞争所以会导致优胜劣汰，资源所以会在市场上流动，都是因为经济利益这一杠杆在起作用。亚当·斯密认为，虽然人们在市场上追求自己的利益，但市场这只"看不见的手"却指引着他们去促进社会的利益。新古典学派认为，人们在市场上追逐自己的利益，经过市场上的自由竞争和自由流动，会造成在一些人处境变好的同时不使任何人处境变坏的"帕累托最优状态"，会达到资源的最优配置，使经济发展获得最优的效率。在这种观点看来，如果一定要讲什么道德的话，那么主体在市场上追求自身利益的最大化就是一种最根本的道德。这种观点虽然在历史上起过进步作用，但其片面性、局限性却是十分明显的，因此在 20 世纪 30 年代以来，它不断受到那些主张对市场进行宏观调控和国家干预的经济学家们的批评。

实际上，人们的经济活动是不可能脱离社会生活而孤立地、抽象地进行的。在社会结构中，经济虽然起着基础的决定作用，但社会的、政治的、文化的因素也对经济起着重要的影响。人不仅处在经济关系之中，也处在社会的、政治的、文化的关系之中。因此，在市场经济中活动的人不仅具有经济人的品格，也具有社会人、文化人的品格；他们既是经济主体，也是伦理道德主体；他们既具有利益最大化的经济追求，也有获得社会或他人尊重的伦理追求。见利忘义的人是存在的，但毕竟是少数。市场交换过程中，人们在发生经济关系的同时也发生着伦理关系，人们除了享受或承担经济上的权利和责任，同时也享受或承担着伦理上的权利和责任。市场机制在发挥作用的时候，虽然凭借着经济利益的杠杆，但毕竟也为人们的行为选择留下了伦理因素作用的空间。市场不是人们的机械集合，而是由相互关系联结的有机整体，在市场上活动的人们除了自身的特殊利益之外，也形成着某种共同的利益和要求，一种合理、有序、文明的市场交换不仅是社会发展对市场的外在要求，也是绝大多数在市场上活动的人们的内在要求。这就是说，市场经济的内在矛盾会推动市场经济从一种自由放任的经济发展为一种规范经济、法制经济、伦理经济。当然这种发展过程既得力于市场经济发展要求的客观推动，也得力于人们对这种发展要求的理性认识，得力于人们为规范市场而制定各种规则、规范、法律的自觉努力。这就是经济伦理必然伴随市场经济而存在，必然伴随市场经济而发展的根本原因和根本依据。

二　经济伦理研究的主要问题

经济伦理研究的主要问题，可粗略地归纳如下：

1. 经济伦理研究的学科定位问题

经济伦理研究无疑是一种应用伦理研究，属于伦理学研究范畴。但如果认为这种"应用"就是把一般的伦理学原理在经济领域中简单推广的话，就会忽视经济领域本身所具有的特殊性质，就会把经济伦理研究变成一般的伦理研究。我们要重视经济领域和其他社会领域之间存在的共性，因为正是这种共性的存在使我们有理由认为经济领域中存在着伦理问题；我们又要重视经济领域和其他社会领域之间的差别性，因为这种差别性的存在使我们可以谈论经济的伦理问题，把经济伦理研究和其他伦理道德研究区别开来。

经济伦理研究也可以看做经济学研究的延伸和扩大、具体化。现在越来越多的经济学家认识到要真正解决现实存在的经济问题不仅要靠经济学，还要依靠哲学、社会学、文化学、伦理学。目前已经出现的经济社会学、经济文化学、经济法学、经济生态学都可以看做经济学研究的深化和扩大，经济伦理研究也属这种情况。相对于经济学来说，经济伦理能否存在，取决于人们对经济活动过程是否同时也是一种伦理活动过程的回答。人们正是在对这一问题做出肯定回答的基础上才认为有必要在对经济活动过程进行经济学研究的同时开展经济伦理研究，并把经济伦理研究看做解决现实经济问题时一个不可缺少的方面。

因此，经济伦理研究处在经济学和伦理学之间的交叉和边缘地带，是经济学和伦理学相互渗透和结合的产物，在学科分类上它既可以作为经济学的分支学科也可以作为伦理学的分支学科。它对于经济学和伦理学的相对独立程度则取决于它自身的发展程度，当它发展成熟的时候就成为处于经济学和伦理学之间的一种交叉性质的新学科。关于经济伦理研究相对独立存在必要性的论证总是涉及对人和社会的观点，涉及关于经济和社会、文化、伦理道德相互关系的观点，涉及社会历史观。因此在这种理论论证的层面上，经济伦理研究又具有明显的哲学特征，是哲学理论的某种应用，又属于哲学的分支学科。经济伦理实际上又是一种经济哲学。

2. 传统伦理道德对经济活动的影响问题

人们总是在一定的传统伦理道德的文化背景下进入经济领域的，总是带有各种传统的伦理道德观念去从事经济活动的，总是用传统的伦理道德观念去评价经济活动，甚至提出经济活动的伦理道德基础问题。虽然人们可以根据经济活动的需要变革传统的伦理道德观念，形成新的伦理道德观念，但在经济发展的历史长河中，始终存在着人们现实的经济活动与传统的伦理道德观念的关系问题。

当代经济出现了全球化、世界化、国际化的发展趋势，世界各地区、各民族、各国家在经济上已处在一种不可分割的相互联系和交往之中，企业家到其他国家和地区进行经济活动已成为一种普遍现象，跨国公司在生产和销售的过程中更无时无刻地面临不同地区、国家、民族所存在的不同伦理道德的文化传统。因此，传统的伦理道德对经济活动的影响已成为当代经济全球化过程中的一个突出问题。

我们在建立社会主义市场经济体制的过程中也明显地遇到了如何对待传统的伦理道德的问题。我们遇到的传统既包括古代的伦理道德传统，也包括中国共产党领导工人阶级和劳动人民从事新民主主义革命和社会主义建设过程中形成的伦理道德传统。这两种伦理道德传统同市场经济体制之间的冲突是明显的。但是冲突有两种不同的性质，一类冲突是由于传统中的陈腐观念造成的，解决这类冲突的办法是破除和抛弃那些陈腐的观念；另一类冲突则是传统中积淀起来的反映社会整体性、有机性的价值观念同市场经济的弊端、消极方面之间的冲突。不能搬用解决前一类冲突的办法来解决这一类的冲突，否则就意味着抛弃传统中优秀的、美好的伦理道德观念，意味着容忍和助长市场经济的弊端和消极方面。西方工业发达国家理论界的许多有识之士已经认识到，资本主义市场经济所造成的文化矛盾使西方社会陷入了不能自拔的泥潭之中，他们甚至希望利用东方文化中的伦理道德传统去解决他们社会所面临的文化危机、伦理危机。因此，我们在建立社会主义市场经济体制过程中，对传统的伦理道德观念更要采取严肃谨慎的态度，要按照马克思主义哲学的方法论原则对传统采取历史的、辩证的考察和分析，抛弃那些确实必须抛弃的方面，保留和发扬那些在我国社会现在及未来发展中仍有积极作用的方面。

3. 经济价值和伦理价值的相互关系问题

所谓有经济价值就是人们的经济活动、人们之间的经济关系、经济体制对经济发展所具有的意义，是有利于还是不利于经济发展，有利于还是不利于物质财富的增加，有利于还是不利于生产力的发展。凡有利的就具有正的经济价值，凡不利的就具有负的经济价值。人们从事经济活动、发展生产力采取的一切措施、对经济体制所进行的各种改革，其目的都是为了尽可能地发展经济，增加经济价值，因此经济价值是人们评价经济活动、经济措施、经济体制及其改革的最重要的标准和尺度。

所谓伦理价值就是人们从事的经济活动、建立的经济关系、经济体制对人的伦理道德、对人们之间的伦理道德关系，对社会的伦理道德风尚所具有的意义、影响和作用。这里同样存在着有利的、正面的、积极的和不利的、负面的、消极的两种不同的意义、影响和作用。即具有正的和负的两种不同的伦理价值。伦理价值说到底就是对人的发展和社会全面进步的价值。伦理价值也成为我们评价经济活动、经济关系、经济制度的一种重要的标准和尺度。伦理评价构成了对经济活动、经济关系、经济制度研究的重要方面。

当人们的经济活动、经济关系、经济制度所具有的经济价值和伦理价值两者相一致的时候，经济评价和伦理评价是一致的；当所具有的经济价值和伦理价值两者不相一致的时候，经济评价和伦理评价就会出现不一致甚至对立的情况。自从私有制和阶级产生之后，人类社会的发展是在阶级对立中实现的，社会少数人的发展常常是建立在大多数人不发展或少发展的基础之上的，社会的发展对社会各阶级也具有不同的意义和价值，因而经济价值和伦理价值之间的对立和矛盾是经常发生的。一般地说，当一种经济制度既丧失了经济价值又丧失了伦理价值的时候，也就到了被新的经济制度取代的历史时刻。

4. 市场经济伦理的主要原则和规范

经济伦理不仅需要哲学层次上的思考，还需要实践层次上的原则和规范。研究市场经济伦理的原则和规范是经济伦理研究的重要课题。

市场经济是一种利益驱动型的经济，因此主体对自身最大利益的追求是这种体制所鼓励和肯定的；市场经济是一种竞争经济，因此主体的竞争态度也是这种体制所赞同和支持的。主体在市场上通过竞争实现自身利益的最大化，不仅是一种经济原则，也是市场经济的一种伦理原则。市场经济的问题在于主体对自身利益最大化的追求并不是在任何时候都导致社会福利的增加，主体采取的竞争手段也并不是在伦理道德上都是值得称道的。为了克服这种弊端，就提出了合理性、正当性原则，即要求主体在不损害社会的、民族的、整体的利益的前提下，去合理地追求自身的利益，要求在竞争中采取合理的、正当的竞争手段，否则就是一种不道德的行为。

市场经济是一种承认产权原则的经济，等价交换就是对产权原则的承认。与不承认产权的掠夺的无偿占有相比，等价交换是一种伦理道德上的进步，因此等价交换原则也是一种伦理原则。由于价值规律在实现过程中要受供求关系、竞争关系的影响，由于每次具体交换的价值是在交换双方认同、默契的情况下进行的，这就为某些人利用市场上的某种优势获得暴利提供了可能，为了抑制这种可能性的发生，就提出了价格要公平、公道的原则。为了保证交换的公平合理，主体之间的交换必须建立在自愿的基础上，他们之间的竞争必须是平等的、公正的，因此自由、平等、公正就成为市场经济确认的伦理原则。

市场经济是一种效率经济，它的机制推动主体通过严格的管理来最大限度地发挥资源的效益，最大限度地减少资源的耗损和浪费。在市场经济中，人也被称为一种资源，在对资源的严格管理和使用中也包括了对人力资源的严格管理和最大限度的使用。市场经济在否定前市场经济过程中宣布了人权原则，但市场经济在其发展过程中却也不断地发生对人的人格、尊严和基本权利的践踏，为了克服这方面的问题，人权、人道原则又成了规范市场经济的重要原则。

马克思曾经把商品交换领域称为天赋人权的真正乐园，认为在这个乐园中占统治地位的只是自由、平等、所有权和边沁。[①] 这是对市场经济伦理原则的精辟概括。在社会主义国家中长期存在一种误解，似乎人权、自由、平等是资产阶级和资本主义的专利。其实恩格斯早就明确地指出过，科学社会主义就其理论形式来说，它起初表现为 18 世纪法国伟大的启蒙学者们所提出的各种原则的进一步的、似乎更彻底的发展。[②] 科学社会主义的目标只是在社会地占有生产资料的基础上彻底实现这些原则，使社会成为自由人的联合体。当然，在实现这一目标的长期奋斗过程中，出于把人民群众组织成具有战斗力的革命队伍和具有生产力的建设大军的需要，提出了以集体为本位的集体主义价值观念，并把它同利己主义、个人主义对立起来，这无疑是正确的、必要的。现在我们建立社会主义市场经济体制，就要把市场经济伦理原则同社会主义伦理原则结合起来，即把以个人为本位的价值原则同以社会、集体为本位的价值原则恰当地结合起来。

上面所论述的只是市场经济和社会主义市场经济最基本、最主要的一些伦理原则和规范，经济伦理研究的任务在于从实际经济活动的具体情况出发将这些原则具体化，制定更为具体、更为细密的规范和规则。

5. 经济伦理规范的实现机制问题

伦理道德规范实现的基本立足点是人们的"自律"，即人们自觉地约束和调整自己的行为使之符合社会认同的伦理道德标准。人们用是非善恶等规范对行为赞扬或谴责会形成一种社会的舆论氛围并对社会成员形成一定的社会压力，如果还有某种社会机构依据社会舆论对社会成员进行监督和管理的话，那就形成了"他律"，但在伦理道德范围内，这种"他律"还是通过教化即通过说服教育、启发人们的自觉来起作用的。

经济伦理道德规范也是通过人们的自觉，通过社会舆论的监督和说服教育来实现的。然而通过一种什么样的社会形式形成经济伦理道德规范，又通过一种什么样的社会形式形成社会舆论并对人们的经济行为加以监督，应该根据经济活动的不同场合以不同的回答，采取不同的形式。

人们的伦理观念和道德意识是伦理道德规范发挥作用的必要前提，当这

---

① 《马克思恩格斯全集》第 23 卷，人民出版社 1972 年版，第 199 页。
② 《马克思恩格斯选集》第 3 卷，人民出版社 1995 年版，第 719 页。

种前提在一部分人中间丧失的时候，当社会范围内出现伦理道德规范混乱或失范时候，伦理道德规范的调节作用就可能部分地或完全地丧失。因此我们在肯定伦理道德规范自律作用的同时，又要反对伦理道德规范自律作用万能的观点。在建立市场经济秩序的过程中，我们还应该按照一定的伦理原则制定各种经济法律，用合法和非法的界限去强制地、他律地规范人们的经济行为和经济秩序。现代市场经济已成为法治经济，国家依据法律保护合法的经济活动，取缔违法的经济活动。经济法律和经济伦理在规范市场秩序和人们经济行为的过程中是互为前提、互相补充的。经济伦理为经济法律提供了伦理依据，为人们自觉地遵守法律创造精神条件，又在经济法律不起作用的场合发挥作用；经济法律的制定和执行又为经济伦理的作用提供一个良好的社会环境。因此，正确认识和把握经济法律和经济伦理的相互关系，也是经济伦理实现机制的重要组成部分。

三　经济伦理的基本方面

经济伦理在内容上可按不同要求、不同标准进行不同的划分。如果我们把经济过程划分为生产、交换、分配、消费四个环节进行研究的话，则可以有生产伦理、交换伦理、分配伦理、消费伦理；如果我们把经济系统划分为微观、中观、宏观的话，则可以有微观经济伦理、中观经济伦理、宏观经济伦理；如果我们按市场体制组成要素划分的话，则可以有经济主体伦理、市场伦理、制度伦理、政府宏观调控的政策伦理，经济主体伦理中则又可分为企业伦理、消费者伦理、政府行为伦理。这些不同的划分不具有绝对的意义，是可以彼此转换的。下面我们按照最后一种划分对经济伦理的内容作进一步的阐述。

1. 经济主体伦理主要研究经济主体行为的伦理规范问题

在市场上从事经济活动的主体有企业、消费者、政府，其中企业是市场经济的细胞，是市场经济的主体，因此，研究经济主体伦理的重点是企业伦理。在西方工业发达国家中，经济伦理就是在研究企业伦理的过程中发展起来的，在概念上经济伦理指的就是企业伦理，只是随着研究的发展，经济伦理和企业伦理在概念上才得到了区分。

企业是生产经营单位，它的经济功能就是为社会创造财富，为市场提供有效供给。企业在实现经济功能的过程中必须正确处理内部的各种关系，使企业成为能够完成生产经营任务的有机整体；企业也必须正确处理和外部环境之间的各种关系，使企业能够同外部环境进行人、财、物、信息的交换。企业在处理内外关系的时候，既需要经济原则也需要伦理原则，这就提出了企业伦理问题。企业在内部经营管理生产过程的时候，面临如何处理投资者、经营者、劳动者之间的责、权、利的关系问题，这种责权利关系既是一种技术关系、经济关系，又是一种伦理关系，因此在处理这种关系的时候就面临着如何使这种关系的处理符合社会认同的伦理道德标准的问题，如何形成具有自身特色的、为企业全体成员所认同的而又不与社会伦理道德相悖的伦理规范和精神风貌的问题。经验表明，物质利益原则虽然是调动员工积极性的重要原则，但精神文化、伦理道德也是影响人们积极性的重要因素；企业为了提高生产经营的效率和效益，必须进行严格的科学管理，但这种管理必须符合社会的伦理道德标准，必须是一种文明的、道德的管理。在社会主义企业中，工人阶级既是企业的主人又是企业的管理对象，处理好这种关系是社会主义企业管理伦理中的新课题。企业和社会的关系也很复杂。社会为企业的生产经营活动支付着一定的社会成本，企业也享有着社会其他成员享有的社会权利，于是社会也要求企业承担一定的社会责任。企业在享受社会权利和承担社会责任的过程中就遇了伦理界限问题，即企业"应该"享受什么样的社会权利，"应该"尽什么社会责任，应该根据一种什么伦理标准接受或拒绝来自社会的各种要求等。企业伦理规范着企业的行为，塑造着企业的伦理形象，表面上使企业不能随心所欲地行动，但归根到底是有利于企业的生存和发展的。

消费者作为经济主体，在市场上追求利益最大化的形式是希望以尽可能少的支出买到尽可能多和好的商品。按照公平交易的规则，消费者在市场上享有各种权利，也承担着各种伦理责任。消费者的消费行为对市场有直接的影响，消费者市场需求旺盛，市场会兴旺发达；消费者市场需求下降，市场就会萎缩；消费者的消费热点集中会导致热点商品的价格上涨；消费者在市场上抢购、囤积、挤兑会导致市场上供求结构变形，消费者持币拒购会造成市场疲软商品滞销。因此，消费者也应讲究消费上的伦理道德，如不应该有不正当的甚至违法的消费需求，不应该从事不正当的甚至违法的购买活动等。

在现代社会中，政府承担着众多的社会组织管理职能，要组织社会的政治、经济、军事、科学、文化等方面的活动，因此政府自身对商品和劳务有着巨大的各种需求，当它像其他市场主体一样出入市场从事买卖活动时，就不可避免地成为市场主体。在现代市场经济中，问题不在于政府应不应该经商，而在于为什么经商，经什么商，怎样经商。政府作为市场主体，参与市场竞争应该是有条件的，并不是政府的任何职能部门在任何时间和地点都可以进入市场的；政府参与买卖活动的领域是市场和社会需要政府参与的领域；政府在市场上的买卖活动也必须具有合理的目的和合理的效果。这就是说，政府作为市场主体的时候，同样要按照一定的经济伦理规范约束自己的行为。目前，我国市场经济中存在的官倒、权钱交易、以权谋私、行贿受贿等问题的存在，充分说明了用一定的伦理道德规范约束政府及其官员市场行为的重要性。

2. 市场伦理

市场是联结生产和消费、供给和需求的中间环节，是商品经过"惊险的跳跃"实现自身价值的场所，是各种经济主体云集的地点，是供求关系、卖买关系、竞争关系的汇合，因此市场的状况直接反映着市场经济的成熟完备的程度。自由放任的市场可以是奸商、骗子、冒验家的乐园，可以充斥着坑蒙拐骗、假冒伪劣、虚假信息、欺骗广告、欺行霸市、强买强卖、哄抬抢购、侵权盗版乃至出卖良心等有违人类基本道德规范的种种恶行，对市场的规范、整顿既是社会秩序、社会文明发展的要求，也是市场经济自身发展的要求。伦理道德在规范市场秩序中起着重要作用，市场伦理规范应该贯彻到市场交换的各个环节，深入各级各类各种形式的市场之中，如应该研究进出市场的伦理规范，供求关系、买卖关系、竞争关系的伦理规范，契约关系的伦理规范，促销手段、售后服务的伦理规范等。应该通过一系列的伦理规范使市场交换实现合理、公正、平等、自由、尊重人权的基本伦理原则和目标，使市场交换过程成为有序、规范、文明的过程。

3. 制度伦理

经济制度既具有"经济"的本质，又具有"伦理"的属性。经济制度在确认生产关系、经济关系的同时确认了由生产关系、经济关系形成的社会利益结构及由这种社会利益结构形成的社会成员的分层结构，因而它在规定人们经济地位的同时规定了人们的社会地位并要求人们按照社会地位来处理、对待相互关系，这就导致了一定伦理原则的产生。因此，任何一种经济制度都蕴含着一定的伦理价值、伦理原则、伦理目标、伦理特征；反过来，人们在建构经济制度的时候，虽然主要根据生产力的发展要求及由这种要求所形成的生产经济关系，但也参照着社会所认同的伦理道德观念、伦理道德标准，使制度具有伦理上的依据和基础，具有伦理上的合理性、正当性。经济制度的这种双重性质使它具有双重的规范功能，在规范人们经济行为的同时也规范了人们在经济活动中的伦理行为，因此制度的完善与否不仅影响着经济也影响着伦理。在制度转型时期，由于旧制度失效和新制度的不完善，就会造成人们经济活动的无序、失范、混乱。制度伦理研究就是要阐明制度和伦理的相互关系，揭示制度的伦理基础、伦理目标、伦理功能，从伦理的角度评价制度及制度的变革，从伦理角度去推动制度的完善。对不同的经济制度、经济体制进行伦理比较研究，是西方经济哲学、经济伦理研究的一个重要方面，如对资本主义市场经济体制和第一个社会主义实践模式中的计划经济体制间的伦理比较，对不同资本主义国家的市场经济体制的伦理比较等，这种制度伦理的比较研究是值得我们借鉴的。

4. 政府宏观调控的政策伦理

同制度相比，政策具有解决现实经济问题的性质，有较大的变动性和时效性。毫无疑问，政府的宏观调控具有显著的经济特征，贯彻在财政政策、价格政策、工资政策、金融政策、产业政策中的主要原则是经济的、物质的利益原则，政府的调控必然影响到社会各阶层的利益关系，也必然对社会各阶层的社会地位产生影响，这就必然对社会秩序、社会结构、社会矛盾、社会稳定产生直接间接的或大或小的影响。这就使得政府的宏观控制不仅是一个经济问题，而且也是一个社会问题、政治问题，于是政府在制订宏观调控政策时，不能不考虑社会的、伦理道德的因素，不能不考虑调控政策的社会基础、伦理基础问题，不能不考虑经济发展和社会稳定、经济价值和伦理价值、经济效率和社会公正等一系列的相互关系问题。此外，政府作为市场"游戏"规则的制订者和评判者，如同任何体育游戏、体育竞赛中的裁判一样，也必须遵守诸如严格执法、执法公正公开，不直接参赛等一系列的伦理原则。这就是说，政府在利用伦理道德去规范各种经济主体行为的时候，同样必须利用伦理道德规范自己的宏观调控行为和宏观调控政策。

我国现代化建设和改革开放、建立社会主义市场经济体制的伟大实践，不断地向我们提出各种新情况、新问题，经济伦理研究有着发挥作用的广阔空间和发展前景。我们应该发扬党的理论联系实际的优良传统，在马克思主义哲学和邓小平建设有中国特色社会主义理论的指导下，深入实际、面向实际开展经济伦理研究，为建立具有中国特色的经济伦理学而努力。

论发展观和文化建设[*]

改革开放以来，我国经济建设取得了举世瞩目的成绩，人民的物质生活水平有了较大幅度的提高；各种文化事业也有不同程度的发展，但文化建设相对于经济建设的滞后问题较为突出，思想道德领域方面的问题更为严重。因此，把社会主义精神文明建设提到更加突出的地位，进一步加强思想道德文化建设，已成为国家"九五"计划和 2010 年远景目标纲要提出的战略任务，也是当前全党全国人民关注的热点问题。然而，要真正做到这一点，必须实现发展观的转变，从指导思想的高度认识精神文明建设、文化建设在现代化建设中的地位和作用。

一

不同的发展观会有不同的发展目标、发展战略、发展道路，会得到不同的发展结果。不同的发展观对文化建设也会采取不同的态度。

单纯经济增长的片面发展观是近代资本主义工业化过程的产物，是那种历史过程在观念上的反映。自亚当·斯密以来的许多资产阶级经济理论实际上都在论证这种发展观。这种发展观把现代化过程片面地归结为单纯的经济增长过程，把经济增长过程又片面地归结为物质财富的增长过程，而在讨论物质财富和经济增长的时候，见物不见人，认为市场机制的自由调节可以自然地实现物质财富和经济的增长，实现从农业社会到工业社会、从传统社会到现代社会的过渡和发展。

英国古典经济学家亚当·斯密就把工业化过程理解为国家物质财富的增加过程，认为不断增加资本积累就可以不断增加国家的物质财富，就可以实

* 原载于《中国社会科学》1996 年第 5 期。

现增长和发展。斯密把人设想为只知道追求自身物质利益的经济人，这种经济人力图有效地利用自己的资本，但在市场这只"看不见的手"的导引下，会在总体上造成国家物质财富和社会福利的增加。斯密不主张政府对市场的干预，认为政府只应充当市场的"守夜人"，因此斯密的经济理论被称为一种自由放任主义的理论。显然，他的发展观是一种崇尚市场自发性并且在实际上必然导致单纯经济增长的片面发展观。

新古典学派继承了英国古典经济理论的基本思想，但是建立了一种更加抽象的纯经济理论，也就论证了一种更为明显突出的单纯经济增长的片面发展观。新古典学派的理论突出地强调了市场通过价格机制所自发地实现的调节作用，认为供给和需求之间的关系影响着价格，而价格的变动又会影响并调节着供求关系，从而实现供求均衡，在局部的微观的均衡基础上实现宏观的一般的均衡，从而实现对稀缺资源的最优配置，实现最优的增长和发展。不少学者早已指出，这种理论不仅和斯密的思想一样把人假设为经济人，而且还假设为原子式地独立的、彼此无差别地匀质的、对市场价格能够灵敏地作出直接反映的机器人，完全排除了人在社会实践活动中所具有的现实特性，也否定了人的活动能够影响或改变环境的能力。因而这种理论所假定的均衡完全是市场机制自发作用的结果。经济循环被假定成了一种生理现象，市场运行被描述为一种在匀质环境中进行的机械运动；这种理论还假定了各市场单位之间的完全竞争关系，假定了各市场单位谁都不具备影响价格或对手的能力，各竞争对手之间除了竞争关系之外不存在任何别的结构关系，假定了各竞争对手之间的机会和起点上的完全平等；这种理论还假定了一种静态的、瞬时的因而也是超时间、超历史的均衡，完全否认了经济过程的历史性质。显然，按照新古典学派的这种理论指导发展也只能得到单纯经济增长的片面发展的结果。蕴含在新古典学派理论中的发展观是一种片面发展观。

第一次世界大战，特别是 20 世纪 30 年代西方资本主义发达国家发生的经济危机使自由主义的经济发展理论受到了重大打击，于是出现了凯恩斯的宏观经济理论，提出了对市场进行国家宏观调控的发展观和发展思想。但凯恩斯的国家宏观调控仍局限在经济范围，因此他的理论和模式中包含的发展观仍然是一种单纯经济增长的发展观。

可以这样说，直到西方理论界提出资源、能源、环境等全球问题之前，直到西方理论界对近三百年来西方发达国家的传统发展模式提出反思之前，西方工业发达国家理论中占支配地位的发展观和发展理论就是单纯经济增长的片面发展观。按照丹尼尔·贝尔的看法，经济增长已经成为西方工业发达国家的"世俗宗教"和"政治溶剂"，成为个人动机的源泉、政治团体的基础、动员社会以实现一个共同目标的根据。① 但是，丹尼尔·贝尔指出，美国自由主义经济理论所根据的这种经济发展观念现在受到了攻击，而且是来自自由派人士的攻击，他们不再认为丰裕是解决社会问题的答案。②

单纯经济增长的片面发展观及其发展模式的弊端可概述如下：

1. 这种发展观指导下的发展在经济领域中产生了一系列矛盾和负面影响。市场的自发调节和不断增加投入的外延式增长常常激发出各种短期行为，那些能够迅速获利的行业和产业会得到迅速发展，那些虽然对发展具有长远战略价值但不能带来近期利润的行业和产业会受到抑制，这就造成了产业结构、经济结构的畸形、片面发展。不断增加资本投入的经济增长常常引起通货膨胀的并发症，采取紧缩通货的强硬政策又经常引起失业率的上升，会影响社会的安定。西方工业发达国家无一例外地陷入了这种两难选择的徘徊之中。丹尼尔·贝尔说："经济增长也许是资本主义所特有的'矛盾'根源，而这一矛盾也许是导致资本主义毁灭的祸根"③，因为"若不把经济发展当作自己的任务，资本主义存在的理由究竟又是什么？"④

2. 单纯经济增长的片面发展造成了经济增长和社会发展之间的紧张关系。由于追求片面的单纯经济增长、由于把经济增长作为发展的根本目的，这就把人变成了实现经济增长的工具和手段，从而造成了马克思曾经指出过的人的劳动及人自身的异化现象，造成人的畸形的片面的发展，成为马尔库塞描述的单向度的人。单纯经济增长的片面发展还造成了大量的外溢性影响，使社会承受着各种片面发展所造成的社会代价、社会成本的沉重负担，加剧着效率和公正、自由和平等、速度和效益、质量和数量、私人和社会、城市和乡村、富有者和贫困者之间的矛盾，它对自然资源的滥采、滥用及对环境的破坏和污染加剧了人类社会和自然环境、人类的今天和未来之间的矛盾。资源和能源紧缺、环境污染、贫富两极分化、城市人口过度密集、黑社会猖獗等全球性问题对包括工业发达国家在内的全球人类的困扰就是单纯经济增

---

① ［美］丹尼尔·贝尔：《资本主义文化矛盾》，赵一凡等译，生活·读书·新知三联书店1989年版，第295—296页。

② 同上书，第127—128页。

③ 同上书，第296页。

④ 同上书，第128页。

长片面发展的恶果。单纯经济增长的片面发展是当代西方工业发达国家中各种社会紧张局势的重要根源。

3. 单纯经济增长的片面发展排除了文化在发展中的地位，否定、贬低文化建设的重要性，造成着经济和文化之间的紧张和对立。片面发展观把从事经济活动的人和单位设想为只知道追求自身经济利益的经济人，设想为只会根据自己物质利益对价格信号作应答反应的机器人，这就把文化因素从经济主体中排除了出去，这种经济主体实际上不过是受动的客体；把市场各单位之间的关系设想为一种纯粹的完全竞争关系，就把文化因素从这种关系中排除了出去；把市场的调节机制看成资本、工资、价格、利率、供给、需求之间的一种自发形成的均衡关系，就把文化从市场调节中排除了出去，经济增长或发展过程被视为一种脱离了社会、文化、历史的纯粹而又孤立的经济现象。在这种情况下，经济增长和发展是经济人、经济部门的事情，文化建设和发展是文化人、文化部门的事情，于是出现了实际发展过程中的经济和文化的紧张和对立。这种紧张和对立不仅表现于两者在社会发展中的轻重地位的关系上、资源在两者分配的关系，还表现在两者所提倡的价值观念之间的冲突上。丹尼尔·贝尔描述这种冲突时说："一方强调功能理性、专家决策，奖勤罚懒；另一方强调天启情绪和反理性行为方式；正是这种脱节现象构成了西方所有资产阶级社会的历史性文化危机。这种文化矛盾将作为关系到社会存亡的最重大分歧长期存在下去。"①

4. 单纯经济增长的片面发展造成文化的分裂，导致了拜金主义、利己主义、享乐主义的蔓延和泛滥。市场经济体制的自发作用对文化产生着双重影响：一方面，它推动人们的"经济"观念，讲究"积累""节约"，力求最有效地利用资源，力求用最小的投入获得最大的效益；另一方面，为了扩大产品销路、扩大市场需要，它总是推动人们扩大消费、追求生活享受，在市场疲软时还要采取各种手段来刺激人们的消费欲望。这种双重影响导致个人和社会的思想道德文化在价值观上的分裂。马克斯·韦伯曾经把勤奋、节俭的新教伦理精神称为资本主义精神，认为这种精神推动了经济和生产的发展，就是因为这种精神适应了市场经济体制的前一方面的文化要求。但是这一方面的要求又受到了后一方面文化要求的限制和冲击，而且随着个人的发财致

---

① ［美］丹尼尔·贝尔：《资本主义文化矛盾》，赵一凡等译，生活·读书·新知三联书店 1989 年版，第 132 页。

富或社会的富裕，后一方面的文化要求所形成的价值观和生活方式对前一方面的冲击否定变得越来越大，并且最终导致形成了拜金主义、享乐主义、利己主义为主要特征的价值观念。弗朗索瓦·佩鲁指出，当初穆勒用功利主义伦理学取代勤奋和义务伦理学的时候是有各种高尚的道德意图的，但后来"蒙受了真理衰退之难"，被后人退化为把发财致富追求物质享受作为目的的经济主义、粗制滥造的功利主义、腐朽享乐主义。① 丹尼尔·贝尔把上述过程描述为新教伦理被现代主义、后现代主义、享乐主义所否定和取代的过程。② 他极其尖锐地揭露和批评了当今美国社会中存在的个人主义和享乐主义，认为享乐主义对于一个民族、一个国家来说是"一帖糟糕的处方"，当一个社会整体上堕入享乐主义的时候就意味着这个社会进入了衰落和崩溃的阶段，因为，"享乐主义的生活缺乏意志和刚毅精神。更重要的是，大家争相奢侈，失掉了与他人同甘共苦和自我牺牲的能力"。他认为，享乐主义摧毁了作为社会道德基础的新教伦理，使美国资本主义失去了它的传统的合法性。佩鲁也指出："直到最近，西方还坚持认为是它创立了文化，而且就其实质来说，是一种具有普遍价值的文化，这种文化与其值得仿效的政治上和法律上的办事方式结合在一起。现在，这种文化实质受到了人们的怀疑，其办事方式也受到了非议。这种文化危机要比经济制度失灵更为深刻：其原因就在于人们的思想和感情发生了危机。"③

上面的论述清楚地表明，在西方资本主义工业化、现代化过程中形成并在后来一个时期得到发展的单纯经济增长的片面发展观及自由市场经济体制的发展模式导致了对文化的否定和排斥，导致了文化价值的分裂，最后导致了文化危机乃至社会危机。

二

十一届三中全会之后，我国现代化建设的发展大业是在纠正过去以阶级斗争为纲的"左"的错误指导思想、总结第一个社会主义实践模式的经验教训、克服过去对西方工业发达国家所采取的闭关锁国、盲目批判、一概拒斥

---

① ［法］弗朗索瓦·佩鲁：《新发展观》，张宁、丰义译，华夏出版社 1987 年版，第 96—98 页。

② ［美］丹尼尔·贝尔：《资本主义文化矛盾》，赵一凡等译，生活·读书·新知三联书店 1989 年版，第 102 页。

③ ［法］弗朗索瓦·佩鲁：《新发展观》，张宁、丰子义译，华夏出版社 1987 年版，第 159 页。

的错误态度的情况下发轫的，人们的眼光自然地转向西方，并且把注意力放在学习、吸收和引进西方科学技术、文化思想方面。在这股大潮中，除了能够坚持对西方的经验、理论、实践进行分析，在摒弃其局限和错误的基础上吸收其合理方面的态度外，确实也存在着盲目崇拜、照抄照搬的态度。我国经济学家陈岱孙教授指出："另一方面，在我国经济学界，这些年来又渐渐滋长了一种对当代西方经济学的盲目崇拜、一概肯定的倾向。值得警惕的是，在借鉴西方经济学进行我国社会主义发展模式的研究工作中，特别是在社会主义经济体制改革方案的研究工作中，这种对西方经济学盲目崇拜、一概肯定、照抄照搬的倾向变得空前严重起来。如果不引起我们的注意，认真加以克服，后果将是非常严重的。"[1] 在实际工作方面，人们出于急于摆脱贫困、急于发展的心情，常常对中央的理论、路线、政策作片面的理解。上述两方面情况的结合，在我国改革开放和现代化建设实践中，存在着单纯经济增长的片面发展观及在这种发展观影响下的发展实践，这是改革开放以来精神文明建设、文化建设这一手抓不起来或抓而不硬这种情况存在的重要思想根源。

这种片面发展观存在的表现之一，是把经济建设为中心片面地理解为单纯的经济增长。众所周知，以经济建设为中心的方针所针对的是过去那种以阶级斗争为纲、把全党工作重心放在政治运动上的"左"的指导思想，因此"经济"两字显然泛指社会主义现代化建设事业，以经济建设为中心实际上就是以社会主义现代化建设事业为中心，就是要求全党把工作重心转移到社会主义现代化建设事业上来。但是人们又往往对以经济建设为中心作狭隘的理解，即把它理解为在社会主义现代化建设事业中区分中心和非中心的具体工作安排，于是物质文明建设成了中心，而科学、文化、教育、卫生等文化建设、精神文明建设成了非中心；前者是急任务、硬任务，后者是缓任务、软任务。问题更为严重的是，即使这种狭义的理解也被进一步曲解，即有些人在实际工作中经常自觉或不自觉地把"中心"改为"唯一"，他们把现代化建设事业理解为仅仅是经济建设事业，把中国的工业化、现代化的发展过程理解为仅仅是经济发展的过程，而经济发展过程也被理解为仅仅是经济发展的速度、规模、数量的增长过程，理解为仅仅是人均国民收入或人均总产值的增长过程。在他们看来，只要经济增长了、人均国民收入赶上或超过了发达国家，我们就可以成为现代化的发达国家。于是中心任务变成了唯一任务，

---

① 陈岱孙、丁冰主编：《现代西方经济学说》，中国经济出版社 1995 年版。

这在他们的议事日程、工作安排、干部的使用和考核、工作的总结和验收上都有表现。

这种片面发展观存在的表现之二，是把文化建设体制的改革等同于经济体制的改革。随着我国经济体制由过去的行政计划体制向社会主义市场经济体制的转变，文化建设体制也应进行改革，但这种改革决不意味着或决不应该意味着文化事业的市场化、商业化。有的执行政策的管理部门甚至以行政手段把许多文化事业单位赶入市场，采取了减少经费或不给经费的"断奶"措施，不管其文化产品是否有市场上的经济效益，统统让其自收自支、自谋生路，结果使许多文化事业单位被迫改行或压缩，那些不能获得市场经济效益的科学、教育、文化、卫生事业单位陷入了极其困难的境地。这可以说是利用市场来压缩或吞没文化建设。

这种片面发展观存在的表现之三，是片面地把文化建设降低到经济建设的手段和附属地位，用一种对当前经济建设是否有用的价值观点来衡量文化事业，近期有用的就重视，近期无用的就不重视。"文化搭台，经济唱戏"这一流行的说法再明确不过地表明了文化工作对经济来说不过是一种工具，处于附随的地位。这不仅是对经济建设和文化建设相互关系的一种片面理解，也是对文化建设的任务、目的、功能的片面理解。

这种片面发展观存在的表现之四，是文化建设靠后论，即主张等经济上去了、国家富裕了再去进行文化建设。持这种观点的人总觉得抓文化建设会影响和妨碍经济建设，会减少经济建设的人财物资源的投入；他们为了保证经济建设的投入，不惜减少文化建设的投入，甚至不惜挪用本已少得可怜的文化建设经费，拖欠文化事业单位工作人员的工资。

这种片面发展观存在的表现之五，是经济发展代价论，即认为牺牲精神文明建设、文化建设是快速发展经济所必须付出的一种代价。为此，对于种种黄、白、黑的非法经营，对于坑蒙拐骗、假冒伪劣、非法走私，对于破坏资源和环境的乱采乱挖，甚至对贪污行贿之类的腐败行为都可以纵容姑息。

上面五个方面的表现说明，在我国现代化建设的实践中确实存在着单纯经济增长的片面发展观，并已经对我国文化建设事业造成了极其有害的影响。近几年经常见于报端的一些材料足以说明上述问题。下面略举一二作为佐证：

基础科学研究普遍面临资金短缺、人才流失、研究课题缩小的局面。据悉，中国科学院所属的 123 个从事基础研究的研究所都在考虑经费从哪里来的问题；国家地震局面临的一本难念的经是设备老化、基础研究经费"干不成大事"；地勘队伍由于财政"断奶"、"资金紧缺"的困难导致了人才外流，无法进一步从事地勘工作。教育事业的困难也是人们经常感受到的，我国著名科学家、教育家钱伟长教授在一次谈话中深情地说，要更重视教育，这是国家的根本。国家把多余的钱给教育，这不是教育先行。图书馆、文化馆、博物馆、天文馆、科技馆、书店这些文化事业单位普遍陷入困境。规模在全国第三位的南京图书馆由于经费困难购书量不断减少，甚至一度发不出工资。一些专家、学者对此深表忧虑，提出了一个十分沉重的问题：我们该用什么眼光看经济？据上海市 1994 年 9 月对市总工会所属 24 家文化宫、俱乐部、体育场调查，非文化性经营收入已占盈利额的 30% 左右，即使如此"苦心经营"，一些文化宫、俱乐部的日子依旧不好过。据对湖南省 72 个文化宫、俱乐部的调查，走下坡路、面临生存危机的文化宫、俱乐部已占 2/3 的比例。据报道，北京天文馆正随时受到瘫痪关张的威胁；被列为国家第一批重点文物保护单位的周口店中国猿人遗址经费匮乏，困难重重；湖北宜昌市的一个科技馆自被"断奶"以来，经济陷入困境，1300 平方米的大展厅改为写字楼后出租，教科仪器和设备改作他用，科技馆名存实亡；海南科学馆也由于长期缺乏经费投入不得不改成了电影院，科学馆已有名无实。

另一方面，在市场利润的刺激下，各种"低俗"、"媚俗"文化迅速而又大量地蔓延，渲染凶杀、暴力、色情的书刊、录像带充斥市场，扒带盗版、倒号盗印等非法经营活动屡禁不止，畸形的文化消费活动遍布各大城市。在思想道德观念上，利己主义、拜金主义、享乐主义如毒瘤一般地滋长，以致不少人走上了贪污盗窃、行贿受贿、偷税漏税、权钱交易乃至拦路抢劫、谋财害命之路，严重破坏和影响了现代化建设事业，严重危及了社会治安和稳定。

当前我国文化建设和思想道德领域中面临的种种困难和问题表明，如不转变单纯经济增长的片面发展观，其后果是不堪设想的。

三

20 世纪 60 年代以来，西方工业发达国家中的某些学者开始在批判、反思、总结传统的片面发展观和发展模式的基础上，探索新的发展观和发展模式，罗马俱乐部的学者们在提出人类面临的一系列全球问题的同时提出了"世界系统有机增长"的概念，美国世界观察研究所所长莱斯特·R. 布朗在

1981 年出版专著论证"建设一个持续发展的社会"，法国经济学家弗朗索瓦·佩鲁于 1982 年出版专著，从发展中国家的角度论述了"新发展观"。学者们的研究和探索很快受到了各国政府和联合国有关组织的重视。1989 年 5 月联合国环境署第 15 届理事会发表了"可持续发展的声明"，1989 年联大通过决议重申了这一声明；1992 年联合国召开了环境与发展会议，根据"可持续发展"的指导方针，通过了《21 世纪行动议程》和《里约宣言》等重要文件，号召各成员国制定本国的"可持续发展"的战略与政策；1992 年年底联合国又建立了"可持续发展委员会"，负责评审环发大会及其后续工作。这说明从传统的片面发展观、发展模式向新发展观、新发展模式的转变已成为当代具有全球性质的时代潮流。

新发展观的主要理论观点可概括如下：

1. 新发展观的发展方针、发展目的是实现人的发展和社会全面进步

在新发展观看来，所谓人的发展不是指少数人或少数国家中的一部分人的发展，而是指所有各国的人民不论是发达国家的还是发展中国家的都应得到公平的发展；人的发展也不是仅仅指当代人的发展，而是指包括后代人的可持续发展，不仅仅指满足人们的物质生活要求，还包括满足人们在社会生活、精神生活上的各种价值要求，实现人的全面发展，使人的体力和智力上的各种潜能得到充分的展现。在以人为中心、为目的的新发展观看来，经济增长只不过是实现人的发展的手段，经济、政治、社会的各种制度的演变和改进也是为了给人的发展创造一种更好的社会环境。佩鲁指出："市场是为人而设的，而不是相反：工业属于世界，而不是世界属于工业；如果资源的分配和劳动的产品要有一个合法的基础的话，即便在经济学方面，它也应该依据以人为中心的战略。"[①]　"无论如何需要从人的角度出发指出一条可以接受的一般研究路线，并指出每个人以及整个人类多方面的、全面的发展方向。"[②]

2. 新发展观不是把发展归结为单纯的经济增长，而是经济、社会、人、自然之间的协调发展

新发展观认为，狭义的经济增长概念不是发展概念，单纯的国民总产值或人均国民总产值的增加不等于发展，它不可能为发展特别是发展中国家的

---

① ［法］弗朗索瓦·佩鲁：《新发展观》，张宁、丰子义译，华夏出版社 1987 年版，第 92 页。

② 同上书，第 175 页。

发展提供一个坚实的基础。发展应该被理解为经济、社会、人、自然之间的全面的、协调的发展。这种发展既充分利用人的、社会的、自然的各种资源，同时也应该为人和社会的持续发展创造条件。所以，衡量发展还是不发展，不是仅仅依据某种单一的经济指标，而应依据经济的、社会的、人的、环境的一系列指标。新发展观不追求局部的、暂时的效益，而是追求系统的、整体的、全局的、长远的效益。新发展观是一种系统的、综合的、整体的发展观。

当然，整体是由部分构成的，系统是由要素组成的。佩鲁说："各组成部分是有机的亚群体：各机构、行业、地区、企业。在价格和流通的特定网络中，在有形材料的转让网络中，或在其意义和价值与物质的基础结构没有可以明确指出的关系的商品转让网络中，每一个子群都有相对的位置和重要性。"① 整体、系统是由于部分、要素之间的复杂相互作用所形成的结构才成为整体和系统的。结构常常表现为部分、要素、亚群体之间所存在的一整套比例和关系。结构十分重要，一种不合理的结构会带来片面的畸形的发展，而片面畸形的发展又会造成不合理的结构，两者都不可能带来协调性的发展，都可能造成近期或远期的某种灾难性后果。协调性的持续发展必须由一种合理的结构来支持。因此新发展观认为"发展在于结构上的改变"②，这"是各部门之间的辩证法"③。发展中国家由于各种历史原因，其经济、社会、文化的结构往往是不正常的，发展中国家要实现持续发展就必须逐步实行结构上的调整和改变。新发展观是一种结构辩证法，强调结构的辩证演变。

佩鲁针对发展中国家的特点，强调了三个方面的辩证法：一是基本需要和购买力之间的辩证法；二是在对外经济关系上要坚持独立与合作的辩证法；三是工业和农业的辩证法。④ 当然，发展过程中涉及的结构性关系不限于这三个方面，但发展总是应该意味着对组成发展过程的各个方面、各个部分之间的相互关系、比例进行协调和调整，使各种结构朝着良性循环的方向变化。

3. 新发展观把具有能动性的行为者或活动者作为建构发展理论的出发点

新发展观坚决抛弃那种把人仅仅视为作出自动反应的价格记录器的观念，坚决抛弃把发展视为不过是人们不能起任何作用的外部机制作用的结果或不

---

① ［法］弗朗索瓦·佩鲁：《新发展观》，张宁、丰子义译，华夏出版社 1987 年版，第 12 页。

② 同上书，第 128 页。

③ 同上书，第 65 页。

④ 同上书，第 114—115 页。

变的客体在某些"自然力"推动下在均质空间中位移的理论。新发展观认为，发展是具有能动性的人的活动过程和活动结果，因此它把行为者或活动者及其能动性作为建构发展理论的出发点。

行为者或活动者是指在社会中生活并能够做出选择、决策，从事某种有目的活动的某个个人或某个组织、单位。他们的活动构成了发展的动力，也构成了对任何发展形式的最终检验。只有让每个行为者所具有的创造力、活动力迸发出来，发展才会获得强大的动力。新发展观所遵循的重要原则是人力资源的充分开发和发挥。

4. 新发展观提出了一种新的平衡理论

传统的均衡理论用一种形式化、机械化的方法去陈述客体在均质空间中运动的方式，而新发展观所提出的平衡理论包含着不平等的、异质的"活动者"之间的相互作用。

首先，新发展观在建立动态平衡理论时是以不平衡结构在某一时期的普遍存在这一假设为基础的。各活动者或行为者由于历史的、社会的、经济的各种原因，本身在规模、实力等方面都是不同的，它们是在不同的条件下参与发展活动的，是在不平等的条件下进入市场的。

其次，各活动者之间的关系和相互作用也是十分复杂的，不可能是一种完全平等的竞争关系，它们之间存在着冲突、竞争、合作、妥协。通过各种形式的相互作用，它们之间形成一种普遍的相互依存和有序性平衡，每个单位都在整体中占有一个特定的地位并获得同整体的最大利益相一致的最大利益。显然，这种平衡只是一种总体上的平衡，是在不同质的活动者相互作用的动态过程中实现的平衡。

再次，这种平衡是在对活动者的调节和协调中实现的。这种调节和协调是根据活动者之间存在着结构性的辩证关系进行的，既有活动者的自我调节，也有管理者对各活动者的相互关系作出的对象性调节；调节既可以发生在微观层次上，也可以发生在中观和宏观层次上。新发展观十分重视导致协调发展的战略和政策所起的作用。

根据上述观点，新发展观在建立动态平衡理论时，首先要分析历史地形成的动力结构，对各种动力因素作出历史的经济的分析；其次要分析诸动力因素之间的关系，如分析各宏观变量（人口、技术、制度等）之间的作用和反作用，各宏观变量与产品或产品有效构成之间的作用和反作用，各宏观变量的有效结合与产品有效分类之间的作用和反作用；再次，要将这种分析同更为广泛具体的各种经济子集结合起来，对供给、需求、投资等相互关系作出分析或说明，指出各经济子集相互关系上的不平衡、不对称关系对变化的影响，最后则利用现代系统科学提供的数学工具建立某种动态的数学模型。

5. 新发展观是一种持续发展观

新发展观认为行为者或活动者是在不可逆的时间进程中生活、工作、活动的，他们是历史地形成、历史地变化的，发展不过是行为者在不可逆的时间中相互作用的结果，因此发展过程是全新的，行为者及其相互关系、行为者从事的生产和交换的机制以及这些机制同行为者的关系都是在不可逆的时间进程中变动的。不可逆的时光使万物更新：当新事物不利于行为者时，它们至少会驱使或刺激行为者，行为者不是使自己适应新事物，就是相应地发明一种新战略以改造自己的环境。因此，发展总是指与人类历史一定阶段相联系的一种运动，这个过程不是均衡的、平直的，而是充满了波动和偏离、加速和减速、进步和退步等复杂情况；由行为者的持续活动，不断发生着从不平衡到平衡又从平衡到不平衡的持续过程。新发展观不仅要求从当代人、当代社会发展的角度看待发展问题，还要求从未来人类、未来社会的角度看待发展问题。新发展观是一种持续发展观。

新发展观是当代社会中科学、技术、文化、经济等各社会子系统相互作用和彼此渗透结合的趋势日益强烈，从而使社会自身的系统化、整体化日益显著，以及社会与自然相互关系中的有机性变得不可忽视的客观进程的反映，是人们对传统的资本主义工业化发展模式进行反思的产物，也是当代经济学、科学、哲学发展的结果。新发展观批评和否定了传统发展观在世界观、方法论上的机械论，以及价值观上的庸俗经济主义和功利主义。新发展观的阐发者们都力图为新发展观寻找一种新的哲学基础。佩鲁认为新发展观的哲学肯定与那些曾经宣告"上帝死了"而现在又宣称"人死了"的理论背道而驰，认为应当从卡尔·马克思的实践哲学中、从基督教的行动哲学中汲取宝贵的训诫。[①] 他主张用一种行动哲学作为新发展观的哲学基础。丹尼尔·贝尔主张建立一种大众哲学，罗马俱乐部主席奥尔利欧·佩奇呼吁一种新的人道主义，布朗希望有一种新的社会伦理哲学。我们认为，只要对新发展观的理论内容作些深入分析就会发现，马克思主义哲学在总结概括了当代科学和人类实践的新成果、特别是吸收了系统论哲学思想之后就可以为新发展观提供正

---

① ［法］弗朗索瓦·佩鲁：《新发展观》，张宁、丰子义译，华夏出版社1987年版，第99—100页。

确的、全面的世界观、方法论、价值观，可以对人、社会、自然及相互关系作出科学的理解和说明。

新发展观的题中应有之义就是对文化的高度重视。如果把文化理解为人区别于动物自然状态的一种尺度的话，新发展观所理解的发展就具有丰富的文化内涵，新发展观在一定意义上可以理解为人的生存和发展的文化战略。人们普遍认为在经历了传统发展观对文化的长期忽视之后，必须给文化以认真的思考和研究。我们发现，凡是讨论新发展观的学者几乎都要花费很大的力量讨论文化在发展中的重要地位和作用。为什么新发展观必然导致对文化的重视呢？

1. 新发展观把人的发展和社会进步作为发展目标，必然重视文化的价值

人的生存和发展离不开物质价值，所以人要从事物质生活资料的生产，要同自然界进行物质、能量、信息的交换，要发展经济实现经济增长。但经济增长只是实现人的生存和发展的手段，其价值取决于它对于人的意义和对于文化的意义。如果把物质价值的追求和拥有、把发财致富作为人的终极目的，那么人就会沦为物质财富的奴隶、金钱的奴隶。一般地说，人在自己的生存和发展中，不仅有物质生活条件上的追求，还有精神上的追求，希望有一种丰富、充实的精神生活，希望获得他人、群体和社会的尊重，获得自由和自主，希望在认识和改造客观世界的实践活动中显示自己的存在和价值。人的所有这些要求和希望归结起来就是文化的追求，就是要使自己实现对自然界动物生存状态的提升和超越。一旦人们这样认识自己的生存和发展的时候，就会超越那种单纯经济增长的狭隘眼界而认识到文化的价值和意义。

社会进步虽然要有经济上的发展和增长作为基础，虽然人们必须根据生产力的发展状况来建构他们之间的经济关系，并以此为基础建构他们之间的政治关系、思想关系，虽然这一过程开始的时候往往是人们不自觉的一种自发过程，但这一过程的结果却是人们经历了实践、认识的反复之后自觉活动的产物，人们的这种自觉就是一种文化，任何一个社会的经济制度、政治制度都深深地打着文化的烙印，或者说它们本身就意味着某种文化。没有文化上的觉醒和进步，就不可能实现社会的全面进步。当代工业发达国家的许多有识之士已经认识到仅有物质上、经济上的富裕不可能解决所有社会问题，也不可能实现社会的全面进步。那些发达国家面临的危机不是因为物质上的匮乏，而是因为文化上、精神上的危机，这也说明了文化在实现社会全面进步中的不可缺少、不可替代的重要地位。

2. 新发展观把发展理解为具有能动性的人的活动结果，必然重视文化在经济和社会发展中的重要作用

以往传统的单纯经济增长的片面发展观，在讨论经济发展时把现实的人及其活动抽象掉了，仅仅依靠表示物的各种经济范畴去建构经济增长或发展理论，因而也就排除了文化的作用。新发展观把现实的人及由现实的人组成的现实的经济单位作为讨论发展理论的出发点，这就必然重视文化的作用。因为现实的人和单位都是历史地形成的文化环境的产物，都深受着文化环境的影响，他们在生产、交换、消费的经济活动中追求经济价值的时候，不是也不可能是一种纯粹的理性的经济人，他们所具有的思想的、伦理道德的、社会的种种价值观念即文化价值观念同样也在发生或大或小的影响，有时还会有决定性的影响。当代工业发达国家的经营管理学不断地批评古典经营管理理论中的经济人的理论假设，把现代企业管理、市场管理的理论建立在社会人、文化人的理论前提之上，就是因为他们已经深切地认识到了文化在企业管理和市场管理中的重要作用。文化价值还直接参与着经济价值的创造，一个物质产品不仅意味着一种经济价值，同时也意味着一种文化价值。随着人们消费观念的发展，人们把消费过程看做不仅是一种物质生活过程，同时也是一种精神上的、文化上的体验过程。人们越来越追求物质产品中的文化价值，希望物质产品凝结更为丰富的文化价值。这一切都说明经济的增长与发展离不开文化的参与和制约。

3. 新发展观作为一种协调的、持续的发展观导致了对文化的重视

协调发展是通过对发展过程中遇到的一系列矛盾、问题的正确认识和恰当处理来实现的。这种处理不仅意味着要调整各发展单位、部门、地区之间的比例关系，调整人、社会和自然生态环境之间的关系，还意味着调整个人与群体、社会之间的利益关系，调整各社会集团、群体之间的利益关系。调整和协调的过程是社会的利益结构的变动过程，这就要求人们不仅认识到自己的、眼前的、局部的、经济的利益，还要求人们认识到他人的、长远的、全局的、非经济的利益，要求人们在认识各种利益关系的基础上改变与协调发展相抵牾的价值观念和行为方式，形成与之相一致的价值观念和行为方式，人们的这种价值观念和行为方式的改变本身就是一种文化建设活动。因此协调发展是在文化的作用下实现的。

持续发展要求人们处理好当前发展要求和未来发展要求之间的关系，要求今天的发展能为未来的发展留有余地，不仅不能耗尽或毁掉未来发展的基

础，而且要为未来发展提供更好的条件，创造和开辟更为广阔的发展可能性。为了实现持续发展，人们应恰当地合理地利用自然资源，在利用自然资源的同时保护自然资源和生态平衡；为了实现持续发展，人们还应为今后的发展做好科学上、理论上、人力资源上的各种准备。这就要求人们不仅开展各种能在今天带来效益的文化建设活动，也要开展各种虽然不能立即带来发展效益但能在未来的发展中显示效益的文化建设活动。哲学、人文科学和自然科学的基础研究和人才培养，各种高雅文学艺术作品的创作活动等，常常不可能有直接的明显的经济效益，但对于未来的持续发展来说却是不可缺少的。要实现持续发展，就要重视文化建设，从这一意义上我们也可以说持续发展战略在本质上是一种文化发展战略。

综上所述，两种不同的发展观必然对文化采取两种不同的态度，导致两种不同的发展结果。我们的结论是只有实现发展观的根本转变，才能把精神文明建设、文化建设摆到更加突出的地位。应该指出，江泽民同志关于《正确处理社会主义现代化建设中的若干重大关系》的讲话和全国人大八届四次会议通过的国民经济和社会发展"九五"计划和2010年远景目标纲要实际上阐述了我们在上面所论述的新发展观，这是以江泽民同志为核心的第三代领导集体提出的指导我国现代化建设的发展理论。我们必须更加自觉地认识到转变发展观念、用新的发展观指导现代化建设的重要性，唯有这样，我们才能真正实现把精神文明建设、文化建设摆到更加突出的地位，才能开创精神文明建设、文化建设的新局面。

回顾展望，开创马克思主义哲学研究的新局面[*]

长期以来，人们经常用"哲学贫困"来描述哲学研究，特别是描述马克思主义哲学研究的状况，如果这句话的意思是想说明我们的马克思主义哲学研究还不能完全满足我国改革开放和现代化建设实践发展要求的话，还是可以理解的；但如果用这句话来说明我国马克思主义哲学研究在改革开放以来没有取得什么进展的话，那是完全错误的。事实上，十一届三中全会以来的新时期是 1949 年新中国成立以来马克思主义哲学在原理和发展历史两方面的研究上最活跃、最繁荣的时期，也是取得学术成果最多的时期。因此新时期的马克思主义哲学研究并不贫困而是内容丰富，并不停滞而是在深化和拓展。

一 本学科在新时期的发展状况

马克思主义哲学作为工人阶级的世界观、作为中国共产党指导思想的理论基础，在工人阶级及其政党掌握全国政权之后，毫无疑问获得了得天独厚的发展条件。新中国成立后，马克思主义哲学在全国范围内得到了迅速传播和普及，毛泽东同志为核心的第一代领导集体在总结社会主义革命和社会主义建设实践经验的基础上，提出了区分两类不同性质的矛盾、正确处理人民内部矛盾等新的理论，丰富和发展了马克思主义哲学。学者们在系统研究的基础上，在 20 世纪 60 年代初编写了具有我国特点的马克思主义哲学教科书，在 70 年代初编写了马哲史初稿（油印本）。但是，毛泽东同志晚年的"左"倾错误也给马克思主义哲学的发展造成了严重的消极影响，出于对以阶级斗争为纲的"左"倾政治路线的论证需要，人们在马克思主义哲学的解释和理

---

* 原为中国社会科学院院庆 20 周年系列学术报告之一《新时期哲学研究的回顾与展望》中的第 2 部分，其中的"一"、"三"经修改后以同样的标题发表于《光明日报》1997 年 6 月 7 日第 5 版。

解上存在着严重的简单化、片面化、庸俗化、绝对化、教条化等问题，由于发动哲学争论的目的是为了推行"左"的政治路线，打击和摧残了哲学工作者的创造性，马克思主义哲学研究在总体上陷入停顿的境地。

十一届三中全会带来了科学的春天，也带来了马克思主义哲学研究的春天。从那时到现在，马克思主义哲学原理研究大致经历了三个阶段：第一阶段，广大哲学工作者在积极参加实践是检验真理标准大讨论之后，趁党的思想路线拨乱反正的势头，在马克思主义哲学理论领域内进行了拨乱反正，正本清源，分清了马克思主义哲学和作为"左"倾政治路线理论基础的若干哲学观点之间的界限；第二阶段，广大哲学工作者面向实际，面向世界，面向未来，积极研究我国改革开放和现代化建设实践中、当代科学技术和社会发展中出现的新情况、新问题，捕捉马克思主义哲学的新的生长点，开辟研究的新领域，提出新理论，形成新观点；第三阶段，在前两个阶段研究的基础上，开始了建构既反映马克思主义哲学精神实质又具有时代特征的马克思主义哲学新体系的尝试和探索。马哲史研究也经历了三个阶段：第一阶段是全面铺开的阶段，第二阶段是克服一般化、推动研究深化的阶段，第三阶段是进一步面向现实的阶段。

那么，新时期马克思主义哲学原理在理论观点上有哪些新的突破和进展呢？下面略举一二：

1. 实践观点在马克思主义哲学中的地位的理解上。过去，实践观点仅仅作为马克思主义认识论的基本观点，而现在则被视为整个马克思主义哲学的基本的、首要的观点，认为马克思主义哲学既在实践概念基础上建立了作为存在论或本体论的自然观和历史观，也在同一实践概念基础上建立了它的认识论、价值论。实践概念使马克思主义哲学的各个组成部分内在地、有机地结合成完整的理论体系。马克思主义哲学在实践基础上实现的唯物主义和辩证法、唯物主义自然观和历史观的统一所形成的辩证唯物主义和历史唯物主义，即是一种实践的唯物主义。

2. 在对辩证法的理解上，克服了"左"倾错误把辩证法只归结为对立统一规律，又把对立统一规律只归结为矛盾斗争性，只讲斗和分的"斗争哲学"的片面观点，把辩证法重新规定为科学的发展观，是对世界普遍联系和永恒发展的逻辑把握，恢复了联系和发展观点在辩证法中的重要地位，把辩证法诸范畴理解为世界联系和发展的一系列基本环节的逻辑反映，把辩证法三大规律作为从不同的侧面体现了世界联系和发展的规律。在概括现代科学成果的基础上论述了系统、结构、功能、层次等新概念，展示了质、量、矛盾解决、辩证否定的具体性、丰富性、多样性，认为实体—属性与系统—稳定态是人对事物质的两种不同把握方式，把量的规定性区分为内涵量和外延量，指出显示度的不仅有关节点还有关节线、关节面，认为矛盾解决不只是一方克服、吃掉另一方的一种形式，还存在着融合等其他形式。

3. 人和主体性问题，在"左"倾思潮泛滥的年月成为不能谈论和研究的禁区，以致造成了某些人认为唯物史观不讲人的误解。新时期中，这个问题一直成为哲学界研究和讨论的热点，甚至形成了马克思主义关于人的学说的理论分支。学者们认为，马克思主义哲学从实践基础去理解人，克服了历史上长期存在的对人的抽象理解，给予人的本质以科学的说明，认为主体与客体是从人的活动出发考虑人与对象世界的关系的一对范畴，人的主体性在根本上就是实践性，认为现实而非抽象的主体性原则是马克思主义哲学的一个基本原则。

4. 社会发展的自然历史过程和人的自觉活动过程的关系、社会历史的规律性和人的自觉能动性的关系、历史决定论和历史选择论的关系也是一直研究和讨论的问题。学者们认为，社会历史的发展呈现出与自然过程既相一致又在本质上不同的性质和面貌，是"自然历史"过程和人的自觉创造过程的统一，既具有合规律性的特点，又具有"合目的性"的特点，这种"两重性"特点是社会历史过程本身所固有的，是在人的实践活动过程中发生和解决的。社会规律不同于自然规律的地方在于它本身不过是人的活动规律，是贯穿于人的活动之中并制约着人的活动的客观必然性关系，社会规律所显示的必然性并不排斥和否定个别活动、个别事件的偶然性、随机性、不确定性，因而为人的自觉能动性的发挥留下了可能性空间、自由空间，人在实践活动中随着实践和认识的不断反复，就可以逐步实现合规律性和合目的性的统一。认识是社会实践、社会历史不可分离的因素，社会历史的展开过程就是人们的实践认识循环往复的发展过程。

5. 社会有机系统观点。社会是一个有机体，这是马克思恩格斯、列宁早就指出过的观点，但在过去的历史唯物主义研究中并没有为人们重视，在新时期中由于人们觉得应该对社会作更深入细致的分析，也由于现代系统科学和系统哲学的影响，学者们开始从系统论的角度研究和分析社会，认为揭示社会有机系统形成的基础、原因和机制，揭示它的基本构成和内在矛盾以及它演变发展的过程和规律，是历史唯物主义哲学的基本内容。由于在研究中不少学者既坚持了历史唯物主义的社会形态和社会结构理论,又吸收了现代系统科学的若干理论、方法、概念,因而形成了若干新观点、新概念。沿着人们的实践活动、人们实践活动中的交往关系及这种交往关系的规范化、制度化的思路去揭示社会有机体的形成机制,这是过去的马克思主义哲学教科书所没有论述过的。把社会看做一种独特的自组织、自调节、在实践基础上历史地形成和演变的系统,揭示其独特的组织、调节机制,也是一种新的观点和方法。在社会结构研究中,否定了"左"倾思潮泛滥时期实际上存在的生产关系决定论、上层建筑决定论的片面观点,恢复了生产力对于生产关系、对于上层建筑的基础和决定地位,对社会结构的两重性、复杂性进行了新的探索。还把社会作为生态系统中的一个子系统讨论了社会和生态环境协调发展的规律性。

6. 认识论研究是新时期中比较活跃和繁荣的领域,突破了传统认识论的研究框架。哲学界在实践标准讨论的基础上深化了对实践的要素和结构的研究,实现了以主体和客体关系为核心、以实践基础上的真善美、知情意利相统一为原则的新的研究模式的历史性飞跃,不仅实现了众多观念上的新突破,提出了许多新概念、新范畴,引进了许多新的研究方法,还开辟了许多新的研究领域,如认识的主体论研究,发生认识论和史前认识论研究,语言、符号、逻辑等形式化学科的认识论研究,以社会历史活动为对象的社会认识论研究,利用现代科学材料和手段的微观认识论和广义认识论研究,科学技术认识论研究,等等。

7. 价值论研究,这是新时期中开辟和创立的一个新的研究领域。起初,对价值范畴的研究主要是在认识论范围内进行的,真理和价值、事实与评价、反映与规范等问题首先被作为新的认识论问题加以研究的。随着研究的深化,人们逐渐认识到,实事求是的思想路线不仅是个反映论问题,而且与价值观和历史观密切相关。真理与价值的关系问题,既是认识论的重要问题,也是历史观的核心问题之一。价值是标志人的实践活动不同于动物活动的重要方面,是人的实践活动不可分离的属性,于是价值论成为和存在论、认识论、方法论并列的一个研究领域,价值观也成为与世界观、人生观并列的根本观念之一。

新时期中,马克思主义哲学原理研究所取得的重大进展还表现为研究领域的不断拓宽,不断开辟新的研究方向。改革开放和现代化建设实践是马克思主义哲学研究所面向的最主要、最重大的领域,建设有中国特色社会主义理论的哲学基础研究一直是马克思主义哲学研究的重大课题，也取得了不少成果；进入 20 世纪以来，科学技术获得突飞猛进的发展，科学技术越来越迅速地转化为生产力，对社会发展产生着日益巨大的影响，因此科学技术哲学、科学技术方法论，科学、技术和社会的相互关系等研究领域得到了迅速发展，学者们跟踪地研究着当代科学技术发展前沿的哲学问题，系统哲学、混沌理论哲学、熵哲学、生态环境哲学、人工智能哲学、生命哲学得到了迅速发展；进入 20 世纪以来，经济学、管理学等社会科学也获得了迅速发展，因此社会哲学、社会科学哲学、社会科学方法论、经济哲学和经济伦理学、政治哲学和政治伦理学、法哲学、制度哲学等研究领域也不断地开辟出来；发展中国家现代化过程遇到了文化问题，经济全球化、区域化过程也遇到文化问题，于是文化成为国内外理论界讨论的热点问题，文化哲学也就应运而生；由于工业发达国家的传统发展模式在当代受到了环境、资源、人口等一系列全球性问题的挑战，社会发展战略、发展道路、发展模式成为人类面临的重大问题，在我国现代化过程中也要正确认识和解决这些问题，于是社会发展理论和发展观的研究也被开发为一个新的研究领域。

新时期中，马克思主义哲学史正式成为马克思主义哲学学科中的分支学科，在研究和教学方面均取得了很大成绩，出版了多部马哲史通史著作；出版了许多马哲史上的人物思想史的专著；出版了许多专题史和经典著作研究方面的专著；翻译出版了一大批有代表性的西方马克思主义著作，在这一研究领域中也发表了一批研究性的专著；对西方的"马克思学"、"列宁学"、"毛泽东学"展开了研究和评述，也取得了一定成果。要特别指出，《马克思主义哲学史》（八卷本）的编撰和出版集中代表了马哲史学术界在新时期中的研究成果，不仅在规模上是国内一部资料最为详尽、内容最为丰富、最为系统全面的马哲史通史著作，在世界上也超过了苏联 20 世纪 50 年代出版的邓尼克等主编的六卷本《哲学史》中的马哲史和前民主德国 20 世纪 60 年代末出版的三卷本马哲史，而且在许多地方有所创新，发表了一系列新的观点。

马克思主义哲学基本原理的研究，马克思主义哲学史研究，马克思主义哲学原理多种应用研究，建设有中国特色社会主义理论的哲学研究，集中起来就是希望突破 20 世纪 30 年代斯大林领导下所建构的马克思主义哲学体系的模式，创建一个具有中国特点又面向世界的、既体现马克思主义哲学创始人基本思想又能抓住和回答当代时代问题，从而体现当代时代特征的马克思主义哲学理论体系。在这个问题上，持有不同观点的学者进行了不同的尝试和探索，已经形成了不同版本，为进一步研究和解决这个问题开创了一个很好的局面。

二　本所在本学科中的地位和作用

本所从事马克思主义哲学研究的队伍由马克思主义哲学原理研究室、马哲史研究室、科学技术哲学研究室、哲学研究和哲学动态编辑部、苏联东欧哲学问题研究等几部分的学者组成。在中国社科院成立的初期，在辩证法、认识论、历史唯物主义、自然辩证法、马哲史、苏联东欧哲学研究等领域均拥有若干在全国学术界具有一定学术声誉的学科带头人，20世纪80年代中期以后，从60年代和80年代的研究生中又陆续涌现出新一代的学科带头人，他们在全国学术界中也逐步获得了一定的声誉和地位。

从学术活动角度来看，在70年代末80年代初，本所有关的研究室和其他高校或研究单位一起积极创建了辩证唯物主义研究会、历史唯物主义研究会、自然辩证法研究会、马哲史学会、毛泽东哲学研究会等学术团体，后来又积极参与了这些学会或研究会的组织管理或领导工作，通过这些学会和其他单位一起发起、组织、召开了多次全国性学术讨论会，对全国马克思主义哲学研究起到了积极推动作用。

从学术成果的角度来看，在有些问题的研究上在全国产生了重大影响，在有些问题上与其他个别兄弟单位进行了同步的开拓性研究，在有的问题上则进行了较为超前的独创性、开拓性研究，在有些问题上进行了和其他兄弟单位的同步性研究或参与了其他兄弟单位所组织的研究。经过20年的努力，我们也出版了若干有影响的学术著作，在若干领域或问题的研究上形成了我们自己的优势和特色。

下面举例说明：

1. 积极参加了真理标准问题的讨论。当时的辩证唯物主义和历史唯物主义研究室的全体同志都积极投入了那场讨论，或写文章或作报告，还为中央人民广播电台举办了两个讲座，每个讲座有十几讲，讲座后又出版了《实践是检验真理的唯一标准》一书，在全国具有很大影响，对于当时拨乱反正、解放思想、贯彻实事求是的思想路线起了很好的作用。

2. 在《中国大百科全书》（哲学卷）中的马克思主义哲学原理、马克思主义哲学史、自然辩证法部分的组织、撰写、编辑工作中发挥了积极作用。

之后，还单独主编了《哲学小百科》一书，自然辩证法研究室在《自然辩证法百科全书》的组织、撰写、编辑中发挥了重大作用。

3. 积极开展了改革开放和现代化建设的现实问题研究，积极投入了建设有中国特色社会主义理论的研究，发表了大量的论文，出版了若干专著，如《马克思主义哲学与建设有中国特色的社会主义》、《当代中国的马克思主义》、《改革开放的新阶段》、《有中国特色社会主义大事典》等，有的论文获得了"五个一工程"奖，有的论文被推荐参加了全国邓小平理论研讨会，有的论文在学术界产生一定影响。

4. 有一批学术成果具有开拓创新的特点，对开辟马克思主义哲学研究新领域起到了积极的推动作用。

在马克思主义哲学总体研究方面有：马克思主义哲学和现时代；马克思主义价值观研究、马克思实践唯物主义研究、马克思主义主客体理论研究、马克思主义人类学研究等；

在辩证法研究方面有：系统科学和马克思主义辩证法研究等；

在认识论研究方面有：认识发生论研究，原始思维和史前认识研究，实践结构研究等；

在历史唯物主义研究方面有：马克思主义人的学说研究、历史唯物主义逻辑结构研究、社会认识论研究、社会科学方法论研究、社会发展理论研究、社会系统论研究、原始社会的婚姻、家庭及社会形态研究、生活方式研究、社会哲学研究；

在文化研究方面有：哲学与文化研究、文化哲学研究、市场经济和文化建设、精神文明建设研究；

在科学技术哲学研究方面：在数学、物理、化学、生物、天文、地质、医学等学科的哲学研究中均取得了在学术界有影响的开创性成果，在研究当代科学前沿的哲学问题方面也获得重大成果，还开辟了诸如人工智能哲学、生态哲学和生态伦理学、生命哲学和生命伦理学、科学技术的社会影响研究、科学方法论等研究领域。

5. 马克思主义哲学史研究方面，有些成果在全国具有独创和开拓的性质，有些成果在全国具有一定的学术影响。马克思主义哲学史（八卷本）、列宁《哲学笔记》的重新翻译和出版是在本所一些同志的积极参与、组织下完成的；在马克思主义哲学形成的哲学根源和马克思主义哲学前史研究、列宁哲学思想研究、马克思主义人类学研究、马克思主义哲学在中国的早期传播研究等问题上都具有开拓创新的性质。10 多年来，我们一直在西方马克思主义的研究方面处于开拓和学科带头的地位，近年来在国外社会主义理论和流派的追踪研究方面也作出了具有影响的成果。在毛泽东哲学思想研究上，也发表了具有一定影响的研究成果，如毛泽东思想理论体系的内在结构、毛泽东的文化发展观、毛泽东方法论、毛泽东的调查研究活动等；在邓小平理论和哲学思想研究上也发表了一批有影响的研究成果，如当代中国马克思主义、邓小平哲学思想研究、邓小平辩证法思想研究等；另外，也开展了对中国现代思想史、哲学史上具有一定影响的某些学者的思想的研究，如开展了对杨献珍、艾思奇等学者的研究，取得了一定成绩。

我想坦率地指出，马克思主义哲学原理研究室和马哲史研究室在全国马克思主义哲学学科中的地位和影响呈现着下降的趋势，科学技术哲学研究室也有下降的迹象，这表现在科研队伍总体研究力量在下降、队伍的数量在缩小、学科带头人的数量在减少、质量和层次在降低，35 岁以下的年轻有为的研究人员奇缺，科研工作后继乏人，在全国有影响的科研成果也在减少，20 世纪 80 年代开发出来的若干很有前途的研究领域没有进一步深化和拓展，我们曾经拥有优势的某些方面也已经或正在失去优势，在总体上正在沦为二流乃至三流的地位，这同我院我所在全国学术界应有的地位和作用是很不相称的。

三　对未来的展望

应该承认，马克思主义哲学的研究和教学都面临着极为困难的局面。同 19 世纪末和 20 世纪 50 年代以前相比，马克思主义哲学，更确切地说是教条式的马克思主义哲学的威信和吸引力已经大不如前了，大学生、研究生中的大多数往往是出于应付考试才背诵若干马克思主义哲学的本本，不少干部在讲话中加几句马克思主义哲学的字句是为了装潢门面或者是为了应付考核。一种理论要靠外在的力量迫使人们学习，这不是理论的骄傲而是理论的悲哀。我想，如果马克思活到今天看到这种局面的话，他也会为之哭泣的，因为他说过理论的生命力在于依靠理论自身的彻底去抓住群众。造成这种局面的原因是值得我们去认真研究和分析的。当然，我们既没有必要也不应该根据这种局面得出消极悲观的结论，第一个社会主义实践模式的失败是理论脱离实际、主观脱离客观的主观主义、教条主义、唯心论和形而上学的失败，是教条式的马克思主义哲学的失败，20 世纪 50 年代以来科学技术和社会发展中的大量事实证明了马克思主义哲学的科学性、正确性，马克思主义哲学在回答科学技术和社会发展中的各种问题的时候还是富有解释力和生命力的世界观和方法论。那么，现在是不是到了人们只需要具体的科学技术而不需要理论和哲学呢？也不是。只要人们在实践、在认识，就需要某种具有方法论意义的理论，就需要哲学。西方工业发达国家在 20 世纪 50 年代以来思想理论界出现的各种理论生生灭灭、此伏彼起、走马灯式的局面也说明着问题，一方面在奔向 21 世纪时人们普遍感到面临着一大堆问题，另一方面人们又普遍觉得没有一种以往的理论为问题解决准备了现成的答案，缺乏令人十分信服的理论。邓小平建设有中国特色社会主义理论为中国人民指出了通过改革开放建立社会主义市场经济体制，实现现代化战略目标的发展道路，我国经济在改革开放以来得到迅速发展的事实表明这个理论是正确的，但是我国的改革开放和现代化建设事业在前进中仍然面临着一系列需要尽快解决的问题，现在不少著名的经济学家也开始认识，要解决这些问题单靠经济学理论是不够的，还需要哲学和其他社会科学。因此我们完全可以毫不夸大地说，我国改革开放和现代化建设事业的进一步发展需要哲学，人类跨世纪的发展要求呼唤着哲学。我们完全有责任、有义务也完全应该有信心让马克思主义哲学重新成为能够吸引广大群众的有生命力的哲学。

要实现这个目标，最根本的一条就是要彻底抛弃那种脱离当代实践的教条主义的研究态度和方法，要继承和发扬马克思当年创立马克思主义哲学时的科学态度、科学精神、科学方法。马克思十分重视和强调哲学应该回答时代提出的问题，应该成为时代精神的体现，当年马克思之所以创立马克思主义哲学就是为了回答近代资本主义社会发展中出现的时代性问题，探寻无产阶级和人类解放的途径，今天我们研究马克思主义哲学也应研究和回答建设有中国特色社会主义实践中提出的、人类跨世纪发展中提出的时代性问题，用当代实践中的时代性问题和关于解决这些问题的讨论充实到马克思主义哲学的理论宝库之中，给马克思主义哲学增添新内容，使马克思主义哲学成为和当代人类实践紧密相连的理论，成为人类跨世纪发展的时代精神的体现。

为了将马克思主义哲学和当代实践结合起来，第一，我们应该进一步深入研究建设有中国特色社会主义实践中面临的现实问题，研究现实问题不应该满足于为现行的方针政策作论证、解释和宣传，而应善于发现改革开放和现代化建设进一步发展所遇到的各种新问题，并且要善于从各种现实问题中提炼出哲学问题，从哲学的层次和高度进行分析和讨论。第二，我们要放眼世界，研究工业发达国家和整个人类在跨世纪发展过程中面临的各种问题。这类问题从不同的侧面反映着当代社会矛盾，采用不同于传统的方式来解决这些问题又常常显示着当代社会发展的新特点、新规律。马克思主义历史唯物主义开辟了认识社会发展规律的道路，但是没有穷尽对社会发展规律的认识；马克思主义创始人揭示了资本主义过渡到未来共产主义的历史必然性，但是他们没有也不可能展示这种过渡的曲折性、复杂性、长期性及当代新出现的规律性。这些都需要我们在研究当代社会问题特别是工业发达国家发展中面临的社会问题之后作出新的分析、新的总结，得出新的结论。第三，当代科学技术革命、高科技革命还在迅速发展之中，不仅技术方面、应用方面发展神速，就是在数学、物理、生物等基础学科的基础理论方面也不断发生革命性的飞跃和变革，不断出现新的理论和学说，有的学者认为研究各种非线性问题已成为近二三十年来理论自然科学发展的一个重要特点，一门新的交叉学科非线性科学正在形成，混沌问题、分形问题、孤立子问题已成为非线性科学的三大前沿问题。马克思主义哲学是在概括 19 世纪中叶自然科学成果的基础上产生的，今天也应该在总结概括当代自然科学成果的基础上得到丰富和发展。高新技术的社会影响早已成为国内外学者跟踪研究的炙手可热的问题，继续加强和开展这种研究不仅具有政策价值而且具有理论价值，是我们探索当代社会发展规律的重要侧面。第四，要进一步推进马克思主义哲学基本原理和我国优秀传统文化的结合，把马克思主义哲学和我国优秀传统文化对立起来，以及用前者否定后者或者用后者否定前者这两种极端的观点都是错误的，既不利于我们对优秀传统文化的继承和发扬，也不利于马克思主义哲学的丰富和发展。毛泽东、邓小平等党的领导人在这种结合上为我们树立了榜样，写下了具有中国文化特色的马克思主义哲学文献，但他们的成就也只意味着为这种结合开辟了道路，并不意味着结束了这项工作，我们应该沿着他们开辟的方向继续从事这种结合，应该加强马克思主义哲学研究者和中国哲学史、中国传统文化研究者之间的联系和合作，应该定期地进行交流和对话，共同推进这项结合工程。第五，马克思主义的哲学在其产生的时候并不是脱离人类文明大道的褊狭学说，而是批判地继承了包括德国古典哲学在内的人类文明成果，今天我们应该发扬马克思主义哲学的这种优良传统，应该继续批判地吸取当代西方哲学和社会科学中的合理成分。即使那些观点和方法错误的理论，如果所提出的问题是有价值的，也应该在批判其方法和观点的同时，把问题接过来加以重新研究。他山之石可以攻玉，那些从不同角度揭露、批判当代西方工业发达国家社会矛盾和问题的著作更值得我们进行批判性的研究和考察，从中吸取有价值的问题、资料和观点。最后，强调上述五方面的研究，决不意味着可以忽视或放松对马克思主义哲学经典著作和马克思主义哲学史的研究，相反，我们应该从解决当代实践中的时代性问题出发对马克思主义哲学的经典著作进行新的研究和发掘。我们应该进一步研究和总结马克思主义哲学在不同国家的发展和传播的规律，研究马克思主义哲学存在形态的演变历史和规律。不但应该总结成功和胜利的经验，更要总结挫折、曲折、失败的历史教训；不但要研究共产党领袖的哲学思想，还要研究总结马克思主义职业哲学家的思想。总之，我们应该振奋精神，解放思想，立足现实，总结历史，面向未来，让马克思主义哲学体现当代人类跨世纪发展的时代精神。

市场经济和企业伦理[*]

市场经济和伦理道德的关系已成为我国经济体制转变过程中的突出问题，也成为社会主义精神文明建设中的热点问题。企业作为市场经济中的重要主体，其行为对经济秩序、对社会的伦理道德和精神风貌都产生着巨大影响，因此企业伦理建设对于社会主义精神文明建设，对于社会主义市场经济体制和现代企业制度的建立，都具有不可忽视的重要作用。

一 企业伦理是现代市场经济发展的内在要求

经济伦理是直接规范和调节经济活动过程中各经济主体相互关系的一系列伦理原则和道德规范的总和。显然，独立的经济主体的存在，经济主体间区别于其他社会关系的经济关系的相对独立的存在，是经济伦理得以产生和发展的客观条件。在自然经济中，人们之间的经济关系并没有从血缘关系、家庭关系中分离出来，也没有形成独立存在的经济主体，因此在血缘关系、家庭关系基础上形成的某些伦理道德规范，虽然具有经济上的调节功能，但不是独立的经济伦理规范；在中央集权的行政计划经济中，人们之间的经济关系也没有从行政计划关系中分离出来，全国除了国家这个经济主体之外没有其他的经济主体，企业等各种经济单位不过是全国大工厂中的一个车间、执行全国计划的一种工具，因而在行政计划关系基础上形成的伦理道德规范，虽然也发挥着对生产、分配、消费的协调功能，但也不属于独立的经济伦理规范。在商品经济、市场经济中则存在着不同情况，人们之间的经济关系已经从其他各种非经济性的相互关系中分离出来，并成为人们相互关系中的主要方面，商品的生产者和交换者在市场上形成了独立的经济主体；经济伦理，

* 原载于《哲学研究》1997 年第 5 期。

包括作为其主要内容的企业伦理，就是适应对经济主体及相互之间经济关系的调节规范的需要而产生的。

有一种观点认为，在市场中活动的各种主体是纯粹的经济主体，他们进入市场的唯一目的是追求经济利益的最大化，他们之间的关系也纯粹是经济关系，市场调节人们行为的机制和手段也纯粹是经济性质的，因此市场经济无须伦理道德的参与；如果一定要讲什么伦理道德的话，那么在市场上追求自身利益的最大化就是一种最根本的道德活动、道德标准。另一种观点则认为，市场经济本身是反道德和排斥道德的，为了使市场经济合乎道德地进行，必须由社会从外边将伦理道德规范灌输进去，社会从外部为市场立德立法。

应该指出，上述两种观点都没有正确地说明市场经济和伦理道德，特别是和经济伦理、企业伦理的相互关系，都未能正确地评价市场经济的道德影响，因而不能正确地说明经济伦理、企业伦理产生和发展的机制。

任何一种经济体制同时也意味着一种伦理道德文化体制，因为任何一种经济体制无一例外地蕴含着某种文化、某种伦理道德规范和标准。商品经济、市场经济也是如此。它在否定自然经济和经济活动中的各种人身依附关系的时候，既是一种经济体制上的否定，也是一种思想、文化、伦理、道德上的否定。它承认产权原则、等价交换原则，这是对前市场经济中超经济掠夺方式的否定，因而产权原则、等价交换原则既是一种经济原则又是一种伦理原则，这种原则的实现无疑是伦理道德上的一种进步；它承认经济主体在市场上的平等原则，承认人们在市场上依赖于某种物的价值而形成的人的独立性，承认人们在法律上、在公民地位上的平等地位，否定了以前经济中的等级制、各种人身依附关系，这也是伦理道德上的一种进步；它承认人们在市场上自由竞争的权利，鼓励人们在追求自身利益的过程中进行竞争，根据自己利益的盈亏得失实现资源的流动，把资源配置到最有利的环节上去，这同自然经济和中央集权的行政计划经济鼓励合作反对竞争、鼓励服从反对自主选择的伦理原则相比，确是新原则、新观念。马克思曾经把"商品交换领域"称为"天赋人权的真正乐园"，认为在这个乐园中"占统治地位的只是自由、平等、所有权和边沁"[①]。这是对市场经济伦理原则、伦理特征的深刻概括。然而，市场经济的机制和原则本身却包含了矛盾性和两重性，它对人们的文化、思想、伦理、道德的影响也存在着矛盾性和两重性。等价交换原则在实现过程

---

① 参见《马克思恩格斯全集》第 23 卷，人民出版社 1972 年版，第 199 页。

中是采取交换双方协商和契约的方式进行的，这就为不等价交换留下了巨大的可能性空间；它对产权的承认只限于市场交换过程中，至于交换前财产的来源、获得方式及交换后财产的消费和使用方式则一概予以过问，这就使得市场往往成为那些不义之财"洗钱"的场所，从而也就间接地鼓励了不正当的致富途径和致富手段，使各种非法的经营得以存在和发展；市场经济在鼓励人们勇于竞争的同时，也为人们使用不正当手段进行竞争留下了空隙；市场经济虽然主张机会平等，但由于盈亏损益的不断积累，就会造成结果上的不平等，造成两极分化，造成不同的利益集团，从而造成伦理价值观念上的分裂；市场经济在鼓励人们追求自身利益的同时，也怂恿和滋长着极端的利己主义、拜金主义和享乐主义。市场经济的上述矛盾在推动经济发展获得一定速度和效率的同时，造成了经济发展本身的各种矛盾，造成了经济和伦理、道德、文化之间的矛盾，造成了思想、道德、文化领域的分裂。不能恰当地解决这些矛盾和问题，人就不能进步，社会就不能发展，就是经济也不能正常地运行。如同国家宏观调控和经济立法一样，经济伦理、企业伦理也是在解决市场经济的各种消极负面影响和各种经济矛盾、文化矛盾、伦理道德矛盾的过程中产生和发展的，是市场经济从原生的初级的阶段向现代的高级的阶段、从无序的不文明的状态向有序的文明的状态过渡的产物。当然，市场经济发展过程中出现的各种矛盾，只是为经济伦理、企业伦理（以及经济立法和国家宏观调控）的出现提出了客观要求和准备了客观条件，而经济伦理、企业伦理的真正产生和发展，还是人们自觉努力的结果。在人们自觉地提出和建构经济伦理、企业伦理的原则和规范的时候，除了考虑经济过程的发展要求之外，也同时考虑着社会的伦理、道德、文化领域的发展要求，在这一意义上，经济伦理、企业伦理则往往是经济规范和一般伦理道德规范相互渗透和结合的产物。

当前在我国，加强社会主义精神文明建设，加强经济伦理和企业伦理建设，已成为建立社会主义市场经济体制的内在要求。中共十四届六中全会决议已明确指出，社会主义市场经济体制，不仅同社会主义基本经济制度和政治制度结合在一起，而且同社会主义精神文明结合在一起。从建立社会主义市场经济体制的角度来看，企业伦理建设有着不容忽视的重要性。首先，企业伦理建设有助于建立规范、有序、文明的市场经济秩序，有助于市场机制的正常运转。企业作为最重要的市场主体，是市场价格关系、供求关系、竞争关系中的主要角色，是市场价格机制、供求机制、竞争机制、损益机制作用过程的主要参与者和承担者，因而企业的行为对市场机制和市场秩序产生着重大影响。企业的价格行为、供求行为不规范，如采取价格垄断、哄抬物价、故意压价、抢购、套购、囤积不供等行为，就会扭曲供求关系和价格关系，价格机制、供求机制就会失灵；企业如果采取种种不正当竞争行为，就会破坏市场竞争规则，破坏自由、平等、公正的竞争秩序。企业伦理建设可以使企业采取在伦理道德上正当合理的目标和手段，去争取经济利益的最大化，正确认识竞争各方之间的相互关系，尊重竞争各方的合法权益，遵守国家规定的竞争规则，在竞争中讲究自愿、平等、公正、诚实、信用的原则。其次，企业伦理建设有助于国家宏观调控和社会监督的顺利进行。宏观调控和监督的目的是为了克服市场调节所具有的弊端和缺陷，实现经济、社会、环境之间的协调发展。然而，宏观调控目标要顺利地实现，经济、法律、行政等宏观调控手段要有效地发挥作用，还需要企业的积极响应和配合。因为宏观调控过程实际上是企业在宏观调控手段作用下按照宏观调控的要求改变、调整自身的目的和行为的过程。显然，当企业根据宏观调控要求去改变自己的生产经营目标和规模的时候，宏观调控目标可以顺利实现；而当企业不根据宏观调控要求去作相应变化甚至和宏观调控要求逆向行动的时候，宏观调控目标的实现就会遇到障碍。法律手段和某些行政手段虽然带有强制性，但需要有企业的自觉遵守和执行才能顺利地发挥其作用。企业伦理建设可以帮助企业正确认识企业利益和国家宏观整体利益、社会发展的长远利益之间的相互关系，以内在自律的形式提高企业支持和配合宏观调控和监督的自觉性，从而保证宏观调控和监督机制作用的正常发挥。

二　企业伦理是现代企业生存和发展的重要条件

一个企业要在市场上生存和发展，其产品必须在市场上有销路，其生产经营活动必须带来经济利润，其资本必须不断增值并具有不断扩大再生产的能力，因此资本、劳动、技术、管理、利润对于企业生存和发展的重要性，人们很容易认识到。但是企业伦理对企业生存和发展的作用，却并不那么容易为人们所认识，而且往往存在着忽视或否认其重要性的各种认识上的误区。

误区之一认为，企业是一种营利组织而非公益性慈善组织，其任务是生产分配交换物质财富和经济价值，因此它和伦理道德无关，也无须讲究企业伦理。这一认识的前提是正确的，但结论却是错误的。和伦理道德不发生任何关系、超越社会伦理道德关系而采取所谓"伦理道德中立"的企业历来不存在。企业这种社会经济形式，从其历史上产生的那一天起就不可避免地处身于人、群体、社会所形成的各种社会关系之中，不可避免地在各种伦理关系中充当某种伦理道德的主体；作为企业人格化代表的企业家，既是经济关系中的角色，也是伦理道德关系中的角色。经济人和经济单位只存在于经济学家的理论抽象之中；现实生活中根本不存在无伦理的企业和企业家，只存在具有不同伦理道德观念和态度的企业和企业家。因为企业和企业家的活动，无论从其目的还是从其手段来说，都存在着对人和社会发展的影响或价值关系问题；人们总是可以从人和社会发展的角度，对企业的活动作出是善的还是恶的、是有利的还是不利的评价。由于人和社会的发展是历史地实现的，这种评价也是历史地变化的；由于在人类发展的特定历史阶段上，社会成员分裂为利益彼此对立的阶级、集团，人和社会的发展是矛盾地进行的，这种评价也是矛盾的、复杂的。由于在这样的历史阶段上，人类和社会整体上的发展、社会少数人的发展，常常是在牺牲社会大多数成员发展的基础上实现的，是在人的异化状态中实现的，于是出现了经济价值和伦理价值的矛盾问题（对社会大多数成员的发展来说）；一个企业在实现经济价值和物质财富增加的时候，很可能采取了不利于人的发展的手段和形式，很可能在伦理道德上产生争议。上述情况的存在，说明企业不可能不具有伦理性质，不可能和伦理不发生关系。

误区之二认为，伦理上有问题的目的和手段，也可以达到企业利润的最大化，因而无须讲伦理。应该承认，由于市场经济体制的完善常常需要一定的历史过程、由于社会上不正当需求的存在，确有一些不义之商通过从事反伦理反社会的营利活动而大发横财，即使在工业发达国家市场经济法制建设十分完备的情况下，由于市场经济体制本身固有的缺陷，上述情况也仍然存在。但是，非法的营利活动由于腐蚀、破坏着人和社会的进步和发展，历来为社会的伦理道德所不容，也日益为经济法律所不准，这类营利活动所赚的钱被人们贬称为"黑钱"。因此，非法的营利活动虽有可能得逞于一时，但终究有朝一日会暴露而归于失败。即使从事合法的经营活动，如果不讲伦理道德，也会使企业日益陷入困境。市场体制中的商品交换的特点是消费者的选择自由，购买活动是消费者选择和决策的结果。这种选择和决策不仅取决于消费者自身的需求，而且还取决于消费者对所需商品的了解、偏好、信任的程度。在卖方市场的情况下，由于商品供不应求，消费者的选择空间狭小，消费者只能降低对供方的要求，供方伦理道德上的种种缺陷和不足有可能不受到注意，即使商品和服务不尽如人意甚至十分令人不满，消费者也只能作出购买的选择。但是，随着商品经济的发展，随着卖方市场转变为买方市场，随着消费者选择空间的扩大，消费者对供应者的要求就会越来越高，供方提供商品和服务过程中的伦理道德态度就会被消费者越来越重视。讲究伦理道德的营销活动会在消费者心目中产生积极影响，提高企业在消费者心目中的信誉，使消费者为下次购买活动准备好心理前提；反之，不讲究伦理道德的营销活动，则会在消费者心目中产生消极影响，降低企业的信誉，增加消费者下次购买活动的心理障碍。这就是为什么市场经济越发展、市场越是成为买方市场，供方的企业就越是要讲究形象和信誉、越是要注意企业形象的塑造和包装的原因。因此，认为不讲伦理道德对企业利润最大化不会有妨碍，这实在是对现代市场和现代企业的不了解。

误区之三认为，讲伦理道德会使企业增加投入减少收入，对企业来说是经济上得不偿失的事情。讲伦理道德，当然意味着一个企业要从事伦理道德建设，制订伦理道德原则和规范，对全体员工进行伦理道德教育，对生产经营活动进行伦理道德监督，还要设置从事伦理道德建设的组织机构，在实际的生产经营活动中要讲究社会效益、生态效益，讲究商品和服务的质量，这毫无疑问要加大投入；同时，讲伦理道德当然也意味着不能去经营那些有巨额利润却有害于人和社会发展的供给和需求，也不能采取有损于伦理道德的经营手段，这毫无疑问会减少收入。但是，应该看到，上述投入的增加归根到底是有利于企业长远发展的，这种投入的增长既是应该的又在长远上会给企业带来经济效益；上述所谓减少了的收入本来就是不应该去获得的那种不正当收入，企业不染指这种不义之财，在长远上也是有利于企业的生存和发展的。

应该看到，现代市场经济正越来越成为一种规范经济、信誉经济、文明经济、法制经济，现代市场上的企业家已不是市场初生阶段时那种很难同强盗、骗子区分清楚的形象，而是讲法制、讲规矩、讲道德、讲文明的现代企业家形象。前者在那时曾经是人们崇拜的英雄形象，但在今天却成为人们鞭挞和谴责的对象，今天人们推崇的企业家典范则是后一种形象了。因此，在现代社会和市场中，一个企业越是具有伦理道德水平，就越有可能在市场上和社会上赢得消费者和同行的信任和声誉。在一个讲道德、伦理、文明的社会和市场中，企业的信用、声誉是一种无形的资本、潜在的市场。这种无形的资本、潜在的市场是企业发展中长期起作用的因素。从这个角度看，企业伦理建设虽然直接提高的是企业的伦理素质、伦理水平、伦理价值、伦理形象，但这种伦理素质、水平、价值、形象的提高却可以转化为企业的经济效益，转化为企业在经济上的利润和收入。

　　我国改革开放以来，许多企业的发展历史也都说明了企业伦理在企业生存发展中的重要作用。在过去的一段时期内，由于经济体制处在转变过程中、社会主义市场经济体制处在建立过程中，不少企业在生产经营活动中不讲规矩、不讲伦理道德，市场上充斥着坑蒙拐骗、假冒伪劣、欺行霸市、强买强卖、虚假广告、欺骗宣传等有悖于经济伦理、企业伦理的情况，还存在着大量的非法经营活动。上述种种问题和现象的存在极大地干扰了社会主义市场经济体制的建立和改革开放的深入，对人们和社会的思想、道德、文化产生了极坏的影响，也使许多企业陷入了难以生存和发展的困境。解决上述问题成了全国上下的共同呼声。中共中央关于加强社会主义精神文明建设的号召和决议，政府对市场管理和宏观调控的加强，对各种非法经营活动的严厉打击和取缔，在商业领域支持王海们的打假活动，开展"百城万店无假货"活动，推广烟台市率先实行的社会服务承诺制活动等，都得到了广大群众的热烈响应和坚决拥护，表现了人心所向、社会所向。现在，经济伦理、商业伦理、企业伦理的重要性已为越来越多的企业和企业家所认识。中国零点市场调查与分析公司在1996年11月份对北京、上海、广州的300家企业负责人所进行的抽样调查结果表明，有85.3％的企业经营者不赞同"企业经营的目的就是赚钱，商业活动中没有真正的伦理道德"的观点，有84.3％的企业经营者认为商业道德在经营活动中具有重要作用。[①]传媒对企业加强精神文明建设、加强企业伦理道德建设、推动企业发展的经验也作了不少报道。假冒伪劣问题比较突出的温州市开展了"打假治劣，重塑温州形象"的工作，取得了显著效果。三九企业集团在10年中迅速发展的经验是靠廉洁经营、文明经营、干干净净地赚钱，靠全体员工的精神革命。红塔集团的成功经验是建构以人为本的由产品形象、企业形象和职工群体形象这个等边三角形组成的企业整体形象。荣事达集团的经验是在零缺陷管理中将制度和人情、竞争与和谐、契约与奉献结合起来，提倡和商精神。太湖锅炉集团的经验是形成道德—产品—质量—信誉—效益的良性循环。江苏省在1996年7月召开的企业

---

① 　参见《中国消费报》1996年11月13日。

政治思想工作会议上提出的企业政治思想工作四项任务之一，就是研究经济伦理、管理伦理、劳动伦理、经营伦理、分配伦理、消费伦理，协调好各种利益关系，端正善恶取向，规范经济行为，增强人们在"私利"、"金钱"等方面的理性约束和自省自律意识。

三　企业伦理是现代企业制度和
管理中不可缺少的软件

企业伦理之所以成为现代企业存在和发展的重要条件，就是因为企业伦理是现代企业制度和管理中不可缺少的软件。

首先，企业伦理是企业正确认识和处理它在社会上、市场上的角色、功能、责任、义务所不可缺少的，可以为企业正确处理它和社会、生态环境之间的关系提供正确的指导原则。企业作为一种生产经营单位，它的经济功能是为社会和市场提供有益的商品和服务，但是企业在提供商品和服务的过程中，会对社会和生态环境产生各种影响，有些影响是消极的、负面的，社会为了克服或忍受这种消极的、负面的影响，常常要支付一定的社会成本，这就要求企业对社会和环境承担一定的义务和责任，要求企业分清有益和有害、正当和不正当、合理和不合理的伦理道德界限，要求企业提供有益的而不是有害的供求，采取正当的而不是不正当的手段，获取合理的而不是不合理的利润和效益，要求企业正确处理经济效益、社会效益、环境效益三者之间的关系。企业伦理可以为企业处理上述问题和关系提供一种基本的理念、原则和方法，在企业和社会、环境之间建立一种融洽、和谐、协调发展的关系。这种关系既是现代社会、现代市场经济发展所需要的，也是现代企业发展所需要的。在当代社会文化条件下，我们已经不能设想，一个同社会、环境处于尖锐矛盾、对立状态的企业能够生存和发展下去；我们已经看到，那些对环境造成了严重污染的企业、那些违法经营的企业已经越来越难于逃脱法律的制裁和社会舆论的谴责。现代企业在社会上、市场上的竞争已不仅是经济上的竞争，还是社会效益、环境效益上的竞争，是精神文化、伦理道德、文明程度上的竞争。在经济效益相同的情况下，社会、市场肯定会选择那些具有更好的社会效益和环境效益、具有更好的思想道德文化的企业；在经济效益和社会效益、环境效益发生冲突和矛盾的情况下，人们已更加清楚地认识到，为了一时的经济效益而牺牲社会效益、环境效益，在根本上是不利于经济和社会的持续发展的。

其次，企业伦理是正确处理企业内部各种关系、化解企业内部的各种矛盾、增加企业内部的团结和凝聚力所不可缺少的。现代企业在管理过程中首先会碰到投资者、经营者、劳动者三者之间的责权利关系问题，这牵涉到如何认识和评价资本、劳动、管理在企业生存和发展中的地位和作用，也牵涉到如何在分配过程中恰当地处理三者之间的利益关系，处理不当就会侵犯某一方的正当利益，影响某一方的积极性，而任何一方的正当利益受到侵犯、积极性受到影响，都不利于企业的生存和发展。然而，解决这类问题的复杂性还在于，这三者在生产经营过程中的贡献及相应的利益关系，并不是完全能够依据技术原则、经济原则精确地定量确定的，目前已经采用的各种定量计算的方法实际上都存在着不确定的、不准确的方面，因此在处理这三者关系的时候，还不同程度地要依赖伦理道德原则，即在进行分配的时候，既要从技术原则、经济原则出发，根据三者的贡献去分配三者之所得，又要使三者所得的差距符合伦理道德上的公正合理的原则。现代企业管理过程中还碰到如何对待人和机器的关系问题。现代社会化大生产企业一般都是机械化乃至自动化的企业，人（无论是劳动者还是管理者）往往成为机械化、自动化机器体系中的一种附件。这就提出了一个问题：是把人作为机器体系的一个组成部分加以管理，还是把人同机器体系区别开来加以管理。如果按照前一观点去管理，有可能忽视人所具有的特殊性；如果按照后一观点去管理，有可能违反机器体系所具有的运动规律。显然，解决这个问题，除了根据技术原则、经济原则之外，还要根据伦理原则。在按照技术原则、经济原则把人整合到机器体系中去的时候，要考虑对人的要求的伦理合理性；在按照科学的、技术的、经济的原则对生产经营过程进行严格管理，以求得最有效地利用资源并获得高效率、高效益的时候，不能违反尊重人的尊严、人格及各种基本权利的伦理原则。近几年来，在私营企业、三资企业、外资企业中，都不断发生在所谓严格管理的借口下侵犯人的尊严、践踏人的人格、破坏人的各种基本权利的事件。有些商业企业为了防止商品丢失、被盗，在商店中贴出了严重伤害顾客精神和心灵的不文明的刺激性用语。这些现象的存在表明，明确严格管理的伦理界限在我国今天还是很有现实意义的。物质利益原则是现代企业管理中重要的激励原则，因为人们进入企业获得一份工作，在现阶段来说主要目的还是谋生，为了获得一定的经济报酬和物质利益。但是人们到企业来工作劳动还有各种社会的、精神文化的、伦理道德上的需要和追求，人们希望企业不仅是一个劳动场所，还是一个人们接触社会、交往他人的社交场所，要求企业、车间、办公室不仅具有工作劳动的环境，而且具有精神的、文化的、伦理道德的氛围，这就要求我们在管理中除了贯彻物质利益、经济报酬的原则之外，还要加强企业文化、企业精神、企业伦理的建设和培育，使人们在企业劳动和工作中同时得到文化上、精神上、伦理道德上的满足、完善和发展。

有必要指出，现在不少企业家对伦理道德在企业内部管理和建立现代企业制度中的重要性，还没有充分足够的认识。前面提到的中国零点市场调查与分析公司所作的调查表明，在被调查的 300 位企业家中，有 50％的人认为商业道德的作用主要表现在企业和客户的交往中，有 19.7％的人认为主要表现在企业的形象上，而只有 4.7％的人认为应该表现在企业和员工的关系中，只有 2％的人认为应表现在企业和主管部门的交往中，只有 3.3％的人认为应表现在企业领导人的自我修养上，只有 5.3％的人认为应表现在企业员工素质的提高上。这说明我们仍然需要通过各种形式向企业家们宣传企业伦理在企业内部管理上的重要性。

总之，现代企业制度不过是处理企业内外各种关系的原则、方式、方法的经常化、持久化、稳定化、制度化的体现。它的建立和完善既要有经济上、技术上的根据，又要有伦理道德、社会文化上的根据。现代企业制度必须在经济上是有效率的，在技术上是科学的，在社会文化上是文明进步的，在伦理道德上是公正合理的。因此企业伦理建设是建立和完善现代企业制度所不可缺少的基础建设、软件建设，企业伦理中的根本原则应成为现代企业制度理论基础中的重要构件，企业伦理中的各种具体规范、规则应成为现代企业制度的一部分，从事企业伦理建设的组织机构应成为现代企业组织管理机构的组成部分。可以这样说，经济伦理、企业伦理将具有日益显著的地位、发挥日益重要的作用，这是当代市场经济和企业发展的一种明显的不可阻挡的历史趋势。

论公益广告的社会功能[*]

　　社会公益事业是非营利事业，其目的不是为了谋求市场经济利益，而是为了造福于社会，是从文化、精神、体质、社会、环境诸方面开发人的潜能，为人类社会生存和发展创造各种基本条件、基本价值的事业。社会公益事业是一种社会性事业，需要社会全体成员参加，它在开展和运作过程之中同样离不开信息的传播和交换，特别需要公益事业的主体向社会成员传播信息的媒介和渠道，这就导致了公益广告的产生和发展。因此，社会公益事业的存在和发展是公益广告存在和发展的现实基础。

　　公益和营利之间的区别，既是社会公益事业和社会营利事业之间的区别，也是公益广告和商业广告之间的区别。这种区别表现在动机、内容、结果等各个方面。制作广告的动机，一个是为了公益，一个是为了盈利；作为广告的内容，一个是传播公益信息，一个是传播商业信息；作为广告的结果，一个是推动公益事业的发展且不带来利润，一个是推动营利事业的发展且带来利润。我们研究和讨论公益广告，首先要准确地把握公益广告的本质特征并将它和商业广告区别开来。当然，公益广告和商业广告之间也存在着联系，存在着共性，它们能不能在一定条件下结合起来，可不可以互有利益？这是需要进一步研究的问题。

　　为了提高公益广告的质量，更好地发挥公益广告的作用，就必须阐明公益广告的社会功能，因为搞清楚了公益广告的社会功能以及公益广告社会功能的内在规律，也就找到了提高公益广告质量的途径。

　　公益广告的社会功能具体表现在下列几个方面：

　　1. 传播功能。公益广告在社会主义精神文明建设中占有极为重要的地位。中共十四届六中全会《关于加强社会主义精神文明建设若干重要问题的

---

　　*　原载于《电视研究》1997 年第 4 期。

决议》所指出的我国社会主义精神文明建设的指导方针、根本任务同样适合于公益广告的基本思想。我们的公益广告只有传播了科学理论、正确舆论、高尚精神的信息；只有传播了有利于提高全民族的科学文化、思想道德、民主法制等信息；只有传播了有利于团结和调动全国各族人民把我国建设成为富强、民主、文明的社会主义现代化强国的信息，才能成为真正的公益广告。反之，如果传播了有害于人民和社会健康发展的信息，即使不带任何商业性质的广告也仍然不是公益广告。

2. 价值导向和教化功能。公益广告在思想道德、文化教育方面可以发挥重要作用。每一个公益广告，不管它有没有文字说明，都在表达某种思想、观念，体现某种价值评判和价值追求，人们接受公益广告的过程就是对其蕴含的思想、观念、价值取向的解读过程。公益广告所能蕴含和表达的思想观念可以是多层次、多方面的，它既可以表达人们的实践观念，也可以表达深层次的哲理观念。由于公益广告的价值导向和教化功能是在人们欣赏广告时不由自主地接受的情况下产生的，是潜移默化的过程，所以它比较容易渗透到人们的精神世界里，这对公益广告来说是至关重要的。但是，仅仅是公益广告的价值导向正确，如果它不能引起人们的注意，它也不可能发挥什么作用。

3. 审美功能。如果公益广告通过艺术形式如书法、绘画、雕塑、音乐、歌舞等具有艺术魅力的艺术作品来表现，它就具有了一定的审美功能。人们把接受公益广告的过程当做欣赏一种艺术作品的过程；这时，人们除了思想意识得到了熏陶之外，还是一个享受美的过程。艺术性越强就越具有感染力，就越能引起人们的注意，就越能使人们在不知不觉中接受教育。我们在认识广告的审美功能时，不能只把它当做思想教育的手段，还应该用它来进行美育教育，提高人们的审美情趣，陶冶人们的情操，激发人们对真善美的渴望和追求。

4. 视听调节功能。广告信息既可以通过听觉信号，也可以通过视觉信号，还可以通过视听混合信号进行传播，这就会对人们的视觉、听觉产生不同的影响。和谐的空间结构会通过视觉和听觉使人产生愉悦的感觉。然而，噪声则会使人产生坏的心理、精神状态，这就是现在人们通常说的听觉、视觉污染的问题。有的专家指出，视听污染常常引起人们生理和心理上的种种不良反应，如焦虑、烦闷、压抑、恐惧、紧张、孤独等。如此这般消极方面的影响并不是广告不可避免的地方，而是由于广告的不适当制作和不适当传播带来的，广告并不是非要使用具有污染效果的声画来传播。只要设计、使用适当，完全可以积极地发挥其对人们视听的调节功能。公益广告在这方面的作用更应该是"公益"而不应是"公害"。

5. 对商业广告的制约功能。商业广告是市场经济体制不可缺少的组成部分，商业广告的发展程度、商业广告的文明和规范程度、商业广告的文化含量是现代市场经济发展程度的一个重要标志。随着我国市场经济的发展，商业广告如雨后春笋般地发展着，这是值得称道的好事，商业广告迅速形成一种产业也是应该充分肯定的。但是，正如我国的社会主义市场经济体制还处在建立过程一样，我国的商业广告也存在着许多亟待规范和解决的问题，如欺骗性、虚假性、不规范、不科学等。而公益广告的存在和发展则使人们沐浴了一股现代文明之风。公益广告的公益动机和效果同某些利用广告进行的商业欺诈行为形成了鲜明的对比。诚然，内容健康、形式高雅的商业广告也可以体现出现代市场文明、商业文明。但是要它传播超越市场局限的某些价值观念则是不现实的。公益广告由于其动机、内容、效果的非功利性质，便有效地帮助人们超越个人的、局部的、暂时的、物质的价值追求，帮助人们认识人类发展中最根本的、社会整体上的进步和可持续发展上长期需要的价值。从一定意义上来说，公益广告有助于人们克服和超越市场经济存在的局限性。

提高公益广告的制作和传播质量，使它的思想性、科学性、艺术性、文化性不断丰富和提高，扩大其制作规模，使其从广告海洋中的几个小岛壮大为片片绿洲。这既需要从事公益广告事业的专业工作者付出辛勤劳动，也需要政府、社会团体乃至全社会成员的积极支持、热心扶持和参与；只有诸多方面的积极配合，千方百计地解决公益广告事业发展所需要的人才、资金、媒介载体等一系列的具体问题，我国的公益广告事业才能健康迅速地发展起来。

论经济伦理的现实基础和哲学基础*

经济伦理的重要性正在为人们所认识，建立社会主义市场经济体制离不开经济伦理正在成为人们的共识。但人们在现实经济生活中感觉到了的东西并不等于完全理解了它，而只有在理论上深刻地解释了的东西才能更深刻地感觉它。经济伦理的现实基础和哲学基础就属于这种性质的问题，通过对经济伦理基础的讨论可以使我们对经济伦理的本质和重要性有更自觉的理解和把握。

伦理作为人类社会特有的调节人类内部关系和人类与自然环境相互关系的方式，其现实基础就是人类的内部的相互关系和人类与自然环境的相互关系。每一种伦理或伦理的每一个领域都对应着、调节着一类、一组的对象性关系，这些关系或者是自然发生的，或者是历史地形成的，再或是自然发生和历史形成两者的结合。然而，我们凭什么提出经济伦理呢？又凭什么判断人们的经济活动是合乎伦理还是不合乎伦理呢？商品经济取代自然经济、资本主义社会取代封建社会，在人们的相互关系上、社会整体性的形成上所具有的一个突出特点就是人们在生产中、经济中形成的纯生产性、经济性的关系取代了人们之间自然发生的血缘关系及以这种血缘关系为基础的各种人身依赖关系。所以，随着商品经济和市场经济发展起来的人们之间的纯粹的经济关系是经济伦理所要调节、规范的现实关系，也是经济伦理存在和发展的现实基础。

既然是纯粹的经济关系为什么还需要伦理调节呢？伦理又凭什么去调节呢？概括地说，经济伦理存在的必要性和可能性既存在于这种经济关系的自身特点之中，也存在于这种经济和社会、自然的相互关系之中。就这种经济关系的自身特点而言，"商品交换领域确实是天赋人权的真正乐园。那里占统

---

* 原载于中国社会科学院应用伦理研究中心《通讯》总第1卷第1期，1998年4月。

治地位的只是自由、平等、所有权和边沁"①。马克思的这个概括揭示了这种经济关系所具有的特点、所体现的原则。商品是天生的平等派，市场面前人人平等。而自由，就是人们在市场上根据自己的自由意志进行交换的自由、建立各种交换的契约的自由。所有权既规定了人们对自己拥有的物的权利，也否定了人们对他人物品的无偿占有，人们之间的交换只能是等价物和等价物之间的交换即等价交换。所以，商品经济关系是人们通过交换价值的中介而发生的关系，是人们相互间的物化关系。而当我们将商品经济和自然经济、资本主义社会和封建社会对比时，不难发现市场经济关系及体现这种关系的自由、平等、所有权、人权原则所具有的历史解放的伟大作用，但当我们面对在自身基础上发展和展开的市场经济和资本主义社会的时候，又会看到这种经济关系及其原则的内在矛盾性、历史局限性。等价交换和自愿交换、自由和平等、交换价值和使用价值、价值和价格之间都存在着矛盾，个人的、主体的、经济的利益和社会的、非经济的利益之间也存在着矛盾。市场经济在实行等价交换的时候留下了不等价交换的可能性；在强调主体的利益和自由的时候存在着破坏主体间的平等、公正的可能性，在强调人们间平等的同时又存在着实际的造成不平等的可能性；在推动主体实现自身利益的时候又可能存在着危害社会整体利益、长远利益的可能性。市场经济关系及其原则所具有的这种两重性、矛盾性为人们的行为选择提供了可能性空间，即马克思说的人获得了依赖于物的独立性和自由，这就既提出了对这种关系进一步规范的必要性，又提供了对这种关系进一步规范的可能性。这种必要性和可能性的存在就是经济伦理能够在市场经济中存在并随市场经济而发展的现实的前提、根据和基础。

对市场经济进行规范当然不能对市场经济关系及其原则进行绝对的否定或绝对的肯定。只有对市场经济关系及其原则进行实践的、历史的、辩证的分析，在肯定市场经济积极作用的同时也指出其消极作用，在肯定市场经济原则的历史合理性的同时又指出其矛盾性和局限性，才能为规范市场经济即为经济伦理的发展指明正确的方向和道路。经济伦理的任务、目的、功能不是要推翻市场经济，开历史的倒车，而是要跟随生产力和经济的发展，通过分析和解决市场经济发展过程中暴露出来的矛盾和问题，推动市场经济向着文明、规范、有序的方向发展。这也说明，经济伦理要健康地发展，必须使

① 《马克思恩格斯全集》第 23 卷，人民出版社 1972 年版，第 199 页。

自己建立在一种能够正确地、科学地对待市场经济及其原则，能够正确地、科学地揭示和分析市场经济发展过程中各种问题和矛盾的哲学理论的基础之上，而我们认为马克思主义哲学就可以为经济伦理提供这样的哲学基础。

有必要指出，马克思恩格斯的科学社会主义并不是站在自然经济、封建经济的立场上对市场经济原则采取非历史的简单的否定，而是从人类社会在世界历史范围内的未来发展的角度和在对资本主义市场经济内在矛盾分析的基础上，认为随着社会生产力的高度发展，资本主义市场经济在其内在矛盾的推动下必然导致私有制、市场交换，以及阶级、国家的消亡，使人们成为自己社会关系的主人，真正成为独立、自由、平等及全面发展的人，人类社会将过渡到共产主义社会，并认为那时候人们的关系是一种超出了社会局限性的自由人之间的关系，那时调节人们关系的伦理也许是一种保证个人获得充分发展并使个人发展成为他人发展前提的意义全新的社会伦理。但是，马克思恩格斯反复强调指出，这种过渡是建立在一系列的现实前提之上的。在资本主义社会过渡到未来共产主义社会的现实条件完全成熟之前、在共产主义理想还不能马上实现之时，社会主义价值的现实目标就只能"表现为18世纪法国伟大的启蒙学者们所提出的各种原则的进一步的、似乎更彻底的发展"①，即在利用市场经济推动经济发展的时候，设法真正贯彻自由、平等、所有权、人权这些原则，设法消除这些原则的内在矛盾，尽量克服市场经济在实际上导致的不平等、不自由、物化、异化等问题，而这些目标归结起来就是如何在市场经济中尽可能地实现经济公正、社会公正的问题。社会主义价值实现的现阶段目标和经济伦理的目标是一致的，公正问题实际上是经济伦理所关注和研究的一个基本的、中心的问题。

什么叫公正，判断公正的依据或根据是什么，采取何种形式、方法、手段、制度去调节人们之间的经济关系、利益关系，使社会的利益结构既能最大限度地有利于经济的发展，又能确保社会的安全和稳定，这些都是经济伦理需要着力研究的问题。而在这些问题上，不同的利益集团、不同的世界观、价值观、方法论往往会有不同的观点和方法，从不同的哲学基础出发往往会形成不同的公正观、形成不同的经济伦理的理论体系。例如，在劳动价值论的基础上会有一种公正观，在社会契约论的基础上则又会有另一种公正观，在个人本位论的基础上会有一种公正观，在社会整体论的基础上又会有另一

---

① 《马克思恩格斯选集》第3卷，人民出版社1995年版，第355页。

种公正观；从理想主义出发，会形成理想状态的公正观念，从现实主义出发，则又会形成现实状态的公正观念。正如我们在建立社会主义市场经济体制的时候需要应用马克思主义的立场、观点、方法，在邓小平建设有中国特色社会主义理论指导下，借鉴、吸收各种市场经济理论，在分析实际面临的各种新问题、新情况的基础上进行综合创新一样，在对待市场经济中的公正问题时，也应该在马克思主义、毛泽东思想、邓小平理论的指导下，博采各家之长并同建立社会主义市场经济体制的现实过程结合起来，建立具有中国特色的社会主义市场经济的公正理论，建立具有中国特色的经济伦理学。

论邓小平理论的时代精神[*]

江泽民同志在党的十五大报告中论述了邓小平理论的鲜明的时代精神。深入学习江泽民同志的论述，进一步研究和阐述这个问题，有助于我们提高对邓小平理论的认识，也有助于我们加深对当今时代的理解。

—

邓小平理论的时代精神首先表现为对时代特征、时代问题的科学把握。

马克思曾经说过："问题就是公开的、无畏的、左右一切人的时代声音。问题就是时代的口号，是它表现自己精神状态的最实际的呼声。"[1] 人类社会在发展过程中处于不同的时代就面临着不同的问题，而不同的问题也就表现着不同时代的特征和精神。

19 世纪中叶，自由竞争时代的资本主义社会一方面显示了比封建社会更为强大的优越性，"资产阶级争得自己的阶级统治地位还不到一百年，它所造成的生产力却比过去世世代代总共造成的生产力还要大、还要多"[2]，资本主义在世界范围内迅速扩展，在一些国家和地区引发了冲破封建羁绊的资产阶级民主革命浪潮；另一方面，资本主义也明显地暴露出它自身所固有的各种矛盾。生产力的社会性质和生产资料的资本家私人占有之间的矛盾、无产阶级和资产阶级之间的矛盾、资本主义宗主国和被占领掠夺的殖民地附属国之间的矛盾迅猛而激烈地表现出来。这些矛盾在当时的资本主义发达国家引发了周期性的经济危机和一次又一次的工人罢工、起义。无产阶级觉醒并登上

---

* 为吴元梁、金吾伦合著，原载于《中国社会科学》1998 年第 4 期。

① 《马克思恩格斯全集》第 40 卷，人民出版社 1982 年版，第 289 页。

② 《马克思恩格斯全集》第 4 卷，人民出版社 1960 年版，第 471 页。

政治舞台导致了社会主义、共产主义运动的诞生和发展。1848 年《共产党宣言》的发表标志着无产阶级把反对资产阶级的阶级斗争引至无产阶级革命的新时代的开始。

马克思恩格斯关于无产阶级革命首先在几个资本主义发达国家获得胜利的期望虽然没有实现，但资本主义国家各种社会矛盾的进一步加剧，周期性出现的一次比一次更为严重的经济危机，证明了马克思恩格斯对资本主义批判的正确性、科学性。从 19 世纪下半叶起，资本主义各发达国家先后从自由竞争阶段过渡到以垄断、金融资本、资本输出为特征的帝国主义阶段。俄国、中国等国家由于外遇资本主义、帝国主义的侵略，内有封建主义造成的社会危机，这些国家的人民日益觉醒起来，世界各地先后出现了革命浪潮。俄国十月革命在 20 世纪初取得胜利之后率先开始了科学社会主义由理论到实践的伟大实验。因此，列宁完全有理由把他所处的时代称为帝国主义和无产阶级革命的时代。毛泽东在 1940 年论述中国共产党领导下的新民主主义革命性质的时候，认为旧的资产阶级世界革命已经完结，新的世界革命是社会主义的世界革命，同时这也是殖民地半殖民地解放运动的时代。他说："这是一个绝大的变化，这是自有世界历史和中国历史以来无可比拟的大变化。"[①] 俄共和中共在各自国家内领导革命取得胜利的事实证明了列宁、毛泽东关于他们所处时代的论断是正确的。

20 世纪 50 年代初，斯大林在《苏联社会主义经济问题》中提出了世界市场的瓦解所造成的世界资本主义体系总危机的加深的新观点，并且认为这是既包括经济也包括政治的全面危机[②]。五年之后，各国共产党和工人党在莫斯科举行会议，当时苏联发射了世界上第一颗人造卫星，毛泽东在那次会议上提出了"东风压倒西风"的论断，认为社会主义的力量对于帝国主义的力量占了压倒的优势。后来我们的报刊又进一步认为：我们的时代是一个世界资本主义、帝国主义走向灭亡，社会主义和共产主义走向胜利的时代；甚至认为我们的时代是一个资本主义、帝国主义全面崩溃，社会主义和共产主义在世界范围内全面胜利的时代，认为我们现在正处于世界革命的一个新的伟大的时代。遗憾的是，上述论断没有被以后几十年世界形势的发展变化所证实。

---

① 《毛泽东著作选读》上册，人民出版社 1986 年版，第 355—356 页。
② 《斯大林文选》下册，人民出版社 1962 年版，第 593、595、616 页。

　　就西方工业发达的资本主义国家而言，虽然马克思恩格斯当年分析过的那些矛盾仍然存在，但有的出现了新的表现形式，有的得到了缓和，这些国家的生产力还在发展，经济还在发展，社会秩序也相对稳定。那里的情况正像马克思在《〈政治经济学批判〉序言》中说的那样："无论哪一个社会形态，在它所能容纳的全部生产力发挥出来以前，是决不会灭亡的；而新的更高的生产关系，在它的物质存在条件在旧社会的胎胞里成熟以前，是决不会出现的。"① 就社会主义国家而言，我国自 20 世纪 50 年代后期起在"左"的错误思想指导下经历了一个又一个政治运动及长达十年的"文化大革命"，经济走到了崩溃的边缘；苏联在国际上推行霸权主义，从 60 年代开始经济长期处于停滞状态，各种社会矛盾逐渐激化，最后则在 80 年代末导致了东欧剧变和苏联解体。就亚、非、拉众多的民族独立国家而言，它们在 20 世纪五六十年代曾经不同程度地倾向社会主义，有的还公开宣布要走社会主义道路，实行国有化和计划经济，但后来的发展也没有预想的那样顺利。这样，"什么是社会主义，怎样建设社会主义"，成了一个需要重新认识和探索的问题。

　　总之，从 19 世纪工人运动的兴起到 20 世纪上半叶工人阶级政党领导下的革命在一系列国家中的胜利，再到 20 世纪下半叶后期第一个社会主义国家实践模式的失败；从 20 世纪上半叶的战争引起革命、革命制止战争的形势到下半叶革命形势的逐渐消失；从第二次世界大战后两大军事集团长达几十年的军事对抗、冷战到 20 世纪末冷战结束后经济、科技、文化上的竞争；从两大阵营、两大超级大国的较量到世界政治经济格局的多极化——世界形势发生了巨大变化。邓小平极其敏锐地观察到了这种变化，提出了要搞清楚"马克思去世以后一百多年，究竟发生了什么变化"的问题②。江泽民在十五大报告中也指出："这种变动的剧烈和深刻，近一百多年来达到了前人难以想象的程度。"③ 有必要指出，关于世界形势和时代的矛盾、问题、特征的认识，是关系到共产党的理论、路线、战略、策略和社会主义运动前途命运的根本性、全局性的问题。邓小平提出的上述问题具有极其重要的方向性、战略性的指导意义。

　　邓小平在 80 年代反复指出，现在世界上的问题很多，但主要的有两个：

---

① 《马克思恩格斯选集》第 2 卷，人民出版社 1995 年版，第 33 页。
② 《邓小平文选》第 3 卷，人民出版社 1993 年版，第 291 页。
③ 《江泽民文选》第 2 卷，人民出版社 2006 年版，第 12 页。

一是和平问题，一是发展问题。和平问题是东西问题，发展问题是南北问题、经济问题，概括起来就是东西南北。在这两个问题中，南北问题、经济问题、发展问题是核心问题。90 年代初他又指出：世界和平与发展这两大问题，至今一个也没有解决。① 十分明显，邓小平关于当今世界主要问题的论断不同于前述的斯大林、毛泽东在五六十年代作出的论断，这是总结了世界形势所发生的巨大变化之后作出的新论断，它准确地反映了当今世界的时代特征和时代精神。

首先，和平与发展问题是社会主义国家和广大发展中国家所面临的历史性、时代性的迫切问题，是这些国家的根本利益所在。历史经验表明，革命胜利和民族独立只是创造了一个国家、民族发展的政权条件，如果对革命胜利和民族独立以后的主要任务认识不正确，如果不从本国实际出发建立适合生产力发展的经济政治制度和体制，那么，仍然不能有效地、迅速地发展经济、改善人民生活、提高综合国力。邓小平正是在总结了这种历史教训后指出，发展是硬道理，社会主义的根本任务是发展生产力，要把经济建设作为全党全国的中心任务。改革开放二十年来，我国在现代化建设、改善人民生活、提高综合国力方面所取得的巨大成就表明，把发展作为头等大事来抓是完全正确的。从世界范围来看，许多发展中国家在获得民族独立之后，与发达国家之间的差距不是在缩小而是在扩大。邓小平正是总结了发达国家和发展中国家之间的差距不断拉大的态势，才认为发展问题没有得到解决，发展是硬道理。因此，通过发展，缩短与发达国家之间的差距，实现工业化、现代化，是发展中国家的共同愿望和利益所在。要发展，就需要有一个和平的国际环境。邓小平多次指出："要建设，没有和平环境不行。"② 因此，维护世界和平也是我国和广大发展中国家的共同要求。

其次，和平与发展问题也是发达国家面临的问题。当代科学技术革命，特别是现代信息技术革命，使当代经济出现了全球化、一体化的迅猛趋势，世界各国、各民族已经紧密地联系交织为一个有机整体。发展中国家的经济不发展、人民购买力低，发达国家的产品就没有市场；发展中国家的科学技术落后、人民的科学文化素质低，发达国家在发展中国家的跨国公司就难以得到所需要的经营管理人才和劳动大军；发展中国家的经济不发展、大量人

---

① 《邓小平文选》第 3 卷，人民出版社 1993 年版，第 383 页。
② 同上书，第 233 页。

口外流，同样也给发达国家造成了人口压力；发展中国家的金融市场出了问题，发达国家也不能幸免于难。因此，发展中国家的发展问题已不是局部性质的问题，而是整个世界发展的全球性问题。邓小平说得好，要从人类发展的高度来认识这个问题①。和平问题也是如此，发达国家由于其社会生产和生活设施的高度科学化、技术化、网络化，不用说使用导弹、核武器这样的大规模战争，即使是少数恐怖分子的破坏活动都会导致整个社区、城市乃至全国不能进行正常的生产和生活，何况人们对 20 世纪两次世界大战的浩劫还记忆犹新。因此，发达国家的广大人民和明智的领导人也都希望和平。

再次，和平与发展问题在当今世界各种全球性问题中处于突出的、主要的地位，制约着其他问题的解决。就环境污染、资源紧缺、能源危机这类全球性问题而言，主要是工业发达国家在过去二三百年的工业化、现代化过程中造成的，既有制度上也有生产技术上、价值观念上的原因，是资本主义制度下那种片面的经济增长模式造成的。简单地停止发展或牺牲发展中国家的发展，不可能真正解决这些问题。只有发展科学技术，用节能高效无污染的高新技术去改造、替换原有的技术设备，用高新技术开发的可再生的新型资源能源逐步取代不可再生的资源能源，用可持续发展的观念和模式取代传统的发展观念和模式，只有发达国家在其经济走向全球化的过程中不是把高能耗、高污染的企业转移到发展中国家，而是帮助发展中国家发展高效节能无污染的企业，才能逐步地解决这些问题。可见，这不是一个要不要发展的问题，而是怎样发展的问题。人口问题同发展问题也紧密相关。世界上普遍存在的事实是经济上越是不发达的国家，其人口增长越是难以有效地控制。许多发达国家的历史表明，随着经济的发展，随着工业化的实现，人口增长的势头会逐渐下降。因而人口问题归根到底还是一个发展问题，也只有在发展过程中才能解决。社会主义和资本主义的关系问题也是一个全球性问题。人类社会在未来过渡到共产主义社会是生产力高度发展的客观要求，是社会进步和人自身发展的必然趋势。但是在社会主义经过半个多世纪的实践遭受挫折，乃至在一些国家遭受失败后，人们开始清醒地认识到，整个人类过渡到共产主义社会决不如前人所设想的那样可以在几十年的短期内实现。现在的问题是要建设对资本主义具有优越性的社会主义，首先要建设能够摆脱贫困、在经济上赶上和超过资本主义发达国家的社会主义。这样的问题也只有在一

---

① 参见《邓小平文选》第 3 卷，人民出版社 1993 年版，第 281 页。

个长期和平的国际环境中通过发展才能解决。因此，和平与发展也是坚持和发展社会主义的时代要求。

二

邓小平理论的时代精神还表现在根据对时代问题的新认识，提出了解决问题的新理论、新思路、新战略、新方法。

邓小平认为，马克思主义是科学，它运用历史唯物主义揭示了人类社会发展的规律。但是，绝不能要求马克思解决他去世之后一百年、几百年所产生的问题。列宁同样也不能为他去世以后五十年、一百年所出现的问题提供现成的答案①。马克思主义必须随着时代的发展而不断发展，不可能一成不变。解放思想，实事求是，理论和实践相结合，一切从实际出发，是马克思主义的精髓。邓小平遵循马克思主义的思想路线，在新的实践基础上抓住"什么是社会主义、怎样建设社会主义"这个根本问题，深刻地揭示了社会主义的本质，把对社会主义的认识提高到新的科学水平，形成了建设有中国特色社会主义的理论体系，开创了马克思主义的新境界。关于我国处于社会主义初级阶段的理论以及关于社会主义的本质，是解放生产力，发展生产力，消灭剥削，消除两极分化，最终达到共同富裕的理论；关于坚持和完善公有制为主体、多种所有制经济共同发展的基本经济制度，坚持和完善按劳分配为主体、多种分配方式并存制度的理论；关于经济体制改革的目标是建立社会主义市场经济的理论等，在科学社会主义的发展史上都是前人没有提出和实行过的新理论、新思路、新政策。我们党在 20 世纪 50 年代中期曾经总结过无产阶级专政的历史经验，提出了要走中国工业化的发展道路。但是，为什么不是在那时而是在今天能够提出上述新理论呢？这一方面是由于过去几十年的实践使我们尝到了那种按照对马克思主义的某些原则、本本的教条式理解，按照对社会主义的一些不科学的甚至扭曲的认识去建设社会主义的苦头，从中吸取了深刻教训，另一方面也是由于邓小平理论坚持用马克思主义的宽广眼界观察世界，对当今时代的特征、对世界上发达国家和发展中国家的发展情况进行正确分析并作出了新的科学判断的结果。如关于我国在社会主义条件下必然经历一个相当长的初级阶段的论断，如果脱离了当今时代、

---

① 　参见《邓小平文选》第 3 卷，人民出版社 1993 年版，第 291 页。

脱离了与当今世界各发达国家和发展中国家的横向比较，只是孤立地考察我国自身发展的历史，就不可能得出这样的论断。

邓小平理论关于我国社会主义现代化的发展战略、发展道路、发展观念，既体现着国内现阶段的发展特征，也体现着当今世界的发展特征。抓住时机，发展自己，关键是发展经济，这是邓小平发展理论中最重要的思想。这个思想集中体现了邓小平理论对新中国成立以来经验教训的深刻总结和对当今世界时代特征的准确把握。新中国成立之后，在三年国民经济恢复和第一个五年计划成功的基础上，本应把全党全国的工作重心转移到经济建设上来，但是由于当时我们党对国际国内形势没有作出正确的分析和估计，错误地实行了以阶级斗争为纲的"左"的指导路线，在长达二十年的时间内把大量的人力、物力、精力耗费在政治运动及后来的"文化大革命"上面。就是在这二十年的时间内，日本、联邦德国重振经济，迅速发展成为世界上的经济大国，东南亚的一些国家和地区在经济发展中取得了巨大成功，拉丁美洲的巴西等国在经济发展中也取得了显著成就，美、英、法等工业发达国家也在经济上取得了新的发展。20世纪70年代末，当我们从"文化大革命"造成的国民经济濒临崩溃的现实中面向世界的时候，不能不承认我们和发达国家及某些发展中国家之间的差距被拉大了。邓小平关于抓住时机发展自己的思想就是对过去丧失时机的历史教训和今天的发展态势的深刻认识和总结。20世纪80年代以来，冷战结束，国与国之间的竞争从军事对抗转为经济、科技、文化的竞争，这种新态势进一步证实了邓小平发展理论的正确性。在以经济建设为中心的前提下，实现物质文明建设和精神文明建设相互促进、协调发展，实现社会全面进步，也是社会主义国家现代化建设史上的新思路、新方针。邓小平认为，只有经济、政治、文化协调发展，只有两个文明都搞好，才是有中国特色的社会主义。邓小平理论关于经济结构要优化，地区布局要合理，要正确处理经济发展和人口、资源、环境的关系，实现健康的、协调的、可持续发展的发展战略，既总结了社会主义国家现代化发展中的教训，也总结了西方资本主义国家在工业化过程中单纯追求经济增长的片面发展的教训，吸取了20世纪70年代以来国际上逐步形成的可持续发展的发展观和发展战略。可见，邓小平的发展理论在要不要发展和如何发展的问题上，都闪耀着当今时代精神的光辉。

邓小平的改革理论是在总结了第一个社会主义实践模式的经验教训，科学地分析了20世纪中叶以来资本主义发达国家和若干发展中国家的发展情况后提出的。邓小平深刻地认识到第一个社会主义实践模式的弊端和对这种弊端进行改革的必要性，既拒绝和抵制了那种抛弃社会主义基本制度的错误主张，又锐意对第一个社会主义实践模式进行全面的改革；在改革中既坚持从本国的国情出发，不照搬别国模式，又大胆地借鉴工业发达国家在组织管理社会化大生产和现代市场经济方面的成功经验。因此，邓小平的改革理论是社会主义在经历了几十年的实践、探索、再实践、再探索的历史过程之后的产物，是社会主义和资本主义的矛盾发展到新阶段，和平与发展成为时代主题情况下坚持和发展社会主义的正确道路。关于对外开放的理论，更是反映了当今时代的特点。邓小平指出，现在的世界是开放的世界，关起门来搞建设是发展不起来的①。现在有了比过去好得多的国际条件，使我们能够吸收国际先进技术和经营管理经验，吸收他们的资金②。他还说："经济上的开放，不只是发展中国家的问题，恐怕也是发达国家的问题。"③ 这就是说，在当今世界，开放是一种时代潮流、时代特点。

邓小平理论根据对当今时代特征和总体国际形势的正确分析，提出了解决当代国际争端、矛盾，发展对外关系的一系列新思路、新方针，形成了具有时代特征的新的国际战略。考虑到争取比较长的和平时期是可能的，战争是可以避免的，邓小平理论坚持我国奉行独立自主的和平外交政策。考虑到世界上依然存在着冷战思维，霸权主义和强权政治依然是威胁世界和平和稳定的主要根源，邓小平理论在国际事务中坚决反对霸权主义，反对诉诸武力或以武力相威胁，反对以任何借口干涉他国内政，反对恃强凌弱、侵略、欺负和颠覆别的国家，反对动辄进行制裁或以制裁相威胁，主张国与国之间应通过协商，和平解决彼此的纠纷和争端。各国在交往过程中应该寻求共同利益的汇合点，扩大互利合作，共同对付人类生存和发展所面临的挑战，对彼此之间的分歧，要坚持对话，不搞对抗，从双方长远利益以及世界和平与发展的大局出发，妥善加以解决。国与国之间应该超越社会制度和意识形态的差别，相互尊重，友好相处，应该尊重各国人民根据自己的国情对社会制度、意识形态、发展战略、生活方式所做出的选择，各国的事情应该由各国人民自己做主，应该尊重世界的多样性和多极化。邓小平理论公开声明，中国不

---

① 《邓小平文选》第3卷，人民出版社1993年版，第64页。
② 《邓小平文选》第2卷，人民出版社1994年版，第127页。
③ 《邓小平文选》第3卷，人民出版社1993年版，第79页。

把自己的社会制度和意识形态强加于人，也决不允许别国把他们的社会制度和意识形态强加于我国。考虑到不公正、不合理的国际政治经济旧秩序还在损害着发展中国家的利益，邓小平理论坚决主张在和平共处五项原则的基础上，根据联合国宪章的宗旨和原则，推动建立公正合理的国际政治经济新秩序，根据平等互利的原则，开展国际间经济、科技、文化的合作和交往。邓小平理论的国际战略目标就是使我国的社会主义现代化建设有一个长期的和平的国际环境，同时也是为了推动世界进步。

通过上述几方面的分析，可以看到，邓小平理论开创了马克思主义的新境界，关于社会主义初级阶段、社会主义的本质和任务、我国现代化发展战略、改革开放、国际战略等方面的新理论、新思路、新战略、新方法，无一不是同时代特征和对国际总体形势的正确分析、科学论断联系在一起的，因而它们都体现着时代的特点和精神。

三

邓小平理论的时代精神还表现在高度重视科学技术特别是高新技术在现代社会生产和生活各方面的巨大影响，及其在社会发展战略中的重要地位。

马克思恩格斯把科学技术看做历史发展的有力杠杆，看做最高意义上的革命力量。他们研究了科学革命、技术革命对产业革命、社会结构的影响，研究了科学技术在生产中的应用对资本主义社会发展的影响，认为随着大工业的发展，现实财富的创造越来越少地取决于劳动时间、劳动量，越来越多地取决于科学技术，劳动者会逐步从直接的生产过程中退出来，作为监督者和调节者在生产过程的旁边发挥作用。这样，生产财富的传统基石就会动摇，就会逐步形成资本主义过渡到共产主义的技术物质前提、生产力前提[1]。

邓小平理论继承和发扬了马克思主义的上述优良传统，对当代科学技术的发展状况及其巨大深远的社会影响进行了新的分析和总结。邓小平在马克思关于科学技术是生产力的思想基础上进一步作出了科学技术是第一生产力的科学论断，认为下一个世纪是高科技发展的世纪，中国不能落后，必须发展自己的高科技，在世界高科技领域里占有一席之地[2]；认为科学技术现代

---

[1]　参见《马克思恩格斯全集》第46卷（下），人民出版社1980年版，第217—222页。

[2]　参见《邓小平文选》第3卷，人民出版社1993年版，第274—276、279—280页。

化是社会主义现代化的关键，要尊重知识、尊重人才，要加强对科学和教育的投入，要发挥知识分子的作用，不断改善知识分子的待遇、生活和工作条件，使我国的科学技术和教育有更快的发展。江泽民在全国政协九届一次会议的一个联组会上指出，世纪之交，世界经济发展的一个明显趋势就是科学技术发展日新月异，科技在经济发展中的作用越来越大。以信息技术为主要标志的高新技术革命来势迅猛，高科技向现实生产力的转化越来越快，高新技术在整个经济中的比重不断增加，产业技术升级加快。科技革命创造了新的技术经济体系，产生了新的生产管理和组织形式，推动了世界经济的增长。当今世界的竞争，归根到底，是综合国力的竞争，实质是知识总量、人才素质和科技实力的竞争[1]。

邓小平理论对科学技术特别是高新技术的重视确实把握住了当今世界的一个重要潮流。20 世纪 50 年代特别是近二三十年来，以信息技术为核心的新技术革命浪潮席卷全球。信息技术、通信技术、生物技术、纳米技术和新能源技术，人称五大技术，浪潮一浪高过一浪，在全球范围内推动了社会生产力的前所未有的巨大发展，使社会生产力发生着从劳动密集型、资本密集型向科学技术密集型、高技术密集型生产力的质的飞跃，使得科学、技术、知识、文化在生产、经济增长中发挥着越来越重要的作用。美国斯坦福大学的米切尔·J. 鲍斯金（MichaelJ. Boskin）教授和华裔学者刘遵义教授研究 R&D 对经济增长的贡献率时发现，发达国家各项生产要素对经济增长的贡献率（百分比）如下：

国家	资本	劳力	人力资本	R&D 资本	技术进步
加拿大	20.5	23.1	2.8	10.0	43.6
法国	42.5	− 4.1	4.8	11.6	45.2
西德	40.2	− 10.3	4.6	15.5	49.9
意大利	27.2	− 1.9	5.8	15.8	53.0
日本	43.8	2.2	2.1	14.2	37.7
英国	49.8	− 5.2	4.9	8.3	42.1
美国	32.3	18.4	2.4	9.9	36.9

上表中最后两项直接表明着科学、技术、知识对经济增长的贡献，人力资本本身也包含着技术和知识的因素。因此在统计表列举的国家中，科学、技术、知识在经济增长的贡献率中已经达到了 50％左右。

---

[1]　参见 1998 年 3 月 5 日《光明日报》的报道。

高新技术的发展导致了发达国家产业结构和就业结构的不断调整和改组。据经济合作与发展组织（OECD）1996 年度报告，1995 年世界发达国家的就业结构中各产业所占百分比如下：

国家	农业	工业	服务业	国家	农业	工业	服务业
澳大利亚	5	23	72	日本	6	34	61
加拿大	4	23	73	英国	2	26	72
德国	3	38	59	美国	3	24	73

上述统计表明，服务业已在这些国家中占主导地位，而服务业包括了高知识含量的信息业和航空服务业等。因此，《以知识为基础的经济》报告强调："经济合作与发展组织主要成员国国内生产总值（GDP）的百分之五十以上现在已是以知识为基础的。"[①]

信息技术、通信技术、网络技术的发展，特别是信息高速公路的建设和发展，不断加速和促进了生产、科技乃至文化的全球化、一体化过程，把世界各地更紧密地联系在一起，"地球村"日益成为名副其实的存在。凭借现代通信技术和交通运输技术，跨国公司得到了迅速发展，各种功能的国际组织机构如雨后春笋般地出现。今天，巨大的信息流联系着数以千万计的环球跨国商业企业和各种国际组织。整个世界已形成一个全球性的有机系统。由于有了现代信息传媒系统，地球上任何一个角落的文化都可以迅速地传向世界各地，不同文化之间既互相冲突、撞击，又互相借鉴、渗透、融合。这种情况的发生和发展，会不会形成某种为世界各民族、各国家、各地区都认可和接受的全球文化，未来全球文化中的统一性和多样性是一种怎样的情况，这些都是现代信息技术迅速发展后产生的问题。

鉴于新技术革命对经济和社会发展的广泛而深刻的影响，西方学者中早有人谈论知识经济和知识社会的问题。按照经济合作与发展组织的解释，"知识经济"是指经济活动和经济成长密切地依赖于知识的生产、扩散和应用。知识对生产、经济变得如此重要，以至于成为经济增长的内在的关键性因素。随着知识经济的扩大，工业社会向知识社会过渡。在知识社会中，人们的价值观念将发生根本性的改变，在物质条件得到满足、人们过着富裕的物质生活的情况下，人们追求的价值目标是知识，是丰富的精神文化生活，是智慧和创造力的充分发挥，是人与自然、人与社会、人与人之间的和谐发展。总

---

① 国家科委综合计划司编：《以知识为基础的经济》，机械工业出版社 1992 年版，第 4 页。

之，围绕新技术革命的社会影响，西方学者所进行的关于知识经济和知识社会、信息经济和信息社会的讨论，表明了当代科学技术特别是高新技术的迅猛发展及其巨大影响是一种时代性的潮流。人类确实面临着有史以来最深刻的社会巨变和创造性的重建。

纵观马克思逝世以来，特别是 20 世纪 50 年代以来，国际形势发生的巨大变化，如果我们真正清醒地认识到整个人类从资本主义过渡到共产主义还将经过相当长期的历史过程，那么我们可以把马克思恩格斯的时代称为资本主义矛盾暴露和科学社会主义兴起的时代；把列宁、斯大林、毛泽东所处的时代称作资本主义矛盾进一步发展和科学社会主义从理论走向实践的第一次实验的时代；把毛泽东逝世以后的时代看做资本主义在新形势下获得相对稳定的新发展和科学社会主义经过对第一个实践模式的总结反思而开始了新的实践模式的探索的时代。邓小平理论就是马克思主义和当今时代社会主义实践相结合的产物，是中国共产党人对国情和时代两方面认识的新成果，它集中体现和表达了当今时代维护和平、追求发展、锐意改革、重视科学技术的时代特征和时代精神。

论实践观和实践标准[*]

　　1978 年进行的"实践是检验真理的唯一标准"的大讨论冲破个人崇拜和"两个凡是"的束缚，为党在思想路线、政治路线上的拨乱反正，纠正毛泽东晚年错误，平反冤假错案奠定了思想基础。正是在解放思想、实事求是的马克思主义思想路线的指引下，我们党才开辟了建设有中国特色社会主义的发展道路，才实现了马克思主义普遍原理和中国实际相结合的第二次历史性飞跃，形成了邓小平理论，才使我们在改革开放和现代化建设的伟大事业中取得了举世瞩目的伟大成就。今天，我们在贯彻党的十五大精神，高举邓小平理论伟大旗帜，把建设有中国特色社会主义伟大事业全面推向 21 世纪的过程中，仍然需要坚持解放思想、实事求是的思想路线，去发现、解决前进道路上出现的各种新情况、新问题。为了更好地更加一贯地坚持实践标准，有必要进一步推进实践观的哲学研究，更加科学地理解实践标准。

一

　　实践观是马克思主义哲学的首要的、基本的观点，马克思主义哲学的整个理论体系就是建立在实践观的基石之上的。有了科学的实践观才能形成马克思主义哲学的世界观、认识论、价值观、方法论。马克思主义哲学所具有的唯物、辩证、发展的种种理论性质，马克思主义哲学在哲学史上实现的诸如唯物论和辩证法的统一、自然观和历史观的统一、世界观和方法论的统一、真理观和价值观的统一等种种革命变革，都导源于实践的观点，导源于对实践的科学理解。因此，从强调实践观在马克思主义哲学中重要地位的这一意义上，我们确实可以说马克思主义哲学是一种实践唯物主义哲学、实践辩证

　　[*]　原载于《天津社会科学》1998 年第 5 期。

法哲学、实践历史观哲学，也可以一言概之曰实践论哲学。马克思主义哲学的斯大林模式把实践仅仅理解为认识论范畴，在根本上不符合马克思的《关于费尔巴哈的提纲》的精神实质。马克思的这个提纲并不只是认识论的提纲，而是涉及马克思主义哲学各个理论领域的提纲。

实践观在马克思主义哲学中的这种地位是由实践本身的特点决定的。实践，按照马克思的理解，是感性的人的活动，是对象性的活动，是环境的改变和人的活动或自我改变的一致；按照毛泽东的说法是主观见之于客观的活动。因此，实践是主客体之间的相互作用过程，是相互交换物质、能量、信息的过程，由于这种相互作用、相互交换，主客体双方都发生着变化，主体客体化，客体主体化。马克思指出："从前的一切唯物主义（包括费尔巴哈的唯物主义）的主要缺点是：对对象、现实、感性，只是从客体的或者直观的形式去理解，而不是把它们当作感性的人的活动，当作实践去理解，不是从主体方面去理解。"① 这就是说，实践既具有客体性又具有主体性。从实践是主体的目的、利益的实现过程，是主体对客体的能动的认识和改造过程这个角度看，实践具有主体性；从实践是主体的物质力量同客体的物质力量的相互作用过程、具有主体必须认识和加以利用的客观规律这个角度来看，实践具有客体性。把这两方面割裂开来，只讲其一不讲其二，就不可能完整正确地理解实践。实践过程既不应该是主体无视客体性、规律性而盲目地行动的过程，也不应该是主体在客体的客观性、规律性面前消极被动、无所作为的过程。客体对于主体的客观存在的特性决定了实践的对象性、客体性、客观性，否定客体的客观性必然会否定实践活动的客观对象指向性。把实践理解为无客观对象指向性的活动无异于把生产活动理解为舞台上的"兄妹开荒"活动。客观对象能不能成为客体，依赖于主体是不是从自己的认识和改造的需要出发把它从客观世界联系中"提取"出来，但客观事物成为客体的这种对于主体的依赖性决不能理解为它失去了具有自身规律而存在的客观性。人化自然、人为事物由于凝结了人的目的、知识，是物化的知识，具有属于人的性质，但当它们再次成为主体的认识和改造的对象的时候，它们仍具有独立于主体而存在的客观规律，它们仍然是自然的一部分，人和人类社会是随着劳动实践的形成而形成的，也随着劳动实践而发展，最集中地表现着不同于自然界的人性、主体性，但仍然是自然界的一部分。总而言之，决不能把

---

① 《马克思恩格斯选集》第 1 卷，人民出版社 1995 年版，第 54 页。

实践理解为无客观对象性的封闭的主体的自我认识和自我行动的循环过程，实践决不是阻碍主体和客体、人和自然的"柏林墙"，而是联结、沟通主体和客体、人和自然的桥梁。针对把人仅仅视为客体的体制和思潮，高扬人的主体性，强调实践的主体性，是必要的、正确的，但人的主体性的发挥必须建立在认识和利用客观规律的基础上，实践过程应该成为主体性和客体性、合目的性和合规律性的统一过程。

深入分析实践过程，我们就会发现，在这个过程中，主客体之间发生着三种关系、作用和过程：一是认识与被认识的过程、信息交换过程，回答着客体是什么的问题，或者主体关于客体的认识是否符合客体本性的问题，解决着认识论上的真理还是谬误的问题；二是评价和被评价的过程，回答着客体、主体的活动及其结果对于主体的意义、价值的问题，或者主体关于客体的要求、目的能否实现的问题，解决着价值论上的肯定性价值还是否定性价值、有益还是有害、善还是恶的问题；三是作用和反作用的过程，是主体根据关于客体认识和对客体的价值要求，利用一定的方法、工具、手段改造客体的行动过程，要解决主体怎样使客体变化的问题，这其中存在着方法论上的可行不可行、方法是优是劣的问题。如果主体不是单一的个体，而是有众多的个体组成的群体、社会，那么在方法论上除了要解决怎样改造客体的问题还要解决怎样把个体组织为整体的问题，这会涉及个体之间的功能结构、利益结构、权力结构等的问题，即马克思讲的交往和交往形式的问题。由此可见，实践过程不仅发生着主客体之间的关系，还发生着主体之间的交往关系；不仅仅发生着认识世界的问题，还发生着改造世界的问题，发生着主体自身的组织管理的问题；实践过程是要把主体的认识、价值、目的、方法对象化、物化并使客体改造得能为主体服务的过程，也是主体自身的生存和发展过程。所以，对实践的分析必然引发认识论、价值论、方法论上的种种问题，树立了科学的实践观就可以树立正确的认识论、价值论、方法论。世界观是主体认识世界的结果，有了科学的实践观和认识论，也就能够形成科学的世界观。

二

实践过程中必然会发生认识论、价值论、方法论这三方面的问题，但并不意味着主体都能够正确地解决它们，也不意味着它们之间总是能协调一致的。它们分属于三种不同的领域本身就说明了它们之间的差别。认识上的真假之分不等于价值上的利害之分，也不同于方法上的有无优劣之分。认识上的真理反映着客观规律，但客观规律既可能有益于主体也可能有害于主体，认识到了真理也不等于就找到了在实践中应用它们的方法。主体价值上的追求，不等于认识上符合客观规律的真理，也不等于就找到了实现这种价值追求的方法。然而，实践活动对这三方面的要求又必然使它们之间存在相互影响的制约关系。一种认识不付诸实践的时候，只会在思想精神上对人们产生影响，一旦付诸实践的时候，它所指导的实践活动必然会对人们发生价值上的利害影响；一种认识应用于实践的时候，必然要求人们找到把这种认识应用于实践的方法、手段、技术。于是，主体在实践过程中就会实际地发生着认识上的真假、价值上的利害、方法上的有无优劣之间的不同结合。认识上的真理、价值上的善、方法上的优之间的结合，认识上的谬误、价值上的恶、方法上的劣之间的结合，是三者结合的两极，在两极之间还有结合的各种情况。各种不同的结合会造成不同的实践活动，会带来不同的结果。认识上缺乏真理性的实践活动、方法上缺乏可行性的实践活动，都会使实践活动达不到预期的目的而失败；有了真理性认识的指导，也有了可行性的方法，但如果价值目标不合理，这样的实践活动虽然可以成功，但却会给主体带来否定性的、有害性的价值影响；有了真理性的认识，有了有益的价值取向，如果方法上可行但不是好的、优的，就可能出现一种效益不好、资源浪费的实践活动。科学技术的应用问题、核能技术和克隆技术的应用问题等等，都存在着真理、价值、方法之间的矛盾情况。如果把时空因素引进来考察，就会发现真理、价值、方法及其相互关系随着时空范围变化而有着不同的情况。特定时空范围内认识上的真理、价值上的肯定性取向、方法上的有效性和可行性会随着时空范围的变更而改变。在时空条件不确定的情况下，认识上的真理和谬误问题、价值上的肯定性和否定性问题、方法上的可行不可行和有效无效的问题，甚至可以变成无法确定的问题，而它们之间的关系也就无限地复杂化起来。改造社会关系的实践活动存在着不同于改造自然的特殊性，在这种实践活动中真理、价值、方法之间的关系也表现出新的复杂性。人们之间的社会关系在本质上是人们如何结合起来有效地从事包括生产、经济在内的各种活动的问题，不管在怎样的历史阶段上，人们之间的结合都可以区分为两种既相区别又相联系的结合，一种是由特定历史阶段上的生产力性质、特点决定的分工体系中的功能、职能上的结合，一种是在利益体系中的利益上的结合，人们的社会关系因而可以区分为功能关系、利益关系两大类。社会关系演变规律就是功能关系、利益关系及两者之间关系的演变规律。于是，利益关系就不仅是一个价值问题，同时又是一个认识问题、方法问题。当考虑人们之间究竟建立一种怎样的利益关系才最有利于生产、经济的发展和社会进步的时候，这个问题就是一个认识问题，关于建立何种利益关系的认识就有一个真理还是谬误的问题；当考虑人们之间究竟建立怎样的利益关系才有利于人们自身发展的时候，这个问题就是一个价值问题，关于某种利益关系的评价就可以区分为善与恶、有利还是不利的问题；当考虑某种利益关系通过何种方式建立或改变的时候，这就是一个方法问题，关于某种方法可以进行可行不可行、好还是坏的分类。这里，在社会关系结构中，真理、利益、方法问题就紧密地缠绕在一起，难解难分。情况的复杂性还由于在人类发展相当长的历史阶段上，在马克思主义讲的阶级社会中，社会成员之间，社会集团（阶级）之间，社会成员、社会集团和社会整体之间，社会发展的现实要求和长远要求之间，都存在着利益上的差别、对立乃至对抗的情况，社会关系、利益关系的变动会对不同的社会成员、社会集团产生不同的影响，造成有的受益、有的受损的局面。于是认识上被肯定为规律、真理的东西在不同的利益群体那里就会得到不同的价值评价，改变利益关系的方法也会受到不同的对待，某些群体所肯定的真理、价值、方法在其他群体那里会遭到否定。总而言之，人们实践活动中真理、价值、方法之间客观地存在的区别性及某些情况下的矛盾性是人们认识论、价值论、方法论上不一致的客观根源。但是，真理、价值、方法在实践活动中的内在联系和制约又给人们提供了将认识论、价值论、方法论统一起来的客观可能性。主体要成功地、有益地、高效地从事一项实践活动，就必须既看到认识问题、价值问题、方法问题是彼此区别的三类问题，承认这三类问题之间会出现不一致、不协调的可能性，又要在这三类问题域中进行选择和协调，使三者一致起来。在认识领域中选择的时候，就不仅要选择真理性认识，还要选择能给主体带来肯定性价值和能够找到可行性方法的真理性认识；在价值领域中选择的时候，就要选择不仅有益于主体的，又能与真理性认识相一致，且在方法上可行的价值目标；在方法领域中选择的时候，就要选择不仅是可行的、能有效地实现价值目标的且符合真理性认识的方法和工具。当人们能够进行上述选择和协调的时候，人们就能够将认识论、价值论、方法论统一起来；反之，就会造成认识论、价值论、方法论之间的不一致、不协调乃至割裂、对立等情况。妨碍人们进行上述选择和协调、使三者一致起来的原因既可能是认识上的，也可能是价值利益上的，还可能是方法技术上的。在分析这些原因的时候，切忌简单化。

将认识论、价值论、方法论区别开来，承认三者之间可能有不一致情况的存在，不仅可以全面地分析实践活动中发生的各种复杂情形，对实践活动的后果作出全面的估价，提高实践活动的质量和水平，还可以对哲学领域中各种学说作出实事求是的科学评价，认识论上正确的哲学理论不等于价值论上、方法论上都正确，认识论上错误的哲学理论不等于价值论上、方法论上都没有可取之处。把哲学理论仅仅归结为认识理论，把哲学史仅仅归结为唯物主义和唯心主义两条认识路线的斗争史，是过去对哲学史上各种哲学理论进行简单肯定或否定的一个极其重要的认识原因。但是我们也应该看到，由于认识论、价值论、方法论之间又存在着相互影响、相互制约的关系，认识论上的错误经常导致价值论、方法论上的缺陷；而脱离了价值论、方法论也很难形成科学的认识论。

马克思主义哲学在哲学史上实现的革命变革的重要表现之一就是将认识论、价值论、方法论在科学实践观的基础上统一起来。实践既是认识、价值、方法得以产生的源泉，又是认识、价值、方法实现的唯一途径，因此科学实践观就是认识论、价值观、方法论的共同的理论基础，是将认识论、价值观、方法论联系贯通的环节。实践过程是主体和客体、主观和客观、理想和现实、认识和价值、目的和手段之间经过相互作用而实现的由不一致到一致的动态过程，从而实现真理、价值、方法的统一，实现认识论、价值观、方法论的统一。唯物史观把社会发展考察为劳动实践基础上发生的生产力和生产关系、经济基础和上层建筑之间的矛盾推动下的有规律的发展过程，同时又把这个过程考察为人的有目的的活动过程，是人类随着生产力的发展而超越自然的、社会的各种限制而得到不断发展、不断解放的过程，是人的价值的形成、实现和发展的过程。这样，认识论上把握的反映了社会发展的真理就可以和价值论上研究的人的价值形成、发展的规律、人的价值通过何种方式实现的规律统一起来。唯物史观对于特定历史阶段上存在的类的发展和个体发展之间的矛盾，社会分裂为阶级及不同阶级在利益、价值、发展上的矛盾，进行实践的、唯物的、历史的、辩证的分析，把阶级之间在利益价值上的对立和冲突归结为生产力和生产关系、经济基础和上层建筑之间矛盾运动的历史表现，从生产力发展的角度对不同阶级在利益价值上的追求进行历史的评价。对于剥削制度的批判也不是从超历史的抽象的人的价值出发，而是从具体的历史条件下人的价值实现和发展的要求出发，既指出某种剥削制度对于被剥削人民群众的不公正性，又从生产力发展的历史状况出发给予历史的评价。总之，唯物史观中的价值论分析是具体的、历史的，是建立在对历史规律的真理性认识基础上的，因而也是一种认识论、方法论的分析；唯物史观的认识论、方法论分析是从历史的、具体的人的发展要求推动下从事的实践活动出发的，因而也是一种价值论的分析，从而将社会发展要求、生产力发展要求、人民群众的利益要求实践地、历史地、具体地统一起来。因此，在唯物史观中认识论、价值论、方法论三者是统一的。

三

明确了实践过程中必然发生和必须解决认识论、价值论、方法论三方面的问题及将三方面统一起来对于实践的重要意义，那么我们在某一实践活动开始的时候就应该从这三方面并且力求从三者统一的角度出发进行有关的准备。为了使即将进行的实践活动真正成为有意识、有目的、有组织的自觉活动，理论、理性上的准备是十分重要、不可缺少的。未来的实践方案在认识论上应该是科学的，在价值论上应是具有肯定性价值取向的，在方法论上应该是可行高效的，使未来的实践活动在明确可靠的知识判断、价值判断、工具判断或曰知识理性、价值理性、工具理性的指导下进行。为此，首先要在周密调查研究主客体实际情况基础上制定包括上述三方面内容的理性设计方案；其次，要对这种理性设计方案进行严格论证。如对方案进行根据以往实践经验的证明，对方案进行逻辑的、理论的证明等等。把"实践是检验真理的唯一标准"理解为否定实践活动开始之前对实践的理性设计方案进行过去实践经验的、逻辑的、理论的等证明的必要性是一种错误的理解。在这个阶段上，实践标准的实际意义是要从以往被实践检验为正确的理论出发，但这种理论由于面对着新的实践活动，仍然需要有这种理论和新的实践活动关系的理论证明。因此，否定上述证明的重要性和必要性，等于否定实践需要有正确的理论指导，等于提倡盲目的实践活动，那样的话主体就会在实践活动中付出本来不该付出的代价。即将进行的实践活动越是复杂重大，依靠以往实践经验的、逻辑的、理论的证明就越是重要，越是不可缺少。当代电子计算机的模拟实验、虚拟实验就是适应现代实践活动的复杂化要求而产生的。试想，核爆炸、航天飞机和人造卫星的发射，能在以往的实践经验上、逻辑上、理论上都没有得到证明的那种理论指导下盲目进行吗？那样的话，岂不会产生极其有害的后果和经济上的巨大损失吗？在上述证明过程中，当论证出现分歧的时候还要采取社会途径去解决，如采取协商、少数服从多数的民主表决、权威机构和权威人士的决定等等方法。这些方法形式可以不同，但实质上都是依靠某种社会权力解决问题。权力当然不等于真理，但是任何理论一旦要应用于实践的时候都不可避免地要同人们的交往形式发生关系，要同交往形式中的权力发生关系，要由权力发给应用于实践的通行证。不管你愿意与否、承认与否，事实就是如此。这里需要研究的是如何使这种决策权力的形成和使用建立在科学和民主的基础上。经过了各种形式的论证并获得了社会权力批准的理性设计方案也就获得了付诸实践、指导实践的充分依据。然而在这时，我们却应该清醒认识到，各种形式的论证及社会权力的批准，实质上还是一种理性的间接的证明，就是电子计算机上模拟实验、虚拟实验也还是在主体认识到的、设想到的条件下进行的，仍然处在思维、理性的范围之内，社会权力的批准是社会权力承认的一种认识上的批准，"实践是检验真理的唯一标准"在这时的实际意义就是要我们认识到即将付诸实践的理性设计方案既起着指导实践的作用，又是需要实践检验和证实的方案。经验具有直接性的优点但存在狭隘性的缺点；理性克服了经验的狭隘性而具有普遍性的优点，但却具有间接性的弱点；实践既具有普遍性又具有直接性，因而它既高于经验也高于理性，理性作为主体对客体的反映只能在实践中见诸客体才能证明其真理性、现实性、此岸性，因此不论在理性范围内进行了怎样充分论证和经过了怎样权威的社会权力批准的理性设计方案，最后还必须在实践中得到完全的验证。

"实践是检验真理的唯一标准"在发挥作用时也是有前提条件的。首先待检验的理论必须是指导改造特定客体的实践活动的理论，特定的实践活动无法检验和它无关的理论，而且待检验的理论还必须是关于实践对象的理论，和实践对象无关的理论，实践也是无法检验的；其次，通过实践并由实践结果检验出来的理论的真理性是相对于实践对象而言的，离开了实践对象，这种真理性就会显示出相对性。真理总是具体的，是具体的认识主体在具体的实践过程中对具体对象的正确反映。这就表明实践是检验真理的唯一途径和标准在应用的时候总是指向特定时空条件下的主体—实践—客体的具体系统，在这个系统中，主体、客体、主体关于客体的理性认识、主体改造客体的实践过程及其实践结果都是清楚的、确定的。我们可以引述毛泽东《实践论》

中的一段话作为上述的论据。他说："社会的人们投身于变革在某一发展阶段内的某一客观过程的实践中（不论是关于变革某一自然过程的实践，或变革某一社会过程的实践），由于客观过程的反应和主观能动性的作用，使得人们的认识由感性的推移到了理性的，造成了大体上相应于该客观过程的法则性的思想、理论、计划或方案，然而再应用这种思想、理论、计划或方案于该同一客观过程的实践，如果能够实现预想的目的，即将预定的思想、理论、计划、方案在该同一过程的实践中变为事实，或者大体上变为事实，那么，对于这一具体过程的认识运动算是完成了。"① 只要细读一下我们用着重号标出的文字，就会解读出我们前面的论述。进一步分析前面的论述还会发现"实践是检验真理的唯一途径和标准"论断中存在着一个矛盾：一项即将进行的实践活动需要正确的理论指导，而这种理论的正确性又只能在该实践过程结束时根据实践结果加以判定。这种判定对于已经结束了的该实践过程并没有现实的指导意义，这表明实践检验具有滞后性的特点。实践检验的麻烦还在于现实中，特别在社会历史中，当实践对象是一种在时空上不断发展着的过程时，当主体是人数众多到亿万计的人民群众时，当实践过程延续到难以确定其时空界限时，确定主体、客体、实践过程、实践结果就会变成一种异常复杂的事情，于是实践检验的问题就不像理论上说得那么容易了，现实生活中就实践检验发生的许多争论，往往是由这种复杂性引起的。复杂的实践活动所造成的结果往往也是复杂的、多方面的，有些结果还不是近期就可以看到的。这时用实践的什么结果作为检验标准呢？用实践结果的总和，但这种总和常常带有不确定性，用不确定性的结果总和去检验能得出确定的结论吗？用实践的部分结果，可是部分的结果能够对指导着整个实践活动的全部理论作出全面的检验吗？用直接的近期的结果，但是忽略间接的长远的结果是科学的吗？因此实践标准既是唯一的、绝对的又是具体的、有条件的、相对的。正如列宁指出："实践标准实质上绝不能完全地证实或驳倒人类的任何表象。这个标准也是这样的'不确定'，以便不让人的知识变成'绝对'，同时它又是这样的确定，以便同唯心主义和不可知论的一切变种进行无情的斗争。"② 那些一时无法应用于实践的理论，特定条件下的实践就无法对它们的真理性作出检验，但一时不能应用于实践的理论并不等于永远不能应用实践，

<hr>

① 《毛泽东著作选读》上册，人民出版社1986年版，第132页。
② 《列宁选集》第2卷，人民出版社1995年版，第105页。

一时不能得到实践证实的理论也不等于就是错误的理论；有些抽象层次高的理论往往要经历相当长的历史过程的实践才能得到完全的检验，一、二次特定条件下的实践的否证并不一定意味着对这种理论作出了死刑判决。说到这里，需要指出，前面关于实践标准的讨论都是围绕认识的真理问题进行的。长期以来，哲学上也是这样谈论实践标准的，但本文前面已经指出，在实践中发生作用的理性和判断，除了认识论内容之外，还存在着价值论、方法论方面的内容，所以实践结果不仅检验着认识论方面的理性和判断，也检验着价值论、方法论方面的理性和判断。马克思提到的真理性、现实性、此岸性似乎可以被理解为实践对这三方面论域的检验的结果，因此我们应该对实践检验的问题域有一个全面的理解。由于实践结果同时检验着指导实践活动的认识理性、价值理性、工具理性（包括权力理性），因而也检验着认识论、价值论、方法论三者之间的一致还是不一致的关系，并为主体在后续活动中去调整、协调它们之间的关系提供了根据。主体就能够在实践—认识—实践的反复过程中实现认识论、价值论、方法论的统一。

实践标准，关键在科学理解，贵在一贯坚持。历史的经验表明，在遭受挫折乃至失败的情况下，人们比较能够注意从实际出发和坚持实践标准，但在理论指导一个时期的实践获得成功并证明其真理性、现实性、此岸性的情况下，人们极容易由于对理论的信任乃至崇拜而引发教条主义、本本主义，并忽视实践标准从实际出发的重要性，在这种情况下更要谦虚谨慎、戒骄戒躁，继续坚持解放思想，实事求是，一切从实际出发，实践是检验真理的唯一途径和标准的思想路线，在坚持和应用理论的过程中，随时准备让理论接受新的实践的检验，随时去研究新情况、新问题，用对新实践的新总结、新概括去修正、补充、完善、丰富和发展理论，把理论推向前进！

社会主义初级阶段有中国特色社会主义的文化建设[*]

江泽民同志在党的十五大报告中全面系统地论述了党在社会主义初级阶段的基本纲领，认为它是邓小平理论的重要内容，是党的基本路线在经济、政治、文化等方面的展开，是这些年来最主要经验的总结。他指出，根据邓小平理论和党的基本路线，围绕建设富强民主文明的社会主义现代化国家的目标，进一步明确什么是社会主义初级阶段有中国特色社会主义的经济、政治和文化，怎样建设这样的经济、政治和文化，是必要的。本文试图就社会主义初级阶段有中国特色社会主义的文化建设谈几点体会。

一

进一步认识文化建设在把建设有中国特色社会主义事业全面推向 21 世纪过程中的重要地位是贯彻十五大精神，进一步加强文化建设的重要前提，也是全面理解和贯彻党在社会主义初级阶段基本路线和基本纲领的一个关键问题。江泽民同志的十五大报告，在十四届六中全会决议的基础上，对这个问题作了更为系统的论述。他要求："全党必须从社会主义事业兴旺发达和民族振兴的高度，充分认识文化建设的重要性和紧迫性。"①

可以从以下四个方面来认识文化建设的重要性和紧迫性：

1. 这是建设有中国特色社会主义的需要

文化对于社会主义的巩固和发展的重要性，列宁是在实行新经济政策时

＊ 原载于中国社会科学院党组办公室编《社会主义初级阶段论》，其中第三部分曾载于《学习与探索》1998 年第 6 期。

① 《江泽民文选》第 2 卷，人民出版社 2006 年版，第 33 页。

逐渐感受到的。他认为必须为新的社会主义大厦奠定经济基础，建立现代大工业的技术基础，实现国家电气化，但是他觉得当文盲充斥全国的时候是不能实现电气化的；他希望发展商业、提高企业管理水平，但他遇到了做管理工作的那些共产党员缺少文化的事实；他提倡实行合作制，但遇到了在人口中占多数的农民的文化水平问题。对于文化重要性的认识使他宣布"对社会主义的整个看法根本改变了"①，宣布要把重心转移到文化建设方面，要在全国范围内进行文化革命，认为"只要实现了这个文化革命，我们的国家就能成为完全社会主义的国家了"②。

党的十一届三中全会以来，把社会主义精神文明建设、文化建设视为建设有中国特色社会主义的一个不可分割的内在组成部分，认为物质文明建设和精神文明建设都搞好才是有中国特色社会主义，是邓小平理论的一贯思想。他在 1992 年春天视察南方的讲话中指出："广东二十年赶上亚洲'四小龙'，不仅经济要上去，社会秩序、社会风气也要搞好，两个文明建设都要超过他们，这才是有中国特色的社会主义。"③

为什么只有两个文明都搞好才是有中国特色社会主义？这是因为文化和经济、政治一样是社会进步不可缺少的方面。唯物史观强调人类只有获得了新的生产力，才能形成新的生产方式、新的经济关系并建立新的政治上层建筑和意识形态，社会才会过渡到新的社会形态。我们如果深入分析，这番强调生产力重要性、经济重要性的道理实际上也在强调文化的重要性，因为新的生产力的获得是在文化参与下实现的，新的生产力本身标志着一种新的文化，至于新的生产方式、新的经济关系、新的政治上层建筑和意识形态都意味着一种新的文化，新的社会形态同时也是一种新的文化形态。一部人类社会的发展史既是生产经济的发展史也是基于生产实践基础上的文化发展史。新社会形态的优越性不仅表现在可以比旧社会形态更多、更快、更好地创造物质财富，还表现在它的新文化为人的发展开辟了更好的社会的、精神的条件。新社会形态的优越性不仅表现在生产上、经济上，也表现在文化上。我们正在从事的有中国特色社会主义的建设事业，如果只有经济建设而没有文化建设、精神文明建设，或者抓经济建设一手硬而抓文化建设、精神文明建

①　《列宁选集》第 4 卷，人民出版社 1995 年版，第 773 页。
②　同上书，第 774 页。
③　《邓小平文选》第 3 卷，人民出版社 1993 年版，第 378 页。

设一手软，那么就不可能建立有中国特色社会主义的政治和文化，连有中国特色社会主义的经济也不可能持续快速健康地发展。江泽民在十五大报告中说得好：只有经济、政治、文化协调发展，只有两个文明都搞好，才是有中国特色社会主义。

2. 这是我国现代化建设事业的需要

从事现代化建设、经济建设，当然需要资本的投入、劳动的投入，需要工具、设备、原料、能源等生产资料的投入，在资本密集型、劳动密集型的生产和经济活动中就更是如此，因此资本、劳动、生产资料的重要性很容易为人们认识，人们往往只把这些作为生产要素。"但是，随着大工业的发展，现实财富的创造较少地取决于劳动时间和已耗费的劳动量，……相反地却取决于一般的科学水平和技术进步，或者说取决于科学在生产上的应用。"① 而社会化的生产活动、经济活动的组织管理也不是人们的感性经验所能驾驭的，而是更多地取决于经济学、管理学等社会科学的应用。"一般社会知识，已经在多么大的程度上变成了直接的生产力。"② 当代科学技术革命推动了生产过程、管理过程的技术改造，加速了高新技术在生产经营管理过程中的应用，推动了社会生产力从劳动密集型、资本密集型向科学技术密集型、高技术密集型的发展，推动了生产经营管理从机械化到自动化、信息化、智能化的转变，这就极大地增加了投入和产出的科学技术知识含量。现代信息工具和交通工具不仅推动了经济的区域化、全球化，而且极大地加速了生产、交换的节奏，使市场更加瞬息万变，准确地、及时地、有效地掌握科技、生产、市场的信息常常决定着企业兴衰成败的命运；随着人们的生活水平、消费水平的提高，人们在购买和使用商品的时候，不仅追求着商品物质上的使用价值，还追求着商品购买和使用过程中的美学价值、文化价值，这种美学的、文化的价值甚至在一定程度上制约着商品的市场价格。上述情况表明，现代化建设、经济建设已经越来越依赖于科学、技术、知识、信息，越来越依赖于人才及其素质，现代生产、市场上的竞争越来越成为科学、技术、知识、信息、人才的竞争。而科学、技术、知识、信息、人才是什么？是文化！因此，我们完全可以说，现代的生产和经济的舞台上，文化已经扮演着主要的角色。前几年，人们说"文化搭台，经济唱戏"，其实，这句话应该倒过来说："经

---

① 《马克思恩格斯全集》第 46 卷（下），人民出版社 1980 年版，第 217 页。
② 同上书，第 219—220 页。

济搭台，文化唱戏。"

发展经济必须依靠科技和教育是邓小平的一贯思想。他要求人们充分认识科学技术的重要性，他说："四个现代化，关键是科学技术的现代化。没有现代科学技术，就不可能建设现代农业、现代工业、现代国防。没有科学技术的高速度发展，也就不可能有国民经济的高速度发展。"[①] 他指出，"科学技术是第一生产力"，"高科技领域的一个突破，带动一批产业的发展"[②]。他把科学和教育视为战略重点、是关键，要求各级领导要像抓好经济工作那样抓好科学和教育[③]。根据邓小平的这些思想，党的十四届五中全会提出了科教兴国的发展战略，党的十五大则又进一步阐述了这个战略，还要求我们从社会主义现代化发展的角度进一步认识文化建设的重要性、紧迫性。知识经济的提出进一步说明了技术、知识、文化在未来经济发展中的决定性地位。

3. 这是振兴中华民族的需要

经济是一个民族赖以生存和发展的基础，但一个民族的整体性、区别于其他民族的特殊性则依赖于文化。文化形成着一个民族共同的心理、习俗、理想、信念、生活方式、思维方式，形成着一个民族的向心力、凝聚力，是保护一个民族在外来打击下不致溃散的无形的万里长城。列宁当年在论述从事管理工作的共产党员掌握文化的重要性时说过："一个民族征服另一个民族，于是征服人家的民族成了征服者，而被征服的民族则成了战败者。这很简单，人人都懂。至于这两个民族的文化怎样呢？那就不那么简单了。如果出征民族的文化高于被征服民族，出征民族就迫使被征服民族接受自己的文化，反之，被征服者就会迫使征服者接受自己的文化。"[④] 历史上的实际情况更为复杂，军事上战胜一个民族使其成为被统治者，历史上并不少见，但文化上战胜一个民族就不那么容易，这不仅因为文化上落后的民族不容易战胜文化上先进的民族，就是文化上先进的民族要战胜文化上落后的民族也不那么容易。近代资本主义列强在向世界各地扩张的过程中曾经在军事上、经济上战胜了世界上一个又一个民族，但它在文化上消灭了哪一个民族？印度曾经是大英帝国的殖民地，但印度的民族文化仍然存在；我们中国曾经沦为半

---

① 《邓小平文选》第 2 卷，人民出版社 1994 年版，第 86 页。
② 《邓小平文选》第 3 卷，人民出版社 1993 年版，第 377 页。
③ 同上书，第 121 页。
④ 《列宁选集》第 4 卷，人民出版社 1995 年版，第 680 页。

殖民地，西方文化曾经大量传入中国，但中华民族文化仍然存在。不同民族文化之间存在着交流、影响和渗透，但只要是有一点历史的、数量上有一点规模的民族的文化，由于经过了长期历史的积淀，其深层次的东西在世界各民族文化宝库中总是有其独特的存在价值，因而也是不可能轻易地被其他民族的文化所取代的。各民族在文化上融合的道路远比生产、技术、经济上的吸收、引进、移植的道路复杂和漫长，就是在今天，经济全球化、一体化的发展趋势仍然改变不了各民族文化多样性的现实。由此可见，一个民族的强大不仅表现为经济上、军事上的强大，还表现为文化上的强大。有了文化上的强大，即使经济上、军事上暂时落后也不会人心溃散，也会通过坚韧不拔的努力去改变经济上、军事上的落后局面。

从振兴中华民族的角度、增强综合国力的角度阐述文化建设的重要性，也是邓小平理论的重要思想。邓小平指出："我们国家，国力的强弱、经济发展后劲的大小，越来越取决于劳动者的素质，取决于知识分子的数量和质量。一个十亿人口的大国，教育搞上去了，人才资源的巨大优势是任何国家比不了的。"[1] 他在论述我国必须在世界高科技领域占有一席之地时指出："这些东西反映一个民族的能力，也是一个民族、一个国家兴旺发达的标志。"[2] 江泽民在十五大报告中指出，有中国特色社会主义的文化，是凝聚和激励全国各族人民的重要力量，是综合国力的重要标志。因此，当我们在世界范围内面对科学技术迅猛发展和综合国力激烈竞争，面对各种思想文化相互激荡的形势时，我们要振兴中华民族，就不仅要有经济上的繁荣，还应该有文化上的繁荣[3]。

4. 这是满足人民日益增长的文化需求的需要

人在生存和发展过程中会产生多方面、多层次的各种需求，既有作为生命体自然存在的需求，也有实践地、生产地、社会地形成的需求；既有生存上的需求，又有发展上的需求；既有物质上的需求，又有精神上、文化上、社会上的需求，各种需求组成了一个有机系统。但是在人的生存和发展的不同阶段上，其需求结构、需求系统会具有不同的特点，会有不同的主要方面。一般地说，在生存发展的最初阶段，所面临的问题主要是在生存方面，是在

---

① 《邓小平文选》第 3 卷，人民出版社 1993 年版，第 120 页。

② 同上书，第 279 页。

③ 参阅《江泽民文选》第 2 卷，人民出版社 2006 年版，第 33 页。

解决生存所需要的最基本的物质生活资料问题方面，因此物质需要就是最主要的需要；而当人们基本上解决了生存问题时，发展方面的需求就逐步上升为最主要、最基本的方面。人的发展固然也表现为物质生活条件的改善、物质生活水平的提高，表现为人在多大程度上摆脱、超越了动物般的生存条件，但人的发展更多地、更主要地表现为人的精神生活、社会生活在多大程度上超越了动物状态。因此，当人的发展需求成为主要方面的时候，精神的、社会的需求即文化上的需求就会成为他的主要需求。其实，即使生存上的、物质生活条件的需求由于也要依靠具有文化含量的物质生产活动，因而也包含着文化需求。由于人是一种社会的实践的存在物，他的生命存在的自然需求只能作为前提被包含在生产地、实践地、社会地形成的需求之中，因此人的需求在本质上是一种广义的文化需求。无论对文化作广义还是狭义的理解，有一点则是肯定的，人越是发展，他的需求越具有文化的性质，越成为一种文化需求。

人的需求和生产、经济、社会发展之间存在着互相制约、互相促进的辩证关系。人的需求作为一种直接动力，推动着生产、经济、社会的发展；而生产、经济、社会的发展又制约着人的需求，规定着人的需求的内容和形式。随着生产、经济的发展，"生产者也改变着，……造成新的力量和新的观念，造成新的交往方式，新的需要和新的语言"①。而人的新的需要则又成为生产、经济、社会发展的新的动力。

建设有中国特色社会主义事业的发展过程也是人的需求和生产、经济、社会发展之间相互制约、相互推动的过程，是人们的需求辩证地演变和发展的过程。随着广大人民群众告别贫困，随着越来越多的人达到小康生活水平，人们的需求结构也正在发生着从生存型的、以物质需求为主的结构到发展型的、以文化需求为主的结构的变化。

二

什么是社会主义初级阶段有中国特色社会主义的文化，什么是它的基本特征、基本任务，这是江泽民十五大报告在论述了文化建设的重要性、紧迫性之后提出和回答的一个重要问题。

---

① 《马克思恩格斯全集》第 46 卷（上），人民出版社 1979 年版，第 494 页。

提出这个问题，强调这个问题的重要性，指出要进一步搞清楚这个问题，这既是对历史经验教训的一种总结，也是对文化建设中存在的各种思潮的一种回答。就历史的经验教训而言，在党的十一届三中全会以前，我们在经济建设和经济体制问题上，由于没有搞清楚什么是初级阶段的社会主义、在初级阶段怎样建设社会主义，因而实行了超越社会主义初级阶段的各种政策和措施，阻碍了、在某些时期甚至是破坏了生产力的发展。这种超越阶段的"左"的错误在文化建设领域同样存在，在某些时期、某些方面甚至表现得更为集中、更为突出，其后果也更为严重，消极影响也更为深远。在思想文化领域中，用革命大批判的办法，让全国人民接受那种脱离实际的、扭曲的、非科学的空想共产主义、贫穷社会主义的观念；要取消资产阶级法权，把劳动致富、按劳分配、关心个人利益当作修正主义、资产阶级思想批判，要全国人民"狠斗私字一闪念"、"灵魂深处爆发革命"、"与私有观念彻底决裂"；在文化大革命、"破四旧立四新"、"打倒资产阶级学术权威"、"横扫一切牛鬼蛇神"的口号下否定知识、否定科学、否定文化，把认真学习掌握科学文化知识批判为白专道路，把这样的学生、青年知识分子批判为修正主义、资本主义苗子，公然喊出"宁要社会主义的草，不要资本主义的苗"；在文化艺术领域中把"高"、"大"、"全"树立为唯一的标准和样板，把个性化、多样化批判为资产阶级人性论；用人为的办法消灭脑力劳动和体力劳动的差别，让广大知识分子用大量的时间去从事非专业性的体力劳动，要全国人民都成为诗人、文学家、批判家。上述种种都是在无产阶级的、革命的、共产主义的文化口号和旗帜下进行的，明显地表现出超越现实历史阶段的特点和性质，而有些观点和口号则不论在什么历史阶段都是错误的。就改革开放以来文化建设中出现的思潮而言，我们经常听到的声音可以概括为两种观点：一种观点认为我们的文化建设应该无批判地照搬西方资本主义文化，是一种全盘西化论；另一种观点认为我们的文化建设应该无保留地恢复中国古代传统文化，是一种复古论。历史的教训和现实的争论表明，我们在重视文化建设之后首先要搞清楚究竟什么是社会主义初级阶段有中国特色社会主义的文化这个问题。

解决这个问题，要遵循正确的思想认识路线，否则就会堕入五里云雾之中。江泽民在十五大报告中说："我们讲一切从实际出发，最大的实际就是中国现在处于并将长时期处于社会主义初级阶段。我们讲要搞清楚'什么是社会主义、怎样建设社会主义'，就必须搞清楚什么是初级阶段的社会主义，在初级阶段怎样建设社会主义。十一届三中全会前我们在建设社会主义中出现失误的根本原因之一，就在于提出的一些任务和政策超越了社会主义初级阶段。近二十年改革开放和现代化建设取得成功的根本原因之一，就是克服了那些超越阶段的错误观念和政策，又抵制了抛弃社会主义基本制度的错误主张。"① 他又说："在中国，真要建设社会主义，那就只能一切从社会主义初级阶段的实际出发，而不能从主观愿望出发，不能从这样那样的外国模式出发，不能从对马克思主义著作中个别论断的教条式理解和附加到马克思主义名下的某些错误论点出发。"② 这些论述说明了我们在弄清楚什么是社会主义初级阶段有中国特色社会主义文化这一问题时所必须遵循的思想认识路线。

要真正做到从社会主义初级阶段出发，还必须进一步搞清楚三个问题，即社会主义初级阶段究竟是什么样的历史阶段，它在中国历史发展中及世界历史过程中处于何种地位；在社会主义初级阶段，我们究竟在从事着一些什么样的社会历史实践活动，在生产、经济、政治领域中干着一些什么样的事情；在社会主义初级阶段我们所从事的这些实践活动对文化有些什么样的要求。搞不清楚这三个彼此联系又彼此区别的问题，我们仍然不能真正认识社会主义初级阶段，仍然只能处于"身在庐山不识庐山真面貌"的状态，仍然不能为我们的问题找到正确的答案。江泽民的十五大报告不仅规定了要从社会主义初级阶段这个最大实际出发的思想原则，而且对上述三个问题作了回答。"社会主义是共产主义的初级阶段，而中国又处在社会主义的初级阶段，就是不发达的阶段。在我们这样的东方大国，经过新民主主义走上社会主义道路，这是伟大的胜利。"③ 这是就我们中国自身的历史发展过程对我国目前所处阶段进行的历史定位。但是，我国进入社会主义的时候，就生产力发展水平来说，还远远落后于发达国家。这就决定了必须在社会主义条件下经历一个相当长的初级阶段，去实现工业化和经济的社会化、市场化、现代化。这是不可逾越的历史阶段。这是从世界历史发展的角度，就当今世界的范围内对我国现阶段所处时代的空间定位。如同力学中确定一个运动物体的位置必须有时间的坐标和空间的坐标一样，中国历史自身发展的时间性定位和世界历史范围内时代空间性定位对我们正确认识中国目前所处的社会主义初级

---

① 《江泽民文选》第 2 卷，人民出版社 2006 年版，第 13 页。
② 同上书，第 14 页。
③ 同上书，第 13 页。

阶段的地位都是不可缺少的。离开了中国历史的参照系和世界工业发达资本主义国家的参照系，我们就不可能正确判定我们中国这条大船航行在人类海洋的什么方位上，也就不会真正弄懂我们该干些什么事情。过去我们之所以犯超越历史阶段的错误，一个重要原因就是因为没有正确认识中国现阶段的世界历史性和时代空间性定位，总是遵循着一个简单的思维程式：即认为社会主义历史阶段高于资本主义的历史阶段，我们中国已经处在社会主义历史阶段，因此我国现阶段的社会也处于高于资本主义的历史阶段，因此要在经济、政治、文化等等方面都要体现出对资本主义的超越性、优越性。现在我们终于改变了这种思维程式，实事求是地承认社会主义初级阶段是在社会主义条件下去实现资本主义工业发达国家早已实现了的工业化、经济的社会化、市场化、现代化。坦率地承认这个事实，要归功于邓小平倡导的解放思想、实事求是的思想路线；承认这个事实，可以使我们从过去那种超越历史发展阶段的思维定式中解脱出来，这就为我们正确解决什么是社会主义初级阶段有中国特色社会主义的经济、政治、文化这个问题提供了必要的思想认识前提。

江泽民的十五大报告对社会主义初级阶段是一个什么样的历史阶段的内涵进行了详细论述，认真研究这些论述并探索其中每一个内涵的文化意义、文化要求就可以帮助我们明确什么是社会主义初级阶段有中国特色社会主义文化的问题。现在我们根据江泽民的论述来说明每一内涵的文化意义、文化要求。社会主义初级阶段是逐步摆脱不发达状态，基本实现社会主义现代化的历史阶段，这个现代化既指现代化的经济和政治，也指现代化的文化；社会主义初级阶段是由农业国逐步转变为工业国的历史阶段，在文化上必然要实现由农业时代的文化向工业时代的文化的转变；社会主义初级阶段是由自然经济半自然经济占很大比重逐步转变为经济市场化程度较高的历史阶段，这也必然要求实现文化从自然经济半自然经济的文化向市场经济文化的转变；社会主义初级阶段是由文盲半文盲人口占很大比重、科技教育落后，逐步转变为科技教育文化比较发达的历史阶段，这就必然规定改变科技教育文化的落后局面是我们文化建设所承担的历史性任务，而且这种文化建设必须从反对迷信、愚昧，普及科学、文化、教育做起；社会主义初级阶段是我国人民生活水平脱贫致富奔小康的历史过程，这就要求一种能和这一变化过程相适应的文化，一种能够解放生产力和发展生产力的文化，一种能够鼓励一部分人、一部分地区先富起来并鼓励先富帮后富逐步达到共同富裕的文化；社会主义初级阶段是通过改革和探索，建立和完善比较成熟的充满活力的社会主义市场经济体制、社会主义民主政治体制和其他方面体制的历史阶段，这就要求一种有利于这种改革和探索而不是阻碍这种改革和探索的文化；社会主义初级阶段是广大人民牢固树立建设有中国特色社会主义共同理想，自强不息，锐意进取，艰苦奋斗，勤俭建国，在建设物质文明的同时努力建设精神文明的历史阶段，显然建立这种精神文明是文化建设的重要任务；社会主义初级阶段是逐步缩小同世界先进水平的差距，在社会主义基础上实现中华民族伟大复兴的历史阶段，显然这个历史阶段的文化应该是体现中华民族复兴和振兴精神的文化。总之，我们只有对社会主义初级阶段上的社会历史实践活动及其文化要求进行深入细致的分析，才能使我们真正从实际出发对"什么是"的问题作出正确回答。

究竟什么是社会主义初级阶段有中国特色社会主义文化？邓小平理论中对这个问题有着丰富深刻的论述，江泽民的十五大报告根据邓小平理论，总结了十四大以来文化建设、精神文明建设的新经验，对这个问题作了新的论述。江泽民在庆祝中国共产党成立七十周年大会上的讲话曾经论述过有中国特色社会主义的经济、政治、文化，这次在分别论述之前提出了社会主义初级阶段有中国特色社会主义的经济、政治和文化这一概念，而这一概念的提出是同把邓小平提出的"什么是社会主义、怎样建设社会主义"的问题具体化为"什么是初级阶段的社会主义、在初级阶段怎样建设社会主义"的问题联系在一起的，因此这一概念的提出表示了认识的深化和发展。社会主义初级阶段有中国特色社会主义的文化这一概念本身就包含了对问题的回答，分析这一概念可以明确下列几点：1. 这种文化是社会主义的而不是封建主义、资本主义的；2. 这种社会主义文化是社会主义初级阶段的文化，而不是社会主义高级阶段的文化，更不是共产主义阶段的文化；3. 这种文化是具有中国特色的文化，而不是从其他国家照搬过来的不具有中国特色的文化。也许人们觉得这样的回答不过在重复概念的内容，是在同语反复，其实这是揭示概念内涵规定的回答。人们不难发现，这三条构成了进一步回答"什么是"问题的必要前提，而且还必须看到，上述三条相区别又相联系，构成了一个统一的整体，只讲其中的一条、二条而不讲其余的就不可能提供正确的答案。当然，我们不应该停留在这样简单的回答，而应该由此出发进行更为深入具体的研究。

江泽民的十五大报告正是如此，在提出了社会主义初级阶段有中国特色社会主义文化的概念之后，从不同的角度进一步回答了"什么是"的问题。按照十五大报告的论述：从内容与形式的角度看，它是以马克思列宁主义、毛泽东思想、邓小平理论为指导的、民族的、科学的、大众的社会主义文化；从它与社会实践关系的角度来看，它是植根于社会主义初级阶段的社会实践，反映社会主义初级阶段有中国特色社会主义经济和政治的基本特征并为之服务的文化，是面向现代化、面向世界、面向未来的文化；从它与历史的、现实的其他各种文化的关系来看，它是渊源于中华民族五千年文明史，又吸收了外国文化有益成果的文化；从它的任务来看，它要着力提高全民族的思想道德素质和科学文化素质，为经济发展和社会进步提供强大的精神动力和智力支持，培育适应社会主义现代化要求的一代又一代有理想、有道德、有文化、有纪律的公民。要在全社会形成共同理想和精神支柱，要发展科学、教育、文化事业，要营造良好的文化环境，提高社会文明程度。把上述各种不同角度的回答综合起来，我们可以对"什么是"的问题作如下回答：社会主义初级阶段有中国特色社会主义文化，就是植根于社会主义初级阶段的社会实践，反映社会主义初级阶段有中国特色社会主义经济和政治基本特征并为之服务的文化，是继承了中华民族历史文化优秀传统、吸取了外国文化有益成果，面向现代化、面向世界、面向未来的，民族的、科学的、大众的社会主义文化。不难看出，它具有实践性、时代性、开放性、民族性、科学性、大众性、复合性等显著特征。

三

怎样建设社会主义初级阶段有中国特色社会主义的文化，是江泽民在十五大报告中提出和回答的又一个问题。怎样建设这种文化，最根本的当然是高举邓小平理论的伟大旗帜，坚决执行党在社会主义初级阶段的基本路线、基本纲领，进一步遵循解放思想、实事求是的思想认识路线，做到从社会主义初级阶段这个最大的实际出发。不过，如何在文化建设中真正实现上述要求，仍然需要进行更为具体和深入的研究，探索和揭示社会主义初级阶段有中国特色社会主义文化建设的发展规律。

探索文化建设发展规律，解决怎样建设的问题，要从分析它与制约它的各种因素之间的相互关系入手。具体来说，要正确分析和处理好下列十个方面的关系：

1. 马克思主义、毛泽东思想、邓小平理论指导与百花齐放、百家争鸣的关系

马克思主义、毛泽东思想、邓小平理论在文化建设中的指导地位是由社会主义文化的性质、共产党在这种文化建设中的领导地位、我们国家的社会主义性质决定的。它们的指导作用最根本的在于为科学研究、文学艺术创作提供正确的世界观、认识论、方法论、价值观，这种指导作用不应该理解为它们为科学研究、文学艺术创作提供现成的答案。科学问题、文学艺术问题、文化问题只能由科学家、文学艺术家在正确世界观、认识论、方法论、价值观指导下通过创造性的研究、创作、讨论解决。真理与谬误的区分问题、真善美和假丑恶的辨别问题，归根到底取决于科学的、文化的、艺术的实践，而不应该根据经典作家著作中的片言只语去裁决，因此发展科学文化，必须坚持"百花齐放、百家争鸣"的方针。历史的经验表明，从理论上阐述坚持马克思主义的指导和坚持双百方针的关系似乎并不复杂，但是在实际工作中处理好两者的关系却并不简单。党的十一届三中全会以前的很长时间内，双百方针并没有真正贯彻执行，实际上只有"左"倾思想一家独鸣。十一届三中全会以来，恢复了"双百方针"，但在实践中还存在着这样那样的问题，因此如何处理好这种关系仍然是我们需要进一步研究和解决的问题。

2. 主旋律和多样性的关系

弘扬主旋律，提倡多样性，是为了坚持为人民服务、为社会主义服务的方向。主旋律指的是社会主义时代精神。这个社会主义当然不是指那种从马克思主义著作个别论断的教条式理解和附加到马克思主义名义下的某些错误观点出发而形成的社会主义，而是指邓小平理论中阐述的有中国特色的社会主义，是处于初级阶段的社会主义而不是指未来高级阶段的社会主义或共产主义。应该承认，由于对社会主义存在不同理解，因而对社会主义时代精神也有不同理解，这就是说，究竟什么是主旋律这个问题需要进一步研究和说明。提倡多样性是为了更好地为人民服务，充分体现人民的利益和愿望，满足人民不同层次的多方面的、丰富的、健康的精神文化需要。多样性可以作多方面的理解，如理解为主题和题材上的多样性、文学艺术表现形式和风格上的多样性、文学艺术品种和品位上的多样性，人们审美情趣上的多样性等。既要弘扬主旋律又要提倡多样性的方针确实表明了初级阶段有中国特色社会主义文化的重要特点。因为是社会主义性质的，不能不弘扬这个主旋律；又因为是初级阶段的，不能不提倡多样性。主旋律和多样性本质上应该是统一

的，但又是互相制约的，任何一方强调得不适当就会损害另一方，因此就要研究和处理好这种关系。

3. 先进性和群众性之间的关系

党的十四届六中全会决议在论述努力提高全民族思想道德素质问题时提出，要把先进性要求同广泛性要求结合起来，江泽民十五大报告重申了这个原则。按照十四届六中全会的决议，先进性要求指的是共产主义、社会主义思想道德，群众性要求指的是一切有利于解放和发展社会主义社会生产力的思想道德，一切有利于国家统一、民族团结、社会进步的思想道德，一切有利于追求真善美、抵制假丑恶、弘扬正气的思想道德，一切有利于履行公民权利与义务、用诚实劳动争取美好生活的思想道德，团结和引导亿万人民积极向上、不断提高全民族思想道德水平的思想道德。按照十五大报告，先进性要求指的是共产主义思想道德要求，广泛性要求则简括为一切有利于国家统一、民族团结、经济发展、社会进步的思想道德要求。这里谈的虽然是思想道德要求，但由于思想道德是文化中的重要组成部分，任何一种文化总是用各种形式直接或间接地表达着某种思想道德，因此上述要求实际上也是对文化建设的要求，即要求我们在文化建设中把先进性和群众性、广泛性要求结合起来。提出这种结合是总结了十一届三中全会以前很长时期内在思想道德文化建设中只讲先进性要求不讲广泛性要求，在全国人民中推行共产主义思想道德文化要求的历史教训，是为了纠正那种在思想道德文化建设中推行超越历史阶段的"左"的指导思想，是为了把对先进分子的要求同对广大群众的要求区别开来，就全社会的整体而言则是对少数先进分子的先进性要求和对广大群众的广泛性要求的结合，有了这种结合就可以使我们的思想道德文化建设更好地做到从社会主义初级阶段的实际出发。不过在实际工作中，一谈加强思想道德文化建设，人们仍然习惯地把注意力更多地集中到先进性要求上，新闻报道和舆论宣传的绝大部分注意力也放在这种要求上面，对于广泛性要求仍然重视和注意得不够，对于广泛性的各种思想道德要求的理论研究也不够，因此处理好先进性要求和广泛性要求的关系仍然是需要研究和解决的问题。

4. 社会主义文化要求和市场经济文化要求之间的关系

社会主义主张实行生产资料公有制、按劳分配、在劳动者之间建立互助合作的关系，社会主义的目的是通过发展生产、经济满足社会成员不断增长着的物质文化需要，是为社会、为人民而生产和经营，因此它要求人们树立生产资料公有观念、劳动观念，为社会、为国家、为集体的观念，互助合作的观念，反对私有观念，剥削观念等等。市场经济是建立在各经济主体对生产资料、财富、产品拥有所有权、支配权、经营权的基础上的，在市场上所发生的是各主体彼此之间的等价交换、自由竞争、机会平等的经济关系，通过利益上的盈亏，推动经济主体不断提高资源的配置和使用的效率、效益，推动经济主体追求自身的利益、利润的最大化。因此市场经济的文化要求必然表现为对所有权、利益、利润的追求，对摆脱各种超经济人身依附关系的自由、平等、人权的要求。因此它增强着人们的主体意识、自立意识、竞争意识、效率意识、民主法制意识、开拓创新精神，同时它也为利己主义、个人主义、享乐主义的萌生和滋长提供了条件，造成分配不公、贫富两极分化等事实。社会主义初级阶段的有中国特色社会主义实行了以公有制为主体的生产资料所有制的多种形式、以按劳分配为主体的多种分配形式，开辟了与市场经济体制结合起来的现实道路，与市场经济之间也形成了许多共同的文化要求。但是社会主义原则和市场经济原则除了相互重合、一致的方面外毕竟还存在着差别、对立，前者主张把社会利益、集体利益、国家民族的长远利益放在首位，后者实际鼓励的是把个人利益、经济主体的利益、当下市场上的经济效益放在首位，至于和市场经济相伴而出现的个人主义、利己主义、享乐主义、贫富两极分化等等更是社会主义所不能容纳的。我们能不能在经济上实行市场经济体制，在思想道德文化上又拒绝市场经济原则？比如我们能不能在经济上实行等价交换、有偿服务原则，在思想道德文化上只讲为人民服务、无私奉献、集体主义的原则？如果这样的话，会不会造成经济和文化关系上的二元论？根据一定的文化是一定的经济和政治的反映并服务于一定的经济和政治的马克思主义原则，在经济上我们实行了社会主义基本制度和市场经济体制的结合，那么在文化上似乎也应该体现这种结合，也应该把社会主义原则和市场经济原则结合起来，并且在结合的过程中，用社会主义原则去克服市场经济原则所固有的矛盾和负面影响。究竟要不要结合，如何结合，这是需要认真讨论和研究的。

　　5. 文化建设和经济建设的关系

　　以经济建设为中心是党在社会主义初级阶段基本路线的重要内容，坚持不坚持以经济建设为中心是坚持不坚持党的基本路线的表现。这是由我国处在经济上不发达阶段的国情决定的，也是由于经济建设提供着我们从事其他建设、改善人民生活的经济基础和物质条件这一事实所决定的，因此文化建设似乎只能处在一种非中心的地位。在实际工作中则发生了借口经济建设的重要性而忽视、否定文化建设重要性的情况。因此如何在坚持以经济建设为中心的前提下重视和加强文化建设，或者如何在经济建设为中心的前提下使物质文明建设和精神文明建设协调发展仍然是需要进一步解决的问题。从经济发展的未来趋势看，在经济建设和文化建设之间作一种主次、中心非中心的简单划分究竟是否科学，仍然是应该研究的。我总觉得，党的基本路线中的"以经济建设为中心"所要反对的是过去那种以阶级斗争为纲的"左"的指导思想和路线。

6. 社会主义初级阶段有中国特色社会主义文化与传统文化、外域文化、未来文化之间的关系

社会主义初级阶段有中国特色社会主义文化建设面临着中华民族历史悠久、光辉灿烂的古代文化传统，面临着长期的新民主主义革命和社会主义革命中形成的革命传统文化，还面临具有几百年历史、目前具有强大经济实力支持的资本主义文化。我们现在建设和发展有中国特色的社会主义，将来的最终目的是要实现共产主义的美好理想，今天社会主义初级阶段有中国特色社会主义文化在将来还要发展为社会主义高级阶段的文化，最后则发展为共产主义文化。因此，我们今天从事社会主义初级阶段有中国特色社会主义文化建设的时候，无法回避它与上述各种文化之间的关系。在一定的意义上看，我们只有搞清楚了它与上述各种文化的区别与联系，才能真正明白什么是社会主义初级阶段有中国特色社会主义文化和怎样建设这种文化。如何对待传统文化、外域文化、未来文化，马克思主义、毛泽东思想、邓小平理论都提出过原则和方法，要求我们立足现实，继承传统文化中的优秀成果，吸收外域文化的有益成分，还要提倡共产主义精神等。显然，要实现这些原则，第一我们要吃透现实实践的文化要求；第二我们要对上述各种文化有一个全面、系统、深刻的了解和把握；第三我们要根据现实要求对各种文化进行分析，分清哪些是我们可以而且应该吸取的，哪些是必须抛弃的，哪些是经过改造以后可以利用的。真正做到这些要求，很不容易，因此要进一步展开这方面的研究。

7. 繁荣和管理的关系

十四届六中全会决议中提出了一手抓繁荣，一手抓管理，促进文化市场健康发展的原则。该决议指出，文化市场是社会主义精神文明建设的重要阵地，决不允许成为腐朽思想文化滋生蔓延的场所。要积极培育和完善文化市

场，大力扶持健康的文化产品，倡导适合广大群众消费水平的有益文化娱乐活动，更好地活跃和丰富文化生活。要维护合法经营，保护知识产权，管好文化产品的引进。坚持不懈地开展扫除黄色出版物，打击非法出版活动的斗争。抓紧制定和完善有关法规，加大执法力度，健全管理体制，发挥群众监督作用，规范文化市场行为。江泽民十五大报告又重申了这一原则。繁荣和管理在根本目的上是一致的，都是为了发展文化。不过放弃管理或管理不当都有可能损害繁荣，该管的不管，不该管的管了，仍然不能保证繁荣。曾经发生过不问青红皂白，一律削减刊物数量的整顿管理，使得一些国家级的学术刊物不得不停刊，这种主观主义式的、行政命令式的、一阵风式的管理就不利于繁荣。管理是为了规范文化活动的，但文化领域中的管理本身往往表现出很大的随意性，因此管理本身极需要规范化、制度化、法治化。文化建设领域中法制建设滞后的状况，应大力改变。

8. 思想道德建设和科学文化建设之间的关系

这是文化建设、精神文明建设内部两大组成部分之间的关系。人们常有这样的看法，思想道德建设不需要多大投入，只要抓紧思想政治工作，多开几个会作几个报告就行；人们也常以过去革命年代为例，那时生活很困难，革命队伍的思想道德却很好、精神境界很高，进行的政治思想教育也并没有花多少钱。相比之下，科学文化建设常常需要一系列的物质手段、基础设施，要培养各种专门人才，这就要大量投入。在我国经济建设需要大量投入的情况下，人们总想对文化建设少投入点，过去说的"一工交，二财贸，腾出手来抓文教"，现在变成为"工交财贸议半天，讨论农业一支烟，到了文卫就散会"，于是人们想出了一个在文化建设中"少花钱多办事"的"诀窍"，这就是重视思想道德这种"虚"的文化建设，借此去掩盖对科学文化事业之类"实"的文化建设的不重视。但思想道德建设能不能脱离科学文化建设单独地发展呢？当然科学文化知识丰富而思想道德水平低下的人是有的，但就多数、总体而言，就社会历史发展的长过程而言，思想道德水平的提高依赖于科学文化素质的提高。提高人们的科学文化素质为提高人们的思想道德素质创造了知识文化的前提。为什么在我国广大农村还大量存在着迷信、愚昧、各种落后的陈规陋习，就是因为缺乏科学文化知识；为什么在我国城市中普遍存在着公共场合秩序不好、城市环境卫生随意被破坏的现象，也是因为人们缺乏现代城市文明生活所需要的各种科学文化知识和公共伦理规范知识、法律知识。因此，在加强文化建设的时候，一定要处理好思想道德建设和科学文化建设之间的关系。

9. 市场经济体制和文化建设体制的关系

建立社会主义市场经济体制是我国经济体制改革的目标模式，文化建设体制不能不发生某种相应的变化，也必须进行改革。但是，有那么一段时期，人们错误地认为文化建设体制也应该市场化，甚至采取减少拨款、"断奶"、自筹资金等行政手段迫使文化事业单位走向市场，同时经济利益的驱动也使许多文化事业单位走向市场，虽然邓小平同志曾经明确指出过："思想文化教育卫生部门，都要以社会效益为一切活动的唯一准则，它们所属的企业也要以社会效益为最高准则。"① 但是，在资金短缺、成员生活水平提高与经济单位比较相形见绌的情况下，邓小平同志的上述指示在许多文化单位没有得到认真贯彻执行。十四届六中全会决议在谈到改革文化体制是文化事业繁荣和发展的根本出路的时候，指出"改革要符合精神文明建设的要求，遵循文化发展的内在规律，发挥市场机制的积极作用"。强调了"文化产品具有不同于物质产品的特殊属性，对人们的思想道德和科学文化素质有重要影响。要坚持把社会效益放在首位，力求实现社会效益和经济效益的最佳结合。改革要求区别情况，分类指导，理顺国家、单位、个人之间的关系，逐步形成国家保证重点、鼓励社会兴办文化事业的发展局面。文化企事业单位要深化改革，加强管理，建立健全既有竞争激励又有责任约束机制"。还指出"对政府兴办的图书馆、博物馆、科技馆、文化馆、革命历史纪念馆等公益性事业单位，应给予经费保证"。这就为文化体制的改革规定了正确的方向，有效地遏制了前几年那种盲目市场化的倾向。不过，文化体制改革和经济体制改革的关系问题还需进一步研究，许多文化单位实际存在的生存和发展困难，还需进一步解决。

10. 加强党的领导和发挥知识分子积极性的关系

党必须领导文化建设，这是马克思主义、毛泽东思想、邓小平理论的一贯思想。党的十四届六中全会决议专节论述了"加强和改善党对精神文明建设的领导"问题。十五大报告虽然没有专门论述，但它是大会主题的题中应有之义。党也历来重视在文化建设中发挥知识分子的作用。邓小平纠正了毛泽东晚年在知识分子及其作用问题上的"左"的错误，把知识分子作为工人阶级的一部分，不断强调人才、知识分子在现代化建设事业中的重要性。根据邓小平理论，江泽民同志在十五大报告中进一步指出："知识分子是工人阶

---

① 《邓小平文选》第 3 卷，人民出版社 1993 年版，第 145 页。

级的一部分，在现代化建设中起着重要作用。要认真贯彻党的知识分子政策，充分发挥他们的积极性和创造性。知识分子要加强学习，提高自己，努力成为先进思想的传播者、科学技术的开拓者、'四有'公民的培育者和优秀精神产品的生产者，同广大工人、农民一起，为中华民族的振兴建功立业。"① 这一段话既高度评价了知识分子的作用，又对知识分子提出了明确的要求。"传播者"、"开拓者"、"培育者"、"生产者"这四句话深刻揭示了知识分子在现代化建设事业中的光荣使命和功能角色。加强党的领导和发挥知识分子的积极作用在根本上是一致的，都是为了把文化建设事业推向前进。不过，从20世纪30年代到70年代之间所发生的情况来看，党的领导和知识分子的关系上反复出现过风风雨雨的局面。当知识分子积极性不高的时候，党的领导要调动知识分子的积极性；当党的领导觉得知识分子的积极性发挥得不符合要求时，又会批评乃至批判、斗争知识分子的一部分、甚至是大部分，尽力把知识分子"整顿"到和党的领导保持完全一致的程度，因此知识分子及其作用的发挥常常受到国内外政治形势和党的政治路线、党的领导人的意向的影响，为数不少的知识分子不得不常去揣摩政治风向和领导人的态度，今天左转明天右转，在知识分子中造成了极大的精神压力，也造成了知识分子精神上的极大苦恼。这当然是过去错误的"左"的指导路线造成的。改革开放以来，情况发生了重大变化，但起伏还是存在的。所以会出现上述问题，除了党的指导思想、政治路线和知识分子这两方面所存在的原因外，加强党的领导和发挥知识分子积极性的关系上缺乏规范、制度也是一个很大的原因，在这个问题上加强制度建设和法制建设也很重要，使加强党对文化建设的领导和发挥知识分子在文化建设中的积极作用都能依法进行。

总而言之，我们只有在贯彻十五大精神的过程中，真正实际地而不是口头地认识了社会主义初级阶段有中国特色社会主义文化的重要性、紧迫性，又在理论和实际的结合上搞清楚了什么是社会主义初级阶段有中国特色社会主义文化以及怎样建设这种文化，那么"在社会主义现代化建设的伟大实践中，我们一定会创造出更加绚丽多彩的有中国特色社会主义的文化，对人类文明作出应有的贡献"②。

---

① 《江泽民文选》第2卷，人民出版社2006年版，第35页。
② 同上。

关于繁荣和发展我国哲学
社会科学的几个问题[*]

"积极发展哲学社会科学"是江泽民同志在十五大报告中提出的要求，也是我国改革开放和社会主义现代化建设事业发展的客观要求。因此，如何根据马克思主义、毛泽东思想特别是邓小平理论的立场、观点、方法，进一步认识哲学社会科学的重要性，把握哲学社会科学的学术性质和发展规律，更好地繁荣和发展我国的哲学社会科学事业，就是我们每一个哲学社会科学工作者面临的光荣任务。本文就这个主题，谈点看法，请教于学术界。

一 要进一步认识哲学社会科学的重要战略地位

1. 哲学社会科学在现代化建设和社会全面进步中发挥着不可替代的重要作用。

发展生产力，发展经济，创造物质文明，固然离不开自然科学技术，但同样也需要哲学社会科学。因为生产力的形成和经济的发展过程不仅是一种自然科学性质的技术过程，同时还是一种组织人们掌握和使用技术设备，实现和分配人的利益的社会过程。马克思曾经指出，随着劳动社会规模的扩大，协作、管理、指挥成为劳动过程本身进行的必要条件，成为实际的生产条件。他把由协作、管理、指挥形成的生产力称作劳动的社会生产力或社会劳动的生产力。^① 就一个企业而言，这种协作、管理、指挥的过程，要根据生产过程的技术工艺性质，在人机之间、人与人之间建立分工协作的功能结构，还

---

　* 该文第三部分曾以"总结历史经验，认识社会科学发展规律"的题目刊载于《中国社会科学院院报》2000 年 10 月 17 日第 3 版。

　① 《马克思恩格斯全集》第 23 卷，人民出版社 1972 年版，第 366、367、370 页。

要根据人们的责任、贡献建立相应的利益结构，要把资源配置上的效率和利益分配上的公正结合起来，这不仅是管理物的过程也是管理人的过程，不仅有生产的、经济的管理还有关于人的精神的、文化的、思想的管理，不仅要激发人们为自身利益而奋斗，还要激发人们为企业为社会的利益而奋斗，要形成企业精神、企业伦理、企业哲学、企业文化。至于在社会、国家的宏观范围，经济的运行过程更是一种社会性质的组织和管理过程。这就是说，马克思讲的劳动的社会生产力或社会劳动的生产力完全是哲学社会科学在生产过程中应用的结果。马克思在研究了科学在资本主义生产过程中的应用之后指出：一般社会知识，已经在多么大的程序上变成了直接的生产力，从而社会生活过程的条件本身在多么大的程序上受到一般智力的控制并按照这种智力得到改造①。马克思所讲的"一般社会知识"、"一般智力"既包括着自然科学又包括着哲学社会科学。邓小平在讲科学技术是第一生产力的时候，同样也包括了哲学社会科学。当代，随着高新技术的迅猛发展，劳动密集型生产力正在演变为科学技术密集型、高技术密集型生产力，工业经济正在演化为信息经济、知识经济，生产、经济、企业的发展越来越依靠技术、科学、知识、信息，越来越既依靠自然科学又依靠哲学社会科学，就是自然科学及技术本身的发展和应用也到了不能不考虑哲学社会科学的程度。因此，在今天，只懂自然科学技术而不懂哲学社会科学，决不可能成为一个合格的管理者、经营者、领导者。

至于建立适合于生产力发展要求的经济政治制度和体制，推进制度现代化，创造制度文明，则完全取决于哲学社会科学对社会结构和社会发展规律的认识和把握。生产力和生产关系、经济基础和上层建筑之间的矛盾运动是在人们对这种矛盾运动的实践认识的反复过程中展开的。在特定的时代，只有当人们认识到了上层建筑、生产关系成为生产力发展的桎梏时，他们才会行动起来从事变革生产关系和上层建筑的革命或改革活动。而这种认识，往往首先是由那个时代的哲学社会科学家在系统研究基础上发现和提出并形成变革生产关系和上层建筑的新思想、新理论。马克思说："批判的武器当然不能代替武器的批判，物质力量只能用物质力量来摧毁；但是理论一经掌握群众，也会变成物质力量。"② 马克思所论述的就是哲学社会科学中的新思想、

---

① 《马克思恩格斯全集》第 46 卷（下），人民出版社 1980 年版，第 219—220 页。
② 《马克思恩格斯选集》第 1 卷，人民出版社 1995 年版，第 9 页。

新理论在社会制度和体制变革过程中的巨大作用。

社会进步和人的全面发展不但要求着物质文明、制度文明，还要求着精神文明。精神文明建设固然也依靠着自然科学提供的知识、观念的精神财富，但更依靠着哲学社会科学提供的知识、观念、文化的精神财富。哲学是时代精神的精华、文明的活的灵魂，为人们提供着系统的、理论的世界观、价值观、人生观、认识论、方法论；宗教学揭示着宗教产生、演变、消亡的规律，帮助人们树立正确的宗教观；法学、政治学阐述着法律、政治的本质，帮助人们树立正确的法律、政治观念；伦理学研究调节人们相互关系的伦理基础和道德原则，帮助人们树立正确的伦理道德规范；经济学揭示经济规律，指导人们有效地、文明地从事经济活动；社会学揭示人们在社会生活中形成的各种具体的社会结构及演变规律，帮助人们认识各种社会性活动的社会影响；文学、艺术、美学提高着人们的审美情趣，丰富着人们的审美观念，等等。只有掌握哲学社会科学在人类历史发展过程中积累起来的全部文明成果，树立正确的世界观、价值观、人生观，树立符合社会发展要求的理想、信息、情趣、规范，才能成为精神高尚的人，才能建设好社会的精神文明。

由此可见，无论是在一个社会的物质文明建设还是在一个社会的制度文明、精神文明建设中，哲学社会科学都发挥着巨大作用，提供着观念、理论和方法。

2. 历史经验一再证明着哲学社会科学的重要性。

人类的古代，虽然近代意义上的自然科学和社会科学还没有从哲学中分化出来，但我们的祖先还是开始了对自然、社会及人自身的认识，表现为神话、宗教和哲学。那时的认识，从我们现代的观点去看，也许是相当幼稚的、肤浅的，甚至谈不上科学，但是在维系古代社会的发展中仍然发挥了重大作用，其中积极成果构成了后来哲学社会科学发展的思想资料。中华民族的形成和发展离不开中国古代文化所形成的对于华夏民族的亲和力和凝聚力。秦汉以后，中央集权制的统一国家的巩固和发展，也得力于以儒学为主体的古代文化，直到公元15世纪以前，中华民族在生产、经济、科技、文化等方面的发展，均处在世界的前列。今天，继承历史文化优秀传统，是我们在社会主义初级阶段建设有中国特色社会主义文化的重要任务。

在欧洲，古希腊罗马哲学、基督教文化不仅创造了欧洲的古代文明，而且对后来欧洲的发展产生了深远的历史性影响。15世纪开始的欧洲文艺复兴运动及后来的资产阶级启蒙思想运动则对近代欧洲社会乃至世界产生了巨大的社会影响。资产阶级的思想家、理论家高举理性的旗帜，批判中世纪宗教神学倡导的迷信和盲从，"他们不承认任何外界的权威，不管这种权威是什么样的。宗教、自然观、社会、国家制度，一切都受到了最无情的批判；一切都必须在理性的法庭面前为自己的存在作辩护或者放弃存在的权利"①。他们高举人道主义的旗帜，用人权反对神权，用人性反对神性，用资产阶级的自由、民主、平等、正义的口号批判宗教和封建的特权和等级制度。这些新思想、新观念把人们从宗教神学中解放出来，去探索自然、社会和人自身，导致了近代自然科学、社会科学、人文科学的产生和发展，导致了工业革命；这些新思想、新观念也培育了资产阶级革命精神，为资产阶级革命的兴起和胜利后的资产阶级统治进行了思想理论上的准备。

19世纪中叶，马克思恩格斯根据无产阶级解放事业的实践需要，批判地考察了德国古典哲学、英国古典经济学、法国空想社会主义，创立了唯物史观、剩余价值学说，把社会主义从空想变成科学。在人类思想史上实现了革命变革的马克思主义成为无产阶级和广大劳动人民从事阶级斗争、革命和求解放的科学理论和思想武器。在马克思主义产生以前，在资本主义社会内在矛盾的推动下，已经出现了工人起义和社会主义、共产主义运动，但都因没有科学理论的指导而失败了。马克思主义产生以后，逐渐战胜了工人运动中各种非马克思主义思潮，实现了无产阶级的国际大联合，建立了第一国际和第二国际，随后一系列国家中又建立了无产阶级政党，把工人和社会主义运动推向了无产阶级革命的新阶段。19世纪末20世纪初，列宁科学地分析了资本主义从自由竞争阶段走向垄断阶段所出现的时代特征，批判了第二国际领导人不敢革命、不敢夺取政权的错误理论，利用第一次世界大战造成的有利形势，领导俄国社会民主工党布尔什维克成功地进行了十月社会主义革命，在世界上建立了第一个工农兵政权，把社会主义从科学理论变成了实际的实践。在十月革命的影响和马克思列宁主义的指导下，20世纪上半叶在亚洲、欧洲、拉丁美洲、非洲出现了一次又一次的无产阶级革命和民族解放运动的高潮。十月革命一声炮响，给中国的先进分子送来了马克思列宁主义。中国共产党在马克思列宁主义的指导下，把孙中山开创的资产阶级民主革命推向了由无产阶级领导的新民主主义革命阶段，经过几次曲折之后，实现了马克思列宁主义和中国实际相结合的第一次历史性飞跃，产生了马克思列宁主义

---

① 《马克思恩格斯选集》第3卷，人民出版社1995年版，第355页。

中国化的第一个理论成果——毛泽东思想。中国新民主主义革命的胜利和新中国社会主义基本制度的建立是马克思列宁主义、毛泽东思想的胜利。

无产阶级革命并没有如马克思恩格斯设想的那样在工业发达的资本主义国家同时取得胜利，而是首先在经济、文化相对落后的俄国、中国这样一些国家获得了胜利，马克思虽然设想过在某些历史前提存在的条件下，俄国这样的国家有可能跨越资本主义的"卡夫丁峡谷"而直接进入社会主义社会，但俄国革命成功的时候，马克思讲的那些历史条件实际上并不存在，因此这类国家的无产阶级政党在掌握了全国政权之后如何建设社会主义，在马克思恩格斯的著作中并没有现成的答案。列宁在十月革命后的头几年实行了战时共产主义政策，受挫后改行新经济政策，取得了初步成效；斯大林在列宁逝世后中断了新经济政策，逐步形成了以中央集权的行政计划经济体制为主要特征的社会主义实践的斯大林模式，这个模式在战争与革命的环境中曾经推动过生产力的发展，后来随着时代特征的逐步变化和内部矛盾的逐步展开，这个模式逐渐丧失了它对生产力发展和人民生活水平改善的积极作用。20 世纪 50 年代，斯大林模式的某些问题暴露出来后，南斯拉夫等东欧国家开始探索新的社会主义实践模式，以毛泽东为核心的中国共产党第一代领导集体也开始探索中国的工业化道路。这些探索终因未能从根本上突破中央集权的行政计划经济体制而未能取得成功。中国"文化大革命"的失败、苏联的解体、东欧的剧变，在不同的时间以不同的形式宣告了斯大林模式的失败。中国共产党十一届三中全会以后，以邓小平为核心的第二代领导集体，纠正了毛泽东的晚年错误，恢复和倡导了解放思想、实事求是的马克思主义思想路线，总结了我国社会主义胜利和挫折的经验教训，借鉴了其他社会主义国家兴衰成败的历史经验，对当今时代特征和我国社会所处的历史阶段作出了科学的正确分析，抓住"什么是社会主义、怎样建设社会主义"这个根本问题，在新的实践基础上继承前人又突破陈规，深刻地揭示社会主义本质，把对社会主义的认识提高到新的科学水平，开拓了马克思主义的新境界，实现了马克思列宁主义和中国实际相结合的第二次历史性飞跃，创立了邓小平理论。20 年来的实践表明，作为毛泽东思想的继承和发展的邓小平理论是马克思主义在中国发展的新阶段，是当代中国的马克思主义，是指导中国人民在改革开放中胜利实现社会主义现代化的正确理论。在当代中国，只有邓小平理论能够解决社会主义的前途和命运问题。

总而言之，人类社会的发展历史、资产阶级革命的历史、无产阶级革命和社会主义建设的历史都反复表明了哲学社会科学的重要的历史地位，哲学社会科学上的落后、思想理论上的僵化会导致革命、改革和建设的失败；反之，哲学社会科学的重大发展，对社会发展规律和时代特征、社会发展阶段的正确把握和科学理解，会形成推动经济和社会前进的巨大力量。忽视哲学社会科学的重要地位必将受到历史的惩罚，这已经成为历史反复证明了的颠扑不破的真理。

二　要把握面对 21 世纪的中国哲学社会科学研究的任务

正在走向 21 世纪的人类社会，将经历一场广泛而深刻的变革。世界的发展、中国的发展都处于一个关键时期，相应的，马克思主义的发展、社会主义的发展也处于一个关键时期。历史表明，每当社会发生重大变革的时期，作为人类认识世界、改造世界和发展人类自身的一种强大手段的哲学社会科学就显得特别活跃，它的各项社会功能也随着社会的进步与发展而日益增强。马克思曾经说过，每个时代总有属于它自己的问题，准确地把握并解决这些问题，就会把理论、思想、人类社会大大向前推进一步。面向 21 世纪的中国哲学社会科学研究事业必须紧紧把握世纪之交乃至下个世纪人类面临的重大问题，特别是我国社会主义现代化建设过程中出现的重大问题，在对时代重大问题的灵敏反映、准确把握和科学解答中，构筑新的生产点，形成新思想、新观念、新理论，使我国哲学社会科学得到实实在在的发展。

1. 要研究国际形势的新变化及时代特征上的重大问题。

和平与发展是当今时代的两大主题。冷战结束以后，世界各国之间的关系正经历着重大而深刻的调整，各种力量进行着新的分化、组合，国际政治、经济新秩序正处于加速建构之中；世界是朝着建设性的多极化还是单极化方向发展，成为国际政治斗争的焦点。所谓国际政治、经济新秩序，实质上就是关于 20 世纪末和 21 世纪前期世界向何处去这个总问题的集中表现。如何建立一个公正、合理、平衡、稳定、民主、不对抗的国际新秩序，维护世界和平，促进全人类共同繁荣发展，已经成为当代世界所面临的具有战略意义的重大课题，自然也就成为走向 21 世纪的哲学社会科学研究所面临的重大历史性课题。

经济全球化和区域集团化的发展趋势使各国的经济更紧密地联系在一起，

经济竞争出现了新的态势。虽然，科学技术的飞速发展使人类创造了前所未有的物质财富，据统计，1997 年全球商品和服务的消费量已达 24 万亿美元，是 1975 年的 6 倍，但是，地球上仍然有 15 亿以上的人口生活在贫困之中，而生活在高收入国家的占世界 20％的人口却消费着全世界 86％的商品。信息技术、网络技术的发展和应用在推动经济全球化的同时，也对发展中国家和发达国家间的关系产生着深刻影响。据报载，目前全世界因特网用户有 1.3 亿人。发展中国家，也就是说"南方"，用户总共有 1000 多万，只占世界全部用户的 7.8％，而发达国家的用户有 1.2 亿人，占了 92.2％。在发达国家，每 6.8 人中就有一名因特网用户，而在发展中国家，每 440 人中才有一名用户。这种"信息富有"和"信息贫困"上的差别使得发展中国家在获得发展机遇的同时也面临着新的挑战，南北差距正在被拉得更大。一位西方的经济学家最近发表文章说，在一个未加改造的全球经济制度下，将会出现一个"贫富悬殊比以往任何时候都严重的世界"。因此，如何建立符合广大发展中国家利益和全人类长远利益的国际经济新秩序，使全球化变得对大家都有利，并尽量消除和避免全球化带来的负面影响，这其中就蕴含着一系列亟待探索和解决的重大理论问题和战略问题。在金融成为现代经济枢纽、金融日益全球化的新形势下，如何科学地认识国际金融的历史、现状和趋势，探索国际金融、国际资金的流动规律和高效、公正、合理的金融流通新规则，以便为制定我国的国际金融战略和国家金融体制改革、发展战略，并有效地防范和化解金融风险提供理论和对策，就是我们哲学社会科学工作者所必须着力解决的重大时代课题。

经济的全球化过程推动了不同地区、民族、国家之间在经济、政治、文化上的交往，既要求形成某些有利于交往及交往各方发展的共同规则，又要求尊重交往各方在经济、政治、文化发展上的多样性、多元性。1998 年 11 月中俄高级会晤结果联合声明中说："当今世界的丰富多彩，多种文化的并存与互补，是人类不断发展的主要动力之一。承认和尊重世界文明的多元性是建立国际经济政治新秩序的必要条件和客观要求。历史、文化、经济及社会政治制度的差异不应成为冲突或相互疏远的根源或理由，而应成为相互增益和相互完善的动力。21 世纪不应该也不可能成为单一的欧美世纪或者亚太世纪，也不应该由某种宗教或者意识形态价值体系来主导。21 世纪应该并能够成为各国家和各地区的文明和传统兼容并蓄、共同繁荣的时代。"因此全球化和多元性、共同性和多样性的关系问题就是哲学社会科学在 21 世纪必须着力研究的时代性课题。

江泽民同志最近强调指出："当今世界，科学技术突飞猛进，知识经济已见端倪，国力竞争日趋激烈。"① 随着经济全球化的发展，随着知识经济时代的到来，21世纪经济的发展比以往任何时候都更加依赖于知识（自然科学知识、人文社会科学知识和工程技术知识）的生产、扩散和应用。建设国家创新体系，将成为提高国家竞争力的决定性因素。国家创新体系不仅包括自然科学研究的突破、工程技术的创新，而且也包括制度创新和价值观念的更新。应该承认，我们对知识经济的理论研究还相当薄弱，究竟什么叫知识经济，它同工业经济、信息经济有什么区别；知识经济会对生产力、生产关系、上层建筑、意识形态，对产业结构、职业结构、社会结构，对人们的生产方式、工作方式、生活方式、交往方式、管理方式、思维方式等产生什么样的影响；知识经济的发展对走向21世界究竟意味着什么；处于社会主义初级阶段的中国，如何应对知识经济的机遇和挑战，等等，都是哲学社会科学需要研究和回答的问题。

面对世界形势的这些新变化、新趋势及由此产生的新问题，中国作为最大的发展中国家，我们的哲学社会科学必须加强国际问题的基本理论研究，为国家制定国际战略和对外政策提供理论支持；必须深入研究世界经济、政治、文化上的新变化对我国发展的影响，为制定中国经济社会发展战略提供理论依据；必须研究当代科学技术、特别是高新技术发展及其在生产经济应用中的规律，研究知识经济的形成和发展规律，为我国迎接知识经济时代的挑战提供理论准备。

2. 要研究中国特色社会主义事业全面推向21世纪过程中提出的一系列深层次的重大课题。

建设有中国特色的社会主义，是一项前无古人的伟大创举。在过去的20年中，我们在以邓小平为核心的党中央第二代领导集体、以江泽民为核心的党中央第三代领导集体的领导下，在邓小平理论的指引下，取得了改革开放和现代化建设的伟大成就。现在，全党全国人民正在贯彻党的十五大精神，高举邓小平理论伟大旗帜，把建设有中国特色社会主义事业全面推向21世纪，要在21世纪的第一个十年实现国民生产总值比2000年翻一番，使人民的小康生活更加宽裕，形成比较完善的社会主义市场经济体制；到建党一百

---

① 《江泽民文选》第2卷，人民出版社2006年版，第123页。

年时，使国民经济更加发展，各项制度更加完善；到 21 世纪中叶建国一百年时，基本实现现代化，建成富强民主文明的社会主义国家。因此，从现在起到 21 世纪前十年，是我国改革开放和现代化建设取得重大突破的关键时期，是确立、完善社会主义市场经济体制，加强社会主义民主法制建设，繁荣有中国特色社会主义新文化，实现中华民族伟大复兴的关键阶段。在这个关键时期、关键阶段，我们要巩固发展已经取得的改革开放和现代化建设的伟大成就，要解决改革开放和现代化建设发展过程中出现的新情况、新问题、新矛盾，要克服、战胜可以预料的和难以预料的、来自国内的和来自国外的各种挑战、困难和风险，这需要我们响应江泽民同志最近发出的号召：学习、学习、再学习，实践、实践、再实践，在邓小平理论的指导下，充分发挥哲学社会科学的认识、解释和预测功能。我国哲学社会科学工作者应该遵循邓小平理论倡导的解放思想、实事求是，一切从实际出发、理论联系实际，在实践中检验真理和发展真理的马克思主义思想路线和学风，深入改革开放和现代化建设的实践，总结经验，发现问题，提出解决问题的建议、主张、观点和理论。应该肯定，在过去的 20 年中，我国广大哲学社会科学工作者在这方面做了大量工作，在我国改革开放和现代化建设中也发挥了应有的作用，但是把建设有中国特色社会主义事业全面推向 21 世纪的更加艰巨复杂的历史性任务对我国哲学社会科学研究提出了更高更新的要求，20 年改革开放和现代化建设新积累起来的经验需要我们去总结，改革开放和现代化建设继续发展过程中各种深层次的矛盾需要我们去及时地发现和研究。就经济建设而言，怎样实现经济增长方式的转变，怎样处理好经济增长和环境保护、社会全面进步的相互关系，怎样实现科教兴国和可持续发展战略？就经济体制改革而言，十五大提出要有新的突破，国有企业改革已成为党、政府和全国人民当前极为关注的一件大事，究竟怎样加快推进国有企业改革，建立现代化企业制度？就政治体制改革而言，十五大提出要继续深入。我们必须坚持和完善人民民主专政和人民代表大会的根本政治制度，不照搬西方政治制度的模式。然而，究竟怎样从我国国情出发推进政治体制改革，进一步扩大社会主义民主，健全社会主义法制，依法治国，建设社会主义法治国家呢？怎样使政治体制改革和经济体制改革协调地进行呢？怎样使政治体制改革如同经济体制改革那样稳定有序地进行呢？就精神文明建设和文化建设而言，十五大提出要切实加强，这里也存在着需要认真解决的一系列历史性课题，即：如何在以经济建设为中心的前提下，使物质文明建设和精神文明建设相互促进、协调发展，防止和克服一手硬、一手软；如何在深化改革、建立社会主义市场经济体制的条件下，形成有利于社会主义现代化建设的共同理想、价值观念和道德规范，防止和遏制腐朽思想和丑恶现象的滋长蔓延；如何在扩大对外开放，迎接世界新科技革命的情况下，吸收外国优秀文明成果，弘扬祖国传统文化精华，防止和消除文化垃圾的传播，抵御敌对势力对我"西化"、"分化"的图谋。总而言之，无论在改革开放还是在现代化建设方面，无论在经济、政治、文化诸方面还是在社会全面进步和人的发展方面，都有一系列问题等待我国哲学社会科学去研究和回答。

从人民群众无比丰富而深刻的改革实践中汲取研究素材，将人民群众在实践中创造的新鲜经验加以科学概括、提炼和总结，着力探索、解决改革进入攻坚阶段新面临的一系列深层次的矛盾和问题，揭示社会主义初级阶段有中国特色社会主义的经济、政治和文化的发展规律，用创造性的科学成果为改革开放和现代化建设实践排忧解难，为党和国家的科学决策提供咨询和依据，用共同的理想、目标、价值观念去凝聚全国人民，激发他们的聪明才智和创新精神，在中华民族全面振兴伟大事业中实现自身的价值和发展，这是我国哲学社会科学研究面临的跨世纪性的重大课题和光荣任务。

3. 深入研究邓小平理论，丰富和创造性地发展这一理论，进一步开创马克思主义的新境界，是面向 21 世纪的我国哲学社会科学研究的又一崇高使命。

马克思主义是人类文明史上最优秀的成果之一，毛泽东思想和邓小平理论是马克思主义和中国实际相结合过程中两次历史性飞跃所产生的两大理论成果，是以毛泽东、邓小平同志为代表的中国共产党人对马克思主义的创造性发展，是党和人民实践经验和集体智慧的结晶，其中也凝聚了党领导下的广大哲学社会科学工作者的智慧。20 年前理论界关于实践是检验真理的唯一标准的大讨论，冲破了"两个凡是"的思想束缚，推动了全国范围内的思想大解放，为党的工作重点转移和改革开放的全面启动作了理论和思想上的先导，受到了党的十一届三中全会的高度评价。20 年来哲学界围绕实践观及其在马克思主义哲学中重要地位、真理观和价值观相互关系等问题的研究，阐述了邓小平理论的哲学基础，对解放思想、实事求是的思想路线进行了哲学论证；20 世纪 70 年代末 80 年代初，理论界就我国目前所处的历史阶段及其主要任务等问题的广泛深入讨论，为后来形成社会主义初级阶段理论作了大量的探索；经济学界在社会主义市场经济理论形成过程中做出了自己的贡献，1979 年有些经济学家就提出社会主义市场经济的问题。1982 年前后，经济学界就"社会主义经济是商品经济，必须充分发挥市场机制的作用"进行了热烈讨论。1984年十二届三中全会确认社会主义经济是有计划的商品经济后，经济学界继续向前探索，进而提出经济体制改革应为市场化改革，发展社会主义经济就是发展社会主义市场经济的论点。1992年邓小平同志南方谈话和党的十四大之后，哲学社会科学工作者围绕建立和完善社会主义市场经济体制的各种问题从经济学、法学、伦理学、社会学和文化学等方面进行了大量深入的探讨。十五大前后，围绕国企改革、公有制实现形式等问题，理论界提出了许多有价值的启发性论点。20年来法学理论研究上的突破性成果，为20世纪90年代后期提出依法治国、建设社会主义法治国家的治国方略，提供了坚实的法学理论基础。此外，20年来，我国哲学社会科学界所从事的有中国特色社会主义文化建设研究、发展理论和发展战略研究、农村改革和农村发展研究、国际问题和时代特征研究、民族和宗教问题研究等，都就我国改革开放和现代化建设问题提出了观点、思想和政策性建议。上述各方面的哲学社会科学研究成果通过各种途径和形式，为中央领导人的讲话和党中央国务院的重要文件所吸收和接纳，成为党和人民的集体智慧的一部分，从而对邓小平理论的形成做出了贡献。

江泽民同志《在纪念党的十一届三中全会召开二十周年大会上的讲话》中指出："全党同志必须高举邓小平理论伟大旗帜不动摇，坚持把邓小平理论作为我们观察世界、发展自己的强大思想武器，在实践中不断地学习和运用这一理论、丰富和创造性地发展这一理论。这是我们在前进道路上战胜一切困难，排除一切干扰，经受住一切风险考验的最可靠的保证。"[1] 这虽然是对全党同志的号召，但也是我国哲学社会科学界所面临的重大任务。我们应该响应江总书记这一号召，学习和运用邓小平理论，丰富和创造性地发展这一理论。邓小平理论涵盖了我国改革开放和现代化建设的各个领域和方面，内容十分丰富；它又有着深厚的实践基础和丰富宽广的政治、经济、文化背景，往往在通俗的、口语化的话语形式中包含着极为深邃的思想意蕴，我们必须从哲学、政治经济学、科学社会主义等各个理论领域，从经济、政治、科技、教育、文化、民族、军事、外交、统一战线、党的建设等各个方面，深入研究邓小平理论，要进一步阐明它在马克思主义发展史上的历史地位及其对马克思主义、毛泽东思想的继承和发展，进一步阐明它的时代特征、时代精神、

---

① 《江泽民文选》第2卷，人民出版社2006年版，第264页。

它的结构和体系等理论问题。要研究和总结我国人民在以江泽民为核心的党的第三代领导集体统帅下，在继续开拓建设有中国特色社会主义宏伟事业中所进行的历史性创造，以新的实践经验丰富和发展邓小平理论体系，把马克思主义在中国的新阶段继续向前推进，把中国的事情办好，同时回应人类社会在 21 世纪的发展将向马克思主义提出的各种挑战。这将是中华民族对人类做出的新贡献、中国共产党人对马克思主义和社会主义做出的新贡献，也是我国哲学社会科学工作者的崇高历史使命。

三　要进一步揭示哲学社会科学的发展规律

繁荣和发展我国哲学社会科学，除了要充分认识它的重要的战略地位和面向 21 世纪的研究任务，还要解决繁荣和发展我国哲学社会科学的方针、政策和举措的一系列问题，即解决怎样繁荣和发展的问题。为此，我们应该在马克思主义、毛泽东思想，特别是邓小平理论的指导下，认真总结党的十一届三中全会以来我国哲学社会科学发展和繁荣的历史经验，总结十月革命以来社会主义国家在发展哲学社会科学上的正反两方面的经验教训，总结人类认识史上哲学社会科学发展的历史经验，通过总结，要进一步揭示哲学社会科学的发展规律，更要进一步揭示社会主义国家特别是我国社会主义初级阶段建设有中国特色社会主义过程中哲学社会科学发展规律。

现在被我们称作哲学社会科学的知识体系经历了长期的历史发展过程。在欧洲历史上，18 世纪，特别是 19 世纪成为近代社会科学的奠立时期，19世纪中叶"社会科学"这个概念也得到了使用和流传。到 20 世纪初时，历史学、经济学、社会学、政治学、人类学已得到了广泛的承认和共识，由哲学、自然科学、社会科学、人文科学组成的人类知识结构体系也基本形成。然而无论是在 18、19 世纪的形成过程还是在 20 世纪的发展过程，围绕社会科学的研究对象、学术性质、学科界限、方法论特征等问题的学术争论从未平息过，甚至变得愈益尖锐激烈。回顾、梳理、总结这种争论对于我们研究哲学社会科学的发展规律还是十分重要的。

1. 关于社会科学研究对象的普遍性和客观性的争论。有些社会科学家在追求社会科学成为自然科学那样的科学性质的时候认为，社会科学的研究对象也具有普遍性、客观性，关于对象的知识也具有普遍适用的性质。在 19 世纪，人们就试图在经验发现（与"思辨"相对而言）的基础上确保并推进关于"实在"的"客观"知识，其根本宗旨是要"认识"真理。但是不同观点认为，社会与自然很大不同的一个特点是它总是处在急剧的变化之中，社会科学家实际上只能研究处于具体时空条件下的社会，超时空存在的具有普遍意义的抽象社会是不存在的。社会学家眼里的社会，宏观经济学家眼里的国民经济，政治学家眼里的国家，历史学家眼里的民族，都是以某种空间时间观念为基础的，实际上是以近代以来形成的民族国家为疆界的社会。持这种观点的学者认为，直到1945年以前，历史学、经济学、社会学、政治学主要集中在英、法、德、意、美这五个国家，也主要是对这五个国家的社会现实的描述，因而得到的知识不可能适用于其他国家和地区。关于社会科学研究对象的客观性也有不同的意见，认为与自然科学所界定的自然世界不同，社会科学的对象领域有其自身的特点：不仅研究对象包括了研究者本人，而且被研究的人还能够与研究者展开各种各样的对话或辩论。因此，和研究主体无关的研究对象"他者"在逻辑上便不可能存在，"他者"实际上是"我们"的一部分，而"我们"既是研究的对象，又是研究的主体。为了保持客观性，有些学者认为可以存在"中立的"研究者，但相反的意见则认为所有的研究者实际上必然植根于一个特定的社会背景之中，因而不可避免地要利用各种前提和偏见，而这些前提和偏见会干扰他们对社会现实的感知和理解，从这个意义上说就根本不存在什么"中立的"研究者，因而这种研究者获得的研究成果很难是客观的。关于是否存在普遍的、客观的社会科学研究对象的争论具有重大意义，直接影响着下面诸争论问题的不同理解。

2. 关于社会科学学术性质的争论。这个问题的争论集中于社会科学是不是科学的问题。在人类的认识史上，科学首先是相对于历史上的那种思辨性、演绎性的哲学而言的，在19世纪初，人们把不带限定的形容词的"科学"（Science）一语主要地而且经常唯一地与自然科学等同起来。自然科学之所以被称作科学，是因为它可以用一套科学的方法去研究客观存在的对象并获得具有普适性、应用性、可检验性、可预见性等特点的知识。主张关于人和社会的知识也是科学的学者认为，社会科学也具有这些特点，第一，社会科学的目标可以获得关于人类行为的一般法则、社会发展的一般规律；第二，为达到这个目标，社会科学不仅应该而且可能采用严格的科学方法去研究现实的历史的对象，如可以从理论出发提出假设，然后再通过严格的甚至是定量的程序对其验证；第三，这样获得的知识也具有自然科学知识所具有的种种特点，也可以应用于早先未曾研究过的对象。19世纪70年代初，有些学者就社会科学是否有自然科学性质那样的成就进行了专题研究。他们提出的成就的标准是：一个理论或一项发现，说明了一种"对一些关系的新理解"，或者规定了具有"如果……那么……"这种形式的、可验证的命题，或者产生了"一种实质的影响，从而导致进一步的认识"。他们研究后得出结论说，社会科学成就和社会发明这类事情是有的，它们几乎与技术成就和发明同样有明确的定义并行之有效。否定社会科学具有这种科学性的观点则认为，以探寻普遍规律为宗旨的社会科学能够产生普遍有用的知识实际上是一场打赌，而且这种打赌实际上有着很大风险，在社会研究领域要实现可预见性的期待、可控制的期待、可量化的准确性期待实际上是做不到的，社会科学研究不偏不倚地解释人类世界的原则实际上也是行不通的，早就受到了从卢梭到马克思、韦伯等杰出学者的质疑，社会科学曾经发现并认定适用全世界的那些原则实际上只是代表了一部分人的观点。人类关于社会的知识不可能成为自然科学意义上的那种科学知识，那么它是什么呢？有两种回答，一种回答认为具体的社会几乎是随着时间、空间的不同，很难找出不同时间、空间的两个完全相同的社会，因此关于社会（包括人）的研究只能是一种从特殊对象出发的特殊研究，是一种非常情景化的、局部化的分析和描述，所得到的结果也只能适用于特定的对象，因而只能称为狭义的文化而不能称之为科学。另一种回答认为在社会研究中由于不存在"中立的"研究者，也不存在对社会现实的照相式再现，社会研究过程中所依据的事实、数据实际上是研究者按照自己的需要从社会现实中挑选出的，这种选择是以研究者所代表的社会群体的立场、世界观、价值观、理论模式为基础的，研究得出的理论实际上是一定社会群体的利益和要求的表现，因而它不是自然科学意义上的那种科学，而是狭义地理解的那种意识形态，是一种价值观念。中间的观点则认为在关于社会和人的知识中既存在着客观的、普遍的故而是科学的因素，也存在着文化的、价值的、意识形态的因素，认为存在着这两种因素之间的不可避免的混合和重合，认为面临的问题是如何在社会科学中严肃地思考价值观多元性的同时，认识和承认对全人类来说是共同的或能够成为共同的价值、法则、规律。

3. 关于学科分类和学科界限的争论。人类知识体系划分为哲学、自然科学、社会科学、人文科学，社会科学内部又划分为经济学、社会学、政治学、历史学、人类学等学科，是在 19 世纪欧洲出现的知识学科化和专业化的浪潮推动下逐步形成的；到 1945 年，社会科学基本上形成了以社会学、经济学、政治学为核心的学科结构体系。

有的学者认为，从 19 世纪后期到 1945 年以前，在社会科学的学科系统中有着三条明确的分界线：首先，对现代/文明世界的研究（历史学再加上三门以探寻普遍规律为宗旨的社会科学）与对非现代世界的研究（人类学再加上东方学）之间存在着一条分界线；其次，在对现代世界的研究方面，过去（历史学）与现在（注重研究普遍规律的社会科学）之间存在一条分界线；再次，在以探寻普遍规律为宗旨的社会科学内部，对市场的研究（经济学）、对国家的研究（政治学）与对市民社会的研究（社会学）之间也存在着鲜明的分界线。这位学者认为，自 1945 年以来，上述三条分界线中每一条都受到了挑战。

1945 年以后，出现了被称为地区研究的学术领域，对传统的学科分类及分界线首先提出了挑战。这是一个新的学术制度性范畴，用来把多方面的学术工作集合在一起。所谓地区是指一个大的地理区域，被假定为在文化、历史和语言诸方面具有某种一致性。地区研究发展起来的时候带有明显的政治动机，但在学术工作上成了一个"多学科"领域，围绕一个地区将有关学者集合在一个单一的结构之中，使他们彼此之间发生密切的学术联系，这就完全跨越了传统的学科分类和学术分界线。接着是现代化发展研究所提出的挑战。因为这种研究也倾向于将传统的多门社会科学学科集结在一起，形成某种共同的研究规划，探究现代化发展的道路和模式，在研究过程中人们既要关注现在也要回顾历史，既要研究普遍性也要研究特殊性，既要研究经济又要研究政治、文化、社会，所以人们就不得不超越和填平历史地形成的那种传统学科分类的鸿沟。于是在历史学和经济学、政治学、社会学之间出现了许多新的交叉学科。在经济学、政治学、社会学这三门以探寻普遍规律为宗旨的传统社会科学之间也出现了相互交叉和重合的发展趋势。20 世纪 50 年代出现的政治社会学、经济社会学是社会学与政治学、经济学之间的渗透和结合；政治学和经济学的结合使得历史上曾经存在过的"政治经济学"重新红火起来。宏观经济学的出现也使经济学和政治学之间的分界线变得不那么清晰了。随着定量方法和数学模型的采用，经济学、政治学、社会学各自切入问题的方法论独特性也被削弱了，它们在研究主题和方法论上日益趋于重合。人们认为，对多学科、跨学科的越来越多的强调，对传统学科结构方式提出异议，是社会科学面对日益众多的研究课题作出的一种灵活的回应。人们甚至对在自然科学和人文科学、社会科学之间所作的"两种文化"区分的现实性和有效性提出了异议。对复杂系统的研究使自然科学形成着从根本上破除自然科学和社会科学这两个超级领域之间组织分界的新观念，而文化研究中形成的种种观念也在根本上破除着社会科学和人文科学这两个超级领域中的组织分界。自然科学、社会科学、人文科学三大领域之中也出现了彼此渗透、交叉、结合的趋势。跨学科研究正在把传统学科从困境中解救出来并导致学科结构的重建。

学科结构和界限的变化对学术研究的社会组织形式产生着重大影响。在欧洲历史上，大学曾经由于同教会联系过于紧密而在 16 世纪呈现出败落的景象。18 世纪晚期及 19 世纪，大学由于近代科学的发展而得到了复兴，成为创造知识的主要制度性场所。20 世纪由于各学科的发展，大学系统在世界范围内得到了空前的扩张。但是，有的研究者指出，1990 年以来出现了新的趋势，许多学者竭力避免在大学系统里从事初级或更低级别的教学工作，有的连博士生也不愿意教了。大概由于高技术的迅速发展，由于经济和社会发展对于新技术、新知识的日益强烈、迫切的要求，也由于不愿受大学传统学科设置的束缚，学者们更愿意专门地从事研究工作，结果各类"高级研究院"以及其他非教学机构大量涌现。这种发展趋势引出了这样一个问题：在未来的五十年里，大学本身是否还能够继续成为学术研究的主要组织基地？抑或某些别的结构——独立的研究院、高级研究中心、网络、通过电子设备而实现的认识交流——将以一种重要的方式取代大学的作用？

4. 关于社会科学研究方法论的争论。在方法论问题上，社会科学研究中在自然主义、科学主义与人文主义、文化主义之间，还原主义与反还原主义之间，普遍主义与特殊主义之间，结构主义与历史主义之间，客观主义与主体主义之间，定性分析与定量分析之间一直存在争论和张力。近代社会科学是在近代自然科学影响下发展起来的，存在着列宁所说的自然科学奔向社会科学的潮流。社会科学家们也力图效法自然科学来开展自己的研究。因此在很长一个时期内，牛顿物理学作为一种范型主宰着社会科学研究方法论，达尔文的生物进化论诞生之后又通过进化这个似乎不可抗拒的理论概念对社会科学研究方法论产生着重大影响。由此产生了自然主义、科学主义、普遍主义、客观主义、还原主义等的方法论思想。但是由于社会科学研究中主客体及研究手段的特殊性，上述方法论思想不断受到挑战和异议。

历史主义的挑战：有些社会科学家感兴趣的是去描述和解释大规模的社会变迁，他们对上述方法论中的非历史主义倾向持一种批判的态度，认为他们所从事的研究不具有"科学主义"的性质，而更多地偏于"历史主义"的方向。他们在研究中非常认真严肃地对待各种特殊的历史背景，将社会变迁放在他们所讲述的故事的核心位置，将社会结构放在历史过程中考察。

文化主义、人文主义的挑战：文化研究非常强调局部的、情境化的历史分析，把这种分析与一种新的"解释学转向"联系在一起，强调个别性、差异性，强调意义和中介，使得各种价值重新回到了学术分析的中心舞台，进行价值分析、价值比较、价值评估。文化主义的影响已贯穿到所有的学科，各种解释学方法重新夺回了它们一度失去的阵地，在许多不同的学科里，语言成了讨论的焦点，成了学科认识论反思的关键。

特殊主义的挑战：持有这种方法论思想的学者认为那种在社会科学研究中追求运用普遍有效的方法并得出普遍适用理论的普遍主义是虚假的，普遍主义原则不适用于社会历史领域存在的众多的特殊的个案，他们强调对特殊对象进行特殊的研究和处理，应该根据一系列不同的社会分析去取代那种普遍主义，于是特殊主义的方法论思想得到了迅速的传播。

主体主义的挑战：客观性问题对于社会科学方法论讨论具有极其重要的意义。客观主义的方法论思想就是认为应该通过研究发现客观的而不是先验的真理性知识，客观主义要求研究者摆脱主观性，认为那种主观的先入之见加入研究之中会扭曲事实和数据，从而降低数据、事实及得出的结论的客观性、有效性。近代科学发展过程中强调客观主义的这种思想发展轨迹在20世纪初被马克斯·韦伯概括为"世界的脱魅"过程。而现在普里高津等科学家又倡导"世界的复魅"，这一倡导当然不是号召把世界重新神秘化，而是要求打破人和自然之间的人为界限，目的在于进一步解放人的思想，进一步认识研究者、认识主体在研究、认识过程中的作用，这就形成了主体主义的方法论思想。这种方法论思想认为"中立的"研究者是不存在的，从来就没有哪一个科学家能够从自己所处的自然环境和社会环境中脱离出来，因此必须承认和研究主体的种种因素对研究过程和研究结果的影响和作用。

反还原主义的挑战：还原主义认为社会学问题可以还原到心理学一级去解释，而心理学的解答可以还原到生物学遗传密码去解释，而生物学解释本身还可以还原为物理、化学法则解释。还原主义方法论试图用物理学、化学、生物学的一些理论去解释社会的、人的现象。反还原主义则认为这种还原主义完全抹杀了社会界、生物界、非生物界之间存在的质的差别，认为生物现象不能还原为非生物现象，社会现象也不能还原为生物的、非生物的现象，反还原主义主张一种区别不同进化层次的整体主义的方法论思想。

　　定性分析的抗争：有学者指出，在1900年到1965年的社会科学成果中，早期的成就全是理论性的，主要是定性分析得出来的成就，而后来的成就，却主要是数学和统计方法的革新或由定量分析推导出来的理论。定量的问题或发现（或者兼有）占了全部重大进展的2/3，占了1930年以来重大进展的5/6。随着尖端新技术的急剧进展，特别是在引进计算机之后，理论不再仅仅是一些观念或辞藻，而是一些可以用经验和可检验形式加以阐述的命题。社会科学正在变成像自然科学一样的"硬"科学。但是也有不少学者认为社会现象，特别是人的精神世界并不是都可以应用数学和定量的方法进行分析研究的。离开了定性分析，定量分析有时还可能导致一些歪曲本质的错误结论，因此不论数学工具如何完善，在社会科学研究中定性分析总是不可缺少的。

　　上述四个方面的争论涉及了究竟该怎样理解人、社会和自然之间的联系和区别，究竟该怎样理解关于人、社会的研究和关于自然的研究之间的联系和区别，究竟该怎样理解哲学社会科学研究中的主体和客体、主观和客观、理论和实践、真理和价值、个别和一般、特殊和普遍、部分和整体、统一和多样、系统和要素、结构和历史等之间的关系和张力问题，即涉及哲学社会科学研究和发展过程中的本体论、认识论、方法论、价值论的重大问题，归结起来，可以统称为哲学社会科学发展方法论问题。关于发展哲学社会科学的各种不同的原则、方针、政策和举措实际上都是以对上述诸问题的理解、回答为前提的，只是这种回答有时表现为自觉的、公开的、明确的，有时则表现为含糊的、潜在的、不自觉的。现在大家公认1978年党的十一届三中全会以来的20年是新中国成立以来我国哲学社会科学事业发展最快、研究成果最丰硕、社会效益最显著的20年，而在1978年以前有的时期就发展得不那么顺利、在十年"文化大革命"中更受到了严重的破坏和摧残。在总结这20年的成功经验和十年"文化大革命"的反面教训时，大家都认为党和国家的正确领导和重视马克思列宁主义、毛泽东思想、特别是邓小平理论的正确指导，实行双百方针，正确对待历史的和外域的哲学社会科学成果，改善知识分子的生活和研究条件，建立适当的研究和管理体制是主要的、基本的经验。然而如果将每一条经验和过去的教训进行对比的话，就会发现无论成功的经验还是失败的教训都是建立在对前面几方面问题的不同理解和回答的基础之上的。我们只要依靠马列主义、毛泽东思想、特别是邓小平理论的指导，对新中国成立以来我国哲学社会科学发展的实践经验进行更为深入的总结概括，进一步从理论上正确回答和解决上述几方面的争论问题，就可以更好地解决我国哲学社会科学在面向 21 世纪发展过程中的原则、方针、政策和体制问题。

四　全党全国都来重视和支持哲学社会科学的发展

哲学社会科学事业不仅是研究部门、学术部门和专家学者的事业，同时也是全党、全国、全社会的事业。全党、全国、全社会及广大人民群众不仅是哲学社会科学的研究对象、研究客体，同时也是哲学社会科学的研究队伍、研究主体。人民群众作为社会实践的主体，同时也是认识主体。他们认识着社会，既接受着他人关于社会的认识，也以自己的认识影响着他人；人们改造社会的过程既包括着物质交往过程，也包括着思想认识精神上的交往过程。人民群众的实践活动和认识活动是哲学社会科学得以发展的深厚的现实基础，人民群众积累起来的经验和认识为哲学社会科学研究提供着丰富的养料。没有正确的理论指导，就不可能有自觉的成功的实践活动。人民群众改造社会的实践过程是哲学社会科学成果的应用、检验、发展的过程。人民群众又是哲学社会科学成果的应用者、检验者。实践——认识——实践，群众——个人——群众，既是党的群众路线，也是哲学社会科学研究中的认识路线。因此，全党、全国、全体人民群众都必须重视和支持哲学社会科学事业的发展，要在积极投入改革开放和现代化建设实践的基础上，形成重视、学习、研究、应用哲学社会科学的良好社会风气。

在中央行政计划体制的过去，我国哲学社会科学事业完全是国家举办的，研究经费完全来自国家的财政拨款。随着我国经济体制的转轨，我国哲学社会科学的体制也面临着改革问题，国家、社会、企业、私人共同举办和发展哲学社会科学事业的新体制正在逐渐形成，哲学社会科学研究事业的资金来源开始形成着多种渠道。除了中央政府进一步增加对哲学社会科学事业的投入外，各级地方政府、社会团体、各级各类企业也在加大对哲学社会科学事业的投入。哲学社会科学研究成果虽然不像自然科学和工程技术研究成果那样可以直接转化为新产品的开发，但可以转化为管理和经营上的新战略、新策略、新理论、新模式，转化为投资者、经营者和劳动者的科学文化、思想道德、精神心理素质的提高，最终则也转化为生产力的提高和经济的发展。

在经济和企业的发展越来越依赖于科学、技术、知识、信息、人才的今天及未来，忽视哲学社会科学事业的投入将给经济和企业的发展带来深刻而长远的消极影响。

马克思列宁主义、毛泽东思想、邓小平理论本身就是哲学社会科学中的优秀成果，同时他们又存在着高度重视哲学社会科学的一贯传统。他们在不同的历史时期，从不同的角度，以不同的形式和语言论述了哲学社会科学在人们认识世界、改造世界、推动社会变革与社会进步、促进人自身发展过程中的意义、价值、地位和作用，论述了哲学社会科学研究的对象、任务、性质和方法，为哲学社会科学的研究和发展提供了世界观、历史观、认识论、价值观、方法论。毛泽东思想、邓小平理论还包括了我们党领导哲学社会科学事业的历史经验总结和关于我国哲学社会科学发展的原则、方针和政策的论述。哲学社会科学战线上的研究人员和管理人员在响应江总书记学习号召的时候，在进一步学习马克思列宁主义、毛泽东思想、特别是邓小平理论的过程中，应该十分重视学习他们关于哲学社会科学的理论，学习他们分析哲学社会科学的基本的立场、观点、方法，把这种学习同总结历史经验、阐述我国哲学社会科学发展规律、解决我国哲学社会科学事业发展中出现的新问题结合起来，那么我们在奔向 21 世纪的过程中繁荣和发展我国哲学社会科学的目标就一定能够实现。

概括社会发展新特点，丰富唯物主义历史观[*]

唯物史观是马克思的两大发现之一，是马克思在哲学史上实现革命变革的伟大贡献，是科学社会主义的理论基础，是工人阶级及其政党进行革命和建设的思想武器。马克思恩格斯逝世以来人类社会所发生的种种变化，从不同的角度、以不同的方式证明了唯物史观基本原理的科学性、正确性。同时，我们还应看到，人类社会在 20 世纪中所发生的变化，其剧烈和深刻的程度，超出了前人想象的程度，各种变化目前还在不断加快和扩展，21 世纪将继续成为人类社会发生大变化的世纪。这就要求我们及时地、敏锐地认识到各种新变化，正确地分析人类社会发展过程中出现的新问题，及时地总结人类社会发展过程中显示出来的新特点、新规律，在完整准确地理解唯物史观基本原理的基础上，丰富和发展唯物史观。

一

关于唯物史观的基本原理，马克思在《〈政治经济学批判〉序言》中作过一个经典的表述。他说："人们在自己生活的社会生产中发生一定的、必然的、不以他们的意志为转移的关系，即同他们的物质生产力的一定发展阶段相适合的生产关系。这些生产关系的总和构成社会的经济结构，即有法律的和政治的上层建筑树立其上并有一定的社会意识形式与之相适应的现实基础。物质生活的生产方式制约着整个社会生活、政治生活和精神生活的过程。不是人的意识决定人们的存在，相反，是人们的社会存在决定人们的意识。"^①

＊ 该文系陈筠泉、吴元梁合著，载《中国社会科学院院报》2000 年 12 月 26 日第 3 版，曾提交给《马克思主义哲学与 21 世纪国际学术研讨会》（2000 年 10 月 30—31 日，北京），并被收录于该会议的论文集《不竭的时代精神——步入 21 世纪的马克思主义哲学》一书之中。

① 《马克思恩格斯选集》第 2 卷，人民出版社 1995 年版，第 32 页。

这就是后来人们经常提到的并简称为"决定作用"的原理。社会存在决定社会意识，生产力决定生产关系，生产关系的总和作为经济基础决定着政治上层建筑和意识形态，这是马克思恩格斯在创立唯物史观时表述的最根本的思想。承认唯物史观，必须承认这种"决定作用"的原理；否定这种"决定作用"的原理，必然背离唯物史观。

不过，我们在强调马克思恩格斯论述的"决定作用"原理对于唯物史观重要性的时候，同时也不应该忘记马克思关于政治上层建筑与意识形态存在特殊性和具有特殊性的发展规律的论述。马克思虽然根据"决定作用"原理论述了社会形态理论，但他指出，由于受历史传统、民族等因素的影响，社会形态经常会表现出各种各样的特殊形式。马克思还指出，艺术的繁荣和发展存在着同社会的一般发展、同社会的物质基础的一般发展不成比例的特殊情况。①

我们更不应该忘记恩格斯晚年关于唯物史观的一系列论述。针对当时青年学者中把唯物史观曲解为经济决定论的错误理解，恩格斯对唯物史观基本原理作了新解释，他指出："根据唯物史观，历史过程中的决定性因素归根到底是现实生活的生产和再生产。无论马克思或我都从来没有肯定过比这更多的东西。如果有人在这里加以曲解，说经济因素是唯一决定性的因素，那么他就是把这个命题变成毫无内容的、抽象的、荒诞无稽的空话。经济状况是基础，但是对历史斗争的过程发生影响并且在许多情况下主要是决定着这一斗争形式，还有上层建筑的各种因素。"② 他认为，社会是具有复杂结构的整体，各种社会因素之间的相互作用决定着现实的社会历史发展，"而在这种相互作用中归根到底是经济运动作为必然的东西通过无穷无尽的偶然事件……向前发展"③。

恩格斯晚年对唯物史观基本原理的解释和补充可以概括为：（1）把现实生活的生产和再生产作为历史过程的决定性因素；（2）提出了社会历史诸因素相互作用的概念，而经济是作为历史诸因素相互作用过程中的"归根到底"起决定作用的因素；（3）提出了上层建筑和意识形态诸因素存在反作用的观点；（4）阐述了上层建筑、特别是意识形态存在着自身发展的相对独立的规律问题。为讨论问题简便起见，我们将恩格斯的上述论述简称为"反作用原

---

①　《马克思恩格斯选集》第 2 卷，人民出版社 1995 年版，第 28—30 页。
②　《马克思恩格斯选集》第 4 卷，人民出版社 1995 年版，第 696 页。
③　同上。

理"。这个原理也是唯物史观基本原理的组成部分，否认这个反作用原理，就会将唯物史观曲解为机械的经济决定论，就会脱离社会历史发展的活生生的辩证过程。

总之，唯物史观基本原理既包括"决定作用原理"又包括"反作用原理"，而且是两者的有机结合，这种结合也是唯物论和辩证法的结合，唯物史观既是唯物的又是辩证的。

二

自从唯物史观问世之后，不论在马克思主义者中间还是在非马克思主义者中间都不断出现对唯物史观所作的各种不同的理解。前面已经提到，恩格斯在世的时候，就有人把唯物史观曲解为经济决定论，把经济看做是社会历史发展的唯一的决定因素，恩格斯阐明的"反作用原理"有效地反驳了对唯物史观的机械的庸俗的理解。不过，平心而论，如何完整准确地理解唯物史观并没有完全解决。问题可以归结为两个：（1）在社会历史发展过程中存在不存在某种终极性的决定因素，如果不存在，为什么；如果存在，这种因素究竟是什么？（2）"决定作用"和"反作用"在现实的社会历史过程中究竟发生着怎样的关系，如果说是辩证地结合的，那么又怎样辩证地结合起来的呢？

关于第一个问题，马克思恩格斯的回答是肯定的，但是关于起决定作用的因素，却有好几种提法。我们可以将他们在不同场合的各种提法分为三类：第一类的概念指的是生产力和生产关系的范畴，或者说经济范畴，如直接生活的物质生产、物质生活的生产方式、生产力、生产关系的总和，生产力、资金和社会交往形式的总和，经济状况、经济运动、经济关系（包括生产和交换方式、全部技术装备、地理基础、先前经济发展阶段的残余、社会形式的外部环境）；第二类概念，似乎比前一类概念更宽泛一些，如每一历史时代的经济生产以及必然由此产生的社会结构（"社会结构"如果不仅指经济结构也指政治结构，那就超出了第一类的范围）；第三类概念显然具有更高程度的概括性，如实践、物质实践、社会存在、现实生活的生产和再生产。物质实践也许可以理解为物质生产实践，但实践却可以理解为除了物质生产实践之外还包括其他形式的实践。至于社会存在和现实生活的生产和再生产则可以作更宽泛的理解，因为构成人的社会存在和现实生活的因素，除了经济因素以外，还可以包括政治、文化等各种现实存在着的因素。现实生活的生产和再生产也不仅仅是物质生产问题。

关于第二个问题，马克思恩格斯在创立唯物史观的初期，主要论述了"决定作用原理"。关于这个情况，恩格斯有过一个说明，他说："青年们有时过分看重经济方面，这一部分是马克思和我应当负责的。我们在反驳我们的论敌时，常常不得不强调被他们否认的主要原则，并且不是始终有时间、地点和机会来给其他参与相互作用的因素以应有的重视。"① 马克思原来有个打算，就是完整、具体地再现资本主义社会的整个形态，那时，他可能全面论述经济、政治、文化之间的关系，但他没有来得及实现这个计划。所以他就没有来得及进一步考虑将"决定作用"原理和他曾经论述过的上层建筑和意识形态在发展中存特殊情况的原理统一起来的问题。恩格斯在论述"反作用原理"的过程中已经觉察到了这一问题，他努力使反作用原理不和决定作用原理绝对地对立起来，不断地说明决定作用是在什么情况下发生的，反作用又是在什么情况下发生的，等等。恩格斯明确地指出："我们把经济条件看作归根到底制约着社会发展的东西。"不过不应当忽视，政治因素和文化因素"它们又都互相作用并对经济基础发生作用"②。恩格斯就这样对唯物史观作了更加全面的表述。

上面关于两个问题的分析表明，马克思恩格斯的各种论述本身确实为后人的不同理解留下了讨论空间和思考余地。尽管恩格斯批评了经济决定论，但普列汉诺夫在概括唯物史观特征时仍把它称为一元论历史观。既然是一元，这一元又是经济，那么唯物史观又怎能摆脱"经济决定论"的指责呢？实际情况也是如此，西方的非马克思主义学者一般都指责唯物史观为"经济决定论"。马克斯·韦伯非常尊重马克思的理论贡献，但他认为马克思的经济基础决定文化上层建筑的理论中提出了一个过于简化的理论图式，未能适当地考虑连接经济及社会结构与文化产物和人类行为之间的错综复杂的因果关系网络。韦伯试图在他自己的理论体系中表明各种思想体系与社会结构之间的关系是多样和变动的，因果联系也不是从经济基础到上层建筑，而是两个方向上都存在。他说："必须首先考虑经济状况，因为我们承认经济因素具有根本的重要性。但是与此同时，与此相反的关联作用也不可不加考虑。因为，虽

---

① 《马克思恩格斯选集》第 4 卷，人民出版社 1995 年版，第 698 页。
② 同上书，第 732 页。

然经济理性主义的发展部分地依赖理性的技术和理性的法律，但与此同时，采取某些类型的实际的理性行为却要取决于人的能力和气质。如果这些理性行为的类型受到精神障碍的妨害，那么，理性的经济行为的发展势必会遭到严重的、内在的阻滞。各种神秘的和宗教的力量，以及以它们为基础的关于责任的伦理观念，在以往一直都对行为发生着至关重要的和决定性的影响。"① 这里，韦伯虽然注意到了经济因素、政治因素和文化因素的相互作用，但他最终却偏向了宗教力量、文化观念在历史发展中起决定作用的唯心史观。丹尼尔·贝尔也高度评价了马克思理论的历史地位，认为马克思之后的西方社会发展理论都是和马克思的不同图式的"对话"②。但他认为马克思的经济基础决定上层建筑的理论以及另一种认为意识形态、文化、政治的因素是第一位的理论，都是"单一因果论"，他提出了不具因果关系性质的中轴理论去分析社会结构，认为围绕中轴而展开的各种社会组织结构之间只存在逻辑关系。他认为他的这种中轴理论"在解释社会变化时，就可以避免片面决定论，经济决定论，或者是技术决定论"③。

我们看到，西方学者围绕唯物史观基本原理同马克思之间的"对话"，实际上是在讨论经济、政治、文化三者在社会发展中的地位、作用及相互关系问题。俄国十月革命后，围绕如何认识工会的地位和作用问题发生过一场争论，争论过程中涉及了经济和政治的关系，布哈林采取了一种认为经济这一方面重要，政治方面也重要的观点，这个观点被列宁批评为折中主义，而列宁则认为经济是基础，政治则是经济的集中表现。他曾经指出，作为上层建筑的民主政治，归根到底是"受经济发展的影响"，但"它也会影响经济，推动经济的改造"④。列宁的这些论点被认为是辩证地解决了经济与政治这两者之间的关系问题。

毛泽东在《矛盾论》中系统完整地表述了马克思恩格斯论述过的决定作用和反作用原理，他是从"总的历史发展"这个角度承认决定作用的存在的，然后他说同时又要承认反作用的存在。他认为，只有这样才能避免机械唯物

---

① ［德］马克斯·韦伯：《新教伦理与资本主义精神》，于晓、陈维纲等译，生活·读书·新知三联书店 1987 年版，第 15 页。

② ［美］丹尼尔·贝尔：《后工业社会的来临——对社会预测的一次探索》，高锋等译，商务印书馆 1984 年版，第 51 页。

③ 同上书，第 15—17 页。

④ 《列宁选集》第 3 卷，人民出版社 1995 年版，第 181 页。

论，坚持辩证唯物论。毛泽东在《新民主主义论》中根据唯物史观基本原理论述了经济、政治、文化的关系。他说："一定的文化（当作观念形态的文化）是一定社会的政治和经济的反映，又给予伟大影响和作用于一定社会的政治和经济；而经济是基础，政治则是经济的集中表现。这是我们对于文化和政治、经济的关系及政治和经济的关系的基本观点。"① 在这个基础上，他还发表了独到性的见解，认为：生产力、实践、经济基础，一般地表现为主要的决定作用，谁不承认这一点，谁就不是唯物论者；然而，生产关系、理论、上层建筑这些方面，在一定条件之下，又转过来表现为主要的决定作用，这也是必须承认的。毛泽东的这种见解更高地估价了政治和文化因素在历史发展中的作用。

大家知道，毛泽东关于上层建筑可以在一定条件下起决定作用的观点，曾被错误地理解和应用，把生产关系、理论、上层建筑的重要性推至极端，而把主张生产力具有决定作用的观点错误地批判为唯生产力论。我国进入改革开放和社会主义现代化建设的新时期后，邓小平在纠正毛泽东晚年错误的过程中，批判了"四人帮"宣扬的上层建筑决定论，恢复了生产力在社会发展中起决定作用的观点，果断地把全党工作的着重点和全国人民的注意力转移到经济建设和改革开放上来，我国在经济建设上取得的举世瞩目的成就，充分说明以经济建设为中心这一强调发展生产力重要性的理论和政策的正确性。不过，在某些时候某些地方也存在着把"以经济建设为中心"当做"以经济建设为唯一任务"的片面的错误的理解，这是一种单纯经济增长的片面发展观，其实际的结果是抓物质文明这一手硬，抓精神文明那一手软。

我们看到，围绕唯物史观基本原理和经济、政治、文化三者相互关系所发生的一次又一次争论，实际工作中所遇到的各种曲折和反复，充分说明这个问题在社会发展中的重要性和复杂性。毫无疑问，经济决定论、观念文化决定论（上层建筑决定论）、经济政治并重的折中论都背离了唯物史观，但同时也告诉我们，对于社会发展中现实地存在的经济、政治、文化三者关系来说，唯物史观只给我们制定了分析问题的基本原则，但并没有提供解决问题的现成答案。

---

① 《毛泽东选集》第 2 卷，人民出版社 1991 年版，第 663—664 页。

三

社会是一个复杂的有机整体，我们可以按特征将其分为经济、政治和文化这几个主要的领域。经济、政治和文化三者的关系在当代社会发展中显得更为突出和重要，还表现出许多新的特点。

资源、能源、人口、环境等一系列全球性问题的出现表明，如果我们只从眼前的、局部的利益出发，片面地追求经济发展和物质生活条件的改善，那么就会造成上述全球性问题并带来严重后果，就有可能从根本上毁掉人类在地球上继续生存和发展的基础。为了解决目前已经出现并且还在不断加剧的全球性问题，已经形成了可持续发展理论。但是可持续发展的实现，就不仅是个经济问题、技术问题，同时还是个政治问题、文化问题。离开了一定的文化价值观念、离开了一定的政治制度和法律措施，就不可能正确地解决不同社会群体，以及不同民族、国家、地区之间的利益关系，也不可能正确地解决当代人和子孙后代之间的利益关系，可持续发展在全球范围内的实现，就只能是一句空话。

现代市场经济的发展也重新突出了政治、文化对于经济的重要性。市场经济发展初期，人们之间的经济关系从先前存在的各种非经济关系中分离出来，经济、政治、文化也分化为三个不同的领域，这反映了市场主体摆脱封建束缚，发展市场经济的历史过程。经济对于政治、文化的决定作用在这一过程中得到了集中的典型的表现，也是当时市场主体发展市场经济的迫切要求。然而，市场经济发展的历史表明，任凭市场主体根据其市场上当下直接的经济利益去自发地竞争和交换，市场经济法则就会走向反面，就会损害公平，最后也会损害效率。现代市场经济之所以逐步成为规范的、法治的、文明的经济，就是因为政治制度、法律体系及伦理、道德等文化价值观念，从不同的角度、以不同的方式影响、规范、制约了市场主体的行为和市场经济的游戏规则。现代市场经济的发展，一刻也离不开政治和文化，而且不同的政治和文化所形成的传统和环境还规定、制约着市场经济在不同民族、国家、地区中发展的具体面貌，形成着市场经济的不同模式。不仅如此，现代市场上交换的商品，其文化价值的含量也不断增大。人们获得的商品，不仅追求着商品的经济上、技术上的使用价值，还追求着商品使用过程中的文化、精神价值，文化价值的含量甚至已经不同程度地影响着商品在市场上的价格和需求。我们完全可以说，随着现代市场经济的发展，政治和文化对市场主体的行为、市场交换规则的影响和作用将会进一步增加。经济、政治、文化之间的关系将成为现代市场经济进一步发展中要不断地加以研究和解决的重要问题。

由于现代信息、通信、运输技术的发展，由于高新技术成果在生产和经济中的迅速应用，由于现代市场经济的发展，经济全球化已成为一种不可阻挡的发展潮流。应当看到，经济全球化不仅仅是一个纯粹经济的、市场的过程，而且是包含着政治的、文化的多种因素，近年来它向人们更加充分地展示了多重因素交互作用的复杂结果。当然，从发展的现阶段来看，经济全球化还没有完全导致全球经济的一体化，更没有导致政治全球化和文化全球化，没有也不应该导致各民族、各国家、各地区在政治体制、发展道路、文化价值观念上的一体化。但是必须看到，人们在全球范围内进行经济交往的时候，不可能不发生政治和文化上的各种交往，经济全球化也就不可避免地会对各民族、各国家、各地区的政治和文化产生影响。这种影响会随着经济全球化的进程而不断增加和扩大。这样，经济全球化过程中的经济、政治、文化的相互关系问题就越来越突出地摆在各国，特别是发展中国家的面前。

总之，经济、政治、文化三者之间的关系越来越成为当代社会发展中必须加以正确解决的重大问题。而且随着当代的发展，经济、政治、文化三者之间的关系出现了许多不同于以往的新特点。随着人类社会在 21 世纪的发展，这些新特点还将进一步发展。面对新情况、新特点，我们是满足于把经济起决定作用、政治和文化起反作用的原理当作一种理论模式简单地套用到当代社会发展上去呢，还是把唯物史观的这一重要原理当做我们研究工作的指南，对当代社会发展中经济、政治和文化之间的复杂关系作出新的解释呢？是继续将唯物史观理解为单因素决定论，还是将唯物史观理解为结构决定论、系统决定论，或者解释为在经济最终起决定作用的前提下的多因素协调发展论呢？回答这些问题，不应该只从人们的主观愿望出发，不应该只从以往的现成结论出发，而应该遵循唯物史观所创导的最根本的思想认识路线，从实际出发，在对当代社会发展中实际地存在的经济、政治和文化之间的关系进行具体分析的基础上，作出实事求是的回答，并且在回答过程中进一步丰富和发展唯物史观的基本原理。

回答时代性问题是马克思主义哲学
在 21 世纪发展的根本途径[*]

中国共产党成立以来的 80 年，是在马克思列宁主义指导下探索具有中国特色的革命和建设道路的 80 年，是马克思列宁主义普遍原理和中国实际相结合的 80 年。在马克思主义哲学的传播、应用和发展中，中国共产党人做出了自己的独特贡献。当前，如何使马克思主义哲学在 21 世纪中得到更大的发展、更广泛的传播，如何解决市场经济条件下出现的哲学边缘化、哲学研究队伍萎缩、哲学教育和宣传缺乏吸引力等问题，已成为我国哲学工作者，特别是马克思主义哲学工作者普遍思考和热烈讨论的问题。由于问题的复杂性，哲学界目前的回答可谓见仁见智，众说纷纭。这是好事。哲学历来是在不同观点的对话、讨论中发展的。为了参加讨论，我们也谈点陋见。一个总的观点是，准确捕捉和回答时代性问题是马克思主义哲学在 21 世纪发展的根本途径。我们的理由有下列三个方面。

一 马克思主义哲学观的必然要求

哲学家如何理解哲学也就如何研究哲学。不同的哲学观制约着哲学家研究哲学的原则、思路和方法。马克思主义哲学研究也是如此。

马克思主义认为，哲学是社会意识的一种形式。"人们是自己的观念、思想等等的生产者，但这里所说的人们是现实的、从事活动的人们，他们受着自己的生产力和与之相适应的交往的一定发展——直到交往的最遥远的形态——所制约。意识在任何时候都只能是被意识到了的存在，而人们的存在

---

* 该文在刊载于《哲学研究》2001 年第 6 期时曾作了某些删节。

就是他们的现实生活过程。"① 马克思主义强调物质生活的生产方式对于整个社会生活、政治生活和精神生活过程的决定作用,强调人们的社会存在对于社会意识的决定作用,但这决不意味着人们的意识和精神生活过程只是人们的社会存在和现实生活的被动的、消极的派生物;相反,马克思主义认为,人们的社会意识和精神生活应该反映、说明人们的社会存在和现实生活,应该通过人们的行动去能动地作用于现实生活。毛泽东就说过:"一定的文化(当作观念形态的文化)是一定社会的政治和经济的反映,又给予伟大的影响和作用于一定社会的政治和经济。"② 这就是说,作为社会意识的一种形式,哲学和社会意识的其他形式一样,具有反映、把握、表达并作用于人们社会存在和现实生活的本质、使命、任务和功能。不过,在人们的社会意识体系中,哲学具有特殊的形式和地位。同社会意识其他形式相比,哲学又处在更远离人们的社会存在和现实生活的抽象层次。因此,虽然都在反映、说明、把握人们的社会存在和现实生活,哲学却是有别于政治、法律、道德、科学、文学、艺术和宗教的,当然,这种区别只是反映方式、把握方式、作用方式上的区别,而不是有无反映、有无把握、有无作用上的区别。正如恩格斯指出的,在哲学和宗教形式中"观念同自己的物质存在条件的联系,愈来愈混乱,愈来愈被一些中间环节弄模糊了。但是这一联系是存在的"③。我们在分析历史上和现实中存在的各种哲学学说的时候,要善于透过种种抽象的哲学概念和中间环节去发现这种联系;我们在从事哲学理论概括和创造的时候,也不要忘记这种联系。不管哲学家是否自觉地意识到,各种哲学总是程度不等、形式不同地反映和表现着生产力和生产关系、经济基础和上层建筑之间的社会基本矛盾以及由这种矛盾形成的其他各种社会矛盾。区别只在于,这种反映和表现是从推动社会生产力发展、推动社会进步和人的发展的角度出发,还是从阻碍社会生产力发展、阻碍社会进步、阻碍人的发展的角度出发,马克思主义哲学当然只能是前者,而不是后者。

　　马克思主义又认为,任何真正的哲学都是自己时代精神的精华。在马克思看来,"哲学并不要求人们信仰它的结论,而只要求检验疑团"。"的确,哲学非常懂得生活,它知道,自己的结论无论对天堂的或人间的贪求享受和利

---

　① 《马克思恩格斯选集》第 1 卷,人民出版社 1995 年版,第 72 页。

　② 《毛泽东选集》第 2 卷,人民出版社 1991 年版,第 663—664 页。

　③ 《马克思恩格斯选集》第 4 卷,人民出版社 1995 年版,第 253 页。

己主义,都不会纵容姑息。而为了真理和知识而热爱真理和知识的公众,是善于同那些不学无术、卑躬屈节、毫无节操和卖身求荣的文丐来较量智力和德行的。""哲学不是世界之外的遐想","哲学首先是通过人脑和世界相联系",哲学家"是自己的时代、自己的人民的产物,人民最精致、最珍贵和看不见的精髓都集中在哲学思想里"。马克思认为,作为时代精神精华的哲学,"不仅从内部即就其内容来说,而且从外部即就其表现来说,都要和自己时代的现实世界接触并相互作用","哲学……是文明的活的灵魂,哲学已成为世界的哲学,而世界也成为哲学的世界",这种哲学可以"浸进沙龙、神甫的家、报纸的编辑部和国王的接待室,浸进同时代人的灵魂,也就是浸进使他们激动的爱与憎的感情里","这种哲学思想冲破了固定不变的、令人难解的体系的外壳,以世界公民的姿态出现在世界上"①。

如果说马克思主义阐明哲学的意识形态特性是要说明哲学与人们的社会存在、现实生活之间的关系的话,那么阐明真正的哲学具有时代精神精华的特性则是强调哲学的历史性、时代性,强调哲学同人们的社会存在、现实生活之间关系的时代历史的性质,强调哲学应随着时代的变化而变化。马克思说:"人们按照自己的物质生产方式建立相应的社会关系,正是这些人又按照自己的社会关系创造了相应的原理、观念和范畴。所以,这些观念、范畴也同它们所表现的关系一样,不是永恒的。它们是历史的暂时的产物。"② 恩格斯也说:"每一个时代的理论思维,从而我们时代的理论思维,都是一种历史的产物,它在不同的时代具有完全不同的形式,同时具有完全不同的内容。"③ 在马克思恩格斯看来,随着社会生产力的新发展,随着适应生产力新发展而发生的社会制度方面的巨大变革,随着自然科学和社会科学的新发展,随着社会历史从一个时代跃进到另一个时代,人们的思想观念会发生巨大的变化,因而哲学在内容和形式上也会发生巨大的改变。

马克思主义认为解释世界的目的在于改造世界,在于实现人及人类的解放。马克思曾指出:"哲学家们只是用不同的方式解释世界,问题在于改变世界。"④ 马克思恩格斯还指出:"对实践的唯物主义者,即共产主义者来说,

---

① 《马克思恩格斯全集》第1卷,人民出版社1956年版,第120—123页。
② 《马克思恩格斯选集》第1卷,人民出版社1995年版,第142页。
③ 《马克思恩格斯选集》第4卷,人民出版社1995年版,第284页。
④ 《马克思恩格斯选集》第1卷,人民出版社1995年版,第57页。

全部问题都在于使现存世界革命化，实际地反对并改变现存的事物。"① 马克思恩格斯强调改造世界的重要性，当然不意味着他们忽视解释世界的重要性，他们所要反对的只是脱离实际的哲学研究，反对在哲学研究中用臆造的、幻想的联系去代替现实世界中的真实关系，反对脱离实际地构想各种哲学体系，特别是反对对现存事物的辩护性解释。在他们看来，科学地解释世界就是要敢于正视和揭露现存的矛盾，这是为改造世界服务的，只有正确地解释世界才能成功地改造世界。为了在改造世界中发挥积极作用，哲学就应该揭示客观规律。当然哲学不同于各门具体科学，哲学所要揭示的是关于自然、人类社会和思维的运动和发展的普遍规律，哲学要为人们提供一种科学的世界观；哲学应该在总结人类认识史和实践活动的基础上，为人们提供正确地认识世界和改造世界的认识论和方法论；哲学还应该阐明人和对象世界之间的价值关系，为人们提供评价万事万物、评价自身的生存和活动的意义、价值的理论，提供一种正确的价值观。哲学家在自己的研究工作中可以有职业上的分工和选择。但世界观、认识论、方法论、价值观从不同的侧面揭示着人和外部世界之间的关系，在人们认识和改造世界过程中发挥着不同的作用和功能，都是不可缺少的。它们互为前提、相互结合，构成了人们认识世界、改造世界的理论工具。哲学发挥这种理论工具的根本目的则是为了人们实现自身的解放，实现从必然王国到自由王国的飞跃。

马克思主义不仅把改造世界、实现人类解放作为哲学的根本目的和使命，而且主张科学地认识人的实践活动，认为只有在科学的实践观的基础上才能形成正确的世界观、认识论、方法论和价值观，科学的实践观在马克思主义哲学理论体系中居于基础的、首要的、核心的地位。哲学要实现自己的目的和使命，必须同人们的实践活动结合起来，必须证明自身对于人们实践活动的意义和价值。在阶级社会中，哲学总是公开地或是隐蔽地、自觉地或是自发地表达着不同阶级的利益和要求。站在时代潮流前列的哲学家总是将自己的理论创造同先进阶级推动历史前进的实践活动联系在一起、结合在一起，服务于先进阶级的历史创造活动。而马克思主义哲学和无产阶级解放事业的关系则是"哲学把无产阶级当做自己的物质武器，同样地，无产阶级也把哲学当做自己的精神武器"②。

---

① 《马克思恩格斯选集》第 1 卷，人民出版社 1995 年版，第 75 页。
② 同上书，第 15—16 页。

由此可见，根据马克思主义哲学观，哲学研究必须面向现实世界，认识和把握现实生活，关注人和人类的命运。在面对现实的时候，哲学必须采取一种批判的、革命的态度。"辩证法在对现存事物的肯定的理解中同时包含对现存事物的否定的理解，即对现存事物的必然灭亡的理解；辩证法对每一种既成的形式都是从不断的运动中，因而也是从它的暂时性方面去理解；辩证法不崇拜任何东西，按其本质来说，它是批判的和革命的。"① 哲学要保持对现实的批判的、革命的态度，关键在于要抓住现实世界发展过程中存在的矛盾和问题。马克思说："问题就是公开的、无畏的、左右一切个人的时代声音。问题就是时代的口号，是它表现自己精神状态的最实际的呼声。"② 所以，我们要在21世纪中推动马克思主义哲学继续发展，就必须准确捕捉和回答时代性的课题。

马克思主义哲学作为工人阶级的世界观，工人阶级及其政党的历史使命也就是马克思主义哲学的历史使命，根据马克思主义哲学观开展哲学研究和根据工人阶级及其政党的历史使命开展哲学研究在本质上是一致的。在21世纪中，我们要按照江泽民"三个代表"的思想推进党的建设工程，同样我们也要按照江泽民"三个代表"的思想开展哲学研究。马克思主义哲学工作者只有代表当代社会先进生产力的发展要求，代表先进文化的前进方向，代表最广大人民群众的根本利益，才能站在时代的前列发现问题，才能对时代性问题作出新的回答，将马克思主义哲学推向前进，创造马克思主义哲学的新形态。

二　马克思主义哲学发展的历史经验

马克思主义哲学在恩格斯1895年逝世以后，经历了一百多年的传播和发展。它作为工人阶级及其政党认识世界和改造世界的精神武器，是随着工人阶级政党领导的革命和建设的实践而发展的。马克思恩格斯不可能为后人遇到的所有问题提供现成的答案，工人阶级及其政党只有在坚持马克思主义基本的立场、观点、方法的同时，对遇到的新问题、新情况作出新的分析、总结和概括，用新的观点、理论丰富和发展马克思主义，才能正确地认识时代

---

① 《马克思恩格斯全集》第23卷，人民出版社1972年版，第24页。
② 《马克思恩格斯全集》第40卷，人民出版社1982年版，第289页。

特征、社会矛盾、阶级力量，制定正确的路线、方针、政策，才能在实践中赢得胜利。马克思主义哲学的发展历史就是一代又一代的马克思主义者在运用马克思主义哲学解决新问题的过程中用新的观点、理论丰富和发展马克思主义哲学的历史。因此，围绕革命和建设中遇到的新问题开展哲学研究，是发展马克思主义哲学的一个基本的历史经验。

在恩格斯逝世后不久，第二国际由于在如何认识资本主义、如何认识马克思主义、如何进行阶级斗争和要不要进行革命等问题上，产生了严重分歧而分裂，1914 年第一次世界大战爆发后则完全解体。俄国社会民主工党也由于对俄国革命的理论和策略上的分歧而分裂为布尔什维克和孟什维克。第二国际和俄国社会民主工党内部不同派别的争论，首先是政治观点、政治路线上的争论。但不同的政治观点、政治路线的争论往往交织着不同的世界观和方法论即不同的哲学上的争论。显然，无产阶级革命和社会主义运动遇到了一系列新情况、新问题。对马克思主义哲学的解释和传播做出了重大贡献的普列汉诺夫，由于对新情况、新问题没有作出正确的回答，因而未能担当起发展马克思主义哲学的历史任务。列宁由于敏锐地发现了新问题，敢于面对新问题，在解决新问题的过程中坚持和发展了马克思主义哲学，因而开创了马克思主义哲学发展的新阶段。针对分析俄国社会性质及其发展前景中的主观社会学，列宁阐述和发挥了历史唯物主义基本原理；围绕"物理学革命"中的哲学争论，列宁系统地论述了马克思主义认识论的基本原理，把实践观点置于认识论的首要地位；针对当时存在的庸俗进化论思潮，列宁开展了辩证法的哲学研究，论述了两种发展观的根本对立，揭示了辩证法的实质和核心，提出了建构唯物辩证法理论体系的设想。正是由于坚持和发展了马克思主义哲学，列宁能够用科学的世界观和方法论正确回答在经济、政治、文化落后的俄国要不要进行革命以及怎样进行革命的问题，在十月革命胜利后又对社会主义建设进行了初步探索，开创了科学社会主义从理论到实践的新时代。

毛泽东思想是中国共产党人将马克思列宁主义和中国实际相结合的伟大成果，毛泽东哲学思想则是马克思主义哲学在中国革命和建设实践中的运用和发展，是毛泽东思想的有机组成部分与中国革命和建设理论的哲学基础。毛泽东就是为着解决中国革命和建设中面临的重大问题，解决指导工作中的世界观和方法论问题，才进行哲学研究的。1927 年，适应当时北伐革命的需要，毛泽东应用唯物史观对中国社会各阶级进行了科学分析，对湖南农民运动进行了考察，指出了革命的敌人、朋友和领导阶级，指出了农民问题在中国革命中的重要地位。1930 年，针对当时党内存在的把马克思主义理论教条化，把共产国际决议和苏联经验神圣化，讨论问题时不从实际出发，动辄"拿本本来"的错误倾向，毛泽东撰写了《反对本本主义》一文，提出了"没有调查，就没有发言权"的著名论断，认为只有努力作实际调查，才能洗刷唯心精神，才能从社会经济的调查研究中，得出正确的阶级估量，定出正确的斗争策略。1936 年，为了总结第二次国内革命战争经验，肃清"左"倾教条主义的军事思想，毛泽东发表了《中国革命战争的战略问题》，阐述了正确地研究战争和指导战争的马克思主义军事哲学思想，提出全党不但需要一个马克思主义的正确的政治路线，而且需要一个马克思主义的正确的军事路线。1937 年，为了从哲学的高度、思想路线的高度进一步批判各种形式的主观主义，为了从哲学上总结马克思列宁主义普遍原理同中国具体实际相结合的经验，论证这种结合的必要性及实现这种结合的途径，为了在全党进一步倡导马克思主义的思想路线，毛泽东发表了《实践论》和《矛盾论》。"两论"回答了中国革命实践中提出的认识论和方法论问题，其中对实践在认识过程中的地位和作用，认识过程的两次飞跃，认识和实践矛盾运动的总过程、总规律，矛盾特殊性、事物矛盾问题的精髓等哲学问题的创造性提出和论述，都丰富和发展了马克思主义认识论和唯物辩证法理论。1937 年，抗日战争爆发后，为了批判在中日战争问题上的种种错误观点，正确指导抗日战争，毛泽东发表了《论持久战》等军事著作，运用唯物辩证法分析抗日战争中的各种矛盾，揭示抗日战争的发展规律，批判战争问题上的唯心论和机械论，为马克思主义军事哲学宝库添加了光耀夺目的璀璨明珠。1956 年，当我国社会主义改造基本完成之后，针对否认社会主义存在矛盾的错误观点，针对在大量的人民内部矛盾面前惊慌失措的情绪，毛泽东发表了《关于正确处理人民内部矛盾的问题》和《论十大关系》的著作，论述了社会基本矛盾，提出了在社会主义社会区分两类矛盾，正确处理人民内部矛盾、正确分析和处理社会主义建设中十大关系的理论，这些都是马克思主义哲学发展史上新的理论建树。

邓小平理论是马克思列宁主义同中国实际相结合的第二次历史性飞跃的伟大成果。邓小平和江泽民也是针对改革开放和现代化建设所面临的重大问题谈理论和哲学的。1977 年，还在"两个凡是"的错误思想刚刚出笼的时候，邓小平就指出，"两个凡是"不符合马克思主义，他认为如何评价领袖人物的功过，"是个重要的理论问题，是个是否坚持历史唯物主义的问题"①。
1978 年，邓小平支持和领导了理论界进行的关于实践是检验真理的唯一标准
的大讨论，在党的十一届三中全会上发表了《解放思想，实事求是，团结一
致向前看》的重要讲话，认为只有思想解放，才能正确地以马列主义、毛泽
东思想为指导，解决过去遗留的问题，解决新出现的一系列问题；认为实事
求是是无产阶级世界观的基础，是马克思主义的思想基础。过去革命取得胜
利是靠实事求是，现在从事现代化事业同样要靠实事求是，号召全党研究新
情况，解决新问题。② 1985 年，他又指出，"二十年的历史教训告诉我们一条
最重要的原则：搞社会主义一定要遵循马克思主义的辩证唯物主义和历史唯
物主义，也就是毛泽东同志概括的实事求是，或者说一切从实际出发"③。
1992 年，邓小平发表了视察南方的讲话，回答了改革开放和现代化建设中存
在的一系列迫切需要解决的问题。针对有些干部惑于姓"资"姓"社"的抽
象争论，不敢迈开改革开放步伐的情况，他提出了判断改革成败的"三个有
利于"的标准，对社会主义的本质做了新的概括和表述；针对发展问题上的
模糊认识，他提出了发展才是硬道理的著名论断，进一步阐述了抓住时机，
发展自己，关键是发展经济的思想；针对在物质文明建设和精神文明建设等
问题上存在一手硬、一手软的情况，他进一步强调了坚持两手抓、两手都要
硬的辩证思想；针对苏联解体、东欧剧变后有些人对马克思主义的信仰发生
动摇的情况，他指出，世界上赞成马克思主义的人会多起来的，因为马克思
主义是科学，它运用历史唯物主义揭示了人类社会发展的规律。④ 江泽民在
党的十五大报告中指出，马克思列宁主义、毛泽东思想一定不能丢，丢了就
丧失根本。同时一定要以我国改革开放和现代化建设的实际问题、以我们正
在做的事情为中心，着眼于马克思主义理论的运用，着眼于对实际问题的理
论思考，着眼于新的实践和新的发展。他认为，坚持邓小平理论，在实践中
继续丰富和创造性地发展这个理论，是党中央领导集体和全党同志的庄严历
史责任；他认为，创新是一个民族的灵魂，是一个国家兴旺发达的不竭动力，
也是一个政党永葆生机的源泉。要求全党同志在研究改革开放和现代化建设
实践中的新问题的基础上，勇于开拓进取，进行理论创新和制度创新。总之，

---

① 《邓小平文选》第 2 卷，人民出版社 1994 年版，第 38 页。
② 同上书，第 140—153 页。
③ 《邓小平文选》第 3 卷，人民出版社 1993 年版，第 118 页。
④ 同上书，第 370—383 页。

邓小平理论在坚持解放思想、实事求是、开拓马克思主义的新境界中，在围绕"什么是社会主义、怎样建设社会主义"这个根本问题对社会主义作出的新认识中，在坚持用马克思主义的宽广眼光观察世界、对当今时代特征和总体国际形势作出的新分析和新判断中，在建设有中国特色社会主义理论的科学体系中，都深刻地蕴涵着对马克思主义哲学的创造性运用和发展，而其中关于将解放思想和实事求是结合起来构成马克思主义思想路线的理论，关于社会主义建设要从国情出发的理论，关于社会主义初级阶段的理论，关于社会主义基本经济政治制度和具体的经济体制、政治体制及其他体制之间既相区别又相联系的理论，关于改革开放是社会主义发展动力的理论，关于科学技术是第一生产力的理论，关于发展生产力和解放生产力的理论，关于衡量改革开放成败得失的"三个有利于"标准的理论，关于以经济建设为中心、正确处理社会主义建设各方面的重大关系，实现经济、政治、文化之间和经济发展、社会进步、人的素质全面提高、环境资源保护之间协调的、可持续发展的理论，关于和平与发展是当代世界两大问题的论断，则都是哲学的或具有哲学性质的理论贡献。从邓小平理论中进一步概括出哲学上的新范畴、新概念、新理论，给马克思主义哲学宝库增加新内容，这是我国哲学工作者应该承担的历史使命。

在改革开放和现代化建设的新时期中，我国马克思主义哲学研究迎来了初步繁荣和发展的春天，取得了一系列理论成果。如，实践观点在马克思主义哲学中首要地位的重新确立和对马克思主义哲学本质的新理解；认识论研究突破了传统框架，深化了对实践的要素和结构的研究，开展了以主体和客体关系为核心、以实践基础为原则的新研究，实现了众多观念上的突破，提出了许多新概念、新范畴、新方法；在对马克思主义唯物辩证法的全面深入理解的基础上，把辩证法重新规定为科学的发展观，在概括现代科学成果和社会发展新现象的基础上，对辩证法的规律和范畴进行了新的解释，赋予辩证法以崭新的时代内容；开辟了价值论研究的新领域，讨论了真理和价值、历史观和价值观的相互关系；历史唯物主义研究方面，社会历史的规律性与人的自觉能动性的关系、历史决定论与历史主体的选择之间的关系成为重点研究的问题，在坚持社会历史发展过程的规律性、决定性、必然性的同时，着重讨论了社会历史发展过程中的偶然性、随机性、不确定性，分析了社会历史发展规律的特殊性，揭示了历史主体在实践活动中经历实践和认识的多次反复，实现合目的性和合规律性统一的辩证发展过程。在概括现代系统科学成果的基础上，开展了社会系统论研究，进一步揭示了社会结构的复杂性、历史性；开展了关于人的问题的研究，根据实践观点对人的主体性问题作了科学解释，探讨了人性、人的本质、人的自然属性和社会属性的相互关系、人的价值和价值实现、人的解放、人的自由、人的全面发展等问题。开展了人权研究，探讨了人权的含义、人权问题的哲学基础、人权的阶级性、人权的普遍性和特殊性等问题，阐述了马克思主义的人权观；和马克思主义哲学原理研究紧密相关的文化哲学、科技哲学、社会哲学、政治哲学、法哲学、道德哲学、经济哲学、发展哲学等应用哲学领域得到了迅速发展，获得了大量成果。这些成果的获得，是因为广大哲学工作者在解放思想、实事求是的马克思主义思想路线指引下，敢于发现对马克思主义哲学原理的以往理解和以往研究中存在的问题，敢于发现改革开放和现代化建设实践中的新问题，敢于在概括新材料的基础上对问题作出新的创造性回答。

应该承认，在社会主义国家的历史上，马克思主义哲学在其发展过程中曾经出现过停滞、曲折甚至变质的情况。造成这种局面的原因很多，但其中一个重要的原因则是由于马克思主义哲学研究丧失了考察社会现实时的批判性、革命性，不是去发现问题、揭露矛盾，而是回避问题、掩盖或歪曲矛盾，成了错误的政治路线、方针、政策的论证工具，结果辩证法成了通向诡辩论的桥梁，马克思主义哲学辞藻成了教条主义等的外衣，各种各样的唯心论和形而上学则趁机泛滥和猖獗。

总结马克思主义哲学在社会主义国家中发展的正反两方面的历史经验，我们的结论是，只有保持马克思主义哲学对现实的批判性、革命性，只有发现和抓住实践发展中的重大问题，马克思主义哲学才能保持其生命力并在对重大问题的解决过程中获得发展。

三　人类在 21 世纪发展的要求

人类社会在 20 世纪发生了巨大的变化，其变化的剧烈和深刻达到了前人难以想象的程度。现在有许多迹象表明，人类社会在 21 世纪中将继续发生急剧变迁，人类的生存和发展将遇到一系列的新问题、新情况，社会发展将出现许多新特点、新规律。人类社会的发展要求决定着哲学的命运，哲学的发展状况反过来又会对人类社会的发展给以深刻的影响。马克思主义哲学只有正确地抓住、及时地回答人类社会发展中提出的问题，才能得到丰富和发展，才能永葆时代精神的精华、人类活的文明的强大生命力。

我们认为，影响人类目前及未来生存和发展命运的重大问题有下列方面：

1. 科学技术迅速发展提出的问题

自然科学在 20 世纪获得了重大的突破和发展，人类在宇观、宏观、微观各个领域，在天、地、生、化、物、数等各个自然科学基础学科都取得了巨大发展，特别是非线性科学、复杂性科学的发展，孕育着自然科学的革命变革，要求人们用新的自然观取代在近代科学基础上形成的自然观，为现代自然科学的新成果提供新的哲学基础和哲学论证，用新的科学图景说明人和自然、社会和自然的相互关系。

现代信息技术的迅速发展，个人电脑和国际互联网的发展，智能机器人的发展，正在对人类的生存方式、劳动方式、交往方式、思维方式乃至时代风貌产生着巨大影响。人的现实生活和网络生活、现实交往和网络交往、现实生活时空和网络生活时空之间存在着什么样的关系，人们的网络交往对人的发展会产生什么样的影响，如何在网络交往中规范人们的行为、尊重个人的权利乃至保护国家、民族的安全。在信息技术迅速被运用到生产、经济及社会管理的情况下，如何正确地估计科学、技术、知识、信息在生产、经济及社会发展中的作用，信息技术的社会化、全球化将对社会的经济政治制度产生什么样的深刻影响，应该怎样看待信息经济、信息社会、知识经济、知识社会等的观点和理论。信息技术的发展和运用对人们的社会财富的占有会产生什么影响，是导致更大的社会不平等还是为克服社会不平等创造着条件。如何正确地分析和估计这些影响，就是一个很大的问题。

生命科学、生物技术，特别是各种遗传工程技术、克隆技术正在迅速发展，这些新技术的发展正在帮助人类更好地发现和掌握生命世界的发展规律，正在推动人类的医疗、卫生、保健事业的发展，但是人类对生命世界越来越深入和强烈的干预，会不会破坏生命世界的协调和平衡，会不会在使人类获得眼前利益的同时，给人类带来毁灭性的灾难，在人类社会内部又会造成什么样的伦理、道德和法律问题。这些问题都值得深思。

现代科学技术及其对人类社会发展的双重性影响，要求人类认真思考究竟该从一种什么样的价值观出发，为科学技术的发展制定出一种正确的发展战略，在科学技术成果的应用中如何防止其消极的负面的影响。

对哲学的生存和发展更具挑战性的事实是，当代科技革命的迅速发展正在迅速地改变着人类知识版图的结构，以往由哲学加以思辨地解决的问题越来越变成了可以由科学技术解决的问题。人的问题，特别是人的精神世界问题一直是哲学纵横驰骋、大显身手的领地，但现代生命科学、脑科学却在这一领地中敲开了一个又一个的大门。人类认识史上确实存在着哲学问题转变为科学问题、从哲学中分化出具体科学的历史过程，但在当代，这一过程似乎在不断加速，规模也在扩大。在人的认识活动、物质生活、社会交往不断科学化、技术化的潮流下，哲学的研究领域似乎在不断缩小。对哲学家的抽象思考和议论，人们甚至耸耸肩膀，说那不过是空话，甚至发问：哲学还有立足之地吗？哲学还有用处吗？哲学如何证明自身存在的价值，这也是当代科学技术迅速发展提出来的重大问题。

2. 社会现代化发展中提出的问题

人们一般把农业社会到工业社会的过渡称做社会的现代化过程，也有把工业社会的进一步发展仍然称作现代化过程的。由于现代化标准具有历史变动的性质，现代化过程的终点也就不那么绝对固定。不管怎样理解，现代化总是首先意味着机械化、工业化以及某种程度的自动化，意味着人类通过机械化、自动化的技术装置更充分地利用自然界的资源和能源，意味着人类不断地从笨重的体力劳动中解放出来，机械化、自动化的生产不断为人类提供着各种生产资料和消费资料，使人们的生活越来越舒适、方便、富足。但是，现代化发展也给人类的生存和发展带来了诸如资源、能源紧张、环境污染、生态危机、臭氧层破坏等问题。据某些专家估计，如果全世界 60 多亿人口都达到美国那样的人均消费水平，那么地球上的资源、能源，特别是那些不可再生的资源、能源，将会很快告罄，而且二氧化碳的排放量将使地球高空的臭氧层遭到彻底破坏。城市曾是农村人口向往的地方，但随着城市问题的出现和扩大，人们又从城市流向郊区和农村，出现了所谓城市空心化的现象。小汽车是现代化的象征之一，但随着汽车的普及却带来了交通堵塞、空气污染等一系列的问题，究竟用什么交通工具来取代小汽车成了一件头疼的事情。现代化社会中存在的种种问题使传统的现代化观念、社会进步观念受到了挑战，人们对现代化过程产生了批判性的思考，有的甚至认为现代化对于人类的进一步生存和发展来说是一种陷阱。极端的观点甚至主张人类应该返回到农业社会、返回到原始状态。也有观点认为，现代化本身没有问题，只是现代化的发展模式有问题，只要从传统的现代化模式转变为可持续发展的现代化模式，就可以消解以往现代化过程带来的各种问题，但是事情真是这样简单吗？难道我们不应该进一步追问，为了真正解决现代化过程中出现的种种问题，我们究竟应该树立一种什么样的发展观、价值观，建立一种什么样的社会制度？

3. 市场经济发展过程中提出的问题

市场经济，在生产力发展的现阶段，是不可超越的。市场经济确实调动着人们追求发财致富的欲望，推动人们在追求自身利润的过程中优化资源配置，提高生产和经济管理的效率。但是市场经济只能提供给人们一种机会上的、规则上的平等、自由和公正。市场竞争的结果则总是使社会成员在财富的获得方式和获得多寡上造成两极分化，造成不同的阶级、阶层。市场经济内在地存在着效率和公正、自由和平等之间的矛盾。20 世纪，西方资产阶级理论家和政治家，鉴于以往的市场经济发展曾造成了经济危机及工人运动、社会主义革命等事实，提出了国家对市场进行宏观调控的理论，通过财政政策、产业政策、赋税政策、社会福利保障政策等，控制和规范市场经济的运行和发展，这在削弱市场经济的自发发展的负面影响，改善市场竞争中的弱势社会群体、阶级、阶层的生活，缓和社会矛盾等方面发挥了一定作用。但许多资料表明，这似乎并没有从根本上解决市场经济所固有的矛盾和弊端。人们或许可以说，不应该将市场经济一概而论，例如，有社会主义市场经济和资本主义市场经济的区别，资本主义市场经济又有美国模式、德国模式、日本模式等区别。但应该承认，作为市场经济，又都具有共同的规律和特征。上面我们提出的种种问题，在实行市场经济的不同国家都不同程度地存在着。这就提出了一个问题，市场经济在 21 世纪究竟该怎样发展？现在围绕市场经济在人类历史上的地位有很多争论，一种观点认为市场经济是人的本性所需要的，在人类历史上将永远存在下去，市场经济万岁！另一种观点则认为它是一种历史形态，将来总有一天会退出历史舞台，但这种观点目前只限于理论上的论证，在与前一种观点的论辩中常常缺乏经验上的论据。和市场经济紧密相关的问题是：当代资本主义制度在 21 世纪将会发生怎样的变化？社会主义在世界范围内目前处于低潮，它在 21 世纪又将会发生怎样的变化？观察市场经济，观察资本主义、社会主义，思考人类社会的未来形态，都涉及社会历史观的问题。唯物史观如何在概括新材料、揭示新规律、形成新观点的基础上对上述诸问题作出更具说服力的回答，这是需要花大力气解决的问题。

4. 经济全球化提出的问题

由于世界各国，特别是发达国家社会生产力和经济的发展，以及现代信息通信技术和运输技术的发展，经济全球化已成为一种不可阻挡的潮流。资本、商品、劳务的全球流动，企业的跨国经营已成为大势所趋。国内市场和国外市场的界限变得越来越模糊，世界市场越来越迅速地把地区市场、国内市场囊括在自身之中。经济全球化对发达国家、发展中国家乃至对人类社会的未来发展会产生怎样的影响？西方工业发达国家由于在资本、技术、经济上的优势，在经济全球化的竞争中处于有利地位，随着他们拥有的资本、技术、经济涌向发展中国家，他们同时也试图将其政治经济制度和文化价值观念推广到发展中国家。于是经济全球化过程中发生着不同的经济政治制度和文化价值观念的冲突，应该怎样看待这种冲突，经济全球化会不会导致某种政治模式的全球化和某种文化价值观念的全球化？经济全球化不仅提出了人类在 21 世纪怎样发展经济的问题，也提出了怎样发展政治和文化的问题，这些问题在发展中国家表现得特别突出和尖锐。这涉及我们在 21 世纪应该树立怎样的经济观、政治观、文化观和国际观的问题。这就要求我们在马克思主义哲学的指导下开展经济哲学、政治哲学、文化哲学研究，通过这些研究正确地回答所面临的上述新问题。

5. 人自身存在和发展中的问题

同近代人、古代人相比，现代人获得了无比优裕的生活条件，过着即使古代、近代最富有想象力的思想家也没有描绘过的现代生活，然而烦恼一点也不比近代人、古代人少。在市场经济条件下，人虽然摆脱了前市场经济社会中存在过的各种人身依附关系，获得了独立和自由，但这种独立和自由是通过对物的依赖而获得的，人的价值往往要通过物（商品、资本）的价值来衡量，人受到自己在生产劳动中形成的人与人关系的奴役，受到自己在劳动中所生产、所创造的产品、工具的奴役，这就是马克思曾经分析过的人的异化现象。由于异化的存在，人不得不承受着日益加剧和激烈的生存竞争；由于异化的存在，人不得不对自己的奋斗目标产生种种怀疑和困惑。沦为社会底层的人们，因为生计困难而绝望，亿万富翁又因为精神空虚而烦恼。人在 21 世纪究竟应该追求什么幸福，应该怎样追求幸福。有专家说，由于现代社会对人生存和发展所造成的有形的、无形的、直接的、间接的种种压力，80％的人具有程度不同的精神、心理疾患，患精神分裂症和抑郁症的人数在不断增加。人的心理精神发展问题已成为现代社会中的突出问题。不是说哲学是对人的终极关怀吗？那么在 21 世纪哲学怎样去完成自己的这个使命呢，怎样使人在过上一种富裕的物质生活的同时，又过上一种充实、健康、乐观、向上、丰富的精神生活呢？自从人类在地球上诞生之后，特别是在脑力劳动和体力劳动形成了社会分工之后，人一直在追求由必然王国进入自由王国的理想境界，历代的先哲们不断为人的生存和发展描绘出理想世界、大同世界，马克思恩格斯花了毕生的精力论述了人和人类解放的社会理想，人们起初以为，这样的社会理想会很快实现，实现这样理想的时间被认为是十年、几十年、至多上百年，但现在则认为要经过几代人、十几代人，甚至几十代人的努力奋斗；至于那些不相信马克思主义的人，则把这种社会理想视为不可实现的乌托邦。人应该树立什么样的社会理想，人类应该追求什么样的理想社会，存在这类问题的人在全世界 60 多亿人口中恐怕不在少数。对于马克思主义者来说，对共产主义理想作出有说服力的新的论证，恐怕是不能回避的理论使命。

以上问题，只是我们信手拈来的，极不深刻、极不全面。我们只是想说明，马克思主义哲学只有关注、研究、回答人类生存和发展命运中的大问题，才会受到人们的欢迎和接受，才会成为人们生活中所需要的精神食粮、精神武器。我们罗列上述问题的目的，就是要说明捕捉和回答时代性问题的重要性。

除了认识问题的重要性、树立强烈的问题意识之外，我们还应该注意下面几点：

1. 要认识问题的主体性和客体性，端正把握问题的价值观。我们常说，问题是客观存在的，但这只是问题的一个方面的特性。问题的另一方面的特性就是它的主体性。问题是主客体关系上的矛盾，就这一矛盾发生的客体原因而言是问题的客体性，就这一矛盾发生的主体原因而言是问题的主体性。同一环境中不同的主体会有不同的问题，张三面对的问题不一定是李四的问题，发展中国家的问题不一定是发达国家的问题。从不同主体的利益、需要和价值观出发，就会发现不同的问题。同一个问题，对不同主体也会有不同的意义。因此，哲学家在提出问题的时候不能回避一个从什么主体的视角和利益出发的问题，即立场问题、出发点问题、价值观问题。在存在利益对立的当今世界，从最少数金融寡头出发面临的问题绝对不同于从最广大人民群众出发所遇到的问题。我们只有从最广大人民群众在现实生活实践中的利害关系出发，才能确立合理的价值观，从而实事求是地把握客观存在的问题，深刻揭示问题的实质。

2. 要认识问题的层次归属，从具体问题中抽象、提炼出哲学问题。哲学问题的特征是终极性、抽象性、普遍性，是对人们认识和实践中遇到的问题不断追问"是什么"和"为什么"直到不能再追问时还存在的问题。具体问题是具体科学可以解决的问题，哲学问题则是具体科学不能解决或至少现阶段不能解决的问题；具体问题是具体科学的研究对象，而哲学问题则是哲学研究的对象。中国新民主主义革命的性质、对象、任务、动力问题，是新民主主义革命理论问题，但是在解决这一问题的过程中，造成不同解决的思想路线问题、思想方法问题则是哲学问题。我们通常说的世界观、价值观、认识论、方法论、社会历史观、人生观，都是哲学问题，政治观、科技观、经济观、文化观、交往观、发展观等，也都是具有哲学性质的问题。当代全球性问题具有极大综合性，往往是多学科的研究对象，但发展观问题则是哲学性的问题。我们讲从问题出发，就哲学研究而言，就是要从具体问题中提炼出哲学问题。同具体问题相比，哲学问题是在人类实践的更为广阔的时空范围内起作用的问题，它可以在不同时间、地点中存在于不同的具体问题之中。哲学研究中经常会碰到自哲学在人类历史上形成之后一直存在的问题，这些问题被称为哲学研究中的传统问题。但这不意味着哲学问题不会随着时代而变化。实际上，那些传统问题也随着时代的不同而表现为不同的面貌和形式。同时每当人类进入一个新时代的时候，总会遇到不能归属于传统哲学的新的哲学问题。能不能因为这类新问题超出了传统的哲学观念而否认它们是哲学问题呢？不能。判断一个新问题是不是哲学问题，传统的哲学观念、哲学标准是重要的，但更为重要的是看那个问题是不是超出了具体科学解决的范围，并且是不是人类实践和认识发展中必须加以解决的问题。如果答案是肯定的，那么这种新问题即使超出了传统哲学观念，也仍然是哲学问题。哲学问题的时代性决定了哲学的时代性。当然，由于对哲学的不同理解会造成对哲学问题的不同理解，哲学问题和具体问题一时分辨不清的情况是经常存在的。在这种情况下，抓住每个时代中涉及人类存在和发展根本命运的大问题，在方向上总是不会错的，对于这类大问题的研究总会有利于哲学发展。人们往往是在对这类大问题的研究中逐步认清了其中存在的哲学问题，或者是在回答这类大问题的过程中形成了哲学层次上的观念和理论。

3. 要在解决问题的过程中去解决马克思主义哲学和传统哲学、外域哲学的关系问题。或者说要以正在解决的问题为中介去实现马克思主义哲学和传统哲学、外域哲学的结合。我们经常讲，马克思主义哲学不是某种自我封闭的褊狭顽愚的学说，它在产生的时候曾经批判地继承了人类的文明成果，同样，它在发展的时候也必须不断批判地吸收人类的文明成果。但是这种批判的吸收并不是脱离了所要解决的问题而抽象地进行的。离开了一定的问题去进行不同哲学的比较是没有意义的，也是不可能正确地进行的。对马克思主义哲学自身的传统也是如此。离开了所要解决的问题，抽象地谈论"回到马克思"没有意义，并且也不可能真正地回到马克思，因为从问题出发研究哲学是马克思哲学思想的最根本的精神实质。我们是为了解决问题而去向马克思恩格斯求教的，也是为了解决问题而与传统哲学、外域哲学对话的。马克思恩格斯说过的，而且所说比其他哲学家所说的更能解决问题，我们就听马克思恩格斯的；马克思恩格斯没有说过或马克思恩格斯所说不如其他哲学家所说更能解决问题，我们就听其他哲学家的；马克思恩格斯或其他哲学家都没有说过或他们所说都不能解决问题，我们就创造，提出新观点、新理论、新方法。所以解决问题的过程是马克思主义哲学与传统哲学、外域哲学的对话过程，是我们在马克思主义哲学指导下去批判地吸收传统哲学、现代外国哲学的合理因素的过程，更是我们的创新过程。随着问题的解决，我们也就实现了批判的吸收和创新，也就会实现马克思主义哲学的发展。

现在大家都在谈论要建构马克思主义哲学的新体系，这种建构也不能脱离所要解决的问题去抽象地进行。脱离了所要解决的问题，仅仅去凭对马克思本本的解读，是不可能建构出在 21 世纪具有生命力的马克思主义哲学体系的。马克思恩格斯当年创立马克思主义哲学的时候就不是这种态度。理论逻辑应该反映事物逻辑或认识逻辑。这就是说，问题自身所固有的结构规定和制约着解决它的理论的内在逻辑。因此我们只有真正抓住马克思主义哲学在 21 世纪发展中所遇到的新问题，只有对新问题的系统、结构和我们对新问题的认识过程作出了正确分析的时候，才会形成新的理论和观点，才会发现理论、观点之间的内在联系，才能建构起具有 21 世纪风格的马克思主义哲学的新体系，才能形成马克思主义哲学的新形态。

吴江在《社会主义前途与马克思主义的命运》一书中说："做思想家首先要能够把握时代脉搏，洞察历史发展趋势，能站在时代前面说话立论，而不满足于仅仅以积累的大量知识像玩七巧板似的拼成各种图案以炫耀自己的学说。"① 此言甚为深刻精当，在此引入，作为本文结语。

---

① 吴江：《社会主义前途与马克思主义的命运》，中国社会科学出版社 2001 年版，第 282 页。

论实践观在马克思主义哲学中的地位*

——关于王玉梁《评哲学创新中的实践核心》一文的若干意见

王玉梁《评哲学创新中的实践核心》（以下简称王文）一文发表于《深圳特区报》（2001年7月）。王文中列的小标题为：哲学创新问题争论的焦点、实践核心论的表现形式与实质、否定物质本体论是实践核心论的集中表现、西方马克思主义哲学实践核心论失误的教训、实践不是马克思主义哲学的核心。王文在批判实践核心论的过程中，涉及的马克思主义哲学理论问题有四个：即实践观在马克思主义哲学中的地位和作用问题、马克思主义哲学的称谓和马克思主义哲学的本质问题、马克思主义哲学的基本问题、马克思主义哲学的创新问题。下面就按此顺序来谈谈我们的意见。

一

王文的第一句话就是令人费解的。他说："实践观在马克思主义哲学中占有重要地位，这一点必须肯定。但不能夸大实践的地位和作用。"马克思主义的实践观就是关于人的实践活动在认识世界和改造世界中的地位的观点。肯定前者必然肯定后者。王文要我们肯定前者但又不要夸大实践的地位和作用，不知道究竟想说什么？王文说，不仅有实践唯物主义，还有实践唯心主义，并非重视实践的哲学就是科学的哲学；又说实践概念、实践标准，既可以作主观的解释，也可以作客观的解释。如此说来，不正是说明如何理解实践活

* 此文是应时任中国社会科学院院长李铁映要求写的，当时他在发表王玉梁文章的报纸复印件上批写了请吴元梁谈谈对此文的看法，并转给了我。我从命于2001年10月1日写了此文，请他指正。后来，时过境迁，这篇文章就一直没有正式发表。现收在此集中，如有不当之处，还请王玉梁教授指正。

动和实践概念对于一个哲学体系来说是至关重要的吗？然而王文却是要说明科学的实践观对于马克思主义哲学来说不是至关重要的。他认为"实践观点是马克思主义哲学的基本观点，但绝对不是全部马克思主义哲学的首要的基本的观点"。意思是说，马克思主义的实践观是马克思主义的社会历史观、认识论、价值论的基础，而不是全部马克思主义哲学的基础。这里讲的"基础"大概就是"首要的基本观点"的意思。所以王文与不同观点要争辩的问题就是实践观在马克思主义哲学中的地位问题。

应该承认，这是自马克思主义哲学诞生以来，一直存在不同理解的问题。

马克思在《关于费尔巴哈的提纲》（以下简称《提纲》）中认为是不是把感性理解为实践活动以及对这个实践的理解是他的唯物主义和包括费尔巴哈在内的旧唯物主义的根本区别之处，也是他的唯物主义和黑格尔唯心主义的区别之处。

《提纲》第一条：

从前的一切唯物主义（包括费尔巴哈的唯物主义）的主要缺点是：对对象、现实、感性，只是从客观的或者直观的形式去理解，而不是把它们当做感性的人的活动，当作实践去理解，不是从主体方面去理解。因此，和唯物主义相反，能动的方面却被唯心主义抽象地发展了。当然，唯心主义是不知道现实的、感性的活动本身的。费尔巴哈想要研究跟思想客体确实不同的感性客体，但是他没有把人的活动本身理解为对象性的活动。因此，他在《基督教的本质》中仅仅把理论的活动看做真正的活动，而对于实践则只是从它的卑污的犹太人的表现形式去理解和确立。因此，他不了解"革命的"、"实践批判的"活动的意义。

《提纲》第八条：

全部社会生活在本质上是实践的。凡是把理论引向神秘主义的神秘东西，都能在人的实践中以及对这个实践的理解中得到合理的解决。

《提纲》第九条：

直观的唯物主义，即不是把感性理解为实践活动的唯物主义，至多也只能达到对单个人和市民社会的直观。

《提纲》第十条：

旧唯物主义的立脚点是市民社会，新唯物主义的立脚点则是人类社会或社会的人类。

《提纲》第十一条：

哲学家们只是用不同的方式解释世界，问题在于改变世界。①

从以上各条内容来看，不难看出，马克思的实践观是将马克思的新唯物主义和一切旧唯物主义区别开来的首要的基本的观点，说马克思的实践观构成了马克思的新唯物主义的基础和核心也未尝不可。

《德意志意识形态》是马克思恩格斯第一次系统地论述了他们创立的新历史观的著作，在那里仍然体现着马克思在《提纲》中阐述的思想，还多次批评费尔巴哈只知道直观地看问题，不懂得实践及其意义。

后来，恩格斯在《路德维希·费尔巴哈和德国古典哲学的终结》一文中全面论述了马克思和他一起创立的唯物主义与费尔巴哈唯物主义的区别，认为费尔巴哈在抛弃黑格尔唯心主义的同时也抛弃了辩证法，认为费尔巴哈"下半截是唯物主义者，上半截是唯心主义者"，认为这是由于费尔巴哈没有"把这些人作为在历史中行动的人去考察"，而马克思和他所代表的新派别则是"在劳动发展史中找到了理解全部社会史的锁钥"。这些思想也是和《提纲》、《德意志意识形态》相一致的。

恩格斯在该著中总结哲学史上的哲学基本问题时，把思维和存在的关系问题分成了两个方面，第一方面是何者第一性的问题，第二方面是两者有没有同一性的问题。在说明哲学家依照他们如何回答第一方面时，既分清了唯心主义和唯物主义阵营，又注意了马克思唯物主义和以前唯物主义的区别，使用了"凡是认为自然界是本原的，则属于唯物主义的各种学派"的论断，但是没有提到实践的理解问题。而在论证这个问题第二方面时，提到了实践。恩格斯说："而思维和存在的同一性要得到证实，人类就要马上把他的哲学从理论转移到实践中去"②，"对这些以及其他一切哲学上的怪论的最令人信服的驳斥是实践，即实验和工业。"③ 这就为后人把马克思的实践观点局限到认识论领域提供了依据。

列宁在《唯物主义和经验批判主义》一著中就明确地指出："生活、实践的观点，应该是认识论的首要的和基本的观点。这种观点必然会导致唯物主义，而把教授的经院哲学的无数臆说一脚踢开。"④ 他接着提出并论述了对实践标准的理解。

---

① 《马克思恩格斯选集》第1卷，人民出版社1995年版，第54—57页。
② 《马克思恩格斯选集》第4卷，人民出版社1995年版，第225页。
③ 同上。
④ 《列宁选集》第2卷，1995年版，第103页。

斯大林在《论辩证唯物主义和历史唯物主义》一文中像恩格斯一样，也是从反驳不可知论的角度，谈到了经验和实验，"马克思主义的哲学唯物主义却与此相反，它认为，世界及其规律完全可以认识，我们关于自然界规律的知识，经过经验检验过的知识，是具有客观真理意义的、可靠的知识"①。可以看出，这明显在转述恩格斯的观点，但没有像恩格斯那样正面地提出实践标准问题。

毛泽东在《实践论》（1937 年 7 月）中指出："辩证唯物论的认识论把实践提到第一的地位，认为人的认识一点也不能离开实践，排斥一切否认实践重要性、使认识离开实践的错误理论。……马克思主义的哲学辩证唯物论有两个最显著的特点：一个是它的阶级性，公然申明辩证唯物论是为无产阶级服务的；再一个是它的实践性，强调理论对于实践的依赖关系，理论的基础是实践，又转过来为实践服务。判定认识或理论之是否真理，不是依主观上觉得如何而定，而是依客观上社会实践的结果如何而定。真理的标准只能是社会的实践。实践的观点是辩证唯物论的认识论之第一的和基本的观点。"②我们看到，这里既明确地肯定了实践观点在马克思主义认识论中的重要地位，又认为实践性是马克思主义哲学的一个根本特点。《实践论》在反对教条主义、经验主义、主观主义等唯心主义的时候，也明确地肯定了马克思的唯物论和以前的唯物论的根本区别。《实践论》的第一句话就是："马克思以前的唯物论离开人的社会性，离开人的历史发展，去观察认识问题，因此不能了解认识对社会实践的依赖关系，即认识对生产和阶级斗争的关系。"③在毛泽东看来，离开了人的社会性、离开了人的历史发展、离开了社会实践，既不可能有正确的认识理论，也不可能有正确的社会历史理论和世界观理论。值得我们注意的是，毛泽东《实践论》中关于实践观点在马克思主义哲学中重要地位的观点与斯大林在《辩证唯物主义和历史唯物主义》中的观点是明显不同的。

王文提到了卢卡奇、葛兰西、南斯拉夫实践派的观点，虽然这些哲学家的哲学观点有我们不能同意的方面，但他们在恢复马克思实践观在马克思哲学中的重要地位上则都起到了值得肯定的作用。

---

① 《斯大林文选》上，人民出版社 1962 年版，第 187 页。
② 《毛泽东选集》第 1 卷，人民出版社 1991 年版，第 284 页。
③ 同上书，第 282 页。

卢卡奇认为，马克思在《关于费尔巴哈的提纲》中，对旧唯物主义进行了批判；在《1844年经济学哲学手稿》中批判了黑格尔《精神现象学》对主体能动性所作的唯心主义解释。"这样，我们就清楚地概括了马克思的既反对旧唯物主义又反对唯心主义的立场：要解决理论与实践的问题就必须重新回到实践的现实的和物质的表现形式上去，实践的基本的本体论规定性就是在这种形式中清楚而明确地表现出来的。""事实上，目的论和因果性乃是互不同质的原则，它们虽然有种种矛盾，但它们的不可分割的充满活力的共存却构成了一定的、只有在社会存在领域才有可能在本体论上存在的运动整体的本体论基础。"① 卢卡奇明确认为，具有现实的、物质的表现形式的实践，具有本体论规定性，但又明确地指出这是指社会历史领域。他认为马克思创立了社会存在本体论的哲学。卢卡奇反对恩格斯自然辩证法理论是不对的，因为否定自然界的辩证发展，实际上就是否定自然规律的存在。但是应该看到，恩格斯在论述马克思唯物主义的辩证性质时，确实没有正面回答马克思的实践观和唯物辩证法的关系问题。

葛兰西坚决反对那种认为马克思著作中没有系统完整哲学世界观的错误观点，在《狱中札记》中明确肯定马克思的著作中蕴涵着一种完整的世界观，一种新的哲学。葛兰西把马克思主义哲学称为"实践哲学"，认为"历史唯物主义的基本部分既不是斯宾诺莎主义，也不是黑格尔主义或者法国唯物主义，……马克思主义的基本部分是对旧哲学乃至思考哲学的方式的超越"，他认为这种哲学的出发点既是确认物质—存在的本体论上第一性的实践观，又是强调人—思维的巨大能动作用的人本学中心观②。

前南斯拉夫的哲学家在很长一个时期内有"实践派"和"辩证法派"之分，但进入20世纪80年代之后，包括"辩证法派"的绝大多数哲学家都肯定实践观是马克思主义哲学的基础。前南斯拉夫的一个哲学家马尔科维奇在20世纪60年代的一个报告中也说过实践是马克思主义哲学的中心范畴，认为物质与精神、主体与客体这两个范畴可以从这一个基本范畴中引申出来③。这或许可以概括为实践范畴中心论吧！

---

① ［匈］卢卡奇：《关于社会存在的本体论·下卷——若干最重要的综合问题》，白锡等译，重庆出版社1993年版，第57—58页。

② 转引自黄楠森、庄福龄、林利主编《马克思主义哲学史》第8卷，北京出版社1996年版，第526—531页。

③ 参阅黄楠森、庄福龄、林利主编《马克思主义哲学史》第8卷，北京出版社1996年版，第806页。

把上述各种观点综合起来，基本上可以划分为两种不同的观点，一种观点认为实践观是马克思主义哲学的首要的、基本的观点（说核心的、中心的、基础的观点也未尝不可），即马克思主义的世界观（包括社会历史观）、认识论、方法论、价值观中的首要的、基本的观点；一种观点则认为实践观仅仅是马克思主义认识论的首要的基本的观点。究竟哪一种观点更能反映马克思主义哲学的本质，这是可以讨论的问题。我们则持前一种观点。

二

王文反对实践观是全部马克思主义哲学的首要的基本的观点，主要有三个理由：其一，会夸大实践观的作用；其二，会抛弃唯物主义；其三，会否认思维与存在的关系问题是马克思主义哲学的基本问题，否定物质本体论，导致实践本体论、实践一元论。下面就作者的这三条理由，谈谈我们的看法。

王文所说的夸大了实践观的作用，是指否定了马克思主义哲学观对实践观的决定作用和马克思主义世界观对实践观的指导作用。

王文认为，实践概念、实践观决定了哲学观，而不是相反。我们则认为，实践观和哲学观是相互影响、相互决定的，我们既可以说有什么样的哲学观就会有什么样的实践观，也可以说有什么样的实践观就会有什么样的哲学观。这是因为任何哲学观作为一种观念，都无法回避它和人类实践活动的关系，无法回避实践活动在人的哲学观念形成中的地位和作用问题，无法回避对实践活动的理解问题。黑格尔由于把人的实践活动归结为思想观念的活动，所以形成了他的客观唯心主义的哲学观，认为哲学的任务不过是论述绝对观念的形成和发展。费尔巴哈则是由于不懂得从人的活动、从实践去理解和把握感性对象，因而形成了他的直观的唯物主义的哲学观，认为哲学的任务不过是直观地解释世界。马克思就是围绕对实践的理解、哲学和实践的关系批判黑格尔、费尔巴哈的哲学观，并阐明自己的哲学观的。

马克思 1842 年 6 月在《第 179 号"科伦日报"社论》中对脱离实践、现实生活的德国哲学提出了批评。他说："哲学，尤其是德国的哲学，喜欢幽静孤寂、闭关自守并醉心于淡漠的自我直观。"[①] 接着马克思阐述了自己对哲学

---

① 《马克思恩格斯全集》第 1 卷，人民出版社 1956 年版，第 120 页。

的理解，他说，哲学家是自己的时代、自己的人民的产物，人民的最精致、最珍贵和看不见的精髓都集中在哲学思想里。哲学首先是通过人脑和世界相联系，然后才用双脚站在地上。任何真正的哲学都是自己时代精神的精华，是文明的活的灵魂。哲学非常懂得生活，它知道，自己的结论无论对天堂的或人间的贪求享受和利己主义，都不会纵容姑息①。马克思 1843 年 10 月在《黑格尔法哲学批判》导言中在论述从对宗教的批判转到对产生宗教的现实世界的批判的必要性时，又谈到了他对哲学任务的理解。他说："真理的彼岸世界消逝以后，历史的任务就是确立此岸世界的真理。人的自我异化的神圣形象被揭穿以后，揭露具有非神圣形象的自我异化，就成了为历史服务的哲学的迫切任务。于是，对天国的批判变成对尘世的批判，对宗教的批判变成对法的批判，对神学的批判变成对政治的批判。"② 这是马克思对黑格尔法哲学批判的檄文。马克思认为，黑格尔法哲学只是"副本"，其"原本"则是德国的现实。因此，"对思辨的法哲学的批判既然是对德国迄今为止政治意识形式的坚决反抗，它就不会面对自己本身，而会面向只有用一个办法即实践才能解决的那些课题"③。正是在转向实践才能解决的那些课题时，马克思进一步论述了他的哲学观。他说，"批判的武器当然不能代替武器的批判，物质力量只能用物质力量来摧毁；但理论一经掌握群众，也会变成物质力量。理论只要说服人，就能掌握群众；而理论只要彻底，就能说服人。"④ 他也是在分析"德国解放的实际可能性"时才发现了具有彻底解放精神的无产阶级，并论述了他的哲学和无产阶级的关系。他说："哲学把无产阶级当作自己的物质武器，同样，无产阶级也把哲学当作自己的精神武器；思想的闪电一旦彻底击中这块素朴的人民园地，德国人就会解放成为人。"⑤ 马克思认为，无产阶级的解放，就是人之作为人的解放。"这个解放的头脑是哲学，他的心脏是无产阶级。哲学不消灭无产阶级，就不能成为现实；无产阶级不把哲学变成现实，就不可能消灭自身。"⑥ 后来，马克思更为明确地指出，哲学不过是一种具有特殊形式的社会意识形态。

---

①　《马克思恩格斯全集》第 1 卷，人民出版社 1956 年版，第 120—123 页。
②　《马克思恩格斯选集》第 1 卷，人民出版社 1995 年版，第 2 页。
③　同上书，第 9 页。
④　同上。
⑤　同上书，第 15—16 页。
⑥　同上书，第 16 页。

因此，我们认为，正是对实践及哲学和实践关系的理解才使马克思逐步地形成了他的哲学观。我们的这个结论既有上述马克思哲学观形成的实际历史过程为证，也有马克思在 1845 年春天写下的《关于费尔巴哈的提纲》为据。马克思在批判黑格尔唯心主义的过程中，清楚又明确地意识到他和费尔巴哈唯物主义的根本区别在于对实践的不同理解，因此十一条提纲所谈的就是对实践的理解及其重要性的问题。由此可见，说马克思的实践观决定了他的哲学观也不为过。马克思哲学观的实质就是认为哲学来源于实践，必须为实践服务。至于说马克思主义世界观的指导作用，那么强调马克思的实践观在马克思主义哲学中的首要的基本的地位，只会加强而不是削弱马克思主义世界观的指导作用。马克思主义世界观的实质、精髓就是认为，实践是人的认识的源泉、动力、目的，也是人的认识的真理性的唯一标准，人的正确思想只能来源于实践。

王文说，讲实践唯物主义，只讲实践的重要性，就是为了抛弃唯物主义。众所周知，实践唯物主义这个概念是马克思创造出来的，明确指出实践在人们认识世界、改造世界中的重要性的也是马克思，但马克思的目的不是为了抛弃唯物主义，而是为了批判包括费尔巴哈在内的旧唯物主义的直观性、不彻底性，为了更好地坚持和贯彻唯物主义。马克思说："当费尔巴哈是一个唯物主义者的时候，历史在他的视野之外；当他去探讨历史的时候，他不是一个唯物主义者。在他那里，唯物主义和历史是彼此完全脱离的。"[1] 费尔巴哈为什么在社会领域中不能坚持他的唯物主义观点呢？马克思认为这是由于他不懂得实践。马克思说："诚然，费尔巴哈比'纯粹的'唯物主义者有很大的优点：他承认人也是'感性对象'。但是，他把人只看作是'感性对象'，而不是'感性活动'，因为他在这里也仍然停留在理论的领域内，没有从人们现有的社会联系，从那些使人们成为现在这种样子的周围生活条件来观察人们——这一点且不说，他还从来没有看到现实存在着的活动的人，而是停留于抽象的'人'，并且仅仅限于在感情范围内承认'现实的、单个的、肉体的人'，也就是说，除了爱与友情，而且是观念化的爱与友情以外，他不知道'人与人之间'还有什么其它的'人的关系'。可见，他从来没有把感性世界理解为构成这一世界的个人的全部活生生的感性活动。"[2] 接着马克思说：

---

[1]　《马克思恩格斯选集》第 1 卷，人民出版社 1995 年版，第 73 页。

[2]　同上书，第 77—78 页。

"正是在共产主义的唯物主义者看到改造工业和社会结构的必要性和条件的地方，他却重新陷入唯心主义。"① 马克思在《德意志意识形态》中对费尔巴哈的批评同在《关于费尔巴哈的提纲》中的批评是完全一致的。也许王文会说：马克思在这里明明在批评费尔巴哈没有从人们现有的社会联系和人们的现实生活条件出发，但是他没有去进一步思考，费尔巴哈为什么没有做到这种出发。马克思的深刻就在这里。他指出这是由于费尔巴哈没有把感性世界理解为活生生的感性活动，即理解为实践的缘故。在社会历史领域，怎样认识人及人的活动就会怎样理解社会历史的发展。只有把人的感性存在理解为人的感性活动、理解为实践活动，也只有在感性的实践活动中，才能认识到现实的生活条件和现有的社会联系的重要性，才能做到唯物主义地认识人、社会及其历史发展。由此可见，实践的观点、实践的思维方式，是我们能不能在社会历史领域中坚持唯物主义观点的必要前提。

也许人们会说，费尔巴哈没有把人的感性世界理解为实践活动，在对自然界的认识中不是也坚持了唯物主义观点吗？是的，马克思肯定了费尔巴哈在这一领域中的唯物主义，但同时指出了费尔巴哈观点所存在的问题。马克思说："费尔巴哈特别谈到自然科学的直观，提到一些只有物理学家和化学家的眼睛才能识破的秘密，但是如果没有工业和商业，哪里会有自然科学呢？甚至这个'纯粹的'自然科学也只是由于商业和工业，由于人们的感性活动才达到自己的目的和获得自己的材料的。这种活动、这种连续不断的感性劳动和创造、这种生产，正是整个现存的感性世界的基础，它哪怕只中断一年，费尔巴哈就会看到，不仅自然界将发生巨大的变化，而且整个人类世界以及他自己的直观能力，甚至他本身的存在也会很快就没有了。"② 马克思的意思很清楚，包括自然科学在内的人类对自然界的认识及认识能力都是在人类实践的基础上产生和发展的。只有坚持实践的观点，只有从实践出发，才能正确地认识和改造自然界，才能坚持彻底的唯物主义观点，从直观的观点出发是无法在认识自然的过程中一贯地坚持唯物主义观点的。从实践出发会不会否认外部自然界的优先地位或先在性呢？这是好多对实践观点是马克思主义哲学首要观点抱有怀疑态度的人们经常提出的一个问题。马克思似乎意识到了这一点，所以在上述文字之后，紧接着写道："当然，在这种情况下，外部

---

① 《马克思恩格斯选集》第 1 卷，人民出版社 1995 年版，第 78 页。
② 同上书，第 77 页。

自然界的优先地位仍然会保持着，而整个这一点当然不适用于原始的、通过自然发生的途径产生的人们。但是，这种区别只有在人被看作是某种与自然界不同的东西时才有意义。"① 马克思的意思是说，外部自然界的优先地位或先在性问题本身是在人的实践活动发展到使人自身与自然界相区别的时候才被提出的。这就是说，只有从人们所从事的实践活动出发，才能具体地、正确地提出外部自然界的优先地位或先在性问题；反之，如果脱离了具体的实践活动，就只能直观地、抽象地提出这个问题，得到的只能是直观的唯物主义。

在对包括费尔巴哈在内的旧唯物主义的批判方面，恩格斯的特殊贡献是指出了这种唯物主义的非辩证性，即它的机械性和形而上学性。旧唯物主义为什么会有这种缺陷呢？恩格斯认为自然科学的发展状况使得旧唯物主义有这种"当时不可避免的局限性"。他认为，随着自然科学领域中每一个划时代的发现，唯物主义必然要改变自己的形式。这样，恩格斯在分析费尔巴哈唯物主义的缺点时，主要归罪于费尔巴哈没有掌握自然科学的新成就："这位在乡间过着孤寂生活的哲学家怎么能够对科学充分关注，给这些发现以足够的评价呢？"② 恩格斯的分析当然是有道理的。但是对于这种现象，难道我们不可以再问一下更深刻的原因吗？即为什么费尔巴哈会脱离社会实践去过一种孤寂生活，为什么马克思恩格斯不去过孤寂生活而投身于社会实践呢？为什么费尔巴哈不重视自然科学的发展而恩格斯重视呢？这是由于他们对人的感性世界有着不同的理解。包括费尔巴哈在内的旧唯物主义之所以缺乏辩证性质，之所以具有机械的、形而上学的特点，根本原因就在于不懂得从社会实践出发去考察人和自然的关系、去考察人对自然界的认识。马克思就明确指出："费尔巴哈对感性世界的'理解'一方面仅仅局限于世界的单纯的直观，另一方面仅仅局限于单纯的感觉。……他不得不求助于某种二重性的直观，这种直观介于仅仅看到'眼前'的东西的普通直观和看出事物的'真正本质'高级的哲学直观之间。他没有看到，他周围的感性世界决不是某种开天辟地以来就直接存在的、始终如一的东西，而是工业和社会状况的产物，是历史的产物，是世世代代活动的结果。"③ 马克思认为，只有把人的感性世界理解

---

① 《马克思恩格斯选集》第 1 卷，人民出版社 1995 年版，第 77 页。
② 《马克思恩格斯选集》第 4 卷，人民出版社 1995 年版，第 230 页。
③ 《马克思恩格斯选集》第 1 卷，人民出版社 1995 年版，第 76 页。

为实践，只有从人的实践活动出发才能正确理解和解决人对自然的关系、"自然和历史的对立"这种重要问题，才能认识到历史的自然和自然的历史，才能达到对自然、社会及其相互关系的辩证的理解。我们可以毫不夸大地说，没有马克思的科学实践观，也就不可能揭示自然界的辩证规律，形成辩证的自然观。

王文说，"实用主义就是很重视实践，强调实践的作用，但实用主义是以经验主义为基础的唯心主义哲学"，这是事实。哲学史上确有一些哲学家重视实践、讲实践，但属于唯心主义。这里的问题并不在于重视实践，而在于他们对实践的理解是不科学的、不正确的。马克思的实践观首先对实践有一个科学的正确的规定。所谓实践就是人们从事的改造世界的现实的感性的物质活动。这种活动一方面具有客体性、受动性，要受到客观条件、客观规律的制约；另一方面具有主体性、能动性、目的性，人的实践活动是人的主体性、能动性、目的性的发挥和实现过程。人在实践过程中只有实现主体性和客体性、能动性和受动性、目的性和规律性的统一，才能成功地改造世界。因此马克思的实践概念中已经包含了对客观规律、客观条件制约性的承认和尊重。实用主义及其他唯心主义在讲实践的时候，往往只把实践归结为人的主体的、能动的、目的的方面，甚至仅仅归结为观念的、精神的活动，这就必然地使他们的哲学成为唯心主义。相反，我们遵循马克思的科学实践观，在实践活动中去开辟认识世界、改造世界的道路，就一定会坚持和发展马克思的唯物主义，如果一定要说什么背弃的话，那么所背弃（还是说扬弃为好）的只能是费尔巴哈的那种旧唯物主义。

恩格斯曾把思维和存在的关系问题概括为全部哲学，特别是近代哲学的重大的基本问题。所谓哲学的重大的基本问题，就是不管哲学家们是否承认、是否意识到，都不能回避、都必须回答并且实际上也在回答的问题。所以讨论各哲学家对基本问题的态度，重要的不在于是否承认，而在于究竟是怎样回答和解决的。我们看到，恩格斯就是这样讨论问题的。恩格斯说，思维和存在的关系问题首先是思维对存在的地位问题，即谁是本原的问题。哲学家依照他们如何回答这个问题而分成了两大阵营。凡是断定精神对自然界说来是本原的，组成唯心主义阵营；凡是认为自然界是本原的，则属于唯物主义的各种学派。在哲学界，把那种主张精神是世界本原的观点，称为精神本体论；把那种主张物质是世界本原的观点，称为物质本体论。精神本体论和物质本体论的区别就是唯心主义和唯物主义的分野。马克思在强调社会实践重要性的时候，在阐明他的实践观的时候并没有想回避对这个问题的回答，而是为了更科学地、更彻底地回答这个问题。他的世界观经历了从黑格尔唯心主义到费尔巴哈唯物主义，再从费尔巴哈唯物主义到提出自己的唯物主义的思想历程本身就说明了这一点。但是马克思在否定黑格尔唯心主义的时候，并没有像费尔巴哈那样对黑格尔哲学采取了全盘否定的态度，而是肯定了黑格尔哲学关于思维能动性的观点及与此有关的辩证法观点。马克思肯定了费尔巴哈的唯物主义，但认为他对物质本体论的论证是直观的、不彻底的。恩格斯也是如此。恩格斯说："费尔巴哈的发展进程是一个黑格尔主义者（诚然，他从来不是完全正统的黑格尔主义者）走向唯物主义的发展进程，这一发展使他在一定阶段上同自己的这位先驱者的唯心主义体系完全决裂了。他势所必然地终于认识到，黑格尔的'绝对观念'之先于世界的存在，在世界之前就有的'逻辑范畴的预先存在'，不外是对世界之外的造物主的信仰的虚幻残余；我们自己所属的物质的、可以感知的世界，是唯一现实的；而我们的意识和思维，不论看起来多么超感觉的，总是物质的、肉体的器官即人脑的产物。物质不是精神的产物，而精神本身只是物质的最高产物。这自然是纯粹的唯物主义。但是费尔巴哈到这里就突然停止了。"① 马克思恩格斯则继续前进了。他们利用社会实践的观点对物质本体论这个旧唯物主义的一般命题作出了新的论证，使这个命题不再是一个直观的抽象的命题，而是随着人类实践的发展，随着人类在实践中对客观世界认识的发展，得到不断证实、不断丰富的辩证的历史的具体的命题，并且创造了社会存在、社会意识的新范畴，将思维与存在的关系问题转化为社会历史领域中的社会存在与社会意识的关系问题，开辟了唯物主义地解释社会历史的新道路，同时将物质本体论转化为社会历史领域中的实践本体论、社会存在本体论。那种认为马克思主义哲学没有自己的本体论的看法是错误的，那种把马克思主义哲学本体论等同于旧唯物主义的物质本体论的看法也是不对的。

说到这里，我们想指出，把马克思主义哲学的基本问题仅仅归结为思维与存在的关系问题是不全面的，是对恩格斯关于哲学基本问题理论的片面的理解。社会存在和社会意识的关系问题、实践和认识的关系问题是马克思主义哲学在哲学发展史上提出来的新问题，它们虽然是思维与存在关系问题在社会历史领域和认识领域中的具体表现，但我们不应通过抽象的方法把这个

---

① 《马克思恩格斯选集》第 1 卷，人民出版社 1995 年版，第 227 页。

"具体表现"抹掉，因为正是这个"具体表现"标志着马克思主义哲学在哲学史上实现了革命变革，正是这个"具体表现"使马克思主义的唯物主义与那种"不是把感性理解为实践活动的唯物主义"相区别。因此，我们认为，强调实践观点是马克思主义哲学的首要的基本的观点，不仅不会否认思维与存在的关系这一传统哲学基本问题在马克思主义哲学中的地位，还会使我们正确地、全面地理解马克思主义哲学的基本问题。我们还想指出，从人类的实践和认识不断发展的观点出发，哲学的基本问题也是具有历史性和时代性的。概括马克思逝世以来人类实践的新发展，人类认识的新成果，捕捉马克思主义哲学在 21 世纪发展中所要回答的基本问题，这是当代马克思主义者不可推诿的历史任务。

<h2 style="text-align:center">三</h2>

　　王文认为，可以将马克思主义哲学称为"实践的唯物主义"，并说这种提法可以作为辩证唯物主义与历史唯物主义的重要补充。我们认为，关于马克思主义哲学的称谓问题，涉及对马克思主义哲学本质的理解问题，我国哲学界至今存有不同见解。让我们先来回顾一下马克思主义哲学称谓的演变史。

　　马克思在《关于费尔巴哈的提纲》（1845 年春）中把自己的哲学称为"把感性理解为实践活动的唯物主义"、"新唯物主义"，以此表明与直观的唯物主义、旧唯物主义相区别。

　　马克思恩格斯在《德意志意识形态》（1845 年秋—1846 年 5 月）中把自己称做"实践的唯物主义者"和"共产主义的唯物主义者"，把他们的哲学称作"这种历史观"。

　　马克思在《资本论》第 1 卷 1872 年第二版跋中使用了"我的辩证法"的说法。他说："我的辩证法，从根本上说，不仅和黑格尔的辩证方法不同，而且和它截然相反。在黑格尔看来，思维过程，即他称为观念而甚至把它转化为独立主体的思维过程，是现实事物的创造主，而现实事物只是思维过程的外部表现。我的看法则相反，观念的东西不外是移入人的头脑并在人的头脑中改造过的物质的东西而已。"[①]

　　恩格斯在《反杜林论》（1876 年 9 月—1878 年 6 月）中把马克思和他的

---

　　① 《马克思恩格斯选集》第 2 卷，人民出版社 1995 年版，第 111—112 页。

哲学称做"现代唯物主义"和"唯物主义的历史观"。他说，"现代唯物主义把历史看作人类的发展过程"①，"现代唯物主义概括了自然科学的新近的进步"②，"在这两种情况下，现代唯物主义本质上都是辩证的，而且不再需要任何凌驾于其他科学之上的哲学了"③。他又说，"一种唯物主义的历史观被提出来了，用人们的存在说明他们的意识"④。恩格斯还把唯物主义的历史观作为马克思的"两个伟大的发现"之一⑤。

恩格斯在《社会主义从空想到科学的发展》1882年德文第一版序言中说："唯物主义历史观及其在现代的无产阶级和资产阶级之间的阶级斗争上的特别应用，只有借助于辩证法才有可能。"⑥

恩格斯在《反杜林论》三版序言二（1885年）中，称他们的哲学为"自觉的辩证法"、"唯物主义的自然观和历史观"。他写道："马克思和我，可以说是把自觉的辩证法从德国唯心主义哲学中拯救出来并用于唯物主义的自然观和历史观的唯一的人。"⑦

恩格斯在《路德维希·费尔巴哈和德国古典哲学的终结》（1886年）中称他们的辩证法为"唯物辩证法"，他说："不仅我们发现了这个多年来已成为我们最好的工具和最锐利的武器的唯物辩证法，而且德国工人约瑟夫·狄慈根不依靠我们，甚至不依靠黑格尔也发现了它。"⑧

恩格斯在《致康·施米特》（1890年）中使用了"唯物史观"和"历史唯物主义"，他说，"唯物史观现在也有许多朋友，而这些朋友是把它当作不研究历史的借口的"，"他们只是用历史唯物主义的套语（一切都可能被变成套语）来把自己的相当贫乏的历史知识（经济史还处在襁褓之中呢！）尽速构成体系"。恩格斯强调指出，"我们的历史观首先是进行工作的指南，并不是按照黑格尔学派的方式构造体系的诀窍"⑨。

普列汉诺夫是马克思主义哲学史上较早地正式使用"辩证唯物主义"这

① 《马克思恩格斯选集》第3卷，人民出版社1995年版，第364页。

② 同上。

③ 同上。

④ 同上书，第365页。

⑤ 同上书，第366页。

⑥ 同上书，第691—692页。

⑦ 同上书，第349页。

⑧ 《马克思恩格斯选集》第4卷，人民出版社1995年版，第243页。

⑨ 同上书，第691—692页。

一术语的哲学家。他在反对把马克思的历史理论称为"经济唯物主义"时指出："马克思和恩格斯的唯物主义世界观……既包括自然界，也包括历史。无论是在自然界或在历史方面，这种世界观'都是本质上辩证的'。但因为辩证唯物主义涉及到历史，所以恩格斯有时将它叫作历史的。这个形容语不是说明唯物主义的特征，而只表明应用它去解释的那些领域之一。"①他在反对那种认为马克思主义学说中存在着政治经济学和历史唯物主义两种体系的观点时指出："然而事实决非如此。存在的只是一个'体系'——辩证唯物主义体系，在这个体系中既有政治经济学，也有对历史过程的科学解释，还有许多别的东西。"②

列宁的《唯物主义和经验批判主义》一著前三章标题都是辩证唯物主义的认识论和经验批判主义的认识论相对立的设置，第六章则是经验批判主义和历史唯物主义。该著的结构已经显示，列宁把马克思主义哲学称作"辩证唯物主义"和"历史唯物主义"。他在书中说："一般唯物主义认为客观真实的存在（物质）不依赖于人类的意识、感觉、经验等。历史唯物主义认为社会存在不依赖于人类的意识。在这两种场合下，意识都不过是存在的反映，至多也只是存在的近似正确的（恰当的、十分确切的）反映。在这个由一整块钢铸成的马克思主义哲学中，决不可去掉任何一个基本前提、任何一个重要部分，不然就会离开客观真理，就会落入资产阶级反动谬论的怀抱。"③他还指出："马克思和恩格斯在他们的著作中特别强调的是辩证唯物主义，而不是辩证唯物主义，特别坚持的是历史唯物主义，而不是历史唯物主义。"④

斯大林在1938年9月的《联共（布）党史简明教程》的第四章第二节中正式用"辩证唯物主义和历史唯物主义"来指称马克思主义哲学，该节的标题就是"论辩证唯物主义和历史唯物主义"。该文的第一、二段文字是总括性的论述，其中有些提法已被我国哲学界的绝大多数学者所否定。这两段文字是：

"辩证唯物主义是马克思主义党的世界观。它所以叫做辩证唯物主义，是因为它对自然界现象的看法、它研究自然界现象的方法、它认识这些现象的

---

① 转引自黄楠森、庄福龄、林利主编《马克思主义哲学史》第4卷，北京出版社1996年版，第40页。

② 同上书，第41页。

③ 《列宁选集》第2卷，人民出版社1995年版，第221—222页。

④ 同上书，第225页。

方法是辩证的，而它对自然界现象的解释、它对自然界现象的了解，它的理论是唯物主义的。

历史唯物主义就是把辩证唯物主义的原理推广去研究社会生活，把辩证唯物主义的原理应用于社会生活现象，应用于研究社会，应用于研究社会历史。"①

我们党的创始人、领导人关于马克思主义哲学称谓的提法，可以举例如下：

李大钊1919年在《新青年》6卷5、6号上发表的《我的马克思主义观》一文中，阐述了马克思主义的三个组成部分——政治经济学、科学社会主义、唯物史观，认为"离开他特有的唯物史观，去考他的社会主义，简直不可能。"② 陈独秀在1922年7月发表了《马克思学说》一文，论述了马克思的唯物史观。③

毛泽东在1930年写的《关于纠正党内的错误思想》一文中，使用了"马克思列宁主义的方法"，说"教育党员用马克思列宁主义的方法作政治形势的分析和阶级势力的估量，以代替主观主义的分析和估量"（《毛泽东选集》合订本第90页）。1937年，毛泽东在《实践论》中使用了"马克思主义的哲学辩证唯物论"、"马克思主义的唯物论"的提法（同前，第261、263页），《矛盾论》中在使用"马克思主义的唯物辩证法的宇宙观"的这一提法的同时，还指出马克思和恩格斯"创造了辩证唯物论和历史唯物论这个伟大的理论"（同前，第278页）；1940年，毛泽东在《新民主主义论》中说"共产主义的宇宙观是辩证唯物论和历史唯物论"（同前，第649页）；1941年，毛泽东在《整顿党的作风》中说，马克思恩格斯"创造了辩证唯物论、历史唯物论和无产阶级革命的理论"（同前，第775页）。看来，《矛盾论》之后我们党的领导人就一直用"辩证唯物论（主义）"和"历史唯物论（主义）"来指称马克思主义哲学了。邓小平同志在多次讲话中也使用了"辩证唯物主义和历史唯物主义"的提法，如他说："三中全会确立了，正确地说是重申了党的马克思主义的思想路线。马克思恩格斯创立了辩证唯物主义和历史唯物主义的思想路线，毛泽东同志用中国语言概括为'实事求是'四个大字。"（《邓小平文选》

---

① 《联共（布）党史简明教程》，人民出版社1975年版，第115—116页。
② 参阅唐宝林主编《马克思主义在中国100年》，安徽人民出版社1997年版，第87页。
③ 同上书，第109页。

第 2 卷，第 278 页）

上述关于马克思主义哲学的称谓演变的历史过程表明，马克思恩格斯并没有把他们的哲学指称为"辩证唯物主义和历史唯物主义"。马克思的提法是"把感性理解为实践活动的唯物主义"、"新唯物主义"、"实践的唯物主义"、"共产主义的唯物主义"和"我的辩证法"。当然，马克思关于辩证法的一段声明告诉我们，他的辩证法是唯物主义的辩证法，而黑格尔的辩证法则是唯心主义的辩证法。恩格斯的提法是"现代唯物主义"、"唯物主义的自然观和历史观"、"唯物主义历史观"、"唯物史观"、"历史唯物主义"、"自觉的辩证法"、"唯物辩证法"等。

普列汉诺夫起了关键性的作用。他总结了恩格斯《反杜林论》中的各种提法，把马克思主义哲学指称为"辩证唯物主义"，认为在辩证唯物主义下面有辩证唯物主义的自然观、辩证唯物主义的历史观及其他等。列宁在《唯物主义和经验批判主义》中吸收了普列汉诺夫的"辩证唯物主义"的提法，并且基本上形成了"辩证唯物主义和历史唯物主义"的称谓，而斯大林的《联共（布）党史简明教程》四章二节则明确地提出了这一称谓。据说，此文章是三位历史学家执笔，由斯大林审定的。显然，他们的直接根据是列宁的《唯物主义和经验批判主义》。

毛泽东在《实践论》、《矛盾论》（以下简称"两论"）中的提法显然和斯大林的"四章二节"没有直接的关系，因为毛泽东的"两论"比斯大林的文章早写了一年。从毛泽东"两论"的注释中可以看出，毛泽东在写"两论"时所读的著作有马克思的《关于费尔巴哈的提纲》、恩格斯的《反杜林论》、列宁的《唯物主义和经验批判主义》和《哲学笔记》、斯大林的《论列宁主义基础》等。在"两论"中毛泽东自己更爱《实践论》，而我们今天将《实践论》放到马克思主义哲学史中去考察，则可以发现，《实践论》的思想比列宁的《唯物主义和经验批判主义》，甚至比恩格斯的《反杜林论》，更接近马克思在《提纲》中表达的思想。毛泽东在《矛盾论》中明确提出的"辩证唯物论和历史唯物论"的称谓以及在延安将他关于马克思主义哲学的讲授总称为《辩证唯物论提纲》的称谓，这或许是他自己阅读了马、恩、列的著作而"自家体贴出来的"，或许受了当时我国马克思主义理论界所流传的称谓的影响。据说，《北京晨报》副刊的"马克思研究"专栏在 1919 年 7 月 18 日至 24 日连载的《马氏唯物史观概要》一文中就说马克思创立了辩证唯物论；上海笔耕堂书店在 1932 年出版了李达、雷仲坚合译的苏联哲学家西洛可夫、爱森堡等人著的《辩证法唯物论教程》；上海商务印书馆 1936 年出版了沈志远翻译的苏联哲学家米丁主编的《辩证唯物论与历史唯物论》。究竟是哪种情况，还需进一步的研究。不过，不论上述的哪一种情况，说毛泽东受了普列汉诺夫、特别是列宁的影响，是不会错的。

包括马克思主义哲学创始人在内的前人的提法，是我们思考马克思主义哲学称谓的重要的依据，而且马克思主义创始人的提法，特别是马克思自己的提法，在依据中的分量当然更重，因为他们对自己哲学精神实质的理解会比后人的理解更准确，但也不能绝对化。因此最根本的思考方式还是要建立在完整正确地理解马克思恩格斯著作所提供的哲学文本的基础上，要选择能最准确地表达马克思主义哲学的内容和实质的称谓。在这一点上，我们比除了马克思恩格斯之外的前人，具备了更好的有利条件，我们今天能读到的马克思恩格斯的著作要比他们能读到的更多、更全。还有一点，恐怕也不能忽略，马克思主义哲学本身不是某种封闭的体系，是随实践和时代而发展的。而随着马克思主义哲学的对象、问题、内容的变化和发展，马克思主义哲学的称谓也是可以改变的。我们认为，按照马克思恩格斯对自己哲学的理解，他们是不会剥夺后人的这种权利的。

从上述方法论原则出发，我们觉得"辩证唯物主义和历史唯物主义"这个称谓也是有缺陷的。虽然列宁早已声明，辩证唯物主义和历史唯物主义是一块整钢，但人们在按照这个称谓理解马克思主义哲学时，总是把它们理解为或者是并列的两部分，或者是一般和特殊的两部分。按照前一理解，马克思主义哲学被理解为唯物主义自然观和唯物主义历史观的结合。由于唯物主义自然观在马克思主义哲学产生以前也存在，讲不好就讲到了旧唯物主义自然观的路子上去。恩格斯曾经强调马克思主义唯物主义自然观和旧唯物主义自然观的区别在于辩证和非辩证的区别，对于造成这种区别的原因，他只提到了自然科学的发展状况，后人也随着恩格斯的思路，不断在引用自然科学最新成就的例子上下工夫，结果是马克思主义唯物主义自然观越来越混同于自然科学最新知识的汇集或科普知识的堆砌。这当然不应责怪恩格斯，而只能归罪于我们自己缺乏概括和总结自然科学最新成果的能力。但是这也推动了我们进一步思考造成辩证自然观和非辩证自然观区别的原因，进一步思考马克思主义唯物主义自然观和旧唯物主义自然观的区别。还有，马克思主义唯物主义自然观和马克思主义唯物主义历史观之间又是什么关系呢？按照后一种理解，把辩证唯物主义理解为一般，把历史唯物主义理解为特殊，即理解为社会历史领域中的唯物主义，这就难以逃脱后者是前者在社会历史领域中推广和应用的观点。现在我国哲学界责难斯大林《论辩证唯物主义和历史唯物主义》一文中使用了这种"推广说"。这种责难是正确的。因为这种"推广说"确实违背了马克思主义哲学形成过程的历史事实。马克思恩格斯先形成了唯物史观，然而再用唯物史观的基本观点去解释其他领域和现象。历史发展的观点，也被马克思恩格斯用来解释自然界，并指出黑格尔哲学和旧唯物主义哲学不把自然界看做具有历史过程的观点是错误的。马克思恩格斯自己的说法是把唯物主义观点贯彻到了社会历史领域，而随着这种贯彻，他们又同时改造了旧唯物主义观点，把唯物主义提到了一个新的阶段，在唯物主义的发展史上造成了革命变革，创造了唯物主义的新形态。对于这个新形态的唯物主义，他们一直没有固定的称谓，有时称作新唯物主义、实践唯物主义、现代唯物主义，经常的情况是称作唯物史观。后人有一种广义历史唯物主义的理解，认为它适用于自然、社会、思维领域，在这几个领域中都持一种历史的和唯物的观点，在这种理解下的"历史"不仅指社会历史也指自然历史、思维历史，是指过程性、历史性，而过程性、历史性也包含了辩证性。持这种观点的人认为，历史唯物主义就是马克思主义哲学的全称。显然，这种观点也不是全然没有根据的武断杜撰。这就是说，辩证唯物主义和历史唯物主义之间的一般和特殊关系说也是有缺陷的。而且，按照这种理解编出的历届马克思主义哲学教科书体系都有一个通病，即把实践观局限到认识论的领域，这显然不符合马克思在《关于费尔巴哈的提纲》和《德意志意识形态》中阐述的基本思想。

当然，现在"马克思主义哲学"本身已经成为一个称谓，这在国际学术界也已经通行。我国目前经常在"马克思主义哲学"这一术语下谈论着马克思主义的世界观、历史观、认识论、方法论、价值论、人生观、伦理观，或者简化为世界观（包括社会历史观）、认识论（包括方法论）、价值观（包括人生观、伦理观）。这是按照哲学问题域的一种划分。不同的问题域回答着人类实践和认识活动中不同的哲学问题，彼此划界比较清楚，一般没有引起什么大的争论，不过现在倒是提出了一个问题，马克思主义的实践观属于上述划分的哪个领域，过去一般在认识论中讲到实践观问题，现在看来是有问题的：难道世界观中没有实践观问题、社会历史观中没有实践观问题、价值观中没有实践观问题？恐怕不能这样说。

马克思主义哲学的称谓既要反映出马克思主义哲学区别于唯心主义哲学

和直观唯物主义哲学的本质特征，也要有利于马克思主义哲学内部不同组成部分的划分。综合上述两方面的要求，我们倾向于将马克思主义哲学称为实践的、辩证的、历史的唯物主义。实践性、辩证性、历史性是马克思主义唯物主义哲学的三个基本特征，是马克思主义的唯物主义自然观、社会历史观、人生观、思维观都具有的共同特征，也是马克思主义世界观（社会历史观）、认识论（方法论）、价值观（人生观、伦理观）具有的共同特征。当然，不要把这一称谓和其他称谓绝对地排斥和对立起来，在目前情况下仍然可使用诸如"辩证唯物主义"、"唯物辩证法"、"辩证唯物主义和历史唯物主义"、"历史唯物主义"、"历史辩证法"的提法，也可以使用"实践唯物主义"、"实践哲学"、"实践史观"、"实践辩证法"。称谓毕竟只是称谓，重要的是完整准确地把握马克思主义哲学的精神实质，要把马克思主义哲学作为我们认识世界、改造世界的科学方法论和指南，而不要把它变成一种"套语"和教条。

四

王文说："现在的问题的关键……是……以实践核心论为基础，建构马克思主义哲学的体系是不是哲学上的创新问题。""实践核心论绝不是什么创新，更不是马克思主义哲学的新形态。要推进马克思主义哲学的体系创新，必须坚持以马克思主义的哲学观即实事求是的哲学观作指导。"

这里使人费解的是作者为什么把实事求是和实践观是马克思主义哲学首要的、基本的观点对立起来？大家知道，"实事求是"是毛泽东在 1941 年 5 月《改造我们的学习》一文中提出的，是对我们党的马克思列宁主义思想路线的一种概括。毛泽东说，"实事"就是客观存在着的一切事物，"是"就是客观事物的内部联系，即规律性，"求"就是我们去研究。[①] 这也就是毛泽东在《实践论》中说的"通过实践而发现真理，又通过实践而证实真理和发展真理。从感性认识而能动地发展到理性认识，又从理性认识而能动地指导革命实践，改造主观世界和客观世界"[②]。所以"实事求是"就是《实践论》思想的浓缩，实事求是的观点就是实践是认识的源泉、动力、目的和真理性标准的根本观点。坚持实事求是，就是坚持从实际（实践）出发，坚持理论和

[①] 《毛泽东选集》第 3 卷，人民出版社 1991 年版，第 801 页。
[②] 《毛泽东选集》第 1 卷，人民出版社 1991 年版，第 296 页。

实践的结合，坚持实践是检验真理的唯一标准。因此，实事求是和把实践观作为马克思主义哲学首要的、基本的观点是完全一致的，强调后者就是为了做到前者，要实现前者必然强调后者。王文看不到两者的内在联系，只能说明王文对实事求是的理解不符合《实践论》的思想。在中国古人那里，"实事求是"只是一个朴素的唯物主义命题。毛泽东的伟大之处在于站在马克思主义唯物主义的立场上将这个命题和马克思主义实践观联系、结合在一起，把它解释成为一个实践的、辩证的、历史的唯物主义命题。但是，这也表明，只要不把人的感性世界理解为实践活动，只要不把实践理解为主观见之于客观的感性活动，只要不把认识或"求"理解为通过实践认识世界、改造世界，那么这个命题就会变成一个直观唯物主义的命题。王文的误区恐怕就在这里。

　　江泽民同志《在庆祝中国共产党八十周年大会上的讲话》中指出："马克思主义具有与时俱进的理论品质。如果不顾历史条件和现实情况的变化，拘泥于马克思主义经典作家在特定历史条件下、针对具体情况作出的某些个别论断和具体行动纲领，我们就会因为思想脱离实际而不能顺利前进，甚至发生失误。这就是我们为什么必须始终反对以教条主义的态度对待马克思主义理论的道理所在。"① 马克思主义为什么会具有与时俱进的理论品质，这当然是与马克思主义所具有的彻底的革命精神分不开的，它要实现工人阶级解放全人类的历史使命，它要按照社会发展规律实现用共产主义社会代替资本主义社会的伟大理想，它就必然要与时俱进；同时也因为马克思主义是以实践的、辩证的、历史的唯物主义为其哲学基础，这种哲学所提供的实践观、发展观、历史观、认识论、价值论，既要求马克思主义与时俱进，又保证了马克思主义沿着科学的认识道路与时俱进。江泽民指出："马克思主义的发展史充分说明：解放思想、实事求是，是引导社会前进的强大力量。社会实践是不断发展的，我们的思想认识也应不断前进，应勇于和善于根据实践的要求进行创新。要坚持实践是检验真理的唯一的标准，在党的基本理论指导下，一切从实际出发，自觉地把思想认识从那些不合时宜的观念、做法和体制中解放出来，从对马克思主义的错误的和教条式的理解中解放出来，从主观主义和形而上学的桎梏中解放出来。坚持科学态度，大胆进行探索，使我们的思想和行动更加符合客观实际，更加符合社会主义初级阶段的国情和时代发

---

① 江泽民：《论"三个代表"》，中央文献出版社 2001 年版，第 165 页。

展的要求。"① 他还指出："只要我们站在时代前列，立足于新的实践，把握时代特点，运用马克思主义基本理论研究现实中的重大问题，不断深化对共产党执政的规律、对社会主义建设的规律、对人类社会发展的规律的认识，不断吸取一切科学的新经验、新思想、新成果，我们就能够对丰富和发展马克思主义作出新的贡献。"②

马克思主义需要创新和发展，马克思主义哲学也需要创新和发展。而马克思主义哲学创新和发展的根本道路也仍然是必须坚持解放思想、实事求是的思想路线。在马克思主义哲学研究领域中，同样有一个从对马克思主义哲学的错误的和教条式的理解中解放出来的问题。真正的哲学作为时代精神的精华、作为人类活的文明，更应该代表当代社会先进生产力的发展要求、先进文化的前进方向、广大人民群众的根本利益，一句话，更应该代表当代社会实践的发展要求、时代前进的要求。社会实践的发展要求、时代的前进要求都是通过问题表现出来的。从实践出发，从时代出发，就是从实践和时代向我们提出的新问题出发。我们只有准确地认识马克思逝世以来一百五十多年中世界所发生的深刻变化，只有准确地提出当代实践向马克思主义哲学提出的新问题，只有在回答新问题的过程中批判地吸取当代外国哲学和我国古代传统哲学的优秀成果、概括当代自然科学和社会科学的新成果，在批判继承的基础上进行创新，才能实现马克思主义哲学在 21 世纪中的丰富和发展。在这种形势下，强调马克思科学实践观的重要性，强调实践观是马克思主义哲学中的首要的基本的观点，只会推动哲学工作者面向实践、面向世界、面向未来，在实践中开辟马克思主义哲学的发展道路。至于有些哲学工作者想以马克思主义的实践概念、实践观为核心去建构马克思主义哲学的新体系、新形态，是应该允许的。同时，其他的建构思路也是应该允许的。虽然我们自己不准备脱离了对新问题的研究去建构什么新体系、新形态，但是我们不反对人们在这方面所进行的尝试、探索和创新，这总比墨守成规、无所进取要强。至于马克思主义哲学存在不存在形态发展史，存在不存在当代的新形态或马克思主义哲学在 21 世纪中会形成什么样的新形态，这不是谁说了算的问题，这取决于马克思主义哲学的发展，归根到底取决于社会实践的要求和检验。

---

① 江泽民：《论"三个代表"》，中央文献出版社 2001 年版，第 166—167 页。
② 同上书，第 167 页。

代表中国先进生产力的发展要求是
中国共产党先进性的根本体现[*]

江泽民在"三个代表"的重要思想中提出"我们党要始终代表中国先进生产力的发展要求",《在庆祝中国共产党成立八十周年大会上的讲话》中又指出:"这是我们党始终站在时代前列,保持先进性的根本体现和根本要求。"如何理解这一科学论断,它的理论根据是什么,它的重要意义又是什么?

一 一定历史阶段的社会力量是否具有先进性,归根到底看其是不是代表先进生产力的发展要求

唯物史观认为,物质生产活动是人类社会存在和发展的基础。人类社会的发展史,首先是物质生产的发展史,是生产力的发展史。而生产力则是在人和自然、生产力和生产关系、经济基础和上层建筑(包括意识形态)的矛盾中发展的。现实的人既处在生产力之中,又处在生产关系、上层建筑、意识形态之中。即使在社会分工中从事远离生产活动的精神生产者,仍然通过直接、间接的途径和生产力发生着关系。政治作为经济的集中表现,更对生产力发展产生着重大影响。因此人和自然的矛盾、生产力和生产关系的矛盾,以及经济基础和上层建筑、意识形态的矛盾,总要表现为人与人之间的矛盾,在阶级社会中则表现为阶级之间的矛盾。不同的个人、集团、阶级,根据他们在上述矛盾中的地位和利益的所在就会扮演不同的角色。当生产力发展到

———————————

　＊　原载于中共中央宣传部理论局编《学习江泽民同志"七一"讲话 20 个重大课题研究成果汇编》、《经济日报》理论周刊 2002 年 4 月 22 日第 9—10 版、《中国社会科学院院报》2002 年 4 月 30 日、李慎明主编《"三个代表"重要思想与若干重大理论问题研究》。

一定阶段，并且出现了新的、先进的生产力的时候，原有的生产关系、上层建筑、意识形态变成了生产力或先进生产力存在和发展的桎梏，不同的个人、集团、阶级之间的矛盾就会发展为选择不同生产力、生产关系、上层建筑、意识形态之间的矛盾。有的个人、集团、阶级就会站在新的、先进的生产力的一方，有的个人、集团、阶级就会站到已经变得落后了的生产关系、上层建筑、意识形态的一方。所谓先进生产力的发展要求，就是要求有利于这种生产力发展的资源条件、人才条件、科学技术条件，要求有利于这种生产力发展的生产经营活动方式，要求有利于这种生产力发展的生产关系、上层建筑、意识形态。于是不同个人、集团、阶级之间的矛盾和斗争就表现为不同意识形态、不同上层建筑、不同生产关系之间的斗争。维护落后的生产关系、上层建筑、意识形态的人们起着阻碍生产力发展、阻碍社会进步的历史作用，成为落后的乃至反动的社会力量，而站在新的、先进生产力的一方，要求新的、先进的生产关系、上层建筑、意识形态，就起着推动生产力发展，推动社会进步的历史作用，成为进步的、先进的社会力量。因此，一定历史阶段上的社会力量是否具有先进性，就看其在社会发展中所起历史作用的性质，归根到底，看其是不是站在先进的生产力一方，是不是反映、代表了先进生产力的发展要求。

先进生产力具有历史性质，它只是在生产发展的一定阶段、一定时代才具有其先进性。当生产发展了，人们就会获得和形成新的生产力，原来先进的生产力在新的生产力面前就会成为落后的生产力，因此人和自然的矛盾，生产和需要的矛盾，生产力和生产关系的矛盾，经济基础和上层建筑、意识形态的矛盾就会具有新的内容和表现。在前一阶段、前一时代中起着进步历史作用、具有先进性的社会力量，如果不跟着生产和时代的步伐前进的话，就会转向反面，成为阻碍历史进步的落后的乃至反动的社会力量。这类例子在人类历史上简直俯拾皆是。历史上的剥削阶级几乎毫无例外地遵循着上述发展逻辑。

中国共产党是在马克思列宁主义和中国工人运动相结合的进程中产生的，是中国工人阶级的政党、中国工人阶级的先锋队。我们党自觉地把马克思列宁主义的普遍原理和中国工人阶级的阶级要求结合起来，把实现共产主义伟大理想，实现工人阶级和全人类的彻底解放作为自己奋斗的最高纲领。共产主义社会是建立在高于资本主义社会的高度发达的生产力基础之上的。共产主义社会理想的实现不能不是一个漫长的奋斗过程，不能不是一个不断解放和发展生产力的过程，不能不是随着生产力的发展而不断变革生产关系、上层建筑和意识形态的过程。这就决定了中国共产党必须始终代表中国先进生产力的发展要求。这就是说，中国共产党的阶级性质、中国共产党的马克思列宁主义性质、中国共产党的最高纲领，从根本上决定了中国共产党代表中国先进生产力发展要求的使命和特征。那种以为中国共产党代表了中国先进生产力发展要求就会模糊乃至否定中国共产党作为中国工人阶级政党的阶级性质的观点，是一种误解。事情却恰恰在于：中国共产党只有始终代表中国先进生产力的发展要求，才能保持中国工人阶级政党的性质，才能始终成为中国工人阶级先锋队，同时成为中国人民和中华民族的先锋队，在中国社会向前发展的过程中始终站在时代的前列，保持它的先进性；那种以为中国共产党作为中国工人阶级政党，就可以自然而然地成为中国先进生产力发展要求的代表，也是一种误解。实际上只有在中国社会不断发展过程中不断地、及时地、正确地解决什么是中国先进生产力、什么是中国先进生产力发展要求等问题，才能自觉地代表中国先进生产力的发展要求，才能自觉地保持其先进性。

代表中国先进生产力的发展要求和中国共产党的先进性，两者是互为前提、互为因果的。中国共产党的先进性必然要求代表中国先进生产力的发展要求，而只有代表中国先进生产力的发展要求，中国共产党才能保持其先进性。

中国共产党走上历史舞台以后，由于自觉地代表中国先进生产力的发展要求，才认识到"工业无产阶级人数虽不多，却是中国新的生产力的代表者，是近代中国最进步的阶级，做了革命运动的领导力量"[1]；才坚持无产阶级在中国民主革命中的领导地位；才提出了彻底的反帝反封建的民主革命纲领；才能认识到中国革命是包括资产阶级民主主义性质的革命（新民主主义的革命）和无产阶级性质的社会主义革命两个不同的阶段，民主主义革命是社会主义革命的必要准备，社会主义革命是新民主主义革命的必然趋势[2]；才能正确地解决中国革命的对象、任务、动力、性质、前途等一系列重大问题。这才使中国共产党在中国民主革命的过程中具备了其他阶级及其政党所没有的革命性、先进性，成为中国新民主主义革命的领导者。中国新民主主

---

① 《毛泽东选集》第 1 卷，人民出版社 1991 年版，第 8 页。
② 《毛泽东选集》第 2 卷，人民出版社 1991 年版，第 651 页。

义革命的胜利，取消了帝国主义在中国的特权，消灭了地主阶级和官僚资产阶级的剥削和压迫，改变了买办的封建的生产关系，改变了建立在这种经济基础上的腐朽的政治上层建筑，确立了人民民主专政为核心的新的政治上层建筑。中国人民站起来，成了国家的主人。这就从根本上解放了被束缚的生产力。

新中国成立以后，出现了国有经济、民族资本主义经济、个体经济、合作社经济多种经济成分共同发展的局面。解放了的生产力所显示的发展活力，使新中国很快医治了战争创伤，只花三年时间就完成了恢复国民经济的任务。同时在这一过程中，发生了农村中贫苦农民将土改中分到的土地卖掉的问题，民族资产阶级中也出现了许多不法经营、腐蚀国家干部的现象。这些情况不利于生产力的发展，特别不利于集中力量开展工业化建设，也不利于工农联盟和人民政权的巩固。出于发展中国生产力的考虑，特别出于开展大规模经济建设，发展现代大工业生产力的考虑，也出于巩固工农联盟、巩固人民政权的考虑，党领导了对农业、手工业和资本主义工商业的社会主义改造，确立了社会主义生产关系，又根据社会主义生产关系的要求，进一步健全了社会主义上层建筑。社会主义基本经济政治制度的确立，继续解放了我国生产力，有力地保证了以实现工业化为目标的大规模经济建设的开展。这再次证明我们党只有代表先进生产力的发展要求，才能保持它的先进性。

社会主义基本制度建立以后，党领导人民开始了中国社会主义建设道路的探索。由于对中国先进生产力发展要求的错误理解，由于没有搞清楚什么是社会主义以及怎样建设社会主义这样的基本问题，在经济、政治、文化及社会生活领域中都发生了超越中国现实历史阶段的"左"的错误，影响了生产力的发展，在某些时期某些领域甚至破坏了生产力，特别是在"文化大革命"期间，国民经济几近崩溃的边缘。党的十一届三中全会纠正了上述错误之后，从中国先进生产力发展要求出发，把全党工作重点转移到经济建设上来，进行了改革开放，调整和改革社会主义生产关系中不适应生产力发展要求的部分，调整和改革社会主义上层建筑中不适应经济基础的部分，进一步解放和发展了生产力。我国生产力特别是先进生产力，在改革开放以来的20多年中得到了举世瞩目的发展。

总之，我们党的80年奋斗历程表明，只有始终代表先进生产力的发展要求，我们党才能保持它的先进性。

二　中国共产党只有自觉地代表先进生产力的发展要求才能保持其先进性

社会主义的根本任务是发展生产力，增强社会主义国家的综合国力，使人民的生活日益改善，不断体现社会主义优于资本主义的特点。在社会主义社会的各个历史阶段，我们党只有敏锐地把握我国社会生产力的发展趋势和要求，坚持以经济建设为中心，通过制定和实施正确的路线方针政策，采取切实的工作步骤，不断促进生产力的发展，同时通过改革，不断推进社会主义制度自我完善和发展，使社会主义制度充满生机和活力，我们党才能在我国社会发展中始终保持它的先进性。

新中国成立以来，经过半个世纪的奋斗，我们改变了旧中国"一穷二白"的落后面貌，建立了门类齐全的现代工业体系和独立的、比较完整的国民经济体系，我国的经济实力、国防实力、科技实力、综合国力有了明显增强，工业、农业、国防和科学技术领域的许多方面进入了世界先进行列。12亿中国人不仅解决了温饱问题，而且总体上达到了小康水平。但我国仍然处于社会主义初级阶段，人口多、底子薄，经济文化发展不平衡、生产力不发达的状况在总体上还没有改变。在我国，既存在着科学技术知识密集型生产力，也大量地存在着劳动密集型生产力，个别山区和边远地区甚至还有相当原始的生产力。我国工业化、现代化过程不能不是不断发展先进生产力的过程，不能不是用先进生产力取代和改造落后生产力，使我国生产力在总体上达到发达生产力水平的过程。

所谓生产力，就是人们运用包括劳动工具在内的劳动资料改造劳动对象使其成为有用物的物质力量。劳动者、劳动资料（包括劳动工具）、劳动对象组成了生产力要素。生产力要素既可以简化为人的要素和物的要素，也可以展开为自然条件、劳动资料，以及具有一定经验、技能的生产者、管理者、经营者，体现在人和物的要素中的科学、技术、工艺，生产过程中的组织、管理、经营等要素。不同的要素在生产力的形成和发展中起着不同的作用，具有不同的地位。人是生产力中能动的具有决定性的因素，是指活的人体中存在的、每当生产某种有用物品时就运用的体力和智力的总和；劳动资料是劳动者置于自己和劳动对象之间、用来把自己的活动传导至劳动对象上去的物或物的综合体，是人的体力和智力的延伸，是生产力发展水平的客观标志。劳动对象是劳动产品的原料，或直接取自自然界的资源，或经过先前劳动加工过的半成品，它作为劳动的客体制约和影响着生产力的形成和发挥。上述生产要素的有机结合就形成了现实的生产力。生产要素的改变，生产要素之间关系、结构的改变都会导致生产力的变化和发展。随着科学、技术的发展，随着科学技术在生产中的新的应用，随着生产工具和劳动资料的更新，随着劳动者、管理者、经营者的经验积累和技能的提高，随着劳动和生产组织管理的改变，生产力就会得到发展，就会形成新的先进的生产力。

先进生产力是人类在一定阶段上获得的最新成果，它以先进的生产要素和生产要素相结合的先进方式，形成了远高于以往生产力的现实生产能力，极大地提高着劳动生产率，开辟着人类获得财富的新源泉，为人类获得新的解放和社会获得新的进步提供新的物质条件和前提。它显示着人类生产发展的未来方向和前景，是有发展前途的生产力。在它面前，各种落后的生产力或者将被它取代、或者将被它改造。人类生产力的发展历史就是先进生产力不断取代各种落后生产力的发展历史。

先进生产力的发展要求，包括摆脱落后社会关系和意识形态束缚的解放要求和得到实际发展的要求。通过革命或改革，建立适合于先进生产力发展要求的生产关系、上层建筑和意识形态，可以使生产力获得解放。但生产力的解放只是为生产力发展提供了必要的社会条件和精神条件，至于生产力的实际发展还要通过人们的实际努力。这是既相联系又相区别的两种要求、两种任务。在革命和改革中，只要我们党掌握革命和改革的理论，就可以领导革命和改革。但在建设中，我们党还要掌握科学的建设理论、生产力发展理论，才能领导建设。对于工人阶级及其他劳动人民来说，只要接受共产党的领导和革命理论的武装，只要抱有献身革命的信念和意志，投身于革命，就可以为革命作出贡献。那时科学技术和文化水平不是一个工人、农民成为革命战士的障碍。但是在建设和发展生产力的过程中，工人阶级及其他劳动人民则主要运用自己的体力和智力，通过生产、管理、经营，为生产力的实际发展作出贡献，这时科学、技术、知识、文化就起着十分重要的作用。因此，全面理解先进生产力的发展要求，充分认识从以解放生产力为主到以发展生产力为主的变化意味着任务和先进性具体表现的历史性转变，对于已成为执政党的共产党来说，对于已成为国家主人的工人阶级及其他劳动人民来说，都是头等重要的事情。

由工人阶级代表其解放要求的机械化大工业生产力，最初是劳动密集型生产力，围绕着由动力装置、传动装置、工具装置组成的机器体系而劳动的劳动者主要是体力劳动者即蓝领工人。但是在 20 世纪中期，由于科学技术的迅速发展，特别是自动化技术的发展，信息技术的发展，通信和运输技术的发展，材料和能源技术的发展，以及科学技术最新成果在生产和经营管理过程中的及时应用，机械化的生产工具越来越被改造为自动化的、信息化的、网络化的生产工具。现实财富的创造越来越少地依赖于体力劳动和劳动时间，相反，越来越多地取决于科学技术的进步，取决于科学技术在生产上的应用。科学技术知识密集型生产力，正在取代劳动密集型生产力而成为当代先进生产力。而与这种先进生产力相联系的，以从事多种形式的脑力劳动为主的白领工人正在成为工人阶级的主要成分。

我们只有认识这种先进生产力发展所要求的人的因素、物的因素、科学技术因素、经营管理因素，才能准确地代表和反映这种先进生产力的发展要求，切实有效地发展这种先进生产力。

劳动作为人和自然之间交换的过程，作为人以自身的活动引起、调整和控制人和自然之间的物质变换的过程，创造着使用价值，创造着物质财富。虽然这里的劳动实际上是人的体力和智力综合作用的表现，但是在生产力发展低下的情况下，体力的作用常常处在突出的地位，容易被人们认识。甚至在劳动密集型的机械化大工业生产中，人们在论证无产阶级作为这种生产力发展要求的代表的时候，强调了体力劳动在这种生产力实现过程中的作用，把劳动创造使用价值、创造物质财富解释成体力劳动创造使用价值和物质财富。在社会上长期存在忽视、贬低脑力劳动和从事脑力劳动的知识分子在使用价值和物质财富创造过程中的作用的现象。为了适应劳动密集型生产力向科学技术知识密集型生产力发展的趋势，为了发展科学技术知识密集型的先进生产力，我们必须改变上述传统观念，纠正以往存在的忽视、贬低、排斥脑力劳动和知识分子的各种错误态度和做法，要高度评价各种形式的脑力劳动在当代物质财富和使用价值创造过程中的作用，进一步发挥知识分子在发展先进生产力过程中的作用。但是，不管当代先进生产力发展到怎样的知识密集程度，怎样的自动化、信息化、网络化、智能化程度，现实的物质财富和使用价值，总是由发明、设计、生产、管理、经营全过程中的脑力劳动和体力劳动共同创造的。通过电脑及其他仪器监督和控制生产经营过程仍然需要付出一定体力,仍然是某种形式的体力劳动。所以,要科学地正确评价各级各类的开发者、生产者、管理者、经营者在财富创造过程中的地位和作用,处理好他们在财富创造过程中的权、责、利关系和各种矛盾,使他们团结一致地共同奋斗。这是我们在发展先进生产力的过程中,必须十分重视和认真解决的问题。

由此可见,我们党只有充分认识中国先进生产力在我国现代化建设和我国生产力发展中的地位、作用、价值、意义,只有清楚地了解发展先进生产力需要什么样的资金、资源、科学、技术、信息、人才等条件及这种生产力的发展规律和未来走向,才能有效地发展这种生产力。我们只有准确地、科学地把握我国先进生产力的特点、结构、功能,才能更好地把握我国其他各种生产力同先进生产力的差距,才能有效地将各种生产力改造或提升为先进生产力。一句话,我们党只有自觉代表中国先进生产力的发展要求,才能保持我们党的先进性,才能巩固和改善我们党在现代化经济建设事业中的领导地位,才能通过发展先进生产力创造具有时代特征的物质文明。

生产关系和上层建筑必须适应生产力的性质和发展要求,这是历史唯物主义的基本原理。马克思指出:"社会的物质生产力发展到一定阶段,便同他们一直在其中运动的现存生产关系或财产关系(这只是生产关系的法律用语)发生矛盾。于是这些关系便由生产力的发展形式变成生产力的桎梏。"[1] 他又指出:"人们借以进行生产、消费和交换的经济形式是暂时的和历史性的形式。随着新的生产力的获得,人们便改变自己的生产方式,而随着生产方式的改变,他们便改变所有不过是这一特定生产方式的必然关系的经济关系。"[2] 恩格斯也说:"社会制度中的任何变化,所有制关系中的每一次变革,都是同旧的所有制关系不再相适应的新生产力发展的必然结果。"[3]

我国社会主义的基本制度是适合于我国生产力发展的。但是随着生产力的发展,特别是随着先进生产力的发展,仍然会出现生产关系和上层建筑的某些部分、某些方面、某些环节不适应生产力发展的情况,因此必然要求我们继续通过改革的途径,对生产关系、上层建筑进行调整或改革。我们只有清楚地了解我国先进生产力的发展对生产关系、上层建筑的要求,了解这种

---

① 《马克思恩格斯选集》第 2 卷,人民出版社 1995 年版,第 32—33 页。

② 《马克思恩格斯选集》第 4 卷,人民出版社 1995 年版,第 533 页。

③ 《马克思恩格斯选集》第 1 卷,人民出版社 1995 年版,第 238 页。

生产力的发展对于经济体制、政治体制、教育体制、科研体制方面的要求，才能进行卓有成效的调整、改革、创新。从这种意义上说，先进生产力的发展要求给我们指明了经济体制、政治体制及其他体制改革的方向。江泽民同志说过："我们要在党的基本理论、基本路线、基本纲领的指引下，继续坚持和完善公有制为主体、多种所有制经济共同发展的基本经济制度，坚持和完善社会主义市场经济体制，坚持和完善按劳分配为主体的多种分配方式，坚持和完善对外开放；坚持和完善工人阶级领导的、以工农联盟为基础的人民民主专政，坚持和完善人民代表大会制度和共产党领导的多党合作、政治协商以及民族区域自治制度，积极稳妥地推进政治体制改革，进一步扩大社会主义民主，依法治国，建设社会主义法治国家。通过坚持不懈的努力，不断完善社会主义的生产关系和上层建筑，不断为生产力的解放和发展打开更广阔的通途。"① 由此可见，我们党只有自觉地代表中国先进生产力的发展要求，才能保持我们党在制度建设、制度创新上的先进性，才能在坚持社会主义基本制度的前提下，通过改革和创新，创造具有时代特征的政治文明、制度文明。

物质文明建设和精神文明建设，经济建设和文化建设是互为前提，互为条件，相互促进的。物质文明建设为精神文明建设创造着物质基础、物质条件、物质手段，精神文明建设为物质文明建设提供着精神保证和智力支持。我国物质文明建设的发展，我国生产力特别是先进生产力的发展，必然要求我国工人、农民、知识分子和其他劳动群众以及全体人民不断提高自己的思想道德素质、科学文化素质、精神心理素质，不断提高自己的创造能力和工作能力，必然要求我们营造一种有利于生产力特别是先进生产力发展的社会文化氛围和精神环境。十分明显，我们党只有了解先进生产力的精神文化要求，才能使我们的精神文明建设、文化建设更好地服务于先进生产力的发展。当然，我们无论推进物质文明建设还是推进精神文明建设，无论发展先进生产力还是发展先进文化，都是为了满足人民群众日益增长的物质和文化需要，促进人的全面发展，促进人们的思想和精神生活的全面发展。由此可见，我们党只有代表先进生产力的发展要求，才能有效地推动人的全面发展，才能建设具有时代特征的精神文明。

综上所述，我们党只有自觉地代表中国先进生产力的发展要求，采取切

---

① 《江泽民文选》第 3 卷，人民出版社 2006 年版，第 275—276 页。

实有效的措施发展我国的先进生产力，用先进生产力带动我国生产力的全面发展和普遍提高，并以此为基础推动我国的社会进步和人的全面发展，我们党才能保持其先进性，才能使它所领导和建设的有中国特色的社会主义经济、政治和文化，具有时代特征，体现时代精神。

三　站在时代前列，当好先进生产力发展要求的代表

当今世界，和平与发展这两大课题至今一个都没有解决，超级大国的某些势力仍然使用着冷战思维，在国际上推行强权政治和霸权主义。但世界要和平，人民要合作，国家要发展，社会要进步，已成为时代潮流。国际间的竞争主要表现为经济竞争、科技竞争、文化竞争、人才竞争、综合国力的竞争。在西方工业发达的资本主义国家中，以信息技术、通信技术、网络技术为主要内容的当代科学技术革命还在迅速发展，科学技术日新月异，高新科学技术成果大量地、迅速地应用于生产和经济，生产的提高、经济的发展越来越多地取决于科学、技术、知识、信息、文化，信息产业、网络产业等高科技产业的产值在国民生产总值中所占的份额不断上升，传统产业正在经历着深刻的技术改造，社会生产力出现了从劳动密集型向科学技术密集型、知识密集型的飞跃。依靠了信息、通信、网络、交通、运输等现代化技术手段，凭借雄厚的经济实力，西方工业发达国家所推行的经济全球化已成为不能回避的强大潮流。这也是当代先进生产力所具有的社会性、全球性的一种客观要求。对于发展中国家来说，这既是一种挑战，同时也是一种机遇。

东欧剧变、苏联解体的原因之一是经济没有搞好、人民生活没有得到显著改善和提高。国内外不少学者认为，造成这种局面的原因很多，其中之一就是，这些国家的领导当局没有及时认清西方工业发达资本主义国家中出现的科学技术发展、生产力发展的新态势，没有及时开发电子、信息、网络等高新科学技术，没有及时发展民用的高新科学技术产业，因而在科学、技术、经济的国际竞争中败于西方工业发达的资本主义国家。这从反面告诉我们在当今时代，树立发展先进生产力的观念是多么重要。

江泽民同志正是总结了新中国成立以来我们党在解放和发展生产力过程中的经验教训，总结了其他社会主义国家在发展生产力和经济建设上的经验教训，总结了西方工业发达资本主义国家科学、技术和生产力发展的新态势和时代特点，才做出了我们党必须始终代表中国先进生产力发展要求的科学

论断，这必将提高我们全党发展中国先进生产力的自觉性。有了这种自觉性，我们才会在发展中国先进生产力的过程中面向世界、面向未来，才会密切关注西方工业发达资本主义国家在科学、技术、经济和生产力发展中的新情况、新进展，及时引进、借鉴、利用各国在科学、技术和生产发展中出现的新成果，及时学习、借鉴一切有利于先进生产力发展的，反映社会化大生产规律的组织管理经验，使我国先进生产力的发展水平接近、赶上，最后超过西方工业发达国家。

总而言之，我们每一个党员必须清醒地认识到工人阶级在先进生产力中所处的现实地位。中国共产党作为工人阶级政党的阶级性，只是为我们"代表先进生产力的发展要求"提供了客观基础和社会存在条件，但是仅凭对这种客观基础和社会存在的"自发"的"朴素"的意识，还是不可能当好先进生产力发展要求的代表的。我们一定要结合我们党80年来的历史经验，结合世界社会主义的经验教训，结合当代时代特征，结合马克思列宁主义、毛泽东思想、邓小平理论的有关论述，认真学习和进一步掌握"我们党要始终代表中国先进生产力的发展要求"这一科学论断的深刻内容及其在理论上、实践上的重大意义，提高贯彻这一论断的自觉性。"全党同志无论在什么岗位上，都要对自己所从事的工作经常加以检查和总结，看看是不是符合先进生产力的发展要求，符合的就毫不动摇地坚持，不符合的就实事求是地纠正。这样，才能充分体现共产党人的先进性和时代精神。"①

---

① 《江泽民文选》第3卷，人民出版社2006年版，第274页。

论恩格斯晚年对唯物史观理论的新贡献[*]

恩格斯在马克思逝世以后的岁月中，在坚持和发展唯物史观方面作出了杰出的贡献。他在批评那种把唯物史观曲解为主张经济因素是唯一决定因素的理论时指出，马克思和他在当初反驳论敌时常常不得不强调被论敌所否定的主要原则，把重点放在从作为基础的经济事实中探索出政治观念、法权观念和其他思想观念以及由这些观念所制约的行动，而对其他参与交互作用的因素没有给予应有的重视。恩格斯甚至认为这是他和马克思的共同过错。因此，他对上层建筑诸因素反作用的论述，对哲学、宗教、文学等意识形态发展的相对独立性的论述，对合力论的论述，都是他对唯物史观的新贡献。我们可以毫不夸张地说，没有恩格斯的这些新贡献，只讲决定作用的社会结构理论是不全面的、不辩证的，是很难同庸俗的经济决定论划清界限的。

一

马克思恩格斯创立唯物史观的一个根本目的是要揭示社会发展规律。他们继承了黑格尔主张的把整个自然的、历史的和精神的世界描述为有规律的运动、变化、转变和发展的思想。在他们看来，历史的发展像自然的发展一样，有它自己的内在规律。哲学的理性思维的任务就在于通过一切迂回曲折的道路去探索人类历史依次发展的阶段，并通过一切表面的偶然性去揭示这一运动过程的内在规律性。恩格斯说："现代唯物主义把历史看做人类的发展过程，而它的任务就在于发现这个过程的运动规律。"① 他们通过对那些隐藏在历史人物动机背后并且构成历史的真正的最后动力的动力，即使广大群众、

---

* 原载于《南京政治学院学报》2002年第2期。
① 《马克思恩格斯选集》第3卷，人民出版社1995年版，第64页。

使整个的民族，以及在每一民族中间又使整个阶级行动起来的动机研究，通过对人们的实践活动，特别是生产活动对各种现实条件依赖关系的研究，用社会存在决定社会意识、生产力决定生产关系、经济基础决定上层建筑的原理把人类社会的历史发展描述为一种不依赖于人们主观意志的客观的自然历史过程。

但是，他们的上述理论后来被某些人理解为一种庸俗的经济决定论。恩格斯为了澄清这种曲解，就不断地阐明各种上层建筑因素对经济基础的反作用。在这个过程中，他不断地强调的一个思想就是人们自己创造着自己历史的思想。当然，这是他和马克思的一贯的思想。他们早在 1844 年就指出："'历史'并不是把人当做达到自己目的的工具来利用的某种特殊的人格。历史不过是追求着自己目的的人的活动而已。"① 马克思在 1851 年又指出："人们自己创造自己的历史，但是他们并不是随心所欲地创造，并不是在他们自己选定的条件下创造，而是在直接碰到的、既定的、从过去承继下来的条件下的创造。"② 现在我们都明白，马克思恩格斯关于人们自己创造历史的思想同他们关于社会发展是一种自然历史过程的思想具有同等重要的地位，在历史唯物主义理论体系中这两方面的理论应该是互为前提、互相制约、缺一不可的，两者的有机结合才是唯物史观的完整理论。如果把自然历史过程的理论和人们自己创造历史的理论对立起来、割裂开来，那么两者都不是唯物史观的理论。否定了人的活动、创造、选择的规律论、条件论、决定论是一种机械的历史观，把人们在某种条件下发现的社会规律加以绝对化，把历史过程理解为预先设定的某种社会规律的实现过程，这样的社会规律在实际上又变成了黑格尔的绝对观念。反过来，把人的活动、创造、选择理解为可以随心所欲的过程，那么这种活动论、创造论、选择论也成了某种主观主义的、唯心主义的社会历史理论。第一个社会主义实践模式是在以唯物史观为指导思想的名义下建立的，现在我们来反思这一实践模式失败的历史教训时，不能不提出这样的问题：一种本来主张要时刻不忘从现实条件出发的科学的社会历史观为什么会变成某些人剪裁、框定现实社会发展道路的公式？答案只能是人们割裂了马克思恩格斯上述两方面理论的有机联系，忽略了历史是人们在实践活动中从现实条件出发的选择、创造的过程。这就不难理解，为什

---

① 《马克思恩格斯全集》第 2 卷，人民出版社 1957 年版，第 118—119 页。
② 《马克思恩格斯选集》第 1 卷，人民出版社 1995 年版，第 603 页。

么人们在总结第一个社会主义实践模式失败的历史教训之后，会不断地强调人们从现实条件出发的创造和选择的重要性。

毋庸讳言，要辩证地、正确地理解和把握马克思恩格斯理论中的自然历史过程理论和人的有目的的活动过程理论之间的相互关系、规律论和选择论、条件论和创造论、决定论和选择论的相互关系是一个极为困难的问题。人们常常不时地发问：社会发展客观规律和人们有目的的活动中的创造性、选择性是怎样统一起来的呢？社会历史发展中的自然历史过程和人的有目的的活动过程又是怎样统一起来的呢？虽然学者们围绕这些问题写下了大量的文章，可是总不能勾销人们思想上的和实践上的这类问题。实际上，这种矛盾是人们实践活动和社会历史发展过程本身具有的主体性和客体性、主观因素和客观因素的对立统一的表现，它们既随着人们实践活动的发展而展开，又是在人们实践活动的发展中得到解决的。但是，当我们强调人们的实践活动对于社会历史发展重要性的时候，切不可忘记认识对于社会历史发展的重要性，没有认识指导的实践活动只能是一种盲目的实践活动，这种盲目的实践活动是无法解决上述矛盾的，人们也不可能在实践活动中永远地处于盲目状态，因为认识是人区别于其他动物的又一本质属性，认识是人的个体性存在、社会的历史发展所不可缺少的因素和环节，人总是不断地在实践中认识和在认识中实践。因此，认识不仅是一个认识论范畴，也是社会存在的本体论范畴。离开了认识，就没有真正意义上的人的实践活动，就没有人和社会的存在和历史发展。毛泽东曾经把实践、认识、再实践、再认识概括为人们获得真理的公式，其实这一公式也是社会历史发展过程的公式，社会历史就是在人们的实践和认识的循环往复过程中发展的。社会发展规律既是在人们实践活动过程中形成的，也是人们在实践活动过程中认识的；而人们关于社会发展规律的认识一旦形成之后，又反过来指导着人们的实践活动。正确的、符合社会发展规律的认识可以指导人们成功地改造社会，错误的、不符合社会发展规律的认识则会使人们改造社会的活动失败。认识指导实践的过程也是认识在实践中得到检验和修正、发展的过程。人们总结了失败的教训并纠正了错误的认识，就可以变失败为成功，社会也就得到进步和发展。因此，只有把社会历史发展过程视作人们的实践和认识的循环往复的发展过程才能唯物地、辩证地、历史地解决主体和客体、目的和规律、创造和条件、决定和选择、自然历史过程和人们有目的的活动过程的统一问题，这种统一也只能是历史的、相对的，一劳永逸的绝对的统一是不存在的。只要人类存在着，只要人们的实践活动发展着，社会规律就会不断地形成、变化、发展，人们对社会规律的认识也会不断地进行。人们就是在辩证地解决主体和客体、目的和规律、创造和条件、认识和实践等矛盾的过程中创造着自己的新生活，开辟着社会发展的新道路、新方向，一句话，人们总是不断地从现实条件出发创造着自己的历史。因此，人们既不应该把某一历史阶段上关于社会发展规律的认识夸大为超历史的绝对真理，也不应该苛求前人发现社会发展的永恒真理。每个历史时代的人们都只能从自己的实践活动出发去认识自己时代所存在的社会发展规律并指导自己去正确地改造社会。我们应该如此地认识整个人类的发展历史，也应该如此地认识社会主义的发展历史。社会主义的发展历史也是在人们实践和认识的不断循环往复中发展的。我们不应该因前人的错误而否定历史，更要善于总结前人的教训而发展历史，历史就是在后人不断纠正前人错误的过程中发展的；纠正前人的错误不等于自己不犯错误，历史也是在人们不断地犯错误及纠正自己错误的过程中曲折地发展的。

二

恩格斯特别论述了个别人的意志和愿望的作用问题。关于个人的存在及其在社会历史发展中的作用问题也是马克思恩格斯理论活动中始终关注但在后来第一个社会主义实践模式中经常不能恰当处理的一个问题。马克思恩格斯在 1845 年指出："任何人类历史的第一个前提是有生命的个人的存在。"① 他们明确指出："我们的出发点是从事实际活动的人。"② 马克思在 1846 年指出："人们的历史始终只是他们的个体发展的历史，而不管他们是否意识到这一点。他们的物质关系形成他们的一切关系的基础。这些物质关系不过是他们的物质的和个体的活动所借以实现的必然形式罢了。"③ 马克思在 1847 年指出，研究每个世纪中人们的现实的世俗的历史就是"把人们当成他们本身历史中的剧中人物和剧作者"④。我们看到，马克思恩格斯所考察、理解的人不是想象中的人，而是现实中的个人，这些个人是从事活动的，进行物质生产的，因而是在一定的物质的、不受他们任意支配的界限、前提和条件下能

① 《马克思恩格斯全集》第 3 卷，人民出版社 1960 年版，第 23 页。
② 同上书，第 30 页。
③ 《马克思恩格斯选集》第 4 卷，人民出版社 1995 年版，第 321 页。
④ 《马克思恩格斯全集》第 4 卷，人民出版社 1958 年版，第 148—149 页。

动地表现自己的个人。在他们看来，"人们的存在就是他们的实际生活过程"①。于是，他们把研究的重点放到对人们实际生活过程的分析上面。正是对人们实际生活过程的分析使他们提出了社会政治经济结构和社会形态的学说，实现了他们唯物地、历史地解释社会发展的目的。我们完全可以说，他们创立唯物史观的实际研究过程的起点是现实的个人，而这一研究过程的终点则是社会结构及其发展规律。《德意志意识形态》一书曾经具体地叙述了他们的这种研究过程。

但是，当他们利用生产力、生产关系、经济基础、上层建筑和意识形态这些范畴描述社会的结构及其变化规律的时候，他们所关注的确实是社会而不是个人。某些人因而曲解唯物史观，认为它用历史的必然性吞没了作为历史主体的人。恩格斯针对这种曲解，再次重申和强调个人的意志、愿望、利益、激情在社会历史发展中的重要作用。他在 1886 年撰写的《费尔巴哈和德国古典哲学的终结》一书中专门谈论了社会发展史和自然发展史的根本区别，认为"在社会历史领域内进行活动的，全是具有意识的、经过思虑或凭激情行动的、追求某种目的的人；任何事情的发生都不是没有自觉的意图，没有预期的目的的"②。恩格斯在 1890 年谈论合力思想时则指出，每个人的意志、愿望虽然在相互作用中并不能达到自己的目的，但不能说这些意志等于零。他认为每个意志都对合力有所贡献，因而包括在合力里面。应该指出，恩格斯重申和强调的这些思想是极其重要的，对于我们全面理解和把握唯物史观理论是不可忽视的方面，而且当我们反思、总结第一个社会主义实践模式失败的历史教训的时候，恩格斯的上述思想尤其闪耀着光彩。毋庸讳言，第一个社会主义实践模式在其建立过程中确实存在着对个人、个性的不重视、不尊重，甚至任意侵犯个人的自由、权利和人格尊严的情况。究竟是什么原因造成了这类问题呢？中央集权的行政计划体制是一个很大的体制上的原因，然而在理论的、哲学的认识上有没有问题呢？这是我们在总结历史教训时必须思考的问题。

不难看出，在马克思恩格斯的社会历史理论中，个人和社会的关系问题是我们全面理解和把握唯物史观精神时需要认真研究的问题。从原则上说，马克思和恩格斯总是辩证地分析这一问题。他们一方面指出社会是由人组成

---

① 《马克思恩格斯全集》第 3 卷，人民出版社 1960 年版，第 29 页。
② 《马克思恩格斯选集》第 4 卷，人民出版社 1995 年版，第 243 页。

的，社会不过是人们在实践活动过程中发生并固定起来的各种联系、关系，因而他们强调个人活动的社会历史意义；另一方面他们又指出社会对于人的决定和制约作用，强调人是社会关系的产物，人的社会存在决定人的社会意识。在他们看来，新一代人进入社会的时候，总要遇到前辈遗留下来的生产力及由这种生产力决定的社会形式，还会遇到历史地遗留下来的思想和文化，而这些现实条件就决定和制约了新一代人的成长和发展，人们在社会经济政治结构中的地位和存在则决定了他们的利益、思想、感情。按照马克思恩格斯的学说，在私有制占统治地位的社会里，由于人们在生产资料占有关系上的不同地位，由于人们获得物质生活资料的方式及多寡的不同情况，由于人们在物质生产过程中的不同作用，人们彼此分裂成几个巨大的社会集团，分裂成阶级。不同阶级有着不同的利益和思想，同一阶级有着共同的利益和思想。这就是说，个人隶属于阶级等社会集团，最后则隶属于社会。在阶级斗争和革命的年代，当无产阶级必须组织成为阶级、当无产阶级必须从自在的阶级转变为自为的阶级的时候，对阶级共同利益和共同行动重要性的认识便成为个人阶级觉悟的重要标志，个人的发展必须自觉地服从于整个阶级的斗争需要，甚至为了阶级的解放在必要时可以牺牲个人的生命。这种现实状况反映到理论上、思想上，无产阶级政党则特别重视和突出马克思恩格斯理论中关于社会、阶级、集体对个人发展的决定和制约作用的方面，在解释人的社会性时也强调人的阶级性和集体性，在解释人在社会经济政治结构中的地位时，也强调阶级的、集体的经济政治地位，而对于造成个体的种种经济、政治、文化条件上的差异性，对于个人的存在是社会历史的首要前提等方面的思想则被遗忘和忽略。忽视人的存在的个体性，忽视个体在利益、思想、心理、情感等存在上的特殊性，忽视个体的存在是集体、阶级、社会存在的前提，这是第一个社会主义实践模式存在时期所存在的不尊重个人的存在、价值、权利、人格等情况的思想理论上的根源。历史的悲剧还在于不尊重个人的种种错误常常是在阶级斗争和革命的名义下进行的，是在"阶级利益"、"党的利益"、"国家利益"高于一切的"集体主义"的口号下发生的。

　　需要指出的是，在社会发展的非常时期、在阶级斗争高涨和革命的年代，人们在个人和社会关系上的价值评价天平上都偏向于集体、阶级、社会的方面，人们一般从社会的、历史的、阶级的、集体的需要和使命出发看待个人存在的意义和价值，不仅先进分子甚至一般成员都把自己看做实现社会、历史、阶级、集体的使命和利益的工具和手段，愿意为之而赴汤蹈火。但是在社会的和平、正常的发展时期，社会生活处在一个相对稳定的状态，人们的日常生活领域变得重要和突出，这时社会中先进分子虽然还会自觉地为社会、人类的未来发展而生活，仍然把自己的活动、生活看做实现社会、人类发展的历史使命，但社会的大多数一般成员则会更多地从日常生活的角度来看待自己的存在和意义，日常生活的目标成了他们注意的重点，于是人的存在的个体性、特殊性、社会生活的多样性和丰富性便成了他们关注的重要方面。第一个社会主义实践模式在处理个人和集体、社会的关系上的失误就在于把革命和战争年代的价值观（价值关系、价值导向模式）机械地搬到了和平建设的年代，这就不能不脱离广大群众的思想实际，至于那些在"国家"、"党"、"集体"的名义下以权谋私而又要群众充当实现他们私利的工具和手段的种种恶劣虚伪的行径，则只会引起群众愤怒、憎恨和鄙视的情绪，在这种情况下，第一个社会主义实践模式怎么能不失败呢？

唯物史观是马克思恩格斯在无产阶级登上世界历史舞台的年代创立的，是为无产阶级革命提供理论工具而创立的，它是无产阶级实现社会主义革命理想的哲学，因而马克思恩格斯的理论重点在于阐明社会发展规律和无产阶级的历史使命，他们虽然谈到了人的个体性存在问题，但并没有展开，因而成为他们理论中的薄弱环节。今天我们则应该重视和强调他们在这方面的许多思想闪光点，在辩证地阐述个人、集体、社会之间的相互关系的同时，对个人的存在、价值、意义、命运给予更多的重视和关心，建构关于人们日常生活的哲学理论，使唯物史观更加贴近人们的日常生活、贴近个人生活。

三

恩格斯还回答了历史怎样被人们创造的问题，即揭示了从人们的实践活动（或者说有目的的活动、价值活动）中形成社会规律、形成历史必然性的机制。恩格斯叙述了三个层次：第一个层次是人们在自身特殊条件所形成的利益、愿望、意志推动下所从事的活动；第二个层次是人们活动间的彼此冲突、碰撞所形成的复杂的相互作用和相互影响；第三个层次是这种相互作用和相互影响会形成无数互相交错的力量、无数个力的平行四边形，最后会融合为一个总的平均数、一个总的合力，社会就会沿着合力的方向发展，呈现出一种不依赖于任何个别意志的自然历史过程、历史必然性和社会发展规律。恩格斯指出："无数个别愿望和个别行动的冲突，在历史领域内造成了一种同没有意识的自然界中占统治地位的状况完全相似的状况。行动的目的是预期的，但是行动实际产生的结果并不是预期的，或者这种结果起初似乎还和预期的目的相符合，而到了最后却完全不是预期的结果。这样，历史事件似乎总的说来同样是由偶然性支配的。但是，在表面上是偶然性在起作用的地方，这种偶然性始终是受内部的隐蔽着的规律支配的，而问题只是在于发现这些规律。"①

恩格斯所揭示的这种机制的理论意义在于从社会历史本体论（而不是认识论）的角度解决了人们的价值活动和社会发展规律的关系问题。价值在认识论中是与真理相对的一个范畴，真理表述着主体对客体规律的把握程度，价值表述着客体及其规律对主体的意义，主体通过认识和评价活动把握客体的规律及其对主体的意义的目的在于使自己改造客体的行动达到合规律和合目的的统一。社会历史本来就是由人的活动构成的（在这种情况下，人并不等于社会，而是组成社会的要素），人及其活动是社会历史存在的一个本体论因素，价值作为人活动中的一个不可分离的因素，也构成了社会历史存在的一个本体论因素，离开了价值，离开了人的活动，就不存在社会及其发展规律。社会发展规律并不是处在人们价值活动之外的某种存在，而是在人们价值活动相互作用的总和、合力中产生的，人们的价值活动是社会发展规律形成的基础、环节、因素。社会发展规律虽然并不简单地等同于个别人的价值活动，但却包含了个别人的价值活动。事情正如恩格斯说的："从这一事实中决不应作出结论说：这些意志等于零。相反地，每个意志都对合力有所贡献，因而是包括在这个合力里面的。"② 当然，人们在活动中也把他人、社会及其规律作为认识客体，开展着对他人、对社会的认识活动，在对社会客体的认识过程中他同样用真理范畴表述对社会客观规律的认识程度，用价值范畴表述社会客体及其规律对自身的意义，使自己在社会中的行动达到合目的和合规律的统一，但人们对社会客体的认识和认识活动本身是社会及其历史发展所不可缺少的组成因素，这种社会认识过程中的价值也同认识一起进入了社会及其历史发展的本体论存在，而由于人的认识的介入，社会发展更充满了复杂性和偶然性。社会发展规律作为一种历史必然性只能通过与人们的活动及其相互作用所形成的无数偶然事件来表现自己。恩格斯曾经把历史必然性

①　《马克思恩格斯选集》第 4 卷，人民出版社 1995 年版，第 243 页。
②　同上书，第 478—479 页。

比喻为中轴线，把人们活动所形成的偶然事件间的连线比喻为曲线，曲线总是摆动在中轴线的两侧。他认为，所研究的时期越长，所研究的范围越广，曲线摆动的幅度会越来越小，会越来越靠近中轴线。恩格斯的这个比喻表明，历史区间越长，历史必然性表现得越清楚。恩格斯详细揭示社会发展规律、历史必然性在人们活动过程中的形成机制，要人们牢记（因为他反复说）经济运动作为必然的东西是通过无穷无尽的偶然事件向前发展的，目的是为了说明社会发展过程的复杂性。他告诫人们：唯物史观只是人们研究社会和历史的指南，而不是剪裁各种历史事实的公式；在唯物史观指导下研究社会的时候，决不意味着解一个最简单的一次方程式，他主张下一番工夫钻研经济学、经济学史、商业史、工业史、农业史和社会形态发展史。

值得指出的是，恩格斯所揭示的上述机制实际上也是社会系统整体性的形成机制。恩格斯关于合力产生机制的论述同他和马克思在《德意志意识形态》中的一段叙述是非常相似的，在那里他们说："事情是这样的：以一定的方式进行生产活动的一定的个人，发生一定的社会关系和政治关系。经验的观察在任何情况下都应当根据经验来揭示社会结构和政治结构同生产的联系，而不应当带有任何神秘和思辨的色彩。社会结构和国家是从一定个人的生活过程中产生的。"[1]

根据恩格斯的论述，我们可以把社会整体性形成过程作如下较为详细的描述：在社会中活动着的人们具有不同的利益、要求，他们都在按照自己的计划、打算活动着。他们作为微观的"社会分子"所进行的活动，从社会宏观的角度来看，是不确定的、偶然的、分散的、无序的。但是，大量个人之间的这种不确定的、偶然的、无序的力量之间相互作用的过程，却是个人的利益、目标或者被确认或者被否定、被修改的过程，是人们之间关于利益、目标的信息的沟通和交流的过程，是人们之间的某种共同利益、共同目标的形成过程，也是人们之间的关系、秩序的形成过程。于是，从不确定性中形成了确定性，从偶然性中表现出必然性，从分散性中产生出统一性，从无序性中孕育出有序性，无数分力汇成了合力，这种确定性、必然性、统一性、有序性、合力通过人们制定的规则、条例、章程、制度及逐渐形成的习俗、心理、意识而体制化、观念化，于是社会就被人们组织为一个有机整体。

上面描述的社会整体性的形成过程，具有极大的感性直观的性质，是每

---

[1]　《马克思恩格斯全集》第3卷，人民出版社1960年版，第28—29页。

一个投身于社会生活过程的人随时随地都会感受到的。人们抱着篮球到球场上锻炼，如果每个人都抱着自己的球投篮，球场上就会出现混乱、无序的场面，人们之间、篮球之间就会不断碰撞，有可能谁也不能投篮，但是人们在这种混乱中会发现组织和规则，还会产生一个裁判，有了组织、规则、裁判，球场上就会出现一场既有激烈的争夺、竞争又有一定秩序的篮球赛。城市生活集中了大量人口，在开始的时候往往会出现种种混乱和无序，出现交通堵塞、生活用品不能正常供应、住房短缺等问题，但是人们会通过修建道路、住宅等各种基础设施（硬件）和制定各种城市生活规则（软件），使城市生活成为一个有序地进行的有机整体。市场的建立和发展过程也大体经历着有序化、规则化、法制化的过程。现代系统科学的社会系统论就是在研究诸如企业管理、市场交换、城市生活、金融服务等社会问题的过程中发展起来的，它们不同于哲学层次上的系统思想的地方在于总是同各种形式的数学模型结合在一起，通过对各种具体的社会系统的定量分析，力求系统地、整体地解决有关的社会问题。没有定量研究的数学模型就没有现代系统科学意义上的社会系统论。就社会系统思想来说，它在本质上是和唯物史观相通的。马克思恩格斯运用生产力、生产关系、经济基础、上层建筑、意识形态这些范畴建构起来的社会结构理论也是一种社会系统的理论模型。这里，生产力、生产关系、经济基础、上层建筑、意识形态就是构建社会系统整体的因素或要素，而这些因素、要素之间的决定作用和反作用的链条及由决定作用和反作用综合而产生的交互作用则使这些要素有机结合为社会整体，社会形态就是历史地具体地存在的社会系统。

在我们上面的论述中，人们不难发现，在马克思恩格斯的唯物史观理论中实际上存在着建构社会整体性的两种思路、两种逻辑结构：一种是人——活动——社会整体，一种是由生产力、生产关系（经济基础）、上层建筑和意识形态而形成的社会整体。让我们来分析一下建构社会整体性的这两种思路、逻辑结构的区别和联系。

两者的区别是明显的，前者是从人及活动出发的，强调社会是在人的实践活动中产生的；后者是从人们在生产活动中所获得的生产力出发的，强调社会是在一定的生产力基础上建构起来的，强调人是社会关系的产物。前者分析的过程是从主体（人）到客体（社会）；后者分析的过程是从客体（社会）到主体（人）。这两个逻辑结构的理论前提也是不同的，前者是以存在着为一定的需要、利益、欲望而从事着某种目的、价值活动的人为其理论前提的；后者是以存在着某种既得的生产力为其理论前提的。但两者又是联系的、互补的，经过一定的解释和说明是可以互相转换的。以"人——活动——社会"这一理论结构来说，它的前提本身是需要加以批判地考察的。人们不能不问：具有一定的需要、利益、意志并进行目的（价值）活动的人的存在本身是不是无条件的、绝对的，这种人的存在是从哪里产生的？正是在回答这一问题的过程中，马克思提出了由生产力、生产关系、经济基础、上层建筑、意识形态组成的社会结构理论，这一理论可以对人的存在及其发展作出科学的说明。因此，唯物史观实际上也是关于人的社会本质形成和发展的学说。而且，如果我们对人——活动——社会这一理论结构中的活动进行分析的话，我们就会发现物质生产活动对其他活动的制约关系，发现人们在活动中发生的物质生产关系对于政治关系、思想关系的制约关系，再寻根究底地考察形成生产关系的物质根源，就会发现生产力对生产关系的制约关系。可以看到，经过上述分析和说明，前一逻辑结构就转换为后一逻辑结构。反过来，我们将后一结构中被省略的潜在的活动主体（人）变为显项而设置下来，把生产力、生产关系、经济基础、上层建筑等概括到人的实践活动中去，后一结构又转换成了前一结构。

正视马克思恩格斯社会历史理论中存在的上述两种叙述社会整体化机制的逻辑结构及其相互关系对于我们正确把握唯物史观的本质及体系是十分重要的，在马克思主义哲学研究史上长期存在并一直延续到今天的许多争论，都是由于对两种逻辑结构及其关系的不同理解引起的。当一方只强调人是马克思主义哲学的出发点、唯物史观的本质是关于人及其发展和解放的学说，而另一方只强调社会存在、生产力是马克思主义哲学的出发点，唯物史观的本质是社会发展规律学说的时候，争论总是难免的。20 世纪 30 年代由苏联人建立的、后来又在我国流行的历史唯物主义教科书体系就是在马克思恩格斯建构体系中的后一结构基础上形成的，这一教科书体系主要强调了社会历史发展的自然历史过程，论证了社会革命的必然性，适应着革命年代的理论需要，而在和平建设的年代，探索社会主义建设规律已成为头等重要的理论任务，这一教科书体系的各种弱点就变得越来越明显。因此，科学地理解和综合马克思恩格斯在不同时期从不同角度对人和社会所作的不同分析的理论思路、理论逻辑，全面准确地理解和把握马克思恩格斯创立的唯物史观的理论本质，建构一个适应当代实践要求的马克思主义哲学体系，就成为值得我们进一步深入研究的一个重大课题。

论精神系统和精神文明建设[*]

要使我们的精神文明建设卓有成效地进行，除了明确改革开放和现代化建设的要求，总结历史的和外域的经验之外，进一步对人的精神系统作出科学分析，认识其要素结构及其系统的整体性质，把握精神系统的规律，也是十分重要的。我们的分析将采取由系统到系统组成的思路，在第一个层次上，我们将人的精神系统划分为潜意识、意识、行为三大子系统；在第二个层次上，再把这三大子系统分别划分为若干子子系统；在第三个层次上，则把各个子子系统再划分为若干个子子子系统。目的是厘清各要素、系统、层次之间的关系，揭示人的精神活动的若干特点和规律，对社会主义精神文明建设实践进行若干基本的理论思考。

一 潜意识系统

所谓潜意识就是自发地产生而不为主体自觉地意识到，也不为主体自觉地控制的心理及行为过程。在弗洛伊德和荣格的著作中，无意识、前意识、潜意识这三个概念所表述的含义大体相同，有时虽有区分，这里我们统称为潜意识。弗洛伊德说："'无意识'一词的最古老而最妥适的意义是描写的，无论何种心理历程，我们若由其所产生的影响而不得不假定其存在，但同时又无从直接觉知，我们即称此种心理历程为'无意识的'。我们对于这种心理历程的关系正与对于他人的心理历程无异，所不同的只是前者属于我们自己而已。倘若要求有更正确的意义，我们或可换句话说，一种历程若活动于某一时间，而在那一时间之内我们又一无所觉，我们便称这种历程为'无意识

* 原载于《中国社会科学》2002 年第 4 期。

的'。"① 他又把这种"常不为自我所知"的心灵部分、心理领域称作"潜意识的"。他明确指出，无意识、前意识具有形态和系统的意义，并使用了潜意识系统这一范畴。

荣格是在"无意识"这个概念下讨论潜意识的。他说："我们对人的内心所知甚少，所以把我们不认识的东西称作无意识。"② 他又把自我所不知道、不认识的这部分心理领域称作"幽暗之物"、"阴影世界"，说在这个领域"我们对于我们自己是一个谜"③。他又把"无意识"称作一个处于阈下的心理领域，而处于阈上的心理领域则被他称作意识领域。他指出，我们虽然有某些科学根据证明这个领域的存在，并想通过"无意识"这个词传达某种东西，但事实上只传达出我们并不了解无意识而已④。N. 佩塞施基安在讨论人们对无意识误解的问题时，把与无意识相联系的态度和行为也包括了进来，他说："在我们的心理活动和人际关系当中，有很大一部分是受一些我们没有意识到它们的原因和动机的态度和行为方式支配的。除了许多不随意的适当的反应之外，这些态度和行为方式还形成一些不是我们有意计划的、其后果也不是我们所希冀的过程。"⑤

潜意识是相对于意识而言的，意识是生命发展到一定阶段的产物。从没有意识的生命体到有意识的生命体，在自然界经历了一定的进化过程；在意识产生之后潜意识又同意识相互作用而存在。因此从这种发展过程的不同阶段来划分潜意识，也许更有意义。我们根据潜意识的来源及形成的不同特点，将潜意识系统划分为三个子系统。

潜意识的第一个子系统，我们称为前意识系统。这是指由于意识形成之前的种种因素而形成的潜意识子系统。所谓种种因素是指包括由遗传因素所决定的生理因素。生理因素本身不是意识因素，是意识因素得以产生的生物学前提，意识的产生本身是为了解决纯生理因素不能完全解决人的生存和发展问题，因此在劳动中、社会交往中人才产生了意识。在具有意识存在的情况下，生理本能对环境作出的种种反应，虽然受到意识的规范和支配，但也

---

① ［奥］弗洛伊德：《精神分析引论新编》，高觉敷译，商务印书馆 1989 年版，第 55 页。

② ［瑞士］荣格：《分析心理学的理论和实践》，成穷、王作虹译，生活·读书·新知三联书店 1991 年版，第 121 页。

③ 同上书，第 18 页。

④ 同上书，第 4 页。

⑤ ［德］N. 佩塞施基安：《积极心理治疗——一种新方法的理论和实践》，白锡方译，社会科学文献出版社 1998 年版，第 261 页。

存在意识所不能规范和支配的方面。有些本能反应，不管主体在意识上如何不愿意，它们仍然会发生，因而获得潜意识的某些特征。我们之所以称它们为前意识，意在表明它们属于意识产生之前的心理和行为。

潜意识的第二个子系统，我们称为无意识系统，这是指人类种系及群体发生史上以及个体发生史上无意识地积淀而形成的潜意识系统。人类在形成的原始时期，经历了从动物心理向人类意识的转变和飞跃的漫长岁月，在这个过程中形成了以原始意象和神话主题为特征的原始意识，并且一直以童话故事、神话传奇及民间传说的形式世代相传，积淀在人们的内心深处，成为一种潜意识，存在于个体的心灵之中。荣格认为潜意识中出现的原始意象和神话模型，具有非个人的心理内容，而是来自于个人所隶属的群体、种族乃至整个人类，因此他称为集体无意识。他说："我们的无意识心灵，像我们的身体一样，是一间堆放过去的遗迹和记忆的仓库。"① 这些遗迹和记忆哪里来的呢？他认为小孩一生下来就带着远古心灵的痕迹，我们则倾向于认为，那些原始意象和神话模型是通过社会遗传的途径使成长中的小孩不知不觉地接受下来的。因此，我们愿意将它称为无意识地形成的潜意识子系统。不仅孩子成长时期，会不知不觉接受集体无意识，就是在一个人的一生的历史发展过程中，实际上经常不知不觉地接受某种意识并沉积为潜意识。由于这类潜意识的形成过程是无意识的，因此我们简称为无意识子系统。

潜意识的第三个子系统，是由意识转化而来或在意识作用下形成的。某种思维方式、行为方式、某些观念，经过我们长期自觉思考或实践，最后习惯成自然，以正面的肯定的方式沉积到我们的心灵深处，在以后的思考和行动中成为一种固定的模式，不再以自觉意识的形式出现。一旦某种情景出现，人们可以不假思索地去作出反应。不过也有相反的情况，某种来自社会、群体的观念、规范或来自主体自我内部的某种要求，被意识长期顽强地拒斥、压抑，以反面的否定的方式沉积到我们的心灵深处，以另一种方式在主体自我没有觉察的情况下发生作用。"在压抑中，被排除的、与主要道德价值背道而驰的人格内容和成分失去它们与意识体系的联系，变成了无意识的或被忘却的——也就是说，自我完全未觉察它们的存在。"② "完全被抑制而且无法

① ［瑞士］荣格：《分析心理学的理论与实践》，成穷、王作虹译，生活·读书·新知三联书店1991年版，第88—91页。
② ［德］埃利希·诺伊曼：《深度心理学与新道德》，高宪田、黄水乞译，东方出版社1998年版，第12页。

进入意识的力量和内容在无意识中并非保持不变或保留它们原先的特点：它们在变化。被压抑的内容发生'退化'并受到负面的强化。"① 无论是由于意识的肯定作用而形成的潜意识还是由于意识的否定作用而形成的潜意识，都离不开意识的作用，或者说在意识作用下形成的某种超越、质变。因此我们暂时把潜意识的这个子系统称作意识之下的潜意识，简称下意识。

潜意识系统是人的精神系统不可缺少的组成部分，对意识系统起着某种辅助、补偿的作用，弥补着意识反应的某种局限性。它在恢复人的精神心理平衡方面，在形成完整的具体的人格方面，在帮助主体自我与环境的一致方面都发挥着不可忽视的影响。"个体为了能生存，他需要深层无意识的势力的帮助，这不是一个可任意选择的问题，而是一个迫切需要的问题。"② 认识潜意识系统作用的存在，认识人的精神和行为除了受意识的作用、受社会因素、意识形态支配和影响之外，还有生理、心理等因素影响的存在，还有潜意识系统影响的存在，有助于我们更加全面、客观、真实地认识和评价人的精神和行为。意识系统和潜意识系统的辩证统一，构成了人的精神系统，构成了具体的人格，忽视了潜意识系统的存在和作用，就会把人的精神和行为完全归结为有意识活动的结果，这样就不可能对人的精神和行为作出正确的分析，就会对某些由潜意识支配的精神和行为作出错误的判断。在现实生活中，人们经常把抑郁症等生理、心理因素形成的某些观念、行为判断为"思想问题"，甚至判断为"政治问题"，用解决"思想问题"、"政治问题"的办法去解决，不仅没有达到预期的效果，还耽误了对这类精神疾病的治疗。

正确认识潜意识精神现象、正确理解潜意识内容，可以帮助人们培养有利于身心发展的心理精神状态，还可以从积极方面发挥潜意识的预感、警示作用，提高认知能力、创造能力。潜意识现象及潜意识内容具有非现实性、超时空性、不可理解性等特点，会对人们的心理精神状态产生各种影响，例如噩梦醒来，人们总是会产生惊恐、惶惑、不安的心理状态，人们总是渴求对自己的梦作出解释，也会情不自禁地去解释，而这种解释本身又会对人们的心理精神产生某种影响，严重的时候还会推动人们做出不利于身心发展的举措。在人类的原始时期，由于科学认识还没有形成，因而人类利用巫术的

---

① ［德］埃利希·诺伊曼：《深度心理学与新道德》，高宪田、黄水乞译，东方出版社 1998 年版，第 26 页。

② 同上书，第 6 页。

形式对梦之类的潜意识内容进行破解，在一定程度上帮助了原始人去协调身心关系乃至去协调人和环境的关系。但是，在科学有了极大发展的今天，围绕潜意识问题上种种神秘主义、神灵主义、巫术迷信的解释就会把人们引向斜门歪道，不利于人们的身心发展。对潜意识现象和潜意识内容的正确解释，则可以帮助人们摆脱上述各种错误解释的不良影响，在潜意识现象和潜意识内容面前保持一种有利于身心发展的心理精神状态。潜意识现象和潜意识内容虽然不是人的意识自觉活动的产物，但它的产生及呈现的内容仍然是人的精神活动、身心活动有规律地进行的产物，是由过去的或现时的、内部的或外部的某种刺激引发的，对它们作出正确的分析，就可以及时捕捉到这种刺激，就会形成灵感和直觉，就可以提高我们的认知能力、创造能力。

正确地认识潜意识的形成和作用机制，对于正确地进行道德建设也是十分重要的。道德建设的进行过程就是一定的社会力量把社会所认可的道德价值、道德规范、道德理想通过教育、说服、舆论等手段、形式让个体认同、接受并用以规范自己精神和行为的过程。通过认同、接受和规范，个体把社会道德内化为自己的意识系统的一部分，良心就是社会道德的价值、规范、理想内化在个体意识系统中的存在形式，人们用良心规范自己的行为是一种意识活动，这种活动无数次重复之后，就会形成习惯性的反应模式，人们实践社会道德这种有意识活动就会转化为潜意识性的自发活动。"我应该"的指令就会在人们的精神屏幕上消失。由于人们接受社会道德的时候，他的精神世界并不是一块"白板"，而这一过程充满了社会道德和个体已有的生理、心理、精神状态之间的矛盾和冲突，个体接受社会道德的过程也是个体用社会道德克服、战胜、排挤个体精神世界中不符合社会道德的种种欲望、价值、观念，或者把个体的欲望、价值、观念进行改造以后使其适应社会道德的要求的过程。在这个过程中，个体的有些欲望、价值、观念被消解掉了，有此则在压抑、排挤的情况下转化为潜意识状态。"抑制和压抑是个体试图用来适应道德理想的两种方法。这种努力的必然结果是形成人格的两个精神体系，其中之一经常保持完全的无意识，而另一则在自我和有意识心理的积极支持下，发展成精神的主要器官。"[①] 这时，在个体的精神世界中，"良心代表了

---

① ［德］埃利希·诺伊曼：《深度心理学与新道德》，高宪田、黄水乞译，东方出版社1998年版，第14页。

集体的标准，并随着标准内容和要求的变化而变化。"① "作为良心的自我自然地成为任何特定时代所流行的集体价值的携带者和代表。"② 而潜意识则成为与良心对立地存在的某种"阴影"，某种来自个体精神世界深处的"内部声音"，于是"良心"和"内部声音"之间的差异、对立乃至冲突，就构成了个体实践社会道德过程中的矛盾。当社会道德有利于个体生存和发展的时候，这种"良心"和"内部声音"之间的差异并不构成对立、冲突，个体的在人前人后的人格表现是一致的；当社会道德不利于个体生存和发展的时候，这种"良心"和"内部声音"之间的差异就会发展为对立、冲突，在这种对立、冲突发展到一定程度时，就会造成个体的人格分裂。人格分裂的发生会给个体造成极大的精神痛苦。这种人格分裂和精神痛苦发展到一定程度就出现各种形式的精神疾病。由此可知，正确地认识潜意识的形成和作用机制，对建设一种什么样的道德以及如何进行道德建设是何等地重要。

最后，正确地分析和使用潜意识提供的材料，可以对各种精神疾患者开展积极的心理治疗。弗洛伊德、荣格等人是在精神病治疗过程中，根据他们的临床观察和实践提出潜意识理论，并且也是用他们的理论从事对精神病人的精神分析和心理治疗的。虽然他们的理论存在着许多争议的地方，但对于潜意识在分析和治疗精神疾病过程中的作用则是没有疑义的。荣格说："我们这些精神疗法医生在干什么呢？在尽力治愈心灵的创痛，即人在精神上的不幸。"③ 他又说"精神疗法是一种技巧"，在这个过程中，"用以判断和观察精神的手段本身也是一种精神"，"精神不仅是这门科学的客体，也是它的主体。"④ 这就是说，精神疗法医生根据自己对精神的理解对精神病人的精神系统进行分析，在分析中，他们总是力图通过对病人的潜意识（如病人的梦境及病人在意识系统失去控制情况下的精神状态）的分析找出疾病原因和治疗途径。他们的一个总的看法就是，如果一个人的精神系统中意识和潜意识、理性和非理性失去了平衡，就会导致精神疾病，"现代人的精神病主要是由于他自己内部的分裂状态

---

① ［德］埃利希·诺伊曼：《深度心理学与新道德》，高宪田、黄水乞译，东方出版社 1998 年版，第 13 页。

② 同上。

③ ［瑞士］荣格：《分析心理学的理论和实践》，成穷、王作虹译，生活·读书·新知三联书店 1991 年版，第 175 页。

④ 同上书，第 137 页。

造成的"①，而设法恢复这种平衡则是治愈疾病的途径。

二　意识系统

当我们将潜意识和意识区别的时候，意识就可以狭义地使用，我们就可以把意识系统规定为主体自觉地进行的心理活动过程及其成果所组成的系统。所谓自觉，就是主体已经从实践上和认识上将自身与环境区别了开来，将环境作为自身实践和认识的客体，将自身作为进行这种实践和认识活动的主体，从自身的存在及其发展出发去进行种种的心理精神活动，主体清楚地知道他在思考、在评价、在喜怒哀乐，这种自觉性甚至会达到"我思故我在"的"得意忘形"的程度。意识系统就是主体自觉地进行和控制的一种精神系统。

意识系统很复杂，可以划分为几个不同的子系统。

意识系统的第一个子系统是知识系统。知识是主体的一种对象性认识，是关于对象是什么、对象怎样存在又怎样发展变化的认识。主体只有正确地解决这两个问题，才能恰当地利用和改造客体，使客体成为主体生存和发展的条件。知识在人类种系和个体的发展中具有特别重大的意义。知识使人类获得进步，知识使人类获得自由，知识使人类获得文明。社会主义精神文明的发展也有赖于广大人民群众知识水平的不断提高和发展。那种以为可以不在提高人民群众知识水平上下工夫就可以发展社会主义精神文明的想法，是幼稚的、天真的，也是不可能实现的。人类的知识已发展为非常丰富复杂的庞大体系，可以按照不同的要求使用不同的标准进行不同的划分。例如可以根据关于是什么对象的知识，划分为自然知识、社会知识、人文知识，等等；也可以根据人类掌握对象的程度及掌握对象的认识形式，划分为经验知识和理论知识、感性知识、知性知识、理性知识，等等。我们则从人的生存和发展的角度，将知识系统划分为日常生活知识、职业工作知识、哲学知识三个子系统。

日常生活知识系统，这是人们在日常生活实践中获得并为日常生活实践服务而形成的知识系统。这里讲的日常生活就是人们每天重复地进行的物质生活、精神生活及与此有关的社会交往，诸如饮食男女、生儿育女、婚丧喜

---

① ［德］埃利希·诺伊曼：《深度心理学与新道德》，高宪田、黄水乞译，东方出版社1998年版，第117页。

庆、迎来送往、市场采购等都是日常生活项目，相对于社会的公共生活来说，也许可以称作人们的私人生活领域。知识是人们从事日常生活的精神条件，知识多寡制约着人们日常生活的质量。实用性、经验性、广泛性可以说是日常生活知识的突出特点。

日常生活在不同的历史条件下会受到人们的不同对待。在过去革命战争的年代，阶级斗争、革命战争是革命人民从事的主要的实践活动，个人的日常生活是为革命战争和阶级斗争服务的，因此夸大日常生活的重要性并通过这种夸大诱导人们不积极投身于革命战争和阶级斗争的各种观点，均受到了革命政党和革命队伍的抵制和批评，这是完全必要的。但是在今天和平发展的条件下，人们的日常生活就不是无足轻重的了，不断地提高人民群众的日常生活水平和质量，成为我们从事现代化建设的目的之一。而且，日常生活也成为我们推进社会主义精神文明建设的重要领域，如果人们在日常生活中都不能讲究社会公德和必要的伦理道德规范，那么又怎么能提高整个社会的精神文明水平呢？我们必须认识，日常生活实践是人们从事的一种重要的实践活动形式，而日常生活知识则是人们知识系统中不可缺少的组成部分。

职业工作知识系统，这是产生于职业工作实践并为职业工作实践服务的知识系统。近现代意义上的职业区分是农业社会过渡到工业社会之后才形成的，所谓职业工作的知识系统就是由一定的职业所要求的技术、能力、知识素养、行为规范的总和构成的知识体系。职业工作知识系统虽然是以职业工作的实践经验为基础的，它也不排除职业工作中积累起来的感性经验，但这些感性经验得到了系统的整理和总结，因而带有系统性、条理性；职业工作虽然要求人们具有广泛的知识基础，但仅有这种知识基础还不能胜任某种特定的职业要求，因此职业工作知识系统具有明显的职业性、专业性；随着科技成果在社会的生产和管理过程中的应用，现代职业知识越来越具有科学技术专业知识的特点，职业分工越来越成为专业分工。现代职业从业人员除了必须遵守社会生活的一般行为规范之外，还必须遵守职业所要求的特殊的行为规范，遵守特定的法律、伦理、道德要求。系统性、专业性、科学性，这是职业工作知识系统的一般特点。

职业工作在现代社会生活中、在现代人的生活中都具有突出的重要地位。就现代社会生活来说，它是建立在职业工作基础上的，没有职业工作的分工协作，就没有现代社会的生产、经营、管理，就没有现代的社会生活；就现代人的生活而言，职业工作是现代人和社会之间的中介环节，人们通过职业工作将自己和他人、和社会联系起来，通过职业工作将自己的知识、才能服务于他人、贡献于社会，也是通过职业工作获得自己生存和发展所需的收入。职业工作已成为昭示社会文明的重要场所、环节和窗口。谋求某种职业工作，是人们的迫切要求；获得某种职业所要求的知识技能是人们接受教育的基本动机。过去人们只是在进入成年之前去获得某种职业知识，现在人们为了适应职业的变动，几乎不间断地接受着职业知识教育，甚至变成了一种终生教育。

哲学的或形而上学的知识系统，是关于人和外部世界之间的一般关系的知识，也是关于人从事认识和实践活动的一般依据和人生存、发展的终极关怀的知识。人们依靠日常生活知识和专业知识从事日常生活和职业工作，可是凭什么说这些知识是牢靠的、有用的？为什么有的知识可以帮助我们顺利地生活和工作而有的则不能呢？究竟什么叫知识，又通过什么样的途径才能获得人们所需要的知识？而与这类问题相关的还有我们人类究竟生活在一个怎样的世界上，这个世界究竟从哪里来又会往哪里发展，我们人类在这个世界上处于一种怎样的地位，扮演着什么角色，有限的人生该怎样度过，人在生活中该追求什么。对于诸如此类问题的回答，在每个人的精神世界中形成了哲学知识系统或曰形而上学知识系统。哲学被称为系统化、理论化的世界观、认识论、价值观、方法论和人生观。

哲学知识系统是人类知识系统中不可缺少的组成部分。每个人的知识系统中也都存在着一定的哲学知识系统，只不过存在着自觉或不自觉、系统或不系统的区别而已。原因就在于人类或个体在生存和发展过程中总会遇到上面提到的那些问题，而对于上述问题的回答既超出了日常经验的性质又超出了具体专业的特点，它要求我们作出反思的、理性的、一般的、普遍的回答，只有这种回答才能为我们所从事的具体的认识活动和实践活动提供一般的根据；只有这种回答才能为我们已有的日常生活知识和职业工作的具体科学知识提供理论的、逻辑的前提，才能使人类的知识体系成为有理论根据的有机整体；只有这种回答才能给出人生的目的、意义和价值。所以哲学知识在一个人的精神世界中居于极其重要的地位，是一个人的精神世界的核心和灵魂。马克思就称真正的哲学是时代精神的精华，是人类文明的活的灵魂。

宗教是以非理性的、信仰的形态表现的世界观，是一种由神来表达的世界观，是一种颠倒的世界观。由于社会的、历史的、认识的、精神的种种原因，宗教自产生以来，不仅没有消失，而且还得到某种发展，就是在今天，宗教还深刻影响着相当多的人的生活。

意识系统的第二个子系统是价值观念系统。价值观念是主体关于客体对于主体有什么意义和用处的观念，是主体应当怎样利用客体实现自己生存和发展的观念，是关于主客体之间的利害关系的观念。价值观念系统也可分为下列子系统：主体价值追求系统、社会价值内化系统、价值观念评价系统。

主体价值追求系统，就是主体关于自身价值追求的观念总和。随着主体意识的觉醒，主体会意识到自己的欲望、利益，并在此基础上形成自身所要追求的价值观念。主体明确地有所追求，这是主体成熟的标志。实际上，只有具有追求意识的主体，才能在自身的生活道路上不断前进。主体的利益追求，既可以表现为物质性价值，也可以表现为精神性价值和社会性价值。所谓物质性价值，就是满足主体物质生活需要的各种价值；所谓精神性价值，就是满足主体精神生活需要的各种价值；所谓社会性价值，就是满足主体社会生活需要的各种价值。物质性价值在主体追求的价值结构中处于基本的、基础的地位，因为它是主体赖以生存的发展的基础。但是随着主体精神世界的发展，精神性价值会在主体追求的价值结构中处于越来越重要的地位，在主体为了精神性价值而不惜放弃各种物质性价值的情况下，精神性价值就会在主体追求的价值结构中处于首要的决定性的地位。对于社会性价值的追求，是主体在社会交往过程中形成的，社会性价值既可以具有物质性的也可以具有精神性的，但这种价值的根本特征是社会性，即它标志着主体在社会共同体中的地位和作用，主体在追求这种价值的过程中，有时还不得不放弃自身的物质追求和精神追求，甚至不惜牺牲自己的生命，当主体把社会性价值作为自己最高追求的时候，这种价值就处于主体追求的价值结构中最重要的地位。从实际条件出发，形成可以实现的价值追求，或者形成能够经受得起价值追求过程中发生的种种挫折的精神心理素质，是主体精神建设的一个重要内容。

社会价值内化系统，这是指主体在社会交往过程中获取的社会共同体（如家庭、群体、民族、国家乃至特定历史阶段上的人类总体）对主体的价值要求总和所构成的观念系统。社会价值观念是社会成员在社会实践和社会交往过程中形成的，体现着社会共同体的共同利益和意志，构成了社会共同体存在和发展的精神文化条件。对于作为个体的主体来说，社会价值观念是一种外在的、强大的精神力量和社会力量。社会价值观念的存在形式可以表现为社会生活不同领域中的价值观念，如生产和经济活动领域中的价值观念，精神和文化活动领域中的价值观念，政治和社会活动领域中的价值观念；社会价值观念也可以按照对社会成员规范和约束的方式和程度分为风俗习惯层次上的社会价值观念、伦理道德层次上的社会价值观念、政治制度和法律层次上的社会价值观念。

价值观念评价系统或曰价值理想系统，这是主体的价值追求和社会价值观念相互作用过程中形成的、用来对自身的、社会的各种价值观念作出评价并作为主体精神支柱的价值理想观念系统。

主体的价值追求不可能与社会价值要求完全一致，两者之间经常存在着程度不同的矛盾和冲突，这种矛盾和冲突会对主体的精神世界产生深刻影响，严重的时候会造成主体在心理、精神、人格上的分裂，造成精神疾患。为了解决精神世界的这种矛盾和冲突，主体必须拥有一种能够支配、协调、改造两者的精神力量和精神支柱，或者用这种精神力量消解、压抑、改造自身的价值追求，去无条件地接纳社会价值观念；或者支持自身原初的价值追求，去抵制、抗拒社会价值要求；或者将自身原初的价值追求和社会价值要求恰当地结合起来，从而解决矛盾和冲突，使精神世界保持宁静和统一。这种精神力量和精神支柱来自主体在解决矛盾和冲突过程中形成的作为主体理想追求的价值观念。这种价值理想高于主体的原初价值追求，因而它能消解、改造、提升乃至压抑主体的原初价值追求。这种价值理想如果内含了社会价值要求，可以使主体更为自觉地去实践社会价值要求；这种价值理想如果仍然不接纳社会价值要求，也使主体有更为深刻的精神动力去排斥社会价值要求。这种价值理想也可成为主体自身价值要求和社会价值要求的高度综合的精神存在形式。主体的这种更为根本的价值观念通常以理想、信念、信仰、崇拜等形式出现。

什么是理想、信念、信仰、崇拜？人为什么会有理想、信念、信仰、崇拜这类精神现象？人应该怎样树立正确的理想、信念、信仰、崇拜？这些都是心理学、精神心理学、精神哲学、人生哲学所必须研究和回答的问题，也是我国目前社会主义精神文明建设所遇到的理论和实践问题。

实践活动既具有"实是"的品格又具有"应是"的品格。人只要从事有目的的实践活动，就会在不同程度上形成某种形式的理想。人与人的区别不在于有无理想，而在于具有不同内容和形式的理想。人应该根据自己的现实条件，树立符合社会发展要求和广大人民群众根本利益的理想。因为只有这种理想才是个体价值和社会价值的高度统一，才会受到社会和群众的肯定和支持。

信念是关于目的、计划、理想一定能够实现的观念，是关于客观的现实事物一定会按照已经预料的某种未来状态发展变化的观念。信念作为观念，是主体对于事物未来发展现实可能性的一种肯定性判断；信念作为一种精神状态，是主体的自我肯定状态，是信心的延伸和扩大，是一种更强烈、更持久的信心。信念也是一个系统，人必定具有多层次、多方面的信念；信念也是一种巨大的精神力量，人可以不管环境如何地风浪滔天，而在一定信念的支持下生活和工作。只有反映了客观必然性的信念才是一定能够实现的信念，也是值得我们为之奋斗的信念。

信仰是信念的进一步发展和强化，是主体的理想、信念的一种对象化表现。信仰作为主体的精神心理活动是必须同存在的某种客体联系在一起的，具有明确的对象指向性，不存在无对象的信仰。信仰对象是主体实现价值理想的精神依托，甚至成为主体价值理想的化身和体现。信仰的进一步发展就是崇拜。当主体炽烈地认为某个对象是其榜样、典范、理想的时候，就会对某个对象产生尊敬乃至崇拜的心理精神倾向。崇拜现象的存在极其普遍，几乎每个人都有崇拜的心理精神体验。所以，问题完全不在于我们应该否定或禁止信仰或崇拜现象的存在，而在于引导人们正确地对待信仰和崇拜。我们在宣传科学的无神论的时候，千万不要忘记从社会和精神心理的角度对宗教信仰和崇拜的精神现象和社会现象作出合理的解释，引导人们树立正确的信仰和崇拜，树立正确的精神支柱。

意识系统的第三个子系统是情感意志系统。知识系统、价值观念系统是主体对客体及相互关系的一种观念的、理性的把握，而情感意志系统则是主体通过心理、精神状态的变化及相关的生理变化来表达客体对于主体的关系。根据心理学，我们将情感意志系统区分为情绪、情感、意志三个子系统：

情绪是人和动物共同具有的，起源于神经系统对外部刺激的生理反应，而随着神经系统的发展，特别是中枢神经系统的形成与发展，这种反应也就越来越复杂并逐渐形成了情绪。认识自己的情绪状态，辨明产生情绪状态的原因，意识自己情绪状态的强度和影响，对自己的情绪状态采取一个正确的态度，对于个体来说是极为重要的，能不能恰当地控制和调节自己的情绪是衡量一个人成熟和修养的尺度。情感与情绪既相联系又相区别。人的情感是在实践基础上形成和发展的，是主体对客体的价值和意义经过理性的理解之后才产生的一种心理体验，是一种内在的、深刻的、持久的、稳定的体验和态度。根据情感客体属于人类活动的何种领域或何种范围内的社会现象，人的高级情感被划分为道德感、美感、理智感、实践感。高级情感的培养和发展是我们精神文明建设的主要内容。

意志是人自觉地确定目的，有意识地根据目的调节自己的思想、情绪及行为，克服困难实现目的的心理过程和精神品质，在我们认识世界和改造世界的过程中、在我们的生存和发展中发挥着巨大的作用。我们利用意志把自己的思想、情绪、行为调整到、集中到我们必须实行的目的上面，并且抑制那些不利于目的实现的欲望、动机、思想、情绪、行为，使我们的思想、情绪、行为表现出鲜明的目的性、自觉性，表现出为实现目的所必需的果断性、自制性、坚韧性。

意志是人调节内部心理精神所不可缺少的因素和条件，从一定的角度来看，人对自己的心理精神的调节都开始于一种自觉的意志过程。刘文英教授在《精神系统与新梦说》一著中曾把灵感与直觉、虚静与坐忘、禅定与顿悟、尽心与明心概称为精神现象，进行了集中的系统的论述。我们认为，这些精神现象的发生，实际上都是以一定的意志过程为先导的。通过意志对自己的心理精神实行自我调节、自我修养，这是每个人都可以体验到的精神过程，并不神秘。这既是一个心理规律、生理规律发挥作用的过程，也是人的意识发挥能动性的过程，是世界观、理想、信念对人的心理精神乃至生理的调节过程。将观念、意念、意志的调节作用神秘化并借以宣扬各种神秘主义和歪理邪说，甚至蛊惑人们去进行各种迷信活动，是完全错误的，对人们的身心是十分有害的。我们应该揭示和阐明这种调节作用的机理，揭露各种神秘主义、歪理邪说、迷信活动的欺骗性质。不过，我们在进行这种揭露和批判的时候，不应该否定观念、意念、意志的调节作用。承认这种调节作用的存在是承认心理活动的客观规律，承认人们的心理精神实际。同时，也不应该盲目地夸大和崇拜这种调节作用。应该看到，这种调节作用是有条件的、相对的。身体有了病，还是应该及时到医院去，就是心理精神方面的疾病，也应及时到精神心理医生那里治疗。

知识系统、价值观念系统、情感意志系统作为意识系统的三个子系统是互为前提、互相联系、彼此影响、有机地结合为整体的，使主体能够有目的、有计划地从事认识世界、改造世界，认识自己、改造自己的实践活动。没有关于客体的知识、不知道客体是什么，就不可能形成关于客体的价值观念、就不懂得客体与主体的关系，这样也就不可能产生和客体相关的主体情感意志活动。因此知识系统是价值观念系统、情感意志系统的前提和基础。当然，价值观念系统反过来也对知识系统有重大作用，对客体的意义和价值愈是有清晰正确的评价，就愈是能推动主体去理性地、知识地认知和把握客体。情感意志系统对知识系统的形成和发展也有这种推动作用。知识系统培养着人的科学文化素质，价值观念系统培养着人的思想道德素质，情感意志系统培养着人的心理精神素质。科学文化素质和思想道德素质的重要性已为大家认识，还写进了党的十四届六中全会的决议，要求通过社会主义精神文明建设不断提高全国人民的科学文化素质和思想道德素质，但是对于心理精神素质（或者说生理心理精神素质、身心素质）的重要性，还没有引起全社会的足够重视。人们在谈论加强精神文明建设的时候也忽视了这个问题。但是，一个人如果没有健康的心理和精神，如果陷入精神抑郁症和精神分裂症的病患之中，那么他又怎么能顺利地掌握科学文化知识和提高思想道德素质呢？一个人的科学文化水平和思想道德水平是建立在健康的心理精神基础上的。在现代社会中，心理精神健康问题已不是个别人、少数人的问题。市场经济是一种通过竞争实现优胜劣汰的经济，它在为人们提供自由选择、自由发展的各种机会的同时也要求人们彼此之间展开激烈的竞争，以市场经济为基础的现代社会生活具有高强度、高节奏的竞争特点，使得人们的心理精神素质问题变得越来越重要。只有具有良好的心理精神素质才能经受住各种激烈竞争的考验。据有关统计，现在不同程度地患有各种形式精神心理疾病的人数在社会总人数中已占有相当大的比例。因此这已成为我们的精神文明建设所不能忽视的问题。

三　行为系统

人们在讨论精神系统的时候，一般没有将行为单列为子系统讨论，这是有其理由的。因为人的行为是由人的精神世界制约的，讨论人的精神世界实际上就是在讨论人的行为。不过，我们认为：一、作为人的内心世界所拥有的潜意识和意识必须通过行为才能得到表现，人们也是通过一个人的行为去了解其内心世界的，所以讨论人的精神系统而不谈人的行为系统，总觉得不够全面。二、人的行为对于人的内心世界来说具有相对独立性，人的行为是在交往中形成的，除了内心因素外还受到文化的、历史的及社会现实的各种外在因素的影响。就社会影响而言，观念和行为也是有区别的。三、人的行为对人的内心因素也有影响，这种影响在某种意义上还是不能忽略的，我们的精神文明建设在提出要求的时候，也包括了对人的行为的要求，甚至形成了行为文明的概念。鉴于上述人的内心世界和外在行为之间的既相联系又相区别的理由，我们还是将行为系统单列为精神系统的一个子系统。

如何对人的行为进行基础性的系统分析，是个极大的难事。人们曾经从认识论的角度，将人的实践活动区分为主体、客体、实践观念、实践手段等要素；人们也曾经从价值论的角度对人的实践活动区分为价值主体、价值客体、价值关系等要素。我们这里是将行为系统作为精神系统的一个子系统来谈论的，显然要把重点放在人的行为和人的内心世界的关系及人的行为和外部世界的关系上。从这两个关系出发，根据心理学成果，我们将从动机、能力、气质、性格、角色这几个角度去讨论行为系统，或许我们还可以将行为系统区分为相应的若干子系统。

动机行为是在动机推动下发生的并为了实现动机的行为。人的动机是一个系统。从动机影响的范围和持续时间来看，可以区分为长远的、间接的动机和直接的短暂的动机；从在行为和活动中所起作用来看，可以区分为起主导作用的动机和起辅助作用的动机；从动机的社会意义来看，可以区分为正确的动机和错误的动机。人在某个特定时刻决定从事某项活动或采取某种行为之前，往往会发生不同动机之间的冲突，这就需要权衡利弊得失，作出选择。只有把各种需要有机组织起来，分清轻重缓急，才能消除不必要的内心冲突，使自己的行为和活动不发生紊乱。从社会意义和社会价值的角度来说，我们要使自己的行为有益于社会和人民，首先，要使自己树立社会和人民所需要的人生目的、理想、信念，形成具有正面价值和意义的动机。因此，我们在社会主义精神文明建设中，必须强调世界观、价值观、人生观、理想、信念的重要性，强调动机的重要性。只有高尚的理想、信念才能形成高尚的动机，只有高尚的动机才能激发出高尚的行为。当然，动机的正确性、高尚性，不应只以主观认定的标准，而应根据行为的客观效果来判定。我们应该坚持动机和行为效果的辩证统一的理论和方法。

能力是使人的行为或活动保证进行的必要条件，我们把能力影响下的行为称作能力行为。人的能力不是天生的，而是在后天的实践和学习过程中形成和发展的。所谓能力就是人利用生理的、心理的、精神的、物质的、社会的各种条件去完成某种行为或活动的可能性尺度。人的能力也是一个系统，而且也只有将各种能力有机组合起来，才能顺利完成某种活动或进行某种行为。能力的性质、特点决定着行为的方式和过程，局限于生理条件的能力所形成的行为方式不同于利用物质工具的能力所形成的行为方式；利用笔纸的通信能力所形成的行为方式不同于利用电脑网络的通信能力所形成的行为方式。因此要了解人们的行为方式，必须分析人们的现实能力；同样，只有改变和提高人们的现实能力，才能改变人们的行为方式。而人们行为方式的改变又往往意味着人们之间的交往方式、社会结合方式的改变。所以人的能力在人自身的发展及社会的进步中都是极其重要的问题。

人形成某种能力是为了实现某种动机。动机离开了能力就不能实现，能力离开了动机就无用武之地。因此能力和动机之间关系就显得十分重要。能力和动机之间矛盾有两种情况，一种是能力在实现动机的过程中显得绰绰有余，这会造成能力的浪费；二是能力不足以支持动机的实现，这不仅会影响动机的实现，还会造成紧张的心理情绪，而这种紧张在超过某种阈限时，就会导致心理精神疾病。因此从自己的现实能力出发提出经过自己努力能够实现的动机，取消各种不切实际的动机，或者当发现自己能力与动机发生矛盾时能采取一个正确的态度，有步骤地发展自己的能力并准备在能力具备之后去实现动机，这是每个主体在自己的发展中必须随时注意的问题。更为重要的是，我们在精神文明建设中必须正视一个人的行为既受动机的制约又受能力的制约的事实，必须学会区分动机行为和能力行为，这样才能正确评价人们的行为，才能正确解决人们行为和社会要求之间的矛盾。

气质行为是指气质影响下所产生的行为。心理学上讲的气质是指一个人在心理活动的强度、速度和灵活性方面所显示的典型而又稳定的心理特征。气质是与生俱来的，是由个体生理条件决定的。高级神经活动类型是气质类型的生理基础。心理学认为，人的气质不同，其心理和行为也有差别。不同气质既制约着人的行为模式，也制约着工作效率，甚至对身心健康也会产生一定的影响。不应该笼统地、简单地肯定或否定某种气质类型，而应该善于从每个人的气质类型的实际出发，开发积极的品质，克服消极的品质。

性格行为是在性格影响下所产生的行为。心理学认为，性格是表现在人对现实的态度和行为方式中的比较稳定而具有核心意义的个性心理特征。这种特征既可以表现为在人的态度上、意志上、情绪上，也可以表现为在人的理智、感觉、知觉、记忆、思维、想象等认知上的不同特点。人们根据智力、情感和意志在一个人的心理和行为中占优势的程度将性格划分为不同的类型。

情绪占优势的被称为情绪型性格，行为举止常受情绪左右；意志占优势的被称为意志型性格，其行为表现出目标明确和主动的特点；智力占优势的被称为理智型性格，表现出常用理智来支配自己行动的特点。

人的性格是后天获得的，是人的心理精神系统在现实的社会生活条件和社会关系影响下逐步形成的。它一旦形成后就具有相对的稳定性，正是这种相对稳定的心理精神特点形成了某种可以明显地加以识别的行为反应方式，构成某种性格类型。但人的性格不是一成不变的。客观环境的某种急剧的变化或人在自己的生活中突然经历了某种意料之外的打击，其性格往往会发生明显的改变，本来是外向的、开朗的、活跃的性格会变成内向的、封闭的、沉闷的性格。人们在自己的生活过程中，根据客观环境的要求，有意识地发展某种特点或有意识地克服某些弱点，经过长期的努力，也会导致自己的性格的改变。性格的后天性和可塑性使得社会或群体对其成员的性格经常作出社会评价，称某些性格为好的、受欢迎的性格，称某些性格为不好的、不受欢迎的性格，要求成员不断进行性格的改造和锻炼。因此我们在精神文明建设中要根据人们性格形成和演变规律，在尊重人们性格的前提下，引导人们向着既具有个性特征又有利于社会文明的方向发展。

角色在人的行为中起着重要的作用。现实生活中的人的行为，角色行为占有很大的比重，不是这种角色的行为就是那种角色的行为，甚至同时存在着好几种角色的行为。因为，现实的具体的人总是处在一定的社会关系之中。人们在实践活动中不可避免地要发生各种各样的社会关系，而社会关系又反过来制约、影响、规定着人们在实践活动中不同的地位、任务、作用和权利、义务，规定着人们的社会本质。社会角色是社会关系的人格化、个体化，是社会关系及其所规定的社会本质在个体身上的体现。特定的社会角色意味着在特定的社会中所处的地位、所承担的权利和责任、所具有的利益和义务。社会和群体也会根据角色的地位、责任、权利而对角色的行为提出一定的要求、标准和规范。因而不同的角色总是意味着具有不同的行为。角色的行为规范是社会地历史地形成和变动的，具有风俗、习惯、传统、伦理道德、规章制度、纪律、法律等不同的形式和层次。一个人进入社会关系中的一定角色，就得接受社会、群体对这种角色的要求和规范。而当他将这些要求和规范内化为自己的心理精神系统的时候，他对于这些要求和规范的实践就可以达到高度自觉和自动的程度，角色行为也就成为其行为系统的有机组成部分。因此，各种社会角色行为规范的制定、完善及在社会成员中的宣传、教育，是精神文明建设的基本任务。

现实的个人总是处身于多种社会关系中的角色地位，其行为系统中也总是包含着多种角色行为的子系统。当不同的角色行为之间的要求、规范、标准处于根本对立的时候，就可能导致心理精神上的矛盾和冲突，就可能造成人格和行为上的分裂，甚至陷入心身疾病的境地。要避免这类矛盾、冲突和分裂，除了不应该去承担行为标准和价值规范彼此对立或相反的社会角色之外，应该善于处理不同角色的行为关系，既保持基本的行为标准和价值规范的一致性、同一性，又充分考虑不同角色在不同场合要求的差别性、特殊性，处理好一致性和差别性、同一性和特殊性的相互关系，使自己在不同场合中的行为既是多样的又是同一的。

总之，人的行为系统是很复杂的，制约和影响一个人的行为的原因或子系统是多方面、多层次的。动机、能力、气质、性格、角色就不是一种性质的问题，它们在人的某个特定行为过程中的地位和作用也不可能完全相同。这就要求我们对具体人的行为提出要求或进行分析评价的时候，一定要对行为的各种成分和因素及其相互关系进行具体的、辩证的、全面的分析。我们愈是对人们行为作出科学的、具体的、准确的分析，我们的要求和评价就愈是能够切合实际，精神文明建设就会做得愈有成效。

关于"马克思的本体论思想及其
当代意义"的几点思考[*]

自从马克思主义哲学产生以来，关于马克思主义哲学中是否存在本体论的问题，一直是学术界争论的问题，肯定者曰有，否定者曰无。改革开放以前的相当长的历史时期内，我国哲学界主流地位的观点认为，马克思主义哲学中不存在旧哲学意义上的本体论；改革开放以来，认为马克思主义哲学中存在本体论的观点逐步流行，但争论一直存在。由于这一问题涉及对马克思主义哲学的根本理解，因此围绕该问题的争论就不是可有可无的。把"马克思的本体论思想"作为主题，既有助于争论的进一步展开，也有助于准确理解马克思主义哲学的本质，有助于在新世纪中更好地丰富和发展马克思主义哲学。

一　马克思关于"本体论"和"世界观"两概念的使用

马克思在其博士论文附录中使用了"本体论"概念，他说："对神的证明不外是对人的本质的自我意识存在的证明，对自我意识的逻辑说明。例如，本体论的证明。当我们思索存在的时候，什么存在是直接的呢？自我意识。在这个意义上说，对神的存在的一切证明都是对神的不存在的证明，都是对一切关于神的观念的驳斥。"[①] 从上下文的意思来看，马克思所理解的本体论就是关于本体存在的理论，即本体是否存在，如何存在，以及本体与非本体相互关系的理论。马克思在《1844年经济学哲学手稿》中谈论感觉、激情时使用了"本体论"概念。他认为"人的感觉、激情等等不仅是在（狭隘）意

　　＊　原载于《天津社会科学》2003年第1期。
　　①　《马克思恩格斯全集》第1卷，人民出版社1995年版，第101页。

义上的人类学的规定，而且是真正本体论的本质（自然）肯定"①。所谓对人
的感觉、激情的真正本体论的本质（自然）肯定，是指"感觉、激情等等仅
仅通过它们的对象对它们感性地存在这一事实而真正肯定自己"，是指"不同
的肯定方式构成它们的存在、它们的生命的特殊性；对象以怎样的方式对它
们存在，这就是它们的享受的特有方式"，即使"对象为他人所肯定，这同样
是他自己的享受"。马克思认为"只有通过发达的工业，也就是以私有财产为
中介，人的激情的本体论本质才能在总体上、合乎人性地实现"。② 可以看
出，马克思在这里讲的本体论是指相对于主体（人）的客体的、对象性的存
在的理论，就是指存在论。

马克思使用得比较多的概念是"世界观"、"自然观"、"历史观"这些概
念。他在《博士论文》中说"斯多亚主义好像是赫拉克利特的自然思辨和昔
尼克派的伦理世界观的结合，也许再加上一点亚里士多德的逻辑学"③，他后
来在《德意志意识形态》中把赫拉克利特的哲学称为"运动的、发展的、活
生生的自然观"，说在伊壁鸠鲁派那里"原子是世界观的原则"④。他在《黑
格尔法哲学批判》中将黑格尔哲学称为"旧世界观"⑤，在《论犹太人问题》
中说基督教"把多种多样的世界观汇集在一起"⑥，在《黑格尔法哲学批判导
言》中把宗教称作"颠倒了的世界观"⑦。他在《德意志意识形态》中把自己
的哲学称作"唯物主义世界观"，说"由于费尔巴哈揭露了宗教世界是世俗世
界的幻想（世俗世界在费尔巴哈那里仍然不过是些词句），在德国理论面前就
自然而然产生了一个费尔巴哈所没有回答的问题：人们是怎样把这些幻想
'塞进自己头脑'的？这个问题甚至为德国理论家开辟了通向唯物主义世界观
的道路，这种世界观没有前提是绝对不行的，它根据经验去研究现实的物质
前提，因而最先是真正批判的世界观"⑧。他在该著中也把自己的哲学称作
"和唯心主义历史观不同"的"历史观"⑨。

---

① 《马克思恩格斯全集》第42卷，人民出版社1979年版，第150页。
② 同上。
③ 《马克思恩格斯全集》第1卷，人民出版社1995年版，第15页。
④ 《马克思恩格斯全集》第3卷，人民出版社1960年版，第143—144页。
⑤ 《马克思恩格斯全集》第1卷，人民出版社1956年版，第372页。
⑥ 同上书，第435页。
⑦ 同上书，第452页。
⑧ 《马克思恩格斯全集》第3卷，人民出版社1960年版，第261页。
⑨ 同上书，第43页。

　　马克思把哲学称作世界观、自然观、历史观，是同他对哲学的性质和任务的理解联系在一起的。在马克思看来，哲学、宗教、道德及其他意识形态不过是人们现实生活的观念表现，是人们的物质生活过程的"必然升华物"，"那些发展着自己的物质生产和物质交往的人们，在改变自己的这个现实的同时也改变着自己的思维和思维的产物"①。因此，马克思反对思辨哲学。他说："思辨终止的地方，即在现实生活面前，正是描述人们的实践活动和实际发展过程的真正实证的科学开始的地方。关于意识的空话将销声匿迹，它们一定为真正的知识所代替。对现实的描绘会使独立的哲学失去生存的环境，能够取而代之的充其量不过是从对人类历史发展的观察中抽象出来的最一般的结果的综合。——但是，这些抽象与哲学不同，它们绝不提供适用于各个历史时代的药方或公式。"②马克思认为，当哲学面向世界的时候，它只是作为世界的一部分而与另一部分相对立，哲学同世界的关系是一种反思的关系，哲学应该通过对现实世界的批判去揭示现实世界的真理。任何真正的哲学都应该是自己时代的精神上的精华、文化的活的灵魂。哲学不仅应该通过自己的内容而且应该通过自己的表现，同自己时代的现实世界接触并相互作用。哲学的实现就是哲学的世界化和世界的哲学化，哲学就是为了使人得到解放、使人获得自由、使人心灵健康③。既然马克思把哲学理解为人对现实世界的批判的、反思的、抽象的观念把握，那么马克思把哲学称为世界观（包括自然观、历史观）也就是顺理成章的事了。

　　马克思之所以使用世界观概念而不使用本体论概念，还有一个原因。他从写作《博士论文》到写作《关于费尔巴哈的提纲》之间的这个时期中，对历史上的唯物主义本体论和唯心主义本体论都不满意。他在《博士论文》中借伊壁鸠鲁之口肯定了德谟克利特"发现了自然界的本原"，但批评他对作为世界本原的原子的抽象理解。他既不满意当时德国哲学中被称为"自由派"的青年黑格尔派，也不满意当时德国哲学中被称为"保守派"的实证哲学派。他在《1844年经济学哲学手稿》中批评黑格尔把人归结为自我意识，归结为非对象性、唯灵论的存在物，列举了费尔巴哈的伟大功绩，然而明确地表达了要超越以往唯物主义和唯心主义的意向。他说："彻底的自然主

---

　　① 《马克思恩格斯全集》第3卷，人民出版社1960年版，第30页。
　　② 同上书，第30—31页。
　　③ 《马克思恩格斯全集》第1卷，人民出版社1995年版，第24—25、75—76、220页。

义或人道主义，既不同于唯心主义，也不同于唯物主义，同时又是把这二者结合的真理。"① 他既不满于以往唯物主义对自然界和人所进行的抽象考察，也不满于以往唯心主义把自然界和人归结为意识的产物。甚至他在阐述共产主义的时候都没有使用唯物主义的概念，而是使用了完成了的自然主义和完成了的人道主义的概念。1845年春，马克思在《关于费尔巴哈的提纲》中才把自己的哲学称作"把感性理解为实践活动的唯物主义"、"新唯物主义"，接着他和恩格斯在《德意志意识形态》中把他们的哲学称作"唯物主义世界观"、"唯物主义历史观"。

显然，马克思把自己的哲学称作世界观，是为了表明他的哲学既不同于以往的唯物主义也不同于以往的唯心主义。因此，后来马克思主义者强调马克思主义哲学是世界观，是符合马克思本意的，也是有道理的。不过，问题还是存在的。因为马克思不仅把自己的哲学称作世界观，而且他也把前人的哲学称作世界观，即把前人哲学中的本体论称作世界观。这明显地使后人感到，在马克思看来，本体论可以称作世界观，世界观也可以称作本体论。其次，前人的本体论哲学中所讨论的问题，马克思主义哲学世界观实际上也在讨论，只是回答的方式和答案不同于以往的本体论哲学。如此说来，主张马克思主义哲学中存在本体论的观点，也有其根据。当然这一观点面临的问题并不少于前一观点所面临的问题。

二　马克思世界观(本体论)思想发展的几个阶段

第一阶段:《博士论文》阶段

马克思在《博士论文》中阐述了一种原子辩证存在的本体论。马克思不满意于德谟克利特的原子论，认为德氏只认识到原子的物质存在，所讲的原子是一种纯粹物质性的存在，是一种无形式规定的抽象存在，还把一切归结为必然性。"德谟克利特承认不可分割的、用理性可以直观的物体是自然界的本原。"马克思赞扬伊壁鸠鲁的原子偏斜说，赞扬伊氏对于偶然性的承认。马克思说:"伊壁鸠鲁原子偏斜说就改变了原子王国的整个内部结构，因为通过偏斜，形式规定显出来了，原子概念中所包含的矛盾也实现了。"②

---

① 《马克思恩格斯全集》第42卷，人民出版社1979年版，第167页。
② 《马克思恩格斯全集》第1卷，人民出版社1995年版，第38页。

　　马克思指出："原子概念中所包含的存在和本质、物质和形式之间的矛盾，表现在单个的原子本身内，因为单个的原子具有了质。由于有了质，原子就同它的概念相背离，但同时又在它自己的结构中完成。于是，从具有质的原子的排斥及其与排斥相联系的聚集中，就产生出现象世界。在这种从本质世界到现象世界的过渡里，原子概念中的矛盾显然达到自己最尖锐的实现。因为原子按照它的概念是自然界的绝对的、本质的形式。这个绝对的形式现在降低为现象世界的绝对的物质、无定形的基质了。原子诚然是自然界的实体，一切都由这种实体产生，一切也分解为这种实体，但是，现象世界的经常不断的毁灭并不会有任何结果。新的现象又在形成，但是作为一种固定的东西的原子本身却始终是基础。所以，如果按照原子的纯粹概念来设想原子，它的存在就是虚空的空间，被毁灭了的自然；一旦原子转入了现实界，它就下降为物质的基础，这个物质基础，作为充满多种多样关系的世界的承担者，永远只是以对世界毫不相干的和外在的形式存在。"[①] 不过，马克思认为"那在物质的形态下同抽象的物质作斗争的抽象形式，就是自我意识本身"[②]。我们看到，马克思在这里所讨论的问题是典型的本体论问题，他通过揭示原子概念内在矛盾论述了从本质世界到现象世界的过渡，因此我们说他所论述的是原子辩证存在的本体论；又由于他认为原子概念辩证存在和过渡的动力来自自我意识，因此我们又说他这时的本体论思想是唯心主义的。

　　第二阶段：《1844年经济学哲学手稿》阶段

　　马克思踏上社会之后，社会的现实问题立刻吸引了他的注意力，他说："一个时代的迫切问题，有着和任何在内容上有根据的因而也是合理的问题共同的命运：主要的困难不是答案，而是问题。因此，真正的批判要分析的不是答案，而是问题。——问题却是公开的、无所顾忌的、支配一切个人的时代之声。问题是时代的格言，是表现时代自己内心状态的最实际的呼声。"[③] 马克思认为哲学的任务就是回答时代的问题。他为了揭开国家之谜，展开了对黑格尔法哲学的批判，《1844年经济学哲学手稿》就是这一批判过程的副产品。

　　马克思在分析工资、资本、地租之间的利益关系时，发现资产阶级的国

---

① 《马克思恩格斯全集》第1卷，人民出版社1995年版，第49页。

② 同上书，第61页。

③ 同上书，第203页。

民经济学只是从私有财产的事实出发，但却没有说明这个事实。马克思认为，资产阶级的国民经济学没有提供一把理解劳动和资本分离以及资本和土地分离的根源的钥匙，把应当加以论证的东西当做了前提。马克思给自己提出的任务是弄清楚私有制、贪欲同劳动、资本、地产三者的分离之间的本质联系。就是在解决这一任务的过程中，马克思提出了以自然界为前提的类存在本体论，把这种本体论作为他从事经济分析的哲学基础。

显然，要说清楚私有制、贪欲就要说清楚人。黑格尔把人、人的本质归结为自我意识，认为人的本质的一切异化都不过是自我意识的异化。对异化的、对象性的本质的任何重新占有，都表现为把这种本质合并于自我意识；掌握了自己本质的人，仅仅是掌握了对象性本质的自我意识。不过，黑格尔根据否定性的辩证法，把人的自我产生看做一个过程，把对象化看做失去对象，看做外化和这种外化的扬弃，把对象性的人、现实的因而是真正的人理解为他自己的劳动的结果。当然，黑格尔只看到劳动的积极的方面，而且黑格尔唯一知道并承认的劳动是抽象的精神的劳动①。马克思根据费尔巴哈哲学的积极成果批判地改造了黑格尔上述思想，阐明了自然存在物、对象性存在物、对象性存在等概念。马克思说："一个存在物如果在自身之外没有自己的自然界，就不是自然存在物，就不能参加自然界的生活。一个存在物如果在自身之外没有对象，就不是对象性的存在物。一个存在物如果本身不是第三者的对象，就没有任何存在物作为自己的对象，也就是说，它没有对象性的关系，它的存在就不是对象性的存在。非对象性的存在物是非存在物。"②马克思还指出，非对象性的存在物是一个唯一的、孤独的存在物，是一种非现实的、非感性的、只是思想上的即只是虚构出来的存在物，是抽象的东西③。接着，马克思从存在物的角度论述了人的特征。马克思指出，人直接地是自然存在物。人作为自然存在物，而且作为有生命的自然存在物，一方面具有自然力、生命力，是能动的自然物，这些力量作为天赋和才能，作为欲望存在于人身上；另一方面，人作为自然的、肉体的、感性的、对象性的存在物，和动植物一样，是受动的、受制约的和受限制的存在物，也就是说，他的欲望的对象是作为不依赖于他的对象而存在于他之外的；

---

① 《马克思恩格斯全集》第 42 卷，人民出版社 1979 年版，第 163—165 页。

② 同上书，第 168 页。

③ 同上书，第 168—169 页。

但这些对象是他的需要的对象；是表现和确证他的本质力量所不可缺少的、重要的对象①。马克思还指出，人不仅仅是自然存在物，而且是人的自然存在物，是为自身而存在着的存在物，因而是类存在物。他必须既在自己的存在中也在自己的知识中确证并表现自身。正像一切自然物必须产生一样，人也有自己的产生活动，这是人有意识地扬弃自身的活动②。在马克思看来，人作为类存在物，不仅因为人在实践上和理论上都把类当作自己的对象，而且因为人把自身当作现有的、有生命的类来对待，当作普遍的因而也是自由的存在物来对待。人作为类存在物，具有下列特征：第一，从肉体方面来说，人的类生活和动物一样，靠无机界生活，而人比动物越有普遍性，人赖以生活的无机界的范围就越广阔；第二，人的生命活动是有意识的，人使自己的生命活动本身变成自己的意志和意识的对象，因而有意识的生命活动把人同动物的生命活动直接区别开来；第三，通过实践创造对象世界，即改造无机界，证明了人是有意识的类存在物，也正是在改造对象世界中，人才真正地证明自己是类存在物；第四，劳动、生产是人的能动的类生活，是维持肉体生存的需要的手段，这种生命活动的性质决定了人的类特性，而人的类特性就在于追求自由的自觉的活动③。接着，马克思又通过对劳动特点的分析论证了人在劳动中怎样由自然的、有生命的类存在物成为社会性的存在物。虽然马克思在《1844 年经济学哲学手稿》中对人作为社会存在物、人的社会性也进行了不少分析，但在这一手稿中马克思的理论重点还是在阐明人是一种以自然界为前提的存在物，即人是一种对象性存在、类存在，因此我们把马克思在这一手稿中所阐述的世界观或本体论称为类存在本体论。这一理论成为马克思当时进行经济分析的理论工具，也是劳动异化经济理论的哲学基础。

第三阶段：《关于费尔巴哈的提纲》和《德意志意识形态》阶段

马克思在《关于费尔巴哈的提纲》中论述了他的实践观，并根据实践观论述了人的本质、人的思维、感性直观、世俗基础、社会生活、宗教感情等问题，将自己的新唯物主义即把感性理解为实践活动的唯物主义同包括费尔巴哈唯物主义在内的旧唯物主义明确地对立起来，声明他的哲学不仅解释世界而且还要改变世界。这个《提纲》被恩格斯誉为新世界观的萌芽，现在看

---

① 《马克思恩格斯全集》第 42 卷，人民出版社 1979 年版，第 167—168 页。
② 同上书，第 169 页。
③ 同上书，第 95—97 页。

来这个《提纲》实际上是马克思哲学思想的一个纲要。《德意志意识形态》就是提纲思想的展开,在马克思主义哲学史上第一次系统地论述了唯物史观。长期以来,人们常常根据对本体论的广义理解,将唯物史观在称为历史观、世界观的同时也将它称为本体论,但是我们现在想从追本溯源意义上所理解的本体论角度,考察马克思的观点。应该承认这是有一定的难度的。马克思恩格斯在这一著作中不仅批判了包括费尔巴哈在内的青年黑格尔派的观点,也清算了他们自己过去的某些观点,不仅没有正面论述本体、本原之类的范畴,就是他们过去使用过的"实体"、"人的本质"、"类"、"人"等范畴也是在批判过程中提到的。但是,他们既然要讨论人们思想观念和人们现实生活的关系、讨论人类历史发展的原因和规律,也就必然会以自己的方式和语言来回答本体论式的问题。因此,我们在这一著作中虽然没有读到社会历史的本体或本原之类的范畴,但却遇到了"历史的前提"、"历史的基础"、"物质实践"、"现实基础"、"现实前提"、"自然基础"等说法。他们说:"我们开始要谈的前提并不是任意想出的,它们不是教条,而是一些只有在想象中才能加以抛开的现实的前提。这是一些现实的个人,是他们的活动和他们的物质生活条件,包括他们得到的现成的和由他们自己的活动所创造出来的物质生活条件。因此,这些前提可以用纯粹经验的方法来确定。"①

关于历史的现实的前提,他们列举了下列方面:第一,任何人类历史的第一个前提无疑是有生命的个人的存在,是这些个人的肉体组织以及受肉体组织制约的他们与自然界的关系。任何历史记载都应当从这些自然基础以及它们在历史进程中由于人们的活动而发生的变更出发。第二,人们的物质生活的生产活动,这既包括物质生活资料的生产活动也包括人自身的生产活动(即劳动和生育)。一旦当人们自己开始生产他们所必需的生活资料的时候,他们就开始把自己和动物区别开来。而人们用以生产自己必需的生活资料的方式,首先取决于他们得到的现成的和需要再生产的生活资料本身的特性,取决于进行生产的物质条件。第三,生产活动是以人们之间的交往为前提的,而交往的形式又是由生产决定的。这就是说,以一定的方式进行生产活动的一定的个人,发生一定的社会关系和政治关系。第四,思想、观念、意识的生产最初是直接与人们的物质活动,与人们的物质交往,与现实生活的语言交织在一起的。人们的精神交往是人们物质关系的直接产物。人们是自己的

---

① 《马克思恩格斯全集》第 3 卷,人民出版社 1960 年版,第 22 页。

观念、思想等的生产者，而意识在任何时候都只能是被意识到了的存在，人们的存在就是他们的实际生活过程。因此，意识一开始就是社会的产物，而且只要人们还存在着，它就仍然是这种产物。不是意识决定生活，而是生活决定意识；不应该从观念出发来解释实践，而是从物质实践出发来解释观念的东西。

关于整个历史的基础，他们是这样说的：从直接生活的物质生产出发来考察现实的生产过程，并把与该生产方式相联系的、它所产生的交往形式，即各个不同阶段上的市民社会，理解为整个历史的基础，然后必须在国家生活的范围内描述市民社会的活动，同时从市民社会出发来阐明各种不同理论产物和意识形态，并在这个基础上追溯它们产生的过程；关于现实基础，他们是这样说的：每个个人和每一代当作现成的东西承受下来的生产力、资金和社会交往形式的总和，是哲学家们想象为"实体"和"人的本质"的东西的现实基础；关于上层建筑的基础，他们是这样说的：直接从生产和交往中发展起来的社会组织在一切时代都构成国家的基础以及任何其他的观念的上层建筑的基础。

我们看到，马克思恩格斯论述了观察和分析社会历史的前提和基础理论。历史前提论是相对于人类社会发展的历史过程而言的，历史前提就是历史起点；现实基础论是相对于人类社会生活的空间结构而言的，现实基础就是分析社会结构的逻辑起点。从逻辑和历史一致的角度来看，历史的起点就是逻辑的起点，反之亦是。本体既可以理解为本原也可以理解为基础，因此社会历史的前提论和基础论可以理解为社会历史的本体论。然而，问题的复杂性在于能够作为社会历史中的本原和基础性的本体究竟是什么？就马克思恩格斯提到的而言有：有生命的个人的存在、以一定的方式从事生产活动的个人、人们的存在、人们的实际生活过程、物质生活的生产活动、物质实践、生活、生产力和社会交往形式的总和（市民社会），这就为学者们留下了争论的空间。

第四阶段：马克思后来在经济学和历史学研究中应用和深化了唯物史观的基本理论，他曾经计划写一本辩证法的著作，但没有如愿。恩格斯论述了自然辩证法和自然观，但后人争议较多

总之，马克思的世界观（本体论）思想有一个形成、成熟、完善的过程，我们只有将他在不同时期、不同场合的各种论述联系起来，才能完整正确地把握他的思想。

三　马克思关于自然存在和社会存在在实践基础上统一的思想

研究马克思世界观（本体论）关于本体的理解、讨论马克思本体论是一种什么样的本体论，当然是有意义的；理论界也长期存在着马克思哲学本体论是物质本体论、实践本体论、物质—实践本体论、社会存在本体论等各种说法，不同观点继续进行讨论将有助于马克思主义哲学的发展。不过，物质本体论、实践本体论、物质—实践本体论、社会存在本体论等不同观点长期争论不决，表明了问题的复杂性。不妨我们可以变换一种思考方式，变换为思考马克思究竟提出了哪些导致在哲学上造成革命变革而且至今仍然有意义有价值的思想。从这个角度来讲，我们认为马克思关于自然存在和社会存在在实践基础上统一的思想是值得发掘、研究和讨论的。

马克思从写作《1844 年经济学哲学手稿》到写作《德意志意识形态》，世界观发生了转变和飞跃，从人本主义的世界观转变为唯物史观的世界观，但是马克思的思想仍然存在着连续的方面，这就是关于人的两重性存在（即既是自然存在又是社会存在）的思想。

人直接地是自然存在物。马克思说："自然界，就它本身不是人的身体而言，是人的无机的身体。人靠自然界生活。这就是说，自然界是人为了不致死亡而必须与之不断交往的、人的身体。所谓人的肉体生活和精神生活同自然界相联系，也就等于说自然界同自身相联系，因为人是自然界的一部分。"① 马克思恩格斯一再指出，人及其社会是在自然形成的基础和条件下开始自己的发展的。这种自然前提、自然条件、自然基础，按照马克思恩格斯的论述，可以概括为下列方面：（1）劳动的主体最初是自然的个人，是自然存在的，他们认为有生命的个人的存在是任何人类历史的第一个前提。（2）人类劳动的第一个客观条件是自然界提供的。"他的劳动的第一个客观条件表现为自然，土地，表现为他的无机体；他本身不但是有机体，而且还是这种作为主体的无机自然。这种条件不是他的产物，而是预先存在的；作为他之外的自然存在，是他的前提。"② 人类最初的劳动工具也直接取之于自然

---

① 《马克思恩格斯全集》第 42 卷，人民出版社 1979 年版，第 95 页。
② 《马克思恩格斯全集》第 46 卷（上），人民出版社 1979 年版，第 487 页。

界，被马克思恩格斯称为"自然产生的生产工具"。（3）人们最初之间的关系是一种自然地存在和发生的关系，人们之间的婚姻血缘关系被马克思恩格斯视为一开始就纳入历史发展过程的关系，是人类社会最初存在的唯一的社会关系。在这种关系基础上形成的人类社会的最初的、最原始的共同体和社会是部落体，被马克思称为自然形成的共同体、自然形成的社会①。（4）人类最初的财产也是直接来自自然的，如占有的土地、树木的果实、动物等。马克思说人把他的生产的自然条件看做是属于他的、看做是自己的、看做是与他自身的存在一起产生的前提，把它们看做他本身的自然前提，人们依靠部落（共同体）的集体力量获得这些自然存在的财富。（5）不同的部落之间偶尔发生交换时所交换的物品不是他们的劳动产品而是他们占有土地上的自然产物。把马克思恩格斯论述的上述诸方面综合起来就形成了这样一幅图景：来自自然界的人依靠自然存在的关系结合成自然形成的共同体或社会，利用自然界提供的自然工具和自然资源获得生存所需要的财产，开始了人类最初的生存和发展。这是人类存在的自然状态，在总体上构成了往后发展的自然前提、自然基础。人及其社会的发展过程当然是不断克服自然条件所造成的各种局限性的过程，然而，人能不能使自己不再具有自然存在的性质、不再是自然界的一部分、不再依赖自然界呢？不能。马克思认为即使在工业和商业得到了很大发展的情况下"外部自然界的优先地位仍然保存着"②。因而，人所具有的自然存在物的性质也不会改变。

　　人同时又是社会存在物。马克思说："男女之间的关系是人和人之间最自然的关系。因此，这种关系表明人的自然行为在何种程度上成了人的行为，或者人的本质在何种程度上对人来说成了自然的本质，他的本性在何种程度上成了人的需要，也就是说，别人作为人在何种程度上对他说来成了需要，他作为个人的存在在何种程度上同时又是社会存在物。"③ 人之所以是社会存在物，是由于人的活动和享受无论就其内容或就其存在方式来说，都是社会的，是社会的活动和享受。只有在社会中，自然界对人来说才是人与人联系的纽带，才是他为别人的存在和别人为他的存在，才是人的现实的生活要素，才是人自己的人的存在的基础。社会的活动和社会的享受不仅存在于直接共

①　《马克思恩格斯全集》第46卷（上），人民出版社1979年版，第490—491页。
②　《马克思恩格斯全集》第3卷，人民出版社1960年版，第50页。
③　《马克思恩格斯全集》第42卷，人民出版社1979年版，第119页。

同的活动和直接共同的享受这种形式中，甚至当人从事一种很少同别人直接交往的活动的时候，他也是社会的，因为他的活动所需要的材料甚至语言，都是作为社会的产品给予他的，他从自身做出的东西也是他为社会做出的。他的活动、他的生命表现本身就是社会生活的表现和确证。人的意识是在社会中形成的，意识的存在也是对人的社会存在物性质的确证，随着意识的发展，人会从自发的社会存在物变成自觉的社会存在物，即意识到他自己是社会存在物①。

　　总之，人的存在是一种对象性存在、类存在，这种存在既不同于无机物的存在也不同于有机物、动物的存在，人既依赖于自然界也依赖于他人和社会，人只有同自然界进行物质、能量、信息的交换才能维持其生命，而这种交换又只能在和他人结成的社会中才能进行，因而人既是自然存在物又是社会存在物。人的两重性存在使人所从事的生产实践活动也具有两重性的特点，一方面，它具有自然的、客体的性质，既依赖于自然条件也作为一种现实力量和自然界的各种力量发生着相互作用；另一方面，它具有社会的、主体的性质，既依赖于社会条件也对各种社会因素产生着影响。人及其所从事的生产实践的两重性又使得生产过程中使用的各种生产要素及作为生产成果的物质财富也具有这种两重性。马克思既谈论过私有财产的自然的性质和社会的性质，也谈论过资本的自然的存在和社会的存在②；马克思既谈论过劳动的具体的自然的性质和劳动的抽象的社会的性质，也谈论过商品的自然存在形式和一般社会存在形式③。人及其所从事的生产实践的两重性还使得人类社会发展的历史过程既具有自然历史过程的性质又具有人的有目的活动过程的性质。

　　人的自然存在是人的社会存在的自然的、物质的前提和基础，人的社会存在是人的自然存在的社会表现和形式，两者的有机统一构成了人区别于动物的存在，而两者之间的矛盾、冲突、分裂则会造成人的存在危机。人的两重性存在是在实践活动中形成和展开的，因而它们之间的矛盾也只能在实践活动中得到解决和统一。人通过生产实践不断地将自然物改造为人的生命活动的资料、将自然环境改造为适合于人的生存和发展的环境，随着新的生产

---

① 《马克思恩格斯全集》第42卷，人民出版社1960年版，第121—123页。

② 同上书，第106页。

③ 《马克思恩格斯全集》第30卷，人民出版社1995年版，第96页。

资料和生活资料的获得，人的自然存在就会采取新的形态；人的自然存在形态的变化要求人的社会存在的具体形态发生相应的变化，要求人们之间形成新的利益关系、新的社会关系、新的精神关系，而随着这些新关系的形成，人的社会存在就会采取新的形态。人的社会存在的形态变化是通过改造社会的各种实践活动实现的。长期以来，人们在市场利润和眼前利益的推动下只知道向自然界索取，甚至在工业化、现代化所取得的成就面前，觉得人可以在自然界面前为所欲为，结果造成了全球性的生态、环境、资源、能源问题，严重地威胁着人类未来在地球上的生存和发展。面对这种形势，重温马克思关于人是自然界的一部分、是自然存在物的思想，就有重大而深远的实际意义。人们必须明白，破坏自然界就是破坏人自己的无机身体、破坏人自己的生存基础。当然，造成对自然界的破坏性的、掠夺性的开发和使用，归根到底还是人的社会存在方面的问题，是资本生产方式的问题。这种生产方式在造成人与人利益上的对立以外也造成着人与自然、社会与自然之间的对立。当然在资本生产方式能容纳的全部生产力发挥出来以前，它是不会灭亡的；不过，人们在利用这种生产方式发展生产力的过程中，不要忘记马克思对这种生产方式所进行过的批判性的分析，要想方设法使这种生产方式的负面影响缩小到尽量小的程度。实际上，人们利用这种生产方式发展生产力的每一步伐同时也是把这种生产方式送进历史博物馆的步伐，历史的辩证法是不可违抗的。从历史发展的前景来看，这种生产方式在帮助人们克服自然局限性之后却又给人的进一步发展造成了社会局限性，因此它终将为那种能够克服社会局限性的新的共产主义的生产方式所取代。马克思说："共产主义是私有财产即人的自我异化的积极扬弃，因而是通过人并且为了人而对人的本质的真正占有；因此，它是人向自身、向社会的（即人的）人的复归，这种复归是完全的、自觉的而且保存了以往发展的全部财富的。这种共产主义，作为完成了的自然主义，等于人道主义，而作为完成了的人道主义，等于自然主义，它是人和自然界之间、人和人之间的矛盾的真正解决，是存在和本质、对象化和自我确证、自由和必然、个体和类之间的斗争的真正解决。它是历史之谜的解答。"[1]

　　人的两重性存在的理论在马克思主义理论体系中处于极为重要的地位，是一种基础性、前提性、始源性即本体性的理论。从这一理论出发可以逻辑

---

[1]　《马克思恩格斯全集》第 42 卷，人民出版社 1979 年版，第 120 页。

地达到其他理论分支。人的自然存在中包含着人和自然的关系，可以用生产力范畴来概括；人的社会存在中包含着人和人的关系，可以用社会关系来概括，其中可以分为经济关系、政治关系、思想关系。根据人的自然存在和人的社会存在的相互关系，我们就可以得到由生产力、生产关系（经济基础）、政治上层建筑、意识形态及其相互关系所组成的社会结构理论，即可以得到唯物史观理论；我们从人的两重性存在理论可以得到劳动两重性理论，从劳动两重性可以得到商品的两重性，而商品的两重性则是马克思政治经济学分析的历史和逻辑的起点。至于人的两重性理论和科学社会主义——共产主义理论之间的关系，我们在上段中所引用的马克思的文字已经作了回答。

　　人的两重性存在的理论意义还不限于上述。马克思在分析这一理论过程中所论述的自然存在和社会存在在实践基础上相统一的思想开辟了解决哲学基本问题的新思路。恩格斯曾把思维和存在的关系问题概括为全部哲学，特别是近代哲学的重大的基本问题，他说，思维和存在的关系问题首先是思维对存在的地位问题，即谁是本原的问题。哲学家依照他们如何回答这个问题而分成了两大阵营。凡是断定精神对自然界说来是本原的，组成唯心主义阵营；凡是认为自然界是本原的，则属于唯物主义的各种学派。哲学界把主张精神是世界本原的观点称为精神本体论，把主张物质是世界本原的观点称为物质本体论。因而，精神本体论和物质本体论的区别就是唯心主义和唯物主义的分野。马克思在社会历史领域中说不是意识决定生活，而是生活决定意识；不应该把意识看做是有生命的个人，而应该把意识看做是有生命的个人的意识；不是从观念出发来解释实践，而是从物质实践出发来解释观念，马克思所坚持的正是唯物主义本体论。但唯物史观的本体论与包括费尔巴哈在内的旧唯物主义的本体论是有根本区别的。因为后者在社会历史领域中所持的观点是唯心史观，即使在自然观领域中马克思的解决方式也不同于旧唯物主义。马克思肯定了费尔巴哈的唯物主义，但认为他对物质本体论的论证是直观的、不彻底的。马克思指出，关于"自然和历史的对立"问题，是一个产生了关于"实体"和"自我意识"的一切"高深莫测的创造物"的问题。然而如果考虑到，在工业中向来就有那个很著名的"人和自然的统一性"，而且这种统一性在每一个时代都随工业或快或慢的发展而不断改变，就像人与自然的"斗争"促进生产力在相应基础上的发展一样，那么上述问题自然也就不存在了。马克思还指出，这种活动、这种连续不断的感性劳动和创造、这种生产，是整个现成感性世界的非常深刻的基础，只要它哪怕只停顿一年，费尔巴哈就会看到，不仅在自然界将发生巨大的变化，而且整个人类世界以及他（费尔巴哈）的直观能力，甚至他本身的存在也就没有了。当然，在这种情况下外部自然界的优先地位仍然保存着①。恩格斯也认为如此。恩格斯说："费尔巴哈的发展进程是一个黑格尔主义者（诚然，他从来不是完全正统的黑格尔主义者）走向唯物主义的发展进程，这一发展使他在一定阶段上同自己的这位先驱者的唯心主义体系完全决裂了。他势所必然地终于认识到，黑格尔的'绝对观念'之先于世界的存在，在世界之前就有的'逻辑范畴的预先存在'，不外是对世界之外的造物主的信仰的虚幻残余；我们自己所属的物质的、可以感知的世界，是唯一现实的；而我们的意识和思维，不论看起来多么超感觉的，总是物质的、肉体的器官即人脑的产物。物质不是精神的产物，而精神本身只是物质的最高产物。这自然是纯粹的唯物主义。但是费尔巴哈到这里就突然停止了。"② 马克思恩格斯则继续前进了。他们利用社会实践的观点对物质本体论这个旧唯物主义的一般命题作出了新的论证，使这个命题不再是一个直观的抽象的命题，而是随着人类实践的发展，随着人类在实践中对客观世界认识的发展，得到不断证实、不断丰富的辩证的、历史的、具体的命题。

---

① 《马克思恩格斯全集》第 3 卷，人民出版社 1960 年版，第 49—50 页。
② 《马克思恩格斯选集》第 1 卷，人民出版社 1995 年版，第 227 页。

马克思主义哲学的当代形态[*]

任何真正的哲学都是自己时代精神的精华，是文明的活的灵魂。我们所处的时代，虽然仍然处于人类从资本主义社会过渡到社会主义社会的历史时代，但自 20 世纪以来，人类社会发生了前人难以想象的剧烈的深刻的变动。科学技术取得了一系列突破性的划时代的发展，当代自然科学、社会科学、工程技术及人类实践的发展，已经改变了人们的世界图景；科学技术成为第一生产力，科学、技术、知识密集型生产力得到了迅速发展；经济全球化成为一种不可阻挡的潮流；生态危机等一系列全球性问题威胁着人类的生存和发展；资本主义社会出现了相对稳定的发展时期，社会主义处于低潮，在曲折中前进。时代的主题已从过去的战争与革命转变为和平与发展。人类社会发展出现了许多具有时代性特征的新问题、新情况、新规律。社会主义计划经济实践模式的失败，要求我们从哲学上进行反思，发现其哲学认识上的根源；邓小平理论开辟了通过改革开放实现社会主义现代化的正确道路，开拓了马克思主义的新境界，把对社会主义的认识提高到新的科学水平。改革开放和现代化建设实践的发展，要求我们从哲学上进行总结，进一步阐明有中国特色社会主义的哲学基础。上述种种情况，都要求我们开展马克思主义哲学当代形态的研究。

这一课题具有重大的理论和实践的意义。社会主义理论和实践的命运，与哲学状况紧密相关，而社会主义在实践中的曲折和失败，则往往又同错误的哲学理论、思维方式、认识路线联系在一起。因此开展这一课题的研究，对于社会主义理论和实践在当代的进一步发展，具有极为重大的意义。

---

[*] 原载于中国社会科学院学术委员会编《21 世纪初中国面临的重大理论和对策问题》，社会科学文献出版社 2003 年版。

　　对邓小平理论的哲学方面，我国哲学界已有相当研究，取得了可喜的成果。但与阐述邓小平理论对科学社会主义理论和实践上的新贡献相比，我们在阐述邓小平理论的哲学基础方面，还是非常不尽如人意的。开展本课题研究的理论意义，归结起来，就在于可以推动哲学创新，阐述建构和有中国特色社会主义理论相适应的马克思主义哲学新形态。鉴于马克思主义哲学在我们党的理论和实践中及在我国社会主义建设中的重要地位，马克思主义哲学新形态研究对于党的建设、干部队伍建设、全社会的精神文明建设、我国的哲学社会科学和自然科学的发展，都是至关重要的。

　　本课题的难度是相当大的。自改革开放以来，我国哲学界围绕马克思主义哲学的斯大林解释模式及马克思主义哲学的实质、体系和如何发展等问题，展开过长期讨论，在讨论中出现的观点分歧以及实际上所形成的不同学派，都说明了本课题在解决过程中将会遇到的困难和复杂性。主要原因有：1. 马克思主义哲学是马克思恩格斯在批判地考察以往的哲学、经济学、社会主义思潮及当时工人运动面临的实际问题过程中创立的，马克思还没有来得及写一部全面系统地论述其哲学理论的著作，恩格斯也是在论战中阐述马克思和他所创立的新哲学的，这既为后人研究留下了解释空间，也造成了不同解释的可能性。2. 人类社会在 20 世纪中发生了巨大的变化，当代人类社会在认识和实践上面临着许多新问题，这是人们有目共睹的，但是从具体的科学技术、生产、经济、政治、文化问题中提炼和概括出真正反映时代特征的哲学问题，则不是一件轻而易举的事情。抓不住具有时代特征性的新哲学问题，哲学理论上的创新也就只能是一句空话。3. 马克思主义哲学形态研究，我国哲学界已有不少学者提及，但还没有认真地、系统地进行过，何况马克思主义哲学当代形态的研究，不仅要总结马克思主义哲学形态演变的历史经验、历史规律，更要进行大量的理论创造，要提出新观念、新范畴、新理论，建构新形态。4. 马克思主义哲学是我们党的指导思想的理论基础，本课题研究不仅具有理论性、学术性，还具有政治性，甚至会涉及政治上敏感的问题。

　　本课题的研究有许多有利条件。恩格斯曾说："每一时代的理论思维，从而我们时代的理论思维，都是一种历史的产物，它在不同的时代具有完全不同的形式，同时具有完全不同的内容。"① "随着自然科学领域中每一个划时

---

　　① 《马克思恩格斯选集》第 4 卷，人民出版社 1995 年版，第 284 页。

代的发现，唯物主义也必然要改变自己的形式。"① 发展马克思主义哲学，创立马克思主义哲学的当代形态，已成为建设有中国特色社会主义的要求，发展马克思主义理论的要求，推动当代社会进步、实现可持续发展的要求，以江泽民同志为核心的党中央第三代领导集体也十分重视理论创新问题。因此开展本课题研究的客观条件已经具备。只要我们组织队伍、集中精力，经过一定时间的研究，是可望有所收获的。

---

① 《马克思恩格斯选集》第 4 卷，人民出版社 1995 年版，第 282 页。

当代科技革命与马克思社会形态理论[*]

马克思逝世一百多年来，特别是 20 世纪下半叶以来，人类社会发生了超出前人预料的急剧变化，而当代科技革命被人们认为是造成这种急剧变化的重要原因之一。因此，当代科技革命究竟怎样影响了当代社会、这种影响怎样改变了当代社会、当代社会的巨大变化又使马克思的社会形态理论处于一种怎样的历史境遇之中、应该怎样运用马克思社会形态理论对当代社会进行分析、又应该怎样根据变化了的当代社会去丰富发展马克思的社会形态理论，这是我们必须加以研究和回答的问题。

一

马克思是在形成唯物史观以及用唯物史观观察社会历史的过程中提出并阐述社会形态理论的。1845 年春，马克思在《关于费尔巴哈的提纲》中认为对事物、现实、感性，不应该只是从客体的或者直观的形式去理解，而应该把它们当作人的感性活动，当作实践去理解。社会生活在本质上是实践的。1845—1846 年，他在《德意志意识形态》中又进一步指出，以一定的方式进行生产活动的个人，发生一定的社会关系和政治关系，形成一定的社会结构和政治结构。生产力制约着人们在生产过程中发生的交往关系，而交往关系在制约生产力发展的同时又作为市民社会构成国家的基础以及任何其他的观念的上层建筑的基础，成为全部历史的真正发源地和舞台。这样，他在阐述唯物史观的过程中初步提出了他的社会结构理论，并提出了从分析现实的、可以经验地观察的社会要素出发，进而分析社会关系，揭示社会结构和社会发展规律的方法论思想。1846 年 12 月，他在给安年柯夫的信中提出了"社

---

* 原载于《河北学刊》2004 年第 1 期。

会形式"的概念，他说："社会——不管其形式如何——究竟是什么呢？是人们交互作用的产物。人们能否自由选择某一社会形式呢？决不能。在人们的生产力发展的一定状况下，就会有一定的交换〔commerce〕和消费形式。在生产、交换和消费发展的一定阶段上，就会有一定的社会制度、一定的家庭、等级或阶级组织，一句话，就会有一定的市民社会。有一定的市民社会，就会有不过是市民社会的正式表现的一定的政治国家。"[①] 1847 年在《雇佣劳动与资本》中又进一步提出生产关系总合构成社会的思想，他说："总之，各个人借以进行生产的社会关系，即社会生产关系，是随着物质生产资料、生产力的变化和发展而变化和改变的。生产关系总合起来就构成为所谓社会关系，构成为所谓社会，并且是构成为一个处于一定历史发展阶段上的社会，具有独特的特征的社会。古代社会、封建社会和资产阶级社会都是这样的生产关系的总和，而其中每一个生产关系的总和同时又标志着人类历史发展中的一个特殊阶段。"[②] 在《经济学手稿（1857—1858 年）》中，马克思提出了"社会形态"的概念，他说，以私人交换为基础的生产制度，最初就是原始共产主义在历史上解体的结果。不过，又有整整一系列的经济制度存在于交换价值控制了生产的全部深度和广度的现代世界和这样一些社会形态之间，这些社会形态的基础是一种公社所有制[③]。1959 年 1 月，他在《〈政治经济学批判〉序言》中对社会形态理论作了一个经典表述，他说："我们判断一个人不能以他对自己的看法为根据，同样，我们判断这样一个变革时代也不能以它的意识为根据；相反，这个意识必须从物质生活的矛盾中，从社会生产力和生产关系之间的现存冲突中去解释。无论哪一个社会形态，在它们所能容的全部生产力发挥出来以前，是决不会灭亡的；而新的更高的生产关系，在它存在的物质条件在旧社会的胎胞里成熟以前，是决不会出现的。所以人类始终只提出自己能够解决的任务，因为只要仔细考察就可以发现，任务本身，只有在解决它的物质条件已经存在或者至少是在形成过程中的时候，才会产生。大体说来，亚细亚的、古代的、封建的和现代资产阶级的生产方式可以看做是社会经济形态演进的几个时代。资产阶级的生产关系是社会生产过程的最后一个对抗形式，这里所说的对抗，不是指个人的对抗，而是指从个人

---

① 《马克思恩格斯全集》第 27 卷，人民出版社 1972 年版，第 477 页。
② 《马克思恩格斯全集》第 6 卷，人民出版社 1961 年版，第 487 页。
③ 《马克思恩格斯全集》第 46 卷（下），人民出版社 1980 年版，第 412 页。

的社会生活条件中生长出来的对抗；但是，在资产阶级社会的胎胞里发展的生产力，同时又创造着解决这种对抗的物质条件。因此，人类社会的史前时期就以这种社会形态而告终。"①

　　就人类社会历史发展过程所经历的具体社会形态的划分来说，马克思的社会形态理论又有五形态说和三形态说两种。五形态说是指马克思在《〈政治经济学批判〉序言》中所作的概括，认为人类社会的历史发展经历着原始社会、奴隶社会、封建社会、资本主义社会、共产主义社会（包括社会主义社会）五种社会形态。所谓三形态说是指马克思在《经济学手稿（1857——1858年）》中根据人与人的关系和人的发展的不同情况对人类社会历史发展阶段的划分，他说："人的依赖关系（起初完全是自然发生的），是最初的社会形态，在这种形态下，人的生产能力只是在狭窄的范围内和孤立的地点上发展着。以物的依赖性为基础的人的独立性，是第二大形态，在这种形态下，才形成普遍的社会物质变换，全面的关系，多方面的需求以及全面的能力的体系。建立在个人全面发展和他们共同的社会生产能力成为他们的社会财富这一基础上的自由个性是第三个阶段。第二个阶段为第三个阶段创造条件。因此，家长制的、古代的（以及封建的）状态随着商业、奢侈、货币、交换价值的发展而没落下去，现代社会则随着这些东西一道发展起来。"② 可以看出，五形态说和三形态说并不是完全对立的，五形态说中的前三个形态（原始社会、奴隶社会、封建社会）就属于三形态说中的最初的第一大社会形态；五形态说中的资本主义社会形态则是三形态说中的第二大形态，即以物的依赖性为基础的人的独立性的社会形态；五形态说中的共产主义社会形态就是三形态说中的第三大形态，即自由个性的社会形态。

　　总之，马克思所说的社会形态就是指由生产力和生产关系、经济基础和上层建筑之间的辩证统一关系所形成的社会有机体，不同的生产力要求不同的生产关系，不同的生产关系所组成的不同的经济基础要求着不同的上层建筑（和意识形态），由此形成了不同的社会形态。不同社会形态之间的区别说明着人类社会历史发展过程中的间断性、阶段性，不同社会形态之间的联系和继承说明着人类社会历史发展过程中的连续性。唯物史观就是利用社会形态范畴把人类社会的历史发展描述为人类社会随着生产力的发展，从一种社

---

① 《马克思恩格斯全集》第 13 卷，人民出版社 1962 年版，第 9 页。
② 《马克思恩格斯全集》第 46 卷（上），人民出版社 1979 年版，第 104 页。

会形态到另一种社会形态演变的有规律的发展过程，也论证了资本主义社会终将为未来的新的社会形态、共产主义社会形态取代的历史必然性，因而成为科学社会主义的理论基础、共产党人制定革命纲领和行动路线的理论基础，也成为历史研究的科学方法论。

关于如何运用马克思的社会形态理论，马克思自己有两点重要的声明：第一，当年马克思在《给〈祖国记事〉杂志编辑部的信》中就反对把他关于西欧资本主义起源的历史概述变成可以到处套用的历史哲学公式，他说："他一定要把我关于西欧资本主义起源的历史概述彻底变成一般发展道路的历史哲学理论，一切民族，不管他们所处的历史环境如何，都注定要走这条道路，——以便最后都达到在保证社会劳动生产力极高度发展的同时又保证人类最全面的发展的这样一种经济形态。但是我要请他原谅。他这样做，会给我过多的荣誉，同时也会给我过多的侮辱。"在这封信中他还说："因此，极为相似的事情，但在不同的历史环境中出现就引起了完全不同的结果。如果把这些发展过程中的每一个都分别加以研究，然后再把它们加以比较，我们就会很容易地找到理解这种现象的钥匙；但是，使用一般历史哲学理论这一把万能钥匙，那是永远达不到这种目的的，这种历史哲学理论的最大长处就在于它是超历史的。"[①] 第二，马克思强调要对具体社会作具体分析，他说："任何时候，我们总是要在生产条件的所有者同直接生产者的直接关系——这种关系的任何形式总是自然地同劳动方式和劳动社会生产力的一定的发展阶段相适应——当中，为整个社会结构，从而也为主权和依附关系的政治形式，总之，为任何当时的独特的国家形式，找出最深的秘密，找出隐蔽的基础。不过，这并不妨碍相同的经济基础——按主要条件来说相同——可以由于无数不同的经验的事实，自然条件，种族关系，各种从外部发生作用的历史影响等等，而在现象上显示出无穷无尽的变异和程度差别，这些变异和程度差别只有通过对这些经验所提供的事实进行分析才可以理解。"[②] 实际上我们可以将马克思社会形态理论区分为三个理论层次：第一个层次是关于社会结构和社会形态的一般论述，它们对人类社会是普遍有效的；第二个层次是关于人类社会历史发展规律性的论述，它们对于人类发展历史的整体来说是有效的；第三个层次是关于具体社会形态的论述，它们只对具体的社会形态才是

---

① 《马克思恩格斯全集》第 19 卷，人民出版社 1963 年版，第 130—131 页。
② 《马克思恩格斯全集》第 25 卷，人民出版社 1974 年版，第 891—892 页。

有效的。不同层次的理论，具有不同的真理普遍性和不同的方法论指导意义。

二

　　马克思的社会形态理论为我们分析当代科技革命社会影响提供了分析的框架和思路。不过，长期以来，人们将马克思社会形态理论中的社会结构仅仅理解为社会的政治经济结构，理解为利益性的社会结构。当代科技革命社会影响使我们看到了马克思当年曾经论述过而为后人所忽略的社会结构，即由生产力的技术工艺性质、人与人之间的技术组织关系、社会的组织管理制度和社会科学认识所构成的社会组织管理结构，或说功能性的社会结构。利益性的社会结构和功能性的社会结构的辩证结合构成了现实社会的整体。因此，只有既分析了当代科技革命对利益性社会结构的影响，又分析了当代科技革命对功能性社会结构的影响，我们才能对当代科技革命的社会影响作出全面的判断。

　　1. 当代科技革命形成着新型的生产力

　　在当代科技革命影响下，社会正在形成科学技术密集型生产力、高科技生产力，这是一种不同于传统的劳动密集型生产力、资本密集型生产力的新型生产力，是一种高技术含量的生产力，它的形成和发展主要取决于科学技术的进步，是当代科技革命成果的应用；当代科学技术的高速发展，加快着新知识、新理论的形成和传播速度，加快着科学技术应用于生产过程的速度，加快着管理决策、资金流通、生产周期、市场交易的速度，从而在总体上导致了这种新型生产力的高速乃至跳跃式的发展；当代科学技术密集型生产力、高科技生产力是在向传统的劳动密集型生产力、资本密集型生产力挑战过程中发展起来的，高度竞争性是这种新型生产力区别于传统生产力的重要特征；劳动密集型、资本密集型生产力曾被恩格斯称为具有社会性的生产力。不过，这种社会性在 19 世纪还主要局限于某些地区、某些国家范围内，那时的世界市场还不是很发达。今天的局面则完全不同了，这种新型生产力的社会化已达到了世界性的程度；传统的机械化生产力给人类带来了巨大的物质财富，但这种生产力也暴露出了与人性相对立、相敌视的特点。当代科学技术密集型生产力、高科技生产力是在克服机械化生产力的上述问题中形成和发展的，它的核心问题是为了人自身的解放和发展，追求着技术、生产人性化的发展方向。

2. 当代科技革命形成着新型的生产方式

生产力技术工艺性质的重大变化总会导致人们生产活动方式的变化。机器的采用曾经把手工工场的生产方式改造为机器大工业的生产方式，当代科学技术革命所形成的新型生产力也正在形成着新型的生产活动方式：机械化的机器系统所形成的是机械化生产方式，自动化系统则形成着自动化的生产方式。随着电子计算机技术、通信技术、自动控制技术的不断发展，生产过程的自动化程度不断提高，工人不断地从直接的生产过程中退出来，从车间转入控制室和操纵台；机械化生产方式是一种死板、划一的刚性生产方式，天（机器）不变，道（产品）也不变。当前，这种生产方式正在改变，刚性生产方式正在变为柔性生产方式，同样一套制造系统可以灵活地生产出各种不同的产品；劳动密集型、资本密集型生产力造成着集中型生产方式，包括机器、原料、人口、产品和市场的集中，大工厂、大企业、大城市都是这种集中型生产方式的产物。当代科学技术密集型生产力、高科技生产力抑制了不断集中的发展趋势，为分散型生产方式提供了条件。但是，这种分散决不意味着回复到工业化以前的那种小生产方式，而是建立在由现代交通、运输、通信手段所形成的广泛的乃至全球的联系基础上的分散，这种分散不但没有否定生产力社会化的发展趋势，相反倒是生产力社会化发展趋势的新的存在形式；机械化生产是一种分割型生产方式，当代科学技术密集型生产力、高科技生产力既保留合理的科学的分割和分工，又从整体目标出发，形成着系统整体型的生产方式。

3. 当代科技革命形成着新型的市场交换方式

当代科技革命为市场交换提供着新手段、新形式，对当代市场经济的发展产生了深刻的影响：当代科学技术密集型生产力、高科技生产力的发展扩大了对知识、信息、技术、人才的需求，使知识市场、信息市场、技术市场、人才市场得到了迅速发展，明显地扩大了市场交换的客体。这类市场与传统的物质产品市场一样遵循着价值规律、供求规律、竞争规律，但这类市场又有其特殊规律；当代科技革命所提供的交通运输和通信工具使人们冲破了地域位置上的阻隔和障碍，人们利用这些现代化工具可以同时在区域市场、国内市场、世界市场上从事交易活动，可以方便灵活地从一个市场转入另一个市场，从而不断地扩大着市场空间，推动了世界市场的发展；现代化的交通运输和信息传输工具加快着资本、商品和信息的流通速度，迅速提高着交换速度和交换频率。市场主体可以迅速地从过去的交换活动中脱身出来去开展新的交换业务；现代信息技术改变着交换的形式和手段，改变着银行业务的开展方式、股票交易方式。电子市场开始取代昔日售货员的叫卖市场，而自动提款卡、支票卡、信用卡、结算卡和电话卡等各式各样的塑料卡正在使支付手段、支付方式发生变化，利用这些技术设备，人们可以坐在家中购物，也可以手持一卡走遍天下有钱花。历史上每次流通手段的变化都导致了商品交换方式的革命。今天，电子信息取代纸币而成为流通手段，使得市场交换朝着电子化、信息化、符号化这一崭新方向发展；现代信息技术可以把供求双方直接联系在一起，使市场的透明度不断增加，市场主体越来越可能把自己的经营活动建立在对市场准确分析的基础上，极大地减少自己行为的盲目性和自发性，从而推动了市场机制、体系和功能的不断完善，使市场竞争的文明程度不断提高。

4. 当代科技革命形成着新的产业结构和就业结构

当代科技革命不断地开发着新产品、形成着新产业，不断地更新着原有产业的技术基础，从而使社会的产业结构、人们的就业结构经历着重大的改造。就社会的产业结构而言，其变化表现为：新兴的科学技术密集型产业、高科技产业得到了迅速发展，一种新技术开发成功，就会生产一种新产品，形成一种新产业；第三产业即服务业得到了迅速发展。当代科学技术革命还以自动化、信息化的高新技术使服务业也具备了现代产业的新面貌；在高新技术产业的挑战面前，许多工业发达国家利用高新技术对传统制造业进行根本改造，使制造业也走上了自动化、信息化、电子化的发展道路。产业结构的变化导致了就业结构的相应变化，这种变化可以概括为"三增三减"：传统制造业就业人数减少，服务业就业人数增加；传统的体力劳动型的就业岗位（蓝领工人岗位）减少，技术型、脑力劳动型的就业岗位（白领工人岗位）增加；全日制就业机会在减少，非全日制就业机会在增多。这表明，当代科技革命的发展正在形成新的职业和就业结构。当代社会的职业集团已经不同于工业时代的职业集团。那时社会上最大的职业集团是从事体力劳动的蓝领产业工人集团，今天这个集团在缩小，而从事技术性、脑力性职业的白领工人集团在不断壮大，成为最有发展前途的职业集团。这种变化的影响将是十分深远的，它使得现代社会以不同于近代社会的特点和规律向前发展。

5. 当代科技革命形成着新的财产占有方式和社会分层结构

财富具有社会的、历史的性质，它的构成及其存在形态都是历史地演变的。当代科技革命不断改变着各种生产要素在生产过程中的地位和作用。今天，知识、信息、技术在某种意义上是比货币资本、实物资本更为重要的一种资本。知识致富、信息致富、技术致富正在变成一种普遍的社会现象，形成着人们致富的新途径。由此也相应地形成着三种新的社会阶层。一些拥有知识、信息、技术专长的专家和风险资本结合起来，创办科技密集型企业、高科技企业，经过高度紧张的创业和奋斗，获得成功之后，他们就会获得高额收入和股票，成为科技企业家阶层；某些掌握知识、信息、技术的专业人才受企业股东的聘请，走上企业经营管理岗位，形成了以总经理、经理为核心的经营管理阶层；一些文化素质高、技术熟练的工人可以获得稳定的职业、体面的工作条件、丰厚的报酬，还可以获得各种福利和保障，从而成为工人中的富有阶层。因此，随着科学技术密集型生产力、高科技生产力的形成和发展，知识、技术、信息成为新型的资本、新型的财富，成为社会成员从一种财富阶层跳向另一种财富阶层的重要因素。

社会各阶层的人数比例正在由过去的金字塔形结构转变为纺锤形结构，传统的雇佣方式也受到了挑战。不过，我们应该看到，高技术的发展也造成着新的社会分化。有些人因为天时地利而获得成功，成为信息"富有者"；另一些人因天不时地不利而失败，成为信息"贫困者"。高技术社会并不是富有田园诗味的社会。

6. 当代科技革命形成着新型的权力和组织管理结构

权力历来同经济和政治联系在一起，财产所有权导致了各种经济权，而经济权又导致了政治权。今天，在当代科技革命的影响下，组织管理活动成为一种相对独立的活动，组织管理权力成为相对独立于经济权、政治权的一种新型权力。这是一种由经营、组织、管理活动的职能所派生出来的权力，具有技术操作的性质，能否行使这种权力取决于经营者、组织者、管理者的才能及其掌握的专门知识。这也是一种工具性的权力。不同的社会集团因不同的经济政治地位而具有不同的利益和目的，但却可以使用相同的经营、组织、管理的体制和权力；传统的科层制组织管理结构，就是下层众多的管理科室和人员隶属于上层少量的管理处室和人员的一种组织管理结构。这种结构的特点是高度的集中统一，权力都集中在上层的中央管理机构。面对当代科技革命挑战引起的社会急剧变化的形势，传统科层制管理结构的各种弊端和问题日益暴露，正在改变为网络型组织管理结构，即除了由下层到上层的垂直的信息传输渠道之外，还有同一层次的各管理机构和人员之间的横向的信息传输渠道，不仅管理高层可以及时获得全局的信息，而且处在任何管理层级和岗位上的人们也能及时地获得全局的信息。管理权力不是只集中在管理高层，而是分散到各层次、各方面的管理岗位和人员。各种管理岗位上的人员都有一定程度的决策和管理的权力，形成了一种分层决策、分层管理的权力结构，信息和指令的传递都不是单向的，而是双向、多向反馈型的。这样的组织就不再是那种按机械原则形成的"机器"，而是由系统网络联结成的一种"有机体"，是一种快速灵活的决策系统，也是一种高效高质量的管理系统；现代信息系统既为人们获取信息也为人们表达意愿提供了条件，"网上论坛"、"网上议会"、"网上法庭"、"网上政府"之类的形式不断出现，促进着人们的民主意识、民主观念和民主要求，也实际地开辟着民主活动的新形式。人们开始不满足于通过自己的代表来表达意愿并行使权利的方式，而要求直接参加决策和管理，出现了代议制民主、间接民主向参与式民主、直接民主演变的新动向，预示着人类文明的新飞跃。

三

当代科技革命在社会结构诸方面所引起的新变化，使得当代西方工业发达国家的资本主义社会形态出现了许多新情况、新特点和新规律，与马克思当年分析过的资本主义社会相比有了明显的区别。

以生产资料所有制形式来说，马克思当年所分析的主要是资本家私人所有制、资本家家族所有制。当然马克思晚年也看到了股份制，对股份制也进行了一定的理论分析，如他说，股份制"是资本主义生产方式在资本主义生产方式本身范围内的扬弃，因而是一个自行扬弃的矛盾，这个矛盾首先表现为通向一种新的生产形式的单纯过渡点。这是一种没有私有财产控制的私人生产"①。应该说，马克思的分析是很深刻的、富有远见的，至今还是正确的。但同时要看到，当时股份制还刚刚出现，而今天股份制则已成为一种普遍的形式，以至于我们可以说基本上实现了生产资料资本家私人占有形式向股份制的法人资本所有制形式的演变。

以经营管理来说，当年资本家既是所有者又是经营管理者，因此马克思曾指出，"资本家的管理不仅是一种由社会劳动过程的性质产生并属于社会劳动过程的特殊职能，它同时也是剥削社会劳动过程的职能，因而也是由剥削

---

① 《马克思恩格斯全集》第25卷，人民出版社1974年版，第495—497页。

者和他所剥削的原料之间不可避免的对抗决定的"①。不过，马克思后来也看到了管理权同所有权相分离的趋势，如他指出，"一个 epitropos［古希腊的监督人］或封建法国所称的 regisseur［管家］的工资，只要企业达到相当大的规模，足以为这样一个经理（manager）支付报酬，就会完全同利润分离而采取熟练劳动的工资的形式，虽然我们的产业资本家远没有因此去'从事政务或研究哲学'"。他还指出，"资本主义生产本身已经使那种完全同资本所有权分离的指挥劳动比比皆是。因此，这种指挥劳动就无须资本家亲自担任了"②。我们同样要指出，虽然马克思敏锐地论述了管理权与所有权分离的趋势，但这种分离的普遍化毕竟是在马克思逝世以后的年月中发生的。

以市场交换来说，马克思看到了资本主义市场经济的无政府状态，他说，"在不过是作为商品所有者互相对立的资本家自己中间，占统治地位的却是极端无政府状态，在这种状态中，生产的社会联系只是表现为一种不顾个人自由意志而压倒一切的自然规律"③。马克思通过对这种无政府状态的研究，揭示了资本主义生产方式的内在矛盾，揭露了资本主义经济危机的必然性、资本主义生产方式的历史暂时性。

马克思高度评价了科学技术的历史作用，认真研究了资本主义生产方式对科学技术的运用及其对资本主义社会发展的影响，甚至讨论了自动化的发展怎样创造着交换价值退出历史舞台的条件，但马克思所看到的科学技术主要是机械化的工业技术，至于现代信息技术革命则是在 20 世纪中叶以后才兴起和发展的。

总之，马克思对资本主义社会的解剖及其所提出的问题，即使在西方也产生了巨大的影响。后来西方工业发达国家的政治家和理论家虽然常常公开反对马克思主义，但他们实际上接过了马克思和恩格斯提出的问题，并且从不同的角度以不同的方式和不同的程度给予了回答和解决。国家宏观调控体系、社会保障和福利体系的形成和发展、企业管理从把人作为机器附件到把人作为社会文化产物的演变，实际上都是在回答和解决马克思恩格斯当年提出的问题，也确实解决了一些问题、缓和了一些矛盾。当代科技革命影响下的西方工业发达国家资本主义社会在 20 世纪中的发展，确实超出了马克思恩

---

① 《马克思恩格斯全集》第 23 卷，人民出版社 1972 年版，第 368 页。
② 《马克思恩格斯全集》第 25 卷，人民出版社 1974 年版，第 434—435 页。
③ 同上书，第 996—997 页。

格斯当年的估计，与他们生前所看到的那个资本主义社会形态相比，确实存在着很大的区别。

俄国、中国等国家的共产党人在革命胜利后建立的社会主义实践模式，其根本目的就是为了"不通过资本主义制度的卡夫丁峡谷，而占有资本主义制度所创造的一切积极的成果"，从而走上社会主义的发展道路。历史地看问题，第一个社会主义实践模式在建立的初期，曾经显示过它的优越性，特别在集中力量实现工业化过程中，其效果还是很明显的。但在现代科技革命、特别是现代信息技术革命面前，它的弊端就逐步地暴露了出来。这种用高度集中的行政计划体制取代市场经济体制的模式，完全适应不了当代科学技术迅速发展和国际市场情况瞬息万变的竞争。苏联、东欧地区的社会主义国家在改革失败之后，出现了东欧剧变、苏联解体的局面，原来执政的共产党纷纷下台，宣告了第一个社会主义实践模式的失败。中国共产党总结了经验教训之后，提出了建设有中国特色的社会主义理论，领导人民进入了以建立社会主义市场经济体制为目标的改革开放的新阶段。经过20多年的改革开放和建设发展，中国特色社会主义已经形成了较为系统、较为成熟的理论和实践。但是，中国特色社会主义并不是马克思恩格斯当年所设想的作为共产主义社会低级阶段的社会主义。前者是公有制为主体的多种所有制经济共同发展，而后者的所有制是社会占有生产资料；前者是按劳分配为主体、多种分配方式并存的制度，而后者的分配原则是按劳分配；前者是依靠市场对资源进行基础性的配置并建立社会主义市场经济体制，而后者是不需要"价值"插手而由社会有计划地组织生产和消费；前者仍然存在着生产资料的所有者、雇佣劳动者等的社会分层结构，而后者被设想为消灭了阶级而只剩下脑体、城乡、工农三大差别；前者实行的是人民民主专政的国体和人民代表大会制度的政体，而后者被设想为自由人的联合体。

面对上述现实，国内外学术界在讨论当代社会形态及其未来发展前景的时候，出现了众说纷纭的局面。大的倾向有两种：一种观点是坚持马克思恩格斯的科学共产主义理论，固守马克思恩格斯当年关于姓社姓资的划分标准，但这种观点在解释现实时也出现了混乱和困难，往往会得出今天的资本主义不像资本主义、今天的社会主义也不像社会主义的观点，对于当代资本主义走向未来共产主义的回答，也仍然停留于马克思恩格斯当年的观点和论证；另一种观点则完全抛弃了马克思恩格斯当年关于姓社姓资的划分标准，于是出现了更加五花八门的看法。西方工业发达国家的理论界从 20 世纪 70 年代开始就讨论在当代科技革命影响下的当代社会的形态问题，说法很多，如后工业社会、后现代社会、信息社会、知识社会、虚拟社会等，这些观点大多偏重于对生产力的技术工艺性质及由此而引起的社会组织管理结构，也即我们所说的功能性社会结构的分析，但对于生产资料所有制问题、市场经济问题都避而不谈，隐含的前提常常是资本主义已经是历史的总结，人类社会再不会发展到新的社会形态了。这种观点的困难在于它不完全符合当代西方发达资本主义的实际，因为那里并不是尽善尽美的"天堂"。西方发达资本主义在 20 世纪并没有完全解决马克思恩格斯当年揭示的社会矛盾，而且还形成了若干突出的新的社会矛盾和社会问题，如人口、生态环境、资源能源、贫富悬殊、南北不平衡、民族冲突等矛盾和社会问题。

　　如上所述，马克思恩格斯关于资本主义和社会主义的具体论述已经不完全符合今天的实际，关于通过无产阶级暴力革命的道路实现资本主义向社会主义—共产主义过渡的设想在可预见的将来也不可能实现，他们当年提出的共产主义社会的设想从现在所达到的社会条件来看实现起来也具有操作上的困难。但这决不意味着他们的社会形态理论过时了。因为人类社会不管处于怎样的历史阶段和社会形态，总是存在着生产力、生产关系、经济基础、上层建筑所组成的社会结构，总是存在着生产力和生产关系的矛盾、经济基础和上层建筑的矛盾，人们为了生存和发展总要进行生产劳动，而随着生产力的发展，社会基本矛盾就会发展、就会推动社会前进，在各种条件成熟的情况下，就会从一种社会形态过渡到另一种社会形态。我们判断一个社会不应该根据它自己宣称什么或别人称呼它什么，今天无论是对当代发达国家的资本主义还是对中国特色社会主义及其他国家处于改革中的社会主义，理论研究上真正重要的事情，不是根据马克思恩格斯当年对资本主义和社会主义的具体论述去抽象地争论它们姓社还是姓资，而应该去分析它们自身中所存在的社会基本矛盾，通过对现实矛盾的分析去寻找它们前进的现实途径，从今天的现实条件出发，对未来社会的新形态、共产主义社会形态及其实现道路作出新的探索和论证。还是马克思说得好："共产主义对我们说来不是应当确立的状况，不是现实应当与之相适应的理想。我们所称为共产主义的是那种消灭现存状况的现实的运动。这个运动的条件是由现有的前提产生的。"[1]

---

① 《马克思恩格斯全集》第 3 卷，人民出版社 1960 年版，第 40 页。

学习贯彻"三个代表"重要思想要坚持改造客观世界和改造主观世界相结合[*]

  "三个代表"重要思想，既是改造客观世界的理论，也是改造主观世界的理论；既是中国特色社会主义建设事业的理论，也是党的建设的理论；既是对全党的要求，也是对每个党员的要求。胡锦涛在《在"三个代表"重要思想理论研讨会上的讲话》中说得好，"三个代表"重要思想是指导我们改造客观世界的思想武器，也是指导我们改造主观世界的思想武器。他还提出我们在学习和贯彻"三个代表"重要思想的过程中，必须坚持改造客观世界和改造主观世界相结合。本文就此谈点体会和看法，以就教于学术界。

一

  "三个代表"重要思想是指导我们改造客观世界的思想武器。
  改造客观世界是主体从事的一种实践活动，它具有三个特征和要素：第一，这是主体所从事的有目的的活动，主体在活动开始时就已有明确的活动目的；第二，主体的活动必须是能够改变客观世界的活动，即主体运用一定的手段与客观世界进行物质的、能量的、信息的相互作用的活动；第三，作为目的的实现或目的的否定的活动结果。前一种情况就是活动的成功，主体的目的和客观世界的规律达到了统一和结合，经主体改造过的客观世界，成为服务于主体目的、适合于主体生存和发展的世界。后一种情况就是活动的失败，主体的目的和客观世界的规律没有统一、没有结合，客观世界以其规律的客观性使主体的目的无法实现。由此可见，能否有正确的目的、能否进

---

  * 该文系吴元梁、李涛合著，载于李慎明主编《"三个代表"重要思想与中国特色社会主义》，社会科学文献出版社 2004 年版。

行正确的活动，是我们能否成功地改造客观世界的两个不可缺一的前提，而这两个前提都来源于一定的理论的指导。没有理论指导的实践是盲目的实践，错误理论指导的实践则是错误的实践，而盲目的实践、错误的实践则往往都是失败的实践。

要想获得成功的实践、要想成功地改造客观世界，首先要有科学的正确的理论的指导。这既是马克思主义认识论的一条基本原理，也是我国人民自1840年以来的奋斗历程，特别是在我们党领导下的80多年的革命和建设历程所积累起来的一条基本的历史经验。1840年鸦片战争失败之后，先进的中国人开始了救亡图存的奋斗，但由于没有正确的理论的指导，多次奋斗都失败了；十月革命一声炮响，给我们送来了马克思列宁主义，从此中国的面目就起了变化，在中国共产党的领导下揭开了新民主主义革命的新篇章；但由于我们党在幼年时期不懂得把马克思列宁主义和中国实际结合起来，第一次、第二次国内革命战争都失败了。只是在作为马克思列宁主义和中国实际相结合的第一次历史性飞跃的伟大成果——毛泽东思想产生之后，因为有了正确理论的指导，我们才赢得了新民主主义革命的胜利并建立了社会主义的新中国。在建设社会主义的道路上，我们也是经历了长期的探索和失败，直到作为马克思列宁主义和中国实际相结合的第二次历史性飞跃的伟大成果——邓小平理论产生之后，我们才开辟了有中国特色社会主义的建设道路并在这条道路上迅跑。

"三个代表"重要思想同马克思列宁主义、毛泽东思想和邓小平理论是一脉相承而又与时俱进的科学体系，是马克思主义在中国发展的最新成果。这一系统的科学理论在建设中国特色社会主义的思想路线、发展道路、发展阶段和发展战略、根本任务、发展动力、依靠力量、国际战略、领导力量和根本目的等重大问题上取得了丰硕成果，用一系列紧密联系、相互贯通的新思想、新观点、新论断，进一步回答了什么是社会主义、怎样建设社会主义的问题，创造性地回答了建设什么样的党、怎样建设党的问题。正是在"三个代表"重要思想的指导下，我们才走上了全面建设中国特色社会主义的新阶段。实践已经表明，"三个代表"重要思想是指导我们改造客观世界的思想武器，是新世纪新阶段全党全国人民继往开来、与时俱进，实现全面建设小康社会宏伟目标的根本指针。因此，在我们改造客观世界的进程中是不是全面贯彻落实"三个代表"重要思想，关系着党和国家工作的全局，关系着实现全面建设小康社会的宏伟目标，关系着中华民族的伟大复兴，关系着中国特色社会主义事业的长远发展。

以"三个代表"重要思想指导对客观世界的改造，首先在于提高执政党的政治路线和基本纲领的自觉性和坚定性。当前，我们党把团结和带领全国各族人民，推进现代化建设、实现既定的经济社会发展目标作为首要的历史任务，这是实现"三个代表"要求的集中体现。同时，"三个代表"重要思想也是统摄中国特色社会主义的经济、政治、文化纲领并使三者统一起来的灵魂。其次，要把"三个代表"重要思想落实到党和国家制定和实施方针政策的工作中去。方针政策对党和国家工作的全局起指导和推动作用。抓住这个环节落实"三个代表"重要思想，并以"三个代表"的要求为标准来衡量我们的一切决策，就能在全局上把握贯彻"三个代表"重要思想的深度和广度。最后，要把"三个代表"重要思想落实到党员干部的思想和行动中去。党员干部既是领导群众改造客观世界的主体，又是实践"三个代表"要求的主体。"三个代表"重要思想只有落实到党员干部的思想和行动中去，才能在改造客观世界的过程中发挥作用。

二

"三个代表"重要思想也是指导我们改造主观世界的思想武器。

人的主观世界就是人的内心世界、人的精神世界。哲学和心理学告诉我们，人的主观世界、内心世界、精神世界是一个具有许多层次、许多方面组成的复杂系统。在第一个层次上，我们可以将它划分为潜意识、意识和行为三大子系统。潜意识系统就是自发地产生而不为主体自觉地意识到，也不为主体自觉地控制的心理及行为过程；意识系统是主体自觉地进行和控制的一种精神系统。所谓自觉，就是主体清楚地知道自己在思考、在评价、在喜怒哀乐，知道自己在思考什么、在评价什么、在为什么和怎样喜怒哀乐。意识系统又可分为知识系统、价值观念系统和情感意志系统。知识是主体的一种对象性认识，是关于对象是什么、对象怎样存在又怎样发展变化的认识。知识可分为日常生活知识、专业知识和哲学知识。哲学知识具有最一般、最抽象、最普遍的特点，是世界观和方法论；价值观念是主体关于客体对于主体有什么意义和用处的观念，是主体应当怎样利用客体实现自己生存和发展的观念，是关于主客体相互关系的观念。主体的价值观念既可以表现为对人生目的的追求，也可以表现在对外部事物的评价和态度中。理想、信念、信仰和人生观则是主体价值观念的集中表现。知识系统、价值观念系统是主体对于客体及相互关系的一种观念的、理性的把握，而情感意志系统则是主体通过心理、精神状态的变化及相关的生理变化来表达客体对于主体的关系，是主体对于客体的一种非观念、非理性的把握和表达。

所谓改造主观世界，就是对组成主观世界、内心世界、精神世界的各个层次、各个方面的要素、子系统及其相互关系进行改造。由于潜意识系统的自发性，改造主观世界实际上是对意识系统和行为系统而言的，又由于行为系统不过是主观的、内心的、精神系统的外部表现而已，因此改造主观世界又主要是针对意识系统而言的。知识系统可以通过积累和替代进行更新，用新的有用的知识替代陈旧的无用的知识，这样的事是经常发生的；价值观念系统既为人们的社会存在、人们的现实利益所决定，也受到人们世界观的制约。社会存在和现实利益不同、世界观不同，人们的价值观念也就不同。在阶级社会中，剥削阶级和被剥削阶级、统治阶级和被统治阶级之间的利益和矛盾是根本对立的，因而在价值观念上也是根本对立的。随着社会存在和现实利益的变化，人们的价值观念会跟着变化；随着世界观的变化，人们的价值观念也会发生变化。世界观既影响着人们对客观世界的认识，又影响着人们对客观世界的评价和态度，是人们精神世界中最核心最根本的观念。世界观的转变是一个人精神世界的根本转变。改造主观世界主要是改造世界观和价值观，当然也涉及行为作风的改变、精神心理素质的提高和知识系统的更新。

改造主观世界的过程实际上就是用新观念、新理论、新知识取代旧观念、旧理论、旧知识的过程，是世界观、价值观的改造和转变的过程。正如只有有了正确理论的指导才能成功地改造客观世界一样，也只有有了体现时代精神和社会实践发展要求的世界观、价值观及其他思想观念的理论，才能顺利地成功地改造人们的主观世界。马克思列宁主义、毛泽东思想、邓小平理论已经是，并且还将继续是人们改造主观世界的思想武器。"三个代表"重要思想确立了邓小平理论在全党的指导地位，坚定不移地高举邓小平理论伟大旗帜，用邓小平理论武装全党；"三个代表"重要思想坚持把物质文明建设和精神文明建设作为统一的奋斗目标，始终不渝地坚持两手抓，两手都要硬。在把物质文明建设好的同时，把社会主义精神文明建设提到了更加突出的地位，实现经济、政治、文化的协调发展，推动社会全面进步，不断推进人的全面发展；"三个代表"重要思想提出并实施了旨在发展和繁荣有中国特色社会主义文化的理论、路线、方针和政策，坚持马克思列宁主义、毛泽东思想、邓小平理论的指导地位，坚持"二为"方向和"双百"方针，提出并回答了市场经济条件下社会主义精神文明建设面临的新情况、新问题、新任务，弘扬主旋律、提倡多样化，区分文化公益事业和文化企业，坚持把社会效益放在首位的前提下实现经济效益和社会效益的统一，坚持精神文明重在建设、重在加强管理；"三个代表"重要思想提出要以科学的理论武装人、以正确的舆论引导人、以高尚的精神塑造人、以优秀的作品鼓舞人，引导人们树立正确的世界观、人生观、价值观，大力弘扬爱国主义精神、集体主义精神、社会主义精神、解放思想实事求是的精神、紧跟时代勇于创新的精神、知难而进一往无前的精神、艰苦奋斗求实效的精神、淡泊名利无私奉献的精神，在全社会形成共同理想和精神支柱；"三个代表"重要思想全面推进了党的建设新的伟大工程，以整风精神开展"三讲"教育，大力改进党的作风，努力建设高素质的干部队伍。总之，"三个代表"重要思想所包含的社会主义精神文明建设、文化建设的理论，改造主观世界的理论，内容是极其丰富深刻的，既继承了前人又突破了前人，实现了马克思主义的开拓创新、与时俱进，也是指导我们改造主观世界的思想武器。在学习和贯彻"三个代表"重要思想的过程中，如果我们不拿起这个思想武器、不改造主观世界，那就从根本上违背了"三个代表"重要思想的精神实质。

在贯彻和落实"三个代表"重要思想的过程中加强主观世界的改造，在目前还具有特殊的重要性。

与改造客观世界相比，一段时期以来，我们对改造主观世界的重要性缺乏足够的认识，也没有找到行之有效的方式方法，因而出现了一系列问题：

世界观、人生观和价值观方面的问题。这方面最突出的是政治信念问题。由于我国是在经济、文化相对落后的条件下开始建设社会主义的，而且现在仍然是发展中国家，与发达资本主义国家相比在经济发展水平和日常生活水平上存在着相当大的差距。如果我们缺乏足够的政治素养，又不能正确看待这一差距，就很容易对社会主义的前途丧失信心。现在有些党员干部，不重视学习，思想水平停滞不前，不能理解也不能掌握马克思主义的立场、观点、方法，最后只能被资产阶级的或封建主义的思想体系所俘虏。除了政治信念问题，还有一个思想认识水平问题。比如，在对待西方资本主义文化的问题上，要么盲目排外，因循守旧，抱残守缺；要么崇洋媚外，丧失国格和人格。在对待中国传统文化的问题上，要么采取虚无主义态度，数典忘祖；要么不加批判，全盘接受，把糟粕当成精华。

权力观、利益观、地位观方面的问题。这主要是针对领导干部而言，领导干部如果不加强学习，不加强自身修养，就很容易被权力所腐蚀、所异化。

工作作风方面的问题。这方面最突出的问题是形式主义、官僚主义。搞形式主义，要害是只图虚名，不务实效。其表现形式很多，例如，报喜不报忧，掩盖矛盾和问题，以致酿成恶果。官僚主义作风，要害是脱离群众，做官老爷。在一些地方和部门，有的干部无所用心，有的作威作福、欺压群众，引起了干部和群众的强烈不满。官僚主义的根源是"官本位"意识，其要害是对党和国家的事业不负责，对民族和人民的利益不负责，只对自己或亲属或小团体负责①。

生活作风方面的问题。一段时期以来，拜金主义、享乐主义、奢靡之风在党员队伍和干部队伍中有滋长蔓延之势。艰苦奋斗的优良作风在一部分党员、干部那里被淡忘了，在少数人那里甚至被丢得差不多了。

各类消极腐败现象，有的已经严重触犯了党纪国法。这类现象最根本的一点就是以权谋私。

上述各类问题在思想意识上的根源，即忘记了党全心全意为人民服务的宗旨，不是把人民群众的意志和利益作为党一切工作的出发点和归宿，而是陷入以权谋私的泥潭中去了。

从上述问题可以看出，在改造主观世界的领域，形势是相当紧迫的，贯彻和落实"三个代表"重要思想，必须重视对主观世界的改造。

三

在学习贯彻"三个代表"重要思想的过程中，必须坚持改造客观世界和改造主观世界相结合。

改造客观世界和改造主观世界是主体所从事的两项不同的活动，前者的对象是客体，后者的对象是主体自身；前者向外，后者向内；前者是外在的物质、能量、信息活动，后者是内在的精神活动。但这两项活动又互为前提、互相制约、互相转化，统一而不可分割。

改造客观世界的活动是主体的有目的的活动、是主体的主观见之于客观

---

① 参阅《江泽民论有中国特色社会主义（专题摘编）》，中央文献出版社 2002 年版，第 653 页。

的活动。这种活动虽然具有对象性、受动性、客观性、物质（能量、信息）性，但还有主体的主观世界、精神世界参与其中，因而还具有目的性、能动性、主观性、主体性。客观对象、客观世界具有不依赖于主体的特性和规律，主体只有根据对这种特性和规律的科学认识，从事一种既体现主观目的又符合客观规律的改造活动，才能成功地将客观对象、客观世界改造为适合于主体需要的对象和世界。主体认识和把握客观特性和客观规律的过程、主体在这种科学认识基础上形成目的和计划的过程、主体在活动中将主观的目的计划和客观的特性规律相统一的过程，都是主体的主观世界、精神世界活动的过程，依赖着主体的世界观、价值观、认识论、方法论和关于客观特性、客观规律的具体科学知识和技能。因此，主体的主观世界、精神世界的状况，主体的世界观、价值观、认识论、方法论及具体科学知识和技能的状况直接影响着、决定着主体所从事的改造客观世界的活动。反过来说，改造客观世界的特定活动要求着具有特定主观世界、精神世界的主体，要求着具有特定观念、知识和技能的主体。不同的改造客观世界的活动，要求着具有不同的观念、知识和技能的主体。因此，为了展开改造客观世界的各种活动，首先就要改造人们的主观世界、精神世界，将人们培养成能够从事各种改造客观世界活动的各级各类人才。由此可见，改造客观世界的活动依赖着人们的主观世界的改造；为了改造客观世界，首先要改造人们的主观世界。

不过，改造主观世界的活动也不能脱离了改造客观世界的活动而孤立地进行。人们不是为着改造主观世界而去改造主观世界的，而是为着实现自己的理想和目标而去改造自己的主观世界的。他们的理想、目标不是凭空想出来的，而是来源于他们改造客观世界的实践、来源于他们在实践中对自身与外部世界矛盾的认识，他们也只有在改造客观世界的实践中才能实现自己的理想和目标。因此，人们改造自己主观世界的动力来源于改造客观世界的实践，而改造自己主观世界的目的则是为了更好地从事改造客观世界的实践，并在这种实践中实现自己的理想和目的。不仅如此，人们用来改造自己主观世界的观念、知识和技能等精神材料也都来自改造客观世界的实践，人们只有在改造客观世界的实践中才能获得新观念、新知识和新技能，才能用它们去替代旧观念、旧知识和旧技能，从而实现主观世界的改造。人们虽然可以通过学校、媒体、书本等途径获得新观念、新知识和新技能，但只有在改造客观世界的实践中验证了、理解了、消化了，才能真正成为自己的东西。最后，改造客观世界的实践还是用来检验人们改造主观世界的成败和效果的客观标准。因此，人们改造主观世界的活动又依赖着改造客观世界的活动。

坚持实践基础上的改造客观世界和改造主观世界的内在统一性，这是马克思主义哲学的一条基本原理。马克思说，环境的改变和人的活动的一致，只能被看做是并合理地理解为变革的实践①。毛泽东的《实践论》通篇都在论证改造客观世界和改造主观世界的内在的统一性，并把改造客观世界和改造主观世界看做在实践基础上发生发展的认识过程的两项根本任务、看做无产阶级和革命人民改造世界斗争中的两项任务。邓小平说，不加强精神文明的建设，物质文明的建设也要受破坏，走弯路。江泽民同志则指出，要坚持在改造客观世界的同时努力改造我们的主观世界。改造客观世界和改造主观世界，始终是我们共产党人的两项重要任务。这两项任务是统一的。在改造客观世界的进程中，我们的主观世界可以得到磨炼和提高。我们的主观世界不断得到改造，就可以推动我们更好地改造客观世界②。

据上所述，在学习和贯彻"三个代表"重要思想的过程中，坚持把改造客观世界和改造主观世界结合起来，符合马克思主义哲学的基本原理、符合邓小平理论和"三个代表"重要思想的根本精神，也是当前改造客观世界和改造主观世界的现实要求。如果我们在学习和贯彻"三个代表"重要思想的过程中，不能把改造客观世界和改造主观世界结合起来，那就不可能真正学习好、贯彻好"三个代表"的重要思想，既不能成功地改造客观世界也不能顺利地改造主观世界。

如何在学习和贯彻"三个代表"重要思想的过程中坚持改造客观世界和改造主观世界的结合呢？胡锦涛同志指出：学习贯彻"三个代表"重要思想，既要对事也要对人。对事，就是要用"三个代表"重要思想来指导工作、推动社会实践。对人，就是要用"三个代表"重要思想来武装头脑，指导自我修养。如果只对事不对人，或者只对人不对事，都不能真正学习贯彻好"三个代表"重要思想。可以看出，在对事的过程中就存在着对人的过程，也可以做到同时是对人的过程。要用"三个代表"重要思想指导工作、推动社会实践，首先，要用"三个代表"重要思想武装指导者、领导者，这是指导者、领导者用"三个代表"重要思想改造、取代自己原有思想的过程，即指导者、领导者改造自己主观世界的过程。如果没有这样的过程，指导者、领导者就

---

① 《马克思恩格斯选集》第 1 卷，人民出版社 1995 年版，第 59 页。

② 《江泽民论有中国特色社会主义（专题摘编）》，中央文献出版社 2002 年版，第 587 页。

不可能真正掌握"三个代表"重要思想，就有可能在自己的思想的导引下将工作和社会实践带到错误的道路上去；其次，还有一个指导者、领导者用"三个代表"重要思想武装广大人民群众的过程。这既是指导者、领导者用"三个代表"重要思想动员、组织、鼓舞广大人民群众的过程，也是广大人民群众用"三个代表"重要思想改造自己主观世界的过程。没有这样的过程，就不可能在工作和社会实践中形成共同的理想、目标、步骤和步伐，就不可能完成工作任务，也不能成功地进行社会实践。所以，只要在对事的过程中同时做到对人，就可以将改造客观世界和改造主观世界结合起来。而只有这种结合才能把事情办好；反之，在对人的过程中也同样存在着对事的过程、也同样可以做到同时也是对事的过程。只要我们将做事、工作和社会实践作为用"三个代表"重要思想武装头脑、指导自我修养的出发点和归宿点，作为检验是否真正用"三个代表"重要思想武装了头脑、指导了自我修养的唯一标准，那么我们就可以在对人的过程中同时做到对事，将改造主观世界和改造客观世界结合起来。

总而言之，我们应该像胡锦涛同志说的那样，在学习贯彻"三个代表"重要思想的过程中，要紧密联系自己的思想实际，坚定共产党人的理想信念，提高思想政治水平，加强道德品质修养，牢记"两个务必"，真正做到在改造客观世界的同时改造主观世界，寓改造主观世界于改造客观世界的过程中，用改造主观世界的成效来推进客观世界的改造。做到了这些，我们就一定能够学习好、贯彻好"三个代表"重要思想，就一定能够赢得改造客观世界和改造主观世界的"双胜利"、"双丰收"。

关于我国马克思主义哲学研究状况及若干理论问题的分析[*]

党的十一届三中全会以来的二十五年，我国马克思主义哲学研究事业经历了自新中国成立以来发展状态最好的岁月，取得了丰硕的成果，但目前也面临着一系列的问题和困难，如不及时解决，它们将不仅影响到马克思主义哲学研究事业的发展，还威胁到马克思主义哲学研究事业的存在。

一　改革开放以来我国马克思主义哲学研究所取得的成绩

1. 进入改革开放和现代化建设新时期以来，由于实践标准问题的讨论、由于党的马克思主义思想路线的提倡和恢复、由于双百方针的贯彻执行，广大哲学研究工作者破除迷信、解放思想，在拨乱反正的基础上，积极概括自然科学、社会科学和哲学发展的新成果，认真总结建设有中国特色社会主义实践的新经验，大胆探索、开拓创新，提出了许多新思想、新观念，丰富和发展了马克思主义哲学原理。举其要者有：实践观在马克思主义哲学中的地位的新理解；认识论研究的新范式；唯物辩证法的当代发展；唯物史观及其在马克思主义哲学中的地位的新理解；形成了价值论研究的新领域；开展了人的哲学、社会哲学、管理哲学、发展哲学、科技哲学、经济哲学、政治哲学、文化哲学等方面的研究；在马克思主义哲学体系的研究上，出现了突破苏联于 20 世纪 30 年代形成的教科书体系的多种尝试；在马哲史研究上，开展了马、恩、列、斯、毛、邓和"三个代表"重要思想的哲学思想研究，西方马克思主义哲学思想研究，马哲史专题研究和通史研究。

*　原载于《东岳论丛》2004 年第 5 期，《新华文摘》2004 年第 24 期转载。

2. 发表了大量的马哲研究论文，出版了大量的马哲研究著作，编写了各种马克思主义哲学教材。在全国影响比较大的有萧前主编的《马克思主义哲学原理》、高清海主编的《马克思主义哲学基础》、黄楠森等主编的《马克思主义哲学史》（八卷本）。

3.1978 年以后，通过招收硕士生、博士生和派往国外的留学生、访问学者等途径的培养，经过十多年的努力，到 20 世纪 80 年代末 90 年代初，形成了我国自新中国成立以来最好的一支马克思主义哲学研究队伍。所谓"新中国成立以来最好的"是指：这是一支由老（革命战争年代锻炼和成长起来的老一辈马克思主义哲学家）、中（新中国成立之后 50 年代培养出来的中年马克思主义哲学家）、青（由前两批学者培养出来或经过国外留学回来的青年哲学工作者）不同年龄段学者组成的队伍。这支队伍继承和保持了我们党老一辈马克思主义哲学家所具有的坚定的共产主义信仰和理论与实际相结合的马克思主义优良学风，同时在队伍的人数上、专业分工的规模上、专业素质的专门培养上，都超过了我党历史上的任何一个时期。

4. 在科研组织机构的设置上，1978 年以后，经过恢复、扩建、新建，到 20 世纪 80 年代末 90 年代初，也形成了新中国成立以来最为壮观的马克思主义哲学研究系统。这个系统，从宏观上说，由科研系统、高校系统、党校系统、军队系统、党政系统这五大系统中的马克思主义哲学研究和教学单位组成；从微观上说，中国社会科学院哲学所在 80 年代末的设置是最为齐全的，原理研究室有两个：辩证唯物主义研究室和历史唯物主义研究室；马哲历史研究室也有两个：马克思主义哲学史研究室和毛泽东哲学思想研究室。当时，中央党校及设有哲学系的重点高校一般都有这四个室的设置。规模小一点的大学哲学系，则一般设有马克思主义哲学原理研究室和马克思主义哲学史研究室；规模再小一点的就只设马克思主义哲学研究室。

5. 建立了马克思主义哲学学术交流活动的学术社团组织，这也是从新中国成立到改革开放之前近 30 年中所没有的。全国性的一级学科的社团有辩证唯物主义研究会、历史唯物主义研究会、马克思主义哲学史学会。中国马哲史学会下面还分设有马克思恩格斯哲学思想研究分会、列宁哲学思想研究分会、毛泽东哲学思想研究分会、邓小平哲学思想研究分会、国外马克思主义哲学研究分会等。这些学术社团组织，自成立以来，在组织学术交流和科研活动上都发挥了一定的作用。

二　目前存在的问题

1. 马克思主义哲学的边缘化问题。马克思主义哲学是工人阶级的世界观和方法论，是工人阶级政党指导思想的理论基础。因此，马克思主义哲学的命运同工人阶级及其政党的命运紧紧地联系在一起，同工人阶级及其政党所从事的科学社会主义实践的命运联系在一起。于是科学社会主义实践的胜利被认为是马克思主义哲学的胜利，反之科学社会主义实践的挫折、失败也必然被视为马克思主义哲学的挫折、失败。正如过去俄国十月革命的胜利、中国革命的胜利为马克思主义哲学赢得了声誉一样，科学社会主义第一个实践模式的失败、科学社会主义在世界范围内处于低潮也使马克思主义哲学失去了声誉。就国内的情况而言，毛泽东晚年错误曾经严重地影响了马克思主义哲学的声誉。党的十一届三中全会前后，实践标准问题大讨论曾使马克思主义哲学走红一时。但随着改革开放和现代化建设事业的展开，特别是随着社会主义市场经济的建立和发展，随着依法治国、建设社会主义法治国家的治国方略的提出和实施，经济学和法学走上了我国理论舞台的中心，而哲学则逐渐走向了边缘。再加上马克思主义哲学研究本身并不能带来明显的经济效益，问津入门者越来越少。最后，变成了这样一个问题："马克思主义哲学，有用吗？"

2. 马克思恩格斯曾以批判的眼光看待以往的哲学，认为过去那种哲学脱离实际、故弄玄虚、用幻想的联系代替现实的联系、用大家听不懂的语言说大家都知道的事情、只是用不同的方式解释世界。在他们看来，问题在于改变世界，"对实践的唯物主义者，即共产主义者说来，全部问题都在于使现存世界革命化，实际地反对并改变事物的现状"[①]。为了和旧哲学划清界限，他们甚至不把自己创立的哲学称作哲学。从那以后，西方哲学界一直存在着一种观点，即认为马克思恩格斯不是哲学家、马克思主义哲学也不是哲学。不过，在过去顺利发展时期，马克思主义哲学界对于西方哲学界的这种责难虽然也在回击，但并不很在意，那时他们也不愿意与西方资产阶级哲学为伍；可是到了今天，处于逆境时期，马克思主义哲学界对于这种批评就很在意了。除了从西方哲学角度出发否定马哲的哲学性、学术性外，还有从具体科学角

---

① 《马克思恩格斯全集》第3卷，人民出版社1960年版，第48页。

度出发否定马哲的哲学性、学术性的，因为马哲研究中经常有关于某某问题的哲学思考，而具体科学研究者则问道这种思考是哲学吗？在一些人眼里，马哲不是哲学，那么是什么呢？有几种说法：一曰是意识形态，二曰是政治，三曰是科学。意识形态性就是阶级性，过去阶级斗争扩大化和阶级性标签化、庸俗化，败坏了意识形态和阶级性的声誉，所以现在不少马哲研究者也效仿西方哲学，极力否认马哲的意识形态性和阶级性，认为意识形态性和阶级性会降低学术性、哲学性；过去充当错误政治和错误政策的工具，曾极大地损害了马哲研究的形象，现在不少马哲研究者总想远离政治或与政治保持一定的距离；过去马哲很强调自己的科学性，还把哲学定义为自然科学和社会科学的概括和总结，现在有些马哲研究者则觉得讲科学性或向科学靠近就降低了哲学性和形而上学性，说承认马哲是科学就会混淆哲学和科学的界限、就会使马哲丢掉人文精神，他们极力让自己的研究向思辨的抽象的方向发展。这样，就形成了"马克思主义哲学，是哲学吗"，或者说，"马哲研究，怎样才能成为真正的哲学研究"的问题。

3. 马克思主义哲学的"本"在哪里？在党的十一届三中全会之后进行的思想路线上的拨乱反正过程中，马哲界有人用新儒家的"返本开新"来表达马哲理论上的拨乱反正，然而什么是马克思主义哲学的"本"，马哲界内部的理解很不一样。一种观点认为这个"本"就是辩证唯物主义和历史唯物主义；不同意者则认为这种观点是斯大林在《联共（布）党史简明教程》四章二节中表述的哲学模式，斯大林哲学模式又来源于列宁、普列汉诺夫对恩格斯哲学思想的理解，是马克思哲学思想的恩格斯解释，而马克思哲学思想则是《关于费尔巴哈的提纲》中概括的"实践唯物主义"。第三种观点则根据马克思《1844 年经济学哲学手稿》认为，马克思的哲学是哲学人本主义；还有一种观点认为马克思的哲学就是历史唯物主义，是将自然史和人类史作为不可分割的两个方面而加以统一考察的历史唯物主义。现在还有根据西方其他哲学家如海德格尔的观点来解释马克思哲学的。总之，在马哲界内部，对马克思主义哲学的"本"的解释很不相同，实际上已经形成了不同的学派，只是相互之间不认可而已。不仅不认可而且还常常对立得十分尖锐，互戴帽子、互打棍子。这就形成了一个问题，马克思主义哲学的"本"究竟在哪里？"回到马克思"又回到马克思的哪里？

4. 如何区分作为党的指导思想的马克思主义哲学和作为研究对象的马克思主义哲学？这是马克思主义哲学研究和西方哲学研究、东方哲学研究、中国古代哲学研究不同的地方。党中央提出，党的指导思想不能搞多元化，这是正确的，党的指导思想如果多元化就会造成党内思想混乱、造成党的分裂。这就是说，对于作为指导思想的马克思主义哲学，是不允许作多元化的解释的。可是，当把马克思主义哲学作为研究对象时，如果不允许不同解释的存在，那除了对党的决定做点宣传和解释之外还能研究什么呢？因此在研究的时候、在研究领域，对马克思主义哲学可以有，也应该有不同的或多元的解释。这就提出了将作为党的指导思想的马克思主义哲学和作为研究对象的马克思主义哲学加以区分的问题以及处理好两者关系的问题。这类问题在马克思主义作为工人阶级政党的指导思想，同时又要作为研究对象的时候就已存在。但在很长时间内，指导思想和研究对象实际上不过是工人阶级政党领袖的不同活动或发挥作用的不同方式，所以矛盾并不突出。然而在工人阶级政党成为执政党以后，由于社会分工的需要，形成了专业的马克思主义哲学研究队伍和马克思主义哲学研究领域之后，问题和矛盾就突出了。斯大林的做法是定期由他或中央其他领导人就学术界的讨论作出总结，以此达到统一思想的目的。弊端是用政治的和行政的办法去解决学术争论，导致对学术生机的扼杀。毛泽东总结了斯大林做法的经验教训，提出了"双百"方针，但他的晚年错误使得这个方针并没有得到贯彻执行。党的十一届三中全会以来，"双百"方针得到了恢复和贯彻，但上述问题和矛盾仍然存在。这是需要进一步解决的。

5. 如何认识马克思主义哲学在世界不同地区、不同国家传播过程中所形成的不同流派？存在不存在马克思主义哲学"一源多流"的问题？存在不存在马克思主义哲学的地区特色、国家特色的问题？斯大林的态度是"一源单传"的观点，即认为列宁是马克思主义的正统传人，斯大林又是列宁的正统传人，至于他们同时代的其他社会主义运动的领袖则不是反马克思主义的就是非马克思主义的。毛泽东在反对教条主义的过程中，提出了马克思主义中国化的问题，后来又明确地提出各国共产党人在运用马克思主义的时候必须将它和本国实际结合起来，这就在实际上否定了"一源单传"的观点，即运用于不同国家的马克思主义，虽然具有不同国家特色，但并不妨碍它们都姓"马"。不过，毛泽东晚年错误同样使这一正确的思想没有得到彻底的执行。"以我画线"、"唯我独马"的情况还是很突出的。党的十一届三中全会以来我们党的中央领导集体才真正按照"马克思主义必须同各国实际相结合"的原则认识和处理各国兄弟党的理论和政策。同时，学者们在马克思主义哲学研究领域中也开始把欧洲共产主义、西方马克思主义称作马克思主义。但是如何从理论上说清楚马克思主义哲学由不同国家的不同特色所形成的个性、具体性，如何透过各国特色去把握马克思主义哲学的共性、普遍性，如何把握两者的关系，毛泽东曾把个性和共性、特殊性和普遍性、相对性和绝对性之间的关系视为矛盾问题的精髓，我们也可以把它视为研究马克思主义哲学在不同国家传播规律问题的精髓。如何吸收马克思主义哲学在各国传播过程中所提出的问题、所得到的丰富和发展、所积累起来的经验和教训，这都是国外马克思主义哲学研究中所要回答的问题。

6. 马克思认为，哲学家是自己的时代、自己的人民的产物，人民的最美好、最珍贵、最隐蔽的精髓都汇集在哲学思想里。任何真正的哲学都是自己时代的精神上的精华，是文化的活的灵魂。哲学应该同自己时代的现实世界接触并相互作用，应该回答时代问题。他认为，真正的批判要分析的不是答案，而是问题。问题是时代的格言，是表现时代自己内心状态的最实际的呼声。马克思对哲学所提出的这些要求，当然是马克思主义哲学的根本特征，也是马克思主义哲学研究的最根本的方法论原则。但是在研究中实践这些原则却并不是一件容易的事情。当我们面向世界、面向时代，研究国际现实问题的时候，就会发现我们缺乏及时的、丰富的、详细的、可靠的、第一手资料。没有必要的资料，捕捉和回答时代性问题又从何谈起。当代科技革命、经济全球化、生态环境保护、可持续发展等问题都是马克思主义哲学研究和讨论的问题，但基本上是介绍和评述国外学者的研究成果。然而，国内的现实问题研究又怎样呢？就我们自己生活在这个环境中而言，当然比国际现实问题研究要方便一些，但资料问题同样存在。仅凭报纸和杂志上的材料是不够的，到各地去调查又没有必要的经费，有时有了经费也到了地方上但光凭社会科学院的牌子还是了解不到真实的情况。国内现实问题研究还有一个头疼的问题，这就是歌颂和暴露的分寸及关系问题。马克思主义哲学的本质和使命要求它对现实采取批判的、革命的态度，即对现实作批判性的考察和分析，除了对现实作肯定性评价之外，更为重要的是揭露现实中的问题和矛盾，通过对问题和矛盾的分析，揭示现实通向未来的道路和形式。在工人阶级及其政党获得政权以前，马克思主义哲学作为对旧社会的批判武器，其功能的发挥比较单纯；在工人阶级及其政党获得政权之后，这种批判功能的发挥就显得较为复杂，要受到现行政治、政策、制度上的许多限制。马克思主义哲学研究一直在论证工具和批判武器之间摇摆，研究人员的苦衷也就可想而知了。这就是人们常说的"现实问题抓不住"的困难。

7. 对外学术交流未成气候。所谓"未成气候"指的是马克思主义哲学研究领域的对外学术交流不经常、不广泛。造成这种局面的原因是多方面的。一是路子不宽。在社会主义运动低潮时期，国外研究并信仰马克思主义哲学的学者不能说没有，但不多，而且大多缺乏接待能力。当然，马克思主义哲学学者对外学术访问，并不一定要限于马哲学者，从了解社会和文化的角度来看，可访问的对象和领域还是很广泛的，问题是这类路子没有打通。二是没有经费。在哲学研究领域，西哲、现外、中哲、伦理、逻辑、美学等专业，一般都会有国外某个基金会为专业学术交流提供经费，但马哲这个领域就很少很少。三是认识问题。长期以来，我国科研管理的行政领导和职能部门或明或暗地认为，马哲研究只要深入国内实际，没有必要出国进行学术交流。有了这种认识，当然就不会主动地去为马哲研究开辟对外交流的渠道、解决对外交流的经费问题。研究人员本身也没有完全认识到对外学术交流的重要性，没有认识到不了解国外研究情况是个严重的缺陷。四是研究人员的素质问题。长期以来，马哲研究人员的外语水平普遍要低于其他领域。有时候，行政领导和职能部门很积极，但因研究人员本身不具备外语条件而不能成行。这种状况正在改变。现在毕业的博士都有较好的外语基础，稍作训练，都可以走出去。因此，打开马哲研究的对外学术交流的局面，是需要解决的问题。

8. 队伍萎缩后继乏人。前面提到，马哲研究队伍在 20 世纪 80 年代末 90 年代初显得很强大。但从那以后，则日益萎缩、每况愈下。当时的老前辈后来去世了；当时的中年学者现在老了退休了；当时的年轻学者，有些离开了马哲研究这个行当，没有离开的也在岗不了多少年了。当时的大学生现在开始成为主力，但心猿意马的不少。在马哲界流传的一些话，很值得在这里一提。一个说法曰："过去学哲学要得神经病，现在是得了神经病才学哲学。"前半句话是说 20 世纪 50 年代时，人们对哲学很着迷、学得很认真；后半句是说现在没有人愿意去学哲学并把哲学作为自己的职业。有些搞了一辈子哲学的退休者喜欢说当年选择哲学这条路是"历史的误会"。这些话听起来有点辛辣，也有损于哲学的神圣性。但看看现实，你就会觉得这些话并不是没有道理的。哲学由于其本身的特点，要求其从业者具有较高的科学文化素质、逻辑思维能力和洞察事物本质的悟性，可是哲学研究成果很难形成有规模的市场效益，甚至哲学著作在市场上也很难有大的销路。至于马哲研究就更是如此。马哲研究之难，除了哲学所具有的难处之外，还有自身的难处和苦处。

可是，现在三四十岁的年轻人面临着很大的谋生的压力。日常生活，要钱；买房子，要钱；结婚生孩子，要钱；孩子长大了上学，要钱，等等。因此，现在高中毕业生报考大学时，第一志愿报考哲学的考生真是寥寥无几，哲学系的本科生毕业后选择哲学研究为职业的也不多。就是到了哲学研究的领域，从事马哲研究往往也是最后的选择。马哲谁都能够说上几句，因此论文和著作要写出点新意很不容易，文章不容易发出去；由于市场效益不好，出版社对马哲专著也不欢迎。没有文章和专著，职称也上不去。搞哲学史研究的，动辄发表几十万、上百万、一二百万文字的成果，搞马哲研究的，则根本不能与之匹敌，一比就比下去了。职称上不去，其他一切都跟着上不去。马哲研究的经费也只能依靠国家给的一点，国外基金会不会资助你研究马哲，国内企业家也不会资助你研究马哲，因此，马哲研究经费显得十分局促，不仅研究课题费不多，就是几个全国一级学会的活动都面临着经费的困难，靠"化缘"开会，"化缘"不成就开不成会。在这样一种形势下，又怎么能让人安下心来搞研究呢？更谈不上"面壁十年"了。就是这些原因，马哲研究队伍萎缩趋势一直挡不住。和尚少了，就开始拆庙。中国社会科学院哲学所就是这样。1993年时把原来四个"马"字号的研究室合并为两个，即马哲原理室和马哲史室。由于这两个室人员的减少，近几年一直在酝酿将这两个室再合并为一，只是因为还没有完全下定决心，所以还没有合并。全国其他单位也都发生着类似的情况。队伍问题不解决，还能谈什么马克思主义哲学研究的繁荣和发展。

三　正确认识和处理马克思主义哲学研究中的若干重大问题

透过上述现象层次上的问题，我们可以进一步发现还有下列问题制约着马克思主义哲学研究的繁荣和发展，值得我们去思考、研究和解决。下面围绕这些问题，我们简单地谈点看法：

1. 正确认识马克思主义哲学的历史性和当代性问题。历史性是指马克思主义哲学在何种历史条件下产生，在人类历史上具有何种价值、何种地位，存在着什么样的历史局限性；当代性是指马克思主义哲学在当代所具有的指导意义。存在两种极端的观点：一种观点只看到它产生于19世纪中叶而看不到它的普遍性，认为它在现在已经过时；另一种观点为了肯定马克思主义哲学的当代指导意义又走到了另一个极端，否认它是 19 世纪中叶的哲学思潮，甚至认为马克思就是当代哲学家、21 世纪的哲学家。可以看出，前一种观点否认了马克思主义哲学的当代性，后一种观点则又否认了马克思主义哲学的历史性。这两种观点都没有给出对马克思主义哲学的正确评价，都不可能导引我们树立对马克思主义哲学的正确态度并正确地开展对它的研究。我们认为，应该如实地承认马克思主义哲学的历史性、历史特征以及与之不可分割的历史局限性，正因为这样，它在今天受到了当代新科技革命的挑战、时代新特征的挑战、当代社会发展新情况的挑战，回答这些挑战，发展马克思主义哲学，是当代马克思主义者的历史责任；同时，我们应该看到，当年马克思恩格斯回答的时代性问题，今天还仍然存在，马克思主义哲学基本的立场、观点、方法至今仍然有效，它所具有的实践开放性也使它具有广阔的发展空间。总之，只要我们科学地阐明马克思主义哲学的历史性和当代性，马克思主义哲学在今天有没有用的问题就会迎刃而解。

2. 正确认识马克思主义哲学所具有的意识形态性和哲学性、理论性、学术性问题。马克思主义哲学作为工人阶级的社会存在、社会历史地位的观念表达，作为工人阶级的世界观，作为工人阶级在解放自己的同时解放全人类的精神武器，它具有意识形态性、阶级性，这是毋庸讳言的。但意识形态性的哲学表达不同于它的政治表达、法律表达，政治、法律往往是意识形态性、阶级性、利益、意志的直接的、集中的表达，但哲学往往要通过许多中介，曲折迂回地采用世界观、价值观、认识论、方法论的普遍性形式去表达意识形态性、阶级性、利益、意志，并且要通过一套抽象、反思式的哲学概念、范畴进行合乎逻辑的推导和论证。这就是哲学不同于政治、法律等其他意识形态的哲学性、理论性、学术性。马克思主义哲学的这两种特性在本质上是统一的，是应该统一，也能够统一的。把两者对立起来、割裂开来，用一个否定另一个，既不符合马克思主义哲学的本性，也不利于马克思主义哲学的发展。

3. 马克思主义经典文本研究和现实问题研究的关系问题。提倡将马克思主义普遍原理和中国实际结合起来，在理论研究中贯彻理论和实际相结合的学风，把马克思主义经典著作研究和现实问题研究结合起来，是我们党经延安整风之后不断提倡的学风，包括哲学在内的理论界也是努力贯彻的。但是，毛泽东的晚年错误和"文化大革命"破坏了这个优良传统。因此，在改革开放以来，在马克思主义哲学研究中，一种意见主张要"返本"、"回到马克思"

去，当然目前在返到马克思的哪个"本"上存在着争论；相反的意见则认为应该主要开展现实问题研究。目前这两种意见还形成了研究马克思主义哲学的两种思路、两种方法论范式。我们认为，应该在新的实践基础上将这两种研究进行新的结合。应从当前正在做的事情出发、正在研究的问题出发，对马克思主义经典文本进行新的研究、新的发掘、新的解释和新的应用；离开了现实问题的解决，对马克思主义经典文本进行抽象的研究、解释并把自己的解释说成"唯一正确的"、"真正的马克思主义"，这既不可能，也很难为人们接受。

4. 作为指导思想的马克思主义哲学与作为学术研究对象的马克思主义哲学的关系、领袖哲学与学者哲学的关系问题。这两个关系是由意识形态性和哲学学术性关系派生出来的，是马克思主义哲学在应用和发展过程中产生的，特别是在革命胜利夺取政权之后逐渐出现的。我们在很长的时间内不承认这种区分，结果既不利于政治领导也不利于哲学研究事业的发展；当然，不适当地夸大这种区分，甚至否认两者之间的联系、否认这种区分不过是党领导下的事业中分工而已，那也是不对的，也不利于马克思主义哲学研究事业的发展。作适当的区分有好处，作为学术研究对象的马克思主义哲学可以有不同的观点存在、可以有一定的研究讨论空间，这样马哲研究机关和研究队伍就可以成为哲学观念、哲学理论的精神生产基地，为党和国家的领导人提供可选择的理论和观念；而政治家则可从众多的理论、观点中进行选择，以供决策之用，从而提高决策的质量和效率。可喜的是，改革开放以来，这种理论家研究和政治家选择之间的既相分工又相配合的新机制、新体制、新模式，越来越明确、成型，这是值得进一步总结和完善的。

5. 马克思主义哲学基本原理与表现形态多样性之间的关系问题。这是改革开放以来，在考察马克思主义发展时随着用"一源多流"的观点取代"一源单传"的观点之后提出的问题。按照"一源单传"观点，除了单传的正统之外，其他都是非马克思主义的或反马克思主义的，所以，马克思主义哲学基本原理不存在多种表现形式或形态的问题。不同观点之间的讨论，也常常变成了政治讨伐，变成了争正统和讨伐异端。过去，辩证唯物主义、历史唯物主义和实践唯物主义之间的争论就存在过这种情况。辩证唯物主义、历史唯物主义自恃为正统，就把实践唯物主义批为异端、批为反马克思主义、批为唯心主义；而实践唯物主义也把对方批为机械唯物主义、旧唯物主义、是对马克思哲学思想的曲解。双方在争论中都拿出马克思的本本为依据，争夺的仍然是对马克思哲学的"正统"继承权和"唯一"正确的解释权。这种争论至少也有20多年的历史，但目前似乎并没有决出胜负。如果用"一源多流"观点看问题、用马克思主义哲学基本原理可以有多种表现形态的观点看问题，那么我们似乎可以把它们看做马克思主义哲学在传播和演变过程中出现的不同形态。我们认为，辩证唯物主义、历史唯物主义、实践唯物主义实际上是从三个不同的角度表征和规定了马克思主义哲学的性质。实践性、辩证性、历史性是马克思哲学唯物主义的三个本质特征，而实践观点、辩证观点、历史观点又成为马克思哲学唯物主义的三个基本观点。三个基本特征也好、三个基本观点也好，它们是互为前提、互为因果、互相转化的，是不可分割地结合为一个整体的。因此，我们认为，马克思主义哲学不同形态之间的争论应改变过去那种政治攻击的方式，应取真正学术讨论的态度和方式。只有这样的讨论，才能推动马克思主义哲学学科的发展。

6. 建构马克思主义哲学新体系、新形态与问题研究。对20世纪30年代苏联哲学界建构的《联共（布）党史简明教程》四章二节体系，我国哲学界绝大多数学者均不满意，均认为应该建构新的教科书体系，后来又有建构马克思主义哲学新形态的观点；但也有学者认为，马克思主义哲学研究目前根本不是什么建构新体系、新形态，而是研究现实问题。这两种观点的争论也涉及马克思主义哲学研究事业的发展问题。我们认为，只要不是为建构而建构、不是在条件不具备时主观任意地去建构，那么两者并不是绝对对立的。毫无疑问，我们应该牢牢树立问题意识，研究现实问题、回答时代课题是马克思主义哲学得到发展的根本道路。但是问题研究并不排斥和否定必要的体系和形态，相反，回答一定问题的理论成果总要通过一定的体系和形态才能存在和表达。从这个角度看，我们可以说，体系和形态的演变和建构是问题研究进行到一定阶段的必然结果，是研究过程内在发展的必然逻辑。新问题研究的不断进行和积累，就会形成新的问题系统、新的问题结构、新的问题逻辑，于是就可以建构新的体系和形态。

7. 坚持马克思主义哲学基本观点与吸收其他哲学成果的关系问题。马克思恩格斯在创立他们新哲学的时候，曾批判地继承了英国古典经济学、德国古典哲学、法国空想社会主义的积极成果。这为后继者效法，成为马克思主义哲学发展过程中的一个传统。列宁甚至认为马克思主义必须继承人类发展过程中积累起来的全部文明成果。毛泽东也强调马克思主义和中国实际相结合的过程中应该批判地继承中国古代哲学的优秀成果，应该借鉴外国经验。

不过，在相当长的一个时期内，这种批判地继承往往是只有批判而没有继承，其极端的形式就是打倒一切、否定一切的"革命大批判"。改革开放之后，纠正了这种"左"的错误路线和政策，外国哲学研究和中国古代哲学研究得到了繁荣和发展。随着科学社会主义在世界范围内走向低潮、马克思主义声望的降低，马克思主义哲学研究也面临着其他哲学研究的挑战和压力，于是在处理马克思主义哲学与其他哲学关系的时候，侧重点就从批判移向继承和吸收，并形成了"对话"的新提法。应该肯定，这种对话取得了积极成果。不过，也出现了一种新的现象，这就是用当代西方时髦的哲学思潮对马克思的哲学思想作一番阐释、对马克思哲学进行新的包装和论证。从事这种工作的大都是年轻学者，他们的动机也都是好的。我们在保护他们的良好动机和积极性的同时，还是要强调必须在坚持马克思主义哲学的基本的立场、观点、方法的前提下，有分析、有批判地继承、借鉴、吸收其他哲学的积极成果。

8. 坚持马克思主义哲学基本观点与概括具体科学成果的关系问题。马克思恩格斯在创立马克思主义哲学的时候，都十分重视并对当时的具体科学进行了认真、深入、系统的研究和概括，由此也形成了马克思主义哲学研究中的一个传统。不过，在很长时期内，对具体科学成果的研究变成了从具体科学新成果中找例子来证明马克思主义哲学原理的正确性。改革开放以来，这种简单化的做法有了很大的改变。学者们开始更为全面地看待和研究当代具体科学的发展对马克思主义哲学所产生的影响，既看到证实的方面，也看到挑战的方面，并且试图利用当代科学技术的新成果来丰富和发展马克思主义哲学原理。这方面已经取得了一定的成绩和效果。20世纪，人类的科学技术，无论自然科学还是社会科学，都取得了日新月异的发展，过去唯物主义曾因自然科学的划时代的发展而采取了新的存在形态，今天我们也应该在总结和概括当代科学技术发展新成果的基础上，创建马克思主义哲学新的存在形态。

9. 马克思主义哲学原理研究与马克思主义哲学史研究的关系问题。随着马克思主义哲学这两个分支学科的形成，马克思主义哲学研究得到了进一步的深化和发展。改革开放以来，这两个分支学科的建设都取得了显著的成绩。我国马哲界已经尝到了这种分工的甜头。但是，近年来，人们开始感到这种分工分得太清楚、太绝对，反而不利于马克思主义哲学研究的发展。已经发现，研究马哲史的人，常常长于历史知识、历史资料而短于理论把握；相反，研究原理的人，又常常长于理论推导而短于历史资料的掌握。我们认为，分设这两个分支学科是必要的，不过，不要绝对地分，要分中有合、合中有分，从事原理研究的应注意历史研究，从事历史研究的应加强原理研究。原理掌握得越好，越能更深刻地总结和概括历史经验和历史规律；对马克思主义哲学史发展的历史经验和历史规律越是有深刻的了解，就越能清楚马克思主义哲学应该如何发展。

10. 马克思主义哲学基本原理研究与马克思主义基本原理应用研究之间的关系问题。马克思主义哲学原理研究过去仅仅指马克思主义哲学的基本概念、范畴、理论的研究，如世界观（本体论）研究、认识论研究、唯物辩证法研究、历史唯物主义研究等。但是，随着现实问题研究的展开，逐渐在马克思主义哲学原理研究周围形成了一批应用研究的分支学科群，如科技哲学、经济哲学、政治哲学、法哲学、管理哲学、道德哲学、文化哲学、社会哲学、发展哲学、生态哲学等。尽管有些研究还很不成熟，常被讥讽为不像哲学研究，但这种研究还是推动了马克思主义哲学与现实问题研究的结合，无论在推动现实问题的解决还是在推动马克思主义哲学原理的丰富和发展上，都起到了积极作用。显然，把原理研究和应用哲学更好地结合起来，建立起原理研究—应用哲学研究—现实问题研究这三者之间的互动反馈结合的机制及体制，是有利于我国马克思主义哲学研究事业的发展的。

总之，捕捉和回答现实实践和时代性问题，围绕这些问题的解决，对马克思主义哲学经典文本和马克思主义哲学发展史进行新的研究、发掘、解释、总结和概括，不断总结正在进行着的中国特色社会主义建设实践的新鲜经验，不断概括当代科学技术发展的新成果，注意研究当代社会发展的新规律，努力吸收当代外国哲学和中国古代哲学的积极成果，同时根据问题解决的需要进行实践创新、制度创新和哲学理论创新，建构体现马克思主义哲学基本精神、反映当今时代特征、具有中国特色的马克思主义哲学的新形态，是我国马克思主义哲学研究者在 21 世纪所肩负的历史使命。

四　对实施马克思主义理论研究建设工程的几点建议

繁荣和发展马克思主义哲学研究事业，还需要党和国家解决宏观环境方面的问题，为此有下列建议：

1. 中央领导同志关于马克思主义基础理论研究工程的指示，既具有重大的现实针对性，又具有深远的战略意义。工程协调小组决定的调研计划也很及时。我们希望在调研的基础上，经过充分的讨论，制定出一个马克思主义基础理论研究工程的计划、设想或实施方案。

2. 首先要解决的还是对马克思主义基础理论研究重要性的认识问题。只有党政各级领导干部、科研教育部门各级领导同志真正解决了关于它的重要性的认识，马克思主义基础理论研究才能改变日益边缘化的局面。

3. 要研究和解决开展马克思主义基础理论研究中政策问题。前面已经提到，马克思主义基础理论研究的一个重要特点是它在作为研究对象的同时，它又是党的指导思想，因而我们在开展马克思主义基础理论研究的时候，就存在一个既要坚持党的指导思想的一元化又要坚持党的双百方针的问题。过去，我们形成了若干的规矩，如研究无禁区，宣传有纪律等。但太笼统、太零碎，发生了事情之后又没有一个解决事情的标准。近十多年，各级领导抓住不同的学术观点，给研究人员乱扣政治帽子的传闻，还没有听到；但是，研究人员之间还时不时地发生这类现象，如说某人某个观点就是"反对党中央"、"和中央不一致"等。因此我们需要进一步划清学术领域和政治领域的界限，分清可以讨论的问题和不能讨论的问题，明确在什么场合可以讨论、在什么场合又不可以讨论。其实，此类问题在整个社会科学领域中都存在。能搞出一个社会科学法规，当然最好；不过，法规一事不可能马上做到。所以，能否就马克思主义基础理论研究领域，搞一个政策性的规范。当然，规范也不容易搞。但从过去的教训来看，从今后的发展来看，这件事情很重要也很有意义。我们还是应该解放思想、开拓创新，大胆地尝试一下。

4. 要探索和解决开展马克思主义基础理论研究的体制问题。长期以来，马克思主义基础理论研究在课题立项、科研经费、对外交流、岗位设置、人员聘任、职称评定、成果评奖、出版补贴等问题上总是受到来自各个方面各种形式的挤压，使它不得不在各种夹缝中求生存图发展，困难重重。这就是我们提出体制问题的理由。至于什么样的体制好，需要讨论。

5. 整个哲学社会科学的经费还需要增加，应在国家财政中占更大的比例。而马克思主义基础理论研究的经费也应在国家哲学社会科学经费中占更大的比例。为了确保马克思主义基础理论研究的课题经费，建议在国家社会科学基金中设立马克思主义基础理论研究项目。

6. 要重视和加强教材建设。苏联从 20 世纪 30 年代起就重视教材建设，在马克思主义哲学、政治经济学、科学社会主义、党史四大领域内都有权威性的教科书，而且过一段时间，总要全面修订和重版。我们不能为了批判教条主义而否定教科书的作用。我国在 20 世纪 60 年代曾在中宣部领导下进行过基本教材建设，组织编写了马克思主义哲学、马克思主义政治经济学、科学社会主义史、中国共产党党史教材。现在回头看那次的编写，还是很成功的。党的十一届三中全会以来，教育部和一些高校也在不断地进行教材建设，成绩很大，但总体上讲还没有做到对科研新成果的及时反映，也不能完全满足教育和宣传的需要。现在是到了再次大规模地进行基本教材建设的时候了。最好还是由中央出面主持和组织。教材建设要符合学术和教育发展规律。既可以统一，也可以搞几个本子，凡有学派存在的，应该让各家各派都编出权威性的教科书来。

7. 要特别重视解决中青年学者的各种困难，要积极创造条件，使他们能够在马克思主义基础理论研究岗位上安下心来，使他们能够静下心来专心致志、"面壁十年"地从事研究。

繁荣发展哲学社会科学的必由之路[*]

以胡锦涛为总书记的党中央今年年初发出了《中共中央关于进一步繁荣发展哲学社会科学的意见》，最近中共中央政治局在进行第十三次集体学习时又将繁荣和发展我国哲学社会科学作为学习内容，胡锦涛在主持学习时发表了讲话，他强调要始终坚持马克思主义的指导地位，大力推进哲学社会科学繁荣发展。在这个时候，清华大学人文学院哲学系、国际社会科学杂志、中国社会科学杂志社联合举办"社会科学与当代中国社会问题"学术研讨会，真可谓适逢其时。至少说明党中央和我们学术界思考着同样的问题。下面就社会问题和社会科学的发展谈点看法，算是对会议发起者的一个响应。

一 社会问题是社会科学产生和发展的动力

问题是科学研究的起点和归宿。一个具体的科学研究过程既起始于问题的确定，又终结于问题的解决。英国科学哲学家波普把科学研究过程概括为问题1→假设→证伪→问题2的逻辑过程，就是强调了问题在科学研究过程中的重要地位。我们看到，在波普概括的这个科学研究逻辑过程中，问题1就是这个研究过程的起点、出发点，正是问题1推动着人们学习和思考、实验和观察，推动着人们去研究，人们提出各种假设的理论是为了回答和解决问题1；证伪的过程就是暴露谬误的过程，实际上也是检验假设是否正确的过程；而检验过程中产生的问题2，则又推动着人们进入一个新的研究过程。

　＊　本文是递交给学术讨论会的文稿，会后其压缩稿以《问题研究与哲学社会科学的使命》刊于《光明日报》2004 年 7 月 27 日 B4 版、《中国社会科学文摘》2004 年第 6 期，全文刊于《马克思主义研究》2004 年第 6 期。

如此往复，人们就会不断丰富和发展自己的认识成果，向客观世界的广度和深度进军。

科学家很重视问题的价值和意义。爱因斯坦说："提出一个问题往往比解决一个问题更重要。因为解决问题也许仅是一个数学上的或实验上的技能而已，而提出新的问题，新的可能性，从新的角度去看旧的问题，却需要有创造性的想象力，而且标志着科学的真正进步。"① 维纳也说："只要科学家在研究一个他知道应该有答案的问题，他的整个态度就会不同，他在解决这个问题的道路上几乎已经前进了一半。""只要我们没有提出正确的问题，那么我们就永远也不会获得对问题的正确答案。"②

马克思从哲学社会科学研究的角度论述了抓住时代迫切问题的重要性。他说："一个时代的迫切问题，有着和任何在内容上有根据的因而也是合理的问题共同的命运：主要的困难不是答案，而是问题。因此，真正的批判要分析的不是答案，而是问题。正如一道代数方程式只要题目出得非常精确周密就能解出来一样，每个问题只要已成为现实的问题，就能得到答案。世界史本身，除了用新问题来回答和解决老问题之外，没有别的方法。因此，每个时代的谜语是容易找到的。这些谜语都是该时代的迫切问题，如果说在答案中个人的意图和见识起着很大作用，因此，需要用老练的眼光才能区别什么属于个人，什么属于时代，那么相反，问题却是公开的、无所顾忌的、支配一切个人的时代之声。问题是时代的格言，是表现时代自己内心状态的最实际的呼声。"③ 毛泽东在延安整风反对主观主义、宗派主义和党八股的过程中也多次论述了问题的重要性。他主张，要有目的地去研究马克思列宁主义的理论，要使马克思列宁主义的理论和中国革命的实际运动结合起来，是为着解决中国革命的理论问题和策略问题而从马克思列宁主义那里找立场、找观点、找方法的。他认为，这种态度，就是有的放矢的态度。"的"就是中国革命，"矢"就是马克思列宁主义。我们中国共产党人之所以要找这根"矢"，就是为了要射中国革命和东方革命这个"的"的④。他还主张把对实际问题

---

① ［美］A. 爱因斯坦、I. 英费尔德：《物理学的进化》，周肇威译，上海科学技术出版社1962年版，第66页。

② ［美］N. 维纳：《人当人来使用》，《维纳著作选》，钟韧译，上海译文出版社1978年版，第113、175页。

③ 《马克思恩格斯全集》第1卷，人民出版社1995年版，第203页。

④ 《毛泽东选集》第3卷，人民出版社1991年版，第801页。

的说明情况作为党校学员掌握马克思列宁主义程度的标准，他说，我们党校的同志不应当把马克思主义的理论当成死的教条。对于马克思主义的理论，要能够精通它、应用它，精通的目的全在于应用。如果你能应用马克思列宁主义的观点，说明一两个实际问题，那就要受到称赞，就算有了几分成绩。被你说明的东西越多，越普遍，越深刻，你的成绩就越大。现在我们的党校也要定这个规矩，看一个学生学了马克思列宁主义以后怎样看中国问题，有看得清楚的，有看不清楚的，有会看的，有不会看的，这样来分优劣，分好坏①。

上述自然科学家和哲学社会科学家的论述既是对他们自己经验的概括，也是对科学发展过程的总结。科学发展过程是在发现问题、分析问题、解决问题的过程中实现的。就社会科学而言，我们完全可以说，社会问题的发现和解决推动了社会科学的产生和发展。

人类的古代，虽然近代意义上的自然科学和社会科学还没有从哲学中分化出来，但我们的祖先还是开始了对自然、社会及人自身的认识，表现为神话、宗教和哲学。那时的认识，从我们现代的观点去看，也许是相当幼稚的、肤浅的，甚至谈不上科学，但是它们回答着当时人类在生存和发展中遇到的问题，其中积极成果构成了后来哲学社会科学发展的思想资料。中华民族形成和发展过程中许多社会问题的出现和解决推动了中国古代文化的形成和发展。秦汉以后，中央集权统一国家的形成和发展，导致了儒学在中国古代文化中的主体地位。

在欧洲，古希腊罗马哲学和文化的产生，既以奴隶制的存在为前提，又是在解决奴隶社会的经济、政治、文化等社会问题的过程中得到繁荣和发展的。据记载，雅典城邦奴隶制形成时期，政权掌握在由原始公社末期的氏族贵族转化而来的贵族奴隶主手中，后来随着工商业奴隶主的产生，掀起了平民反对贵族的斗争，出现了代表工商业利益的社会改革，在雅典建立了奴隶主的民主政治，于是产生了古希腊的民主理论。

15世纪开始的欧洲文艺复兴运动及后来的资产阶级启蒙思想运动，则是适应了当时正在迅速发展着的市民阶层及后来主要由这个阶层所形成的资产阶级的发展要求而出现的，它们对近代欧洲社会乃至世界产生了巨大的社会影响。资产阶级的思想家、理论家高举理性的旗帜，批判中世纪宗

---

① 《毛泽东选集》第3卷，人民出版社1991年版，第815页。

教神学倡导的迷信和盲从，"他们不承认任何外界的权威，不管这种权威是什么样的。宗教、自然观、社会、国家制度，一切都受到了最无情的批判；一切都必须在理性的法庭面前为自己的存在作辩护或者放弃存在的权利"①。他们高举人道主义的旗帜，用人权反对神权，用人性反对神性，用资产阶级的自由、民主、平等、正义的口号批判宗教和封建的特权和等级制度。这些新思想、新观念把人们从宗教神学中解放出来，去探索自然、社会和人自身，导致了近代自然科学、社会科学、人文科学的产生和发展，导致了工业革命；这些新思想、新观念也培育了资产阶级革命精神，为资产阶级革命的兴起和胜利后的资产阶级统治进行了思想理论上的准备。华勒斯坦等指出："当时，主权在'民'正迅速地成为一项通则，社会变革似乎已是大势所趋。然而，若要对社会变革进行合理的组织，那就必须首先去研究它，了解支配它的种种规则。这就不仅为我们后来称为社会科学的那一类学科提供了发展空间，而且还对它们产生了深刻的社会需求。"②

19 世纪，人们试图在经验发现的基础上确保并推进关于"实在"的"客观"的知识，社会科学领域中出现了不同学科的创立。当时社会科学研究主要集中在英国、法国、日耳曼国家、意大利半岛诸国以及美国这五个地区，为了探寻历史规律，形成了历史学；为了解决商业经营和财政管理中的问题，形成了经济学；为了探寻制约着具有历史特殊性的社会系统的种种规则，逐渐建立了社会学；为了探寻现代国家及其政治变化的规律，形成了政治学；随着欧美资本主义国家对其他地区和国家的入侵和征服，他们遇到了不同的民族和社会结构，对这些民族的研究构成了一个新的学科领域，被称为人类学。1945 年以后，在美国最引人注目的学术创新领域就是地区研究，这是因为美国要在全球范围内发挥作用，就需要了解全球不同地区的形势和问题，就需要这方面的专家。后来，苏联、西欧及许多其他国家也出现了类似的研究计划，其主旨也是如此；同时在第二次世界大战以后，为了解决发达国家的经济复兴问题和民族独立国家的发展问题，开辟了另一个新的学术研究领域，这就是现代化/发展理论的研究领域。地区研究和现代化/发展研究都需要多门传统学科集结在一起进行共同研究，这就导致了社会科学领域中出现

---

① 《马克思恩格斯选集》第 3 卷，人民出版社 1995 年版，第 355 页。

② ［美］华勒斯坦等著：《开放社会科学》，刘锋译，生活·读书·新知三联书店 1997 年版，第 10 页。

了"跨学科"和"多学科合作"的新的发展趋势。

19 世纪中叶，马克思恩格斯根据无产阶级解放事业的实践需要，批判地考察了德国古典哲学、英国古典经济学、法国空想社会主义，创立了唯物史观、剩余价值学说，把社会主义从空想变成科学。在人类思想史上实现了革命变革的马克思主义成为无产阶级和广大劳动人民从事阶级斗争、革命和求解放的科学理论和思想武器。在马克思主义产生以前，在资本主义社会内在矛盾的推动下，已经出现了工人起义和社会主义、共产主义运动，但都因没有科学理论的指导而失败了。马克思主义产生以后，逐渐战胜了工人运动中各种非马克思主义思潮，实现了无产阶级的国际大联合，建立了第一国际和第二国际，继后一系列国家中又建立了无产阶级政党，把工人和社会主义运动推向了无产阶级革命的新阶段。19 世纪末 20 世纪初，列宁科学地分析了资本主义从自由竞争阶段走向垄断阶段所出现的时代特征，批判了第二国际领导人不敢革命不敢夺取政权的错误理论，利用第一次世界大战造成的有利形势，领导俄国社会民主工党成功地举行了十月社会主义革命，在世界上建立了第一个工农兵政权，把社会主义从科学理论变成了实际的实践。在十月革命的影响和马克思列宁主义的指导下，20 世纪上半叶在亚洲、欧洲、拉丁美洲、非洲出现了一次又一次的无产阶级革命和民族解放运动的高潮。十月革命一声炮响，给中国的先进分子送来了马克思列宁主义。中国共产党在马克思列宁主义的指导下，把孙中山开创的资产阶级民主革命推向了由无产阶级领导的新民主主义革命阶段，经过几次曲折之后，实现了马克思列宁主义和中国实际相结合的第一次历史性飞跃，产生了马克思列宁主义中国化的第一个理论成果——毛泽东思想。

无产阶级革命并没有如马克思恩格斯设想的那样在工业发达的资本主义国家同时取得胜利而是首先在经济文化相对落后的俄国、中国这样一些国家获得了胜利，马克思虽然设想过在某些历史前提存在的条件下，俄国这样的国家有可能跨越资本主义的"卡夫丁峡谷"而直接进入社会主义社会，但俄国革命成功的时候，马克思讲的那些历史条件实际上并不存在，因此这类国家的无产阶级政党在掌握了全国政权之后如何建设社会主义，在马克思恩格斯的著作中并没有现成的答案。列宁在十月革命后的头几年实行了战时共产主义政策，受挫后改行新经济政策，取得了初步成效；斯大林在列宁逝世后中断了新经济政策，逐步形成了以中央集权的行政计划经济体制为主要特征的社会主义实践的斯大林模式，这个模式在战争与革命的环境中曾经推动过生产力的发展，后来随着时代特征的逐步变化和内部矛盾的逐步展开，这个模式逐渐丧失了它对生产力发展和人民生活水平改善的积极作用。20世纪50年代，斯大林模式的某些问题暴露出来后，南斯拉夫等东欧国家开始探索新的社会主义实践模式，以毛泽东为核心的中国共产党第一代领导集体也开始探索中国的工业化道路。这些探索终因未能从根本上突破中央集权的行政计划经济体制而未能取得成功。中国"文化大革命"的失败、苏联的解体、东欧的剧变，在不同的时间以不同的形式宣告了斯大林模式的失败。中国共产党十一届三中全会以后，以邓小平为核心的党中央第二代领导集体，纠正了毛泽东的晚年错误，恢复和倡导了解放思想、实事求是的马克思主义思想路线，总结了我国社会主义胜利和挫折的历史经验，借鉴了其他社会主义国家兴衰成败的历史经验，对当今时代特征和我国社会所处的历史阶段作出了科学的正确分析，抓住"什么是社会主义、怎样建设社会主义"这个根本问题，在新的实践基础上继承前人又突破陈规，深刻地揭示社会主义本质，把对社会主义的认识提高到新的科学水平，开拓了马克思主义的新境界，实现了马克思列宁主义和中国实际相结合的第二次历史性飞跃，创立了邓小平理论。党的十三届三中全会以来，为了解决从传统的计划经济体制向社会主义市场经济体制转轨过程的种种问题，以江泽民为总书记的党中央领导集体丰富和发展了邓小平理论，提出了"三个代表"的重要思想；党的十六大以来，为了解决贯彻十六大精神全面建设小康社会过程中的各种问题，以胡锦涛为总书记的党中央领导集体提出了科学发展观，使中国特色社会主义发展理论得到了新的丰富和发展。

　　总而言之，古今中外的社会科学都是在发现和解决现实社会问题的过程中得到发展的。社会问题的提出、研究和解决是社会科学得以存在的生命线、是社会科学得以发展的源泉和动力。

二　回答当代社会问题是我国社会科学的崇高使命

　　胡锦涛指出，"紧密结合新的实践不断创新，是我国哲学社会科学繁荣发展的必由之路。哲学社会科学界要切实担负起自己的历史责任，瞄准学术发展前沿，打开认识视野，拓展思维空间，既立足当代又继承传统，既立足本国又学习外国，大力推进学术观点创新、学科体系创新和科研方法创新，努力建设具有中国特色、中国风格、中国气派的哲学社会科学"。他又指出，

"哲学社会科学界要大力发扬理论联系实际的优良学风，围绕改革开放和现代化建设亟待解决、广大干部群众关心的重大理论和现实问题，深入调查研究，深入钻研探索，组织协同攻关，努力拿出无愧于时代的成果，更好地为人民服务、为党和政府决策服务"①。我国哲学社会科学界要实现胡锦涛同志提出的这些要求、要切实担负起自己的历史责任、要拿出无愧于时代的成果，首先应当做到的一条，就是必须回答当代社会问题，特别是当代中国社会问题。回答当代社会问题是我国社会科学的崇高使命，也是繁荣和发展我国哲学社会科学的切入点。

1. 这是全面建设小康社会的必然要求

十六大确立的全面建设小康社会的奋斗目标，是中国特色社会主义经济、政治、文化全面发展的目标。十六大以来的实践表明，这个目标很有号召力、鼓舞力，全面建设小康社会已经深入人心。我们相信，在党的领导下经过全国人民的奋斗，全面建设小康社会的目标一定能够实现。但是，我们也要看到实现全面建设小康社会的目标既不可能轻而易举也不可能一帆风顺。我们既要看到现在是我国发展面临的难得的战略机遇期，也要看到我国的发展面临着严峻的挑战和巨大的风险。国际经验表明，走出低收入国家并向中等收入国家迈进的阶段，对任何国家的成长来说都是一个极为重要的历史阶段。这个时期，快速发展的各种基础条件已经具备，如果处理得当，就能抓住战略机遇期，使经济社会发展再上一个新台阶。但这个时期，往往也是人口、资源、环境等矛盾突出、瓶颈约束加剧的时期，如果处理不当，就可能丧失发展机遇，导致经济增长徘徊。

所谓人口、资源、环境等矛盾突出、瓶颈约束加剧，我们可粗略地列举如下：

能源、资源的约束：改革开放以来，我们用能源消费翻一番支撑了前一个 GDP 翻两番。再实现 GDP 翻两番，即使仍按能源再翻一番考虑，也面临着很大困难。目前，我国煤、电、油、气等能源供不应求的局面已经出现，耕地资源、矿产资源、海洋资源等资源面临的形势也十分严峻。我们正在利用海外能源资源来弥补国内能源资源的短缺，但大量进口海外能源资源也存在很大的风险，而且我们的进口需求也不可能无限地得到满足。

生态环境问题：改革开放以来，我国经济发展取得了举世瞩目的成就，

---

① 《人民日报》2004 年 5 月 29 日。

但也出现了严重的环境污染和生态破坏。水资源短缺、水体污染、水生态失衡，给环境安全带来了严重后果；大气环境处于严重污染水平，污染物排放总量上升，城市空气污染严重，酸雨污染依然突出，室内污染危害加大；固体废弃物和噪声污染日益突出，放射性污染形势严峻；生态环境退化严重，土地生态系统衰退，土地沙化严重，森林生态系统质量下降，草地退化严重并成了重要的沙尘源区；生物多样性锐减，遗传资源流失，外来物种入侵加剧。

"三农问题"：改革开放以来，农村经济体制和社会经济结构发生了深刻变化，农业生产得到了很大发展，农民生活水平有了很大的提高。但是，在新的发展阶段，农村发展面临着新的矛盾和问题。20 世纪 90 年代末期以来农民收入增长进入低谷期，据国家统计局抽样调查，2000—2002 年，增收农户占总农户的 56.4%，收入持平农户占 1.6%，减收农户占 42%。全国农村有近 3000 万人尚未解决温饱问题，近 6000 万人处于低水平、不稳定的温饱状态。社会发展滞后于经济发展的问题，在农村更为突出。可以说，"三农"问题已经成为制约国家进一步发展的"瓶颈"。

地区差距拉大问题：新中国成立初期，全国 70% 以上的工业和交通运输设施集中在占全国面积不到 12% 的东部沿海地带。1952—1978 年，区域政策几经变化，东、中、西部在全国经济总量中所占的比重变化不大。改革开放以来，纵向比较，各个地区都有很大发展；横向比较，地区差距明显拉大。如果以西部地区包括广西、内蒙古计算人均 GDP，1980 年东部地区比全国平均数高 34%，2002 年高 53%；同期，中部地区从相当于全国平均水平的88% 下降到 75%，西部地区从 70% 下降到 59%。

收入差距拉大问题：改革开放以来，一方面，一部分人、一部分地区先富起来，拉开了差别，打破了平均主义大锅饭，调动了人们的积极性；另一方面，又出现了人们收入分配差别不断拉大的新问题。根据国际上多年测量的数据，基尼系数在 0.3—0.4 时，为中等不平等程度，是较为合理的收入差距警戒线。根据国家统计局测算，我国城乡居民收入差距上升，1988 年基尼系数为 0.341，1990 年为 0.343，1995 年为 0.389，1999 年为 0.397，2000年为 0.417。根据五等分的测量方法，我国最贫穷的 1/5 家庭收入仅占全部收入的 4.27%，次贫穷的 1/5 占 9.12%，中间的 1/5 占 14.35%，次富有的1/5 占 21.13%，最富有的 1/5 占 50.13%。根据美国 1990 年的数据，美国最贫穷的 1/5 家庭收入占全部收入的 4.6%，而最富有的 1/5 占 44.3%。贫富差距逐渐出现的结果是开始出现高收入层。与高收入层相对照的是出现了低收入层，尤其是出现了城乡贫困人口。随着以收入差别为主的全面社会差别的拉开，以利益矛盾为主要表现的各类人民内部矛盾突出，干群关系紧张，社会不稳定因素增加。

就业不充分问题：就业不充分是当前我国经济社会发展中的一个紧迫问题。我国近13亿人口，年龄为15—64岁的劳动力有9.09亿，比整个发达国家的人口还多3亿以上，劳动力总供给远远大于需求。就业形势十分严峻，失业问题比较严重。2003年城镇登记失业率为4.3％。2002年，全国农村劳动力4.9亿人，农村种植业、养殖业仅容纳1亿左右劳动力，乡镇企业从业人员1.33亿人，外出务工9900万人，农村剩余劳动力近1.5亿人需要逐步转移。1987—2001年，全国耕地被征用2400多万亩，3400万农民失去土地或减少耕地。失地农民成为"种田无地、就业无岗、低保无份"的"三无农民"。值得注意的是，在失业成员中就业困难的人数在不断增加，主要为35岁以上的人员、长期下岗失业者和低技能的劳动者。

经济增长与社会事业发展之间的不平衡问题：经济增长与社会事业发展"一条腿长，一条腿短"，是当前我国经济社会发展不协调的一个突出问题。有些地方在经济增长的同时，一定程度上忽视了对社会事业的投入、建设、完善和发展，教育、科技、卫生、文化等社会事业发展相对落后。公共教育体系、科技创新体系、公共卫生体系、文化事业体系以及社会救助体系、社会保障体系、社会危机处理体系等各项社会事业体系没有相应建立和发展，有的甚至很不完善，非常滞后。

经济增长与人的全面发展之间的不平衡问题：在改革开放和现代化建设进程中，有些地方、有些部门还存在着忽视人的全面发展的问题，还存在着对全面提高人的身心健康素质、思想道德素质、科学文化素质，保护和改善人的生存环境、劳动环境、社会活动环境等方面，重视和落实不够的问题。特别是有个别企业，置员工的生命安全不顾，必要的劳动保护措施不到位，甚至违章生产，致使重大生产安全事故频频发生，严重危害人民的生命财产安全。值得指出，我国人口老龄化的社会问题开始浮出水面，有文章指出，中国迅速老化的人口面临着三重困难，即没有一个覆盖面很广的全国养老金体系；来自子女的可依赖的资源也很有限；我国的老年人由于知识和健康水平等原因很难像日本老年人那样对经济作出贡献。这三重困难将构成一系列经济、社会和政治上的制约因素，阻碍我国的发展和国力的增强。

经济增长方式问题：经济增长方式就是指依赖什么要素、借助什么手段、通过什么途径来实现经济增长，就是推动经济增长的各种生产要素投入比例及其组合方式。1995 年 9 月 28 日在《正确处理社会主义现代化建设中的若干重大关系》中，江泽民指出，"必须更新发展思路，实现经济增长方式从粗放型向集约型的转变。这种转变的基本要求是，从主要依靠增加投入、铺新摊子、追求数量，转到主要依靠科技进步和提高劳动者素质上来，转到以经济效益为中心的轨道上来"[①]。但由于各种原因，我国经济增长方式上根本性转变还没有实现，还存在着诸如高投入、高消耗、高排放、高污染、不协调、难循环等问题。不从根本上转变经济增长方式，就不可能保持国民经济持续快速协调健康发展、就不能实现全面建设小康社会的目标、就不可能实现可持续发展。因此，转变经济增长方式，走出一条新型工业化道路，是我们在全面建设小康社会过程中所要解决的一个重要问题。

反腐倡廉问题：20 世纪 90 年代以来，腐败成为全世界最为关注的焦点问题，无论是在发达国家还是发展中国家，无论是在大国还是小国，无论是在市场经济国家还是在向市场经济转型的国家，腐败都已成为各国政府和人民面临的最大敌人。腐败也是我国面临的最为严峻的社会问题，它像癌症一样滋生蔓延，腐蚀着党政干部队伍，造成着大量的经济损失，造成着对中国共产党及其领导下的政府合法性的严重挑战。进入新世纪，党风廉政建设和反腐败斗争面临大量新情况、新问题。由于诱发腐败的一些深层次问题尚未完全解决，制约反腐败斗争深入开展的一些因素还存在，今后一个时期腐败现象仍有可能易发多发，反腐败任务还艰巨繁重。

完善社会主义市场经济体制问题：十一届三中全会开始改革开放、十四大确定社会主义市场经济体制改革目标以及十四届三中全会作出相关决定以来，我国经济体制改革在理论和实践上取得重大进展。社会主义市场经济体制初步建立，公有制为主体、多种所有制经济共同发展的基本经济制度已经确立，全方位、宽领域、多层次的对外开放格局基本形成。改革的不断深化，极大地促进了社会生产力、综合国力和人民生活水平的提高，使我国经受住了国际金融动荡和国内严重自然灾害、重大疫情等严峻考验。同时也存在经济结构不合理、分配关系尚未理顺、农民收入增长缓慢、就业矛盾突出、资源环境压力加大、经济整体竞争力不强等问题，其重要原因是我国处于社会

[①]　《江泽民论有中国特色社会主义（专题摘编）》，中央文献出版社 2002 年版，第 97 页。

主义初级阶段，经济体制还不完善，生产力发展仍面临诸多体制性障碍。为此，党的十六届三中全会作出了《中共中央关于完善社会主义市场经济体制若干问题的决定》，提出的目标是，按照统筹城乡发展、统筹区域发展、统筹经济社会发展、统筹人与自然和谐发展、统筹国内发展和对外开放的要求，更大程度地发挥市场在资源配置中的基础性作用，增强企业活力和竞争力，健全国家宏观调控，完善政府社会管理和公共服务职能，为全面建设小康社会提供强有力的体制保障。提出的主要任务是：完善公有制为主体、多种所有制经济共同发展的基本经济制度；建立有利于逐步改变城乡二元经济结构的体制；形成促进区域经济协调发展的机制；建设统一、开放、竞争、有序的现代市场体系；完善宏观调控体系、行政管理体制和经济法律制度；健全就业、收入分配和社会保障制度；建立促进经济社会可持续发展的机制。

物质文明、政治文明、精神文明三者协调发展问题：随着社会主义市场经济体制的建立、社会主义现代化建设的发展和人民群众物质生活水平的提高，我们在物质文明建设上取得了举世瞩目的成就，同时我们在推进政治体制改革、发展社会主义民主政治、建设社会主义政治文明，以及在大力发展社会主义文化、建设社会主义精神文明方面也取得了明显的成绩。不过，同物质文明建设相比，后两者的发展和建设存在着相对滞后的问题。政治体制的改革滞后于经济体制的改革，经济领域中许多问题长期解决不好，其根源常常是由于政治体制中缺乏有效的科学决策机制和民主监督管理机制。精神文明建设与人们的思想道德精神状况与经济增长也不相称。一些腐朽没落的思想观念还在对人民群众产生着腐蚀作用，有些地方公民思想道德水平下降，社会风气不好，甚至个别地方出现"经济形势好起来，社会风气坏下去"的现象。因此，这三种文明如何协调发展仍然是我们面临的重大的理论和实践问题。

在全面建设小康社会的过程中，我们要面临和解决的社会问题，当然不止上列十二个。但仅就这十二个问题，我们都可以看出，它们的解决与否，直接制约着全面建设小康社会的目标的实现。对于科学研究人员来说，问题就是研究的对象，就是需要攻克的碉堡，就是需要攀登的高峰，就是需要奔赴的战场，就是必须响应的战斗号角、必须执行的"绝对命令"。因此，研究、回答和解决全面建设小康社会过程中所遇到的各种社会问题，是党和人民对我国社会科学研究工作者的厚望和期盼、是实现社会主义现代化战略目标对我国社会科学研究工作者的客观要求。

2. 这是社会科学研究工作在当前社会分工中的角色使命

社会科学研究作为社会分工中一种职业，在马克思主义政党领导的革命事业的发展过程中，并不是一开始就存在的。马克思恩格斯创立了马克思主义，他们依靠了自己理论的科学性，同时也依靠自己行动中正确的路线和策略，战胜了当时各种错误思潮，开创了马克思主义指导下的国际工人运动。马克思恩格斯集理论研究家与革命实践家于一身。在当时的国际工人运动中，在马克思恩格斯周围云集了一批马克思主义的追随者，他们中涌现出了不少马克思主义理论家，但他们所做的工作，主要还是宣传和解释马克思主义，而且他们的理论工作实际上不过是他们所从事的革命工作的一部分。在当时的国际工人运动中，作为一种职业分工的社会科学研究是不存在的。后来，在俄国社会民主工党（布尔什维克）领导的革命运动和中国共产党领导的革命运动中，在赢得革命胜利建立政权之前，也都不存在作为一种职业分工的社会科学研究和从事这种研究的职业群体。像马克思恩格斯一样，列宁也好、毛泽东也好，依然是集革命家和理论家、政治领袖和精神领袖于一身。这是由当时革命运动所处的内外条件造成的。中国共产党在延安的时期，由于掌握着边区政权，环境相对稳定，所以成立了社会科学研究教育机构，也形成了一支研究队伍。虽然由于条件的限制，当时只是做了一些马克思主义经典著作的翻译解释和党的理论、路线、方针、政策的宣传，但这件事情的影响十分深远，为新中国建立以后的马克思主义指导下的社会科学研究事业开了一个头。

应该承认，无论是十月革命胜利后的苏联，还是全国革命胜利后的中国，都成立了社会科学的研究和教学机构，都建立了专业的社会科学的研究和教学队伍。从这个角度来说，作为一种职业分工的社会科学研究事业已经存在。但是，我们现在不得不承认，在相当长的一个历史时期之内，这样的研究和教学机构、这样的研究和教学队伍，实际上并没有能够从事真正独立的社会科学研究工作，其中大多数的机构和人员往往只是从事着对党的现行理论、路线、方针、政策的宣传和解释，有时也开展某种研究、也进行某些讨论，但最后还是由党的领导人或领导机构出来讲话、表态、作结论，一锤定音。社会科学研究和教学实际上成了现行政治的奴婢、成了党的领导人和领导机构推行政策的工具。因此，在那时，无论是党的领导人和党的领导机构还是社会科学研究和教学工作者都没有正确认识相互之间的关系，没有在相互之间建立正确的社会分工。党的领导人在掌握了全国政权之后，担负着繁重的党政领导事务，他们实际上已经不可能集中时间和精力来进行专门的理论研究工作，可是他们却还要像过去革命时期那样，在当政治领袖的同时还要当精神领袖，还要学术界听命于自己，还要当学术是非的裁判，这就有意无意地否定了社会科学工作者的独立研究空间、扼杀了社会科学工作者在研究工作中的积极性、创造性，而他们匆忙地对学术问题所作的结论、裁判和处理又怎能不出差错呢？毛泽东在20世纪中叶总结斯大林执政时期的经验教训时对此有所领悟，因此提出了百花齐放、百家争鸣的"双百"方针。遗憾的是，由于"左"的指导思想和革命时期留下来的传统惯性，他在实践中并没有真正贯彻"双百"方针，他所发动的"文化大革命"更造成了对社会科学研究事业的严重破坏。

党的十一届三中全会以后，我们党总结了新中国成立以来的历史经验，纠正了毛泽东的晚年错误，进行了思想上、政治上、组织上的拨乱反正，其中也包括重新认识和评价了社会科学事业在党所领导的整个事业中的地位和作用、重新认识和规范了党的领导和社会科学研究工作者之间的关系。在坚持加强党对社会科学事业的领导的同时，提出了要改善党的领导；在坚持马克思主义的指导作用的同时，强调要防止对这种指导作用的简单理解，强调要用发展了的马克思主义来指导我国社会科学研究事业；在坚持党的指导思想不能搞多元化、包括社会科学界在内的全党同志要同党中央在政治上保持一致的同时，强调了学术研究领域要真正贯彻"双百"方针，学术研究要遵循学术发展规律。由于中国特色社会主义事业是科学社会主义发展史上全新的事业，以往经典本本上没有现成的结论，也不能简单地搬用别国的模式，因此每前进一步，总要遇到大量的新情况、新特点、新问题，党需要集中包括社会科学界在内全党、全国人民的智慧进行观念上、理论上、技术上、制度和体制上的开拓创新。于是随着中国特色社会主义建设大业的发展，党中央逐渐明确地提出，要求社会科学研究和教学事业为中国特色社会主义事业提供强有力的思想保证、精神动力和智力支持，为党和政府决策服务。这就在实际上要求社会科学研究和教学队伍成为党和政府决策时的智囊库。这就逐渐形成了政治决策和学术研究、政治家和学问家之间相互分工、相互合作、相互推动、相互理解、相互尊重的良性互动的新关系、新机制、新体制，形成了社会科学研究和教学事业在社会分工中的新角色。在这种新关系、新机制、新体制中，社会科学研究和教学队伍通过自己独立自主的研究，将科研成果贡献给党和人民，由于真正贯彻了"双百"方针，在同一个问题上、同一个领域中就会形成多种观点、理论和解决方案，这就增加了党和政府进行政治决策的选择空间，而党和政府希望社会科学界贡献出自己研究成果的这种要求也在实际上为社会科学界扩大了研究空间。这是一种既有利于加强和改善党的领导，又有利于繁荣和发展我国社会科学事业的好机制。应该说，这种新机制对社会科学研究和教学界的要求不是降低了而是更高、更重了。在过去充当现行政治奴婢和现行政策工具的时候，你只要顺着领导的意图，对现行政治和政策进行宣传和解释就可以交差了，但是现在则要对所谈问题、所研究对象拿出真正有价值的研究成果。所以我们说，研究社会问题，特别是当代中国社会问题，是我国社会科学研究工作在当前社会分工中的角色使命。

3. 这也是我国社会科学自身学术建设的发展要求

胡锦涛指出，紧密结合新的实践不断创新，是我国哲学社会科学繁荣发展的必由之路。哲学社会科学界要努力建设具有中国特色、中国风格、中国气派的哲学社会科学。

为什么要在我国哲学社会科学自身学术建设中提出"具有中国特色、中国风格、中国气派"呢？自在近代西方国家正式产生以来，社会科学一直仿效自然科学，企图建立一种超越具体历史条件、能够成功地应用于世界各国各地区的普遍有效的理论。但是不同观点则认为，社会与自然很大不同的一个特点是它总是处在急剧的变化之中，社会科学家实际上只能研究处于具体时空条件下的社会，超时空存在的具有普遍意义的抽象社会是不存在的。持这种观点的学者认为，直到1945年以前的历史学、经济学、社会学、政治学主要集中在英、法、德、意、美这五个国家，也主要是对这五个国家的社会现实的描述，因而得到的知识不可能适用于其他国家和地区。当然，说从某个国家或地区总结出来的理论完全不具有普遍性、绝对地不能应用于别的国家和地区，这不符合社会历史事实，因为在历史上和在现实中，不同国家、地区之间的成功地进行互相借鉴和学习事实还是很多的；在理论上也说不通，因为这等于否定了不同国家、地区之间的有机联系，否定了不同国家、地区不过是全球人类有机整体中的不同组成部分。但是对于这种普遍性也不应该无条件地夸大。马克思主义自19世纪中叶在欧洲产生之后，在国际工人运动中得到了迅速的广泛的传播，虽然马克思恩格斯一再声明，他们提出的唯物史观并不是超时空的历史哲学，但后人还是把他们的理论视为具有能放之四海而皆准的普遍性。但是，中国共产党应用马克思主义指导中国革命的实践表明，即使马克思主义这种理论，如果对它采取教条主义的态度，机械地搬用，那也是要导致革命失败的。我们党关于"努力建设具有中国特色、中国风格、中国气派的哲学社会科学"的论断就是在总结了我们党在领导中国革命和建设过程中由于对马克思主义采取教条主义、对别国的理论和经验采取教条主义导致革命和建设失败的历史教训之后提出的。

具有中国特色、中国风格、中国气派的哲学社会科学只能建立在回答中国实践问题、中国社会问题的基础上。国外研究和历史研究都是我国哲学社会科学体系不可缺少的组成部分。但是，我们必须看到，国外研究所提供的是外国的经验和理论，历史研究所提供的是历史上的经验教训，它们对于我国当前的学术发展来说只是流而不是源、对于我国现实实践中需要解决的问题来说只具有借鉴和参考的价值。因此，我国哲学社会科学学术发展就不能仅仅局限于国外研究和历史研究，而应该大力建设和发展能够直接满足现实实践发展要求的理论和学科，而这样的理论和学科只有在研究和回答当代中国社会问题的过程中才能得到产生、形成和发展。只有研究和回答当代中国的经济问题、政治问题、文化问题、宗教问题、军事问题、人口问题、发展问题，我们才能建立和发展中国特色社会主义的经济学、政治学、文化学、宗教学、军事学、人口学、社会学，等等。哲学具有抽象性、普遍性、反思性的特点，但仍然具有强烈的实践性、时代性、民族性，哲学也只有捕捉和回答人类认识和实践发展中所存在的时代性问题才能得到实质性的进展，而这样的问题又往往被包含在国家的、地区的、民族的社会问题中。我们只有在捕捉和回答时代性课题，特别是中国特色社会主义建设实践中的重大理论和认识问题的基础上，才能建构出马克思主义哲学的当代形态。

三　要解决好研究社会问题的方法论问题

1. 在批判现实中发现问题

唯物史观认为，在生产资料私有制占统治地位的社会里，由于同生产资料关系上的不同地位、由于在社会生产体系中所处的不同地位、由于获得生活资料的分配方式及收入多寡的不同，社会成员被分裂成利益彼此不同甚至根本对立的社会集团。经济上居于支配地位的社会集团一般也是政治上的统治阶级。现存的社会经济政治制度及意识形态本来就是统治阶级为了实现自身的利益而建立的，因此他们持肯定和卫护的态度。而经济上受剥削、政治上受统治、精神上受奴役的社会集团及人们则对现存的社会经济政治制度及意识形态持否定、批判甚至反对的态度。这样，在肯定者看来，现存社会很好，没有什么问题，应该维护；在否定者看来，现存社会并不十全十美，问题很多，应该改变。根据唯物史观，随着生产力的新发展，生产关系及相应的上层建筑就会从生产力的发展形式转变为生产力发展的桎梏，生产力和生产关系、经济基础和上层建筑之间的矛盾发展就会推动阶级矛盾的发展，于是就会发生革命，早先的否定者、批判者变成了革命者，而早先的肯定者、卫护者则变成了反对革命的反动者。马克思指出："辩证法，在其神秘形式上，成了德国的时髦东西，因为它似乎使现存事物显得光彩。辩证法，在其合理形态上，引起资产阶级及其夸夸其谈的代言人的恼怒和恐怖，因为辩证法在对现存事物的肯定的理解中同时包含对现存事物的否定的理解，即对现存事物的必然灭亡的理解；辩证法对每一种既成的形式都是从不断的运动中，因而也是从它的暂时性方面去理解；辩证法不崇拜任何东西，按其本质来说，它是批判的和革命的。"①　由此可见，只有对现实持批判的否定的态度和立场，才能从现实社会中发现问题、提出问题。当然，对现实中的问题并不是越夸大越好、对现实的批判和否定的态度也不是越极端越好。当一种社会形态在推动经济和社会进步的潜力充分发挥出来之前，是不可能退出历史舞台的。在这种情况下，如果你对这种社会形态存在的问题主观任意地夸大，对它采取否定一切、打倒一切态度的话，你就会犯超越历史阶段的"左"的错误。因此，批判的、否定的、革命的态度还必须同实践的、唯物的、历史的、辩证的态度结合起来。一句话，我们只有在对现实社会及其矛盾作出科学的符合实际的正确分析之后，才能正确地发现问题、提出问题。还必须指出，对现实持批判的态度是要有勇气和胆识的、是要有牺牲精神的。

2. 通过定性和定量分析准确地把握问题

在开始发现问题、提出问题的时候，人们对现实社会状况往往只是作了极为一般的了解，甚至只有一种感性的直观的了解。这时候，人们对自己提出和发现的问题，实际上也处在认识的开始阶段。依靠这种认识马上去解决问题，是很危险的，因为这时候根本不可能提出解决问题的正确方法。毛泽东指出："大略的调查和研究可以发现问题，提出问题，但是还不能解决问题。要解决问题，还须作系统的周密的调查工作和研究工作，这就是分析的

---

① 《马克思恩格斯全集》第23卷，人民出版社1972年版，第24页。

过程。提出问题也要用分析，不然，对着模糊杂乱的一大堆事物的现象，你就不能知道问题即矛盾的所在。这里所讲的分析过程，是指系统的周密的分析过程。常常是问题提出了，但还不能解决，就是因为还没有暴露事物的内部联系，就是因为还没有经过这种系统的周密的分析过程，因而问题的面貌还不明晰，还不能做综合工作，也就不能好好地解决问题。一篇文章或一篇演说，如果是重要的带指导性质的，总得要提出一个什么问题，接着加以分析，然后综合起来，指明问题的性质，给以解决的办法，这样，就不是形式主义的方法所能济事。"① 首先，要确定问题的性质。这就要对问题进行定性分析，就是通过对形成问题的条件、原因、构成问题的各个方面，进行全面、深入、系统的调查研究和分析，确定问题的性质。现实的社会问题往往带有复杂综合的特点，确定其性质并不是一件容易的事情。但是，如果不能准确地确定性质，那就不能正确地解决问题。例如，社会问题有制度性质、体制性质、技术性质、方法性质等的区别，社会矛盾也有对抗性和非对抗性的区别，制度性质的问题还有属于腐朽的没落的制度性问题和属于新生的正在成长中的制度性问题的区别。不同性质的问题和矛盾，只能用不同的方法去解决。其次，还要确定问题的数量、范围、规模，这就要对问题进行定量分析。通过定量分析，我们可以达到对问题的更准确的把握。

3. 在解决问题的过程中实现继承、借鉴与开拓创新的结合

发现问题、把握问题的目的是为了解决问题。人们常说问题本身就包含着问题解决的答案。但在科学研究和改造客观世界的实践活动中，寻找解决问题的答案却并不是一件轻而易举的事情。数学题本身是包含着答案，但如果你不懂能够运算这道数学题的理论、方法、公式，那你就解不了这道数学题，就找不到这道数学题的答案。因此，问题解决的前提，就是要找到能够解决该问题的理论、方法、手段、计划和方案。这种寻找的过程往往就是继承前人、借鉴外人的过程。如果前人或外人那里存在着解决当前问题的理论和方法或前人和外人的理论和方法中存在着当前问题的现成答案，那么我们只要将前人和外人的理论和方法搬过来运用就是了，这个过程当然就不存在什么开拓创新，似乎也没有必要开拓创新。但经常遇到的情况是，前人和外人的理论和方法并不包含解决当前问题的现成答案，一个国家在解决本国问题时简单地照抄照搬别国的理论和模式一般不会成功，这就要求我们围绕着

---

① 《毛泽东选集》第 3 卷，人民出版社 1991 年版，第 839 页。

当前问题的解决，有分析、有批判地从前人、外人理论和方法中继承或借鉴有价值部分，并将它们同当前问题的实际情况结合起来，创造性地提出解决问题的理论、方法和方案。离开了一定问题的解决，继承也好，借鉴也好，就失去了目的性；离开了一定问题的解决，开拓创新也不能落到实处。我们并不是为继承而继承、为借鉴而借鉴、为创新而创新，而是为着解决一定的问题，去继承、去借鉴、去开拓创新，因此解决问题过程也就是实现继承、借鉴和开拓创新相结合的过程。

4. 在解决问题的实践过程中检验和发展理论

形成了、建立了、找到了解决问题的理论、方法和方案，并不等于问题已经解决。这好比我们学习、掌握了一定的数学理论和公式，但是数学题的答案还得经过我们解题的实践才能找到；同样，我们也只有经过各种形式的实践，才能真正解决被我们发现和提出的问题。实践地解决问题的过程，就是先前获得的理论、方法和方案的运用过程、实施过程，同时也是对先前获得的理论、方法和方案的检验和发展的过程。

研究当代我国社会问题，不仅要求我们哲学社会科学工作者本身重视和具备一定的条件，还要求客观的社会环境能为这种研究提供方便的条件。应该承认，由于体制上的、观念上的原因等，客观条件还不是很理想。但是，随着改革开放和社会主义现代化建设的发展，这种研究的客观环境条件会越来越好的，我们一定能够将这种研究推向新的阶段，一定能让这种研究取得更大的成功。

民主的悖论 [*]

一

  民主的政治制度和政治思想，从古希腊产生时起到今天，已经经历了两千五百年的历史，它从一种个别的、偶发的、小范围的社会现象发展为普遍的、必然的、大规模的社会制度和历史趋势，记录了人类政治文明形成和发展的历史过程。民主成为那些为社会进步而奋斗的人们所追求的价值、目标和理想，甚至成为衡量人们思想行为作风的标准，受到了人们的顶礼膜拜。不过，自从民主作为一种政治制度在人类历史上产生以后，它总是在受到一些人的歌颂和赞扬的同时又会受到另一些人的批评和指责。苏格拉底认为城邦民主扭曲了人们对自己的真实利益的理解，并阻碍他们去实现这些利益。柏拉图认为城邦民主所造成的公共生活对合理的人性发展、理解力或政治秩序都有致命的危险。亚里士多德也不是用完全肯定的语气谈论民主制的。他在《政治学》中认为君主制、贵族制和共和制是三种正宗统治形式，而僭主政体、寡头政体和平民政体（民主政体）则是前三种正宗统治形式的"变态政体"。民主政体被他称为最坏政体中的最好的一种。因此，在相当长的一个历史时期内，民主政体的声誉一直不是很好。11世纪到13世纪，意大利出现了一批城市共和国，尽管它们对民主的理论和实践作出了历史性的贡献，但城市共和国的创立者和实践者们却并没有把自己的政治体制称作"民主政治"，"民主"这一词汇在城市共和国诞生的头一个世纪内根本不为人知。13世纪中叶，摩尔贝克的威廉在把亚里士多德的《政治学》译为拉丁文时，选

---

  * 该文原为递交给2004年4月26—28日北京《"政治哲学框架内的民主问题"国际研讨会》论文，后刊于《天津社会科学》2005年第5期。

用了"Democratia"一词去翻译亚里士多德在第三卷中所提到的"人民的统治"这一概念。自此以后,"民主"才成为欧洲政治学说的中心。然后,就是在"民主"这个词广为流传之后,意大利城市共和国的实践者们依然不把他们的制度安排称作"民主"政体。很快人们就以更深的敌意来阐述这一概念。1270年圣托马斯·阿奎那在《论王权》一书中发展了这一看法。阿奎那在对其祖国意大利的自治共和国表现出极大敬意的同时,却把"民主政体"攻击为由大多数人控制的不公正的政体。17世纪英国出现了平等派,主张政治平等,民主也在实际上成为平等派的政治建议,但他们也不使用"民主"这个概念,当时人们仍然认为民主是一种暴民政治。不过,在17世纪中叶,哈林顿和配第倒是把"民主"称为好的平民政体、最好的政府形式。他们的这种观点也没有得到广泛流传。18世纪70年代美国革命开始的时候,革命领袖们所抱有的政治观念实际上是共和概念而不是民主概念,《独立宣言》就宣布美国摆脱世袭君主制,建立新的共和制政府,在实际组建政府的过程中他们实行了一种代表制度。詹姆斯·麦迪逊在《联邦党人文集》第六十三篇中说美国所拥有的不是民主,而是一个共和国,所谓共和国就是"拥有代表体制的政府"。直到80年代后期,人们才开始把新建立的美国政府称为"民主的政府",把新建立的制度称为"代议制民主"。1789年发生的法国大革命在美国革命的激励下彻底废除了君主制,国民议会宣布的《人权宣言》把国家权力的神圣性质赋予了人民主权,不过由于在1789—1794年发生了雅各宾派所造成的恐怖,法国大革命中的极端民主、直接民主受到了英国政治家柏克的批评。90年代中期,美国为数不多的几个民主社团由于支持法国革命中的极端行为,遭到了华盛顿总统的指控并被解散。民主一词也在美国用语中消失,直到19世纪20年代杰克逊等人创立民主党时,民主才又在美国用语中出现。后来随着资产阶级革命在一个又一个国家中的胜利,民主政体也就得到了不断的推广。不过随着资本主义社会矛盾的激化和发展,民主政体的问题也暴露得越来越明显。工人阶级登上政治舞台以后,马克思恩格斯等社会主义思想家、理论家在肯定资产阶级民主的历史贡献的同时,也对它进行了激烈的尖锐的批判,并提出了建立无产阶级的、社会主义的民主政治的理论和主张。1917年列宁领导的俄国十月革命胜利后,无产阶级的、社会主义的民主政治进入实践阶段,经过八十多年的探索,成功和失败并存、经验和教训都有,这种民主政治的建设也不如前人设想的那样顺利。这就不能不推动人们去思考:究竟是什么原因使得民主经历了如此曲折的历程和如此不同的待遇?以往我们只是从民主的主体性、阶级性这个角度去回答这个问题。说民主主体自身的阶级局限性造成了民主的局限性，这当然是有道理的，但好像这种观点并没有说清全部问题。现在看来，民主概念和民主体制自身存在的悖论和矛盾也是造成民主发展过程中种种问题和困难的重要原因。下面我们就来讨论民主概念和民主体制中所存在的悖论。

二

民主的悖论首先表现为民主作为一种政治制度内在地包含着民主和专政的矛盾。民主按其理念、精神和原则是反对专政的，但是它在实现过程中又总是离不开专政，甚至和专政之间互为目的、互为手段。这就使得民主和专政成为民主概念、民主体制内部存在的一种悖论和矛盾。古希腊语中的"民主"（demokratia）就是"人民作主"或"人民统治"。亚里士多德是根据城邦的统治者是一人、少数人、多数人而把希腊政体分为君主制、贵族制和共和制的，并把僭主制、寡头制和民主制作为前三种相应的变态政体的。因此，所谓民主制就是共和制的变态政体，就是多数人（人民）作为统治者的统治制度，就是多数人统治、人民统治。亚里士多德这个规定中并没有对被统治者作出明确的规定，因而随着对被统治者的不同理解，就形成了对民主统治的两种不同的解释，一种认为人民统治就是作为统治者的人民对非人民的统治，民主是处理人民内部、统治者内部矛盾的制度和方法，通过这种处理使人民变成统治者并实现对作为被统治者的非人民的统治；另一种则认为，人民统治是说人民自己统治自己，在这种理解中人民既是统治者又是被统治者，民主被理解为处理统治者与被统治者之间的关系的制度和方法。我们想指出，这两种理解都没有消除我们所提到的民主和统治、专政的矛盾和悖论。

以前一种理解来说，民主的理念、原则和方法只用于人民内部、统治者内部，对非人民的被统治者则采用统治、压迫和专政的理念、原则和方法。应该说，这种理解是比较符合历史和现实中的民主政治制度的。古希腊雅典民主制就是所有公民都是统治者，各级官员和政府任职人员均从公民中产生。高级将领和官员由公民选举产生，其他各级官员由公民抽签产生，每个公民都有担任官职的机会。城邦重大事务均由公民大会表决决定，任何官员不得擅自决定。公民直接参与讨论和通过的法律，代表了公民集体的利益，具有至高的地位，法庭具有至高权威。但是在雅典城邦具有上述权利、参与上述政治活动的公民只占总人口的十分之一，奴隶、妇女和外邦侨民都不享受上述权利，也不能参与上述政治活动。奴隶只是会说话的工具。显然，古希腊雅典民主制是建立在对奴隶的统治、压迫和专政的基础上的。人们首先必须吃、喝、住、穿，然后才能从事政治、科学、艺术、宗教等活动。没有奴隶劳动创造的物质生活和精神生活资料，人们既不可能正常地生活，也不可能进行其他活动。由于奴隶主与奴隶之间在经济上是剥削与被剥削的关系，在政治上也就只能是压迫与被压迫、专政与被专政的关系。这就是说，古希腊雅典民主制中存在着彼此对立的两种精神、原则和方法，民主只实行于公民内部、统治者内部、奴隶主内部，而对于奴隶，奴隶主不讲民主只讲专政。资产阶级民主常常掩盖其专政方面的内容、目的和功能，说资产阶级所实行的民主是纯粹的民主。但资产阶级民主的目的还是为了实现、巩固和加强资产阶级专政，对于要求革命的工人阶级及其他革命人民，资产阶级统治者历来是不讲民主的，军队、警察、监狱和法庭等专政工具的存在就表明了资产阶级国家机器除了讲民主的一面外还有讲专政的一面。资产阶级民主真实地实现于资产阶级统治者内部、形式地实现于接受资产阶级统治的公民社会的内部，而对于反对资产阶级统治的阶级、政党和个人，资产阶级统治者就只讲专政而不讲民主了。

以另一种理解来说，人民不仅通过选举产生政府，而且实际管理政府的权力也在人民手里，是"所有人统治所有人的政府"，人民自己统治自己，既是统治者又是被统治者。古希腊雅典民主制被认为是这种民主的典范。按照我们前面对古希腊雅典民主制的分析，把这种民主制理解为人民自己统治自己，显然不符合实际情况。不过在这里，我们先把这种理解是否符合实际的问题抛开不谈，就把民主理解为处理统治者与被统治者的关系而言，是不是排除了民主与统治、专政之间的矛盾了呢？在一个社会成员被分成利益彼此根本对立或对抗的不同社会集团的共同体中，所有人都当统治者是根本做不到的、不可能的，一般而言，在这种社会中，政治上处于统治地位的往往就是在经济上处于支配地位的阶级、就是剥削阶级，而被剥削阶级则一般地处于被支配、被统治的地位，根本不可能存在统治者就是被统治者、被统治者就是统治者的情况。剥削阶级与被剥削阶级之间、统治阶级与被统治阶级之间的矛盾在一般情况下属于敌我之间的对抗性矛盾，是无法用民主的方法去解决的，但在一定的历史条件下，当这种矛盾具有人民内部的、非对抗性的性质的时候，这种矛盾就可以用民主的方法去解决。但由于这种矛盾毕竟具有对抗性的一面，用民主方法去解决这种矛盾也只能是局部的、暂时的。当被统治阶级、被剥削阶级拒绝接受被剥削被压迫的现实时，剥削阶级、统治阶级就会抛弃民主方法而改用专政的方法；当剥削阶级、统治阶级拒绝缓和或减轻剥削和压迫时，被统治阶级、被剥削阶级就会用反抗和革命的方法回答剥削和压迫。可见，在阶级社会中，用民主方法来处理统治者和被统治者关系的时候，它不可能绝对排除专政的方法。

　　民主政体中民主与统治、专政之间的不可分离性形成于原始社会向阶级社会的过渡过程中、根源于阶级社会中对抗性矛盾和非对抗性矛盾的存在。在原始社会中，民主方法就是用来处理非对抗性矛盾的；那时还没有产生对抗性的社会矛盾，也没有形成解决这种矛盾的专政方法。随着阶级社会产生和发展，社会矛盾中除了非对抗性矛盾之外，还存在着对抗性矛盾，还形成了解决这种矛盾的专政方法。对抗性和非对抗性这两类社会矛盾之间存在着互为前提、互相制约的辩证关系，对抗性矛盾的解决依赖着非对抗性矛盾的解决，非对抗性矛盾的解决又依赖着对抗性矛盾的解决，正是这两类矛盾在存在、发展和解决的过程中所存在的这种依赖关系决定了民主和专政在政治制度中的不可分离性。在阶级社会发展的不同的历史阶段上出现的民主政体，都不可避免地包含着具有特定历史内容的专政，实际上都是具有特定历史内容的"人民民主专政"。只要面临着解决对抗和非对抗两类社会矛盾的现实任务，民主政体就不可避免地包含着民主和专政这两个方面，不可避免地存在民主和专政之间的矛盾。只有随着社会历史条件的成熟、随着对抗性社会矛盾逐渐失去其对抗性质并逐渐转化为非对抗性社会矛盾，民主政体中专政方面才会逐渐消亡。

三

　　民主政体被亚里士多德定义为多数人的统治，这就使它不可避免地内在地包含着多数人和少数人的矛盾，即名义上的多数和在实际上往往是少数的悖论。实际上，亚里士多德所讲的统治者是多数人，可以有两种不同的理解：一种是就统治者本身的人数对不同的政体进行比较，比如说君主制、僭主制的统治者是一人，贵族制、寡头制的统治者少数人，共和制、民主制的统治者是多数人，这种比较并不回答一种政体内部统治者与被统治者之间的人数比例，因此当说共和制、民主制的统治者是多数人的时候并不一定意味着在这种政体内部统治者的人数多于被统治者的人数；另一种是就一种政体内部统治者与被统治者的人数比例对不同政体进行比较，这时说共和制、民主制的统治者是多数人的时候就一定意味着在这种政体内部统治者的人数多于被统治者的人数。1270 年圣托马斯·阿奎那在《论王权》一书中就是这样理解的。他把民主政体说成是不公正的而且由大多数人控制的政体，就是一种平民政体，是普通群众仅仅依靠人数众多的力量而压迫富人的政体，他还把全体人民说成暴君。究竟哪一种理解更符合亚里士多德的本意，值得研究。如果亚氏把奴隶也当作人的话，那他自己的理解只能属于前一种；但在亚氏看来，奴隶是会说话的工具而不包括在人的范畴之内，这样亚氏自己的理解就属于第二种。历史上的剥削阶级历来不把被剥削阶级当人看待，因此他们实行的民主都没有被剥削阶级的份。如果把奴隶也包括在内统计人数，那么古希腊雅典民主制的所谓多数人统治，实际上还是少数人统治。有的学者认为在雅典最繁荣的时期，境内人口约在 40 万，其中奴隶 20 万，外邦侨民 3.2 万，公民及其家属 16.8 万。所谓公民，亚氏界定为"有权参加议事和审判职能的人"，具有这种权利的公民约 4 万，仅占总人口的十分之一。资产阶级民主制否定了前资本主义社会中所存在的各种人身依附关系，实现了上帝面前人人平等、法律面前人人平等、市场面前人人平等，按照法律规定公民拥有选举权和被选举权。和封建主义的政治制度相比，资产阶级民主制在实现自由、平等、民主、文明的道路上迈进了具有世界历史意义的一步。但在资产阶级民主制中，只有拥有相当资本或被资本选中的人才能真正进入统治阶层，因此这种民主制仍然是少数人统治多数人的政治制度。

为什么剥削阶级所实行的民主制都是少数人对多数人的统治？这是因为剥削阶级的人数在总人口中总是只占少数。作为统治阶级的剥削阶级在民主制中虽然可以做到尽可能让本阶级的更多成员，甚至是全体成员参与统治，但和被统治阶级的人数相比，还是处于少数。国家政权属于政治上层建筑，是在一定的经济基础上产生又为一定的经济基础服务的。在阶级社会中经济上处于支配地位的剥削阶级，一定会把国家政权掌握在自己手中，以便用它来维护经济上的地位和利益。因此，第一，剥削阶级决不会让被剥削阶级和它分掌国家权力；第二，被剥削阶级，特别是被剥削的劳动阶级在文化和管理能力上，在一般的情况下，也很难竞争得过受过良好教育的剥削阶级成员。历史上发生过多次奴隶暴动、农民起义，他们在暴动和起义的过程中也提出过平等的、民主的思想，但由于缺乏文化和管理能力，暴动和起义或者失败或者胜利以后在剥削阶级影响下变质。因此，在工人阶级登上历史舞台并在革命中夺取政权之前，在国家政治制度层面上的多数人对少数人的统治从来就没有出现过。在剥削阶级居于统治地位的历史阶段上，把民主政治规定为多数人对少数人的统治，必然会使自己陷入理论和实践之间的矛盾和分裂。

1871 年 3 月，巴黎工人在起义胜利后，曾建立以真正民主制度为基础的工人政府；1917 年 10 月，俄国十月革命胜利后，列宁领导俄国人民建立了苏维埃社会主义民主政治制度，从实践和理论上对无产阶级的、社会主义的民主政治作了进一步的探索。在十月革命胜利后的头几年，列宁曾经用了大量笔墨论述苏维埃社会主义民主制度的优越性，其中有一条就是他认为包括资产阶级民主在内的以往的剥削阶级的民主都是少数人享用的民主，而苏维埃的社会主义民主则是绝大多数人享用的民主。他说："极少数人享受民主，富人享受民主，——这就是资本主义社会的民主制度。"又说："无产阶级专政，向共产主义过渡的时期，将第一次提供人民享受的、大多数人享受的民主，同时对少数人即剥削者实行必要的镇压。只有共产主义才能提供真正完全的民主，而民主愈完全，它也就愈迅速地成为不需要的东西，愈迅速地自行消亡。"[①] 列宁这样说当然有他的道理。从工人阶级及其政党执掌和领导着国家政权这个角度来看，从工人阶级及其他劳动人民已成为国家主人这个角度来看，从少数剥削者变成了被统治者的角度来看，苏维埃社会主义国家确实实现了全国人口比例中的绝大多数人对少数人的统治。我们也许可以说只有在全国人口比例中占绝大多数的劳动人民掌握了全国政权的时候，亚里士多德的民主定义才能得到真正实现。

不过，劳动人民夺取全国政权还仅仅是实现多数人统治的前提和开始，在实践上真正实现多数人的统治远比理论上的设想复杂得多。经过三年的实践，列宁深有感触地写道："说起来苏维埃机构是全体劳动者都可以参加的，做起来却远不是人人都能参加"；"直到今天我们还没有达到使劳动群众能够参加管理的地步"。他还说："苏维埃虽然按党纲规定是通过劳动者来管理的机关，而实际上却是通过无产阶级先进阶层来为劳动者实行管理而不是通过劳动群众来实行管理的机关。"[②] 列宁作为无产阶级革命家、作为第一个社会主义国家的缔造者，他既从阶级实质上论证了社会主义民主是绝大多数人对

---

　①　列宁：《国家与革命》，《列宁选集》第 3 卷，人民出版社 1995 年版，第 189—192 页。

　②　列宁：《关于党纲的报告》，《列宁选集》第 3 卷，人民出版社 1995 年版，第 766、770 页。

少数人的统治，但他并没有回避和掩盖这种民主在实施过程中存在的问题，他从管理角度明确地指出，这种民主也没有做到广大劳动群众参加管理，而是无产阶级先进阶层在管理。是什么原因阻碍了广大群众参加管理呢？列宁讲到了广大群众文化水平低的原因，现在经过了几十年的实践之后再来研究这个问题，看来除了文化水平原因之外，同样还有经济和政治上的原因，这就是说，当经济、政治和文化上的种种条件还不具备的情况下，国家事务的统治和管理只能作为社会分工中的一种职业，只能是少数人从事的一种专利。因此，所谓社会主义民主是绝大多数人的统治仍然只能停留在国家政治制度的阶级实质上、政治上、法律上和理论上，至于在统治管理的具体领域仍然是少数人在从事的管理和统治。社会主义国家历史上所发生的领导人破坏民主法制的事实也说明绝大多数人的统治实际上并没有实现。也许我们可以这样说，当社会需要民主政治制度的时候，就不具备实现绝大多数人统治的条件；而当社会具备了这种条件的时候，社会也就不需要民主政治制度了，而那时的绝大多数人的统治也就失去了政治的性质，变成了纯粹的管理。在这里，民主的悖论性质表现得再明显不过了。

四

古希腊雅典民主制被后人称为城邦民主、直接民主，是一种城邦公民直接参与公共权力的行使和直接管理城邦事务的民主制。希罗多德和亚里士多德关于民主就是多数人统治的说法就是对那种政治实践的理论总结。11 世纪至 13 世纪在意大利出现的城市共和国实际上也是城邦民主、直接民主。后来，随着经济的发展和政治的变迁，在欧洲超出城邦范围的政治实体逐渐形成，而这个过程往往又是世俗君主与教会的斗争过程。显然，古代那种城邦民主、城邦政治的概念已无法解决这种新实体中的政治权力问题。

14 世纪上半叶帕多瓦的马西利乌斯实际上提出了人民主权的思想，用"一切权力来自人民"代替"一切权力来自上帝"的说法，去支持君权反对教会，捍卫巴伐利亚的路德维希王朝和皇帝的至高权力。16 世纪，马基雅维利在现代政治学意义上使用了"国家"（state）这个术语，不过在马基雅维利时代，政治形态一般仍被称为君主政治（regnum）或公民政治（civitas）。博丹在把中世纪的"全权"（imperium）改称为"主权"时，仍然不用国家一词。但到了 17 世纪，"国家"这一政治术语还是得到了流传，指称着凌驾于社会之上的控制结构。"主权"实际上成为国家权力的代名词。民主的讨论也就超出了古代的城邦范围，而同国家联系在一起。霍布斯用社会契约论阐述了国家主权，他认为，主权就是人人将自己的自然权利让渡和集中之后形成的一种至高无上的权力。主权不受契约的限制，是绝对的、不可分割的权力。他认为，主权者可以是一人、少数人或多数人，从而国家有君主政治、贵族政治及民主政治之分。洛克进一步阐述了社会契约论，在批判"君权神授"理论的同时，指出政府的行政权力来自于人们的契约委托，政府如果违背契约，人们有权反抗和摆脱。卢梭在《社会契约论》中明确提出和论证了人民主权原则。他认为，主权是公意的运用，公意就是人民共同体的意志。政府是主权者的执行人，主权者可以从政府那里限制、改变和收回这种权力。社会契约论基础上的主权理论，特别是人民主权理论为民主制的现代形态奠定了理论基础，人们正是根据这些理论建立了现代的代议制的民主政体。

代议制的民主政体解决了在现代民族国家范围内实行民主政体时古代直接民主所存在的问题和困难，但同时形成了新的矛盾和悖论。主权在民和人民实际上不掌握主权，或者说主权者和代表者的异化所造成的矛盾，就是现代代议制民主政体无法摆脱的一种矛盾。

首先，代议制（代表制）既是人民主权的一种实现形式，也是对人民主权的一种限制和否定。人民主权理论说在国家这样的政治共同体中，主权在民，或者说一切权力来自人民、人民是主权者。主权是至高无上的、绝对的、不可分割的，因此主权者（人民）在国家中具有最崇高的政治地位。按照这种理论，国家事务当然应该由人民决定、参与和管理。这是符合人民主权和民主的本意的。但在现代民族国家这样大的范围内实行这种直接民主确实存在着困难，代议制就是在解决这种困难的过程中产生的。在代议制中，人民只是选择和监督代表，而决定、参与和管理国家事务则由代表们去进行。可是，当人民只握有选择和监督的权力的时候，我们还能说人民握有至高无上的、绝对的权力吗？问题的严重性还在于，代表们本身并不是只会对主权者的指令机械地作出反应的机器，而是有利益、有激情、有意志的人，这样他们在被授权去决定和管理国家事务的时候，或者抛开自己的利益和意志而全心全意地去代表人民的利益和意志，或者抛开人民的利益和意志而只表达自己的利益和意志，或者通过把自己和人民的利益和意志结合起来的方式加以表达。因此他们完全有可能不代表人民而只代表他们自己。为了使代表们真正代表人民，通常有两条途径：一是提高代表们的觉悟，使他们认识人民主权的至高无上的性质，鞠躬尽瘁地去代表人民，忠心耿耿地为人民的利益和意志而奋斗；二是由人民加强对代表们的监督，当代表们偏离人民的利益和意志的时候，设法把他们拉回来。从实际情况来看，这两条都不能收到绝对有效的效果。因此，代表们不代表人民利益和意志的事情是经常地、普遍地存在着的，而代议制民主政治也就有其名而无其实。

其次，代表的产生问题。自人类社会产生国家之后，就出现了以何种方式产生掌握国家权力的统治者的问题。在相当长的历史时期内，国家政权的更迭、统治者的变更都是通过暴力冲突进行的，不是宫廷上刀剑对峙就是战场上兵刃相见，被统治者忍受不了的时候也用暴力手段推翻旧统治者的统治，从得人心合潮流者得天下、失人心违潮流者失天下的观点来看，这可以说是一种历史的选择。但这种选择，人类付出的代价实在太大，新一代统治者的加冕典礼往往是在千百万人头组成的祭坛上进行的。因此，从这种暴力选择到代议制民主中的选票选择，是历史的进步、政治文明的发展，用萨托利的说法，这是从砍人头到数人头的进步。因此，我们应该充分估计代议制民主、选票民主的历史意义。列宁就说过："资产阶级的共和制、议会和普选制，所有这一切，从全世界社会发展来看，是一大进步。"① 不过，普选制在实施过程中也暴露出了它的矛盾和问题。由于信息在选举过程中的重要性以及人们掌握信息的不平衡、不对称性，一定的社会力量通过媒体舆论导向控制选举局面的事情从未中断过。竞选的本意是通过候选人之间的竞争让选民了解他们，但在西方国家中愈来愈成为竞选费用的竞争，一场选举下来要挥霍掉大量的社会财富，选举也就只能在资本的操纵下进行。不搞公开竞选，当然节省了选举费用，可以避免资本对选举的操纵，但带来了选民对候选人了解上的困难，也为一定的社会力量用其他方式影响选举结果提供了可能性。可见，要真正实现公平、公正、公开的选举谈何容易。而选举一旦失去了它的公平、公正、公开的性质，它在多大程度上反映了民意也就成了问题。选举本来是为了表达民意，而如果选举歪曲了民意，岂不是让选举民主走向了反面。

再次，代表的标准问题。常见的有两种理论和做法：一种认为应该选择那些决定、参与和管理能力强的人来当代表，理由是只有能力强的人才能担当代表人民管理好国家的重任。但是，能力和代表性是两个不同的概念，能力强的人也许集中在一个地区、集中在一个社会阶层、集中在一个民族，如

---

① 《列宁选集》第 4 卷，人民出版社 1995 年版，第 38 页。

果选出来的代表有很强的管理能力，但他们在全体上如果只代表了一部分社会成员的利益和意志，那么由这些代表掌握的国家政权也就很难全面地表达民意，因此过分地强调能力标准显然会牺牲代表性标准。另一种就是强调代表性标准，例如强调不同的阶级、阶层、职业、民族、种族、性别、地区都应该有自己的代表，认为只有不同的代表在一起才能形成具有全面代表性的国家权力机构，这就是人们所说的比例代表制。代表面和代表的能力很难两全，因此在实行比例代表制的过程中实际上不可避免地会降低代表们的能力质量。能力素质差既使他们不能正确地表达民意，也使他们在复杂的国家事务面前无所作为，也影响着代表的代表性，使比例代表制也成为有其名而无其实的摆设。

　　总之，从古代民主到现代民主、从直接民主到间接民主、从少数人的民主到多数人的民主，无一例外地包含着不可绝对排除的矛盾和悖论。由于这些矛盾和悖论的存在，民主就不可能是纯粹的、绝对的，甚至在一定条件下还会转向自己的对立面。当然，这决不意味着要否定民主的价值和历史地位，也不意味着要混淆民主和专制的界限。只是想说明，我们在讨论民主问题的时候、在评论具体民主制度长短的时候、在实际地推进民主政治建设的时候，应该抱一种理性的、具体的、分析的态度，不要因为别人实行的民主政治还有这样那样的问题而不去向别人学习，不要因为自己今天实行的民主政治也有这样那样的问题而气馁，更不要因我们推进民主政治建设的实际步骤不能完全消除民主的矛盾而不为。人类在政治制度上从不民主到民主经历几千年的时间，这个问题至今还没有完全解决；从不成熟的民主到较为成熟的民主经历了几百年的时间，这个问题也尚在探索之中。我们应该如实地承认民主内在地存在的矛盾和悖论，不应该不切实际地希望在一个实施方案中解决所有矛盾，而应该从现实的具体条件出发，从矛盾的暂时的、相对的解决方案中，积极而又稳妥地推进民主政治建设。①

---

　　①　参考文献：李铁映：《论民主》，人民出版社、中国社会科学出版社 2001 年版；［美］乔·萨托利：《民主新论》，冯克利、阎克文译，东方出版社 1998 年版；［英］约翰·邓恩编：《民主的历程》，林猛等译，吉林人民出版社 1999 年版；［英］约翰·麦克里兰著：《西方政治思想史》，彭淮栋译，海南出版社 2003 年版。

论经济全球化提供的机遇和挑战*

经济全球化已成为一种不可否认的客观事实、不可逆转的时代潮流，对当今世界整体上的未来发展，对世界经济、政治、文化诸方面的发展，对各国、各地区、各企业乃至个人的发展都产生着越来越大的影响。因此，"全球化"（globalization）概念自 20 世纪 80 年代以来得到了迅速的传播和使用，全球化问题，特别是经济全球化问题，也成了政治家、学者和公众媒体青睐的热门话题。[①] 因此，我们今天来讨论这个问题，既有重大的理论意义也有重大的实践意义。

—

经济全球化是人们之间的劳动分工和经济交往发展到一定阶段的产物，是劳动分工和经济交往在全球范围内形成和发展的历史过程。[②] 马克思说过，

---

* 该文原系递交一个学术讨论会的文稿。该讨论会后来因故推迟并改变了主题，因此该文一直存而未发，此次为首发。

① 据不完全统计，我国自 20 世纪 90 年代以来召开的以全球化为主题的全国规模的学术讨论会就在十次以上，从 1994 年到 2001 年中国学术期刊网上收录的各种报刊上发表的以全球化为题目的文章高达三千多篇。讨论的内容十分广泛，态度和观点上的区别也十分明显。对于经济全球化，人们的理解很不一致。

② 广义的理解泛指各民族国家之间经济交往的发生和发展的过程；狭义的理解则指 20 世纪 70 年代以来世界经济向着一体化方向变化的趋势。经济全球化究竟意味着什么，有的说，经济全球化是指世界经济的发展不再是少数几个国家的事情而在实际上成为了全球性的事业（达伦多夫，1998）；有的说，经济全球化是指世界经济体系的结构转变（哈贝马斯，1998）；有的说，经济全球化是为了描述诸如国际化、跨国化之类概念已经不能准确描述的最近 20 年内在金融、通信、商品、服务等众多领域中发生的变化及其意义，意味着一种新的全球经济正在出现，意味着跨国公司组成的全球网络对经济生活的重新改造（里斯本小组，1995）；有的说，从理论上看，经济全球化乃是指各民族国家的政府消除对商品、资本和劳动力等要素在国际间自由流动的限制，从而在全球范围内实现了贸易的自由化、投资的自由化、劳动力的自由跨境流动以及生产要素价格的均等化（Rodrik，1999；Linderandwilliamson，2001）（胡鞍钢，2002）。众多理解的存在表明，这是值得研究和讨论的问题。

"生产本身又是以个人彼此之间的交往［verkehr］为前提的。这种交往的形成又是由生产决定的"。"任何新的生产力，只要它不是迄今已知的生产力单纯的量的扩大（例如，开垦土地），都会引起分工的进一步发展。""在交往比较发达的条件下，同样的情况也会在各民族间的相互关系中出现。"①　这就是说，生产只能在人们之间的分工和交往中才能实现，而生产力的新发展则会推动分工和交往的发展，每一个民族内部的生产力、分工和交往的发展又推动着各民族之间的分工和交往的发展。亚当·斯密《国富论》的一个重要内容就是研究劳动分工对经济发展的影响，强调劳动分工在国民财富创造过程中发挥的极其重要的作用，认为由分工得到的收益高于由于分工所产生的交易费用，他提出了国际贸易理论中的"绝对优势"（absolute advantage）原理。李嘉图发展了斯密的"绝对优势"原理并将其扩展为"比较优势"（comparative advantage）学说，用以解释国际贸易发展的基本原理。他认为，只要两国之间在不同产品生产中的效率差别不一样，那么，那个低效率国家就可以专门从事两国间效率差别最小的产品的生产，两国都可以从这一国际分工中获益。这也是在论证国际间分工和贸易的重要性。李嘉图甚至认为，一个国家即使在所有可供交换的产品生产（即成本）上都占有绝对优势，依然可从交换中获益。因此，远在古代，分布在全球各地的人类共同体就开始了对外的贸易和交往；早在欧洲资产阶级登上政治舞台之前，人类就开始了开辟通往全球的道路。中国古代就有通往波斯的陆上丝绸之路和通往东南亚的海上丝绸之路。公元 1405 年（永乐三年）至 1433 年（宣德八年）的 28 年间，郑和七次远航，历经三十余国，远达非洲南端。最大的"宝船"载重量约 1500 吨，可容千人，船队每到一地都以精湛的中国手工艺品换取当地特产，促进了中国与亚、非各国的经济文化交流。航海规模与船只之大，都远远超过 15 世纪末哥伦布、达·伽马等人的航行。欧洲从 10 世纪起，意大利北部的城邦开辟着商业革命的道路。威尼斯从 11 世纪起就开始编织在后来数百年中保证了它的繁荣和在欧洲的经济优势的贸易网。在 1430—1540 年的百余年的时间里，身兼商人、航海者和征服者三职的欧洲人探查了非洲所有的海岸，并最终实现了环绕整个非洲大陆的航行。他们控制了印度洋上阿拉伯和印度之间的贸易，一直推进到中国和日本；发现并征服了美洲大陆的中部、南部和北部。

当然，上述活动还只能说是后来经济全球化的准备或起始阶段。因为一

---

①　《马克思恩格斯全集》第 3 卷，人民出版社 1960 年版，第 24—25 页。

种经济活动要具有全球化的性质，至少要具备两个条件：一是这种活动要具有直接的明显的全球性的影响，二是这种活动要建立稳定的全球性联系。从这个标准来看，只是在欧洲资产阶级登上了政治舞台之后，才真正开启了实现经济全球化的历史过程。马克思恩格斯指出："不断扩大产品销路的需要，驱使资产阶级奔走于全球各地。它必须到处落户，到处开发，到处建立联系。资产阶级，由于开拓了世界市场，使一切国家的生产和消费都成为世界性的了。使反动派大为惋惜的是，资产阶级挖掉了工业脚下的民族基础。古老的民族工业被消灭了，并且每天都还在被消灭。它们被新的工业排挤掉了，新的工业的建立已经成为一切文明民族的生命攸关的问题；这些工业所加工的，已经不是本地的原料，而是来自极其遥远的地区的原料；它们的产品不仅供本国消费，而且同时供世界各地消费。旧的、靠本国产品来满足的需要，被新的、要靠极其遥远的国家和地带的产品来满足的需要所代替了。过去那种地方的和民族的自给自足和闭关自守状态，被各民族的各方面的互相往来和各方面的互相依赖所代替了。物质的生产是如此，精神的生产也是如此。"①

《共产党宣言》发表以来的150多年中，在西方资本主义发达国家推动下的经济全球化的历史过程不断谱写着新篇章。其实，马克思恩格斯看到和谈论的"经济全球化"还只是资本家开拓世界市场的"全球化"。这就是现在人们谈论的世界市场形成过程中的第一阶段，是在商业资本推动下实现的商品交换的全球化，形成了全球商品市场；1870—1945年为世界市场形成过程中的第二阶段，是借贷资本的全球化，形成跨国筹资、国际债券，形成全球借贷市场；1945年以来为世界市场形成过程的第三阶段，是以跨国公司为中心的产业资本的全球化，形成国际资本直接投资市场，同时进一步带动了商业资本和借贷资本的国际化。根据世界银行2002年的一项研究，可以将1870年以后整个世界经济在贸易、资本流动等方面不断增长的全球化发展划分为三大阶段，即1870—1914年的第一阶段或称全球化第一次浪潮；1945—1980年的第二阶段或称全球化第二次浪潮；1980年至今的第三阶段或称全球化第三次浪潮。20世纪60—70年代，出现了商品和劳务的大规模跨国流动，世界市场出现了以商品和劳务贸易为主的特点；20世纪80年代以来，经济全球化的主要表现形式则是国外直接投资的迅速增长。20世纪60—70年代出现的"全球的"（global）词语、80年代形成的"全球化"（globalization）概念，可能就是上述过程的反映。因此，现在人们谈论和研究的重点就是20世

---

① 《马克思恩格斯选集》第1卷，人民出版社1995年版，第276页。

60年代，特别是80年代以来的经济全球化。我们看到，依靠电子计算机和互联网为核心的现代信息技术和高速铁路、高速公路、大型喷气式客机、越洋巨轮组成的现代化交通工具，实现了信息、知识、物资、资本、人力的全球畅通，真正把世界各地的国家、民族、个人组织联系成一个"全球村"；跨国公司的跨国投资、跨国生产和贸易全球化、市场一体化、金融国际化、经济网络化，是以往经济全球化过程中所没有的新现象；联合国在世界经济政治和国际关系中发挥着愈来愈重要的作用，世界贸易组织、世界银行、国际货币基金组织等国际经济组织成了经济全球化的主要组织者和规则制定者，欧盟、北美自由贸易区、亚太经合组织等区域性组织也发挥着极为显著的影响；作为现阶段经济全球化的主要推动者，西方工业发达国家利用它们在经济、技术、资本上的优势，试图进一步实现资本主义经济制度、政治制度和文化价值观念的全球化。上述诸方面构成了当代经济全球化的基本特征，也更集中、更典型地表明了经济全球化的含义。当然，只要人们的活动不止、生产不止、经济不止，那么经济全球化的历史过程还会继续和不断延伸，经济全球化的含义也会继续得到丰富和发展。

二

对于经济全球化，人们从不同的利益和立场出发，得出了不同的甚至是截然相反的评价，采取着完全不同的态度。①

---

　　①　人们的态度和评价，概括地说可以粗分为三类，即肯定派、否定派、肯定否定兼有派。肯定派认为，经济全球化是科学技术和生产力发展的客观要求和必然结果，它导致了资源在全球范围内流动，通过市场实现了资源在全球范围内的配置，极大地推动了世界经济的发展，增加了社会福利。20世纪50年代以来，大多数国家经济的持续增长、日本和亚洲"四小龙"等国家地区创造的经济奇迹，都是经济全球化的功劳。经济全球化还推动了各国之间政治、文化上的交流，促进了国际间的协调与合作。否定派认为，"经济打破一切界限走向全球一体化，这决不是某种自然规律或某种不容选择的线性技术进步的结果。倒不如说，这不过是西方工业国一个世纪以来曾有意识地推行的并且至今仍在推行的政府政策的必然结果"，"至少在金融市场上，迄今为止具有重大意义的与其说是全球化，还不如说是世界的美国化"，"被迷信市场的经济学家称作世界金融法庭的外汇市场和有价证券市场经常作出极不公正的判决，它根本不知道什么是法律，只会制造经济混乱，而不是公正"，"伴随全球化的发展，社会不平等日益加深，无论文化和社会价值会如何不同，到处都是一样"，"全球化的竞争'把人们投入绞肉机'，并破坏着社会的内聚力"（马丁、舒曼：《全球化的陷阱》）。值得指出的是，这种否定派的观点在全球范围内形成了反对全球化的浪潮，"令人啼笑皆非的是，抗议活动已成为真正的全球化的事业"。"抵抗全球化的力量也很强大。全球各地在进行各种抵抗全球化的尝试。这些尝试可以概括成非全球化的尝试。"肯定否定兼有派则认为，经济全球化是一把"双刃剑"，既有利又有弊、既有积极作用又有负面影响、既有机遇又有风险。当然，对于不同的国家、地区和个人来说，利弊、得失、机遇风险的比例是不同的。

为了对各种观点作出正确的评价，为了使我们在分析经济全球化时有一个正确的立场、观点和方法，让我们先来回顾一下马克思恩格斯当年的分析。首先，他们指出，世界市场是大工业这种生产力发展的结果。他们说，"大工业……创造了交通工具和现代化的世界市场……它首次开创了世界历史，因为它使每个文明国家以及这些国家中每一个人的需要的满足都依赖于整个世界，因为它消灭了以往自然形成的各国的孤立状态"①；其次，他们指出，世界市场也是资本扩张的结果。他们说，"创造世界市场的趋势已经包含在资本的概念之中"②，"资本一方面……要夺得整个地球作为它的市场。另一方面，它又力求……把商品从一个地方转移到另一个地方的时间缩减到最低限度"③。再次，他们指出，资产阶级在全球扩张的目的是要按照自己的面貌改造世界。他们说："资产阶级，由于一切生产工具的迅速改进，由于交通的极其便利，把一切民族甚至最野蛮的民族都卷到文明中来了。它的商品的低廉价格，是它用来摧毁一切万里长城、征服野蛮人最顽强的仇外心理的重炮。它迫使一切民族——如果它们不想灭亡的话——采用资产阶级的生产方式；它迫使它们在自己那里推行所谓的文明，即变成资产者。一句话，它按照自己的面貌为自己创造出一个世界。……正像它使农村从属于城市一样，它使未开化和半开化的国家从属于文明的国家，使农民的民族从属于资产阶级的民族，使东方从属于西方。"④"贸易……怎样能够通过供求关系而统治全世界呢？用一位英国经济学家的话说，这种关系就像古代的命运之神一样，逍遥于环球之上，用看不见的手分配人间的幸福和灾难，把一些王国创造出来又把它们摧毁掉，使一些民族产生又使它们趋于衰亡。"⑤最后，他们认为，资产阶级推动的世界市场在造成"历史向世界历史的转变"⑥的过程中同时创造着共产主义革命的客观前提。他们说，"人们的世界历史性的而不是狭隘地域性的存在已经是经验的存在了"，"狭隘地域性的个人为世界历史性的、真正普遍的个人所代替"，"单独的个人随着他们的活动扩大为世界历史性的活动，愈来愈受到异己力量的支配……受到日

---

① 《马克思恩格斯全集》第 3 卷，人民出版社 1960 年版，第 68 页。
② 《马克思恩格斯全集》第 46 卷（上），人民出版社 1979 年版，第 391 页。
③ 《马克思恩格斯全集》第 46 卷（下），人民出版社 1980 年版，第 33 页。
④ 《马克思恩格斯选集》第 1 卷，人民出版社 1995 年版，第 276—277 页。
⑤ 《马克思恩格斯全集》第 3 卷，人民出版社 1960 年版，第 40 页。
⑥ 同上书，第 52 页。

益扩大的、归根到底表现为世界市场的力量的支配"，"共产主义只有作为占统治地位的各民族'立即'同时发生的行动才可能是经验的，而这是以生产力的普遍发展和与此有关的世界交往的普遍发展为前提的"。"共产主义对于我们来说不是应当确立的状况，不是现实应当与之相适应的理想。我们所称为共产主义的是那种消灭现成状况的现实的运动。这个运动的条件是由现有的前提产生的。……无产阶级只有在世界历史意义上才能存在，就像它的事业——共产主义一般只有作为'世界历史性的'存在才有可能实现一样"，"各个个人的全面的依存关系、他们的这种自发形成的世界历史性的共同活动的形式，由于共产主义革命而转化为对异己力量的控制和自觉的驾驭"。[①]

马克思恩格斯的上述分析和论述，虽然是在 150 多年以前写下的，但今天读起来仍然具有强烈的现实针对性，为我们分析经济全球化提供了科学的方法论思想。这就是说，我们一定要站在工人阶级和广大人民群众的立场上，发展中国家的立场上，世界历史的发展和人类解放即社会主义、共产主义的前途命运的立场上，用历史唯物主义的观点，对经济全球化作出正确的分析和评价。应该看到，经济全球化，归根到底是人类社会基本矛盾运动的历史表现，因此无论是其形成原因、发展动力、社会性质还是其现实影响和历史作用，都具有矛盾性、两重性。经济全球化，就其原因和动力来说，既是资本主义工业发达国家生产力发展的结果，也是占有这种生产力的资本及其人格化代表的资产阶级全球扩张的结果；就其性质来说，既是现代生产力社会性的进一步发展，也是资本主义生产方式在全球范围内的扩展；就其结果和影响来说，既使资本获得了超额利润，也在客观上推动了世界经济的发展，既造成着一系列的社会问题和社会矛盾，又为新的未来的社会形态的诞生创造着历史条件。当然，这种矛盾性、两重性都是具体的、历史的。因此，我们在分析现阶段经济全球化的时候，必须从今天的实际出发。总而言之，资本主义社会的基本矛盾仍然存在，但出现了新的特点；资本主义发展为社会主义的必然趋势和工人阶级解放全人类的历史使命没有改变，但面临着新形势、新局面、新任务。

对于发展中国家，特别是社会主义发展中国家来说，经济全球化则既是

---

① 《马克思恩格斯全集》第 3 卷，人民出版社 1960 年版，第 39、40、41、42 页。

一种机遇也是一种挑战。

　　就机遇而言，有下列方面：（1）利用国外资金、技术、资源和市场，推动经济发展。经济全球化过程是工业发达国家输出资本的过程，跨国公司的直接投资是现阶段经济全球化的一个突出特点，而资金短缺则是发展中国家现代化过程中面临的大难题。这样，只要发展中国家实行开放的政策，改善投资环境，就可以吸引外资，就可以利用外资弥补储蓄缺口和外汇缺口，利用外资新建企业形成高质量的资产，外资企业通过收购和兼并可以提高原有资产存量。进口和吸引外资都可以得到国外先进实用的技术、设备和科学的管理方式，还可以开发人力资源，积累人力资本。通过外贸，利用世界市场，可以发挥比较优势，提高资源配置效率；通过出口，扩大总需求，可以带动经济增长。外商投资企业已经成为中国经济的重要组成部分。根据世界银行报告，外商投资经济对 1990—1994 年中国 GDP 增长的贡献率为 8.6%，近年来这一贡献率已超过 10%，预计今后这一贡献作用还会愈来愈大。（2）通过发展和对外开放，解决就业问题。发展中国家一是由于工业化程度低，二是由于人口多，因而在实现现代化过程中都面临着很大的就业压力。人们不能就业，就没有生活来源，就无法生活。就业问题突出，社会就不稳定。因此，发展在谋求 GDP 增长的同时还应该努力创造就业岗位。利用外资，发展劳动密集型出口加工企业，开放服务业，组织劳务输出，就可以有效地解决就业问题。（3）有利于市场经济体制的建立和完善。发展中国家一般都存在市场经济没有得到充分发展、市场经济体制没有建立或不完善的问题，一是由于经济市场化程度不高，基本上处于前市场经济阶段，即自然经济的阶段；二是由于实行了计划经济体制，排斥市场经济体制，人为地将计划和市场对立起来。20 世纪 80 年代以来，由于第一个社会主义模式的失败，原来实行计划经济体制的国家先后进行经济体制改革，向市场经济体制转轨。但由于传统的、现实的各种原因，改革过程并不一帆风顺。经济全球化的过程也是市场经济体制在全球范围扩张的过程。世界市场上的竞争，国际金融资本和跨国公司的直接投资对体制环境的要求，成为发展中国家建立和完善市场经济体制的巨大动力。

　　就挑战而言，经济全球化的过程既是市场经济体制在全球范围内配置资源的过程，同时也是市场经济体制的自发性和负面影响的积累和加剧的过程，无论市场经济中的竞争还是市场经济体制的自发性和负面影响都会对发展中国家构成某种挑战。这些挑战表现在：（1）宏观经济上的波动与不稳定。经济全球化在当代信息通信技术和交通运输技术下，意味着信息、资本、人力、物资等资源在全球范围内的迅速流动，流向最能获利的地方。当一个国家最能获利的时候，各种资源就会流来，这个国家的经济就会得到迅速发展；当这个国家不能获利或获利较少的时候，各种资源就会流走，这个国家的经济发展就会受到打击和冲击。墨西哥金融危机、亚洲金融危机、拉丁美洲金融危机都说明了国际金融市场上的动荡对发展中国家的冲击。（2）发展上的差距、贫富上的差距不断扩大。全球市场上的竞争并不是在平等的条件下进行的，西方工业发达国家在资金、技术、信息等方面明显地处于优势地位，而发展中国家则处于劣势地位。竞争的过程是优胜劣汰的过程，因而在一般情况下发达国家是赢家而发展中国家则是输家。这种竞争结果的不断积累就使得发展中国家与发达国家之间在发展和贫富上的差距愈来愈大。全球市场上的竞争，使得那些能够跨国流动的资本所有者、熟练劳动力和高技能专业人员与那些不能跨国流动的非熟练工人群体相比，在就业机会、收入水平和工作稳定等方面具有明显的优势；全球市场上的竞争，对发展中国家各行业、各地区、各群体的影响也是不同的，这也造成着行业之间、地区之间和群体之间在发展与贫富上的差距。（3）制度、规范及主权上受到的冲击。经济全球化把不同国家、民族、地区、企业和个人联系在一起，世界市场上的竞争机制使得整个世界市场采取统一的技术规则、统一的交易规则、统一的行为规则，做到市场规则的单一化、标准化和惯例化，以达到降低交易成本的目的。然而，这就造成了市场的统一要求和不同的国家、民族、地区、企业和个人所拥有的不同的价值观念、行为规范和制度体系之间的矛盾、冲突。众所周知，直到现在为止，世界市场上的游戏规则是由西方工业发达国家制定的，也是有利于西方工业发达国家的。因而它们不仅利用这套游戏规则在市场上和发展中国家进行不平等、不公正的竞争，而且还经常以维护这套游戏规则为幌子将自己的价值观念、行为规范和制度体系强加给发展中国家，干涉其内政和主权。（4）环境和资源上的压力。这是由两方面的原因造成的。一方面是发展中国家为了应对经济全球化的挑战，为了在世界市场竞争中不被挤掉，就集中力量发展经济，但由于资金不足和技术水平上的问题，这种发展往往导致资源利用率低和环境污染严重，结果是既破坏了环境又导致了资源的短缺；另一方面是发达国家和跨国公司往往利用直接投资的机会将环境污染严重的企业转移到发展中国家，加剧了它们的环境和资源问题。

机遇也好，挑战也好，都是主体的一种价值评价。因此经济全球化对于不同的经济主体，就会呈现不同的机遇和挑战，而且机遇和挑战也是在一定条件下互相转化的。只看到机遇而看不到挑战、只看到挑战而看不到机遇、把机遇和挑战机械地、绝对地对立起来，这些都是片面的、不符合实际的错误的观点。

三

那么，发展中国家对经济全球化应采取什么样的战略态度呢？

有一种意见认为，现阶段经济全球化的实质是资本主义市场经济在全球范围内的扩张，我们作为社会主义国家，对这种经济全球化应该抵制，否则就是同跨国资本同流合污。关于社会主义国家如何对待资本主义世界市场，20世纪曾经经历过两种不同的情况：一是只要情况许可，社会主义国家总是愿意和资本主义国家进行贸易往来，参与资本主义的世界市场；二是在资本主义国家经济封锁情况下，社会主义国家被迫关起门来建设。1952年斯大林在《苏联社会主义经济问题》中说："中国和欧洲各人民民主国家……和苏联一起形成了统一的和强大的社会主义阵营，而与资本主义阵营相对立。两个对立阵营的存在所造成的经济结果，就是统一的无所不包的世界市场瓦解了，因而现在就有了两个平行的也是互相对立的世界市场。"[1] 在社会主义阵营存在的一个时期内，社会主义国家间确实存在着市场和贸易，这个市场是和资本主义世界市场相平行、相对立的。不过，这个市场后来随着社会主义阵营的解体而解体。历史的经验表明，和资本主义世界市场不来往的关门和封闭（虽然是被迫的）对于社会主义国家经济的发展来说，弊大于利。后来的开放政策就是总结了那个时期的教训后提出的。

还有一种意见认为，现阶段经济全球化是由西方工业发达国家推动的，世界市场上的规则也是由它们制定的，它们处于优势地位，而发展中国家则处于劣势地位，因此，与其在世界市场上受发达国家宰割，不如关起门来建

---

[1] 《斯大林文选》（下），人民出版社1962年版，第594页。

设更值得更安全。这种意见就是只看到经济全球化对发展中国家提出的挑战而没有看到它对发展中国家提供的机遇，只看到历史上后进国家挨打的局面而没有看到后进国家赶超先进国家的情况[①]。

因此，我们不能因为现阶段的经济全球化是由西方资本主义国家推动的而采取简单拒绝的态度，也不能因为现阶段的经济全球化是由西方发达国家主导的而采取回避的态度。对经济全球化采取拒绝和回避的态度，会使我们重新回到过去那种闭关自守的封闭状态。而历史经验已经表明，封闭不可能实现追赶超的历史任务；在经济全球化成为历史潮流的今天，闭关自守的封闭在回避经济全球化的挑战的同时也失掉了经济全球化所提供的机遇，其结果只能是落后和挨打。因此，正确的态度是抓住机遇，迎接挑战，实行开放型的追赶超战略。这就要做到以下几点：（1）把发展看做硬道理、看做执政兴国的第一要务，集中力量搞建设，一心一意谋发展，不断开创现代化建设的新局面。（2）不断推进对外开放，通过"引进来"、"走出去"，让国内市场和国际市场连接并逐步统一起来，使生产要素和商品、服务在两个市场之间自由地流动，按照市场规律在全球范围实行资源的优化配置，做到充分利用国内和国外两种资金、两种技术、两种资源和两个市场，形成比较优势和竞争优势，积极主动地参与国际竞争。要进一步降低进口商品关税税率，取消各种关税贸易堡垒；要逐步取消对各种技术进口的限制，也要鼓励国内企业和科研单位出口成熟技术；要稳定外汇汇率水平，逐步向可自由兑换的汇率制度过渡；要积极参加国际贸易规则的谈判、制定和执行。（3）不断推进经济制度和体制的改

---

　　①　近代以来，世界历史上前后有过三次成功的经济追赶。美国对英国的追赶：1820年，美国的人均 GDP 相当于英国的 70%，此后美国经济开始起飞，1900 年美国的人均 GDP 已相当于英国的 89.2%，1903 年美国人均 GDP 首次超过英国，1913 年美国人均 GDP 相当于英国的 1.05 倍，1950 年美国的这个数字成为英国的 1.4 倍，1998 年又升至 1.5 倍。日本对美国的追赶：1950 年日本人均 GDP 只相当于美国的 19.6%。1953—1992 年，日本 GDP 年均增长率为 6.5%，美国仅为 3.0%。1992 年，日本人均 GDP 已相当于美国的 90.1%。韩国对西欧国家的追赶：1965—1992 年，韩国 GDP 年均增长率为 8.8%。1973 年，韩国人均 GDP 相当于西欧国家（12 个国家）人均 GDP 的 24.3%，1992 年上升为 57.5%。其实，1917 年十月革命胜利以后，在 20 世纪 20—60 年代，社会主义的苏联及东欧各国对资本主义发达国家在经济上的追赶也取得了显著的成绩。1920—1970 年，包括苏联在内的东欧地区人均 GDP 相当于美、澳、加、新地区的 30%，1970 年这个比重上升为 31.9%，1950 年以后这个比重出现了较大幅度的提高，1973 年达到了 38% 左右，90 年代以后这个比重明显下降，1998 年为 32%。前面三个例子是落后国家追赶并超过发达国家的例子，后一例子是先通过追赶缩短差距后又被拉大差距。这表明落后与发达之间的距离和排序是可以改变的，落后者永远落后的观点是没有根据的。

革，要根据解放和发展生产力的要求，坚持和完善公有制为主体、多种所有制经济共同发展的基本经济制度；健全现代市场体系，加强和完善宏观调控；深化分配制度改革，健全社会保障体系。总之，一切妨碍发展的思想观念都要坚决冲破，一切束缚发展的做法和规定都要坚决改变，一切影响发展的体制都要坚决革除。（4）实行改革开放的方针政策决不意味着国家和政府放任自流、不负责任，这就是说我们在实行改革开放的过程中还要坚持独立自主的方针，我们在通过市场保护原则、国民待遇原则、制度保护原则减少或消除针对外商投资的市场准入和经营准入的限制的同时，也要求外商外资遵守市场规则和合法经营；我们要实行以人为中心的发展战略，增强人们的发展和竞争能力，扩大人们的发展和竞争的机会；我们还要最大限度地减少或消除经济全球化的负面影响，保证经济和社会稳定、健康和持续地发展。

1978 年以来中国改革开放和现代化建设所取得的举世瞩目的成就，已充分说明在改革开放中实行追赶战略的正确性[①]。中国经济的发展对东亚经济、亚洲经济乃至全球经济会产生怎样的影响，也正在成为人们关注

---

① 沙西万·西汶琅在一篇题为"乘巨龙腾飞"的文章中说："现在中国正吸引大量外资，开始成为高科技制造业的地区投资中心。……只有中国躲过了亚洲金融危机的灾难，保持了年均 8％ 的国内生产总值增长率，以及 0.4％ 的年通货膨胀率。中国人口的 10％（1.3 亿人）属于小康消费阶层。……中国如今是美国最大的进口国……正在取代美国成为日本最大的商品进口国。……中国正迅速成为亚洲商贸环境中最强大的势力。全球都同样可以感受到它的经济热量。"（泰国《曼谷邮报》2003 年 2 月 9 日；《参考消息》2003 年 2 月 19 日）摩根士丹利公司首席经济学家斯蒂芬·罗奇在题为"中国经济是真正的成就"一文中说："中国安然渡过了 1997 至 1998 年的亚洲金融危机，又经受住了 2001 年出现的全球经济衰退。……对中国经济的蓬勃发展不能有丝毫怀疑。虽然中国的经济规模相对来说仍然较小，但是增长势头强劲，这足以对全球经济活动产生重大影响。……历史很可能会判定中国的崛起是全球化实验室中最重要的催化剂之一。"（香港《南华早报》2003 年 2 月 26 日；《参考消息》2003 年 2 月 28 日）大前研一在题为"迅猛发展的中国未来图景"一文中指出，中国经济正在迅猛发展，无论是作为生产基地还是市场都是不容忽视的力量。中国已开始作为研发中心吸引世界人才与资本。中国在所有产业上在亚洲都处于优势地位。中国的城市化成了经济增长的巨大原动力。他还说："纵观当今世界，实现了繁荣的国家几乎都奉行着'租借经济'，即通过借用别国的技术、公司、资金和人才来创造繁荣。世界上最大的经济大国美国也是通过引进其他国家的资金、技术和人才建立起了经济繁荣。我们不应该因为中国大行'租借经济'，便指责这一现象。反倒应该说，'租借经济'正是顺应了目前正在发展的全球化这一自然趋势，因此全世界的资本竞相涌入中国也不足为奇。"（日本《呼声》月刊 2003 年 2 月号；《参考消息》2003 年 3 月 11 日）

的问题①。总之中国过去 20 多年中所取得的成就和经验表明，对于经济全球化，只要对它作出科学的正确的分析，及时抓住和充分利用它所提供的机遇，沉着应对和巧妙处理它所提出的挑战，努力变挑战为机遇、变不利为有利、变压力为动力，形成比较优势和竞争优势，那么发展中国家现代化建设的大船就可以在经济全球化的时代潮流中，乘风破浪地前进，就能够在未来达到理想的彼岸。②

---

①　日本大学名誉教授加藤义喜在"世界经济基本动向与 2003 年经济预测"一文中认为，国际分工体制出现了前所未有的新态势。"二元经济模式"的特性吸引大量的直接投资流入中国，而且通过扩大贸易这种良性循环，使世界经济逐步寻求大的产业调整。他说："在融入世界经济的同时，中国将一边吸引周边国家和地区，一边加强作为世界经济增长中心的作用。"（日本《世界经济评论》月刊 2003 年 1 月号；《参考消息》2003 年 2 月 9 日）中国经济的发展会不会对世界上其他国家、其他地区构成威胁，这也是近几年来有些人喜欢谈论的话题。香港《亚洲周刊》在题为"中国市场瓦解'中国威胁论'"一文中说："2002 年，对中国大陆而言，乃是发展阶段上极其重要的一年。在这一年里，它创造出许多具有里程碑意义的数字与现象。它的贸易总值首次超过 6000 亿美元，进出口相近，出口增长 21.6%，进口增长 23.4%，作为新兴市场大国的迹象已更加明显。估计再过两年，即到了 2005 年，将成为亚洲的最大进口市场国。中国市场已使得东亚区内贸易量增至总贸易量的 38%，中国已成了东亚繁荣的推动者。……从 2002 年起，中国所厚植的经济潜力，以及加入世贸后的市场逐渐开放，消费能量已获得释放，过去几年它那个因'世界工厂'身份而造成的'中国经济威胁论'，自然也告风散云消。……虽然许多外国投资者着眼于出口，但更多的则是要满足它内部的需求；并非其他东亚国家会被中国的出口打倒，而是大家有了高价值商品对中国出口的机会。……全球商家都将因供应这个巨大的新市场而获利，这种奇迹更应庆贺，何必焦虑它的经济威胁！"（《参考消息》2003 年 3 月 10 日）

关于中国经济发展对世界经济、亚洲经济影响的不同看法，常常表现为对人民币汇率的不同看法。今年又开始了人民币要不要升值的争论。日本盐川财务相在 2003 年 2 月巴黎举行的七国集团财长和央行行长会议上，就提出要讨论人民币升值的必要性问题。（《日本经济新闻》2 月 21 日报道）而曾获得诺贝尔奖的经济学家罗伯特·芒德尔 3 月 14 日则在日本外国记者俱乐部说："在我听来，人民币升值是个馊主意。"他警告说："人民币升值将危及中国经济的强劲增长势头，并对该地区其他国家的经济产生负面影响。"（法新社东京 3 月 14 日电，《参考消息》2003 年 3 月 16 日）

②　《马克思恩格斯全集》第 3、4、46 卷、《马克思恩格斯选集》第 3 卷；《中国共产党第十六次全国代表大会文件汇编》；胡鞍钢主编：《全球化挑战中国》，北京大学出版社 2002 年版；丰子义、杨学功著：《马克思"世界历史"理论与全球化》，人民出版社 2002 年版；［德］汉斯-彼得·马丁、哈拉尔特·舒曼著：《全球化陷阱》，张世鹏译，中央编译出版社 1998 年版；［法］雅克·阿达著：《经济全球化》，何竟、周晓幸译，中央编译出版社 2000 年版；里斯本小组著：《竞争的极限：经济全球化与人类的未来》，张世鹏译，中央编译出版社 2000 年版。

唯物史观:科学发展观的理论基础[*]

任何一种理论都有它的理论基础,都从一定的理论前提出发。这样的理论基础、理论前提对于树立其上的理论来说是不证自明的、当然的。而最一般的理论基础、理论前提则是哲学基础、哲学前提。只要人们理论地提出和思考问题,就不可避免地要使用某种哲学作为自己的基础、前提、出发点,作为自己的方法论工具。科学发展观也是如此,它的理论基础、理论前提就是马克思主义哲学,就是唯物史观。

一

唯物史观关于社会历史主体的理论是科学发展观以人为本的理论依据。

唯物史观揭开了宗教神学和唯心史观披在人类社会历史上的神秘的、唯心主义的面纱,认为社会生活在本质上是实践的,人类社会是在人们的实践活动中形成和发展的。马克思恩格斯指出:"以一定的方式进行生产活动的一定的个人,发生一定的社会关系和政治关系。经验的观察在任何情况下都应当根据经验来揭示社会结构和政治结构同生产的联系,而不应当带有任何神秘和思辨的色彩。社会结构和国家经常是从一定个人的生活过程中产生的。"① 社会是什么?马克思认为:"社会……是人们交互作用的产物。人们能否自由选择某一社会形式呢?决不能,在人们的生产力发展的一定状况下,就会有一定的交换〔commerce〕和消费形式。在生产、交换和消费发展的一定阶段上,就会有一定的社会制度、一定的家庭、等级或阶级组织,一句话,

---

* 该文曾发于《哲学研究》2005 年第 7 期,压缩稿发于《人民日报》2006 年 1 月 4 日、中国社会科学院院报 2006 年 1 月 26 日。

① 《马克思恩格斯全集》第 3 卷,人民出版社 1960 年版,第 28—29 页。

就会有一定的市民社会。有一定的市民社会，就会有不过是市民社会的正式表现的一定的政治国家。"① 历史是什么？马克思认为，历史什么事情也没有做，它"并不拥有任何无穷尽的丰富性"，它并"没有在任何战斗中作战"。创造这一切、拥有这一切并为这一切而斗争的，不是"历史"，而正是人，现实的、活生生的人。"历史"并不是把人当做达到自己目的的工具来利用的某种特殊的人格。历史不过是追求着自己目的的人的活动而已②。因此，马克思恩格斯主张，通过对人类所从事的实践活动、劳动的分析去揭示人类社会历史发展的奥秘。

　　然而，人们为什么要从事这样那样的实践活动呢？人作为生命有机体，必须同自然界进行物质、能量、信息的交换，才能维持自身的生命和存在。马克思恩格斯说："任何人类历史的第一个前提无疑是有生命的个人的存在。因此第一个需要确定的具体事实就是这些个人的肉体组织，以及受肉体组织制约的他们与自然界的关系。"③ 又说："人为了能够'创造历史'，必须能够生活。但是为了生活，首先就需要衣、食、住以及其他东西。因此第一个历史活动就是生产满足这些需要的资料，即生产物质生活本身。同时这也是人们仅仅为了能够生活就必须每日每时都要进行的（现在也和几千年前一样）一种历史活动，即一切历史的一种基本条件。"④ 当然，已经得到满足的第一个需要本身、满足需要的活动和已经获得的为满足需要用的工具又引起新的需要。⑤ 这就是说，人们从事物质生产活动是为了获得自身物质生活所需要的物质生活资料；马克思恩格斯认为，这种物质生产活动本身又是以人们之间的交往为前提的。"人们在生产中不仅仅同自然界发生关系。他们如果不以一定方式结合起来共同活动和互相交换其活动，便不能进行生产。为了进行生产，人们便发生一定的联系和关系；只有在这些社会联系和社会关系的范围内，才会有他们对自然界的关系，才会有生产。"⑥ 而"各个人借以进行生产的社会关系，即社会生产关系，是随着物质生产资料、生产力的变化和发展而变化和改变的。生产关系总合起来就构成为所谓社会关系，构成为所谓

---

① 《马克思恩格斯全集》第27卷，人民出版社1972年版，第477页。

② 《马克思恩格斯全集》第2卷，人民出版社1957年版，第118—119页。

③ 《马克思恩格斯全集》第3卷，人民出版社1960年版，第23页。

④ 同上书，第31—32页。

⑤ 同上书，第32页。

⑥ 《马克思恩格斯全集》第6卷，人民出版社1961年版，第486页。

社会，并且是构成为一个处于一定历史发展阶段上的社会，具有独特的特征的社会。"① 马克思还认为："人是最名副其实的社会动物，不仅是一种合群的动物，而且是只有在社会中才能独立的动物。"② 这就是说，人们进行社会交往的实践活动是为了进行物质生产，是为了在自然界面前获得独立和发展，是为了将生产关系改造得更加适合于人们物质生产活动的发展要求；马克思认为，生产关系的总和构成社会的经济结构、社会的经济基础，在它的上面树立着法律的和政治的上层建筑和一定的社会意识形式。上层建筑是由经济基础决定的，它虽有相对的独立性，但归根结底是为经济基础服务的，是为发展生产服务的。人们从事这样那样的政治活动、建立这样那样的政治制度，归根到底也是为了使生产力得到更快更好的发展；唯物史观与唯心史观的根本区别就在于它不是从观念出发去解释实践，而是从物质实践出发解释观念，认为包括了政治、法律、道德、科学、艺术、哲学、宗教等观念在内的社会意识，是现实关系的抽象，是人们的社会存在，即人们的实际生活过程的反映。马克思恩格斯把人们的社会意识的形成和产生过程，称为精神生产过程。在他们看来，人们从事这样那样的精神生产是为了认识自然、社会及人自身的存在和发展规律，是为了改造自然、改造社会和改造自身。由此可见，在唯物史观看来，人们从事各种实践活动，占有和创造物质财富和精神财富也好，建立和改变经济政治制度也好，都不过是手段和中介，唯有人自身的生存、发展和解放，才是最根本的目的。从这样的理论中能得出的逻辑结论，除了以人为本，还能有别的结论吗？

有必要指出，唯物史观对人的理解，与其他人道主义思潮、人本主义哲学存在着根本区别。唯物史观所理解的人是现实的人，马克思恩格斯说："我们的出发点是从事实际活动的人"③，"但这里所说的个人不是他们自己或别人想像中的那种个人，而是现实中的个人，也就是说，这些个人是从事活动的，进行物质生产的，因而是在一定的物质的、不受他们任意支配的界限、前提和条件下能动地表现自己的。"④ 这样，人们进行物质生产的方式就取决于物质资料的特性，而物质资料及由物质资料决定的物质生产方式就制约着人们自身的存在，"个人怎样表现自己的生活，他们自己也就怎样。因此，他

---

① 《马克思恩格斯全集》第 6 卷，人民出版社 1961 年版，第 487 页。
② 《马克思恩格斯全集》第 12 卷，人民出版社 1962 年版，第 734 页。
③ 《马克思恩格斯全集》第 3 卷，人民出版社 1960 年版，第 30 页。
④ 同上书，第 29 页。

们是什么样的,这同他们的生产是一致的——既和他们生产什么一致,又和他们怎样生产一致。因而,个人是什么样的,这取决于他们进行生产的物质条件。"① 马克思认为,人的本质并不是单个人所固有的抽象物,实际上,它是一切社会关系的总和。这样,当人们同物质生产资料处于不同关系的时候,人们就会在社会物质生产体系中处于不同的地位,这就决定了他们会具有不同的存在和不同的特性;而随着物质资料及由物质资料决定的物质生产方式的变化,人们之间的生产关系及其他社会关系也就跟着变化,从而人们本身也就发生变化。

由于"现实的人"具有丰富的现实特性和发挥着多方面多层次的社会角色和功能,因此在唯物史观看来,以人为本这个命题具有丰富的内涵。在反对社会历史的神创论、主张人创论的时候,在反对神的权威、提倡人的权威的时候,在反对将人不当人看待、强调人的类特性和维护人的基本权利的时候,唯物史观理解的以人为本与其他人道主义思潮、人本主义哲学的理解并无多大的区别。但是在涉及人类内部究竟谁是社会历史的主体和动力的时候,唯物史观的理解就与唯心史观基础上的人道主义、人本主义、民本主义存在着根本区别。马克思恩格斯认为,整个历史过程是由活生生的人民群众本身的发展所决定,而不是由永恒的永远不变的自然规律所决定,不应该由认识了永恒的自然规律并依照它行动的贵人、贤人和智者来统治②。他们还说:历史是群众的事业,随着历史活动的深入,必将是群众队伍的扩大③。这就是说,在唯物史观看来,阶级社会中,人民群众是社会历史的创造者,任何阶级和个人,只有融入人民群众并代表他们的利益,才能成为历史发展的动力。这时的以人为本,就是以人民群众为本,就是承认人民群众的社会历史主体地位,承认国家权力来自人民群众。

唯物史观主张以人为本,但并不认为人在自己的实践活动中可以肆意妄为、随心所欲。马克思就指出过:"人们自己创造自己的历史,但是他们并不是随心所欲地创造,并不是在他们自己选定的条件下创造,而是在直接碰到的、既定的、从过去承继下来的条件下的创造。"④ 因为人们在实践活动中还面对着一个按照自身规律运行着的客观对象、客观实际、客观条件,实践活

① 《马克思恩格斯全集》第 3 卷,人民出版社 1960 年版,第 24 页。
② 《马克思恩格斯全集》第 7 卷,人民出版社 1959 年版,第 306—307 页。
③ 《马克思恩格斯全集》第 2 卷,人民出版社 1957 年版,第 104 页。
④ 《马克思恩格斯选集》第 1 卷,人民出版社 1995 年版,第 585 页。

动过程既是人们的主体性、目的性、能动性的实现过程，又是客体、对象以其自身的规律性对主体的作用过程，人们只有把对对象、客体的改造建立在对对象、客体的规律性认识和把握的基础之上，只有实现了合目的性和合规律性的统一，才能在实践活动中达到预想的目的。实践活动的前一特性要求人们讲以人为本、讲价值论、讲人文精神，实践活动的后一特性要求人们讲客观存在、客观规律、讲认识论、讲科学精神。实践活动两方面特性的统一就是以人为本与客观存在的统一、价值论和认识论的统一、人文精神和科学精神的统一、目的性和规律性的统一。这就是为什么我们的发展观中既有"以人为本"的内涵，又有"科学"规定的内涵。把我们的发展观理解为不包含科学规定的纯人文发展观或理解为排斥人文精神的纯科学发展观，都是片面的理解。

二

唯物史观关于社会有机体和社会结构的理论是科学发展观全面协调发展的理论依据。

马克思恩格斯对人类社会进行分析的时候，引入了当时生物学中已经得到使用和流行的有机体的概念。马克思说，每一个有机体都由各种不同的组成部分构成；每一个组成部分都有特殊的作用，而相互作用的各个器官则紧紧地结合在一起[1]。恩格斯也说，黑格尔所说的相互作用的东西是有机体[2]。恩格斯还指出，任何一个有机体，在每一瞬间都是它本身，又不是它本身；在每一瞬间，它同化着自外界供给的物质，并排泄出另一种物质；在每一瞬间，它的机体中都有细胞在死亡，也有新的细胞在形成，经过或长或短的一段时间，这个机体的物质便完全更新了，由其他物质的原子代替了，所以，每个有机体永远是它本身，同时又是别的东西[3]。马克思恩格斯认为人类社会的运行存在着和有机体相类似的机制。马克思指出，资本过程在其不同阶段上的形式变换和物质变换，就像有机体中发生的变换一样[4]。马克思还指出，如果说，在资产阶级体制中，每一种经济关系都以具有资产阶级经济形

---

① 《马克思恩格斯全集》第 6 卷，人民出版社 1961 年版，第 220 页。
② 《马克思恩格斯全集》第 20 卷，人民出版社 1971 年版，第 654 页。
③ 《马克思恩格斯全集》第 19 卷，人民出版社 1963 年版，第 221 页。
④ 《马克思恩格斯全集》第 46 卷（下），人民出版社 1980 年版，第 171 页。

式的另一种经济关系为前提,从而每一种设定的东西同时就是前提,那么,任何有机体制的情况都是这样。这种有机体制本身作为一个总体有自己的各种前提,而它向总体的发展过程就在于:使社会的一切要素从属于自己,或者把自己还缺乏的器官从社会中创造出来。有机体制在历史上就是这样向总体发展的。它变成这种总体是它的过程即它的发展的一个要素①。他们还明确地把人类社会称作社会有机体。马克思说,现在的社会不是坚实的结晶体,而是一个能够变化并且经常处于变化过程中的机体②。马克思在肯定一位学者对资本论的评价的时候,实际上也肯定了这位学者所使用的"社会机体"这个概念③。马克思还使用了社会生产机体概念,称古老的社会生产机体比资产阶级的社会生产机体简单明了得多,但它们或者以个人尚未成熟,尚未脱掉同其他人的自然血缘联系的脐带为基础,或者以直接的统治和服从的关系为基础④。马克思还把国家生活称为现实的、有机的国家生活、国家生活的机体;还说家庭"familia"这个词被引入拉丁社会,是用来表示一种新的机体;还说工人的活的劳动能力存在于他的活的机体中,称劳动本身就是活的机体;还说机器体系在工人面前表现为一个强大的机体,称机械工厂是一个庞大的自动机,是有组织的机体。

恩格斯认为,有机体经历了从少数简单形态到今天我们所看到的日益多样化和复杂化的形态,一直到人类为止的发展系列⑤。毫无疑问,社会有机体处在有机体发展系列上的复杂阶段,除了与生物有机体存在着共性外,还存在着自身特有的特点。生物有机体基本上是由 DNA 的遗传特性决定的,而社会有机体则是在人的劳动、实践的过程中,是在人们交往过程中形成和发展的。唯物史观就是"在劳动发展史中找到全部社会史的锁钥的"⑥。

马克思恩格斯指出,一旦人们自己开始生产他们所必需的生活资料的时候(这一步是由他们的肉体组织所决定的),他们就开始把自己和动物区别开来。而人们用以生产自己必需的生活资料的方式首先取决于他们得到的现成

---

① 《马克思恩格斯全集》第 46 卷(上),人民出版社 1979 年版,第 236 页。

② 《马克思恩格斯全集》第 23 卷,人民出版社 1972 年版,第 12 页。

③ 同上书,第 23 页。

④ 同上书,第 96 页。

⑤ 《马克思恩格斯全集》第 20 卷,人民出版社 1971 年版,第 538 页。

⑥ 《马克思恩格斯全集》第 21 卷,人民出版社 1965 年版,第 353 页。

的和需要再生产的生活资料本身的特性，取决于他们进行生产的物质条件。生产者和生产的物质资料相结合就构成了生产力。生产过程中除了发生着人和自然的关系外，还发生着人与人的关系。生产本身既以人们之间的交往为前提，又决定着交往的形式。生产力的发展不仅仅是现有生产力的量的增加，还表现为生产力质的变化。因此，任何新的生产力都会引起分工的发展。"某一民族内部的分工，首先引起工商业劳动和农业劳动的分离，从而也引起城乡的分离和城乡利益的对立。分工的进一步发展导致商业劳动和工业劳动的分离。同时，由于这些不同部门内部的分工，在某一劳动部门共同劳动的个人之间的分工也愈来愈细致了。"① 马克思还多次谈论了分工所造成的社会生产机体。他说，把自己的"分散的肢体"表现为分工体系的社会生产机体，它的量的构成，也像它的质的构成一样，是自发地偶然地形成的。所以我们的商品所有者发现：分工使他们成为独立的私人生产者，同时又使社会生产过程以及他们在这个过程中的关系不受他们自己支配；人与人的互相独立为物与物的全面依赖的体系所补充②。在工场手工业中存在着最简单形式的协作原则：同时雇用许多人从事同种工作。但现在这个原则表现为一种有机的关系。因此，工场手工业的分工不仅使社会总体工人的不同性质的器官简单化和多样化，而且也为这些器官的数量大小，即为从事每种专门职能的工人小组的相对人数或相对量，创立了数学上固定的比例。工场手工业的分工在发展社会劳动过程的质的划分的同时，也发展了它的量的规则和比例性③。在机械工厂中，这个总机体的骨架却是由各种类型的机器本身组成的，其中每一个机器完成总生产过程所要求的特定的顺次进行的个别过程④。而工人本身只表现为机器的有自我意识的器官（而不是机器表现为工人的器官），他们同死器官不同的地方是有自我意识，他们和死器官一起"协调地"和"不间断地"活动，在同样程度上受动力的支配，和死的机器完全一样⑤。

　　马克思恩格斯认为，分工的每一个阶段还根据个人与劳动的材料、工具和产品的关系决定他们相互之间的关系。这就是说，分工发展的各个不同阶

---

① 《马克思恩格斯全集》第3卷，人民出版社1960年版，第24—25页。
② 《马克思恩格斯全集》第23卷，人民出版社1972年版，第126页。
③ 同上书，第384页。
④ 《马克思恩格斯全集》第47卷，人民出版社1979年版，第523—523页。
⑤ 同上书，第536页。

段，同时也就是所有制的各种不同形式。所有制形式随着生产力的发展而变化。经过对生产力和生产过程人们交往关系历史演变的考察，他们发现，以一定的方式进行生产活动的一定的个人，发生一定的社会关系和政治关系。社会结构和国家经常是从一定个人的生活过程中产生的①。他们还指出，直接从生产和交往中发展起来的社会组织在一切时代都构成国家的基础以及任何其他的观念的上层建筑的基础②。后来，马克思在《〈政治经济学批判〉序言》中概括说："人们在自己生活的社会生产中发生一定的、必然的、不以他们的意志为转移的关系，即同他们的物质生产力的一定发展阶段相适合的生产关系。这些生产关系的总和构成社会的经济结构，即有法律的和政治的上层建筑树立其上并有一定的社会意识形式与之相适应的现实基础。物质生活的生产方式制约着整个社会生活、政治生活和精神生活的过程。不是人们的意识决定人们的存在，相反，是人们的社会存在决定人们的意识。社会的物质生产力发展到一定阶段便同它们一直在其中活动的现存生产关系或财产关系（这只是生产关系的法律用语）发生矛盾。于是这些关系便由生产力的发展形式变成生产力的桎梏。那时社会革命的时代就到来了。随着经济基础的变更，全部庞大的上层建筑也或慢或快地发生变革。"③

上面的引述表明，马克思恩格斯所论述的社会结构就是由生产力、生产关系（经济基础）、上层建筑（意识形态）这三个层次的因素组成的。不过，以往那种把生产关系等同于所有制关系的理解，是不全面的。从上引的马克思恩格斯在《德意志意识形态》中的论述来看，生产关系除了所有制关系之外，还包括分工所形成的关系。从对生产关系的全面理解出发，我们可以将唯物史观的社会结构理论描述为由生产力的社会性质——所有制为基础的生产关系——政治上层建筑（意识形态）和生产力的技术工艺性质——分工为基础的生产关系——非政治上层建筑（社会科学）这两根相互联系着的链条组成的结构。在前一链条中，人们因所有制关系上的不同地位而区分为不同的阶级。在后一链条中，人们因分工而从事着不同的社会职业；前一链条形成着社会的利益性结构，后一链条形成着社会的功能性结构，而利益性结构和功能性结构的有机结合就构成了社会的整体

---

① 《马克思恩格斯全集》第 3 卷，人民出版社 1960 年版，第 28—29 页。
② 同上书，第 41 页。
③ 《马克思恩格斯全集》第 13 卷，人民出版社 1962 年版，第 8—9 页。

结构。

除了物质生产和精神生产之外，马克思恩格斯还论述了人本身的生产问题，这就是"每日都在重新生产自己生活的人们开始生产另外一些人，即增殖"①。人本身的生产过程就是人们的物质生活过程。人们为了生活也要与他人建立某种形式的共同体。"这就是夫妻之间的关系，父母和子女之间的关系，也就是家庭。这个家庭起初是唯一的社会关系，后来，当需要的增长产生了新的社会关系而人口的增多又产生了新的需要的时候，家庭便成为（德国除外）从属的关系了。"② 人们物质生活需要和生产之间所存在的必然联系，使得人们的物质生活及在不同历史阶段上形成的社会生活共同体也成了社会结构的要素。

马克思认为，人们的存在在开始的时候总是一种狭隘地域性的存在，只有随着生产力的普遍发展和与此有关的世界交往的普遍发展，这种狭隘地域性的存在才能变为世界历史性的、真正普遍的存在。"各民族之间的相互关系取决于每一个民族的生产力、分工和内部交往的发展程度。这个原理是公认的。然而不仅一个民族与其他民族的关系，而且一个民族本身的整个内部结构都取决于它的生产以及内部和外部的交往的发展程度。"③ 因此，在相当长的历史阶段上，不同地区、民族、国家之间既发生着一定的交往和联系，又存在着程度不等的区别。地区关系、民族关系、国家关系也成了社会结构的重要因素。

马克思恩格斯认为，人们在生产和交往实践中形成的上述种种结构性因素经过复杂的相互作用就形成了社会有机体，而社会有机体在生产发展基础上的历史演变就是社会形态。马克思在《资本论》第一卷中有一段话中起先写的是"它们是属于生产过程支配人而人还没有支配生产过程的那种社会形态的"，但在接下去的文字中"它们"又被称为"资产阶级以前的社会生产机体形式"④。这就证明，在马克思看来，社会生产机体的历史形式就是社会形态。

当年马克思恩格斯提出上述社会结构和社会有机体的理论，是为了揭示人类社会从一种形态到另一种形态的发展规律，而揭示这种社会发展规律的

---

① 《马克思恩格斯全集》第3卷，人民出版社1960年版，第32页。
② 同上书，第32页。
③ 同上书，第24页。
④ 《马克思恩格斯全集》第23卷，人民出版社1972年版，第97—98页。

目的是为了从世界观、社会历史观的角度为无产阶级革命提供理论武器。但是他们的理论中所隐含的社会形态量变过程中的社会有机体存在和发展的理论，则成为我们今天科学发展观的理论基础。唯物史观关于生产力和生产关系构成一个社会的经济基础的理论是我们实行以经济建设为中心的理论依据；唯物史观关于物质生活的生产方式和人们的社会生活、政治生活、精神生活之间存在的相互制约关系的理论则要求我们在进行物质文明建设的同时，要进行社会文明建设、政治文明建设、精神文明建设和生态文明建设，实现社会的全面进步和人的全面发展；唯物史观关于物质生产和精神生产，物质生活和精神生活，社会存在和社会意识，生产和交换、分配、消费，效率和公正，社会的所有制结构和分工结构之间，社会分工中的产业结构、职业结构、城乡结构、地区结构和人们的利益结构、需求结构之间，个人利益、群体利益、国家利益之间所存在的辩证关系，是我们实现协调发展的理论依据。只有协调发展，才能实现社会系统的有机性和整体性，才能在发展中保持社会的和平和稳定。

三

唯物史观关于人、社会对于自然界的依赖性和社会历史的连续性是科学发展观可持续发展的理论依据。

马克思在《1844年经济学哲学手稿》一著中论述了人对于自然界的依赖性，他写道："人（和动物一样）靠无机界生活，而人比动物越有普遍性，人赖以生活的无机界的范围就越广阔。从理论领域说来，植物、动物、石头、空气、光等，一方面作为自然科学的对象，一方面作为艺术的对象，都是人的意识的一部分，是人的精神的无机界，是人必须事先进行加工以便享用和消化的精神食粮；同样，从实践领域说来，这些东西也是人的生活和人的活动的一部分。人在肉体上只有靠这些自然产品才能生活，不管这些产品是以食物、燃料、衣着的形式还是以住房等的形式表现出来。在实践上，人的普遍性正表现在把整个自然界——首先作为人的直接的生活资料，其次作为人的生命活动的材料、对象和工具——变成人的无机的身体。自然界，就它本身不是人的身体而言，是人的无机的身体。人靠自然界生活。这就是说，自然界是人为了不致死亡而必须与之不断交往的、人的身体。所谓人的肉体生活和精神生活同自然界相联系，也就等于说自然界同自身相联系，因为人是自然界的一部分。"① 马克思在该著中还论述了人类生产的特点，他写道："通过实践创造对象世界，即改造无机界，证明了人是有意识的类存在物，也就是这样一种存在物，它把类看做自己的本质，或者说把自身看做类存在物。诚然，动物也生产。它也为自己营造巢穴或住所，如蜜蜂、海狸、蚂蚁等。但是动物只生产它自己或它的幼仔所直接需要的东西；动物的生产是片面的，而人的生产是全面的；动物只是在直接的肉体需要的支配下生产，而人甚至不受肉体需要的支配也进行生产，并且只有不受这种需要的支配时才进行真正的生产；动物只生产自身，而人在生产整个自然界；动物的产品直接同它的肉体相联系，而人则自由地对待自己的产品。动物只是按照它所属的那个种的尺度和需要来建造，而人却懂得按照任何一个种的尺度来进行生产，并且懂得怎样处处都把内在的尺度运用到对象上去；因此，人也按照美的规律来建造。"② 后来，马克思在《资本论》中进一步分析了人和自然之间的物质变换关系，他说："劳动首先是人和自然之间的过程，是人以自身的活动来引起、调整和控制人和自然之间的物质变换的过程。"③ 马克思恩格斯认为，这种通过生产劳动所建立的"人和自然的统一性""在每一个时代都随着工业或快或慢的发展而不断改变"，因而，人们"周围的感性世界决不是某种开天辟地以来就已存在的、始终如一的东西，而是工业和社会状况的产物，是历史的产物，是世世代代活动的结果"④。

马克思揭露了资本主义条件下物质变换过程中对土地的滥用和对森林等自然资源的破坏。他说："资本主义生产使它汇集在各大中心的城市人口越来越占优势，这样一来，它一方面聚集着社会的历史动力，另一方面又破坏着人和土地之间的物质变换，也就是使人以衣食形式消费掉的土地的组成部分不能回到土地，从而破坏土地持久肥力的永恒的自然条件。……资本主义农业的任何进步，都不仅是掠夺劳动者的技巧的进步，而且是掠夺土地的技巧的进步，在一定时期内提高土地肥力的任何进步，同时也是破坏土地肥力持久源泉的进步。一个国家，例如北美合众国，越是以大工业作为自己发展的起点，这个破坏过程就越迅速。"⑤ 他还说："文明和产业的整个发展，对森

---

① 《马克思恩格斯全集》第 42 卷，人民出版社 1979 年版，第 95 页。
② 同上书，第 96—97 页。
③ 《马克思恩格斯全集》第 23 卷，人民出版社 1972 年版，第 201—202 页。
④ 《马克思恩格斯全集》第 3 卷，人民出版社 1960 年版，第 48—49 页。
⑤ 《马克思恩格斯全集》第 23 卷，人民出版社 1972 年版，第 552—553 页。

林的破坏从来就起很大的作用，对比之下，对森林的护养和生产，简直不起作用。"① 马克思在给恩格斯的信中写道："耕作的最初影响是有益的，但是，由于砍伐树木等，最后会使土地荒芜。"②

恩格斯也有类似的论述。他说："我们不要过分陶醉于我们对自然界的胜利。对于每一次这样的胜利，自然界都报复了我们。每一次胜利，在第一步都确实取得了我们预期的结果，但是在第二步和第三步却有了完全不同的、出乎预料的影响，常常把第一个结果又取消了。美索不达米亚、希腊、小亚细亚以及其他各地的居民，为了想得到耕地，把森林都砍完了，但是他们梦想不到，这些地方今天竟因此成为荒芜不毛之地，因为他们使这些地方失去了森林，也失去了积聚和贮存水分的中心。"③

马克思恩格斯论述了历史发展过程中的代际影响。"历史的每一阶段都遇到有一定的物质结果、一定数量的生产力总和，人和自然以及人与人之间在历史上形成的关系，都遇到有前一代传给后一代的大量生产力、资金和环境，尽管一方面这些生产力、资金和环境为新的一代所改变，但另一方面，它们也预先规定新的一代的生活条件，使它得到一定的发展和具有特殊的性质。"④

马克思恩格斯还探讨了正确处理和解决人、社会和自然关系的理论和途径。马克思在《1844 年经济学哲学手稿》中指出："共产主义，作为完成了的自然主义，等于人道主义，而作为完成了的人道主义，等于自然主义，它是人和自然界之间，人和人之间的矛盾的真正解决，是存在和本质、对象化和自我确证、自由和必然、个体和类之间的斗争的真正解决。"⑤ 他在《资本论》中指出："社会化的人，联合起来的生产者，将合理地调节他们和自然之间的物质变换，把它置于他们的共同控制之下，而不让它作为盲目的力量来统治自己；靠消耗最小的力量，在最无愧于和最适合于他们的人类本性的条件下来进行这种物质变换。"⑥ 他还说："从一个较高级的社会经济形态的角度来看，个别人对土地的私有权，和一个人对另一个人的私有权一样，是十

---

① 《马克思恩格斯全集》第 24 卷，人民出版社 1972 年版，第 272 页。
② 《马克思恩格斯全集》第 32 卷，人民出版社 1975 年版，第 53 页。
③ 《马克思恩格斯全集》第 20 卷，人民出版社 1971 年版，第 519 页。
④ 《马克思恩格斯全集》第 3 卷，人民出版社 1960 年版，第 43 页。
⑤ 《马克思恩格斯全集》第 42 卷，人民出版社 1979 年版，第 120 页。
⑥ 《马克思恩格斯全集》第 25 卷，人民出版社 1974 年版，第 926—927 页。

分荒谬的。甚至整个社会，一个民族，以至一切同时存在的社会加在一起，都不是土地的所有者。他们只是土地的占有者，土地的利用者，并且他们必须像好家长那样，把土地改良后传给后代。"① 恩格斯也指出："必须时时记住：我们统治自然界，决不像征服者统治异民族一样，决不像站在自然界以外的人一样，——相反地，我们连同我们的肉、血和头脑都是属于自然界，存在于自然界的；我们对自然界的整个统治是在于我们比其他一切动物强，能够认识和正确运用自然规律。"②

　　作为可持续发展理论的先驱，马克思恩格斯上述关于自然界是人的无机身体、人的生产是全面的、劳动过程是人和自然之间的物质变换过程、人对自然界影响的两重性、人和自然关系上的代际影响、正确解决人与自然关系的理论和制度设想等理论和观点，实际地提出和回答了为什么要实现可持续发展、怎样实现可持续发展的问题，因而成为我们坚持科学发展观、实现可持续发展的理论依据。

　　总之，唯物史观揭示了人的社会存在，揭示了社会的物质基础，提出用人们的社会存在说明人们的社会意识、用人们的物质生活的生产方式说明人们的社会生活、政治生活、精神生活，形成了科学的社会认识论和方法论；唯物史观揭示了社会的要素、结构和系统的有机性、整体性，揭示了生产力对生产关系、经济基础对上层建筑（包括意识形态）的决定作用以及逆向的反作用，揭示了社会基本矛盾，论述了社会系统的运行机制和社会发展规律，阐明了人类解放的道路，形成了科学的社会历史观和以人为本的价值观。唯物史观是科学发展观的理论基础，而科学发展观则是唯物史观在当代中国的应用和发展。

---

① 《马克思恩格斯全集》第 25 卷，人民出版社 1974 年版，第 875 页。

② 《马克思恩格斯全集》第 20 卷，人民出版社 1971 年版，第 519 页。

论科学发展观的理论创新[*]

党的十六届三中全会在我们党的历史上首次提出了"坚持以人为本，树立全面、协调、可持续的发展观"，党的十六届四中全会又把"树立和落实科学发展观"列为党的主要执政经验和执政能力之一。胡锦涛为总书记的党中央领导集体所作出的理论和实践上的这种创新和发展，得到了全党全国人民的热烈欢迎，在国际上也引起了强烈反响。各级党政干部认真学习、积极贯彻，哲学社会科学界也展开了研究和讨论，全国出现了学习、宣传、研究和贯彻科学发展观的热潮。胡锦涛总书记曾明确要求，全党同志都要从贯彻"三个代表"重要思想和十六大精神的战略高度，从确保实现全面建设小康社会宏伟目标的战略高度，从提高党的执政能力的高度，深刻认识学习、掌握和贯彻树立科学发展观的重大意义，坚定不移地贯彻和落实科学发展观，更好地完成新世纪新阶段我们肩负的历史任务。本文就科学发展观的理论创新谈点看法，就教于大家。

1. 马克思主义哲学发展观的新形态

科学实践观是马克思主义哲学首要的、根本的观点，也是科学发展观的理论基础。实践是人的存在方式。社会不过是人们在实践活动过程中建立起来的交往关系，社会生活在本质上是实践的，经济、政治、文化等各个社会生活领域实际上不过是人们所从事的各个实践活动领域而已。所谓社会发展也就是人们所从事的各种实践活动及活动中各种关系的发展，因此，正如我们只有掌握了科学实践观才能真正理解马克思主义哲学的世界观、认识论、价值观和方法论一样，我们也只有掌握了科学实践观才能真正理解科学发展观。

人作为生命有机体，是在与外部世界进行物质、能量、信息的交换和交

＊ 该文首发于《中国社会科学院研究生院学报》2006 年第 1 期。

往中生存的。人们从事种种实践活动，无论是认识自然改造自然也好、认识社会改造社会也好，还是认识自身改造自身也好，归根到底就是为了自身的生存和发展。马克思说，"历史不过是追求着自己目的的人的活动而已"①。人类历史的发展过程实际上是人们通过实践活动追求自己的生存、发展和解放的过程。人是社会历史发展的主体、社会历史发展的动力、社会历史发展的目的。这就是说，我们只有掌握了马克思主义哲学关于实践和社会历史的主体性观点，才能更好更正确地理解科学发展观中的"以人为本"的内涵。

但是，马克思主义哲学在肯定人的实践活动具有主体性、目的性、能动性的时候，并不认为人可以在实践活动中肆意妄为、随心所欲，因为人们在实践活动中还面对着一个按照自身规律运行着的客观对象、客观实际、客观条件，人的实践活动还具有客体性、规律性、受动性的一面。马克思就指出过，"人们自己创造自己的历史，但是他们并不是随心所欲地创造，并不是在他们自己选定的条件下创造，而是在直接碰到的、既定的、从过去承继下来的条件下的创造"②。把人的实践和人在实践中面对的客观实际割裂开来、对立起来，用实践的主体性去否定客观实际的存在或者用客观实际的存在去否定实践的主体性，都不是马克思主义哲学的科学实践观。实践活动过程既是人们的主体性、目的性、能动性的实现过程，又是客体、对象以其自身的规律性对主体的作用过程，人们只有把对对象、客体的改造建立在对对象、客体的规律性认识和把握的基础之上，只有实现了合目的性和合规律性的统一，才能在实践活动中达到预想的目的。实践活动的前一特性要求人们讲以人为本、讲价值论、讲人文精神，实践活动的后一特性要求人们讲客观存在、客观规律、讲认识论、讲科学精神。实践活动两方面特性的统一就是以人为本与客观存在的统一、价值论和认识论的统一、人文精神和科学精神的统一、目的性和规律性的统一。这就是为什么我们的发展观中既有"以人为本"的内涵，又有"科学"规定的内涵。把我们的发展观理解为不包含科学规定的纯人文发展观或理解为排斥人文精神的纯科学发展观，都是不对的，是方向相反的两种片面理解。我们党根据科学实践观制定的思想路线，也辩证地体现了实践所具有的上述两方面的特性，在我们党的思想路线中就同时存在着实践和实际这两个范畴。当我们讲从实践出发的时候，不仅是在强调从我们

---

① 《马克思恩格斯全集》第2卷，人民出版社1957年版，第118—119页。
② 《马克思恩格斯选集》第1卷，人民出版社1995年版，第585页。

的实践出发，更在于强调从我们实践所面临的实际出发。我们只有完整正确地理解马克思主义哲学中的实践范畴，才能完整正确地把握我们党的思想路线；只有坚持党的思想路线才能正确理解和贯彻党的发展观。

马克思主义哲学的唯物史观、辩证—系统论、人和自然相互关系学说则是全面、协调、可持续发展的哲学基础。唯物史观认为，社会的物质生产力决定着生产关系，而生产关系的总和又作为经济基础决定着社会的上层建筑和意识形态。因此，物质生产提供着人和社会赖以生存和发展的物质基础，物质生产力的发展变化是导致社会发展和变革的最根本的动因。这就是我们把经济建设作为中心的理论依据；当然，唯物史观还认为生产关系的反作用、上层建筑和意识形态的反作用，对于生产力的发展、从而也对人的发展产生着重大影响。马克思恩格斯所论述的生产理论是全面生产理论，包括了物质生产，精神生产，人自身的生产，社会关系的生产，按照客观规律利用和保护自然资源、自然环境并以最小的消耗实现人和自然之间物质变换的理论，这些不同领域的生产和建设是互相依赖、互相制约、互为前提的，因此我们必须实行全面发展。中心论和全面发展论的辩证统一，是重点论和两点论、普遍性和特殊性、共性和个性相互关系这些辩证法精髓在社会经济环境发展问题上的具体表现。马克思恩格斯所揭示的社会要素的有机整合就是社会系统，社会系统的历史演变就是社会形态。社会系统的有机性、整体性要求作为它的子系统的发展必须协调地进行，否则，系统的有机性、整体性就会被破坏，社会系统就会崩溃和解体。社会形态的历史演变是在人类世代交替的实践活动中进行的，当代人的活动和发展既在前代人的基础上进行，又会对后代人产生深刻的影响，而适合于人类生存的生态环境和资源条件的存在则是人类得以进行实践生存活动的必要条件。因此，不同代际之间所存在的这种深刻的历史关联性、制约性、自反性，要求着发展的可持续性。

由此可见，我们党提出的科学发展观深深地扎根于马克思主义的理论土壤之中，是与马克思主义一脉相承的，是以马克思主义哲学为其理论前提和哲学基础的。我们只有深入地掌握马克思主义哲学理论，才能更好地理解和贯彻科学发展观。

我们党提出的科学发展观也是对马克思主义哲学的发展和创新。

必须指出，对于马克思主义哲学来说，发展问题和发展观并不是今天才出现的新问题、新概念。马克思主义哲学从其产生的一天起，就研究着发展问题，就隐含着发展观的概念。不过，从今天的眼光来看，马克思主义哲学理论传统中所使用的发展和发展观概念，可以区分为三个对象域（或三个论域、三个层次）。

第一种意义上的发展和发展观，是指世界观、宇宙观意义上的发展和发展观。这种意义上的发展和发展观所研究所讨论的对象领域最广泛、层次最高，包括了自然、社会和思维在内的整个世界、宇宙。关于这种意义上的发展观，我们可以从马克思恩格斯关于辩证法的定义中得知。而在这个层次上，明确地使用"发展观"这个概念的是列宁，他在《谈谈辩证法问题》一文中论述了两种发展观，他说："有两种基本的（或两种可能的？或两种在历史上常见的？）发展（进化）观点：认为发展是减少和增加，是重复；以及认为发展是对立面的统一（统一物之分为两个互相排斥的对立面以及它们之间的相互关系）。按第一种运动观点，自己运动，它的动力、它的泉源、它的动因都被忽视了（或者这个泉源被移到外部——移到上帝、主体等那里去了）；按第二种观点，主要的注意力正是放在认识'自己'运动的泉源上。第一种观点是僵死的、平庸的、枯燥的。第二种观点是活生生的。只有第二种观点才提供理解一切现存事物的'自己运动'的钥匙，才提供理解'飞跃'、'渐进过程的中断'、'向对立面的转化'、旧东西的消灭和新东西的产生的钥匙。"①

第二种意义上的发展和发展观，是指社会历史观意义上的发展和发展观。

恩格斯在《反杜林论》中指出："现代唯物主义把历史看做人类的发展过程，而它的任务就在于发现这个过程的运动规律。"② 所以，历史唯物主义被概括为是关于社会结构及其发展的一般规律的科学。唯物史观本身就是社会发展观。它所讨论的社会发展，虽然既包括了社会形态处于量变阶段上的社会发展，也包括了社会从一种形态到另一种形态质变、飞跃意义上的社会发展，不过，它所讨论的重点还是指社会形态质变、飞跃、革命意义上的社会发展。正是这个原因，唯物史观成为工人阶级及其他劳动人民从事革命的精神武器。

很显然，我们党今天提出的科学发展观，既不是第一种意义上的发展观，也不是第二种意义上的发展观。我们正在讨论的发展，主要是指生产力的发展，经济上的发展，科学技术文化上的发展，人民群众物质生活、精神生活

---

① 《列宁选集》第 2 卷，人民出版社 1995 年版，第 557 页。
② 《马克思恩格斯全集》第 20 卷，人民出版社 1971 年版，第 28 页。

和政治生活上的改善，社会秩序、社会风气、社会面貌上的进步，环境和资源上的合理使用和保护。虽然也会涉及生产关系、政治上层建筑，涉及经济制度和政治制度，但这种涉及并不意味着进行经济制度和政治制度上的革命，用一种社会形态去取代另一种社会形态，而是通过对现行体制或制度的改革、改良，消除、克服经济、政治、文化、社会、人和环境发展中所遇到的制度性障碍。所以，这里讲的发展，是指一种社会形态处于量变阶段上的发展；这里讲的发展观，就是以社会形态处于量变阶段上的发展为研究对象的理论和观念。这种发展观对于正处于量变阶段上的社会形态而言，不是采取对立的、敌视的、打碎的、革命的态度，而是采取合作的、完善的、建设的态度。因此，对于现实存在的社会形态而言，是一种建设发展观。我们可以把这种发展观称为马克思主义哲学中的第三种层次和意义上的发展观。这就是说，我们党今天讨论的发展问题在马克思主义哲学的发展史上是没有得到正面提出和展开过的新问题，而我们党今天提出的科学发展观在马克思主义哲学的发展史上则属于新领域、新层次、新时期的新发展观，是建设发展观。因此，我们完全可以理直气壮地说，我们党今天提出和实施的科学发展观，是对马克思主义哲学的丰富和发展，甚至还可以说，我们党今天提出的科学发展观正在成为马克思主义哲学的当代形态。

2. 中国特色社会主义发展理论的新概括

我国在 1956 年完成了生产资料所有制的社会主义改造之后，进入了社会主义建设阶段，是年毛泽东发表了《论十大关系》和《关于正确处理人民内部矛盾的问题》，以苏联的经验为鉴戒，总结了我国的经验，提出了调动一切积极因素为社会主义事业服务的基本方针，对适合我国情况的社会主义建设道路进行了初步的探索，明确提出了要采取"统筹兼顾"的方针去处理社会主义建设中的各种矛盾，明确提出了"中国工业化的道路"问题，后来他又明确地提出了"社会主义的现代化"的概念。毛泽东对我国社会主义现代化发展道路的探索是中国特色社会主义发展理论的最初篇章，是我们今天讲的科学发展观的最初篇章。

邓小平继承和发展了马克思、列宁和毛泽东的发展观的积极成果，在反映时代精神和当代中国发展实践的基础上，提出了中国特色社会主义建设的发展问题，把马克思主义发展观推到一个新阶段。他论述了发展的重要性，认为发展是当代世界、也是当代中国的主题。他指出："应当把发展问题提到全人类的高度来认识，要从这个高度去观察问题和解决问题。只有这样，才会明了发展问题既是发展中国家自己的责任，也是发达国家的责任。"① 他论述了发展、特别是当今中国发展的本质含义，认为发展就是从落后状态变为发达状态，就是搞现代化，就是由传统农业社会转变为现代工业社会。对于中国而言，发展就是要搞社会主义现代化。他强调说："搞社会主义现代化建设是基本路线"，同时又称这条路线为"中国的发展路线"②。他认为发展的核心内容是发展经济。他说："现代化建设的任务是多方面的，各个方面需要综合平衡，不能单打一。但是说到最后，还是要把经济建设当作中心。离开了经济建设这个中心，就有丧失物质基础的危险。其他一切任务都要服从这个中心，围绕这个中心，决不能干扰它，冲击它。"③ 他要求，经济发展要高速度，要力争隔几年上一个台阶，同时要讲求效益，稳步协调地发展。他说："在今后的现代化建设长过程中，出现若干个发展速度比较快、效益比较好的阶段，是必要的，也是能够办到的。我们就是要有这个雄心壮志！"④ 他为我国社会主义现代化建设制定了分三步走的发展战略。他指出，以 1980 年为基数，到 20 世纪 80 年代末，年人均国民生产总值翻一番，达到 500 美元。第二步是到 20 世纪末，再翻一番，人均达到 1000 美元，把贫困的中国变成小康的中国。更重要的目标还是第三步，在 21 世纪用三十年到五十年再翻两番，大体上达到人均 4000 美元，使中国在世界上达到中等发达的水平⑤。邓小平发展战略中还包括了由先富到共同富裕的战略思想。他还提出了两手抓，两手都要硬，在建设高度物质文明的同时，要建设高度的社会主义精神文明。他认为，只有两个文明建设都搞好才是有中国特色的社会主义。

以江泽民为核心的党中央第三代领导集体坚持和丰富了邓小平发展理论。这表现在：1. 在坚持发展是硬道理的过程中，提出了必须用发展的办法解决前进中的问题的思想。2. 提出要走既有较快速度又有较高素质的发展路子。1994 年，江泽民《在天津考察工作时的讲话》中说："中央提出，国民经济要保持持续、快速、健康发展，……这是积多年正反两方面的经验，才确立起来的我国经济顺利运行的唯一正确的路子。"⑥ 3. 提出发展要有新思路。江

① 《邓小平文选》第 3 卷，人民出版社 1993 年版，第 281—283 页。
② 同上书，第 248、381 页。
③ 《邓小平文选》第 2 卷，人民出版社 1994 年版，第 250 页。
④ 《邓小平文选》第 3 卷，人民出版社 1993 年版，第 377 页。
⑤ 同上书，第 226 页。
⑥ 《江泽民论有中国特色社会主义（专题摘编）》，中央文献出版社 2002 年版，第 96—97 页。

泽民指出："必须更新发展思路，实现经济增长方式从粗放型向集约型的转变。这种转变的基本要求是，从主要依靠增加投入、铺新摊子、追求数量，转到主要依靠科技进步和提高劳动者素质上来，转到以经济效益为中心的轨道上来。"① 4. 提出了广大群众共享经济社会发展成果的思想。1998 年 12 月，江泽民《在纪念党的十一届三中全会召开二十周年大会上的讲话》中说："在整个改革开放和现代化建设的过程中，都要努力使工人、农民、知识分子和其他群众共同享受到经济社会发展的成果。改革越深化，越要正确认识和处理各种利益关系，把个人利益与集体利益、局部利益与整体利益、当前利益与长远利益正确地统一和结合起来，把最广大人民群众的切身利益实现好、维护好、发展好，把他们的积极性引导好、保护好、发挥好。只有这样，我们的改革和建设才能始终获得最广泛最可靠的群众基础和力量源泉。"② 5. 从战略高度论述了促进区域经济合理布局和协调发展的重要性，实施了西部大开发战略，加快了中西部地区的发展。6. 实施了科教兴国战略，把科技和教育摆在优先发展的战略地位，依靠科技创新实现社会生产力发展的跨越。7. 实施了可持续发展战略，提出要正确处理经济发展同人口、资源、环境的关系。江泽民说："所谓可持续发展，就是既要考虑当前发展的需要，又要考虑未来发展的需要，不要以牺牲后代人的利益为代价来满足当代人的利益。可持续发展，是人类社会发展的必然要求，现在已经成为世界许多国家关注的一个重大问题。中国是世界上人口最多的发展中国家，这个问题更具有紧迫性。"③ 2001 年 7 月 1 日，他《在庆祝中国共产党成立 80 周年大会上的讲话》进一步指出："要促进人和自然的协调与和谐，使人们在优美的生态环境中工作和生活。坚持实施可持续发展战略，正确处理经济发展同人口、资源、环境的关系，改善生态环境和美化生活环境，改善公共设施和社会福利设施。努力开创生产发展、生活富裕和生态良好的文明发展道路。"④ 归结起来，就是发展要始终体现"三个代表"的重要思想。

　　以胡锦涛为总书记的党中央领导集体坚持以邓小平理论和"三个代表"重要思想为指导，全面贯彻十六大精神，进一步总结了 20 多年来我国改革开放和现代化建设的成功经验，科学地分析了新世纪新阶段在全面建设小康社

---

① 《江泽民论有中国特色社会主义（专题摘编）》，中央文献出版社 2002 年版，第 97 页。

② 同上书，第 111 页。

③ 同上书，第 279 页。

④ 同上书，第 282—283 页。

会过程中所面临的新形势、新情况、新问题，在十六届三中全会的决议中正式提出了"发展观"的概念，后来又加上了"科学"两字，这就在我们党的历史上第一次完整地系统地提出了以人为本，实现全面、协调、可持续发展，促进经济社会和人的全面发展的科学发展观。胡锦涛同志指出："科学发展观总结了 20 多年来我国改革开放和现代化建设的成功经验，揭示了经济社会发展的客观规律，反映了我们党对发展问题的新认识。科学发展观对整个改革开放和现代化建设都具有重要指导意义。"①

　　科学发展观既继承了邓小平理论和"三个代表"重要思想中的发展理论和发展观念，又作出了新的丰富和发展。这表现在：1. 明确提出了以人为本是科学发展观的核心和本质，科学地阐明了以人为本的含义。这就是要把实现好、维护好、发展好最广大人民的根本利益作为根本的出发点和归宿，要不断满足人民群众日益增长的物质文化需要，切实保障人民群众的经济、政治、文化权益，要让发展成果惠及全体人民群众，促进人的全面发展。党在指导发展的过程中，要坚持权为民所用、情为民所系、利为民所谋。2. 对全面、协调、可持续发展的内涵作了全面系统的论述。全面发展就是以经济建设为中心，全面推进经济、政治、文化建设，实现物质文明、精神文明、政治文明与和谐社会的全面发展，实现社会的全面进步和人的全面发展；协调发展就是实现城乡之间、区域之间、经济和社会之间的协调发展，使生产关系适合于生产力的发展要求、上层建筑适应于经济基础的要求；可持续发展就是促进人与自然的和谐，实现经济发展和人口、资源、环境相协调，坚持走生产发展、生活富裕、生态良好的文明发展道路。3. 提出了通过"五个统筹"实现科学发展观的基本要求，即统筹城乡发展、统筹区域发展、统筹经济社会发展、统筹人与社会和谐发展、统筹国内发展和对外开放，还提出了要建立实现五个统筹的有效的体制机制。4. 提出了要建立体现科学发展观要求的经济社会发展综合评价体系。在指导方针、政策措施上要注重加强薄弱环节。5. 提出了把树立科学发展观与坚持正确的政绩观紧密结合起来的思想，认为科学发展观引导着正确的政绩观的树立，正确的政绩观又保证着科学发展观的落实。6. 提出了把树立科学发展观和掌握科学的思想方法、发扬优良的工作作风结合起来的思想，提倡用求真务实的作风和发扬优良的工作作风来树立和落实科学发展观。

---

　　① 胡锦涛：《把科学发展观贯穿于发展的整个过程》，《求是》2005 年第 1 期。

　　总之，我们看到，由毛泽东提出问题，邓小平初步地全面创立，江泽民为核心的党中央的进一步丰富和发展，胡锦涛为总书记的党中央的进一步的总结和概括，中国特色社会主义的发展理论、发展观，已经形成为成熟、系统的科学发展观，这是我们党对社会主义现代化建设指导思想的历史性飞跃。

　　3. 当代人类发展文明成果的中国化运用

　　就世界范围而言，发展理论和发展观念是在资本主义工业化、现代化发展过程中产生的，也是随着资本主义工业化、现代化过程的发展而演变的。发展理论和发展观念实际上是对工业化、现代化过程的反思和总结，不同的发展阶段、不同的历史条件形成着、产生着不同的发展理论、不同的发展观念。

　　近三百年来西方工业发达国家在理论和实践中占支配地位的发展观和发展理论就是单纯经济增长的片面发展观。这种发展观指导下的发展实践在取得经济增长的同时，则导致了对文化的否定和排斥，导致了文化价值的分裂，导致了文化危机乃至社会危机、生态和环境危机，导致了一系列的全球问题，世界上富国和穷国之间的鸿沟也不断扩大。

　　经历了一系列全球性问题所带来的痛苦之后，从 20 世纪 60 年代起，人类开始反思和总结传统的经济发展观念和发展模式的问题和矛盾，探索在发展经济的同时保护资源环境，实现社会和人的持续发展，提出新的发展观念和发展模式。

　　1972 年 6 月 5 日至 16 日，联合国人类环境会议在瑞典斯德哥尔摩举行，通过了《联合国人类环境会议宣言》，呼吁各国政府和人民为维护和改善人类环境，造福全体人民，造福后代而共同努力。

　　1981 年，美国世界观察研究所所长莱斯特·R. 布朗出版专著《建设一个持续发展的社会》，全面论述了"从经济增长转向持续发展"的必要性、迫切性。

　　1982 年，法国经济学家弗朗索瓦·佩鲁出版专著《新发展观》，从发展中国家的角度阐述了新发展观。

　　1989 年 5 月联合国环境署第 15 届理事会发表了"可持续发展的声明"，1989 年联大通过决议重申了这一声明。

　　1992 年 6 月，联合国环境与发展大会在巴西里约热内卢召开，通过和签署了《里约热内卢环境与发展宣言》、《21 世纪议程》、《关于森林问题的原则声明》、《联合国气候变化框架公约》、《生物多样性公约》等重要文件。

1992 年联合国环境与发展大会以后，世界上大多数国家都在考虑本国的可持续发展问题，许多国家相继制定了自己的可持续发展战略，有的制定了本国的《21 世纪议程》，几乎所有的国际组织都在对《21 世纪议程》作出反应。据联合国估计，到 1996 年上半年，全球已有约 100 个国家设立了专门的可持续发展委员会，1600 个地方政府制定了当地的《21 世纪议程》。这反映出各国政府都已认识到可持续发展的重要性。为了推进《21 世纪议程》的全面实施，联合国经社理事会下专门成立了可持续发展委员会。自 1992 年 6 月联合国环境与发展大会以来，联合国可持续发展委员会每年都举行会议，审议《21 世纪议程》的执行情况。

上述情况说明，从传统的片面发展观、发展模式向新发展观、新发展模式的转变已成为当代具有全球性质的时代潮流。

新发展观的主要理论观点可概括如下：1. 新发展观把发展方针、发展目的确定为实现人的发展和社会全面进步。2. 新发展观不是把发展归结为单纯的经济增长，而是经济、社会、人、自然之间的协调发展。3. 新发展观把具有能动性的行为者或活动者作为建构发展理论的出发点。4. 新发展观提出了一种新的平衡理论，主张在动态中、在协调中实现平衡。5. 新发展观是一种可持续发展观，不但要求从当代人、当代社会发展的角度看待发展问题，还要求从未来人类、未来社会的角度看待发展问题。

有必要指出，国外发展观演变过程中提出的新发展观，是通过两条途径传入国内的。第一条途径就是我国学者的介绍和研究。我国哲学社会科学界在 20 世纪 80 年代初就关注了国际学术界关于发展问题和发展理论的研究动向，20 世纪 80 年代中期以来，学者们发表了大量的著作和论文，对我国的发展实践产生了明显的影响；第二条途径就是 1992 年李鹏总理率领我国代表团出席了在巴西里约热内卢召开的联合国环境与发展大会，在会上庄严承诺了中国要认真履行会议所通过的《里约热内卢环境与发展宣言》、《21 世纪议程》等文件。会后不久，由国家计委和科委牵头，组织国务院有关部门、机构和社会团体编制了《中国 21 世纪议程——中国 21 世纪人口、资源、环境与发展白皮书》，可持续发展战略第一次被写进了我国经济和社会发展的长远规划。从此，可持续发展问题成为党和国家领导人的重要讲话、党和国家关于国民经济和社会发展的"九五"、"十五"计划中不可缺少的内容。1995 年江泽民指出，在现代化建设中，必须把实现可持续发展作为一个重大战略；1996 年江泽民指出，在实行可持续发展战略中，要从我国的实际出发；1999

年江泽民指出，促进我国经济和社会的可持续发展，是根据我国国情和长远发展的战略目标而确定的基本国策；2001 年江泽民指出，要促进人和自然的协调与和谐，使人们在优美的生态环境中工作和生活；2002 年江泽民指出，加入世贸组织，既为我们充分利用国内外两个市场、两种资源，实现经济社会与人口资源环境的协调发展提供了新的机遇，也对我们提高经济和社会的可持续发展能力提出了新的挑战。因此，我们完全有理由说，1992—2002 年的十年是我们党和国家围绕我国的发展问题及我国在发展问题上承担的国际义务思考、借鉴当代文明成果的十年，是探索将这种文明成果与我国实际相结合的十年。

2003 年 10 月党的十六届三中全会通过的《中共中央关于完善社会主义市场经济体制若干问题的决定》，实际上也是提出和全面论述科学发展观的决定。该决定对深化经济体制改革重要性和紧迫性的论述就是对实施科学发展观重要性和紧迫性的论述；该决定所规定的完善社会主义市场经济体制的目标和任务，实际上也是科学发展观所要达到的目标和任务；该决定所确定的深化经济体制改革的指导思想和原则，也适用于科学发展观。这个决定明确地提出了科学发展观的概念，全面阐述了科学发展观的内涵，为在实际工作中贯彻落实科学发展观制定了一系列的原则、方针、政策。把"发展观"这个体现着当今时代主题的概念正式写进党的决议之中，并认为科学发展观对整个改革开放和现代化建设都具有指导意义。这是我们党将当代人类发展文明新成果和我国实际相结合过程中的一次升华和飞跃。从这个角度来看，我们党的发展观也是当代人类发展文明成果和我国实际相结合的产物，是当代人类发展文明成果的中国化运用，是对当代人类发展问题的中国式回答。这种结合、运用、回答是同从中国实际出发的创新结合在一起的，是创新中的结合、创新中的运用、创新中的回答。以人为本、全面发展、协调发展、可持续发展，这些概念是我们和国际上公认和通用的新发展观所共有的，是我们借鉴和引进来的，但是我们从我国实际出发给予了自己的解释。以经济建设为中心，在经济建设为中心的基础上实现全面发展；十六届三中全会决议中所提出的"五个统筹"、"五个坚持"；胡锦涛讲话中提出要正确处理的"三个关系"；关于以人为本的解释；这些都注入了中国的内容，使它们具有了中国的特点，至于说我们的发展观是同中国特色社会主义的理论、制度结合在一起的，则更是我们的科学发展观和国外同类发展观相区别的地方。一句话，我们党的科学发展观是当代人类发展文明成果的中国化运用和创新。

4. 新世纪新阶段新问题的新回答

坚持和发展马克思主义基本原理也好，坚持和丰富中国特色社会主义理论也好，借鉴和引进当代人类发展文明成果也好，都是为了一个目的，这就是解决新世纪新阶段所面临的新形势、新情况、新问题、新任务。

自从 20 世纪 70 年代末进入改革开放和现代化建设新时期以来，我国的社会主义现代化建设、特别是经济建设，经历了 20 多年快速发展，取得了举世瞩目的伟大成就，我国已经成为能对世界经济产生重大影响的经济体，被称为"世界工厂"、"世界市场"，生产力有了很大的发展、综合国力得到了全面提升、人民群众的生活水平得到了普遍提高。我们在 20 世纪末提前实现了预定发展目标，并在进入新世纪之后，提出了全面建设小康社会的宏伟目标。但是我们也应该清醒地看到，由于 20 多年的经济快速增长，更由于社会主义市场经济体制还处在建立和完善的过程之中，因此经济和社会发展中某些矛盾和问题开始得到了集中和暴露，不仅影响着社会的稳定，还影响着经济的发展。例如，资源能源问题，生态环境问题，三农问题，地区差别拉大问题，社会不同群体之间收入差别扩大问题，就业问题，经济增长与社会事业发展"一条腿长，一条腿短"的问题，经济增长与人的全面发展之间的不平衡问题，经济增长方式上的诸如高投入、高消耗、高排放、高污染、不协调、难循环的问题，腐败问题，完善社会主义市场经济体制和推进社会主义民主政治建设问题，实现物质文明、精神文明、政治文明、生态文明协调发展问题，等等。这些问题如果不能得到及时妥善的解决，全面建设小康社会的目标就不可能顺利实现。

还有，2003 年我国人均国内生产总值突破了 1000 美元，到 2020 年全面建设小康社会的目标实现的时候，我国人均国内生产总值将达到 3000 美元，我国在国际上将进入中等收入国家的行列。许多国家的发展经历表明，这是一个国家发展的极为重要和关键时期。随着温饱问题的解决，人们从往昔的求生存改变为求发展，开始注意讲究提高生活质量，人们的需求不仅越来越多样化，而且档次越来越高，这样就会刺激市场和产业的发展，加速工业化、城市化的进程，使发展出现一个黄金时期。但是，这也是一个经济发展和人口、资源、环境之间、经济发展和社会文化发展之间、社会不同阶层群体之间的矛盾极容易发展和加剧的时期，再加上国际上综合国力竞争日趋激烈，外部环境复杂多变，如果处置不当，很容易丧失发展机遇，导致经济徘徊，甚至造成社会动荡和危机。正如胡锦涛同志说的："这是一个既有巨大发展潜力和动力又有各种困难和风险的时期，是一个既有难得机遇又有严峻挑战的时期。能不能抓住新机遇、解决新问题、实现新发展，是对我们党的执政能力的重大考验，也是对我们的民族凝聚力和创造力的重大考验。"他又说："要解决中国的发展问题，实现又快又好的发展，必须牢固树立和认真落实科学发展观。……只有贯彻落实好科学发展观，才能确保率先全面建成小康社会、率先基本实现现代化。我们一定要增强贯彻落实科学发展观的自觉性和坚定性，结合实际，正确处理以经济建设为中心和全面发展的关系、加快发展和协调发展的关系、当前发展和可持续发展的关系，把科学发展观贯穿于发展的整个过程和各个方面，推进各项事业更快更好地发展。"① 因此，科学发展观是我们党面对新形势、解决新问题、妥善处理发展过程中遇到的各种关系和矛盾，推动经济增长方式的转变和经济结构的调整，保证经济持续快速健康地发展，保证实现以人为本、全面协调可持续的发展，全面建设小康社会和构建社会主义和谐社会的新的战略指导思想。

坚持和贯彻科学发展观是一项社会系统工程，需要全党全国人民的共同努力，需要各领域、各层次的党政企事业单位在党中央的领导下通力协作。围绕科学发展观的坚持和贯彻、围绕科学发展观自身的丰富发展，我国哲学、经济学、社会学、政治学、法学、文学和文化等各个学术研究领域都将面临一系列的研究课题，我国哲学社会科学学者完全应该也完全可能做出自己的贡献。让我们在胡锦涛为总书记的党中央的领导下，坚持和贯彻科学发展观，全面建设小康社会和社会主义和谐社会，不断开创中国特色社会主义事业的新局面。

---

① 胡锦涛：《把科学发展观贯穿于发展的整个过程》，《求是》2005 年第 1 期。

论科学发展观的基本要求及其现实根据*

全面、协调、可持续发展是科学发展观的基本要求，目前有关文章或者只是从理论根据的角度对其论述，或者只是从实现的角度进行论述，但如果不能全面正确地展开和论述科学发展观的基本要求，就不能全面正确地贯彻落实科学发展观。本文试图在这方面做点尝试，供讨论。

一

在世界历史上，人和社会全面发展的理论是近现代西方进步思想家、特别是科学社会主义创始人马克思恩格斯在批判资本主义过程中提出和阐发的。至于科学发展观中的全面发展理论则是我们党根据马克思的人的全面发展和社会全面生产理论、社会结构和社会有机体理论、唯物辩证法的普遍联系和全面性的理论，深化了对当今世界、特别是我国现阶段社会领域不断分化又不断整合、社会的有机性、系统性、整体性不断加强的特点和规律的认识之后提出的。全面发展的观点就是要求我们从社会的整体、国家的全局出发认识和处理发展问题，就是发展问题上的全局观点、整体观点。

原始人和原始社会中存在着全面性和丰富性，但那是建立在没有社会分工基础上的，具有原始的性质。后来随着社会生产力的发展，这种原始的全面性和丰富性就被社会分工所打破，出现了城乡、脑体、畜牧业农业乃至工业商业之间的分工，不过在前市场经济社会中，人与人之间的各种形式的人身依附关系还是处在主导的地位。马克思把前市场经济社会称作人的依赖关

* 该文首发于《哲学研究》2007年第2期，后被收入中共中央宣传部理论局编、学习出版社2009年2月出版的《纪念党的十一届三中全会召开30周年理论研讨会文集》，后又被收入王伟光主编，程恩富、夏春涛副主编，社会科学文献出版社2009年5月出版的《改革开放与中国特色社会主义》一书。

系的社会形态。整个社会处于以人身依附关系为基础的奴隶主、封建主或宗教的权力的一统之下，而经济、政治、文化等则没有分化为社会的不同领域。

从前市场经济的、农业的、传统的社会向市场化、工业化、现代化社会转型和过渡的过程，是人们摆脱人身依附关系而获得依赖于物的独立性的过程，是人们通过市场建立经济关系的过程，是从先前的以人身依附关系为基础的社会整体性向以人们之间的市场经济关系为基础的社会整体性的演变过程，是社会领域不断分化的过程，也是在分化的基础上重新形成社会有机体的过程。由于市场经济的发展，首先是市民社会从政治国家中分离了出来。对于这种分离，当年黑格尔敏锐地觉察到了，所以他讨论了政治国家和市民社会的关系，但唯心地认为政治国家决定了市民社会，马克思在批判他的时候也讨论了这个关系问题，不过和黑格尔相反，得出了市民社会决定政治国家的唯物主义结论。马克思指出，在中世纪，市民社会就是政治社会，市民社会的有机原则就是国家的原则。但是在现代国家中市民社会和政治社会的分离实际上是存在的。只有市民等级和政治等级的分离才表现出现代的市民社会和政治社会的真正的相互关系。马克思还认为，只有法国革命才使市民社会的等级差别完全变成了社会差别，即没有政治意义的私人生活的差别，完成了政治生活同市民社会分离的过程①。工业化的过程是生产和经济活动实现机械化、自动化的过程，是生产、经济活动乃至整个社会生活的现代化过程，这就推动了科学、技术、政治、法律及至哲学、文化的发展和应用。为了解决市场化、工业化、现代化过程中出现的社会矛盾和社会问题，资本主义工业发达国家又逐步建立了发展社会救济、社会保障、社会公益等社会事业的机制和组织。社会就是这样一种在人们实践基础上形成和发展的有机体，只要人们生活和社会发展上出现了某种需要，它就会形成或产生相应的组织或器官。马克思认为，资产阶级社会是历史上最发达的和最复杂的生产组织。因此，那些表现它的各种关系的范畴以及对于它的结构的理解，同时也能使我们透视一切已经覆灭的社会形式的结构和生产关系。资产阶级社会借这些社会形式的残片和因素建立起来，其中一部分是还未克服的遗物，继续在这里存留着，一部分原来只是征兆的东西，发展到具有充分意义，等等。人体解剖对于猴体解剖是一把钥匙。低等动物身上表露的高等动物的征

---

① 《马克思恩格斯全集》第 1 卷，人民出版社 1956 年版，第 334、344 页。

兆，反而只有在高等动物本身已被认识之后才能理解。① 马克思就是在对资本主义社会进行结构分析的基础上提出了唯物史观的社会结构理论的，即生产力、生产关系（经济基础）、上层建筑和意识形态这三层要素组成的社会结构。

当然，市场化、工业化、现代化的过程也使人从早先的那种完成产品生产全过程的独立劳动者变成了机器的附属品，成为机器的一个部件，跟随着机器的节拍和流程从事着重复单一的动作。所以，马克思认为，资本主义工业化过程造成了劳动的异化、人的异化，造成了人的片面发展。市场经济作为一种盈亏经济、竞争经济、优胜劣汰经济总是推动经济主体追求自己利润的最大化，这既使他们十分重视经济活动的效率，但同时也使他们只能从自身的、眼前的、市场上的利益和利润出发去从事经济活动，他们这种自发的经济活动会造成社会总体上发展的无序性、片面性。经济客观过程所要求的发展的全面性和经济主体从自身利益出发所造成的发展的片面性、经济发展过程对人的发展的全面性要求和异化劳动所造成的人的实际发展上的片面性是市场化、工业化、现代化过程一开始就存在和暴露出来的一种矛盾。正是在对这种矛盾的认识和分析的基础上，先是空想社会主义、后是科学社会主义提出了人的自由而全面发展和社会全面进步的理论和理想。

我国从新中国成立之后所开始的社会主义现代化过程，也是从传统的农业社会向现代的工业社会转型的过程，生产资料所有制社会主义改造完成后，计划经济体制取代了往昔的市场经济，1978 年进入改革开放新时期之后，又开始了从计划经济体制向市场经济体制的转轨过程，即我国现代化过程除了要实现工业化、现代化，还要实现市场化。这个过程虽然不能完全等同于西方发达国家所曾经走过的现代化过程，但在某些方面还是存在着类似的特点和过程。在现代化过程中，我国社会的结构也经历着新的分化和新的整合过程。

新中国成立以来，我们党的领导人关于我国社会主义现代化建设领域的划分，就是这种新的分化和整合过程的反映。

早在我国新民主主义革命时期，毛泽东曾经根据马克思社会结构理论的基本精神，用经济、政治、文化之间的关系论述了社会结构。他写道，"一定的文化（当作观念形态的文化）是一定社会的政治和经济的反映，又给予伟

---

① 《马克思恩格斯全集》第 12 卷，人民出版社 1962 版，第 755—756 页。

大影响和作用于一定社会的政治和经济；而经济是基础，政治则是经济的集中的表现。这是我们对于文化和政治、经济的关系及政治和经济的关系的基本观点。那么，一定形态的政治和经济是首先决定那一定形态的文化的；然后，那一定形态的文化又才给予影响和作用于一定形态的政治和经济"①。毛泽东根据这种分析，提出了要建立具有新民主主义经济、政治和文化的新民主主义社会的理论。毛泽东的这些论述后来成为我们党分析社会结构和进行社会主义现代化建设的理论根据。

在社会结构和建设领域划分上，我们党先是区分出经济建设和文化建设的领域，接着区分出政治建设的领域，再接着是社会建设的领域。毛泽东在1949年新中国成立时提出和使用了经济建设和文化建设的概念，他说，随着经济建设的高潮的到来，不可避免地将要出现一个文化建设的高潮②。邓小平在提出以经济建设为中心的同时，又提出要建设两个文明，即我们要在建设高度物质文明的同时，建设高度的社会主义精神文明③。江泽民在1997年党的十五大报告中阐述党的社会主义初级阶段的基本路线和纲领时，提出并阐述了建设有中国特色社会主义的经济、政治和文化，这就在实际上提出了经济建设、政治建设和文化建设的概念④。在关于文明建设的提法上，除了继续提物质文明建设和精神文明建设外，在2002年5月31日的讲话中，又把建设社会主义政治文明作为社会主义现代化建设的重要目标⑤。这样，与三个建设领域划分相对应的是三种文明的建设。胡锦涛于2005年2月21日中共中央政治局第20次集体学习时提出，与社会主义经济、政治、文化建设一样，我们要加强对社会主义社会建设的理论研究和实践探索。这样在社会主义建设领域的划分上就从原来的三位一体变成了由经济建设、政治建设、文化建设和社会建设所组成的四位一体⑥。随即在文明建设的提法上也加上了社会文明的建设。把社会建设和社会文明建设作为社会主义建设领域提出是有客观依据的，这实际上反映了我国社会随着社会主义市场经济的发展而导致狭义的社会领域的形成和区分。这个社会在与政府相对而言时是指不是

---

① 《毛泽东选集》第2卷，人民出版社1991年版，第663—664页。
② 《毛泽东著作选读》下册，人民出版社1986年版，第692页。
③ 《邓小平文选》第2卷，人民出版社1994年版，第208页。
④ 《江泽民论有中国特色社会主义（专题摘编）》，中央文献出版社2002年版，第43—44页。
⑤ 同上书，第304页。
⑥ 《人民日报》2005年2月22日有关报道。

依靠政府的力量，而是依靠民间的力量，在与市场相对而言时是指不是通过市场机制而是通过市场之外的社会机制，是依靠民间力量并通过社会机制去发展社会事业，去解决政府或市场没有解决或没有完全解决的社会问题。

既然我们可以在以往的经济建设和文化建设划分的基础上再逐步地划分出政治建设和社会建设，那么随着建设实际过程的发展，我们还可以提出生态建设领域的划分。其实，我们党在提出并实施可持续发展战略的过程中，已经提出并使用了类似的概念，党的十六大以来，更明确地提出和使用了生态建设和生态文明的概念。而且，在科学发展观的全面发展的内涵中，明确提出生态建设和建设生态文明，可以使全党和全社会更加重视生态环境建设，进一步认识在发展过程中正确解决生态环境资源问题，实现可持续发展的紧迫性和重要性。从理论上说可以使科学发展观在内涵上显得更丰富、更完整。经济、政治、文化、社会和生态环境这五大子系统之间的相互作用与整合，正是现代社会系统的结构特点，也是我国现阶段社会的结构特点；而建设物质文明、政治文明、精神文明、社会文明和生态文明，正是我们社会主义建设所面临的任务。因此，我们主张在论述科学发展观的全面发展的内涵时，提出并实施五位一体的理论和政策。

全面发展究竟如何理解，是需要进一步论述的问题。全面发展当然不是单打一的发展，也不是齐头并进、平均主义式的发展。所谓单打一的发展就是在上述五个领域和方面中只要一个领域和方面的发展而不要其他领域和方面的发展。在这种情况下，单独发展可以在一个时期内实现，但由于失去了其他领域的支持，单独发展就不可能长久进行下去；所谓齐头并进、平均主义式的发展是对上述五个领域和方面平均地使用力量，要求它们同时同等地发展。平均使用力量就发展主体来说，是可以做到的，但那样会出现有些领域投入不够使用，而有些领域的投入又得不到充分的有效的使用，实际上不同的领域在对于资金、人力、技术的投入要求上是不同的。同时同等地发展是不可能实现的，即使人为地实现了，那也会实际地破坏各个领域之间的实际关系。所以，全面发展实际上是在同时避免、否定、扬弃上述两个极端之中得到规定的，是在上述两个极端的张力中得到确定的。全面发展当然包含着同时发展的意思，因为各个方面如果不同时有所发展，那就不是全面发展；但各个方面有所发展并不是各个方面同等地发展，同时同等地发展就变成了平均主义的发展。可见，这个同时发展是根据各个领域之间实际存在的相互关系的同时发展，是每个领域根据它们在全局发展中所处的地位和所起作用而实现的发展，因而是各个领域之间有差别的同时发展。由于在发展的每个阶段上总有某个领域的发展对全局发展起着主导和支配地位的作用，因而这种全面发展也不能排斥某个领域的重点发展。这样，这种全面发展也是在某个领域重点发展基础上实现的。对于长期处于社会主义初级阶段的我国来说，经济建设就是重点、就是中心，因而我们实现的全面发展就是以经济建设为重点、为中心基础上的全面发展。国外各种发展观之间的争论就是围绕着对增长和发展的理解及其关系而展开的，比较极端的看法，一种是把发展仅仅归结为经济增长，另一种则把发展仅仅理解为社会的全面进步和人的发展。科学发展观针对我国国情和现阶段的发展实际，辩证地理解和处理了增长和发展的关系，提出了有别于上述两种极端理解的新理解。胡锦涛同志指出："增长是发展的基础，没有经济的数量增长，没有物质财富的积累，就谈不上发展。但增长并不简单地等同于发展，如果单纯扩大数量，单纯追求速度，而不重视质量和效益，不重视经济、政治和文化的协调发展，不重视人和自然的和谐，就会出现增长失调、从而最终制约发展的局面。"[①] 这就是说，科学发展观所理解和规定的发展是在经济增长基础上实现的量和质、速度和效益相统一的经济发展，是在经济发展基础上实现的经济、政治、文化、社会、生态环境等领域的社会全面进步和人的全面发展的不断推进。

重点发展、中心发展和全面发展是相互矛盾和制约的两个方面，丢掉了全面的重点和中心，就会变成唯一，就会变成单打一的发展，这种发展是不可能持久的；丢掉了重点、中心的全面，极容易变为平均主义的发展，那也是不可能持久的。我国近 30 年发展表明，以经济建设为中心的全面发展，不仅是必要的，也是可能的。由此可见，科学发展观的全面发展是在深化了对我国现阶段社会系统整体发展的新特点和新规律认识的基础上提出的。

二

讨论协调发展，就要回答什么是协调发展，为什么要协调发展，怎样实现协调发展等问题。所谓协调发展，就是构成社会系统的各子系统、各领域、各层次、各要素在发展过程中要互相衔接、互相适应、互相配合、互相促进、

---

① 胡锦涛：《树立和落实科学发展观》，《十六大以来重要文献选编》（上），中央文献出版社 2005 年版，第 484 页。

互相推动地发展，就是各子系统、各领域、各层次、各要素之间动态平衡地发展，从而实现社会系统在整体上的稳定有序和谐的发展。具体地说，就是要实现经济、政治、文化、社会、生态之间，经济结构、产业结构、就业结构之间，城乡、区域、内外、上下之间，最后就是生产力和生产关系、经济基础和上层建筑、社会利益性结构和社会功能性结构之间的协调发展。

实现协调发展的根据就是因为社会是一个有机体。有一种说法认为事物之间的普遍联系是社会协调发展的根据，这在原则上并没有错，但就是显得太一般和太宽泛了。实际上，事物之间的普遍联系直接形成的是相互作用和因果作用，物理、化学系统从简单到复杂的发展过程也是系统内各要素及系统间的相互作用和因果作用的演变过程，相互作用和因果作用演变为协调作用是在复杂的物理化学系统发展为生物有机系统过程中实现的，有机性要求协调性，协调性实现着有机性，只有各要素、各层次、各子系统之间实现了协调发展才能在整体上形成一个有机系统。协调性是有机系统内及系统与环境之间相互作用的一个根本的重要的特点，把协调作用泛化为一般的相互作用，就是把有机系统还原为一般的物理化学系统。因此最确切地说，是社会系统的有机性要求我们实现协调发展。

在当代社会的发展中，社会的不同领域、不同层次之间，社会的各要素、部分、系统之间的互相联系更加紧密、互相制约进一步加强，社会发展的有机性、系统性和整体性出现了许多新的特点和规律。由于当代科学技术的迅速发展，特别是当代信息技术革命的发展，科学、技术、知识密集型的高新技术产业在产业结构中的比重不断加大，传统产业加速改造，新型的服务产业得到迅速发展，产业结构、经济结构不断升级优化，经济发展和国际上的经济竞争愈来愈取决于科学、技术、知识和人才上的发展和竞争。这就是说，经济的发展越来越依赖于文化的发展。不仅如此，现代信息技术为各类精神生产、知识生产、文化生产提供了强大的技术手段，对各类精神、知识、文化的生产方式、活动方式产生着日益巨大的影响，精神、知识、文化生产正在从手工劳动走向机械化、自动化、信息化，正在从自然智能单独进行的状态发展为自然智能和人工智能结合进行的状态。精神、知识、文化生产正在走上社会化、工业化、信息化的发展道路，知识产业、文化产业得到了迅速的发展，它们对国民生产总值的贡献率不断上升，成为现代经济结构、产业结构中的重要组成部分。经济文化化，文化经济化，经济和文化互为前提、互相依赖、互相渗透的发展，是现代社会、特别是信息社会发展的一个新的特点和规律。即使没有直接进入市场、没有直接经济效益的公益性的文化事业的发展，从长远来看，也对经济的发展提供着智力的支持。经济、文化和政治之间的关系同样出现了许多新的特点和规律。经济、文化的发展使政治的功能和文明程度有了新的发展，政治不仅从人们利益关系的角度调节着经济和文化，而且还从人们功能关系的角度调节着经济和文化，没有政治上的进步，也不可能有经济和文化上的发展和繁荣。我国经济和文化发展过程中出现的许多问题实际上都取决于社会主义政治体制改革和法制建设。市场经济是当代人类社会、也是我国当前社会不可超越的发展阶段。有位经济学家说得好，在现阶段就通过调动人们的致富欲望而推动经济的发展来说，任何经济制度都不能与市场经济制度相比。但市场经济也有它的弊端和失灵的方面。它在带来经济发展效率的同时也往往带来了一大堆社会矛盾和问题，它只能带来人们在形式上、规则上、机会上的自由、平等和公正，而造成着人们之间在实际上、结果上的不自由、不平等、不公正，造成着不同社会集团之间的贫富两极分化。如何在利用市场经济积极作用的同时尽量地避免和缩小市场经济的负面影响，如何在享用市场经济带来的经济发展成果的同时尽可能地解决市场经济带来和造成的各种社会问题和社会矛盾，已成为当代学者和政治家共同面对的历史性课题。因为各种社会问题和社会矛盾的及时恰当的解决既是当代社会稳定和谐的需要，也是经济、政治、文化发展的需要。狭义上社会建设与经济建设、政治建设、文化建设之间同样存在着互为前提、互相依赖、互相制约的关系。生态建设和经济、政治、文化、社会建设之间也存在着这种关系。

至于在世界范围内，自 20 世纪中叶以来，由于当代科学技术、特别是现代信息技术日新月异的发展，由于交通运输和通信的迅速发展，万里大洋、高山峻岭再也阻挡不住人们的交往。人类获得了在全球范围内进行各种活动的条件和手段。工业发达国家的生产、科技、经济出现了世界化、国际化、全球化的发展趋势，国际间的劳动分工从过去的原料生产和成品生产之间的初级分工发展到了在国际间进行现代工业产品、高级产品生产过程的高级分工。生产过程的国际化极大地推动了生产超出国界的区域化、全球化。生产过程各个方面、环节、阶段之间的统一性、有机性、系统性把世界上不同的地区、民族、国家更紧密地联系在一起，世界正在进一步被组织为一个有机的系统。我国与世界在经济、政治、文化等方面的相互联系和影响日益加深。

上面的分析表明，当今社会和世界在发展过程中所显示的有机性、系统性、整体性，社会和世界各组成部分、领域、层次之间关系的辩证性，是我们实现协调发展的现实基础，它既提出了实现协调发展的必要性，又提供了实现协调发展的可能性。但今天人们之所以特别重视发展的协调性，还有一个重要的原因，那就是，无论是就世界范围而言，还是就我国国内发展而言，一个突出的特点就是发展的速度空前得快，而且还在以一种加速度发展着。当年马克思恩格斯在《共产党宣言》中曾以惊叹和赞美的语气描述了资本主义建立初期所造成的发展速度，但那时的发展速度是无法同今天世界发展速度相比的。显然，一个高速变化、运动、发展着的开放系统要比低速变化、运动、发展着的开放系统更需要及时恰当的内外协调，因为它与外部的关系、它内部各组成部分之间的关系都处于快速的变动之中。因此，科学发展观提出的协调发展实际上就是对上述当今社会和世界发展新特点、新规律认识上的把握和深化。

由于现阶段我国社会是一个包含了多领域、多层次的复杂系统，因而协调的内容非常丰富。从社会系统宏观角度来看，首先是要实现经济建设、政治建设（包括党政建设、法制建设、国防建设）、文化建设、社会建设、生态建设（或者说物质文明建设、精神文明建设、政治文明建设、社会文明建设、生态文明建设）之间的协调，还要实现城乡之间、区域之间、国内建设和对外开放之间的协调，说到底，就是要实现生产力与生产关系、经济基础与上层建筑之间、社会利益性结构与社会功能性结构之间、社会发展与生态环境保护与建设之间的协调。

就经济建设来说，要实现生产、交换、分配、消费之间的协调，社会总供求之间的协调，经济发展与经济结构、质量、效益之间的协调，经济发展与人口、资源、环境之间的协调，工业化和信息化之间的协调（坚持以信息化带动工业化，以工业化促进信息化，走出一条科技含量高、经济效益好、资源消耗低、环境污染少、人力资源优势得到充分发挥的新型工业化路子），各种所有制经济之间的协调（坚持公有制经济、多种所有制经济共同发展），产业结构内各产业之间、产业链各环节之间的协调（表现为高新技术产业、基础制造产业、现代服务业之间的协调，或者说基础产业与支柱产业之间的协调，高新技术密集型产业、资本密集型产业和劳动密集型产业之间的协调，虚拟经济与实体经济之间的协调，产品结构、企业结构、产业结构之间的协调），产业结构升级与广开就业门路之间的协调（达到经济发展与扩大就业的良性互动），企业内部出资者、经营者、劳动者之间的协调，市场调节和国家宏观调控之间的协调，等等。

就政治建设来说，要实现政治建设与经济、文化、社会、生态建设之间的协调，政治体制改革与经济体制改革相协调，人民当家作主、依法治国、党的领导的统一和协调，党总揽全局与发挥各方积极性之间的协调，党政机关内部决策、执行、监督之间的协调，中央与地方关系的协调，国防建设与经济建设之间的协调（坚持国防建设与经济建设协调发展的方针，进一步形成国防建设和经济建设相互促进的良好局面），等等。

就文化建设来说，要实现文化建设和经济建设及其他建设之间的协调，实现社会主义文化要求和市场经济文化要求之间，先进性和群众性之间，主旋律和多样性之间，坚持党的指导思想与百花齐放、百家争鸣之间，思想道德建设和科学文化建设之间，市场经济体制和文化建设体制之间，营利性的文化产业与公益性的文化事业之间，教育与科研之间，各级各类教育之间，自然科学研究与哲学社会科学研究之间，普及与提高之间，繁荣和管理之间，加强党的领导和发挥知识分子积极性之间的协调，等等。

就社会建设来说，要实现社会建设与经济建设、文化建设、政治建设之间的协调发展，实现经济发展与社会保险、社会救助、社会福利、慈善事业相衔接的社会保障体系的建立与完善之间的协调，实现改革发展与社会稳定之间、效率与公平之间、初次分配与再次分配之间、分配过程中国家、企业与个人之间，劳动、资本、技术、管理诸生产要素的贡献之间，不同社会群体的利益之间，最广大人民群众的根本利益、现阶段人民群众的共同利益与不同群体的特殊利益之间的协调，等等。

在城乡协调、区域协调、国内建设与对外开放协调的每一项目下也都有许多不同的方面和层次需要协调的，这里我们虽然不一一列举，但仍然是我们必须在研究和实践中搞清楚的。

这就是说，要实现好协调发展，首先，要搞清楚一个社会是由哪些领域、哪些方面、哪些层次组成的。不搞清楚一个社会系统的组成，就不知道协调的对象；其次，还要搞清楚各个组成成分在系统整体中处于什么地位、起着什么作用，它们各自同系统整体之间、它们各自彼此之间发生着怎样的关联。所谓"怎样的关联"包含着三方面的意思：一是关联的内容，即为了什么发生关联的，或者说关联的质，如利益关联、权力关联、功能关联等；二是关联的程度，即关联内容的多少大小，或者说关联的量，如利益上的多少、权力或权利的大小、功能上的疏密等；三是关联的形式，即具有一定质和量的关联内容是通过什么形式来表达或实现的，如交换、协商、契约、道德、法律、制度等，把上述三方面统一起来，我们用"关联度"来回答"怎样的关联"这个问题。我们只有准确地把握系统整体与组成成分的局部之间、各组成成分相互之间的"关联度"，才能符合实际地进行协调，实现或维持系统整体和各组成局部之间、各组成成分相互之间在高速变化、运动和发展中的动态平衡，既使各组成成分各尽其能、各得其所，实现局部发展的优化、合理化，又使系统整体得到最优最合理的发展。

三

所谓可持续发展，就是要促进人与自然的和谐，实现经济发展和人口、资源、环境相协调，坚持走生产发展、生活富裕、生态良好的文明发展道路，保证一代接一代地永续发展。

人类社会和其他生命系统一样，与生态环境系统进行着物质、能量、信息的交换。但是人类社会又不同于其他生命系统。一般的生命系统只能适应生态环境，被动地接受生态环境的"自然选择"，被动地接受生态平衡规律的调节和制约，人类社会则不同，它可以通过人的实践活动，改造和利用自然界。人类社会随着所掌握的科学技术和生产力的发展，在生态环境的作用面前可以获得越来越大的自主性、独立性和自由度，它对生态环境的反作用具有在实践基础上不断扩大和发展的性质。

人类从在地球上诞生之后，就同生态环境发生着相互作用。一方面，生态环境决定制约着人类社会的存在和发展，另一方面，人类通过自己的物质实践活动也对生态环境产生着影响。人类的物质生产活动从生态环境中获取各种资源、能源，把它们改造、加工为能够满足人类各种需要的产品，这个过程既是消费生产资料的过程同时又是排放各种废物、废能的过程；人类的物质生活活动实现着自身生命体的新陈代谢，这也是一个消费生活资料和排放废物、废能的过程。人类无论是从生态环境中获取各种资源、能源还是把各种废物、废能排放到生态环境中去都会对生态环境产生一定的影响。当人类对生态环境的利用、改造超过了生态环境的再生和平衡能力的时候，就会造成对生态环境的破坏。

在人类历史的初期，一方面，生态环境主宰着人类的命运，另一方面，原始人群的过度采集和狩猎也曾经消灭过居住地区的动植物品种，破坏过居住地的生态环境。农业和畜牧业使人类创造了辉煌灿烂的古代文明，但也造成了以破坏土地为特征的环境问题。工业文明给人类带来的生产和生活条件，与农业文明相比，真是天壤之别。但是工业社会的发展确实造成了空前严重的生态环境问题。不过，直到 20 世纪 60 年代以前，人类在生存和发展过程中所造成的生态环境的破坏和污染的问题还带有局部和暂时的性质，因而除了如马克思恩格斯等先驱者有所察觉外，人类在总体上还没有认识到这个问题的存在。

20 世纪 60 年代起，环境污染、资源、能源危机等一系列问题成为全球性问题之后，才引起了人们的重视，人们才发现，在今天，凭借现代科学技术和高度发达的生产力，人类不仅在生态环境面前获得了极大的主动和自由，而且人类活动对生态环境的影响之大，已成为生态环境能否保持平衡的主要因素，人类似乎已经主宰着生态环境的命运。生态环境的存在和发展不仅是其他生命系统所需要的，也是人类社会的存在和发展所不可缺少的，而生态环境的存在和发展又离不开生态平衡规律的作用，如何在人类社会获得发展的同时保护生态环境和遵循生态平衡规律，就成了当代人类发展所面临的一个时代性课题，这就推动了西方发达国家的一些理论家对传统的发展观、发展模式进行反思和检讨。通过对历史经验的总结和对当代人类社会面临的生态环境问题的研究，有些学者就提出了可持续发展和新发展观的概念和理论。因此，可持续发展的概念和理论实际上反映了人们对当代人类社会发展新特点和新规律的认识。

对于我国发展过程中的资源、能源和环境问题及我国发展的可持续性问题，很早就受到了我国学术界、党和政府的注意和重视。早在 20 世纪 80 年代初，我国学术界就注意到了国外学术界在发展研究上的新趋势，开展了相关的介绍和研究，就我国的发展问题提出了许多很有价值的观点和理论。1992 年，可持续发展的概念和理论成为巴西里约热内卢召开的联合国环境与发展大会提出的人类在 21 世纪议程的行动纲领。李鹏总理率领我国代表团出席了这个大会，在会上庄严承诺了中国要认真履行会议所通过的文件。会后不久，由国家计委和科委牵头，组织国务院有关部门、机构和社会团体编制了《中国 21 世纪议程——中国 21 世纪人口、资源、环境与发展白皮书》，可持续发展战略第一次被写进了我国经济和社会发展的长远规划。

尽管党和政府提出并实施了可持续发展战略，但我国的资源、能源和环境问题还是伴随着我国经济增长而变得越来越严重，经过 20 多年的发展，我国人均 GDP 已经突破 1000 美元，估计到 2020 年可以达到 3000 美元，但资源、能源和环境问题也严重到了成为我国经济社会进一步发展的瓶颈。这种状况如不扭转，不要说子孙后代不能永续发展，就是当代今后经济社会也不能持续发展。

生态环境及生态平衡规律的客观性、人类社会对生态环境的依赖性、当代人类活动对生态环境的巨大影响等情况表明，社会和生态环境之间的协调发展既是人类社会发展的需要，也是生态环境发展的需要，这已成为人类社会存在和发展所必须遵循的客观规律。所谓社会和生态环境的协调发展，就是社会和生态环境之间所进行的物质、能量、信息的交换不仅应该适合社会发展的需要，也应该适应生态环境的发展需要。社会的需求不应超过生态环境的供应能力和再生能力，社会的排放不应超过生态环境的吸收能力和同化能力，就是要把人类实践活动过程中发生的对生态环境的影响过程控制到符合生态环境平衡规律的要求，使社会和生态环境之间的交换过程成为生态环境系统中存在的物质循环和调节过程的一个有机的部分和内在的环节，人类应该在促进生态环境平衡和发展的前提下实现社会的发展。

地球的物质循环和生态平衡是一种自然过程，各种自然规律发生着作用。在实现社会与生态环境协调发展的过程中，要实现人类生产方式和生活方式从消耗型、污染型、资源利用不可循环型向节约型、清洁型、资源利用可循环型的转变，这也要依靠自然科学解决其中的技术问题。因此，实现社会和生态环境的协调、平衡，要发展一系列自然科学、技术科学、环境科学。同时，实现社会和生态环境协调发展的过程也是对人们从事各种物质活动的目的、手段、规模、方式的调节过程，也是处理生产力和生产关系、经济基础和上层建筑之间的矛盾以及由这种矛盾引起的人们利益上的矛盾的过程。这是社会系统的自调节、自组织过程，其中起作用的规律是社会规律。实现这方面的协调要依靠各种社会科学、社会技术。这就是说，要实现社会和生态环境的协调发展，必须既遵循自然规律又遵循社会规律，要实现自然规律和社会规律的辩证结合。总之，当代资源、能源、生态环境等一系列全球问题的提出和破解使人们认识到，人们只有遵循社会和生态环境协调发展的规律，才能在实现今天发展的同时，为后代留下一个可以继续发展的资源、能源和生态环境，实现人类的可持续发展。

全面发展、协调发展、可持续发展作为科学发展观的基本要求，三者是既相互区别又相互联系的。从区别的角度看，全面发展是从社会系统的整体和全局出发对发展提出的要求，就是要用整体的观点、全局的观点来观察和处理发展问题；协调发展是从社会系统内部各组成领域、层次、要素之间相互关系的角度出发对发展提出的要求，就是要用辩证联系、有机系统的观点善于分析和处理发展过程中出现的各种矛盾和问题；可持续发展是从社会系统和生态环境的相互关系及人类的未来发展出发对发展提出的要求，就是要用人类在地球上世代永续存在和发展的眼光来处理发展过程中发生的资源、能源和生态环境保护问题；从联系的角度看，全面发展和协调发展是互为前提、互相贯通的，全面发展必然要求协调发展，协调发展也一定会导致全面发展；全面发展、协调发展和可持续发展之间也是互为前提、互相贯通的，实现了全面发展和协调发展就可以实现可持续发展，而实现可持续发展必然要求实现全面发展和协调发展。实际上，这三项基本要求互相联结为一个有机整体。

实现科学发展观的基本要求，除了要认识它们的重要性和正确把握它们的内涵外，还要解决好实现它们的机制（体制、制度）问题。

在人类从传统社会走向现代社会的过程中，商品交换中所形成的市场调节机制首先显示了它的威力，它使资本主义战胜了封建主义，开创了人类历史上的资本主义时代。但随着资本主义的发展，市场自发调节的弊端就逐步地暴露了出来，资本主义市场经济的自发发展造成了经济发展上的无政府状态，导致了周期性的经济危机，造成了社会阶层阶级之间在财富拥有上的严重的两极分化，导致了工人运动和社会主义运动的兴起，导致了战争和革命。

在革命中夺取了全国政权的各国共产党人根据马克思恩格斯的科学社会主义理论建立了以生产资料公有制和中央集中的计划经济为基本特征的第一个社会主义实践模式，由于它起始于苏联的斯大林时期，又被称为苏联模式或斯大林模式。实行这种模式的本意是要解决资本主义市场经济调节中所出现的三大矛盾，使社会生产更好地满足社会成员的消费，在一个时期内也确实推动了经济和社会的发展，显示了相比于资本主义市场经济自发调节机制的优越性。但随着时间的推移，这种模式的弊端就越来越明显地暴露了出来。由于不能正确及时了解和掌握复杂的社会需求，计划成了主观主义、官僚主义的产物，计划经济最后就成了短缺经济，严重阻碍了经济社会的发展。面对改革后的资本主义的挑战，计划经济体制的调节模式就逐渐失去了它的吸引力。

20 世纪 20 年代末 30 年代初，西方资本主义发达国家发生了经济大危机，为了应对这种危机局面，美国总统罗斯福实行了新政改革，同时英国经济学家凯恩斯针对市场调节存在的问题，提出了国家对市场经济进行宏观调控的理论，后来逐渐形成了市场调节和国家宏观调控相结合的调节机制。这种新的调节机制不仅使西方发达国家走出了那次经济大危机，而且使资本主义缓和了社会的基本矛盾，获得了继续发展的新活力。这倒不是说资本主义从此获得了可以"长生不老"的"灵丹妙药"。资本主义在未来终将为社会主义和共产主义的新的社会形态所取代的历史必然性依然存在。但从 20 世纪下半叶以来的实际发展过程来看，资本主义确实还存在着通过自我调节而获得发展的潜力和空间。今天就世界范围而言，虽然时代主题已从 20 世纪 50 年代以前的战争和革命改变为和平与发展，但就时代的本质而言仍然是资本在发挥巨大历史作用的时代。国外有文章说得好，资本同人类一起进入了 21 世纪，《资本论》怎么能终结呢？

历史发展经验表明，在生产力发展的现阶段，市场调节和计划调节虽然各自都有其长处和优点，但彼此分开孤立地使用的时候，各自又都存在特定的问题和弊端，都不能实现经济社会的可持续发展；唯有将国家宏观调控和市场调节有机结合起来，才有可能形成实现经济社会可持续发展的调节机制。当然，在使用这种调节机制的过程中，也不应该机械地照抄照搬外国的现成经验和公式，而是要从我国现阶段的实际情况出发，针对我国现阶段发展所面临的各种矛盾和问题，既充分调动各级各类主体的积极性，又能及时恰当地规范他们的行为，建立、形成和中国特色社会主义基本制度相配套的调节机制，才能有效地实现科学发展观的基本要求。

科学发展观与和谐社会建设*

　　坚决贯彻和落实科学发展观，建设社会主义和谐社会，是胡锦涛为总书记的党中央提出的建设中国特色社会主义的新的战略指导思想，给我国哲学社会科学界提出了一系列的研究课题，推动着我国哲学社会科学的理论创新。科学发展观与建设社会主义和谐社会的关系就是很值得研究和探讨的问题。本文想就此谈点陋见，抛砖引玉。

一　社会和谐与社会发展

　　动物的生命活动利用的是自然界提供的现成资料，它们只是适应着自然环境，接受着环境的自然选择。但是，对于人来说，如果仅仅停留在利用自然界提供的现成资料、停留于适应自然环境，那么人只能过一种和其他动物相差无几的生活，人要使自己的生活超越其他动物，就必须在利用和适应自然界的同时改造自然界，把自然界改造为适合于人类生存和发展的人化自然，要利用自然界提供的能源和资源创造出可供人类生存和发展所需要的生产和生活资料，正如马克思指出的：通过实践创造对象世界，即改造无机界，证明了人是有意识的类存在物，也就是这样一种存在物，它把类看做自己的本质，或者说把自身看做类存在物。诚然，动物也生产。它也为自己营造巢穴或住所，如蜜蜂、海狸、蚂蚁等。但是动物只生产它自己或它的幼仔所直接需要的东西；动物的生产是片面的，而人的生产是全面的；动物只是在直接的肉体需要的支配下生产，而人甚至不受肉体需要的支配也进行生产，并且只有不受这种需要的支配时才进行真正的生产；动物只生产自身，而人再生产整个自然界；动物的产品直接同它的肉体相联系而人则自由地对待自己的

---

　　*　该文首发于《中国哲学年鉴》(2007 年)。

产品。动物只是按照它所属的那个种的尺度和需要来建造，而人却懂得按照任何一个种的尺度来进行生产，并且懂得怎样处处都把内在的尺度运用到对象上去；故而人也按照美的规律来建造。因此，正是在改造对象世界，人才真正地证明自己是类存在物。这种生产是人的能动的类生活。通过这种生产，自然界才表现为他的作品和他的现实。因此，劳动的对象是人的类生活的对象化：人不仅像在意识中那样理智地复现自己，而且能动地、现实地复现自己，从而在他所创造的世界中直观自身①。这就是说，人的生产活动（物质生产、精神生产、社会关系生产、人自身的生产）的实践性质决定了人的类的、社会的性质，决定了人的存在不仅是一种自然存在，而且还是一种社会存在。人的生命表现，即使不采取共同的、同其他人一起完成的生命表现这种直接形式，也是社会生活的表现和确证。人是社会存在物。因此，马克思说，自然界的人的本质只有对社会的人说来才是存在的；因为只有在社会中，自然界对人说来才是人与人联系的纽带，才是他为别人的存在和别人为他的存在，才是人的现实的生活要素；只有在社会中，自然界才是人自己的人的存在的基础。只有在社会中，人的自然的存在对他说来才是他的人的存在，而自然界对他说来才成为人。因此，社会是人同自然界的完成了的本质的统一②。

　　社会是在人的实践过程中形成的，但形成了的社会则又反过来制约着人们的活动、生存和发展。唯物史观认为，生产力决定生产关系，但生产关系对生产力存在着反作用；生产关系的总和作为经济基础决定着上层建筑和意识形态，而上层建筑与意识形态又对经济基础存在着反作用。当生产关系适合于生产力发展要求时，生产力就会得到迅速、顺利的发展；当上层建筑和意识形态适合于经济基础（生产关系的总和）的性质时，经济基础就会得到巩固和完善，适合于经济基础的上层建筑和意识形态本身也能得到巩固和完善。而当生产关系、上层建筑、意识形态从生产力的发展形式转变为生产力发展的桎梏时，社会革命的时代就会来临。

　　所谓社会革命就会来临是说，这时矛盾已经发展到了不能靠对生产关系、上层建筑和意识形态的微调、改良、改革来解决了，在原来的生产关系、上

----

① 马克思：《1844年经济学哲学手稿》，《马克思恩格斯全集》第42卷，人民出版社1979年版，第96—97页。

② 同上书，第122页。

层建筑和意识形态的旧框框、旧制度中，生产力再也不能发展了，不仅被统治阶级无法生存下去，就是统治阶级也无法统治下去了，社会状态也从和谐、有序、稳定、平衡变为混乱、动荡、无序，这时的社会矛盾就只有通过革命才能解决。革命就是代表生产力发展要求的新兴社会力量使用暴力和非暴力的手段从原来的统治阶级手中夺取政权，摧毁已成为生产力发展桎梏的旧的生产关系、上层建筑和意识形态，建立适合于生产力发展要求的新的生产关系、上层建筑和意识形态。随着新的生产关系、上层建筑和意识形态的建立，社会在整体上也就发展为新的社会形态。

通过社会革命而建立的新的社会形态处于新的量变状态。这时，生产关系和生产力之间、上层建筑与意识形态和经济基础之间，并不是不存在矛盾了，而是说，这时候的矛盾也处在量变的阶段，可以通过对生产关系、对上层建筑和意识形态进行微调、改革、改良来解决。作为社会基本矛盾表现的不同的人们、群体、集团、阶级、阶层之间的矛盾也是如此，虽然矛盾存在着，但社会生活还处在和谐、有序、稳定、平衡的状态之中，社会系统还处于有机运行的状态。

由此，我们可以看到，在唯物史观的理论中，社会发展实际上包含着两种意义上的发展：一种是社会形态根本变革意义上的社会发展，是通过革命实现从一种社会形态向另一种社会形态的过渡、飞跃，我们过去在革命年代用唯物史观谈论的社会发展就指的这种社会发展，就是要进行革命。我们现在讲的发展，则是在社会形态的根本性质不发生根本变化的情况下，是在社会主义根本制度，即社会主义生产关系和上层建筑不发生根本改变的情况下，生产、经济上的发展，政治、文化等社会生活各方面的全面进步，也就是人们在生产、经济、政治、文化、社会、环境等方面的建设和发展。这种发展的根本目的是为了实现作为社会历史主体的人自身的生存、发展和解放。上述两种发展是互为前提、互相转化的。社会形态量变过程中的发展是社会形态质变时发展的必要准备、必经阶段，而社会形态质变时的发展又是社会形态量变过程中的发展的必然结果。唯物辩证法认为，世界上任何事物的发展过程都是量变和质变的合乎规律的互相转化的过程。任何事物量变到一定程度就会发生质变，质变之后在新质的基础上又会开始新的量变。如此循环往复，事物就实现着由简单到复杂、由低级到高级的发展。

社会和谐与上述两种社会发展之间存在着什么样的关系呢？前面已经说

了，革命时代来临的时候，也就是社会状态从和谐、有序、稳定、平衡变为混乱、动荡、无序，这时候统治阶级与被统治阶级之间矛盾已进入了激烈的对抗阶段，这时候统治阶级强调要维护原有的社会的和谐、稳定、有序、平衡，就是为了维护自身的利益，巩固自己的统治，而被统治阶级则要求打破原有的和谐、有序、稳定、平衡，用革命的手段夺得政权。所以，革命性的社会发展是以原来社会的和谐、有序、稳定、平衡的冲破为前提的。在革命的年代，鼓吹维护原有的和谐、有序、稳定、平衡，只能有利于统治阶级，只能起着阻碍革命的作用。马克思恩格斯当年就说过，"……实际上和对实践的唯物主义者，即共产主义者说来，全部问题都在于使现存世界革命化，实际地反对和改变事物的现状"①。但是，社会和谐对于社会形态量变时期的社会发展来说，就显示出了另一种关系了。社会革命的胜利和新社会形态的建立，只是扫除了生产力发展的障碍，解放了生产力，生产力的真正发展还要靠人们的辛勤劳动，靠人们建设。这时和谐、稳定的社会生活状态，平衡、有序的社会系统运行状态就是人们从事生产、劳动、实践，发展生产力，进行各种建设的不可缺少的社会条件。

历史上每次革命所解放出来的生产力都是在和谐、稳定的社会环境中得到大发展的。革命中夺得政权的新统治阶级只有实行有利于社会和谐、社会稳定的方针、政策，调动各方面的积极性，才能将建设新社会的宏伟蓝图变为现实，反之，如果新统治阶级实行不当的政策，那么革命破坏旧制度所开创的解放局面不仅不会自发地转变成和谐、稳定的社会环境，而且还会使社会长期处在动荡、混乱之中，生产力的大发展和社会的全面繁荣和进步只能化为泡影，严重的时候还使得革命成果得而复失，出现了旧统治阶级和旧制度的复辟。这种正反两方面的历史经验不仅存在于封建阶级取代奴隶主阶级的历史过程之中，存在于资产阶级取代封建主阶级的历史过程之中，也存在于工人阶级取代资产阶级的历史过程之中，1917 年俄国十月社会主义革命胜利以来社会主义国家的发展历史反复表明了社会和谐对于社会发展的极端重要性。正是基于对历史经验特别是无产阶级革命和社会主义建设正反两方面历史经验的科学总结，邓小平才一次又一次地谈论稳定的政治环境对于我国改革开放和现代化建设事业的极端重要性。1980 年 1 月，他指出，"没有一个安定的政治局面，就不能安下心来搞建设"，"没有安定团结，

---

① 《德意志意识形态》，《马克思恩格斯全集》第 3 卷，人民出版社 1956 年版，第 48 页。

就没有一切"①。1987年3月他指出，"中国要实现四个现代化，摆脱落后状态，必须有一个安定团结的政治局面。"② 1989年2月他指出，"中国的问题，压倒一切的是需要稳定。没有稳定的环境，什么都搞不成，已经取得的成果也会失掉。"③ 江泽民也反复谈论稳定的重要性，处理好改革、发展和稳定关系的重要性。1990年9月他说，"古今中外，没有任何一个国家是在混乱当中把经济建设搞上去的。唯有稳定才能搞好经济建设。国泰和民安是紧密相连的，没有国泰就没有民安；没有人民的安居乐业，也没有国家的兴旺发达。"④ 1997年9月他说，"在社会主义初级阶段，正确处理改革、发展同稳定的关系，保持稳定的政治环境和社会秩序，具有极端重要的意义。"⑤ 近20多年来，我国的改革开放和社会主义现代化建设之所以能取得如此巨大的成绩，原因之一就是我们拥有一个和谐、稳定的政治环境、社会环境。

二　社会发展与社会和谐

社会和谐对社会发展的影响，已如上述。那么，社会发展对社会和谐又会产生什么样的影响呢？世界历史从传统社会向现代社会转变的现代化发展过程表明，社会发展对社会和谐产生着强烈的、巨大的和直接的影响。

现代化过程就是从传统的农业社会向现代的工业社会转变的过程，就是实现市场化、工业化、城市化、社会化的过程，发达国家在20世纪70年代之后又开始了信息化的过程，被学者们称为后工业化、信息化、后现代化、第二次现代化等。在世界历史上，现代化过程发端于欧洲中世纪末期，生产力的发展导致了商品经济的发展和扩大，这又导致了以商人为主体的市民阶层的发展并逐步演变为早期的资产阶级，但是现代化过程的真正大规模地进行，还是在资产阶级经过革命夺取了政权、建立了资本主义制度之后，并逐步形成了被当代学者称为以单纯经济增长为特征的传统的发展观念和发展模式。

---

① 邓小平：《目前形势和任务》，《邓小平文选》第2卷，人民出版社1994年版，第251、252页。
② 邓小平：《中国只能走社会主义道路》，《邓小平文选》第3卷，人民出版社1993年版，第208页。
③ 邓小平：《压倒一切的是稳定》，《邓小平文选》第3卷，人民出版社1993年版，第284页。
④ 《江泽民论有中国特色社会主义（专题摘编）》，中央文献出版社2002年版，第210页。
⑤ 同上书，第214页。

　　资产阶级登上历史舞台和资本主义制度的建立，极大地推动了社会生产力的发展和社会文明的进步，对此，马克思恩格斯都给予了高度的评价。他们在《共产党宣言》中写道，资产阶级在历史上起过非常革命的作用。凡是资产阶级已经取得统治的地方，它就把所有封建的、宗法的和纯朴的关系统统破坏了。它打破了封建社会的生产和交换在其中进行的关系，封建的农业和制造业组织，一句话，封建的所有制关系，取而代之的是自由竞争和与自由竞争相适应的社会政治制度，即资产阶级在经济上和政治上的统治。它创造了同埃及金字塔、罗马水道、歌德式教堂根本不同的艺术奇迹；它进行了同民族大迁移和十字军东征完全异趣的远征。资产阶级奔走于全球各地，到处钻营，到处落户，到处建立联系，使一切国家的生产和消费都成为世界性的了。资产阶级创立了规模巨大的城市，使乡村屈服于城市的统治，使野蛮的和半开化的国家依赖于文明的国家，使农民的民族依赖于资产阶级的民族，使东方依赖于西方。它使原先的不同地区结合成为一个拥有统一的政府、统一的法制、统一的民族阶级利益、统一的税关的民族。资产阶级争得自己的阶级统治地位还不到一百年，它所造成的生产力却比过去世世代代总共造成的生产力还要大，还要多。自然力的征服，机器的采用，化学在工农业中的应用，轮船的行驶，铁路的通行，电报的往返，大陆一洲一洲的垦殖，河川的通航，仿佛用法术从地底下呼唤出来的大量人口，——试问在过去哪一个世纪能够料想到竟有这样大的生产力潜伏在社会劳动里面呢？[①] 马克思把资本主义所取得的历史性成就称作"资本的伟大的文明作用"[②]。

　　但是资本主义原始积累和自由竞争式的发展也日益暴露出了所存在的矛盾和问题，其造成的基本矛盾是社会化生产和资本主义占有形式之间的矛盾，个别工厂中的生产的组织性和整个社会生产的无政府状态之间的矛盾，无产阶级和资产阶级之间的矛盾。随着这三大矛盾的发展，资产阶级革命胜利后建立的以人权、自由、平等、民主、博爱为内容的社会和谐就逐渐被周期性爆发的经济危机所破坏。于是就兴起了工人运动和社会主义思潮。工人阶级开始了罢工、游行、请愿甚至起义，相继发生了英国宪章运动，法国巴黎工人起义、里昂工人起义，德国西里西亚工人起义。在总结工人运动实践经验

----

　　① 《共产党宣言》，《马克思恩格斯全集》第4卷，人民出版社1958年版，第468—471页。

　　② 马克思：《政治经济学批判（1857—1858年草稿）》，《马克思恩格斯全集》第46卷（上），人民出版社1979年版，第393页。

的基础上，马克思恩格斯创立了工人阶级的世界观和方法论，使社会主义从空想变为科学。1871年又发生了巴黎工人起义并成立了巴黎公社。虽然巴黎公社在反动派的镇压下失败了，但工人的斗争并没有停止。在马克思主义的影响和指导下，许多国家的工人阶级成立了自己的政党，为下一步的斗争进行着理论和组织上的准备。资产阶级也总结了原始资本积累和自由竞争发展模式所存在的问题，许多企业走上了兼并和垄断的道路，这在一定程度上解决了某些问题，资本主义从19世纪70年代到20世纪初经历了一个相对稳定的发展时期，也是资本主义社会状态相对和谐的时期。但是，垄断并没有消灭竞争，特别是资本主义国家之间在世界范围内争夺资源和殖民地的竞争越演越烈，最后终于导致了第一次世界大战的爆发。这时，不用说，国内的和谐，就是世界上的和谐也被破坏了。随着无产阶级革命和民族解放运动的再度兴起，世界进入了战争与革命的时代。

1917年，在列宁领导下，俄国布尔什维克党取得了十月社会主义革命的胜利，在世界上建立了第一个国家范围内的工农兵政权，开始了社会主义建设发展道路的探索。列宁时期，先实行了战时共产主义政策，后改为新经济政策。斯大林时期，停止了新经济政策，开展了农业集体化运动和工业化运动，逐渐形成了第一个社会主义的实践模式、发展模式。这个模式的特点是生产资料的社会主义全民所有制和集体所有制、中央集权的计划经济体制、没有生产资料市场和劳动力市场的社会主义商品经济、优先发展重工业、靠剥夺农民的途径积累工业化的资金。在20世纪30年代的历史条件下，这种模式既有它形成的历史合理性，也在当时显示了相对于资本主义原始积累和自由竞争模式的优越性，使苏联在不长的时间内打下了一个工业化的基础，并在第二次世界大战中赢得了反法西斯战争的胜利。但在后来的发展中，这种模式的弊端和问题也就逐步暴露了出来。计划脱离实际、价格机制被扭曲，供不应求，计划经济成了短缺经济；中央高度集权体制所造成的人身行政依附关系又束缚压抑了人们的自由和积极性，这种模式逐渐阻碍了经济社会的发展，也无力应对经过30年代改革后的西方发达国家资本主义的挑战。苏联从20世纪50年代后期起，开始摸索改革，但到90年代初，苏共几代领导人始终没有找到正确的改革和发展的道路，结果是社会失控、动荡、混乱，苏联解体、东欧剧变，苏共和东欧各国共产党纷纷下台。苏联接着又实行了西方谋士提出的休克疗法，试图一夜之间就实现私有化和市场化，结果造成社会、经济、金融秩序的大混乱，卢布贬值，少数人暴富，大多数人的生活顷刻之间一落千丈，俄罗斯也失去了当年苏联所居的世界第二超级大国的地位，社会和谐也就无从谈起。剧变后的东欧诸国走上了西方国家的私有化、市场化、民主化的发展道路，大量外资进入并主导了经济的发展。匈牙利是这些国家中经济状况最好的一个，但这个外资主导型国家的经济陷入了难以自拔的怪圈：经济持续增长，外贸连年创新高，而与此同时，国家财政却入不敷出、债台高筑、大量失业。2006 年在大选中获胜并实现连续执政的政府背弃大选前对选民的承诺，变减税为大幅度增税，一时间，民怨沸腾，直至酿成骚乱。世界银行 2006 年的一份评估指出，如果目前这种形势继续下去的话，东欧问题的彻底爆发"并非遥不可及的事情"。

拉美的主要国家如巴西、墨西哥、阿根廷、智利、哥伦比亚、秘鲁、委内瑞拉等自 20 世纪 50 年代以来的发展状况也是很说明问题的。据有关专家研究，这些国家的 GDP 的增长率，50—60 年代为 5.1%，60—70 年代为 5.9%，70—80 年代为 4.5%，它们达到人均 GDP 1000 美元的时间大体上都在 20 世纪 60 年代末至 70 年代中期。1999 年，除秘鲁（2130 美元）外，其余六国都超过了 3000 美元。从 20 世纪 80 年代起，按照所谓的"华盛顿共识"的范式，拉美地区进行了 20 多年的改革。在自由贸易的旗号下，大力推动国有企业私有化，金融体系和利率的自由化，方便外来投资，降低公共开支特别是用作社会福利的公共开支，严格履行对外债的偿还承诺，对政府进行重组和现代化改造。整个 80 年代，拉美的经济增长建立在外国直接投资（FDI）的基础之上。拉美在整个 90 年代的私有化收入占所有不发达国家私有化收入的 56%，这说明，拉美是新兴市场地区中私有化和国际化比例最高的地区。虽有大量外资的流入，但 GDP 却并没有得到相应的增长，GDP 年增长率，80—90 年代为 1.2%，1990—2000 年为 3.3%，2001 年为 0.4%，2002 年为 -0.5%，2003 年为 1.9%。但是城市公开失业率却一路攀升，1950年为 3.4%，1970 年为 3.8%，1980 年为 3.9%，1990 年为 5.7%，1995 年为 8.7%，2000 年为 10.2%，2004 年为 10.0%。标志社会分配公正程度的基尼系数从 1970 年前后到 2002 年长期居高不下，以 2002 年来说，阿根廷为 0.59，巴西为 0.64，智利为 0.55，哥伦比亚为 0.575，墨西哥为 0.514，秘鲁为 0.525，委内瑞拉为 0.50，这说明社会分配不公问题十分严重，在拉美许多国家，人均收入最高的 10% 人口拥有的财富是人均收入最低的 40% 人口的 20 倍还多。总之，拉美在经济上逐渐形成了对国外的依赖，支柱产业得不到发展，无休止的外债压力，经济停滞，成为一个贫穷、失业、社会成员贫富差别急剧两极分化的地区。社会少数人的财富持续增加和大多数人处于负债和无望境地的社会经济状况，正是拉美发展模式的结果，这种状况的存在和发展也使这些国家的社会极不稳定，有的国家的总统被平民暴乱所推翻，有的国家的政府不断更迭，有的国家发生民众抗议，委内瑞拉则发生了玻利瓦尔革命。①

上述情况表明，不同的发展观念、发展战略、发展道路、发展模式对社会整体的存在状况、对社会的和谐与稳定产生着不同的影响。而脱离本国本地实际情况或在发展过程中不能根据本国本地实际情况正确处理经济、政治、文化、社会、环境之间关系的发展观念和发展模式往往不能实现持续发展，或者即使实现了一时的发展，但却造成了大量的社会问题，激化了社会矛盾，破坏了社会的稳定与和谐。

三　科学发展观揭示了构建和谐社会的现实道路

正是由于社会发展与社会和谐之间存在着互相影响的辩证关系，正是由于不同的发展观和发展模式会形成不同的发展道路，会对社会和谐产生不同的影响，所以马克思主义从其产生的一天起，虽然也重视在批判旧世界中发现一个包括和谐社会在内的未来共产主义社会的理想，但更重视通过对现实社会矛盾的研究去揭示从现实社会通向未来社会的现实道路。这是马克思主义科学社会主义与形形色色的空想社会主义的根本区别所在。马克思恩格斯积极投身于无产阶级革命实践，用毕生的精力研究资本主义社会，在哲学上创立以唯物史观为核心内容的马克思主义哲学，在经济学上创立剩余价值理论，都是为了使社会主义从空想变成科学，都是为了找到一条通向共产主义社会的一条现实道路。我们党之所以坚持要把马克思主义的普遍原理和中国实际结合起来，在革命年代就是为了找到一条能在中国当时的情况下取得胜利的革命道路，新中国建立后，则是为了找到一条能在中国成功地进行社会主义建设的道路。起初，我们是在苏联创立的第一个社会主义实践模式的框架中进行建设并探索我国工业化道路的，第一个社会主义实践模式的问题和弊端暴露出来之后，我们又通过改革开放的探索，开辟了建设有中国特色社

---

① 关于拉美国家的情况，参阅了中国社会科学院世界社会主义研究中心编印的有关资料及中国社会科学院拉美研究所苏振兴研究员提供的资料。

会主义的发展道路。改革开放 20 多年来，我们在中国特色社会主义理论的指导下，我国的社会主义建设取得了举世瞩目的成就，但也积累了大量的矛盾和问题。党的十六大以来，针对新世纪新阶段所遇到的矛盾、问题和挑战，胡锦涛为总书记的党中央提出了科学发展观、建设社会主义和谐社会等一系列的战略指导思想，进一步丰富和发展了中国特色社会主义理论。现在有一种看法认为和谐社会只存在于马克思恩格斯所设想的社会主义共产主义社会形态中，要建设和谐社会就必须坚持和实行马克思恩格斯所设想的社会主义。这种对和谐社会的理解实际上又把社会主义和谐社会的建设推向了遥远的未来。按照我们对唯物史观的理解，社会形态是历史的、具体的，和谐社会或社会和谐也是历史的、具体的，各种社会形态都存在着与其相适应的社会和谐与和谐社会。中国特色社会主义既不是马克思恩格斯当年所设想的那种社会主义，也不是西方发达国家的那种资本主义，中国特色社会主义就是中国特色社会主义，这就是说，它是一种特殊的社会形态。我们对它如果只是机械地套用马克思恩格斯当年关于姓社姓资的分析标准，那就只能得出错误的结论，我们只有从我国现阶段的国情和时代特征出发，通过分析和解决它所面临的问题和矛盾，才能建设这种社会主义以及和这种社会主义相适应的和谐社会。至于外国的这个模式，那个主义，只要能够解决我们问题的，都可以参考和借鉴，但不能照抄照搬。因此，科学发展观是我们党的世界观和方法论在发展问题上的集中表现，和谐社会是中国特色社会主义的内在本质。它们两个从不同的角度论述和规定了中国特色社会主义建设事业今后的发展，科学发展观所论述和规定的是中国特色社会主义建设事业今后的发展道路，建设社会主义和谐社会论述和规定的则是中国特色社会主义建设事业今后的发展目标。发展道路和发展目标互为前提、互相依赖，内在地统一。所以，在现阶段要建设社会主义和谐社会，最根本最重要的就是要坚决贯彻全面落实科学发展观，只有科学发展观才真正揭示了建设中国特色社会主义和谐社会的现实道路。

首先，只有坚决贯彻科学发展观，才能实现经济又快又好的发展，才能不断夯实建设社会主义和谐社会的物质基础。人要维持自身的生命，就要生活，就需要一定的物质生活资料；人要劳动，就要有一定的劳动资料。没有了最基本的生活资料和劳动资料，人就没有办法生存，就面临着生存危机的威胁。但人作为一种有意识的能动的生命有机体，在自己的生命、生存危机的威胁面前，不会消极无为、束手待毙，而会奋起抗争，挑战威胁，排除障碍，创造和开辟生存和发展的环境和条件；作为社会性的生命有机体，人与人还结合为群体、结合为社会，运用群体的力量、社会的力量同外部环境抗争。当威胁来自自然界的时候，人们会团结起来，与自然界作斗争；当威胁来自社会内部的时候，受到威胁的人们就会起来同造成威胁的人们进行斗争。一个社会，当大多数人在少数人的统治剥削下，无法生存下去的时候，大多数人就会起来斗争和造反，社会的稳定与和谐就会荡然无存。阶级社会中的奴隶暴动、农民起义、无产阶级革命，都是如此，这就是"官逼民反"。一个社会要稳定、和谐，最起码的条件就是要使最广大的人民群众拥有最基本的生活和生存条件。看看当今世界，大多数的动乱和动荡都发生在贫穷和不发达的国家和地区，而经济发达的国家和地区则相对地稳定与和谐。这就充分说明了经济发展、物质条件对于建设和谐社会的重要性。我国是一个发展中的大国，虽然经过改革开放 20 多年的发展，贫困人数已经大大减少，人民群众的生活条件普遍得到了改善，但大多数还只是过着一种低水平的小康生活。况且，每年还有大量的新增人口，就业的压力很大。民生问题依然是我们面临首要问题。单纯经济增长的片面发展观只注意经济上的数量增长，不重视经济增长的质量；一味仰仗外延式的粗放式的增长方式，经济增长是建立在高投入、高能耗、高污染的基础上的，这样的增长既没有实效也不能持久。我们只有坚决贯彻科学发展观，克服以往在实际工作中存在的单纯经济增长的片面发展观，解决它所造成的问题，既保持经济增长的一定的数量和规模，又注意提高经济增长的质量，改善经济结构、产业结构，改变经济增长方式，走新型工业化道路，使生产的过程成为节约型、清洁型、循环型过程，实现经济建设和生态环境建设的协调发展，使经济快速、健康、协调、可持续地发展，而经济的这种发展就可以不断增强我们用来解决民生问题的条件和力量，从而强固建设社会主义和谐社会的物质基础。

其次，只有坚决落实科学发展观，正确处理经济建设和社会建设的关系，积极推进社会建设，更加重视社会公正，才能为建设社会主义和谐社会创造一个越来越好的社会环境。前面我们谈到了经济发展对于建设社会主义和谐社会的重要性，但经济发展还只是建设和谐社会的必要条件，建设和谐社会还要有一些充分条件，社会公正就是一个十分重要的社会条件。经济发展了，如果社会反而变得更不公正了，那社会就不是走向和谐，而是走向动荡。一些国家和地区的现代化发展过程表明，当人均国内生产总值突破一千美元之后，经济社会的发展就进入了一个关键时期，这既是一个进一步发展的机遇期，也是一个各种社会问题和矛盾的多发期，处理得好就可以继续加速经济社会的发展，处理得不好就会使社会陷入动荡和混乱。而在众多的社会问题和矛盾中，许多是由于前一时期发展中所积累起来的社会不公正所引起的。所以，社会公正问题就成为能不能利用前期发展成果建设和谐社会的一个非常重要的关键问题。我们党在我国发展进入这样一个关键时期后及时地提出科学发展观，就是要求我们更好地处理好经济建设和社会建设、经济发展和社会分配、效率和公正之间的关系，缩小由于分配不公所造成的社会不同阶层在拥有财富上的不合理差距，建立健全社会救济、社会慈善、社会公益、社会保障事业，使社会低收入阶层及各种危难弱势群体也能得到最基本的生活保障，并且逐步使拥有社会财富不等的社会各阶层在社会总人口的比例结构由以往的那种金字塔形结构改变为中间大两头小的橄榄形结构，即中等收入的社会阶层的人数最多的社会结构。国际上的历史和现实的经验都表明，具有这种结构的社会一般都比较稳定，可以为和谐社会的建设提供一个较好的社会环境。

再次，只有全面贯彻科学发展观，正确处理经济建设与文化建设的关系，真正改变过去曾经存在过的那种一手硬一手软的情况，把文化建设放到更加突出的地位，在加强文化建设的过程中，认真注意建设和谐文化，就可以为建设社会主义和谐社会创造必要的文化条件。和谐社会这个概念不仅包含着经济内涵，还包含着丰富的文化内涵。一个和谐社会不仅要求建立人们之间在经济利益上的协调和谐的关系，还要求人们形成共同的理想信念和道德规范，形成对社会中居于主导地位的核心价值体系和思想舆论导向的认同感，还要求人们在遵循共同的理想、信念、道德规范、核心价值体系、思想舆论导向的前提下对人们在特定的社会交往中所表现出来的个性、习惯、兴趣爱好、审美情趣、世界观、价值观、生活方式上的多样性给予认同和理解。和谐社会在文化上既不能没有统一，但不应该也不可能什么都统一。什么都统一了，这个社会就会被统死，那不叫和谐，那叫万马齐喑，和谐社会在文化上应该是和而不同，应该是充满了活力和生机的社会，应该是具有能够孕育和产生文化大师大家的社会文化氛围的社会。从一定意义上来说，没有和谐文化或文化上的和谐，社会主义和谐社会就不可能建成。因此，党的十六届六中全会决议中所提出的和谐文化概念，具有极大的理论价值和实践价值，究竟什么叫和谐文化以及怎样建设这种文化并实现文化上的和谐，是值得理论界和党政有关领导部门认真研究的。

最后，只有全面贯彻科学发展观，使政治建设真正能随着经济建设、文化建设、社会建设、生态建设的发展而发展，真正适应并服务于经济、文化、社会、生态建设之间协调发展的要求，为和谐经济、和谐文化、和谐社会、和谐生态提供一种和谐的政治，为和谐社会建设创造政治及制度上的保证条件。改革开放以来，我们在建设中国特色社会主义经济和文化的同时，进行了中国特色社会主义的政治建设，在坚持人民民主专政和人民代表大会这一根本政治制度的前提下，积极稳妥地推进了政治体制改革，扩大了社会主义民主权利，努力做到人民当家做主、依法治国和党的领导的统一。但是，必须看到，俄国 1917 年十月革命胜利之后和我国 1949 年革命胜利之后建立的社会主义政治制度在实际的运行过程中曾多次发生党和国家的最高权力破坏民主法制的情况，这表明这种社会主义政治制度还很不成熟、很不完善，它同样存在着理论与实践、普遍与特殊、形式与实质的矛盾。民主集中制既是党内生活的组织原则，也是国家政治制度的组织原则，叫做民主基础上的集中，集中指导下的民主，从理论上看是很好的、很辩证的，但实践起来就不完全像理论上说的那样了，前半句往往是虚的、软的、不确定的；后半句则是实的、硬的、确定的，其结果是使我们的政治制度在实际上变成了一种高度集中的制度，党和国家的权力结构呈金字塔形，金字塔顶端的权力最大，各级党政干部的任免在名义上、形式上似乎也在征求民意，甚至经过民选，但实际上还是自上而下任命的，我们经常要求干部将对党对上级负责与对人民对下负责统一起来，但各级干部实际上往往只对党和上级负责，结果是下级对上级，特别是处于金字塔底层的广大党员和人民群众对党政各级干部权力的监督，特别是对塔顶权力的监督缺乏制度性的机制；还必须看到，我国进入改革开放和现代化建设阶段以来，随着我国从传统的、农业社会向现代的、工业社会的转型、从计划经济体制向市场经济体制的转轨，又使我国社会主义政治制度建设面临着一系列的新情况、新要求、新课题。当年老一辈的共产党人在长征中经历了雪山草地的考验，夺取了革命的胜利，这已经由历史作出了回答；今天在市场经济的条件下，能不能经历花天酒地的考验，在带领人民群众走向富裕的同时，保持自己的清正廉洁，这还是有待于新一代共产党人用行动作出回答的问题，加上腐败像肿瘤一样的蔓延，制度性的监督机制又不健全，广大善良的人民群众虽然希望新一代共产党人能够经历考验，作出经得起历史考验的回答，但心中存在疑虑现象还是很普遍的，要克服人们心头的这种疑虑，恐怕还要靠深化政治体制改革，通过制度解决问题；在市场经济条件下，政府如何做到既不越位又不缺位，市场、政府、社会这三者在经济社会发展过程各自的地位、作用及相互关系，也是政府建设面临的问题；在市场经济条件下，工人阶级在总体的政治地位上是国家的领导阶级，但就个体而言，他不过是一个打工者。工人农民在总体的政治地位上是我们国家的主人，但他们中为数不少的人在实际生活中却沦为弱势群体，这是需要加以正确解决的一种新的矛盾；毋庸讳言，在市场经济条件下，资本、劳动、管理、技术各个要素在生产和分配过程中存在着一定的矛盾，其中特别是资本和劳动之间的矛盾有时会变得十分突出和尖锐，作为工人阶级政党的共产党如何协调好资本和劳动之间的关系，实现劳资两利，也是新问题；以人为本，除了要把人作为发展的出发点和落脚点外，还包含着要把处理好人们之间的种种矛盾作为发展过程的头等大事来对待，把人与人之间的关系理顺了、矛盾处理好了，人们就能够各得其位、各尽其能、各获其利，和谐相处。所以，我们只有不断推进政治建设，做到政通人和，才能实际地推进社会主义和谐社会的建设。

论中国特色社会主义 *

　　胡锦涛同志在党的十七大报告中指出，中国特色社会主义，是当代中国发展进步的旗帜，是全党、全国各族人民团结奋斗的旗帜。我们必须始终不渝地坚持以邓小平理论和"三个代表"重要思想为指导，深入贯彻落实科学发展观，毫不动摇地坚持和发展中国特色社会主义。显然，我们只有科学地、正确地认识它、理解它、把握它，才能提高高举这面旗子的自觉性，才能在实践中更好地坚持和发展这面旗子。

一

　　中国特色社会主义是马克思主义基本原理和我国建设实践及当今时代特征相结合的产物，是马克思主义中国化的新成果，是社会主义实践的新模式、新形态、新探索。因此，我们只有用唯物史观，即用实践的、历史的、辩证的观点，才能科学地、正确地理解和把握它。

　　首先，我们必须把它放到人类社会的近现代发展史、资本主义的发展史、社会主义的发展史的世界历史背景中来考察。

　　在人类从传统社会走向现代社会的过程中，商品交换所形成的市场调节机制首先显示了它的威力，它使资本主义战胜了封建主义，开创了人类历史上的资本主义时代。

　　资产阶级登上历史舞坛和资本主义制度的建立，极大地推动了社会生产力的发展和社会文明的进步，对此，马克思恩格斯都给予了高度的评价。他

---

　　* 写于 2007 年 10 月 10 日，其中的部分内容以《比较视野下的中国特色社会主义》为题发表于《中国社会科学》2008 年第 1 期，后又被收录于王伟光主编、中国社会科学出版社 2008 年出版的《中国特色社会主义旗帜、道路和理论体系》一书，其英文稿刊于 *Social Sciences in China*，may2008。

们在《共产党宣言》中写道，资产阶级在历史上起过非常革命的作用。凡是资产阶级已经取得统治的地方，它就把所有封建的、宗法的和纯朴的关系统统破坏了。它打破了封建社会的生产和交换在其中进行的关系，封建的农业和制造业组织，一句话，封建的所有制关系，取而代之的是自由竞争和与自由竞争相适应的社会政治制度，即资产阶级在经济上和政治上的统治。它创造了同埃及金字塔、罗马水道、歌德式教堂根本不同的艺术奇迹；它进行了同民族大迁移和十字军东征完全异趣的远征。资产阶级奔走于全球各地，到处钻营，到处落户，到处建立联系，使一切国家的生产和消费都成为世界性的了。资产阶级创立了规模巨大的城市，使乡村屈服于城市的统治，使野蛮的和半开化的国家依赖于文明的国家，使农民的民族依赖于资产阶级的民族，使东方依赖于西方。它使原先的不同地区结合成为一个拥有统一的政府、统一的法制、统一的民族阶级利益、统一的关税的民族。资产阶级争得自己的阶级统治地位还不到一百年，它所创造的生产力却比过去世世代代总共创造的生产力还要大，还要多。自然力的征服，机器的采用，化学在工农业中的应用，轮船的行驶，铁路的通行，电报的往返，大陆一洲一洲的垦殖，河川的通航，仿佛用法术从地底下呼唤出来的大量人口，——试问在过去哪一个世纪能够料想到竟有这样大的生产力潜伏在社会劳动里面呢？马克思把资本主义所取得的历史性成就称作"资本的伟大的文明作用"。

但是资本主义原始积累和自由竞争式的发展也日益暴露出了所存在的矛盾和问题，其造成的基本矛盾是社会化生产和资本主义占有形式之间的矛盾，个别工厂中的生产的组织性和整个社会生产的无政府状态之间的矛盾，无产阶级和资产阶级之间的矛盾。随着这三大矛盾的发展，资产阶级革命胜利后建立的以人权、自由、平等、民主、博爱为内容的社会秩序就被周期性地爆发的经济危机所破坏。于是就兴起了工人运动和社会主义思潮。工人阶级开始了罢工、游行、请愿甚至起义，相继发生了英国宪章运动，法国巴黎工人起义、里昂工人起义，德国西里西亚工人起义。在总结工人运动实践经验的基础上，马克思恩格斯创立了工人阶级的世界观和方法论，使社会主义从空想变为科学。1871年又发生了巴黎工人起义并成立了巴黎公社。虽然巴黎公社在反动派的镇压下失败了，但工人的斗争并没有停止。在马克思主义的影响和指导下，许多国家的工人阶级成立了自己的政党，为下一步的斗争进行着理论和组织上的准备。资产阶级也总结了原始资本积累和自由竞争发展模式所存在的问题，许多企业走上了兼并和垄断，这在一定程度上解决了某些问题，资本主义从 19 世纪 70 年代到 20 世纪初经历了一个相对稳定的发展时期。但是，垄断并没有消灭竞争，特别是资本主义国家之间在世界范围内争夺资源和殖民地的竞争越演越烈，最后终于导致了第一次世界大战。随着无产阶级革命和民族解放运动的再度兴起，世界进入了战争与革命的时代。

1917 年，在列宁领导下，俄国布尔什维克党取得了十月社会主义革命的胜利，在世界上建立了第一个国家范围内的工农兵政权，开始了社会主义建设发展道路的探索。列宁时期，先实行了战时共产主义政策，后改为新经济政策。斯大林时期，停止了新经济政策，开展了农业集体化运动和工业化运动，逐渐形成了第一个社会主义的实践模式、发展模式。在 20 世纪 30 年代的历史条件下，这种模式既有它形成的历史合理性，也在当时显示了比资本主义原始积累和自由竞争模式的优越性。这种优越性主要表现在：1. 社会主义公有制的建立实现了人们在生产资料关系上的平等；2. 按劳分配的实行实现了人们在劳动面前的平等；3. 工人阶级及其政党执政、劳动人民当家做主实现了人民群众在政治上的平等；4. 计划经济消除了生产的无政府状态，消除了周期性的经济危机；5. 劳动、教育、医疗等社会公共福利和保障制度及相关政策的实行，使广大人民群众消除了失业、失学、无钱看病等后顾之忧。归结起来就是，它与资本主义自由竞争的发展模式相比，显得更为公平和公正，大概就是这个平等激发了广大劳动人民的生产积极性，解放了生产力，所以，使苏联在不长的时间内打下了一个工业化的基础，并在第二次世界大战中赢得了反法西斯战争的胜利。

20 世纪 20 年代末 30 年代初，西方资本主义发达国家发生了经济大危机，为了应对这种危机局面，美国总统罗斯福实行了新政改革，同时经济学家凯恩斯针对市场调节存在的问题，提出了国家对市场经济进行宏观调控的理论，后来逐渐形成了市场调节和国家宏观调控相结合的调节机制。这种新的调节机制不仅使西方发达国家走出了那次经济大危机，而且使资本主义缓和了社会的基本矛盾，获得了继续发展的新活力。从 20 世纪下半叶以来的实际发展过程来看，资本主义确实还存在着通过自我调节而获得发展的潜力和空间。今天就世界范围而言，不仅时代主题已从 20 世纪 50 年代以前的战争和革命改变为和平与发展，而且就时代的本质而言仍然是资本在发挥巨大历史作用的时代。国外有文章说得好，资本同人类一起进入了 21 世纪。

由于西方发达国家资本主义在改革中吸收了社会主义国家的许多做法，普遍地建立了社会福利、社会保障体系，加上经济实力使他们实行的社会福利、社会保障的水平往往要高出于社会主义国家的水平。这样，第一个社会主义实践模式相对于西方资本主义国家所显示的社会平等和社会公正的优越性，就变得不突出了。而相比之下，实现平等和公正过程中，所发生的对个性的压抑和个人自由的限制；计划脱离实际、价格机制被扭曲，供不应求，计划经济成了短缺经济；中央高度集权体制所造成的人身行政依附关系、党和国家权力的异化及对社会主义民主和法制的破坏等问题就变得越来越突出了。这种模式逐渐阻碍了经济社会的发展，无力应对改革后的西方发达国家资本主义的挑战，失去了吸引力。其具体表现就是在社会主义国家内部开始出现改革的思潮，党政干部和知识分子中有越来越多的人开始怀疑这种模式，并开始向往改革以后西方发达国家资本主义的发展模式。

其次，我们必须将它放到我国自 1840 年以来的近代史、共产党领导的新民主主义革命奋斗史、新中国成立之后以毛泽东为核心的党中央第一代领导集体带领全国人民对我国社会主义现代化建设道路的探索史、党的十一届三中全会之后我国社会主义现代化建设的发展过程中来考察。

"文化大革命"的失败集中暴露了毛泽东的晚年错误，也暴露了第一个社会主义实践模式的弊端和问题，但"文化大革命"的失败也为纠正毛泽东晚年错误、对旧体制进行改革提供了一个非常有利的契机。因此，毛泽东逝世特别是粉碎"四人帮"之后，党领导人民实现伟大的历史转折、开创我国社会主义事业发展的新时期，是从纠正毛泽东晚年错误着手和切入的。但纠正毛泽东晚年错误却遭到了"左"的传统观念和习惯势力的阻挠，于是党在十一届三中全会前后领导和支持了实践是检验真理唯一标准的大讨论，进行了思想路线的拨乱反正，冲破个人崇拜和"两个凡是"的束缚，重新确立了解放思想、实事求是的思想路线。以邓小平为核心的党中央第二代领导集体在党的十一届三中全会上果断地纠正了毛泽东晚年提出并贯彻的"以阶级斗争为纲""左"的错误方针，把党和国家的工作重心转移到经济建设上来，实现了政治路线上的拨乱反正。在确定工作重心转移的同时，党还作出了实行改革开放的伟大决策。由于党中央的这些决策顺应了党心、民心，解放思想，改革开放立即形成为一股巨大的社会潮流，席卷了神州大地。

但是，在拨乱反正的过程中也出现了否定毛泽东和毛泽东思想，进而否定马克思列宁主义、否定人民民主专政、否定社会主义、否定共产党的领导的右的错误思潮。这是以邓小平为代表的老一辈无产阶级革命家、共产党人及广大劳动人民群众所绝对不能容忍和接受的。因为他们亲眼目睹和经历了沦为半殖民地半封建社会的旧中国如何受到帝国主义列强的侵略和宰割、中华大地各族人民受到了怎样的欺凌和侮辱；他们直接感受到了前辈寻找救亡图存、振兴中华道路之艰辛，"自从 1840 年鸦片战争失败那时起，先进的中国人，经过千辛万苦，向西方国家寻找真理"。"中国人向西方学得很不少，但是行不通，理想总是不能实现。多次奋斗，包括辛亥革命那样全国规模的运动，都失败了。"① 正是了解了这种艰辛，所以列宁领导的十月革命及在革命胜利后建立的世界上第一个社会主义国家，对他们产生了强烈的震撼。经过俄国人的介绍，中国人找到了马克思主义。"十月革命一声炮响，给我们送来了马克思列宁主义。十月革命帮助全世界的也帮助中国的先进分子，用无产阶级的宇宙观作为观察国家命运的工具，重新考虑自己的问题。走俄国人的路——这就是结论。"② 他们还直接参与并经历了党将马克思列宁主义普遍原理和中国革命实际相结合，探寻中国革命道路的艰难曲折的发展过程，深知作为这种结合的第一次历史性飞跃成果的毛泽东思想得来之不易，深知毛泽东对中国革命所作出的历史性贡献；新中国成立之后，他们又或者作为毛泽东为核心的党中央第一代领导集体成员，或者在这个领导集体的领导下参与和经历了将他们在长期的革命斗争中梦寐以求的社会主义理想变成现实的生产资料所有制的社会主义改造过程，见证了社会主义基本制度建立后新中国所取得的成就和发展，他们也参与和经历了我们党在毛泽东的领导下对我国社会主义现代化建设道路的探索及经历的挫折。正是这种经历使得他们在纠正毛泽东晚年错误并倡导改革开放的过程中不允许右的错误思潮的泛滥。针对这种错误思潮，邓小平明确地提出必须坚持社会主义道路、坚持人民民主专政、坚持中国共产党的领导、坚持马克思列宁主义毛泽东思想的四项基本原则，认为坚持四项基本原则是实现社会主义现代化的根本前提。邓小平还明确指出，党所倡导的改革开放是在党的领导下有秩序有步骤地进行的，它不是要改变我们社会主义制度的性质，而是社会主义制度的自我完善和发展。它也不是原有经济体制的细枝末节的修补，而是经济体制的根本性变革，目的是为了在中国建立一种充满活力的社会主义。这就形成了"一个中心、两个基本点"的思想，并在此基础上逐步形成了党在新时期的基本路线。

---

① 《毛泽东选集》第 4 卷，人民出版社 1991 年版，第 1469—1470 页。

② 同上书，第 1471 页。

在邓小平的领导下，党要纠正毛泽东的晚年错误，但要维护毛泽东的历史地位，要肯定毛泽东思想的指导作用；要实行改革开放，但要坚持四项基本原则；要坚持思想基本原则，又要在改革开放中丰富和发展四项基本原则。这就形成了一种张力。这种张力的存在可以防止我们在处理问题时走极端，使我们避免"左"和右的两种错误倾向；这种张力也是一种动力，它推动我们在新的历史条件下，继承和发扬我们党在毛泽东倡导和培育下所形成的将马克思列宁主义普遍原理和中国实际相结合的优良传统，并在这种结合中探索我国社会主义现代化的新的发展道路。这既是接续了新中国建立后毛泽东为核心的党中央第一代领导集体所开始的探索，又是在纠正了当年的错误和曲折之后所开始的新的探索，这就要求党对这种新的探索作出新的理论概括。1982年邓小平在党的十二大开幕词中对此作出了历史性的回答，他说："我们的现代化建设，必须从中国实际出发。无论是革命还是建设，都要注意学习和借鉴外国的经验。但是，照抄照搬别国经验、别国模式，从来不能成功。这方面我们有过不少教训。把马克思主义的普遍真理同我国的具体实际结合起来，走自己的路，建设有中国特色的社会主义，这就是我们总结长期历史经验得出的基本结论。"[①] 党的十二大还确定了基本实现社会主义现代化的战略。1987年党的十三大，提出并系统地论述了我国社会主义初级阶段的理论，进一步阐发了党的"一个中心、两个基本点"的基本路线。1992年党的十四大，总结了改革开放以来14年的经验，进一步全面、系统地概括和总结了建设有中国特色社会主义理论。从此，中国特色社会主义就成为指引我们党和全国人民在新时期新世纪前进的一面旗帜。

由此可见，我们只有了解了世界范围内资本主义发展的历史过程、科学社会主义实践在20世纪大起大落的过程，了解了中国近现代的历史发展过程、新中国成立后的发展过程，特别是"文化大革命"结束以来的发展过程，才能真正理解我们党将改革开放新时期对我国社会主义现代化建设道路的新探索概括为"中国特色社会主义"的历史的、现实的根据和合理性，才能理解为什么只能是这种而不是其他的概括。

苏联从20世纪50年代后期起，开始摸索改革，但到90年代初，苏共几代领导人始终没有找到正确的改革和发展的道路，结果是社会失控、动荡、混乱、苏联解体、东欧剧变，苏共和东欧各国共产党纷纷下台。俄国接着又

---

① 《邓小平文选》第3卷，人民出版社1993年版，第2—3页。

实行了西方谋士提出的休克疗法，试图一夜之间就实现私有化和市场化，结果造成社会、经济、金融秩序的大混乱，卢布贬值，少数人暴富，大多数人的生活顷刻之间一落千丈，俄罗斯也失去了当年苏联所居的世界第二超级大国的地位。剧变后的东欧诸国走上了西方国家的私有化、市场化、民主化的发展道路，大量外资进入并主导了经济的发展。这些国家经济是增长了，但国家财政却入不敷出、债台高筑、大量失业、民怨沸腾。世界银行在一份评估中认为，如果这种形势继续下去的话，东欧问题的彻底暴发"并非遥不可及的事情"。这又从另一个角度印证了我们党所开辟的中国特色社会主义道路的正确性。

二

自从我们党举起中国特色社会主义的旗帜之后，无论是在国内，还是在国外，围绕它的争论从来没有间断过，说法和议论也是各种各样的，中心议题就是中国特色社会主义究竟是什么，或者说究竟该怎样理解和把握中国特色社会主义的内涵。记得若干年以前，我受命接待来哲学所访问的波兰科学院的一位学者。这位学者提出的第一个问题就是要我就国外那种认为中国特色社会主义就是中国特色资本主义的观点，谈谈我对中国特色社会主义的理解。当时我说，关于中国特色社会主义，我可以说三句话：第一句，中国特色社会主义不是马克思恩格斯当年所设想的社会主义。第二句，中国特色社会主义不是美国的资本主义。第三句，中国特色社会主义就是中国特色社会主义。近两年，由于课题研究的需要，我系统地阅读和研究了马克思恩格斯的社会形态理论，在把握其精神实质的基础上再次思考了中国特色社会主义问题，并对第三句话作出了解释：即其意思是认为中国特色社会主义是在国内外种种复杂的历史的、现实的条件、因素、力量作用下形成的一种特殊的社会形态。这样，原来的三句话就变成了四句话。现在，我则想利用这个机会，对上述观点进一步作点论证和说明。

首先要说明的就是第一句，即中国特色社会主义不是马克思恩格斯当年所设想的社会主义。

马克思和恩格斯创立的科学社会主义与空想社会主义的不同之处就在于他们对资本主义社会的批判不是建立在道德谴责的基础上的，而是建立在运用唯物史观对资本主义社会自身固有的矛盾及其在人类发展史上的历史地位的科学分析基础上的。因此，他们主张在未来的社会主义社会中，资本主义的占有方式应该让位于那种以现代生产资料的本性为基础的占有方式，即一方面由社会直接占有生产资料，另一方面由个人直接占有生活资料；他们还多次明确地指出，一旦社会占有生产资料，商品生产就将被消除，商品交换和价值规律将退出历史舞台。社会的生产无政府状态应该让位于按照全社会和每个成员的需要对生产进行的社会的有计划的调节；他们认为，社会主义是共产主义社会的低级阶段，是刚刚从资本主义社会中产生出来，还带着它脱胎出来的那个旧社会的痕迹。所以，只能实行按劳分配的原则，就是每个生产者以一种形式给予社会的，又以另一种形式领回来。就是生产者的权利是同他们提供的劳动成比例的，平等就在于以同一尺度——劳动——来计量。他们认为，在共产主义社会高级阶段，在迫使个人奴隶般地服从分工的情形已经消失，从而脑力劳动和体力劳动的对立也随之消失之后；在劳动已经不仅仅是谋生的手段，而且本身成了生活的第一需要之后；在随着个人的全面发展，他们的生产力也增长起来，而集体财富的一切源泉都充分涌流之后，——只有在那个时候，才能完全超出资产阶级的狭隘眼界，社会才能在自己的旗帜上写上：各尽所能，按需分配。他们认为，到那时，旧的生产方式必须彻底变革，特别是旧的分工必须消灭，生产劳动不再是奴役人的手段而是成为解放人的手段；他们还指出，代替那存在着阶级和阶级对立的资产阶级旧社会的，将是这样一个联合体：在那里，每个人的自由发展是一切人的自由发展的条件，这就是说，阶级、国家都已经消亡了。他们认为，到那时人类才在一定意义上最终地脱离动物界，从动物的生存条件进入真正人的生存条件，实现了从必然王国进入自由王国的飞跃。

列宁在十月革命胜利不久就宣布包括土地在内的俄国全部生产资料归苏维埃国家所有，在其后的国内战争期间，列宁为首的布尔什维克实行了战时共产主义政策，取消了商品和市场交换。国内战争结束后，列宁就改而实行新经济政策。新经济政策的主要内容是恢复市场和商品交换。

列宁逝世后，苏联共产党内围绕是否继续执行新经济政策问题发生了两次大的争论。斯大林先后取得了反对托洛茨基和布哈林斗争的胜利后，就用行政强制的手段在农村推行集体化方针，普遍建立了集体农庄。这标志着苏联建立了由全民所有制和集体所有制两种公有制形式所组成的社会主义基本的经济制度。在商品和货币问题上，他倒是比较谨慎的，20 世纪30 年代否定了取消货币的观点，到了 50 年代初才明确系统地论述了这个问题，指出苏联已经建立的社会主义经济制度还没有达到马克思恩格斯主张的社会占有全部生产资料的程度，还存在全民所有制和集体所有制的区别，因此，还需要商品生产和价值规律。由于国际上还存在着资本主义国家的包围，所以苏联还存在着无产阶级专政和苏维埃形式的国家机器和政治制度，并且实际上建立了一种中央集权的经济政治体制。1956年，我国经过工业、农业、工商业社会主义改造之后建立的社会主义制度虽然具有我国的特点，但在大的结构和框架上仍然属于苏联建立的第一个社会主义实践模式，即斯大林模式。

如果我们将社会主义实践的苏联模式或斯大林模式与马克思恩格斯当年设想的社会主义作一比较的话就可以看出：就所有制来说，苏联模式中的全民所有制和集体所有制作为社会主义公有制是符合马克思恩格斯的设想的；就分配制度来说，苏联模式实行了按劳分配的制度，这也符合马克思恩格斯当年的设想；就交换制度来说，苏联模式没有完全按照马克思恩格斯当年的设想，而是同时实行了计划经济和商品经济，并且为了和资本主义商品经济划清界限，还明确规定，生产资料和劳动力不能进入市场，价值规律只在消费领域中起作用，在生产中起作用的主要是有计划按比例发展规律。在政治上层建筑方面也没有按照马克思恩格斯当年的设想。根据马克思恩格斯当年的设想，过渡时期结束后，无产阶级专政的国家机器应该消亡，但由于内外斗争的需要，苏联的无产阶级专政的国家机器不但没有消亡，而且得到了加强。这本来是事出有因的，可以理解的。但是后来发生了对党和国家最高领导人的个人崇拜及党和国家最高领导人破坏民主和法制、肃反扩大化等严重问题，这显然是不符合马克思恩格斯当年设想的社会主义的根本精神的。马克思恩格斯所设想的自由人的联合体在苏联模式中并没有真正实现，甚至还形成了一种新的人身依附关系。

现在我们可以看到，在中国特色社会主义社会中：就所有制来说，社会主义公有制已经不是唯一的所有制了，它在社会生产资料的所有制结构中只占主体的地位，除了公有制经济外，还存在着其他各种所有制经济，所建立的是社会主义公有制为主体、多种经济共同发展的基本经济制度；就分配制度来说，按劳分配已经不是唯一的分配原则了，它在社会的分配制度的结构中也只占主体的地位，除了按劳分配外，还存在其他各种分配方式，其实，就全社会整体来说，实行的是按生产要素分配的原则和制度，劳动只是作为其中的一个要素参与分配的；就交换制度来说，就完全突破了当年马克思恩格斯的设想，认为在我国现阶段市场经济还是一个不可超越的历史阶段，改革开放的目标就是要建立社会主义市场经济体制，使市场在国家宏观调控下对资源配置起基础性的作用；就政治制度来说，建立的是工人阶级（通过共产党）领导的、以工农联盟为基础的人民民主专政和人民代表大会制的根本政治制度；就意识形态和精神文化来说，目标是建立以马克思主义为指导，以培育有理想、有道德、有文化、有纪律的公民为目标，发展面向现代化、面向世界、面向未来的，民族的科学的大众的社会主义文化和精神文明。事情变得非常清楚，我们到现在所建立的中国特色社会主义社会确实不是马克思恩格斯当年所设想的作为共产主义低级阶段的社会主义，也与社会主义实践的苏联模式根本不同，我们今天搞的社会主义市场经济完全突破了斯大林当年设定的界限。

我们看到，马克思恩格斯当年对社会主义的设想是同他们对当时的资本主义的分析联系在一起的，斯大林建立社会主义苏联模式的时候也是同他对资本主义世界的分析联系在一起的。但是，正如前面已经指出的，不仅从马克思恩格斯逝世以来，而且从列宁逝世以来，资本主义世界都已发生了极大的变化。

对于西方发达国家资本主义自 20 世纪 30 年代开始所发生的新变化，斯大林没有觉察到。他在 1952 年的《苏联社会主义经济问题》中还在说"世界资本主义总危机的进一步加深"。毛泽东也没有认识清楚，在 1957 年莫斯科世界共产党工人党会议上，他提出了东风压倒西风的论断，后来更认为五十年内外到一百年内外将是社会主义在全世界的胜利和资本主义在全世界的崩溃。当然，我们今天对斯大林、毛泽东当年对资本主义新变化认识上的局限性也要历史地看待和理解。请大家想一想吧：第二次世界大战中反法西斯战争的胜利、"二战"后许多国家在共产党领导下建立了人民民主政权、1949年中国革命的胜利及胜利后很顺利地恢复了国民经济的发展，等等。这就使他们基本上根据马克思恩格斯当年的设想建立了一种排斥资本和市场的社会主义实践模式，并且反对试图把资本和市场引进来的任何改革尝试。邓小平经过对我国社会主义建设正反两面历史经验的总结、对苏联等社会主义国家兴衰成败的历史经验的总结，正确分析了资本主义发达国家发展现实、态势和矛盾，才真正洞察到了当代资本主义的新变化、洞察到了资本还在发挥历史作用的现实。对此，邓小平虽然没有明说，但从他有关资本主义发达国家还在继续发展的谈论；从他关于巩固和发展社会主义制度，还需要我们几代人、十几代人，甚至几十代人坚持不懈地努力奋斗的谈论；从他关于社会主义要赢得与资本主义相比较的优势，就必须大胆吸收和借鉴人类社会创造的一切文明成果，吸收和借鉴当今世界包括资本主义发达国家的一切反映现代社会化生产规律的先进经营方式、管理方法的论述；从他关于时代主题的论述中，都可以体会到邓小平的上述洞察。邓小平关于资本还在发挥历史作用的洞察，或者说关于我们的时代实际上是资本还在发挥历史作用的时代的洞察，其历史上的地位、作用和影响完全可以与马克思当年宣布资本的丧钟敲响了、列宁宣布帝国主义是垂死的资本主义相提并论。从马克思的论断到列宁的论断，再到邓小平的洞察，这是多么巨大的变化，这种变化正是反映了自马克思恩格斯逝世以来世界所发生的巨大变化、资本主义世界所发生的巨大变化。正是由于有了对时代主题的认识和对时代本质的这种洞察，邓小平才不断要求我们不要陷入姓"资"姓"社"的抽象争论，才提出判断改革开放成败得失的"三个有利于"的标准。就是在邓小平的这些新思想、新理论、新洞察的指导下，我们改革开放就突破了马克思恩格斯当年设想的社会主义模式、突破了社会主义实践的苏联模式。

第二句话，中国特色社会主义不是美国的资本主义，我想这是不难理解的，因而没有必要再费笔墨了。

第三句话，中国特色社会主义就是中国特色社会主义，表面上看来，好像是在同语反复。但现在看来，十分重要。它强调和表达了这样一种思想，即建设社会主义，必须从中国的国情和特点出发，当然我们在建设中国特色社会主义的过程中完全有必要也有可能参考、学习和借鉴别国的经验、国外流行的某种主义或模式，但如果想要照抄照搬国外的某个主义或模式，或者要在中国特色社会主义身上贴上国外某个主义或模式的标签，那就完全是错误的了。对于这些错误的观点和做法，最有力的回答就是：中国特色社会主义就是中国特色社会主义。

总之，中国特色社会主义是马克思主义的基本原理和中国实际与当今时代特征相结合的产物，它突破了马克思恩格斯当年对社会主义的设想、突破了社会主义实践的苏联模式，是中国社会主义初级阶段上的社会主义，是改革开放的社会主义，是有私有制、资本和市场的社会主义，是在共产党领导下利用资本主义来进行现代化建设的社会主义，是存在着阶级矛盾和阶级对抗的社会主义。如果一定要用马克思恩格斯当年的标准来衡量，那么，它是一种还不够格的社会主义。

三

现在我们来看看中国特色社会主义理论、道路、模式解决了什么问题，还没有解决什么问题。

党的十一届三中全会以来的近 30 年，既是中国特色社会主义理论的形成和发展的过程，也是它对中国特色社会主义建设实践发挥指导作用的过程。就是在中国特色社会主义理论的指导下，我国国民经济长时期地实现了持续快速健康的发展，经济结构战略性调整取得成效，建设了一大批基础设施工程，经济效益进一步提高，财政收入不断增长；我国的改革开放取得了丰硕的成果，市场经济体制初步建立，公有制经济进一步壮大，非公有制经济获得了较快的发展。市场体系建设全面展开，宏观调控体系不断完善，政府职能转变步伐加快。财税、金融等改革继续深化。开放型经济迅速发展。国家外汇储备大幅度增加；推进了民主法制建设和政治体制改革步伐，科技、教育、文化、卫生、体育和计划生育等事业取得了全面进步；城乡居民收入稳步增长，城乡市场繁荣，商品供应充裕，居民生活质量提高，社会保障体系建设成效明显，人民生活总体上实现了由温饱到小康的历史性飞跃；国防和军队建设、祖国统一大业、对外工作、党的建设都有了新进展、新局面，我国社会出现了长期的安定团结局面，国际影响扩大、民族凝聚力增强，我国综合国力有了大幅度的提升。一句话，我们在中国特色社会主义理论的指引下，在经济建设上取得了举世瞩目的伟大成就，加速了我国的工业化、现代化、市场化、社会化的历史进程。中国社会科学院经济学部课题组（课题负责人陈佳贵，执笔黄群慧）在一份研究报告中指出，1995 年，中国工业化还处于工业化初期，但已进入初期的后半阶段。1995—2000 年的整个"九五"期间，中国处于工业化初期的后半阶段。"十五"期间，中国工业化进入了高速增长阶段，到 2005 年，从全国看，中国刚刚进入工业化中期的后半阶段。该报告指出，再经过 10—13 年的加速工业化进程，到 2015—2018 年，中国工业化将基本实现，这与我们到 2020 年长期的现代化战略目标要求是相符合的①。我们不是说，实践是检验真理的唯一标准吗？那么，近 30 年来我们在

---

① 中国社会科学院经济学部课题组：《我国进入工业化中期后半阶段》，《中国社会科学院院报》2007 年 9 月 27 日。

改革开放和社会主义现代化建设上所取得的成绩充分证明了中国特色社会主义理论的正确性，也确实证明了这是从我国实际出发实现我国工业化、现代化、社会化、市场化的正确道路。

　　但是，我们还要看到，我们的发展在取得巨大成就的同时也面临了许多问题和挑战。我们既要看到现在是我国发展面临的难得的战略机遇期，也要看到我国的发展面临着严峻的挑战和巨大的风险。确实可以说，我们在取得前所未有的巨大成就的同时，面临着前所未有的挑战。为了解决这些问题、应对这些挑战，以胡锦涛为总书记的党中央在十六大以来，提出了科学发展观和构建社会主义和谐社会等一系列重大的战略思想，强调必须把科学发展观贯彻到发展的全过程和各个方面，实现以人为本、全面、协调、可持续的发展；强调社会主义和谐社会就是经济增长、人民富裕、民主法制、公平正义、诚信友爱、安定团结、人与自然和谐相处的社会。它是经济、政治、文化、社会、生态全面、协调发展的社会。现在，党的十七大明确提出面对新形势新任务，我们要坚持以邓小平理论和"三个代表"重要思想为指导，深入贯彻落实科学发展观，继续解放思想，坚持改革开放，推动科学发展，促进社会和谐，为夺取全面建设小康社会新胜利而奋斗，这就进一步将邓小平理论、"三个代表"重要思想和党自十六大以来提出的一系列新的战略指导思想有机地整合起来，进一步丰富和完善了中国特色社会主义理论。我们完全相信，党的十七大所提出的奋斗目标一定能够实现，20世纪中叶我国基本实现现代化、实现中华民族伟大复兴的目标也一定能够实现。

　　现在我们想换一个角度来讨论问题，这就是如何将中国特色社会主义与马克思恩格斯当年设想的社会主义联系起来，或者说我们在实现了社会主义初级阶段的目标之后，如何过渡到社会主义的高级阶段，如何实现马克思恩格斯当年所设想的社会主义社会的目标，如何实现共产主义理想？我们之所以要这样提出问题，原因有两个。一是我们党从改革开放以来，一直把今天所从事的事业看做是实现马克思主义理想的一个阶段。邓小平同志在1987年4月曾说，"马克思主义的理想是实现共产主义"①，1987年8月又进一步明确指出，"社会主义本身是共产主义的初级阶段，而我们中国的社会主义又有一个初级阶段，就是不发达阶段。一切都要从这个实际出发，从这个实际来

---

① 《邓小平文选》第3卷，人民出版社1993年版，第228页。

制定规划"①。虽然当时讲话的重点是强调指出我国现在还处于社会主义初级阶段，强调我们当前的一切工作都要从这个实际出发，要纠正以前超越我国社会主义初级阶段的"左"的错误，但还是把它视为实现共产主义理想的漫长历史过程中的一个阶段。既然这样，我们当然就要问社会主义初级阶段目标实现之后，如何走上社会主义高级阶段乃至共产主义的问题。二是从社会主义的计划经济体制到社会主义市场经济体制的转轨过程、从突破经典社会主义模式到在实践中逐步形成和建立中国特色社会主义模式的过程，是一个改革开放的过程，是一个不断解放思想的过程，是一个不断学习、吸收、借鉴乃至引进资本主义发达国家的经验、技术、资本、人才的过程。原来没有真正意义上的市场，现在包括劳动力市场、资本市场在内的市场体系建立起来了；原来没有生产资料意义上私人资本、私有制，现在都有了。不仅有小资本，还有大资本；不仅有民族资本，还有外国资本；过去，资产阶级是作为一个阶级被消灭了，现在资本和资本所有者则是我们现代化建设所不可缺少的，而且是越多越好、越大越好，我们将他们称为社会主义建设者，他们中贡献大、符合条件的、自己有要求的，还可以入党；原来大家的收入、贫富差别不大，现在一部分人确实富了起来，贫富差别不仅出现，而且拉大的速度很快，社会不公正问题越来越突出。有资料表明，我国现在的贫富差别比美国还要严重；原来是对抗消灭了，矛盾还存在，现在则不仅有矛盾，而且还出现对抗。所以，国内外舆论中经常有人把我们这个社会称作资本主义的。从发展生产力的角度、从实现工业化、现代化、社会化、市场化的角度来看，资本、资本家、私有制确实不可缺少，不仅不可缺少，还起着极其重大的作用。虽然，邓小平同志在1992年说过，"社会主义的本质，是解放生产力，发展生产力，消灭剥削，消除两极分化，最终达到共同富裕。"② 接着还讲到"走社会主义道路，就是要逐步实现共同富裕。……如果富的愈来愈富，穷的愈来愈穷，两极分化就会产生，而社会主义制度就应该而且能够避免两极分化"③。但是，当时讲话的重点还是在强调要让一部分人先富起来，不要抽象地讲姓"社"姓"资"，强调要吸收和借鉴当今世界各国包括资本主义发达国家的先进经营方式、管理方法。从那时到今天已过去15年了，一部

---

① 《邓小平文选》第 3 卷，人民出版社 1993 年版，第 252 页。

② 同上书，第 373 页。

③ 同上书，第 373—374 页。

分人、一部分地区先富起来的目标实现了，但两极分化也出现了。党的十六大以来，党和政府提出了一系列举措，都旨在消除社会不公、消除两极分化，但真正要解决这样的问题，似乎还有很长很长的路要走。坦率地说，就是科学发展观与构建和谐社会的理论都还没有回答马克思恩格斯当年提出的要消灭私有制、消灭剥削、消灭阶级的问题。这样，我们今天这个社会主义初级阶段的中国特色社会主义社会究竟怎样过渡到社会主义的高级阶段，就成了需要研究和回答的问题。其实，这个问题和当代资本主义发达国家如何走向未来的社会主义、共产主义社会是同类性质的问题。

人们也许会说，从资本主义社会如何过渡到社会主义、共产主义社会的问题不是早已被马克思恩格斯解决了吗，唯物史观、剩余价值理论和科学社会主义不就是解决这个问题的理论吗？是的，这个问题在当年是被马克思恩格斯从理论上科学地解决了。但马克思恩格斯逝世以来，世界发生的变化实在太大了。随着历史条件的变化，马克思恩格斯当年的科学社会主义理想能不能实现、如何实现，重新成了问题。例如：1. 马克思恩格斯当年认为无产阶级是实现科学社会主义的阶级基础和社会力量，但是当年的无产阶级在今天作为蓝领工人，其数量在迅速减少。从受雇佣、领工资的角度来看，人数在社会成员中比例上还是占了大多数，但形成了不同阶层，彼此在思想和行为上存在着很大差别，很难说是一个阶级。2. 无产阶级革命如何搞？当年马克思恩格斯虽然设想过和平的方式，但主要还是认为要通过暴力革命，用武装的革命反对武装的反革命。但在今天反对恐怖主义成为世界各国的共同呼声和普遍舆论的情况下，武装斗争和暴力革命好像已经行不通了，那么和平革命怎么搞呢？不清楚；而且，目前，甚至在经验上可预见的时期内，似乎西方资本主义发达国家中还没有出现革命形势的迹象或端倪。现实的情况是，在这些发达国家中，在某个时期反对某届政府或某个领导人，是有的，甚至在经常发生，但反对整个制度的，还真是没有。3. 当年马克思恩格斯谈论生产资料社会所有制时，没有涉及所说的社会究竟有多大，现在，全世界有60多亿人口，在这样一个范围内，生产资料社会所有即全世界所有，究竟怎么实行，是一个没有解决的问题。4. 当年马克思恩格斯设想生产力高度发展、财富源泉充分涌流的时候，没有考虑到环境资源约束的问题，现在环境资源的约束问题表现得越来越严重，在这种情况下，马克思恩格斯在这方面的目标如何实现。5. 资本、市场如何退出历史舞台？马克思恩格斯当年的设想是无产阶级在革命成功后利用国家政权的力量废除掉。社会主义实践的第一个模式就是这么干的，但搞了几十年，又回过来重新恢复资本和市场。从唯物史观的角度来说，资本、市场不可能也不应该万岁，资本主义也不可能是历史的终结，可是怎样进入新的社会形态，又进入一个什么样的新社会形态，或者说马克思恩格斯当年所设想的共产主义社会形态要不要有新的理解和新的论证，这也是一个问题。6. 马克思恩格斯当年设想的自由人联合体究竟该怎样理解，又该怎样实现？必须看到，俄国 1917 年十月革命胜利之后和我国 1949 年革命胜利之后建立的社会主义政治制度在实际的运行过程中曾多次发生党和国家的最高权力破坏民主法制的情况，这表明这种社会主义政治制度还很不成熟、很不完善，它同样存在着理论与实践、普遍与特殊、形式与实质的矛盾。民主集中制既是党内生活的组织原则，也是国家政治制度的组织原则，叫做民主基础上的集中，集中指导下的民主，从理论上看是很好的、很辩证的，但实践起来就不完全像理论上说的那样了，前半句往往是虚的、软的、不确定的；后半句则是实的、硬的、确定的，其结果是使我们的政治制度在实际上变成了一种高度集中的制度，党和国家的权力结构呈金字塔形，金字塔顶端的权力最大，各级党政干部的任免在名义上、形式上似乎也在征求民意，甚至经过民选，但实际上还是自上而下任命的，我们经常要求干部将对党对上级负责与对人民对下负责统一起来，但各级干部实际上往往只对党和上级负责，结果是下级对上级，特别是处于金字塔底层的广大党员和人民群众对党政各级干部权力的监督，特别是对塔顶权力的监督缺乏制度性的机制。所以，马克思恩格斯当年这方面的设想如何实现，也是一个没有解决的问题。这些问题的出现，表明当代社会的变化已经超出了马克思恩格斯当年的预想。当代社会发展的新特点、新规律，人类在 21 世纪及以后如何发展，成了一个需要重新研究的问题。

　　人们也许会这样说，我国社会主义初级阶段目标实现以后如何走向社会主义高级阶段，今天发达国家的资本主义社会如何走向新的社会形态，人类如何实现共产主义理想的问题，那是人类社会的未来发展问题，是个极其遥远的问题。我们只要过好今天、过好眼前就可以了，至于明天、未来，既然现在说不清楚，那就留给我们的子孙后代吧！但是，我要说，这不是面对现实、面对问题、面对未来的态度。要知道，人是实践性的存在物，有自我意识的存在物，对象性的存在物，是要通过实践和认识不断改造世界和不断改造自己的存在物，既是未完成的存在物又是要追求完美追求真善美的存在物，人在追求过好当下生活的同时还在思考着谋划着如何过好明天的未来的生活，人在追求物质生活的同时还在追求着社会生活、精神生活，追求着终极关怀。这就是人和动物相区别的地方。如果你对一个人说，你只要过好眼前生活就可以了，或者说你既然现在吃饱了、喝足了，那就该满足了，就不要再去想其他了，就该去睡觉了，那不是要人丢掉思想、追求、理想、信念，退回到动物那样的生存状态吗？不去讨论人类的未来发展问题、不去讨论人的明天生活问题、人的终极关怀问题，那还要理论、哲学干什么？所以，从人的存在的类特性角度出发，上述问题是必须讨论的。何况我们还是共产党人、自称马克思主义者，那就更不能回避这个问题。我们党过去要人们树立共产主义的理想信念，现在要人们树立中国特色社会主义的理想信念，人们自然要问这两种理想信念之间是个什么关系，我们党叫做共产党，就是因为它奋斗的最终目的、要实现的最高纲领是实现共产主义，解放全人类。这就更没有理由、也更不应该有意无意地回避或取消这个问题，也不应该不正视150多年世界历史所发生的变化，无视这种变化对马克思主义理想和哲学所提出的挑战，盲目地认为这个问题已被马克思恩格斯解决而不存在了。我们应该正视现实、正视问题，发扬马克思恩格斯那种终生都在批判现实，捕捉问题，进行学术积累，不断自我超越的科学精神、科学态度，探索、研究和回答今天我们面临的时代性课题。既然马克思恩格斯当年在破解历史之谜的过程中创建了唯物史观、创建了马克思主义哲学，那么，今天自称为马克思主义者的我们，就有理由有责任破解当代社会发展之谜，在中国特色社会主义旗帜指引下，坚持解放思想、开拓创新，通过实践和理论研究，探索出一条在未来实现马克思恩格斯理想的新道路，同时在这个过程中丰富、发展唯物史观和马克思主义哲学，推进马克思主义哲学现代化、中国化的历史进程，构建马克思主义哲学的当代中国化形态，让马克思主义哲学真正成为当今时代精神的精华，重新焕发出它的吸引力、号召力、凝聚力，成为工人阶级及其他劳动人民乃至全人类求解放的精神武器。

马克思主义的社会形态理论[*]

社会形态理论在马克思主义哲学的历史唯物主义理论体系中占有十分重要的地位，是在对生产力、生产关系、经济基础、上层建筑、意识形态等社会要素组成的社会结构分析的基础上，从整体上揭示社会系统有机性质及其历史地变化规律的范畴。正确掌握社会形态理论，对于掌握历史唯物主义理论、掌握整个马克思主义理论体系，对于正确认识人类社会发展规律、正确揭示当代社会发展的新特点、新规律，都是十分重要的。

一 社会形态理论的形成

社会形态理论是在唯物史观的创立过程中形成的。

1842—1843 年间，马克思作为《莱茵报》的主编，遇到了要对物质利益发表意见的难事，围绕莱茵省议会关于林木盗窃和地产分析的讨论，《莱茵报》同莱茵省总督官方开展了论战。现实生活中所发生的这种围绕国家和法问题进行的政治思想斗争同马克思从黑格尔那里学到的观念发生了冲突，这既使马克思产生了苦恼，也使马克思对黑格尔的哲学观念产生了疑问。1843年 1 月 25 日《莱茵报》被查封，3 月马克思退出《莱茵报》。到 1843 年 10 月赴巴黎前，马克思大部分时间都住在克罗茨纳赫的岳母家。为了解决现实生活使他产生的苦恼的疑问，他总结《莱茵报》时期的实践经验，深入研究历史，对黑格尔法哲学进行了系统批判，其成果是后来被保存下来的十印张的手稿和五个笔记本。十印张的手稿被后人以《黑格尔法哲学批判》为题发表，五个笔记本被后人题为《克罗茨纳赫笔记》，是马克思对 24 本历史、政治著作的研究摘要。马克思的这些研究成果为我们提供了他后来形成社会形态理

* 该文完成于 2007 年 11 月，系为赵剑英主持的一个课题而作。

论及其概念的思想线索。

在《黑格尔法哲学批判》中，马克思批判了黑格尔的国家决定市民社会的唯心主义的法哲学观点，将国家与市民社会的关系进行了唯物主义的颠倒，提出了市民社会决定国家的唯物主义观点。在批判过程中，马克思展示了若干社会形态思想萌芽。如马克思在批评黑格尔唯心主义地论述国家政治制度有机体时，肯定了国家政治制度有机体的思想。黑格尔认为国家机体就是"理念向它的各种差别及各种差别的客观现实性发展的结果"。马克思批评说，本来的意思是：国家或政治制度向各种差别及各种差别的现实性的进展是有机的过程。前提、主体是政治制度的现实的差别或各个不同方面。谓语是这些不同方面的规定，即有机的规定。可是在这里理念反而变成了主体；各种差别及各种差别的现实性被看做理念的发展，看做理念发展的结果，实则恰好相反，理念本身应当从现实的差别中产生出来。有机的东西正是差别的理念，正是差别的理想规定。从这里的批评中可以看出，马克思并没有否定国家政治制度是有机体的观点，并且还批评了黑格尔混淆政治机体与动物机体的区别①。马克思还提出和使用了社会形式和社会组织的概念，认为它们都是人的本质的实现。他写道："如果在考察家庭、市民社会、国家等等时把人的存在的这些社会形式看做人的本质的实现，看做人的本质的客体化，那么家庭等等就是主体内部所固有的质。人永远是这一切社会组织的本质，但是这些组织也表现为人的现实普遍性，因而也就是一切人所共有的。相反地，如果说家庭、市民社会、国家等等是理念的各种规定，是作为主体的实体的各种规定，那么它们就一定会得到经验的现实性，于是市民社会的理念赖以发展的那一部分人就是资产者，而其余的人则是公民。"② 针对黑格尔把"市民社会"和"政治国家"视为两个永久的对立面、两个完全不同领域的观点，马克思用了大量篇幅对两者关系作了历史的考察，他指出，在中世纪，市民社会的等级和政治意义上的等级是同一的，因为市民社会就是政治社会，市民社会的有机原则就是国家的原则。但是在现代国家中市民社会和政治社会的分离实际上是存在的。只有市民等级和政治等级的分离才表现出现代的市民社会和政治社会的真正的相互关系。③ 马克思认为，历史的发展使政治等

---

① 《马克思恩格斯全集》第1卷，人民出版社1956年版，第255—256页。
② 同上书，第293页。
③ 同上书，第334页。

级变成社会等级，而只有法国革命才完成了从政治等级到社会等级的转变过程，或者说，使市民社会的等级差别完全变成了社会差别，即没有政治意义的私人生活的差别。这样就完成了政治生活同市民社会分离的过程。同时，市民社会的等级同样也起了变化：市民社会也由于它和政治社会的分离而变得不同了。……市民社会作为私人等级同官僚机构相对立。在市民社会中，等级差别已不再是需要和劳动这类独立体之间的差别了。在这里，唯一普遍的、表面的和形式的差别还只是城市和乡村间的差别。而在社会本身内，这种差别则发展成各种以任性为原则的不稳定不巩固的集团。金钱和教养则是这里的主要标准。①

需要指出的是，马克思在克罗茨纳赫阅读大量的历史和政治著作所做的摘录笔记（即《克罗茨纳赫笔记》）在马克思形成社会形态理论及概念过程中有着不可忽视的作用。马克思笔记摘录的内容包括了法国、英国、德国、瑞典、波兰、威尼斯和美国的历史，时间跨度从公元前6世纪到19世纪30年代共2500多年。笔记摘录中有一组内容是所有制问题，涉及所有制及财产关系的产生，它们在不同历史时代（古代、封建社会、现代社会）的发展形式，它们对国家和整个社会制度的影响；有一组内容是封建社会中的等级差别以及封建等级向资产阶级社会阶级结构过渡等方面的材料；有一组内容是国家和法的问题。笔记摘录表明，马克思在广泛掌握材料的基础上，对所有制、阶级和国家法进行了历史的考察。正是这种资料收集和历史考察过程，孕育着马克思的世界观的转变、孕育着新世界观的产生，其中也包括着社会形态理论及概念的孕育。

马克思在《论犹太人问题》一文中围绕犹太人的解放问题，同布鲁诺·鲍威尔展开了讨论。马克思批评了鲍威尔混淆和颠倒政治解放和人类解放的关系、把宗教解放作为政治解放前提的错误观点。马克思以北美国家为例证明，宗教的存在和国家的完备并不矛盾。②他指出：相当长的时期以来，人们一直用迷信来说明历史，而我们现在是用历史来说明迷信，在我们看来，政治解放和宗教的关系问题已经成了政治解放和人类解放的关系问题。③马克思在论述政治解放和人类解放的关系问题的过程中，继续考察和论述了政

---

① 《马克思恩格斯全集》第1卷，人民出版社1956年版，第344页。

② 同上书，第425页。

③ 同上。

治国家和市民社会关系的历史演变。他说：政治解放同时也是人民所排斥的那种国家制度即专制权力所依靠的旧社会的解体。政治革命是市民社会的革命。他指出，在封建主义的旧社会中，旧的市民社会直接地具有政治性质，就是说，市民生活的要素，如财产、家庭、劳动方式，已经以领主权、等级和同业公会的形式升为国家生活的要素。市民社会的生活机能和生活条件是封建政治性的。① 资产阶级政治革命打倒了专制权力，摧毁一切等级、公会、行帮和特权，把国家事务提升为人民事务、普遍事务，于是也就消灭了市民社会的政治性质。② 马克思认为，政治革命同时也是市民社会从政治中获得解放。这个结果就是一方面是政治国家的建立，另一方面是市民社会在失去政治性质之后分解为独立的个人，非政治的人、自然人。但是，人并没有从宗教中解放出来，他只是取得了宗教自由。他并没有从财产中解放出来，只是取得了财产自由。他并没有从行业的利己主义中解放出来，只是取得了行业自由。马克思指出，这种人，市民社会的成员，就是政治国家的基础、前提。国家通过人权承认的正是这样的人。③ 随着市民社会完全从国家生活分离出来，就撕毁了人的一切类联系，代之以利己主义和自私的需要，把人的世界变成互相隔绝互相敌对的个人的世界，最后则造成了人从自身和自然界的异化，并且把异化了的人、异化了的自然界，变成正在异化的对象、变成奴隶般地屈从于利己主义的需要、屈从于生意的买卖对象。④ 马克思认为，犹太人的现实本质在市民社会得到了普遍的真正的实现，得到了普遍的世俗的体现。因此，现代犹太人的本质不是抽象的本质，而是高度的经验本质，它不仅是犹太人的狭隘性，而且是社会的犹太人狭隘性。马克思认为，社会一旦消灭了犹太的经验本质，即做生意及其前提，人的个体感性存在和类存在的矛盾就会消失。犹太人的社会解放就是社会从犹太中获得解放。⑤ 那时，随着政治国家的消亡，政治国家与社会分离的历史就会结束。我们看到，马克思的上述论述中实际地包含了认为封建主义社会、资本主义社会和未来的共产主义社会是三种不同社会形态的思想。

接着，马克思在《评"普鲁士人"的"普鲁士国王和社会改革"一文》

---

① 《马克思恩格斯全集》第 1 卷，人民出版社 1956 年版，第 441 页。
② 同上。
③ 同上书，第 442 页。
④ 同上书，第 450 页。
⑤ 同上书，第 451 页。

中就如何评价西里西亚工人起义和社会贫困问题继续论述了市民社会和政治国家的关系,不仅使用了"社会结构"的概念,还使用了"基础"的概念。他写道:和"普鲁士人"向自己的国王提出的要求相反,国家永远也不会认为社会疾苦的根源在于"国家和社会结构"。……从政治的观点来看,国家和社会结构并不是两个不同的东西。国家就是社会结构。……国家是建筑在社会生活和私人生活之间的矛盾上,建筑在公共利益和私人利益之间的矛盾上的。……这种分散性、这种卑鄙龌龊的行为、这种市民社会的奴隶制是现代国家借以存在的天然基础,正如奴隶占有制的市民社会是古代国家借以存在的天然基础一样。国家的存在和奴隶制的存在是彼此密切相关的。……国家纯粹是作为私人生活的对立物而存在的。……一个国家越是强盛,因而政治性越强,那么这个国家就越不会理解社会疾苦的普遍性,就越不会在国家的原理中,也就是不会在现存的社会结构(它的行动和意识的表现、它的正式表现就是国家)中去寻找社会疾苦的根源。①

我们可以看到,马克思通过对黑格尔法哲学和国家学的批判,已经形成了市民社会决定国家、是国家的基础的唯物主义观点,初步论述了市民社会和国家关系的历史演变,还使用了社会形式、社会组织、社会结构等概念。1844年下半年到了巴黎之后,马克思就开展了经济学和哲学的研究,写作了《经济学哲学手稿》,想通过完全经验的以对国民经济学进行认真批判研究为基础的分析,深入市民社会内部,进一步探索和揭开社会历史之谜。因此这份手稿在马克思世界观的转变过程中、唯物史观的形成过程中都具有十分重要的地位,当然也在社会形态理论形成过程中占有重要地位。这种重要性不仅表现在马克思从黑格尔的唯心主义走向费尔巴哈唯物主义,还表现在马克思孕育着对费尔巴哈唯物主义的超越,孕育着科学实践观。

马克思通过对资本主义社会中的工资、资本和地租进行分析,认为它们不过是私有财产的不同表现形式,揭示了资本、地租和劳动的分离对工人的致命影响,揭示了资本家、土地所有者、工人之间所存在的对抗性的利益关系,他认为,竞争的必然结果是资本在少数人手中积累起来,也就是垄断的更可怕的恢复;最后,资本家和靠地租生活的人之间、农民和工人之间的区别消失了,而整个社会必然分化为两个阶级,即有产者阶级和没有财产的工人阶级。马克思批评资产阶级国民经济学只从私有财产的事实出发,却没有

---

① 《马克思恩格斯全集》第1卷,人民出版社1956年版,第478—480页。

说明这个事实，没有提供一把理解劳动和资本分离以及资本和土地分离根源的钥匙。因而，马克思认为，现在必须弄清楚私有制，贪欲同劳动、资本、地产三者的分离之间的本质联系，以及交换和竞争之间、人的价值和人的贬值之间、垄断和竞争之间、这全部异化和货币制度之间的本质联系。① 于是，马克思从"当前的经济事实出发"揭露了资本主义社会中存在的异化劳动的种种表现。通过与动物生命活动的比较，马克思论述了作为人的生命活动的劳动的特性及其对人、社会的形成、发展的影响、对自然界的影响。

马克思又在对黑格尔哲学的辩证考察中，肯定和吸收了黑格尔把劳动看做人的本质、把人的自我产生看做一个过程的合理思想。他写道：因此，黑格尔的《现象学》及其最后成果——作为推动原则和创造原则的否定性的辩证法——的伟大之处首先在于，黑格尔把人的自我产生看做一个过程，把对象化看做失去对象，看做外化和这种外化的扬弃；因而，他抓住了劳动的本质，把对象性的人、现实的因而是真正的人理解为他自己的劳动的结果。② 同时，马克思也批评了黑格尔只看到劳动的积极方面，而没有看到劳动的消极方面，还只把劳动理解为抽象的精神的劳动。在黑格尔看来，人的本质、人是和自我意识等同的，人的本质的一切异化都不过是自我意识的异化。马克思则认为，人直接地是自然存在物。人作为自然存在物，而且作为有生命的自然存在物，一方面具有自然力、生命力，是能动的自然存在物；这些力量作为天赋和才能、作为欲望存在于人身上；另一方面，人作为自然的、肉体的、感性的、对象性的存在物，和动植物一样，是受动的、受制约的和受限制的存在物，也就是说，他的欲望的对象是作为不依赖于他的对象而存在于他之外的；但这些对象是他的需要的对象；是表现和确证他的本质力量所不可缺少的、重要的对象。③ 这样，在马克思看来，人是自然存在物，又是社会存在物；作为对象性的存在物，人既是受动的存在物，又是能动的存在物。

马克思认为，人作为一种对象性的存在物，通过劳动，人将自己的本质力量外化在对象之中。劳动的产品就是固定在某个对象中、物化为对象的劳动，劳动的实现就是劳动的对象化。④ 他说，劳动的对象是人的类生活的对

---

① 《马克思恩格斯全集》第 42 卷，人民出版社 1979 年版，第 89—90 页。
② 同上书，第 163 页。
③ 同上书，第 167—168 页。
④ 同上书，第 91 页。

象化：人不仅像在意识中那样地复现自己，而且能动地、现实地复现自己，从而在他所创造的世界中直观自身。① 人的对象化的本质力量是以感性的、异己的、有用的对象的形式呈现在我们面前的。工业的历史和工业的已经产生的对象性的存在，是一本打开了的关于人的本质力量的书。

马克思认为，私有财产一方面是外化劳动的产物，另一方面又是劳动借以外化的手段，是这一外化的实现。当私有财产发展到一定阶段的时候，外化劳动就变成了异化劳动。而异化劳动又成为私有财产的直接原因。当一切财富都成了工业的财富，成了劳动的财富，而工业资本成为私有财产完成了的客观形式时，私有财产就会完成它对人的统治，并以最普遍的形式成为世界历史的力量。对私有财产即人的自我异化的积极的扬弃，因而是通过人并且为了人而对人的本质的真正占有，那就是共产主义，就是对历史之谜的解答。马克思认为，历史的全部运动，是共产主义的现实的产生活动、是共产主义经验存在的诞生活动。整个革命运动必然在私有财产的运动中、在经济中，为自己找到经验的基础，也找到理论的基础。因此，马克思认为，全部历史是为了使"人"成为感性意识的对象和使"人作为人"的需要成为〔自然的、感性的〕需要而作准备的发展史。历史本身是自然史的即自然界成为人这一过程的一个现实部分。②

马克思不仅认为人类的历史就是人通过人的劳动而诞生和发展的过程，还认为人类社会是在人们的劳动基础上建立和形成的，人们就是在劳动交往中以社会的形式形成社会器官的。他指出，在实践的、现实的世界中，自我异化只有通过同其他人的实践的、现实的关系才能表现出来。异化借以实现的手段本身就是实践的。因此，通过异化劳动，人不仅生产出他同作为异己的、敌对的力量的生产对象和生产行为的关系，而且生产出其他人同他的生产和他的产品的关系，以及他同这些人的关系。③ 马克思甚至把社会归结为生产运动的感性表现和生产的特殊方式。他写道：这种物质的、直接感性的私有财产，是异化了的、人的生命的物质的、感性的表现。私有财产运动——生产和消费——是以往全部生产的运动的感性表现，也就是说，是人的实现或现实。宗教、家庭、国家、法、道德、科学、艺术等，都不过是生

---

① 《马克思恩格斯全集》第 42 卷，人民出版社 1979 年版，第 97 页。

② 同上书，第 128 页。

③ 同上书，第 99 页。

产的一些特殊的方式，并且受生产的普遍规律的支配。因此私有财产的积极的扬弃，作为对人的生命的占有，是一切异化的积极的扬弃，从而是人从宗教、家庭、国家等向自己的人的即社会的存在的复归。①

马克思论述了人和社会的关系，他说，无论劳动的材料还是作为主体的人，都既是运动的结果，又是运动的出发点。正像社会本身生产作为人的人一样，人也生产社会。马克思论述了社会与自然界的关系，他说，自然界的人的本质只有对社会的人说来才是存在的；因为只有在社会中，自然界对人说来才是人与人联系的纽带，才是他为别人的存在和别人为他的存在，才是人的现实的生活要素；只有在社会中，自然界才是人自己的人的存在的基础。只有在社会中，人的自然的存在对他说来才是他的人的存在，而自然界对他说来才成为人。因此，社会是人同自然界的完成了的本质的统一，是自然界的真正复活，是人的实现了的自然主义和自然界的实现了的人道主义。② 马克思论述了社会存在与社会意识的关系，他说："我的普遍意识不过是以现实共同体、社会存在物为生动形式的那个东西的理论形式"。③ 因此，马克思认为，主观主义和客观主义，唯灵主义和唯物主义，活动和受动，只是在社会状态中才失去它们彼此间的对立，并从而失去它们作为这样的对立面的存在。理论的对立本身的解决，只有通过实践方式，只有借助于人的实践力量，才是可能的；这种对立的解决决不只是认识的任务，而是一个现实生活的任务。④

1845 年春马克思写作的《关于费尔巴哈的提纲》，以提纲的形式论述了科学实践观、论述了把感性理解为实践活动的唯物主义、新唯物主义。而在此后的 1845—1846 年中，马克思又与恩格斯合作写下了《德意志意识形态》，第一次系统地论述了所创立的唯物史观，同时也标志了社会形态理论和概念的初步形成。

首先，《德意志意识形态》中明确使用了"社会形态"这个概念，而且是在总体地、历史地描述人类社会存在和发展意义上使用的。他们谈到了"迄今存在过的一切社会形态（也包括现代社会）"⑤，谈到了印度人和埃及人这

---

① 《马克思恩格斯全集》第 42 卷，人民出版社 1979 年版，第 121 页。
② 同上书，第 121—122 页。
③ 同上书，第 122 页。
④ 同上书，第 127 页。
⑤ 《马克思恩格斯全集》第 3 卷，人民出版社 1960 年版，第 562 页。

些民族"产生这种原始社会形态的力量"①，谈到了每一个力图取得统治的阶级"预定要消灭整个旧的社会形态和一切统治，都必须首先夺取政权"②，还谈到了"这种自然宗教或对自然界的特定关系，是受社会形态制约的"③，等等。其次，《德意志意识形态》对社会结构进行了更加成熟和明确的分析。一种分析是向着生产力、经济基础、上层建筑和意识形态的方向进行的。他们写道：由此可见，一定的生产方式或一定的工业阶段始终是与一定的共同活动的方式或一定的社会阶段联系着的，而这种共同活动方式本身就是"生产力"；由此可见，人们所达到的生产力的总和决定着社会状况，因而，始终必须把"人类的历史"同工业和交换的历史联系起来研究和探讨。……只有现在，当我们已经考察了最初的历史的关系的四个因素、四个方面之后，我们才发现，人也具有"意识"④。"上述三个因素——生产力、社会状况和意识——彼此之间可能而且一定会发生矛盾，因为分工不仅使物质活动和精神活动、享受和劳动、生产和消费由各种不同的人来分担这种情况成为可能，而且成为现实。要使这三个因素彼此不发生矛盾，只有消灭分工。"⑤ "市民社会包括各个个人在生产力发展的一定阶段上的一切物质交往。它包括该阶段上的整个商业生活和工业生活，因此它超出了国家和民族的范围，尽管另一方面它对外仍然需要以民族的姿态出现，对内仍然需要组成国家的形式。'市民社会'这一用语是在18世纪产生的，当时财产关系已经摆脱了古代的和中世纪的共同体。真正的资产阶级社会只是随同资产阶级发展起来的；但是这一名称始终标志着直接从生产和交往中发展起来的社会组织，这种社会组织在一切时代都构成国家的基础以及任何其他的观念的上层建筑的基础。"⑥ "因此，按照我们的观点，一切历史冲突都根源于生产力和交往形式之间的矛盾。"⑦ 另一种分析是沿着个人—活动—社会的思路进行的。如他们写道："由此可见，事情是这样的：以一定的方式进行生产活动的一定的个人，发生一定的社会关系和政治关系。经验的观察在任何情况下都应当根据经验来揭示社会结构和政治结构同生产的联系，而不应当带有任何神秘和思

---

① 《马克思恩格斯全集》第3卷，人民出版社1960年版，第44页。
② 同上书，第38页。
③ 同上书，第35页。
④ 同上书，第33—34页。
⑤ 同上书，第36页。
⑥ 同上书，第41页。
⑦ 同上书，第83页。

辨的色彩。社会结构和国家经常是从一定个人的生活过程中产生的。……意识在任何时候都只能是被意识到了的存在，而人们的存在就是他们的实际生活过程。"① 这两种结构分析虽然是从不同角度进行的，但它们在实质上是统一的、等价的、可以互换的。再次，通过所有制的演变对社会形态的历史演变作了初步考察。他们指出，第一种所有制形式是部落所有制；第二种所有制形式是古代公社所有制和国家所有制；第三种是封建的或等级的所有制；第四种是资产阶级所有制；第五种是未来的共产主义社会所有制。鉴于上述各点，我们认为，《德意志意识形态》的写作标志着唯物史观的形成，也标志着社会形态理论及概念的形成。

二　社会形态是人们在实践中形成的社会有机系统

长期以来，人们经常将马克思的社会形态论同社会有机体、社会系统论对立起来，特别是在运用马克思社会形态理论去批判资产阶级学者的社会有机论的时候就更是如此，结果是马克思著作中的社会有机体、社会系统论的思想和理论被忽略和遗忘、被掩盖和遮蔽，至于它们和社会形态论的关系就更没有得到重视和研究了。实际上，马克思恩格斯是在科学实践观的基础上，对生物有机论进行了创新性的运用之后，才提出社会形态论的。社会形态不是别的，正是人们在实践中形成的社会有机系统。

社会有机体的概念，是马克思恩格斯从黑格尔等前辈学者那里继承来的，也是从当时的生物学中借引来的，因为当时生物学已经大量地使用和流行着有机体概念。马克思说，每一个有机体都由各种不同的组成部分构成；每一个组成部分都有特殊的作用，而相互作用的各个器官则紧紧地结合在一起。② 恩格斯也说，黑格尔叫做相互作用的东西是有机体。③ 恩格斯还指出，任何一个有机体，在每一瞬间都是它本身，又不是它本身；在每一瞬间，它同化着自外界供给的物质，并排泄出另一种物质；在每一瞬间，它的机体中都有细胞在死亡，也有新的细胞在形成，经过或长或短的一段时间，这个机体的物质便完全更新了，由其他物质的原子代替了，所以，每个有机体永远是它

---

① 《马克思恩格斯全集》第 3 卷，人民出版社 1960 年版，第 28—29 页。
② 《马克思恩格斯全集》第 6 卷，人民出版社 1961 年版，第 220 页。
③ 《马克思恩格斯全集》第 20 卷，人民出版社 1971 年版，第 654 页。

本身，同时又是别的东西。① 马克思恩格斯认为人类社会的运行存在着和有机体相类似的机制。马克思指出，资本过程在其不同阶段上的形式变换和物质变换，就像有机体中发生的变换一样。② 马克思还指出，如果说，在完成的资产阶级体制中，每一种经济关系都以具有资产阶级经济形式的另一种经济关系为前提，从而每一种设定的东西同时就是前提，那么，任何有机体制的情况都是这样。这种有机体制本身作为一个总体有自己的各种前提，而它向总体的发展过程就在于：使社会的一切要素从属于自己，或者把自己还缺乏的器官从社会中创造出来。有机体制在历史上就是这样向总体发展的。它变成这种总体是它的过程即它的发展的一个要素。③ 他们还明确地把人类社会称作社会有机体。马克思说，现在的社会不是坚实的结晶体，而是一个能够变化并且经常处于变化过程中的机体。④ 马克思在肯定一位学者对资本论的评价的时候，实际上也肯定了这位学者所使用的"社会机体"这个概念。⑤ 马克思还使用了社会生产机体概念，称古老的社会生产机体比资产阶级的社会生产机体简单明了得多，但它们或者以个人尚未成熟，尚未脱掉同其他人的自然血缘联系的脐带为基础，或者以直接的统治和服从的关系为基础。⑥ 马克思还把国家生活称为现实的、有机的国家生活、国家生活的机体；还说家庭"familia"这个词被引入拉丁社会，是用来表示一种新的机体；还说工人的活的劳动能力存在于他的活的机体中，称劳动本身就是活的机体；还说机器体系在工人面前表现为一个强大的机体，称机械工厂是一个庞大的自动机，是有组织的机体。

恩格斯认为，有机体经历了从少数简单形态到今天我们所看到的日益多样化和复杂化的形态，一直到人类为止的发展系列。⑦ 毫无疑问，社会有机体处在有机体发展系列上的复杂阶段，除了与生物有机体存在着共性外，还存在着自身特有的特点。生物有机体基本上是由 DNA 的遗传特性决定的，而社会有机体则是人们在劳动、实践的基础上、在人们的交往过程中形成和发展的。马克思恩格斯就是在对人们劳动、实践的结构分析中发现和揭示社

① 《马克思恩格斯全集》第 19 卷，人民出版社 1963 年版，第 221 页。
② 《马克思恩格斯全集》第 46 卷（下），人民出版社 1980 年版，第 171 页。
③ 《马克思恩格斯全集》第 46 卷（上），人民出版社 1979 年版，第 236 页。
④ 《马克思恩格斯全集》第 23 卷，人民出版社 1972 年版，第 12 页。
⑤ 同上书，第 23 页。
⑥ 同上书，第 96 页。
⑦ 同上书，第 538 页。

会有机系统的形成和建立的。

他们说:"我们开始要谈的前提并不是任意想出的,它们不是教条,而是一些只有在想像中才能加以抛开的现实的前提。这是一些现实的个人,是他们的活动和他们的物质生活条件,包括他们得到的现成的和由他们自己的活动所创造出来的物质生活条件。"① 所以,他们认为,任何人类历史的第一个前提无疑是有生命的个人的存在。因此第一个需要确定的具体事实就是这些个人的肉体组织,以及受肉体组织制约的他们与自然界的关系。……任何历史记载都应当从这些自然基础以及它们在历史进程中由于人们的活动而发生的变更出发。② 他们把生产满足人们物质生活资料,即生产物质生活本身称作第一个历史活动。认为这是人们仅仅为了能够生活就必须每日每时都要进行的一种历史活动。在这种活动中,已经得到满足的第一个需要本身、满足需要的活动和已经获得的为满足需要用的工具又引起新的需要。新的需要又会推动人们去从事新的活动。他们说,一旦人们自己开始生产他们所必需的生活资料的时候(这一步是由他们的肉体组织所决定的),他们就开始把自己和动物区别开来。而人们用以生产自己必需的生活资料的方式首先取决于他们得到的现成的和需要再生产的生活资料本身的特性,取决于他们进行生产的物质条件。生产者和生产的物质资料相结合就构成了生产力。

生产过程中除了发生着人和自然的关系外,还发生着人与人的关系。生产本身既以人们之间的交往为前提,又决定着交往的形式。马克思恩格斯使用的"交往"范畴内容十分广泛,有物质交往、精神交往和社会交往。如,马克思恩格斯指出:思想、观念、意识的生产最初是直接与人们的物质活动、与人们的物质交往、与现实生活的语言交织在一起的。观念、思维、人们的精神交往在这里还是人们物质关系的直接产物。③ 他们又说:每个个人和每一代当作现成的东西承受下来的生产力、资金和社会交往形式的总和,是哲学家们想象为"实体"和"人的本质"的东西的现实基础,是他们神化了的并与之作斗争的东西的现实基础。④ 物质交往指的是人们在物质生产过程中所发生的相互关系,交往方式和生产力、生产方式相对使用的时候,就是指生产关系,在和生产关系联合使用的时候指的是商业过程中的交换关系;精

① 《马克思恩格斯全集》第3卷,人民出版社1960年版,第23页。
② 同上书,第23—24页。
③ 同上书,第29页。
④ 同上书,第43页。

神交往指的是人们在思想、观念、意识等精神生产过程中所发生的相互关系；社会交往指的是人们在社会生活过程中所发生的相互关系。按照马克思恩格斯的看法，人们为了进行生产、生活和实践，必然要发生物质的、精神的和更加广泛的社会的交往和关系，而人们进行交往和建立关系的过程就是社会结构和社会系统形成和建立的过程。他们写道：夫妻之间的关系，父母和子女之间的关系，也就是家庭。这个家庭起初是唯一的社会关系，后来，当需要的增长产生了新的社会关系，而人口的增多又产生了新的需要的时候，家庭便成为（德国除外）从属的关系了。……这样，生活的生产——无论是自己生活的生产（通过劳动）或他人生活的生产（通过生育）——立即表现为双重关系：一方面是自然关系，另一方面是社会关系；社会关系的含义是指许多个人的合作，至于这种合作是在什么条件下、用什么方式和为了什么目的进行的，则是无关紧要的。[①] 他们还写道：由此可见，事情是这样的：以一定的方式进行生产活动的一定的个人，发生一定的社会关系和政治关系。经验的观察在任何情况下都应当根据经验来揭示社会结构和政治结构同生产的联系，而不应当带有任何神秘和思辨的色彩。社会结构和国家经常是从一定个人的生活过程中产生的。[②]

生产力的发展不仅仅是现有生产力的量的增加，还表现为生产力质的变化。因此，任何新的生产力都会引起分工的发展。"某一民族内部的分工，首先引起工商业劳动和农业劳动的分离，从而也引起城乡的分离和城乡利益的对立。分工的进一步发展导致商业劳动和工业劳动的分离。同时，由于这些不同部门内部的分工，在某一劳动部门共同劳动的个人之间的分工也愈来愈细致了。这些种种细致的分工的相互关系是由农业劳动、工业劳动和商业劳动的经营方式（父权制、奴隶制、等级、阶级）决定的。在交往比较发达的情况下，同样的关系也会在各民族间的相互关系中出现。"[③] 马克思还多次谈论了分工所造成的社会生产机体。他说，把自己的"分散的肢体"表现为分工体系的社会生产机体，它的量的构成，也像它的质的构成一样，是自发地偶然地形成的。所以我们的商品所有者发现：分工使他们成为独立的私人生产者，同时又使社会生产过程以及他们在这个过程中的关系不受他们自己支

---

① 《马克思恩格斯全集》第 3 卷，人民出版社 1960 年版，第 32—33 页。

② 同上书，第 28—29 页。

③ 同上书，第 24—25 页。

配；人与人的互相独立为物与物的全面依赖的体系所补充。① 在工场手工业中存在着最简单形式的协作原则：同时雇用许多人从事同种工作。但现在这个原则表现为一种有机的关系。因此，工场手工业的分工不仅使社会总体工人的不同性质的器官简单化和多样化，而且也为这些器官的数量大小，即为从事每种专门职能的工人小组的相对人数或相对量，创立了数学上固定的比例。工场手工业的分工在发展社会劳动过程的质的划分的同时，也发展了它的量的规则和比例性。② 在机械工厂中，这个总机体的骨架却是由各种类型的机器本身组成的，其中每一个机器完成总生产过程所要求的特定的顺次进行的个别过程。③ 而工人本身只表现为机器的有自我意识的器官（而不是机器表现为工人的器官），他们同死器官不同的地方是有自我意识，他们和死的器官一起"协调地"和"不间断地"活动，在同样程度上受动力的支配，和死的机器完全一样。④

马克思恩格斯认为，分工的每一个阶段还根据个人与劳动的材料、工具和产品的关系决定他们相互之间的关系。这就是说，分工发展的各个不同阶段，同时也就是所有制的各种不同形式。所有制形式随着生产力的发展而变化。

经过对生产力和生产过程人们交往关系历史演变的考察，他们指出，直接从生产和交往中发展起来的社会组织在一切时代都构成国家的基础以及任何其他的观念的上层建筑的基础。⑤ 后来，马克思在《〈政治经济学批判〉序言》中概括说："人们在自己生活的社会生产中发生一定的、必然的、不以他们的意志为转移的关系，即同他们的物质生产力的一定发展阶段相适合的生产关系。这些生产关系的总和构成社会的经济结构，即有法律的和政治的上层建筑树立其上并有一定的社会意识形式与之相适应的现实基础。物质生活的生产方式制约着整个社会生活、政治生活和精神生活的过程。不是人们的意识决定人们的存在，相反，是人们的社会存在决定人们的意识。社会的物质生产力发展到一定阶段便同它们一直在其中活动的现存生产关系或财产关系（这只是生产关系的法律用语）发生矛盾。于是这些关系便由生产力的发

---

① 《马克思恩格斯全集》第 23 卷，人民出版社 1972 年版，第 126 页。
② 同上书，第 384 页。
③ 《马克思恩格斯全集》第 47 卷，人民出版社 1979 年版，第 523—524 页。
④ 同上书，第 536 页。
⑤ 《马克思恩格斯全集》第 3 卷，人民出版社 1960 年版，第 41 页。

展形式变成生产力的桎梏。那时社会革命的时代就到来了。随着经济基础的变更，全部庞大的上层建筑也或慢或快地发生变革。"①

上面的引述表明，马克思恩格斯所论述的社会结构就是由生产力、生产关系（经济基础）、上层建筑（意识形态）这三个层次的因素组成的。不过，以往那种把生产关系等同于所有制关系的理解，是不全面的。从上引的马克思恩格斯在《德意志意识形态》中的论述来看，生产关系除了所有制关系之外，还包括分工所形成的关系。从对生产关系的全面理解出发，我们可以将唯物史观的社会结构理论描述为由生产力的社会性质—所有制为基础的生产关系—政治上层建筑（意识形态）和生产力的技术工艺性质—分工为基础的生产关系—非政治上层建筑（社会科学）这两根相互联系着的链条组成的结构。在前一链条中，人们因所有制关系上的不同地位而区分为不同的阶级。在后一链条中，人们因分工而从事着不同的社会职业；前一链条形成着社会的利益性结构，后一链条形成着社会的功能性结构，而利益性结构和功能性结构的有机结合就构成了社会的整体结构。

除了物质生产和精神生产之外，马克思恩格斯还论述了人本身的生产问题，这就是"每日都在重新生产自己生活的人们开始生产另外一些人，即增殖"②。人本身的生产过程就是人们的物质生活过程。人们为了生活也要与他人建立某种形式的共同体。人们物质生活需要和生产之间所存在的必然联系，使得人们的物质生活及在不同历史阶段上形成的社会生活共同体也成了社会结构的要素。

马克思认为，人们的存在在开始的时候总是一种狭隘地域性的存在，只有随着生产力的普遍发展和与此有关的世界交往的普遍发展，这种狭隘地域性的存在才能变为世界历史性的、真正普遍的存在。"各民族之间的相互关系取决于每一个民族的生产力、分工和内部交往的发展程度。这个原理是公认的。然而不仅一个民族与其他民族的关系，而且一个民族本身的整个内部结构都取决于它的生产以及内部和外部的交往的发展程度。"③ 因此，在相当长的历史阶段上，不同地区、民族、国家之间既发生着一定的交往和联系，又存在着程度不等的区别。地区关系、民族关系、国家关系也成了社会结构的

---

① 《马克思恩格斯全集》第 13 卷，人民出版社 1960 年版，第 8—9 页。
② 《马克思恩格斯全集》第 3 卷，人民出版社 1960 年版，第 32 页。
③ 同上书，第 24 页。

重要因素。

马克思恩格斯认为，人们在生产和交往实践中形成的上述种种结构性因素经过复杂的相互作用就形成了社会有机体，而人类发展特定历史阶段上的社会有机体就是社会形态。

三　社会形态就是历史地演变着的社会系统

现在我们则要进一步指出，马克思恩格斯提出和使用社会形态理论和范畴的目的，不仅是为了说明人类社会是一种特殊的有机系统，更在于用来指认和区别人类社会历史发展过程中不同历史阶段和地区上所存在的具体的特定的社会系统，用来揭示人类社会发展规律。从这个角度来说，社会形态就是人类社会系统的历史演变，就是历史地演变着的人类社会系统。马克思说，各个人借以进行生产的社会关系，即社会生产关系，是随着物质生产资料、生产力的变化和发展而变化和改变的。生产关系总合起来就构成为所谓社会关系，构成为所谓社会，并且是构成为一个处于一定历史发展阶段上的社会，具有独特的特征的社会。古代社会、封建社会和资产阶级社会都是这样的生产关系的总和，而其中每一个生产关系的总和同时又标志着人类历史发展中的一个特殊阶段。[①] 他又说，无论哪一个社会形态，在它们所能容纳的全部生产力发挥出来以前，是决不会灭亡的；而新的更高的生产关系，在它存在的物质条件在旧社会的胎胞里成熟以前，是决不会出现的。所以人类始终只提出自己能够解决的任务，因为只要仔细考察就可以发现，任务本身，只有在解决它的物质条件已经存在或者至少是在形成过程中的时候，才会产生。大体说来，亚细亚的、古代的、封建的和现代资产阶级的生产方式可以看做是社会经济形态演进的几个时代。资产阶级的生产关系是社会生产过程的最后一个对抗形式，这里所说的对抗，不是指个人的对抗，而是指从个人的社会生活条件中生长出来的对抗；但是，在资产阶级社会的胎胞里发展的生产力，同时又创造着解决这种对抗的物质条件。因此，人类社会的史前时期就以这种社会形态而告终。[②]

人类社会系统能够历史地存在和演变，根源还在于人类实践活动所具有

---

① 《马克思恩格斯全集》第 6 卷，人民出版社 1961 年版，第 487 页。
② 《马克思恩格斯全集》第 13 卷，人民出版社 1962 年版，第 9 页。

的特点。人类实践活动既依赖于现实条件，又改造着现实条件，并创造着新的现实条件，而随着新的现实条件的形成，人类实践活动就会形成新的特点、新的面貌，就会发展到一个新的阶段。社会系统的存在和发展也是如此，一方面总是依赖于一定的前提，另一方面，它的存在和发展又必然超出前提，每当它上升到新的层次、新的阶段后，它的前提不再是居于发展的主导地位的因素，并且只是作为一般条件被包含到社会系统自身之中，而由前提获得的结果成了进一步发展的新的起点、新的前提。社会系统通过这种扬弃前提、更换发展主导因素的机制，使它的发展成为一种从前提出发而不断地进步、上升的过程，使得组成它的要素、关系、结构都具有在人类实践过程中历史地形成又历史地改变的性质。而随着社会系统的因素、关系、结构的变化，社会系统在整体上就会得到更新，就会过渡到新的社会形态。人类实践活动的历史特点、社会系统的因素、关系、结构的历史性质决定了社会系统的历史面貌，决定了社会形态的具体的历史的存在。具体来说，随着人类生产实践的发展，人类社会就会获得新的生产力，这种新的生产力就会要求建立适应于自己发展要求的新的生产关系，而新的生产关系作为社会的经济基础又要求建立有利于自身巩固和完善的新的上层建筑和意识形态，这样在新生产力的要求和推动下，当新的生产关系、上层建筑和意识形态取代了已成为新生产力发展桎梏的旧的生产关系、上层建筑和意识形态的时候，社会系统也就实现了从旧形态向新形态的过渡。根据上文所论述的我们对马克思恩格斯社会结构理论的新理解，在新生产力的推动下所造成的社会利益性结构的根本变革所导致的是社会的经济政治形态的演变；在新生产力的推动下所造成的社会功能性结构的变化所导致的是社会的技术组织形态的演变。原始社会、奴隶社会、封建社会、资本主义社会、社会主义和共产主义社会以及自然经济、市场经济、产品经济的演变序列属于社会的经济政治形态演变的范畴，而采集社会、游牧社会、农业社会、工业社会、信息社会的演变序列则属于社会的技术组织形态演变的范畴。可以看到，这两种范畴的形态演变既相区别，又相联系，共同组成了人类社会形态总体的演变历史。

在人类历史开始的时候，人类的生产实践活动是采集和狩猎，人类的生活依靠着自然界恩赐的现成果实，人们按照血缘关系建立部落、氏族，形成了原始社会那样的社会系统的整体性。这种社会系统和自然界的动物系统已经有了很大的区别，但也明显地具有人类刚从动物界中脱胎出来的特点。在奴隶社会和封建社会中，人类从事着以农业为主的生产劳动，建立了一种在很大程度上依赖于自然条件的自然经济，同时在生产资料奴隶主占有制和封建主占有制的基础上建立人们的相互关系，血缘关系已不再是人们结合成社会系统的主要因素，但仍然具有很大影响。奴隶和奴隶主、农奴和封建主的关系主要是由他们对生产资料的关系决定的，存在着奴隶对于奴隶主、农奴对于封建主的人身依附关系，这种人身依附关系仍然具有家庭关系的形式，奴隶主对奴隶、封建主对农奴的关系在形式上成为奴隶主、封建主的"家内"的事情。社会系统形成了一种以奴隶主、封建主在经济、政治、思想上的全面统治为内容的整体性。在资本主义社会中，人类的生产活动转变为以工业为主，建立了一种生产过程不受自然过程直接影响、生产目的不是为了满足生产者自身需要的工业—商品经济，劳动者摆脱了奴隶的、封建的人身依附关系而成为自由出卖劳动力的雇佣劳动者，血缘的亲族的自然关系的影响进一步削弱，生产—经济关系成为人们结合成社会系统的最重要的关系，社会系统形成了资产阶级在社会生活各方面居于统治地位的整体性。在社会主义社会中，生产资料公有制代替了资本主义私有制，剥削阶级作为一个阶级已经被消灭，社会分裂为利益上彼此根本对立的社会集团的情况已经改变，人们之间形成了共同的利益、理想、道德，于是形成了社会利益基本一致基础上的整体性。由于物质生产活动是人类社会产生以来一直赖以生存和发展的最基本的实践活动，因此人们在物质生产活动过程中形成的生产关系就成为社会上层建筑和社会意识形态赖以树立的现实基础，奴隶社会、封建社会、资本主义社会、社会主义社会无一例外。当代科学技术革命的发展显示了一种新的发展趋势，精神生产和物质生产在社会发展的作用地位正在变化。我们是否可以设想，在科学技术有了更大发展的将来，当智能机器人作为物质标志的社会生产力普遍到社会生产的各个领域，人类社会赖以存在和发展的物质财富将由机器人生产，人类从物质生产活动中解放出来并转入精神生产领域，社会最终地实现了从私有制向公有制的过渡，那时社会的财富尺度也不再是劳动时间，而是可以支配的自由时间，社会的进一步发展主要取决于精神生产问题，于是人们之间的科学技术上、信息上的相互关系将成为人们结合为社会系统的主要因素。于是，人们的相互关系将最终地摆脱动物界的影响，建立具有社会成员的个性可以得到全面发展的整体性的社会系统，那就将是实现了从必然王国向自由王国飞跃的社会系统。总之，无论是社会系统赖以建立的实践基础，还是在形成社会系统过程中起主要作用的社会关系和社会系统的整体性特点，都经历着历史性质的变化，从而导致了社会形态的历史演变。我们可以把人类社会历史发展过程中已经出现和将要出现的社会形态划分为彼此衔接和更替的三大类型，即由血缘关系起主要作用的社会形态（原始社会）、由生产—经济关系起主要作用的社会形态（奴隶社会、封建社会、资本主义社会、社会主义社会）、由信息关系起主要作用的社会形态（共产主义社会）。

社会形态的历史演变过程在总体上还具有下列特点：

第一，社会形态的历史演变过程是基于实践基础上展开的主客体的相互作用过程，是社会历史主体的自觉活动过程和自然历史过程的统一。

社会历史的主体作为社会系统中的主动者、创造者、组织者总是为着自身的利益进行着各种有目的的活动。利益形成着目的，目的推动着活动，活动实现着目的、利益；活动在实现目的、利益的同时又提供了从事新的活动的新的利益、目的、条件。社会历史主体就是在利益、目的、条件、活动的不断循环、转化过程中实现自身发展的。在生产活动中，社会历史主体及其利益、目的、手段的发展意味着社会获得了新的生产力，而生产力的发展就会启动社会系统发展的各种结构、机制。由此可见，社会系统的发展是通过社会历史主体的有目的的、自觉的、能动的、创造性的活动实现的。诚然，社会历史主体的目的性、自觉性、能动性、创造性都具有历史的性质，它们本身经历着发展、提高的历史过程，它们本身具有绝对性和相对性两方面的特点。就人与其他生物系统相比较，目的性、自觉性、能动性、创造性是人的活动区别于动物活动的标志，因此它们是绝对的、普遍的、任何人都具有的；就人类内部相比较，在某一范围、角度、层次来看的有目的的、自觉的、能动的、创造性的活动，在另一范围、角度、层次来看，也许又是盲目的、不自觉的、非能动的、非创造性的活动，人的目的性、自觉性、能动性、创造性又是相对的。但是，不管人们的目的性、自觉性、能动性、创造性有着怎样的相对性，要经历怎样的历史发展过程，有一点则是肯定的，社会历史主体的目的性、自觉性、能动性、创造性及由此而形成的活动推动着社会系统的历史发展。正如马克思所说，历史不过是追求着自己目的的人的活动而已。[①]

但是，社会历史客体的客观性质、人和社会对于环境和条件的依赖性质使得社会历史主体不能随心所欲地实现自己的有目的的、自觉的、能动的、创造性的活动。首先，自然对象有它自己的规律，人们只能按照客观地存在

---

① 《马克思恩格斯全集》第 2 卷，人民出版社 1957 年版，第 118—119 页。

的自然规律去进行自己的改造活动，人们的目的性、自觉性、能动性、创造性只有在符合自然规律的情况下才能获得成功。其次，人们所从事的各种活动本身也具有自身发展的客观规律，也具有客观性质，人们只能去认识、反映这种客观规律、客观性质，并根据这种客观规律、客观性质去建立相应的社会结合。生产关系、上层建筑、各种技术组织管理体制是人们在活动中创造、寻求、选择的结果，但这种创造、寻求、选择只有在有利于人们进行各种活动的情况下才能获得存在的权利，否则就会被人们所抛弃和改变。人们改造彼此之间的社会结合、社会关系的活动也只有在目的性和规律性相一致的情况下才能成功。再次，对于特定的个体来说，其他个体的活动及社会系统的整体性活动都是一种客观存在，这一特定个体的活动目的能否实现取决于他和其他个体及整个社会系统的相互作用，只有在他的目的和其他个体、整个社会系统相一致的情况下或他的活动能够驾驭其他个体和整个社会系统的情况下，他的目的才能实现，否则就会被否定。上述三方面的情况决定了社会系统的发展过程又是一种不以任何个人意志为转移的自然历史过程。社会系统有它自身存在和发展的客观规律。马克思指出，社会经济形态的发展是一种自然历史过程。[①]

总之，每个人的活动都是有目的的，离开了人的有目的活动，就没有社会系统的存在和发展，因而社会系统的存在和发展是社会历史主体的有目的的自觉的活动过程。但是无数人的有目的活动相互作用的结果，形成了社会系统在总体上的超个体性质，形成了不依赖人们目的、意志为转移的自然历史过程。社会形态历史演变过程就是这两方面的统一。

第二，社会形态的历史演变过程是个体和类之间矛盾的展开和统一的过程。

生物学上的个体之间存在着变异，但存在着由种、属的遗传因子决定的共同性，因而个体代表着类，类代表着每一个个体。类和个体、个体和个体之间存在着直接的同一性。人类初期社会系统中的类和个体之间的关系也存在类似情况。社会成员彼此之间还没有发生明显的分化，社会意义上的个体还没有完全形成，个体和类之间也存在简单的直接的同一关系。后来随着社会生产力的发展，社会成员之间的分化逐渐发展，社会成员逐渐成为具有不同社会特质的个体，个体之间形成了社会意义上的各种关系，类从社会成员

---

① 《马克思恩格斯全集》第23卷，人民出版社1972年版，第12页。

的简单集合发展为社会个体有机结合的整体。类和个体之间的关系发展为差别关系。私有制的出现，三次社会大分工的完成，原始社会系统的成员最终分裂为利益彼此对立（对抗）的不同阶级的个体，社会系统的类成为包含着具有对立（对抗）关系的个体之间的统一性，整个的类的发展要求与不同个体之间存在着不同的关系。社会系统内一部分个体的发展是以大部分个体不能正常发展为前提的，类在总体上的发展不得不牺牲着大部分个体的发展。类和个体的关系终于发展为对立（对抗）的关系。建立在阶级压迫、阶级剥削基础上的社会系统自始至终存在着类和个体之间的这种对立（对抗）的关系。当然，对立（对抗）关系的存在并不意味着个体和类之间不再存在任何的统一性、依赖性，得不到正常发展的个体仍然依赖着类，离开了类的前途只能是毁灭和死亡，而且随着整个类的发展，他们的境遇也会逐步改善，逐渐得到某种程度上的发展。阶级社会从奴隶社会、封建社会向资本主义的发展过程，既是类和个体之间的对立（对抗）不断加深、扩大、升级的过程，又是类和个体之间的统一性、依赖性的不断发展过程。社会主义公有制的建立，消灭了社会个体之间的对立（对抗）关系，社会个体之间开始形成着共同的利益、道德、理想，但个体之间还存在着各种差别。类和个体之间的关系又重新变为非对立（对抗）的差别关系。共产主义社会将是类和个体之间矛盾的真正解决。那时类的发展将意味着每个社会成员的发展，而每个社会成员的发展就直接意味着整个类的发展。在原始社会到共产主义社会的发展过程中，类和个体的关系经历了从同一到差别、到对立（对抗），再从对立（对抗）到差别、到同一的曲折发展过程，这是一个肯定—否定—否定之否定的发展过程。将来共产主义高级阶段上的类和个体的关系似乎是原始时期的那种关系的重复，但不是简单的重复，而是在更高发展阶段上的重复。

第三，社会形态的历史演变过程是人类社会系统发展的一般进程和各地区社会系统具体发展道路的统一。

考古学家在世界各地发现的人类祖先的化石证明，在遥远的古代，人类祖先就分布在地球上的不同地区。分布在不同地区的社会系统，最初主要由于自然、地理、生态环境上的不同，后来主要由于人类自己获得和创造的经验、知识、理论、科学、技术等文化因素上的不同，由前两方面所决定的生产发展上的不同，外部社会环境上的不同，走着各自具体的、不同的、特殊的发展道路。中国奴隶社会经历了一千多年的历史，封建社会却经历了两千多年的历史；西欧的奴隶社会经历了近四千年的历史，而封建社会却只有一千多年的历史。美国跳过了封建社会而由奴隶制时代直接跨入了资本主义社会。近代中国则由半殖民地半封建社会直接走上了社会主义的发展道路。世界上任何一个地区的社会系统都走着具有自己特点的具体发展道路。迄今为止，现实过程中不具有具体特点的发展道路是不存在的，各地区社会系统具体发展道路的特殊性构成了世界各地区社会系统历史发展的差别性、多样性。

　　但是地球环境系统的统一性、人类在生物学上的类的统一性决定了不同地区的人类在实践和认识上存在着某种共同性。不管哪个地区的人类，总要同环境系统进行物质、能量、信息的交换，在认识客观对象的时候总要应用感觉、知觉、表象、概念、推理等思维形式，总要用经验、知识、理论、科学等形式去把握对象的性质、关系、规律，在改造客观对象时总要应用技术、工具等手段。不同地区的人类在实践和认识上的这种共同模式使得他们创造的工艺、工具、技术不论有着怎样的地区、民族特点，总是存在着共同的、相同的方面，或者在质料上相同，或者在结构上相同，或者在功能上相同。工艺、工具、技术上的共同性、统一性使得不同地区的人类在发展生产力的过程中总是存在着共同的、统一的方面。而生产力发展上的共同性、统一性又决定了人们社会关系结构发展上的共同性、统一性，和石器时代、陶器时代相对应的有原始社会，和金属手工工具时代相对应的有奴隶社会、封建社会，和机械化、信息化时代相对应的有资本主义社会、社会主义社会，将来和信息时代相对应的是共产主义社会。而且各地区的社会系统在发展过程中还发生着彼此之间的交流、交往和影响，每个社会系统都学习、吸收着其他社会系统的生产生活经验、科学技术知识、文化价值观念、社会组织管理方式，各个社会系统之间存在着彼此渗透、融合、趋同的发展趋势。特别是当某些地区、民族的社会系统获得了某种新兴的生产力、先进的科学技术、具有进步意义的价值观念和社会制度的时候，就会对其他地区、民族的社会系统产生巨大的影响，这种影响或者被落后地区、民族的社会系统主动地学习、采纳、接受，或者由先进地区、民族的社会系统强加给落后地区、民族的社会系统，不论哪种形式都会中断落后地区、民族社会系统发展的原有进程并且使其走上新的特殊发展道路。这种特殊发展道路由于是在过去基础上发展的，因此同传统之间存在着统一性；这种特殊发展道路又由于是在先进地区、民族的社会系统影响下形成的，同先进地区、民族的社会系统之间也存在着共同性。各地区、民族社会系统在发展过程中出现突变、跳跃现象大多是在其他社会系统的影响下造成的。由于在人类发展的历史长河中一直存在着各地区、各民族社会系统间发展的不平衡性，这种跳跃现象就一直存在着。各地区、各民族之间的先进落后的排列次序也不断地变动着。而这种跳跃和变动虽然使一些地区和民族的社会系统越出了自己的传统，却使它们走上了人类发展的康庄大道。因此各个社会系统之间的交流、交往、影响所造成的彼此渗透、融合、趋同的发展趋势孕育着人类社会系统发展的一般进程。其结果是：人类社会形态演变的一般进程存在于各地区、各民族社会形态演变特殊道路总和之中，而各地区、各民族社会形态演变的特殊道路中又以不同的形式和程度包含着人类社会形态演变的一般进程。

由此可见，在人类社会的发展过程中，一直存在两种发展趋势：一方面各地区的社会系统通过内部继承积累机制，巩固、强化、发展着自身的特点，不断丰富着自己发展道路特殊性的分叉趋势；另一方面，各地区的社会系统通过相互之间的交往影响的机制，形成着彼此之间的渗透、融合、趋同的发展趋势，这种趋势增强着各社会系统之间的共同性、统一性。这两种发展趋势既互相排斥又互为前提，而只要各地区社会系统之间的差别性仍然使它们成为相对独立的整体的话，这两种趋势就会同时存在，就会对人类社会系统的发展和形态的演变产生不同程度的影响。

综上所述，马克思主义所说的社会形态就是指由生产力和生产关系、经济基础和上层建筑之间的辩证统一关系所形成的社会有机体，不同的生产力要求着不同的生产关系，不同的生产关系所组成的不同的经济基础要求着不同的上层建筑（和意识形态），由此形成了不同的社会形态。不同社会形态之间的区别说明着人类社会历史发展过程中的间断性、阶段性，不同社会形态之间的联系和继承说明着人类社会历史发展过程中的连续性。唯物史观就是利用社会形态范畴把人类社会的历史发展描述为人类社会随着生产力的发展，从一种社会形态到另一种社会形态演变的有规律的发展过程，也论证了资本主义社会终将为未来的新的社会形态——共产主义社会形态取代的历史必然性，因而成为科学社会主义的理论基础、共产党人制定革命纲领和行动路线的理论基础，也成为历史研究的科学方法论。

四　社会形态理论的当代意义

马克思逝世一百多年来，特别是 20 世纪下半叶以来，人类社会发生了超出前人预料的急剧变化。当代社会的这种巨大变化使马克思主义的社会形态理论处于一种怎样的历史境遇之中，我们应该怎样运用马克思社会形态理论对当代社会进行分析、又应该怎样根据变化了的当代社会去丰富发展马克思主义的社会形态理论，这是我们必须研究和回答的新问题。

就人类社会历史发展过程所经历的具体社会形态的划分来说，马克思主义的社会形态理论又有五形态说和三形态说两种。五形态说是指马克思在《〈政治经济学批判〉序言》中所作的概括，认为人类社会的历史发展经历着原始社会、奴隶社会、封建社会、资本主义社会、共产主义社会（包括社会主义社会）五种社会形态。所谓三形态说是指马克思在《1857—1858年经济学手稿》中根据人与人关系和人的发展的不同情况对人类社会历史发展阶段的划分，他说："人的依赖关系（起初完全是自然发生的），是最初的社会形态，在这种形态下，人的生产能力只是在狭窄的范围内和孤立的地点上发展着。以物的依赖性为基础的人的独立性，是第二大形态，在这种形态下，才形成普遍的社会物质变换，全面的关系，多方面的需求以及全面的能力的体系。建立在个人全面发展和他们共同的社会生产能力成为他们的社会财富这一基础上的自由个性是第三个阶段。第二个阶段为第三个阶段创造条件。因此，家长制的、古代的（以及封建的）状态随着商业、奢侈、货币、交换价值的发展而没落下去，现代社会则随着这些东西一道发展起来。"① 可以看出，五形态说和三形态说并不是完全对立的，五形态说中的前三个形态（原始社会、奴隶社会、封建社会）就属于三形态说中的最初的第一大社会形态；五形态说中的资本主义社会形态则是三形态说中的第二大形态，即以物的依赖性为基础的人的独立性的社会形态；五形态说中的共产主义社会形态就是三形态说中的第三大形态，即自由个性的社会形态。

关于如何运用社会形态理论，马克思自己有两点重要的声明：第一，当年马克思在《给〈祖国记事〉杂志编辑部的信》中就反对把他关于西欧资本主义起源的历史概述变成可以到处套用的历史哲学公式，他说："他一定要把我关于西欧资本主义起源的历史概述彻底变成一般发展道路的历史哲学理论，一切民族，不管他们所处的历史环境如何，都注定要走这条道路，——以便最后都达到在保证社会劳动生产力极高度发展的同时又保证

---

① 《马克思恩格斯全集》第46卷（上），人民出版社1979年版，第104页。

人类最全面的发展的这样一种经济形态。但是我要请他原谅。他这样做，会给我过多的荣誉，同时也会给我过多的侮辱。"在这封信中他还说："因此，极为相似的事情，但在不同的历史环境中出现就引起了完全不同的结果。如果把这些发展过程中的每一个都分别加以研究，然后再把它们加以比较，我们就会很容易地找到理解这种现象的钥匙；但是，使用一般历史哲学理论这一把万能钥匙，那是永远达不到这种目的的，这种历史哲学理论的最大长处就在于它是超历史的。"① 第二，马克思强调要对具体社会作具体分析，他说："任何时候，我们总是要在生产条件的所有者同直接生产者的直接关系——这种关系的任何形式总是自然地同劳动方式和劳动社会生产力的一定的发展阶段相适应——当中，为整个社会结构，从而也为主权和依附关系的政治形式，总之，为任何当时的独特的国家形式，找出最深的秘密，找出隐蔽的基础。不过，这并不妨碍相同的经济基础——按主要条件来说相同——可以由于无数不同的经验的事实，自然条件，种族关系，各种从外部发生作用的历史影响等等，而在现象上显示出无穷无尽的变异和程度差别，这些变异和程度差别只有通过对这些经验所提供的事实进行分析才可以理解。"② 实际上我们可以将马克思社会形态理论区分为三个理论层次：第一个层次是关于社会结构和社会形态的一般论述，它们对人类社会是普遍有效的；第二个层次是关于人类社会历史发展规律性的论述，它们对于人类发展历史的整体来说是有效的；第三个层次是关于具体社会形态的论述，它们只对具体的社会形态才是有效的。不同层次的理论，具有不同的真理普遍性和不同的方法论指导意义。

马克思主义的社会形态理论为我们分析当代社会提供了分析的框架和思路。不过由于当代科技革命等因素的影响，当代西方工业发达国家的资本主义社会形态出现了许多新情况、新特点和新规律，与马克思当年分析过的资本主义社会相比有了明显的区别。

以生产资料所有制形式来说，马克思当年所分析的主要是资本家私人所有制、资本家家族所有制。当然马克思晚年也看到了股份制，对股份制也进行了一定的理论分析，如他说，股份制"是资本主义生产方式在资本主义生产方式本身范围内的扬弃，因而是一个自行扬弃的矛盾，这个矛盾首先表现

---

① 《马克思恩格斯全集》第 19 卷，人民出版社 1963 年版，第 130—131 页。
② 《马克思恩格斯全集》第 25 卷，人民出版社 1974 年版，第 891—892 页。

为通向一种新的生产形式的单纯过渡点。这是一种没有私有财产控制的私人生产"①。应该说，马克思的分析是很深刻的、富有远见的，至今还是正确的。但同时要看到，当时股份制还刚刚出现，而今天股份制则已成为一种普遍的形式，以至于我们可以说基本上实现了生产资料资本家私人占有形式向股份制的法人资本所有制形式的演变。

以经营管理来说，当年资本家既是所有者又是经营管理者，因此马克思曾指出，"资本家的管理不仅是一种由社会劳动过程的性质产生并属于社会劳动过程的特殊职能，它同时也是剥削社会劳动过程的职能，因而也是由剥削者和他所剥削的原料之间不可避免的对抗决定的"②。不过，马克思后来也看到了管理权同所有权相分离的趋势，如他指出，"一个 Epitropos［古希腊的监督人］或封建法国所称的 regisseur［管家］的工资，只要企业达到相当大的规模，足以为这样一个经理（manager）支付报酬，就会完全同利润分离而采取熟练劳动的工资的形式，虽然我们的产业资本家远没有因此去'从事政务或研究哲学'"。他还指出，"资本主义生产本身已经使那种完全同资本所有权分离的指挥劳动比比皆是。因此，这种指挥劳动就无须资本家亲自担任了"③。我们同样要指出，虽然马克思敏锐地论述了管理权与所有权分离的趋势，但这种分离的普遍化毕竟是在马克思逝世以后的年月中发生的。

以市场交换来说，马克思看到了资本主义市场经济的无政府状态，他说，"在不过是作为商品所有者互相对立的资本家自己中间，占统治地位的却是极端无政府状态，在这种状态中，生产的社会联系只是表现为一种不顾个人自由意志而压倒一切的自然规律"④。马克思通过对这种无政府状态的研究，揭示了资本主义生产方式的内在矛盾，揭露了资本主义经济危机的必然性、资本主义生产方式的历史暂时性。

马克思高度评价了科学技术的历史作用，认真研究了资本主义生产方式对科学技术的运用及其对资本主义社会发展的影响，甚至讨论了自动化的发展怎样创造着交换价值退出历史舞台的条件，但马克思所看到的科学技术主要是机械化的工业技术，至于现代信息技术革命则是在 20 世纪中叶以后才兴

---

① 《马克思恩格斯全集》第 25 卷，人民出版社 1974 年版，第 495—497 页。
② 《马克思恩格斯全集》第 23 卷，人民出版社 1972 年版，第 368 页。
③ 《马克思恩格斯全集》第 25 卷，人民出版社 1974 年版，第 434—435 页。
④ 同上书，第 996—997 页。

起和发展的。

总之，马克思对资本主义社会的剖析及其所提出的问题，即使在西方也产生了巨大的影响。后来西方工业发达国家的政治家和理论家虽然常常公开反对马克思主义，但他们实际上接过了马克思和恩格斯提出的问题，并且从不同的角度以不同的方式和不同的程度给予了回答和解决。国家宏观调控体系、社会保障和福利体系的形成和发展、企业管理从把人作为机器附件到把人作为社会文化产物的演变，实际上都是在回答和解决马克思恩格斯当年提出的问题，也确实解决了一些问题、缓和了一些矛盾。西方工业发达国家资本主义社会在 20 世纪的发展，确实超出了马克思恩格斯当年的估计，与他们生前所看到的那个资本主义社会形态相比，确实存在着很大的区别。

俄罗斯、中国等国家的共产党人在革命胜利后建立的社会主义实践模式，其根本目的就是为了"不通过资本主义制度的卡夫丁峡谷，而占有资本主义制度所创造的一切积极的成果"，从而走上社会主义的发展道路。历史地看问题，第一个社会主义实践模式在建立的初期，都曾经显示过它的优越性，特别在集中力量实现工业化的过程中，其效果还是很明显的。但在后来的发展过程中，它的弊端就逐步地暴露了出来。这种用高度集中的行政计划体制取代市场经济体制的模式，完全适应不了当代科学技术迅速发展和国际市场情况瞬息万变的竞争。苏联东欧地区的社会主义国家在改革失败之后，出现了东欧剧变、苏联解体的局面，原来执政的共产党纷纷下台，宣告了第一个社会主义实践模式的失败。中国共产党总结了经验教训之后，提出了建设有中国特色的社会主义理论，领导人民进入了以建立社会主义市场经济体制为目标的改革开放的新阶段。经过 20 多年的改革开放和建设发展，中国特色社会主义已经形成了较为系统、较为成熟的理论和实践。但是，中国特色社会主义并不是马克思恩格斯当年所设想的作为共产主义社会低级阶段的社会主义。前者是公有制为主体的多种所有制经济共同发展，而后者的所有制是社会占有生产资料；前者是按劳分配为主体、多种分配方式并存的制度，而后者的分配原则是按劳分配；前者是依靠市场对资源进行基础性的配置并建立社会主义市场经济体制，而后者是不需要"价值"插手而由社会有计划地组织生产和消费；前者仍然存在着生产资料的所有者、雇佣劳动者等的社会分层结构，而后者被设想为消灭了阶级而只剩下脑体、城乡、工农三大差别；前者实行的是人民民主专政的国体和人民代表大会制度的政体，而后者被设想为自由人的联合体。

　　面对上述现实，国内外学术界在讨论当代社会形态及其未来发展前景的时候，出现了众说纷纭的局面。大的倾向有两种：一种观点是坚持马克思恩格斯的科学社会主义理论，固守马克思恩格斯当年关于姓社姓资的划分标准，但这种观点在解释现实时也出现了混乱和困难，往往会得出今天的资本主义不像资本主义、今天的社会主义也不像社会主义的观点，对于当代资本主义走向未来共产主义的回答，也仍然停留于马克思恩格斯当年的观点和论证；另一种观点则完全抛弃了马克思恩格斯当年关于划分姓社姓资的标准，于是出现了更加五花八门的看法。西方工业发达国家的理论界从 20 世纪 70 年代开始就讨论在当代科技革命影响下的当代社会的形态问题，说法很多，如后工业社会、后现代社会、信息社会、知识社会、虚拟社会等，这些观点大多偏重于对生产力的技术工艺性质及由此而引起的社会组织管理结构，也即我们所说的功能性社会结构的分析，但对于生产资料所有制问题、市场经济问题都避而不谈，隐含的前提常常是资本主义已经是历史的总结，人类社会再不会发展到新的社会形态了。这种观点的困难在于它不完全符合当代西方发达资本主义的实际，因为那里并不是尽善尽美的"天堂"。西方发达资本主义在 20 世纪中并没有完全解决马克思恩格斯当年揭示的社会矛盾，而且还形成了若干突出的新的社会矛盾和社会问题，如人口、生态环境、资源能源、贫富悬殊、南北不平衡、民族冲突等矛盾和社会问题。

　　如上所述，马克思恩格斯关于资本主义和社会主义的具体论述已经不完全符合今天的实际，关于通过无产阶级暴力革命的道路实现资本主义向社会主义—共产主义过渡的设想在可预见的将来也不可能实现，他们当年提出的共产主义社会的设想从现在所达到的社会条件来看实现起来也具有操作上的困难。但这决不意味着他们的社会形态理论过时了。因为人类社会不管处于怎样的历史阶段和社会形态，总是存在着生产力、生产关系、经济基础、上层建筑所组成的社会结构，总是存在着生产力和生产关系的矛盾、经济基础和上层建筑的矛盾，人们为了生存和发展总要进行生产劳动，而随着生产力的发展，社会基本矛盾就会发展、就会推动社会前进，在各种条件成熟的情况下，就会从一种社会形态过渡到另一种社会形态。我们判断一个社会不应该根据它自己宣称什么或别人称呼它什么，今天无论是对当代发达国家的资本主义还是对中国特色社会主义及其他国家处于改革中的社会主义，理论研究上真正重要的事情，不是根据马克思恩格斯当年对资本主义和社会主义的具体论述去抽象地争论它们姓社还是姓资，而应该去分析它们自身中所存在的社会基本矛盾，通过对现实矛盾的分析去寻找它们前进的现实途径，从今天的现实条件出发，对未来社会的新形态、共产主义社会形态及其实现道路作出新的探索和论证。还是马克思说得好："共产主义对我们说来不是应当确立的状况，不是现实应当与之相适应的理想。我们所称为共产主义的是那种消灭现存状况的现实的运动。这个运动的条件是由现有的前提产生的。"①

---

① 《马克思恩格斯全集》第 3 卷，人民出版社 1960 年版，第 40 页。

关于马克思主义哲学研究范式的争鸣与反思[*]

开展马克思主义哲学研究范式的讨论，对于总结马克思主义哲学发展史、认识马克思主义哲学发展现状、推动马克思主义哲学的今后发展，都具有重要意义，值得研究和讨论。

一

在党的十一届三中全会以前，马克思主义哲学在我国的传播和应用已经经历了相当长的时间，在马克思主义哲学和中国革命实际相结合的过程中产生了毛泽东哲学思想及李达、杨献珍、艾思奇等一批马克思主义哲学理论家。新中国成立后，在党的领导下，在老一辈马克思主义哲学家的带领下，逐步建立了马克思主义哲学教学、研究和宣传的阵地和队伍，逐步形成了马克思主义哲学理论界。但由于毛泽东的晚年错误及其他各种原因，马克思主义哲学理论界在相当长的时间里，实际上从事的是马克思主义哲学经典著作、毛泽东思想及党的现行路线、理论、方针、政策的宣传、解释和论证，真正严格意义上的马克思主义哲学研究的局面和形势并没有形成，自然也就根本谈不上什么形成马克思主义哲学研究的各种范式的问题。

十一届三中全会以来，党纠正了毛泽东的晚年错误，进行了思想上、政治上、组织上的拨乱反正，恢复和倡导了解放思想、实事求是的马克思主义思想路线，提出并形成了"一个中心、两个基本点"的基本路线，推动我国进入了改革开放和社会主义现代化建设的新阶段，开展了中国特色社会主义发展道路的新探索，这才逐步形成了我国哲学社会科学研究和讨论的政治环境、社会氛围和学术空间，我国马克思主义哲学研究的局面和形势也才得以

* 该文首发于《江海学刊》2008 年第 1 期。

形成和发展。解放思想、改革开放的大潮把人们从"两个凡是"的禁锢中解放出来、从对马克思主义经典著作的各种错误理解中解放出来、从附加到马克思主义上去的各种不合时宜的传统观念中解放出来，"研究无禁区"成了学术界理论界的座右铭。马克思主义哲学理论工作者们也开始形成基于实践的独立思考、自主探索的学术人格和研究心态，思考了过去不敢思考的问题，提出了过去不敢提出的观点，马克思主义哲学理论界出现了不同的学术观点、不同的研究思路、不同的研究风格，在一定意义还可以说形成了不同的学派，于是形成不同的研究范式受到了人们的关注。所以，我们完全可以说，马克思主义哲学不同研究范式的出现与形成，是党坚持马克思主义思想路线，坚持思想文化学术领域中贯彻执行双百方针的结果，是马克思主义哲学研究在我国的长期发展和马克思主义哲学理论界共同努力奋斗的结果，也是马克思主义哲学研究在今后进一步发展的要求。

二

如果我们从研究路径的角度来看，那么我们可以把马克思主义哲学界已经出现的不同研究范式大致分为三类：问题研究范式，文本研究和解释范式，马克思主义哲学与其他哲学之间的比较、对话研究范式即中西马哲学对话范式。

问题研究范式就是通过捕捉和回答实践的时代的问题，开展马克思主义哲学研究，丰富和发展马克思主义哲学。马克思当年在创立马克思主义哲学的过程中，就曾经尖锐地批评过以往哲学、特别是德国哲学中所存在的那种脱离实际、闭门玄思的研究，他明确指出，任何真正的哲学都是自己时代的精神上的精华。而哲学要成为这样的精华，就必须研究和回答时代的问题。他说，真正的批判要分析的不是答案，而是问题。问题是时代的格言，是表现时代自己内心状态的最实际的呼声。① 毛泽东在延安整风中反对主观主义、宗派主义和党八股的过程中也多次论述了问题的重要性。他主张，要有目的地去研究马克思列宁主义的理论，要使马克思列宁主义的理论和中国革命的实际运动结合起来，要为着解决中国革命的理论问题和策略问题而从马克思列宁主义那里找立场，找观点，找方法的。他认为，这种态度，就是有的放

---

① 《马克思恩格斯全集》第 1 卷，人民出版社 1995 年版，第 203 页。

矢的态度。"的"就是中国革命，"矢"就是马克思列宁主义。我们中国共产党人所以要找这根"矢"，就是为了要射中国革命和东方革命这个"的"的。① 他还主张把对实际问题的说明情况作为党校学员掌握马克思列宁主义程度的标准。所以，问题研究范式强调研究主体树立问题意识的重要性，强调要有寻找和捕捉问题的自觉性。但是，问题除了客体性外，还有主体性的一面，即不同主体的不同视野会发现和看到不同的问题，人们在日常生活中看到的往往只是日常生活问题，但经过专业训练、具有专业眼光的专家学者却能透过日常生活问题看到专业上的学术问题。所以，要运用问题研究范式，除了树立问题意识之外，还需要通过一定的学术积累和学术训练形成一定的学术眼光。对于马克思主义哲学研究工作者来说，有了一定水平的马克思主义哲学的学术眼光，就可以透过各种具体的实际问题捕捉到哲学问题，就可以进入哲学研究的过程。研究的过程就是解决和回答问题的过程，是研究者形成自己观点、理论的过程，是用形成的观点、理论去解决实际问题的过程，是在实践中检验、修正和发展理论的过程。这就要求研究者随着实践的发展而发展，要有自我批判、自我超越的精神。在上述几方面，马克思恩格斯都为我们做出了很好的榜样。第一，他们有自觉的强烈的问题意识。他们一生都在用批判的眼光审视现实，研究和发现问题。第二，他们有自觉的强烈的学术积累意识。他们一生在进行学术积累，不断阅读着研究着前人的有关研究成果，站在同时代的学术前列。第三，他们具有自觉的强烈的自我批判、自我超越的精神。他们一生都在使自己的思想随着实践、时代而发展，实现与时俱进。我们学习马克思恩格斯著作，除了掌握马克思主义基本的立场、观点、方法外，就应该特别注意学习上述三条。

文本研究与解释范式就是通过对马克思主义哲学经典作家文本的研究和解释来开展马克思主义哲学研究的范式。马克思恩格斯生前在创立和发展马克思主义哲学的过程中写下了大量的著述，为后人了解、学习和研究马克思主义哲学提供了文本依据。随着马克思主义哲学的产生、传播和发展，随着对马克思主义哲学不同理解、解释和运用的出现，如何对待马克思主义哲学和马克思恩格斯文本的问题也就产生，成为研究和运用马克思主义哲学过程中要解决的一个极其重要的问题。实际上，包括马克思恩格斯在内的马克思主义经典作家一直在谈论着这个问题，形成了马克思主义关于文本研究和解

①　《毛泽东选集》第 3 卷，人民出版社 1991 年版，第 799、801 页。

释的方法论思想。马克思明确地指出，他不想竖起任何教条主义的旗帜，不想教条式地预料未来，只是希望在批判旧世界中发现新世界。① 他又说，正确的理论必须结合具体情况并根据现存条件加以阐明和发挥。② 恩格斯也指出，我们的理论是发展着的理论，而不是必须背得烂熟并机械地加以重复的教条。③ 他反复指出，马克思的整个世界观不是教义，而是方法。如果把它当作现成的公式来剪裁各种历史事实，那它就会转变为自己的对立物。他还认为，不应该脱离一定的条件和一定的范围，把马克思的个别论点和原理绝对化。④ 列宁指出，马克思主义的全部精神，它的整个体系，要求人们对每一个原理都要（α）历史地，（β）都要同其他原理联系起来，（γ）都要同具体的历史经验联系起来加以考察。⑤ 毛泽东指出，马克思主义的"本本"是要学习的，但是必须同我国的实际情况相结合。我们需要"本本"，但是一定要纠正脱离实际情况的本本主义。⑥ 他还指出，不应当只是学习马克思列宁主义的词句，而应当把它当成革命的科学来学习。不但应当了解马克思恩格斯、列宁、斯大林他们研究广泛的真实生活和革命经验所得出的关于一般规律的结论，而且应当学习他们观察问题和解决问题的立场和方法。⑦ 针对林彪、"四人帮"对毛泽东思想的割裂和歪曲，邓小平提出，要对毛泽东思想有一个完整的准确的认识，要善于学习、掌握和运用毛泽东思想的体系来指导我们各项工作。他说，我们不能只从个别词句来理解毛泽东思想，而必须从毛泽东思想的整个体系去获得正确的理解。⑧ 有必要指出，新中国成立之后，我国马克思主义哲学的教学和研究是在党培育的马克思主义学风的指导下进行的，强调要理论联系实际、强调要认真阅读经典著作，在经典著作的教学和研究过程中强调不能只记取个别的词句、不能断章取义，而要掌握经典著作的精神实质，掌握马克思主义基本的立场、观点和方法。只是后来在"文化大革命"中，由于毛泽东的晚年错误，特别是由于林彪、"四人帮"两个反革命集团的倒行逆施，马克思主义哲学教学和研究中马克思主义学风和方法才

① 《马克思恩格斯全集》第 1 卷，人民出版社 1956 年版，第 416 页。
② 《马克思恩格斯全集》第 27 卷，人民出版社 1872 年版，第 433 页。
③ 《马克思恩格斯选集》第 4 卷，人民出版社 1995 年版，第 681 页。
④ 《马克思恩格斯全集》第 39 卷，人民出版社 1974 年版，第 79—80 页。
⑤ 《列宁选集》第 2 卷，人民出版社 1995 年版，第 785 页。
⑥ 《毛泽东选集》第 1 卷，人民出版社 1991 年版，第 111—112 页。
⑦ 《毛泽东选集》第 2 卷，人民出版社 1991 年版，第 533 页。
⑧ 《邓小平文选》第 2 卷，人民出版社 1990 年版，第 42—43 页。

遭到了彻底的破坏。党的十一届三中全会以来，由于拨乱反正的需要，由于对社会主义实践的苏联模式及其理论反思的需要，由于实现理论创新、推进马克思主义中国化进程、开辟中国特色社会主义道路的需要，马克思哲学经典文本的研究和解释在学术界形成了一股强大的潮流。人们希望通过对马克思文本的研究和解释，"回到马克思"、"重读马克思"，掌握真正的马克思哲学。由于援引了解释学关于文本研究和解释的理论和方法，新时期中所开展的文本研究和解释，就显得更加成熟并成为一种相对独立的研究范式。

比较、对话研究范式，一种通过与其他哲学的比较、对话来研究和发展马克思主义哲学的范式，即中西马哲学对话范式。新中国成立之后，在我国哲学研究和教学中逐渐形成了马克思主义哲学、中国哲学、西方哲学三大专业学术领域，形成了哲学作为一级学科下面的三大二级学科。马克思主义哲学在其产生的时候，马克思恩格斯批判地继承了包括德国古典哲学、英国古典政治经济学、法国社会主义在内的人类文明成果。作为一种实践的、开放的哲学，它在随着实践而发展的时候，也应该继续批判地继承人类的文明成果。但在一个不短的时期内，马克思主义哲学的这一优良传统没有得到继承和发扬。在"左"的指导思想的影响下，西方哲学和中国哲学只是成了马克思主义哲学的批判对象，西方哲学研究和中国哲学研究的任务只是为了给马克思主义哲学提供批判的资料。对马克思主义哲学和西方哲学、中国传统哲学关系的这种错误理解，既妨碍了西方哲学、中国哲学研究，又妨碍了马克思主义哲学研究的正常进行。进入改革开放新时期之后，随着党恢复和发扬解放思想、实事求是的马克思主义思想路线，在哲学研究中对待西方哲学、中国哲学研究的错误态度得到了纠正，出现了三大学科平等发展的局面。马克思主义哲学面临着回答时代课题使自己更好地体现当今时代精神的精华的压力，面临着回答实践课题使自己更好地为探索中国特色社会主义道路服务的压力，面临着进行理论创新的压力。于是，同中国传统哲学、西方哲学展开交流、对话，从中吸取需要的学术养料和资源，就成为马克思主义哲学研究界的强烈呼声。人们或者围绕一个共同的研究课题，从各自的学科背景出发，提供独特的视觉、方法和资源，进行合作研究，并在研究过程中实现融合；人们或者通过掌握其他领域学术思想、学术传统和学术问题的方法，在自己的研究工作中实现不同学科之间的交流、对话与融合。人们期望，通过中哲、西哲、马哲的这种交流与对话，推进马克思主义哲学的当代化与中国化的历史进程，构建当代中国新哲学，以回应全球化对我国提出的文化上、思想理论上的挑战。

三

　　上述几种范式的区分是相对的，它们在实际的研究过程中也是可以彼此结合的。从研究路径的角度区分范式的标准也不是唯一的。实际上，人们还经常从对马克思主义哲学本质的不同理解所形成的对马克思主义哲学的不同研究作为标准来划分马克思主义哲学研究的不同范式，如辩证唯物主义研究范式、历史唯物主义研究范式、实践唯物主义研究范式、实践人本学研究范式；人们还根据由于对马克思主义哲学不同组成部分的研究而形成的对马克思主义哲学整体上的不同研究，来划分马克思主义哲学研究的不同范式，如本体论研究范式、认识论研究范式、价值论研究范式，等等。这样一说，似乎给人一种眼花缭乱的感觉。其实，这不是说不说的问题，而是目前马克思主义哲学研究界的实际局面。对于这样的局面，人们的看法和评论并不一致。我们则认为，这是马克思主义哲学研究界思想解放的表现、研究思路活跃的表现、勇于探索的表现。也许有些研究方式还不成熟，有些研究思路还没有定型，有些研究还没有为大家所理解和接受，但重要是，今天我们的马克思主义哲学研究领域中存在着不同的研究、不同的思考，甚至存在着对马克思主义哲学的不同理解。正是这种不同的研究、不同的思考、不同的理解，在马克思主义哲学研究领域引发着此起彼伏的学术讨论和学术争论，推动着马克思主义哲学研究的发展。所以，我们要说，不同范式的存在和竞争，是推动马克思主义哲学研究发展的动力。

四

　　对于马克思主义哲学界来说，研究范式是个新问题。就是范式这个概念，大家也还是在学习和理解之中。

　　"范式"（Paradigm）一词原出自希腊语的"范型"、"模特"，在拉丁语中它成了"典型范例"的意思，托马斯·库恩在1962年出版的《科学革命的结构》一书把它变成为一个描述科学发展的术语。库恩在书中提出并论述的一个基本观点是：科学不是连续性的、积累的进步过程，而是范式的间断性转换的结果。范式之间存在着"不可通约性"。他在该书的序言中指出："我所谓的范式通常是指那些公认的科学成就，它们在一段时间里为实际共同体提供典型的问题和解答。"① 又说，范式"代表着一个特定共同体的成员所共有的信念、价值、技术等等构成的整体"②。可以看到，库恩的范式概念，有下列要素：1. 受到一定科学共同体的拥护；2. 是共同体公认的科学成就，或说是共同体成员所共有的信念、价值和技术手段的总和，这里又可以分为三个层次，即世界观、科学理论、具体方法；3. 范式的作用是为共同体提供典型的问题和解答，不同范式之间的竞争与更替实现着科学的发展。库恩的范式论使科学成为一种高度自觉的理性活动，是在已有理论指导下的活动；库恩的范式论揭示了科学的演变和发展与科学以外的社会和历史因素所形成的心理因素之间的紧密联系；库恩还用范式论说明了科学发展的动态的历史结构。他认为，任何一门学科在没有形成范式以前，只处在前范式时期或前科学时期。一个学科一旦出现了统一的范式，就进入渐进性发展的常规科学时期。在常规科学时期会出现反常和危机现象，而新范式的出现标志着危机的终结，进入了科学革命时期。当新范式最终战胜并取代了旧范式，这就意味着科学革命时期的结束，开始了新的常规科学时期。在新时期，科学研究以新范式作为科学共同体的共同信念，并在它的指引下继续积累式地前进。这种科学发展的动态模式就是：前科学时期—常规科学时期—反常与危机—科学革命—新的常规科学时期。库恩还认为，范式最初往往是个人的产物，只是在以后的竞争中才逐步取得科学共同体的信任而成为它的公共财富。因此，在库恩看来，科学活动及其发展是通过个人活动和集体活动的有机结合而实现的。

不难发现，我们从库恩的范式论中可以影影绰绰地感觉到马克思主义哲学特别是社会存在决定社会意识等唯物史观基本观点，世界观、方法论、理论对人的实践活动和认识活动指导作用的观点的影响。但是请注意，库恩用范式讨论的毕竟是自然科学的研究和发展的问题。这样，当我们将他的范式论搬到人文社会科学领域中的时候，就不能不考虑人文社会科学不同于自然科学的特点；而在搬到哲学特别是马克思主义哲学研究领域中的时候，就更不能不考虑哲学和马克思主义哲学的特点。所以，当我们借鉴库恩的范式概念和理论来讨论马克思主义哲学研究和发展的时候，首先就要对库恩的范式概念及其在哲学社会科学中运用进行研究。我们要搞清楚，究竟什么是马克

---

① ［美］库恩：《科学革命的结构》，金吾伦、胡新和译，北京大学出版社 2003 年版，序，第 4 页。
② 同上书，157 页。

思主义哲学研究范式，构成和制约马克思主义哲学研究范式的要素是什么，世界观、价值观、方法论、理论传统、惯例、心理在哲学家身上是通过怎样的学术积累形式而形成的，它们各自在构成马克思主义哲学研究范式过程中又起着怎样的不同作用；研究范式形成的标志是什么，形成后的研究范式对问题的发现、提出和解决又起着怎样的作用；在马克思主义哲学发展中不同的哲学范式是怎样相互竞争的，不同哲学范式之间的竞争又是怎样影响马克思主义哲学的发展的；哲学研究范式与哲学体系、哲学形态之间存在着什么关系，新范式的形成是不是意味着建构哲学新体系、形成哲学新形态，等等。

总之，我们要在马克思主义哲学研究中，加强对范式的研究，加深对范式的理解，提高探寻研究新范式的自觉性；要加强马克思主义哲学的方法论研究，活跃研究思路，推动学术争鸣，推动马克思主义哲学的大发展、大繁荣。①

---

① 参考文献：《马克思恩格斯全集》、《马克思恩格斯选集》、《毛泽东全集》、《邓小平文选》；彭永捷：《中哲、西哲、马哲互动与建立中国新哲学》，《中国社会科学》2004 年第 1 期。

［美］托马斯·库恩：《科学革命的结构》，金吾伦、胡新和译，北京大学出版社 2003 年版。

黄德良：《库恩范式的真谛》，中华学术论坛，2005 年 9 月 23 日；王纪潮：《为库恩的范式"申辩"》，光明网，2006 年 4 月 9 日。

我国当前的发展特征与公共文化建设[*]

公共文化建设或公共文化服务，是一件事情的两种说法，前者是从主体活动的生成性角度说的，后者是从主体活动的对象性角度说的。无论是从事公共文化建设，还是提供公共文化服务，根本目的都是为了促进人的发展和社会进步，都必须从实际出发。因此，本文从分析我国当前的发展特征出发来讨论如何开展公共文化建设，提供公共文化服务的问题。

一 我国当前的发展特征

我国当前发展特征很明显地表现为两个突出：

一个突出是经过 30 年的改革开放和社会主义现代化建设，特别是在2008 年我们成功地抗击了两次大的自然灾害，成功地举办了两个奥运会，我们的经济实力、综合国力、人民生活、国际地位有了极大的提高，党和政府在人民群众中享有很高的威信，我国现代化进程已经推进到了工业化的中期阶段。

另一个突出是问题和矛盾也表现得十分明显和尖锐，我们的经济发展、可持续发展、和谐社会的建设面临着极大的风险和挑战。我国当前面临的突出的问题和矛盾有：

1. 三个差距很突出，大多数人民群众的生活并不富裕：一是贫富差距，我国当前贫富两极分化日益明显，有资料显示，近年来，我国城乡合计最高与最低收入 10％家庭间的人均收入差距约为 55 倍。生活贫困的阶层存在着不满情绪。二是地区差距，2007 年，最富裕的上海市与最贫困的贵州省的人

　＊　该文刊于李景源、陈威主编，章建刚、尹昌龙、张晓明、陈新元执行主编《中国公共文化服务发展报告（2009）》，社会科学文献出版社 2009 年版。

均 GDP 相差大约 10 倍。三是城乡差距，城乡居民的收入差距不是一倍两倍的问题，而是五倍六倍的问题。这就是说，与富裕阶层、城市与沿海地区居民相比，贫困阶层、农村和内陆地区居民没有得到或没有充分得到经济发展的实惠。造成这三个差距的原因有两个：一是我国居民收入在国民收入中的份额下降，居民收入与 GDP 增长之间的差距扩大。我国工资总额占 GDP 的比重相当低，而且一直呈下降趋势，已从 20 世纪 90 年代初的 15％降至现在的约为 10％。与财政收入相比，1997 年的工资总额还高于财政收入，以后工资总额就开始降低，差额不断拉大。2007 年我国财政收入达 5.1 万亿元，但工资总额仅为 2.8 万亿多元。二是收入分配不公，收入差距过大，中低收入群体在增加的国民总收入中不能分享相应的份额。上述三个差距如果进一步扩大，特别是如果富人是通过贪污等非法手段积累财富，那么民众的不满情绪就会积累，在积累到一定程度时就会爆发。实际上突发性事件、群体性事件也在频繁地发生，人民内部矛盾有激化的趋势。

2. 环境问题、资源能源问题、国际压力问题、金融风险、生产安全、"问题产品"所面临的形势十分严峻，各地时有发生的矿难事件，还有毒饺子事件、含有三聚氰胺的奶粉事件，等等，我国企业的社会责任问题变得十分突出。为此，我国政府不断表态、不断承诺、不断采取实际措施加强监管力度，这当然是值得肯定的，国外舆论对我国政府的动作给予了积极的评价。但也有专家对此提出了很有价值的看法和建议。美国俄勒冈大学中国产品安全问题专家理查德·萨特迈耶说，除非"中国当局开始思考如何让各种生产商成为负责任的主体"，否则"当局将频繁遭遇失败"。他警告说，中国需要进行一系列改革，从资本市场到法律体制。让行为不端的企业得不到资金，让受侵害的消费者可以起诉这些公司进行索赔。他还说："真正需要的是文化上的转变。如果制度建设取得进展，文化转变自然而然就会发生。"① 在全球金融危机的影响下，外贸进出口下滑，有些企业倒闭或面临困境、GDP 下降、失业率上升，我国原来那种外向加工型的、以第二产业为主体的经济结构面临着空前的挑战，我国经济实现可持续发展的难度也极大地增加了。

3. 30 年前，当时"文化大革命"造成的十年动乱和国民经济的崩溃，使人们对改革开放和现代化建设很容易达成共识，但现在人们对我国当前形势及今后如何发展的认识上，分歧很大。从大的方面来说，存在着三种观点和

---

① 《美刊认为问题奶粉折射商业道德缺失》，《参考消息》2008 年 9 月 18 日第 16 版。

思路：一种观点认为过去 30 年的改革开放道路在根本方向上是错误的，主张退回到改革开放以前的那种状态，即回到第一个社会主义实践模式；另一种观点认为，我们既然已经建立了市场经济，那么，我们在政治上也应该建立西方资本主义发达国家那样的政治制度；还有一种观点则认为，30 年改革开放取得了伟大成绩，方向是对的，我们不应该倒退回去，我们应该继续坚持改革开放、坚持解放思想，但我们不应该照抄照搬西方资本主义发达国家的现代化道路，在政治体制的改革上，我们应该吸取西方资本主义政治制度建设中的积极成果，但不能机械地搬用，还是要从中国实际出发，走中国特色社会主义的发展道路。当下，围绕普世价值的争论，实际上就是上述三种观点之间的争论。在当前互联网、手机等无线通信十分发达的情况下，过去那种用行政命令、政治纪律实行强制性的统一、不允许不同意见存在的办法，实际上已经行不通了。重大问题上存在着分歧，这是事实。用民主讨论的方式来解决这种分歧也是大势所趋。发展一种公共文化服务，搭建一个平台，寻找一种大家能接受的方式形成我国下一步发展的共识，是我们面临的重大的现实课题。

　　总之，经过 30 年的改革开放和现代化建设，我们所取得的成就十分突出，而我们目前面临的问题也是十分突出。突出的成就要求我们加以巩固和扩大，突出的问题要求我们面对并及时有效地解决。无论是巩固、扩大已取得的成就，还是解决面临的各种突出问题，都要求我们把目光和注意力转向文化建设。如果说，在过去的 30 年中，在许多情况下，文化搭台只是为了经济唱戏，有些地方有些时候甚至为了发展经济而不惜牺牲文化的发展，那么到了今天，文化建设已成为我国经济建设、政治建设、社会建设、生态建设和党的建设进一步发展的关键。只有文化建设发展了，才能提高全民族的科学文化素质、思想道德素质、心身健康素质，才能为其他各种建设的发展和面临的各种问题的解决提供人才支持，提供智力、知识和理论的支持，提供思想、道德和精神动力的支持。文化建设已成为我们当前贯彻落实以人为本、实现全面协调可持续发展的科学发展观的关键环节。

二　当前发展特征突现了公共文化建设的重要性

　　新中国建立之后，我们在开展大规模的经济建设的同时，就提出了文化建设。毛泽东早在 1949 年新中国成立时就明确地指出："随着经济建设的高潮的到来，不可避免地将要出现一个文化建设的高潮。中国人被人认为不文明的时代已经过去了，我们将以一个具有高度文化的民族出现于世界。"① 不过如同经济建设是在第一个社会主义实践模式的计划经济体制下进行的一样，文化建设也是在那种体制下进行的。文化建设的资金来源于社会主义公有制（国家和集体），文化机构和设施被称为国家或集体的文化事业单位，文化产品的生产、交换、流通和消费完全是按计划进行的，是作为社会福利提供给社会成员的。改革开放以后，随着经济体制从以往的计划经济体制向社会主义市场经济体制的转轨，文化建设的原有体制也受到了极大的冲击。在全民经商、断奶下海的口号下，一时间，各种文化单位纷纷下海，也有不少文化单位面临着生存危机。这种情况在理论界引起了强烈的反映，《哲学研究》等刊物展开了文化和市场关系的大讨论。那一轮的改革实践和理论讨论，在实践上的收获是产生了我国最早的一批文化产业，在理论上的收获是明确了在市场经济的条件下，虽然文化价值本身是金钱不能直接买到的，但作为文化价值的载体的文化产品是可以采用商品形式来经营的，作为文化价值载体的文化产品的生产既要遵循文化发展的自身的规律，又要遵循市场经济规律。不过，在现代市场经济社会中实际上存在着社会营利事业和社会公益事业的区分，就文化而言，能够进入市场的就成为文化营利事业，不能或不应该进入市场的就成为非营利的文化公益性事业。理论界的讨论和研究的成果，先后在十五大、十六大报告中得到了反映。十五大报告明确使用了文化市场的概念，提出要促进文化市场健康发展。十六大报告对文化事业和文化产业做了明确的区分，提出要"积极发展文化事业和文化产业"和继续深化文化体制改革的要求。

　　十六大报告指出，发展文化产业是市场经济条件下繁荣社会主义文化、满足人民群众精神文化需求的重要途径。完善文化产业政策，支持文化产业发展，增强我国文化产业的整体实力和竞争力。所谓文化产业就是文化营利事业，就是把文化产品的生产、交换、流通和消费放到市场中运作，从事文化产品生产、交换、流通和消费的是作为市场主体的文化企业和消费者，文化企业所提供的文化产品是文化商品，它的经营活动在追求社会效益、文化效益的同时，还追求着经济效益，它为消费者提供的是有偿服务，也就是说，消费者只有通过市场去购买才能得到这种服务。众多文化企业的经营活动形

---

① 《毛泽东文集》第 5 卷，人民出版社 1996 年版，第 345 页。

成了文化产业，在社会的经济结构和国民生产总值中占有一定的比例和份额。现在人们喜欢说，就世界范围而言，人类正在进入知识经济的时代，文化产业与知识经济有没有关系呢？所谓知识经济，按照经济合作发展组织的解释，就是指经济活动和经济成长密切地依赖于知识的生产、扩散和应用。按照这样的知识经济的说法，我们可以断定，文化产业一定是一种知识经济，因为文化产业非常符合知识经济的规定，但知识经济是不是一定是文化产业呢？不一定。衡量一种知识经济是不是文化产业主要看它所提供的产品是不是文化价值，或是不是以文化价值为主，是者则是，否者则否。在当代，随着科学技术成为第一生产力，随着劳动密集型生产力向科学、技术、知识、文化密集型生产力的发展，文化在经济活动中的地位和作用变得越来越重要，文化产业的发展成了大势所趋，对国民生产总值的贡献率越来越大。正因为这个原因，现在发展文化产业已经成了我国应对全球金融危机，加速我国经济结构的调整和提升的一个着力点。

　　然而，仅仅发展文化产业，还不能完全覆盖社会全体成员的文化需求。由于文化产业提供的是文化商品，人们只有出钱购买才能享用。而在我国人口中，占绝大多数的贫困阶层、危难群体由于无力购买而被排斥于文化消费之外。一时间，无钱上学、无钱就医、无钱买书看戏看电影，成了一个受到舆论关注的社会问题。这就是说，在市场经济的条件下，除了要大力发展文化产业之外，还要发展公益性质的文化事业，无偿地或接近无偿地给社会全体成员提供文化服务。十六大报告指出，国家支持和保障文化公益事业，并鼓励它们增强自身发展活力。坚持和完善支持文化公益事业发展的政策措施，扶持党和国家水准的重大文化项目和艺术院团，扶持对重要文化遗产和优秀民间艺术的保护工作，扶持老少边穷地区和中西部地区的文化建设。加强文化基础设施建设，发展各类群众文化。积极推进卫生体育事业的改革和发展，开展全民健身运动，提高全民健康水平。

　　我们之所以把十六大报告中的这么多的文字抄引在这里，是因为这段文字比较详细地说明了文化公益事业的内容及其意义。特别在本文前面所提到的我国目前三大差距很突出地存在的情况下，发展这种文化事业，为我国人民群众的大多数提供公益性的文化服务，就显得特别重要和紧迫，公益性的文化服务所提供的当然是一种公共文化服务，从这个意义上说，当前我国发展所面临的矛盾和问题，突现了加强公共文化建设或提供公共文化服务的重要性。

1. 通过公共文化建设，可以推动人们在我国今后改革开放和发展问题上的共识的形成与发展，解决一个共同观念问题，为我们在实践中应对危机，变挑战为机遇，在新的历史条件下坚持解放思想、坚持改革开放，提供思想、理论、观念、精神的前提和支持。

中国特色社会主义文化建设的重要任务是，要在全社会形成共同理想和精神支柱，要用马克思主义、毛泽东思想、中国特色社会主义理论武装和教育全国人民，要深入持久地开展以为人民服务为核心、集体主义为原则的社会主义道德教育，要在倡导共产主义思想道德的同时，把先进性要求和广泛性要求结合起来，鼓励一切有利于国家统一、民族团结、经济发展、社会进步的思想道德。要加强民主法制教育和纪律教育，引导人们树立正确的世界观、人生观和价值观。文化产业的文化产品，虽然在内涵的思想、文化价值上，应该有利于这一任务的完成，但由于它的文化产品是商品，就不能不强调产品的经济效益，这就使它在完成这一任务时存在着一定的局限性。实际上，完成上述任务主要靠党和政府从事的文化公益建设或公共文化服务。

2. 通过公共文化建设，提高人们的文化素质，这是我国经济建设、政治建设、社会建设、生态建设和党的建设发展的需要，也是建设中国特色社会主义社会的需要。

现代的经济是高科技、高知识、高文化的经济，因此经济竞争、市场竞争、国际竞争，实际上是人才的竞争，是人才的知识、技术、文化素质的竞争。提高人们的文化素质，要靠各种形式的文化教育和文化活动。文化产业在提高人们素质，培养人才方面发挥着重要的作用，在西方资本主义发达国家，著名的高等学校大多是私立的，培养出了许多著名的政治家、科学家。我国的高等教育、高级医疗服务、高级别的文化艺术体育活动都是有偿的、自费的，都属于文化产业或准文化产业，它们在培养高级别的人才方面起着极其重要的、不可取代的作用。但是能接受上述教育和服务的，在全国人口中，毕竟还是少数。在我国这样一个发展中的大国，人口中大多数还无能力步入上述教育和服务，对于这样一个大多数，我们只能通过公共文化建设给他们提供一种无偿的公共文化服务，让他们在这种服务中提高文化素质。

3. 通过公共文化发展，缩小人们文化上的差距，缩小人们发展能力上的差距，缓和社会矛盾，促进社会公正，推动社会和谐发展。亚当·斯密在《道德情操论》中说过："对社会的生存而言，正义比仁慈更根本。社会少了仁慈虽说让人心情不舒畅，但它照样可以存在下去。然而，要是一个社会不公行为横行，那它注定要走向毁灭。"① 计划经济体制为特征的第一个社会主义实践模式突出的特点是强调平等，甚至为了平等而牺牲了个人自由和效率，这无论是在经济建设领域还是在文化建设领域，都是如此。进行从计划经济体制向市场经济体制转轨的改革，目的之一就是为了打造一种富有效率和活力的社会主义市场经济。在文化方面的改革，也存在着类似的目的。但是市场机制在带给现代社会一种高效率的同时，也使现代社会存在着不断被拉大的事实上的不平等。现代市场经济社会既是一个高速运转的高效率社会，也是一个高风险的不稳定的社会。为了解决这种问题，社会公益事业由此而产生和发展。作为一种补偿机制，它使一个不平等的社会变得稍微平等一些，从而缓和了贫富两极之间的矛盾。文化公益事业或公共文化服务也起着这样的作用。所以，我们在发展文化产业的同时，还要积极发展公共文化建设，提供公共文化服务。

三　坚持解放思想，坚持改革开放，探索公共文化建设的新思路

1. 通过解放思想，形成新的公共文化建设（服务）观念。要批判地对待计划经济条件下所形成的文化建设的目的、宗旨和模式，形成公共文化建设或公共文化服务的新的目的和宗旨。我们过去只注意和强调了公共文化建设的教化、灌输和统一功能，在当时的历史条件下，有其一定的历史合理性，但今天如果继续这样看待和从事公共文化建设就脱离了我国现阶段的实际和我国所面临的国际环境，就不可能正确地、顺利地、成功地进行公共文化建设。今天要求我们要正确处理文化的统一性和多样性、普遍性和特殊性、公共性和私人性的关系，要求我们在提倡基本的、核心的、共同的价值观念、文化观念的同时，尊重和保护文化多样性、价值观念上的多样性，尊重和保护广大群众的文化权利、文化选择和文化要求，使我们的公共文化服务真正受到广大群众的接受和欢迎。为此，我们有必要进一步从理论和实践上搞清楚究竟什么叫公共文化服务或公共文化建设，进一步搞清楚它的内涵、性质、地位和功能。这里最关键的是"公共"两个字究竟该怎么理解，是从提供者的角度，还是从服务对象的角度，再或是从提供的内容和方式的角度来理解

---

① ［英］亚当·斯密：《道德情操论》，余涌译，中国社会科学出版社 2003 年版，第 93 页。

的"公共"。比如说国家、政府提供的叫"公共的",那么私人、企业或其他组织形式提供的就一定不是"公共"的了? 一个国有剧团演出是公共文化服务,一个民间的或私有的剧团演出就不是公共文化服务了? 一句话,文化问题上的公共性和非公共性,究竟该怎样区分?

实际上,公共性是相对于私人性而言的,无论是公共性还是私人性都是历史地形成和演变的。在前市场经济社会中,人们隶属于各种形式的人身依附关系,经济活动也从属于封建国家的政治活动,那时,没有什么私人性活动,一切活动都被统制于国家的政治活动中,只是到了封建社会的晚期,随着市场经济的发展,随着市民社会逐渐从政治国家中分离和独立出来,人们的经济活动就成为私人性的活动,而国家的政治活动则成为公共性的活动,这时的私人性用来指述经济活动,而公共性则用来指述国家政治活动。但后来随着资本主义国家越来越多地从事经济活动和各种文化活动,公共性也就越出了政治领域,而扩大为一个内涵宽泛的社会性概念。就文化活动而言,人们常常把国家用公共财政投资文化建设所提供的称为公共文化服务,把私人投资的文化建设所提供的称为私人性文化服务;还有,人们把给少数私人提供的称为私人性的文化服务,把为公众提供的称为公共文化服务;还有,人们把通过市场提供的有偿服务称为私人性的文化服务,而把不通过市场所提供的公益性服务称为公共性文化服务。这些不同的提法和理解都出自于一定的历史背景,回答着特定的问题,因而都有一定的道理。但是,我们认为,最根本的还是两条,一是接受这种文化服务的受众必须是公众,用我们习惯的说法就是人民大众,二是这种文化服务应该是公益性的或准公益性的。至于提供这种服务的主体是国家、团体、私人则不是一个根本性的特征。当国家用国家财政投资建设一种公益性的文化机构、设施,或从市场上购买了某种文化商品,为公众提供了公益性文化服务时,我们称它提供的是公共文化服务;当国家用国家财政投资建设某种文化机构或设施,但这些文化机构或设施却通过市场提供一种文化商品给消费者,那我们就认为国家不过是投资了文化产业,而不是提供了公共文化服务;反之,如果某个私人或社会团体用自己的资金投资建设了一个文化机构或设施,并为公众提供一种公益性的文化服务,则我们认为他们提供的也是一种公共文化服务。虽然在现代市场经济社会中,由各种形式的社会性基金会乃至个人出资兴办的公共文化服务获得了很大的发展,但是在整个公共文化服务中,由国家用财政支出兴办的,仍居主要地位。国家仍是从事公共文化建设,提供公共文化服务的主角,在我国就更是如此了。

2. 坚持改革开放，大胆探索市场经济条件下进行公共文化建设的新体制。过去计划经济时期的文化建设体制，已如上述。在那样的体制下，各种各样的文化事业单位吃着国家或集体的大锅饭，从业人员吃着单位的大锅饭，他们也没有从事文化生产的独立性和自主性，这就既扼杀了文化单位的积极性，也扼杀了从业人员的积极性。但是在改革开放过程中发生的不作区分地要将所有文化事业单位都赶着下海经商，成为文化企业的做法，又严重影响了公共文化事业的发展，实际上伤害了基层群众的文化权利。因此，在市场经济条件下如何建构公共文化建设（服务）的新体制，是我们进一步发展公共文化服务要解决的首要问题。反思计划经济时期的文化体制，总结30年来文化体制改革的经验教训，看来这种新体制意味着要正确处理好政府和市场的关系、文化产业和公共文化服务的关系，既要发挥政府在公共文化建设（服务）中的主导性地位和作用，又不能包揽一切，要注意发挥社会、民间、个人的积极性。公共文化服务虽然主要不是以市场的方式提供的，但它又深深地依赖着市场，实际上，无论是国家，还是社会团体或私人投入公共文化服务的资金都来源于市场上各种企业的利润和积累。而且，文化产业和文化事业之间的区别也是相对的，是可以相互转化的。一个国家大剧院，当它举办的是商业性的文化活动时，它就是一个文化企业；当它举办的是文化公益活动时，它就是文化事业单位。总之，政府要转变服务方式，要建立公共文化建设（服务）发展的新机制，要培育和发挥社会力量在公共文化建设（服务）的作用，要采用和允许多渠道、多形式的公共文化服务。主流媒体也有一个角色定位问题，要处理好党和政府的喉舌功能和人民群众的民意表达功能的关系。

3. 改革文化管理体制，扩大文化空间，进一步调动广大群众的文化积极性，进一步发挥专业文化工作者的创造性，进一步解放文化生产力、文化创造力。文化的定义，虽然多至一百余种，但归结起来，实际上就是人类改造自然界的积极成果，是人类在这种改造活动中所获得并实现的自身超越动物界各种成果的总和。因此，人类所进行的文化创造或文化发展的活动，不过是现实的人利用各种现实条件所进行的现实活动，即使是观念性的、精神性的创造活动也是如此。这样，人们的文化活动就不能不受各种现实条件的制约，各种现实条件在变化了的情况下往往又会变成人们文化活动进一步发展的桎梏、障碍。所谓文化空间，就是物质的、思想精神的、社会体制的各种条件所形成的文化创造、文化发展、文化生产力得到解放和发展的现实可能性的量度。显然，一个社会经济越发展，越能为文化发展提供各种物质条件，就越能从物质上提供文化发展的空间；一个社会在思想精神上的管理、统治越宽松，社会成员在思想上精神上越活跃，就越能为文化创造、文化能量的释放营造出广阔的空间；一个社会在体制、制度上越是灵活、越是开放，就越能为文化的发展提供制度、体制上的空间。提供公共文化服务的过程，如果用一种恩施的、强制的、灌输的观点，不管受众愿意不愿意，都要接受，那就不是什么公共文化服务了，那样也不可能完全达到举办者的目的。文化产品的生产过程，实际上就是把文化价值符号化、物化在各种载体的过程，文化产品的消费过程就是消费者通过解读从各种符号的、物化的载体系统中将文化价值提取出来，消化、把握、欣赏、内化、吸收的过程，是文化消费主体能动地活动的过程，没有文化消费主体的这种能动活动，任何文化教育就只能是"对牛弹琴"，因此，举办公共文化服务，也应该真正了解受众的文化需要，尊重受众的文化权利，也需要公众自由自主地选择、享用、解读的文化空间。中华民族几千年的历史表明，凡由于物质的、精神的、社会的条件的具备而造成了诸子百家争鸣的局面，这时就会形成一种巨大的文化空间，文化就会得到大发展、大繁荣，文化大师同时应运而出。现在，我们不是要实现文化的大发展、大繁荣吗，不是在呼唤文化大师的出现吗，那就在改革文化管理体制，扩大文化空间上下工夫吧！

4. 上述各条归结起来，就是要坚持人民群众是文化建设的主体的地位，人民群众是文化建设的出发点和归宿。解决这类问题，已不仅仅是一个文化体制的问题，它还涉及政治体制。文化体制和政治体制之间存在着互相影响、互为前提的关系。我们只有推进政治体制改革，推进社会主义民主政治建设，真正实现人民当家做主，才能真正建立一个体现人民群众当家做主的公共文化建设（服务）的体制。这就是说，我国改革开放发展到今天、我国社会主义市场经济发展到今天、我国现代化过程发展到今天，推进政治体制改革、推进文化体制改革已成了我国进一步贯彻落实科学发展观和建设社会主义和谐社会所不能回避、不能跳过的门槛。

破解当代发展之谜，构建马克思主义
哲学新形态[*]

东欧剧变、苏联解体之后，美国日籍学者福山发表了"历史终结论"，认为西方发达国家的资本主义市场经济和民主政治制度就是最后的制度，人类历史再不会发展了。不过，当他后来看到中国改革开放所取得的成功后又改变了他的历史终结论观点，认为中国开辟了不同于西方的发展道路，因此人类历史没有终结。实际上，不仅是中国的发展，就是这两年发端于美国的世界金融危机、经济危机这一事实本身就说明人类的历史在当代并没有停止自己的步伐，只是变得更加复杂和迷离。当代发达国家的资本主义究竟会走向哪里，中国特色社会主义究竟又会怎样发展，整个人类在 21 世纪又会经历怎样的命运，马克思的科学社会主义理想究竟怎样实现，我把这些问题概括起来称为当代发展之谜。下面我们来分别说明。

一

江泽民同志在党的十五大报告中指出："实际生活总是在不停的变动中，这种变动的剧烈和深刻，近一百多年来达到了前人难以想象的程度。"① 这里就是在说，马克思主义诞生以来世界发生了巨大的变化，特别是在 20 世纪中所发生的变化，真是超出了马克思、恩格斯、列宁、斯大林、毛泽东这些伟大的"前人"的"想象的程度"。

我们先来考察一下西方发达国家的资本主义的发展变化情况。马克思在

* 该文最初是参加马哲史学会为纪念党的十一届三中全会举行 30 周年而召开的理论研讨会的发言稿，两年多来多次补充材料，多次修改，这次又一次进行了全面修改，并收入本文集。
① 《江泽民文选》第 2 卷，人民出版社 2006 年版，第 12 页。

《资本论》中曾说，"资本主义私有制的丧钟就要响了。剥夺者就要被剥夺了。"[1] 马克思逝世后，资本主义国家出现了一个相对的和平发展时期，无产阶级革命形势转入低潮。恩格斯觉察到了这些新变化，对世界社会主义运动和无产阶级革命的战略作出了一系列调整，在理论上也作出了许多新概括。但到了 19 世纪末 20 世纪初，资本主义社会内部及资本主义国家间的矛盾再度激化，并在 1914 年爆发了第一次世界大战，整个世界呈现出战争与革命的时代特征。1917 年俄国十月革命成功，接着苏联又取得了社会主义建设的成功。相比之下，西方发达国家许多进步人士心向社会主义。1929 年西方资本主义发达国家又爆发了空前的经济大危机。面对危机，美国出现了改革，这就是罗斯福的新政，理论上出现了凯恩斯的宏观调控理论。罗斯福新政的主要政策是政府干预市场，向富人收税，建立社会福利制度，同时也鼓励企业家在公平的基础上竞争。罗斯福之后的杜鲁门也继续推行这样的政策。后来虽然共和党的艾森豪威尔执政，但也不敢触动福利政策。这些改革虽然并没有从根本上解决资本主义社会的基本矛盾，但还是找到了缓和、调节资本主义社会矛盾的途径，为资本的存在和发展开拓了新的历史空间。从那以后的很长一个时期，凯恩斯主义及其政策在西方发达国家受到了欢迎和实施。

　　但是，罗斯福那样的新政改革还是受到一些利益集团的反对。同时，美国经济到 20 世纪 60 年代后期，也出现了"滞胀"，即经济停滞同时通货膨胀。70 年代，里根当总统后就实行新自由主义政策。在英国，撒切尔上台推行了和里根一样的政策。新自由主义的理论和政策，总的特征是强化市场的作用，弱化政府的调节作用。从那时以来，美国等发达资本主义国家的经济一直在发展，社会也相对稳定。这种情况对苏联、中国等国家的发展产生了相当的影响。

　　不过，2008 年年底，发端于美国的金融风暴，被视为超过了 20 世纪 30 年代的那次大危机。在金融危机的影响下，全球经济快速紧缩。2009 年 3 月，亚洲开发银行发表的报告指出，全球金融资产的缩水可能已超过 50 万亿美元，相当于全球一年的经济产出。全球金融危机使穷国和发展中国家更难以获得需要的融资，有 129 个国家面临着资金缺口。全球经济产出和贸易量将出现"前所未有的"下降，全球金融危机迅速演变为全球经济衰退，发展中国家在全球经济中遭受的打击比预期的更猛烈，并且它们缺乏冲击抵御的

---

　　① 马克思：《资本论》第 1 卷，人民出版社 1975 年版，第 831—832 页。

手段。金融危机重创了整个美国经济，美国失业率创下 25 年来的新高；金融危机将日本经济拖入了更深的泥潭；金融危机也影响了欧洲的发达国家，失业人数攀升和社会资金走向枯竭，政府支撑的社会福利体系这个安全网开始破损。新兴市场的情况也不妙。中东欧国家、巴西、马来西亚和土耳其的工业指标急剧下降。全球经济危机令亚洲实体经济遭受沉重打击。尤其是出口依存度（出口额/名义 GBP）比较高、电子产品在出口额中占很大比重的亚洲新兴工业化国家和地区（韩国、中国香港地区、新加坡和中国台湾省）受到的影响非常大。经济危机的影响逐渐渗透到普通工薪阶层。在亚太地区的发展中国家将有 1.4 亿人陷入极度贫困。国际劳工组织估算，经济衰退在 2009 年导致全球工作岗位减少 5200 万个，能源、轻工业、建筑业、医疗和娱乐服务业的需求都出现锐减，还导致了国际移民踏上返乡之路。经济危机还在一些国家和地区发展成社会危机和政治危机。在美国还发生了金融公司一面接受国家的援助，一面给公司高管发巨额奖金的"AIG"事件，凸显了美国社会的三大冲突：一是自由市场经济与道德底线冲突；二是法律与国家利益的冲突；三是民众与政府的冲突。

围绕这次金融危机，各国学者纷纷发表评论，分析危机的原因、性质和发展趋势：

资本主义经济危机使西方国家的舆论界又想起了马克思。路透社柏林 2008 年 10 月 16 日电说："马克思在 1867 年写就的资本主义分析巨作《资本论》经历了长时间的沉寂之后，如今一跃成为德国畅销书，这是学术出版商卡尔—迪茨始料未及的。"[①] 在民主德国，出现了"马克思精神遗产的复活"。法新社巴西利亚 11 月 20 日电报道说，全世界的共产党人在数年保持低调之后，如今又开始利用震撼资本主义的全球金融危机，让马克思重新受到推崇。1989 年柏林墙被拆除和市场经济获胜之后，历史之风似乎已将古老的马克思主义横扫一空。但如今一切都在改变。葡萄牙共产党认为危机表明了"资本主义的历史局限，证明马列主义的正确性"。美国共产党人也宣称"马克思是对的"。西班牙共产党总书记弗朗西斯科·弗鲁托斯表示："现在是该搞清楚我们到底需要哪种经济的时候了。"巴西共产党国际关系书记卡瓦略说："这次危机给劳动者和穷人造成严重影响，是对资本主义的控诉。它形成的氛围有利于揭露资本主义制度的罪恶并提供另外一种选择。"巴西共产党接待了来自世界各

---

① 《参考消息》2008 年 10 月 20 日。

地 73 个兄弟党的代表，包括玻利维亚、印度、意大利、西班牙、俄罗斯和美国的共产党。他们在巴西圣保罗举行共产党和工人党的第十次国际大会。五个执政的共产党也派代表与会，他们来自中国、古巴、朝鲜、越南和老挝。[①]

英国《金融时报》2009 年 3 月 7 日报道，由于市场动荡，由于社会主义者"我告诉你会这样"的低语日益响亮，对别的解决方案——一项真正的替代方案，而不是胆小的调控或少数银行的暂时国有化——的需求引起了人们的关注。下周末，一场"关于共产主义思想"的研讨会将在伦敦大学伯克贝克学院召开：根据原本的预算，参加的人不会太多，只有 180 人，但现在却要一个能容纳 800 人的较大的会堂，而且预约已经结束。这种事发生在伦敦是恰当的。在这里，一个半世纪之前，马克思准备写《资本论》；在这里，大约 100 年前，列宁在他的政党内策划了一次分裂，布尔什维克（意为多数派）因而诞生。两个世纪以来，伦敦一直是金融中心，直到 50 年前，还是帝国主义的中心。但令马克思失望的是伦敦的工人阶级宁愿选择卫理公会也不愿选择他。这一次，能把他们从沉睡中唤醒么？[②]

美国《大西洋月刊》4 月号（提前出版）题为《卡尔·马克思的复仇》（作者克里斯托弗·希钦斯）的文章认为，全球金融危机证实马克思预言。文章认为，马克思理论与当前时代的相关性将被重新发现。文章说，1999 年出版《马克思传》的英国作家弗朗西斯·惠恩，最近出版了一本《〈资本论〉解析》，他的结论是，马克思可能成为 21 世纪最有影响力的思想家。文章还说，《纽约客》的经济专栏作家约翰·卡西迪曾撰文总结说：只要资本主义存在，马克思的著作就值得阅读。[③]

那么，这次金融危机是不是意味着资本主义又到了"总危机"，要"死亡"了，而社会主义又要出现高潮了呢？

英国《卫报》10 月 23 日一篇文章认为：金融危机标志着凯恩斯主义归来。文章说："有人说当前危机标志着资本主义的终结或新社会主义的诞生，这些说法只不过是搭起了一个稻草人。分散了人们对真正处在存亡关头的东西的关注。把社会主义当作一种替代制度，目前这显然不在资本主义核心地区——或其他地方（拉美可能除外）——的议事日程上。对共产主义丧失信

---

① 《参考消息》2008 年 11 月 22 日。

② 《参考消息》2009 年 3 月 9 日。

③ 《参考消息》2009 年 3 月 28 日。

心以及工人阶层作为一支社会政治力量势力削弱，都使左翼人士难以充分利用资本主义这次的惨痛失败。""从奥巴马到查韦斯，政治领导人现在有了一个利用这次危机来重塑经济体制的机会。……毫无疑问，我们正进入一种新型资本主义。不过，它会采取何种形式将由来自上上下下的压力决定。"①

日本一学者认为，这次危机表明，世界政治进入新的循环周期。他认为，第二次世界大战后发达国家的政治以 30 年为一个大的循环周期：战后至 20 世纪 70 年代是凯恩斯主义和大政府时代；随后世界进入新自由主义和小政府时代；最近爆发的金融海啸意味着新自由主义的终结。②

澳大利亚前总理陆克文指出，当前社民党人面临的主要挑战，就是要将国家的重要性以及社会民主主义政治经济学说发展为一个面向未来的、全面的理论框架，这不仅适用于危机时期，也适用于繁荣时期。社会民主党人不仅要从凯恩斯学派中汲取养分，也要结合国际形势的现状作出创新。社会民主派应当同新自由派的极端主义断绝关系，建立社会民主主义国家，既维护合理管制的竞争性市场的生产能力，又确保政府作为规则制定者，资金提供者和公共产品供应者，缓解市场所导致的不平衡，维护社会公平。当然，社会民主主义不是社会主义，而是介于国家社会主义和自由市场主义之间的中间路线。当然，各国政府在对银行和金融市场采取干预措施时，也要注意发挥自由市场的积极作用，不要将孩子和洗澡水一起倒掉。既要挽救自由资本主义，使其免于自我毁灭，也要通过对市场的监管重塑信心，避免极"左"或极右的思潮得势。③

日本早稻田大学教授榊原英资认为，20 世纪 30 年代出现大萧条时，资本主义从亚当·斯密的古典自由主义转变为凯恩斯的修正资本主义。这次也会发生同样的情况，即实行修正市场主义。④

英国《金融时报》2009 年 3 月 16 日发表题为《探寻其他道路》的文章。作者认为欧洲资本主义正面临第二次世界大战以来的最大考验，需要改革。⑤

《华盛顿邮报》专栏作家罗伯特·萨缪尔森于 2009 年 3 月 23 日在美国《华盛顿邮报》网站发表题为《美国资本主义体制麻烦缠身》，作者认为，美

---

① 《参考消息》2008 年 10 月 26 日。
② 《参考消息》2008 年 10 月 18 日。
③ 《参考消息》2009 年 2 月 10 日。
④ 《参考消息》2009 年 3 月 11 日。
⑤ 《参考消息》2009 年 3 月 23 日。

国资本主义一再出现自鸣得意、深恶痛绝和自我修正的循环。成功的资本主义需满足三个条件：合法的营利动机、分布广泛的市场、成功的司法和政治体系，而后者最为重要。①

　　面对当前的金融、经济危机，美国耶鲁大学历史学教授保罗·肯尼迪向各国领导人推荐四个最伟大的经济学家，这就是：这门学科实际上的创立者、最早提倡自由贸易的亚当·斯密；入木三分地批评了资本主义缺点的卡尔·马克思，他预言资本主义"必将"灭亡；约瑟夫·熊彼特，他肯定不是资本主义制度的敌人，但他警告说资本主义制度有着固有的多变性；还有那位伟大的智者，约翰·梅纳德·凯恩斯，他一直在寻找能够使不稳定的自由市场秩序免于彻底垮掉的政策。接着他写道，资本主义将何去何从？我们现有的、受到破坏的体系不会被完全平等的社会主义社会所取代，尽管这是马克思所希望的。我们未来的政治经济学很可能不会让斯密或他现在的弟子感到满意：政府对"市场"的干预程度将比人们欢迎的要高。有人猜测，对于我们的新型资本主义，熊彼特和凯恩斯会感觉较为熟悉。在这个体系中，市场的动物性将受到国内和国际动物园管理者的严密关切，但不会扼杀自由企业原则。资本主义的形式会有所改变，但不会消失。资本主义有严重的缺点，但资本主义的批评者会发现，其他制度更糟糕。这就是政治经济学告诉我们的。②

　　新加坡国立大学李光耀公共政策学院院长基肖尔·马赫布巴尼在题为《亚洲资本主义留给西方的启示》一文中说：亚洲精英看待世界的方式总是不同于西方精英。在这场金融危机之后，两者之间的鸿沟将进一步扩大。亚洲人会自然而然地对西方在经济问题上的提议抱有一分谨慎，特别是大多数亚洲人还认为，这场经济危机恰恰论证了亚洲资本主义模式的可行性。确切地说，亚洲模式并非仅有一种。中国的经济管理模式不同于印度。但中印两国都没有抛弃资本主义，因为两国精英都很清楚这样做的后果。……当这场风暴过去后，我们如果发现资本主义最坚定的拥趸在亚洲，也无需讶异。然而，在全球占据主导地位的将是混合的亚洲资本主义模式，而不是西方模式。自由市场这只"看不见的手"将与有效管理这只"看得见的手"相互制衡。③

　　伦敦经济政治学院教授查德·莱亚德认为，资本主义需要摆脱"零和游

---

　　① 《参考消息》2009 年 3 月 25 日。
　　② 《参考消息》2009 年 3 月 16 日。
　　③ 《参考消息》2009 年 3 月 20 日。

戏"，他说：我们需要一个基于"正和游戏（positive - sum）"的社会。……我们不想要共产主义，但我们的确需要更具人道色彩的资本主义——不仅建立在更完善监管的基础上，也建立在更好的价值观基础上。价值观至关重要。我们不想要一个建立在人与人相互竞争的达尔文主义基础上的社会。除了生存之外，任何社会所能提供的最佳体验，是其他人和你站在一起的感觉。这才是我们想要的资本主义。①

英国《金融时报》2009 年 3 月 23 日发表题为《北欧模式是未来资本主义模式》的文章，作为芬兰人的奥利拉说："未来资本主义是什么样的？总的来说，答案是要解决北欧模式成功应对的那些问题。北欧模式资本主义有望成为最好的制度。"②

很明显，金融危机引发了"资本主义模式"之辩。英国《金融时报》刊发了"资本主义的未来"系列稿件，撰稿人包括《金融时报》资深经济评论员、国际知名学者和政要。在洋洋十余万言的长篇中，几位作者紧紧围绕当前席卷全球的金融危机的缘起、影响以及发展趋势，从不同角度深入探讨现代资本主义的本质和未来资本主义的修正模式。……至于资本主义将向何处去这个问题，"资本主义的未来"这组系列文章并没有给出明确而令人信服的答案。专家、学者和高级经济评论员谈论更多的是加强监管、重建信心和全球合作。③

2009 年 4 月 2 日 G20 峰会在伦敦举行。有文章评论说，伦敦峰会标志着，未来的世界经济和金融体系，就是要埋葬没有良心的自由资本主义。自由资本主义的终结，不是意识形态和发展模式之争的结果。但是，在客观上，它却能帮助人们解释一些现实的问题，那就是，任何一个发展模式都并非无懈可击，它所取得的成功也不意味着永远的成功，更不能证明适用于全世界。④

俄罗斯科学院专家认为："我们面临的是整个世界管理体系的危机、全球发展基础理论的危机、国际体制的危机。要摆脱这场危机，我们需要建立新的国际体制，出台新的世界发展哲学；需要在老的废墟上建立新的全球管理体系。"他认为，目前的全球危机也是创建的时机。⑤

---

① 《参考消息》2009 年 3 月 21 日。
② 《参考消息》2009 年 3 月 27 日。
③ 《参考消息》2009 年 4 月 1 日。
④ 《参考消息》2009 年 4 月 4 日。
⑤ 《参考消息》2008 年 10 月 17 日。

新华社世界问题研究中心詹得雄在《当前三个值得深思的问题》一文中在讨论当前的金融危机时提出的第一个问题就是美国向何处去，他说，看来，在资本主义制度下，那三十年河东、三十年河西的演变，似乎都解决不了根本问题。……资本主义的发展本身同时就是对它自己的不断否定。社会主义代替资本主义的历史必然性就孕育在这个过程中。美国向何处去？最坏的可能是变成纳粹德国，凭借超级武力统治世界，目前看来，这个可能性不大。最好的可能是逐渐增加社会主义的因素，从量变到质变，最后变成社会主义社会。这肯定是很漫长的历史过程。其实，詹得雄对美国前途的回答也是很原则很抽象的，也只是讲了一个大趋势。

上述不同观点的存在说明，对于当代发达国家的资本主义究竟会怎样发展，特别是怎样走向社会主义，是一个没有现成答案的问题。困扰人们的问题有：1. 资本和劳动的关系；2. 政府和市场的关系；3. 效率和公平的关系；4. 虚拟经济和实体经济的关系；5. 经济发展与环境保护及资源能源的关系；6. 发达国家与发展中国家的关系。对于资本主义发达国家的前景充满迷茫和没有信心的情绪，在一篇日文文章中流露得十分明显。这篇文章的题目是《全球正向"阴郁时代"转变》，文中说，我们如今生活在一个非常艰难的时代。这并不是指由于美国的"次贷"导致的金融危机。如今最大的问题不是经济问题，经济问题短则几年长则十几年就会出现再循环。对于当前的世界性不景气，人们最终总会设法让其恢复。因此，从某种意义上说，经济问题并非了不起的大问题。但是，当今世界人们却普遍存在一种难以名状而又无法摆脱的"心灵恐慌"或"灵魂危机"，无论是美国、欧洲、亚洲还是伊斯兰国家莫不如此。这种病状恐怕不是用十几年时间就可以治愈的。作者把这种至少 50 年才出现一次，也许是自文艺复兴以来刚 500 年才出现一次的现象，视为全球性的大转变；把这种变化称为从"骚动的时代"向"阴郁的时代"的转变。这位作者所说的"阴郁"，就是对未来、对前途，没有理想、没有希望、没有信心。

二

这次全球金融经济危机宣告了倡导新自由主义的"华盛顿共识"的失败。澳大利亚前总理陆克文就指出，当前，全球金融危机已演变为经济危机和就业危机，对金融、实体经济及各国政府收支平衡产生巨大冲击。在很多国家，甚至演变成社会危机和政治危机，对地缘政治，对西方尤其是美国的全球地位产生战略性影响。这一后果的始作俑者就是过去 30 多年以来自由市场意识形态所主导的经济政策。这一政策被称为"新自由主义、经济自由主义、经济原教旨主义、撒切尔主义或华盛顿共识"，其主要哲学包括：反对征税、反对监管、反对政府、反对投资公共产品，推崇不受管制的金融市场、劳动力市场和自由修复的市场。在 20 世纪 30 年代的大萧条中，不受约束的自由市场主义本已名誉扫地，但到 70 年代，由于英国首相撒切尔和美国总统里根的推崇而重新翻身，成为经济界的正统。事实证明，新自由主义及其所伴生的自由市场至上主义，不过是披着经济哲学外衣的个人贪欲。在 1987 年的股市崩盘、1994 年的墨西哥金融危机、1997 年的亚洲金融危机、2000 年的互联网泡沫破裂期间，美联储一直盲目相信市场的正确性，坚持通过大幅降息的方法增加市场流动性，这一方法屡试不爽，直到本次次贷危机爆发。①

于是，人们开始谈论"中国模式"或"北京共识"，希望它为人类未来的发展指出一条新的道路，给人类指出一个新的未来、新的希望。曾任美国《时代》周刊编辑的乔舒亚·库珀·雷默在 2004 年发表的论文中提出，中国经济发展和外交政策的独特成功模式在世界上越来越有魅力，最早论述了"北京共识"对"华盛顿共识"的挑战。"北京共识"或者说"中国模式"的倡导者认为，中国开辟了一条通往快速和可持续经济发展的独特道路。并且，世界上已有不少国家、地区对这一发展模式的内容和优点存在着共识。如，《金融时报》等评论认为，西方国家认为所谓"现代化"和"全球化"就是全世界效仿西方发展道路，而中国模式的成功将颠覆一切西方认为是"现代"的内容，重新界定"现代"一词的含义，这将是一场全球意义上的"文化变革"。英国发展问题专家库克等认为，中国模式总的特征是"威权式的管理与市场经济体制的结合"，这是一个不断试验的进程而不是一个预设的蓝图，其基本原则是务实主义和渐进改革，也即"实事求是"或"摸着石头过河"的精神。《纽约时报》、《金融时报》、《华盛顿邮报》及一些学者认为，危机爆发以来，中国已有许多经验值得西方学习。如果中国在应对危机过程中成功释放内需，实现经济转型，创造可持续的发展动力，中国经济将取得新的成功。中国模式的影响力和吸引力会进一步增大。由于中国发展道路的独特性，其他发展中国家无法复制，但可借鉴中国模式背后务

---

① 《参考消息》2009 年 2 月 10 日。

实主义的哲学思想和根据自身国情探寻发展道路的基本思路。对发达国家而言，中国互利伙伴式的对外发展援助模式，应引起西方习惯采用"捐助—接受"式思维的深刻反思。许多媒体认为，中国模式的成功将深刻影响国际体系转型的轨迹和方式。①

西班牙皇家埃尔卡诺研究所网站 7 月 31 日发表西班牙驻华使馆前商务参赞、西中企业家委员会主席恩里克凡胡尔的一篇文章，题为《北京共识：发展中国家的新样板?》。他指出，当前这场金融危机的可能后果之一是"中国模式"的浮现。对于发展中国家而言，"北京共识"可能会被视为在经济动荡中声名狼藉的"华盛顿共识"的替代路线。……中国在近 30 年里取得的成就，加上在危机中的良好表现，特别是如果能提前走出危机，将使得"北京共识"得到许多发展中国家的认可。……关于中国发展道路可以作为其他国家另一种选择的想法已经被排除，但中国经验仍有许多可以借鉴的地方。具体有以下几点：1. 循序渐进和谨慎的经济和政治改革政策。2. 自由和对外开放的经济政策。明确依靠市场和私有化，参与国际竞争，遵守国际规则。3. 保持强势政府，通过多种渠道积极管理国内事务。②

越南共产党中央宣教部前副部长、越共电子报（越南共产党网站）总编辑陶维括在接受《参考消息》报记者专访时表示：中国发展模式的成功给世界上很多国家带来了非常有价值的经验。陶维括说："我认为在这些经验中最为重要的经验有三个。第一也是最为重要的就是中国选择了一条适合本国国情、符合自身潜力、符合国民愿望、符合时代发展趋势的发展道路。建设有中国特色社会主义的发展模式激发了中国的发展潜能，充分利用了全球化带来的发展机遇，使中国的改革开放取得巨大成功。第二就是中国的改革开放是在具有先进性的革命政党——中国共产党的领导下进行的。中国共产党坚定不移地走有中国特色社会主义之路，凝聚了社会各阶层的力量，保持了社会的高度统一，为经济的快速发展创造了和平、稳定的国内环境。第三，保持国内各民族的团结、和睦是中国 60 年来建设社会主义取得成功的重要保证。"③

俄罗斯战略文化基金会网站 2009 年 9 月 12 日发表题为《中国社会主义：

---

① 《参考消息》2009 年 7 月 7 日。
② 《参考消息》2009 年 8 月 19 日。
③ 《参考消息》2009 年 9 月 10 日。

普遍性与独特性》的文章,认为在经济现代化和国家发展方面所取得的成功,是新中国成立 60 年来的主要成果。因为中国,"现代化"一词在世界上再度流行。中国为在有限时间内实现最大程度的现代化提供了范例。这不仅得到了发展中国家的尊重,也得到了发达国家的尊重,更不用说所谓的"转型"国家了,其中许多国家都在羡慕中国的经验。……中国是一个巨大的国家,有着惊人的地理和社会经济条件的多样性,它也在同世界一道积极寻找新的普遍性。中国的社会主义,是相对于盲目照搬他人模式的另外一种选择,是创造性结合多国成功经验的典范。①

西班牙《中国政策观察》网站 2009 年 9 月 14 日发表文章,题为《全球经济危机掀起中国热》。该文指出,在国际金融危机面前,中国交出了令人满意的答卷。在危机爆发一年后,它再次成为全球的焦点,它的经济数据经常挑动着其他国家和国际组织的神经。几年前关于"北京共识"和"中国模式"的争论在当今的局势下获得热烈支持。……西方模式的核心是政治民主化和经济自由化,一贯主张首先实现民主政治,才能实现并保障经济的发展。但中国没有采取西方的发展模式,而是开辟了一条符合其自身国情的新道路,并取得了辉煌的成就。②

约翰·奈斯比特和多丽丝·奈斯比特共同出版了《中国大趋势》一书。在书中,两人描述了正在崛起的中国,并证明中国所展示的是一种全新的政治和社会制度,核心论点是,中国形成了一种目前正与西方民主制度竞争的发展模式。他们在回答《明镜》周刊网站记者提问时说,在这里进行的是世界上能看到的最大的试验性项目。中国人有句极好的俗语叫做"摸着石头过河"。他们在尝试不同的事情,倡议是从基层发起的,十分分散。能发挥作用的就接纳,不能发挥作用的就丢弃。由下层发起并为领导层接受,随后转变为全国规章的例子有很多。这是一种协商性的民主制度。③

当然,国外媒体也不乏对"中国模式"持批评或否定态度的。让我们也来引入一些。美刊文章《中国"新模式"到底是什么?》认为,中国模式实际上并不存在,也不存在什么"北京共识"。该文认为,中国正在使用其他许多国家在过去都尝试过的经济手段,结果有好也有坏。首先,中国用与亚洲其

---

① 《参考消息》2009 年 9 月 14 日。
② 《参考消息》2009 年 9 月 15 日。
③ 《参考消息》2010 年 2 月 22 日。

他国家一样的政策实现了快速增长。基本的战略是：通过投资于低薪劳动力为西方消费者生产廉价出口商品来启动增长。利用全球化——自由贸易、资本国际流动——来提高国内收入。依靠巨大的国内储蓄、利用重商政策来刺激高度的投资。日本、韩国、中国台湾、新加坡和其他经济体都做过同样的事情。因此中国并不是在做什么特别的事情。贸易、投资、出口、民营企业——这些是中国和亚洲其他国家增长的基本组成部分。用一个词来描述，就是"资本主义"。让中国"与众不同"并使其经济拥有特殊优势的是其政府比别国政府扮演更重要的角色，银行和企业的国有，对资本流动的控制以及其他措施。但中国再一次跟随了亚洲其他国家的步伐。韩国将资本控制和国有银行作为其早期发展战略的一部分。日本官员采用了各种方法引导银行向他们支持的项目贷款。中国将国有和自由市场导向的部门"混合"在一起的尝试也没有什么不寻常。这是新加坡经济模式的基础。欧洲和印度的"混合"经济也曾尝试过。但我们从这些历史范例中所学到的是，"混合"经济中国家领导的一方面能够造成与其所带来好处一样多的伤害。官僚干预是日本"失去的十年"和 1997 年亚洲金融危机背后的关键因素。欧洲和印度的混合经济中最糟糕的部分就是国家控制的行业。你可以证明今天的中国同样如此。中国的银行的行为并不说明中国在遵循某种"新模式"。它们可能重复让西方陷入金融危机的同样错误。①

马凯硕指出，每一种模式都会存在着问题与挑战。随着中国发展，它将会面临更多的挑战。一个更加发展与更加富裕的中国将会遇到与过去不同的问题，这是很自然的。他认为，中国将会面临三个新挑战，首先，当中国的中产阶层、受过良好教育阶层及年轻公民中具有全球化视野的团体进一步发展壮大之后，中国将必须使其政治体系能够满足这一新的中产阶层的愿望与目标。毫无疑问，中国已经向世界开放。当世界的全球化步伐加快之际，中国将必须更加开放。中国面临的第二个挑战就是其不断增长的社会不平等问题。由于社会不平等问题表明企业阶层正在诞生，所以在经济发展第一阶段，不平等问题日益增加是正常与合理的。然而，如果社会不平等问题在发展的第二阶段继续增加，就会造成社会问题。中国面临的第三个挑战就是环境恶化问题。在 19 世纪及 20 世纪，当欧洲发展之时，他们并没有担忧环境后果。在 21 世纪，没有一个国家能够再像这样发展。我们必须对国家及全球环境问

---

① 《参考消息》2010 年 3 月 3 日。

题的后果表示担忧。他还指出，中国不能认为其在第一个 60 年获得成功的模式可以在今后 60 年里继续发展向前。特别是在过去 30 年里，中国在经济的发展上已经获得了非常的成功，现在已经到了中国需要深刻思考怎样在未来 60 年向前发展的时候了。中国将必须改变在一些领域的发展方向，不能够再继续习惯性地做事情。近期的全球经济危机已经表明，中国可能必须做出改变，以应对新的环境。①

更加难听和极端的观点就是"中国崩溃论"。彭博新闻社网站 2010 年 3 月 1 日题为《哈佛的罗戈夫支持中国崩溃论》（作者威廉·佩塞克）的文章指出，在 2010 年，这种观点日渐流行起来。纽约对冲基金基尼科斯联合公司查诺斯、香港《低迷、繁荣与毁灭》期刊发行人马克·费伯说中国可能崩溃是一回事。但如果哈佛大学的肯尼思·罗戈夫之类的人物也警告说，10 年内中国受债务推动的泡沫可能破裂，那就是另一回事了。不能对这位国际货币基金组织前首席经济学家的话置之不理。而且，罗戈夫提供了中国可能崩溃的或许最简单的理由：差不多是时候了。……我要说，中国当然会有一天爆发金融危机。看好中国的人极少愿意承认这一点。这么说吧，尽管中国模式有种种优点——大规模公共支出、出口推动型增长、廉价的劳动力成本——它能否打破规律值得怀疑。没有哪个新兴国家避得了令增长动摇、市场暴跌的危机。一个也没有。如果中国爆发危机，也不会是全然无法料到的事。……现在，世界头号经济体仍未走出 20 世纪 30 年代以来最糟糕的经济衰退。因此，在不利的全球环境下，中国基本要靠它自己。在为时太晚之前，探究一下那里的问题还是值得的。② 笔者认为，最后这句话是值得我们重视的。

美国《福布斯》杂志网站 2010 年 6 月 8 日文章（作者海伦·王）称，中国的确正在变成世界第二大经济体，但中国不是一个超级大国。该文认为，从思想或意识形态上来说，中国可能是世界上最混乱的国家。"文化大革命"期间，包括儒家思想在内的很多中国传统都被摧毁了。在当今的中国，金钱就是上帝，人们不再相信任何理想主义的东西。近年来，中国政府一直呼吁建立一个"和谐社会"。"和谐"是根植于中国文化和儒家传统中的高尚概念。它本可以成为中国一种新的意识形态。然而，由于各种宣传对它的滥用，它已经成为一种陈词滥调，而不是一个充满意义的理想。……中国人自己都没

---

① 《参考消息》2009 年 8 月 27 日。
② 《参考消息》2010 年 3 月 3 日。

有明确的价值观，更别提影响世界了。经济上，中国的成就的确让人印象深刻。在过去30年中，中国一直维持着将近两位数的增长。然而我们应该记得，……中国的经济成功实际上是资本主义的成功。最近几十年中国一直在向西方学习，并且现在基本上在实行资本主义。尽管中国在探索所谓"中国特色社会主义市场经济"，但这是一种"试错法"的练习。中国还没有建立起一个事实证明可以经历长期考验的经济模式。……中国在亚洲的影响力是有限的。……我不得不赞成新加坡学者戴尚志的话："亚洲没有人希望生活在中国人支配的世界里。不存在人们热烈追求的中国梦这种东西。"……包括教育和医疗体系在内的中国社会的很多重要功能还远未成熟。中国还不是一个法治国家。到处是腐败和任人唯亲的现象。中国文化倾向于鼓励平庸而非优秀。中国的未来充满不确定性，这包括环境恶化、人口老化、政治动荡、社会冲突和民族纠纷。不过，中国将成为一个重要的经济体。它可能在很多重要国际事务中成为继美国之后的第二大最重要国家。[1]

上面所引述的只是国外媒体有关我国60年，特别是改革开放以来发展道路、发展模式讨论的极小的一部分。但足以看出，真是众说纷纭，仁者见仁，智者见智。肯定的、赞扬的话当然会增加我们的信心，但批评的、难听的话也值得我们研究和反思。毫无疑问，改革开放以来，我们找到了一条快速发展经济的道路，现在我国已成为世界第三大经济体，估计明年就会成为第二大经济体。但是我们面临的问题和挑战也是十分严峻的：有资料表明，我国贫富差别已经到了极其严重的程度，甚至超过了美国。还有环境污染、资源能源、地区差别、城乡差别、贪污腐败、经济实际的发展方式是否可持续、社会矛盾加剧等问题，贫穷当然不是社会主义，可贫富两极分化也不是社会主义呀。什么是社会主义，究竟应该怎样建设社会主义，从我们已经取得的成就来看，似乎已经解决：我们不是已经举起了中国特色社会主义的旗帜，开辟了中国特色社会主义发展道路，形成了中国特色社会主义理论吗？但是，如果从我们面临的问题、矛盾和挑战来说，似乎又没有完全解决。今天，我们这个社会究竟算什么主义的社会，这个问题恐怕在不少中国人心中还实际地存在着；中国特色社会主义究竟会走向何处，恐怕不少中国人还在拭目以待。

---

[1] 《参考消息》2010年6月10日。

三

我把当代资本主义会怎样发展、中国特色社会主义会怎样发展、人类在21世纪会怎样发展归结为当代发展之谜，可能在有些人看来有点哗众取宠的味道。在他们看来，马克思恩格斯的唯物史观不是已经揭示了社会发展规律了吗，科学社会主义不是早已证明社会主义取代资本主义是不以人们意志为转移的客观必然性吗？马克思主义不是也早已指出我们这个时代是从资本主义过渡到社会主义的时代吗？自从马克思主义诞生以来，一代又一代的马克思主义者根据唯物史观揭示的社会发展规律，树立了科学社会主义的理想、信念，前赴后继，奋斗终生，甚至贡献了宝贵的生命。十月革命的胜利、中国革命的胜利不都证明了唯物史观和科学社会主义的正确吗？因此，只要我们遵循唯物史观揭示的社会发展规律，我们也一定会取得社会主义建设的胜利，所以，哪里会有什么当代发展之谜？但是，我想要辩解的是，这些人的观点虽然在大的方面并没有什么原则性的错误，但却没有回答科学社会主义在20世纪发展过程中遇到的困难和挫折，没有正视马克思主义在当代所遇到的挑战，所以也就不能真正回答和破解当代发展之谜。

1980年12月在中央工作会议上，邓小平对陈云提出的"摸着石头过河说"完全赞同。经他们的提倡，"摸着石头过河"，对于大胆解放思想、积极稳妥地推进改革起到了巨大的指导作用，成了在中国家喻户晓的经典话语。要知道，陈云、邓小平都是我们党杰出的领导人和马克思主义者，他们当然掌握着唯物史观和科学社会主义的基本原理。邓小平1992年就在谈话中明确地表达，他坚信马克思主义是科学，坚信历史唯物主义揭示了人类社会发展规律，坚信社会主义经历一个长过程发展后必然代替资本主义是社会历史发展不可逆转的总趋势。① 因此，对于他们倡导的摸着石头过河，就要做深层的解读。陈云、邓小平在坚信唯物史观揭示社会发展规律的前提下，主张在改革开放中要摸着石头过河，他们究竟想解决什么问题？按照简单的思考，既然掌握了社会发展规律就没有必要摸着石头过河，而摸着石头过河则意味着没有掌握客观规律。所以，表面看来，两者是对立的、矛盾的。但是，如果做进一步的思考就会发现，唯物史观和科学社会主义所揭示的社会发展规

---

① 《邓小平文选》第3卷，人民出版社1993年版，第382—383页。

律和社会历史发展的必然趋势，都是一种普遍规律、一般趋势。而摸着石头过河要解决的是我国改革开放和现代化建设的具体的、特殊的规律。两者之间是普遍和特殊、一般和具体之间的关系。这是一种对立统一的辩证关系。

记得当年毛泽东在论述如何指导中国革命战争的时候就指出："我们现在是从事战争，我们的战争是革命战争，我们的革命战争是在中国这个半殖民地的半封建的国度里进行的。因此，我们不但要研究一般战争的规律，还要研究特殊的革命战争的规律，还要研究更加特殊的中国革命战争的规律。"①在毛泽东的领导下，中国共产党人从中国革命的实际出发，将马克思主义一般原理和中国革命实际结合起来，研究和掌握了中国革命战争的规律，从而赢得了革命战争的胜利。但是在新中国建立后的社会主义建设中，我们开始时照抄照搬苏联的经验，后来在自己探索的时候又或者搬用战争时的经验，或者机械地搬用马克思主义的本本，结果遭受了一次又一次的挫折。经验教训使我们懂得在当代中国搞社会主义建设，就不但要掌握一般的、普遍的社会发展规律，还要掌握较为特殊的当代社会发展规律，更要掌握更加特殊的当代中国社会发展规律。社会发展规律是客观的，但人们对于社会发展规律的掌握却表现为人们主观上的一种认识和理念。而人们的行动又是在一定认识和理念指导下进行的。当指导人们行动的认识和理念正确地反映了客观规律时，他们的行动遵循着客观规律；否则，他们的行动就会违反客观规律。所以，是不是从客观规律出发，区别不在于人们的行动是不是受某种理念指导，只在于指导人们行动的理念是否正确地反映了客观规律。许多人的悲剧就在于当他的行动违反了客观规律时仍然认为自己的认识和理念是正确的。这就是我们经常看到的一个人在别人看来是在犯主观主义错误的时候他却还要坚持的认识论原因。任何反映了客观规律的理论在被错误运用的时候都会变成导致人们犯错误的理念。真理超越了一步就是谬误。就是唯物史观的"规律论"在一定条件下也会转化为黑格尔的"绝对观念论"。当然，如果前人由于错误地运用某种正确理论而不断犯错误的事实会使后人谨慎起来，会使后人认识到实际上没有认识和掌握正在办的事情的客观规律。陈云、邓小平的"摸着石头过河"的"摸论"就是在总结我们党探索社会主义建设规律的经验教训的基础上提出的。"摸论"就是要求我们不能仅仅停留于马克思主义一般原理所揭示的一般规律，而要掌握当前正在做的事情的具体的、特殊

---

① 《毛泽东选集》第1卷，人民出版社1991年版，第171页。

的规律；就是要求我们承认掌握马克思主义一般理论、一般规律，不等于就认识和掌握了当前的具体的、特殊的规律。"摸论"就是要求我们在客观规律面前谦虚谨慎，就是要我们承认还没有认识和掌握我国改革开放和社会主义现代化建设的具体规律；"摸论"就是主张投身到建设实践，从实践出发，而反对从对前人理论的教条主义理解中或照抄照搬别国经验中得来的某种观念出发；"摸论"就是主张在实践中大胆地摸索、探索，大胆地进行试验和实验，勇于开拓创新，也勇于纠正错误。应该承认，从我国第一代共产党人认为掌握了马克思主义就是掌握了社会发展规律、认识了社会发展的必然趋势，就可以成功地砸烂旧世界建设一个新世界，到陈云、邓小平提出"摸着石头过河"，是我们党对社会发展规律认识上的一次巨大的变化和飞跃。前一种认识，就是认为马克思主义是放之四海而皆准的普遍真理，掌握了马克思主义就可以无所顾忌地所向披靡；后一种认识，则认为马克思主义虽然揭示了社会发展的一般规律，但马克思不可能回答他过世 150 年后出现的问题，列宁也不可能回答他过世 50 年后出现的问题，我们要用"摸着石头过河"的态度和方法去研究和回答我们所面临的当代问题，摸到过河的石头，揭示当代社会发展规律。从自信手中握有真理并在实践中盲目地大胆蛮干到承认没有完全掌握客观规律，要谨慎小心地"摸着石头过河"，这不是巨大的变化、飞跃又是什么？这种变化飞跃是科学地总结了以往社会主义建设的经验教训后得到的。这说明，我们党对于社会发展规律和当代社会发展的复杂性有了新的认识。从一定意义上说，这也是我们党在处理理论和实践、理想和现实、普遍和特殊、一般和个别相互关系上的哲学观念上的变化。正是由于我们开始懂得了"摸着石头过河"的态度和方法或说世界观和方法论，我们才敢于解放思想，才敢于在实践中大胆摸索、大胆探索、大胆试验、大胆创新。国外有人说，我们过去 30 年的成绩是靠"摸着石头过河"取得的，今后 30 年乃至 60 年的路还要靠"摸着石头过河"去探索开创。因此，根据"摸着石头过河"的理论、态度和方法，我们承认对当代世界的发展还有许多不清楚、不明白的问题，并将其称为"当代发展之谜"，以图引起大家重视和研究，难道过分吗？

　　研究和解决"当代发展之谜"，当然要有科学的世界观和方法论，要坚持马克思主义哲学最基本的立场、观点和方法。其中最重要的还是要树立"摸着石头过河"的态度和方法，要投身当代实践，深入实际，真正做到从实际出发，大胆摸索、大胆探索、大胆创新。还有，既然我们正在做着前人没有做过的事情，既然我们的研究是为了揭示和掌握当代社会发展的新特点、新规律，那就应该允许大家探索，允许在重大问题上有不同意见。

写到这里，我想起了郑必坚同志的一篇文章。他在文章中说："今日天下之大势和未来世界之发展，情况依然十分复杂，不可测因素依然甚多，我们一定要坚持冷静观察，小心谨慎。这个问题涉及政治、经济、文化、科技、军事、外交等众多方面，我在这里只想集中提出一点，就是我们正面临着世界范围思潮激荡这样一种复杂局面。似乎可以这样说，这是在面向二十一世纪的新的时代条件下，一个世界范围的，人类历史上前所未有的，极其复杂广阔而又意义极其重大的，新的'诸子百家'的局面。"① 他把现在我们面临的局面称为中国历史上第三次"诸子百家"局面。我觉得这个说法很有道理。对于当代世界发展之谜，马克思主义没有给出现成的答案，自由主义、凯恩斯主义也不能解决问题。山中无老虎，猴子称大王，必然会出现诸子百家争鸣的局面。但是，我相信，只要我们坚持解放思想、实事求是的马克思主义世界观和方法论及思想路线，真正切实地贯彻"双百方针"，真正营造一个有利于为思想理论文化创新的社会文化环境，在研究和解答"当代发展之谜"的过程中善于总结实践中的新经验，善于听取和采纳各家各派的有益见识，善于吸收当代人类文明成果，善于开拓创新，我们就一定能够建构出马克思主义哲学的当代形态，使马克思主义哲学在回答当今时代问题的过程中成为当今时代精神的精华。

---

①　郑必坚：《关于改革开放三十年根本历史经验的若干思考》，《学习时报》2008 年 10 月 27 日。

附录

回忆文章选

父母亲墓碑文①

父吴钟淇，祖父吴宝钟之幼子。母倪雪芬，外祖父倪勤生之长女。

昔曾祖父家贫，凄居草屋。祖父母②精勤，鸡鸣而起，男耕女织，蒸粮煮酒，亦农亦商，家道日兴，置田造房，一派兴旺。祖宅二亩余，前有临河场地，后依繁茂竹林，高屋建瓴，气势轩昂，门厅正堂，卧室厢房，前后天井，积善堂匾额，高悬正方。四子二女③，或经商于市④，或执教于校⑤，或

---

① 母亲病故于 1969 年 7 月 5 日，享年 57 岁。父亲病故于 1986 年 3 月 19 日，享年 72 岁。后两老的骨灰盒要合葬于老家宅后，故撰写此文。1997 年 2 月 17 日刻碑立墓则是由我弟弟吴元裕、妹妹吴元芳完成的。

② 祖父母，我都没有见过，祖父叫吴宝钟，是父辈告诉我的。本来老家的门厅的阁楼上陈列着历代祖宗牌位，逢年过节祭祀祖宗的时候，总要在大人的带领下，向它们磕头跪拜。后听说，"文化大革命"开始时，我二伯父为了"革"四旧的命，把历代祖宗的牌位拿下来装了两箩筐，一把火烧了。他哪里会想到，他这把火烧掉了他父亲吴宝钟的家族史。

③ "四子"指我大伯吴钟麟、二伯叶钟庆、三伯姚钟秀，我父亲吴钟淇排行最小。二伯、三伯都是亲伯，叶姓、姚姓是"归宗"。"二女"指我大姑妈吴钟玉、小姑妈吴钟福。

④ 大伯父继承了祖父开创的商业经营，执掌"吴永顺"商号。

⑤ 大姑妈吴钟玉，毕业于上海南洋女子师范学校。与姑父李益三结婚后，在李家宅附近的百家桥小学执教。1941 年，大姑妈任百家桥小学校长，姑父李益三任朱家桥小学校长。1949 年新中国成立之后，大姑妈、大姑父继续执教于小学，大姑父还历任嘉定县政协委员。大姑父病逝后，大姑妈一直卧病在床，但在小儿子李利夫妇悉心照料下，顽强地延续着生命，终于在 1987 年、1988 年盼到了阔别几十年的大儿子和亲妹妹。1990 年 7 月 4 日寿终归天，享年 90 岁。

出国留学[①]，或救死扶伤[②]，广布海内外，各有所就。父经商短暂，搬运一生；母耕种于田，间或打工洗衣，艰难度日，养儿育女。

纵观家史百年，沧海桑田，沉浮起伏，可叹可思，然一以贯之者则是，逆境中抗争，艰辛中奋起，屋不在小，有神则灵，家不在穷，有志则兴。

---

① 三伯父姚钟秀，南京中央大学农学院畜牧兽医系毕业，先后在山东莒县和湖南常德教书，抗战时回中大农学院任教。1943—1944年间考取中英庚子赔款提供的留学机会，赴英国爱丁堡大学留学，得博士学位后，移民美国。先在内勃拉斯加大学任教授，后调华盛顿任职政府研究机构。1991年4月20日因心脏病突发病故。

② 小姑妈吴钟福，在大姑妈公公的帮助下，考取上海尚贤护士学校，毕业后参军抗战，辗转越南、缅甸、云南边境一带，担任新建中缅公路医院护士，后调重庆中央医院任护士长，其间与姑父刘忠悫结婚，育有二子二女（良玉、良淦、良淑、良湧），1947—1948年间合家迁往台湾。1988年7月18日在良淑陪同下回故乡省亲祭祖。1994年病故，享年82岁。

悼念岳母邱学韩[①]

　　我们敬爱的妈妈，离我们而去了，我们全家处在极度的悲痛之中。我们呼喊着妈妈，孩子们呼喊着奶奶[②]，言语表达不尽我们对妈妈的悼念，泪水倾诉不完孩子们对奶奶的哀思。

　　不过，当我们想到我们的妈妈是高寿归天，她走得是那样的福态，是那样的安详，是那样的无牵无挂，我们也就得到了一种欣慰；特别是当我们抚今追昔，回忆妈妈一生经历的时候，我们为妈妈感到自豪、感到骄傲。

　　我们的妈妈，在当纱厂工人的时候，参加过抗日游行；在当军垦战士的时候，她的足迹从乌鲁木齐延伸到了五家渠，乃至马桥。军垦大地上有她的汗水，军垦果实中有她的辛劳。她多次获得劳动模范、先进工作者的称号；退休之后，妈妈是我们四家[③]的好后勤、好奶奶，做饭、炒菜、带孩子，哪家有困难，她就到那家。正因为有了妈妈这样的好后勤，我们才能专心致志地工作学习，才能在奋斗前进的道路上无后顾之忧，我们晚辈所取得的任何成绩、成就、成功，都有妈妈的一份功劳。

　　洞庭湘水的滋润，戈壁荒原的磨炼，共产党的长期教育，使我们的妈妈，既具有湖南人奋斗自强的精神，又具有新疆人吃苦耐劳的品质，还有军垦战士的胸怀、觉悟和境界。我们的妈妈对党、对党的领导人充满了深厚的感情，如听到不中听的话，她定会立即反驳，绝对爱憎分明；我们的妈妈十分具有同情心，遇到困难的人，她会倾囊相助，送钱送物；我们的妈妈心中总是装着国家大事、世界大事，电视上的新闻节目，她要从早看到晚，《参考消息》她是每天必读。她不是政治家，却对政治是那样地关心；她不是领导人，却对老百姓的生活是那样地牵记；她不是理论家，却经常对国内外新闻大事作出一语中的的评论。

---

　　① 岳父高志超病故于 1971 年 12 月，享年 57 岁，先葬于马桥农场，后移葬于乌鲁木齐烈士陵园。岳母邱学韩于 2004 年 10 月 9 日病故于北京，享年 89 岁。其骨灰盒后送至乌鲁木齐与岳父合葬。

　　② 因我的母亲去世得早，吴艺没有见过面，就把姥姥叫奶奶，后来我们的老二吴剑及高淑文、高静文、高茹的孩子都随吴艺把姥姥叫奶奶。

　　③ 四家指吴元梁和高薇、贺广文和高淑文、段林生和高静文、刘景良和高茹。

　　妈妈走了，但妈妈没有离开我们，她将永远永远地活在我们的心中、活在我们的子子孙孙的心中。我们要化悲痛为力量，要牢记妈妈往昔的教诲，要继承和发扬妈妈的好思想、好品质、好作风。

　　妈妈千古！

　　妈妈安息！

吴元梁

2004 年 10 月 10 日

师恩伴我行

——为娄塘中心小学百年寿诞而作

月是故乡的明，水是故乡的甜，人是故乡的亲。这是远离故乡的游子们共同的感觉。没有一个游子不思念故乡的，我也是如此。记得1962年大学毕业后根据第一志愿到了我们伟大祖国西北边陲的乌鲁木齐，在自治区建工局设计院党委办公室任宣传干事（次年，即1963年8月我调入新疆大学政教系哲学教研室）。那年元旦，我坐在办公室，双手抚着一支箫，两眼望着窗外飞舞着的鹅毛大雪，不由自主地思念起家乡来，思念我的父母弟弟妹妹，思念家乡父老，思念小学、中学的老师和同学，一时竟心潮澎湃，随手写了下面几句：玉叶飘飞迎元旦，箫伴寒风思大海；问君为何走万里？志在边疆建论坛。

我家住在娄塘镇的南塘海。

记忆中的南塘海是很美丽的。住宅坐东朝西，门前有一条路，向南出村头往东南可到仙塘桥，向北到镇上；还有一条河，向南可到嘉定，向北进镇里。路与河之间是场地，河岸边上是树和竹林，有水桥可下到岸边河面上；住宅后则是成片的竹园。竹园后面是大片农田。春华秋实，知了蟋蟀，萤火风筝，好一派田园美景。

记忆中的娄塘镇也是很迷人的，有山有水。山就是雄居镇南的高泥山，在山顶上可俯瞰全镇。高泥山的南坡已被开垦，但高泥山的东坡和北坡却是长满了参天的大树和茂密的竹林；河就是自嘉定从南而来流经我们家门前的河，在东西走向的万安桥（水泥桥）底下北进之后汇合了东来的一条小河，在东来小河入口处上则有一座南北走向的木桥，村民们称它为马桥。别看这座桥是木桥，在那个年代，是娄塘镇东南方及我们南塘海的人们进入娄塘镇的必经之路。接纳了东来的小河之后，河就拥抱着高泥山的山脚蜿蜒曲折地由东向西。你若坐在船上抬头仰望高泥山的北坡，就会有一种郁郁葱葱的感觉，低头观看水里，那倒映在水里的绿树青竹，使水碧绿碧绿的，青山绿水的美感就会涌上心头。过了高泥山，河接着向北，在忠信桥那里分出一条向东的河，所以紧挨着忠信桥的是一座南北走向的桥（积善桥）。分出的这条河先是向东，穿过山居桥后呈弧形地向北，在东大桥底下穿过后就分叉为二，一条在大东街的北侧和小东街的南侧之间朝娄塘镇的东北流去，可至塘行；一条在小东街的西侧往北，可到浏河、六渡桥。两河把小东街夹在中间，而大东街则在一河的东岸与小东街遥相呼应。坐在小东街街头东侧临河的会仙园，听书、品茶，俯视三叉河面，眺望东南方河上的石砌拱形大桥，是当时人们的一种享受；由忠信桥①向北的河则在天主教堂处拐弯向西，到西市梢又分出一河向北，出了镇北之后就成了娄塘镇和塘西的界河；而在西市梢继续向西的水路则可到朱家桥。

记忆中的娄塘中心小学也是难以忘怀的。记得母校坐落在镇的西北。校门面对着篾作弄，进校门后是一个大操场，朝着大操场，坐落在西面的是一座瓦顶砖砌的两层小楼，坐落在东面的是一排瓦顶砖砌的平房，小楼和平房连接处是一条有顶的通道，向西可进小楼的教室，向东可进平房的教室，向南进大操场，向北入后院。记得母校的后院西边和北边有一个月牙形的湖；临湖西边的是一条由镇上通向娄北的土路，土路西边又有一个小湖。湖里有莲、藕、菱，亭亭玉立在湖中的粉色荷花、飘浮在水面上的白色小菱花、在微风中摇曳的嫩绿的莲蓬头，常常使学生们流连忘返。后院是大片菜地，起初好像没有厕所，只是在后院菜地旁埋有两个粪缸，供人方便。母校东依一个大寺庙，庙院有参天的银杏古树，微笑的菩萨、缭绕的香火、静谧的殿堂，使人产生一种既神秘又神圣的感觉。

记得我在入娄塘中心小学读书前，已经跟着我的大姑妈吴钟玉、二伯父叶钟庆（他们都是小学教师），及长我好几岁的三位堂兄吴元达、姚元湘、叶元炎（他们当时正在小学读书）学文习字。二伯父叶钟庆把家里的客堂作课堂，给学生上课，我则拿了一个小板凳坐在前面，听他上课。虚岁6岁那年新学期开始时，父亲给我在小学报了名。开学那天，我跟着比我大几岁的邻居家的韩锡秋一起到了学校。在韩锡秋的指引下，我进了一年级的教室。后来老师发新书了，一年级的其他小朋友们都领到了新书，可是没有我的。老师说，我没有交学费、杂费、书费，所以没有我的书。刚才来校时的那股热情火焰立刻被浇上了一瓢冷水，我愣了、呆了，十分懊恼地回到了家里，问母亲为什么不给我交费。母亲说家里没有钱。那怎么办呢？母亲同二伯父商

---

① 原文桥名有误，现据浙江工商大学出版社 2011 年出版的陈世瑛著《上海娄塘古镇忆录》一书改正。

量后，由二伯父带着我到学校找了校长徐树霖。徐树霖校长听我二伯父讲了我家的困难情况后，决定给我全免，即免交学费、杂费、书费，并请老师给我发了新书。就这样开始了我人生的小学阶段。

大概由于营养不良，我的个头在同龄的孩子中属于矮小的。在一年级的时候，有一次在课间休息时，我到后院的粪缸上拉屎，便好后正在束裤腰，上课铃响了，同学们往教室里跑。这时有人把我撞了一下，我一个跟跄，幸好又有人把我拉了一下，我没有全身跌进粪缸，但一只脚还是踩进了粪缸，鞋子、裤腿上都沾上了屎，又脏又臭。一会儿老师来了，端来了水，给我冲洗干净，然后送我回家。

家里生活实在困难，母亲就和两个舅舅一起到西竹桥去贩米，我在进入二年级后就住到了外婆家。我的外婆家在娄塘镇西北的黄沽塘，离学校有四五里地，中间有一两里的路是沿着河岸走的。外婆家村上有一位也在娄塘小学读书的高年级学生，平时我就跟着他上学，但一到刮风下雨的日子，他就没有办法带着我上学，我就只好旷学。就这样，二年级下学期有三分之二的时间，我就没有上学。期末的成绩可想而知，我领到的成绩单挂满了红灯笼，语文、算术、音乐、美术、体育全不及格，成绩都是老师用红笔填写的，全班49人，我的排名是第49名，倒数第一。回到家里，父亲看了，十分生气，把我打了一顿，是夜还把我关在门外。我二伯父知道后，找我父亲说，这不能全怪元梁，一个学期三分之二没有上课，考试怎么能有好成绩？我父亲大概觉得二伯父讲得有道理，就在下半夜时开门把我叫了进去，不过，还是大声嚷嚷，要我以后用功读书。

新学期到来后，二伯父把我和他的二女儿叶素琴（比我大一岁）一起带到了柏家桥小学。柏家桥在娄塘镇东北，在我大姑妈家的李家宅的正北，好像从娄塘到塘行要路经柏家桥。那年，我二伯父在那里教书，住宿在那里。我和叶素琴就成了住宿生。二伯父教书很认真，对我要求也很严格，我自己也很自觉和用功。我的成绩上升得很快，不久就在班上名列第一。一年过去了，我二伯父又回到娄塘中心小学教书，我也跟着回到了娄塘小学读书，入三年级。

三年级的同班同学有两个同学的名字一直存留在我的记忆中，一个是男生叫唐公权，是和我同桌位的；还有一位是女生叫印仁慈，她好像是在读书期间转学到上海去了，这在当时是很惹眼的一件事情，所以当事人也就给了我一个深刻的印象。三年级时还发生过这样一件事情：记得当时每天上午上课之前，要举行晨会，全校学生按班排队集会在操场上听训话、背诵国父孙中山先生的遗嘱；下午课程结束后，放学之前要举行夕会，也是全校学生按班排队集会在操场上，听老师对一天的学习生活进行点评，夕会结束后才放学回家。有一天下午课程结束后，大家都到操场上，还没有正式排队，这时五年级有几个学生大声嚷嚷说："天要下雨了，快跑啊。"说着他们真的拔腿往校门口跑，这一下可不得了，大家一窝蜂地跟着往校门口跑，我也跟着跑，结果是没有参加夕会就回家了。第二天上课时，班主任黄福珍老师说，昨天谁没有参加夕会就回家的，请举手。全班有三分之二的学生都举了手。接着黄老师说，举手的同学站起来，离开课桌排好队走到讲台这里来。第一位学生到了讲台跟前，黄老师说，把手伸出来。接着黄老师举起尺板打我们的手心。回到座位上，我悄悄地问同桌说你手疼不疼？他说不怎么疼。我说，我怎么感到很疼。他说，他伸出手时没有放到桌面上，而是悬在空中，老师的尺板下来的时候，他把手顺势往下，所以尺板打到手心时就不重了；而我却没有他聪明，把手伸出平放在讲台桌面上，尺板打到我的手心时，我的手没有回旋的余地，手心挨打，手背挨撞，这就疼得特别厉害。

四年级的班主任好像是我的二伯父叶钟庆。他给我们上算术课。记得有一次的算术课是上午的最后一节课。在课上，不知是叶老师发现我走了神还是怎么的，他突然把我叫了起来问道："吴元梁，3 乘 7 等于多少？"我脱口而出说："等于 20。"一说出口，我意识到自己说错了，还没有来得及改正，叶老师已经生气地追问："究竟等于多少？"不知怎么的，我的犟脾气上来了，明知道说错了却不改正，继续坚持说："20。""多少？""20。""那你就站着！"就这样我被罚站到下课。下课之后，几个中午带饭生一招呼，我就跟着他们踢小橡皮球去了。我二伯父招呼我跟他一起回家吃午饭，我竟任性地说不回去。后来还是二伯父午饭后上班时带来了母亲捎的午饭。

说到在娄塘中心小学踢小橡皮球，还真是给我留下了美好的回忆。大操场东西两头都安有足球门，我们学生课余时就踢小橡皮球。当时我们还成立了球队，起名为"清白球队"，还用肥皂刻了个"清白"印章。这个小足球队和哪些孩子们踢过球，有什么辉煌的战绩，现在脑子里全然没有记忆。可见，这个球队成绩平平。

五年级的班主任是庄何俊，好像是启东来的，个子很高，那时我是不是班干部，不记得了，但这位班主任的名字还是一直留存在我的脑海里。五年级的下学期 5 月 13 日，娄塘解放了。娄塘中心小学的师生们兴高采烈地迎接了解放。镇上举行了庆祝大会和游行。我们在老师的带领下，排练了节目，参加了大会和游行。好像我参加了打联响队。"联响"就是一根竹棒，中间开出空缝，然后分段打上销钉，销钉在空缝中串上两个中间有孔的铜钱。一个竹棒上有 5—8 个销钉，就有 10—16 个铜钱。摇动竹棒，就会发出声音。有节奏地摇动，就会发出有节奏的声音。我们在游行的时候，边走边唱边跳，在跳的时候有节奏地摇动竹棒。

1949 年 9 月 1 日开学，我进入六年级，陆政权老师是班主任，还是语文课老师，是他给了我们关于共产党、解放军、新民主主义青年团、少年先锋队等的最初的知识。他动员年纪大的学生加入青年团，我得知后找他表示要加入青年团。其实，当时我对于什么是青年团也不甚了解，只是觉得解放之后，我的家开始好起来了，父母亲都说共产党、毛主席好，解放军严格执行"三大纪律、八项注意"，给我们留下了强烈的好印象。住在我们家里的 20 军炮兵团的一个炊事班，与我们相处得十分融洽。有一次，好像是 1950 年初的寒假，我父母外出去贩运木柴，就把我寄托给了住在我家的解放军，我吃解放军的饭，晚上和解放军一起睡。有一天，我正在我家后天井吃饭，这时从后篱笆的一个洞中伸进一个头来，原来是我弟弟元裕从小东街的黄家偷跑回来了（弟弟 1944 年出生后，送给了这家），我把他拉进来扶起来。弟兄俩相抱而哭。他说肚里饿，解放军马上给他送上吃的。他不愿意回去，就和我一起与解放军同吃同住。父母回来后，考虑了各种变化了的情况后，就到镇人民政府办了领回来的手续，元裕也就正式回到了自己亲生的父母身边。就是这些原因，使我在感情上接受了共产党、青年团。陆政权老师对我说，吴元梁，你年纪还不到入团的年龄，你可以加入少先队。不知道是不是这个原因，后来学校成立少先队时，我被提名并当了娄塘中心小学的第一任少先队大队委员会主席，全校设有三个大队。陆政权老师是大队委员会的辅导员。从那以后，我常常和老师一起代表学校参加镇上、区里的一些会议。记得就是在小学毕业的那个暑假，我还配合老师带领了一个治螟小组，活跃在稻田里。

1950 年夏天我从娄塘中心小学毕业后，考入了中光中学，结束了我的小学生活。柏家桥小学一年的读书成了我小学阶段的转折点。因为从柏家桥小学回到娄塘小学的三年级后，我的学习成绩虽然不是班上的第一名，但已进入前列。好像张锡芝一直是第一名，我则在 2—5 名之间徘徊。小学毕业时，张锡芝是第一名，王希玉是第三名（她的作文写得很好），我是第五名。中学六年，我的学习成绩不断上升。初一、初二，我的成绩在班上名列第二，初中毕业的那个学期，我的成绩是班上第一；高中六个学期，我在嘉中56届第三班学习成绩排名一直是第一，高三毕业时的总平均成绩是94分；中学六年，我一直是学生干部，初三那学年，我担任了中光中学学生会主席；高三那学年，我担任了嘉定中学的校团委书记。

老师们的谆谆教诲如阳光雨露滋润了我、开启了我、教化了我，给了我一种好学上进的力量。共产党解放带来的新生活又给我注入了新的推动力。当然，起初我也是在老师的教育下，才从理性上懂得这种新生活的意义的。小学老师对我的恩惠一直铭刻在我的心头，它伴随着我进初中、上高中、读大学，伴随着我到北京、到新疆、再回北京。一想到小学老师对我的恩惠，感激之情就会油然而生，不要辜负老师期望的决心就会悄然而起，用实际成绩回报师恩的毅力就会百倍增强。老师的恩惠推动着我、激励着我、鞭策着我。它推动着我去迎击困难，推动着我去开创局面，推动着我在科研教学的征途上不断攀登。如果说，我在已经过去的人生岁月中还做了一点什么的话，那全然是当年老师教育的结果。

几十年来，我经常感到内疚的一件事是，从1950年7月毕业后，既没有向母校和老师汇报，也没有向母校和老师表示慰问，有的老师可能再没有见过面。现在母校百年寿诞，我要利用这个机会，向母校、向老师，表达我的敬意、谢意。当年教我的老师，不少可能已经寿终升天。那么，我要祭奠他们的在天之灵，说一声：老师，安息吧，你们永垂不朽，你们永远活在学生的心中。当年教我的老师，如果还健在，也一定进入了耄耋之年。那么，我要向他们行三跪九叩首的大礼，祝他们子孙绕膝，晚年幸福。

人来自生物界，却又超越着生物界。动物的习性基本上是由DNA的遗传因子决定的。动物的一生虽然也有变化，但这种变化相对于人来说是不明显的。生物物种的进化是在亿万年中实现的。但人却不同。人刚生下来的时候，除了嗷嗷求哺的本能外，生存能力甚至不如动物的幼崽，但他具备着后天掌握习得性能力的生物学前提，他是一种未完成的存在物。人通过实践、交往和学习，不断地掌握新知识、新技术、新能力，就可以不断地超越着自己、提升自己。人的一生就是不断超越、不断提升、不断完善自己的一生。

不过，已经发现的事例表明，如果离开了人类社会、离开了人类的实践和交往，一个婴儿一生下来就被抛入动物群中，那么这个婴儿所具有的这种后天掌握习得性能力的可能性就会被埋葬，这个婴儿也就永远不会成为真正意义上的人。婴儿只能在父母、家庭或社会的养育下才能学会走路和说话，只有经过幼儿园、小学、中学、大学等阶段的学习，才能掌握生存和发展的能力。现代社会是个飞速发展的社会，人们要跟上社会发展的步伐，就得不断学习、终身学习。现在的社会正在变成学习型社会。

我们说劳动创造了人，但就人的个体而言，却是通过进入社会、与人交往，通过受教育和学习，获得一定能力，然后再通过实践，才成为社会的一分子，成为对社会有用的人。从这个角度来说，是教育使我们从生物学意义上的人变成了社会学意义上的人。教育在整个人类社会的进步中、在每个个体的成长中都起着不可替代的作用。教师是人类身心发展的工程师。在科学技术迅速发展的今天，市场上的竞争、国际上的竞争，已经集中地表现为人才的竞争、人力资源的竞争。科教兴国已成为我们全面建设小康社会和社会主义和谐社会发展战略的重要组成部分。如果说，发展是我们党执政兴国的第一要务，那么，发展教育事业就是要务中的要务。而小学教育是教育事业的基础工程，没有高质量的小学生，哪能有高质量的中学生、大学生、研究生，所以发展教育事业要从小学抓起。我要高呼教师万岁，更要高呼小学教师万岁。

我们的母校——娄塘中心小学在过去的百年风雨中为我们的国家、我们的民族培养了大量人才，为嘉定教育事业的发展做出了不可磨灭的贡献。现在又面临着国家、上海、嘉定历史上难得的发展机遇期，国家、上海、嘉定的迅速发展一定会给母校带来更大更好的发展空间。祝愿母校在过去百年成就的基础上再创辉煌！

1950 届高小毕业生　吴元梁

2005 年 10 月 16 日于北京朝阳区农光里 202 号楼 2008 号

中光在我心

——为母校中光中学六十周年校庆而作

母校举办中光中学成立六十周年校庆的消息，使我极为兴奋，在一个深夜偶得四句：奋斗人生路，起步池边行；往事不如烟，中光在我心。后来扩充为八句，几经修改，在征求了一位初中老同学的意见之后，我又对这位老同学的修改稿进行了改定：

> 攀登人生路，起步小池边；①
> 梦中竹马情，② 醒来不见影。
> 举目望世界，低思故乡行；
> 往事非如烟，中光在我心。

我是 1950 年 9 月入学、1953 年 7 月毕业的，离校至今已 51 年了。起初回娄塘到母校去看望时，总要看望老师；后来则因为师生都不熟悉了，往往在校园转转就走了。1962 年到 1978 年，我在新疆工作 16 年期间只回故乡两次；1978 年到北京以后，虽然离家乡近了，但回家的次数也不多。现在回想起来，真是愧对母校，51 年来没有为母校的发展做过贡献。

我曾经以十年为一个阶段对我的人生作过一个描述：第一个十年是苦难的童年；第二个十年是成长的十年；第三个十年是曲折的十年；第四个十年是奋起的十年；第五个十年是攻读的十年；第六个十年以来的特点是带学生、出成果、做贡献。其中"成长的十年"中就包括了中光的三年。

中光的三年，是我小学毕业以后人生起步的三年，是老师在德智体美方

----

① "小池"指当年中光中学教学楼前的小池塘，池塘南侧是小花园，小花园的东南方是操场，有足球门、篮球架；池塘和小花园的西边是一方形操场。这些都是我们课间操、体育课及课余活动的地方。

② "竹马"指成语"青梅竹马"中的竹马。李白《长干行》曰："郎骑竹马来，绕床弄青梅。同居长干里，两小无嫌猜。"后来"青梅竹马"被用来形容男女小的时候天真无邪地在一起玩耍。"竹马"就是儿童放在胯下当马骑的竹竿。在这里，"竹马情"用来指称初中同学之间的情谊。

面对我们进行启蒙的三年，是我的世界观、人生观、价值观开始萌发的三年。这三年，对我后来的高中、大学、硕士生、博士生及工作至今，都产生着影响。唐代诗人杜牧在《赠别》诗中说："娉娉袅袅十三余，豆蔻梢头二月初。"后来人们把女子十三四岁的年纪称为豆蔻年华，我想用来称呼我们的初中岁月也是可以的，不仅如此，我更把中光的三年及随后的嘉中三年看做我人生中的美好年华、金色年华。中学六年，是我在家里天天挂在嘴边的话题，以至于我的夫人及两位女儿对我中学时的人和事都很熟悉，所以有时当我开腔说"当年我在初中的时候……"，我的女儿甚至会打趣道："老爸，你又来了！"

古人说"往事渺如烟"，今天又有人说"往事并不如烟"。两句话都有道理。前句说往事随着时间的流逝而渐渐湮没在人们的脑海里，渐渐被遗忘了；后一句则说往事并没有被湮没、被遗忘。这两种情况无论在个人还是在一个群体或社会中都是存在的。现在我这样说，当然既为我遗忘了好多事情做辩护，也为我还记着一些事做论证。我坦率地承认，初中三年中的好多事情，现在记不清楚了，已经变得"渺如烟"了，但有些事情却不知道什么原因而一直记着，甚至时间越是流逝，记忆越是清晰。最后，我明白了一个事实，这就是"中光在我心"。

我一直记着，我是在当年中光中学初一新生录取发榜前就知道自己已被录取了。事情是在发榜前的一个晚上，我作为娄塘中心小学的代表参加镇上的治螟工作会议，碰上了当时已在中光读书的唐源昌也来参加会议。他悄悄地告诉我："元梁，你已被录取了。"

我记得，当时我们的校长潘世和老师在新中国成立前是一位地下党员、诗人，他的诗作中有一首诗的题目是《小草》。听说他原本希望在新中国成立后到文艺部门去从事创作，但党组织要他留在中光中学从事教育工作。教导主任梅休老师有很深的文学修养和在娄塘镇上享有盛名的一手好书法，还有受我们欢迎的初一语文老师陈熏三。这些老师无形之中为我们学生营造了一个感染力很强的人文的、文学的环境和氛围。记得初一的时候，学校组织了作文竞赛和演说竞赛。这种氛围使我耳濡目染，这类活动使我受到很大的鼓励。也许是这些原因给了我初中的语文学习一个极大的推动。初中毕业的那个暑假，参加完嘉中的升学考试后，我竟然天天闷在家里写初中三年的回忆录，写了很厚的一本，可惜后来丢失了。周侣群，是我初中和高中的同班同学，后来又成了我一直保持着联系的好朋友，在嘉中的三年中，我们经常在星期六一起从嘉定到娄塘，经过我家以后他再回家，星期天又一起回嘉中。有好几次，我随他到了他家。他父亲酷爱文学，他家里有好多鲁迅的著作。他常把鲁迅的著作借给我看。高中三年，我对诗歌、文学很着迷，课余时间经常读诗歌、小说，我还是校文艺学习小组的组长。高中时期的语文老师，高一时的，记不得了；高二时是顾康老师，他原来是一名记者，回嘉定后来校当了我们的语文老师；张乃敏老师原是《新民晚报》的记者，是我们高中三年的班主任、高三的语文老师。这两位老师的文学素养极高，文章分析十分深透精辟，对我影响很大。虽然后来我学了哲学，把哲学的研究和教学作为职业，但中学时期的语文学习和文艺学习对于我日后的哲学、理论论文及著作的写作，无疑是有直接影响的。

写到这里，我觉得不应该忘记了数理化教师的教学和影响。我们初一的代数课，好像是朱宗煌老师教的，初二的平面几何是黄福柄老师教的，初三的三角也是黄福柄老师教的，初三物理是袁项猷老师教的。化学是哪位老师教的，记不清了。数理化学习也有一些事情使我一直没有忘记。记得大概是从物理课上学到了蒸汽机的原理，有一天我在家里，找了一个空罐头盒，装满水以后盖上盖子，盖子上面打了一个孔，从孔中插上一根皮管。然后在罐头盒底下加热，先是罐头里的水沸腾，接着有蒸汽从管子中喷出来，由于管子口冲着一个铝盆，铝盆一下子振动发出刺耳的响声，把正在午睡的二伯父吵醒了，我当然免不了挨一顿训斥。还有一件事，发生在初二期中考试期间。考平面几何的时候，五个大题，45分钟过去了，我还一个题目没有做出来。黄福柄老师是任课老师，又是监考老师。他从我桌旁走过后，站在讲台前说，几何是新课，一下子找不到思路，不要着急，要沉着。他是否针对我说的，我后来一直没有去问。但当时我听了之后，心里稳住了一下之后，思路突然打开了。我一口气做完了五道题，这时第二节课的下课铃响了，我按时交了卷。这次我的几何考试得了一百分。初三的时候，我们的教室在北庙里，记得教室里有四根柱子。我们的班主任就是黄福柄老师。黄老师是从初二开始还是从初三开始当我们的班主任的，我已经记不清楚了。反正他的课讲得非常好，证题的逻辑性非常强，讲课语言十分简练。课下对我们也很关心。我们实际上把他视为我们初中三年的班主任。我们学生十分敬爱他，毕业离开学校以后，还和他保持着联系。他对我们的影响很大。我对数理化的兴趣主要受了黄老师的影响。

老师们不仅给我们传授知识，还教我们学会学习，经常向我们讲学习方法，也组织学习方法的经验交流会。老师还告诫我们，中学是打基础的阶段，因此文理各课都要学好，不可偏废。在老师的指引下，我慢慢形成了自己的一套学习方法：课堂专心听讲，不懂就问；课后先复习后做题，做完题后一定要预习第二天的新课。这套程序形成制度，长期坚持，果真有效。我中学历年的学习成绩记录说明了这一点。记得小学毕业的时候，我在班上排名第五，初一、初二时都排名第二，初三毕业那个学期则在班上排名第一。进嘉中，我在高一（3）班，第一学期的期末总平均分是91，列全班第一；第二学期是93，列全班第一；高二期终考试期间，我读了一本小说《铁水奔流》，结果总平均成绩降为92，但仍为班上第一；高三上学期，我的成绩还是班上第一，毕业的那个学期，我的学期总平均成绩为94，班上第一，年级第三还是第四，记不清楚了。中学六年的成绩变化表，后来在我的脑海里不知回忆了多少次，每每回忆之后，我总要感谢初中和高中老师的教育，当然也要感谢小学老师的教育。大概由于中学时期文理科成绩都差不多，所以后来考大学时，选择了哲学，因为哲学是自然科学和社会科学的总结和概括，我当时的心情是既不愿意丢掉文科也不愿意丢掉数理化，那就只有去学哲学了。当然还有一个重要的原因，那就是当时嘉中校长翟彦章和教导主任杨淑英老师的影响。现在总结起来，中学时期文理各科全面发展，为我以后的哲学的学习和研究打下了一个很全面的知识基础。

　　我们的美术课是当时的总务主任印懋仁老师教的。他讲课中有两句话，我至今仍然记得，这就是"光线明暗，线条粗细"。印老师的课还真引起了我的兴趣。有一个时期，我在家里做完作业就画画。画的是马恩列斯的头像，记得有几次画好后，我还带着那些画跑到印老师在大桥边的家里。他的家有楼上楼下两层，他在楼下的厅里接待我，他总是热情地鼓励我。印老师的大女儿印萍是我初一的同桌同学。记得初一时学校组织了一个舞蹈队，排演了一个乌克兰舞，八男八女，在镇上演出后，我和印萍组成的第一对受到了好评。我们这个舞蹈队还由老师带着参加了土改宣传队。记得有一次在乡下宣传回来，天很晚也很黑，有一段路是印老师先拉着我，后又拉着印萍走过的。记得我们还在一起玩过军事游戏。初二时，印萍因病休学了，就和我不在一个年级了，但我们一直来往着，假期活动常在一起。1956年寒假在娄塘春节文娱活动中我们还一起排演了"四姐妹夸夫"的话剧，我演剧中的爹，她演四个女儿之一。排演结束后，我们又一起去抓麻雀，男生手里拿着手电，上到小学楼房的房顶上，女生在底下等着。我们抓到麻雀后，就将麻雀头拧下来抛给地上的女生，她们负责收集计数。"除四害"是当时学生假期任务之一，麻雀在当时就属于"四害"之一，给麻雀平反是后来的事情。后来我到北京读大学乃至到新疆工作之后，还和印萍断断续续地保持着联系，我和她之间似乎有一种孩提式的青梅竹马式的纯净友谊，可以几年十几年没有联系，但见面时能像昨天才分别的那样交谈起来。

初中的时候，作为一个小孩，我出的洋相还是不少的。记得有一次，学校里买回来了气枪，办公室里的老师们在看热闹，我也在办公室，我也看热闹，很好奇，不知怎么搞的，我拿起气枪，就在杨鸿照老师的背后对着他瞄准起来，大概是杨老师在眼睛的余光中发觉了，就转过头来对我大吼了一声。我一下子吓坏了，枪竟从手中失落掉。印老师一边捡起枪，一边拍拍我的肩，说："杨老师做得对，你要永远记住，枪是不能随便对着人瞄准的，那样是很危险的。"记得还有一次，那是发生在梅休老师面前的事情：我在向梅老师汇报工作时，带出了一句"他娘的"脏话，梅老师当即严肃地说："吴元梁，你怎么说出脏话了？学生会干部可不能说脏话，你在这方面也要给其他学生做个榜样。"两次事件、三位老师的教诲，我一直铭记在心，终生受用。还有一次，发生在学校组织我们到上海参观的途中。记得到了南翔，第一次坐火车，好新奇呀，我和另一个同学把头伸出车窗外远望。后来我把头收回后发觉车窗的窗框很有趣，用两手往上推车窗推不动，就用两手同时按下了窗框两边的扳手，谁知车窗突然下降，把那位头还伸在窗外的同学的脖子压住了。他疼得叫了起来。我一时没了办法。还是带队的老师把车窗往上推了一下，才化解了我闯的祸。现在想起来，我在初中的时候，确实是一个很不成熟、很不懂事的孩子，完全是在老师手把手的教育、一步一步的指引下，才逐渐懂事和成熟的。

老师还是我们学生政治上的引路人。学校里的党、团、队的工作实际上就是由身为党团员的老师所兼职从事的。娄塘镇是在 1949 年 5 月 12 日解放的，那时我上小学六年级，班主任是陆政权老师。解放后不久，陆老师在学生中发展团员，我知道了这件事情后，就找陆老师表示要入团。陆老师说："当团员是要打仗的，怕不怕？"我说："不怕。"他说："很好，不过你年纪还小，你先加入少先队，到了 15 岁以后再加入青年团。"不久，娄塘中心小学建立少先队，我入了队，还担任了少先队大队委员会主席，从此开始了我在中学时期的学生干部的生涯。到中光之后，我先当了班主席，同班张锡芝是团小组组长。后来我到校学生会工作，先任副主席，主席是上一年级的唐源昌。我写第一份学生会总结时还得到了他的指导。后来张锡芝进入了校团支部当支部组织委员，当时的团支部书记是上一年级的张俊其。张俊其和唐源昌后来都成了我的好朋友。当时，我们经常到嘉定参加团县委召开的全县学生干部会议，我们就把被子打成解放军战士背的那样的小背包，再挂上牙缸和牙刷，然后一起步行到嘉定县委报到。1952 年 4 月 17 日，我由张俊其介绍，经团支部大会讨论通过，被接受为中国新民主主义青年团团员。同年 7 月 17 日，经团支部大会通过，我由预备团员转正为正式团员。张俊其不仅在政治上是我的入团介绍人，还是我十分尊敬的学长。1985 年 2 月，哲学所给我解决夫妻两地分居的时候，我夫人及两个女儿的户口就落在张俊其家的户口本上。确实，我一直把他看做我最知己的兄长。

1952 年暑假伊始，我作为学生代表随学校全体教师前往无锡，参加苏南行政公署教育厅组织的中学教师思想改造学习会。学习会结束，当我高高兴兴地从无锡回到娄塘家中的时候，家里发生了一件事，我父亲不让我上学了，说是家里经济困难，让我干活去。虽然母亲并不同意，但我的上学还是成了一个问题。最后好像还是由学校出面同我父亲谈了一次，说服我父亲放弃了原来的意见。具体是哪位老师谈的，不记得了。初二下学期，张锡芝接任了学校团支部书记，我接任了校学生会主席。我们俩经常一起到区里、县里开会。记得初中三年中，张锡芝、徐金生、我，还有屠文虎，我们经常在一起复习功课，后来我每次回家乡，都要拜访他们。张锡芝比我年长几岁，不仅是我在中光时从事学生工作时的搭档，而且是我一直尊敬的学兄和朋友。

关于上学问题，我还要说几句，因为这个问题在我的一生中，特别当我在政治运动的风浪中翻滚时，常常发挥了重大作用。长期以来，我一直在说，没有共产党的解放，就没有我吴元梁上初中、上大学及以后我的道路。这一点，我的父母亲也是承认的。据他们说，如果不解放，就让我读到小学毕业，然后送我到上海去当学徒。解放前上学我是尝到过苦头的。解放以后，共产党拯救了我们家，家里经济有了好转。当时，党贯彻学校向工农子女开门的方针，学校总是想方设法让家庭经济困难的孩子上学。中光中学当时就设立了奖学金，记得初一第一个学期结束，我们班前三名的学生都得到了物质奖励。张锡芝和我，每人得了一担大米。当大米挑回家时，我母亲高兴地说："共产党真好，学生读书，还给大米。"所以，像我这样一个人，说是共产党解放了我、是共产党让我上了学、是共产党把我培养成了知识分子，并不是唱高调、说空话，而是反映了一个历史事实。1964 年，当时我在新疆大学当助教,当全国哲学界开展一分为二和合二而一的讨论时,我写了一篇《怎样理解"一分为二"与"合二而一"》的文章,发表在《哲学研究》第四期上。不久,讨论变成了对合二而一的讨伐。我的文章的观点属于中间派,由于没有否定合二而一,所以也在被讨伐之列。那年暑假,新疆高校全部政治理论教师集中在新疆大学开会学习,先传达全国第三次学部大会精神,接下来就开始批判我的那篇文章。这是我在新疆第一次出名。批判会开了一个星期后,要对我的问题定性处理。起初提出的处理意见认为我的问题是属于反党、反毛泽东思想、反社会主义的政治问题。我立即站起来予以反驳,我讲了小时候的上学问题,特别讲到了新中国成立后在中光上学时受到的党的关怀。我斩钉截铁地说:"我绝不会反对共产党。我的问题不是政治问题,而是哲学问题,是不同的世界观问题。"后来,在自治区党委文教领导小组讨论我的问题时,新大党委书记温厚华同志在反复研究了我的文章后认为我的问题属于认识问题、世界观问题,他的意见得到了自治区文教领导小组的认同。这样就没有给我政治处分,但不能上讲台了,接着我就到南疆去参加社教工作了。1978 年之后,我的那篇文章重新得到了肯定,现在竟成了我从事哲学研究的开篇之作。

当然,共产党是由党员组成的,党的政策是由有关人员在执行过程中体现的。就教育方针和政策来说,就是由学校的领导和教师来体现的。因此,每当我表达对党的感激之情的时候,就同时包含着对母校的感激、对母校老师的感激。我们中国历史上就有尊师重教的优良传统。古话说:"一日为师,终生为父。"生身父母,只给了我们肉体之躯,可是教师却给了我们知识、文化、技能。一个人不管他成了怎样杰出的科学家,在小的时候总得从学习"1＋1＝2"开始;一个人不管他成了怎样有贡献的文学家,在小的时候总得从学习字母开始;一个人不管他成了怎样伟大的历史人物,他在他的老师面前总是学生。教师是人类灵魂的工程师,是人类花园的园丁。

在欢庆母校成立六十周年校庆的时候,让我们欢呼母校万岁、教师万岁;让我们祝福母校日新月异不断发展,教师们事业有成、生活幸福。

吴元梁

2004 年 10 月 17 日于北京朝阳区农光里 202 号楼 2008 号

嘉中散记

　　1953 年 7 月中光中学初中毕业后，经升学考试，我被录取在嘉定中学（简称嘉中）（后来嘉定县有了嘉二中后，它被改为嘉定第一中学，简称嘉一中）。

　　当时的嘉中坐落在嘉定城内，分好几处。校本部大门在嘉定北大街，离北门不远，后操场紧挨着由北门往东南方向延伸的城墙。二部在嘉定南城的学殿附近，是初一学生学习的地方；三部在校本部的南边约一里路远处，是住宿学生的宿舍。北门外也有学生的宿舍。

　　进入校本部大门，右侧有个传达室，当时的工友叫阿寿。

　　站在大门往东眺望，可以看到一个长方形的操场。操场上离校大门不远处竖立一个旗杆，上面飘扬着国旗。面对大门和国旗的操场的另一端是解放楼（因为解放前盖的，经历了 1949 年解放的年月，所以在解放后取此名），两层，楼上的二层是图书馆，楼下的一层平时是学生食堂，开会或演出时是大礼堂。操场的南面坐落着和平楼（因为解放后盖的，所以取此名），两层，楼梯在中间，每层的四个教室两两分列在楼梯的两边。操场的北侧，坐落着两栋楼，靠西的一栋是行政楼，楼下是教导处，楼上是校党支部办公室；靠东的一栋是办公楼，楼下有各教研室，楼上有校长办公室和会议室。和平楼东侧，有几间平房，有总务处和校医室，也有教室。这排平房和解放楼之间有块空地。它们的东边就是宿舍。进校的第一年我们就住在那里。这个宿舍区，是由东、南、西、北四栋平房组成的一个院子，一道竹篱笆将这个院子一分为二，东半部占三分之二，是男教师与男生的宿舍，西半部占三分之一，是女生的宿舍。解放楼的北侧有路，两条路间是绿化带，路北有一排平房坐落在西边办公楼往东的直线沿长的方向上，那是实验室。解放楼的后面即东侧也有两排平房，是总务处管理的伙房、教师食堂及其他用房。靠东的一排房子依傍着一条南北流向的小河。从解放楼北侧、实验室平房前的路往东到河边过小桥，就到了河东的大操场。

　　办公楼、实验室平房及到河边小桥一线的北边是一座庙，好像叫火神庙，后来拆除并建了两排平房作为初中二、三年级的教室，在其西边则盖起了一座比解放楼面积还要大的大饭厅、大礼堂，好像是竹木结构，顶上铺盖着稻草，所以是一个大草堂。

上面所描述的嘉中建筑设施的平面图，很可能是 1956 年高中毕业乃至 1957 年离开嘉中时留在我脑海里的，五十多年了，现在的回忆很难说完全准确。但每当我开始回忆嘉中生活时，脑海里首先浮现的就是这幅图景。我想这也是可以理解的，因为那几年，我就是在这样的一个生活设施所构成的环境中生活着、活动着、成长着。

1953 年 9 月 1 日，新学期开始，我就入学了。那个学年，高三一个班，高二两个班，高一三个班。高中这六个班的教室在和平楼的安排是：自西往东排序，楼上二层的楼梯西边顶头是高三，紧挨的是高二（1）班，楼梯东边先是高二（2）班，接着是高一（1）班；楼下一层，楼梯西边顶头是高一（2）班，紧挨的是高一（3）班，楼梯东边是初三（1）班、初三（2）班，初三（3）班在和平楼东边的平房里，初二三个班在实验室平房北边的平房里。初一几个班在二部。开学典礼上，翟彦章校长讲了话，在会上发言的还有教师代表、老生代表、新生代表。当时发言的新生代表是谁，记不得了，但反正不是我，这说明，在入学的高一新生中，我还没有进入学校领导及教师的视线。开学典礼结束后，各班在解放楼前的操场上排队，再按排队次序进入教室排座位。我在高一（3）班，班主任是张乃敏老师，高中三年，他一直是我们这个班的班主任。他把我们班从会场上带到操场上我们班排队的位置，举手示意，让我们学生在他面前，按个头由矮到高一个挨一个地竖排下去。我当时的个头很矮，但我觉得比一个女生要高一点，就排在她的后边，让她当排头。没想到她说我比她矮，要我站到她的前面当排头。我再看了看她，好像觉得她讲得也有道理，我好像是不比她高，就接受了她的提议，站到了排头，不过，我转身对她说：其实，我们两人，谁高谁矮已经不重要了，反正我们俩是一个课桌。接着就是进教室排座位，不用说，我们俩的课桌在第一排。大家坐定后，班主任张乃敏老师宣布班干部名单，我同桌女生叫梁晋清，是班长，我则被指定为团支部书记。张老师要求我们提高觉悟，用功读书，注意体育锻炼，搞好团结，使我们班成为一个优秀的班集体。散会后，我对梁晋清说："现在你是班长，我是团支部书记，更没有高矮之分了。张老师不是说班干部之间要分工合作吗?"她点着头笑了。

我们这个班级，学生大部分来源于嘉中初中部，罗溪中学也不少，还有来自嘉定县其他中学如启良中学、中光中学、苏民中学等，还有几位来自南汇的。现在我脑子里还记着姓名的有：梁晋清、方明德、沈其申、张兴生、朱瑞熙、朱瑞安、费立清、王锡成等来自嘉中初中部，徐麒明、万锡其、丁庆元、倪德安、朱文侯、朱惠民、武宝东、杨造勤等来自罗溪中学，胡贤华、舒志琴来自启良中学，陈伯兴、俞汉祥来自南翔，张可根、鞠云选、蒋文元来自南汇，周侣群、王以进和我来自中光中学。除了家住在嘉定城区的每天走读外，住宿生占了大多数。从初中到高中是一个大的变化，从走读到住宿又是一个变化。怎样使大家适应这种变化，尽快了解高中生活学习的特点，形成一个具有良好生活学习风气的好班级，就成了首先要解决的问题。张乃敏老师指导班委会和班团支部围绕这个主题开展了一系列活动，组织了有关这个主题的班会和团支部生活会。记得1953年11月7日，团支部还组织了纪念俄国十月革命的活动，我还写了一首散文诗，题为《警钟》，歌颂十月革命。这首诗，先在团支部的这个活动会上朗诵了，会后登在班级的黑板报上。当时每个教室里，正面墙上的黑板供上课时教师书写提纲用，后面墙上的黑板供出班报及书写通知、课外作业用等。《警钟》这首诗后来又被刊登在校黑板报上。校黑板报陈列在解放楼门前，因为解放楼一层平时是学生饭厅，一日三餐，学生们都到食堂去用餐，餐后出来，就聚集在黑板报前读看黑板报。所以，黑板报在学生中还是很有影响和作用的。学校领导很重视，由学校团总支和学生会组成的编辑部负责出版。我当时作为一个刚入校的高一新生，能在校黑板报上发表诗作，发表后又听到了老师和学友们的好评，心里特别高兴，受到了极大的激励和鼓舞。从那以后，有一个时期，我特别热衷和迷恋于诗歌的阅读和习作，国内诗人如郭沫若、臧克家、艾青、田间等，国外诗人如歌德、普希金等的作品，还有中国古代的诗经、乐府、唐诗、宋词等作品，都从图书馆借来阅读，接着兴趣扩展到小说作品，丁玲的《太阳照在桑乾河上》、周立波的《暴风骤雨》是我当时十分崇拜的小说。12月9日是"一二·九"运动的纪念日，记得团支部在班主任张乃敏老师的指导下，组织了以发扬爱国主义为主题的团支部活动，我还在会上讲了我母亲在当年贩米途中挨日本兵脚踢的事情。

　　高一时，高三有一个学长给我留下了深刻的印象，那就是邬介人。他是学校团总支副书记（书记是老师），起初由于团工作上的接触，我认识了他。他对我这样的学弟十分热情、十分诚恳。他十分推崇《钢铁是怎样炼成的》主人公保尔·柯察金,十分重视意志、毅力的锻炼。那时高三的宿舍和我们高一在一个院子里,我经常看到他用凉水冲身,秋冬也是如此,他学习好、体育锻炼好、社会工作好,我十分崇敬他,把他视为我学习的楷模。因此,每每想到他,他微笑可亲的样子,他在宿舍院子里、学校操场上锻炼自己意志和身体的坚毅乐观神态总会首先浮现在我脑海里。有一件事情,我至今难以忘怀。有一次,我借张俊其的自行车出去办事。我出了校大门,沿着田间小道往西南方向骑,骑到一个坡地,还没有来得及刹车,车已猛冲下去,结果是我从车上被向前甩了出去,摔在地上,车子则倒在一旁。我从地上爬了起来,把车子扶起来,一看惊呆了,车子三角架下方总轴接头处一根车架被摔裂了,车不能骑了,也不能去办事了,只得推着回校。进了校门,正好碰上邬介人,他听我讲述了经过后,马上从我手中接过了车,和我一起去自行车的修理店。店主说,要将摔断处用电焊焊接起来,要5元。我没有,他马上给我付了。我当时经济上十分困难,这5元钱拖欠了很长时间,直到他要离校上大学去时,才去还他,他怎么也不接,说送给我留作纪念。后来,我在中国人民大学读书时,1959年嘉中生物教师龚继章老师到北京参加全国群英会,我们嘉中十几位学生在天安门广场和龚老师一起照相,我和邬介人在广场上见了面,知道他在北京地质学院读书。在北京,当时大家都忙于读书,中学同学之间几乎没有走动,也就没有见面。我大学毕业到新疆工作后,还经常想念着他,但就是不知他的音信。记得有一次,我的一位在新疆地质局工作的新大学生蔡文俊来新大我家看我时说,他刚从哈密出差回来,在哈密地质大队见到了我高中同学,叫邬介人。我听到后特别兴奋,急于想知道更多的信息。从我的这位学生那里得知,邬介人从北京地质学院毕业后到了西安,供职于西北地质大队。

1954年9月1日新学期开学时,我们高一(3)班升级为高二(3)班,班教室西移到了和平楼一层的最西边的教室。这时楼上的四间教室,自西向东排列为高三(1)班、高三(2)班、高二(1)班、高二(2)班,楼下一层挨着我班自西向东三间教室分别是高一(1)班、高一(2)班、高一(3)班。这就是说,我在高二的时候,嘉中的高中部都在和平楼。高二时,班主任张乃敏老师给我们上历史课,讲世界近代史。语文课老师是新来校的顾康老师,听说他原是《辽宁日报》的记者。在当时我们还是十分崇拜记者的。上了几堂课后,我心中油然产生了对这位老师的尊敬。他在分析文章时丝丝入扣、步步深入，具有极强的感染力、说服力，他讲课时那种颇具激情的神态至今还深深地、清晰地留在我的脑海之中。政治课是由翟彦章校长讲的，翟老师的政治课同时事政治结合得很紧，还很有条理性、理论性，极大地激发了我对政治理论的兴趣。关于过渡时期总路线的讲解就给我留下了深刻的印象。

记得高一时，我们班的团支部工作还受到了学校团总支的表扬，我还在团总支召开的团支部书记会议上作过支部工作经验介绍。因此，高二上学期开学后，团总支改选时，我被选为学校团总支委员。高一时同桌位的梁晋清同学这时也进了校学生会，任文娱部副部长。

新一届的团总支书记是舒志超老师，副书记是高三（1）班的李志芳同学，我被分工为宣传兼少年委员，负责宣传工作和少先队工作。当时学校里的宣传阵地主要有黑板报和校广播站。广播站由校学生会负责，黑板报由团总支负责。所以我负责的宣传工作除了定期召开各支部宣传委员会议，布置宣传工作中心和了解各支部宣传工作情况外，主要是负责组织编辑和出版校黑板报。记得当时在解放楼前面，竖立了两个黑板报的木框架，每个木框架上镶挂着两块黑板，每个木框架的上面还有挡雨的木檐，这样每期黑板报就有四块黑板的版面。我按照团总支要求组织并主持了黑板报编辑部。工作有两大部分，一是组稿、选稿、编辑；二是组织版面设计和书写。用粉笔在黑板上书写，还是很辛苦的，特别是夏天在酷热的骄阳底下，书写黑板报的同学常常写得汗流浃背。为了减轻同学的辛苦，我就自己上阵，挑太阳照射得最强的黑板抄写。后来我又想出了一个方法，找了一把阳伞，给太阳晒得最强的同学打伞遮阳。有一次，我正在组织大家出黑板报，我给一位同学打着阳伞，被翟彦章校长看见了。他走到跟前，对我说："吴元梁，你们的黑板报出得很好呀。"他指指我手里的阳伞说："你倒还顶会想办法的。"不久教导主任杨淑英老师找我谈话，她说："那天校长回到家里，在我面前表扬了你，说你很有组织能力，给写黑板报的同学打伞遮阳，很关心群众。"那次，杨老师还说了好多鼓励我的话。

我的印象中，就是在我读高二的时候，学校又在校区北侧的平房教室后面新盖了一排平房教室，在这两排平房教室的西边的一大块土地上盖起了一个大草堂。梁和柱的材料都用的是碗口粗的大毛竹，房顶结构呈三角形，房顶两个斜面铺的都是稻草，面积很大。平时就是我们学生饭厅，开会时就是我们会堂。草堂盖好后，当我们全校师生第一次在那里集会的时候，校长、老师和我们学生都十分兴奋，似乎也感受到了全国建设的热潮。我们学生在大草堂用膳后不久，开始实行居民粮食每月定量供应的制度。这对于正在长身体的中学生来说，是一件十分重要的事情。学校领导极为重视，校长在全校学生大会作了动员报告，要大家不要有什么顾虑，说目前的定量，大家肯定能吃饱。不过，既然实行了定量，大家吃饭时，就不能像过去任意地到饭桶里去盛饭，每桌发一个小桶，可以盛饭也可以盛粥。开饭前，厨房工友会在每桌上放上盛有饭或粥的小桶和一盆菜。开饭时，进了饭厅，值日生的任务是按定量把饭或粥，还有菜分给大家。这样，一日三餐时在饭厅里就显得十分热闹，也十分忙碌。分饭成了每餐值日生要承担的一件顶辛苦的差使。能不能把这件事情变得简单一些呢？当时我想，如果发明一个分饭分粥机，使分饭分粥实现机械化，那该多好啊！在那一段时期，我设想过各种分饭分粥机，还在纸上画过各种草图。说到画设计图，使我想起了进高中后，我对一门课的印象特别深刻，那就是制图课。当时每位学生配有一套制图版、丁字尺、圆规、三角板、制图墨汁。自开了制图课后，我们大部分的星期天都变成了星期七，忙着完成制图老师布置的制图作业。我们的制图课老师是火光耀。火老师的姓很特别，他对我们的要求也很特别。我们学生画图很认真，也很费时间。但火老师给的分数特别低。他当时用的是"A，B，C，D，E"五等分制，最好的得分是"C"，大多数是"D"和"E"。有一个时期，学生意见特别大，还反映到教导主任汪济老师那里去了。但后来读大学理工科的同学非常感谢火老师制图课的严格要求，说为他们打下了很好的制图基础。至于我那时热心一时的分饭机设计，因为遇到了技术上的各种难题，再加上高二时期的学习和社会工作任务也不允许我陷进去，后来也就不了了之，无果而终。

周侣群和我是初中的同学，高中又同班同宿舍，在教室里有时紧挨着，他的数学很好，是我们班的数学课代表。他家在娄塘镇东南乡下的八字桥。他父亲，人称"周老爷"，解放前思想"左"倾，和地下党员、解放后中光中学首任校长的潘世和老师是好朋友。潘老师是诗人，笔名史伍。周侣群的父亲也喜欢文艺。他家土改时被划为地主。我的印象中，土改时我们中光中学的文艺宣传队在八字桥演出时，他父亲还接待过，听老师说，"周老爷"主动献了地，属开明地主，不知道什么原因，后来又被抓走"劳改"去了。地主家庭出身、父亲又被"劳改"，这对周侣群自然产生了很大影响。这种家庭背景是他性格内向、平时寡言少语的重要原因。不过，当时学校老师和团组织都没有明确要求我们和家庭出生不好的学生划清界限，相反，教育我们要关心家庭出身不好及因各种原因而思想后进的学生。在我的认识上和感情上就根本没有另眼看待周侣群。我们是同学，而且是要好的同学，他要求入团，我作为团员、团干部，一直是他的联系人。但因为家庭问题，他久久不能入团，直到高三下学期才入团，我是他的介绍人。他从家到嘉中的来回都要经过娄塘，所以我们在星期六下午回家时，经常一起走。先从嘉定到娄塘，在我家坐一坐，喝口水，然后他再回家。同样，星期天下午回嘉定，他也先到我家，然后我们一起回嘉定学校。我们在路上边走边聊，很是高兴。其实，私底下聊天时，周侣群的话也是不少的。有一次，在回家的路上，他说，他家里有很多鲁迅的著作。这引起了我的兴趣。于是到我家我对母亲说明后，就跟他到了他家。他母亲很高兴地接待了我。他把家里的旧书都翻了出来，确实有许多鲁迅的著作，《呐喊》、《热风》等，这确实显出他父亲对鲁迅的喜欢了。记得那次我在他家住了一个晚上。

　　大概是由于进入高二后，课程和作业加重了，学生也有些反映。于是端正学习态度、改进学习方法、提高学习效率就成为班主任老师、班委、团组织关心的主要问题。为此，开展了不少活动，请高年级学习好的学生来介绍经验，组织班上同学相互交流学习经验。经过多次的座谈和交流，我逐渐懂得要学习好，端正学习态度、明确学习目的很重要，但改进学习方法也是不可缺少的。学习目的再明确，没有科学的学习方法，还是学不好。所以，我很注意从同学那里学习和借鉴学习方法。那时，我明确地、自觉地注意了下列几点：1. 上课一定专心听老师讲课，有不懂的地方及时提出，向老师请教；2. 课后一定先复习，后做作业，只有这样才能提高作业效率，不会因没有掌握老师的课堂讲解而在作业过程中白白耗费时间；3. 对下一堂的新课一定要预习；4. 经过一个阶段或段落后一定要复习。坚持这样做了之后，学习效率确实提高了。当时，上午四节课，下午二节课，接着是自习和课外活动。我的课外活动除了参加体育锻炼外，就是从事社会工作，参加团组织或学校的各种会议。不仅如此，我还有时间和精力来阅读课外书籍，主要是文艺作品，高二时主要读小说。杜鹏程的《保卫延安》出版后，我立即写信给在上海求新造船厂做工的小舅倪霭庭，请他在上海买了寄给我。我得到后，立即认真读了起来，还写了评论性的读书笔记。没有想到，这样做使我在1957年5月参加中国人民大学入学考试时派了用场。那次语文考试的作文题目是《我所喜欢的一本书》，我写的就是《保卫延安》这本书，因为写过读书笔记，所以在我的脑子里实际上是现成的，考试就写得很顺手。后来，我在校图书馆借到了周立波的新作《铁水奔流》后，更是不顾一切地读了起来。所谓"不顾一切"是说其时正是高二下学期的期终复习考试期间，我竟一边进行复习准备考试，一边却还在读这部小说。一心怎能二用呢？我还是受到了惩罚，这个学期我的成绩单上总平均成绩与高一相比下降了一分，为92分，不过还是班上的第一名。高中三年六个学期我成绩单上的总平均成绩在班上排名都是第一名（第二名是梁晋清，第三名是徐麒明），毕业的那个学期在全年级三个班中排名好像是第四，第一是一班的朱崇贤，第二是一班的高才生，第三是二班的陈龙章。陈龙章在高二时是校学生会副主席，高三时他是校学生会主席。

　　高二暑假，嘉定团县委在嘉中举办夏令营。在团县委学生部长陈志隆、少年儿童部长倪所安的主持下，由各学校团组织负责人组成了夏令营的领导班子。我作为嘉中团总支的负责人参加了夏令营的组织工作。在报到的那天，我在报到处值班，当我看到承德中学初二一个女学生在报到簿上写上"潘维玲"三个字时，我脱口问道："你是潘维玲？"她抬起头望着我说："是呀，我是潘维玲。你是……"我说："我是吴元梁。"接着，我们握了握手。这是我们的第一次见面，也是最后一次的见面，甚至在夏令营期间也没有单独见面。夏令营结束后，回到娄塘家里我曾对母亲说起过。我对母亲说："这次在夏令营见到了潘维玲。"母亲说："顶好的，你硬是不要。"我说："我不是厌她不好，而是父母包办这件事不对。"事情是这样的：大约在我小学四年级的时候，我母亲给我定了一门亲事。女方就是潘维玲，印象中她的小名是阿三。她的父亲个子很高，大人们称呼他"长脚阿猫"，她的母亲跟我的母亲很熟悉，我母亲很喜欢阿三这小女孩，就给我定了这门亲事。1949年解放后，听学校老师说"父母包办婚姻是封建，必须反对，必须解除"。其时，我二伯父也在娄塘中心小学任教，他也说："这是封建，一定要反对和解除。"于是我在家里反对母亲的封建思想，坚决要求母亲把这门亲事退掉。在我的坚持下，母亲退掉了这门亲事。当时，因为取得了反封建思想的胜利，很是得意。几年来，经过新婚姻法宣传，我母亲也明白了儿女的亲事不能由父母包办的道理。所以当母亲听我谈起这个女孩，还听出我对这女孩并无反感的情绪，就说："要不，我再去提提？"我说："不要。我现在只有一个心思，就是好好读书。其他什么都不想。"就这样，这个女孩就从我的视野中消失了。

夏令营结束后，我回到娄塘家里。有一天，见到了大堂兄吴元雄。他是我大伯吴钟麟的大儿子，也是我们吴家元字辈的长兄。我和他在年龄上差得很大，但我们一直有交往。1948年春夏之交，我的额头上长了一个痈疮，几乎要了我的命。当时，我的这位"阿桂哥哥"向我的父亲母亲伸出了援助之手，为我的治疗费用担保。解放后，他出任娄塘区工商联主任，1952年9月—1953年7月时我是中光中学的学生会主席。娄塘区区政府召开诸如抗美援朝之类的大会时，常有各界代表讲话，他代表工商界，我代表学生界，一时被称为"吴家两兄弟"，当时听到这种说法，我引以为豪。记得"三反"、"五反"运动的时候，我在中光中学读初二。在学校校务委员会扩大会议上听了潘世和校长的传达和动员后，我回到家里就把阿桂哥哥约到我家父母亲的房间里问他有没有"五毒"行为（即行贿、偷税漏税、盗骗国家财产、偷工减料、盗窃经济情报），他要我放心，他没有"五毒"行为。我到嘉中后，交往减少了。这次假期见面，我们两人都很高兴，好像都有好多话要说。他说，南货生意不景气，所以他想把吴永顺南货店关掉，资金用来办鸭场。他说，我们住宅东南一里多路的几个池塘和一个泾湾很适合养鱼、养鸭，还可以养猪，说猪、鸭、鱼在食料、粪便上可以联起来、相互为用。而猪、鸭、鱼的销路非常好。他讲得有声有色，我听得有滋有味，十分投缘。[①]

1955年9月1日，新学年开始。开学前的几天，组织了新生接待工作。当时嘉定四周乡镇的学生都自己背着行李，手里提着装有脸盆等洗漱工具的网兜，步行到嘉中报到。办好入学手续后就住宿在学校。家住嘉定城里或城郊的学生则走读，早来晚归，中午带饭，学校食堂给加热。城里家离学校近的学生则中午回家吃饭。记得有一天，我们几位参加新生接待工作的同学被

---

① 吴元雄，1941年春抗日战争时期加入中共娄塘地下党组织，任党支部组织委员，以"吴永顺"店号为联络站，进行反敌伪统治的抗日革命活动。1943年冬与党组织失去联系，虽经努力，也未能接上关系。1945—1949年国民党统治时期任娄塘镇一个保的保长。1949年新中国成立后，积极响应党和政府号召，做了大量对党对人民有益的工作，曾任娄塘区工商联主任、娄塘区抗美援朝委员会主任，1950—1953年间，为嘉定县人民代表会议代表，实行普选后的1954、1955年两次当选娄塘镇人民代表，出席嘉定县人民代表大会。1956年被公安局以反革命罪宣布管制一年。1958年10月被公安局以反革命罪逮捕，1959年被法院以反革命罪判刑7年。1965年服刑期满，留劳改农场4年，1969年遣送回家，又由生产队戴上反革命帽子。党的十一届三中全会后，嘉定区有关部门接受他本人申诉后，先后撤销了当年对他的错误决定和判决，给予平反。后又经多方联系和证明，他当年参加中共娄塘地下党组织及从事革命活动的历史也得到了有关部门的肯定，并在退休待遇中得到了一定的补偿。1999年2月6日病故，享年82岁。

要求迎接来自娄塘的新生。娄塘到嘉定有八九里路。那天，我们出了嘉定北门，一直走到黄庆，才接上了这批新生。其中有与我同住在南塘海的瞿茂松，还有初一时和我同桌、后来因病休学而降班的印萍同学。她刚休学时我曾到她家去看望过几次。这次见到她真是高兴，我接过了她的行李和手提网兜，边走边和她及其他同学说话，因为他们都是我中光中学时期的低年级的同学。印萍和瞿茂松报到后都被分在高一（1）班。

　　开学后不久，根据嘉定团县委的要求，原来的校团总支升格为校团委，每个年级设团总支，每个班设团支部。当时全校有青年团员近300人，在解放楼一层的大礼堂里召开了全校团员大会，由大会选出了校团委委员。团委第一次会议上经讨论和举手表决进行了分工。政治辅导员、原团总支书记舒志超老师当选为校团委书记，我为副书记。记得校团委成立后不久，召开过支部宣传委员会议，布置和讨论新学期的宣传工作。印萍也参加了会议，她是班团支部的宣传委员。后来好像还聘请她当了初一少先队的辅导员。

　　我们高三三个班的教室全部在和平楼的楼上。我们高三（3）班的教室在楼梯东侧，楼梯西侧是高三（2）班，再西就是高三（1）班。我们高三（3）班的东侧是高二（1）班。和平楼是东西走向、坐北朝南，教室南边的窗户向阳，光线很好，北边窗户临走廊，走廊外沿在一层和二层各有六根方形柱子，楼上的走廊外沿柱子间有水泥围栏，半人高，十分安全。我们常常或凭栏眺望，或依栏聊天。我进入高一时，因个子矮，只能坐在最前的第一排，经过两年的锻炼和成长，我的身高长到1.7米以上了，所以我的座位往后移动了两排，在第三排。在我的记忆中，和我同一个纵列的有张敬才、周侣群。张敬才好像参加过志愿军，他的作文写得很好，散文、抒情文写得尤其好，文字很美。这时我们的语文老师是班主任张乃敏老师。张老师很欣赏张敬才的作文，经常在课上给我们朗读。我们班作文写得好的还有张兴生、梁晋清等，我也是老师喜欢的一个。因为高三了，班主任老师很注意对我们进行理想和志愿的教育，记得张老师还给我们出过一个作文题目：《当我25岁的时候》，我好像采用了散文诗的体裁。关于这篇作文，我后来经常回忆起来的内容是，当我25岁的时候，我带着自己发表的作品，回到母校，向老师献礼，说在我的作品中包含着母校教诲、老师的心血——我就是母校老师的作品。现在回想起来，就是在这个时期，我在小时候母亲对我的"望子成龙"的思想影响下，逐渐形成了一种自觉的、强烈的成名成家思想。当时，我对哲学还一无所知，接触较多的是文学作品，所以自己就十分向往将来成为一个作家、文学家。那时，学校和团组织都十分重视组织学生成立各种各样的课外活动小组，如课外物理小组、课外化学小组、课外生物小组、课外英语活动小组、文艺学习小组，等等。这些小组或在老师的指导下，或在某一方面有特长的学生的带动下，内容十分丰富，形式也很灵活，在推动学生的知识和能力的发展上起了很大的作用。我参加了文艺学习小组，还订了一份《文艺学习》的杂志。在文艺及哲学方面，班上的张兴生同学给我留下了终生难忘的印象。

张兴生个子很高，他的课桌在教室的最后一排。他是团员，但性格内向，生性腼腆，不善与老师、同学交往。团支部要求我和张兴生联系谈心，引导他积极参加集体活动。我和他的交往，从共同的文艺爱好入手。我们经常在教室外走廊里，倚着围栏聊天。没有想到，一谈起文艺，他的话匣子马上打开了，而且是侃侃而谈，滔滔不绝。什么现实主义浪漫主义啦，什么高尔基、鲁迅啦，什么周扬的《生活与美学》啦，他都会给我讲出一大套。他还给我介绍了巴人的《文学论稿》。他讲起来，语调不高，语速不急不慢，但让我极有兴趣。那时，农业合作化运动正在全国农村如火如荼地进行，李准的小说《不能走那条路》也是他告诉我的，还有刘绍棠的《运河的桨声》。那时，我对哲学还很生疏。可是，他却知道得很多，什么对立统一规律、量变质变规律、否定之否定规律，他都能讲出一套一套的，简直太神了。我还读过他写的没有发表过的短篇小说。这样的交往和交流，一直持续到毕业。现在回想起来，嘉中时期，我的哲学理论上的启蒙老师，除了校党支部书记、校长、政治课教师翟彦章老师外，就是张兴生同学了。至今，我还保留着毕业时我和他，还有朱瑞熙三人一起的照片：三人穿着白衬衣并肩挨着的半身照。朱瑞熙后来考上了复旦大学的历史系，大学毕业后又考上了四川大学历史系的研究生，毕业后到了中国社会科学院中国历史近代史所。1978 年后，我到社科院读书和工作后，曾到建外社科院宿舍去拜访过朱瑞熙。后来听说他调到上海师范大学古籍研究所任所长了。朱瑞熙在宋明思想史研究方面很有成就。就是张兴生在高中毕业后，再也没有见过面。听说他毕业的那年没有考上大学的中文系，而是考上了南京大学的地理系。后因神经衰弱休学，改学中医，在嘉定周围行医治病。据杨淑英老师说，张兴生医术很高、医德很好，受人欢迎。有一次回嘉定后，请杨老师转告我想见他一面，但还是未能如愿。现在到了人生古稀之年，每每回首往事时，总要想起他，多么希望能再见上他，当面感谢当年交往中他对我的哲学启蒙。

大概不是在 1955 年的年末，就是在 1956 年的年初。有一天，教导主任杨淑英老师找我去谈话。她要我谈谈对中国共产党的认识。当时我没有读过马克思、恩格斯、列宁、斯大林、毛泽东的著作和传记，也没有系统地学习过马克思主义、社会主义、共产主义的理论和历史，因此对国际共产主义、中国共产党没有什么理性的认识。但是，1949 年解放和新中国建立之后我们家的变化，以及我自身的经历和感受，还是使我对中国共产党积累了一些感性认识。另外，高中这几年里，我们在课上学了中国人民解放战争史、学习了过渡时期总路线和宪法知识等历史课和政治课，也使我对中国共产党有了一些粗浅的理性认识。因此，我对杨老师说，中国共产党很伟大，她领导的中国人民解放军打败了国民党的八百万军队，解放了全中国，建立了新中国，使全国人民得到了解放。我说，对国家来说，没有共产党就没有新中国。对于我来说，没有共产党就没有我家的今天，就没有我自己的今天。解放前，我们家很穷，父亲只好去当脚担、当搬运工，母亲除了种一点地外，还经常要打短工、给纱厂女工洗衣裳，即使这样还是经常吃了上顿没有下顿。如果不是解放，我读完小学就会到上海去当学徒。解放后，土改时，我们家划为贫农，分上了两亩地和一些家具。共产党还使父亲戒了毒。我上学还享受奖学金和助学金，成了学生干部，加入了少先队、青年团。共产党是穷苦大众的救星。杨老师听了我的诉说后说，从你家和你自己的经历感受党的恩情，是好的，但这是一种朴素的感情。这种感情还没有超出个人利益的狭隘眼界。如果仅仅停留在这样的眼界，那么党的政策满足你的个人利益时，你就觉得党好；反过来党的政策不能满足你的个人利益时，你就会觉得党不好。我们不能停留在个人利益的眼界，而要从工人阶级的利益、劳动人民的利益、全国人民的利益出发来认识党的性质、宗旨和党的方针、政策。杨老师的一席话使我受到很大的教育，当即我表示要学会从个人利益的眼界上升到从工人阶级、劳动人民、全国人民利益出发的眼界。杨老师在肯定了我的表态后接着问我想不想加入共产党，做一个共产党员。在得到我的肯定的回答后，又告诉我要好好学习党纲和党章，要了解党的性质和宗旨，要明确入党目的，端正入党态度，等等。最后，拿出了两本书，一本是刘少奇的《论党》，一本是刘少奇的《论共产党员的修养》，让我好好学习。不久之后的一天，杨老师通知我晚上到她家里参加一个会。我到她家时，校长和杨老师都已吃过晚饭，那天参加会议的有六七位老师，学生有我，还有高二的徐少锦。大家坐定后，翟彦章校长宣布党支部会议开始。这次党支部会议是讨论一位教师的入党问题。先由要求入党的教师读了自己的入党申请书，接着介绍人进行了介绍，再接着是党员们发表意见并举手表决通过了这位教师的入党。最后，翟彦章老师作为支部书记对这次会议进行了总结，要求党员加强党性锻炼，加强党的观念，在学校建设中发挥先锋模范作用。要求党外积极分子努力学习党纲党章，进一步明确入党目的，端正入党态度，使自己在思想上和行动上达到共产党员的标准。这个会使我感到十分庄严、十分神圣，自然也十分兴奋、十分自豪。当时，党组织和党员身份在学校里似乎还没有完全公开。所以在校长家里参加党支部会议还有一种神秘的感觉。不久，又有一个好消息降临到我的头上。这个消息也是杨老师通知我的。她对我说，学校要保送我留苏，还关切地问我有没有女朋友。当时我说没有并表示我现在只想好好学习，将来做一个作家、科学家，她非常高兴，鼓励我说，年轻人应该有远大的志愿和理想，要有共产主义理想。学校党支部要发展我入党、学校领导要保送我留苏，这两大消息虽因杨老师千叮万嘱要保密，被严严实实地存放在我脑海里，嘴上没有向任何人透露，但是我的心里还是充满了兴奋，夜晚有时竟高兴得不能入眠，憧憬着自己辉煌的未来人生道路。那时，我怎会想到在这些好消息之后，将有一系列的磨难等待着我。

那时，全国的农业合作化运动已经走向高潮。我也风闻嘉定县马陆高级社、宝山县季德章领导的高级社办得十分出色。而季德章的高级社正是在同班同学朱文侯、朱惠民的家乡。出于对农业合作化运动的向往，也受了朱文侯、朱惠民叔侄俩的热情邀请，一放寒假，我就跟他们一起到了他们家，在他们的引导下，走马观花地参观了那个高级社，好像住了两天就赶回了娄塘家里。寒假中，我和其他回娄塘过寒假的同学一起参加了镇政府组织的春节文娱活动。在讨论如何开展活动时，七嘴八舌的，讨论很热烈。我在发言中还明确地表示了不同意另一位同学的意见。活动方案定了之后，我们都在娄塘中心小学的教室里排练。记得我和印萍、王希玉等四位女同学一起排演了一个名为《四姐妹夸夫》的小话剧，我在剧中扮演父亲，四位女同学扮演四姐妹。剧本通过四姐妹春节回家拜年在父亲和姐妹面前夸自己的丈夫来歌颂农业合作化带来的农村的新气象、农民的新生活。排练结束后，有时我们大家又一起捉麻雀，那时麻雀已被定为"四害"（老鼠、麻雀、苍蝇、蚊子）之一，"除四害"也是我们寒假活动的任务之一。麻雀晚上都宿在房顶瓦盖的槽中。所以，男生就带了手电，上到小学教室的房顶上，翻开瓦盖，用手电一照，就是没有睡着的麻雀也一动不动，我们一人持手电，一人翻瓦盖捉麻雀，捉住后，把麻雀头拧下来，扔下去，女生接住计数，最后把数字报给镇政府。每晚活动结束后，我们就三五成群地回家。寒假过得很充实，也很有意义。

新学期开始，党和国家号召向科学进军，加上我们到了高中的最后一个学期，是毕业班，所以理想、志愿成了工作的主题。我积极地投入并组织了这类主题活动，自己也在活动中受到了教育。当时，虽然也知道要树立共产主义理想，也知道国家的需要就是我们的志愿，但这两条在我脑子里还十分的抽象。比较具体的是：一要入党，成为一个光荣的共产党员；二要向科学文化进军，成为一个文学家、科学家。这就是说，在这样的氛围中，我的成名成家的思想得到了进一步的强化。开学不久，杨老师找我去谈话，我向她汇报了寒假工作情况。她告诉我有同学反映我在娄塘的寒假工作中有骄傲自满情绪，听不进不同意见。她耐心地给我讲一个人为什么不能骄傲自满、为什么必须学会听不同的意见。从这以后，克服和防止骄傲自满情绪，正确对待他人、正确对待群众，善于听取不同意见，成为我加强自我修养的一项重要内容，这件事对我后来的为人处世、对我的性格都产生了深远影响。有一次同杨老师谈起家里的经济困难，杨老师当即说她和校长都忙于学校工作，家里虽有外婆照应，但还是顾不过来，她热情地建议我母亲到她家帮忙，帮助外婆带带翟新和做点家务，她付给我母亲工资。我回家说了之后，父母亲非常感谢翟校长和杨老师的关心，随后，我带母亲到了校长家。我妹妹元芳同翟新都是1953年生的，那时芳芳也刚三岁，我母亲因放心不下妹妹，只在校长家干了两个月就告辞了，临走时杨老师连送带付地给了一笔"工资"，我母亲也连连感谢。

当时，学校贯彻党的教育方针，要把学生培养成为在智育、德育、体育、美育四个方面全面发展的人才，还提出了优秀学生的标准，号召学生争当全面发展的学生、优秀学生。记得当时优秀学生的标准是期终成绩单上各科成绩总平均分在85分以上、品德操行评语为甲等、体育成绩为劳动卫国制预备级及格。记得体育课上有过这样一个场面，那是一次爬竿考试，这是劳卫制预备级的一个锻炼项目，双手握住悬挂着的毛竹竿，靠手臂收缩和提升的力量，向上交替移动双手，将身体上引到竿顶。然后双手双脚抱住竹竿，松开双手下滑到地。万锡琪同学上到离竿顶一尺的时候，停了下来，身体垂挂在竹竿上。我们大家当起了拉拉队，同声呼喊："你离优秀生还有一尺，加油！"不知是静止休息了一下的关系，还是我们关于优秀生目标的加油使他增加了动力，他还是使劲拉了上去。记得1960年万锡琪从吉林大学物理系毕业后到北京中国科学院报到时，还到人大哲学系的东风楼去看过我。后来则失去了联系，至今我不知他在何处。

为了帮助我们高中毕业生选择高考志愿，学校组织了我们到上海参观，好像是在"五一"前后。我们在南翔坐火车到上海，住宿在圣约翰大学，那是一所教会学校。我们第一次见到抽水马桶，很新奇。但听说我们离开的时候，好多抽水马桶被用坏了。在上海，我们参观了交通大学。好大呀，简直比我们一个娄塘镇还要大。那时交通大学举办了一个校庆展览会，我们听了介绍，还参观了交通大学的校庆校史展览会，还听了关于交通大学党组织在解放前的地下斗争革命传统的介绍。还访问了上海作家协会，是上海作协党组书记靳以等好几位上海著名作家接待的，他们给我们介绍了上海作协的情况，各自谈了自己从事文学创作的体会，他们都十分强调作家要深入生活，要向工农兵学习，要写工农兵，文艺要为工农兵服务。上海之行当然使我们这些高中毕业生内心的志愿和理想的火焰燃烧得更加旺盛。

这个学期越到后来，志愿理想问题越变得突出和紧迫。记得有一个晚上，校长在行政楼二楼的一间办公室里召开了毕业生工作会议，我作为学生代表参加了这个会议。校长传达了县教育局关于毕业生工作的安排，传达了上级关于高校招生的方针和精神。校长说今年党号召优秀的高中毕业生报考师范大学。关于动员报考师范和师范大学的事，校长讲了很多，他说了经济建设需要各种建设人才，而人才是靠学校培养的，办好学校就要有大批大批的教师，因此就需要大批优秀的毕业生去报考师范和师范大学。他还说，要改变看不起教师的错误观念，不能把教师说成"小孩王"，而应该把教师看做人类灵魂的工程师。校长对着我说："吴元梁，你是团干部，又是优秀学生，你对教师职业和报考师范是怎样看的？"我说："校长刚才说得很好，教师是人类灵魂工程师，教师职业很崇高、很光荣。"校长没等我说完就问我，那你准备不准备报考师范大学？能不能带头报考师范大学？我接着回答说，我响应党的号召，带头报考师范大学。校长听了我的回答很高兴。第二天下午，在大草厅中召开了高初中毕业班学生大会，我主持会议，校长作毕业工作动员报告。他向全体毕业生传达了党和国家号召大家积极报考师范和师范大学的精神，并说你们的团委副书记吴元梁是大家都知道的好学生、优秀学生，他昨天在校务会议上已经明确表示要带头报考师范大学，你们要向他学习。大家热烈鼓掌。我坐在主席台上倒有些不自在。大概过了两个星期，有一天下午，班主任张乃敏老师把我从教室里叫出去，他倚靠在走廊的围栏上，我也倚着围栏。他告诉我，上海交通大学大部搬到西安后，留下部分成立了上海造船学院，来学校招生，数量很大。他说我的文理科成绩都很好，可以考虑报考。我说，我已在校委会会议上表态要带头考师范大学，校长也在毕业生大会公开了。张老师说，现在是动员酝酿阶段，志愿可以反复。我想了想说，优先报考师范大学是党和国家的号召，也是我刚表明的态度，就不改变了。大概就是在那个时候，我先后填写了两份志愿书，先填的是杨老师代表党支部让我填的入党志愿书。大概是校党支部认为我入学三年来表现不错，在听到上级单位没有批准我保送留苏后也没有闹情绪，在响应党和国家毕业生报考师范大学的号召上表现得也很积极，所以，党支部让我填了志愿书。大概就在我填了入党志愿书后不久，我小舅倪霭庭一次从上海回娄塘过星期日假，他对我说，他工作的上海求新造船厂党组织要他填一份入党积极分子的材料。我因为刚写过这类材料，就帮他填写了。他口授，我笔记和加工。当时我的心理自然是十分愉悦和高兴的。我首先为小舅高兴。小舅在我从小到大的成长中所产生的潜移默化的影响是十分巨大的，我很崇敬和爱戴他。当然，我心理还有一份特殊的高兴，那就是在入党的路上我比他走在前面，因为我已经填写了入党志愿书。当时我哪里会想到后来的曲折和磨难。在这些事情之后不久，我和同学们一起填写了自己的高考志愿书，第一志愿是北京师范大学，第二志愿是东北师范大学，第三志愿是华东师范大学。每个大学填三个系，都是政教系、中文系、历史系。接着就分文理科复习。我参加了文科复习。那年，高校扩招，动员在职干部报考。有些报考的在职干部也来学校和我们应届毕业生一起复习。

那年我们嘉中高考的考区在苏州。我们必须在嘉定坐汽车到南翔，在南翔坐火车到苏州。学校对组织好高考是十分重视的。记得出发前的一天，专门吩咐高三团总支召开了考前动员会。当时高三团总支书记是原高我们一级、后因病休学一年后复学的唐源昌。在解放楼二层会议室开会。唐源昌主持会议，校教导主任作了动员，带队的还讲了许多注意事项。那晚，我和其他毕业生坐在一起听讲，我一边听着，一边左手不时地按摩着左膝盖。谁知，到会议结束时，我的左膝盖肿了起来，左腿竟不能弯曲了。同学们搀扶着把我送到了校医室，校医给我热敷、上药，都不见效。学校杨老师、班主任张老师都围着校医，希望他能立即治好我的膝盖的红肿，但迟迟不见效。记得杨老师叫我好好休息一个晚上，看明天早晨（的情况）再最后决定。遗憾的是，第二天早上，左膝盖周围的红肿没有消退，左腿还是不能屈伸。学校只好决定我不去苏州参加高考。到苏州去的老师和同学来告别的时候，说了许多安慰和鼓励我的话，我深深地感受到了老师的关怀和同学的感情。苏州高考回来后，班主任张老师和同学们又都来看望我，同学们告诉我他们参加高考的感受和体会。梁晋清同学家住在嘉定城中，她每天从家里来到学校医务室看望我、照料我。校长杨老师也来看我，告诉我说，学校已同省招生委员会联系讨论我的上学问题，要我安心治病。经过一段时间的治疗，我的左腿膝盖消肿了，腿也能弯曲下地了，不过我没有立即回家，在学校里又住了几天。55届的张俊其、吕佐臣从北京回来度假，来母校看看，他们两人都是我的好同学、好朋友。他们在学校里转悠了一天，晚上我和他们一起睡在行政楼的会议室里的大桌子上。张俊其在北京航空学院上学，吕佐臣在北京工业学院上学，他们两人给我介绍了大学的学习生活情况。听我叙述了因病未参加高考的经过，十分同情我，也说了好多安慰我的话。问我今后的打算，我说现在还没有什么想法。他们说，大学还是要上的、一定要上的，读不读大学对一个人的发展影响是非常不同的。他们说我学习好，鼓励我明年再考。他们的建议自然非常合乎我的心意，我当即表示第二年一定参加高考。

又过了几天，我就回到了娄塘家里。那时，屠文虎一家还借住在我家的"北间"里，他父亲、继母、爷爷、弟弟和他在我家借住了好多年，我小学四年级生病时，他家已借住在我家了。他的父亲毛笔字写得特别好，因此他也写得一手好毛笔字。屠文虎一直比我高一个年级，但在我初二那年，他转到我们班上。那年上年级转到我们年级的有十几位同学。1953年初中毕业后，屠文虎考取了上海工业管理学校。这次他回到娄塘，已从管理学校毕业。他告诉我他已经入党了。我很为他高兴。还有，韩锡秋是我的一位邻居。他们韩家紧挨着我们吴家。他长我几岁，高我两个年级。从小学时起，我就经常到他家里跟着他玩，他也像一位大哥哥那样地带我。记得他带着我一起学习刻章，我们在肥皂上刻过，在黄杨木上刻过，在石头上刻过；我们还在一起捉蟋蟀，斗蟋蟀，把竹管做成蟋蟀筒；他还带我一起做课外作业。他从中光中学初中毕业后，考入了太仓师范学校，毕业后分配到昆山当小学教师。其时因放暑假，他也在家。我们见面时，他也向我谈起他不久前入党的事情，并问起我的情况。听了我的叙述后，他鼓励我说，入党问题一定会解决的。还有，我小舅从上海厂里回来也告诉我说他入党了。周围的亲戚、同学纷纷入党，使我兴奋，也使我受到鞭策。

就在我在家休养的时候，一天接到嘉中教导主任汪济老师捎来的口信，说新疆生产建设兵团来招收高中毕业生，到新疆学两年维语后当中学教师，希望我积极报名。我准备报名，但是又想我的事情要听取一下翟校长和杨老师的意见，就给在松江开会的翟校长发了一个电报，向他汇报了这件事。很快传来了校长的答复：要我在家安心休养，工作问题由学校安排。这样，1956年9月1日新学期开学时，我在嘉中参加了工作，按校长的安排，我接替舒志超老师，成为团的专职干部，因为舒老师已考取了中国人民大学，到北京读书去了。我从原来的校团委副书记变为校团委书记（已入党的高三学生徐少锦任校团委副书记），同时我被安排在物理教研室当初二的物理教员。翟校长对我说，从学习到工作、从学生到老师，这是人生道路上的重大变化，要适应这种变化，把工作和教学任务完成好，政治上要严格要求自己，要用党员标准要求自己，做到思想入党，在组织入党的问题上不要有急躁情绪；业务上也要不断提高自己，要做一个学生欢迎的教师。校长对我要求很严格，对我也有期待。我似乎体味到了校长对我的要求和期望，下决心实践校长的要求和嘱咐。我的办公桌在物理教研室，当时教研室的主任是周礼平老师，教研室有七八位老师，有我高三时期的物理老师宋赞平老师、教初中物理的俞世勃老师等。俞老师是党员，又和我教一样的课，对我很热情，极其耐心地带我备课。第一次和老师们坐在一个办公室，第一次走进教师食堂和自己昨天的老师一起进餐，确有一种新鲜、兴奋、激动的感觉。记得第一次领到工资后，除了交一个月的9元餐费外，全交给母亲了。母亲见自己儿子挣钱了，当然是极其高兴的。我的工资好像头半年是36元，半年转正后是49元。我教初二两个班的物理课。现在留给我印象最深的有两件事：一件事发生在我到初二（1）班第一次上课的时候。开始上课后，我说，我第一次当教师，第一次给你们上课，先自我介绍一下，我叫——，还没有等我把自己的名字说出来，有学生说我们认识你，你是西伯利亚的狼。我笑了，接着我还是在黑板上写了"吴元樑"（20世纪80年代初北京朝阳区公安局给我办身份证时，大概由于当时电脑输入法中找不到这个"樑"字，就在没有经我本人同意的情况下改用了这个字的简体字"梁"字，从此我的名字有了两种写法。在日常生活中，特别是到邮局领取汇款时经常遇到麻烦）三个大字。我想起来了，他们是认识我的。他们在初一时，在二部。我当时到他们那里参加过他们的少先队活动，给他们讲过西伯利亚狼的故事。接着，我就开始讲课。初二物理课是新课。所以第一节课带有绪论性质，讲什么是物理，怎样学物理。还要介绍物理实验的工具。那次我带了烧瓶、暖瓶等。我介绍了烧瓶的用途后，又讲暖瓶的用途。讲的过程中，把烧瓶盖和暖瓶盖都打开了。讲完后，在盖瓶盖时，我把烧瓶盖按到暖瓶上，结果因为烧瓶盖小就掉进暖瓶中去了。有几个学生笑了起来说掉进去了。我也笑了。我当然立即意识到放错地方了。不过，我马上机智地说，这说明小盖子是盖不住大瓶口的，对不对？学生们倒是配合得很好，齐声响应道："对。"另一件事发生在我上课的另一个班，初二（3）班，时间是星期一上午的第四节课后。嘉中初中部的学生中住宿生比例很大，家不在嘉定城里而在各乡镇的都住宿在学校，星期六下午回家，家长们都会给在学校里住宿了一个星期的孩子做点好吃的，星期天下午来学校时还会带各种零食。星期一的课间常常成了学生交流零食的时候。那天，上午第四节下课后，学生们都走出教室到食堂吃饭去了。我因为要收拾教具，在学生都出去后才离开。当我抬起头准备走的时候，发现教室中间有一位学生手捂着腿，还坐在座位上。我走上前去说，你怎么还不去吃饭呀？他说我走不了，同时把捂着的手翻过来，我一见吓了一大跳，说课上你怎么不说呀？他说："吴老师，我说了，你的课就上不下去了。""那倒是。"我回答着，立刻背起他来，往医务室跑。请校医给他腿上的伤口消毒并包扎。事情是这样的：他的同桌从家里带了零食来，上课时悄悄地塞给他，要他吃，他不吃，说好好听课。又塞给他，他又推回去。谁知这个同桌的小孩一生气，用削铅笔刀在他腿上扎了一下，出了血，他赶紧用手捂住，不事声张地一直坚持到下课。这个学生小小的年纪，却如此懂事，如此地为老师的课着想，他的思想和行为深深地感动了我。这使我体会到了教师的光荣和责任的重大，也增加了我对中学教育事业的感情。

　　一个月后，我回到娄塘家里，对父母亲谈起了我当教师的感受。母亲说，罗志方伯母的女儿回家说你是她们班的物理老师，还说你好。母亲接着说我看那女小囡挺好，要不要我给罗志方伯母说说。我说，妈你又说到哪里去了，我还年轻，现在还不是谈恋爱找对象的时候。记得从我十岁的时候起，我母亲就为我的婚姻大事操心，只要一遇到她认为合适的女孩子，就会给我说对象。

这个学期快结束的时候，学校团委请了嘉定团县委书记李芳同志来讲农业发展纲要。会议在学校的大草厅里举行。我主持会议，校长坐在主席台上作陪。李芳也是嘉中出去的学生，是嘉定本地干部，家在娄塘区的李家楼。李芳口才很好，组织能力很强，在当时嘉定团干部中有极高的威望。这次报告也讲得很生动，结束时学生们报以热烈的掌声。散会后，我和校长一起陪李芳同志到校长办公室稍事休息。李芳指着我对校长说，团县委希望调吴元梁到团县委任学生部长，望校长放行。校长说："对不起了，我不能放行。第一，元梁刚毕业参加工作，缺乏社会生活的实际阅历和工作经验，放出去，我不放心；第二，嘉中两任团干部都走掉了，舒志超不是考到人民大学去了吗，吴元梁因病没有参加高考，被我留下了，我决心好好培养他。"看校长很坚决，李芳同志也就不坚持了。当时因为我刚在嘉中工作，心里还想着明年考大学的事情，所以虽然很感激校长对我的器重和不放我到团县委工作，但没有想到校长这个决定会对我一生产生深远的影响。后来，大概是1958年的年初，那时我已在中国人民大学哲学系读书，听到嘉定传来的消息，在嘉定反右斗争中，李芳被划为嘉定的大右派，当时的嘉定报上头版头条进行了长篇的批判性报道。听说团县委绝大多数都当了右派，和我在工作上曾经有过密切联系的学生部长陈志隆、少先部长倪所安都当了右派。这种消息对我来说绝对是爆炸性的，我的心灵深处受到了极大的震动。我真的不能相信他们会反党反社会主义。李芳在我的心目中享有极其崇高的地位，我把他当做我学习的榜样。假如1956年底校长同意我调到团县委工作，我一定会在反右斗争中跟着李芳的，还会全力维护李芳的，那我的前途除了当一个小右派外，还能有其他结果吗？我心里这时才真正意识到了校长不放我到团县委工作对我所起的保护作用，对我一生的发展所具有的历史意义。李芳、陈志隆、倪所安等被划为右派后，被下放到乡下劳动改造去了。他们在党的十一届三中全会后的平反浪潮中都被平反了，李芳还出任了中共川沙县的县委书记，被评为全国模范县委书记，还曾经和翟校长、杨老师一起来北京会见了嘉定在北京工作的校友们。陈志隆、倪所安后来的情况不清楚。我想一个高中毕业生的我到了团县委当了右派，其后果不会比陈志隆、倪所安好到哪里去，当然就不是今天的我了。虽然，平反以后，右派的经历并不丢人，甚至还是一种光荣，但人的生命只有一次，而且是有限的，岁月无情，失去的岁月再也补不回来了。说真的，每每回想到这段历史时，我总会不由自主地激动起来，控制不住地涌出泪水，我会在心里默默地感谢校长当年不放我到团县委工作的英明决定。人生就那么几十年，经常是关键的几步就决定了一个人一生的命运。

寒假到了。我先回家看望了父母亲。因弟弟元裕六年级了，暑假后要参加升初中的考试，受父母亲的托付，就将弟弟元裕带到嘉中，住在我的宿舍里，希望他好好补习功课。谁知学校里玩的东西更多了，我这贪玩的弟弟玩得更来劲了，和物理老师袁项猷的儿子一起整天整天地在解放楼的大理石地面上溜旱冰，没有办法，只得在一个星期后将弟弟送回娄塘家里。寒假里我还在自己宿舍里接待了从北京归来的老同学唐源昌，他在1956年暑假毕业后考入了中国人民大学哲学系。晚上，他问我和印萍的关系是什么关系，是不是恋爱关系。我随口说道，我和印萍曾经同班同桌，也一起参加过演出，比较谈得来；至于说谈恋爱，还没有。我自己在立业之前不会谈恋爱。他又说，都快20的人了，也该考虑个人问题了。我十分感谢他对我的关心。不过，1957年我也进了人大哲学系后，我们在人大读书的几位嘉中学友舒志超、顾其昌、唐源昌、徐少锦及我经常在一起聊天。有一次我听见舒志超老师对唐源昌说，看上去，你好像不是很高兴，是不是印萍没有来信。我这才知道唐源昌和印萍有联系。

当时我面临的问题确实还不是恋爱问题，而是入党问题、上不上大学的问题，也就是立业的问题。人们常说成家立业，似乎应该是先成家后立业，但就我当时的思想和心绪来说，不先解决立业的问题，好像没有心思去考虑成家的问题。事情是这样：参加工作后，校党支部还经常吸收我参加党支部会议，但我的入党问题一直没有讨论，一个学期过去了，还是没有音讯。我心里很不是滋味。关于今后的发展问题，校长说，学校工作需要我安心现职工作，至于以后的发展，学校和组织都给予了考虑，不上大学一样可以提高，可以走读函授大学的路。我很矛盾。想想校长和杨老师这几年来对我的培养，想想学校工作的需要，还想到党组织正在考验我，就觉得应该按照校长和党支部的要求，安心工作，不想考大学的事情。记得我还从校图书馆借来了华东师大的数学函授教材来自学。我想，既然华罗庚通过自学可以成为数学家，那我通过自学达到大学水平的路应该也是走得通的。我先自学高等代数。读懂和能读下去时，情绪就高，觉得此路可走。但读不懂和读不下去时，心里就又犯难了。走自学之路的决心又动摇了。刚放寒假的时候，我和少锦到松江参加了团地委召开的专区中学团工作会议，在松江一中。报到登记时，我在政治面貌一栏里填写团员，少锦当然填写党员。接待人员还风趣地说，你们嘉中倒很有趣，书记是团员，副书记是党员。少锦替我圆场说，他也很快会入党的。在这样的场合，我不便多说，只是点点头。但心里还是油然地升起了一种不快的情绪。我们住的那个教学楼是三层楼，楼内没有厕所，起夜必须下楼到楼外的厕所，我好起夜，有时还梦遗，真是让我十分狼狈。精神上的、身体上的这些经历使我很不痛快。特别是寒假期间，经常有上大学的同学来学校谈起大学生活，我听了之后，心里的天秤重心又滑向了考大学的一边。慢慢地，在我头脑里形成了这样一个矛盾：要入党，就要听从学校和党组织的要求，安心在嘉中工作，不考大学；考大学就是不听学校和党组织的安排，就是个人主义，就是不能经受考验，就不能入党。究竟该怎样选择，我很苦恼，也经常反反复复。我在校长、杨老师前的表态，常常今天说，听学校安排，安心工作，明年不考大学；可是过了两天又会说，我想想还是要考大学。我当时读了一点唯物辩证法方面的书，心想不读矛盾理论，还不知道矛盾，读了以后反而时时处处都在矛盾之中，我真有一种身陷矛盾而不能自拔的感觉。我的头脑和思维，从没有矛盾的童真时期进入了知道矛盾而又不知道怎样处理的悖论时期。校长和杨老师说我有个人主义的患得患失情绪，要我克服。我从内心深处接受他们的批评，也不断下决心克服患得患失情绪。但不知怎么搞的，越注意克服，患得患失情绪越严重，我在现实的、思想上的、精神上的矛盾面前真是无所适从。说来也怪，8 年之后的 1964年，我因"合二而一"的文章挨了批判以后，觉得我这辈子就这样了，也没有必要再去费心思思考了，那样一想反而没有患得患失情绪了。从那以后，在重大的政治风浪中，每当出现利益得失的问题时，我都能不计个人得失而勇往直前。所以，翟校长、杨老师要我克服患得患失心态的教育，还是深深地对我的精神世界、对我的世界观产生了重大而深远的影响。

春节的年初二，在解放楼礼堂开了校友联欢会，来参会的主要是 56 届毕业生，也就是我高三同年级的同学们。同他们的交谈自然强化了我在来年参加高考的决心。梁晋清也来参加了，她在上海造船学院学习。她还到我所在的办公室来看我，介绍了她在大学一个学期的体会，鼓励我来年参加高考。大概是这次的会面，使我们两人在以后的岁月中一直保持着联系。

新学期开始不久，接到江苏省团省委通知要我到省团校学习，时间为一个月，内容是学习毛主席的《关于正确处理人民内部矛盾的问题》。这样我就第一次到了南京，住在夫子庙附近的白鹭洲，这使人想起"山外青山楼外楼"、"一水中分白鹭洲"等古人的诗句。报到的当天晚上，石永昌来看我。他在嘉定团县委任学生部长的时候，我是中光中学的学生干部，有过多次的交往，很熟悉，我对他很尊敬、也很崇拜。后来听说他调走了，但不知调到哪里去了。他过去是我的上级，我进了嘉中后又成了校友，加上好几年不见，所以见了觉得特别亲热。那天他同我聊得很多也很晚。他甚至对我讲了他的恋爱故事。我也谈了我当时的情况，还说了围绕考大学问题的困惑。他鼓励我说，只要有机会，大学还是要读。学习开始后，我们听了好多报告，还进行了讨论。学习期间，团省委还组织我们瞻仰和凭吊了雨花台烈士墓，接受了一次革命传统教育。革命烈士为理想、信念而奋斗、献身的事迹深深地教育了我，雨花台的鹅卵石有各种各样的颜色，其中有许多呈鲜红的血色，犹如被烈士的鲜血染红。记得当时我曾经写了一些诗来表达自己的感受，不过后来都丢掉了，但"雨花片石烈血染"这一句还一直记着。当时，正在按照正确处理人民内部矛盾的精神，贯彻百家争鸣、百花齐放的"双百方针"，所以学习期间，团省委还组织学员观看了江苏省锡剧团的演出，其中有一个《孟丽君》的锡剧，印象深刻，剧名就一直记着。当时，堂兄吴元达在东海舰队当海军少尉。一天，他来到我的住处，然后带我到夫子庙附近的一家饭店请我吃饭。一身白色的海军制服使他显得十分英俊，给我留下了至今不忘的印象。

省团校学习结束回到嘉中，向翟校长汇报了学习情况。校长听完我的汇报后，向我传达了一个通知，松江专署文教科要借调我去参加毕业生办公室工作。这样，三天后，我就离开嘉定到了松江。松江专署是江苏省政府的派出机构，管辖松江、上海、嘉定、南汇、青浦、川沙、宝山、奉贤、金山九个县。这就是当时的江苏省松江专区。松江有一条横贯东西的大马路，比嘉定城里的街道都宽，松江专区行政公署和中共松江地区委员会的办公地点就坐落在这条大马路中心位置的北侧。门坊很宽大，专署和地委的两块牌子分别挂在中间大门两侧的门柱上。这两个门柱的两侧还有两个小一些的门洞。传达室设在门坊里边的一侧。从门坊往里要走很长一段路，才是办公楼。路两边都有树。我第一次进去的时候，觉得这个机关大院很静谧，心里真是带着几分敬畏。报到的时候，一位工作人员看了我的介绍信后说："你就是吴元梁？"这个语气使我很奇怪，就问："怎么，你知道这个名字？"那位工作人员说："岂止知道，而且很熟悉。"我更好奇了，就问："那是怎么回事？"那位工作人员说："你们嘉中校长为保送你留苏给我们打了十三次电话，讲你怎样怎样好，坚持要保送你。"我问："那为什么又没有保送成呢？"这位工作人员说："你的伯父在美国，姑妈在台湾，社会关系复杂，所以就没有批准。"上级没有批准嘉中保送我留苏的报告，这事杨老师告诉过我，要我正确对待。当时我的情绪也没有受影响。不过，这一段情节却是我到松江专署报到时才得知的。当时听了这一席话，我内心里不由得深深地感激翟校长、杨老师对我的器重和关心。

专署文教科的办公室是一件长方形的房间，进门后两边各排列了四张办公桌，好像科长也同科员一起办公。胡训谟科长，个子不高，微胖，戴副眼镜，是一位老共产党员，在解放前从事过地下工作，十分和蔼可亲。科长告诉我，为了加强中学毕业生工作，地委决定成立毕业生工作办公室，把我从嘉中借调来，就是到这个办公室工作。毕业生办公室一共有三位工作人员，赵大鑫原来就在文教科办公室，还有一位姓李的，是从松江一中借调来的。这个办公室直接由胡训谟科长领导。文教科还有位姓方的科员，戴副眼镜，个子不高，显得有点瘦。我睡觉的地方在专署大院对面的集体宿舍里。文教科的八位工作人员都有家，下班后就回家去了，只我一个是没有家的。集体宿舍里放满了床，除了睡觉之外，就没有读书写字的地方了。因此，我天天晚上都待在办公室。一个人在办公室很安静，这可是我学习的好时光。好在我随身带着一本《高考升学复习资料》，于是每天下班后的晚上时间都用在这本书上，经常复习到晚上 10 点，然后回宿舍。当时专署大门外有人每天晚上在那里卖锅贴，我总要买上五个锅贴填肚子。有一天晚上，胡训谟科长来到办公室，见我在复习高考资料。当时我听见有人进来，就把复习资料合上，但没有来得及放进抽屉，被胡科长看见了。我心里忐忑不安，十分紧张。当时我所从事的毕业生工作，是要求毕业生一颗红心，两种准备，既要准备参加高考，接受祖国挑选上大学，又要响应党的号召，准备到农村去参加劳动生产。而我却在准备考大学，自己觉得理不直气不壮，所以我的复习一直是悄悄地进行的。谁知被领导看到了。我静静地等待着领导的教训。但胡科长不仅没有批评我，反而鼓励我。他说："小吴，你想上大学，这很好，是你上进的表现。我们这些人，解放前是因为革命工作的需要才停止了学业，现在革命胜利了，国家建设需要大量的人才。因此，有条件、有能力的青年都应该上学学习。利用业余时间复习，很好嘛。当然，白天上班时还要认真做好工作。"我把嘉中翟校长十分器重我，但不希望我考大学离开嘉中的态度告诉了老科长。胡科长说："老翟的态度可以理解，你是他的学生嘛！不过，你还年轻，我还是支持你考大学，老翟那里，等他来松江开会时，我让他给你放行。"胡科长这位革命前辈的一席话真是说到我的心坎上了。我高兴极了，连连向这位老前辈的理解和支持表示感谢，并且一再表示自己一定要在做好工作的前提下利用业余时间复习。不过，遗憾的是，在不久之后，我在工作上却出了一次差错。专署文教科决定召开一次全专区的中学校长会议。由我负责发通知。通知定稿打印后，我就写信封。但不知怎么，我写好信封后没有把通知装进去就封了信封发出去了，结果第二天松江一中就打电话来，说接到的信封是空的，里面没有通知。胡科长知道后，没有大发雷霆，只是轻描淡写地说，小伙子，工作上粗心是要误大事的，以后一定要细心。说实在的，这比狠骂我一顿还要深深地教育了我，使我将这件事记了一辈子。当然，从那以后就再没有发生这类粗心大意的错误。当时，我立即接受了老科长的批评，并立即重写信封，装进通知，然后封口，发出去。半个月后，中学校长会议如期报到和开会。翟校长来参加会议，杨淑英老师这时已调嘉定城二中（即原来的承德中学）任校长，所以也来参加会议。他们报到后，就把我找去，问这问那的，十分关心。我知道，他们把我看做自己的孩子一样。过了两天，他们对我说，胡科长已同他们讨论了我的升学问题，他们同意我报考大学，只是希望我不要影响工作。还说考取了就去读大学；如考不取，还回嘉中工作。我十分感谢翟校长、杨老师对我的理解和支持。那次会议的主题就是根据中央和省的精神，布置开展毕业生工作。会议结束后不久，我就受命下去了解会议的贯彻和执行的情况。松江专区许多县是水乡地带。乘船出行，看到的是河泾交错，拱桥连连，河中篷帆桨声，岸上人流如潮，好一派水乡风光。有时船只鱼贯；有时步行在水田间的路上，会听到潜伏在路两边草丛中的水蛇"嗖、嗖"地逃离路边，然后会看到它们在水中只冒出一个头，向水田的中间游去，真让人有点心惊肉跳。不过时间长了，也就见怪不惊了。有一次，我出差到南汇县的泥城中学，住在学校附近的一个小旅馆里，为了省钱，一天三顿都吃了阳春面，一次一碗花一角，一天的伙食费是三角。

那年中国人民大学提前招生，我为了尽量减少对工作的影响，就报考了人大，依次填了哲学系、新闻系国际新闻班、党史系三个志愿。临近考试了，胡科长通知我说，给我考试前十天的假，让我集中全力准备。这样，我就请假到了上海求新造船厂倪霭庭小舅那里。我小舅是求新造船厂的食堂管理员，住在工人集体宿舍的一个楼梯下，楼梯就是他住房的房顶，楼梯的宽度、长度及与地面之间的距离就是这房间的空间。有门有窗，里面有一张桌子，一张床。一个人晚上在里面睡觉还是蛮好的。我到了之后，小舅就让我住在这里，而他就睡到另一间大的集体宿舍里去了。楼上也是工人的集体宿舍。工人有上白班和夜班的，好像是三班倒，但楼内很安静。我觉得小舅的宿舍很好，很适合我复习备考。一日三餐，经常是小舅给我送来，有时小舅也带我到他们的食堂去吃。小舅自己很节俭，每餐总是给我带来好吃的饭菜，有鱼有肉，而且经常变换。有了这样的条件，我自然一心一意地复习备考。十天的集中复习，很有成效。考试那几天，我按时到考场，参加考试。我的报名号，好像是华东地区的90号。考试科目有语文、政治、历史、地理，哲学专业加试数学，新闻系国际新闻班加试外语。这样，我考试了整整三天。考完后，真是一身的轻松，自己的感觉也还可以。小舅也感觉到了我的轻松情绪，就建议第二天我们舅甥俩到外滩去看看。求新造船厂在上海南码头十六铺，从十六铺到外滩有有轨电车，五站路，车票五分。我们坐有轨电车到了外滩，观看黄浦江面上来来往往的轮船，又到外滩公园转了转。小舅和我都很高兴。回去的时候，小舅说，路不远，这一毛钱的电车票就省了吧，我当即同意，兴致勃勃地走回求新厂。

考后的第三天，我告别了小舅，回到了松江，向胡科长及科室的同事们汇报了复习和考试的情况，随即投入了毕业生工作。一天（好像是7月14日）上午，我们正在一个招待所的二楼会议室开会，大约10点左右，忽然听到楼下人声鼎沸。我们就休会，到楼下看究竟发生了什么事。原来那天的《解放日报》来了，上面登了中国人民大学招生发榜的录取名单。楼下看报的人中也有报考人大的考生，急着在查自己是否被录取。还没有等我挨近报纸，赵大鑫已从报纸上找到了我的名字，大声地说我被录取了。我接过报纸一看，人大哲学系在上海考区录取了八名，我排在第一个，说明我前面的89人都没有被录取。我还看到了徐少锦的名字，才知道他也报考并被录取了。胡科长知道后，非常高兴，一面向我祝贺，一面叮咛我到中国人民大学后好好学习。8月中旬，我结束了毕业生办公室的工作，回到了嘉中。翟校长、杨老师都祝贺我考取中国人民大学哲学系。我办完离校手续后，就回到了娄塘家中做到北京的准备。一天，我在家里正在看书，大姑妈吴钟玉和大表姐李舜华来我家，大表姐说我长大了戴了副眼镜，不如小的时候"有劲"（上海话，意指小孩长得精神好看）了。大姑妈听说我考取了中国人民大学哲学系后说，哲学很难学，学不好，很容易得精神病，叮嘱我不要钻牛角尖。9月初，我告别了父母亲、弟妹，先到了嘉定，记得是在翟校长家里吃的中午饭。校长和杨老师为我送行，还让我喝了一点酒。我这个人是一点也不能喝酒的，喝一点就有点晕乎。杨老师让我躺在藤椅上，不一会，我就进入梦乡了。后来，耳边传来杨老师轻轻的呼唤："元梁，元梁，时间到了，快醒醒。"我醒后，即起来告别了翟校长、杨老师，在嘉定南门汽车站坐到上海的长途汽车。到上海后，先到求新造船厂小舅那里，第二天，小舅送我到上海北站火车站，火车启动了，我把头伸出车窗向他挥手告别，小舅也挥着手向我告别，小舅好像流了眼泪。渐渐地、渐渐地，火车驶出了站台，见不到小舅了，我也把头收了回来，放下车窗，心里真有点激动。亲人们、老师们、同学们，再见了；故乡，再见了。我要到北京开始我人生的新的旅途。

风雨岁月同窗情

1957 年 8 月下旬的一天，我告别了父母、告别了故乡，来到中国人民大学，开始了我的大学生活。

我分在二班，一年级上学期住在四处二排 11 号，下学期被调到四处二排 12 号。记得当时刘启林每天在宿舍前举杠铃，这引起了我的兴趣，就跟着他学，什么抓举啦、什么挺举啦，这是我过去没有学过的。记得人工湖挖好后，我们天天去游泳。开始游时我用的是狗爬式。刘启林游得好，我们就请教他，从最基本的动作开始。在他的指导下，我学会了蛙泳。

二年级开学不久，我们到四季青公社的田村大队参加农村劳动我被分配去大队党总支的油印小报《红旗报》，白天采访，晚上刻蜡纸和油印，第二天上午去分发。如此干了一两个月左右。整个下乡期间，我一直住在田村，先在李茂领导下，后来又在刘启林、陈宴清领导下。记得陈宴清、鲁延年、秦铭和我住在刘八老太太家里，刘启林他们住在北院的刘大爷家里。有一件事，我到现在还记着。一天，刘启林从市里回来，自行车不是骑着而是扛着，两个车轮都轧歪了。听说，他正骑着车，突然被一辆卡车和一两马车夹在中间，刘启林急中生智，抓住马车爬了上去，自行车的两个轮子则被卡车轧歪了，多险呀。真有点传奇色彩。

次年的 4 月，我们回到了学校，住在北四楼，这次在安排宿舍时，把原来的一班、二班的界限彻底抹掉了，和我住在一个房间的有李春生、李启龄、余文生，还有谁，记不起来了。李启龄吹箫吹得非常好，我还跟着他学了一阵子，只是没有学好。记得李启龄还是校射击队的，小口径步枪打得很好。余文生的病复发住院后，我被指定经常到安定医院去看望他。后来余文生出院后，由刘启林护送回福建了。

三年级时，我们搬到了东风一楼，开始时，不知道怎么回事，我一个人和 64 届的三位同学住在一起，后来我曾同秦维新、吴启文住在一起，再后来又和陈宴清、霍伟光、张凤德住在一起。三、四年级时，贯彻了《高教六十条》，恢复了正常的学习生活，上课、自习，大家都很用功。这两年中，我经常和徐汝庄、方克立、温克勤、管象衡一起出黑板报，老管好像是领导。记得当时黑板报办得红红火火的，还有学术性的讨论，后来好像由温克勤到学校的什么会议上去作过介绍。

五年级时，我又被挪了窝，同刘启林、熊飞明、郝惠文住在一起，室长是熊飞明。雷轰住在我们的对面，看来我们四个人和他们四个人是一个小组了。我大学时的日记只剩下了最后一个学期的。4月13日记着：中午熊飞明去洗澡，回来后怕影响同学睡觉，竟不上床，屈身在桌边休息，我醒后十分感动，下午作了一诗送给他。诗云：沐后身轻喜春意，蹑足入室亦屏气，不忍登梯惊友梦，暂借小桌入真际。4月22日记着：全班到八达岭去，我和同学们兴致勃勃，登上了万里长城，又照相，又吟诗，趣味无限。

关于毕业分配的事，我在2月26日的日记中写道：今天班上发下了志愿登记表，班上同学立刻议论起这个问题来。就目前登记来看，科研和北京的占了绝大部分，唯有秦维新填了西藏和新疆。我填写的是上海、北京、兰州、新疆。这个填法在暑假回到嘉定后即受到了嘉一中校长翟彦章老师的批评。他说我应该倒过来填才对。我接受了他的批评，暑假结束回校后就把新疆作为我的第一志愿。填完志愿后就给父母发了封电报说已分配到新疆，本意是说爸妈你们就不要管了，没想到弄巧成拙，我妈接到电报后即买了火车票来北京。为了接待我妈，我得到了同学们的帮助：吴启文、廖志强借给我钱，我妈去拜访系副主任方华老师时徐汝庄去给当了翻译，我妈回上海上火车的前一夜住在陶春芳家，受到了陶春芳和她妈妈的热情接待。

我们到新疆的四人是在10月25日上火车的。记得那天到北京站去送我们的同学很多，记得在车厢里坐定后，徐汝庄到车厢里将一支小巧精致的贵州玉屏箫赠送给我。1963年1月1日上午，我独自坐在设计院党委办公室，出神地凝视着窗外飞舞着的鹅毛大雪，真是思绪万千，脱口吟出了下面四句：玉叶飘飞迎元旦，箫伴寒风思大海；问君为何走万里，志在边疆建论坛。这里提到的箫就是汝庄送的玉屏箫。这支箫跟随我到了南疆，后来在"文化大革命"中丢失了。

记得在学校分配时，系里告诉我和雷轰是到新疆大学的，所以到设计院后我就给刘启林写了一封信，把情况告诉了他。他接到信后即去找了在哲学所工作的齐一老师，齐一老师立即给新疆大学副校长云光老师写了信，云光老师接到信后即给我打了电话，约我到他新大的家里见面。我是在一个星期天去拜访云光老师的。见面之后，他就说："齐一同志给我来了封信对你作了详细的介绍，我已经向主管人事的校党委副书记推荐了你，她也同意了。只是目前新大还在精简中，暂时还不能办理。你在设计院好好工作，明年把你调过来。"就这样，我在同学和老师的帮助下，于 1963 年 8 月 3 日调到了新大政教系哲学教研室。

1964 年初春的一个星期六晚上，我开了一个通宵，到天亮时写成了《怎样理解"一分为二"和"合二而一"》一文，早饭也顾不上吃，就到二道桥邮局将文章寄给了《光明日报》（哲学版），后来刊登于《哲学研究》1964 年第 4 期，得了 79 元稿费，捐献给政教系工会买体育用品了。后来就是挨批判，年底就到喀什搞"社教"（社会主义教育运动）去了，先后参加了三期。第二期结束后，在喀什地委党校集训期间，碰上了秦维新，特高兴，就一起到了陈斌春家里吃饭。第三期在伽师县的夏浦桃公社。秦维新在工作团团部当秘书，我在六大队工作组当秘书。每次到团部（公社）开会，他总要犒劳我，请我吃顿好饭。

可能是在 1967 年的春天，有一天秦维新到新大去看我，带了一个美多牌的半导体收音机，说是张良骏送给他的。第二天他离开新大时，我让他把收音机带走，他却执意要把收音机留下让我听，我执拗不过他，就把收音机留下了。5 月 8 日新大发生武斗，我离开了新大，后来宿舍被人撬开，收音机及我的其他东西都被人拿走了。到了秋天我正愁缺衬衣，秦维新给我送去了新衬衣。可能是在 70 年代初，有一天我和秦维新都接到了雷轰的邀请，去他家吃羊肉，羊是他自己喂养的。我们两人是骑自行车去的，同学相聚好高兴啊，吃饱了、喝足了，走的时候主人还让我们每人带了羊肉回家。

1977 年 10 月我有幸参加了自治区组织的到北京瞻仰毛主席遗容的代表团，在刘启林东单的家里见到他们两口子以及李惠国、徐汝庄。这是我 1962 年离开北京后第一次回北京。这次见面使我与这三位同学又建立起了联系，并且导致了第二年的研究生考试。我报考的是于光远老师的自然辩证法专业，初试是在乌鲁木齐进行的，复试是在中国社会科学院哲学所进行的。记得到北京的那天晚上，在李惠国家里吃晚饭，当时他住在中国社会科学院的八号楼的一间浴室里。晚饭后，惠国给了我蚊帐和凉席，还送我到公共汽车站，我就到了北京林学院和其他来参加复试的考生住在一起。复试前一天，惠国还将他的一大摞卡片交给我，帮助我准备复试。复试是在八号楼的一个研究室中进行的。主考是李宝恒教授，还有查汝强、邱仁宗教授，题目是"你为什么报考自然辩证法专业，如果录取你将如何进行研究"。由于有了李惠国的指点及他提供的资料，我一口气说了一个小时。说完后，他们再没有提问，给我打了个优。复试后的那天晚上，惠国对我说，他和启林商量后认为我应该转到中国社会科学院。我不解地说不就是你们在招考吗？惠国说，光远老师的自然辩证法专业设在中国科学院研究生院，你到那里去既要捡外语又要攻一门自然科学，太累。所以，还是转到中国社会科学院研究生院哲学系好。我问怎么转？惠国说，这事由启林找老邢去说。后来知道，邢贲思老师听了启林关于我的介绍后连分数也不看就录取了我。

新学期开始后，我来到北京，开始了我的研究生的读书生涯，先是硕士，后又是博士。1978 至 1983 年间，我只身在北京，一年中只在暑假回一次乌鲁木齐。五一节、国庆节、春节以及平时的星期日，我就全靠北京同学了，刘启林、李惠国、徐汝庄、陈瑛、萧振邦、张良骏、管象衡等同学家里，都是我打"牙祭"的地方。

1988 年 5 月，我通过了博士论文答辩，7 月 15 日被调到中国社会科学出版社。北京风波之后，1991 年 5 月上旬，我回到了哲学所历史唯物主义研究室，重操旧业搞研究。评博导时，我又碰上了老同学的帮忙，这回是方克立。在他的支持下，我破格地通过了博导的评定。

我这个人可能是由于世界观没有改造好的缘故，走起路来总不像别人那样稳当、那样平坦，老是东歪西倒、一波三折，还经常跌跤，所以，说我这五十年是风风雨雨的五十年也不为过。有幸的是，我遇上了这么多的好同学、好老师。所以，我把这篇回忆定名为风雨岁月同窗情。有首歌说友谊地久天长，我现在则要说，让我们大学同窗情谊地久天长。

打油诗选

同学情谊有感

中午熊飞明去洗澡，回来后怕影响同学们睡觉，竟不上床，屈身桌旁休息，我醒后，十分感动，下午作了一诗送给他：

> 沐后身轻喜春意，蹑足入室亦屏气。
>
> 不忍登梯惊友梦，暂借小桌入真际。

1962 年 4 月 13 日

互勉与自勉诗

团支部讨论杨昌学同学入团，未表决，准备下次讨论。我很高兴，写了一诗勉励他继续前进：

> 人生举步始踏春，毋忘奋斗赶前程。
>
> 革命要成终身志，寸尺心胸怀亿人。

1962 年 4 月 14 日

入团十年有感

十年风雨十年成，嘉娄少年度青春。
顶天立地英姿展，一生欲当擎旗人。

1962 年 4 月 17 日

元旦有感

玉叶飘飞迎元旦，箫伴寒风思大海；
问君为何走万里，志在边疆建论坛。

1963 年 1 月 1 日于新疆维吾尔
自治区建工局设计院党委办公室

乐处戈壁斗狂风

广漠深处一点红，狂飙击来仍从容。
温室只长娇兰草，大地能育美芙蓉。
不学兰花图安逸，乐处戈壁斗狂风。
一代新人在成长，全靠红日照长空。

1973 年 8 月 1 日于新疆大学南山文教农场

除夕书怀

万家灯火喜迎春，我独孤影留客城。

沉入书渊有仙引，似闻洞天鼓乐声。

抬头遥望织女星，低首凝视影中人①。

何时举杯敬相进，宏图化愿美良辰。

1980 年 2 月 20 日（研究生寒假期间一人在京过春节）

念奴娇

——为吴钟玉姑妈 87 华诞祝寿

八十余载，

多风雨，

阅历人间沧桑。

春去冬来冬又春，

赢得子孙满堂。

人才辈出，

个个孝儿郎。

喜看今日，

都在祝寿高堂。

盼来骨肉重逢②，

似梦非梦，

---

① 指远在乌鲁木齐新疆大学的妻子高薇和两个女儿吴艺、吴剑。

② 大姑妈的大儿子李忏荪 1946 年毕业于国立中央大学航空工程学系，后服役于国民党空军，1949 年随军到台湾，在空军中晋升至少将军衔，退役后转台湾中华航空公司服务，历任驻外地区经理，1987 年退休。1987 年 11 月首次回大陆省亲，并给大姑妈做寿。

历史新篇章。
老少团聚天伦乐，
笑得心花怒放。
再造山河，
重建家园，
祖业着新装。
等将来时，
李园更加兴旺。

1988 年 1 月 5 日补记

黄山吟

　　1992 年 5 月 14 日与范进、王玮、陈荷清、蔡俊生从贡阳山庄步行下山，先上光明顶，后经鳌鱼背、百步云梯到玉屏楼，饭后再从玉屏楼前的迎宾松出发，经"七上八下"的上千步石阶下山，从半山寺起，左腿膝关节发痛，只得依靠手杖支持，一步一步地下山。5 月 15 日在回合肥途中，回想此段风光的艰险，回想"鳌鱼背"的大块巨石上古人的题词"大块文章"，回想我下山时的艰难，吟得下面几句：

仰望上苍一线涧，
八百云梯通青天；
七上八下不算险，
大块文章我来填。

1992 年 5 月 15 日

路是人走出来的

路是人走出来的，
这句话如此平凡，

刚学会走路的小孩都能懂得；
这句话又是那么丰富，
它是人类智慧的结晶。

路是人走出来的，
有的人只是踏平了地上的小草，
有的人却要斩荆劈棘；
有的人只是踩平了几堆黄土，
有的人却要翻越崇山峻岭。

路是人走出来的，
有的人只知道走前人走过的路，
有的人却要独辟蹊径；
有的人只喜欢重复自己的老路，
有的人却要不断开辟新路。

路是人走出来的，
无志者有眼见不到路，
有志者无路找出路；
怯懦者不敢迈步，
勇敢者无绝路。

路是人走出来的，
不同的人走着不同的路，
不同的路记录着不同的人生，
路是人价值的体现，
路是人存在的证明。

路是人走出来的，
人在地球上走过多少路，
谁也无法说清；
人在地球上还会走出多少路，
只能说永无穷尽。

路是人走出来，
人走出了乡间小道，

人走出了城市马路，
人走出了海洋天空的航道，
人还正在走出球外星道。

路是人走出来的，
路在人的胸中，
路在人的脚下。
只有走才会走出新路，
只有走才会走出前途。

1993 年 12 月 16 日

同窗情谊

一块黑板，
一间教室，
把我们联系在一起；
一张证书，
一份通知，
使我们各奔东西。
从此，
你在我的梦境中，
我在你的记忆里。
朝朝暮暮，
春春秋秋，
时间越是流逝，
记忆越是清晰，
同窗情谊永远地铭刻在我们的心里。

1996 年 6 月 16 日

颂大学同学庐山聚会

五年人大育壮志，
大半人生苦耕耘。
没有洛阳闻纸贵，
却有桃李满天云。
今日庐山重聚会，
只缘同窗一片情。
世事沧桑多感叹，
却喜风光日月新。

人大哲学系 1957 级同学于 1997 年 9 月 22—26 日聚会庐山，此诗写于 9 月 21 日去九江的火车上。

茶　颂

2006 年 9 月 22—26 日在泉州、武夷山参加中越"科学发展观与建设社会主义和谐社会"国际研讨会，9 月 26 日上午攀登武夷山，下午漂流九曲水，在武夷学院晚饭后总是品茶，真香真甜真美，于是写下了下面几句：

千杯酒不醉，
一盅茶梦香。
悠悠儒释道，
九曲水流长。

2006 年 9 月 28 日

贺嘉嘉两周岁

　　写于外甥印清嘉两周岁生日。他一岁十个月就开始学背唐诗，显出有很好接受力记忆力，我和姥姥都非常喜欢他。他在背唐诗的过程中会时不时地冒出一句让我们惊呆的话。所以有第四句。第二句是指当时哄他吃拍黄瓜时说这是馄饨，他也一个时期内把拍黄瓜叫馄饨。过了两岁生日之后的五一节，他爸爸妈妈带他回泰兴爷爷奶奶家，过长江时，大人对他说这是长江，他立即回应说"唯见长江天际流"，我们听到这个消息真是兴奋之极。这又印证了诗中的第四句。

　　　　　　　路还走不稳，
　　　　　　　黄瓜当馄饨；
　　　　　　　咿呀背唐诗，
　　　　　　　口出语惊人。

　　　　　　　　　　　　　　　　2007 年 3 月 2 日

大学入学 50 年有感

　　　　　　　哲学入门五十载，
　　　　　　　激扬文字论古今。
　　　　　　　明知深山有艰险，
　　　　　　　欲得虎子入虎林。
　　　　　　　莫道人生多磨难，
　　　　　　　留得文章垂丹青。
　　　　　　　待到含饴弄孙日，
　　　　　　　还有故事乐童心。

　　　　　　　　　　　　　　　　2007 年 6 月 24 日

观美国大峡谷有感

两山壁立叁仟米，
一水中流穿谷底。
奇峰异石收不尽，
色彩纷呈叹无比。

高原白雪树更绿，
极目对岸似天边。
鬼斧神工年亿万，
一部地史在眼前。

2009 年 1 月 3 日于奥斯汀女儿女婿吴剑陈万强家

科河汹涌凯巴布，
亿万斯年刻蚀忙。
高原裂出大峡谷，
恰如巨蟒卧地床。
鲜艳岩层地史馆，
奇特造型雕塑坊。
两缘森林望不尽，
沙漠夕照成金洋。

2009 年 1 月 6 日于奥斯汀女儿女婿家

新中国 60 华诞颂

春风杨柳万千条，
物华景美是今朝。
六十华诞普天庆，

万民齐颂改革潮。

2009 年 9 月 15 日

昙　花

　　2010 年 8 月 1 日晚 8 点，阳台上的昙花开始开花，我和老伴高薇一个拿照相机，一个拿摄像机，一直忙碌到 2 日凌晨 3 点才躺下，4 点起床时花已经全凋谢了。做光盘时附上了一首打油诗，受到了大学同学徐汝庄的称颂，现收录于下：

昙花一现传古今，

幽幽清香醉人心。

花开花落瞬间事，

不知何日君再临。

2010 年 8 月 8 日

聚会有感

——纪念硕士研究生毕业 30 年

　　中国社会科学院研究生院于 1978 年招收的第一届研究生，后被戏称为"黄埔一期"，2011 年是该届研究生毕业三十周年，哲学系在哲学所领导支持和组织下，于 8 月 4 日上午召开了纪念聚会。当日在布置会场时，我于会场正面的书写板上草拟了四句，现收录于下：

毕业一晃三十年，

恰如弹指一挥间。

生命给力靠友谊，

不信神马是浮云。

2011 年 8 月 4 日